安徽工人运动史

ANHUI GONGREN YUNDONGSHI

【上册】

安徽省总工会◎编

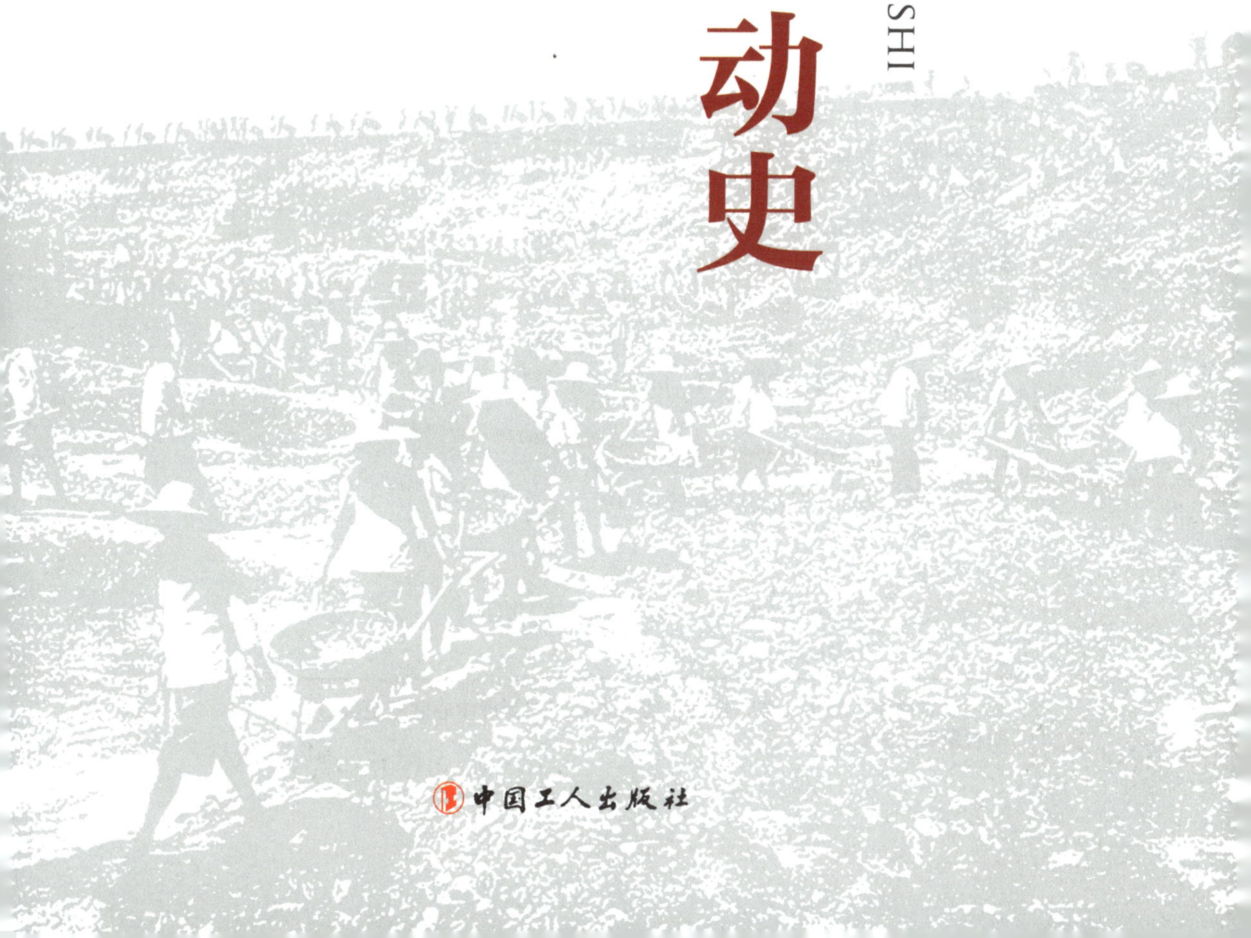

中国工人出版社

图书在版编目（CIP）数据

安徽工人运动史 / 安徽省总工会编 . -- 北京 : 中国工人出版社 , 2025. 4. -- ISBN 978-7-5008-8700-3

Ⅰ . K261.3

中国国家版本馆 CIP 数据核字第 2025X0V223 号

安徽工人运动史

出 版 人	董　宽
责任编辑	葛忠雨　丁洋洋
责任校对	张　彦
责任印制	栾征宇
出版发行	中国工人出版社
地　　址	北京市东城区鼓楼外大街45号　邮编：100120
网　　址	http://www.wp-china.com
电　　话	（010）62005043（总编室） （010）62005039（印制管理中心）
发行热线	（010）82029051　62383056
经　　销	各地书店
印　　刷	三河市万龙印装有限公司
开　　本	787毫米 × 1092毫米　1/16
印　　张	58
字　　数	884千字
版　　次	2025年4月第1版　2025年5月第2次印刷
定　　价	300.00元

前　言

工人阶级是我国的领导阶级，是我国先进生产力和生产关系的代表。无论是在革命战争年代，还是在和平建设时期；无论是迎着改革开放的春风，还是踏着新时代的奋进步伐，工人阶级始终是我们党最坚实、最可靠的阶级基础，为党在不同历史时期的中心任务作出了不可磨灭的历史性贡献。作为中国工人运动的组成部分，在中国共产党的坚强领导下，安徽工人阶级同全国各地工人阶级一起，跨越一个多世纪的发展历程，经历了筚路蓝缕、波澜壮阔、惊天动地、跌宕起伏的发展过程，在各个不同的历史时期发挥了重要作用。

为贯彻落实习近平总书记关于党史和国史的重要论述、关于工人阶级和工会工作的重要论述，系统总结一百年来党领导下的中国工人运动的卓越成就和历史经验，全国总工会组织开展了《中国工运通史》的编撰工作。编撰《安徽工人运动史》就是按照全国总工会统一部署，由安徽省总工会党组谋划推进的一项重点工作。本书力求客观全面展现安徽工人阶级和工会组织在党的领导下，为中国革命、建设、改革和复兴事业作出努力与奉献，为波澜壮阔的中国工运事业作出积极贡献。

早在19世纪60年代，安徽就出现了近代工业，产生了第一批产业工人。新民主主义革命时期，安徽是新文化运动和马克思主义传播较早的地区，中国共产党带领安徽工人奋勇创先，组建起我国最早一批现代工会。1922年3月29日，芜湖劳工会成立并发表《芜湖劳工宣言》，这是安徽省建立的第一个革命工会，安徽工人阶级开始以独立姿态登上政治舞台。自此以后，安徽工人运动此起彼伏、波澜壮阔，支援北伐战争，抵制反革命政变，义无反顾投身抗日救亡运动，接连不断发起“反饥饿、反内战、反迫害”运动，开展护厂、护矿斗争，积极支援淮海战役、渡江战役，沉重打击了帝国主义、封建主义和官僚资本主义，为安徽迎来解放作出了重要贡献。

新中国成立后，工人阶级翻身当主人，安徽工人运动进入一个崭新的发展阶段。在党的领导下，安徽各级工会引导广大职工投身到热火朝天的社会主义建设事业中，为巩固新生政权而斗争，为恢复和发展国民经济而奋斗，劳动竞赛轰轰烈烈，劳模先进竞相涌现，工会组织不断壮大，工运事业蓬勃发展。安徽工人阶级表现出高度的政治觉悟和不懈的奋斗精神，他们中涌现出了大批劳动模范和先进人物，在工业生产和科技创新方面取得了显著成绩。虽然在社会主义建设曲折探索历程中，安徽工运事业一度经历困难挫折，但工人阶级始终坚持为社会主义生产作贡献，克服前进道路上的一系列困难，充分展示了安徽工人阶级的觉悟和担当。

改革开放和社会主义现代化建设新时期，安徽工人阶级积极投身经济建设和改革开放的大潮，以积极的主动性和忘我的劳动精神发展生产，坚定不移地支持和参与改革，推动改革不断深化；始终保持和发扬艰苦奋斗的主人翁精神，讲奉献、顾大局，立足岗位，勤奋工作，促进了全省经济持续快速发展；自觉接受市场经济考验，大力弘扬社会主义道德风尚，用工人阶级的优秀品质影响和带动社会进步，是促进经济和社会协调发展的中坚力量。安徽各级工会积极组织职工开展增产节约、劳动竞赛、合理化建议和技术革新等建功立业活动，参与企业改革改制，深入实施职工素质工程，通过实施工资集体协商，参与企事业单位民主管理，实施送温暖工程、下岗职工再就业工程，开展“金秋助学”活动和各种帮扶救助活动，维护职工群众合法权益，构建和谐劳动关系，在改革开放大潮中干在实处、走在前列，为安徽社会主义现代化建设作出了重要贡献。

中国特色社会主义新时代，在习近平新时代中国特色社会主义思想的指引下，安徽工人阶级自觉承担历史使命，听党话、跟党走，以主人翁姿态积极投身现代化美好安徽建设。他们用劳动筑梦，以实干圆梦，在促进发展上建功立业，在工作岗位上争先进位，在技术创新上攻坚克难，在加快发展现代产业体系、推进长三角一体化、打造“三地一区”、建设“七个强省”等火热实践中充分发挥工人阶级主力军作用，以实际行动当好主人翁、建功新时代。安徽各级工会深入学习贯彻党的十八大、十九大、二十大精神，深入学习领会习近平总书记关于工人阶级和工会工作的重要论述、关于安徽工作的重要讲话及重要指示，树牢“两心”工作理念，聚焦“两力”工作目标，坚持“42101”重点工作格局，着力打造“五个工会”，持续改革创新，推动各项工作取得新的成效，谱写了安徽工运事业和工会工作高质量发展的新篇章。

《安徽工人运动史》用客观宏大的历史叙事手法，将这四个历史阶段的安徽工人运动发展进程完整地记录和呈现出来，深刻反映了党领导下的安徽工人运动和工会工作的主题主线、主流本质。这既是一部展示安徽工人运动全貌的历史书，又是一部史料式的教科书，能够起到以史为镜、以史明智、以史铸魂、以史资政的作用，帮助我们更好地从百年历史中探究规律，准确把握工人运动在不同时代的主题，从而增强对工运事业和工会工作的系统理解和预见能力，进一步坚定走中国特色社会主义工会发展道路。

新时代新征程已经开启。安徽正处于厚积薄发、动能强劲、大有可为的上升期、关键期。大江南北，淮河两岸，一幅经济强、格局新、环境优、活力足、百姓富的壮丽画卷正徐徐展开。我们要在安徽省委和全国总工会的坚强领导下，牢牢把握我国工人运动时代主题，以史为鉴、开创未来，锐意进取、勇毅前行，以崭新的姿态拥抱梦想，以昂扬的斗志迈向未来，努力开创安徽工会工作发展新局面，不断续写安徽工运事业发展新篇章。

目　录

第一编　民主主义革命时期的安徽工人运动

第三编 改革开放和社会主义现代化建设新时期的安徽工运事业

第一编

民主主义革命时期的安徽工人运动

作为中国革命的重要策源地，安徽在中国工运史上占有重要地位。安徽工业和手工业历史悠久，是我国手工业工人和产业工人诞生较早的地区之一。芜湖的冶炼和染织业，在明代已达到相当高的水平。制茶、砻坊、砖瓦、日用品等手工业也有不同程度的发展。到1916年，安徽手工业工人已达9.58万多人，这支队伍是安徽工人阶级的重要组成部分，也是推动安徽工运历史发展的重要力量。

19世纪60年代，安徽出现了近代工业。安徽第一批产业工人在芜湖、安庆等沿江地区及矿区、铁路等行业诞生。1861年，清代两江总督曾国藩在安庆创办内军械所，安徽第一批产业工人即诞生于此。19世纪70年代，安徽出现了一批以开采煤矿为主的工矿企业，扩大了安徽工人队伍的数量。19世纪末至20世纪初，安徽掀起一股“办矿热”，自甲午战争至辛亥革命前，共创办矿业公司23家。同一时期，安徽民族工业也获得较快发展，到1908年，创办工厂企业40家。截至1920年，安徽产业工人队伍约有2.35万人。大革命失败后，安徽工矿企业和工人队伍经历了土地革命战争、抗日战争和解放战争，在艰难曲折的道路上缓慢发展，到1949年中华人民共和国成立，全省共有工矿企业3813家，职工30多万人。

安徽工人阶级具有光荣的革命传统。在旧中国，各行业工人经济上受压迫，过着牛马不如的悲惨生活；政治上受奴役，处于社会最底层。为改变这种状况，维护基本生存权利，安徽工人阶级从诞生之日起，就开始了反对帝国主义、封建主义和官僚资本主义的斗争，初期这种斗争是自发的、分散的、小规模的，主要发生在芜湖、安庆、繁昌等沿江城镇和矿山区。1921年，随着中国共产党成立，“革命军队必须与无产阶级一起推翻资本家阶级的政权，必须援助工人阶级”“成立产业工会”被写入党的纲领和决议。此后，在中国共产党的领导下，安徽工人运动逐步由“自在”走向“自为”、由零散走向集中。从五四运动到大革命时期，安徽工人开展各种斗争达160多次。这一时期安徽工人参加的主要斗争活动有声援五四运动的斗争、芜湖人力车工人反对增加黄包车牌照税和增加车租大罢工、蚌埠铁路工人和烈山煤矿矿工声援京汉铁路大罢工的斗争、门台子烤烟工人反对外国资本家剥削压迫烧毁厂房的斗争、烈山煤矿工人反军阀反压迫大罢工、六安黄烟工人要求增加工资的罢工斗争、支援五卅运动等。在土地革命战争、抗日战争和解放战争时期，安徽工人阶级始终站在反帝、反封建、反官僚资本主义的斗争前列，各行各业的工人参军参战、坚持敌后斗争、保卫革命根据地、支援淮海战役和渡江战役，开展护厂、护矿运动，保护国家财产，为驱逐外国侵略者和推翻国民党反动统治作出了重要贡献。

安徽工人阶级的斗争，经历了一个由“自在”到“自为”的转变过程。五四运动后，工人阶级作为独立的政治力量登上历史舞台，开始了由“自在”到“自为”的转变过程。在中国共产党创立前后，芜湖、安庆等地革命知识分子和共产党员创办工人夜校、宣传马列主义，帮助工人提高阶级觉悟和文化水平，使工人群众认识到成立工会的重要性。1922 年 3 月 29 日，芜湖各界工人群众，不顾军警阻拦和镇压，联合召开芜湖劳动大会，庄严宣告成立芜湖劳工会，发表《芜湖劳工会宣言》，建立了安徽省第一个现代工会。1927 年 2 月，北伐军进入安徽境内，占领了 40 多个县城。在党的领导下，安徽省总工会筹备处于 3 月在安庆宣告成立，中共党员舒传贤任委员长。此后，北伐军占领的多数县相继建立了工会组织，全省工会会员达八万人。在蒋介石制造安庆三二三反革命事变和上海四一二反革命政变后，安徽进步工会被查封、解散，安庆、芜湖、六安等地共产党人和工会领导人被大肆逮捕，白色恐怖笼罩着这一时期的安徽工人运动。

土地革命战争时期，安徽工人阶级在中国共产党的领导下，在皖西北革命根据地，建立了皖西北特区总工会和各苏区县总工会。同时，在芜湖、宿县、滁县等地，建立了一批赤色工会，对敌人开展秘密或公开的斗争。抗日战争时期，安徽工人阶级参与淮南、淮北和皖江根据地建设，先后成立了工人抗敌协会、工人抗日救国会、职工联合会、总工会等组织，开展工人武装斗争。解放战争时期，安徽工人阶级参与反饥饿、反内战、反迫害斗争，开展护厂、护矿斗争，支援淮海战役、渡江战役，积极恢复生产，为迎接新中国的成立和建设奠定了基础，作出了贡献。

第一章　安徽工人阶级的形成

安徽工人阶级的产生与近代安徽工业的发展状况有着直接联系。在鸦片战争前，安徽部分地区已经产生资本主义萌芽，但还未向近代工业过渡。安徽近代工业的正式出现，“是在外国资本主义侵入安徽后，促使自然经济分解和商品经济发展的情况下逐渐形成的”[①]。鸦片战争后，随着帝国主义入侵，中国自给自足的小农经济受到冲击，大批破产农民和手工业者背井离乡、涌入城镇，为安徽工人阶级的形成创造了条件。1861年，清洋务派代表曾国藩在安徽安庆创办内军械所，随后芜湖、蚌埠等地也相继开办电厂、纱厂、面粉厂等近代工业企业，近代民族工业开始在安徽出现。民族企业中的产业工人在芜湖、安庆等沿江地区以及矿业、铁路等行业中发展起来。民族企业中的工人队伍包括产业工人与非产业工人，二者结合对安徽工人运动的发展产生了重要影响。

1876年《中英烟台条约》签订后，芜湖被辟为通商口岸，外国列强开始在芜湖营办航运。在铜官山、宣城、淮南、淮北开矿，在蚌埠修筑铁路。安徽近代工业的兴起带动了码头搬运、商业、服务业的发展，吸纳大量破产农民就业，形成了安徽工人阶级队伍的雏形。安徽工人阶级靠出卖劳动力为生，受帝国主义、封建主义和官僚资本主义的三重压迫，长期处于劳动强度大、工作时间长、工资收入低、安全无保障的状态。由于清政府未设立专门的劳动行政管理机构，劳动管理事务长期无人问津。随着芜湖米市的兴起，米粮业及其相关行业职工队伍也应运而生，非产业工人队伍开始形成。产业工人与非产业工人的结合，壮大了安

① 安徽省社会科学院历史研究所编：《安徽近代史》，安徽人民出版社1990年版，第246页。

徽工人阶级队伍，日益成为推动安徽工人运动不断发展的新兴社会力量。

第一节　安徽工人阶级的诞生

安徽工人阶级诞生于半殖民地半封建社会的近代中国，随着近代工矿业和近代商业的发展而产生。最初的产业工人，多数来源于破产农民、手工业者和城市居民。1861 年，两江总督曾国藩调出湘军兵丁和招募铁工计百人，在安徽安庆用军费办起安庆内军械所，安徽最早的一支产业工人队伍从此诞生。安庆内军械所技术人员经过钻研，试造出了近代中国第一台蒸汽机、第一艘木质机动轮船。这两项成果的研制，“全用汉人，未用洋匠”，为近代中国机械工业奠定了基础，成为近代中国造船工业的开端，显示了近代安徽工人阶级的聪明才智。“工人阶级的状况是当代一切社会运动的真正基础和出发点，因为它是我们目前存在的社会灾难最尖锐、最露骨的表现。”① 随着安徽近代工商业的兴起，安徽工人数量日益增多，工人阶级职业结构日益丰富，队伍规模逐步壮大。与此同时，深受帝国主义、封建主义和官僚资本主义压迫和剥削的安徽工人阶级处境极为悲惨。

一、安徽工人队伍概况

明朝中后期，中国封建社会内部出现了资本主义萌芽的迹象。在部分经济作物生产地、新垦区以及富裕棚民中，开始出现雇工经营的现象。这些雇佣工人依靠雇主提供的生产资料和生产工具，通过出卖劳动力维持个人和家庭生计。封建制度下，雇佣工人同时受雇主、官府、行会、包工头等各种封建势力盘剥，艰难维持生计。在剥削和压迫下，一些早期雇佣工人意识觉醒，产生了反抗剥削和压迫的意识。一批具有反抗意识的雇佣工人联系日益频繁，逐步形成行会及依托地缘、业缘成立的公所、会馆。最早出现于江南地区的行会，是以行业为划分依据的组织，既包括生产组织者，也包括从事生产的雇佣工人，如江西

① 马克思、恩格斯：《马克思恩格斯选集》第 1 卷，人民出版社 2012 年版，第 84 页。

景德镇的“三窑九会”“五府十八帮”“客帮瓷商”等；公所和会馆，则是指以地缘为划分依据的同乡组织。清朝，会馆逐步转变成具有强大包容性的公所，进一步紧密了业主与手工业者的联系。四方远近的手工业者会聚于公所，便利了手工业者间的交流，使公所内地域意识逐步淡化。

鸦片战争后，国外资本大举入侵，官僚买办资产阶级和民族资产阶级也逐步发展起来。官僚买办资产阶级，最初充当国外洋行雇员或代理，通过帮助外国资本家来获取佣金、积累资本，借助同外国侵略势力、本国封建势力的联系提高自身经济、政治地位后，着手投资兴办近代企业。民族资产阶级在其生存和发展的过程中，一方面受外国资本主义和本国封建主义双重压迫；另一方面又与外国资本主义和本国封建主义有着密切联系，因此具有软弱性和革命性的双重特性。随着官僚买办资产阶级、民族资产阶级的发展，广州、上海等地近代工商业中产生了中国最早的一批产业工人，其中不乏破产的手工业者和农民。遭受帝国主义、封建主义、官僚资本主义三重压迫的近代产业工人日益增多，推动了包括安徽工人在内的中国无产阶级队伍的形成。

安徽工业和手工业历史悠久，是我国手工业工人和产业工人产生较早的地区之一。芜湖的冶炼和染织业，在明朝已经达到相当高的水平。制茶、制纸、砻坊、砖瓦、日用品等手工业也有不同程度的发展。随着近代民族工业在安徽兴起，安徽第一代产业工人在芜湖、安庆等沿江地区以及矿区、铁路等行业先后诞生。1861 年，曾国藩于安徽怀宁黄石矶、安庆大观亭，集合了一批掌握近代新式技艺的人员，如徐寿、华蘅芳、龚芸棠、徐建寅、张斯桂等，以及上百名工人，创建了安庆内军械所，进行手工仿制开花炮、弹药及轮船的生产。1862 年，在华蘅芳、徐寿等人参与下，第一台由中国人制造的蒸汽机成功研制，在华蘅芳的主持下，中国第一艘轮船“黄鹄”号诞生。安庆内军械所依靠国内技术人员、产业工人，建立起第一个近代官办军用企业，不仅标志着中国近代机械工业的起步，而且也标志着安徽产业工人的诞生。从 19 世纪 70 年代开始，安徽出现了一批以开采煤矿为主的工矿企业，扩大了安徽工人阶级队伍。19 世纪末 20 世纪初，安徽民族资本家掀起一股“办矿热”，特别是中日甲午战争至辛亥革命爆发前，创办矿业公司 23 家。安徽第一代产业工人出现在芜湖、安庆等沿江地区以及矿区和铁路

★ 1906年，芜广铁路工人在筑路。

等行业。其中比较典型的如创办于1877年的池州煤矿，最盛时工人约400人；创办于1883年的贵池煤矿仅一年时间就有工人300人；濉溪烈山煤矿到1916年时已有工人八九千人；萧县老孤山煤矿和淮南大通煤矿到五四运动期间已经有工人各1000余人。1911年，蚌埠淮河铁路桥建成，津浦铁路全线通车，安徽最早的一批铁路工人随之在蚌埠诞生，当时有机务工人上百人。[①]1916年，安徽手工业工人已达9.58万多人。1919年，安徽工厂职工人数已达2.2万余人。

尽管这一时期安徽办起了一些工矿企业，推动了近代安徽工人阶级数量的增长，但这些企业自身存在数量少、类型单一、资本单薄、基础薄弱、存活率和延续率低等局限性，加之西方列强的入侵、封

① 安徽省地方志编纂委员会编：《安徽省志·群众团体志》，方志出版社1999年版，第3页。

建统治的压迫，安徽工人队伍的发展受到制约，工人运动整体处于被动局面。

二、安徽近代产业工人队伍的出现

安徽近代工矿、交通企业的兴起，最初以官办、官督商办、官商合办的形式为主，如池州煤矿、贵池煤矿等。随着近代社会变革，才开始出现商办工矿企业，如广益煤矿等。此外，因帝国主义势力入侵，清政府与日本、英国、德国等帝国主义国家签订了多份勘矿合同，近代安徽由此出现了一批中外合办的工矿企业。

安徽近代交通企业的兴起，以运营近代航运与近代铁路运输为主。1876 年 9 月 13 日，《中英烟台条约》签订，规定芜湖为通商口岸，将安庆、大通作为外国轮船停泊地和上下货物的“寄航港”。同年，李鸿章主持的轮船招商局在芜湖设立轮运局，标志着安徽近代水运企业的出现。除水运以外，1911 年，蚌埠淮河铁路桥建成，津浦铁路全线通车，安徽最早的一批铁路工人随之在蚌埠诞生。

随着安徽近代工矿业、交通企业的发展，近代安徽工人开始聚集，形成了安徽产业工人队伍的雏形，其基本分布于清政府官办的近代军事工业，官办、官商合办、官督商办的近代企业，以及少数商办民族工矿业中。总的来看，这一时期安徽近代工业发展缓慢，产业工人队伍整体力量薄弱。

（一）安徽近代工矿业工人的出现

19 世纪 70 年代，安徽出现了以开采煤矿为主的各类工矿企业。1877 年，安徽出现了第一家采用机器开采煤矿的企业——池州煤矿。随后，安徽芜湖、淮南、宣城等地也陆续兴起办矿热潮。19 世纪末 20 世纪初，安徽又掀起一股民族资本办矿热。但由于煤矿开采技术落后，耗资过甚，产量较低，一些企业因亏损严重而倒闭。辛亥革命后，国民政府颁布了一些有利于资本主义工矿企业发展的条例，在一定程度上刺激了民族资本投资矿业的积极性，安徽矿业在这一时期获得较快发展。在此期间，安徽煤矿企业增多，推动了安徽煤矿产量增加。但是，由于对矿质缺乏化验、机器设备陈旧或采用土法生产、苛捐杂税严重、经营管理不善，加之日本采取压价收购等原因，部分企业亏损严重以致中途夭折。

这一时期，安徽工矿业的发展主要体现在以下几方面。

其一，安徽兴起一批官办、官督商办、官商合办的近代工矿企业。1877年，买办杨德创办了池州煤矿，这是安徽第一家使用机器生产的近代工矿企业。池州煤矿的创办，标志安徽近代民族工业企业的诞生。1882年，洋务派督办并筹资4万两白银，经商务总局核许，派员在泾县创办了“万安煤矿公司”，开采琴溪、罗家冲、画眉岭等地原煤。1900年，宿州秀才周绍棠获得准予开矿的专权，组建合众公司经营烈山煤矿。1904年，徐州道台袁大化依官仗势，强占烈山煤矿。1908年，临涣士绅周玉山重金捐了五品道台衔，挤走袁大化，改烈山煤矿合众公司为普利烈山煤矿公司。1909年，烈山煤矿最高日产量为300吨。1915年，普利公司招收新股，安徽督军、皖系军阀倪嗣冲出资20万元，周玉山等人通过旧股折价10万元，将公司改组为普益烈山煤矿公司。1907年7月11日，两江总督奏准，由安徽、江苏、江西等省合办赣州府排岭铜矿。

其二，商办近代工矿企业在这一时期兴起。随着自然经济的逐渐解体，19世纪70年代，近代中国出现了民间投资的商办工业，其产生主要有两种途径：一种来源于中小地主官僚、买办、商人、华侨等的投资，另一种是采用机器生产的部分手工工厂，转变成为近代工矿企业。19世纪90年代末，安徽兴起商办工业热潮。以近代工矿为例，由商人投资，兴办了晋康公司、广益煤矿公司、裕繁铁矿公司等工矿企业。1898年，商人王希仲在芜湖设立晋康公司，在繁昌、南陵、宣城等县开挖煤矿11处，以繁昌南乡五华山产煤最多，每昼夜可出煤数10万斤。1906年，郑赞臣在广德县（今广德市）设立广益煤矿公司，创办资本额为4.2万元。1912年，商办淮南大通煤矿公司建立淮南矿区第一座近代矿井，年产煤1.4万余吨。1913年，芜湖商人霍守华在繁昌成立裕繁铁矿公司，主要从事繁昌桃冲铁矿石开采，这是安徽近代第一个铁矿公司。1913年，浙江人章维藩和安庆人吴龙元在当涂集资组织宝兴铁矿公司。1916年，上海商人徐国安、刘厚生，江苏南通商人张謇等分别组织福民、利民两铁矿公司（后合并为福利民铁矿公司），开采当涂姑山、南山、钟山等矿区，注册资本100万元。

其三，中外合办的近代工矿企业也开始出现，主要是指日本、英国、意大利、德国打着中外合办的幌子，为掠夺中国煤矿资源而兴起的一批企业。1899年4月，日本方学士于宣城县勘探煤矿，认为煤质甚优，向铁路督办盛宣怀提出，今后如开此矿，望与日本合办。同年5月，盛宣怀委托英国矿师去宣城勘矿，确认宣城煤矿是极有希望之佳矿，并著文披露于上海报纸，引起英国、比利时、日本等国争办宣城煤矿的角逐。1901年8月，宣城煤矿公司与日商土仓鹤松订立宣城煤矿中日合办合同，资本500万元，中日各半，后因故未开采此矿，合同于1904年作废。1904年，宿松县东乡西黄沙波山煤矿立约租给日商通裕公司开采。1902年11月2日，华商郑湘藻与英商董伊合办池州、贵池矿务。1903年4月14日，安徽省商务总局与英人伊德订立《勘矿合同》6条，准伊德遣派矿师到怀宁、宿松、东流、太湖、繁昌、婺源、泾县勘验。9月22日，外务部发文指出，安徽省商务总局与英商伊德订立《合办安徽内地开矿事宜章程》，未经部核准立案，不能作为凭据。此外，1902年6月，安徽省商务总局与意大利商人锡尼都订立在凤阳、庐州2府的勘矿合同。1904年，德商内播克在安庆大凹山设立永顺煤矿公司，同年出煤。1902年4月，安徽省商务总局与英商伊德签订了在安庆、池州、太平、宁国、徽州5府的勘矿合同；同年5月11日，安徽省商务总局与英国伦华公司代表凯约翰订立在歙县、铜陵、大通、宁国、广德、潜山6府的勘矿合同，总面积38.4万亩。1911年，当涂县实业家章维藩与日本高木陆郎之高昌公司签订采石矶铁矿开采合同，同年着手开采。辛亥革命爆发后，特别是第一次世界大战期间，安徽民族工矿业才取得较快发展。据1919年统计数据，安徽注册铁矿公司已“增加到15家，领有矿区28处，面积达17837亩”①。

表1-1　安徽省历年设立的商办厂矿名录②

成立时间	名称	所在地	资本额（千元）	经营性质	资料来源
1897年	益新面粉厂	芜湖	210	商办	《关册》，1909年，56页

① 程必定：《安徽近代经济史》，黄山书社1989年版，第168页。
② 汪敬虞：《中国近代工业史资料》（第二辑下册），科学出版社1957年版，第870—910页。

续表

成立时间	名称	所在地	资本额（千元）	经营性质	资料来源
1899 年	礼和公司煤矿	贵池	10	商办	《中外日报》，1899 年 3 月 23 日
1904 年	烈山煤矿	宿县	100	商办	《中国煤矿》，1904 年，286 页
1905 年前	同益沙铁公司	怀宁	21	商办	《商务官办》，1906 年，19–20 页
1905 年	开源织布厂	池州	14	商办	同上
1905 年	锦裕织布厂	芜湖	14	商办	同上
1905 年	裕源织麻公司	芜湖	42	商办	《农工商办乙巳纪事》
1905 年	大盛织布厂	休宁	34	商办	《统计表》，第一次
1906 年	广益煤矿公司	广德	42	商办	《东方》，241 页
1906 年	明远电灯厂	芜湖	168	商办	《中外日报》，1904 年 6 月 26 日
1906 年	丰盈榨油厂	安庆	140	商办	《报告书》，31 号
1907 年	兴记砖瓦厂	芜湖	28	商办	同上
1907 年	庆丰碾米有限公司	庐江	40	商办	《时报》，1907 年 4 月 11 日
1907 年	信成织布厂	亳州	14	商办	《报告书》，31 号
1907 年	裕兴榨油厂	阜阳	280	商办	/
1910 年	泾铜矿物公司	泾县	69	官商合办	《申报》，1910 年 4 月 27 日
1911 年	大通公司（煤矿）	怀远	240	商办	《现代中国实业志》，157 页

表 1-2　1912—1919 年安徽工厂职工人数统计表[①]

年份	1912	1913	1914	1915	1916	1917	1918	1919
人数	28989	27646	24378	24680	27284	13459	20090	22963

辛亥革命后，国民政府颁布了一些有利于资本主义工矿企业发展的条例，如孙中山就任临时大总统后即发布了关于保护私有财产的五则命令，并在"《临时约法》中明确规定'人民有保有财产及营业之自由'（第六条）"，此外，南京临时政府专门在中央设立实业部，并"要求各省成立实业司"。[②]加之第一次世界大战期间，西方帝国主义无暇东顾、国际钢铁价格猛增等因素刺激了国内投资矿业的积极性，安徽矿业由此获得较快发展。1912 年至 1919 年，安徽注册领照的煤矿公司有 81 家（包括探矿公司），其中开采出煤的公司 24 家。同一时期，安徽注册领照的铁矿公司有 15 家，其中已生产铁矿的 4 家，另有于 1916 年注册、专门生产硫黄的贵池协议公司。这一时期，安徽煤铁产量较清末有明显增长，第一次世界大战期间增长尤为迅猛，堪称安徽近代矿业发展的"黄金时代"。但由于对矿质缺乏化验、机器设备陈旧或采用土法生产、苛捐杂税严重、经营管理不善，以及日本采取压价收购等因素，部分公司亏损严重。

安徽工厂企业同样获得较快发展。截至 1908 年，安徽共创办工厂企业约 40 家，其中织布厂 15 家，其余为榨油、面粉、肥皂、电灯等工业企业。其中规模较大、使用机器生产较早的是 1897 年创办的芜湖益新面粉公司，有职工 200 人左右。第一次世界大战期间，安徽新设立织布工厂 33 家，职工 1200 多人；碾米厂 17 家，职工 400 人；印刷所、馆 15 家，职工 100 多人；火柴厂 2 家，职工 830 人；电灯公司 5 家，职工数百人；榨油、制皂、面粉、打蛋等工厂、公司 20 余家。1914 年至 1919 年，蚌埠先后创办工厂、公司 10 家，各业工人达 5000 人，加上商店店员，职工数总计在万人以上。

① 刘明逵：《中国工人阶级历史状况》第 1 卷，（第 1 册），中共中央党校出版社 1985 年版，第 127 页。

② 中国社科院近代史研究所中华民国史研究室总编，李新主编：《中华民国史（1894—1912）》第 1 卷，下册，中华书局 2011 年版，第 797 页。

（二）安徽近代交通业工人的出现

随着资本主义生产方式在近代中国的出现，安徽近代航运业开始兴起。1876年，芜湖开埠后轮船业开始出现。英商太古轮船公司首先在芜湖设立航运机构，其后英商怡和洋行、美商旗昌洋行等相继在芜湖设立航运机构和趸船。同时，包括轮船招商局在内的一些国内、省内的航运企业也在芜湖设立分局，建设码头和栈房。晚清时期，芜湖米业兴盛，推动了安徽近代航运业的进一步发展。1876年9月13日，根据《中英烟台条约》，芜湖被开辟为通商口岸，安庆、大通则作为外国轮船停泊地点和上下货物的“寄航港”。同年，李鸿章主持的轮船招商局在芜湖设立轮运局，标志着安徽近代水运企业的兴起。1898年，芜湖等地绅商集资设立小轮公司，先航行江北巢湖、合肥，其次是南京、安庆，继而开辟宁国、南陵内河航线，共有小轮20余艘。英商新顺昌始设立生祥记小轮公司，购船行驶庐州、太平等处，航业日有推广。1907年，王锦芳等人集资白银15万两，在蚌埠成立“利淮轮船公司”。航线以蚌埠为中心，上至正阳关，下至江苏清江码头。至此，商业性轮船运输公司在淮河近代航运史上首次出现。

安徽近代铁路的兴起，是为了弥补安徽近代航运的不足。虽然安徽省内淮河、长江、新安江三大水系航运较为发达，满足了安徽东西方向运输的需要，却无法满足安徽南北向煤矿企业运输的需要，这从客观上反映了修建铁路的迫切性。1906年2月28日，因芜湖商务日渐发达，清政府批准安徽铁路总办修筑一条支路，直达河南归德，以期扩充商业。1907年，清政府与英、德洽商修建津镇铁路事宜，确定津浦南段铁路经过安徽宿县、灵璧、凤阳等地而达浦口。随后，津镇铁路改名为津浦铁路。1911年10月，整个津浦铁路南段竣工，12月南段全线通车。1912年11月，津浦铁路全线通车。津浦铁路南段共设站口36处，其中安徽省境内站口26处。1912年，安徽绅商发起修建安（庆）正（阳关）铁路，由管鹏任督办，曾向日本东亚兴业公司借款测量，后因故中止。1914年3月3日，安徽商办铁路公司将已动工兴建的芜（湖）湾（沚）路线，已勘定芜（湖）屯（溪）、芜（湖）广（德）各路线，及其附属一切财产让归国有。

三、安徽近代非产业工人的产生

随着近代资本主义生产方式的出现，安徽依据地域特色及传统手作劳动，产生了近代非产业工人。如近代芜湖米市与相关行业工人、近代文房四宝工人、近代织布业工人、近代制茶工人等。

（一）近代芜湖米市与相关行业人

1876年，《中英烟台条约》签订，将芜湖辟为通商口岸，并于次年建立海关。李鸿章奏请清廷，将镇江七浩口米市迁移芜湖，确立了芜湖作为长江下游米市的地位。据统计，1898年至1904年，芜湖米粮出口多达500余万石。1918年至1919年两年增收，增至800余万石。此时兴起的机器碾米厂8家，杂粮米行业务有增无减。随着米市的建立，芜湖米粮业职工队伍随之形成和发展，采运业有米号近30家，职工600余人；米行业有8家，有职工100余人；砻坊业有60家，有职工2400余人；碾米业有职工500余人；杂粮市米行业有行户百家，职工100人左右。除以上几个主要行业职工队伍外，另有斛工200人左右，绞包工400人左右，掮运工（码头工人）830—970人。据统计，这一时期芜湖米粮业职工共有5000多人。在米粮业带动下，其他行业也得到相应发展。芜湖米市之所以兴起，关键在于建立了海关、发展了航运。外轮在芜湖停泊便利，航运运输畅通。但粮源来自周围各县（镇），于是，民间运输业应运而生。1850年，芜湖仅有钱庄10余家，到1894年发展到23家，每年进出汇划1300余万元，其中以米业进出为大宗。1874年芜湖仅有布业批发商数家，1919年已有26家。饮食服务行业，如茶楼、旅馆、酒肆、澡堂、小吃、戏院等也陆续得到发展。20世纪初，芜湖经商者达3000户，约5万人，芜湖进一步成为这一时期安徽的商业中心，对其他城镇商业发展产生了重要影响。

（二）近代文房四宝工人

步入近代以后，安徽部分手工业部门由于原料产自当地、生产历史悠久、制作技术精湛，整个生产“过程的性质自始就不宜大规模生产”，外国商品无法取代，因而继续保存下来，安徽“文房四宝”即属于这种情况。安徽泾县、宣城、宁国一带因盛产宣纸载誉千年。宣纸作为书画佳品，不仅“岁贡上用”，并且在清代即已远销国外，1915 年在巴拿马国际博览会上获奖。据《安徽近代经济轨迹》记载，清代泾县小岭设槽百有余户，年产宣纸 1500 万余件（大号每件 120 张，中号每件 170 张，小号每件 220 张），值 145 万元，工人不下四五千人。如“文房四宝”之一的徽墨，同样在国内外久享盛名。近代以后，绩溪县胡开文墨店在休宁、屯溪、歙县、安庆、汉口、上海、北京、天津、广东等地均设有分店，至 20 世纪初，胡开文墨店每年产额达 15 万元。墨店一般设有制墨工场，从事制墨生产。如休宁胡开文墨店制墨工场，有墨工百余人，年产高级墨 300 担。宣笔、歙砚与宣纸、徽墨一样，因其制工考究、工艺严格，进入近代以后，得以继续保持一定销量。安徽传统工艺品生产种类除“文房四宝”，还有舒席、蚌埠玉雕、祁门瓷器、界首陶器、宁国紫砂陶、螺钿漆器、新安刻书等。

（三）近代织布业工人

随着近代织布业的兴起，安徽逐渐形成一批织布业工人。据 1916 年数据统计，安徽全省从事织布的制造户达 14300 户，职工达 33199 人，年产各色土布（包括大布、柳条布、竹布、漂白布、爱国布、斜纹布等）达 1686190 匹。这一时期安徽的手工织布，主要是一家一户的家庭手工业，也有部分手工织布工人在织布工厂进行劳动生产。据 1919 年统计数据，安徽 12 县共有手工织布工厂 23 家，职工 378 人，织布工厂职工多的达 160 人，一般在 10 人左右，23 家织布工厂共产各色土布近 5 万匹。安徽手工织布业的发展带来了染纺业的繁盛，据《安徽近代经济轨迹》记载，“芜湖染坊，光绪初仅数家，近（民国七八年间）以土布出场甚多，除机坊自染外，现共有十余家。所染印花及各种颜色，丝绸工艺之进步甚速，营业亦因之发展”[①]。

（四）近代制茶工人

随着外销茶叶猛增，安徽手工制茶业获得较快发展。19 世纪中国对外输出

① 王鹤鸣、施立业编：《安徽近代经济轨迹》，安徽人民出版社 1991 年版，第 209 页。

商品中，茶叶居出口价值第一位，而皖茶在外销茶叶中又居重要位置。鸦片战争后，国外对茶叶需求量剧增，茶叶外销畅行，刺激了安徽农民种茶积极性，手工制茶业空前繁荣。皖南绿茶先运往屯溪，经加工包装再运往杭州、上海对外出口。屯溪镇较大规模茶号就有百余家，茶号工人分为筛工、炒工、拣工三种，每年茶市，各地来屯溪受雇于茶号的工人多达1.5万余人。在皖南红茶制作中心祁门，制茶茶号达180余家。较大茶号雇工达数百人，夜以继日加工茶叶。皖西茶叶运销中心在六安，六安县城居民有2.5万余人，以制茶业为最盛。皖西茶叶“粗制，皆由园户自理，精制乃归茶号。茶号制造场所，以烘场、拣场为主，皆须相当房屋。制茶工人领事工头通称棚杆子，其下有大把手、二把手、三把手，即上中下三等之分。此项工人，皆为包工制，有雇自当地者，有借才异地者”。除上述屯溪、祁门、六安外，其他采茶县镇均设有规模不等的制茶茶号，估计茶号在千家以上。伴随制茶业的兴盛，安徽部分制茶城镇锡罐业、茶箱业以及篾箱业随之得到发展。以屯溪为例，茶叶外销鼎盛时，镇上设有锡罐业9家，熔炉工人超过200人，每年制锡罐25万只以上；镇上设有箱栈17家之多，每年制木箱10万只以上；镇上设有篾箱业10余家，工人200多人。

（五）近代芜湖、六安手工业工人

在安徽近代手工业工人中，芜湖和六安根据自身地域特色，形成了十余种手工业工种。据陈春华等编撰的《嘉庆芜湖县志》（卷一）记载，“（芜湖）居市廛冶钢业者数十家，每日须工作不啻数百人。初锻熟铁于炉，徐以生镤下之，名曰喂铁，喂饱则镤不入也。于时渣滓尽去，锤而条之，乃成钢。其工之上者，视火候无差，忒手而拭其声，曰：若者良，若者苦。其良者扑之皆寸寸断，乃分别为记，橐束而授之，客走天下不訾也。工以此食于主人倍其曹，而恒秘其术”[①]。芜湖长街、二街大院，“铿锵之声终日不绝于耳”。方圆百里流传着“铁到芜湖自成钢”的赞誉。芜湖赵云生剪刀素享盛名，行销全国。六安县手工业工人，其技艺包括木、铁、篾、织、伞、茶、成衣、杠抬、理发、扎笔、黄烟和

① 中共安徽省委党史工作委员会编：《安徽现代革命史资料长编》第1卷，安徽人民出版社1986年版，第72页。

染色等十余种，其中绝大多数手工工人散居在农村，既做工又务农。有的只做季节工，如茶叶工人；有的手工工人只将手工技艺作为农村家庭的副业。只有城关、苏家埠、毛坦厂、马头镇等集市的手工工人为专业工人，他们主要依靠出卖劳动力来维持生活，但这些集镇上的手工工人和农民与农业生产活动有着千丝万缕的联系。六安县黄烟工人最多（烟工有五六百人，连同撕烟叶的杂工共有千余人），仅城关江恒泰等4家烟店，就有烟工二三百人，苏家埠镇也有烟工七八十人。1916年至1924年，黄烟畅销，六安县黄烟店增多，仅城关镇一市的黄烟工人就增加到700余人，其余各集镇也有发展。此外，全县织工有300余人（城关有120—160人），成衣工人200余人，理发工人七八十人。

表1-3　1916年安徽省手工各业职工统计表

项目	户数/户	职工数/人
油类	4323	18646
酒类	2707	7152
糖类	498	1971
烟草类	2103	4199
淀粉类	6642	9637
罐头食品类	764	1555
丝织物类	297	1273
棉织物类	14300	33199
麻织物类	479	922
毛织物类	2	6
丝绵交织物类	76	122
编织物类	345	822
胰皂	34	245
蜡烛	129	253

续表

项目	户数 / 户	职工数 / 人
漆	636	1013
蜡	697	1353
靛青	4297	10298
火柴	1	60
砖瓦	10261	10761
合计	48591	103487

资料来源：《安徽实业杂志》第 22 期，第 1—17 页。

表 1-4　1917 年安徽省化学制造业手工工人一览表

类别	工厂数 / 家	职工数 / 人
制纸	1758	3869
制革	1178	3458
制油及蜡	5018	20199
胰皂及洋蜡	115	385
靛	4294	10298
化妆品	51	104
制药	413	1030
染业	320	1025
漆工业	1447	4384
火柴	1	60
陶瓷品	722	2110
洋灰及砖瓦	2593	10316
合计	17910	57238

资料来源：《安徽实业杂志》第 25 期，第 1—4 页。

表 1-5　1917 年安徽省食品制造业工人一览表

类别	工厂数 / 家	职工数 / 人
面粉	4500	8544
酿造	2707	7152
烟（旱、水）	2103	4199
罐头	698	1454
蛋质制造品	467	1016
各种嗜好品	533	1218
合计	11008	23583

资料来源：《安徽实业杂志》第 25 期，第 1—4 页。

表 1-6　1917 年安徽省其他各业工人一览表

类别	工厂数 / 家	职工数 / 人
制革品	749	1593
木、角梳	221	325
包发网	152	185
教育用品	1456	1981
石、木工业	662	2245
藤竹业	3546	8273
爆竹	1892	2682
黴箔	54	144
砀香	1753	2652
印刷业	68	132
美术品	288	670
草帽缏	1502	4944
席	3154	6129
合计	15497	31955

资料来源：《安徽实业杂志》第 25 期，第 1—4 页。

第二节　安徽工人阶级的劳动和生活状况

在帝国主义和封建主义的双重挤压下，安徽民族工业在夹缝中艰难生存，面粉、碾米、织布、采煤等行业发展缓慢。伴随民族工业的发展，安徽工人阶级队伍不断壮大，但真正的产业工人数量有限，大部分为黄包车工人、码头工人、城市店员以及进城的手工业工人。“劳动者在经济上受劳动资料即生活源泉的支配”，是其受到“一切形式的奴役的基础”。[①]安徽工人作为当时社会的下层民众，收入低下、工作时间长、生活环境差。企业主不会为了工人而改善劳动环境，工人为了生存也不得不在恶劣环境中劳作，这使许多工人患上职业病和传染病。更有甚者，由于劳动设备缺乏必要检查，经常发生生产事故，导致工人伤亡现象不断。工人所得的工资大部分用于解决温饱，没有时间、金钱和精力参与娱乐、文化、教育等活动，大部分工人粗布陋衣，饮食只能果腹，居住于房狭人挤的厂房，生活条件十分恶劣。

一、近代安徽工人阶级的劳动状况

新中国成立前，安徽工人和全国各地工人一样，深受帝国主义、封建主义和官僚资本主义的三重压迫。工人劳作的工厂普遍狭窄，设备简陋，缺少阳光，空气污浊，既没有安全设备，又没有劳动保护措施，劳动条件十分恶劣，工伤事故不断发生。各业工人工作时间一般每天在12小时以上，多者达16小时，劳动时间长、劳动报酬低。安徽工人阶级产生、成长于半殖民地半封建社会，注定了其受剥削和受压迫的命运。安徽工人阶级不仅面临残酷政治压迫和经济剥削，还要在恶劣劳动条件下进行生产，受野蛮的管理制度和落后的用工制度束缚。

政治上，安徽工人阶级深受帝国主义、封建主义、官僚资本主义的压迫。一方面，清政府和反动军阀利用政权和武力，不断制定压迫工人的法律和条例，

---

① 马克思、恩格斯：《马克思恩格斯选集》第3卷，人民出版社2012年版，第171页。

如1907年制定的《大清新刑律》、1908年制定的《结社集会律》、1912年北洋军阀政府制定的《暂行新刑律》、1914年北洋军阀政府制定的《治安警察法》等，其中均明确规定，严禁工人“集会”“结社”“罢工”，更有甚者，不许工人“屋外集合”“粘贴文书图画”“散布朗读”等。但凡违反规定，便以“扰乱安宁秩序”罪，处以罚款、笞刑或牢刑。另一方面，各地中外资本家和官办企业，也都制定了名目繁多的矿规、矿约，压迫和苛待工人。外资和官办厂矿，大多派军驻守，武装巡逻，甚至私设刑堂。对敢于反抗的工人，轻则打、骂、罚款，重则逮捕、刑讯、杀害。芜湖纺织工厂中最大的裕中纱厂，每日工作时间12—14小时。裕中纱厂工人因工作时间过长与管理人员发生冲突，管理人员先是责打工人；工人不服，工厂便找警察上前压制；工人还不服，则用武力镇服。

经济上，中外资本家联合榨取安徽工人阶级剩余价值。一方面，安徽工人阶级劳动时间长、劳动强度大，工资待遇却与之形成反比，受尽资本家盘剥。在安徽近代工业产生和发展过程中，中外资本家多采取延长工时和增加劳动强度的手段，榨取工人剩余价值。1866年，第一国际日内瓦代表大会提出“8小时工作，8小时自己支配，8小时休息”的口号后，欧美国家工人阶级为争取8小时工作制进行罢工、示威活动，此后，欧美国家普遍实行8小时或10小时工作制。与之相比，中国工人劳动时间平均为12—14小时，工人没有法定休息制度，多数厂矿没有星期天休息的规定。另一方面，安徽工人阶级劳动强度高。近代安徽工厂大量生产工序是原始手工操作，如面粉与碾米的供料、矿山的采掘及运输等，都需要工人付出大量体力劳动。矿区工人的劳动条件比工厂工人还要恶劣。采煤工具一直用最落后的镐、锤、钎、钯。矿工们不仅从事艰苦劳动，而且面临着矿场倒塌、穿水、起火等危险。中外资本家为节约成本、牟取暴利，普遍采取延长工人劳动时长、增强工人劳动强度的手段压榨工人。安徽工人阶级为维持个人及家庭生计，不得不忍气吞声继续劳动。可以说，近代安徽工人长期处于极度紧张、劳累的精神状态之中。

工作环境上，安徽工人的劳动条件恶劣，面临野蛮管理制度的压制。无论官办企业、官商合办企业，还是商办企业、外资企业，都视工人的健康和生命于不顾，一味攫取工人剩余价值，不肯添置新式机器、加强劳动保护和增加安全设备。同国外厂矿企业相比，安徽工人劳动场地、生产工具、设备和安全保护都极度恶劣。厂矿车间和巷道狭小、简陋，采矿区昏暗阴沉、噪声刺耳、灰尘弥漫，工人不得不在恶劣环境下从事生产。在厂矿内，除车水、吊煤和鼓风不得不用机器外，采煤工具一直采用落后的镐、锤、钎、钯等生产工具。许多资本家不愿意花钱买支架木材，强迫工人在巷道中使用没有支架的“落垛法”，致使工人经常因“冒顶”而大量伤亡。为剥削工人、强迫工人劳动，资本家竞相采用野蛮的管理制度和落后的用工制度。安徽近代厂矿企业大多实行工头制度。工人在资本家豢养的工头监管下，被迫从事繁重劳动，经常受其罚款、谩骂和毒打。

在野外和露天工作的码头工人、建筑工人、人力车夫等群体，其劳动条件也非常恶劣。如打米工人，每天早上六时上工，下午六时散工。“工人有家小的，子女送饭到码头去吃；晚上去他自己茅草棚儿里睡觉。没有家小的，随时买一些面食充饥，夜里便在人家大门底下，或是石头岸上手脚朝天，鼻呼如雷地安息。”高语罕在《芜湖劳动状况》一文中就曾指出：“人力车夫乃最苦之血汗劳动者，终日奔走街头，而所获仅能一饱，欲使妻子免于饥寒且不易得；其苦况盖可想见矣。各地车夫之生活，虽因营业情形而略有高下，惟其衣食，要为最简单最清苦者……人力车夫约有两千人……每天分上午、下午两班：上午班从夜里三点钟起至日里下午三点钟止，下午班从白天一点钟起至夜间十二点钟止……有一桩极背人道的事，就是：没过十六岁的小孩拉车子的很不少，警察不晓得取缔，车主只顾赚钱，那里留心我们这些小兄弟们的健康！”高语罕还在文章中提到：“至于泥水匠与建筑工，工作时间大约少则十小时，多则十二个小时……他们的生活更龌龊极了。我住的房子，里面睡了一二十泥水匠，简直和猪窝差不多！”[①]

---

①《新青年》第7卷第6号，1920年5月1日。

表 1-7　安徽 34 个工种（行业）工人日工资表[①]

安徽 34 个工种（行业）工人日工资表之一（1919 年北京农商部调查）

工资等级	制造服用品劳动者											制造饮食品劳动者			
	织工（计日）				弹棉（计日）		染纺	成衣	制帽	制鞋靴	制皮货	碾米（计日）		磨坊（计日）	
	供食		不供食												
	男	女	男	女	供食	不供食	计日供食	计日供食	计日供食	计日供食	计日供食	供食	不供食	供食	不供食
单位	元	元	元	元	元	元	元	元	元	元	元	元	元	元	元
最高	0.22	0.18	0.32	0.26	0.20	0.30	0.26	0.25	0.18	0.26	0.23	0.19	0.26	0.20	0.30
普通	0.16	0.12	0.26	0.22	0.15	0.25	0.21	0.20	0.14	0.19	0.18	0.14	0.24	0.17	0.27
最低	0.12	0.10	0.22	0.15	0.10	0.20	0.15	0.15	0.10	0.10	0.11	0.09	0.17	0.10	0.22

安徽 34 个工种（行业）工人日工资表之二

工资等级	制造饮食品劳动者								建筑劳动者						
	酿酒（计日）		酱园（计日）		制茶（计日）		制烟草（计日）		木匠（计日）		瓦匠（计日）		锯匠	石匠（计日）	
	供食	不供食	供食	不供食	供食	不供食	供食	不供食	供食	不供食	供食	不供食	计日不供食	供食	不供食
单位	元	元	元	元	元	元	元	元	元	元	元	元	元	元	元
最高	0.18	0.26	0.19	0.25	0.30	0.40	0.32	0.42	0.20	0.30	0.20	0.30	0.38	0.28	0.38
普通	0.13	0.22	0.12	0.20	0.21	0.30	0.22	0.26	0.15	0.22	0.16	0.22	0.27	0.24	0.28
最低	0.10	0.18	0.10	0.17	0.15	0.20	0.12	0.19	0.10	0.18	0.10	0.18	0.23	0.12	0.18

安徽 34 个工种（行业）工人日工资表之三

工资等级	建筑劳动者		制造器具劳动者							各项杂业劳动者					
	制瓶瓦（计日）		木器家具	造车	制金银器	制铜锡器	铁工	桶工	制柳藤棕竹器	制纸（计日）		榨油（计日）		油漆匠（计日）	
	供食	不供食	计日供食	计日供食	计日供食	计日供食	计日供食	计日供食	计日供食	供食	不供食	供食	不供食	供食	不供食
单位	元	元	元	元	元	元	元	元	元	元	元	元	元	元	元
最高	0.20	0.30	0.25	0.30	0.37	0.30	0.30	0.22	0.32	0.20	0.30	0.42	0.50	0.30	0.40
普通	0.15	0.25	0.15	0.20	0.27	0.20	0.22	0.16	0.22	0.15	0.25	0.34	0.42	0.22	0.32
最低	0.10	0.18	0.10	0.12	0.18	0.15	0.16	0.10	0.17	0.10	0.20	0.25	0.31	0.18	0.20

① 中国社会科学院近代史研究所　刘明逵编：《中国工人阶级历史状况》第 1 卷（第 1 册），中共中央党校出版社 1985 年版，第 379—385 页。

安徽34个工种（行业）工人日工资表之四											
工资等级	各项杂业劳动者										
	雕刻（计日）		印刷（计日）		制革（计日）		制席（计日）		男仆	女仆	夫役
	供食	不供食	供食	不供食	供食	不供食	供食	不供食	计日供食	计日供食	计日供食
单位	元	元	元	元	元	元	元	元	元	元	元
最高	0.32	0.42	0.30	0.40	0.30	0.40	0.20	0.30	4.33	2.00	0.28
普通	0.21	0.29	0.20	0.30	0.20	0.32	0.15	0.24	2.33	0.80	0.20
最低	0.10	0.21	0.13	0.22	0.14	0.20	0.10	0.18	1.00	0.50	0.14

资料来源：《农商统计表》（第八次），第350—373页。

二、近代安徽工人阶级的生活状况

鸦片战争后，随着中国沦为半殖民地半封建社会，中外资本家加强了对中国工人阶级的压迫和剥削。一系列不平等条约的签订，使国内白银大量外流，造成银价上涨、铜币贬值。以铜币结算工资的工人，因铜币贬值导致工资下降，包括安徽工人在内的中国工人群体生活极为悲惨，长期处于衣不蔽体、食不果腹、住不遮风雨、病不得医、工伤频繁的悲惨境地。

（一）工人衣、食、住状况

衣、食、住方面，工人因工资极低，加之中外资本家层层盘剥，最后拿到手中的报酬少之又少。工人日常吃、穿和住条件恶劣，穿一套比较整齐的粗布衣，按季换装只有收入较多的少数工人才能做到。大多数工人穿的是补丁摞补丁的破旧衣裳。最穷的工人，仅穿一条裤子，半裸过夏，到了冬季才把棉花加进单衣中过冬。他们做一件新衣裳要连续穿五六年甚至十多年，直到蓝色变成了灰色，仍不肯丢弃。至于工人日常饮食和居所，《新青年》第7卷第6号记载，食品“根本谈不上什么营养”，大多为“臭烂不堪之物”；工人居住地绝大多数是贫民窟式的工棚，“讲究的猪窝，也比它好。屋内窄狭污秽，臭气蒸人，有睡在地上的，也有睡在土炕上的，他们没有铺的，也没有盖的，枕头是用砖头来代替”。[①]

人力车工人，在旧中国历来是交通运输行业中最苦的工种之一，他们挣扎在社会底层，受着重重压迫、剥削和欺凌。在当时的安徽，蚌埠18家车行老板组成的人力车同业公会，拥有车子400余辆，控制着全市主要客货运市场。数千名人力车工人除极少数人有辆破车子外，绝大部分人没有车，为谋生计只有到车行向老板们租车，新车租金每辆每天为500文，旧车租金每辆每天在300文以上（当时大洋一角合小钱360文），不管一天能不能拉到客货，只要出车，就得付租车钱。除了车租，工人还要向与警察局有勾结的同业公会购买缴税牌，每月一角钱，有了缴税牌才能到警察局缴税。提起警察局的牌照税，人力车工人无不气愤，牌照每张税票值大洋八角，月月都得买，如果不买税票贸然出车，一经查出就要被抓走从重罚款。因此，牌照税如同套在工人头上的紧箍儿，谁也不敢不买。人力车工人到车站、码头去拉客货，还得忍受封建把头们敲骨吸髓般的剥削。譬如拉粮食，每包运价如果是三角，把头只给200文钱，其余80%被把头占有。工人稍有异议，得到的只能是毒辣的报复。这一时期，一个人力车夫如果一天的生意好，能挣个三四角钱，除去车租、税钱等，一家人吃糠咽菜尚能勉强维持过活；如果生意不好，连二斤面条钱都难以挣到。如遇风雨雪天、客货冷稀的日子，拉车赚的钱还不够付租车费，根本谈不上买食物，全家老小只有待在窝棚子里，围着破棉絮忍饥受寒。

据有关史料记载，“芜湖地区人力车夫每日所得，除去车租仅能余钱300余文至500文。人力车夫终日奔走，饭量皆大，每日每人须食米一升四合，合钱300余文，柴及素菜费每日约共需钱40文，香烟费每日需钱20文；衣服一项则可有可无。但就以上所举数种计算，每日必生意甚多，始能余钱100余文，沾润家属。大多车夫皆携有妻子老幼，必需租旧屋或草屋一间蔽身。芜湖草屋、旧屋之租金，每月皆需大洋五角。故每日所入，殊不足以养家室。幸彼等眷属，皆惯劳动，车夫之妻女，多以拣鹅、鸭毛及制鞋底，或洗衣为业，每日所入，亦各能自糊其口。初至芜湖之贫苦人，闻犹以芜湖为乐土，谓易谋生也”。

① 《新青年》第7卷第6号，1920年5月1日。

六安黄烟工人一直受人歧视，旧社会被称为“烟猴子”。他们的工资，每月平均仅有5400文铜圆（每月做六捆烟，工资才够买一石米），只能养活一二口人，所以多数是单身汉。有家庭负担的烟工，歇工便歇嘴，生活十分穷困。学徒工人三年学徒期内没有工资，出师后仅发给18串铜钱；出师头三个月也只发给计件工资的70%。同时，学徒还要忍受店东的打骂和虐待，这种剥削和被剥削的矛盾十分尖锐。因此，黄烟工人反对剥削和压迫的斗争势在必行。

据老红军顾均口述回忆：“我于1920年9月到凤阳县淮上火柴公司做工。这个公司是官僚何扁头出资、由资本家陈子衡出面开办的，有工人1000多人，何、陈为人狠毒，残酷地剥削和压榨工人，他们强迫工人每日连续干活十几个小时，但只给吃两顿饭。工资一般实行每年每人‘三节赏’（端午节发3元，中秋节发5元，春节发7元）。稍有不慎，就会遭到打骂和开除，人权毫无保障。广大工人生活在水深火热之中。”

（二）工人医疗救助状况

就医方面，工人疾病缠身，却无法得到医疗保障和医疗救助。由于劳动时间长、劳动强度大、生产设备落后、劳动和生活环境恶劣，又要从事繁重的体力劳动，工人长期处于营养不良、体弱多病的状态。但资本家为攫取更多利润，不仅延长工时、提高劳动强度、降低工资，而且指使工头、爪牙强迫工人在危险的车间、巷道劳动，致使劳动事故频繁发生，加之工厂和厂矿内缺乏保健、医疗设备，造成工人大量伤亡。

近代安徽工人常见健康问题以沙眼、皮肤病、牙齿缺陷及结核病四种疾病为主。多项社会医疗卫生调查数据显示，沙眼是当时安徽工人中出现最普遍的疾病。大多数引起沙眼的结膜炎与工作空间的幽暗污秽有关，如矿区工作，在昏暗环境下对视力损害颇多，所以矿工视力损坏症状较为普遍。耳炎同样是工人群体中常见的疾病，耳炎轻则导致听力损毁，重则可能造成耳聋。结核病在近代中国是公共卫生领域的常见问题，安徽工人群体因工作环境恶劣，加上经济落后与卫生常识缺乏，导致患结核病的人数众多。此外，一些矿厂区常有伤寒、霍乱、痢疾、肠胃病、寄生虫病、皮肤病、呼吸器病等流行病发生，致使矿工健康经常遭受严重损害，矿工死亡现象也时有发生。因工厂内外空气冷热不均，工人患感冒、夏季中暑现象也较为常见。

第三节 安徽工人的早期组织与自发斗争

安徽工业和手工业历史悠久，是我国手工业工人和产业工人诞生较早的地区之一。芜湖的冶炼和染织业，在明代已达到相当高的水平。制茶、砻坊、砖瓦、日用品等手工业在近代也有不同程度的发展。1861 至 1910 年，因封建势力打压，安徽出现了一些按行业组成的行会组织和按同乡关系结成的帮口组织，但鲜有独立的工人组织。辛亥革命后，安徽工人组织开始发展起来。

安徽工人阶级具有光荣的革命传统。在半殖民地半封建社会的近代中国，各行业工人经济上受压迫，过着水深火热的悲惨生活；政治上受奴役，处于社会最底层。为改变自身受压迫、受剥削的状况，维护自身生存权利，安徽工人阶级从诞生之日起，就开始了同帝国主义、封建主义和官僚资本主义的斗争。安徽工人早期的斗争活动带有自发性质，范围也仅局限于芜湖、安庆、繁昌等少数沿江城镇和矿山。

一、近代安徽工人组织

安徽早期工人组织主要由行会组织、帮口组织演化而来。行会一般为手工业组织，雇主、学徒、业主都可以参加。但行会组织一般不反对业主剥削，且业主在行会中居领导地位。帮口组织则由行业内同乡结成，以互相帮助寻找工作和维护本帮利益为宗旨。早期工人参加行会组织、帮口组织，在谋求和保障职业、遭到外人欺压或遇到意外困难等情况时，能得到一定程度的帮助和救济。随着安徽工人经济斗争的进一步开展，同时受民主共和思想的影响，安徽工人开始突破行帮、会党束缚，自发组织建立了职工组织和团体。1911 年成立的安庆校友工会，实际标志着安徽早期工人组织的诞生。

（一）行会组织

20世纪初，繁昌城关、荻港、峨桥等集镇码头，用箩筐进行货物搬运的搬运工人建立了箩帮组织，其首领叫“箩头”，又称“大老板”。1909年，繁昌县蒋道南成立了以榨油工人居多数的洪钧会，势力蔓延至临近7个县，有1000多人参会。1910年，宿县城关搬运工人、建筑工人建立了行会组织，即搬运行会或建筑行会。1918年前后，安庆城内有工商业近30种，从业人员1800人左右。

行会组织里“行有行规”“行有行话”。以安庆市粮行为例，安庆市粮行属于“跑马行”性质。所谓“跑马行”，就是任客投行，但有习惯性的行规，规定客人投行是“投一不投二”，其他粮行也不得插手。另外，“米行”是属“小箩行”，只能接待陆路上土车推的、肩挑的、手提的稻米小商小贩，不能在河下船上接客下货，这是沿袭已久的行规，不能侵犯，如犯行规者，要赔礼道歉并受罚。所谓“行有行话”，如牙行经纪人与部分顾客之间经常使用行话，用来蒙骗部分外地顾客，使客人听不懂他们说些什么。“行话”除用于暗语，有时候本市作坊买货人也用“行话”谈交易，这类行话带有地方色彩，因此使用区域和范围有限。“行话”用在谷物上，称稻为“东方神”、米为“子”、黄豆为“黄滚老”、豌豆为“安滚老”、大麦为“戗子”、小麦为“浮老”、芝麻为“研子”、玉米为“舌子家”、蚕豆为“天虫”、棉花为“瓤子”。用在有关事物上，如称开行的人为“站行子的”，称老板为“槐头”，称伙计为“背三百六的”，称民船为“瓢”，称车为“轮子”，称袋子为“叉口子”，称乡下人为“此木”“垂枝儿”，称斛斗为“碗儿”，称秤为“横子”，把聪明人称为“玲珑空子”，称老实人为“掩子”“锄子”，称开明的人为“混家”，把钞票叫“花虎”，称穷了为“秋水”，称钱为“油水”，称赚了钱叫“捞了油水”，称接到客人叫“牵了羊”，把进城叫作“到圈子里”，把不在青帮的人叫“空子”。行话里对数字有两种叫法，一种是单字数字暗语，一叫“叶”，二叫“都”，三叫“些”，四叫“许”，五叫“丁”，六叫“舌”，七叫“柴”，八叫“瞎”，九叫“神”，十叫“田”；另一种是双字数字暗语，一“枝花”，二“南山”，三“老生”，四“快玉”，五“团花”，六“摇树”，七“弟兄”，八“宝庄”，九“老翁”，十“枝花枝”。

（二）青红帮

青帮又称“清帮”“安清帮”，因字音相近而称“安庆帮”，最早指与洪帮政治主张对立的帮派。青帮主要是由运河两岸码头的水手秘密结社而形成的帮会。运河乃隋唐以来“南粮北调”的水运大动脉，到了清代，每年经运河北运的粮食达400多万担，粮船13000余艘，从事运输的水手达二三十万人之多。这些水手主要来自破产的农民和手工业者中的赤条汉子，受清廷漕运官军的欺凌盘剥。一些水手不甘忍受欺压，秘密团结起来反抗漕运官军欺侮，在漕运中相互接济照应，依靠“反清复明”的旗帜，秘密结成300余个社团组织，为大规模青帮帮会的形成奠定了基础。当时，有翁德惠、钱德正、潘德林三人流落在杭州一带传播罗教，并各自建庵供奉佛像，吃素念经，广泛宣传罗教教义。因靠近运河，水手经常聚集听道，在罗教思想影响下，水手被拉拢到“反清复明”旗帜下，组建成“安庆道友会”，青帮就此正式成立。青帮内分两大派：一称主帮，系浙东温州、台州人；一称客帮，系皖北、江北人，也称“巢湖帮”。青帮日渐势大，从运河两岸向京津、河北、河南、山东、江苏等地扩展，形成全国性帮会组织后，以反漕运官军、包运粮秣、联合罢工等形式举行反清斗争。1851年，青帮在巢湖举行起义。太平天国首领张宗禹依靠青帮力量，在河北与山东运河交界地段，与清军展开大规模战斗。辛亥革命爆发后，青帮成为同盟会团结和争取的重要对象，很多青帮派别投入推翻清王朝统治的斗争之中。同盟会领导人陈其美曾利用青帮头子杜月笙与黄金荣的特殊关系，委托他们为革命党做了许多暗杀、营救、筹资等工作，并在上海成立了“中华共进会”。青帮势力在安徽地区逐渐发展壮大，安庆地区一些大的青帮把头通过把持码头，“制定各种残酷的规章，任意剥削搬运工人”。轮船、车、轿行、茶馆、酒楼、浴室、戏院等各业人员为保全自己，以免在“人吃人的旧社会被吃掉，或欲凭借帮会势力”而加入了青帮。[①]

洪帮原名洪门，是明末清初从事反清复明的帮派。在国内有“天地会”“哥老会”“小刀会”等分支，在国外有“致公堂”“洪顺堂”等组织。洪帮各组织

---

① 中国人民政协安徽省委员会文史资料研究委员会编：《安徽文史资料》第16辑，安徽人民出版社1983年版，第95页。

相互独立。每一组织各有山名、堂名、水名、香名、内外口号和一首诗。成员间是横向关系，相互之间以哥弟相称，分10个排名以区分地位高下。如安庆望江、宿松两县有洪帮组织，成员约9000人，他们设立香堂，正中设关帝位，上悬“忠义堂”匾额，中间设桌3层，上层设羊角哀、左伯桃两位，中层设宋江位，下层设始祖、五祖和先圣贤哲三位。堂内布置香炉、烛台、七星剑、算盘、尺、斛、秤、镜、剪刀、桃枝、串球、木鱼等。安庆洪帮组织规则有21则、10禁、10训、18律书、10条、10款和议戒10条等，因是反清组织，开香堂多在庙宇内秘密进行。

“青红帮”是青帮与红帮的合称。青帮本为“清帮”，红帮本为“洪帮”（取自朱元璋年号洪武）。到清朝末年，因为两个帮派蔓延广泛，人们开始以颜色的青、红来称呼其名。清末民初，两帮势力相融合，社会上流传开“青红帮不分家”之说，民间始称“青红帮”。青帮与红帮相融合，并成为危害社会的恶势力，是在清政府将漕运改为海运之后。当时，成千上万水手失业，一部分投奔太平天国和清军，另一部分则聚集在两淮一带，从事贩盐、贩毒、劫掠、包赌、包娼、贩卖人口等活动。由于青帮从两淮贩盐主要运往湖广或安徽、浙江一带出售，须借用红帮地盘和势力，红帮从内地走私鸦片等货物销往沿海各码头，则要靠青帮从中保护、协助，两帮久而久之便融合起来。双方在合并后，均出现身兼两帮头目的人物，如号称“长江三龙”之一的陈金龙，他既是哥老会大首领，也是“安庆道友”通字辈大人物；青帮头子徐宝山，同时也是红帮头面人物。两帮部属逐级效法，双方勾结，也就“青红不分家”了。

（三）帮口组织

所谓帮口组织，是就商场的行业帮会而言的，应与青帮、红帮、小刀会、哥老会等封建道会区别开来。“帮口”一词由来已久，相传自太平天国运动爆发以来，由于安庆居长江中游，是军事上的战略要地，为兵家必争之地，当时太平军和清兵在安庆先后发生多次激烈战斗。由于清兵烧杀抢掳，给安庆带来严重灾难，老百姓逃亡殆尽，城郊内外一片废墟。后来，太平军战败，清廷为安抚流民，晓谕百姓返乡各安生业，但陆续归来的多半是邻县各地流离失所的客民，真正原先定居安庆的当地人回来得很少。在物质条件极端匮乏的情况下，客民互相帮助、互相支援，随着形势好转、社会秩序逐渐安定、生产不断发展、市场趋向活跃、诸工百艺分工明确，客民间的相互关系逐渐进行相应调整，一般按地区成立“帮”，分行业组成“会”。这类以互相帮助、寻找工作和维护本帮利益为目标的团体，通常依同乡关系而结成。如在芜湖扛米工人中形成了寿州帮、合肥帮、奋帮（山东、徐州、宿州一带的人），其中以寿州帮势力最大；在米粮行业中形成了广帮（广东、广西）、烟台帮、潮帮（潮州人）、宁波帮；在剪刀行业中形成了本帮（合肥、和县人）、北帮（湖北人）、江西帮；在糕饼行业中形成了金斗帮（江北帮）、泾徽帮、丹阳帮。

（四）公所

为维护生产经营秩序、保护本业利益，各行业成立了同业公所。同业公所通过订立公约和开会协商等方法，确定产品质量、规格、价格、工资标准，订立师徒契约，调解同业内部纠纷。

据记载，六安县的黄烟工人多数是来自临淮关、寿县、颍上、阜阳、凤台等地的外地人，一遇失业就无处容身。为保障有活做和有饭吃，黄烟工人联合起来和黄烟老板进行斗争。1913 年，六安城关黄烟工人牵头组织起当地第一个互助团体——烟业公所，这是六安县黄烟工人最早期、自发式的“行会”组织。烟业公所，先后在当时的五里牌坊市场和米厂附近，各购置十余间房屋开栈房，一处供失业、患病工人居住和作为工人议事场所；一处供来往经过六安的黄烟工人居住。此外，“行会”会为管理栈房人员工资和困难工人的生活补助进行筹捐，购置公共墓地用于收埋无家可归的黄烟工人尸骨。

然而，大多数近代早期的安徽行会组织、同业公所、帮口组织，都不是独立的工人组织。一方面，由于雇主和帮工混为一体，模糊了相互之间剥削压迫与被剥削压迫的关系，虽然这些组织在维护工人利益方面起到过一定的作用，但其领导权多被官府和雇主操纵，不利于工人觉悟的提高和工人斗争的开展。另一方面，由于工人通过参加组织活动，增进了彼此间相互交流和了解，在开展活动中得到锻炼，这些组织对于推动安徽工人由“自在”向“自为”转变，建立独立的工人组织也有一定促进作用。

二、近代安徽工人阶级的斗争活动

从19世纪60年代开始，安徽工人进行了反帝反封建的斗争，其中主要以经济斗争方式为主。安徽工人的早期斗争是分散的、小规模的，主要发生在沿江城市和矿山。1884年，芜湖装卸船只的苦力工举行罢工，这是近代最早有记录的安徽工人罢工运动。此后，繁昌煤矿、晋康煤矿、协和煤矿等多个矿场，皆爆发了工人大罢工。一些裁缝、人力车夫、黄烟工人也组织起来，发起过罢工行动。这一时期，安徽工人阶级通过举行罢工，迫使资本家增加工资，在一定程度上改善了工人的生活条件。

（一）苦力工人的自发斗争

芜湖苦力工人罢工是近代安徽有记录的最早的一次罢工活动。据1893年5月12日《捷报》的报道，此次罢工具体原因和过程大致如下："芜湖的一名记者报道说，从轮船往岸上运送大米的货船工人同米行商会之间在工资问题上发生了分歧，工人们为要求提高工资举行了罢工。协议是达成了，但又出现了新的分歧，米行商会企图请外面的工人担任这项劳动，被换下来的雇员采取了暴力行动，运送工作实际上处于停滞状态，河岸上堆起了小山一样高的大米袋。"[①]

1913年4月14日，安庆人力车夫千余人为抗缴警捐罢工4天，迫使警厅减缴警捐三角。当时安庆的《民极报》报道："本城人力车夫因求警局减少月捐，警局不允，因而停业。夫车夫苦力也，而安庆之车夫尤苦，石路凸凹不平，稍不谨慎，即遭颠覆，劳苦终日，仅得一饱，今一旦停业，饥疲之状，令人惨不忍见。若警局犹执旧章，不稍体恤，是驱此千百自食苦力之劳动家于死地也，哀哉。"[②]人力车夫抗捐斗争和《民极报》舆论报道，迫使警厅遂准从5月起减警捐洋三角，道路由警厅负责修整。4月17日，停业的人力车夫恢复营业。6月

① 中国社会科学院近代史研究所　刘明逵编：《中国工人阶级历史状况》第1卷，第2册，中共中央党校出版社1985年版，第70页。

②《民极报》，1913年4月16日。

13日《民极报》报道："芜湖人力车共有八百余辆之多，每辆月纳捐费洋一元七角，悉归警厅所属之工程局收入，以作修路之费。查本埠二街及横街一带，向为车行之路，但该路向来逼窄，而且凸凹不平，车行甚有妨碍。前任雷朱二警长只顾收捐，竟置该路于不问，嗣由各商人自行捐款修筑，警厅毫无补助，于是各商人遂将自修之路，特用大石截其两端，禁止车行，故各车只有马路一带能行。车行大为减色，几难糊口，而警厅收捐如常，各车夫特于今日（十日）一律罢工，……闻一般舆论咸谓此次人力车酿出罢工之风潮，其故均因前任雷、朱二警长之为私而不顾公也。"[①]

（二）煤矿工人的自发斗争

1898年，芜湖晋康煤矿一年来生产煤矿数量极少，原因是晋康公司在"整个夏天都处在罢工和混乱的状态中，使工作停了一些日子……到年底仍然是处在很恶劣的状态中"[②]。1900年，繁昌县又发生一次矿工罢工，同样是由于劳工纠纷。

据《时报》1911年8月25日的报道，芜湖协和煤矿爆发工人风潮。芜湖协和煤矿公司在繁昌荻港开矿取煤，因大水暂停工作。25日有小工百余人，向荻港分公司支取工资。该公司以工资早经工头算清，各小工不理，一味滋闹为由，请驻扎大通的巡防三营高管派兵多名弹压。不知为何，该小工又与巡防兵士冲突，气势汹汹，互相攻击。防军开放排枪，轰毙小工三人，防军亦伤多人。该县朱令飞禀芜湖关道赵观察、李统领核办。闻已连夜派员前往查办。[③]

1916年4月，烈山煤矿工人因要求补发工资举行罢工。濉溪烈山煤矿矿主一个多月不发给工人工资，工人刘班头带领十几名工人找矿主要钱，矿主不准他们进门，工人就拿铁镐、木棒向里冲。军阀倪嗣冲的代理人获悉后不但不予解决，反而出动矿警镇压工人。工人在与反动警察搏斗中，当场被打死两人、

---

①《民极报》，1913年6月13日。

② 中国社会科学院近代史研究所　刘明逵编：《中国工人阶级历史状况》第1卷，第2册，中共中央党校出版社1985年版，第131页。

③ 中国社会科学院近代史研究所　刘明逵编：《中国工人阶级历史状况》第1卷，第2册，中共中央党校出版社1985年版，第135页。

多人受伤。在矿工团结斗争的压力下，矿主只好补发工人工资。

（三）其他行业工人的自我斗争

1903 年 9 月 4 日，安庆裁缝业工人罢工，要求增加工人工资。罢工首先由裁缝匠行会开始，后来波及其他几个行会。1908 年，芜湖瓷器业工人聚众捣毁窑户坯坊 20 余家。1912 年 9 月，孙中山途经安庆视察，查获英国船只夹带大批鸦片，安庆工人在南门江岸焚烧鸦片。

1915 年 5 月，芜湖商人和店员罢市三天，抗议修改常关税则。1916 年，芜湖各界统一行动，开展反对重税苛厘的斗争。这场斗争持续两年之久，迫使海关总税务司和北洋政府调任芜湖海关税务司，训令芜湖海关监督宣布出口小麦概免税厘一年。

1916 年 9 月，霍邱城内 6 家织布厂的 70 多名纺织工人举行罢工，迫使资方张文志给所有工人增加工资，改善劳动条件。烈山煤矿工人自发举行罢工，抗议矿主欠薪，惨遭军警开枪镇压，矿工死伤 40 多人。

1918 年，六安城关黄烟工人，在“烟业公所”丁大和尚的领导下，举行全城关“挂刨子”斗争，提出实行 8 小时劳动制。烟店老板慑于“烟业公所”的威力，口头上表示让步，接受工人提出的条件，但工人复工后，资方又推翻口头上承诺的合同。

第二章　安徽工人运动的兴起与发展

辛亥革命推翻了清王朝的封建统治，结束了统治中国两千多年的君主专制制度，在中国大地上树起了民主共和的旗帜，有力地促进了中华民族的觉醒，推动了中华民族的思想解放，为中国的进步潮流开启了闸门。但是，以袁世凯为首的北洋军阀窃取了辛亥革命的果实，在封建军阀专制的统治下，中国在半殖民地半封建社会的深渊中越陷越深。1919 年 5 月 4 日，震惊中外的五四运动爆发，中国工人阶级开始以独立的姿态登上政治舞台。五四运动中一些早期先进知识分子爱国热情被点燃，以李大钊等人为代表的先进分子在思想论争中坚定了马克思主义信仰，推动了马克思主义在中国的广泛传播。中国共产党成立后，早期中国共产党人在工人中进行广泛的宣传和组织工作，使工人开始接受马克思主义的教育，提高了工人阶级的阶级觉悟，带领工人阶级为自身权益而斗争。

安徽工人阶级积极融入革命洪流，在中国共产党创办的平民夜校中不断提升自身思想认知，持续开展自觉的、有组织的斗争。从五四运动到北伐战争，安徽工人开展各种斗争达 160 多次，相较于早期斗争的次数大大增加。这一时期的工人运动此起彼伏，主要斗争有声援五四运动的斗争；芜湖人力车工人反对增加车租和车租捐大罢工；蚌埠铁路工人和烈山煤矿矿工声援京汉铁路大罢工的斗争；门台子烤烟工人反对外国资本家剥削压迫纵火烧毁厂房的斗争；烈山煤矿工人反军阀、反压迫大罢工；各地支援上海五卅运动、支持北伐战争的斗争；等等。在这些斗争中，建立统一的工会组织的重要性日益凸显，中国共产党在实践中组织工会、领导安徽工人运动向着更具组织纪律性的方向发展。

第一节　声援五四运动和安徽工人运动的兴起

1919 年上半年，中国在巴黎和会上外交失败的消息传回国内，迅速激起各阶层人民的愤怒，以学生为先锋的五四爱国运动席卷中国大地。消息传到安徽，安徽工人积极响应，安庆、芜湖、六安、烈山、阜阳等地的工人通过罢工、游行等方式声援爱国学生，表现出坚决而彻底的革命性，成为安徽工人阶级自觉参与政治斗争的开端。中国共产党创立前后，芜湖、安庆等地的革命知识分子和共产党员通过创办平民夜校等方式，教工人识字，灌输马克思主义理论知识，提高了工人阶级思想觉悟和文化水平，使工人群众认识到组织成立工会的必要性和重要性。此后，安徽工人运动不断发展，由自发走向自觉，工会组织的建立为工人阶级参与革命斗争、切实维护自身权益提供了有力保障。

一、声援五四运动

1919 年上半年，中国在巴黎和会上的外交失败成为五四运动的导火线。5 月 4 日，北京学生 3000 余人冲破反动军警的阻挠，从四面八方会聚到天安门前，举行抗议集会，震惊中外的五四运动爆发。

北京学生群众反帝爱国运动的消息传到安徽，省城安庆的学生首先响应。1919 年 5 月 6 日，安庆各校学生代表 100 多人，在安徽公立法政专门学校召开紧急会议。会议报告了北京五四游行的经过及北京学生被捕被殴情况，会议现场群情激愤，学生代表强烈谴责了北洋军阀政府的卖国政策及帝国主义损害中国利益的罪恶行径。为联合全省各校学生统一行动，5 月 7 日，安庆各校学生代表商定成立全省学生联合会筹备会。5 月 25 日，安徽省学生联合会正式成立，这是安徽革命史上出现的第一个全省性的学生组织。周新民、万诚、童汉章、宋伟年、方乐周、朱子帆、舒传贤、王步文等积极组织参加了省城的学生爱国运动。

安徽工人与各界民众奋起响应，从 5 月至 8 月，安徽工人多次举行罢工运动等，支援北京学生群众反帝爱国斗争。5月，安庆工人、学生和市民在黄家操场举行焚烧日货大会。6月初安庆成立了安徽省各界抵制日货委员会，号召全省人民提倡国货，抵制日货。6月11日，安庆举行总罢市，安庆中华书局职工首先闭门停业，并贴上一副对联，上书16个大字："若罪陈东，国亡无日，不除庆父，鲁难何平？"2000多名码头工人罢工示威，安庆港变成了"死港"。6月至8月，安庆学生在店员、黄包车工人的支持下，开展抵制日货运动。组织检查团分别赴各商店、码头、车站检查日货，查缴了凤大成商店收藏的日货。这是安徽工人阶级自觉参加政治斗争的开端。

在芜湖，学生、工人积极声援五四运动。从5月中旬起，码头工人拒绝搬运日货，人力车工人不拉外国人，轮船码头不代售日本船票，纺织工人拒用日本洋纱，店员不卖日本商品，旅栈店员不接待日本客人，各钱庄因之停止汇划，广潮两帮米号也同时停止采办。芜湖明远电灯公司工人将全城日商广告一律撕毁和涂抹，并在日本商盐冈洋行大门贴上反日标语，迫使该行关门歇业。5月19日，芜湖买办商人、商会会长汤善福，破坏抵制日货，遭工人、市民痛打，并迫使他在抵制日货的保证书上签了字。1919年6月8日，芜湖工人阶级投入反帝爱国群众运动，同时芜湖学生组织了声势浩大的示威游行，搬运工人和店员、黄包车工人都参与了斗争。6月9日，各厂停业，持续了三天，纺织工人罢工虽受到封建把头的威胁，仍坚持罢工一天。

1919年5月8日，六安城关的黄烟、杠抬、篾业等行业的工人，在六安省立第三甲种农业学校进步教师的宣传发动下，走上街头，游行示威，高呼"内惩国贼，外争国权""废除一切不平等条约""打倒列强""打倒军阀"等口号，霍邱县、寿县、舒城县的工人，也都参加了学生游行和抵制日货的行列。舒城县桃溪镇的油业、木业工人，肩扛榨锤，手持板斧，配合学生检查日货，将"万禾丰"商店私藏的日本糖30包、洋脸盆50多个、洋伞20多把、洋布50多匹全部销毁。5月24日，合肥东门外码头工人、市民和学生，冲破军警包围，将奸商伪装为国货的400包糖悉数抛入河中。6月9日，烈山煤矿矿工和各行业联系，倡议全县所有行会罢工、商业罢市、学生罢课。7月上旬，由阜阳学生联合会主持，省立第三师范学校召开大会，到会1000多人，成立阜阳国民外交后援会，作为阜阳人民反帝反封建的总机关。接着，工人罢工、教师罢教、学生罢课、商民罢市各两日。

此外，泾县、南陵、青阳、黟县、宁国、繁昌、宣城、广德、贵池、秋浦（今属东至县）、铜陵、无为、庐江、巢县、和县、含山、太湖、岳西、桐城、望江、滁县、全椒、定远、嘉山、天长、涡阳、太和、亳县、濉溪、蒙城等50余县都先后举行示威游行和开展各种宣传活动。

二、工人夜校的兴起

五四运动后，为进一步宣传马列主义，帮助工人提高阶级觉悟和文化水平，增强工人成立产业工会的自觉性，中国先进的知识分子主动“走到工人群众中进行宣传工作和组织工作，由此马克思主义思想运动和工人运动相结合”①，创办工人学校，如工读学校、工人夜校、商业夜校、平民夜校等。

继上海、北京之后，安徽各地也掀起了学习热潮。安庆、芜湖、六安等地的早期先进知识分子在认识到思想启蒙对于工人运动的重要意义后，先后组织起马克思主义研究会和工人夜校。青年进步知识分子蔡晓舟、王步文等创办的《黎明周刊》《安庆学生》《寸铁》《洪水》等刊物先后在安庆发行，并相继创办了工读夜校、工商夜校和义务小学，以报刊、学校为阵地，积极传播新文化，宣传马克思主义和十月革命。进步书刊的出版发行，使得广大知识分子和青年学生更多地接触马克思主义。1919年9月，省会安庆部分青年在怀宁县学宫创办了一所工读学校，组织店员工人等百余人学习马列主义及文化知识。1925—1926年，共青团支部和国民党区分部联合创办了安庆一师校工夜校，以张定武、杨兆成、吴振鹏等人为授课教师，以陶行知编的《平民千字课》为主要课本，对工人进行思想政治教育，提高工人的思想文化素养。

在芜湖，具有代表性的工人夜校是1917年高语罕提议创办的“平民学校”，校址位于赭山观音松及电灯厂隔壁。学校经费由学生自筹，高语罕、刘希平二

① 胡绳：《从五四运动到鸦片战争》下册，人民出版社2010年版，第854页。

人募捐。募捐对象是电厂经理吴兴周及商会崔祥鸠（崔祥鸠是在芜湖开绸缎店的大资本家，早年在日本留学时与高语罕是同学，做过律师）。高语罕派人在荒山坡上开了一大片地，造了几间屋子作为校舍，授课教师由学生自治会派学生担任。每天晚上上两小时的课。学校男女都收，对象都是人力车夫、纱厂工人。教材由学校代印，授课内容是高语罕在《新青年》杂志上选的文章。1918年，学生自治会在高语罕、刘希平的指导下，向各商家募捐办校经费，又创办了“商业夜校”，地址有两个：第一夜校在米业小学，第二夜校在广潮会馆。高语罕作为教员编写教材，闻名于世的《白话书信》即该夜校的教材之一。两个“商业夜校”有200多人，在芜湖工人中极具影响力。

1918年，六安进步教师桂月峰、钱杏邨等人于安徽省立第三甲种农业学校（简称六安三农）开办工人夜校，主要吸收城关黄烟工人、杠抬工人等开展免费教育。工人夜校名义上进行文化知识普及，提高工人文化知识，但实际教学内容是介绍苏俄十月社会主义革命，宣传马克思主义理论知识，目的是启发民智、提高六安工人阶级思想觉悟。由于六安的军阀势力——六安县知事骆通的反对，“三农”工人夜校兴办不久后只得停办，但作为六安工人阶级和工人运动的第一个“蒙师”，“三农”工人夜校起到了一定的思想启蒙作用。1924年冬，六安县具有初步共产主义觉悟的知识分子周范文、王亦良、邹同仁、桂伯炎、胡苏明等，在城关紫竹林小庙正式成立六安县青年协进会，开始研究和介绍马克思主义著作。胡苏明任干事长，他还以个人名义同施亚春合办“进化书店”，在仓房拐角处兴办私立“进德小学”，于小学内开设平民夜校，胡苏明任校长，朱瑾怀、沈月高、刘海棠任义务教员，吸收城关工人、店员等接受免费教育。其办学目的是向工人、店员宣传革命知识，帮助工人、店员树立阶级意识及参与革命斗争的坚定信念。“进德”平民夜校是在六安建立中国共产党组织前，六安工人第二次接受马克思主义思想教育的学习场所，它为六安工人和工人运动做好了思想理论准备。直至1924年6月，“进德”平民夜校因大刀会进入六安城关而被迫停办。因此，六安县的“青年协进会”和“进德”平民夜校，可以说是六安工人阶级的第二个“蒙师”。

表 1-8 五四运动后安徽先进知识分子开办工人夜校一览表①

时间	地点	名称	规模	发起人
1919 年 9 月	怀宁县学宫	工读学校	约 100 人	省学联王先强
1919 年 11 月	芜湖安徽公学	商业夜校	四五十人	高语罕、刘希平
1919 年冬	芜湖江西馆	第二学校	约 50 人	芜湖学联
1920 年春	芜湖赭山	工读学校	100 余人	高语罕、刘希平等 12 人
1921 年	六安“三农”	工人夜校	不详	桂月峰、钱杏邨等
1921 年	六安“进德”小学	平民夜校	不详	胡苏民、朱瑾怀等

1925 年冬，薛卓汉动员六安县在杭州浙江农业学校读书的中共党员王亦良和时为共青团芜湖特支委员刘大蒙及田崇厚等回乡建团。同年冬，上海大学党组织派共产党员王绍虞回六安进行秘密工作。他们在六安会合后，即在城关建立了中共六安特别支部，直属中共中央领导。六安特别支部吸收团员一起过组织生活，有党员、团员 10 余人。为了掩护党的工作，王绍虞和团员刘信成、刘大苎及许为浚（女）、王立权等集资，在六安西门外开设青年实业社（经营宁波式木器），六安特别支部还派员在棚场开办工人夜校，组织工人学文化、传播马列主义，开展工人运动。

总而言之，五四运动前后，安庆、芜湖、六安等地都掀起了创办工人夜校的热潮。工人夜校的平民文化知识教育极大提高了工人阶级的文化素养，尤其是早期先进知识分子关于马克思主义理论知识的宣传教育，起到了宣传灌输马克思主义进步思想与提高工人阶级思想觉悟的重要作用，为工会组织的发展壮大以及更好维护工人权益提供了思想理论基础及人才储备前提。

① 中共安徽省委党史研究院编：《中国共产党安徽建党图志》，中共党史出版社 2021 年版，第 66 页。

三、安徽工人斗争的发展和工会组织的产生

（一）安徽工人斗争的发展

五四运动后，特别是中国共产党成立后，安徽工人阶级在维护自身利益的斗争中不断强化阶级意识，展现出为谋求自身利益而不屈奋斗的顽强精神。

中国共产党成立后，即把领导工人运动当作党的中心工作，于1921年8月成立了中国劳动组合书记部，作为领导工人运动的工作机关。工人运动开始出现蓬勃兴起的局面。1922年芜湖黄包车工人罢工正是在这种大背景下发生的。芜湖车行老板通过警察厅增加黄包车牌照税，将原来每辆车的租价由24个铜板调高到38个铜板，使得原本已十分贫寒和窘迫的黄包车工人被老板加租后，生活更为艰难。工人们怨声载道，但苦于没有应对的办法。芜湖市学联决定全力开展对黄包车工人的支援，分区段组织黄包车工人罢工；向教师、学生募捐，维持工人罢工期间的生活；推选代表向芜湖警察厅请愿，取消增收黄包车牌照税及车行加租；召开芜湖的劳动大会。薛卓汉和胡金台还脱去长衫，穿上黄包车工人的服装，深入工人中间，跟他们一道拉车，利用拉车的机会向工人们做宣传鼓动工作，并帮助他们组成十几个小队，确定指挥和联络人员，做好举行罢工的一切准备。在芜湖学生联合会帮助下，芜湖黄包车工人发动反对增加牌照捐和车租的斗争，于1922年3月21日举行全体大罢工。次日上午，一支由黄包车工人和学生混编而成的2000多人的请愿队伍，高举“誓死反对加租”“请求各界援助”两面白旗来到警察厅，向警察厅长陈述举行罢工和要求减租的理由，并提出借大舞台（今芜湖市大众影都）召开大会、取消增收黄包车牌照税和车行加租、命令车行退回已收的新加车租、车行按照原租减少一成四点要求。警察厅长面对上千罢工工人和学生的呼喊声惊慌失措，当即答应取消牌照税，并把车行老板传来大骂一通，命令他们立即减租。罢工工人听到这一消息后，欢呼雀跃，齐声高呼“劳动者万岁”。工人罢工取得了初步胜利。在工人、学生的团结斗争下，当局被迫取消了车行加租和减少牌照捐10%。随后，芜湖市成衣、纺纱、油漆、锯木、鞋业等各行业工人相继举行罢工，并取得了

一定胜利，部分行业工人的工资增加了，工作状况也有所改善。

1922 年 1 月 29 日，安庆药业工人因成立药业研究会受阻，举行罢工。9 月 3 日芜湖刷色纸工人 80 多人举行罢工，反对该行业公所订立八条苛刻的公约。9 月 24 日庐江城关水作坊、糕点作坊 100 多名工人，为要求增加工资，改善待遇，借“雷祖会”为名，举行了持续五天的罢工，最后取得了胜利。10 月蚌埠机务段、工务段秘密成立蚌埠铁路工会，会员有 200 多人，领导人有赵兴旺（北京人）、王顺等。这是安徽境内第一个由产业工人组成的工会组织。10 月 9 日芜湖裱画工人 100 多人，向店东要求增加工资，遭拒绝后全体举行罢工。1923 年 8 月 10 日芜湖裕中纱厂工人罢工，抗议厂方借故停产，任意裁减工人。双方发生冲突，最后工人获胜。1925 年 2 月芜湖纸坊工人百余人，要求增加工资，举行罢工，并取得了胜利。5 月 4 日芜湖市数万人游行示威，纪念五四运

★ 芜湖劳动大会旧址十三道门（现为鸠江饭店）。

动，学生分组外出讲演和散发传单，工人举行罢工。7日芜湖纺织厂4000多工人因要求增加工资没有得到资本家的同意，举行全体罢工。9日为纪念“五九”国耻，芜湖各校学生一律停课一天，学、工、商各界共四五千人举行了声势浩大的示威游行，进行反帝爱国宣传。织布厂700多工人参加了芜湖学生纪念“五九”国耻的游行。1926年2月在中共蚌埠特支和铁路工会的领导下，蚌埠铁路工人先后开展要求增加工资，反对剥削，坚决抗议任意开除工人的斗争，最后取得了胜利。4月16日芜湖中共党员深入广大人民群众，发动工人开展了增加工资的斗争。当日，芜湖纸业工人罢工。27日鞋业工人罢工。28日洋机工人罢工。7月至9月，芜湖大小香店、槽酱、豆腐业工人，裕中纱厂女工、杂货业、糕饼业工人相继举行罢工。这些斗争均获得了胜利。1927年12月5日澛港店员工人发动“要求加薪”运动，得到芜湖店员工人全力支援，结果获胜。芜湖南圩、万春圩、澛港等地农民及码头工人分别进行抗租、抗捐、扒粮、加薪的斗争。黄包车工人反对征收“号衣捐”，2000多人包围警察厅，迫使警察厅宣布取消“付洋五元领取号衣”的成令。

1921—1927年间，安徽工人罢工、示威游行等工人运动不计其数，尤其是芜湖劳工会的成立在全国产生了很大的影响。在工人运动中，涌现了一批理想信念坚定的革命党人。与此同时，中国共产党人在领导工人运动的实践中积累了斗争经验，推动了党组织及工会组织成立壮大。

（二）工会组织的产生

“工会组织不仅能大大促进经济斗争的发展和加强，并且能大大帮助政治鼓动和革命组织工作。”① 随着安徽工人斗争的持续推进，工人阶级从斗争的成功经验和失败教训中认识到工人联合的重要性。为满足工人阶级对基本人权的追求，保障工人阶级基本权益，迫切需要建立起统一的工会组织，进而整合工人阶级力量。自此安徽工人阶级开启了“自发”到“自为”的斗争转变，各行各业的工会组织纷纷建立起来。

1922年3月下旬，芜湖劳工会成立，并在其成立之日宣告“救生计性命，

---

① 列宁：《列宁选集》第1卷，人民出版社2012年版，第397页。

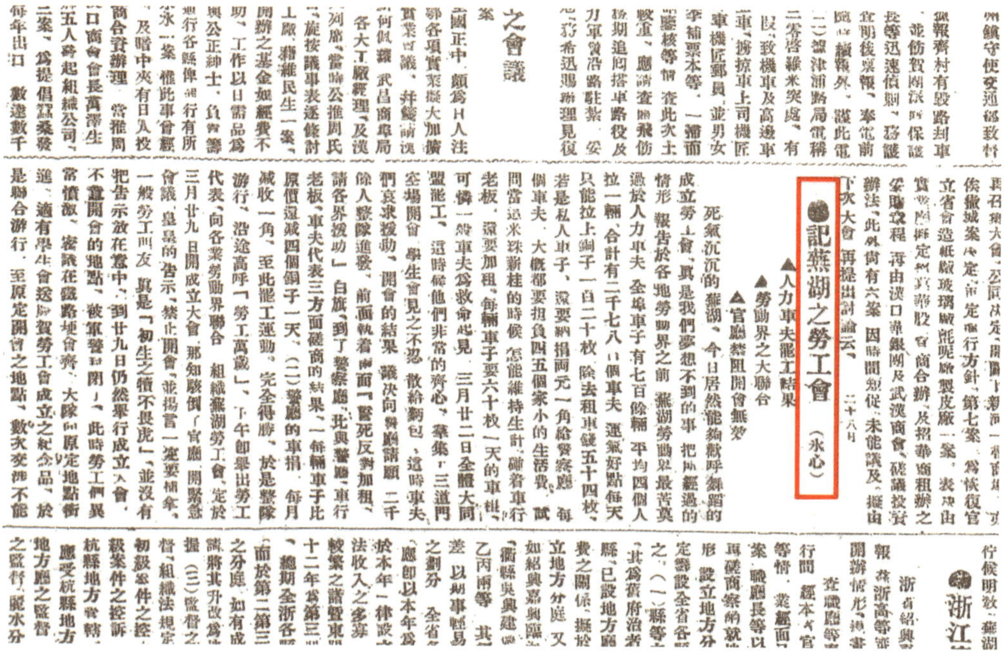
記蕪湖之勞工會 （氷心）

▲人力車夫罷工結果 ▲勞動界之大聯合 ▲官廳禁阻開會無效

★ 1922 年 4 月，上海《民国日报》报道芜湖劳工会成立。

以谋公共幸福”的初衷。芜湖劳工会的成立要追溯到 1922 年芜湖黄包车工人大罢工。1922 年 3 月 22 日，芜湖人力车工人近 2000 人举行罢工，反对增收牌照税、车行加租，并取得胜利。为巩固斗争的胜利成果，防止反动当局和资本家勾结起来进行反扑，在芜湖学联的宣传和帮助下，芜湖劳动界决定召开劳动大会并成立劳工会，维护工人利益。安徽省军政当局及芜湖地方当局得知消息后大为恐慌，立即在工人经常聚会的地方张贴告示，下令禁止劳动大会的召开。3 月 28 日，芜湖市学联召集各校代表及黄包车工人代表举行临时会议，决定连夜面见警察厅长，要求批准开会，但遭到断然拒绝。双方僵持很久，没有结果。代表们气愤地离去。次日，数千工人和学生不顾当局的阻挠和恐吓，按原计划齐聚东门外铁路埂召开劳动大会，宣布成立芜湖劳工会。会场上高悬芜湖学联赠给劳工会的白布横幅，上书“劳工神圣”四个大字。随后，大会选出芜湖劳工会的正副会长及各部部长，就职人员当场发表演说。同时，大会还发表了由学生代为起草的《芜湖劳工会宣言》，并向全国发出通电。3 月 29 日在十三道门召开劳动大会，通过“芜湖劳动大会致全国工人通电”，成立“芜湖劳工会”，发表《芜湖劳工会宣言》，明确了劳动者追求人权、追求幸福的理想目标，认识到改造社会的艰巨任务是压在工人阶级身上的重担。而半殖民地半封建的社会现实下，广大工人群众食不果腹，连“吃”的权利都被剥夺，劳动者需要联合起来才能保全他们的生命和人格，才能肩负起改造这“吃人血、要人命”污浊社会的重担。芜湖劳动工会的成立揭开了安徽现代工人运动的序幕。

此外，1922 年 10 月，蚌埠铁路就出现了最早的工会组织。在全国第一次工人运动高潮和北方铁路工人反帝反封建斗争的鼓舞和影响下，蚌埠铁路机务处工人秘密发起组织了工会，参加者 200 余人。早期工会成员简单，火车司机担任工会会长，领班为赵兴旺（北京人），委员众多。工会办公地点设在一所小学校，对外不公开，不挂牌。工会只许工人参加，段长、工头概不吸收。工人入会也无须办理手续，只要本人愿意，登记即可入会。铁路工会的成立，使蚌埠铁路工人第一次有了自己的组织。

以芜湖劳工会和蚌埠铁路工会为代表的工会组织的成立，使得工人阶级有了代表本阶级利益的组织团体。在工会的组织引导下，广大工人有组织有纪律地参与到当地的经济、政治斗争中。广大分散的工人力量拧成一股绳，在工会的统一领导和指挥下，展现出工人阶级的强劲力量。

第二节　支援五卅运动和安徽工会组织的发展

1925 年 5 月 15 日，上海内外棉七厂的日本资本家不但不答应工人们的合理要求，还枪杀工人代表、共产党员顾正红，这激起了广大群众的极大愤慨。5 月 30 日，在中国共产党的领导和发动下，上海工人和学生举行街头宣传和示威游行，租界英国巡捕在南京路上突然开枪，“当场打死十三人，伤数十人”[①]，造成震惊全国的五卅惨案。五卅惨案的消息很快传播开来。在中国共产党的领导和推动下，五卅运动的狂飙迅速席卷全国，各阶层广大群众积极参加反帝爱国运

① 曹平：《五卅运动和省港大罢工》，黑龙江人民出版社 1985 年版，第 41 页。

动。安徽各县、集镇以及穷乡僻壤的广大工人、学生、商人、农民和其他各界群众，都纷纷投入这场运动中。为声援上海工人罢工行为，省教育会召开会议发起成立了五卅惨案安徽后援会，开展救济上海失业工人募捐活动，支援上海工人的罢工斗争。

一、安徽各地工人声讨帝国主义

五卅惨案激起了全国人民愤慨。在中国共产党的领导和推动下，五卅运动迅速席卷全国，从工人发展到学生、商人、市民、农民等社会各阶层，并从上海发展到全国各地。安徽工人阶级一马当先，协同全省人民一道投入了这场斗争。

6月2日，安庆各校学生举行支援五卅斗争的示威游行。6月7日，安庆50多所学校和社会团体举行会议组织成立“五卅惨案安徽后援会”，当场决议为上海筹募巨款、援助上海罢工罢市罢课，并要求与英、日断绝经济往来。会后即游行街市，经过省公署，推代表要求政府立即收回英、日租界。6月10日，后援会召开各界大会，讨论援助沪案办法。会议议决内容为：“1. 向执政府外交部及全国发出通电；2. 捐款接济上海工人的生活；3. 实行经济绝交，劝告各商店以后不许贩卖劣货，并组织10人团进行宣传。”同日，安庆党组织又发动工人、学生、市民三万多人，游行示威，支援上海人民的反帝斗争。

在安庆工人与广大群众支援上海人民反帝斗争的同时，芜湖学生积极响应。6月5日，由芜湖学生联合会发起，召集38个团体出席会议，通过了5项议案：（1）组织芜湖外交后援会；（2）6月6日举行联合大游行；（3）各学校、团体分组外出演讲；（4）分别致电党中央及上海；（5）6月7日下午继续开会。与此同时，会议通过了“取消领事裁判权；收回租界；打倒帝国主义；惩办凶手；取消不平等条约”的游行口号。

在上述活动前后，芜湖各洋行华员也召开会议，一致表示要与群众一致反抗帝国主义，誓为人民群众做后盾。从6月6日起，芜湖工人和各阶层人士先后三次举行大规模的声援活动。6月6日，芜湖国民党党部、学联、店员工会、教联、各中学、报界公会、各商团等团体一万多人，举行第一次声援五卅示威游行。他们手执白旗，沿途高呼“惩办凶手”“收回租界”“取消不平等条约”“打倒帝国主义”“收回领事裁判权”“对日经济绝交”等口号，并散发传单，演讲宣传，街道两旁人山人海的听众无不深受感动，掀起了反帝怒潮。6月10日，芜湖实行停市、停工、停课，举行第二次大规模示威游行，表示对上海遇难同胞致哀，参加游行的团体比第一次多两倍，人数达三万多人，其中工人有两万人，占十分之六七，甚至英、日两国在芜湖开设的太古、怡和、日清等轮船公司和日商开办的百川纽扣厂的广大工人也一致罢工，几十名盲人也参加到游行行列，令人动容。当行至英、日两国领事馆门前时，游行群众高呼“打倒帝国主义”“取消领事裁判权”“收回租界”“废除不平等条约”等口号。最后，游行队伍齐聚十三道门广场举行国民大会，被公推为临时主席的钱杏邨号召大家“一不卖英日货；二不卖原料于英日人；三不为英日雇工”。国民大会上还宣读了芜湖外交后援会通电《告全国父老兄弟书》。6月30日，由芜湖外交后援会主持，公祭沪、汉、粤被英兵惨杀的烈士。同日，芜湖实行总罢业，城内外商店、工厂均未开门，门上贴着“沪案移京，交涉停顿，汉广惨剧，相继发生，激于义愤，停业一天，以致哀悼”的字条。参加公祭的有外交后援会全体职员及各界代表共200多人，钱杏邨主祭，宫乔岩报告英兵在各处开枪残杀我同胞情形。正当芜湖反帝怒潮席卷全市之时，英、日帝国主义与芜湖反动当局相勾结，妄图采取武力行动来扑灭如火如荼的群众运动。6月上旬，英国调来“重海”号兵舰驻防芜湖，日本“菱号”驱逐舰也停泊于此，向芜湖人民示威。日舰长滕英次还登岸至镇署会见镇守使王普，“晤谈良久，始行返舰”。当其登岸后，“沿途由我国警官率领警士相随保护”[①]。

此外，蚌埠各界于6月7日召开会议，讨论援助沪案问题。蚌埠人民一致主张与政府通电力争，并誓为人民群众后盾。自6月7日起，蚌埠接连召开沪案报告会和声援五卅追悼被害同胞大会，与会者臂缠黑纱，手持白旗，上书“群起救国，万众一心”“打倒帝国主义”“实行经济绝交”等字样，会后举行反帝大游行，“观者人山人海，途为之塞”[②]。

① 芜湖市总工会:《芜湖工运史资料》，第15页、第21页。
② 蚌埠市总工会:《工人运动在蚌埠》，第187页。

寿县、霍山、霍邱、桐城、无为、含山、巢县、舒城、宿县、怀远、泗县、宣城、贵池、黟县、祁门等县也都先后召开群众大会，示威游行，声讨日本、英国帝国主义，强烈谴责日本、英国的罪恶行径，以示威等实际行动支援五卅运动。自6月23日起，安徽各地举行全省性的反帝大示威游行，仅芜湖、安庆、蚌埠、滁县、宣城等九个城市统计，参加游行示威群众即达20万人以上。接着，25日，为响应“上海工商学联合会”的号召，全省又一次实行了总罢业，彰显了全国人民团结一心、坚决抵抗帝国主义侵略的革命斗志，以及中国人民不可辱的英勇气概。

二、开展救济上海失业工人募捐活动

五卅惨案后，帝国主义在上海的暴行点燃了积聚在安徽人民心中的怒火，安徽人民团结一致，以示威、罢工、游行等多种方式支援上海人民的反帝爱国运动。通过示威游行等方式，五卅惨案中帝国主义的丑恶面貌被揭露，极大激发了安徽人民的爱国热情。为进一步扩大罢工、游行运动的影响，安徽各界纷纷成立五卅惨案后援会，开展救济上海失业工人的募捐活动，对死伤工人家庭、罢工工人等予以经济助力。

在五卅运动中，安徽各地工人和学生纷纷成立了募捐团，深入城镇大街小巷和广大农村，宣传捐款援助上海工人的重大意义，广泛开展了募捐活动。安庆法专学校教职工共捐200多元，芜湖聚生号布店员工、保兴布店店员、商务印书馆店员、福永洪店员、五中师生、二女师及附小教职工共捐款1400余元。濉溪、百善、临涣和烈山煤矿共捐银圆5000多块。六安黄烟工人将多年积蓄的公款300元全部捐出。安庆排字业工会客师每人捐款一元到两元不等，学徒每人捐五角，按照一定数额汇款至上海。芜湖女师教职员共捐大洋56元，师附小教职员共捐大洋49元。安徽公立法校全体在校学生教职工合计捐助295.2元汇款至上海总商会。怀远县学生和工人组织剧团，在蚌埠公演以反帝爱国斗争为中心内容的戏剧，后将演出收入全部汇给了上海工人。濉溪沪案后援会组织了募捐队和宣传队，并把2000元捐款汇寄上海，上海总工会致信感谢。烈山煤矿的群众也举行了集会和游行，并将4000多元的捐款汇往上海。六安县成立沪案后援会，发动全县人民进行募捐活动，累计募捐820元，其中城关、苏家埠、椿树岗三地黄烟工人捐款共403元，约占募捐总数的一半（其他集镇无统计）。从6月到7月，仅五卅运动安徽后援会经手汇往上海的捐款即达21300多元。

由此可见，五卅运动后安徽人民迅速反应，不计其数的游行示威、罢工活动以及成百上千的援沪汇款，表达了安徽人民尤其是安徽工人阶级民族意识的极大觉醒。即使自身正饱受帝国主义和封建主义的残酷剥削与压迫，然而在面对上海工人罢工斗争时，安徽工人阶级满腹民族大义、慷慨相助。通过声援五卅运动，安徽工人阶级的阶级意识显著增强，凝聚力极大提升，正大步迈向自觉性斗争。

三、全省工人有序开展罢工活动

经过五卅运动的洗礼，工人阶级的思想觉悟有了显著提升。随着安徽工会组织在中国共产党的带领下纷纷建立，工人运动在工会的组织带领下有序发展。

1925年6月，安徽安庆劳工分会成立。1925年秋，蚌埠铁路工会恢复，三个月发展会员近400人，打旗工人傅小全任委员长，董时任组织委员，袁敬之任财务委员，王志瑞任交际委员，共产党员苏美一任工会秘书指导工会的活动。在党的领导下，凤阳县淮上火柴厂于1926年成立了工会，工会委员会由九人组成。

1926年春，淮北临涣成立了工人联合会，委员长为陈朝珠。1926年，宿城各业工会联合成立了总工会，领导运水业、运输业、浴业、黄包车业、木业、泥业、石业、油业、纺织业等基层。1926年上半年，宿县（城）工会组织了火车站装运工人向资本家要求增加工资的斗争，经过六七天的罢工，迫使资本家同意增加工资，罢工取得了胜利。

1927年，安庆宿松县成立宿松总工会，由何锋、钟国汉负责（会址在陈祠），初入会者达2000多人。总工会下设店员工会，由张向仕、黄觉先负责，入会的店员有 70 多人。总工会下还建立了工团军的革命武装组织，由各业工人抽调 46 人组成，收集长枪 46 支、手枪两支，戴岳任总教练。

同年，歙县成立县总工会。国民党县党部改组后，即领导群众建立了县总工会、农民协会、青年联合会、妇女联合会等群众团体，进行反帝反封建的斗争。工会成立后积极领导工人同资本家进行斗争，为工人谋求自由和权利。自此老板不敢再打骂学徒，并增加了工资，如手工业由一元钱四个工，改为一元钱三个工，增加了 26%。在县总工会的领导下，各乡镇也纷纷建立起工会。工会斗争的影响扩大到农民协会，农民协会与地主进行抗争，地主也不敢强收租了。"平均地权、节制资本、打倒土豪劣绅"等成为当时的热门口号。[①]

五卅运动后，安徽工人阶级觉悟不断提升，各地工会组织如雨后春笋般建立起来，为安徽工人开展经济、政治斗争提供了组织引领。

第三节　大革命时期的安徽工人运动

1927 年 2 月，北伐军进入安徽境内，占领省内 40 多个县城。在中国共产党的领导和北伐战争推动下，安徽省总工会筹备处于 1927 年 3 月初在省会安庆宣告成立，中共党员舒传贤任筹备处委员长。在此前后，北伐军占领的多数县相继建立了工会组织，全省工会会员达八万人。安徽工人积极支持和参与革命，在支援北伐战争、反抗国民党右派斗争中彰显出英勇顽强、不畏强暴的斗争精神。不久后，蒋介石制造了安庆三二三反革命事变和上海四一二反革命政变，安徽的进步工会被查封、解散。在安庆、芜湖、六安等地，反动政府大肆逮捕中国共产党人和工会领导人，白色恐怖笼罩安徽，各地工会和农民协会遭到查禁和解散。

① 中共安徽省委党史工作委员会编:《安徽现代革命史资料长编》第 1 卷，安徽人民出版社 1986 年版，第 435 页。

一、支援北伐战争

1926 年 7 月，国民革命军兴师北伐。1926 年秋冬时期，中共安徽地委[①]和国民党安徽临时省党部派常恒芳、朱蕴山、沈子修、周新民、蔡晓舟等人分别到六安、太湖、合肥吴山庙，策动地方军阀部队起义，发动工农运动，支援北伐军。

1927 年 2 月初，国民革命军先后从江西、浙江、湖北等省进入安徽。部队所到之处，受到安徽工人的热烈欢迎。1927 年初，国民革命军第一师、第二师驻扎黄梅县时，由宿松县何铎等人组织向导队，前往黄梅迎接国民革命军。2 月底，国民革命军进驻宿松，国民党宿松左派县党部也随之成立，钟国汉、何铎为正副工人部部长和县总工会负责人。随后，因革命形势需要，县党部选择 40 余名优秀工人组成“工人纠察队”，配合国民革命军维护社会治安，在推动革命发展过程中起到重要作用。

1927 年 3 月初，国民革命军第七军从英山、霍山边区出发，会同从九江北渡的第六军，合围安徽省会安庆，皖军总司令陈调元易帜，被任命为国民革命军第三十七军军长；皖南镇守使王普被任命为国民革命军第二十七军军长；原第二混成旅旅长马祥斌被任命为国民革命军独立师师长，后来独立师扩编为暂编第五军，马祥斌任军长。3 月 6 日，国民革命军第六军先头部队到达芜湖。3 月 10 日至 4 月 1 日，芜湖召开欢迎大会和祝捷大会，同时举行了盛大的游行示威和提灯会。为支援国民革命军顺利进军，国民党芜湖县党部组织了“前敌工作团”，下设慰劳队、运输队、谍报队、担架队、粮秣队、向导队和宣传队，其中运输队工作由工会负责。各队随北伐军出征攻打当涂、南京，由于有了“前敌工作团”的支援，北伐军很快占领当涂，于 3 月 24 日攻克南京。

同月，国民革命军进入合肥，合肥人民当即召开欢迎大会，组织慰劳队、担架队，并主动为部队带路。五天后，国民革命军继续北上，不少工人、店员和青年学生参加了国民革命军，随军北上攻打军阀。

---

① 1926 年 1 月 9 日，中共安庆特别支部成立，支部机关驻省立第一师范学校，书记为杨兆成，直属中共中央领导。5 月，改设中共安徽地方执行委员会（简称安徽地委），直属中共中央领导。1927 年 5 月中共安徽省临时委员会成立后，安徽地委停止活动。

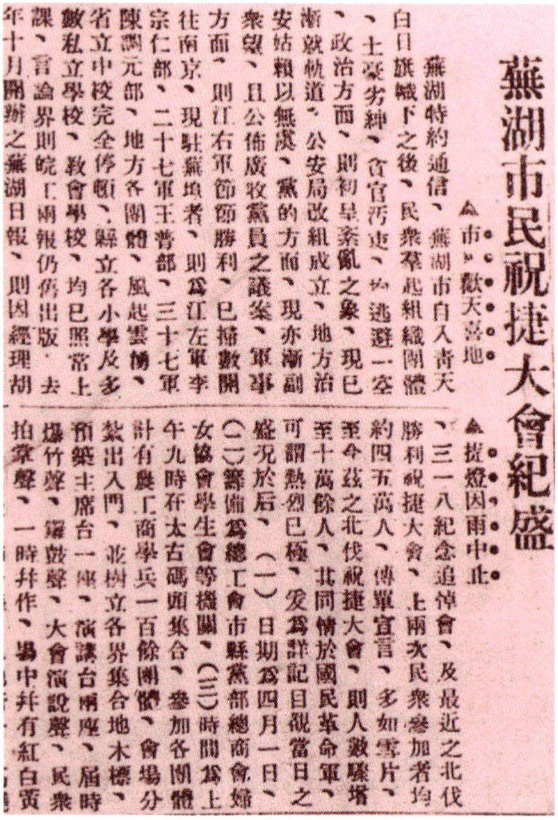

蕪湖市民祝捷大會紀盛

▲市民歡天喜地

▲提燈因雨中止

蕪湖特約通信、蕪湖市自入青天白日旗幟下之後、民衆羣起組織團體、土豪劣紳、貪官汚吏、均逃避一空、政治方面、則初呈紊亂之象、現已漸就軌道、公安局改組成立、地方治安姑賴以無虞、黨的方面、現亦漸副衆望、且公佈廣收黨員之議案、軍事方面、則江右軍節節勝利、已掃數開往南京、現駐蕪埠者、則爲江左軍李宗仁部、二十七軍王普部、三十七軍陳調元部、地方各團體、風起雲湧、省立中校完全停頓、縣立各小學及多數私立學校、教會學校、均已照常上課、言論界則皖江兩報仍舊出版、去年十月開辦之蕪湖日報、則因經理胡

、三一八紀念追悼會、及最近之北伐勝利祝捷大會、上兩次民衆參加者均約四五萬人、傳單宣言、多如雪片、至今茲之北伐祝捷大會、則人數驟增至十萬餘人、北同情於國民革命軍、可謂熱烈已極、爰爲詳記目覩當日之盛況於后、（一）日期爲四月一日、（二）籌備爲總工會市縣黨部總商會婦女協會學生會等機關、（三）時間爲上午九時在太古碼頭集合、參加各團體計有農工商學兵一百餘團體、會場分紮出入門、並樹立各界集合地木標、預築主席台一座、演講台兩座、屆時爆竹聲、鑼鼓聲、大會演說聲、民衆拍掌聲、一時幷作、場中幷有紅白黄

★《民国日报》报道芜湖市民欢迎北伐军。

1927年4月初，国民革命军第三十三军所部从安庆经合肥向北发起进攻，4月2日占领霍邱，5日，北伐国民革命军马祥斌部到凤台，与奉军潘鸿钧激战，奉军潘鸿钧部败退至曹子王家，被王福成红枪会截击缴械。北伐军占领凤台后，凤台守敌早已闻风逃窜。凤台城到处张贴欢迎北伐军的大字标语，并召开各界欢迎北伐军大会，其盛况空前。北伐军一部攻占蚌埠，工农群众对北伐军的到来表示热烈欢迎。

二、筹建各地工会组织

北伐军深入安徽境内势如破竹，安徽境内工农群众深受鼓舞。在中国共产党的组织领导下，安徽工会运动蓬勃发展，工会组织如雨后春笋般成立，1927年

★ 安徽省总工会筹备处暨安庆市总工会旧址。

3 月安徽省总工会、安庆市总工会宣告成立，省总工会领导人舒传贤和市总工会负责人王绍虞都是共产党员。安庆市各行业工会在市总工会的领导下也纷纷成立，如劳工联合会（会址杨家拐）、鞋业工会（会址鸳鸯栅）、挑水业同人工会（会址邓家坡一号）、报业工会、实业协会等，其成员绝大部分是工人。随着省、市总工会的建立，各地工会也相继成立（名为工会筹备会）。如青阳县总工会是由省市总工会派员组织的，下设木业、砖业、石业、船业、搬运、理发、店员、竹器、职员、米业、缝纫、布业、南货业、糕坊业等基层工会，共有会员 3000 余人。[①]

1927 年 3 月 8 日，北伐军进入芜湖，芜湖各行各业备受触动，纷纷建立工会。在 3 月 8 日至 4 月 16 日短短一个多月时间内，根据芜湖《工商日报》发表的不完全统计，在此期间成立了包括印刷行业在内的 65 个工会组织，工会组织近乎呈现每日新增的盛况。芜湖各行业成立工会情况及日期具体如下：

① 中共安徽省委党史工作委员会编：《安徽现代革命史资料长编》第 1 卷，安徽人民出版社 1986 年版，第 448—449 页。

表 1-9　芜湖各行业成立工会情况及日期

行业工会名	成立日期
印刷工会	1927 年 3 月 8 日
洋务华员组织工会	1927 年 3 月 9 日
店员工会	1927 年 3 月 10 日
邮务工会	1927 年 3 月 11 日
矿务职工公会	1927 年 3 月 12 日
纸业店员工会	1927 年 3 月 12 日
同益碾米业职工会	1927 年 3 月 12 日
烟宁米业职员组织工会	1927 年 3 月 12 日
茶酒馆工人工会	1927 年 3 月 12 日
银行职员工会	1927 年 3 月 14 日
常关职工会	1927 年 3 月 14 日
成衣工会	1927 年 3 月 14 日
广肇米业职工协会	1927 年 3 月 14 日
米业行员工会	1927 年 3 月 14 日
砻坊店员筹备组织工会	1927 年 3 月 14 日
杂货业店员工会	1927 年 3 月 15 日
内河码头工会	1927 年 3 月 15 日
西药业店员工会组织	1927 年 3 月 15 日
码头工会	1927 年 3 月 17 日
茶叶组织店员工会	1927 年 3 月 17 日
钱业店员工会	1927 年 3 月 17 日
书业工会	1927 年 3 月 18 日
卷烟贩卖工会	1927 年 3 月 19 日
五金洋货工会	1927 年 3 月 19 日
广货业店员工会	1927 年 3 月 19 日
土石工人组织工会	1927 年 3 月 20 日
竹木工会	1927 年 3 月 20 日

续表

行业工会名	成立日期
纸业刷色工会	1927 年 3 月 21 日
漕酱业工会	1927 年 3 月 21 日
商务印书馆工会	1927 年 3 月 22 日
五金职工会	1927 年 3 月 22 日
鞋业工会	1927 年 3 月 22 日
电汽工会	1927 年 3 月 22 日
水炉业工会	1927 年 3 月 22 日
理发业职工会	1927 年 3 月 23 日
驳船工会	1927 年 3 月 23 日
烟业工会	1927 年 3 月 23 日
鸭业职工会	1927 年 3 月 25 日
茶业店员工会	1927 年 3 月 25 日
益新工人工会	1927 年 3 月 27 日
砻坊职工会	1927 年 3 月 27 日
厨业工会	1927 年 3 月 27 日
起肩工会	1927 年 3 月 27 日
潇江木业口务工人工会	1927 年 3 月 27 日
纸业工会	1927 年 3 月 27 日
各机关职员工人大会	1927 年 3 月 27 日
烟业工人工会	1927 年 3 月 30 日
鞋业店员工会	1927 年 3 月 31 日
裕中纱厂工人工会	1927 年 3 月 31 日
煤铁锅炭店员工会	1927 年 4 月 1 日
竹业工会	1927 年 4 月 3 日
梳业工人工会	1927 年 4 月 3 日
鱼船同业工会	1927 年 4 月 3 日
丝光染业职工会在日华丝光厂大会	1927 年 4 月 5 日

续表

行业工会名	成立日期
铜锡店员工会	1927 年 4 月 10 日
大昌火柴工人工会	1927 年 4 月 11 日
四帮鞋业工会	1927 年 4 月 11 日
裕中纱厂职工会	1927 年 4 月 12 日
纱业店员工会	1927 年 4 月 13 日
炮竹业工人工会	1927 年 4 月 14 日
车业工会	1927 年 4 月 14 日
报关店员工会	1927 年 4 月 15 日
造船木艺工人工会	1927 年 4 月 15 日
药业店员工会	1927 年 4 月 16 日
洋机帽业工人工会	1927 年 4 月 16 日

资料来源：芜湖《工商日报》，1927 年 3—4 月。

1927 年六安也开始建立工会。在这以前烟业工人中只有烟业公所（栈房）是工人自发组织的互助团体，后来在周同初、吴宝才等人的领导下，才组建了烟业工会。同年，织布工人也组织成立了织布工人工会。1927 年 8 月，六安县总工会成立。①

各行各业工会的建立，有效推动了安徽工运事业的发展，成为安徽省反帝反封建斗争的一支重要力量。工人斗争蓬勃发展，为坚决捍卫工人基本权利、改变工人艰苦生活状况不懈斗争，工会组织扎根工农群众，大力推进工人斗争。在此期间，淮上火柴公司工会、芜湖大昌火柴公司工会等组织在帮助满足工人减少劳动时间、增加薪资等需求方面作出了杰出贡献。

① 中共安徽省委党史工作委员会编：《安徽现代革命史资料长编》第 1 卷，安徽人民出版社 1986 年版，第 451 页。

三、反抗国民党右派的斗争

安徽工人阶级具有光荣的革命传统。自19世纪60年代安徽工人队伍诞生以来，安徽工人就积极融入民主革命潮流，开展了反帝反封建斗争。五四运动前，安徽工人运动以自发的、分散的、小规模的斗争为主。五四运动特别是中国共产党成立后，安徽工人阶级在中国共产党的坚强领导下，开展了一系列自觉的、有组织的斗争活动。在反抗国民党右派的斗争中，面对反动势力的残酷剥削，以六安黄烟工人、淮上火柴工人、烈山煤矿工人斗争等为典型代表，安徽工人阶级顽强抵抗，展现出大无畏精神。

（一）安庆三二三反革命事变

安庆三二三反革命事变发生于1927年3月23日，是指蒋介石在安庆指使国民党右派收买流氓打手，捣毁国民党左派省、市党部和工人、农民、青年、妇女等群众团体，打伤中共党员、国民党左派人士和革命群众多人，制造的一起严重的反革命事变。此次事件发生的主要原因在于蒋介石畏惧日益发展的安徽国民党左派力量和革命形势，试图“统一”国民党左派，管鹏、凌铁庵、张秋白等西山会议派以及国民党右派，但是遭到左派人士坚决反对，并强烈表示“不能与流氓、政客合作”，摧毁了蒋介石妄图让右派篡夺省党部领导权，进而控制安徽的阴谋。这起反革命事变也成为蒋介石公开背叛革命的前奏，在全国引起很大的反响。

1927年3月初，左派省党部随北伐军迁回安庆后，遂由秘密活动转为公开活动，并着手筹备召开国民党安徽省第一次代表大会，组织建立正式的省党部。在左派省、市党部的指导下，省、市总工会、省农民协会筹备处、市妇女协会筹备处、省学联等群众团体亦纷纷公开成立，群众运动蓬勃展开。3月22日上午，国民党安徽省第一次代表大会在黄家操场开幕。全省40多个市、县的代表出席了开幕典礼。蒋介石在主席台上看见会场中仍没贴“蒋总司令万岁”的标语，心中已十分恼火，加之童汉章又递给他一张传单，反对杨虎、姚觉吾等人，于是蒋介石未等散会便离去。

同日，北伐军总政治部命令国民党右派省总工会“停止职权，听候审查”。右派省总工会拒不接受命令，于当日下午由舒沛澄（右派总工会委员长）等人率领一群暴徒簇拥到省长公署，求见蒋介石，蒋介石答应对其“保护”。23日，安庆国民党右派及北伐军总司令部特务处处长杨虎等人策划组织召集欢迎蒋介石的大会。蒋介石的总参谋长朱一民代表蒋介石出席。会后，国民党右派收买暴徒组成敢死队，捣毁了国民党左派省、市党部、省总工会、省农民协会筹备处、安庆市妇女协会、怀宁县党部，抢劫文件，破坏国民党安徽省第一次代表大会会场，打伤代表数十人，制造了三二三反革命事变。

三二三反革命事变激起安徽及全国各地的一片声讨，经此事件，郭沫若等人看清了蒋介石的本质并与其决裂。1927年3月31日，郭沫若在南昌写成讨蒋檄文《请看今日之蒋介石》(4月9日发表于武汉《中央日报》)，揭露了蒋介石地痞流氓、卖国军阀、反动派的真面目，呼吁军民团结一致共同反蒋，并加入了中国共产党。4月3日，周恩来、赵世炎、陈延年、罗亦农、李立三等撰写了《迅速出师讨伐蒋介石》意见书，呈报中共中央。4月18日，国民党中央决定，将蒋介石“开除党籍，免去本兼各职，按反革命罪条例惩治”。

（二）六安黄烟工人斗争

1927年，六安烟叶获得大丰收。资本家为了追逐利润，增加黄烟生产，一方面，强迫工人每天劳动10多个小时；另一方面，解雇体弱工人，引起工人强烈不满。为了反对资本家的残酷压榨，中共六安特区委派民运委员周狷之和长期扎根工农工作的中共党员吴宝才、吴亦苏、施先明等组织发动工人罢工。他们秘密召开工人积极分子会议，制订罢工计划，讨论具体方法、步骤，起草了《罢工声明》，成立了领导罢工斗争的烟工“十人团”，由“十人团”出面和资本家开展面对面的斗争。

1927年的中秋节，六安最大资本的江恒泰烟店的工人纷纷来到店里，把事先写好的《罢工声明》端端正正地覆盖在《店堂规则》上。当江老板和工头来到店堂，看到闲坐的工人和墙上贴着的《罢工声明》，扬言要惩办为首的闹事分子。工人们一骨碌站起来，一面护住《罢工声明》，一面和江老板展开面对面的说理斗争。当江恒泰烟店罢工开始时，全城烟工立即响应。在团结起来的工人面前，老板们急得团团转，他们在震惊之余，决定采取软拖、拉拢和收买的办法对付工人。他们以为，拖不了10天，那些家无三天粮的工人就会复工。主意拿定以后，汪步蟾出面找工人代表谈判。中共六安特区委和出面领导罢工斗争的“十人团”经过研究，指定了斗争经验较丰富的“十人团”成员张德贤、朱成富、刘怀圣、唐明山等为谈判代表。会谈开始时，工人们聚集在商会门口示威相助，高呼“坚决反对资本家的剥削和压迫！”“反对任意解雇工人！”“要求实行八小时工作制！”“不达目的绝不罢休！”等口号，喊声此起彼伏。罢工总指挥兼纠察队长吴宝才带领纠察队员们在商会门口巡逻，以防不测。资方代表江瑞生等按照他们预先商定的软拖的办法，拒不接受工人的合理要求；工人代表据理力争，寸步不让。类似谈判连续进行了九次，历时一个多月，仍毫无结果。

面对这一情况，中共六安特区委和罢工指挥部认真分析了形势，针对资本家的阴谋，决定针锋相对。具体办法是，第一，号召工人们发扬团结互助精神，互助互济，坚持到底；第二，以罢工指挥部名义向城乡各行各业工人发出请援信，城关的杠抬业、织布业、成衣业、篾业、木业、伞业等手工业工人以及店员，纷纷行动起来捐助罢工工人，苏家埠、马头集、新安等地的烟工也千方百计援助城关烟工，在五卅运动中接受过六安烟工捐助的上海工人也致电声援；第三，由党组织派吴宝才从山里买来大米，解决部分工人的燃眉之急；第四，工人们每天理直气壮地到东家吃饭，单身汉住到栈房去并让老板付钱，东家若有怠慢和违抗，罢工指挥部就支持工人到饭馆吃饭，把账全记在各家老板头上。各家黄烟店老板看到库场里堆积如山的烟叶，心急如焚。招架不住的小资本家，开始埋怨几个大资本家。这时，中共地下党组织利用与国民革命军三十三军的统战关系，通过在三十三军中工作的中共地下党员、一师政治部秘书黄铁民，独立一团政治指导员宋伟年等，由政治部主任常藩侯出面，请该军一团团长兼国民党六安县县长陈雷出面调停处理，终于迫使资本家让步，基本答应了工人提出的改善伙食、实行八小时工作制和今后解雇工人或增添工人须经烟业工会批准等复工条件。

至农历九月二十九，历时45天的六安黄烟工人大罢工宣告胜利结束。在罢工胜利的基础上，六安各手工行业工人迅速成立了工会。1928年初，六安县总工会成立，工会主席为吴宝才、高凤池。1929年冬，六安县总工会主席高凤池去县政府商讨改选教育会问题，国民党县党部委员潘杰三在会上大放厥词说“工人没有选举权”。会后，高凤池等发动六安烟工、织布工三四百人上街游行示威，高呼口号：“打倒潘杰三，选举要平等！”经此一战，六安黄烟工人备受鼓舞，在斗争中展现出更为主动、强劲的力量。

（三）淮上火柴工人斗争

1917年，陈子衡开办了凤阳县淮上火柴公司，创始之初总计工人1000多人。陈子衡残酷剥削和压榨工人，强迫工人每日上工长达十几个小时，甚至要求工人加班加点生产，却只给工人每天吃两顿饭、发九个铜板，致使工人休息不足、营养不良。工人稍有不慎，就会遭到打骂和开除。在这种艰苦的做工条件下，工人毫无人权可言。

1925年3月12日，孙中山先生在北京逝世。几日后，装有孙中山先生灵柩的灵车，从北京开往南京途经临淮关火车站停车，淮上火柴公司的工人佩戴黑袖纱，整队提前进入车站迎候灵车。当灵车进入车站停于宣传台亭旁时，随同灵车到来的宣传人员，即向在场的各阶层人士讲演。从辛亥革命推翻清朝帝制讲到国共合作，从孙中山提出的“三民主义”讲到“三大政策”，最后提出“打倒北洋军阀”“打倒贪官污吏”的口号。演讲使淮上火柴公司的工人们深受教育，激励了他们为争取民主、平等、自由而进行斗争。

1927年2月，北伐战争期间，国民革命军第四十四军叶开鑫部进驻临淮关，派国民党左派代表谭小羽率领工作小组进驻淮上火柴公司，帮助工人在三月成立了工会，选举王善初（又名王宗庆）、刁乃昌等九人组成工会委员会，发动工人与厂方斗争，向厂方提出：实行八小时工作制、将工资由年“三节赏”改为月工资制、反对任意打骂工人、不准无故开除工人、不准任意加班加点、实行每月四个星期日制、工会代表有权参与生产安排、工人的病事假由工会负责、工人工资必须由工会同厂主共同协商解决、不准降低工人生活水平等保障工人权利、改善工人劳动和生活条件等12项要求。陈子衡予以拒绝，并扬言要关厂停产、遣散工人。针对这一情况，经国民革命军代表和工会磋商后，又向厂方提出两条办法：一是由国民革命军出款五万元将厂买下，交给国家；二是把厂卖掉，卖的钱分给工人维持生活。但是厂方仍不答应。于是在工会组织下，工人一致罢工，包围了厂办公楼，工会委员当面质问厂主，同时国民革命军代表向厂方发出警告，若厂方再不答应，将采取果断措施。办公楼下的罢工工人高声齐呼“坚决支持军代表和工会的行动”“打倒资本家”“打倒陈子衡”的口号。在国民革命军和工人的强大压力下，厂主终于答应工会提出的全部要求，并由国民革命军、工会、工商联合会、厂主和凤阳县政府分别在协议书上签字盖章。为庆祝这场斗争的胜利，工会主持召开了庆祝大会。

1926 年至 1927 年，中共凤阳县委派几名党员到临淮地区和火柴公司进行革命活动。他们一边办工厂夜校，教工人读书识字，一边向工人宣传反剥削、反压迫的革命道理，在工人中发展党员，扩大党组织，临淮地区和火柴公司也建立了党支部。在此期间，工人积极分子、后为中共长淮特委委员兼职工部部长的顾均就是在 1927 年被吸收加入中国共产党的。

1928 年 4 月，淮上火柴公司工会召开会议研究示威游行活动被工贼窃听，工会发现后带领工人追究时，资本家勾结警察，逮捕了顾均等 4 名工人，并羁押回警察局。工会立即发动全体工人罢工，包围了警察局，吓跑了局长，救出了被捕工人。但到 6 月下旬的一天，当局突然出动部队，包围了淮上火柴公司的两个厂，在工头、叛徒的带领下，逮捕了王善初、顾均等 10 余名工人积极分子。在关押期间，凤阳县高等法院多次审讯，企图诱使王善初、顾均承认自己是中国共产党党员，但都被王善初、顾均识破。最后，法官不得不作出以下判决：10 名犯人系共产党党员嫌疑犯，因证据不足，予以释放。淮上火柴工人的斗争又一次取得胜利。

（四）烈山煤矿工人斗争

1913 年，军阀倪嗣冲督皖以后，派兵进驻烈山煤矿，赶走了煤矿经理周立山，自任董事长，派其侄倪道烺任总经理，下设南北两个公司，从山西、山东、河北等省拐骗了大批工人，扩大了煤矿开采，开挖了运煤河道，修筑了轻便铁路。并在矿山豢养了一个营的兵力，建立了一整套的统治机构，对工人进行残酷剥削和压榨，广大矿工生活在水深火热之中。

1927年8月，中共烈山煤矿特别支部成立，梁文焕任第一任特支书记。8月，为支援北伐战争，中共烈山煤矿特别支部决定组织淮北地区第一次船运工人罢工，做到“陆上不走一车，水上不行一船”，使矿区煤炭外运全部瘫痪。数千名工人举行了声势浩大的游行，使烈山煤矿的外运陷于瘫痪，矿方被迫答应工人提出的全部条件。这是淮北党组织领导的第一次工人大罢工，对淮北地区工人运动的发展起到了巨大的推动作用。

此后，烈山煤矿船运工会和濉溪码头搬运工会相继成立，梁文焕当选为会长。很快，烈山煤矿工会的会员就发展到2000多人。在烈山矿区，梁文焕积极传播革命思想，宣传党的主张，培养和壮大党的力量，先后数次组织领导工人开展罢工运动。由于他性格豪爽、不畏强暴，敢为矿工伸张正义，深得矿工们的爱戴，大家都亲切地称他“老焕”。

1930年春的一天晚上，梁文焕被敌人暗杀。梁文焕牺牲后的第三天，烈山矿100多名中共党员与两万名矿工，在中共宿县县委书记徐风笑的领导下，又组织了一次全矿大罢工，提出四点要求：惩办凶手；抚恤死难者家属；召开追悼大会；保证工人人身安全。罢工之初，资本家不答应以上要求，工人坚决不复工。最后，资本家迫于生产需求，只好答应工人的要求，并回应称：凶手在逃，正在缉捕，同意召开追悼大会，抚恤死难者家属银圆1000元。梁文焕牺牲后的第七天，烈山煤矿工人举行追悼大会，中共古绕区委书记王香圃参加追悼大会。烈山煤矿8000名工人参加了追悼会，现场所收的挽联、绫帐等摆起来长达一里路之多，宿县、濉溪各工会、农民协会也派出代表参加。不久，党组织迅即查出了暗杀梁文焕的凶手沙克银，将其处决。

工会成立之前，工人们生活艰苦、薪资微薄、难以果腹，长时间被资本家压榨甚至遭受苛责毒打，身体以及心理饱受摧残。中国共产党一经成立，便宣告坚决捍卫广大工人阶级利益。在中国共产党的积极领导和组织下，工人阶级建立起了维护工人权利的工会。工会通过组织工人斗争，激发工人反抗意识，团结带领工人抵制封建剥削、资本压榨，维护自身利益，极大地改善了工人阶级的生存境遇。

第三章　土地革命战争时期的安徽工人运动

随着蒋介石和汪精卫相继背叛革命，大革命宣告失败。大革命失败后，国内政治形势发生了巨大的逆转，反革命势力已经大大超过共产党领导的有组织的革命力量，全国范围的革命高潮已经过去，革命形势转入低潮。1927 年 8 月 1 日，中国共产党领导两万余人在南昌举行起义，打响了武装反抗国民党反动派的第一枪。为了审查和纠正党在大革命后期的严重错误，制定新的路线和政策，中共中央于 1927 年 8 月 7 日在湖北汉口召开紧急会议，即八七会议。八七会议上，中国共产党“确立实行土地革命和武装起义的方针”[①]。这一方针不仅重振了与国民党反动派斗争的士气，更指明了今后革命斗争的前进方向，中国革命由此走上农村包围城市、武装夺取政权的正确道路。大革命结束后，安徽境内笼罩在国民党白色恐怖下，各地工会和农民协会遭到查禁、解散，中国共产党的工作重点由城市转向农村。

安徽的共产党组织积极贯彻八七会议精神，号召开展土地革命，发动工农武装暴动、建立皖西北革命根据地，并在根据地进行经济、政治、文化建设，组织工会运动，与此同时，工会运动也在国民党统治白区艰难进行。1931 年，九一八事变爆发。由于国民党当局实施不抵抗政策，日本侵略军迅速占领中国东北。在这民族生死存亡的危急时刻，安徽工人积极投身抗日救亡运动浪潮中，合肥、芜湖、安庆等地工人运动跌宕起伏，极大彰显了安徽工人阶级不怕牺牲、

① 中共中央党史研究室编：《中国共产党历史大事记（1921 年 7 月—2011 年 6 月）》，人民出版社 2011 年版，第 12 页。

英勇顽强的斗争精神。

第一节　革命根据地的安徽工人运动

中共安徽地方组织坚决贯彻八七会议精神，决定在六安、阜阳等群众基础较好的地区发动武装起义。六霍起义后，六安、霍山、潜山及霍邱、英山等周边地区的新生苏维埃政权相继建立，以工农为主体的新政权机构诞生。这一地区的广大工人和工会在党的领导下，发展生产，参加政权建设，组建工人武装，为建设和保卫皖西苏维埃政权作出了重要贡献。此外，安徽党组织派专人组织雇农开展经济斗争，推动了雇农工会组织的形成和发展，为切实有效保障工农利益提供了组织支撑。

一、参与革命根据地的创建

八七会议精神传达到安徽后，中共安徽省临时委员会立即行动，先后派出 20 多人赴全省各地恢复党组织，在远离南京、安庆等中心城市，农民运动基础较好的皖西六安、寿县等地，着手发动武装起义，开展土地革命，建立红色政权，其中比较著名的有四九起义、立夏节（商南）起义、六霍起义等。各地工人积极支持配合农民暴动，参与苏维埃政权的创建。例如，阜阳四九起义前，根据皖北特委报告，中共中央专门指示皖北特委，目前军事运动新政策是发动工农武装暴动，建立苏维埃政权，实行土地革命。为了在反动军阀统治之下秘密地增长武装力量，必须在工厂里、农村中组成秘密的工农军，必须秘密地给工农群众和党员武装训练，必须组织群众的队伍反抗白色恐怖的压迫，必须有技术地、有计划地布置工农武装暴动前的必需条件，必须在工农武装秘密组织中避免个人的英雄的无组织指导。六霍起义中，1930 年 4 月红三十三师、三十二师在潜山工农革命军的配合下，第二次攻占霍山县城，建立了皖西第一个县级苏维埃政权——霍山县苏维埃政府。在霍山县及区、乡苏维埃政府委员的组成中，工人（雇农、店员、职工）应占委员总数的十分之二，凡中农、贫农、雇农、工人及独立劳动者、学生及革命职业者，均有选举权及被选举权。

六霍起义后，以霍山、六安为中心区域，包括霍邱、潜山、英山部分区域构成的皖西革命根据地开始形成。

1930年4月13日，六安中心县委指导六安六区召开苏维埃代表大会，通过《六安六区苏维埃政府土地政纲实施细则》(以下简称《细则》)。《细则》规定，没收地主所有的土地，没收祠堂庙宇土地，没收富农多余的土地。将土地分配给无地、少地的农民，以及红军的官兵、无地耕种的工人及自由职业者。分配原则是按人口的需要，男女平等。农民分得的土地只有使用权，没有所有权。大会还制定了《雇农工资办法》《手工业工人办法》《债务办法》等与《细则》配套的规章制度，使《细则》成为一部完善、成熟的法规。大会通过的《森林办法》，首次提出全民护林、义务植树的思想，规定分得山林的农民不得乱砍滥伐，要保护森林，因为森林有保护雨量的环保作用。《森林办法》是对土地政纲的有益补充，是当时唯一一部保护和发展林业的好法规。为了恢复经济，苏区政府还鼓励个体经商，开设米行、茶行，并支持商人同国民党统治的白区通商，以苏区的土特产换取白区的煤、油等生活必需品。

1930年春，中共中央根据鄂豫边、豫东南、皖西已创建苏区的局面，决定在三省边区建立鄂豫皖边特委，统一鄂豫皖边区的党政军建制，创建鄂豫皖革命根据地。6月下旬，在光山县召开了鄂豫皖边区第一次工农兵代表大会，成立了鄂豫皖边区苏维埃政府。1930年秋，由于主力红军被西调，执行“左”倾冒险错误攻占武汉的军事计划，皖西遭受国民党军的蹂躏，两万多革命群众被杀，近2000名妇女被国民党军贩卖，苏区遭受浩劫。1931年1月，红军恢复了皖西苏区。

1931年4月17日，中共皖西北特委成立。特委除管辖原皖西苏区，还管辖原豫东南特委所属的商城县苏区。特委还指导与苏区交界的合肥(亦称皖西)、寿县(亦称皖北)两个中心县委同时成立了皖西北特区苏维埃政府。1932年6月苏区鼎盛时期，皖西北苏区范围扩张到太湖、宿松以及河南的固始县境内，统一的皖西北苏区形成。皖西北苏区是鄂豫皖革命根据地的重要组成部分。指导皖西北特委和苏维埃政府工作的是1931年5月成立的鄂豫皖中央分局和7月成立的鄂豫皖特区苏维埃政府，以及1932年1月成立的鄂豫皖省委。

皖西北苏区的建立标志着皖西北地区的政治、经济、社会结构发生了根本性改变。首先，占农村人口80%以上的贫农、雇农获得了生存发展权。过去，贫农租种地主的土地，地租占收成的三分之二，此外还有名目繁多的苛捐杂税。霍山县除地租外，课赋达24种之多，其中有鸡课、鸭课、鹅课等。沉重的租税负担使农民一年辛劳下来所得无几，因此又不得不接受地主、富农的高利贷盘剥，地主以"每月三分或四分的利息借给农民，以后又以复利来计算。农民没有金钱偿还的时候，只得将田地抵"。农村凋敝，每每一开春就闹春荒，许多农民断粮后或将仅存的一点土地典当给地主，或携家外出要饭，或卖儿卖女，连最起码的生存条件都被剥夺了。苏维埃新政权建立后实行土地改革，将地主的土地和富农多余的土地按人口平均分配给无地、少地的农民，使广大贫苦农民分得了渴望已久的土地，成了土地的主人，获得了生存发展的必要条件。1931年皖西北道苏维埃政府成立后，又重新按人口平均分配土地，纠正了过去绝对平均主义的做法，使广大贫雇农充分地享受了革命所带来的生存和发展的权利。

苏维埃政权的构架，还使人民充分享受参政权。鄂豫皖苏维埃代表大会通过的《关于苏维埃临时组织大纲》规定，"苏维埃是工农代表会议，是工农民主专政的政权""它的组织原则是立法行政合一，完全运用民主集中制"。大纲同时以法律形式界定苏区公民凡有选举权和被选举权的人叫作公民，工人、农民、红军士兵以及一般劳苦群众都有选举权和被选举权。劳苦大众第一次依法参政、议政，当选苏维埃代表或被选为苏维埃执行委员会委员，行使民主权利。1931年6月22日至6月26日是鄂豫皖第二次苏维埃代表选举周，共选出各界代表397人，其中贫苦农民占54%，妇女也占有相当比例。特别是苏区广大妇女获得了历史性解放，第一次获得了婚姻自由的权利。中国封建社会妇女处在社会最底层，强迫婚姻、包办婚姻、一夫多妻、买卖婚姻、童养媳、强迫守寡等陋习在皖西北山区农村沿袭了数千年，广大妇女处在夫权的绝对控制之下。7月，《鄂豫皖特区第二次苏维埃代表大会关于婚姻问题决议案》颁布，以立法的形式规定妇女在婚姻上的自由权，与男子同等享有结婚、离婚的自主权。

皖西北苏区土地改革之后，苏维埃政府颁布了一系列政策法规，恢复被战争破坏了的经济，发展生产，支援红军作战。苏维埃政府为繁荣经济，鼓励小商小贩开展集市贸易，制定优惠政策，开展同白区的贸易往来，将苏区的土特产输出到白区，进口苏区必需的生活用品。为此，苏维埃政府还在苏区和白区交界处开设了赤白交界贸易场来促进贸易。为了稳定苏区经济，皖西北道苏维埃政府还创办了皖西北特区苏维埃银行，发行特区货币。苏区财政政策的宗旨是彻底废除国民党政府剥削劳苦大众的一切苛捐杂税，对贫苦农民的农业生产不征税，对商业实行统一的累进税制，对烟、酒征收特种税。苏区的文化卫生事业也得到很大发展。苏区的文化教育方针是让苏区的工人农民在得到经济和政治权利的同时，也获得文化教育的权利。一是开办许多中小学及成人夜校和速成班，让儿童少年有学上，为成人扫盲。二是编写新课本，废除宣扬封建旧思想的旧教本。为此，苏维埃政府专门组织编写了《列宁初级小学国语》《列宁高级小学国语》等一批新教材，既普及了文化知识，又进行了革命思想教育。由于苏区缺医少药，苏维埃政府特别颁布了《优待医生暂行条例》，以一系列优惠待遇招募医务人员，发展卫生事业，提高人民的健康水平。①

二、皖西革命根据地工会概况

安徽的革命根据地在这时期分别建立工会，开展有组织的活动，较好地贯彻了党的意志和主张。

（一）皖西北特区（道区）总工会

1932 年 5 月 30 日，皖西北特区工人代表大会在六安金家寨召开，到会代表 52 人。大会讨论通过了《失业工人问题决议案》，发表了《大会宣言》，决议拥护中国共产党与共产国际，拥护赤色职工国际与中华全国总工会，拥护全国苏维埃。会上宣布成立皖西北特区总工会，通过民主选举，袁成林当选皖西北特

① 安徽省党史研究院：《中国共产党安徽简史》，中共党史出版社 2021 年版，第 28—32 页。

区总工会委员长。总工会机关下设宣传、组织、青工和工纠部，领导六安、霍山、霍邱、商城（今属河南省）四个苏区县总工会，共有区工会23个、支工会139个、工会会员12570名、工人纠察队员650名。1932年12月，皖西北特区改称道区，特区总工会改为皖西北道区总工会。1933年10月，皖西北苏区大部分被国民党军队侵占，道区总工会结束。

（二）六安县总工会

1931年4月，六安县工人代表会议在独山举行，成立了六安县工会，选出执委15人，陶耀山任县工会委员长，同年5月由刘复俊继任。县工会下设组织、宣传、武装、生产、文化、青年各部，共有会员2000多人。1931年8月，党、团、工会合并后，工会停止活动。同年10月，根据中共中央六届三中全会精神，工会组织得以恢复。1932年5月，六安县工会改为县总工会。1933年10月，因革命形势需要再次停止活动。

（三）霍山县总工会

1931年4月，霍山县镇苦力工会在霍山城内成立。负责人李开钧。同年8月，因党、工、团组织合并，苦力工会停止活动。1932年5月，霍山县总工会在诸佛庵项家茶行成立，郑长清任委员长。同年8月，詹成金接任委员长。1933年10月停止活动。

（四）霍邱县总工会

1932年4月，霍邱县召开工人代表大会，到会代表80多人，成立霍邱县总工会，梁海清任县总工会主席。同年11月，徐凤章继任县总工会主席。全县共有工会会员500多人，另有雇农工会会员400多人。到1933年5月，全县建立区工会7个，工会会员达2000多人，雇农工会会员5000多人。1933年10月县工会停止活动。

（五）商（赤）城县总工会

1929年6月，商城县总工会成立，1932年1月重建，下辖8个区工会、115

个分会，会员 2352 人。雷长友、万小廷先后任县总工会委员长。1933 年 1 月，商城县改为赤城县，商城县总工会亦改为赤城县总工会。1933 年 8 月，赤城县分为赤城、赤南两县，赤城县总工会撤销。

（六）潜山县总工会

1930 年 2 月，中共潜山县委领导的请水寨起义爆发后，当年 5 月建立了潜山县革命委员会和潜山县工会等群众团体。王家滨任县工会主席并兼任县革命委员会委员。县革命委员会和工会组建了修械所和被服厂，生产武器弹药，制作军服。至同年 9 月，由于起义失败，潜山县总工会解体。[①]

三、雇农工会的成立背景与工作任务

1929 年 6 月，共产国际执委在给中共中央关于农民问题的信中，要求中国共产党加紧反对富农，提出要将雇农组织起来，同富农进行各种形式的斗争；还要求中共必须发展农村无产阶级运动，建立农业工人独立的组织。这一指示引起了中国共产党对联合雇农群体的重视。毛泽东在《中国社会各阶级的分析》一文中，对雇农群体作了如下表述："所谓农村无产阶级，是指长工、月工、零工等雇农而言。"[②] 同时，他还指出雇农群体没有土地、农具等生产资料，只能依靠出卖自身劳动力度日。由于受到地主阶级的残酷剥削，其劳动时间长、工资少，在农村无产阶级中境况特殊，毛泽东认为雇农阶级在农民运动中和贫农处于同样紧要的地位。因而党在革命斗争中应务必加紧开展雇农工会的工作，建立雇农工会组织，团结雇农群体以形成强大的革命力量，带领雇农进行经济斗争，合理捍卫自身利益。

中共安徽地方组织按照这个工作思路，积极建立雇农工会组织，组织雇农开展斗争。1931 年 8 月发布的《鄂豫皖区雇工第一次代表大会决议草案》（以下简

① 安徽省地方志编纂委员会办公室编：《安徽省志·工会志（1994—2010）》，方志出版社 2015 年版，第 28 页。

② 中共中央党史和文献研究院、中央档案馆编：《中国共产党重要文献汇编》第 6 卷，人民出版社 2022 年版，第 405 页。

称《草案》)，明确提出了雇农工会的基本任务和当时形势下的具体任务。

《草案》规定雇农工会的基本任务是，一是要在巩固苏维埃政权的口号下作主要农民的柱石，与反动政权做坚决的斗争，动员农民自愿而且踊跃地参加红军，反对内外敌人的进攻。同时要积极领导群众武装工作，使赤区的人民除富农及豪绅地主残余外，都能配合红军行动，与敌人实行武装的斗争。二是要领导广大贫农和中农彻底实行土地革命，保障土地法令的执行，不让富农窃取土地革命的利益。三是要积极改善雇农的生活，发动雇农开展斗争的热忱，在雇农本身的斗争中去争取雇农生活的改善。四是加强雇农的政治教育，要使雇农工会成为真正的雇农学校。五是要加紧对贫农群体的领导，使贫农与中农结成完全一致的联合战线，在将来资产阶级民权革命转变为社会主义革命的阶段中发挥重要的作用。

在总结过去工作经验的同时，《草案》还规定了当时的八大任务目标：

第一，要做广大工农群众的宣传鼓动工作，向工农群众说明扩大并加强红军队伍力量的重要意义，要使他们自愿参加红军。在近期内应介绍大批积极勇敢的雇农、贫农或中农到红军中去（数目酌量决定）。同时要加紧群众武装的工作，以群众直接武装应对敌人对中心苏区的第三次“包剿”，保障秋收斗争的伟大胜利。动员身体强壮的雇农参加赤卫军，作赤卫军柱石；不能参加赤卫军的农民，要动员他们努力参加少年先锋队、担架队、救护队等组织，以及站岗放哨工作。只有这样才能给中心苏区极大的实地帮助，完成湘鄂赣苏区打成一片的任务。也只有这样，才能使苏区进一步巩固和扩大，迎接将要成熟的革命形势的到来。

第二，领导主要农民坚决地为执行土地法令而斗争，反对土地革命运动中各种不正确的倾向和表现。如把地主当作富农，或把富农当作中农，或者在反富农斗争中侵犯了中农的利益、破坏了与中农的联合战线，借口统计调查故意延迟分配土地的工作，特别是在新发展的苏区借口先组农会或苏维埃而不进行分配土地的工作等，这些都是严重的错误。农工会要在特区总工会的领导之下，与这些错误的倾向和表现做无情的斗争，以保障土地革命的胜利，不让地主、富农窃取一点利益，从而巩固与中农完全一致的联合战线。

第三，加紧领导赤白区的秋收斗争，不仅不让反动分子窃取赤区一粒谷子，而且要组织割谷队，配合红军行动，到白区收割土豪劣绅的谷子，一半分给白区穷苦农民，一半收归苏维埃救济饥民。坚决反对割谷队到白区不分穷富、乱割谷子，破坏政治影响，造成赤白对立的现象。到白区行动时，一定要与当地赤色武装——游击队、赤卫队等配合，发展并推动土地革命运动。要将抗租、抗捐、抗债等斗争转变成最高阶段的斗争形式——武装暴动，夺取政权，建立苏维埃政府。

第四，发动并领导青工、女工的一切斗争，坚决满足他们的特殊要求与利益。在斗争中，要吸收广大青工、女工加入工会，培养青工、女工干部参加工会领导机关。各级工会须建立青工、女工部，在苏区内必须废除奴婢制度及一切封建剥削，完善青工、女工保护法。

第五，扩大工会政治宣传，加紧雇农文化教育和提拔干部工作，由特区雇农委员会采取实际可能执行的办法进行以下工作：由总工会出版工人旬刊，特别辟出栏目来记载雇工斗争及工会工作等方面的问题，组织乡村雇工通讯员，定期出画报；建立工人训练班，尤其要多加训练雇工干部；建立工人子弟学校，在工会工作有基础的乡村或地区开办工人夜校或工人子弟学校，并广泛建立工人俱乐部、识字班，提高工人及其家属的文化程度；吸收雇工中的积极分子到苏维埃和工会指导机关工作。

第六，彻底改造雇农工会，洗刷一切不好的成分，建立坚强的独立组织系统，发动会员增强对工会的责任心。

第七，加紧领导雇农为改善自身生活而斗争，反对忽视甚至取消雇农斗争的机会主义观点，要在发展雇农本身斗争的条件下，加紧对贫农和中农的领导。

第八，要用布尔什维克的精神，坚决消灭过去一切错误和缺点。在中共中央鄂豫皖边区特委总工会的领导之下，建立强有力的雇农工会，完成土地革命和推翻帝国主义的斗争，建立全国统一的苏维埃政府，成立新的雇农委员会，将这一决议以及组织问题决议案、雇农斗争纲领等文件，迅速传到下级小组中去，督促各组织坚决执行，并在实际工作中求得彻底的转变。[①]

面对地主、土豪劣绅对雇工们的奴役剥削，中国共产党从雇农群体最为切实的经济利益出发，引导雇农群体捍卫自身基本权利，得到了雇农群体的强力支持。雇农工会在鄂豫皖边区特委总工会的领导之下，同剥削阶级进行残酷斗争，扩大了农民革命运动的影响，同时也对雇工自身进行了深刻的阶级教育和实际的斗争锻炼。

雇农工会在中国共产党的领导下，有序开展经济斗争，深刻鼓舞了人民群众的斗争热情，有力保障了鄂豫皖边区革命斗争和各项建设的开展，并在开展土地革命、监督和参加政府工作、保证红军人力和物力的供给、支援革命战争等方面做了大量的工作。此外，雇农工会组织和鼓励广大工人群众努力生产，发扬自力更生、艰苦奋斗的精神，创造各种物质支援革命战争，还积极动员工人参军，不断地为红军补充兵员，为发展壮大红军力量作出了重要贡献。

第二节　国民党统治区的安徽工人运动

在国民党白色恐怖统治区内，安徽国民党组织“工整会”破坏工人运动，工人运动遭受重创，这类“工整会”虽然名称上冠以“工”字，但实质上却是反动工会，并不是工人群众的组织，也不代表工人阶级的利益，而是国民党反动派控制工人运动的机构。“工整会”的任务就是清除中共党员，消灭中国共产党领导的工人革命力量，对被捕的中共党员进行严刑折磨、残酷屠杀。面对行帮势力，安徽共产党人主动运用马克思主义阶级分析方法，进行反行帮斗争，尽可能将其由统治阶级压迫工农的力量转变为反对统治阶级的力量。

九一八事变后，面对日本帝国主义的卑劣行径和国民政府的软弱态度，安徽工人在中国共产党的组织领导下奋起反抗，积极响应抗日救亡运动，投身挽救民族存亡的历史潮流。

---

① 中央档案馆、湖北省档案馆、河南省档案馆、安徽省档案馆编：《鄂豫皖苏区革命历史文件汇编》第3册，第111—118页。

一、“工整会”对安徽工人运动的破坏

1927 年 2 月，北伐军长驱直入进军安徽，在其影响下，安徽白区的工人组织日益壮大，工人罢工斗争有了新的发展。在轰轰烈烈的大革命浪潮面前，蒋介石却惶恐不安，对安徽白区的工人运动和整个革命运动进行摧残和镇压。继 1927 年 3 月先后在赣州、南昌、九江等地制造了一系列的反革命惨案之后，蒋介石又从九江窜到安庆，策划和制造了三二三反革命事变，利用特务捣毁国民党左派临时安徽省党部、安庆市党部、全省总工会筹备处、省农民协会筹备处、安庆市妇女协会等革命机关团体，将革命机关团体的文件、杂物抢劫一空，并残酷打伤国民党安徽省第一次全省代表大会代表数十人。三二三反革命事变后，蒋介石明令禁止工人集会、结社、罢工和游行示威，剥夺工人群众的民主权利和人身自由。1927 年 2 月至 1937 年 7 月，国民党宣扬改良主义的劳工政策，以“工整会”为名，组建了一批工会。

1927 年 2 月，国民党安徽省党部（右派）以安庆鲁班阁木瓦锯石工会为基础组建了鲁班阁伪总工会，并得到北伐军总司令蒋介石的支持。关于该总工会的组建情况，据 1927 年 4 月 13 日的汉口《民国日报》报道：“于二月二十日开始筹备组织，二十七日成立公安局，后因此组织有违法律，遂改名为总工会，悬一招牌于鲁班阁，以金钱收买工人，每人发大洋二元，银质徽章一个，会员约为百人。”1927 年 3 月，“中共领导的安徽省总工会筹备处和安庆市总工会成立”，随后各店员、印业、电业等行业工会纷纷成立或改组。[①] 郭沫若指出：“鲁班阁伪总工会完全是由劣绅土豪收买流氓地痞所组织的，每人出洋四元，入会后不纳会费，并赠一个银质的徽章。如此重价收买，也才仅仅得了一二百名会员。这个伪总工会无论怎样是不能够听它存在的，所以党部（指国民党左派临时安徽省党部）早就命令他们解散，我们总政治部到后，也就在 22 日的那一天下了一道命令去叫他们停止职权，听候审查。但他们所借口的是奉了总司令的命令组织的。在当初我们还以为是他们的梦呓，所以我们也就没有顾虑，不料

① 《中国工会运动史料全书·安徽卷》编委会编：《中国工会运动史料全书·安徽卷》，安徽大学出版社 1998 年版，第 37 页。

就在22日的那一天下午二时的光景，刚刚把代表大会（指国民党安徽省第一次代表大会——引者注）的开幕典礼举行完毕，他们伪总工会的暴徒们便簇拥至设在省长公署的总司令行营前面。他们推举了代表去要求见蒋介石，蒋介石也出来答应了他们的要求，说是他们受了压迫，本总司令是秉公办理的，务要使他们不受压迫，望他们安心。”[①] 以上内容揭露了该总工会组建的真相。

在蒋介石3月20日到达安庆后制造的三二三反革命事变中，安徽省伪省总工会及其敢死队，积极参与了捣毁安徽省总工会筹备处和省、市党部的打、砸、抢活动，打伤工人群众和进步人士数十人，中共党员薛卓汉等八人被打成重伤，出席国民党安徽省第一次代表大会的代表刘剑冰、严子静被打成重伤之后还被拉出去游行。这是蒋介石发动四一二反革命政变的先声。1929年10月，国民政府公布的《工会法》规定，同一产业或职工工人在当地政府允许下可以组织工会，但不得组织省、市总工会，安徽省工会随即被迫停止活动。

1927年4月18日，蒋介石指使国民党右派和流氓分子，在芜湖制造了四一八反革命事变，捣毁国共合作的芜湖市党部、芜湖县党部，取缔了芜湖市总工会，并逮捕了总工会副委员长汪勋甫等10余人。与此同时，国民党反动派还在宿松、南陵、蚌埠等地捕杀共产党员和工会负责人，捣毁工会机关，镇压工人运动。很快，白色恐怖笼罩安徽全省。大革命失败后，安徽白区的工人运动和革命斗争遭受更加严重的摧残，工人群众遭受苛刻的经济剥削。国民党反动派当局在各地成立了“党部改组委员会”“清党委员会”等组织，进一步“清洗”国民党左派分子以及在国共合作时期加入国民党的中共党员，加紧破坏工人运动。芜湖四一八反革命事变以后，芜湖县政府通令“各项赋税照旧征收，严加整顿”，颁布了名目繁多的苛捐杂税。在国民党新军阀和帝国主义的双重压迫剥削下，芜湖的民族工商业裕中纱厂、大昌火柴厂先后破产倒闭，造成大批工人失业。杂货业、布业、线业、烟业、丝业、茶业、广货业、纸业、糟酱业等失业工人达2000余人。

在国民党新军阀疯狂镇压工人运动的同时，一部分不法资本家也乘机对工人

---

① 安庆市编史修志工作委员会：《编史修志通讯》第15期，1984年9月5日编印。

实行反攻倒算，广大工人在大革命时期通过不屈不挠的斗争所赢得的政治权利和经济利益，再次被剥夺。例如，凤阳县临淮关火柴厂工人群众，于1927年夏天在北伐军的支持和帮助下，成立了工会，并与厂主签订了增加工资、减少工时、改善待遇等协议，工人的月工资由原来的最高不过10元增加到最高18元，工作时间由原来的16小时至18小时减少到11小时，同时要求厂主员司不得随意打骂工人。但是，在大革命失败后，临淮关火柴厂厂主却背信弃义，强行推翻与工会签订的协议，致使工人的权利和利益得而复失，还将11名工人冠以"共产分子"的罪名加以逮捕。

二、安徽工人参与反行帮斗争

盘踞在安徽地区的主要行帮为青帮。青帮，是中国一个历史悠久的帮会，又称清帮、安清帮。"与青帮形成直接有关的是罗教在漕运水手中的流传。罗教又称无为教，系罗清所创。"[①] 到清朝时，"青帮的基本斗争方向主要局限于经济范围"，主要从事贩私活动。[②] 青帮从产生初期起，其基本成分就是漕运粮食的水手和纤夫，是以粮船运输工为主的下层劳动人民为主的群众组织。青帮在漕运沿线设立庵堂，企盼"生者可以托足，死者有地掩埋"。

四一二反革命政变后，青帮为反动政府所用。蒋介石利用青帮屠杀中共党员，青帮逐步变成少数政治野心家争权夺利和镇压人民革命斗争的工具。青帮的头面人物，在轮船、车行、茶馆、酒楼、浴室、戏院、赌场、烟馆、膏行等各行各业中都有门徒，三教九流，应有尽有。他们依仗帮会势力，扰乱治安，操纵各业，欺压百姓，无恶不作。

面对行帮势力盘根错节的特殊情况，中国共产党在对待行帮势力的态度上采取积极引导策略。一部分中共党员主动深入行帮组织内部，教化引导行帮力量，引导他们走上阶级斗争的道路。1929年8月23日，中共英山、芜湖等县联席会议在研究职工运动与青帮问题时给出指示，提出利用青帮关系来开展职工运动，

① 周育民、邵雍：《中国帮会史》，武汉大学出版社2012年版，第25页。
② 周育民、邵雍：《中国帮会史》，武汉大学出版社2012年版，第35页。

进而加紧群众斗争。职工运动初始阶段，青帮加紧对职工运动的压迫。党组织加紧联系工农群众共同反抗青帮迫害，在斗争中通过开办平民学校的方式接近群众，帮助失业工人重返工厂，并借助失业工人及其工人朋友接近群众。

1929年10月制定的《安庆职工运动草案》中明确指出，因为一些工人没有经过革命的洗礼，所以大多潜伏在原始的青帮组织中。各业工人中的活动分子，大都加入青红帮、刺花党。尤其在泥水业工人、茶房工人中，青红帮的势力很大。因此，要重视青红帮的力量，就应当引导他们走上阶级斗争。

1931年9月20日，中共鄂豫皖中央分局发布通知，明确应对青红帮、流氓和土匪的策略。首先，要充分认识到，针对青红帮、流氓、土匪，无论捉或杀，还是任由他们到苏维埃机关内，甚至到党内、游击队内专权乱闹、压迫穷人，不敢公开用工农群众革命的力量去制裁他们，不坚决消灭他们的领袖，不领导他们的下层群众去找正确的阶级出路，甚至和他们一样行动，这两个极端都是绝对错误的。其次，要知道“肃清土匪”是国民党的口号，中国共产党认为是私有制和剥削制度的存在，使得一部分破产失业工人、农人、贫民变成了以不同的名义而存在的流氓土匪。这是遭受帝国主义剥削、国民党加紧压榨之后，广大工农群众在没有饭吃并且无力抵御的情况下导致的结果，所以“肃清土匪”的口号无异于是在反对和迫害这些穷苦的、找不到出路的工农群众。因此，对于土匪、流氓，必须有正确的阶级策略。最后，对于青红帮以及流氓、土匪中的下层群众，或有这样群众的集团，必须用土地政纲及革命群众反豪绅、反国民党反动统治的各种斗争去争取他们加入革命中来。要积极宣传只有推翻国民党反动统治阶级，参加工农革命，才是正确的出路的思想，同时对于坚决不改造以致侵害了穷苦民众利益、不接受革命政纲的土匪首领，必须用工农群众力量坚决予以消灭。要引起他们内部的分化，争取穷苦工农加入工农革命方面来，铲除压迫贫苦工农的土匪首领。对于真心改变的青红帮及土匪、流氓下层群众，应该同样给予分田的权利，让他们成为苏维埃的公民或工农会的会员。对于现在已经在工会、农会或苏维埃机关内，甚至党内的青红帮及流氓、土匪分子，要考查他们的出身阶级、群众对他们过去行为的意见以及他们现在是否坚决执行革命政纲，从而决定是否可以让他们留在工会、农会或党内。[①]

通过深入分析行帮组织的历史形成及其特点，合理利用行帮势力，中共安徽地方组织团结工人参与反行帮斗争，推动了安徽工人运动事业向前发展，彰显了共产党人灵活的斗争策略和具体问题具体分析的斗争方法。

三、安徽白区工人的艰苦斗争和赤色工会运动

（一）党领导下的白区工人斗争活动

1927 年 5 月，中共安徽省临时委员会（以下简称省临委）在白色恐怖之中诞生。在省临委和各级党组织领导下，安徽白区的工农群众同国民党军阀、资本家进行了艰苦不懈的斗争，工人运动重燃希望。

1927 年 8 月，安徽省临委秘密迁回芜湖后，根据八七会议精神，于 9 月 6 日制定了《关于安徽三个月工作计划纲要》(以下简称《纲要》)，以期进一步整顿与发展安徽各地的共产党组织。《纲要》颁布三个月内，芜湖、安庆、六安、宿县、寿县县委加紧成立，其余各地特支组织工作逐步健全起来。同时，《纲要》强调要给予工人运动和工会组织高度重视，指出“工人运动为本党之基本工作，应以整个党来指导这种工作”“工会组织应当是工人的组织、群众的组织”[②]。省临委分析了全省工人运动的状况，并在《纲要》中拟定了领导全省工人运动的步骤和措施，全力注意芜湖、安庆、大通、荻港等处工人运动，提出先将芜湖、安庆之产业工人、交通工人（车夫、搬运夫等）及电灯、电话、邮政等行业工人，以及荻港等处之矿工秘密组织起来。

中共中央高度重视安徽工人运动，派专人对安徽省的各项工作及时加以指导。1927 年 9 月 19 日，中共中央写信给省临委，指出“要加紧领导工人实行经济斗争，要求加工资，减工时，工资发现洋，反对开除工人，等等。只有经济斗争才能使工人增进阶级觉悟和斗争情绪，才能使工人明了伪工会是欺骗工人

①《鄂豫皖革命根据地》第 1 册，河南人民出版社 1989 年版，第 296—298 页。

②《中国工会运动史料全书·安徽卷》编委会编：《中国工会运动史料全书·安徽卷》，安徽大学出版社 1998 年版，第 129 页。

的，而我们党是为他们的利益而斗争的”[①]。对工人运动的具体领导问题，党中央明确指示：“职工运动委员会仍然存在，工委主任必须是常委之一。”[②]

根据中共中央的指示精神，省临委加强了党对工人运动的领导。先由省临委书记柯庆施兼任工委书记，后改由常委王心臬负责宣传兼工人运动工作，注意在工人群众中发展党员，加强党组织建设，以便更好地组织和领导工人运动。到1928年底，安徽全境大多数县都建立了县委、特别区委或特别支部。

随着各地党组织的恢复和发展，各地工会组织也相继建立。1927年10月，芜湖已成立包括11个工会在内的秘密工会联合会。1928年4月前，六安便成立了烟工工会，会员有300余人。4月后，宿县工会、安庆总工会也分别建立。1929年4月21日，全省职工代表大会召开，大会选举产生临时省总工会，决定了全省工运工作计划。

在中国共产党领导下，安徽各地工会先后建立，工农群众逐步发动和组织起来，陆续开展了多次以争取经济利益为目的的罢工斗争。至1928年夏，芜湖工人运动已经初具规模。不久后，芜湖、安庆及其他城镇工人运动，六安、繁昌、宣城等地的工人运动均有一定发展。从1928年8月至1929年12月，芜湖在一年多时间里就爆发了几次较大规模的工人斗争，先后有黄包车工人、鲁港店员工人、太古趸船海员及理货工人等2000余人参与到要求增加工资的斗争中。这些斗争多以取得一些胜利而结束。安庆是当时国民党在安徽实行反动统治的中心，中共安庆中心县委职工运动委员会领导筑路工人、车夫、茶酒馆工人和贵池矿山工人进行了不同形式的斗争。1927年秋，六安300多名黄烟工人，在中共党员、黄烟工会主席吴宝才等人的领导下举行罢工斗争。此次罢工斗争足足持续了45天，迫使资本家答应了工人提出的增加工资、缩短工时、改善伙食的要求。宿县洋车工人支部发挥较强领导作用，领导了数百工人做过几次很有意义的斗争，就连当地的挑水夫也组织过两次斗争。凤阳县临淮关火柴厂有一个支部，党员18人、赤色工会会员30多人曾经进行了一次斗争。阜阳码头工人、

① 《中国工会运动史料全书·安徽卷》编委会编：《中国工会运动史料全书·安徽卷》，安徽大学出版社1998年版，第129页。

② 同上。

★ 芜湖工人群众和市民举行罢工集会。

丝绸工人、烈山煤矿工人、凤阳黄包车工人、合肥糕点工人等，为了争取经济利益，也都进行了不同形式的斗争。

除经济斗争，广大工人还进行了复工斗争。芜湖大昌火柴厂、裕中纱厂倒闭后，失业工人为了生活，在党组织领导下，与资本家进行斗争，争取早日复工。中共芜湖市委对复工运动给予及时有力的领导和支持。1928 年 6 月 26 日，大昌火柴厂复工运动委员会发布了《全体工友要求复工宣言》，要求厂主马上开工，并赔偿工人几个月的损失。为促进复工运动继续发展，7 月 14 日，中共芜湖市委进一步明确了大昌唯一的工作就是领导复工运动，复工运动委员会以党员为中坚力量，不断吸收新的积极分子加入。

为进一步加强对安徽工人运动的领导，中共中央还指示省临委“应用全力去恢复和建立荻港、宣城的矿工，六安的烟工、南陵、鲁港、湾沚、繁昌等手工业工人和店员工人的秘密工会及赤卫队的组织和发动工人日常生活斗争……总之，要看我们鼓动的工作如何和群众的热情到什么程度，才能决定斗争的方式”[①]。早在1927年秋天，宿县工会组织和职工群众在党组织领导下，在学生、市民支持下，为营救国民党宿县警察局无理逮捕关押的小车工人马登科等人，进行了罢工游行示威，并且冲入警察机关，痛打警察长。1929年冬，六安总工会主席高凤池前往县政府交涉改造教育会的问题，县党部委员潘杰三公开声称工人没有选举权。工人群众为了争取政治权利，在高凤池等人领导下，六安烟工、织布工等三四百人上街游行示威，与当局进行斗争，最终取得胜利。

1930年春，中共姚皋区委指派李襄言到田家庵以开设通济医院为掩护，建立淮南煤矿党支部。1930年5月，为纪念五卅惨案，唤起民众特别是工人群众反压迫、反剥削的意识，大通煤矿在当地党组织领导下，举行了有工人、农民、学生、妇女在内计千人参加的五卅集会和示威游行。大会通过了成立凤台县纪念五卅筹备委员会、寿县凤台怀远互济会、寿县凤台怀远小学教师联合会、工厂委员会、士兵委员会五项决议，提出“打倒国民党”“打倒资本家、实行工作三八制”等行动口号。1931年4月，大通煤矿工人向资本家提出了将原来每班工作12小时减少到8小时的要求。资本家不但拒绝该请求，反而逮捕了几名工人，此举激起了工人的愤怒。在工人罢工五六小时后，资本家被迫当场释放被捕工人，答应改为八小时工作制。同年6月，大通煤矿工人因工码小、食物不够吃，举行了全体罢工，直至增加工资后才复工。1932年11月，共产党地下组织又派人在大通地区恶霸、土匪头子倪小狼的护矿队中建立了士兵支部，在九龙岗矿中建立了矿工支部，洛河工人党支部也在此后成立。

综上所述，大革命失败后，安徽工人运动在省临委和各地党组织领导下逐步兴起并且不断发展，赢得了一定的胜利。这些斗争不仅为工人群众争取了经济利益和政治权利，而且显著提高了工人队伍的政治觉悟和组织程度，为各地农民暴动的兴起、为皖西革命根据地的创建、为以后全省斗争的发展，培养锻炼了干部，做好了一定的组织准备和思想准备。

然而，这一时期的工人运动由于党内“左”倾路线的影响，受到了一些挫折。在“左”倾路线的指导下，省临委曾计划领导群众公开活动，实行为工人

① 《中国工会运动史料全书·安徽卷》编委会编：《中国工会运动史料全书·安徽卷》，安徽大学出版社1998年版，第130页。

争取结社、集会、言论、罢工自由的政治斗争。中共中央发现后及时进行了纠正，明确指出："领导群众力争工会之公开自由……在目前安徽的政治局面和工人的力量实无可能，即使勉强公开也必要在多少妥协的条件下才有可能。因此，安徽工人斗争不是为力争公开工会，而是要严密并扩大秘密工会的组织，以秘密工会为中心，引导工人斗争。"[①] 中共中央对时局的准确判断、对工人运动的科学领导，使得全省工人运动避免了不必要的损失。

（二）党领导下的雇农、雇工斗争

1928 年春，淮南廖家湾的廖贯州（又名润州）、廖傅泽、许光达等中共党员，组织青年力量，以打蝗虫为名在雇工群体中广泛展开革命宣传教育。面对地主阶级不劳而获、吃得好穿得好，而工农群众流血流汗却不得温饱的现实状况，廖贯州等中共党员带领广大雇农提出了反剥削、反压迫，增加工资、改善生活待遇，工资不提高、生活不改善就不上工不干活的口号。这些口号代表了雇农的切实需求，廖贯州等中共党员维护雇农利益的行动得到了雇农的信任和支持。因此，在 1928 年农历六月六农村雇工退工和复工的日子，廖家湾与周边多个村庄同时举行了雇工罢工运动，四五百雇工参加了要求增加工资、改善生活待遇的"六六"雇工罢工运动。罢工高潮时，廖家湾 300 多名雇工全部停工，地主们阳奉阴违，表面答应增加工资，暗地里却对罢工行动的主要领导人及其家属进行威胁恐吓，刘庄的中共地下党员刘士华（其家有地主成分）因领导本家雇工罢工而被父亲吊打。受反动势力胁迫，雇工们被迫陆续复工。虽然此次罢工没有完全达到目的，但是沉重打击了地主土豪劣绅的势力，激发了雇工反抗奴役剥削的思想意识，对雇工群体也是一次深刻的阶级教育和实际的斗争锻炼，同时也扩大了农民革命运动的影响。

1931 年春，凤台县汪家庙地区的丁郢村、刘巷村、谢圩村等村庄的地主和富农雇用 300 余名工人修筑六方堤（从高皇至汪庙的一段淮堤）的水坝。其间，雇主毫不顾忌雇工工作环境的好坏，雇工们白天无茶喝、夜晚无席铺。此时，

① 《中国工会运动史料全书·安徽卷》编委会编：《中国工会运动史料全书·安徽卷》，安徽大学出版社 1998 年版，第 131 页。

凤台县委组织部长仇西华来到淮堤上，见到雇工的生存现状，便召开全体雇工大会，向地主和富农发起了增加工资和改善生活的斗争，提出了“五天一小餐，七天一大餐，每人增加五角钱”的斗争口号。当时，雇工一致拥护凤台县委组织部长仇西华，并表示“没有猪肉即摔碗，不达目的即停工”。地主、富农在雇工的罢工压力下答应了雇工的要求，五天给肉半斤，并每人发给席铺费七角钱。工人们在这一斗争中完全获胜。1931 年农历三月十七，300 余名筑坝雇工在中共党员谢麻子的倡议下，又进行了一次要求增加伙食费的斗争并取得成功。

（三）党领导下的赤色工会运动

大革命失败后，工人运动遭受极大挫折，全国工会成员从大革命时期的 300 万骤降至 3 万左右，大部分工人领袖和积极分子惨遭杀害和逮捕，广大工人处于毫无政治权利和经济保障的状况。为扭转这一局势，中国共产党领导工人积极抗争，建立了赤色工会。赤色工会与国民党领导下的黄色工会相区别。当时，除中国共产党领导的工会，还有四种类型的工会组织：一是由工人自发为保障自己的经济利益而组织的工会，其特点是群众基础较强，但具有两面性。他们要求提高工人待遇，改善工人生活，防范资本家的进攻，但不反对国民党统治，甚至在形式上还与国民党具有某种联系。二是国民党“御用工会”，政治上受国民党指挥，从维护工人利益上去调节劳资纠纷。三是借工会之名，行政治压迫之实的假工会。它是由国民党指定的所谓“忠实同志”组织起来的，只有上层机关而没有下层组织，其目的是控制和压迫工人斗争。四是由工人贵族把持的工会。它与国民党关系极深，同中国共产党领导的工会作对。

1927 年 8 月，中共中央召开的八七会议关于《最近职工运动决议案》提出：“我们革命已经到了最严重而向新的方向进展的时期……职工运动目前的重要点，就是真工会与假工会之战。”“本党应当领导群众力争真正工会之公开，实行工人结社集会言论罢工的自由之政治斗争。”[①] 安徽省临委于 1927 年 9 月 6 日颁发的《纲要》提出：“在此三月之中，我们用全力注意芜湖、安庆、大通、获

① 中共中央党史和文献研究院、中央档案馆编：《中国共产党重要文献汇编》第 11 卷，人民出版社 2022 年版，第 264 页。

港等处工人运动，尤宜先将芜湖、安庆之产业工人、交通工人（车夫、搬运夫等）及电灯、电话、邮政等工人及荻港等处之矿工秘密组织起来！”[①]在各地中共地下组织的领导下，芜湖、滁县、宿县、六安、霍邱、庐江、安庆、桐城、潜山、贵池、枞阳、合肥、凤阳、蚌埠、寿县、宣城等地陆续建立了一些赤色工会组织，开展公开的或秘密的斗争。

临时安徽省总工会：1929年4月21日，全省职工代表大会召开，选举产生了临时安徽省总工会，制订了全省工运工作计划。

芜湖工会联合总会：1927年8月，省临委从武汉秘密迁回芜湖，芜湖的工人运动开始出现转机。裕中纱厂、大昌火柴厂、益新面粉厂、人力车夫等10个秘密工会先后恢复和建立。在此基础上，芜湖工会联合总会于同年10月宣告成立。这个在白色恐怖环境中诞生的工会组织，及时领导了大昌火柴厂工人要求增加工资、益新面粉厂工人反对资方辞退工人、太古公司趸船海员和堆栈理货工人反对封建把头、丝业和烟业店员工人要求加薪等五次罢工斗争，均取得胜利或部分取得胜利。正当芜湖工人运动开始复兴之时，国民党当局采取镇压手段，逮捕了共产党员、省济难会主任王绍虞，大昌火柴厂工会主席宋筱恒等30多人，白色恐怖更趋严重，芜湖工会联合总会陷入停顿。

芜湖工人代表会：1928年5月1日成立。由人力车夫、大昌火柴厂、裕中纱厂、火电厂、机织、缝纫工人以及店员等代表组成。工人代表会成立后，及时将安徽工人运动情况向全国总工会作了报告，并积极为复工运动开展宣传工作。但由于国民党当局的残酷统治，芜湖工人代表会1928年10月后便名存实亡。

芜湖工会联合会：1930年6月11日成立。同年8月2日，中华全国总工会特派员霍锟镛来芜湖工作。9月16日，全国总工会在给霍锟镛的信中要求尽快建立起芜湖总工会甚至安徽省总工会组织。11月6日，全国总工会在《关于芜湖工作的指示和决定》中，进一步明确要求召集芜湖工人代表大会、成立芜湖市工人联合会。遵照全国总工会的指示，芜湖工联会于当月召开了第一次代表大会，从纱厂、车夫、面厂、店员、电话、机坊工人中选出执委，重新建立

---

① 中共中央党史和文献研究院、中央档案馆编：《中国共产党重要文献汇编》第11卷，人民出版社2022年版，第433页。

了芜湖工会联合会，徐竹涛任主任，霍锟镛任党团书记。工会联合会成立后，各业基层工会陆续建立。1931年1月和4月，徐竹涛、霍锟镛先后被捕，工会联合会工作陷入停顿，各工厂、单位的赤色工会也在无形中瓦解。同年6月，中共芜湖中心县委成立后，恢复了芜湖工会联合会，管昌宗任主席，商惠南任党团书记。工会联合会恢复后，竭力恢复各厂的赤色工会小组，积极发展新的组织。但由于国民党党、政、警、宪的严密控制和镇压，赤色工会活动逐渐冷落。

宿县总工会：1928年2月成立，共产党员孔效三任会长。宿县总工会下辖搬运、黄包车等14个行业的工会，会员1000余人，还有夹沟运输工人800人，符离集装卸工人几百人，烈山矿工4000余人，总计会员6000余人。孔效三当时的公开身份是宿县国民党临时县党部农工部干事，宿县总工会是以宿县国民党总工会的性质出现的。宿县总工会成立后，发动工人先后开展了向警察局抗捐、抗税和反对封建把头坐地抽成、不劳而获的斗争，并取得了胜利。1928年底和1929年春，中共宿县县委和宿县总工会遭到国民党破坏，县委书记孔子寿、总工会会长孔效三机智脱险隐蔽他乡，工会干部白鑫民被捕，工会骨干马登科、薛麻子再度入狱被折磨致死，工会活动被迫停滞。1930年5月29日，中共宿县县委决定由县委书记赵云龙负责成立宿县工会筹备会，以纪念五卅运动为名，发动群众，逐步把各行业工会恢复起来。同年7月，赵云龙领导东三铺、小池铺暴动被捕后壮烈牺牲，工会组织未能恢复。

六安县总工会：1927年8月，中共六安特别区委员会成立，在特区委员会领导下，成立了六安县总工会，由高风池、吴宝才负责。领导工人举行了反对物价上涨、要求增加工资的罢工斗争。同年10月，六安县总工会被国民党当局封闭解散。

庐江县总工会：1928年5月成立，负责人卢成钧。下设店员、理发、木业、茶酒、水泥、铁业、商业等行业工会。

滁县（今滁州市）赤色工会：1927年11月，滁县共青团支部根据共青团南京市委的要求，把组织店员工会作为主要工作，领导成立了100多人参加的滁县店员工会和20多人参加的骡行工会。1928年5月，滁县共青团与上级失去联系，工会便停止了活动。

安庆、桐城等多地的赤色工会：安庆于1928年3月建立赤色工会；桐城县在中共安徽省临委委员王步文帮助指导下，于1929年建立木业、理发业等工会五个，会员106人；霍邱县于1930年6月3日建立了赤色工会；巢县于1930年秋建立了店员工会和皮匠工会，于1933年10月建立了手工业工会；贵池县于1932年1月建立了木匠工会和从业工会；合肥于1933年建立了赤色职工会，并于“五一”国际劳动节期间颁发《告劳苦民众书》；寿县于1933年9月在淮南西矿和正阳关建立了矿工工会和正阳关工会；蚌埠于1933年9月建立了七个赤色工会小组；凤阳县于1933年9月建立了百人赤色工会；宣城于1934年10月建立了红军成衣业工会，等等。[①]

综上所述，安徽各地的赤色工会建立后，在中共地下组织的领导下，发动和组织工人开展经济斗争，在反对国民党黑暗统治和御用黄色工会等方面作出了杰出贡献。但由于国民党的残酷镇压与工运策略上的失误，赤色工会屡遭挫折和失败。随着1937年9月抗日民族统一战线正式形成，为了适应新形势，更广泛地团结和组织广大工人群众积蓄力量投入抗日战争，中国共产党调整了在国民党统治区工运的方针和策略，暂时放弃了独立组织赤色工会的任务。

四、九一八事变后安徽工人的抗日救亡运动

九一八事变后，各地各界群众纷纷要求抗日，反对国民党政府的不抵抗主义。安徽各级共产党的组织积极宣传抗日，安徽多地组织成立“抗日救国会”并且动员广大人民投入抗日浪潮。

1931年9月22日，中共芜湖中心县委召开第四次全体会议，号召各界群众团结起来，反对日本帝国主义侵略中国，反对国民党政府的卖国政策。同日，中共皖西北中心县委召集党团联席会议，通过反对日本出兵占领东三省的决议，组织游行示威和集会。安庆、六安、寿县、太和、阜阳等地中共组织也先后召

① 安徽省地方志编纂委员会编：《安徽省志·群众团体志》，方志出版社1999年版，第26—27页。

开会议，发表宣言，号召各界人民一致抗日。9月23日，芜湖百货公司店员工会召开抗日救国大会，声讨日本帝国主义发动侵略战争的罪行，坚决反对国民党政府不抵抗政策。同时，码头等各业工人、商人、学生等各界群众也分别集会，并成立了抗日救国会。9月25日，安庆“反日援侨会”召集紧急会议，决议安徽商人不得再进日货。同月，朱雁秋等人组成“抗日后援会”。9月27日，蚌埠各界民众1万多人召开抗日救国大会，呼吁对日经济绝交，进行武装抗日。中共长淮特委在会上散发了宣传品。10月3日，贵池县各界5000多人成立“抗日救国会”。同月，宣城、铜陵、繁昌、无为、六安、南陵、阜阳、太和、滁县、桐城、萧县等地也举行集会或游行，有的组织了“抗日救国会”。11月，江淮中学学生组成“援黑队”（又名北上决死团），17名“援黑队”同学离蚌北上。12月2日，芜湖工人、学生和商人联合成立芜湖各界慰劳黑军（黑龙江省的抗日军队）劝募委员会。

合肥各业工人和各校学生及市民万余人，于1931年10月5日举行了规模空前的抗日救亡大会。会上，工人代表和各校学生代表纷纷发表演说，呼吁全国各阶层人民团结起来，反抗日本帝国主义的侵略。大会一致通过了给国民党政府和全国各地的通电，明确提出了以下五项要求：（一）对日宣战；（二）厉行革命外交；（三）通告全国各地一律不准装运和贩卖日货；（四）颁发惩治奸商贩卖日货条例；（五）通告全国各校，停课三月，实行军训，准备对日作战。会后，工人和学生举行了抗日大游行示威，并沿途散发传单，张贴标语，高呼抗日口号。游行时，工人和学生还牵着破坏抵制日货的奸商游街示众，斥责其不顾民族利益、唯利是图的罪行。由于国民党合肥当局和合肥国民党驻军四十六师顽固地执行蒋介石的卖国政策，残酷镇压人民的爱国斗争，游行群众愤怒地高呼：“反对四十六师！”“打倒卖国贼！”

安庆工人阶级在反对阶级压迫、进行各种罢工斗争的同时，积极开展反对帝国主义的斗争。1933年9月14日，中共皖西中心县委发出《九一八两周年的纪念告民众书》，号召工农群众武装起来，进行民族自卫战争。安庆工人和各界群众，先后恢复和成立了反日会、抗日救国会、反帝大同盟、义勇军后援会等抗日群众团体，并通过各种方式，进行抗日反蒋斗争，坚决反对丧权辱国的《淞沪协定》《塘沽协定》《何梅协定》等卖国条约，痛斥国民党政府出卖民族利益的罪行。

面对日本帝国主义侵略中国的恶劣行径，在安徽共产党人的组织带领下，广大安徽工人积极参与抗日救亡运动，与国民党的不抵抗政策形成鲜明对比，这些抗日活动的爆发激起了广大民众的爱国热情，引发了广大民众对国家生死存亡的危机意识。

五、安徽工人积极响应一二·九运动

九一八事变后，日本帝国主义加紧侵略中国，在东北地区推行殖民地化统治，并将侵略魔爪一步步伸向华北，中华民族危机日益严重。1935 年 5 月至 6 月间，日本帝国主义策动了所谓华北五省“防共自治运动”，企图直接控制傀儡政权，在华北进行政治、经济、文化全面侵略，一时激起北平各阶层人民的极大愤慨。为此，中国共产党人向劳动大众发出抵御侵略、保卫华北的号召。1935 年 12 月 9 日凌晨，广大爱国学生积极响应中国共产党爱国主张。东北大学、清华大学、燕京大学、师范大学、中国大学、北京大学等高等学校和部分中学的数千名学生涌上北平街头，举行声势浩大的抗日救亡游行。在国民党军警的残酷镇压下，游行被迫结束。在北平学生爱国斗争的影响下，全国各地民众纷纷行动起来。

12 月 23 日，安徽省会安庆各界工人、学校学生和人民群众共 5000 余人，举行了声势浩大的游行示威，要求停止内战、一致对外。12 月 28 日，怀宁邮务工会、国医工会、商会和安徽记者工会、省妇女会筹备会等团体就 11 月 25 日汉奸殷汝耕占据冀东 22 县，在通县成立所谓“防共自治政府”，并自任政务长官事，联衔致电南京政府，要求迅速出师，予以讨伐；同时致电南京政府，要求停止内战、一致抗日。12 月 28 日，怀宁邮务工会、国医公会、商会和安徽省记者公会、省妇女会筹备会等团体，联合向南京国民党政府发出通电，严正指出：“在此国家危急存亡之秋，各地热血青年，莫不义愤填膺，纷组救国团体，从事爱国运动，以期唤起民众，共赴国难，复兴民族。不意华北当局，对此爱国运动，任意摧残……特此迅电各地方政府，对于爱国运动，加意保护。”①

在安庆学生和工人英勇斗争的影响下，安徽各地学生和工人也纷纷联合起来开展了各种形式的抗日救国活动。12月25日，芜湖各校学生召开会议，成立了芜湖中等以上学校教职员学生救国联合会，并同芜湖各行业工人一起多次发表宣言和通电，要求国民党政府立即出兵抗日，取缔冀东汉奸组织和伪政权；同时，致电北平学生，并支援北平学生的爱国斗争。直到1936年，芜湖工人、学生和各界人民仍以游行宣传示威等形式，坚持开展“抗日救亡”运动。然而，日寇的铁蹄肆无忌惮，中华大地惨遭践踏，其凶狠残暴程度愈演愈烈，惨绝人寰。芜湖工人和各界人士不畏强暴，敢于献身，并以不怕牺牲、浴血斗争的精神，奋身投入更加艰苦卓绝的全面抗战之中。

① 安庆市总工会:《安庆市工会志》，第143页。

第四章　全民族抗战时期的安徽工人运动

1937 年 7 月 7 日，日本帝国主义者以制造卢沟桥事变为起点，发动了全面侵华战争。在这生死存亡的关头，中国共产党积极倡导国共合作，推动全国抗战。随着中共中央的宣言和蒋介石谈话的发表，国共两党重新合作和抗日民族统一战线形成。由于国共两党从抗战一开始就实行了两条不同的路线，从而形成了抗战时期的两个战场：国民党的正面战场和共产党领导开辟的敌后战场。在中国共产党的正确领导下，中国工人阶级积极开展抗日救亡斗争，提出两条不同的工人运动方针政策，即在共产党领导下的抗日民主根据地实行“发展生产、繁荣经济、公私兼顾、劳资两利”的政策，在国民党统治区和日军占领区实行“隐蔽精干、长期埋伏、积蓄力量、以待时机”的方针。[①] 安徽工人阶级按照这个方针政策，发展敌后抗日根据地生产和贸易，采取不同策略、方法开展武装斗争，配合新四军保卫抗日民主政权，为抗日战争的最终胜利作出了重要贡献。经过全民族抗战的淬炼，安徽工人阶级进一步走向成熟。

第一节　敌后战场的安徽工人运动

中国共产党坚持把民族抗战与争取民主统一起来，提出一套比较完整的建设新民主主义社会的基本纲领。在 1937 年 8 月的洛川会议上，根据敌强我弱和红

① 李玉赋主编：《新编中国工人运动史》下卷，中国工人出版社 2020 年版，第 200 页。

军的实际情况，毛泽东提出，应当将基本战略任务放在“创造敌后抗日根据地；钳制与消耗日军；配合友军作战（战略支队任务）；保存与扩大自己”[①]。根据地工人群众在中国共产党领导下，建立工人组织，促进根据地发展，在团结一致抗击日本侵略者的同时，与国民党顽固派灵活斗争，努力争取抗日战争胜利。

一、敌后抗日根据地及工人组织的建立

皖南事变后，在以刘少奇为书记的中共中央华中局统一领导下，新四军第二、四、七师在安徽地区坚持对日作战，通过游击战，创建了淮南、淮北、皖江（中）三块抗日根据地，成为全国19个敌后抗日民主根据地的重要组成部分。安徽工人在根据地内积极建立工人组织，参与工会建设。

（一）安徽敌后抗日根据地的建立

在整个全民族抗战时期，安徽省被分割为国统区、中共领导的抗日根据地及敌占区三块不同的区域。抗战初期，广西军队陆续开往徐州、蚌埠一带进行抗战，安徽省属第五战区管辖。抗战期间，安徽沿江、沿铁路线的市县主要为日伪政府所控制。国统区省会则迁至立煌(今安徽省金寨县)，主要管辖皖西、皖南一些山区。中国共产党领导下的新四军采取坚决抗战的方针，解放了安徽大片土地，先后开创了豫皖苏、皖东北、皖东和皖江根据地，后来发展为淮北、淮南、皖江三块抗日根据地，截至抗战胜利，各根据地具体概况如下：

淮北抗日根据地：横跨河南、安徽、江苏、山东四省，地域辽阔。淮北抗日根据地包括豫皖苏、皖东北、邳(县)睢(宁)铜(山)三块根据地，最大范围曾达河南东部、安徽北部、江苏西北部与山东南部，即淮河以北、运河以西、陇海线以南及京汉线以东广大地区，拥有人口700余万。自然环境方面，长江、淮河横贯安徽境内，将全省分为淮北、江淮和江南三大自然区域。淮北平原地势平坦，一般平均海拔在20米至40米。淮北自然资源丰富，耕地约占全省面积的二分之一，还是著名盐区。

---

① 军事科学院　军事历史研究部：《中国抗日战争史》中卷，解放军出版社1994年版，第58页。

淮南抗日根据地：位于江淮之间的安徽省东部和江苏省西部，东临大运河，西接大别山，南抵长江，北濒淮河。日军侵占津浦铁路淮南段后，这里被分割为路东、路西两大片。整个根据地范围由小到大，由江北抗日根据地、皖东抗日根据地发展成为淮南抗日根据地。抗战胜利时，淮南抗日根据地面积为三万平方公里，人口约 330 万。新四军二师总兵力五万余人，共建 17 个县级政权。自然环境方面，淮南地势西高东低，西部是大别山，中部是江淮丘陵区，为江淮分水岭，南部和东部是平原。定凤嘉是我国著名产烟区之一，淮南矿产丰富。

皖江抗日根据地：位于安徽省长江两侧地区，东起江浦、当涂，西至怀宁、彭泽，北临滁河、合肥，南抵宣城、南陵，有 20 多个县，面积近三万平方公里，人口 300 余万。其中巢无、和含、皖南、沿江四块较为完整的地区是皖江抗日根据地的基本区域。在基本区域的周围分布着小块抗日游击根据地和大块游击区。这块抗日根据地扼制安徽境内的长江水域和淮南铁路南段，迫近日本侵华派遣军总部和汪伪国民政府所在地南京，威胁着日伪重要战略据点芜湖、铜陵、合肥、安庆，是华中新四军继向东发展之后向西、向南敌后发展和反攻日军的重要前进基地之一，也是沟通淮南新四军军部和第二师、第五师的交通枢纽，战略地位十分重要。

（二）工人组织的建立

安徽境内抗日根据地成立后建立的工人组织主要有：

淮南津浦路东工人抗敌协会。1940 年 5 月 1 日，来安县半塔集工人、群众 3000 人举行庆祝“五一”国际劳动节集会游行，并成立路东工人抗敌协会。至 1942 年 1 月，津浦路东有工人抗敌协会会员 7219 人，不脱产工抗干部 389 人，其中共产党党员 71 人。

路东八县总工会。1943 年 3 月，津浦路东八县（嘉山、盱眙、来安、六合、天长、高邮、东南、甘泉[①]）总工会成立大会在天长县铜城冼家营召开。同年 8 月，津浦路东解放区总工会召开第二次工人代表大会，讨论决定根据工人种类

① 嘉山县即今安徽省明光市；盱眙、六合、高邮、东南县，今属江苏省；甘泉县，今属江苏省仪征、邗江和安徽天长县一带。

不同，在区总工会和县工会内分设雇工工会、集镇工会、码头工会，并规定了工人工资待遇标准。

路东职工联合会。1945 年 5 月 30 日，津浦路东公营工厂和合作社工厂职工代表大会召开，正式成立了路东职工联合会。到会有各军工军需厂、印刷厂等各公营工厂及各县区合作社工厂的代表 130 人。大会对工资、学习、医药卫生、女工工作、培养新工人等问题进行了讨论，作出了相应规定，并通过了劳动公约。

淮北苏皖边区工人抗日救国总会。1941 年 5 月，中共皖东北区委成立（同年 8 月，改名为淮北苏皖边区党委）。同年 6 月，区党委召开党的活动分子大会，传达刘少奇和中共中央华中局对淮北开展群众工作的指示，交流了苏北盐城和淮南根据地群众运动的经验。会后，在发动群众的基础上，工人抗日救国会成立。1942 年夏，淮北苏皖边区的 39 个区组织起来的抗日救国会会员有 19265 人。同年 10 月，淮北苏皖边区工人抗日救国总会成立，自上而下建立起工会独立的领导系统。1943 年 1 月，为贯彻精兵简政政策以及适应战争环境需要，区党委将边区工、农、青、妇四个抗日救国会合并，成立了淮北苏皖边区各界抗日联合救国总会，赵敏为主任委员，张维城为副主任委员。

淮北苏皖边区总工会。1943 年 8 月 20 日至 25 日，淮北苏皖边区首届工人代表大会召开，到会人员包括九个县 15 种行业的工人代表百余人。大会通过了有关工资标准、工人待遇、工人疾病治疗、开办工人合作社、救济失业工人等方面的决议，民主选举张维城等 21 人为执行委员，正式成立淮北苏皖边区总工会，张维城为总工会主任。大会还发出《告全边区工友书》，号召全边区工友团结起来，努力学习，增加生产，为争取工人生活改善与中华民族解放、工人阶级解放的胜利，誓与敌伪汉奸及反共特务分子进行坚决的斗争。在淮北苏皖边区总工会的领导下，1943 年 12 月下旬，淮北三分区的邳睢铜灵召开首届工人代表大会，成立了邳睢铜灵总工会，通过了《关于雇工工作的决议》《关于各行各业工人工资及待遇的决议》。同年，淮北公营工厂发展到 14 家，其中军工厂 6 家，都建立了工会组织。随着根据地的巩固和扩大，到 1945 年，除陇海、津浦铁路沿线外，淮北全境解放，泗县、五河等县相继建立了工会组织。淮北边区总工会（又称淮北解放区职工联合会）的工作重点逐步转移到了工人比较集中的城镇和公营工厂。4 月初，边区总工会举行执委扩大会议，作出《关于公营工厂工会工作的决议》。

皖江（中）工人抗敌协会。自 1938 年 7 月起，皖中地区各县先后成立了工人抗敌协会（以下简称工抗会）。1942 年秋，皖江工人抗敌协会成立，江天辉任理事长。工抗会的主要任务是将集镇和农村的手工业者和雇工组织起来，充分利用当地资源，发展生产，解决军需民用，既为农民生产铁木农具，又为部队和民兵修理枪支，制造地雷、石雷和手榴弹，组织织布工人加紧生产棉布，解决军民的穿衣问题。巢无县委的兵工厂和纺织厂就是在此基础上办起来的。不少有一技之长的“匠人”积极修旧利废，为克服战争和敌人封锁造成的困难做出了贡献。工抗会还根据中国共产党的抗日救国十大纲领和抗日民主政府的法令，发动工人和资方进行面对面的说理斗争，迫使他们给工人增加工资。到 1945 年，皖江地区工抗会会员发展到五万多人，根据地所有工厂工人、手工业者和雇工都加入了工抗会，每个保有工抗会理事，每个乡有工抗会理事长。

新四军七师总工会。1944 年，新四军七师兵工厂所属各单位普遍建立了工会组织。在此基础上，1944 年 9 月 10 日，新四军七师总工会成立大会在无为召开。出席大会的有皖江地区党政军首长、各级工会和工会代表 800 多人。军工部政委林立在大会上阐明了成立工会的意义，希望广大工人努力增产，厉行节约，做一个名副其实的工会会员。中共皖江区委书记曾勉（曾希圣）在会上作重要讲话，他号召全区职工同心同德、团结一致，为夺取全民族抗日战争的伟大胜利而奋斗。大会民主选举林立为师总工会理事长，张昌龙（军工部主任）、顾祖农（军工部副主任）为师总工会理事。

二、参与发展敌后抗日根据地经济

在安徽敌后抗日根据地共产党组织和工会组织的带领下，广大工人积极发展生产，制造武器、生活必需品，开展贸易活动，为根据地乃至全国的抗日武装、对日作战提供了必要的物质基础。

（一）工人运动相关问题的规范

1942年1月14日，《淮北苏皖边区联合救国总会第一次扩大会议决议案》对工人及工会组织问题作出明确规定。按照决议案的规定：在乡中雇工超过五人的应成立雇工小组，三个小组可成立雇农工会；工会旨在救济失业工人，增进工人福祉；针对集镇与码头工会的失业工人，可组织工人加入生产合作社和运输合作社，工人自愿选择是否集资入股。1943年5月，中共淮北苏皖边区军政委员会副书记兼组织部长刘子久发表《如何去完成组织根据地内人民大多数的任务》一文，提出要加强宣传，以“会员制”调动工人群众，为工人群众争取各种合法权益。

1944年10月，中共淮北区委副书记、淮北行政公署主任刘瑞龙在《淮北五年来群众工作总结》中指出，对于农村工人、集镇手艺工人与码头工人的工作，应采取不同策略。对于农村工人的工作：第一，雇工工会需要与农救会分开，工会会长应由本地工人担任，上下工都须进行调整。第二，工会不仅承担提高生产的任务，而且要不断加强工人教育工作，利用开会、下雨天或农闲时间对工人进行阶级教育、文化教育以及生产本领教育。第三，认识到农村富农与工人间的阶级矛盾，农救会与工会在工作中要教育引导工人和农民团结一致、共同进步。对于集镇手艺工人的工作：第一，明确集镇手艺工人大多数是农村贫农，行业种类复杂，他们比较敏感浮躁，但容易接受新事物。第二，集镇工会除评定工资、调整劳资双方关系、提高生产外，还要利用工人夜校教育工人。第三，建立工人武装，必要时抗击敌人。第四，救济失业工人，克服行会思想与狭隘经济主义观点。对于码头工人的工作：第一，码头工会应适时适当调剂工人，组织评资会，评定工资。第二，设立夜校对码头工人进行教育。第三，成立码头工人自卫队，维持交通、保护商旅。

（二）发展根据地生产

1941年9月，新四军军部兵工厂政治指导员吴运铎由盐阜区到皖东抗日根据地筹建兵工厂，吴运铎任厂长。该厂建立后，不仅生产子弹、修理武器，还生产迫击炮弹、地雷及新制手榴弹，有力支援了新四军第二师作战。在一次挖取雷汞时，雷管爆炸，吴运铎左眼被炸瞎，左手四根指头被炸掉，左膝被炸裂，经治疗出院后，他带着伤残同工人一起设计和制造了33台生产子弹的机床，年产子弹60万发。吴运铎忘我的奉献精神鼓舞了当地工人群众，许多工人通过学习他的精神，成为英雄模范工作者。淮北边区1945年发布《淮北苏皖边区劳动英雄模范工作者选举与奖励办法》，对劳动英雄、模范工作者的选举标准、选举方法以及奖励制度进行规定，这对激发工人群众生产积极性，密切党群关系发挥了重要作用。1942年秋，皖中工人抗敌协会成立后，为搞好根据地建设，专门派人到根据地中心区学习制造火药、地雷、石雷、手榴弹和武器等技术，既解决了对敌斗争之必需，又为根据地创办兵工厂奠定了基础。

在淮北、淮南、皖江抗日民主根据地，有40多个县市建立了由中国共产党领导的抗日民主政权，积极发展工业和手工业，开办造纸、榨油、农具、造船、采矿和军工等企业。1939年，中国工业合作协会浙皖办事处在屯溪成立，办事处先后在皖南设立屯溪、泾太、休宁事务所和指导站，设立了缝纫、制鞋、烧炭、造纸等数十个生产合作社，泾太事务所还建立了一个小型兵工厂以支援新四军抗战。1941年，淮北苏皖边区创办了淮北工厂，下属纺织、织布、化学、被服、造纸、纺织机器制造六部，工人生产的产品满足了根据地军民部分需要，同时在培养干部、工人，提高生产技术，积累生产管理经验，吸收敌占区失业工人等方面都起到了积极作用。和县功剩桥一带办起了大小工厂九个，和含地区办起了小型兵工厂四个。天长县铜城天高农具厂是皖东比较大的工厂企业，仅1944年7月至11月，就生产了价值317万元的各种农具，按市价八五折出售给农民。皖江行政公署在江北巢无地区创办的巢南煤矿，有工人1000多人，新四军七师供给部被服厂有工人600多人，卷烟厂有工人50多人，四师兵工厂、修械所、被服厂、织布厂、皮革厂、炸药厂等，有职工近2000人，大江银行印刷厂有工人65人。

（三）促进根据地贸易

新四军第七师在贸易方面颇有创造性，在新四军内部素有“富七师”之称。

由于地缘关系，皖江根据地紧邻南京、芜湖、安庆等大中城市，与敌占区、国统区犬牙交错，这一带物资丰富，抗日民主政府利用这一优势，大力支持工业的发展，通过贸易筹集到许多紧缺物资。

与敌占区、国统区贸易机构特别是粮食机构进行贸易，在当时是一个颇为敏感的问题。皖江区党委书记兼七师政委曾希圣认为不能放弃这种贸易，因为根据地要获取敌占区和国统区严密封锁下的统制物资，尤其是军火是十分困难的，有时甚至要付出沉重代价。鉴于此，曾希圣批准了这种被称作“特殊贸易”的贸易。而要进行这一贸易，突破口就在芜湖“维持会”会长、伪军粮食统购委员会主任汪子东身上。第七师利用他收不到军粮难以向日军交差的心理，一方面封锁粮食出口，另一方面约他进行贸易谈判。经过谈判，终于达成一笔亦军亦商的特殊交易：汪子东为第七师采办三类物资，第七师以粮食支付。第一类为军火物资，如黄色炸药、雷管、机枪、收发报机等，占总额的30%；第二类是统制物资，如钢材、铜材、五金、工具、机床等，占总额的30%；第三类是一般物资，如食盐、火柴、电池、药品、杂货等，占总额的40%。第七师结算时，主要以粮食和山货作价，其中山货占30%。以此为契机，第七师借助汪子东进一步打通了与汪伪南京政府高级经济顾问日本人楠木的联系。楠木有较强的反战意识，对中国人民的抗日战争颇表同情，愿意暗中给新四军提供一定支援。后来他不仅为新四军提供情报，而且多次帮助新四军第七师采购了许多军需物资，并运用他的身份营救过多名新四军被俘人员。此外，新四军第二师供给部通过开办新群烟草公司，生产“飞马牌”香烟，大量销往敌占区、国统区，换回根据地紧缺物资。皖中民主政府用粮食从芜湖等地换回食盐，以食盐换取大别山的麻、豆、烟叶等，再用这些土特产品从敌占区换回工业品。这种以货易货的方式不仅解决了抗日部队军需用品不足的问题，同时也增加了根据地的财政收入。

淮南、淮北和皖江根据地专门成立了贸易管理局，领导与开展根据地商业贸易。淮北边区贸易局采取保护商人合法经商的政策，不少敌占区商人纷纷来根据地经商，一年便有77家资本较雄厚的商人进入根据地经商。商贸活动过程中形成了许多大型集镇，如邳睢铜抗日根据地的土山镇、肖铜县的杨庄乡和淮宝

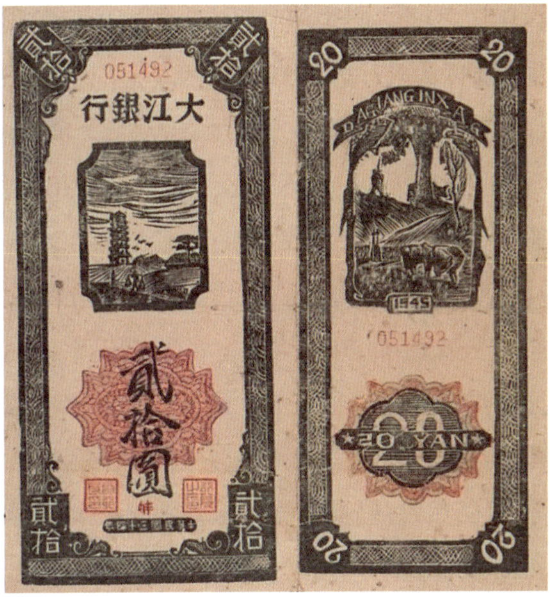

★ 新四军第七师成立大江银行发行的货币。

县的蒋坝镇等，贸易额十分可观。皖江抗日根据地贸易总局兴办了集成号、裕民号、正大号商行，并划汤家沟为“经济特区”，不仅为根据地筹集了大量资金，繁荣了根据地经济，而且吸收了芜湖、南京、上海沦陷区的商人前来洽谈贸易。贸易范围也由一般生活用品扩大至西药、布匹、颜料、电池、无缝钢管、机械、发报机、发电机、炸药、武器、弹药等物资，有效打破了日伪的经济封锁。淮南根据地内的铜城（今安徽天长县境内）商店林立，有私商店铺 100 多家，各地来此经商的商贩很多，流动人口常在千人以上。

1944—1945 年，在广德县北韩家巷和广德与浙江长兴之间的游山卡、杨风岭等地，苏南行署区先后办起兵工厂（又称手榴弹厂）、缝纫厂、江南印钞厂、印刷厂。这些工厂既生产抗日军需用品，又印制“江南银行”“江淮银行”发行的货币和《苏浙日报》，对发展经济、增加生产、动员民众团结抗日、巩固和发展抗日根据地发挥了重要作用。

三、配合新四军武装抗日

在中国共产党领导下实现军民团结抗日，是坚持长期敌后抗战的重要一环。

抗日战争全面爆发后，安徽工人群众在中国共产党领导和工会组织的动员下，纷纷成立工人抗日游击队、自卫队等抗日武装，积极参加新四军，配合新四军开辟敌后战场，抵抗日本侵略者。

许多根据地的工农群众积极申请加入新四军，据不完全统计，1938 年 9 月，新四军第四支队进皖东时仅有 3000 余人，到第二师成立时已辖三个旅，1.8 万余人，地方武装 9000 余人，到 1945 年 8 月，主力部队扩大到四个旅 11 个团，共 3.5 万人，地方武装发展到 1.5 万多人，民兵 20 余万人。由彭雪枫率领的新四军游击支队 1938 年 9 月从确山县竹沟镇出发时只有 370 余人，后经多次改变成为新四军第四师，发展到抗日战争结束后有 3 万余人，地方武装发展到 2.3 万人，骨干民兵发展到 5.9 万余人，普通民兵发展到 20 余万人。第七师初建时仅 1900 余人，一年发展到 4000 余人，地方武装发展 2300 多人，民兵达 2.2 万余人，抗日战争胜利时，其主力部队扩大到两万人，地方武装发展到 7000 余人。1940 年 3 月 17 日，华中地区第一个抗日民主政府——定远县抗日民主政府成立。抗日民主政权建立后，工农群众为新四军主力部队输送大量兵员，其中较大规模的兵员补充有两次。第一次动员新兵 200 多人，从地方工人武装中动员 500 多人，共计 700 多人参加新四军。第二次动员 3796 人加入军队。

安徽工农群众还配合和参与了其他保卫抗日民主政权的工作。如宣城各地先后成立工人抗敌协会（以下简称“工抗会”），1938 年 9 月，在新四军战地服务团指导下，广德县一个镇的手工业工人参与“工抗会”，人员达 600 余人。1939 年秋，泾县章渡“工抗会”召开有三四千人参加的反对汪精卫群众大会，声讨汉奸、卖国贼的罪行，发动会员通过行动支援新四军前线作战，如替新四军挑东西，运送子弹、慰问品到前线，为新四军送信、挖工事、站岗，或动员群众参加新四军等。1943 年初，侵占巢县县城的日伪军突然包围皖江抗日根据地所属大岭，根据地湖东兵工厂工人配合新四军战士，在入口处埋设地雷，插竹签，挖陷坑，将 18 门木炮炮筒内装上手榴弹、火药等轰击敌人，迫使敌人撤退。1943 年 3 月，在新四军尹芳轩的组织下，淮南大通煤矿 100 多名矿工冲破封锁线，参加新四军和游击队。次年春天，新四军路西独立团在矿工配合下，炸掉九龙岗南山碉堡，致使敌人伤亡惨重。1945 年 4 月 5 日，广德县一区杭村、松墩二乡“工救会”联合召开全乡纸业工友大会，有200多名会员参加，大会提出献款慰劳新四军三纵队光荣负伤病员，会员当场踊跃献款，连同慰问信寄至部队，向伤病员表示慰问和敬意，同时致电延安总工会，响应成立解放区职工会的号召，努力增加生产，改善工人生活，提高群众抗日积极性。云岭、茂林地区的“工抗会”创办了夜校、识字班、读报组，吸收男女青年100多人参加学习，孤峰造纸厂“工抗会”设立夜校、识字班，引导会员学习文化、讨论时事、阅读《抗战报》，增进工人抗日意识。

第二节　沦陷区和国统区的安徽工人运动

一、沦陷区安徽工人的斗争

日本帝国主义入侵中国以后，在安徽省犯下累累罪行，不仅疯狂强占当地工商业，进行经济掠夺，更是推行独裁的法西斯统治，压榨劳苦工人。日寇毫无人性的残暴行为，促使工人群众联合起来发起斗争。安徽广大工人在抗战时期与侵略者巧妙周旋、灵活斗争，表现出了坚贞不屈的民族气节。

（一）日寇的暴行和对沦陷区工人的残酷统治

1. 日本侵略者的暴行

抗日战争时期，安徽是中日双方交战的重要战场。至1938年底，在全省62个县中，绝大部分主要城镇沦陷者达15个，部分主要城镇沦陷者达8个、半沦陷县达12个、小部分沦陷县达5个。整个抗日战争期间，侵华日军在安徽犯下的暴行罄竹难书。

血腥屠杀：1937年11月，日军入侵安徽广德。到1938年2月22日，县城周围20余里的大小集镇全被烧光，烧毁民房达一万余间。1937年11月30日至1938年1月13日，日军第一次侵占广德期间，屠杀广德居民2.4万人。1938年

1月，日军数次侵犯宣城狸桥，残杀村民6218人。5月21日，日军对淮北牛眠村百姓进行屠杀，共计杀害无辜百姓1780人。10月7日，100多名日军分水陆两路包围巢县温家套，见人就杀，逢屋便烧，总计316人被杀，900多间房屋被烧毁。1938年冬，日军合肥警备司令古三郎把抓去的200多名群众用铅丝穿手心、穿锁骨，押到南门外放狼狗咬，最后将其全部杀害。据统计，日军在安徽制造死伤500平民以上血案达18起，共计死伤57694人。①

狂轰滥炸：1937年8月14日，日军九架飞机，每架载250公斤炸弹两枚，从台北基地起飞，轰炸广德飞机场。机场的空军机库、工厂、弹药库及飞机均遭严重破坏。11月26日，日军进犯广德前出动飞机对广德县城进行轰炸与扫射，炸毁民房数千间，许多居民被炸死。从12月5日起，日军派出轰炸机群60余架次，连续三天轰炸芜湖，投掷大量燃烧弹、穿甲弹，对湾里机场、车站、码头进行轮番轰炸。芜湖商业中心十里长街、国货路、吉和街、陡门巷等主要街道被夷为瓦砾废墟。停泊在太古码头的英商轮“德和”轮、“大通”轮亦未能幸免，轰炸造成在码头候船的乘客当场被炸死者有14人，重伤需手术者有30人，致手足伤残者三人，医院所收伤者共计70余人，其余难民在轮船被炸后纷纷跳入江中，有的被江水吞没，有的受伤，惨案死伤者总计超过千人，被炸毁房屋数千间。据统计，自1937年8月至1943年，敌机在安徽全省各地共投弹18779枚，造成死伤14412人，损毁房屋128351间，平均每百枚炸弹致死伤56人、损毁房屋683间。

经济掠夺：安徽工矿业当时主要集中在少数几个城市和沿江一带，基本被日军占领。在日军占领前，除淮南煤矿有少量设备内迁至大后方外，其余工矿业都落入日本侵略军手中，因而全省工矿业遭受极大破坏。当时，芜湖集中了全省一半的轻工业企业。日军占领芜湖后，对裕中纱厂、益新面粉厂、大昌火柴厂、明远电厂等几个较大的工厂进行大肆破坏。裕中纱厂被日军改为伤兵医院，不少机器被劫走，余下的细纱机大部被拆毁，这个当时安徽最大的工厂几乎被摧残得不复存在。明远电厂的设备几乎被日军破坏了一半。1939年以后，日军

---

① 安庆市总工会:《安庆市工会志》，第143页。

对安徽工矿业由破坏转入大肆掠夺。日军以所谓“委托经营”“中日合办”等手段，将芜湖裕中纱厂、明远电厂、蚌埠光华电厂、淮南煤矿、芜湖益新面粉厂、大昌火柴厂、马鞍山铁矿和繁昌铁矿等主要产业悉数霸占。日军在马鞍山矿区增修铁路、码头，设立发电厂、机械修理厂，修建仓库、办公楼，妄图长期霸占矿区。1945 年秋，日军从马鞍山矿区劫运回国的铁矿砂达 537 万吨。铜官山矿也是日军掠夺的重要目标，日军在江边至矿区一带修建码头、公路、铁路、发电厂、机械厂、仓库、碉堡、火药库，于 1939 年到 1945 年的 6 年间开发了日产矿石数百吨的矿井两个，所采铜矿均运往朝鲜进行提炼。安徽省手工业、商业同样损失严重，日军采取公开抢掠、滥发纸币、开设洋行、商业垄断等手段大肆进行经济掠夺。储存在江口及沿河两岸仓库的大米，尽数被日军没收，米商多年积累付诸东流。在蚌埠，大丸洋行主宰了棉丝、烟、茶、皮毛、土产的经营，亚细亚洋行控制了机械器具、电器设备的贸易。

2. 沦陷区工人的悲惨遭遇

在日军的野蛮侵略之下，安徽工人处境极为悲惨。以淮南为例，该地矿区蕴含大量煤炭资源，且处于华东腹地，靠近上海、南京，交通便利，战略地位十分重要。日军强占淮南煤矿后，疯狂掠夺煤炭资源的同时，在淮南矿区实行残酷的统治策略，淮南煤矿工人因此陷入悲惨的境地。

日本实施“以战养战”的作战方针后，大量开采和掠夺淮南地区煤矿资源。1938 年 6 月 29 日，日本特务部派遣淮南炭田调查队来淮南煤矿进行第一次调查。同年 8 月 25 日，“日本铁道省调查团”“三井及三菱调查班”用一个月时间对淮南煤矿做了详细调查。9 月 21 日，日军将大通煤矿交给日本垄断集团“三菱饭冢炭矿”经营，将矿务局交给三井矿业公司经营。随着日本帝国主义将魔爪伸进淮南煤矿，对矿工实行法西斯统治，矿工的遭遇变得更为悲惨。尽管这些企业打着“日华合办”“股份有限公司”的旗子，但无法掩盖其掠夺本质。日寇在企业内设置专门机构，表面上服务于生产管理，实则是对工人进行严密控制与残酷压迫。矿区工人每天上班要经过五道“关”，即进矿门、领灯、下井、上井、交工牌，稍有不慎就会遭受毒打。日本法西斯在矿区使用屠杀、监禁、拷打等手段统治迫害工人，建造了13座碉堡监督工人、两座水牢惩治工人。电刑、刀刺、活埋、狼狗咬、坐老虎凳等刑罚经常被用于惩罚工人。日本侵略者还与官僚资本家、封建势力相勾结，在1938年派出许多把头、流氓在淮河两岸、徐州、开封、德州和枣庄等地，开设专门招骗工人的“出张所”，诱骗连年遭遇天灾、走投无路的破产农民来淮南下窑掏煤，仅1939年至1943年间招骗来矿人员就达3.6万多人。矿工平时上工与囚犯无异，有日本外勤人员专门监视其集体进出。在井下，日本军队和把头手提榔头、棍棒，强迫工人掏煤。井下巷道年久失修，洞里满是污泥臭水，垮掌子、透水、火灾、瓦斯爆炸等事故时有发生，掌子面没有通风设备，井下温度经常高达三十五六摄氏度。工人被迫长期在这种恶劣条件下劳动，生命安全毫无保障。

日本还利用“以华治华”的手段，收买中国人中的败类或封建把头来维护自身统治。在淮南矿区，封建把头通过克扣工人工资、伙食，收取不合理费用，剥削童工等方式压榨工人。为帮助日寇实现“尽一切努力完成增产五年计划”，把头们采取骗、派、抓等手段将外地破产农民、逃荒灾民和失业工人骗至淮南。这些贫苦的农工在途中就经常发生死伤，到了矿区其安全更加没有保障。为了扩大煤矿生产，日寇不顾工人死活，强制工人一天工作12小时至16小时。井下工作条件恶劣、安全设备差，工人的伙食是野菜和毒麸面做成的粑粑。繁重的劳动、贫苦的生活、日寇的压迫，使无数矿工家破人亡、遭遇惨死。据老工人们回忆，仅1942年秋淮南煤矿因各种原因死亡的工人每天至少有50人，多时达200余人。统计资料显示，1943年半年间，死亡矿工高达1.3万多人，淮南“万人坑”遗址就是日寇犯下滔天罪行的重要罪证。在安徽省的其他地区，日军同样制造了大量恶劣的暴行。1942年秋，日军占领下的铜官山矿发生一场瘟疫，死亡矿工达100多人，有的矿工甚至全家在瘟疫中丧生。日军担心受到传染，竟将一些生病的矿工活活烧死。马鞍山矿区内，工人进矿前脖子上要挂木牌作为标记，并且要经过严格搜身。1943年，日军将蚌埠300多名搬运工人押往浙江金华做苦工，不到一年的时间生还者仅存30多人。在日军侵占淮北孤山煤矿期间，矿上劳动条件十分恶劣。工人生命毫无保障，有一年春天矿上发生传染病，三个月就有近百名工人死亡。

侵华日军在安徽犯下的滔天罪行，使安徽人民的生命财产遭受严重损失。同时，一方面，日军暴行造成安徽人口凋敝、工商业严重衰退；另一方面，在日本法西斯统治下，包括工人运动在内的各类群众性抗日运动也陷入低谷。

（二）安徽工人在沦陷区的斗争

引导沦陷区工人开展斗争是中国共产党在抗战期间的一项重要工作，尤其是教育和组织大城市中的工人参与工人运动。抗战后不久，党就发出“隐蔽精干，长期埋伏，积蓄力量，以待时机”①的十六字方针，作为党在敌占区的工人运动的基本政策和斗争策略。

面对日军在沦陷区的殖民统治，按照中共中央制定的十六字方针，皖南特委、铜陵敌前工委、苏皖区党委、上海地下党工委和新四军四师敌工部先后派出干部进入马鞍山、芜湖、铜陵、蚌埠、淮南等城市和矿区，在工人中秘密开展活动，组织工人群众，采取各种形式开展抗日斗争。②

一是开展罢工活动。1940 年春，淮南大通煤矿 2 号井的 20 多名刨眼工人，因不满日本监工岛村的虐待举行罢工，迫使日本矿长将岛村撤换。1941 年 10 月，芜湖日华精粮厂夜班工人来厂上班，出于民族自尊心未向日本门卫敬礼，代班工人王继银被日兵用刺刀戳伤，工人随即决定罢工，并提出“工人进出厂门不敬礼，不准搜工人口袋，不准随便打人”等要求，厂方同意工人提出的条件后工人方才复工。1943 年 6 月，侵占马鞍山日军无端殴打中国火车司机，中共矿山支部组织矿工开展以“改善生活待遇，按期发放工资，废止人身侮辱”为目标的罢工活动，日伪当局迫于压力给工人增发了 20% 的工资和大米。

二是破坏交通线。1938 年 3 月 15 日，鲁南台儿庄战役打响，烈山煤矿工人与中兴煤矿、贾汪煤矿和津浦、陇海等铁路工人一道，组成破坏队、爆炸队，深入敌后和侧翼，炸坏台潍公路，破坏陇海铁路，阻止敌人增援和补充给养。同年 6 月，枞阳、汤沟一批青年工人、农民和学生，参加了中国共产党领导的“学兵队”，进行抗日活动。1940 年 6 月，“学兵队”中被所在党组织派到马鞍山

① 毛泽东：《毛泽东选集》第 2 卷，人民出版社 1991 年版，第 738 页。
② 安徽省地方志编纂委员会编：《安徽省志 · 群众团体志》，方志出版社 1999 年版，第 72 页。

潘家村火车站日军警备队做工的赵丙南，利用夜里值班日军熟睡的机会，将两辆对开的列车故意引入同一轨道相撞，致使列车被撞翻。同年10月，马鞍山修路民工张振亚与赵丙南一起，在大横山脚下用雷管炸药炸毁日军列车。1941年8月，向山硫铁矿工人祁明贵在新四军领导下，和几十个民工在夜晚挖毁铁路300多米，造成日军铁路运输一度中断。

三是毁坏厂房设备。1942年3月，日本商人在安庆西门外大巷成立“五洲公司”，残暴奴役和虐待中国工人。为抗议日本老板的剥削与迫害，5月30日，工人举行罢工，日方老板虽然答应为工人增加工资、改善伙食，但对工人的奴役和控制日益加剧。为反对日本老板的压榨，8月19日，当公司机器安装完毕、准备试车时，工人放火烧毁“五州公司”厂房5间，机器10余台。在火烧“五洲公司”的影响下，1943年3月，工人丁宪才、丁大金和殷茂荣在某天夜里烧了日伪五洲公司仓库。

四是支援新四军抗日。1940年8月，中共党员朱某和沈计龙、沈计凤、胡太祥在滩溪镇分别组织酒业、建筑、搬运等行业的秘密工会，收集敌伪情报，购买药品和枪支，供给新四军和抗日游击队。1941年12月，芜湖码头工人王秀清、老张等九名工人与中共地下工作者赵朋成联系后，打开港口仓库，抬出六大捆布匹，送给新四军。1942年秋，芜湖码头工人设法将子弹、收音机等物资运送给江北新四军，同时完成收集情报、联络接头、掩护新四军到芜湖执行任务等任务。向山硫铁矿矿工为支援新四军抗日，从矿上仓库先后取出雷管50支、电话机18部和铁锅七口，后被敌人发现追查，虽有几名工人因嫌疑被捕并受到严刑拷打，但无一人泄密，以至敌人束手无策。

面对日军暴行，安徽工人群众在中国共产党的领导下，以大无畏的精神与日寇顽强斗争，支援了各项敌后抗日工作的展开。

（三）成立安徽工人抗日组织

抗日战争全面爆发后，安徽工人抗日救亡运动掀起一阵高潮，但很快又遭到了日军和国民党反动当局的破坏，极大地影响了安徽工人抗日活动的开展。在中国共产党的领导下，安徽工人运动开始向武装斗争的形式转变，工人群众纷纷成立抗日救亡运动团体和抗日游击队、自卫队等抗日武装，配合新四军开辟敌后战场，建立敌后抗日根据地，直接参加抗击侵略者的斗争。

1. 无为“工抗会”

无为各区、乡于1940年就已成立工、农、青、妇抗敌协会，并于1942年秋成立隶属皖中抗敌协会联合会领导的皖中职工抗敌协会（以下简称“工抗会”）。“工抗会”一方面与农民抗敌协会联合，与地主、资方展开斗争，争取自身合法权益；另一方面组织工人为部队、民兵修理枪支，制造地雷和手榴弹。手工业工人齐上阵加紧生产棉布，解决军民穿衣问题，匠人们积极修旧利废，克服了战争带来的生活困难。“工抗会”有两个代表性团体——郑康组织的襄安镇“工抗会”与涂华国带领的“工抗会”。郑康作为襄安地下区委书记，以教师身份开办工人夜校，给工人讲授抗日救国的道理，并为工人办了许多实事，他组织的襄安镇“工抗会”被襄安工人看作自己的组织。涂华国带领的“工抗会”更是声势浩大，积极与国民党反动当局英勇斗争。当时，无为国民党反动当局为防范共产党活动，晚上10时即实行戒严，涂华国与“工抗会”干部摸黑在墙上书写“打倒日本帝国主义”“打倒蒋介石”等革命标语，散发组织内秘密油印的揭露蒋介石破坏抗日罪行的《红旗报》。无为“工抗会”在组织工人生产、支援抗战和反对当局政治压迫方面进行了不懈斗争。据《大江报》报道，到1945年，“工抗会”成员人数已发展至五万多人。

2. 烈山煤矿矿工抗日游击大队

烈山煤矿矿工抗日游击大队是安徽最早组织起来的、规模最大的一支工人抗日武装。1937年，中共党员张云榭奉中共苏鲁豫皖边区特委成员郭子化、郭影秋之命，以五战区战时职工总动员委员会秘书长兼烈山煤矿特派员的身份前往烈山，在中共宿县县委支持下，组建了青年矿工救亡团和矿工护矿队。1938年5月，在中共党员李时桩、李秉枢的领导下，青年矿工救亡团和矿工护矿队缴获了国民党驻矿部队和矿警队的100多支枪，组成了有二三百人参加的烈山矿工抗日游击大队。

1938年，在敌人三面夹击下，矿工游击大队被迫转移到睢宁县境内，中共睢宁县委安排矿工游击大队休整，这时队伍已发展至五六百人。在休整期间，按照中共邳（县）、睢（宁）、铜（山）特委指示，在与第五战区游击总司令李明扬接触后，矿工游击大队改为第五战区第六游击支队。第六游击支队在中国共产党的领导下，保持矿工武装独立性，解决了矿工武装大队的供给问题。

部队改名后，开赴特委驻地——邳县的古邳城一带，协助特委清剿、收编当地土匪，安定地方秩序。日军大举进攻武汉时，为牵制敌人兵力，矿工武装大队参加了佯攻徐州的战斗，成功偷袭和拔除了徐州左翼的宿羊山据点。随后，矿工武装大队进驻邳县城，与邳县青救团一起，粉碎了日寇妄图占据邳城、与国民党顽固派共同反共的阴谋，稳定了邳县的抗敌局面。不久，上级决定将这支工人武装编入山东纵队陇海南进支队。1940 年，陇海南进支队归属陇海纵队后不久，又被编入新四军四师九旅。

烈山矿工游击大队在硝烟弥漫的抗日战场上，表现出了工人阶级英勇顽强、不怕牺牲的革命英雄主义精神，不少矿工为了民族解放事业而英勇献身。如由矿工大队编为南进支队的二营营长滕景荣，原系烈山煤矿运输工人，1939 年在邳县反顽战斗中身先士卒，率部攻击敌寇，被敌人子弹打中，英勇牺牲。大队部警卫班班长小侯，年仅十五六岁，其父是老矿工，被资本家逼迫惨死井下，母亲历尽艰辛把他抚养成人，抗战开始后他选择了参军。1939 年，组织派小侯带领十几名妇女干部由岸堤南下，途经台潍公路时，被巡逻的日军发觉。为使大家安全脱险，他迅速指挥妇女转移，只身把日军引进山沟与之周旋，结果弹尽援绝，壮烈牺牲。

3. 山西游击连

山西[①]游击连是从 1943 年逐步发展壮大起来的。中共横山县委书记纪涛按照苏皖区党委关于“从速伸进矿山”的指示，在新四军四十六团副团长刘一鸿的帮助下，与地下党员一起，利用行医、教书的公开身份，经常活动在马鞍山南山、凹山、向山一带，在矿区周围的工人、农民中秘密进行抗日宣传，最终成功发动了一批进步群众入党。1943 年 4 月 27 日，矿山、农村两个党支部宣布成立。7 月，中共山西工委成立，刘杰枝任工委书记，周林任工委副书记，同时成

---

① 此处山西地区指横山以西，包括今马鞍山濮矿一带和江苏省江宁县部分地区。

立山西办事处，刘杰枝兼任办事处主任，黄坡任副主任。山西工委建立后，对发展抗日武装极为重视，通过对矿工和农村群众开展工农参军参战的宣传教育，到 1943 年底，有 20 多名矿工参加了游击队，构成了山西游击连的人员基础。

游击队建立后，刘杰枝通过抗日宣传活动，从群众中筹集到长短枪 10 多支，又通过帮会从伪军、伪保长手中筹集到短枪 4 支、子弹 10 多排。在筹集枪支的同时，刘杰枝加强对游击队的作战技术训练，开展抗日方针政策、联系群众、发扬革命优良传统和军队纪律等方面的教育，提高游击队员政治素质和战斗力，使这支队伍在对敌斗争中迅速发展壮大。1944 年 3 月，这支部队已发展成为拥有 80 多人的山西游击连。这支工人抗日武装，在抗日战争和解放战争中做出了重要贡献。

除了成立工人抗日组织，工人们还踊跃参军，抗击日本侵略者。1942 年，新四军二师路西独立团（以下简称“路西独立团”）团长兼政委杨效椿，派营教导员尹芳轩来到当时被日军侵占的淮南大通煤矿，引导和组织矿工参加新四军队伍共同抗日。尹芳轩以行医治病为名，深入矿工中间，利用一切机会，向矿工宣传共产党、新四军的抗日政策，逐渐团结了矿工中的一大批骨干。对于尹芳轩在矿上的活动，敌人已有所察觉，准备在 5 月底的一天晚上对其和矿工骨干采取抓捕行动。鉴于这一情况，经请示上级同意，尹芳轩加紧筹划，抢在敌人动手之前把工人队伍转移出去。

敌人抓捕行动当晚，一部分有行动自由的矿工按照约定地点，避开日军岗哨，到舜耕山坡上会合；另一部分在矿里的矿工于午夜 12 时全部在大病房集合。病房住的都是苦难多病的矿工，他们也准备跟着尹芳轩参加新四军。由尹芳轩带队，借着夜色掩护，工人们向集合点进发。经过南门岗哨时，乘日军查看良民证的机会，两名事前做好准备的矿工迅速将守门日军控制住，其余矿工趁机冲出南门。待日军发觉，打开探照灯，鸣枪追击时，矿工已全部上山，加入路西独立团。后在路西独立团统一领导和策划下，矿工们活捉寿县二区稽查队长、伪宪兵大队队长王毅清，捣毁敌军的杨公庙据点，消灭了到曹庙抢粮的伪军，打死打伤敌人 10 多名，俘虏 9 人，缴获轻机枪 1 挺、步枪 9 支。

二、国统区安徽工人的斗争

国民党统治的安徽区域，工业基础长期薄弱。全民族抗日战争爆发后，由于国民党统治机构以及人口迁徙，内陆省份工业品需求增加，日军对沦陷区的封锁又使外货无法输入内陆，这就为内陆省份自主发展工业创造了有利条件。此外，国民党政府为寻求增加财政收入，积极兴办和扶持了一批工业企业。就安徽而言，国民党在安徽的统治区域只有皖西、皖南山区和皖西北地区，以及日军未占领的一些农村地区，国民党政府在这些区域陆续兴办了176家工厂，安徽工人队伍也由此扩大。

武汉失守前，国民党就已对工人抗日救亡运动加以限制。武汉失守后，国民党为削弱共产党在抗日民众间的影响力，对国民党统治区工人运动进行严密监管。1939年4月17日，国民党中央执行委员会秘书处向国民党各省、市党部和政府部门秘密发出《防制异党活动办法》。1940年5月13日，国民党中央社会部和中央统计局又颁发了《各地党部建立外围团体办法》。这些条例或文件的本质，是要广泛进行“反共”特务活动。

国民党对工人运动的各种“统制”办法也层出不穷。1939年11月，国民党中央执行委员会下发《各地党部指导民运小组实施办法》，规定各地党部，分设小组，加强对包括工会在内的各人民团体的“指导”。1940年，国民党颁发《非常时期党政机关指导人民团体办法》，要求各地党部和党员“对于人民团体由形式之隶属为实际之领导”。1941年8月，国民党制定了实行控制人民团体的方案，要求各地党部“在各人民团体内建立党组织并指导其活动以确立并巩固本党的领导权”。国民党社会部还颁发数部工人运动法令，规定从业人员加入国民党官办工运团体，并派遣专门人员对这些团体实行“管制”。①

针对国民党倒行逆施的行为，中国共产党对国民党统治区的群众工作方针和策略进行了相应调整。中共中央提出了“坚持抗战、反对投降，坚持团结、反对分裂，坚持进步、反对倒退”的政治主张，制定了“发展进步势力，争取中

① 《中央密令组织部通告》,《芷江民国档案》1941年8月2日。

间势力，孤立顽固势力”的策略和“有理、有利、有节”的斗争原则。这些政治主张既是党领导全国人民坚持抗战、反对投降的基本策略，又是在国民党统治区开展各项工人运动的指导方针。

在中国共产党工运方针指导下，国统区工人运动陆续开展起来。如六安成立了“安徽省民众总动员委员会”（以下简称“省动委会”），李宗仁兼任主任委员。省动委会名义上是国民党桂系建立的，但在抗战初期实际上是中共地下党员和一些进步人士在起作用。中共安徽省工委和以后的鄂豫皖区党委都先后派了一大批党的干部到各级动委会和工作团里工作。接着，省动委会在六安北大营举办了训练班，招收工人、学生、教师中的进步人士，培训抗日救亡宣传人员，成立各种工作团，分赴各地开展抗日活动。至 1938 年底，皖西地区的舒城、霍山、六安、寿县、立煌、霍邱各县都成立了“动委会”，下设工人、农民、青年、妇女等抗日救国会，其中仅六安县就成立了两个工人抗日协会（以下简称“工抗会”），250 多名工人积极参加抗日救亡活动。

1939 年 4 月，中共中央发出《关于开展职工运动与“五一”工作的决定》，明确提出工人运动必须贯彻抗日民族统一战线政策，依据各地不同情况，运用一切可能建立工人团体，把广大工人组织起来。同年 4 月 28 日发布的《“五一”节宣传要点》也提出，各地要加强工人运动统一战线，巩固和扩大工人组织；肃清敌探、汉奸、汪派、托派在工人运动中的影响。[①]

1939 冬至 1940 年春，国民党顽固派频繁制造反共活动，持续对国统区工人运动施压。1941 年 1 月，国民党顽固派反共活动进一步加剧，制造了震惊中外的“皖南事变”。面对顽固派的暴行，国统区工人拿起武器声讨汉奸和亲日派。1939 年至 1940 年，界首工人为反击国民党驻军无端毒打工人，痛打 10 多个国民党军人以及国民党军督察处少校副官和汽车站站长。1941 年 10 月，中共泾县县委书记洪林，在廉坑秘密发展煤炭工人尹慕春、姜其国、陈国顺、陈金山等人加入中国共产党，并成立了党支部。1942 年 4 月，洪林又以廉坑煤炭工人为主体，建立了一支游击队。游击队建立后不久，即在茂林山区歼灭国民党

① 李玉赋主编：《新编中国工人运动史》下卷，中国工人出版社 2020 年版，第 222 页。

第八十八师四个下乡抓壮丁的国民党士兵，缴获步枪四支，解救被抓壮丁 20 多人。随后，这支人民武装力量活跃在茂林以南山区，打击地方顽固势力，如镇压反动地主吕佩卿、吓跑大地主张保列。后来，国民党乡保政权也被这支游击队控制。1942 年底，这支游击队发展到 34 人，有 30 条枪，在两个乡建立了抗日民主政权和游击根据地。

抗日战争时期，江淮大地的安徽工人运动，为抗日战争的胜利作出了重要贡献。安徽工人阶级在中国共产党的领导下，正确执行各项工运策略，在实际对敌斗争中壮大自身力量，在全民族抗战中不断走向成熟。

★ 1945 年 8 月，安徽工人和市民庆祝抗战胜利。

第五章　解放战争时期的安徽工人运动

抗日战争胜利后，蒋介石领导的国民政府执意发动内战，使得抗战胜利后的人民美好愿望落空。1946年6月，蒋介石在美国的支持下向中国共产党发出“通牒式的停战条件”，要求中国共产党领导的军队退出热河、察哈尔、山东以及东北、华北等地。形势已经表明，“蒋介石是决心要打全面内战，退让已经没有出路”[①]。

解放战争时期，安徽工人阶级积极参与其中并发挥了重要作用，各级工会和工人群众为保卫胜利果实，抵抗国民党反动派进攻，争取战后形势朝着人民有利的方向发展。在国统区，安徽工人阶级通过各级工会，广泛开展争取生存权利、改善生活待遇的经济斗争和反对国民党独裁统治的政治斗争。此外，安徽工人阶级积极参加“反饥饿、反内战、反迫害”运动，支援淮海战役和渡江战役，开展护厂、护矿等斗争，为解放战争最终取得胜利发挥了重要作用。

① 刘统：《中国革命战争纪实·解放战争·华东卷》，人民出版社1998年版，第51页。

第一节　安徽工人生活状况与斗争运动

一、国民党统治下的安徽工人生活状况

抗日战争结束后，国民政府各级军政官员在收复区进行掠夺性接收的同时，印发大量纸币，导致出现严重通货膨胀。一些贪官污吏和官僚资本家通过操纵市场掠夺民财，致使安徽各地民族工商业纷纷倒闭，城市失业工人日益增多。

（一）合肥搬运工人生活状况

解放前的合肥一片萧条，城市工业寥寥无几。合肥工人和全国人民一样，遭受帝国主义、封建主义和官僚资本主义三座大山的压迫，其具体表现为：

第一，政治上遭受控制。以合肥搬运工人为例，解放前合肥有搬运工人2000多人，他们大多受到大小封建把头的残酷压迫和剥削。把头通常盘踞在码头，与国民党特务狼狈为奸，对工人进行封建式监管。当时合肥搬运行业分两种：一是挑挽业，由大把头朱景熙和其他几个把头把持；二是人力车业，主要由马云源等几个把头占据地盘。把头们为防止工人反抗，压榨廉价劳力，一方面与国民党特务相勾结；另一方面通过国民党工会控制和监视工人。当时，在国民党设立的市总工会下，设有挑挽业和人力车业两个分会，把头们借助工会私设公堂、扣押和审讯工人，然后又出面作保，以此欺骗工人。把头们还利用帮会组织巩固其地位，如通过结拜兄弟、收徒弟等方式，强迫工人呼他们为长辈。把头们为互相争夺地盘，把工人当炮灰，挑起械斗，坐收其利，码头工人深受其害。

第二，经济上被层层剥削。把头们对合肥搬运工人的经济剥削名目繁多、十分恶毒。主要有以下几种方式：一是入班纳贡，即工人入班前要经过熟人介绍、引荐，先交两三石米，把头才允许他们入班做工。二是入班以后，工人劳动报酬经过大小把头层层盘剥，实际到工人手中的工资少得可怜。把头们有所谓的

明文规定，即每个搬运工人每天所得工资，必须交纳15%给分会、5%给大组长，班长不参加劳动还要从工人身上抽钱分得一份工资。轿杠工人要将每天所得工资抽出60%给老板。七除八扣之后，工人的实际收入要被把头扣去70%以上，自己只能得30%左右。如果实行包货搬运，对于所包货物的搬运收入，把头要得70%，工人只能得到30%。可就这点微薄的工资，把头们还不能每月兑现发给工人，他们利用剥削所得做投机生意，等将工资发给工人时货币已大大贬值，工人所得实值被打了很大折扣。三是把头们在其他杂目上盘剥工人，如利用给工人发“号衣”（粗布背心），向工人多要钱；无偿服役，即把头们经常把工人拉到自己家做工，无偿地占有工人的劳动；任意敲诈勒索，每逢把头家婚丧嫁娶、做冥寿、生子女、搬家以及四时八节，便强迫工人送礼。如果工人不送或者送得少，随即就会遭到打击报复或是遭遇失业。逢年过节，把头们除逼令工人送礼，还强行推销灶神像、香烛、鞭炮及各种日用品。每年腊月十八日窑神节，把头们又以敬神为名，勒索工人大批钱财；有时把头还用毒刑拷打的残酷手段，强行榨取钱财。由于把头的剥削，很多工人生活贫困潦倒，白天只能吃上一顿饭，夜里在稻草堆里过夜。繁重的体力活使工人们痛苦不堪，生病没钱医治，断了经济来源就只能沿街乞讨。此外，工人即使生活再困难，每月还要上交国民党工会两三升米的会费。

第三，精神上受尽凌辱。例如一位姓钱的工人年纪较大，身体孱弱，被把头朱景熙要求背一包大米，搬运过程中由于身体支撑不住，连人带米滑进船舱，腰骨跌断几根，然而朱景熙只留下一句“这老狗跌死就好了”，然后便悻悻离去。

新中国成立前，合肥码头工人从事的工作基本都要靠推、拉、抬、扛、挑来拼体力。无论严寒酷暑，工人都要起早贪黑运载货物，一车货物一般在700斤左右，肩扛一包货物200多斤，箩挑一般也在200斤左右。在当时，甚至还有儿童和妇女到码头出卖苦力，以填补一点家中生活开支。由于搬运工具落后、劳动时间长、劳动强度大，再加上吃不饱饭，大部分工人身体羸弱不堪。但由于把头们背后都有靠山，和国民党市党部及特务们沾亲带故，工人有理无处说，只得将怨恨的泪水强咽到肚里。

（二）芜湖码头工人生活状况

据统计，1947 年芜湖码头有工人 6906 人，统治码头的把头 600 多名，大小把头通过各种方式肆意欺压工人，榨取工人血汗。具体情况如下：

第一，在政治上胁迫工人参加党、团、帮会。把头们以“师父收徒弟”的形式，迫使工人请酒送礼、递帖子、“拜先生”。把头邹希荣一人，就广收门徒 3000 多人。其他大小把头，如刘子贵、陈植夫、姚克俭、王世昌、车东发、陶仁富等，也各有门徒千百人不等。码头工人如不参加党、团、帮会组织，便会受到被开除或停工的威胁。1947 年，芜湖码头工人中有八成以上拜过“先生”，半数以上码头工人被迫加入三青团。由于封建把头制度的存在，码头工人没有人身自由可言。寿州帮老板樊金柱就曾经说过：“这些穿草鞋的（指工人），就是我的本钱，比黄金、美钞都好。”他们将工人视为私有财产和码头附属品，随意转赠、买卖或继承。把头子女婚嫁时，工人甚至随码头一起被当作嫁妆陪送。1948 年，内河南北岸把头王良明，将霸占的龙船巷至接官厅地段内的码头，连同工人一并卖给大把头邹希荣，外江北岸“水帮”[①] 把头聂紫云占有的接官厅码头，就将其亡夫聂永泰留下的 90 根“扁担”[②] 作为遗产一并继承。为达到分化、利用、统治的目的，把头还会指使混杂在码头上的兵痞、流氓、特务，诱骗一些工人染上赌博、偷窃、狎妓、吸毒等恶习。

第二，在经济上以各种手段剥削工人。一是提成剥削。即码头“老板”与工人四六拆账，“总老板”一人抽取全市码头力资收入的 8.8%。按当时芜湖码头米粮上下河工人工资计算，“总老板”一人就榨取工人收入 5372 块银圆。加上日用百货、竹木牌筏等在内，每年至少榨取 10 万块银圆。此后，由于帮派之争，把头们各自分立门户，剥削工人的情况随之各异，一般提成为 20%—30% 或 15%—20% 不等。外江北岸招商局码头的“杂帮”，因无固定码头受其他帮会剥削，上交提成高达 60%。二是买卖“扁担”。即把头为方便剥削，规定每个工人上码头做工必须先向他们买根“扁担”。卖出一根“扁担”，实际是收进一个工人。内河码头“老板”在每年农历二月初二“龙抬头”这一天举行“卖

① 指专门从事水上船只过载的帮派组织。
② 把头称码头工人为“挑扁担的”，此处每根扁担代表一个工人。

扁担”大会，迫使工人请酒。工人如无力交付“扁担钱”，可以立据赊欠，先做工，后还钱，直至还清“扁担钱”才准参加“分账”。工人买到“扁担”后，如果转卖给别人，仍要请酒，双方与码头“老板”当面成交。“老板”又拿走卖价的一半。工人赊下一根“扁担”，作价50石米，苦干四年才能还清。除此之外，还有“二扁担”“三扁担”的方式。“二扁担”即工头向“老板”买一根或几根“扁担”，转手出卖或租给别人。每出租一根“扁担”，“老板”除攫取“押金”10石米或50石米，还从对方劳动收入中按日勒索20%或30%的提成。“三扁担”即从“二扁担”手里买来“扁担”，另找替工，按股分账，层层出卖，逐级剥削。三是克扣工资。即码头“老板”包揽搬运业务，直接同货主结算工资，从中对半克扣，剩下的一半工资再和工人二八或四六拆账。码头业务旺季，一个帮会无力承担的大批业务，就由各帮会共同搬运或是招用其他帮会的临时工，这时工人所得工资更少。码头“老板”还会利用直接与货主结算的工资，囤积货物以牟取暴利，对工人则拖延工资发放时间，一旦货币贬值，就将损失直接转嫁到工人身上。四是摊派差役杂费。即每逢年节及“老板”、工头家婚丧嫁娶和老少过生日时，把头们会逼迫工人送钱送物，强派工人为封建衙门、官僚、把头服务，充当无偿差役。此外，通过巧立名目，把头们还向工人索取“公会费”“学金”“袖章”“牌照费”“特别交际费”等。1945年以前，“公会费”摊派，每人为三升至四升米，后改为按运力的2%—3%摊派，“学金”按运力的5%摊派。由于把头们层层剥削，芜湖码头工人的生活境遇极度窘迫。

（三）淮南煤矿工人的生活状况

从淮南开设煤矿起，资本家就在矿上建立了封建把头制度，对煤矿工人实行野蛮统治和残酷压榨。资本家们在“与地方贤达通力合作，共谋发展”的幌子下，吸收大批地主、豪绅、恶霸、反动军官、地痞流氓等，到矿上担任包工头。每个矿上都设有好几个包工头，承包井下掘进、采煤、推车和地面土建。包工头的老板（大把头）手下有经理、查头子、二头子（小把头）。在包工头手下干活的工人，资本家一律视作不在册的“外工”。所有“外工”统一由包工老板招收和管理。工人干活要受包工老板及其爪牙的指挥和监督，劳动所得全归封建把头支配，把头们还通过各种手段克扣工人工资。

工人们在劳动条件恶劣的矿井下，每天要干12小时以上的重活，所得工资至多只能买到两三斤粮食。但即使如此低的工资，把头们仍克扣和拖欠。工人们进矿后第一个月工资中，把头首先会扣押半数作为押板金。把头们还按月从工人工资中扣除工具费、文具费、招待费、帮忙费等各种杂费。如把头张爱忠嫖妓染上梅毒后，强迫工人摊派10万元伪币给他作医药费。有些把头则将自家勤杂工的佣金也交由工人摊派。在物价飞涨的情况下，把头们经常拖延发放工资，用工人们的血汗钱进行投机倒把活动。等他们捞到一笔额外收入再发工资时，因通货膨胀实际购买力已经下降。更有甚者，有些把头通过捏造借口，恶意侵吞工人工资。如把头杜义成在发工资前一天夜里，自己在家里放了几枪，第二天就对工人说："大家的工资昨晚全部被土匪抢去了，我自己也几乎断送了生命，以后一定设法还给大家。"通过这种荒诞的谎言，他直接吞没了工人们的工资。此外，在发放实物工资的时候，把头们通过掺假、以次充好、缺斤短两等手段，克扣工人实物工资。在当时，按规定工人每干一班活，可得两斤半面粉，但把头李小楼公开扣下一半，并规定每半月上工不足八天以上者一律不发实物。另一把头许庆福在发面粉时，竟将每袋面粉都扣下四五斤。工人复秤不足回来责问时，他竟反诬工人故意捣乱，扬言要将其"逮捕查办"。因此，广大工人对把头无不恨之入骨。除此之外，把头们还通过放高利贷剥削工人。由于工资低、物价高，工人无法生存，不得不向把头借债。把头们放债的钱往往是每月应发给工人的工资，但他们规定借期半月，每期加利二成，到期还不出则本利同时起息。就这样利滚利，越滚越大，工人永远无法还清贷款。至于通过罚款、赌博、强迫单身汉存款存面等其他手段，压榨和骗取工人工资的事例更是不胜枚举。

总之，新中国成立前各业封建把头依靠帝国主义和反动政府势力，想方设法压榨和剥削安徽工人，安徽广大工人长期生活在水深火热之中。

二、安徽工人参与反饥饿、反内战、反迫害斗争

国民党统治集团执意挑起内战，加之内部官僚系统腐败和对人民横征暴敛，最终引发各阶层的不满和反抗。安徽工人在中国共产党领导下积极参与反饥饿、反内战、反迫害斗争，与国统区人民的爱国民主运动汇合在一起，形成了配合人民解放战争的第二条战线。

（一）合肥印刷工人反迫害、反饥饿斗争

1949年前，合肥印刷业工人有350多人，主要印刷厂包括国民党官方办的晚报社印刷厂、安徽日报社印刷厂、公正报社印刷厂、合肥报社印刷厂、育幼院印刷厂。私营印刷厂有启化印刷厂、联友印刷厂以及数十家石印场。由于印刷工人住地分散，交通不便，加之国民党对报社控制严密，罢工斗争起初难以开展。抗战胜利后，安徽日报社印刷厂从大别山区的金寨县迁来合肥。此时的合肥，不仅私人石印社一蹶不振，官办报社印刷厂也没有加工业务。印刷工人经常发不出工资，许多工人因无钱维持一家人最低生活，不得不把老婆孩子送回老家。工人们经常饿着肚子干活，还要忍受老板的气。1946年秋的一天，当报社工务主任在排字车间强迫工人加班，对工人们提出的合理要求置之不理后，印刷工人们愤怒不已，纷纷放下工作进行罢工。合肥报社印刷工人第一次罢工，造成报社停刊两个多月。市面上见不到报纸，国民党安徽省参议院随即接管安徽日报社，解雇和开除了一批工人，强行复刊报纸。

1947—1948年间，国民党统治区物价一天三涨，民不聊生。1947年4月中旬至6月中旬，仅10周时间，“物价上涨了百分之一百”。[①] 当时流传的歌谣唱道：“大雪无情纷纷下，柴米油盐都涨价，投机囤积发大财，穷人无路苦难熬。”1948年，合肥公正报社印刷厂工人，同其他各行各业工人一样，一面盼望早日解放，一面仍在饥饿线上挣扎。报社当局发不出工资，工人们的伙房无米下锅，终于在当年秋天爆发了“反压迫、反饥饿、争生存”的罢工运动。

---

① 中国社科院近代史研究所中华民国史研究室编：《中华民国史（1947—1949）》第12卷，中华书局2011年版，第359页。

（二）淮南煤矿工人反饥饿、反内战、反迫害斗争

1946 年 4 月，淮南九龙岗矿资本家经常拖欠或不发工人工资。有一次无故开除 18 名工人，激起了工人们的愤怒。工人李文林、周云，找到一些被开除的、家中断粮的、挨过资本家和把头毒打的工友，秘密开会商议出路。会上，工人们经讨论决定向资本家提出三项要求：一是发清欠支，增加工资；二是不准开除工人，已开除的要立即复工；三是不准打骂工人，允许成立工会。会后，变电所工人切断电源，停运所有机器，井上井下 2000 多名工人涌向矿门。在工人代表引导下，工人们聚集到伪矿务局大楼，把整个大楼围得水泄不通，不准资本家进出，不让他们吃饭喝水。工人群众斗争情绪越来越高涨。伪局长刘镜和伪秘书长章绍逸怕事态闹大，最终走出大楼，同意了工人们的要求。第二天矿工给工人如数发放了欠薪，增加了工资，开除的工人也全部复了工，在矿上成立工会的要求也得到满足，工人们的斗争取得了胜利。

（三）安徽其他各地工人开展反饥饿、反内战、反迫害斗争

1945 年日本投降后，国民党政府接收了华东水电公司芜湖营业所，但工人们却领不到工资，遂与厂长进行斗争，迫使厂方发了工资。9 月，新四军派王克祥到南陵县，在该县三里店南吕山组织了一支以造纸工人为主、有 40 余人参加的自卫队，后来发展到近 3000 人，更名为皖南游击队。从 10 月起，自卫队在淮北新解放的城市，以工人为主体，团结城市贫民，开展了惩奸、清算运动。通过运动，各地工会、农会、青联、妇联等群众团体和民兵组织也迅速建立和发展起来。

1946 年春，凤阳临淮关民众为反对内战和苛捐杂税，举行罢工、罢市和卧轨活动，并在全县范围发动“反对内战，要求和平”的签名运动。1946 年，淮南北龙岗煤矿 2000 余名工人，为反对资本家拖欠工资和开除工人举行了罢工，最终迫使资本家如数发放欠薪，准许被开除工人全部复工，工人们在斗争中还成立了工会组织。同年，蚌埠兄弟烟厂工人为分“年红”，通过向资方开展斗争，最终每人获得分红 40 元。4 月，芜湖市全体印刷工人因要求增加工资而进

行了罢工，《工商日报》《皖江日报》《大江报》为呼应罢工均停止发行，但由于工头混入工会，罢工最终失败。5月12日，颍上县西镇教职工为抗议校长克扣工资罢课三天，后经调停，校长宴请全校教工赴宴并发薪。7月1日，国民党把持的蚌埠市总工会成立后，胁迫所有职工入会，规定每人每月缴纳入会会费。为此，共产党员张瑾领导庆华烟厂工人发起抗缴会费运动，其他烟厂也纷纷响应。此外，蚌埠地下党支书韩光辉发动20多家雇工要求老板把工资由发现金改为发实物，同时提出吃新饭、不吃剩饭的要求，并采取消极怠工的方法与资本家进行斗争，到第二年上半年雇工上述要求陆续得到满足。9月，屯溪烟丝工人罢工，要求增加工资五成，罢工坚持七天后取得胜利。9月19日，蚌埠百余名汽车业工人为抗议放映侮辱汽车司机的影片《玉人何处》，砸毁东方电影院。10月，芜湖烟业工人、裕中纱厂工人和西服业工人为要求增加工资开展斗争。12月，安庆皖报社印刷厂工人为反对总编歧视工人，联合皖锋、江淮、建国等六家报社的50多名工人罢工，使全城报纸停刊一天。1947年1月，蚌埠中和烟厂工人开展经济斗争，迫使资本家同意春节后每人发薪20元，但斗争发起人最终被厂方开除。6月5日，何东初率警卫员及大中华澡堂工人举行暴动，后带长短枪五六十支和一批子弹投奔革命队伍，由沿江大队发展为长江独立团。1948年，蚌埠烟厂工人组成护厂队，夜以继日轮流保护工厂，在中共地下组织和广大工人共同努力下，烟厂没有遭受一点损失。同年2月，蚌埠报界工人在中共蚌埠地下党领导下举行罢工，参加罢工的有各类报社的50多名工人，经过斗争迫使报社老板答应增加工人工资的要求。

国民党统治区工人发起斗争活动，是由国民党当局在抗战胜利后，执意推行内战独裁政策，使国民经济得不到恢复，失业工人持续增加，广大工人生活状况日益恶化而造成的。这一时期工人斗争活动在形式上都是经济斗争，提出的要求也是经济方面的，但是它们反映了广大工人群众对国民党独裁统治和内战政策的强烈不满。国民党当局对各地工人斗争的镇压和破坏，更加暴露了其反动面目，加深了广大工人和各阶层人民对他们的不满和怨恨。在中国共产党领导下，各级工会组织工人群众开展了许多斗争，同时与其他各界人民斗争相配合，促进了国统区工人运动朝着更广泛、更深入的方向发展。

三、解放区工会组织建设与工人积极入党

（一）建立工会组织

伴随解放战争的形势发展，解放区城市数量和职工人数急剧增加。据统计，解放区大中小城市在抗战结束后增至506座。1946年6月，仅山东、华中、晋绥三个解放区就有职工189万人，其中还包括一大批产业工人。这一情况表明，解放区工人队伍壮大了，工业经济建设力量增强，工人阶级成为解放区建设的重要力量。在中国共产党领导下，解放区各级工会迅速扩建，会员人数空前增多。

解放战争期间，新老解放区工人运动有不同任务和方向。老解放区主要任务是通过工会组织工人完成各项生产任务。在新解放区，主要工作是在工人群众中建立工会组织，迅速把工人组织起来。1945年9月，解放区工会联合会筹备委员会制定的《中国解放区职工联合会纲领（草案）》中明确提出，要不断“扩大与巩固解放区职工组织”。在中共中央和各解放区党组织领导下，工会工作者迅速在各新解放区建立起各级工会组织。

安徽省在此期间同样在各地展开了工会建设工作。1945年，天长县成立了天长县总工会；1945年，五河建立了五河县总工会；1947年，界首市职工联合总工会成立，会员达1200多人；1949年2月1日，合肥市成立支前司令部，组织挑挽业工人700余人、平车业工人200余人成为支前主力，并协助两业工人成立工会。1949年4月安庆解放后，市军管会派干部筹建市工会。7月，安庆市工人联合会筹备委员会成立。同年，蚌埠市职工联合会筹备委员会、怀远县工会、颍上县总工会、亳县总工会筹备委员会、砀山县总工会、马鞍山矿山工会筹委会、宿县分区职工筹备委员会、歙县总工会相继成立。

（二）工人积极入党

从1945年起，在中国共产党领导下，各新解放城市以工人为主体，团结广大城市贫民，开展了惩奸清算运动。通过开展群众性反奸清算斗争，清算了一批罪大恶极的汉奸、特务、封建把头、日本监工、日本警官，打击了反动残余

势力。通过这场斗争，工人的腰杆子硬了，都把共产党当作自己的靠山，积极要求加入党组织。

新解放区工人在政治上实现翻身、生活上得到改善后，学习政治、文化和技术，提高自身素质，很快成为工人群众的迫切要求，这也是解放区工人运动进一步发展的需要。为从产业工人中培养出大批干部，以适应工会本身和解放区建设工作对干部人才的需要，各级工会在工人积极分子中办学习班、培训班，引导他们学习共产党的方针政策，提升他们的思想觉悟，然后吸收其中的骨干加入共产党并担任领导职务。1945 年，蚌埠举办了搬运工人识字班，在教授工人文化的同时进行共产主义基本知识教育。不久，蚌埠码头成立地下党支部，有党员 19 名，到翌年上半年发展到五个支部。1946 年 4 月，中共南京地下市委派人到芜湖进行工作，先在芜湖明远电气公司工人中发展党员，7 月建立的芜湖支部的主要任务是生根立足，调查研究，团结和教育群众，逐步发展党的组织。1946 年 12 月，中共南京地下市委联络员到淮南，指示煤矿局总务处的党员以合法身份，为掩护发展新党员、建立淮南煤矿地下党支部开展地下斗争。不久，淮南村成立了“左联读书会”，不久改为“新雅读书会”，宣传进步思想，启发工人觉悟。截至 1949 年前夕，支部共发展党员 14 名，读书会发展成员 30 多人。1947 年 7 月，中共蚌埠工委负责人到蚌埠传达了关于成立蚌埠市工作委员会的指示，并布置相应工作任务。截至蚌埠解放，工委下属 18 个支部，发展党员 202 人。

抗战胜利后，各解放区在不同产业中，创建了大量党的支部，把工人群众普遍组织起来，对巩固和保卫解放区起到了重要作用，同时也为解放战争期间工人运动的发展奠定了组织基础。

第二节　安徽工人支援淮海战役、渡江战役和迎接解放

1948 年秋，解放战争进入夺取全国胜利的最后阶段。安徽此时既是淮海战役主战场，也是渡江战役主战场。这一时期，安徽工人参与了淮海战役、渡江

战役支前运输工作；在护厂、护矿斗争中团结一心，保住了大量厂房、机器、设备和财产；在接管城市、恢复生产中积极推动开展工会工作，为配合、支援人民解放战争做出了重要贡献。

一、支援淮海战役

1948 年 11 月 6 日，中国人民解放军华东野战军和中原野战军以及地方部队约 60 万人，在以徐州为中心，东起海州（今连云港）、西至商丘、北起临城（今薛城）、南达淮河的广大地区内吹响了淮海战役的号角。1948 年 11 月 16 日，中共中央决定由刘伯承、陈毅、邓小平、粟裕、谭震林组成淮海战役总前委，中原野战军指挥部驻地濉溪县临涣集文昌宫作为总前委机关驻地。11 月 23 日，总前委移驻临涣集东南 10 余里的小李家村，在安徽境内共停留 45 天。

淮海战役是解放战争时期一场规模空前的战略决战，对整个解放战争走向起到了重要作用。淮海战役分为三个阶段。第一阶段：1948 年 11 月 6 日至 22 日，华东野战军在碾庄圩地区歼灭黄百韬兵团约 10 万人，击毙兵团司令官黄百韬；第二阶段：1948 年 11 月 23 日至 12 月 15 日，中原野战军及华东野战军一部，在宿县西南的双堆集地区包围并歼灭黄维兵团约 12 万人，生俘兵团司令官黄维；第三阶段：1948 年 12 月 16 日至 1949 年 1 月 10 日，全歼邱清泉、李弥两个兵团约 20 万人，俘杜聿明，击毙邱清泉，仅李弥等少数人逃脱。至此，淮海战役以人民解放军大获全胜而结束。淮海战役的胜利，使长江以北的华东、中原地区基本解放，蒋介石在华东战场的精锐部队丧失殆尽，其统治中心南京、上海直接暴露在人民解放军面前，为解放军渡江作战创造了有利条件。

“人民的支援是淮海战役胜利的根本保证。”① 在淮海战役中，安徽人民提供了大量人力、物力支援前线，为人民解放军最终取得胜利提供了有力支援。淮海战役期间，安徽人民提出了“前方要什么，我们就支援什么”“解放军打到哪里，我们就支援到哪里”“倾家荡产，支援前方”的口号。安徽各地涌现出许

① 刘统：《中国革命战争纪实·解放战争·华东卷》，人民出版社 1998 年版，第 529 页。

多父子争上前线、妻子送丈夫、男青年推迟婚期当民工的事迹。据统计，豫皖苏三分区有100余人、江淮三分区有46名民工牺牲在淮海战役战场上。在整个淮海战役中，江淮人民同豫皖苏根据地民众为支援前线，共出动民工160万人，提供担架12.5万副，筹集粮食2.1亿斤、柴草5.3亿斤。妇女们不分昼夜地做棉衣、棉鞋、棉被，仅淮北一市就做了33.6万双军鞋。整个淮海战役期间，安徽各地工人同样踊跃奔赴前线，为战争的胜利提供了重要支援。

（一）临泉工人支援淮海战役

临泉县城位于泉河之上，属于县接合部，人员情况复杂，党的力量薄弱。为加强对这一地区的控制，1948年6月，豫皖苏区第四地委决定设立临泉市，辖有城关、城南、城东、城西、城北五个区，32个乡镇，10多万人口。1948年11月淮海战役打响后，临泉市被委以三项支前任务并全部顺利完成：一是全力以赴，夜以继日，千方百计克服种种困难，抢架支援淮海战役砖木结构的泉河大桥。临泉市很快动员和组织全市300余名水泥工、木工、石工以及数百名民工奋战10个昼夜，完成泉河大桥修建任务。泉河大桥的建成，对新蔡、临泉、泉南等县支援淮海战役的物资运输、担架队的通行起到了重要作用。二是动员群众，组织担架队奔赴前线，担负抢救伤员的任务。在一切为了前线，一切为了淮海战役胜利的号召下，临泉市先后组织三批担架队，约200副担架，800余人，奔赴前线，承担抢救伤员的任务。在抢救伤员中，该市干部群众情绪高涨，坚持发扬一不怕苦、二不怕死的精神，在敌人飞机、大炮的轰炸炮击下，冒着生命危险抢救伤员数千名，受到了部队首长多次表扬。此外，临泉市发动妇女群众，做慰问袋、慰问鞋以及其他物资运往前线，发动担架队员家属给在前方支援淮海战役的亲人写信，鼓励他们多抢救一个伤员就等于多消灭一个敌人。三是认真做好新蔡、临泉、泉南等县过境担架队、运输物资人员吃、住等工作。为做好这一工作，临泉市设立专门接待站，派出得力干部做好接待工作，使支援人员能够顺利抵达前线，完成抢救伤员和供给部队急需物资的任务。

（二）濉溪工人支援淮海战役

淮海战役打响后，濉溪县委号召全体人民，积极支援淮海战役。为保证车辆及时赶到战场，县委指派一名工会负责人，在濉溪、临涣、百善、相山等地，组织木工抢修队随运粮队和大车队一起前进，随坏随修，确保前线不缺粮食、弹药、医药和衣帽鞋袜。

淮海战役总前委和中原野战军指挥部，由河南张公店移驻临涣集文昌宫后，濉溪县委组织浍河船防队利用水上交通，执行沿河警戒任务。在总前委迁往临涣集东南10余里小李家后，濉溪工人不顾危险从砀山和濉溪黄里等处运来大批苹果和梨，分送到总前委驻地和中野后方医院。此外，濉溪县委根据中共中央军委和总前委指示，在濉溪县双堆集战役附近的罗集和荣楼分别成立三个粮油管理所，另在濉溪、古饶、王铺成立粮油转送站，把外地送来的粮油及时分送给参战部队和各后方机关。

1948年11月27日，黄维兵团突围计划失败后，把大批炮弹倾泻在解放军阵地，致使解放军伤员急剧增加。得知部队急需大量病床和药物后，濉溪县委一面派人前往八分区驻地皮桥抢运医药，一面组织木工加工病床，并派人下乡借床、调床、租床，使伤员得到及时医治。

濉溪工人看到解放军战士吃不上米饭，就主动想办法，把面粉蒸成馒头送往战场。工人们在送饭途中还围歼了小股溃敌，机智识破敌人逃跑诡计，将国民党八十五军溃逃士兵全部活捉。12月15日晚，黄维兵团率残部突围被击溃，前线工人立即投入捉俘战斗，在十几个小时里，共计俘虏敌军1795人，缴获枪支2000余支。

淮海战役第二阶段胜利后，中共中央军委发来电报，要求慰劳参战部队前线人员，濉溪县委当即组织全县各行业的工人，杀猪宰羊，赶制香烟、酒及其他物品，慰问参战人员。此外，濉溪县还组织梳发队，赶赴部队驻地，给指战员修容理发。

（三）亳州教工、搬运工支援淮海战役

淮海战役期间，亳州教工、搬运工在中共亳州市委领导下，和广大人民一起积极投入支前活动。市教师联合会下设市教职员工支前委员会，组织发动全体教师深入街道、村庄进行宣传动员；组织教职工文艺队，为支前部队演出节目；指派专人发动市民做军鞋、套军被。教联文艺队与亳县新光剧团，为支前募捐联合演出 20 多天，除必要开支外，结存冀南钞 350 万元（折合人民币 350 元），全部捐献给亳州市支前委员会。农村教师在保证正常教学的同时，就近帮助乡干部做支前工作，如参加兵站，运送物资，筹备粮食、柴草、被服等。城父区、古城区、十九里区教工等曾带领担架队，顶着寒风飞雪，冒着敌机空袭，往前线运送物资，回后方护送伤员。接到上级分配给权庄学校的三天完成做 50 双军鞋的任务后，该校教工深入各村发动群众，仅一天就做好 104 双军鞋。

在党和工会的组织领导下，搬运工人踊跃参加支前行列。工人代表随亳州市各界慰问团，冒着枪林弹雨，顶着风雪严寒赴前线慰问人民子弟兵。码头分会组织 100 名工人、20 副担架，由老工人带队，顶着敌机空袭，护送伤员到柘城后方医院。鹿邑、柘城、亳县的军用粮面，通过涡河航运，集中到城关码头，搬运工人日夜值班，随到随卸，随卸随装，保证了前线军需。

在淮海战役期间，华东、中原、华北各地有包括工人在内的 543 万余人参加了支前活动，为参战部队人数的 9 倍。动员担架 20.6 万副、大小车 88 万余辆、挑子 35.5 万副，大小船只 8500 余艘、汽车 257 辆。后方群众共向前线运输弹药 1460 余万斤、粮食和其他军需物资 9.6 亿斤，运送伤员 11 万余人，出色地完成各项支前任务，对淮海战役的胜利起到了重要作用。

二、支援渡江战役

辽沈、淮海、平津战役胜利后，全国形势发生了根本变化。国民党主力部队基本被消灭，人民解放军在军事上已占据压倒性优势。蒋介石见大势已去，决定放弃淮河防线，将长江以北残余军队撤至长江以南，以“和谈”为幌子加紧

部署长江防线以做负隅顽抗。从湖北宜昌到上海1800多公里的长江沿线，国民党部署了约70万兵力。针对国民党在长江以南的军事部署，中共中央决定由刘伯承、陈毅、邓小平、粟裕、谭震林在淮海战役期间组成的总前委，在渡江作战期间“照旧行使领导军事及作战的职权”。总前委和中共中央军委经过讨论，制定了《京沪杭战役实施纲要》，明确将安徽境内的安庆到无为一线作为中路大军实施作战主要地段，安庆以西怀宁、望江、宿松一线为西路大军实施作战地段之一。1949年4月，总前委从蚌埠郊区孙家圩子移驻肥东瑶岗村。

1949年4月20日，国民党政府拒绝在和平协定上签字，和谈宣告破裂，渡江作战已成定局。中国人民革命军事委员会主席毛泽东、中国人民解放军总司令朱德，随即命令人民解放军“奋勇前进，坚决、彻底、干净、全部地歼灭中国境内一切敢于抵抗的国民党反动派，解放全国人民，保卫中国领土主权的独立和完整”。人民解放军各渡江集团，在总前委统一指挥下，按原定部署，向长江南岸发起攻击，渡江战役就此打响。

在渡江战役期间，安徽人民在“打过长江去、解放全中国”的口号鼓舞下，积极投入渡江战役支前运动。邓小平在《从渡江到占领上海》一文中提到：“在渡江准备的过程里，我们集结主要兵力在芜湖至安庆这个地方，所需粮食1.5亿斤，其中百分之八十是沿江的人民拿出来的。他们把家里的粮食尽量拿出来，并且表示只要渡江，饿着肚子也不要紧。为解决烧柴困难，人民甚至无怨言地拆房子给我们当柴烧。”[①]在江淮一分区和江淮一专署发出的支前通知中就曾明确提到，为做好解放军部队在江淮地区的后勤保障工作，“各县应须立即全面动员组织，推动所有力量，投入这一伟大的争取全国解放的甚至是最后一次的大后勤任务”[②]。以皖北地区为例，在渡江战役中，皖北人民共出动常备民工和临时民工279万人次、提供担架1.5万副、修复铁路210公里、修建公路1600公里、支援粮食18万吨、柴草3.6万吨、大小车辆9.8万辆、船只1万艘，为渡江战役的胜利做出了重要贡献。

---

① 江苏省档案馆、安徽省档案馆编：《渡江战役》，档案出版社1989年版，第3页。
② 江苏省档案馆、安徽省档案馆编：《渡江战役》，档案出版社1989年版，第140页。

（一）合肥工人支援渡江战役

渡江战役期间，合肥全市工人积极响应党和政府号召，踊跃参加支前运输“战勤”服务工作。1949 年 2 月 19 日，中共合肥市委、市人民政府召开支援前线动员大会后，全市支前报名工作正式展开，合肥各业工人纷纷涌向支前司令部报名。全市码头、搬运、推运、平车、大车、汽车等各行业工人都纷纷行动起来，积极参加支前服务各项工作。

1949 年 3 月，30 万解放军驻扎合肥，准备随时待命强渡长江。作为支前渡江前线枢纽的合肥，顿时处于极度繁忙的状态。合肥全体支前工人，发扬主人翁精神，克服一切困难，保证了支前物资随到随运。3 月 15 日，支前司令部民力处接到前线指挥部紧急命令，要迅速集中 300 辆车子抢运大批支前物资。挑挽业、平车业工人立即集中行动，在第二天凌晨集中了 200 多辆车，在支前司令部相关人员带领下，火速赶往运货地点。3 月 18 日，合肥市 200 余名工人，不顾国民党飞机轮番轰炸，在火车站搬运支前物资。全体人员从早晨八点一直奋战到晚上九点，终于将 30 万斤物资安全转移。在解放军开赴长江北岸后，由合肥运往前线的各种军需物资全部交由合肥各业工人及部分民工负责转运。

在渡江战役中，合肥船工为帮助解放军突破国民党军队长江防线作出了重要贡献。三河港区是合肥肥西县属的水旱交通要镇，位于距离合肥市 45 公里的肥西、庐江、舒城三县交界处，丰乐、杭埠二河经此汇合流入新河，战略位置十分重要，历来为兵家必争之地。在支援解放军渡江战役期间，合肥市肥西三河港区船运工人作出了重大贡献。

1949 年 1 月 25 日，解放军进驻三河港区后，三河港区人民和 1072 名民船工人全力支援解放军渡江南下。由于中路参加渡江的解放军多属北方人，不适应江南水面船上生活。为确保渡江战役的顺利进行并取得胜利，必须加紧开展水上练兵，使子弟兵熟悉水上技能。一时间，平静的湖面上沸腾起来，船工教士兵划桨、摇橹，士兵向船工学掌舵、扬帆。在船工们一个多月悉心教授下，渡江部队驾船本领大有长进。1949 年 4 月，解放军接到上级准备渡江的命令后，将三河港区的 102 艘民船留下，在漕河、巢湖一线担任运输任务，

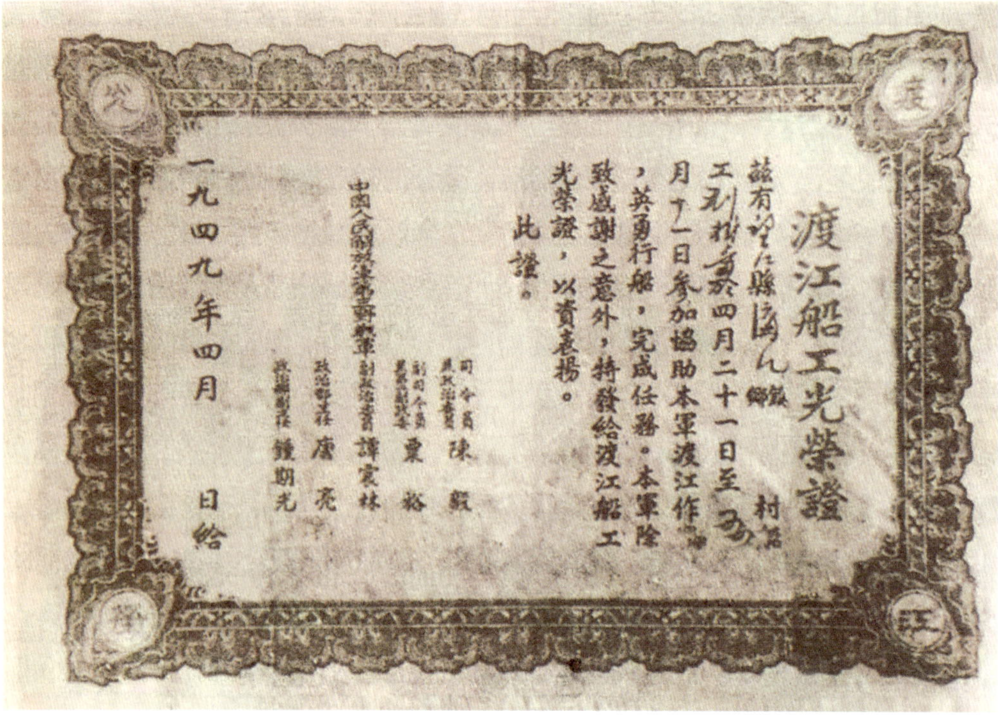
渡江船工光榮證

茲有望江縣[illegible]鄉(鎮)[illegible]村(街)船工刘杉贵於四月二十一日至[illegible]月[illegible]日參加協助本軍渡江作戰，英勇行船，完成任務。本軍除致感謝之意外，特發給渡江船工光榮證，以資表揚。

此證。

中國人民解放軍第三野戰軍

司令員兼政治委員 陳毅

副司令員 粟裕

副政治委員 譚震林

政治部主任 唐亮

政治部副主任 鍾期光

一九四九年四月　日給

★ 安徽渡江船工光荣证。

挑选 184 艘民船随大军调遣。4 月 21 日，中路大军 30 万人在芜湖至贵池间渡江。三河港区的船工在解放军指挥下，驾着各自的木帆船，从无为县的汤沟、二坝，扬帆摇橹，直指南岸，迅速突破敌人的长江防线，创造了用木帆船突破长江天险、无一人伤亡的奇迹。

这次支前运输任务，共两个多月。全市搬运、推运、平车、汽车、船运各业工人共 2789 人参加了支前运输。据统计，工人们共抢运各类支前物资 2500 吨。据《新合肥报》报道，仅在 1949 年 3 月，就有 64 名运输工人荣获支前司令部嘉奖。渡江战役指挥部还给三河港区船运工人每人发放了一张“渡江船工光荣证”，对部分成绩突出的船运工人颁发了“船工立功证”。

（二）蚌埠工人支援渡江战役

1949 年初，蚌埠解放后很快成为进军要道和支前基地之一。蚌埠市总工会筹备委员会根据市委部署，组织和发动了以码头、海员、建筑工人为主的 7000

余名工人，踊跃投入轰轰烈烈的支前运动中。

在支前热潮中，蚌埠各级工会组织和各业工人表现出极大的热情、高度的责任感和献身精神。被誉为“支前劲旅”的码头工会，承担着大部军需物资搬运任务。在被敌人破坏的津浦和淮南铁道线上，蚌埠铁路工人组成铁路工程抢修大队，以“修好铁路过长江，大军过江捉老蒋”的英雄气概，不顾敌机狂轰滥炸的危险，克服设备不足的困难，顽强奋战30余天，完成多座铁路桥和铁路抢修工程。铁路工人还随军南进，顺利完成津浦线蚌埠南段100多公里的抢修任务。

与此同时，全市各工厂企业加紧恢复和发展生产，争先为支前贡献力量。1949年1月至5月，蚌埠各级工会和职工群众在协助政府进行接管工作的同时，为支援人民解放军渡江作战贡献了大量人力、物力和财力。据统计，1949年1月至4月，蚌埠市各级工会发动8200多名职工投入支前队伍、加工军粮240余万斤、架设桥梁6座、修复公路190公里、铁路120公里。此外，宝兴面粉公司修理厂工人还为解放军修理和装配近千支步枪及部分大炮，有力地支援了渡江作战。渡江战役结束后，全市共评出拥军支前模范600名，如民工崔大嫂，为抢运支前物资，一夜往返淮河南北八趟；工人李新田在家中房屋被烧、妻子患病的情况下，仍坚持参加长途运输任务，动员20多部板车参加支前运动。

（三）安徽其他地区工人支援渡江战役

安徽其他地市工人同样为支前运动做了大量工作。据统计，在渡江战役中，参加支前船舶总数达20970艘。在无为县，船民车胜科的父亲在战斗中不幸牺牲，他接过父亲手中的桨，继续完成支前任务。渔民胡业奎冒着生命危险，用小鱼盆过江，把敌军溃逃时抢去的民船拖回18艘，随后他还参加了渡江突击部队。马毛姐，一个年仅14岁的小姑娘，在敌军密集的炮火中，同她哥哥一起把战士送到长江南岸，在返乡途中又抢救了被击翻在江面上的两艘船里的战士。据统计，渡江战役期间，无为县民工中涌现出一等功臣296人，二等功臣429人，三等功臣937人，四等功臣499人。在怀宁和望江两县，127名回族青年和船工组成回民渡江突击队，积极运送解放军大军渡江，在激烈的战斗中，副队长马吉荣和队员丁宪良不幸牺牲。芜湖长风轮船公司“长风”轮号的海员，冒着生命危险驾驶轮船冲过对岸敌军密集的炮火，率先把渡江部队运抵长江对岸，被国民党军队劫持到长江南岸的船工，在摆脱敌人控制后，把船开回北岸，接送解放军过江。此外，安徽枞阳县组织船工 1.2 万余人，船只 1000 余艘，协同解放军部队参加渡江前的训练，使解放军官兵水战能力得到迅速提高。

三、开展护厂、护矿斗争

1948 年秋，人民解放战争进入夺取全国胜利的决定性阶段，安徽各地工人在地下党组织领导下，迅速行动起来，积极开展护厂、护仓、护船、护校的斗争。

（一）芜湖工人的护厂、护仓斗争

1. 护厂斗争

随着解放战争顺利推进，为适应新形势下的工作需要，芜湖成立了新的工作组，围绕迎接中国人民解放军渡江这一重要任务开展各项工作，在做好国民党人士统战、策反工作的同时，引导工人群众参加各项护厂任务。

1949 年，中共中央华东局国民党统治区工作部派到芜湖工作的方向明等人，在做国民党上层人士统战工作的同时，组织和发动芜湖工人，保护明远电厂、裕中纱厂、益新面粉厂、大昌火柴厂、碾米厂等工厂的安全。芜湖地下党组织随即向各工厂、仓库发出通知，要求动员工人保护工厂、码头、仓库，不让敌人把东西运走和破坏，利用一切社会关系，探听情况，收集情报，向各工厂散发动员工人保护工厂、码头仓库的传单，号召工人团结起来防止敌人的破坏活动。

芜湖港区的船员、码头工人，通过组织工人纠察队，迅速投入护船、护港、反破坏、反轰炸的任务中。如“飞松”轮上的船员，为反对敌人差役，从机舱内拆下“海底凡尔”，将船沉在善安囤船里档，船员坚持不上船，不给敌人开船；此外，在解放军渡江时，港口码头水手，及时抽出三艘囤船，安设三个临时码头，开出所有能开的船只，支援大军渡江，不少船员因此受到嘉奖。在安徽学院和在明远电厂工作的地下党员，通过编写和散发传单，号召工人团结起来，组织纠察队保护发电设备，保证了市区正常供电。裕中纱厂、大昌火柴厂、芜湖卫生器材仓库以及《大江日报》《工商日报》《火炬报》等报馆印刷机器，同样由于芜湖地下党组织及时发动工人得以成功保存下来。

2. 护仓斗争

芜湖造船厂的前身芜湖修械所，是国民党安徽省保安司令部用于修枪支弹药的兵工厂。在国民党军队纷纷外逃，置所内机器、设备于不顾的情况下，该所 13 名工人自发组织起来，日夜守卫厂内机器设备。裕中纱厂资本家在大军渡江前，企图通过扣发工人工资来聚积逃亡资金。全厂工人在地下党组织领导下，一方面开展向资方要求发放工资和奖金的斗争；另一方面监视资本家动向，防止其偷运机器和其他资产。1949 年 2 月，国民党军队欲向西南逃跑，准备把火车站仓库里储存的枪支弹药、粮食、棉花悉数劫走。码头工人得知这一情况后，决心拼死保卫仓库，100 多名码头工人组成护仓队，会同江北人民解放军派来的士兵，分为四个小组，轮流守护仓库。在解放军到达芜湖后，工人们把仓库和库内物资移交给了人民解放军。芜湖解放前夕，国民党军队强行征用芜湖港内 9 艘轮船，并企图破坏这些船只。广大船员响应地下党组织号召，开展了护港、护船斗争。在解放军渡江前夕，国民党军队企图在撤离前炸毁明远电厂和国民党二十军军火库，中共地下党组织获悉后，一方面迅速印发大量传单，揭露敌人的破坏阴谋；另一方面采取保护措施，发动工人护厂、护库，成立工人纠察队，在坚持生产工作的同时，保护发电设备，防止敌人的破坏活动，保障市区正常供电。为防止溃逃的国民党军队破坏印刷机器，《大江日报》《工商日报》《火炬报》等报馆的印刷工人，在中共地下党组织号召下日夜守卫印刷厂，保卫厂内机器设备。人民解放军进驻芜湖后，印刷工人把厂内机器和纸张交给解放军。

人民解放军突破国民党长江防线后，一举解放了长江以南的沿江城市。1949 年 4 月 24 日，芜湖工人阶级和人民群众热烈欢迎解放军进入芜湖市区，芜湖工人和全市人民真正成为这座城市的主人。

（二）蚌埠人民成立自卫总队

1948 年，淮海战役前夕，中共江淮区委向中共蚌埠地下组织发出几项重要指示：一是组织工人纠察队，保护工厂、车站、码头等重要设施；二是摸清敌情，掌握敌军调动情况；三是宣传党的城市政策，迎接蚌埠解放。按照以上指示，中共蚌埠市工作委员会在淮海战役后不久，成立了一支以工人为主体的纠察队——蚌埠人民自卫总队，代号“二〇一八”。到1949年1月中旬，蚌埠全市共计有1个工委、1个总支、27个支部，460名党员。在共产党城市政策感召下，经过“二〇一八”各分队的工作，蚌埠民众纷纷组织起护厂队、护校队、救护队。这些工作队在成立后做了大量工作，如控制淮河水面船只、编写宣传党的政策、收集掌握敌情、守卫蚌埠人民自卫总队指挥部所在地、保卫地下党组织成员的生命安全等。

1949年1月，蚌埠市又开展了护厂保资、迎接解放的斗争，在电灯厂、电信局、商报社、信丰面粉厂、导淮委员会、皖北实验农场等重点部门或单位中，相继成立护厂队、纠察队，工人们通过日夜看守，密切监视国民党部队和资方最新动向，严格保护厂内设备物资的安全。在商报社，工人们智斗特务，使全套印刷器材完好无损；在导淮委员会，中共地下党组织率领搬运工人挫败敌人变卖马力引擎、抽水机和4箱电石气、6箱马灯、17箱药粉等物资的阴谋；在皖北实验农场，中共蚌埠工委团结搬运工人，通过抬高运费拖延时间，夺下农场头目急欲运走的30箱杀虫药粉和大批汽油，以及准备整箱变卖的铁锹和其他物资；在兄弟烟厂，由30名工人组成的护厂队日夜轮流保护工厂；在电信局，工人密切注视国民党军动向，防止敌人破坏电信设备；在电力厂，工人们组成巡逻队，进行护厂工作；在信丰面粉厂，由80多名工人组成的护厂队，将所有厂房全部锁上，使机器资财得到妥善保管。此外，工人纠察队还通过各种途径，调查掌握了60多名国民党便衣特务的行踪和犯罪材料，为解放军解放蚌埠后肃清残敌、稳定社会秩序起到了重要作用。

（三）安庆工人的护厂斗争

1949年3月，中共地下党组织派遣干部和农工民主党人士，秘密进入安庆城区开展以下几项工作：一是对敌军兵力、武器、设防及各阶层动态进行调查，为解放军提供准确情报；二是印发、宣传《解放军入城守则》《新区十大政策》《约法八章》等文告。此外，为防止敌人破坏工厂设施，安庆市组织了由工人、学生组成的纠察队和护厂、护校委员会，并在八个主要机关、工厂、学校、仓库，各安排一名至两名进步分子，协助进行相应工作。由于这些措施的实行，敌人的阴谋活动受到限制和打击。如敌人几次闯入安庆油粉厂库房，企图拆卸机器和抢劫面粉，均被工人护厂队设在栏杆上的电网阻拦；安庆电厂组织护厂委员会，下设工人巡逻队，专门守护厂房和机器。1949 年 4 月 23 日凌晨，安庆人民迎来了解放。

（四）马鞍山工人保卫矿区安全

1949 年初，根据皖南地委、沿江工委关于“对所有的城乡、工厂、企业、敌伪机关、学校、仓库和码头等一切物资、档案都要加以保护”的指示，马鞍山党组织分别在金家庄村民家和神农洲村民家召开秘密会议，部署保卫马鞍山矿区安全、发展“反蒋反美统一战线”组织、开展武装游击活动、收集敌军情报等任务，会议决定：组织力量深入矿山，发动工人护矿；对敌矿警进行政治宣传，争取他们不逃跑、不破坏，并孤立其中少数反动分子；以武装控制厂矿，确保铁厂安全。按照以上部署，马鞍山广大工人很快投入护矿、护厂的斗争。1949 年 2 月，“南京城防工程处”国民党军一部，借构筑城防工事之名，抢走向山矿的钢板、钢轨。工人们当即跟踪到南京，追回被盗卖钢板、钢轨 30 余吨。为防止矿场物资再次被抢走、盗卖，全矿工人于夜里埋藏 50 多吨钢板、钢轨。后来，国民党军第六十六师一部又来抢劫道木、坑木，矿场 20 余名铁路、运输工人以“抢修矿窑”为名，连夜将 6000 余根枕木、坑木和 30 余根电杆木运藏到距矿场 30 里的向山山沟中。

（五）淮南地下党组织领导的护厂、护矿、反轰炸斗争

在淮南市，广大工人在当地党组织领导下，同样展开了护厂、护矿、反轰炸斗争。1948 年 12 月中旬，根据中共南京地下市委“说服教育工人和职员坚守生产、工作岗位，大力宣传淮南即将解放；采取各种方式说服技术人员和中、高级职员留厂、留矿，讲清政策，说明解放后量才录用和安排工作；组织工人武装，保护工厂、矿山，反轰炸，迎接解放”的指示，淮南各地工人很快投入相

应工作。具体情况如下：

1. 护厂斗争

护厂工作面临的最大威胁是淮南发电厂楼顶有国民党一个排的兵力，随时都有破坏电厂的可能。电厂地下党小组立即将此情况向上级作了汇报，淮南地下党支部书记随即指示，解决的办法是要设法搞到枪。按照这一指示，电厂成立了 80 余人的工人武装护厂队，到九龙岗警察总所领来步枪 14 支、子弹 700 发，加上厂警武器装备，共有步枪 60 余支、轻重机枪各一挺、迫击炮一门。工人武装护厂队的成立，成功化解了国民党对电厂进行武装破坏的危机。

1949 年 1 月 17 日，解放军部队已逼近淮南。为防止国民党驻厂部队破坏电厂，工人护厂队通知驻厂国民党军，放下武器投降，或按规定时间和路线立即撤出电厂，撤出时如有越轨行为，护厂队将以武力严惩。国民党驻军迫于战场形势和工人武装护厂队的警告，于当天下午按规定路线逃离电厂。国民党驻军撤出后，为防止他们纠集大部队抓壮丁或破坏电厂，护厂队抓紧时间加强防卫

★ 1948 年淮南电厂工人武装护厂队护厂。

工作，将电厂周围的两道高压电网全部通上电源。外防线进行武装把守，紧闭工厂大门，内防线由护厂队巡逻放哨。

2. 护矿斗争

1947 年 7 月 8 日，根据中共南京地下市委指示，淮南煤矿地下党支部建立。支部设有 3 个党小组。解放前夕，支部共发展党员 14 名。1948 年 12 月中旬，为防止国民党军队在撤退前破坏淮南煤矿，在中共地下党支部领导下，结合煤矿实际情况，中共淮南地下党支部向矿工提出“反抓丁”“反土匪”“保饭碗”的口号，在矿方协助支持下，矿区相继成立 8 个护矿队，1300 多名矿工参加，拥有步枪 180 支、机枪一挺、手榴弹两箱。1949 年 1 月 15 日，国民党国防部派工兵将 30 吨炸药运到淮南，企图炸毁煤矿，由于矿工们英勇斗争，加上矿路局上层领导及地方士绅周旋，煤矿最终得以保全。

3. 反轰炸斗争

1949 年 7 月，盘踞在舟山群岛的国民党残余部队，凭借其空中优势，连续派飞机对淮南地区进行狂轰滥炸，淮南电厂成了敌机轰炸主要目标。职工群众为保障电厂工人生命安全及全市正常供电，毅然投入此次反轰炸斗争当中。职工群众自发修改作息时间、为现场值班人员送水送饭、成立工人武装纠察队、夜间巡逻放哨、抢修工业水箱，保证了工厂正常发电，赢得了此次反轰炸斗争的胜利。由于电厂遭受多次轰炸而始终保证正常供电，中共淮南矿区委员会还奖给全体电业工人“反轰炸胜利”锦旗一面。

四、参与接管城市与恢复生产

面对解放后城市接管与恢复生产的新任务，各解放区工会遵循第六次全国劳动大会制定方针，动员和组织广大职工群众，参与恢复和发展解放区工业生产的任务。这一时期，全国各解放区急需工会培养和选拔大批干部开展新区工会工作，同时急需各地党政机关输送工人干部，参加接管、改造和建设城市的工作。培养大批工人干部，成为一项紧急的政治任务。

1948 年 12 月 21 日，中共中央在《关于大量提拔产业工人干部的指示》中提出：革命正在迅速胜利发展的形势，要求“我党必须立即训练和准备大批接管全国各大城市及大工商业的干部”。根据沈阳、郑州解放后的工作经验，接管工作应主要依靠从工人职员中选拔出懂工商业和生产技术的干部。为此，“我党必须从一切解放区的产业工人和职员中，立即训练培养和提拔大批的干部，以便能够派遣他们和老干部一起去接管新解放的大城市及大工商业，并参加党、政、军、民各方面的工作。在一切可能的地方，大批地培养、训练和提拔产业工人和职员干部，已成为目前全党性的迫切的中心任务之一”。

各解放区工会组织根据中共中央指示精神，开始在各地党委领导下，举办工人政治学校和各种培训班。安徽各地也陆续从工人、职员和工会工作干部中，选拔培养了大批熟悉工商业和党的政策的干部，奔赴新解放的城市，参加人民政府接管城市工商业和恢复发展生产的工作。

（一）参与城市建设工作

以蚌埠为例，全市工人积极配合军政人员进行城市接管工作，掀起了恢复和发展城市生产的热潮。

1949 年 1 月 20 日，在全市各重要单位驻扎的工人纠察队员，不顾疲劳，一齐出动，到处插上红旗，贴出“欢迎解放军”等标语。同日，全市工人和各界民众涌上街头，敲锣打鼓，热烈欢迎解放军，欢庆蚌埠解放。全市工人在军管会和市委、市政府领导下，积极开展配合军政人员进行全面接管城市的工作。1 月 25 日，蚌埠市各业职工总会联合筹备委员会成立。次日，根据广大工人要求，市人民政府发出解散伪总工会的全衔训令。1 月 27 日，蚌埠铁路工人用 8 天时间修复了被国民党军队炸毁的 5 座桥梁。4 月，根据中国共产党七届二中全会决议精神和市委指示，全市工人掀起恢复和发展生产的热潮。恢复城市生产工作分为两方面：一是解放军入城接管至市委布置夏季工作期间，主要任务是完成接管和恢复工作。二是召开各厂经理、厂长、工程师、技师会议，主要任务是检讨生产中的盲目现象。由于当时各厂基本忙于支前任务，因此管理经营都未走上轨道，生产中盲目现象较严重。这一阶段各厂复工以后，产品质量一般均有所提高。7 月底，全市国营工业企业全部恢复生产，部分企业产量超过新中国成立前水平，如蚌埠市国营工厂在半年时间里基本上完成恢复工厂生产的任务。此外，一些私营工厂也先后恢复了正常生产。

（二）创造新的生产纪录

得到解放以后，淮南煤矿生产力得到迅速恢复和发展。煤矿复工第一天，“各矿场上工人数总数达 5372 人，3 月 2 日又增加到 5500 余人”。[①] 产煤量由 3 月复工开始时的月产 900 多吨，增加到 5 月底的 3800 多吨。九龙岗新三号井装置了 600 匹马力的电绞车，八公山新矿也动工开盘。全矿井上井下用电量增加，造成田家庵发电厂出现故障。为尽快修复发电厂，工人整日在工厂中忙碌，发电机得以很快修复。

1949 年 5 月，工资发放后，淮南煤矿工人感到多劳未能多得，又值物价波动，生产情绪受到影响。公司及各矿、厂生产管理委员会随即听取职工意见，制订出能计件即行计件，不能计件的采取超额奖励和记功的办法，并号召广大职工为完成 6 月生产计划而努力。八公山、九龙岗等矿区也先后进行了宣传动员工作，运用黑板报、漫画等方式，动员工人展开生产竞赛。不久后，淮南煤矿日产量不断上升，接连突破有史以来的最高纪录。

（三）其他地区的城市生产工作

安庆的五洲公司原为私人经营，有工人 200 多人，但在国民党统治下，工厂生产时断时续，200 多工人到最后只剩下 20 余人，其下设碾米厂也在解放前两日停工，得到解放后工人们很快复工。五洲公司重新恢复生产，其所属米厂在开工的第三天即接受了代粮站碾米两万余斤的任务。1949 年 6 月 1 日，马鞍山分矿职工举行复工典礼，其所属向山硫化铁矿复工后月生产量达到 1005 吨。

---

① 安徽省财政厅、安徽省档案馆编：《安徽根据地财经史料选》，安徽人民出版社 1983 年版，第 532 页。

第二编

社会主义革命和建设时期的安徽工运事业

在建设社会主义国家过程中，安徽工人阶级表现出了高度的政治觉悟和不懈的奋斗精神，积极投身国民经济恢复工作，加入“三反”“五反”运动，进行生产自救，支援抗美援朝战争，参与淮河治理等。他们中涌现出大批劳动模范和先进人物，在工业生产和科技创新方面取得了显著成绩，在社会主义建设的伟大事业中立下了卓越功勋。

安徽各级工会认真贯彻落实中共中央及全国总工会关于建立和发展工会组织的指示要求，积极开展工会组织建设工作，推动工会组织体系不断完善。1949年10月、11月，皖南区总工会筹备委员会和皖北总工会筹备委员会相继成立。在此基础上，1953年3月16日，安徽省第一届工会会员代表大会正式召开，安徽省总工会宣告成立。在省总工会的组织动员下，安徽工人阶级认真贯彻过渡时期总路线，落实安徽省“一五”“二五”“三五”计划，支持参与社会主义改造，推动技术革新。各级工会在省总工会的领导下，开展社会主义建设竞赛，参与工资改革，改善职工生产生活条件，发展职工文化教育事业，有力地促进了安徽省经济、社会的恢复和发展，保障了广大职工的权益。

这一时期，因“左”倾错误思想和“文化大革命”的冲击，安徽省工运事业也曾陷入低谷。20世纪50年代发生的对“工团主义”和经济主义的批判，60年代的“左”倾错误思想，使工会工作在曲折中缓慢前进，尤其是“文化大革命”的发生使安徽省工运事业遭受严重破坏。但是安徽工人阶级和各级工会组织并没有被挫折和困难打倒，始终秉持斗争精神和奋斗精神，接连克服前进道路上遭遇的一系列困难。历史和实践已经证明，安徽工人阶级和各级工会组织只要始终坚持中国共产党的正确领导，时刻保持与时俱进的精神面貌，坚持真理、修正错误，就一定能够推动各项工运事业不断从胜利走向新的胜利。

第六章　国民经济恢复和社会主义过渡时期的安徽工运事业

1949 年 10 月 1 日，中华人民共和国成立，开启了中华民族伟大复兴的历史新纪元。中国工人运动也由此进入从新民主主义社会向社会主义社会转变的新阶段。

新中国成立初期，安徽灾情严重，匪患猖獗，经济贫困不堪，人民生活受到严重影响。面对严峻形势和极端困难，安徽工人阶级和全国人民共同面临着几项重要任务：继续把解放战争进行到底，彻底完成新民主主义革命的任务，迅速恢复和发展国民经济，巩固人民民主专政，在全国范围内建立新民主主义的政治、经济和文化制度，以便为大规模、有计划地开展社会主义建设工作创造良好的条件。

安徽各级工会和广大工人在党的领导下，以坚定的信心和勇气，在艰苦的恢复道路上进行了不懈努力。在国民经济恢复和社会主义过渡时期，安徽各级工会领导工人阶级着重进行了以下几项工作：

一是动员和团结广大职工群众积极投入国民经济恢复工作。如广泛动员职工参加“三反”“五反”运动，清除腐败分子和反革命分子，保卫人民政权；组织职工开展生产自救运动，恢复和发展战争中受损的工业生产；广泛开展“三大纪律八项注意”教育运动，提高职工政治觉悟和纪律性；积极响应党中央关于实行公私合营的号召，支持和配合党领导的社会主义改造运动。二是重视发挥劳动模范和生产代表的示范作用。省工会先后召开全省劳动模范代表大会和全省生产代表大会，大力表彰在国民经济恢复和社会主义过渡工作中做出突出贡献的生产者，鼓舞了全省职工为建设新中国而奋斗的信心和决心。三是充分重视职工思想政治教育。省工会先后召开全省职工思想政治教育会议和全省职工学习毛主席著作会议，大力宣传毛泽东思想和党的路线方针政策，使广大职工在思想上、政治上、行动上与党保持一致。四是强调保护职工权益，关心职工生活，逐步改善职工物质文化生活条件。安徽各级工会高度关注全体职工生活状况，加强劳动保护和安全生产工作，完善职工劳动保险政策制度，在全省多地建立了职工福利院、托儿所、食堂等福利设施，保障了职工生命安全和物质生活条件。不仅如此，全省各级工会还组织职工广泛开展文化体育活动，在职工中普及科学文化知识，有效改善了其精神文化生活。

总的来说，这一时期安徽省工会工作既紧密围绕党和国家工作大局以及安徽省实际情况展开，又在实践中不断探索安徽工人运动和工会发展道路，为安徽的社会主义革命和建设工作奠定了坚实基础。

第一节　国民经济恢复时期的安徽工运事业

一、建立工会组织和开展职工互助互济运动

新中国成立后，各级党委坚决贯彻党关于全心全意依靠工人阶级的方针，逐步把工作重心由乡村转移到城市，在创建与巩固从党中央到地方的人民政权时，特别强调首先要把工人组织起来。中共中央一再指示各地党委，一定要认识到建立工会组织，把广大工人群众组织起来，是搞好城市政权建设和恢复、发展经济的基本环节。因此，当时要求各级党委把主要注意力和主要干部用于工会建设工作，推动工会组织的迅速建立和发展。

1949 年 7 月 23 日至 8 月 16 日，全国工会工作会议召开，明确了全国工会工作中心任务：即用一年左右时间，基本把全国工人阶级尤其是产业工人组织

起来，担负起领导和建设新中国的历史任务。为落实“在一年左右基本上把全国工人阶级组织起来”的目标，中共中央于同年 8 月 26 日向全党发出《关于贯彻全国工会工作会议精神，加强工会工作的指示》，明确要求各地党委认真贯彻执行这次会议精神，支持工会有步骤地建立和发展组织。[①] 在全国工会工作会议精神指导下，安徽各级工会积极开展工会组织建设工作，加强对安徽工人阶级的团结和引导。1949 年 10 月至 11 月，皖南区总工会筹备委员会和皖北总工会筹备委员会相继成立，分别负责领导和协调皖南地区和皖北地区的工会工作。1953 年 3 月，经中华全国总工会批准，安徽省总工会正式成立，统一领导全省各地工会和产业工会组织。

（一）成立皖南、皖北总工会

新中国成立初期面临着严峻的经济和政治形势。经济方面，由于国民党过去的反动统治，社会生产力低下、基础设施陈旧、粮食和原材料等物资供应短缺的情况依然存在。政治方面，尚未完全结束的内战和西方国家施加的国际压力使新中国外部政治局势异常严峻。同时，工人阶级利益也受到严重损害，工人物质生活条件和劳动权益难以得到保障。为推进经济建设工作，保护广大工人阶级利益，党和中央政府着手建立和发展各级工会组织。在这一背景下，安徽省决定在省内分别成立皖南和皖北两大工会组织。

为推动皖南地区工运事业发展，1949 年 10 月 12 日，皖南区工会工作会议在芜湖举行。会议决定成立皖南区总工会筹备委员会，由李步新、郝桐生、施月琴、周学敬、郑家祺、陈定一、刘德臣、史增明、贾晋九位工会代表组成，选举李步新和郝桐生分别担任筹备委员会正、副主任。会议传达了第六次全国劳动大会和全国工会工作会议的精神，确定了皖南地区今后的工运方针和任务。[②] 在此基础上，领导工人阶级在新生的人民政权下，学习工会工作的各种政策，解决了过去工会组织建设过程中名称、委员、会费、经费、组织系统等存在混乱的一系列问题。会议还决定在公营企业中建立工厂管理委员会及代表大

① 李玉赋主编：《新编中国工人运动史》下卷，中国工人出版社 2020 年版，第 339 页。

②《中国工会运动史料全书・安徽卷》编委会编：《中国工会运动史料全书・安徽卷》，安徽大学出版社 1998 年版，第 228 页。

会，确定了在私营企业中将劳资双方订立集体合同作为解决“劳资两利”的基本环节，将工会代表工人同资本家交涉谈判，及政府劳动局仲裁作为解决劳资争议的合理方式和步骤等。会议闭幕后，皖南区总工会着手将会议精神贯彻到各项具体工作中，通过加强工会组织建设、改善劳资关系、提高工人工资等措施，推进了皖南地区工运事业发展。

经过长期探索，皖南地区工会建设工作逐渐步入正轨。皖南地区工会组织不仅在组织机构、人员构成、工作内容等方面逐渐得到完善，而且在工会活动开展上也越来越具有针对性和实效性。首先，在组织机构方面，皖南地区工会组织不断完善，建立了由职工代表组成的工会委员会，并根据各个行业特点和需求，成立了不同工会分会和工会小组，使工会组织覆盖面更加广泛。截至 1950 年 6 月，皖南区下辖市县先后建立了工会筹备委员会。1950 年 11 月，芜湖市首届工会会员代表大会召开。其次，在人员队伍方面，皖南地区工会组织注重培养和引进专业人才，组建了一支专业化工会干部队伍。1950 年 8 月 7 日，皖南总工会筹备委员会发出指示：“在加强工会组织工作中，希注意培养积极分子和骨干，以发挥他们在工人群众中的核心作用。”最后，在工作内容方面，皖南地区工会组织积极探索工作内容和工作方式上的创新，开展了丰富多彩的工会活动。1950 年 1 月，皖南区总工会筹备委员会要求半年内完成“按产业原则组织工会”的任务，把皖南全区工人阶级组织起来。为此，皖南区各下辖工会结合工业及其他工会的组织情况，规定了会议和汇报制度，举办了职工轮训班、业余夜校及俱乐部等活动，逐一检查了各地工运工作。

为推动皖北地区工运事业发展，皖北区于 1949 年 11 月 8 日在合肥召开皖北第一次工会工作会议，参加者有 80 多名来自各行各业的职工代表。大会选举产生由 41 人组成的皖北总工会筹备委员会，并从中选出 9 人为常务委员，李世农任主任，唐晓光任副主任。大会传达了全国总工会关于今后方针任务的决议，制订了皖北地区职工运动工作计划。皖北总工会筹备委员会的成立，为皖北地区的工运事业提供了有力的领导和支持，有利于维护皖北地区职工各项合法权益。①

---

① 安徽省总工会编：《安徽工人运动大事记（1861—1993）》，安徽人民出版社 1995 年版，第 141—142 页。

经过一年的努力，皖北地区工会组织建设取得显著成绩，组织机构不断完善，工人人数增加，整顿工作开展有力，面向生产工作的转变取得初步成效。其一，组织机构不断完善，各地工会相继成立。1949 年 2 月 18 日，合肥市职工总会筹备委员会成立，5 月合肥市职工总会成立，后于 6 月改称合肥市总工会。1950 年 3 月，蚌埠市总工会成立。1951 年 1 月，安庆市总工会成立。其二，工人人数得到显著增加。据 1950 年 10 月 6 日统计数据，有组织的工人数量增加到 237440 人，而 1949 年时仅有 120756 人，单位由原先 3 个市、4 个专区办事处、24 个县和 3 个产业工会，增加到 3 个市、6 个专区办事处、35 个县和 4 个产业工会。其三，皖北区工会组织建设中，公营企业工会组织建设也取得了一些成绩。在产业划分上较先前更为明确，分别组织了各类产业工会，进行了健全基层组织生活的工作。全国组织工作会议所草拟的各种条例也在皖北区某些大型企业中加以试行，如基层委员会组织条例、合理化建议委员会组织条例、小组组织条例等。公营企业在产业划分上较以前更为明确，同样分别组织了各种产业工会，划清产业界限，进行健全基层组织生活工作。其四，皖北区工会整顿工作开展有力，有效完成清除封建头子的问题。通过斗争，把窃夺工会领导权的封建头子清洗或调开，对其中最反动的人员予以镇压，重新选举组长，宿县专区的泗洪县在清理组织中清除了一半不属于工人阶级成分的独立生产者。

皖南地区和皖北地区工会的建立与发展，是安徽省贯彻和落实全党工作重心由农村转入城市战略部署的重要举措，也是响应和推进国家恢复和建设政治、经济和社会新秩序的重要表现。在此基础上，安徽工人阶级在各级党委和工会领导下，积极投入各项生产建设工作，推动了各行业的恢复和发展，为安徽省经济社会的恢复和发展作出了重要贡献。

（二）建立安徽省总工会

为适应新中国成立后行政区划调整和工会组织建设需要，在全国总工会的统一领导和组织下，各地工会组织相继组建起来。安徽省总工会就是在这样的背景下诞生的。

1952 年 1 月，皖南区总工会筹备委员会迁至合肥，与皖北总工会筹备委员

安徽日報

第三九四期

安徽省總工會正式成立

陳雨田張式楷陳慶泉李振友當選正副主席

本省大部地區已做好準備工作

積極展開貫徹婚姻法運動

捷克斯洛伐克國民議會

選舉薩波托斯基為共和國總統

薩波托斯基總統任命西羅基為總理

★ 1953 年 3 月 23 日《安徽日报》报道安徽省总工会成立。

会合署办公，临时负责人为原皖南区总工会筹委会主任郝桐生和皖北总工会筹委会主任王宇、副主任张式楷。1952 年 8 月 19 日，安徽省总工会筹备委员会正式成立，由陈雨田担任主任委员，郝桐生和张式楷担任副主任委员。在安徽省总工会筹备委员会的领导下，安徽省总工会筹备工作逐步展开。1953 年 3 月 16 日至 23 日，安徽省第一届工会会员代表大会在合肥举行，出席大会正式代表 406 人，列席代表 126 人，代表会员 281608 人。大会决定成立安徽省总工会，并选举产生安徽省总工会第一届委员会。会议选举成立安徽省总工会经费审查委员会，李克民当选为主任。① 大会主要任务是总结新中国成立以来全省工人运动和工会工作，贯彻党在过渡时期的总路线，动员全省职工投入社会主义经济建设工作。此外，本次会议也是一次思想建设会议，传达了全国总工会第六届第二次执行委员会扩大会议精神和决议，在会议讨论中充分发扬民主，指出工会工作中存在的官僚主义、强迫命令和违纪现象，同时明确了工会的性质、任务和方针政策。

① 安徽省总工会编：《安徽工人运动大事记（1861—1993）》，安徽人民出版社 1995 年版，第 141—142 页。

安徽省总工会的成立是安徽工运事业的一个里程碑，其促进了全省职工队伍的不断壮大。1956年安徽省工会第二届代表大会召开前，在全省建立工会组织单位的446812名职工中，职工会员已发展到305392人，较首届工会会员代表大会召开前的会员数净增23784人。

在基层组织与“建家”活动方面，安徽省总工会成立后，继续开展建立和健全工会基层组织工作。到1953年底，全省建立基层工会1381个。从1953年起，安徽省总工会围绕实施新中国第一个五年计划，学习沈阳“五三”工厂工会以生产为中心，推广“生产、生活、教育”三位一体的工作经验，进一步推动基层工会组织建设工作的开展。在基层工会组织建设工作取得成效后，安徽省工会联合会[①]于1956年全面工作规划中，对加强基层工会组织建设提出具体要求，即建立和健全各类工作委员会，定期召开工会小组民主生活会。到1957年底，全省已建立基层工会6317个，较1952年增加42%；在全省建立工会组织单位的601014名职工中，会员人数发展到475405人。

在发展工会积极分子队伍方面，1957年底，在771个基层工会中，共有积极分子95448名。积极分子活跃在工会工作各个方面，有效促进了工会各项工作的开展。为帮助职工提高、改进和学习掌握新技术，1956年，合肥、芜湖、蚌埠三市的22家工厂，在各级工会的组织下，在职工中组织了676对技术互助组，签订了747对师徒合同，学习推广了362项先进经验。同年，全省工会积极分子和广大职工提出合理化建议44541件，实施建议5203件，创造价值4203519元。在向科学进军和学习文化技术方面，广大工会积极分子不但自己带头学，还对照工会要求，组织带动职工群众学。

在干部培训方面，1953年3月，安徽省总工会筹备委员会成立后，采取业务学习和脱产学习两种办法，大量培训基层工会干部和积极分子。到1956年，全省已培训基层工会干部16208人，并结合工会工作，利用业余时间训练了大量工会积极分子。

---

① 1953年9月1日，根据中国工会七大通过的《中国工会章程》有关规定，“安徽省总工会”改称“安徽省工会联合会”。1961年7月21日，经安徽省委批准，“安徽省工会联合会”又改称“安徽省总工会”。

（三）开展失业工人互助互济工作

新中国成立初期，由于过去帝国主义长期掠夺和国民党反动统治，安徽省经济面临严重困境，全省工业基础十分薄弱，农业生产遭受严重破坏。随着战后通货膨胀的结束，市场上一度出现商品过剩现象，安徽省工商企业大量倒闭，商品市场陷入萧条。安徽工人阶级因此遭受到沉重打击，大批工人失去生活来源和物质保障。

以皖北地区为例，根据皖北总工会筹备委员会统计，截至 1950 年 8 月，皖北 6 个专区共有失业工人 30597 人。按照安庆、合肥、蚌埠三市 11 月的统计，三市失业工人合计 8177 人。

为安排好失业工人的就业和生活，安徽各级工会在党的领导下，主动协助各级政府，在发动职工大力恢复和发展生产、稳定社会秩序、巩固人民政权的同时，会同有关部门成立失业工人救济组织，采取各种措施和途径组织失业工人开展以下各项生产自救工作：

一是组织职工开展互助互济运动。皖南区总工会筹备委员会号召所有在业工人，发扬阶级友爱精神，每人自愿拿出一天工资捐助失业工人，或利用节假日义务劳动一天，将这一天所得工资全作救济之用。以芜湖市为例，1950 年 10 月，芜湖全市在岗工人通过节衣缩食，共计捐款 5000 余元，粮食 1.22 万斤，衣服 936 件，成立各类工人消费合作社 19 个。全省其他地方同样开展了这一活动。

二是组织失业工人进行生产自救。各地工会通过收集和掌握当地具体情况，有序组织工人参与开荒、打柴、修堤等活动进行自救。安庆市解放后不久，市工人联合会筹备委员会即组织 660 名失业工人，办起 13 个合作社，发动 35 人下乡打柴，组织 410 人参与修复圩堤，安排 1668 人回乡生产，另给近百人介绍了工作。1950 年 10 月至 1951 年 3 月，芜湖市各级工会组织手工业者和搬运工人 1700 名在火车站抬煤，后又组织棉织业工人 108 人分两批与芜湖市供销合作社签订合同，共贷得棉纱 13 件、织布 1660 匹。贵池、宣城等地则组织码头工人轮流搬运，发展副业。嘉山县总工会于 1950 年组织搬运工人下乡，开垦荒地 900 余亩，收粮 10 万多斤，使搬运工人生活有了保障。从 1950 年到 1953 年，嘉山县总工会组织工人用部分余粮售款，添置平板车100余部、牛11头、马3匹，还开办了粉厂，养猪99头，扩大再生产，该地工人生活得到明显改善。

三是帮助私营企业复工复业，安置工人就业。新中国成立初期，芜湖市一些私营工商户由于对党的政策不了解，纷纷抽资外逃，致使企业陷入瘫痪；有的工商户选择停业观望或消极经营，此时恰逢洪水灾害侵袭，全市经济形势十分严峻。1950年3月至5月，芜湖市私营企业被解雇职工就有800多人。针对这一情况，芜湖市总工会筹备委员会按照“劳资两利”方针和市委“劳资协力，渡过困难”“生产自救”的指示，发动广大职工帮助私营工商户复工复业。裕中纱厂是芜湖较大的私营企业，由于原棉缺乏，经常不能开工，导致职工生活陷入困境。在市政府的支持下，芜湖市总工会筹备委员会与皖南花纱布分公司商妥，在保本的前提下，引导工人主动降薪减福利，为工厂节约11万多元、盈利2.4万元，既解决了700多名困难职工的生活问题，也使企业渡过难关，资方更是从中受到教育。

四是发放救济款、物。1950年6月，皖北人民行政公署拨出大米120万斤、食盐100万斤，补助全区两万多名失业工人。9月，全国总工会拨款18534万元①，帮助安徽失业工人开展生产自救。从1949年4月到1952年底，安庆市共向失业工人发放大米539635斤，现金3.5879亿元（旧币）。

五是动员回乡生产转业。凡由农村到城市不久或在农村中有亲属，可以回乡生产的失业工人，由工会根据自愿原则，通过说服教育动员其回乡生产，由救济处开具证明文件，根据实际情况发放路费，特别困难者酌量发给救济金作为生产资金补助。

安徽各级工会通过各种途径解决职工就业困难，履行了关心群众生活、代表和维护职工合法权益的职责。据统计，1952年安徽省解决劳动就业的情况：全部“包下来”旧社会公教人员40722人，安置失业工人和失业知识分子115827人，以生产自救、以工代赈、资助回乡等方式，解决了79147名失业工人的就业和生活问题。在进行上述工作的同时，安徽各级工会发动职工参加互助储金

① 此处指旧币。1955年2月21日，国务院发布《关于发行新的人民币和回收现行的人民币的命令》，自3月1日起，中国人民银行发行新人民币，新旧币折合比率为新币一元等于旧币一万元。

会，开展互助互济运动，解决了职工临时急需借款的问题。1953 年，安徽各级工会在组织职工发展生产的同时，着重帮助困难职工解决生活问题。

二、参与抗美援朝、企业民主改革和“三反”“五反”运动

新中国成立后，翻身解放的安徽工人阶级在党的引导下，积极参与抗美援朝运动、企业民主改革和“三反”“五反”等。在严峻的形势和任务面前，安徽工人阶级以极大的政治热情和革命精神，积极投入建设社会主义和保卫新中国的各项运动中。

（一）参加抗美援朝运动

正当我国工人阶级同全国人民一道，为争取国家财政经济状况基本好转而斗争之际，1950 年 6 月，朝鲜战争爆发，以美国为首的西方国家在大举武装侵略朝鲜的同时，公然将战火烧至中国东北边境，派遣舰队入侵中国台湾海峡，严重威胁中国的领土主权和安全。应朝鲜劳动党和政府提出中国出兵支援的请求，1950 年 10 月 8 日，中共中央军委主席毛泽东发布命令，组建以彭德怀为司令员兼政治委员的中国人民志愿军。10 月 19 日，中国人民志愿军奔赴朝鲜前线，与朝鲜人民军并肩作战，抗击以美国为首的西方“联合国军”。

1950 年 11 月 6 日，全国总工会发出号召，倡导全国工人阶级共同参与抗美援朝运动，支援中国人民志愿军在朝鲜的作战。安徽工人阶级在各级工会的引导下，积极响应全国总工会号召，通过开展多种形式的增产节约竞赛，用自身劳动支援中国人民志愿军作战。在抗美援朝运动期间，安徽工人阶级表现出了高度的国际主义精神和爱国主义精神。

首先，广泛开展“抗美援朝，保家卫国”时事政治教育。1950 年 11 月 24 日，皖南总工会筹备委员会广泛展开群众性宣传鼓动工作，包括认清美国侵略本质，知晓美国对中国人民的威胁、美国是外强中干的“纸老虎”等内容。同时，皖北区各级工会组织职工收听广播，通过开展和平签名活动、职工示威游行、订立爱国公约和捐款活动，以及举办控诉会、学习班和演讲竞赛等方式，

宣传“抗美援朝，保家卫国”的意义，激发了广大职工的爱国主义精神和爱国生产热情。经过爱国主义时事政治教育，全省共有997个单位、10万多人订立了爱国公约，15.53万人投票反对美帝国主义武装日本，19.38万人签名维护缔结和平公约。1951年5月1日，皖北各地工人集会纪念“五一”国际劳动节，开展爱国游行活动。许多安徽工人受爱国主义精神和国际主义精神驱使，踊跃报名参军参战。以芜湖市为例，1951年7月，该市有7名医务工作者和45名铁路工人、汽车工人主动报名上前线参加抗美援朝战争。[①]

其次，开展爱国主义生产竞赛，保障战时物资供应。1950年11月11日，皖南区总工会筹备委员会号召全区职工开展爱国主义生产竞赛，为抗美援朝战争贡献工人阶级力量。在各级工会的推动下，安徽广大职工劳动热情高涨，发挥出高度积极性和创造性，如淮南煤矿国庆大队先后4次创造集体采煤全国新纪录，曹大玉小组创造了集体运输全国新纪录，芜湖铁路检车创造出安全行车新纪录，合肥车站给水站创造了减少用煤的新纪录。1951年1月18日，皖南区总工会筹备委员会号召全区职工向马恒昌小组学习，鼓励全区工人“以工厂当战场，机器当刀枪”，积极投入爱国主义竞赛，增加生产，厉行节约，支援抗美援朝战争。芜湖汽车保养厂提前3天完成了4辆客车的装配任务，芜湖新华印刷厂劳模李怀喜改装工具提高了产量，芜湖市火柴厂工人在14天完成了一个月的生产计划，淮南九龙岗二分矿5个小组通过增产节约，扫拣遗煤2.6吨。安徽各地通过踊跃参加爱国生产竞赛，有效缓解了战争期间造成的物资短缺。

最后，开展节约、增产、捐献活动。1950年12月10日至14日，皖南区总工会筹备委员会号召全区工人开展“一信一袋”运动[②]，以慰劳朝鲜人民军和中国人民志愿军。芜湖市率先响应号召，芜湖市邮政局工会向全体职工发出捐献倡议后，该局职工仅用时半天就献出手榴弹52枚、子弹398颗。“多献一颗子弹，多杀一个敌人”的口号在当时安徽各业工人中广为流传。1951年6月12日，为响应抗美援朝总会《关于推行爱国公约，捐献飞机大炮和优待烈属军

① 《中国工会运动史料全书·安徽卷》编委会编：《中国工会运动史料全书·安徽卷》，安徽大学出版社1998年版，第236—237页。

② 该项运动的主要内容是给志愿军写一封信或送一样慰问品。

★ 淮南市抗美援朝保家卫国暨庆祝平壤解放大会。

属的号召》，皖北总工会、皖北文联等部门发起捐献“皖北工人号”“鲁迅号”飞机的倡议。到1951年底，皖北人民共计捐献995亿元（旧币），可用于购置飞机54架、大炮13门、高射炮2门、坦克2辆；皖南人民总计捐献520.7亿元（旧币），可用于购置飞机35架。[①]

在抗美援朝战争期间，安徽各级工会和广大安徽工人，以保家卫国为己任，积极响应党和政府号召，开展了一系列爱国主义教育活动和爱国生产竞赛运动。随着朝鲜战争结束，抗美援朝运动取得胜利，安徽工人阶级思想觉悟和爱国热情进一步提高。

① 中共安徽省委党史研究室：《中共安徽八十年简史》，安徽人民出版社2003年版，第121页。

（二）推动企业民主改革

新中国成立初期，皖北约有20万工人，皖南有10万工人。为使安徽工人阶级感受到“翻身做了主人”，确保工人阶级领导地位和工人合法权利，党和政府推行了一系列企业民主制度改革。这些改革主要包括废除旧式劳动制度、在国营企业中推行民主管理、调整私营企业中的劳资关系、在企业内部建立新型人际关系和劳动关系，使工人阶级真正成为企业的主人。

1. 废除旧式劳动制度

新中国成立前，安徽搬运工人深受各业把头压迫，生活在水深火热之中。各业把头在政治上依靠反动政府做后台，不仅肆意打骂工人，甚至私设公堂闹出人命。只有彻底清除这些旧的劳动制度，才能更好地调动工人阶级的生产积极性，焕发工人阶级的主人翁意识。皖北、皖南区总工会筹委会根据1950年政务院批准并公布的关于废除封建劳动制度的决议和办法，发动各业工人废除封建把头制度。以皖北区废除搬运工会把头为例，皖北总工会筹备委员会在确定打击对象后，分别对其进行处理。一是明确对把头要展开斗争，但须分别对待，先斗罪行较明显，容易发动工人斗争的大把头，小把头则根据罪行大小确定斗争与否，罪恶较小且愿低头认罪者，可以为其争取劳动改造；二是斗争中的清算问题，主要是清算把头罪行，至于清算后的赔偿问题，需视情况而定，以防止打击面过宽，罪大恶极的应使政府依法没收其财产，除补偿受害较深的工人外，其余财产可用作工人集体福利事业。经过一段时间的工作，废除旧式劳动制度的工作取得明显成绩。如蚌埠市经过4次斗争，处理大小把头244人，该市把头势力基本被打垮；安庆市同样进行了反把头斗争，将市内主要把头全部清除。废除把头工作中也出现过一些问题，如阜阳市工作重点虽在阜阳，同时又忙于界首，导致领导力量分散；安庆办事处急于整风，以致码头民主改革工作无人过问。此外，旧的劳动制度也在安徽各市企业中被废除。[①] 1950年3月，中共芜湖市委派工作组进驻芜湖裕中纱厂，建立党组织和工会组织，废除对工

① 《中国工会运动史料全书·安徽卷》编委会编：《中国工会运动史料全书·安徽卷》，安徽大学出版社1998年版，第238页。

人带有侮辱性质的“搜身制”。1950 年 6 月，皖南区要求废除女工“搜身制”，督促企业在待遇上实现男女工同工同酬。[①] 废除各项旧式劳动制度后，安徽工人群众热烈欢庆自身解放，增强了主人翁意识，提高了生产积极性。

2. 在国营企业中推行企业民主管理

1948 年 8 月，第六次全国劳动大会通过《关于中国职工运动当前任务的决议》，明确提出国营企业实行“管理民主化”“建立工厂管理委员会”的原则。1950 年 2 月 28 日，政务院财政经济委员会发出《关于国营、公营工厂企业建立工厂管理委员会的指示》，重申在国营工厂企业中必须对原来官僚资本统治时期遗留的不合理制度进行有计划、有步骤的改革。国有企业民主改革的中心环节，就是建立工厂管理委员会，实行工厂管理民主化。皖南、皖北地区工会积极响应国家指示，大力推进国营、公营工厂企业的管理民主化和建立工厂管理委员会的工作。1950 年 5 月，芜湖市火柴厂、榨油厂、铁工厂、染织厂，池州馒头山煤矿等公营厂矿，陆续建立工厂管理委员会和职工代表会议制度。芜湖市火柴厂建立工厂民主管理委员会后，实行了定员、定额、定废品等标准制度。1950 年，马鞍山铁厂召开首次职工代表会议后，决定今后每季度召开一次职工代表大会，及时商讨和决定厂内各项重大问题。到 1953 年底，安徽公有企业普遍建立了工厂（矿）管理委员会和职工代表会议制度，职工群众通过推选代表参加工厂管理委员会，参与到企业领导工作中，通过职工代表会议参加企业管理工作。企业管理民主化和职工代表会议制度的建立，提高了广大职工主人翁意识和生产积极性，对完成企业生产任务、改善职工生活福利待遇，发挥了重要作用。在推行企业民主改革的过程中，政府要求企业行政管理干部要树立依靠工人群众来管理工厂企业的思想，真正做到“通过吸收工人参加生产管理，使工人亲身感到自己是企业的主人，从而改变劳动态度，发挥其生产积极性和创造性”[②]。在工矿企业民主改革的过程中，以淮南矿区最具代表性。1950 年初，淮南矿区开始推行企业民主改革，解散了企业内“把兄弟”“三番子”“一贯道”

---

① 安徽省总工会编：《安徽工人运动大事记（1861—1993）》，安徽人民出版社 1995 年版，第 141—142 页。

② 李桂才：《中国工会四十年（1948—1988）》，辽宁人民出版社 1990 年版，第 123 页。

等封建组织。同时，将原先由封建把头控制的“劳动合作班”改为生产组，组长由人民群众民主选举产生。淮南矿区还成立了工会，建立青年团组织，围绕矿区生产开展劳动竞赛和文化教育活动。1950 年 5 月，全国煤矿会议颁布《关于国营煤矿全面推行生产方法改革的决定》，淮南矿区领导干部和技术人员共同参与了采煤方法改革。由于进行了一系列企业民主改革，矿区工人生产积极性得到提升，各矿区接连创造或突破当时全国煤炭生产纪录。1952 年，淮南矿区煤炭产量为 1949 年的 2.36 倍，较新中国成立前最高日产量提高 65% ，效益也相应提高 3—4 倍。

3. 调整私营企业劳资关系，建立新型劳动关系

新中国成立初期，私营工业企业职工约为 164 万人。另外，有 500 万名左右从业人员分散在全国各地约 402 万户私营商业和社会服务行业中。这一情况决定了必须注意处理好私营企业中工人与资方的关系。1949 年 11 月，全国总工会颁布《关于私营工商企业劳资双方订立集体合同的暂行办法》，规定各行各业劳资双方应根据平等自愿协商原则，签订集体合同，明确劳资双方各自权利义务及劳动条件。与此同时，全国总工会出台了《关于劳资关系暂行处理办法》，在全国私营工商企业中有序推行。遵照全国总工会指示，1949 年 12 月 5 日，皖北各界人民代表会议发表了《关于沟通城乡内外关系发展工商业的决议》，决议指出要“正确解决劳资关系，订立集体合同”，“颁布工商法规，规定劳资争议解决程序，使劳资双方均有所遵循”。决议还决定成立劳动局，专门处理工商业领域的劳资问题。1951 年，皖北人民行政公署颁布了《皖北区劳资关系暂行处理办法（草案）》，提出要妥善处理劳资关系问题。皖北、皖南区各级工会随即在私营企业中开展了建立劳资协商会议、订立集体合同的工作。皖北、皖南区各级工会在私营企业中有序完成了建立劳资协商会议和订立集体合同的工作。到 1951 年底，芜湖市已建立 25 个行业性劳资协商会议和 7 家企业劳资协商会议，签订了 120 份集体合同。这些举措使劳资双方在利益得到保障的同时，也增强了资方搞好生产经营的信心，为失业工商户提供了就业机会。

到 1952 年，安徽全省已有许多私营企业订立了劳资集体合同，劳资关系进一步改善，职工和资方团结一致发展生产，资方生产经营积极性进一步发挥。

例如，合肥新民印刷馆的资方在消除思想顾虑后，主动改进生产技艺，增加厂房和职工宿舍，扩大了生产经营规模。屯溪市百货业及纱布业订立集体合同后，增加资金和物料投资，扩大生产经营规模。

（三）参加“三反”“五反”运动

在抗美援朝、土地改革、镇压反革命以及企业民主改革取得重大胜利后，中共中央和政务院决定在国家机关和国营企业中开展反贪污、反浪费、反官僚主义的“三反”运动，在私营工商业中开展反行贿、反偷税漏税、反盗骗国家财产、反偷工减料、反盗窃国家经济情报的“五反”运动。1952 年 1 月 1 日，毛泽东在元旦团拜会上号召开展一次大规模反对贪污、反对浪费、反对官僚主义的斗争。[①] 1 月 26 日，中共中央正式发出《关于在城市中限期开展大规模的坚决彻底的“五反”斗争的指示》。“三反”“五反”运动很快在全国范围内陆续展开。

1951 年 12 月 31 日，皖南、皖北区总工会筹备委员会发出《关于广泛开展增产节约 反对贪污、浪费、官僚主义的通知》（以下简称《通知》），号召各级工会组织和全体职工，必须立即动员起来，积极参加反贪污、反浪费、反官僚主义的斗争。《通知》指出，如果不把贪污、浪费现象和官僚主义彻底肃清，不但会使国家遭受巨大经济损失，而且会妨碍国家资产积累，妨碍国防和经济建设。为此，“三反”运动必须完成六方面工作：一是各级工会组织运用各种有效方式，如通过文件学习、座谈讨论，在广大工人、职工群众中进行广泛而深入的宣传教育和动员工作，使每个工人、职员群众都能清楚了解反贪污、反浪费、反官僚主义的重大意义，自动自觉地参加这一斗争。二是各级工会领导机关，首先，在本机关开展上述运动，进行自上而下和自下而上的检查，号召全体干部对各类贪污、浪费、官僚主义现象，大胆地进行揭露、检举和批评。其次，引导贪污、浪费分子自觉主动进行坦白，通过说明党和政府的政策，消除其思想顾虑。三是各级工会领导机关切实领导和帮助所属基层组织，市工会负责人要领导开展以上运动。严禁和杜绝不遵守财务制度、铺张浪费和贪污现象的出

---

① 中共中央文献研究室编：《毛泽东年谱（一九四九——一九七六）》第 1 卷，中央文献出版社 2013 年版，第 459 页。

现。四是响应国家增产节约的号召，商讨增产节约的办法。订立增产节约计划的单位，为完成甚至超额完成增产节约计划而奋斗。五是在私营企业特别是私营商店中的工会组织，必须发动工人职员群众向一切不法商人追逐暴利、投机取巧、窃取国家财产的行为作斗争。六是各级工会组织在领导职工群众做以上工作时，应在当地党委领导和政府支持下，有领导、有组织、有计划地进行。[①]安徽各级工会和工人阶级积极响应，通过认真履行自身职责，参与各项具体斗争，推动“三反”运动向纵深发展。一方面，各级工会组织通过宣传教育、座谈讨论等方式，不断加强对职工群众的动员和教育，提高职工群众自觉参与斗争的积极性。另一方面，各级工会领导机关带头开展自上而下和自下而上的检查，发扬批评和自我批评的精神，揭露和打击各种不良现象。同时，各级工会领导机关认真落实增产节约号召，着力讨论和制订增产节约计划，引导广大工人职工群众以实际行动支持国家经济建设和国防事业。

对于私营企业和商店中存在的追逐暴利、投机取巧、窃取国家财产等不法行为，工会组织发动工人职员群众进行斗争，成功维护了国家和人民的利益。

随着“三反”斗争的深入开展，各地各部门清查出一批机关内部人员同不法资本家内外勾结，侵吞国家资产，以及资本家中的不法分子通过向国家工作人员行贿等非法手段牟取暴利的案例。鉴于这些情况，中共中央决定，在党政机关中开展“三反”斗争的同时，在工商业界开展一场大规模反行贿、反偷税漏税、反盗骗国家财产、反偷工减料和反盗窃国家经济情报的“五反”运动。1952 年 2 月 21 日，中共安徽省委发出《关于中小城市开展“五反”运动问题的指示》。安徽各地工人很快就以主人翁的姿态，积极投身于“五反”运动。“五反”运动开始时，各市工会组织首先在各级党委统一领导下，对工人进行宣传教育，如开训练班、座谈会、动员会等，说明“五反”运动的性质和意义，反复交代政策，消除思想顾虑；组织工人诉苦，揭发资本家“五毒”罪行；通过启发工人阶级觉悟，号召广大职工检举资本家不法行为。据不完全统计，安徽职工共检举资方罪行 71188 件，其中合肥市一次检举大会上即递交 2 万余件检

① 《中国工会运动史料全书・安徽卷》编委会编：《中国工会运动史料全书・安徽卷》，安徽大学出版社 1998 年版，第 241—242 页。

举材料，这些行动有力打击了不法资本家的气焰。[①] 随着“五反”运动深入推进，不法资本家企图利用收买、引诱、停火、停薪等“软硬兼施”的办法，削弱广大职工的斗志，职工群众中思想顾虑开始有所增加。为此，各级工会组织召开职工代表会、座谈会，提出“站稳立场，保护工人阶级利益”的口号，提高了职工斗志，在发动工人群众的基础上，团结争取高等职员归队工作，通过不断孤立资本家，取得了同资本家进行斗争的胜利。另外，在工商户分类站队工作中，职工群众积极提供意见，以认真负责的态度参加和核对相关材料。

“三反”“五反”运动沉重打击了违法公职人员和不法资本家，巩固了工人阶级和国营经济的领导地位，创造了对私营工商业进行社会主义改造的有利条件。对于安徽工人阶级来说，它还具有三方面重要意义：

第一，“三反”“五反”运动是新中国成立后安徽工人阶级同违法领导干部和不法资方的一场阶级斗争，它使广大安徽工人受到一次深刻的阶级斗争教育，锻炼了安徽工人阶级队伍，提高了安徽职工抵制资产阶级腐蚀的能力。在运动中各级工会组织针对职工中存在“靠东家吃饭”“老东家扯不开脸”等思想顾虑，采取揭露不法资本家丑恶面目的方法，教育广大职工群众。针对与不法资本家关系较为密切，阶级观点极易模糊的老年工人和高级职员，通过开展短期训练班（如安庆市曾举行五次老年工人训练班）进行教育，通过采取“谁养活谁”“谁领导谁”等学习问答以及今昔对比回忆控诉法等方式激发他们的阶级仇恨，特别是对不法资本家“五毒”行为的仇恨。这就使思想上接近资方和为资方小恩小惠所蒙蔽的部分职工觉悟起来。如屯溪市茶漆业老年工人曾松友，原来只知道“靠资本家吃饭，是资本家养活的”，后来觉悟到“给资本家做了几十年的活，到现在还穿破棉袄，原来都被资本家剥削去了”。此外，据芜湖、蚌埠、合肥三市统计，经过一系列教育工作，争取归队的高级职员达 333 人、工人 664 人。[②] 通过参加各项斗争，安徽职工普遍提高了阶级觉悟，认识到不法资本家唯利是图、损人利己、投机取巧的本质。

---

①《中国工会运动史料全书·安徽卷》编委会编：《中国工会运动史料全书·安徽卷》，安徽大学出版社 1998 年版，第 243 页。

②《中国工会运动史料全书·安徽卷》编委会编：《中国工会运动史料全书·安徽卷》，安徽大学出版社 1998 年版，第 244 页。

第二，“三反”“五反”运动从组织、思想上纯洁了安徽各级工会组织。“三反”“五反”运动开展前，一些不法资本家通过威胁、利诱限制工人参加政治活动，有的不法资本家甚至勾结和篡夺工会领导权。在“三反”“五反”运动过程中，工会基层组织得到一次全面检查。根据蚌埠市调查统计数据，蚌埠市工会系统共计清除非工人阶级分子 138 人；干部中受撤职处分的 76 人、记过及一般处分的 108 人；基层组织中全部改选的有 248 个、局部改选的 18 个，占全市基层组织的 80.6%。经过两场运动，蚌埠市清除了工会基层组织中的不良分子和蜕化变质分子，使基层工会组织领导权重新回到工人阶级手中。蚌埠市各级工会组织在运动中得到进一步发展，运动中涌现的 237 名积极分子被转送至政府或企业部门担任干部，其中 50 人担任了基层工会干部（包括“三反”运动积极分子，占全市基层委员数的 34%），72 人参加了市一级工会工作。蚌埠、安庆两市“五反”运动中共有 89 人被吸收入团。

第三，“三反”“五反”运动揭露和批判了部分工会组织脱离群众的官僚主义现象，使工会干部领导作风有了很大改善。安徽各级工会干部在“三反”“五反”运动中带头检查自己立场、思想和作风上存在的不足，会员和非会员有序揭发部分工会干部贪污舞弊、损公肥私和丧失立场的现象。通过实际教育，一般职工对不法行为的本质有了更深刻的认识，体会到了工人阶级的光荣和伟大。同时，关心群众、联系群众、服务群众、克己奉公、遵纪守法的作风在安徽工会系统得到进一步发扬。

三、推动全省工会组织建设和工会工作全面展开

（一）贯彻《中华人民共和国工会法》，整顿和加强全省工会组织

随着新中国的成立，各级人民民主政权相继建立。为表彰工会组织及广大职工群众的奋斗精神和重要贡献，确认工会组织和会员群众在人民民主政权下的法律地位与工作职责，进一步调动广大职工生产积极性，《中华人民共和国工会法》（以下简称《工会法》）于 1950 年 6 月 29 日，以中央人民政府主席名义正

式颁布，并在全国范围内施行。

第一，《工会法》首先规定了中华人民共和国工会的性质及组织原则。《工会法》第一条规定：“工会是工人阶级自愿结合的群众组织。”这说明工会从性质上属于工人阶级自治组织，其特点为自愿结合。《工会法》第二条规定：“工会组织原则，根据全国劳动大会通过之中华全国总工会章程之规定应为民主集中制。”这说明各级工会是由各级会员大会或各级会员代表大会通过，民主选举产生，充分尊重会员民主选举权利。

第二，《工会法》明确规定了工会的地位、权利及职责。《工会法》第五、第六、第七条分别规定：“在国营及合作社经营的企业中，工会有代表受雇工人、职员群众参加生产管理及与行政方面缔结集体合同之权。”“在私营企业中，工会有代表受雇工人、职员群众与资方进行交涉、谈判、参加劳资协商会议并与资方缔结集体合同之权。”“工会有保护工人、职员群众利益，监督行政方面或资方切实执行政府法令所规定之劳动保护、劳动保险、工资支付标准、工厂卫生与技术安全规则及其他有关之条例指令等，并进行改善工人、职员群众的物质生活与文化生活的各种设施之责任。”

第三，《工会法》还特别规定，为保护工人阶级根本利益，支持和贯彻人民政府法令、政策，工会应承担对会员和广大职工进行组织及教育的责任，如引导他们遵守国家法纪，参与生产竞赛，保证生产或销售计划的完成，教育其在企业中以主人翁的态度，保护公共财产、反对贪污浪费、反对官僚主义，与破坏分子做斗争，以及在私营企业中注意执行发展生产、劳资两利的政策。[①]

《工会法》的制定和颁布，是新中国工运史上具有划时代意义的重大事件。自中国工人阶级诞生起，无论是清政府、北洋军阀，还是国民党反动派，都没有制定和颁布一部真正维护工人阶级和工会组织权益的工会法，反而炮制和颁布了诸如《暂行新刑律》《治安警察法》《工厂法》等专门用于限制、束缚甚至镇压工人运动和工会组织的法律条文。《工会法》充分体现了中国工人阶级的利益和意志，以法律形式规定了工会组织在人民民主政权中的地位、作用，明确

① 李桂才：《中国工会四十年（1948—1988）》，辽宁人民出版社 1990 年版，第 143—140 页。

规定了工会应有的权利、职责和义务，为工会组织依法开展工作提供了重要依据。同时《工会法》对民族资本企业中劳资关系的规定，具有鲜明的中国特色，是马列主义同中国革命与建设实际相结合的产物。

《工会法》正式颁布后，安徽各级工会积极响应并贯彻实施，采取会议、座谈等多种方式开展学习，在部分城市及厂矿企业的职工群众中展开集中学习，通过报纸、会议进行宣传教育。1951 年 6 月 1 日，皖北人民行政公署指出，中央人民政府颁布《工会法》以来，皖北各地在执行上获得了一定成绩。通过学习，纠正了以往不重视工会工作的思想误区。公营企业和私营企业陆续开始按期拨交工会经费，在企业管理委员会或劳资协商会议上积极听取职工代表提出的合理建议，重视工人的法律地位。广大职工在学习了《工会法》后，遵守劳动纪律，参与生产竞赛，创造了许多新的生产纪录。皖北区正是通过深入学习和贯彻《工会法》，提高了工人群体阶级觉悟，发展和健全了各级工会组织，保证了各项生产任务的完成。皖南区总工会筹备委员会指出，皖南区一年来在贯彻执行《工会法》方面取得了明显成绩。一是促进了各级工会组织建设。据统计，皖南全区已建立 887 个基层组织，64251 人参加了工会组织，占职工总数的 66.9%，这一数字较《工会法》颁布前增加了近一倍。二是提高了工人阶级觉悟。大型公营和国营工厂企业中建立了工厂管理委员会，私营企业中普遍召开了劳资协商会议，通过签订集体合同、协议和契约，贯彻了“发展生产、劳资两利”的政策。部分厂矿企业中工会组织和行政部门不协调的现象得到改进，城镇中劳资关系也趋于正常。工人阶级觉悟提高后，在恢复和发展生产上有了一定成绩，如歙县茶厂以前每担茶用 1.8 个工，现在只需 1.42 个工；53 人的工作现在 40 人即可完成；原需 12 人管理一部滚筒机，现仅需 5 人管理。三是各级工会干部思想认识得到转变，通过学习《工会法》，开展工会民主生活，加强了工会组织同工人群众的联系。

值得注意的是，由于缺乏系统宣传教育和定期督促检查，《工会法》在贯彻执行方面还存在一些不足，部分工会对搞好生产工作、贯彻“公私兼顾、劳资两利”政策、保护工人阶级根本利益存在认识不足的情况，依靠工人阶级恢复生产工作的思想不够明确。

为进一步贯彻执行《工会法》，提高广大工人生产积极性，1951 年 8 月 15 日，皖南行署和皖南区总工会筹备委员会共同发出关于检查《工会法》执行情况的指示，明确检查目的是树立依靠工人阶级的思想，端正对《工会法》的认识，改善公私营企业中的公私关系和劳资关系，团结一致，搞好生产。检查的具体内容包括：公营企业行政机关是否已树立依靠工人阶级的思想，民主管理、劳动保障、福利设施等是否落实；私营企业中的资方是否贯彻“发展生产、劳资两利”的政策，劳动保障、福利设施、工会经费等问题是否得到解决；工会是否做到充分发扬民主，保护群众利益，在领导生产、发动群众等方面是否存在不足。

1951 年 10 月 13 日，皖北总工会筹备委员会作出关于检查《工会法》执行情况的初步总结报告，报告指出检查中发现的主要问题包括：一是相当数量的公私企业部门负责人不注重对《工会法》的学习；二是多数公私企业不了解工会性质、作用以及工会在新民主主义国家政权中的应有地位，因而对《工会法》采取轻视态度，严重影响到工厂管理民主化、公私关系和劳资关系正常化以及公私企业中的生产工作；三是公私企业普遍存在非法雇用和解雇工人的现象；四是不少企业或资方未执行《工会法》第二十条的规定，即“免费供给工会基层委员会以必要的房屋及设备（如水、电、家具等），作为工会基层委员会办公处所”，个别地方政府也未很好地执行这一规定，如蚌埠合作总社不愿供给工会办公处所；五是很多公私企业或资方不愿拨付或拖交、拒交工会经费；六是部分工会干部对《工会法》的学习宣传力度不够，个别工会严重丧失立场，既未能保护工人利益，还侵犯职工利益，如胡乱开支工会经费和会费，致使工会账目不清。[①]

针对这些发现的问题，皖北总工会筹备委员会制定了一系列改进措施和工作计划。第一，对于公私企业中负责人对《工会法》缺乏重视和学习不够的问题，积极加强对他们的教育和培训，提高其对《工会法》的认识和重视程度，使其能够更好地支持和配合工会工作。第二，针对工会在新民主主义国家政权中的

① 《中国工会运动史料全书·安徽卷》编委会编：《中国工会运动史料全书·安徽卷》，安徽大学出版社 1998 年版，第 262—265 页。

地位和作用不被广泛理解的问题，加强对公私企业的宣传教育工作，向广大职工说明工会的作用和意义，增强职工对工会的认同和支持，推动工会在企业中的地位和作用得到充分发挥。第三，针对非法雇用和解雇工人的现象，加强与企业管理人员的沟通和协商，通过法律途径解决重大纠纷和突出矛盾，确保职工合法权益得到保障。第四，针对企业或资方未能执行《工会法》的问题，加强对相关法规的宣传和普及，加强同企业和资方的协调与沟通，争取企业和资方的理解和配合，确保工人合法权益得到保障。第五，针对企业和资方不愿向工会拨付或拖交、拒交经费的问题，积极争取企业和资方合理拨付工会经费，确保工会正常运转。第六，针对工会干部学习不够、组织管理不规范的问题，加强对工会干部的培训和教育，提高其组织管理能力和服务水平，加强对工会经费的监督和管理，确保工会组织建设和财务管理工作规范化和透明化。通过制定和实施这些改进措施和工作计划，皖北总工会筹备委员会有效解决了《工会法》执行过程中存在的问题，推动工会工作向更加规范化、科学化和民主化的方向发展。

此次全省联合检查《工会法》执行情况的工作，取得了诸多成效。一是通过组织学习和座谈，工人群众对《工会法》的认识提高了，纠正了过去认为"《工会法》条文规定得漂亮，哪里能真正实施""加入工会是缴会费""工会是少数干部的事"等思想误区。二是通过启发工人阶级觉悟，帮助其树立新的劳动态度，广大工人主动提出要遵守劳动纪律，改进劳动组织，提高劳动生产率。三是在检查工作中，结合整顿工会组织，基本克服工会组织中存在的形式主义、官僚主义以及干部包办代替等现象。四是通过开展检查工作，督促工会干部熟悉工会业务，正确开展批评与自我批评，提高了工会干部的工作能力。五是检查工作结束后，企业中存在的工会房屋、设备供给不足，工会经费欠缴，工会活动时间不足等问题得到了有效解决。

（二）贯彻《中华人民共和国劳动保险条例》，开展职工劳动保险工作

在民主革命时期，安徽各级工会就把争取改善工人生活作为工会运动的重要内容，但彼时尚未建立和形成完善的职工劳动保险制度。在《中华人民共和国

劳动保险条例》颁布之前，安徽只有淮南矿务局按照《东北公营企业战时暂行劳动保险条例》的规定，让10872名职工享受到了劳动保险待遇。

《工会法》颁布后不久，为进一步保障职工合法权益，减轻职工因突发灾害、疾病造成的生活困难，1951年2月26日，由政务院（1954年9月改称国务院）总理周恩来签署的《中华人民共和国劳动保险条例》（以下简称《条例》）正式颁发，该条例对职工保险工作作出具体规定，根据当时经济发展水平和物质条件，尽可能扩大职工享受劳动保险范围和人数。中央政府明确要求，各级政府和劳动部门要高度重视职工劳动保险工作，工会应进行各项准备工作，根据当地情况制订具体计划，随时检查执行情况，帮助职工解决各种实际困难。

《条例》颁布后，安徽各级工会组织和劳动部门按照党中央要求，广泛开展对《条例》的宣传、实行和监督工作，切实保障广大安徽职工合法权益。1951年3月7日，皖南区总工会筹备委员会和皖北总工会筹备委员会发出关于贯彻实行《条例》的通知，要求在贯彻实行过程中做好以下四项工作：

第一，各级工会应将办好劳动保险这一重大任务，同抗美援朝以及反对美国重新武装日本运动进行密切配合。有计划地在工会基层组织中进行广泛而深入的宣传和教育工作，组织职工群众讨论《条例》。通过各种会议，如代表会、庆祝会、座谈会、讲演会来讲解《条例》实施的重大意义，提高每个职工的阶级觉悟和爱国热情。

第二，各级工会应建立和健全劳动保险组织机构，适当配备人员迅速开展工作。在实行《条例》的厂矿企业，基层工会组织须加强劳动保险组织机构建设，建立劳动保险委员会和经费审查委员会，负责审查劳动保险基金收支账目。

第三，各级工会应立即对所属地区厂矿企业工会组织人数，和原有劳动保险情况进行系统调查，做好各项准备工作。

第四，凡适用《条例》第二条规定、实行劳动保险的厂矿企业基层工会，应遵照劳动保险登记手续规定办理登记手续，转报上级工会组织劳动保险部门备案。凡不适用《条例》第二条规定、暂不实行劳动保险的厂矿企业基层工会组织，可根据具体情况及《条例》规定原则，结合全国总工会关于实施《条例》准备工作的通知，与企业或资方在工厂管理委员会或劳资协商会议上商议，以便在订立集体合同方面作出适当规定。[①]

按照上述四项工作要求，各市积极推动《条例》的贯彻实施。各市、矿工会先后举办专业训练班和业余训练班，培养和训练干部和积极分子。1951 年 4 月，芜湖市总工会举办一期近 80 名学员参与的劳动保险训练班。淮南煤矿工会专业训练班培训了 60 人。合肥市总工会举办六期业余训练班，培训了 670 名学员。1951 年 5 月，皖北总工会与省劳动局联合召开劳动保险专业会议，组织 80 多人专门学习半个月，并于 1953 年专调 85 名干部，训练了 3 个月。经过训练的人员，很多成为劳动保险工作骨干，推动了劳动保险工作的顺利开展。

各级工会还迅速建立和健全劳动保险组织机构，领导本单位职工群众中的积极分子开展劳动保险活动。劳动保险活动首先利用黑板报、墙报、广播、座谈会、庆祝会、读报、报告、讨论等方式，向职工群众及其家属进行宣传教育，使他们基本了解劳动保险的政治意义和基本内容。其次，在提高职工认识的基础上，分别开展劳动保险卡登记工作。如蚌埠人民砖瓦厂东晒坯场共计 166 名职工完成卡片登记，其中查出曾做过土匪的 5 人、伪军官 2 人、伪军警 10 人、伪保长 8 人、贩卖毒品者 1 人、三青团员 1 人、参加过反动道会门的 20 人。对此类职工进行适当处置后，工人队伍内部得到净化，工会组织得到巩固，为进一步建立和发展国家劳动保险制度奠定了重要基础，为企业生产发展创造了有利条件。

安徽省在贯彻实施《条例》的过程中，坚持重点试行、稳步发展的原则。1951 年，皖南区重点在芜湖市的 7 个厂矿企业试行，皖北区则重点在蚌埠市、淮南市的 7 个厂矿企业试行，共有 21105 名职工享受到了劳动保险待遇。芜湖市还在 13 个百人以下的工厂试行订立劳动保险集体合同。1952 年 8 月，安徽省人民政府成立后，在原皖北行署劳动局的基础上成立安徽省劳动局，作为省政府职能机构，专门从事指导企业工资法令、劳动力招收、劳动合同处理、劳工保护以及劳动保险处理等工作。[②]

---

① 《中国工会运动史料全书 · 安徽卷》编委会编：《中国工会运动史料全书 · 安徽卷》，安徽大学出版社 1998 年版，第 269—270 页。

② 安徽省地方志编纂委员会编：《安徽省志 · 劳动志》，方志出版社 1998 年版，第 2 页。

1952年11月，除邮电、铁路系统外，全省实行《条例》的厂矿企业增加到29个，享受劳动保险待遇的职工有23872人、职工家属共计75488人；订立劳动保险集体合同的厂矿企业58个、职工445人。蚌埠市还有34个行业性生产单位的职工享受到了劳动保险待遇。实行劳动保险合同的单位，在基层工会领导下建立起劳动保险委员会，通过下设病伤照顾组、医务监督组、宣传登记组、劳动保险集体事业工作组，保证了职工劳动保险业务的顺利开展。

为保护职工身体健康，降低生产缺勤率，安徽省还于1951年开始兴办劳动保险集体事业，兴建休养院1所，收容休养职员1275名；业余疗养所5个，共计收容疗养职员424人；开设营养食堂14所，收容职员1874名；托儿所12所，收容职工子女396名。经过休养、疗养和补充营养的职工群众，30%以上恢复身体健康，体重明显增加。[①]

《条例》的实施，减轻或解决了安徽职工群众因生、老、病、死、伤、残等因素造成生活困难的境况，保证了职工的日常出勤率，提高了职工生产积极性，增强了工会组织在广大职工群众中的威信。

四、加快完成国民经济恢复时期各项任务

为迅速恢复和发展生产，争取财政经济状况基本好转，党的七届三中全会于1950年6月在北京召开。会议指出党在新中国成立初期的奋斗目标和策略方针，再次重申党的七届二中全会提出的将生产建设作为一切工作中心的思想，把争取财政经济状况基本好转作为新中国成立初期的中心工作，为全国工人运动指出了新方向。安徽各级工会积极响应党的七届三中全会号召，将恢复和发展生产确定为我省工人和工会的中心任务，为此，工会带领广大工人开展爱国增产节约运动，组织广大职工参与劳动竞赛，支援治淮工作。安徽工人在各级工会的组织下，勤俭节约、艰苦奋斗，为国民经济的恢复和发展作出了重要贡献。

---

① 《中国工会运动史料全书·安徽卷》编委会编：《中国工会运动史料全书·安徽卷》，安徽大学出版社1998年版，第273页。

（一）开展爱国增产节约运动

爱国增产节约运动是新中国成立初期，党发动工人阶级恢复和建设国民经济的重要方式。增产节约运动的主要形式包括以下几种：一是动员各行各业工人开展不同形式和内容的劳动竞赛；二是在全国范围内推广先进生产经验和工作方法。“五反”运动结束后，为适应国家开展大规模经济建设的需要，爱国增产节约运动以更为广泛的形式开展起来，成为推动这一时期经济社会发展的主要方式。

1950 年 5 月，全国总工会召开全国工会生产工作会议，专门研究基层工会组织开展劳动生产竞赛和群众性合理化建议活动的问题。会议拟定的群众发明奖励条例和合理化建议委员会组织条例均被中共中央政府采纳。同年 8 月，政务院颁发《关于奖励有关生产发明、技术改进及合理化建议的决定》，推动了劳动生产竞赛的开展。1950 年 10 月 9 日，皖南区总工会筹备委员会积极响应国家号召，发布了关于工会面向生产及开展生产竞赛的决议。决议首先指出，群众生产竞赛由各级工会统一领导，企业或资方应给予支持。其次，决议遵照全国总工会生产决议精神，规定了生产竞赛的具体内容。根据皖南区具体实际，工会工作将重心放在降低成本、反对浪费、节约原料、爱护机器、保证产品数量和质量、遵守劳动纪律、按时完成生产任务等方面。决议发布后，皖南区广大职工积极参与生产竞赛，在不同行业和岗位上提高生产效率，降低生产成本，提升产品质量，创造出了许多优秀发明，提出了大量合理化建议。例如，在安庆市第一纺织厂，职工通过改进工艺设备，使棉纱损耗率从原来的 8.5% 降低到 5.5%，节约了大量原料和成本。在芜湖市第二机械厂，职工通过自制简易工具和夹具，提高了机床加工精度和速度，使生产效率提高了 30% 以上。在马鞍山第一钢铁厂，职工通过采用新型炉料和冶炼方法，使钢水含碳量从原先的 0.8% 降至 0.4%，有效提高了钢材的强度和韧性。这些发明和建议都得到了国家的认可和奖励，以表彰其为恢复和发展国民经济所作出的贡献。

在支援抗美援朝战争期间，全国工矿业掀起与马恒昌小组竞赛的高潮。1950 年 10 月，皖南区总工会筹备委员会、皖北总工会筹备委员会组织全省工人向马恒昌小组应战。安徽职工积极参与到爱国主义劳动竞赛的行列，充分发挥工人阶级劳动热忱与劳动智慧，工人中流传的口号是“工厂当战场，机器当武器”。1950年安徽职工展开生产竞赛以来，经过向马恒昌小组应战、增产捐献以及开展增产节约运动等活动，涌现了大量英雄模范人物和典型模范事迹。从参加竞赛的职工人数变化可以看出，运动规模一直在不断扩大。参加竞赛的人数从第一年的10146人增至第二年的38160人，仅一年时间即增加了276.1%。到1952年6月，国营、公营及公私合营企业在生产任务完成度方面，以省内13个厂劳动竞赛结果为例，在超额完成计划基础上提高了定额，共计完成增产节约任务98.3%，7月完成增产任务101%。

安徽工人同全国工人一道，在恢复社会生产和经济建设的事业中，表现出了高度的责任感和极大的劳动热情，对实现国家经济情况基本好转，转入大规模社会主义建设工作发挥了重要作用。三年来，安徽职工群众在动脑筋、找窍门、改进生产工具、操作方法以及劳动组织等方面，取得了许多重要成绩。据统计，1950年安徽工人提出合理化建议4354件。1951年提出合理化建议1630件，开展竞赛期间共提建议3556件，其中被采用的意见有2196件。在改进生产技艺方面，蚌埠铁路分局工人黄远昌创造出车辆自动分离器，保证了车辆连接操作安全，缩短了调车作业时间；芜湖纱厂管理员骆云星创造的改进钢丝车工作法，在提高看车能力的同时大量减少了回花率；蚌埠麻袋厂徐秀兰创造的纺麻线操作法，将该厂麻线产量提高了20%；蚌埠铁工厂车工唐鹤年通过改造工具，探索出多刀多刃操作法，使该厂铁具生产率提高了两倍多。

安徽各地工人还推广了许多具有创造性的先进工作方法，如安徽建筑公司在东南医学院工地推广的苏长有砌砖法，打破了以往墨守成规的思想，使砌墙率提高了10—12倍，节省工程费用27.5%，降低物料损耗12%，较预定完工期限提前28%；宣恒雨小组创造的四刃双刨工具，使三道手续并为一道；贾成文改进的苏长有铺灰机，实现了“四好合一好”；苏克红发明的新砌砖表尺，将砌砖时间节省了一倍多；东海烟厂的张淑云工作法，使全厂包烟率由每月1.55万条提高到 1.99 万条，产品产量增加了 28%。[①]

安徽国营贸易系统职工在“扩大城乡物资交流，活跃市场，发展生产，繁荣经济”的要求下，积极展开红旗竞赛运动。全省九大公司中，完成投放任务 105.95%，完成回笼任务 111.05%；完成商品销售计划 111.60%，完成购进计划 118.90%；在降低生产费用方面，共计节约利息 4.60 亿元（旧币），节约资金 358.5 亿元（旧币），对安徽省工农业生产起到重要促进作用。

但安徽工人开展增产节约运动中也存在部分问题：一是职工思想认识问题。一种表现是职工存在地域宗派观念，在竞赛中互相攻击、忌妒、讽刺、谩骂，如芜湖铁工厂、安徽机械厂干部与工人存在分歧，问题尚未得到有效解决；另一种表现是竞赛初期，职工对劳动竞赛存在各种顾虑，如认为“老年人吃不消”“计划订高了怕完不成，订低了又怕不好看”“留一手”，因而对生产竞赛采取观望态度。二是生产管理问题，如管理制度不健全、工作范围和操作程序不明确、职责分工不清等现象较为严重。在芜湖纱厂，管理层在改革生产制度、订立生产计划、建立管理责任制度等方面感觉困难，常出现跟在群众后面跑的现象。三是少数基层工会干部被提拔时是生产积极分子，到领导岗位上开始出现工作消极的态度。

虽然增产节约运动中存在一些问题，但其适应了当时经济发展形势，在迅速恢复和发展国民经济过程中发挥了重要作用。随着社会生产的恢复与发展，安徽职工群众物质文化生活条件也得到明显改善。安徽广大职工感受到国家利益和自身利益具有一致性后，更加主动地投入各项社会主义建设工作中。

（二）开展职工竞赛，支援治淮工作

从 1950 年开始，安徽开启了治理淮河、根治水患的宏伟工程。1950 年 7 月，淮河中游发生特大洪水，皖北地区 3160 万亩农田受灾，受灾人数达 1000 万。党和中央政府十分关心淮河流域人民的生命财产安全。为彻底消除淮河水患，毛泽东先后 4 次对治淮工作作出批示，并发出“一定要把淮河修好”的号

① 《中国工会运动史料全书·安徽卷》编委会编：《中国工会运动史料全书·安徽卷》，安徽大学出版社 1998 年版，第 252 页。

召。在周恩来的主持下，1950年政务院发布《关于治理淮河的决定》，制定了“蓄泄兼筹，以达根治之目的”的治淮方针。[①] 皖北行署和皖北军区发布了《治淮动员令》，动员沿淮人民响应党和政府号召，开展竞赛，奋起治淮。

职工竞赛作为一项特殊的组织形式，对淮河治理工作产生了重要作用。竞赛内容涉及防洪抗灾、土地治理、水资源利用等多个方面，职工通过竞技比拼技能和成果。在竞赛组织和推广过程中，安徽省政府和各级工会高度重视宣传教育工作，引导广大职工树立爱国主义精神和奉献精神，提高自身综合素质和工作效率。

职工竞赛在当时具有特殊意义。首先，它有效地调动了广大职工的治淮积极性，提高了他们的责任感和使命感。其次，竞赛的开展促进了职工间的交流与合作，增强了团队意识和协作精神。同时，竞赛促进了科技创新和工艺改进，提高了治淮工作的技术含量和治理成效。1952年5月3日，《皖南北日报》联合版高度赞扬了安徽工人在治淮工程中的巨大贡献。安徽广大工人直接或间接参加了治淮工程，他们和千万农民并肩奋斗，在治淮工作第一年就已胜利建成石漫滩水库、润河集蓄洪控制工程以及大小涵洞闸坝90余座，并正在积极建造白沙水库、板桥水库、佛子岭水库、东淝河控制闸、高良涧进水闸、运东分水闸等20余处大小涵闸。参加治淮工程的安徽工人中，有来自机械建筑、五金、电气、铁路、邮电、海员、搬运、铁工、木工、石工、竹工等各行各业的工人，他们为治淮工程制造并提供了数十万吨器材。在治淮工地上，从复杂的闸门到简单的平车，从巨大的混凝土拌机到一枚细小的螺丝，都是工人们亲手制造出来的。为加强治淮工地间的联系，河南、皖北、苏北各地邮电工人在工地上积极架设电线，仅皖北邮电工人就架设了长达1500公里的电话线。作为治淮物资运输枢纽，蚌埠市治淮物资运输任务极为繁重。为不耽误治淮工程进度，该市动员治淮物资运输的搬运工人达4000人、海员工人达3000人。在各处工地、工厂和水陆交通线，安徽工人将治淮工作当作最光荣的任务，在不同岗位上贡献着自己的力量。

---

① 中共安徽省委党史研究室:《中共安徽八十年简史》，安徽人民出版社2003年版，第123页。

随着竞赛的深入展开，安徽职工纷纷加入支援治淮行动中。据梅山水库、建筑工程局、勘测设计院、佛子岭等基层单位统计，共有 14402 名职工参加了竞赛，其中建筑工程局参加竞赛的职工占职工总数的 94%。在竞赛中，合理化建议工作有了很大发展，据梅山水库、建筑工程局、响洪甸这 3 家单位统计，半年内职工共提出合理化建议 950 件。由于运动的开展，定额不断被突破，新纪录接连出现。如梅山水库六区赵泉生木工小组，仅以 5 天时间完成预制混凝土任务；建筑工程局混凝土构件厂在 6 月底就已完成全年生产总值的 91%。

1956 年 5 月 12 日，治淮工会第一届会员代表大会暨先进生产者代表会议召开，进一步调动了安徽广大职工的积极性和主动性，推动了治淮工作的顺利进行。会议肯定了治淮工作所取得的成绩，对在竞赛中表现优异的先进生产者表示肯定和鼓励，并号召广大职工以先进人物为榜样，发扬斗争精神，积极参与治淮工作，为抗击洪涝灾害和推进经济建设作出更大贡献。同时强调，为深入开展先进生产者运动，保证完成国家既定生产计划，一要明确运动发展方向，开展群众性先进生产者运动；二要大力支持和推广先进经验，正确制定各时期的推广规划，多途径学习和推广，如组织经验交流会、观摩表演、签订技术合同和互助合同以及举办先进经验学校；三要倡导先进带动落后、落后赶上先进、先进更加先进，争取更大的进步；四要发动科室工程人员和职员参加先进生产者工作，通过开展社会主义生产竞赛改善职工生产状态；五要关心和改善职工生活条件，重视职工生产安全工作。[①] 会议结束后，广大职工和工会干部认真贯彻会议精神，积极参与先进生产者运动，使治淮工作不断取得新成绩。

---

①《中国工会运动史料全书·安徽卷》编委会编:《中国工会运动史料全书·安徽卷》，安徽大学出版社 1998 年版，第 258—259 页。

★ 1953 年 3 月 16 日，安徽省第一届工会会员代表大会开幕。

第二节　社会主义过渡时期的安徽工运事业

一、召开安徽省第一届工会会员代表大会，开展过渡时期总路线和国家“一五”计划学习贯彻工作

（一）召开安徽省第一届工会会员代表大会

新中国成立以来，安徽广大职工在协助接管、恢复生产、支援全国解放战争、镇压反革命、参加抗美援朝斗争、参与“三反”“五反”以及生产救灾和治淮工程中，均发挥了重要作用。安徽广大职工通过劳动竞赛和提出合理化建议的方式，促进全省经济实现较快恢复和发展。同时，安徽省工会组织也随着工人阶级的壮大而发展起来。在这种背景下，为了更好地发挥工会组织作用，增强工人阶级的团结，提高广大工人的政治觉悟和文化水平，维护工人阶级的权益，安徽省决定召开第一届工会会员代表大会。

1953 年 3 月 16 日，安徽省第一届工会会员代表大会正式开幕，出席会议的代表共计 550 人，其中正式代表 450 人，列席代表 100 人，代表中包括了劳动模范、模范工作者、模范教师、工人积极分子、工会干部和职工家属。会议的主要目的是传达全国总工会第六届第二次执委扩大会议决议，总结安徽省四年来的工会工作，布置当年任务，成立安徽省总工会，选举出席中国工会第七次

全国代表大会的代表。[①] 会议听取了省委书记曾希圣所作的政治报告，传达了全国总工会第六届第二次执委扩大会议精神与决议，检查与总结了安徽省四年来的工会工作，讨论布置了 1953 年的工作任务。会议通过了《四年来安徽省工会工作基本总结与 1953 年工作打算》的报告。

报告回顾了安徽工会组织发展历程和工作内容，总结了安徽省工会工作所取得的成绩，反思了安徽省工会工作存在的不足，并布置了 1953 年工作任务。报告重点指出，四年来由于党中央、各级党委、各级政府和各级工会的支持，各方面的有力配合与全体会员的积极努力，安徽省工会工作取得了几项重要成绩：

一是全省工人已基本组织起来，政治觉悟大大提高，工会组织逐步健全。全省现有 5438 个基层工会，会员 318130 人，占全省职工总数的 64%。专职干部 1476 人，非脱产干部 38253 人。为党政机关、青年团及企业培养与输送了大批干部。据不完全统计：四年来输送党委干部 151 人，输送企业机关干部 1570 人，输送青年团及其他人民团体的干部共 565 人，另担任各厂矿行政管理人员与工程技术人员 1368 人。[②]

二是在党的领导下，工会组织团结广大工人群众发挥了重要作用。全国解放战争尚未结束，国民党残余势力盘踞之际，工会组织领导广大工人群众积极支援前线，在不少地方组织工人纠察队，协助政府维持社会治安。抗美援朝战争期间，全省工人除广泛开展劳动竞赛、增加生产，还积极参加捐献武器运动，许多工人报名奔赴战争前线，大批青年工人积极加入军事干校与人民公安部队。

① 《中国工会运动史料全书·安徽卷》编委会编：《中国工会运动史料全书·安徽卷》，安徽大学出版社 1998 年版，第 290—291 页。

② 统计数据中不含芜湖、阜阳、滁县三个专区。

此外，在督促资方复工复业、协助政府税收工作、参加城镇基层政权改造与各级人民代表会议工作、参加镇压反革命、参加“三反”“五反”等一系列社会运动，以及监督资方发展生产等方面，均发挥了重要作用。

三是在恢复和发展国家建设事业中，全省工人积极发挥自身创造性，对国家经济状况基本好转起到了重要推动作用。新中国成立初期，工会发动工人群众参加清点、接收、抢修、复工等工作，促进社会生产迅速恢复。在工矿企业中进行民主改革，清除了封建把头和反动势力，建立起企业新制度。通过参与工厂管理委员会，参加工厂日常管理。在此基础上，工会组织工人群众广泛开展劳动竞赛，借以提升企业生产效率。1952 年，参加劳动竞赛的职工群众，已遍及工厂、矿山、国营贸易、交通运输、财政金融等系统。仅蚌埠、芜湖、淮南、安庆、合肥五市 78 个厂矿单位中，参加竞赛职工就已达 27934 人。广大职工群众在劳动竞赛中积极动脑筋、找窍门、挖潜力、改进操作技术与劳动组织，提高了生产效率。

四是逐步改善了职工劳动条件和物质文化生活。随着国民经济的恢复与发展，国营企业职工工资进行了初步调整，部分私营企业中的职工工资也有所改善。兴办集体福利事业，如开设营养食堂、疗养室、诊疗所、托儿所、饮水站、浴堂、理发室、接生站、职工宿舍等，职工生活水平得到明显提高。在国家颁布《条例》后，全省大型厂矿企业单位中有职工 26728 人享受到了劳动保险待遇。百人以下工厂企业也都根据劳动保护条例精神，订立了集体合同，有效解决了工人群众生、老、病、死、伤、残等问题。通过开展安全卫生检查，改进了安全卫生设备，减少了伤亡残病率。根据政府法令保护女工、青工、学徒正当利益。

五是重视文化教育工作，提高职工文化水平。随着生产的发展和生活待遇的提高，职工文化学习要求日益增长。参加文化学习的职工从 1950 年的 6243 人，急增至 1951 年的 35805 人。此外，举办各种技术学习班、订立师徒合同，对提高职工技术水平起到重要作用。全省较大的厂矿和有条件的基层组织及较大的城市，建立了规模大小不等的俱乐部、图书馆，通过文娱体育活动丰富了工人业余文化生活。

报告最后提出 1953 年的工作计划。1953 年工作的首要目标是为完成国家五年计划中第一年的生产任务与基本建设任务而奋斗。首先，加强工会内部思想建设，以全国总工会六届二次执委扩大会文件为主，结合党中央、毛泽东与刘少奇关于工会工作的指示，以及赖若愚关于“肃清工会工作中工联主义倾向”的文章开展学习，肃清安徽地区工会工作中残存的经济主义倾向，在私营企业中继续划清与资产阶级的界限，明确工会组织必须以发展生产为中心任务，并将其贯彻到实际工作中去。其次，在职工群众中普遍深入地进行共产党与共产主义教育。将全体工人群众紧密团结在党的周围，拥护党的领导，使工会成为真正发挥党联系群众作用的纽带，充分发挥工会作为共产主义学校的作用。再次，加强工会基层组织建设工作，有计划、有步骤地学习与推广五三工厂经验，使工会成为一个坚强有力的战斗组织。最后，切实整顿工会工作人员工作作风，健全工会内部民主生活，开展批评与自我批评，特别是由下而上的批评，反对官僚主义、反对命令主义、反对违法乱纪现象，加强同职工群众的联系。①

大会决定成立安徽省总工会，并选举产生安徽省总工会第一届执行委员会，选出执行委员 45 人，候补执行委员 11 人，经费审查委员会委员 5 人。陈雨田当选为省总工会主席，张式楷、陈庆泉、李振友当选为副主席。会议选举成立安徽省总工会经费审查委员会，李克明当选为主任。同时选举陈雨田等 12 人为出席中国工会第七次代表大会代表。

安徽省第一届工会会员代表大会的胜利召开，标志着安徽省总工会正式成立，为加强对安徽工人阶级的组织和领导打下了坚实基础。大会新成立的各工会工作机构，为迎接大规模国家经济建设工作的到来，发挥工会组织在社会主义建设时期的重要作用提供了组织保障。

（二）全省职工学习贯彻过渡时期总路线和第一个五年计划

随着国民经济的恢复和发展，以及各项民主改革任务的胜利完成，党中央开始着重考虑，如何使中国从新民主主义社会向社会主义社会逐步过渡。1953 年 9 月，党中央正式提出社会主义过渡时期总路线，主要内涵是“从中华人民共和

---

①《中国工会运动史料全书·安徽卷》编委会编：《中国工会运动史料全书·安徽卷》，安徽大学出版社 1998 年版，第 297—298 页。

国成立，到社会主义改造基本完成，这是一个过渡时期，党在这个过渡时期的总路线和总任务，是要在一个相当长的时期内，逐步实现社会主义工业化，并逐步实现国家对农业、手工业和对资本主义工商业的社会主义改造”。①

过渡时期总路线反映了中国社会发展的客观必然性，体现了工人阶级的根本利益和强烈愿望，很快得到广大职工热烈拥护。1953 年 10 月，全国总工会根据中共中央宣传部学习和宣传党在过渡时期总路线提纲的精神，发出学习、宣传和贯彻总路线的指示，要求各级工会宣传部门，结合当地实际，制订学习和宣传总路线的计划，号召职工和家属深入学习总路线。1953 年 10 月 21 日至 11 月 5 日，安徽省委召开扩大会议，传达学习党在过渡时期的总路线和总任务，布置开展总路线宣传和粮食统购统销工作，印发《关于向农民宣传过渡时期总路线和统购粮食的宣传要点》《关于宣传党的总路线的指示》，对宣传总路线提出具体要求和指示。1953 年 11 月 22 日，安徽省工会联合会随即发布《关于开展国家总路线总任务的政治教育的指示》。1953 年 12 月，宣传总路线活动在全省范围内广泛开展起来。

根据省工会联合会的指示，全省工会干部积极参加党委布置的政治学习任务：学习领会总路线和总任务基本精神，根据各地市、工矿企业部门具体情况拟订学习计划，采用报告、上课、广播等方式进行教育；各厂矿通过试行政治报告制度，向工人系统讲解总路线和总任务，利用各种宣传工具如黑板报、电影、广播台，围绕总路线、总任务进行宣传教育；针对正在进行共产主义和共产党教育的基层组织，在原有教育内容中增加总路线和总任务教育，进一步帮助工人学习和掌握相关知识。到 1953 年底，全省工人普遍完成过渡时期总路线教育，广大职工群众的工作热情空前高涨。

为继续深入开展过渡时期总路线教育，鼓舞广大职工为建设社会主义而奋斗，1954 年，各省、市、自治区工会宣传部长会议强调，在总路线宣传教育中应着重说明工人阶级在实现国家工业化，推动农业、手工业、资本主义工商业改造过程中的责任，加强广大职工的工农联盟教育。这一号召很快在安徽职工

① 中央档案馆、中共中央文献研究室编：《中共中央文件选集》第 14 册，人民出版社 2013 年版，第 499 页。

中引起热烈反响，并掀起学习、贯彻和执行总路线的热潮。通过学习，职工群众提高了社会主义觉悟，明确了建设一个伟大的社会主义国家的奋斗目标和具体道路，认识到每一项生产工作都与这一目标相联系。有的职工直呼："资本主义国家用掠夺殖民地人民和剥削本国劳动人民来达到工业化，我们中国工人阶级建设社会主义工业要靠增产节约积累资金。全国人民指望我们工人取得增产节约的成就，我们一定要做出榜样来。"部分在私营工商业工作的职工，一度认为工人阶级已成为国家领导阶级，自己却还在资本家手下做工，因此总想跳到国营工厂工作。特别是过去受资本家严重剥削的职工，不愿再同资本家一道工作。通过对总路线的学习，这部分职工认识到，在私营工厂做工责任更重大，一方面要努力搞好生产，另一方面要参与做好改造资本家的工作。通过学习总路线，安徽广大职工更加团结，决心同全国人民一道通过艰苦奋斗走上社会主义道路。

在发布过渡时期总路线的同时，中共中央制定了国民经济发展的第一个五年计划（1953—1957年），即"一五"计划。根据"一五"计划要求，安徽省委和省政府结合本省实际，编制了安徽省"一五"计划，基本方针是集中主要力量，开展以农业合作化为中心的农业生产运动，大力发展农业生产，支持国家工业化；积极发展地方工业、交通运输业、商业、文教卫生事业；加速对资本主义工商业和手工业的社会主义改造，保证社会主义成分在国民经济中的比重不断增长；保证在发展生产的基础上逐步提高人民的物质文化水平。

安徽省"一五"计划制定后，广大职工在省委和各级工会领导下，以饱满的热情投入工业化建设中。"一五"计划期间，全省基本建设总投资13.1亿元，主要用于工业建设，重点发展电力、煤炭、冶金、机械工业等民用轻工业，纺织工业得到较大发展。

这一时期安徽工业建设大体可分为两个方面：一是新建、扩建部分企业。如"一五"计划期间，安徽省修建了佛子岭等三座大型水电站，扩建了淮南矿区和淮南电厂，建成了铜官山第一冶炼厂和马鞍山炼铁厂等企业。二是接收部分上海内迁企业。"一五"计划期间，安徽省抓住沿海工业内迁机会，积极争取部分上海工业企业内迁。从1956年到1958年，全省共计接收上海内迁工业企业108

家，这些内迁企业经过发展，大多成为安徽轻工业骨干企业。

在交通邮电事业方面，新中国成立初期安徽全省公路通车里程仅 2088 公里，但在“一五”计划期间，全国第一条砂姜路——阜阳至蒙城曹店 108 公里的路段建成通车，到 1957 年安徽全省实现了县县通汽车。1955 年，芜湖开始兴建裕溪口机械化煤码头。同年，新开辟的蚌（埠）沪（上海）水运航线试航成功。这一时期，安徽省对电信通信网进行了技术改造，加强了农村地区的电话通信建设。

在科技教育事业方面，截至 1957 年，全省先后建立农业、林业、水利、农机、煤炭、冶金、卫生等行业的科研机构和科学研究所。1957 年，全省高校增至 5 所。普通中学、中等专业学校和小学发展势头迅猛。在校人数方面，高等学校在校人数为 8632 人，比 1949 年增加了 7.2 倍；普通中学和中等专业学校在校人数为 18.85 万人，比 1949 年增加了 4.3 倍；小学在校人数为 281 万人，比 1949 年增加了 3.2 倍。

经过全省人民的艰苦奋斗，到 1957 年，安徽全省胜利完成“一五”计划指标，综合实力明显增强。从 1953 年到 1957 年，全省工农业总产值由 29.72 亿元（按 1950 年不变价）增加到 43.19 亿元，增长幅度为 45.3%。其中工业总产值由 7.34 亿元增长到 15.01 亿元，增长幅度为 104%，年均增长 16.8%。国民收入 39.1 亿元，年均增长 6.6%。同全国相比，安徽农民人均收入和人均消费分别高出 2.2% 和 2.18%。职工人数实现较快增长，平均年递增 16%；职工工资水平逐年提高，1957 年人均年工资达到 528 元，人民生活水平得到明显改善和提升。①

二、贯彻落实过渡时期总路线，动员全省职工投身社会主义改造工作

各级工会在总路线宣传教育工作中，着重进行工人阶级肩负责任的教育和工农联盟教育。通过宣传教育，广大职工明确了社会主义建设的具体目标和前进道路，认识到勤奋劳动同实现宏伟目标间的关系，进一步增强了广大职工的主

① 中共安徽省委党史研究室：《中共安徽八十年简史》，安徽人民出版社 2003 年版，第 136—137 页。

人翁意识和生产劳动积极性，促使其更加积极地投身于社会主义工业化建设和社会主义改造的伟大事业。

（一）广泛开展劳动竞赛、合理化建议和群众性技术革新运动

根据“一五”计划纲要和中国工会七大提出的任务，从1953年5月起，各级工会加强了动员群众参加生产的工作，组织职工超额完成国家下达的生产任务。1953年9月6日，《人民日报》发表《增加生产、增加收入、厉行节约、紧缩开支、超额完成国家计划》的社论，向工人阶级发出开展增产节约的社会主义劳动竞赛的号召。11月10日，全国总工会七届三次主席团会议集中讨论增产节约和劳动竞赛问题，并通过《关于把劳动竞赛向前推进一步的决议》。1954年1月，全国总工会再次就开展劳动竞赛的指导思想、具体做法及重大意义作出指示。4月，全国总工会七届五次执委会通过了《劳动竞赛已经开始走上了一个新阶段——技术革新》的报告，决定在全国范围内开展技术革新运动。劳动竞赛和技术革新运动在全国范围内展开，安徽工会也取得了良好成绩。

1953年9月20日，安徽省工会联合会召开所属专区、市、厂、矿工会主任、主席会议，着重研究如何发动全省广大职工贯彻安徽省委扩大会议精神和全国总工会关于开展增产节约竞赛的号召，全面完成和超额完成国家生产计划。安徽省工会负责人发表题为《发动全省职工为增加收入 超额完成国家计划的光荣任务而奋斗》的文章，向全省职工发出参与劳动生产竞赛的号召。1954年3月25日，省工会联合会在年度工作计划中就深入开展劳动生产竞赛进行全面部署，针对劳动竞赛中存在的问题提供了指导意见，指出部分企业存在脱离劳动竞赛、设备条件、管理要求及生产实际，盲目开展“技术革新”和单纯依赖提升劳动强度搞突击的错误做法，为生产劳动竞赛有序开展指明了正确方向。[①] 10月1日，为庆祝国庆节到来，省工会联合会进一步号召广大职工积极投身劳动竞赛，开展增产节约运动，努力完成国家生产计划。10月10日，省工会联合会主席陈雨田在《安徽政报》发表题为《积极开展增产节约运动 完成和超额完成

---

①《中国工会运动史料全书·安徽卷》编委会编:《中国工会运动史料全书·安徽卷》，安徽大学出版社1998年版，第298—299页。

国家计划》的文章，号召全省职工持续深入地开展以技术革新为主要内容的劳动竞赛，继续提出合理化建议，推广先进生产经验，不断提高生产工作质量。

在安徽省工会联合会的带领下，各企业单位积极推动劳动竞赛，推动了生产工作有序展开。以安徽省各厂矿企业工会生产工作为例，许多厂矿单位工会引导工人改进和提高生产技术，学习和掌握新技术，组织职工群众开展劳动竞赛，企业劳动生产率随之得到显著提升，保证了国家生产建设计划的完成。全省国营厂矿企业劳动生产率，较1953年提高了35.51%。处于江淮沿岸的地方国营工厂，遭受到百年未有的特大洪水灾害，致使工厂原料供应不平衡，给生产工作造成一定困难，但在党和各级工会的帮助下，职工群众积极开展劳动竞赛，使工厂劳动生产率仍比1953年提高了30.22%。

1955年4月12日，《安徽日报》发表社论《加强厂矿企业中工会的群众生产工作》，明确今后安徽厂矿工会群众生产工作中心任务为，在党委领导下，在贯彻计划管理与一长制基础上，逐步建立工会工作秩序，协助行政人员加强技术管理，建立各类责任制，特别是工人岗位制，根据设备条件和生产需要，有目的、有领导地改进劳动组织、改进和提高生产技术，学习和掌握新技术，切实把劳动竞赛向前推进，保证全面均衡地完成或超额完成国家生产计划。不久，省工会以厂矿企业为重点，号召全省工会动员广大职工继续深入开展劳动竞赛，将全省增产节约运动推向新的高潮。据淮南市统计，国营工厂参加竞赛职工已占总数的85.13%；地方国营工厂参加竞赛职工占总数的76%。在铁路系统与少数厂矿企业中，开展了人与人、组与组、工段与工段等不同工种间的生产竞赛。

群众性合理化建议活动对调动职工积极性和创造性、促进生产建设发展、完成国家的生产计划发挥了重要作用。随着生产的发展，劳动竞赛取得明显进步，各级工会开始转向倡导职工提出合理化建议，推广先进生产经验，启发职工主动发掘生产潜力、寻找窍门、改进操作技术与劳动组织，纠正以往单纯拼体力、增加劳动强度的偏向。这一时期开展劳动竞赛的特点是，将职工合理化建议、企业技术改进和企业管理工作相结合。在生产竞赛中，企业和工会建立专门处理合理化建议的机构，将开展合理化建议作为生产工作的重要环节，注意把劳动竞赛与技术改进、职工合理化建议与改进企业管理相结合，围绕企业生产计划规定的各种技术措施，发动群众有目的地提出合理化建议，以解决实际生产问题。

1953 年 1 月 17 日，安徽省工会决定推广沈阳“五三”工厂“关于合理化建议与技术革新相结合”的经验，要求各级工会广泛组织工会干部学习和推广这一经验。同时检查全省商业系统合理化建议处理情况，批转了芜湖第一面粉厂关于开展合理化建议的经验，推动了职工合理化建议活动的持续展开。

1955 年，国务院正式颁布《有关生产的发明、技术改造及合理化建议的奖励暂行条例》，安徽各级工会通过开展宣传，动员广大职工积极响应。据统计，自 1953 年 3 月安徽省第一届工会会员代表大会召开后的三年里，全省职工共

★ 1954 年淮南电业局修订现场运行规程研修班合影。

提出合理化建议71524件，被采纳的达34457件，解决了许多生产环节关键问题。在推广先进生产经验和贯彻苏联专家建议方面，同样取得了重要成绩。如淮南九龙岗煤矿，采用半圆木代替木板后，工作成本降低了28.8%；采纳台阶采煤一次采两茬的建议后，采煤效率提高了30%以上；九龙岗煤矿和大通煤矿等矿厂采用竹笆假顶后，节约了三分之一的人工，同时避免了冒顶，保证了厂矿工人生产安全；采用水风钻凿岩孔后，不仅减少了岩尘，还提高了工作效率。马鞍山炼铁厂应用快速燃烧、夹湿鼓风、平铺直切等先进经验后，有效节约了焦炭、提高了生产质量，解决了先前废品多、成本高、效率低的问题。芜湖市四四〇厂通过推广螺丝工具胎，将生产效率提升了8倍。蚌埠农具厂翻砂小组在学习和总结经验后，将原来20%以上的废品率降低到1%左右，成为全国废品率最低的单位之一。榨油工业普遍推广李川江榨油法，提高了出油率，一年增产4190吨。蚌埠铁路分区职工在“满载超轴五百公里运动”中，依靠学习和推广先进经验，10个月内超轴4968次，共计1432000多吨。在教育系统中，职工推行了“生产会议”以交流经验为主的学习方法，在提升学生思考能力、钻研教材方面产生了明显效果。

劳动竞赛、合理化建议活动的开展，激发了职工群众创造热情和创造活力，推动了群众性技术革新运动的兴起与发展。1952年，鞍山钢铁公司工人张明山创造的“反围盘”生产法，不仅减轻了劳动强度，而且提高了生产效率。鞍钢机械总厂工具车间青年工人王崇伦创造了“万能工具胎”，一年完成了四年的工作量，被誉为“走在时间前面的人”。1954年4月15日，全国总工会在北京劳动人民文化宫举办鞍钢技术革新展览会，安徽省积极组织企业领导干部、技术人员和工人代表到会交流经验。

1954年6月6日，安徽省工会联合会召开全省首届工业劳动模范代表会议，通过题为《开展技术革新运动，把劳动竞赛向前推进一步》的报告。[①] 报告总结了全省劳动竞赛所取得的成绩，对生产形势及开展技术革新运动所具备的条件进行了客观分析，明确了开展技术革新运动需把握的原则，为进一步提升劳动

① 《中国工会运动史料全书·安徽卷》编委会编：《中国工会运动史料全书·安徽卷》，安徽大学出版社1998年版，第306页。

竞赛质量指明了方向。报告还引述了斯大林分析苏联斯达哈诺夫运动[①]能够迅速开展的四个主要原因，并指出安徽同样具备开展技术革新运动的四项条件：一是职工物质生活已有很大改善，广大职工有条件参与技术改进；二是社会主义性质的企业已有很多，这些企业里已不存在剥削关系，广大职工愿意采用新技术从事生产；三是工人文化程度和技术水平明显提高，企业工程技术人员数量大幅增加；四是安徽已出现技术革新的事例和人物，有一定经验可供借鉴。6月15日会议闭幕式上，省工会联合会主席陈雨田在报告中分别就开展技术革新运动的重大意义、技术革新运动的范围和内容、怎样开展技术革新运动，以及在组织和领导技术革新运动中应掌握的问题作了明确指示。为期10天的工业劳动模范代表会议，正式吹响了安徽省开展技术革新运动的号角。

1954年11月11日，安徽省工会联合会与省委工业部组织了380人的大型参观团，共同参观鞍钢技术革新展览会，学习鞍钢在生产和基本建设方面的先进经验，特别是鞍钢开展技术革新运动中的党、行政、工会、青年团的领导经验。此时安徽省国营厂矿技术革新运动已初步展开，并且取得了一定成绩，但同时也存在不少问题，而鞍钢生产技艺和组织建设则较为先进。学习鞍钢，实际上是为了拓展技术革新运动的内涵和范围。1955年，省工会联合会要求各级工会贯彻鞍钢技术革新运动精神，将技术革新运动继续深入开展下去，这就使得安徽技术革新运动与学习鞍钢先进经验开始紧密结合。

技术革新运动在安徽省产业职工中率先展开，广大产业职工掀起一股学习技术、改进技术的热潮，其中涌现出一批具有代表性的革新能手。如合肥铁木器具厂铸工陆冠群、关志芳通过改进再生铁炉，每天可炼紫花铁5750斤，使该厂多年来积压的20余吨炮花铁、屑子铁及废铁得到充分利用；芜湖纺织厂修理工通过改进筒管压箍机，使原来依靠人工操作每分钟压18.4只，改为自动操作提高到每分钟压67只，将生产效率提高了近3倍；合肥搪瓷厂针对制品质量低的问题，通过改变模子的旧式排列方法，提高了产品生产质量，以22厘米至24厘米的深型改进为例，改进前废品占1.44%，次品占3.9%，改进后废品仅占

① 斯达哈诺夫运动由苏联顿巴斯煤矿工人斯达哈诺夫首先发起，经苏共中央命名后推广。

0.066%，次品仅占 0.075%。

（二）开展先进生产者运动，召开安徽省社会主义建设积极分子大会

大规模群众性生产运动的开展，激发了安徽职工参加工业生产建设的热情，广大职工群众不断探索出新的先进经验，涌现出大批先进人物，形成了国家生产建设的宝贵财富。认真总结和推广这些先进生产经验，发挥先进人物示范作用，是推动国家生产水平和职工队伍素质不断提高的必然要求。

从 1955 年下半年开始，在城乡社会主义改造高潮的影响下，全国职工劳动热情日益高涨，社会主义劳动竞赛以更加广泛的规模开展起来。在这一形势下，1956 年 1 月 6 日，全国总工会七届九次主席团会议根据党中央工作方针和“搞一个斯达哈诺夫式的运动”的倡议，通过了《关于动员全国职工迎接中国共产党第八次全国代表大会 开展社会主义劳动竞赛 提前完成第一个五年计划的决议》。为加强对这次运动的领导，党中央发出关于积极领导先进生产者运动的通知。随后，各级工会积极贯彻决议精神，先进生产者运动开始迅速在全国开展起来。

安徽省先进生产者运动以贯彻党中央工作方针为中心，注意把先进生产者运动和具体生产工作相结合，根据生产中存在的问题，发动职工群众提高和改进技术，学习和掌握新技术。其主要经验包括：

第一，充分遵循“互相学习、互相帮助、取长补短、共同提高”的社会主义竞赛原则。先进生产者与落后生产者的矛盾是社会主义企业中的根本矛盾，如何帮助落后生产者赶上先进生产者，不断改进和提高生产，是职工群众生产工作中的重要问题。组织先进生产者带动落后生产者的具体方法如下：首先，摸清先进生产者与落后生产者基本情况，然后进行相应规划。规划内容包括技术上的规划；时间和进度安排；组织规划，即采用何种形式，如签订技术互助合同、师徒合同、姊妹合同；支持先进生产者帮助后进生产者总结经验。其次，加强对先进生产者和落后生产者的思想教育工作。教育先进生产者克服骄傲自满情绪，虚心学习别人之长，补己之短；积极帮助落后生产者进步，达到共同提高的目的。在进行具体帮助时，必须对症下药，采取“缺什么，补什么”的

办法。如芜湖纺织厂粗纱工马月英技术水平很高，别人看一台“五二”型车，她能看两台；但在生产中她态度马虎，主要原因是她家中孩子多，因此不愿参加会议、工作不起劲。经过了解情况后，企业干部主动为她提供帮助，使她成为执行操作技术最好的职工，后来还被评为先进生产者。

第二，先进生产者运动充分调动了职工群众建设社会主义积极性，比过去技术革新运动开展得更加深入。在运动高潮中曾出现了新定额不断被突破、新纪录不断被刷新、先进生产者队伍不断扩大的“三不断”现象。不少职工由一般生产水平迅速赶上或超过具有先进水平的职工，转而成为先进生产者或先进工作者。仅半年时间，安徽省即涌现出先进生产者和先进工作者 16117 人、先进单位 1389 家。先进生产者运动的范围不仅包括工业、交通、财经贸易等部门，同样涵盖农业水利、文化教育系统和公私合营企业。参加运动的对象不仅有生产工人、企业职工、工程技术人员，部分医务保育人员、炊事警卫人员也积极投入这一运动。在运动高涨时期，一般厂矿企业参加先进生产者运动和社会主义竞赛人数占职工总人数的 85%—90%。有的单位除肃反人员外，几乎全员投入运动。

第三，先进生产者运动围绕总结与推广先进经验这一中心环节，注意贯彻“提高技术、改进技术学习与掌握新技术”的方针，职工群众学习和提高生产技术的热情十分高涨。为使推广先进经验工作有序进行，各地根据企业和单位生产需要制订推广计划。该计划不仅包括推广内容、时间，学习对象和领导分工，还估计了推广中可能发生的技术、组织问题，并提出相应解决方案。在推广先进生产经验中，注重学习和推广外省先进经验。在组织学习外省先进经验时，注重明确学习目标，开展职工思想教育，既反对不愿学习先进企业、先进经验的保守思想；也反对在学习和推广外省先进经验时，不结合本单位实际生产情况“生搬硬套”的做法。同时注重总结和推广本省企业和单位的先进经验，注重鼓励职工群众创新生产方法，总结和推广经过技术鉴定的生产经验。

第四，组织科室人员、技术人员参加社会主义竞赛，纠正管理工作落后群众生产运动的问题。针对部分单位在先进生产者运动中由于忽视科室工作，造成工序之间生产不均衡，从而使工人无法完成竞赛的现象，工会必须根据党中央关于加强知识分子工作的指示在政治上、生活上主动关心科室职工和技术人员。在先进生产者运动中，应当组织工程技术人员下车间，帮助车间工人解决生产问题。但由于工程技术人员下车间目的不明确、方法不正确，加上工人对技术人员不够尊重，使技术人员感觉“英雄无用武之地”，是“空军司令”，惧怕下车间。因此，一方面要找到帮助工程技术人员摆脱思想顾虑的方法；另一方面要教育工人尊重技术人员，使技术人员真正有职有权，以便贯彻劳技结合的方针。此外，要发动管理人员经常深入车间了解情况，发现问题、解决问题，克服管理工作中的主观主义和官僚主义。①

第五，先进生产者运动丰富了社会主义竞赛的内容，社会主义竞赛组织工作保障了先进生产者运动有序展开。根据先进生产者运动开展的情况，在运动中加强竞赛组织工作的企业单位，运动开展得往往较好；反之，竞赛运动则难以深入开展。先进生产者运动是在社会主义竞赛基础上发展起来的，社会主义竞赛最根本的问题是将先进生产者与落后生产者的矛盾凸显出来，因此“先进生产者运动就是把总结和推广先进经验突出起来的社会主义竞赛”。由于先进生产者运动丰富了社会主义竞赛的内容，其必然在这一运动中产生与之相适应的新形式，如经验交流会、先进经验学校、技术互助合同、评选先进生产者等。不能认为采用了新形式，就是“赶时髦”。但如果仅注意采用新形式，忽视几年来组织社会主义竞赛的经验，放松或放弃社会主义竞赛组织工作，则同样不可取。在开展先进生产者运动的同时，必须抓住社会主义竞赛的组织工作，积极组织厂际、矿际、厂内竞赛。如巩固和扩大榨油、农具、火柴、肥皂、玻璃、碾米等行业的厂际竞赛和煤炭、邮电系统的矿际、局际竞赛，以及蚌埠、芜湖、安庆等企业和省级商业公司间同工种、同业务的竞赛。这些竞赛对于先进生产者运动的有序开展，起到了重要的推动作用。

为表彰先进生产者，总结先进生产经验，进一步推动企业生产发展，1957年5月10日，安徽省工会联合会生产部针对评选先进生产者工作中出现的问题，出台了《关于目前评选先进生产者工作中的几个具体问题的意见》，对做好

① 《中国工会运动史料全书·安徽卷》编委会编：《中国工会运动史料全书·安徽卷》，安徽大学出版社1998年版，第309页。

先进生产者评选奖励工作提出四条具体建议：一是正确制订先进生产者评选条件，注意条件的先进性与群众性，制订条件准则应根据各企业单位运动发展情况与职工技术水平来加以确定，随着运动发展要求、企业管理水平、生产技术条件的提高，还应定期修改先进生产者条件，督促职工在已达到的技术水平的基础上继续前进。二是关于评选时间，应根据企业特点和性质来确定，一般每季或每半年评一次，正常生产的企业可以每季度评一次。三是先进生产者奖励、荣誉称号，过去所采用的各种形式都可行，但命名不宜繁多，统一授予先进生产者或先进工作者称号较好，如职工在生产上确有成绩，但未达到先进生产者条件，可以不授予称号，只给予适当物质奖励；达到先进生产者条件的，可以在给予物质奖励的基础上，同时授予先进生产者光荣称号。这样不仅可以克服荣誉称号庸俗化现象，还可以提升职工获得先进生产者称号的荣誉感。四是关于对先进生产者的教育与培养问题，工会应经常与先进生产者保持联系，积极主动关心和解决他们在工作、学习以及生活等方面的问题，定期召开座谈会对他们开展思想教育工作，支持他们落实有关改进生产等方面的建议。同时，工会组织还应发动职工学习、总结和推广先进生产者经验。

通过开展先进生产者运动，广大职工的劳动热情被激发，各行各业涌现出大批先进生产者和先进单位，他们冲破保守思想束缚，提出许多合理化建议，在产量、质量、节约等方面，不断突破生产定额和计划要求，促进了各项生产建设事业的发展。1957 年 2 月，安徽工会联合会在发表的关于先进生产者运动问题的报告中提到：从生产上看，产值计划比往年完成得更好。据 70 个重点厂矿的统计，1956 年总产值计划完成 104.44%，为 1955 年总产值的 120.22%。其中国营工厂完成 105.39%，为 1955 年的 122.63%；地方国营工厂完成 101.06%，为 1955 年的 118.27%；地方公私合营工厂完成 106.26%，为 1955 年的 113.74%。从群众运动本身来看，广大职工生产积极性高涨，首先表现在全省各产业系统普遍开展了竞赛运动，生产工人、广大职员、工程技术人员及科室岗位人员都积极投入运动；其次表现在职工积极参加合理化建议，全省职工在 1956 年 1—11 月共提出合理化建议 31464 件，比 1955 年的 13492 件增加了 133.2%，其中被采纳执行建议有 17287 件。[①]

自新中国成立以后，安徽省在社会主义建设和社会主义改造的不同战线，培养和发展了大批社会主义建设积极分子，他们在党和政府领导下，在各行各业发挥了重要作用。为使社会主义建设积极分子的社会主义觉悟和生产热情进一步提高，积极发动身边广大职工群众，提前完成或超额完成全省社会主义建设和社会主义改造的各项工作，安徽省决定召开社会主义建设积极分子大会。因社会主义建设涉及领域广、动员人数多，所以大会分两次进行。

1956 年 1 月 25 日，安徽省第一次社会主义建设积极分子大会在合肥召开。出席大会人员共计 4000 人，出席大会的积极分子代表主要由全省农业、工业领域中的积极分子构成，主要包括：农业合作化和农业生产、林业合作化和林业生产扫盲，除地方病，除四害等工作中涌现的积极分子；国营农场、拖拉机站、技术推广站、牲畜配种站等生产单位的先进工作者；各业工种工人和工程技术人员中的积极分子。

省委书记曾希圣在大会上致开幕词，对安徽省积极分子所取得的成绩给予肯定，并号召广大积极分子响应党中央对安徽省提出的新任务。曾希圣指出，安徽省取得的各项成就，是在党中央和毛泽东的领导下所取得，是全省各地社会主义建设积极分子和全省 3200 万人民艰苦奋斗的结果。接下来安徽省的任务是根据《1956 年到 1967 年全国农业发展纲要（草案）》，在完成农业合作化的基础上，动员和组织群众，进一步发展生产，特别是提高农业产量。[②]

会议通过《反对右倾保守思想 又多、又快、又好、又省地提前完成第一个五年计划》的报告，强调完成年度生产计划是全体职工的光荣任务。全省工业、建设、交通、邮电部门应积极响应党中央关于反对右倾保守思想，编制 1956 年生产建设计划，提前完成五年计划指示的号召。为完成 1956 年生产任务，提前完成五年计划目标，广大职工要做好几项工作：一是必须反对右倾保守思想，这是争取五年计划提前完成的前提；二是必须努力改善企业管理，提高产品质

① 《中国工会运动史料全书・安徽卷》编委会编：《中国工会运动史料全书・安徽卷》，安徽大学出版社 1998 年版，第 324 页。

② 《中国工会运动史料全书・安徽卷》编委会编：《中国工会运动史料全书・安徽卷》，安徽大学出版社 1998 年版，第 329 页。

量，降低产品成本；三是必须学习和推广先进生产经验；四是必须加强文化技术学习；五是必须加强安全生产工作；六是必须组织全体职工学习《1956 年到 1967 年全国农业发展纲要（草案）》，完成纲要中提出的有关工业生产方面的任务；七是必须广泛开展社会主义劳动竞赛。会上，王柄生、赵文焕、李正田、吕敏秀、王洪长、田志良等 100 名工业先进分子代表先后发言，介绍了广大职工在社会主义建设各条战线上取得的成绩，表达了广大职工对建设社会主义的强烈愿望和坚定信心。

1956 年 1 月 31 日大会闭幕，省委书记曾希圣在闭幕会议作总结报告，特别强调工农业相互支援的问题。工农业相互支援，工农联盟也能得到巩固和发展。过去的胜利是由于工农联盟取得，今后的一切胜利也必须依靠工农联盟，因此要很好地贯彻执行这一条。工人阶级要生产更多更好的工业品，满足人民群众的需要；农民阶级要生产更多更好的粮食和工业原料，满足工业和城市居民的需要。城市工人和合作社的农民，要建立联系、交流和通信，互相鼓励、互相交流经验，以推进工业和农业的发展。

为更广泛地动员全省积极分子，带动各条战线上的群众提前或超额完成党中央提出的《1956 年到 1967 年全国农业发展纲要》中所规定的各项任务，安徽省决定于 1956 年 3 月 6 日召开第二次社会主义建设积极分子大会。出席会议的有第一次社会主义建设积极分子大会未包括的工程技术、文化教育、卫生、财经贸易和机关工作者等代表共 2000 余人。会议主要任务是讨论研究全省农业发展初步规划，通过集中各方智慧，充实和修改规划，为实现规划找出更多有效方法，发动全省人民为完成全国农业发展纲要和全省农业发展规划目标而奋斗。同时，高度评价和肯定过去几年全省在社会主义建设和改造工作方面取得的成就，以及产生的大批生产积极分子和先进生产模范人物，并号召全省生产积极分子同全省人民共同努力，积极参与到新的更加光荣伟大的社会主义建设任务中来。会议通过《为实现全国农业发展纲要 为发展和提高安徽的科学文化事业而努力奋斗》的报告，省委书记曾希圣为大会作总结报告。省总工会等九单位负责人在会上就完成全省农业发展规划作交流发言。

省委书记曾希圣在闭幕会议上号召安徽各业生产积极分子，遵照周恩来总理

“付出最紧张的劳动”的指示，做好几点工作：一是从上到下均要分清缓急本末，制订出切实可行的计划；二是钻研工作，找出工作关键所在；三是勤劳苦干；四是努力学习；五是厉行节约，克服浪费，克服邪气，扶育正气。

安徽省两次社会主义建设积极分子大会是动员工人阶级向建设社会主义国家进军的大会，是发动全省职工提前或超额完成“一五”计划的大会，调动了全省生产积极分子建设社会主义的热情，推动全省工业、建设、交通、邮电等部门在1956年取得了许多成绩。据统计，全省工业总产值较1955年增长了25.8%，超额完成了工作计划指标。其中，重工业增长32.4%，轻工业增长20.2%，成功实现重工业优先发展的既定目标。在“一五”计划156个重点建设项目中，安徽省承担了五项，包括合肥化肥厂、马鞍山钢铁厂、淮南煤矿、芜湖机械厂和芜湖水泥厂，这些项目基本做到按时或提前开工建设。安徽省社会主义建设事业从此迈上了一个新台阶。

三、召开安徽省工会第二届代表大会和安徽省先进生产者代表会议

为贯彻全国总工会《关于动员全国职工迎接中国共产党第八次全国代表大会全面开展社会主义竞赛 争取提前完成第一个五年计划的决议》，安徽省工会联合会决定于1956年4月10日召开安徽省工会第二届代表大会和全省先进生产者代表会议。

安徽省工会第二届代表大会主要任务是，传达和贯彻全国总工会七届四次执委会及省委工业扩大会议精神，动员全省职工为迎接党的八大，全面开展社会主义竞赛，为争取提前完成第一个五年建设计划而奋斗；讨论批准安徽省工会联合会第一届执行委员会的工作检查和审议表决今后工作规划；审查三年来的工会财务工作。选举安徽省工会联合会第二届执行委员会及经费审查委员会。全省先进生产者代表会议主要任务是，进一步发动全体职工，全面开展社会主义竞赛，使生产工作更多、更快、更好、更省地完成，选派职工优秀代表参加

全国先进生产者代表会议。[①]

1956 年 4 月 10 日，安徽省工会第二届代表大会、安徽省先进生产者代表会议在合肥举行。出席会议的工会会员代表 470 人，代表会员 305392 人；先进生产者代表 338 人（其中有 122 名代表以双重身份出席会议，故实际到会人数为 686 人）。

首先，会议总结了安徽工会过去几年的工作并提出新的工作要求。全省第一个五年计划在前三年执行情况良好。1955 年底，全省工业生产总值较 1952 年增长 103%，几种主要工业产品产量增长情况如下：电力增长 113%，原煤增长 27.6%，棉纱增长 56%，面粉增长 175%，火柴增长 220%。1952 年后又增加了粗铜、双轮双铧犁、生铁、机制纸等新工业产品。在农业方面，1955 年粮食产量达到 230 亿斤，超过五年计划既定目标的 20%。由于工农业生产的发展，商品流转、交通运输业，以及文化教育和卫生事业，也都有了很大发展。为加快推进社会主义建设事业，全省在地方基本事业建设方面取得重大进展，前三年完成投资总额较 1952 年增长 560%。安徽省在国民经济恢复时期所取得的成绩，离不开全省工人、农民和参加社会主义建设的知识分子的努力，离不开全省所有先进生产者、劳动模范、先进工作者，以及各条生产战线上起带头作用的骨干分子的参与。

会议指出，安徽工人阶级面临的新任务繁重而艰巨，但完成任务的有利条件有很多。一是全省已经出现社会主义高潮的新形势。自毛泽东发表关于农业合作化问题的报告后，各地农村中首先出现社会主义的高潮，农业合作化运动普遍发展起来，全省不仅已完成半社会主义农业合作化，而且已有 70% 以上农户加入全社会主义农业生产合作社。农业社会主义改造任务的完成，给发展农业生产开辟了道路。二是完成全年任务的物质基础比往年好，生产经验也比往年更丰富。在农业方面，大规模兴修水利和积肥运动的开展，优良品种、新式农具、农药、商品肥料的推广都比往年多；为支援农业增产，国家还发放了各类贷款 29920 万元；特别是全省几年来推行农业“三改”的办法取得了丰富经验。

---

①《中国工会运动史料全书·安徽卷》编委会编：《中国工会运动史料全书·安徽卷》，安徽大学出版社 1998 年版，第 331 页。

在工业方面，工业增产同样具备许多有利条件，设备条件基本得到改善，原料供应也比往年好，特别是广大职工在学习先进生产经验和掌握新技术的熟练度上有所提高。至于交通运输、商业、文化教育、卫生等方面的条件，同样也较往年更加有利。会议总结了三年来安徽省工作取得的成绩，但对照党中央的指示和要求，发现工作中存在的缺点和问题还有很多，主要表现在组织群众完成生产建设计划方面、关心群众生活方面和工会组织建设方面。

由于农业、手工业和资本主义工商业社会主义改造运动的迅猛发展，各项生产指标超过了第一个五年计划既定要求，因此各条战线上的职工特别是工业交通战线上的职工，必须争取提前和超额完成第一个五年计划。1956 年度生产建设计划，就是根据这一要求重新制订的。其中，工业生产总值为 1955 年的 181%；基本建设投资为 1955 年的 139%；建筑工业工作量为 1955 年的 166%，完成面积为 1955 年的 199%。其他产业和事业部门的任务，比过去任何一年都要繁重。完成 1956 年生产建设任务，对提前完成第一个五年计划有决定性意义。为保证完成 1956 年生产建设任务，必须发动职工群众做好以下几项工作：第一，迅速发动群众，检查右倾保守思想，组织生产高潮，开展社会主义竞赛；第二，大力支援农业合作化和农业生产；第三，加强资本主义工商业社会主义改造过程中的工会工作；第四，会同政府、教育部门和企业开展职工扫盲运动，进行系统正规的职工业余教育工作；第五，关心群众生活，加强劳动保护工作和保障群众工资工作；第六，发挥工会组织的群众监督作用；第七，为胜利完成上述各项任务，必须改进工会领导作风，密切工会与群众的联系。

省工会联合会还报告了三年来工会财务工作情况。三年来工会财务工作随工会工作的发展取得不少进展。如收入增加，全省 1955 年各项收入同 1953 年相比，工会经费增加 22%，工会会费增加 10%，劳动保险金增加 75%。为适应社会建设时期工会工作要求，工会财务工作今后要从几方面加以改进：一是各级工会组织必须由上而下地检查，批判右倾保守思想，加强对财务工作的领导，帮助干部树立群众观点，克服不关心职工生活的官僚主义作风，消除财务工作脱离群众的现象，经常向同级党组织报告工会财务工作；二是加强对基层财务工作的领导，做到面向基层，接近群众，主动征求群众意见，改进工作作风，注意训练基层财务干部，总结和推广基层财务工作经验，帮助基层干部做好财务工作；三是各级工会组织要重视收支预算的民主管理，加强群众监督，重视编制及执行预算的正确性，按通俗方法公布账目；四是紧缩各级工会组织和事业单位人事费开支，扩大直接用于基层事业的费用开支比例；五是各级地方工会要帮助产业工会建立财务机构，加强对产业工会财务工作的领导，深入整顿各级工会组织和事业单位财务工作，贯彻财务工作方针，实施财务工作条例，建立财务工作秩序。①

其次，会议讨论通过了《关于开展先进生产运动 提前完成第一个五年计划的决议》，决议明确指出，提前或超额完成第一个五年计划是工人阶级的光荣责任。全省职工应更加广泛而热烈地开展同产业、同工种、同业务竞赛；参加竞赛的职工应响应倡议，投入先进生产者运动。在全省生产部门中，展开一次大规模先进生产者运动，培育先进生产者与落后生产者互学互助的优良风气，形成群众学习和推广先进生产经验的热潮，不断扩大先进生产者队伍，使之成为最广泛、最深刻的群众运动。全省职工群众应以提前完成第一个五年计划的实际行动，迎接党的八大和省第一次党代会的召开。会议还通过了《关于动员职工支援农业合作化和农业生产的决议》《关于加强资本主义工商业社会主义改造中工会工作的决议》。

最后，会议选举产生安徽省工会联合会新的领导机构。选出安徽省工会联合会第二届执行委员会委员 43 人，候补委员 13 人，经费审查委员会委员 5 人，候补委员 2 人。陈庆泉当选为省工会联合会主席，李振友、杨健、应宜权当选为副主席，孙华屏当选为经费审查委员会主席。同时选举出席全国先进生产者代表会议代表 30 人。②

---

①《中国工会运动史料全书·安徽卷》编委会编：《中国工会运动史料全书·安徽卷》，安徽大学出版社 1998 年版，第 345 页。

②《中国工会运动史料全书·安徽卷》编委会编：《中国工会运动史料全书·安徽卷》，安徽大学出版社 1998 年版，第 352—353 页。

四、参加全省农业、手工业和资本主义工商业社会主义改造工作

安徽工人阶级在参加农业、手工业和资本主义工商业社会主义改造工作过程中发挥了重要作用，促进各项改造工作顺利完成，为社会主义制度在安徽省的建立作出了重要贡献。

（一）支援农业合作化

农业是国民经济的基础，农业社会主义改造不仅关系到农业生产发展，同时也关系社会主义工业化的实现。新中国成立后，党领导各级政府在农村地区普遍进行了土地改革，使亿万农民获得了土地。随着工业化的推进，国家对粮食、工业原材料需求增加，迫切需要更多农产品支持工业化发展。在当时客观条件下，提高农业产品数量主要有两种方式：一是发展农业科学技术；二是改变农业生产关系。第一种方式需要长期积累才能实现，因此改变农业生产关系成为必然选择。为实现农业生产关系改革，将农民组织到农业合作社中来，离不开工人阶级的支持和参与。

1955 年 8 月，省委召开市委书记和农村工作部长会议，传达党中央《关于农业合作化问题》的报告，修订农业合作化规划。根据最新部署，省委提出办社“翻一番”的目标，即用两年时间再办 3.6 万个农业生产合作社，使全省农业社总数超过 8 万。[①] 1955 年 11 月 8 日，中共安徽省第三次代表会议传达党的七届六中全会精神，动员全省党组织全力贯彻实现农业合作化的历史任务。

为响应《关于农业合作化问题》的报告以及关于农业合作化问题的决议，贯彻省第三次党员代表大会精神，1955 年 12 月 5 日，省工会联合会第一届执委会第三次扩大会议召开。会议明确强调各级工会必须动员和组织工人、职员支援农业合作化运动，并提出六点建议：

第一，贯彻安徽省第三次党员代表会议精神，组织全体工会干部认真学习和领悟党中央最新指示和党的七届六中全会制定的决议。结合“一五”计划的宣

---

① 中共安徽省委党史研究院：《中国共产党安徽简史（1921—2021）》，中共党史出版社 2021 年版，第 137 页。

传工作，向全省职工及其家属宣传实现农业合作化的意义，特别是实现农业合作化对加强工农联盟的意义。使广大职工懂得农业合作化不仅关系到全体农民，而且关系到全国人民根本利益，对社会主义革命和建设工作具有重大意义。在提高职工觉悟的基础上，批判资产阶级与小资产阶级思想，克服有碍于农业社会主义改造的思想和行为，以实际行动支援农业合作化运动。

第二，加强对农业工会及专区、县工会的组织建设和组织领导。除建立省级农业工会，专门负责研究和领导全省国营农场、机器拖拉机站、农业试验站中的工会外，各专区、县工会亦须迅速协助当地党委挑选和配备优秀干部，建立和健全单位中的工会组织。各级工会组织，特别是地方工会组织，要根据当地特点，明确地方工业、国营商业、交通运输业为农村经济服务的方针，发动全体职工积极支援农业合作化运动。

第三，动员和组织职工在实际工作中积极支援农业合作化。在地方工业和生产资料供应部门中广泛开展增产节约的劳动竞赛；在国营农场、机器拖拉机站、农业试验站等部门中发挥示范和引导作用，帮助农民和农业生产合作社提高生产技术和效益；在商业战线上，积极改善服务态度，保证农副产品收购和工业品供应；在手工业生产中，根据农业发展需要不断提高产品质量，降低生产成本和出售价格，发展修配业务，试制和生产新产品；所有部门都要发挥积极性和创造性支援农民，以工人阶级建设社会主义的模范行动带动广大农民。

第四，有计划、有领导地发动职工结合自身特长和条件，遵循自愿原则，参与对农村的帮助工作。包括向邻近地区农民进行宣传，帮助农民修理农具，教授农民使用新式农具、农药机械方法等。同时，基层工会组织应在党的领导下，分批训练积极分子，动员职工帮助农业生产合作社训练会计、统计等专业人才，培养基层干部。为便于经常开展帮助工作，基层工会组织可以同农业生产合作社签订联系合同，各自规定保证条件，交予对方监督实行。

第五，组织农村或靠近农村的教育工作者，利用课余时间，组成服务组、宣传队，向农民宣传农业合作化的意义，为学校驻地的农业生产合作社编写黑板报，帮助政府和青年团组织开展农村扫盲工作。此外，组织靠近乡村的医务工作人员，经常到农业生产合作社向农民讲解卫生常识，提供医疗援助。

第六，经常关心和帮助农村文化生活。工人俱乐部可以邀请一些农民代表举行联欢活动，或派人帮助农业生产合作社开展俱乐部活动。工人电影教育工作队可选择一些面向农民的影片、幻灯片到农村放映。工人业余剧团在条件许可时，可排演一些贴近农民的文艺节目，到农村作访问演出。此外，基层工会组织还可帮助附近农业生产合作社开展文化工作，发动经济条件较好的职工向农村地区捐赠一些书籍、刊物。

广大职工在各级工会组织下，积极参与劳动竞赛，开展技术支农和支农运输活动。工人阶级对农业合作化的支援，加快了农业合作化的步伐，1956 年底，农村地区高级社已达 1.28 万个，加入高级社的农户占比 80.7%，另有占农户总数 15.2% 的初级社，全省绝大多数农户基本入社。至此，安徽在全省范围内基本实现了高级形式的农业合作社。[①]

（二）推进手工业社会主义改造

新中国成立初期，手工业虽然得到较快发展，但分散的个体劳动难以适应社会主义建设的要求和人民群众生产和生活需要。在国民经济恢复时期，安徽省在帮助个体手工业者恢复和发展生产的同时，有步骤地开展了试办手工业合作社（组）的工作。1950 年，部分手工业失业工人组成芜湖市毛巾生产合作社和蚌埠市竹器生产自救组。1951 年 10 月，合肥市 13 名铁工以两套半打铁工具和少量资金，创办了全省第一家手工业生产合作社。1952 年，皖南、皖北合作总社合并成立安徽省合作总社，负责统一组织领导全省手工业改造工作。各地供销社遵照省、市关于"重点组织，稳步发展"的原则，普遍选择部分重点行业进行试点工作。

按照党中央"积极领导，稳步前进"的手工业改造方针，安徽省工会联合会组织调查组对 19 个市、县的 17 个行业进行集中调查研究。1953 年 9 月 29 日，省工会联合会发布《关于小城市手工业调查报告》。[②] 调查报告比较全面地反映

---

① 中共安徽省委党史研究院：《中国共产党安徽简史（1921—2021）》，中共党史出版社 2021 年版，第 136 页。

②《中国工会运动史料全书·安徽卷》编委会编：《中国工会运动史料全书·安徽卷》，安徽大学出版社 1998 年版，第 365 页。

了手工业生产状况和手工业职工队伍情况，对手工业社会主义改造工作提出若干意见。报告指出，为加强对手工业的领导，建议省、县、市建立统一的手工业组织机构。手工业工会的任务是在党的领导下，向工人进行手工业合作化和社会主义前途教育，组织工人随时向工会反映实际生产情况，定期向党委汇报相关工作；密切配合政府有关部门，对手工业进行适时领导和教育工作，坚定手工业者的经营信心。

为推进手工业社会主义改造，建立和完善手工业管理体制、加强职工思想教育，进一步统筹安排手工业生产改造，全面推进手工业合作化工作，1954 年 10 月 19 日，省工业联合会对手工业改造工作提出初步意见：

一是健全组织机构。一方面各级工会要抽出一定数量干部领导手工业工作并密切和手工业管理局（科）的联系，以便集中力量，统一行动；另一方面要教育干部摒弃“手工业工作没出息”的思想。

二是对手工业工人进行宣传教育。首先，继续开展总路线的宣传教育工作，提高手工业工人政治觉悟，认清手工业的重要作用和发展前途，开展这一工作应着重进行“集体主义”的政治思想教育，防止“组织起来多拿钱”的经济主义思想倾向。非灾区要增产支援灾区，灾区则应做到“生产自救”，在恢复生产的基础上，迎接合作化。其次，通过工会教育尚未参加合作组织的职工，提高生产技术，改进产品质量，供应灾区农民生产自救和非灾区农民增产运动，打开产品销路，为合作化创造准备条件。再次，应对已组织起来的手工业合作社，可通过工会传达省委农村工作部召开的“手工业工作会议”精神，发动职工，有条件、有重点地参加“手工业劳动者协会”组织。使职工认识到组织劳动协会的重要意义，消除其思想顾虑。最后，加强工会干部业务学习，提高其政策业务水平，更好地完成手工业改造工作。

1955 年，安徽省委在全省镇以上干部扩大会议上传达了《中共中央关于资本主义工商业改造问题的决议（草案）》，明确强调必须“在 1956 年完成资本主义全行业公私合营，80% 的手工业都要组织起来”。随后将原属手工业部门管理的商业、加工服务业、农副业分别划归商业、农业建筑等部门管理。到 1956 年 3 月，全省手工业系统内成立合作社（组）3385 个，社（组）人员 16.74 万人，占参加改造手工业从业人员的85.6%。至此，安徽省城镇范围内的手工业，初步完成从私有制到集体所有制的改造。1956年2月20日至29日，安徽省第一次手工业生产合作社代表大会召开，会上成立了安徽省手工业生产合作社联合社，并通过了社章。安徽省手工业基本实现合作化，手工业者已组织起来的占全省手工业者总数的83.7%。[①] 1957年整风运动开始后，全省城镇中尚未组织起来的个体手工业者也在年内分别加入合作社和生产小组。

（三）参加资本主义工商业社会主义改造

对资本主义工商业进行社会主义改造，是贯彻过渡时期总路线，完成社会主义改造事业的重要组成部分。在国民经济恢复时期，拥有380万工人和店员的私营工商业是国家重要经济组成要素，在恢复经济、供给商品、提供就业、物资交流、积累资金、训练干部等方面发挥过重要作用。[②] 但资产阶级唯利是图的本性，使得一些私营工商业不同程度地存在行贿、偷税漏税、偷工减料、盗骗国家财产、盗窃国家经济情报的“五毒”行为，对国民经济恢复工作产生了消极影响。鉴于资产阶级的两重作用和资产阶级的两面性特点，党领导工人阶级围绕“利用、限制、改造”的方针，发挥其积极作用，克服其消极方面，通过同资产阶级在经济上做斗争，合理调整资本主义工商业。此外，通过“五反”运动把资本主义工商业中的大部分纳入包括加工订货、统购包销、公私合营等不同形式的国家资本主义轨道。随着国营经济成分日益增长，资本主义工商业生产关系不再适应当时国家发展需要，对资本主义私营工商业的社会主义改造已成必然趋势。

1. 党对私营资本主义工商业改造的历程和方针

新中国成立初期，党一方面领导各级政府没收官僚资本，建立起占全国固定资产80%的国营资产，实行大型银行国有化，确立国营经济领导地位；另一方面党领导各级政府对资本主义工商业进行初步的社会主义改造，即在同不法资

① 安徽省总工会编:《安徽工人运动大事记（1861—1993）》，安徽人民出版社1995年版。

② 中共中央文献研究室编:《建国以来重要文献选编》第4册，中央文献出版社1993年版，第501页。

本家不法行为做斗争的过程中，采取加工订货、经销代销、统购包销、公私合营等一系列从低级到高级的改造形式。这些形式在加强对资本主义工商业利用和限制的同时，加深了资本主义工商业同社会主义国营经济间的联系。资本主义工商业开始从生产关系上逐渐发生变化。

对私营资本主义工商业的改造不仅是经济问题，也涉及改造资产阶级的问题。由于客观历史条件的影响，中国民族资产阶级具有两面性特点。新中国成立前，民族资本主义受到官僚资本主义和外国资本主义的冲击在夹缝中生存，具有依附性的同时又带有斗争性。新中国成立后，党和政府采取积极扶持的政策，帮助私营工商业克服生产困难，对于许多私营工商业者来说，没有国家的扶植就没有自己的生存和发展。这就决定了中国民族资产阶级在政治上有愿意接受共产党领导的一面，但在经济上又有不愿接受改造走社会主义道路的一面。在国家对主要农产品实行统购统销政策，使私营工商业丧失独立经营的能力后，民族资产阶级不得不接受社会主义改造。但资产阶级的剥削本性以及尚存的经济力量，决定了他们必然要为维护自身利益与工人阶级进行较量，对社会主义改造抱有抵触情绪。因此，在中国人民与帝国主义、封建主义和官僚资本主义的矛盾解决后，工人阶级同资产阶级的矛盾开始日益凸显，解决这一矛盾的方法只能是对民族资产阶级进行社会主义改造。根据党中央制定的和平赎买方针和基本政策，“我国从 1953 年起，加快了对资本主义工商业的改造进程”。[①]

经过国民经济恢复时期对资本主义工商业利用、限制和改造的实践，党积累了对私营工商业改造的经验，通过对这些经验的总结，党认定国家资本主义的扩大和提高是对资本主义工商业逐步进行社会主义改造的重要前提。在社会主义过渡时期，党依据中国国情和已有经验，确定了对资本主义工商业进行社会主义改造的基本方针，这条方针的基本内容是，对于资产阶级，用赎买和国家资本主义的方法，有偿地而不是无偿地，逐步地而不是突然地改变资产阶级所有制。在改造他们的同时，给予必要的工作安排，不剥夺资产阶级的选举权，并且对他们中间积极拥护社会主义改造并有所贡献的代表人物，给予适当的政

① 庞松：《中华人民共和国史（1949—1956）》，人民出版社 2010 年版，第 346 页。

治安排。这一方针的核心在于通过和平赎买的方式，达到既改造所有制又改造人的目的。在具体改造形式上，基本沿着从低级到高级、逐步过渡的形式。初级形式的国家资本主义，即在工业领域收购产品、在商业领域批购零销；中级形式的国家资本主义，即在工业领域实行加工订货、统购包销，在商业领域实行经销代销；高级形式的国家资本主义采取公私合营的方式，包括单个企业公私合营和全行业公私合营。党对私营工商业进行社会主义改造的方针和途径，是对马克思主义关于向社会主义过渡理论的创造性发展，对工人阶级和工会参加社会主义改造工作提供了根本指导。

2. 安徽省工会对职工和工会参加资本主义私营工业改造的指导

在私营工业社会主义改造过程中，安徽省总工会根据党中央的一系列指示精神，认真贯彻党在过渡时期的总路线，多次召开会议分析情况、找出问题、做出决议、给予指导，推动这项改造运动顺利开展。

1953年，国家开始有计划、有步骤地对资本主义工业进行社会主义改造。为顺利推进对资本主义工业的社会主义改造，1953年8月，全国总工会通过《关于加强资本主义工业中的工会工作的指示》，对开展资本主义工业改造工作过程中的工会工作作出明确规定，为动员工人群众参与资本主义工业改造，开展工会建设工作指明了方向。

为响应全国总工会指示，1955年2月15日，省工会联合会第一届执委会第三次扩大会议召开并通过《关于加强资本主义工业改造中工会工作问题》的报告，强调工会必须在资本主义工业社会主义改造过程中加强工会工作。一是自上而下地加强对工会干部和全体职工的思想教育工作，深入贯彻党中央关于资本主义工业改造的方针、政策，根据省委干部扩大会议精神，检查过去工会工作存在的不足，针对合营企业性质发生根本变化的情况，确定工会工作方向与具体做法。二是协助党和政府对各行各业的生产工作进行统筹安排。以市、县为单位，按照行业性质，依靠职工群众，对各资本主义性质的厂、店、作坊进行摸底。在政府进行具体工作安排时，应向有关行业工会干部和积极分子进行传达，在此基础上，有序酝酿合并、合营工作，推动资本家前进。三是协助党和政府及有关单位，在各行各业中，有领导、有计划地进行合并、合营工作，主要包括以下方面：深入宣传合并、合营的重大意义，加强工人阶级内部的团结教育，发动职工参与清点资产工作，协助审查资方实职人员，妥善安排职工工资和提拔优秀职工，抓住保障生产和改善劳动态度这一中心环节，防止忙于合并、合营而忽视生产工作。四是整顿工会组织，开展工会业务，在工作过程中不打乱原有组织机构，由上级工会临时派人或指定专人负责，建立各单位工会主席（或小组长）联席会议，领导合并后的工会工作；在合并后应适时进行改选，建立统一的工会组织；在改选人员时应注意吸收各单位原有人员参加领导。五是通过各种形式加强对资产阶级的思想政治教育。省、市、县工会和公私合营的基层工会定期讨论资本主义工商业的改造工作，专人负责检查资本家的思想政治教育工作，提高工商业资本家接受社会主义改造的觉悟；发动职工群众积极参与民主管理，通过开展批评与自我批评解决生产管理上的问题；对于未直接参加剥削而出身于资产阶级家庭的职工，可通过讨论和审查批准入会，有序推进资本家思想改造工作。①

1956年社会主义改造进入高潮，私营企业全行业公私合营基本实现。为适应公私合营后企业性质和内部关系发生的新变化，做好公私合营企业工会工作，全国总工会于当年11月召开全国公私合营企业工会基层工作会议。会议研究了公私合营企业工会如何处理好各种关系，确定了工会在合营企业中的地位、任务以及如何更好地发挥工人作用等亟待解决的问题。

为传达贯彻全国公私合营企业工会基层干部大会精神，检查与研究安徽省5年来公私合营企业工会工作，1957年1月5日至9日，安徽省召开全省公私合营企业基层工会干部会议。会议认为，全行业公私合营以来，生产关系发生变化，职工政治觉悟提高，生产力得到解放，企业生产经营出现欣欣向荣的新气象。但在全行业公私合营的过程中，由于工会工作未能及时跟进，因而在工作中还存在不少问题：一是在社会主义改造高潮中，工会组织在宣传赎买政策方面做得还不够，导致部分职工对政策产生不满情绪。同时个别资本家的不法行为也加剧了工人的不满。二是公方代表在公私共事过程中呈现不同表现。有

① 《中国工会运动史料全书·安徽卷》编委会编：《中国工会运动史料全书·安徽卷》，安徽大学出版社1998年版，第358—360页。

些怕违反统战政策，不敢批评私方存在缺点；有些过于包办，忽略私方合法需求；有些防范私方，不愿与其合作。三是在国营企业和私营企业合营后，大部分私人资本家对工作和生活都感到满意，积极协助公方代表改善企业经营管理。但也有部分私人资本家对工作持消极态度，甚至滥用职权贪污公款。四是公私合营后，工会领导机构对工会工作领导不够及时，基层工会组织形式没有根据具体情况变化，很少讨论公私合营后的工会工作。加上部分基层工会干部认为工会作用不大，使工会组织几乎处于瘫痪状态，职工的意见与要求得不到解决，感到非常失望。

1957 年 3 月 5 日，安徽省委批转安徽省工会联合会党组关于公私合营企业基层工会干部会议情况的报告，强调发挥工会组织应有作用，对公私合营企业基层工会干部要组织一次学习，使他们真正领会党的政策，明确工会在合营企业中的地位与作用，搞好职工与资本家的关系，发挥广大职工积极性。

3. 安徽省工会动员组织工人参加资本主义私营工商业社会主义改造

在党的政策指引和全国总工会部署下，各级工会组织尤其是私营工商业中的工会组织积极发挥作用，动员和组织广大职工投入促进私营工商业接受改造、走公私合营道路的工作。

其一，进行政策宣传教育是首要工作。各级工会十分重视对私营企业职工进行阶级教育和政策教育，帮助他们了解党中央关于资本主义工商业改造的方针政策，帮助其认识私营企业工人同国营企业工人利益的一致性，使其懂得监督资本家遵守法令，促进和帮助资本家走国家资本主义道路，是工人阶级的责任和阶级利益所在。与此同时，各级工会还对资本家及其家属展开政策宣传，促进其自觉接受改造，走公私合营道路。

其二，抓生产合营两不误是重要方法。私营企业工会一方面积极组织职工开展劳动竞赛，协助资方改进经营管理，改善劳动生产条件，增加产品种类和数量，提高产品质量，维护劳动纪律；另一方面发动群众，推动具备合营条件的私人企业申请合营，对已实现合营的企业则组织群众帮助公股代表清产核资，安排人事工作，改革企业制度，巩固改造成果，同时对企图抵制改造甚至违法乱纪的资本家进行坚决斗争。

其三，建立健全民主管理制度，加强对资本主义工商业的领导是改造的关键。一些地方工会和职工在地方党组织领导下，在私营企业中普遍建立民主管理组织（在工业领域是增产节约委员会或组，在商业领域是民主管理委员会或组），作为领导和管理本企业的生产、经营的常设机构，对私营企业实行监督。管理委员会在监督企业生产、经营活动的同时，也对企业生产技术、财会计划等工作提出合理化建议。职工通过参与企业民主监督和企业生产经营工作，实现了对资本主义工商业的有效管理。

其四，维护职工利益是工会改造工作的着力点。劳动条件和生活条件，关系职工切身利益，工会组织十分重视这些问题的解决。但解决这类问题时，必须本着实事求是的原则，根据现实条件进行，既要反对漠视工人生活疾苦的行为，也要反对要求过高、脱离实际可能的做法。总之，凡是职工劳动条件、生活福利上存在的问题，有可能解决的应迅速解决；暂时不可能解决的，要向群众解释清楚。

各级工会对私营和合营企业工会的改造工作，有效调动了工人群众参加资本主义工商业改造的积极性。广大职工发扬主人翁精神，认真履行工作职责，在私营工商业改造中积极参与生产、改造资本家以及公私合营等工作，发挥了工人阶级的重要作用，涌现出许多先进典型，有些老工人志愿参加义务劳动，坚持白天搞生产，晚上参加清产估价工作。

在党的领导下，工会团结动员全省职工通过艰苦工作，推动了对农业、手工业和资本主义工商业的社会主义改造，在较短时间内实现了生产资料所有制的深刻变革，社会主义改造工作取得胜利。全民所有制和集体所有制两种社会主义公有制形式开始在安徽国民经济中占绝对优势地位。人民政权日益巩固，社会主义意识形态和道德规范在群众间逐渐树立，社会主义制度在安徽正式建立起来。

五、参与职工权益相关工作

（一）参与职工文化技术教育和文体事业建设

“用文化教育工作提高群众的政治和文化水平，这对于发展国民经济同样有极大的重要性。”[①] 开展职工业余文化活动同样是各级工会的一项重要工作,随着社会主义建设事业的发展，许多新建或扩建企业陆续投入生产，部分旧企业也正在进行技术改造，生产工作中越来越多地采用新技术，职工群众只有不断提高自身科技文化知识，才能不断适应社会主义建设工作的新趋势。为此，安徽各级工会在“一五”计划期间，坚持“为党的中心工作服务、为生产服务、为职工服务”的方针，在发展职工文化事业、建设职工文化阵地、培养职工业余文化等方面，开展了大量工作，取得了显著成绩。据统计，安徽省共建立工人俱乐部525个，其中市、县、镇共计110个；新建图书馆295座，其中市、县、镇41座；新建广播站65个，其中市、县6个；成立业余文工团5个；成立电影放映队7个。

为进一步搞好俱乐部工作，改善职工物质文化生活，1954年5月13日，安徽省工会联合会提出整顿工会俱乐部工作的初步方案，在坚决贯彻“面向基层、面向群众、面向生产、为生产服务”的方针基础上，重点做好以下几项工作：一是定期举办各种讲座，如政治讲座、时事讲座、科学知识与生产技术讲座，俱乐部根据每一时期中心任务，请有关部门制订各种讲座计划，确定讲座内容，安排讲演人员，在当地党委与工会组织下举办。二是经常深入厂、矿拍照记录生产过程中的发明事迹，定期举办图片展览会和生产展览会，对职工进行相应教育。配合中心运动和纪念节日的宣传教育，运用广播、黑板报、墙报、漫画、标语、图表等方式及时进行讲解，有条件者可与有关单位联合举办纪念会、座谈会和晚会，通过以上形式向职工群众开展政治思想教育，提高职工群众劳动热情，推动劳动生产。三是定期举行文艺体育友谊比赛，通过开展各项体育运动，提高职工身体素质。

---

① 毛泽东:《毛泽东选集》第1卷，人民出版社1991年版，第125—126页。

为促进职工业余体育活动有序开展。1954 年 1 月，根据党中央指示精神，全国总工会发出《关于开展厂矿企业中职工群众体育运动的指示》，要求各地企业充分利用现有体育场所、设备，本着自愿原则，组织职工开展各种体育活动。1955 年 10 月，全国总工会在北京主办第一届全国工人体育运动大会，毛泽东等党和国家领导人出席大会开幕式。来自全国各地 17 个产业系统的 1709 名运动员参加了运动会。这次运动大会检阅了新中国成立以来职工体育运动的成绩，对进一步开展职工体育运动起到了推动作用。

安徽各级工会积极贯彻全国总工会指示精神，进一步开展职工群众体育运动，结合安徽实际，对 1956 年职工体育工作做出如下安排：一是继续巩固和普及广播体操，包括劳动前后操、工间操、早操等；二是广泛开展各式各样的体育运动；三是建立职工体育协会；四是举办运动竞赛；五是培训职工体育干部。职工体育运动如火如荼地展开，培养了一支职工体育运动大军。随着职工文化技术教育和卫生体育事业的发展，安徽工人精神面貌得到明显改善，身体素质得到显著提高，这是“一五”计划时期安徽工人运动事业取得的重要成绩。

（二）参与职工劳动保险事业和职工劳动保护工作

党和国家对保护工人利益和健康高度重视。1951 年 2 月，政务院颁发了《中华人民共和国劳动保险条例》。1953 年 1 月 2 日，结合国家经济建设水平和广大职工实际需求，政务院第 156 次会议通过《关于中华人民共和国劳动保险条例若干修正的决定》，将原先仅限于铁路、邮电、航运和 100 人以上的工厂、矿场的劳动保险，扩大到所有工厂、矿场及交通事业等单位和国营建筑公司。修订条例在提高劳动保险和公费医疗水平的同时，增加了职工养老补助，生育补贴、丧葬补助等项目。

为促进修订后的《劳动保险条例》在安徽省顺利实施，1953 年 2 月 6 日，安徽省总工会筹备委员会印发《关于贯彻执行修正的劳动保险条例的通知》，要求各级工会做好以下几项工作：一是在广大职工群众中进行深入的宣传解释工作，让广大职工了解修订劳动保险条例的意义和内容，认识到只有通过提高生产才能不断改善自身物质文化生活条件。二是在已批准或决定实行劳动保险条例的工、矿企业中的工会，应利用业余时间，组织工人学习劳动保险条例及有关文件，夯实贯彻劳动保险条例的思想基础。三是纳入实施新保险条例的单位、国营建筑公司的工会，应迅速会同工业工程部门，向当地劳动行政机关申请办理登记手续，建立工会基层劳动保险委员会，加强对实行劳动保险条例企业职工的组织和领导。四是实行新劳动保险条例单位的基层工会应主动协助企业或资方改进、充实厂矿企业中的卫生医疗设备。在尚未建立医疗机构的单位、企业行政可单独或联合举办小型医疗机构，并与当地医院建立合作关系。五是各级工会组织要建立健全劳动保险组织机构和工作制度，适当补充干部，充实机构。县（市）工会组织必须设立由专人负责的劳动保险委员会，掌握好职工劳动保险基金收支工作。

当年，安徽各级工会系统调查了所属地区厂矿企业工会组织人数和以往工人劳动保险情况，通过办理登记手续并备案，确保劳动保险工作有效施行。截至 1953 年 8 月，全省实行《条例》的矿山机械厂、淮南电厂、淮南矿务局、马鞍山矿务局、铜官山矿务局、蚌埠铁工厂、芜湖纱厂等 42 家单位，获得劳动保险的职工达 41753 人，其中 3334 人获得了劳动保险待遇金。获得企业直接支付劳动保险费用的人数达 66918 人。暂不在实行《条例》范围内的厂矿企业，部分已根据本单位经济条件和职工实际需要，参照《条例》各项待遇规定，签订了劳动保险集体合同。当时已签订劳动保险集体合同的单位有 60 个，有 61161 人获得合同中规定的劳动保险待遇。在私营商店和作坊中，因条件限制尚不能签订劳动保险集体合同的，则在劳资集体合同中规定了可行的劳动保险待遇，其比例约占劳资合同总数的 30% 以上。此外，也有以行业为单位，采取“集资”的办法，即根据本单位职工人数由资方缴出若干资金给同业工会，解决职工医疗保险问题。如蚌埠市厨业、芜湖市棉织业、合肥市百货业即采取这一方式。搬运业则根据《中国搬运工人劳动保险暂行办法（草案）》和实际生产情况，对职工伤、病、残等问题做出适当处理，使得职工长期难以解决的保险问题得到解决。①

为进一步贯彻劳动保险工作方针，发挥劳动保险部门和工会基层劳动保险组

① 《中国工会运动史料全书 · 安徽卷》编委会编：《中国工会运动史料全书 · 安徽卷》，安徽大学出版社 1998 年版，第 272 页。

织作用。1954 年 5 月 12 日，安徽省工会联合会在《关于加强劳动保险 劳动保护的指示》中指出，各级工会组织，特别是市、矿工会在开展工作时，必须保留部分骨干力量做好部门业务工作，避免工作上下“脱节”。在有条件的厂矿应将劳动保险、劳动保护机构分开，较小规模的工厂、单位暂不需机械分开此类机构，委员会中可进行分工，使各项工作有专人负责，保持正常工作秩序，减少事故和混乱，建立健全各项必要制度。做劳动保险工作的专职干部，要经常组织业务学习，特别是对苏联劳动保险、劳动保护理论和经验的学习。根据实际情况开办短期业余训练班，不断培养基层干部和积极分子。

到 1955 年，安徽省劳动保险工作已取得明显进步。首先，组织建设工作有了新发展。如合肥已有 29 个工会基层单位建立了劳动保护工作委员会，有 142 个工会小组建立了劳动保护检查员制度。有些市和矿区工会对劳动保险部门工作做了一些分工，建立了专人管理劳动保护工作的制度。同时，各地通过会议和业余训练班的形式，对新设立的劳动保护委员和检查员进行了训练。例如，铜矿工会训练了两期基层劳动保护干部，受训的劳动保护委员和小组保护检查员共 169 人。蚌埠市训练了一期共 54 人。安庆市训练了一期共 21 人。通过训练，工会劳动保护委员和小组保护检查员初步掌握了自身的职责范围和工作方法，对推动劳动保护工作的开展创造了有利条件。其次，监督与协助企业编制了安全技术、劳动技术、劳动保护的措施计划。1955 年，全省各地完成措施和计划项目编制的单位一般为 80% 以上。据芜湖市 21 个厂的统计：预计编制措施计划项目为 278 项，实际完成 245 项，占计划编制总数的 58%。淮南市编制措施计划的 7 家单位，计划编制项目 199 项，最后完成 180 项，占计划项目总数的 90%。再次，重视防病防伤工作。如蚌埠市工会自明确劳动保险工作具体方针后，配合卫生部门召开企业卫生人员座谈会，广泛征求医务人员对改善企业卫生工作的意见，向其说明工人卫生要求和改善企业卫生工作的重要意义，解决了其在工作中遇到的一些实际困难，密切了医务人员和职工群众的关系。由于此类单位对防病防伤的重视，职工疾病率出现明显下降。如蚌埠染织厂推行溶血疗法以后，职工患胃病率由 13.3% 下降为 2.5%。最后，整顿与发展劳动保险事业。1955 年，新建疗养院两所，提供床位 150 张，新建基层业余疗养院

5 所、营养食堂 3 所。对已建立的疗养院、营养食堂进行了整顿，推行了一些先进医疗方法，提升了疗养效果。

（三）各级工会参与工资改革

工资制度直接关系到职工切身利益，党和政府对此十分重视。新中国成立初期就已建立起一套统一、合理、科学的工资制度。1951 年至 1952 年，全国各省市普遍进行了工资改革。“一五”计划期间，大规模经济建设的开展，促进了国民经济的恢复和发展，但职工工资没有及时增加。1954 年，全国工业企业劳动生产率提高 15%，平均工资提高 2.3%，1955 年分别提高 10% 和 0.6%，据全国总工会对一些地方国营企业的调查分析，其主要原因是劳动工资落后于企业生产实际效益、非生产人员盲目增加、工资基金使用不合理。上述情况表明，进行工资制度改革已势在必行。1956 年 6 月，国务院通过《关于工资改革的决定》，决定对企事业单位和国家机关实行工资改革。7 月 6 日，全国总工会发出通知，要求各级工会教育和发动职工，监督企业执行工资改革各项规定。

1956 年，安徽各级工会在党的统一领导下，参与了国营、公私合营、事业和国家机关等部门的工资改革工作。首先，为在工资改革中发挥工会作用，各级工会及时建立和健全群众工资组织，训练大批积极分子。据合肥、芜湖、蚌埠、淮南四市统计，共建立 99 个工资工作委员会，训练 1712 名积极分子。其次，各地区各单位利用各类宣传工具，广泛向职工开展工资改革的宣传教育工作，使广大职工明确工资改革的意义和原则，明确了发展生产和改善生活的关系，懂得了“按劳付酬”的道理。最后，工会组织职工参加了工资改革方案的研究和制定工作，发动全体职工贯彻工资改革方案。为使工资改革方案建立在可行基础上，工会组织职工积极分子，收集各方有关资料用于制定方案，修订技术标准。在方案制定之后，工会再次组织职工积极分子进行方案审查。实践表明，放手依靠职工，听取职工意见，保证了方案能够顺利贯彻执行。如蚌埠油厂部分工人“测评”等级存在偏高或偏低的现象，经过审查及时得到纠正。又如宝兴面粉厂劳动强度高的储运工工资等级线反低于一般劳动强度的麻袋房整理工，经工会建议做出妥善改进。蚌埠市人民印刷厂原有一批临时工在工资改革时被转为学员，职工积极分子向工会提出应按正式工人对其进行评级，经工会向工资改革委员会提议后，这一问题得到合理解决。针对不少地区不按规定补发临时工工资、不按技术标准评级工人的现象，工会提出意见后都进行了及时纠正。

为广泛收集意见，密切工会与群众的联系，基层工会建立接待站（室）进行了家庭访问和个别访问。据合肥、蚌埠、淮南、芜湖四市统计，共计建立90个接待站（室）。这些工作都是在职工积极分子的参与下进行的，解决了不少职工的工资问题和思想问题，受到职工群众热烈欢迎。

经过工资改革，安徽省工人年平均工资从改革前的427.7元增长到507.4元。工资改革不仅提高了职工工资，改善了职工生活条件，而且改进了工资制度。如过去没有经过工资改革的安徽省地方企业，在工资制度上存在严重的平均主义现象。经过改革后，企业陆续建立了等级工资制，改变了过去的混乱现象。国营厂、矿通过工资改革，分类改进了不同产业工人的工资结构，进一步贯彻了“按劳付酬”的原则，激发了职工学习生产技术的积极性。许多企业职工积极参加业余学习，签订互学技术合同，如蚌埠市农业机械厂签订了互教互学、包教包学的合同110对、师徒合同97对，九龙岗煤矿采煤三区在工资改革后全区都签订了师徒合同。由于工人学习技术的积极性提高，生产上出现了新气象。如蔡家岗采煤二队一个月内完成30个正循环；芜湖纱厂“工改”前棉布正品率为94 %，工资改革后上升到99%，最高甚至达到99.19%，创造了该厂的新纪录。通过工资改革，部门、产业、城乡间的工资关系也有了改进，如以国家机关人员平均工资基数作比较，事业部门改革前平均工资低于国家机关20.66%，改革后低于14.03%，缩减了6.63%；工矿企业在改革前平均工资低于国家机关23.51%，改革后低于3.65%，缩减了19.86%。地方工人工资标准在改革前与市营各厂相差较大，改革后二者工资水平逐渐接近。

1956年9月，党中央批转全国总工会代国务院拟定的《关于新公私合营企业工资改革中若干问题的规定》，对公私合营企业的工资制度进行了改革。安徽省公私合营企业工资改革工作除部分城市服务业外，已基本结束。在各级党委领导下，安徽各级工会认真贯彻党中央和国务院的方针、政策以及省委指示，从1957年开始对省内新进公私合营企业进行工资制度改革。根据这类公私合营企业规模小、劳动生产率低、工资制度差别大的特点，对照党中央和省委提出的工资水平有所增长，工资制度有所改进，避免工资增加过多，做到使职工群众满意的指示，在各地扩大了增加工资的人数，争取做到让大多数职工满意。全省参加工资改革的职工，增加工资的占89.73%。市、县、城、镇（乡）一般在80%—90%。针对企业领导干部，一般增加工资幅度和绝对数，按照企业平均工资增长幅度，最高不得超过先前工资的13%。经过工资改革，企业领导干部感到与群众的关系更加紧密。

1958年3月18日，安徽省工会联合会工资部发布《关于1957年度群众工资工作总结的报告》，指出全省参加工资改革的人数为22750人，职工月平均工资由32.94元提高到36.81元，平均每人增加3.87元，增长幅度为11.75%。直辖市每人月平均工资增加4.43元，县镇增加3.5元，商业系统每人月平均工资增加3.85元，合作社系统每人月平均工资增加3.53元。此次公私合营企业工资改革成绩显著，在避免盲目增加过多工资的同时，做到了让多数职工群众满意。许多企业在工资改革以后，生产经营上出现了新气象。同时，此次公私合营企业工资改革还积累了诸多宝贵经验：

第一，坚持党委统一领导。此次工资改革是在各级党委亲切关怀和直接领导下进行的，不少市、专区、县委负责人参与，着力统一干部思想，紧抓汇报工作，处理重大政策问题。在党委统一领导下，省、市、专署专门成立工资改革委员会，充分发挥工会、青年团和厅、局、公司以及工商联的作用，统一组织和调配力量，训练了大批干部和职工积极分子，使党的方针政策为干部所掌握，保证了工资改革工作的顺利推进。

第二，做好职工思想教育工作。在工资改革过程中，绝大多数地区和企业都比较集中地对公私合营企业职工进行了勤俭建国、勤俭办企业的思想教育，广泛宣传和解释工资改革方针政策，提高了职工群众主人翁意识。许多企业反复向职工阐明合营企业五大特点，认真开展职工算好三笔账（合营与国营企业的劳动生产率、工农生活的差别、合营前后生活福利对比）的教育，合肥市工会前后两度组织内迁厂职工代表回原地进行参观对比，扭转了部分职工要求多增加工资和与国营企业职工攀比的思想。宣传教育工作的方式，一般是报告会、讨论会，或采用回忆对比、算细账等方法。

第三，紧密团结和依靠广大职工群众。安徽省在开展职工工资改革的过程中，基本贯彻了群众路线的工作方法。通常的做法是，在职工群众思想觉悟提高的基础上，向群众交家底、交指标、交标准、交等级、交方法，放手让群众讨论，根据群众意见修改工作方案，通过群众再讨论、再修改，最后定案。许多小厂、小店在交代政策以后，向群众全面交底——企业生产、利润、成本、工资现状和增资指标，由群众讨论决定工资增加方案。除此以外，许多企业基层工会还设立了意见箱和接待站，征求职工群众意见，支持职工群众合理要求。不少企业基层工会，吸收各类人员数次召开复评会议进行复评，以达到准确评级，达到让职工群众满意的目的。领导与群众相结合的群众路线的方法，使工资制度改革更加切合实际，增资指标分配更加公平合理，广大职工对这类民主方法也感到满意。

（四）推动改善职工生活条件

在提高工人工资的同时，各项职工福利事业也有了发展。“一五”计划期间，国家经济快速发展，工业规模不断扩大，职工数量大幅上升，但这也造成职工住房不足的问题。据对安徽四市、三矿区约102984名职工的统计，职工宿舍缺口为765215.97平方米。因公共房屋紧缺，职工在外租赁民房者占很大比例，根据合肥、安庆、铜官山、马鞍山四市的统计，约有4548名职工通过租用民房解决住房问题。鉴于民房租价昂贵，严重影响职工生活，省总工会就此提出解决职工住房的五项对策：一是合理利用现有奖励金和福利金结余，尽快建设职工宿舍；二是根据职工家庭人口和实际情况，制定住房面积限额，对分配不合理的房屋进行适当调整；三是长期占用职工宿舍的部门应另建宿舍，保证职工有更好的住房条件；四是设立家属临时招待所，解决家属来访问题；五是利用企业自建公寓提供职工住房，采用贷款或废料自建的形式，少收或不收房租。此外，工会还加强对私房的管理，制定房租标准限额，规定中小房产的限额，考虑核减其他产税。对于私房承租，企业可以在承租后分配房屋，按公房标准收租并由企业补贴多出部分；选择自租民房的职工，可按公房标准付租并由企业给予补贴，补贴经费可以从上缴利润或企业奖励金中支出，没有上缴利润及奖励金的单位可以在公杂费报销中支出。

除住房问题，安徽各级工会还为广大职工解决了其他福利问题。针对职工患慢性病、职业病的情况，首先总结出主要原因：一是没有认真贯彻防病防伤精神，对于改善劳动条件关注不够；二是严重加班加点，侵占职工业余时间，致使职工疲劳过度、得不到必要的休息；三是医药收费偏高、贵重药品需自理（包括家属在内），导致职工看不起病，因而病情越拖越重。针对这些问题，安徽省工会联合会二次常委会上提出，建议医疗机构逐步降低职工医疗费用，根据药品价格合理定价，降低住院费用，取消住院预缴押金的规定；此外，可以通过合同解决职工及其家属的医疗费用问题。对于因病伤导致短期内无力偿还医疗费用的职工，应根据不同情况分别解决，如采取分期扣还或行政报销等方式，此类经费可从企业医药卫生费结余中支出，如果不足可从劳动保险基金或工会困难补助费中获取补助，还可以从职工保险基金中申请拨款补助。

新中国成立以后，随着生产不断发展，尤其是经过工资改革，职工生活有了进一步改善，职工中生活困难的人数也有所减少。然而，仍有少数职工存在较严重困难或突发危机。安徽省工会联合会第二次常委会上就该问题指出，针对不同地区和不同职业（重体力、轻体力、脑力劳动）的职工，应实事求是地衡量其生活状况，确定长期补助对象，对临时发生困难的职工予以临时补助。此外，将企业奖励金中的救济费与工会会员困难补助费合并使用，可以有效提高职工补助效率。

（五）参与做好女工和家属工作

新中国成立初期，皖北区数量极少的女工主要集中在烟厂从事包烟工作；皖南区工商业相对发达，但女工人数很少，1950 年全区共有女工 4918 人。随着社会经济的发展，女工队伍逐渐扩大。1953 年，全省女职工为 35132 人，到 1956 年一季度女职工达到 52151 人，较 1953 年增长 48.44%。蚌埠市妇女就业人数，两年间增长了 22.1 倍。通过对总路线和资本主义工商业社会主义改造的宣传教育，女工在思想觉悟提高的基础上，充分发挥劳动积极性，钻研业务技术，获得了许多社会主义建设积极分子和先进生产者的光荣称号。据统计，1956 年全省 18278 名参加订立社会主义竞赛保证条件的女工中，有 1231 人获得了先进生产者称号，占总人数的 6.33%。1953 年，全省女劳模和先进生产者共 25 人，占全省先进生产者总数的 2.08%。1956 年，全省女工先进生产者占评比总数的 3.66%，较 1953 年增长了 48 倍。以上数据表明，女工在社会主义建设中扮演着重要角色，为更好地支持女工工作，各级工会决定做好女工及其家属工作。

1956 年 5 月 25 日，安徽省工会联合会召开省女工、职工家属代表会议，对做好女工工作提出许多具体意见，如加强女工思想教育工作，帮助女工解决切身困难；继续发展和改进托儿所工作，关心女工保护工作；发挥工会女工委员会组织作用。通过贯彻有关保护女工特殊利益的政策法令；反对不关心女工生活疾苦的官僚主义作风。此次会议召开后，很多厂矿企业开始重视女工在生产、生育、卫生等方面的保护工作，采取了各种不同的保护措施，如蚌埠麻纺厂、染织厂、火柴厂等，为避免女工因怀孕操作不当或劳动过度而造成流产，调换轻便工作不让其上夜班，发动全体职工以车间或小组为单位组成互助组，不让孕妇从事需搬重、攀高和弯腰的工作，动员和教育怀孕女工定期做孕期检查，请保健员在厂里或车间利用黑板报、广播、漫画等方式讲解妇婴卫生常识。

通过贯彻执行全国总工会和全国妇联于 1950 年底共同提出的“因陋就简，因地制宜，依靠群众力量发展多种多样形式的托儿组织”的方针，职工托儿事业有了很大发展，除 1955 年底资本主义工商业社会主义改造期间合并的一部分托儿所和哺乳室外，从 1953 年开始新建托儿所 14 个、托儿站 14 个、家属宿舍托儿站 6 个、哺乳室 25 个、幼儿园 1 个，共收托职工子女 2708 人，较 1952 年底增加了 8 倍。在职工托儿事业工作方面，芜湖、蚌埠通过配合当地妇联保健站举办保育员业余训练班和组织先进保育工作者座谈会，学习外地先进工作经验及本地行之有效的育儿方法，普遍提高了保教人员业务水平，改进了育儿工作方法。

女工思想政治教育方面，通过对世界女工会议及肃反运动的学习，女工阶级觉悟普遍得到提高，体会到社会主义制度的优越性，认识到国内外阶级敌人图谋破坏社会主义建设的阴谋。广大女工在接受思想教育后，成为积极推动生产的主要力量，90% 以上的女工群众都曾投入肃反斗争，推动了肃反斗争的胜利完成。

为支持生产工作和社会主义劳动竞赛，减少家务对女工生产力和学习的影响，安徽各级工会在组织起来的女工家属中，普遍推行“团结互助”和“五好”教育。这项工作一般以自愿为原则，发挥职工家属的友爱精神，共计组织 702 个互助组，其中有 30% 的互助组在职工亲戚、朋友、邻里之间开展互助工作，基本解决了职工因家属生病、生孩子而请假或缺勤的现象。例如，据淮南市 1955 年第一季度统计数据显示，在开展家属互助后，有 1283 名职工不再因家属生育生病而缺勤。通过“五好”宣传教育，女工家属明确了家务劳动与建设社会主义的关系，认识到搞好家务、带好孩子同样有助于推动社会主义早日实现。通过扭转职工家属过去不关心生产的想法，家属们积极搞好家务，养好孩子，支持从事劳动生产的职工完成生产任务。

第七章　全面建设社会主义时期的安徽工运事业

1956 年 9 月 15 日至 27 日，党的八大在北京举行。大会宣告了社会主义革命的基本完成和社会主义制度的基本确立，明确提出党在今后的根本任务。[①] 党的八大闭幕后，为学习贯彻大会精神，全国总工会发出《关于组织全国职工学习中国共产党第八次全国代表大会文件的通知》，要求工会在各级党委的领导下，组织广大职工学习大会文件，贯彻和执行中共八大规定的党在社会主义建设时期的最新路线、方针和政策，为实现党的八大提出的任务而奋斗。

在各级党委的领导下，安徽工人阶级认真学习贯彻党的八大精神，积极投入各项社会主义建设工作，安徽工人运动由此进入一个崭新的发展阶段。在这一时期，安徽工人阶级和各级工会的任务与使命，就是全面开展社会主义建设。为此，安徽工人阶级在各级工会的带领下投身于社会主义建设事业中。一是动员和团结广大职工群众积极投入社会主义建设。如广泛动员职工开展合理化建议、技术创新运动、“比学赶帮超”增产节约运动、社会主义劳动竞赛，以及“工业学大庆”运动等，调动了广大工人和技术人员的劳动积极性和创造性。二是充分发挥劳动模范和生产代表的示范作用。安徽省总工会先后召开全省工会积极分子代表会议和工业、交通运输、基本建设、财贸领域先进集体以及先进生产者代表大会，表彰了在社会主义建设工作中做出突出贡献的生产集体和个人，鼓舞了广大职工建设社会主义的热情，调动了广大职工的生产积极性。三

① 中共中央党史和文献研究院：《中国共产党的一百年（社会主义革命和建设时期）》，中共党史出版社 2021 年版，第 469 页。

是进一步保护职工合法权益，改善职工物质文化生活条件。安徽各级工会高度重视职工合法权益，加强劳动保护和安全生产工作，完善职工劳动保险制度，在全省多地建立工会疗养院，保障了职工生命安全和身体健康。不仅如此，全省各级工会还组织职工广泛开展学习毛主席著作活动，在职工中大力宣传毛泽东思想，提升了职工思想觉悟，使其在思想上受到教育和启发。

尽管这一时期，安徽工人运动和工会事业因为历史原因遭遇了一些挫折，但全省工人阶级在各级党委和工会的带领下，依旧为社会主义建设事业作出了重要贡献。总的来说，这一时期安徽工会围绕党和国家工作大局，结合本省实际，在实践中打开了工人运动和工会工作新局面，成功探索出一条符合自身发展需要的新道路。

第一节　社会主义建设探索时期的安徽工运事业

一、建立全省职工疗养院

维护职工合法权益、改善工人生活条件是安徽各级工会的重要工作内容之一。1951 年 2 月，《中华人民共和国劳动保险条例》颁布，指出全国总工会可举办或委托各地方、各产业工会组织举办疗养所、休养所、养老院等集体劳动保险事业，对工会举办职工集体劳动保险事业的内容、服务对象、资金来源等做出了明确规定。《中华人民共和国劳动保险条例》颁布后，全省各级工会积极贯彻实施，协助配合企业开展改善职工生活福利的工作，以及做好职工疗（休）养和退（离）休职工管理服务工作。随着安徽省国民经济发展和实施劳动保险的企业范围扩大，以工人疗养院、休养所为代表的职工福利事业有了较快发展。

工人疗、休养院旨在为职工群体提供疗养、休养、保健、康复等服务，是工会直接服务职工群众、维护广大职工疗养权益、促进职工身心健康的重要场所。1952 年 10 月，界首县总工会筹建了界首工人疗养院。1956 年 4 月 2 日，省工会疗养院在合肥建成。[①] 同年，省总工会筹建了位于黄山风景区的黄山工人疗养院，占地 4595 平方米，建筑面积 3181 平方米，核定床位 200 张。1957 年，省总工会筹建省工人半汤温泉疗养院，1964 年 12 月 14 日正式建成开院，占地 132 亩，床位 150 张。1962 年，亳县在原有工人医院的基础上附设了亳县工人疗养院，占地 5300 平方米，建筑面积 3200 平方米，床位 50 张。据统计，从 1951 年到 1965 年，全省工会系统先后建成省工会疗养院、亳县工人疗养院、界首县工人疗养院、省工人结核病疗养院、省工人半汤温泉疗养院、省淮河工人疗养院、黄山工人疗养院、马鞍山工人疗养院、铜陵市工人疗养院、濉溪市职工疗养院、淮南市职工疗养院、合肥市工人疗养院等 12 所工人疗养院，共设床位 1250 张。

一些厂矿企业也相继开创了一批职工业余疗休养所、职工营养食堂等集体福利设施。截至 1959 年，全省厂矿企业举办业余疗养所、休养所共 61 所，设床位 946 张。各类疗养院（所）、休养所的建成和开业，对预防和治疗职工职业病和慢性病、收纳因工负伤的职工进行休养、恢复和改善职工身体健康、提高职工生产积极性起到了重要作用。

1958 年，在“左”倾错误思想和“工会消亡”风影响下，职工疗（休）养事业受到冲击和破坏，众多疗养院被迫转制或停办。1958 年 11 月 25 日，省工会联合会党组经讨论做出将工会系统疗养院交由政府统一管理的报告，决定将合肥工人结核病疗养院、半汤温泉疗养院移交卫生厅管理，将黄山工人疗养院移交黄山管理处管理，将治淮工人疗养院移交蚌埠专署管理。“文化大革命”期间，省内其余几所工人疗养院改由当地革命委员会安排使用。安徽在新中国成立后建设的 10 所工人疗养院或停办，或性质发生改变，或所有权发生变更，被改作地方医院、党校或学校、工厂、博物馆、宾馆招待所，职工患有慢性病、职业病后的疗养问题无法得到解决，身体健康水平下降，职工疗（休）养事业遭到严重破坏和影响。

1973 年，安徽省总工会恢复成立后，职工疗养事业也得到了恢复和发展。

---

① 安徽省总工会编：《安徽工人运动大事记（1861—1993）》，安徽人民出版社 1995 年版。

1975年收回半汤温泉疗养院；1979年收回界首工人疗养院；1980年收回黄山工人疗养院；1981年收回亳县工人疗养院；1987年收回工人结核病疗养院。其余5所疗养院经多次交涉，仍未能收回。

二、召开工会积极分子代表会议

为表彰生产工作积极分子，总结和推广工会积极分子工作经验，解决积极分子工作中存在的问题，加强工会同职工群众的联系，动员其在社会主义建设中进一步发挥作用。安徽省工会联合会于1957年3月16日至20日，在合肥召开全省工会积极分子代表会议。出席会议的正式代表有636人，大多是工会基层委员、车间委员会的委员、小组长、小组干事以及俱乐部、图书馆、体育、电影放映、黑板报、广播、业余艺术等领域的积极分子。会议主要任务是根据全国总工会关于加强工会积极分子工作决议和召开全国工会积极分子代表会议的通知，听取安徽省工会联合会关于工会积极分子工作成效和工会工作任务的报告，组织职工积极分子作发言并选举出席全国工会积极分子代表会议的代表。大会主要内容是传达今后安徽省工会和积极分子的主要工作，并集中讨论和解决了几个重要问题。

（一）总结安徽省社会主义改造成就

1956年安徽省由于城乡社会主义改造运动迅速发展，全省农业和手工业基本实现合作化。据1956年统计数据，全省总农户中98.37%参加了农业生产合作社，组织起来的手工业者占全省手工业者总数的84.3%，资本主义工商业基本实现全行业公私合营。在社会主义改造高潮的推动下，群众生产热情空前高涨，在工业、商业、交通运输等领域，先进生产者运动广泛开展。在运动中，职工提出合理化建议44541件，其中已采纳执行的有25759件。广大职工积极向先进者学习，先进生产者队伍不断扩大。据统计，1956年全省涌现先进生产者244787人、先进单位2497个。在生产产值方面，仅以70个重点厂矿单位统计为例，1956 年完成总产值既定计划的 104.44%，为 1955 年的 120.22%。[①] 在农业方面，虽然遭受严重自然灾害，但仍做到了大灾之年不减产。这些成就的取得离不开党的正确领导和职工群众的艰苦奋斗。

（二）总结工会积极分子的工作成绩和不足

工会积极分子是活跃在基层的工会工作者，扎根于职工群众当中，是联系职工群众的桥梁。充分提高广大职工阶级觉悟，把广大职工群众团结在党的周围，实现党的政策和主张，必须依靠职工群众中的积极分子。随着全省经济建设事业的发展，省工会干部学校和各市、专、县工会，利用各种形式训练了大批工会积极分子。据统计，在 1954—1956 年 3 年间就培训了 35973 人。截至 1956 年，全省工会积极分子已发展到 101144 人，占职工总数的 17.45%，较 1953 年约增加一倍。[②] 这些工会积极分子活跃在工会各项工作中，有效帮助和推动了工会各项任务的完成，如在社会主义竞赛和先进生产者运动中，说服和动员广大群众参加各种文化和技术学习活动，保证了党的各项政策在企业中得到贯彻。许多积极分子积极学习和钻研业务，同他人交流工作经验，有些甚至牺牲休息时间忘我工作，出色完成工会任务，成为生产能手。据统计，出席工会积极分子代表会议的代表中有 399 人是先进生产者和先进工作者，他们用实际行动带动和帮助群众，在获得群众支持后，有序推进各项工作。

但部分工会积极分子在工作中也存在一些不足。首先，部分工会积极分子有参加工作的热情，但业务不够熟练，造成信心逐渐消磨。其次，少数职工对工会积极分子认识不足，不重视工会积极分子的作用，个别职工甚至出现不愿当工会干部、不愿负责工会工作的思想。最后，部分工会专职干部的认识存在偏差。一些工会专职干部认为积极分子的行政工作忙，业务能力不足，大事办不好，小事不值得，布置工作时既要交代办法又要督促检查，结果也不一定如意，因而在实际工作中不敢放手让积极分子工作。另一种情况则是不少工会专职干

① 《中国工会运动史料全书·安徽卷》编委会编：《中国工会运动史料全书·安徽卷》，安徽大学出版社 1998 年版，第 379 页。

② 《中国工会运动史料全书·安徽卷》编委会编：《中国工会运动史料全书·安徽卷》，安徽大学出版社 1998 年版，第 380 页。

部只看到现有工作进行得较好的积极分子，没有去发现和培养新的积极分子，没有认识到大批新的积极分子会从工作中涌现出来，造成现有积极分子兼职过多、工作过忙，影响了他们的积极性和工作热情。

（三）加强工会积极分子培养教育工作

工会积极分子的工作尽管取得了明显成绩，但仍存在一定问题。对此，省总工会提出了具体要求：一是各级工会组织要发展更多积极分子。工会干部要切实树立依靠积极分子做好工作的群众观点，在日常工作中有意识地从社会生产活动中发现优秀职工，吸引他们参加工会工作；同时还可以通过积极分子推荐、群众选举等方式发展更多积极分子。二是各级工会组织要加强对积极分子的培养教育，不能“只使用不培养”。在确定工作时，要根据积极分子特点和行政业务性质分配工作，激发其对工会工作的兴趣，调动其工作积极性和创造性；结合积极分子实际工作能力，由简到繁逐步增加工作量。三是各级工会组织要经常关心和支持积极分子，不仅关心其日常工作和生活，还要关心其思想政治情况并积极向党团组织反映。

（四）深入开展先进生产者运动

1957 年，为超额完成“一五”计划任务，会议动员全体积极分子和广大职工群众响应增产节约号召，继续开展合理化建议和先进生产者运动。

一是继续贯彻“互相学习、互相帮助、取长补短、共同提高”的方针，做好学习与推广先进经验和开展合理化建议运动的工作。积极分子应广泛发动职工群众围绕生产过程中的关键问题和薄弱环节提建议，协助和监督企业及时回应群众合理化建议，落实国务院规定的有关生产发明创造、技术改进合理化建议的奖励条例，进一步激发职工群众工作积极性。

二是继续开展各种形式的生产竞赛。生产竞赛一般包括比质量、比产量、比降低成本、比节约、比克服困难。同时，根据产业具体情况，确定竞赛重点，如在榨油、酿酒行业中主要比出品率；在机械、纺织系统中主要比质量、比节约原材料、比降低成本等。竞赛中要组织各厂交流先进经验，开展厂与厂之间的互助互学，使落后企业赶上先进企业。与此同时，广大积极分子要在工会委员会的领导下，协助职工广泛签订技术互助合同，把“帮助别人”和“向别人学习”的要求和责任承担起来，使互助互学成为一种良好风气，克服竞赛活动中互不通气、互相竞争的思想，真正达到取长补短、共同提高的目的。

三是加强政治思想教育工作。宣传教育的中心内容是根据党的八大会议精神向职工进行艰苦朴素、勤俭建国的思想教育；宣传教育的重点应根据不同对象特点来调整，如对新工人应着重进行劳动光荣、主人翁意识等教育，对小生产者着重进行组织性、纪律性的教育，对小业主和摊贩着重加强关于社会主义的常识教育。

安徽省工会积极分子代表会议的召开，增强了职工积极分子的荣誉感和责任感，鼓舞了广大职工的生产积极性，推动了全省工会积极分子队伍的壮大。正如会议所强调的：“工会积极分子过去在动员广大职工完成国家生产计划中，发挥了工会的作用，通过这次会议，大家总结和交流了工作经验之后，一定会使工会工作更加活跃，工会的作用也必能得到进一步发挥。”[①] 会议还要求，各地工会应广泛宣传此次会议总结的经验和下发的任务。积极分子代表大会召开之后不久，又陆续召开省工业、交通领域社会主义建设积极分子代表会议，对行业内先进生产者或积极分子进行了表彰，调动了广大职工群众的生产积极性，推进了安徽工运事业的发展。

三、开展合理化建议和技术革新

1958 年 1 月在南宁召开的中共中央工作会议上，毛泽东发出进行技术革命的号召。毛泽东强调，提出技术革命，就是要学技术、学科学。5 月，党的八大二次会议再次指出：我国正在进入以技术革命和文化革命为中心的社会主义建设新时期。群众性的技术革新、技术革命是引起工业生产高潮，提高工业生产技术水平的重要方法。安徽省广大职工积极响应这一号召，在开展增产节约运

① 《中国工会运动史料全书·安徽卷》编委会编：《中国工会运动史料全书·安徽卷》，安徽大学出版社 1998 年版，第 385 页。

动的同时，开展技术革新运动。这场运动以革新操作技术、改良生产设备、改进产品设计、合理利用原有设备、设计和生产新产品为主要内容，旨在通过技术革新提高劳动生产率。

★ 安徽铜陵矿区技术工人群策群力技术革新。

1958 年 5 月 15 日，安徽省总工会为积极响应省委、省政府号召，广泛动员广大职工贯彻社会主义建设路线，积极学习，大胆创造，掀起了一个规模宏大的技术革新运动。[①] 技术革新和技术革命运动的关键环节在于积极学习，大胆创造，从实际出发，加强协作，加强领导。首先，学习先进思想、先进生产技术、先进文化科学知识和一切先进生产经验。如铁路九龙岗机务段旋工杨永德，由于在思想教育下克服了个人主义思想，确立了革命人生观，几年来苦干、苦钻、不断学习新技术，提出合理化建议 51 件，月月超额完成工作任务。其次，通过政治学习提高思想觉悟后，要将政治与业务相结合，提高技术理论水平和操作

① 《中国工会运动史料全书·安徽卷》编委会编：《中国工会运动史料全书·安徽卷》，安徽大学出版社 1998 年版，第 422 页。

熟练程度，熟练驾驭机器设备，充分发挥现有设备潜力，促进生产技术改革。为提高技术水平，必须运用多种方法学习先进技术、先进经验。如芜湖汽车修理厂先后组织四批工人到北京、杭州、南京、上海学习先进经验，改进设备和技术，提高了生产效率，在喷漆、磨缸质量方面甚至赶上北京、杭州等汽车修理厂的技术水平。合肥 13 个工厂在 1958 年第一季度学习了 63 项先进技术，推广实行了 46 项。第一纺织印染厂筒子工魏金华和吴淑英在竞赛中互相学习，不断改进操作方法，在一个多月的时间里，五次刷新生产纪录，将络纱班产量由 90 公斤分别提高到 131 公斤和 126 公斤。[①] 此外，各级工会组织在全省职工中掀起学习政治、学习技术、学习文化科学知识的热潮，推动生产技术实现发展，加速社会主义建设进程，其中一些典型活动如下：

一是开展厂矿企业群众性技术革命运动。据统计，1958 年上半年安徽职工共提出 62799 项革新建议，被采纳和实现的有 52922 项，其中包括改进工具设备、改善工艺设计、试制新产品、改进操作方法、改革劳动组织等方面。这些革新工作的推进，对发展生产力、提高劳动效率产生了积极作用。如芜湖、蚌埠、合肥等市建筑工地上实行了平面运输交通化、垂直运输机械化，推广了自动打夯机、喷雾粉墙器。淮南大通煤矿创造的金属移动支架采煤法，将生产能力提高了 4 倍，生产效率提高了两倍多，坑木由 20 立方米降到 2.8 立方米，吨采煤成本从 2.588 元降到 1.03 元。此外，新庄孜煤矿钳工刘振佛改进的花垫剪压器，芜湖造船厂青年工人黄德玉改制的冲模，铜官山采矿钳工乡长吴起义发明的电动冲剪床，均有效提高了生产工作效率。此外，许多地方采取土法上马、土洋结合的办法发展钢铁工业，试制成功了高级合金钢、矽钢、滚珠轴承、万能刨床、万能车床、自动织布机、摩托艇、三轮小汽车、小型拖拉机、玻璃纤维、玻璃钢、玻璃肥料等产品。各地在革新技术取得显著成绩的同时，也顺利完成各项生产任务。据统计，1958 年上半年安徽已完成全年工业生产值的 61%，比 1957 年同期增长了 103%。[②]

---

①《中国工会运动史料全书·安徽卷》编委会编：《中国工会运动史料全书·安徽卷》，安徽大学出版社 1998 年版，第 422—423 页。

②《中国工会运动史料全书·安徽卷》编委会编：《中国工会运动史料全书·安徽卷》，安徽大学出版社 1998 年版，第 423—424 页。

二是掀起技术表演赛热潮。安徽省工业、交通和基本建设战线上的广大职工为推广先进生产经验，掀起了技术表演赛的热潮，将技术革命运动推向了新阶段。据马鞍山、合肥、淮南、蚌埠、安庆、铜陵等市（专区）及铁路、邮电等行业统计，到1960年初，已进行较大规模技术表演赛15150次，参加表演操作的在21万人左右，表演赛共计总结推广了2200多项先进经验。这种现场比武的竞赛新形式，受到广大职工热烈欢迎。以马鞍山为例，仅1960年1月，参加技术表演赛的职工人数就已达到全市职工总人数的85%。除先进生产者外，普通工人和学徒、干部、工程技术人员、辅助人员、炊事员、保育员、医务人员等均可参加技术表演。技术表演赛鼓舞了广大职工的干劲，促进了职工生产技术水平的提高。如马鞍山市开展技术表演赛50多天，全市钢铁、机械、建筑等领域创造新纪录500次、重大技术革新项目300项、小的工具改革1000余件。许多生产过程中面临的难题，通过技术表演赛得到了成功解决。例如，原来砌一个转炉衬一般要8—10小时，但在快砌炉衬的表演赛中，这一问题很快得到突破，砌炉速度比过去提高了30多倍。安徽省钢铁厂在技术表演赛中，创造了18项新纪录和3项技术革新；合肥农业机械厂车间开展技术表演赛后，有20%以上的工人学会了新技术，将工作效率提高了50倍。

三是推广机械化、半机械化、自动化、半自动化机械的应用。1960年1月18日，安徽省委在合肥召开机械工业会议，讨论机械工业技术革新计划，提出以技术革新为中心，推广机械化、半机械化和半自动化机械，提高劳动生产率，将大批工人从体力劳动中解放出来。1960年，全省工业战线推广了100多项新工艺、新技术，试制成功2000多种新产品。如合肥起重机厂产品刮板机上的可拆式链条，存在批量大和台时不足的情况，该厂针对这一问题革新了7个模具，使内外链环、刮板和销轴的加工工序由原来的34道减少为14道，在减少劳动力投入的同时，产量增加了近三成，拉力强度也由16.5吨增加到27吨，产品成本由原来每公尺35.2元降低为17.9元。蚌埠市经过技术革新运动，使全市掌握机械化和半机械化操作的工人比例由1958年的27.4%提高到了1960年的49.9%。

1963年2月4日，安徽省总工会召开二届六次执行委员会扩大会议，会议总结了“大跃进”以来开展合理化建议、技术革新运动的成绩、经验和教训，强调要把敢想敢干的革命精神和实事求是的科学态度结合起来，坚持领导干部、工人和技术人员相结合，扎扎实实地开展合理化建议和技术革新活动，同时组织轻工、化工、纺织、手工、机械、冶金等六个系统的厂长、技术人员和工人分批、分期到上海学习先进经验，结合安徽实际运用和推广相关经验，促进生产工作的不断发展。另据 1963 年的统计数据，全省职工共提出合理化建议 153252 件，最终实施相关建议 107787 件。

合理化建议和技术革新运动，提高了安徽工人的劳动积极性和创造性，产生了一批具有革新性的成果，解决了生产建设工作中的一些关键难题，提高了职工群众的思想觉悟，涌现出一大批先进集体和先进模范人物。但同时也应看到，由于“左”倾错误思想的影响，这场运动也存在部分偏差和问题，如出现脱离实际的浮夸宣传和形式主义等现象。

四、召开全省“群英大会”

为表彰在社会主义建设工作中作出突出贡献的先进集体和先进生产者，总结推广其先进工作经验，进一步推动增产节约、技术革新及社会主义劳动竞赛的深入开展，安徽省总工会认真学习贯彻 1959 年 10 月 26 日至 11 月 8 日召开的社会主义建设先进集体和先进生产者代表大会精神，决定在 1960 年春节前后召开表彰大会，并于 1959 年 12 月 22 日下发《中共安徽省委、安徽省人民委员会关于召开安徽省工业、交通运输、基本建设、财贸方面社会主义建设先进集体和先进生产者代表大会的通知》，全省各级工会立即响应并展开总结典型、宣传典型和评选等工作。

在充分准备的基础上，1960 年 2 月 23 日至 3 月 1 日，安徽省社会主义建设先进集体和先进生产者代表大会，即工业“群英会”在合肥召开。出席会议代表有 2200 多名，分别来自全省工业、交通运输、基本建设、财贸等不同领域，代表着 17000 多个先进集体和 22 万多名先进生产者以及全省 100 多万名职工。大会主要任务，一方面是检阅 1959 年以来的工作成就，总结和交流各项工作经验；另一方面是动员全省广大职工继续鼓足干劲，力争上游，在工业、交通、基本建设和财贸工作等方面，继续深入开展增产节约运动。

会议指出，广大安徽职工所取得的成绩是巨大的，但绝不能满足于现有成绩，必须看到所取得的成绩距建设社会主义、实现共产主义的宏伟目标还存在差距。特别是本省原有工业基础薄弱，要改变本省经济面貌，必须付出艰苦努力，必须以技术革新和技术革命为中心，进一步开展增产节约运动和红旗竞赛运动，加强企业与企业、地区与地区的协作，同时全体职工必须加强政治理论和科学文化学习，为社会主义事业作出更大贡献。

尽管年龄、工龄、性别和文化水平有所不同，但先进生产者都在各个工作岗位上充分发挥了带头作用、骨干作用和桥梁作用，同广大安徽职工一道，为社会主义建设事业作出了重大贡献，表现出了工人阶级的高尚品质和共产主义信念。

社会主义建设工作的全面展开，为工人阶级发挥劳动积极性、创造性和施展才智提供了广阔舞台，在广泛开展增产节约和技术革新、技术革命运动的过程中，广大安徽职工充分发扬工人阶级的光荣传统和优良作风，掀起“比先进、学先进、赶先进、帮后进”的热潮，各行各业涌现出许多英雄模范人物和先进生产集体。出席“群英会”的代表，都创造了许多英雄业绩。有的先进代表有着敢想、敢说、敢做的英雄气概和不断革命的进取精神。如淮南矿山机械厂的钳工庞明义，几年来完成277项重大技术革新，连续几年超额完成工作定额。有的先进代表始终保持勤勤恳恳的劳动态度，把别人认为“平凡”“没出息”的工作，看作最崇高的事业。如乡邮员高新桂，10年来行程35万多公里，毫无差错地投递了140多万封信件；保管员王子恒，保粮2800多万斤，保持3700多天无虫、无霉、无鼠雀、无事故；还有被称为“优秀女货郎”的营业员许明霞，一心一意照料生猪的饲养员邵炳多，决心把终身献给保育事业的保育员陈晓春，处处为顾客着想、拾金不昧的旅馆服务员彭家英，三年中11次被评为先进工作者的理发员王成才，受到4500多次书面表扬的铁路客运第二女子包乘组等。这些先进代表无不对本职工作具有高度的责任感，从不计较个人得失荣辱。此外，有的先进代表本着集体主义的互助协作精神，“把方便送给别人，把困难留给自己”。如芜湖纺织厂为帮助新建的歙县纱管厂克服生产困难，从各方面给予无私支援，甚至把厂里仅有的一台旋光车拆下来送给他们，本厂则暂时改用手工操作。[①]

3月1日，在合肥逍遥津公园广场大会宣告胜利闭幕。全体代表一致通过向全省职工发出倡议书，号召全省职工更加深入广泛地开展增产节约运动，立即掀起一个以大搞机械化和半机械化为中心内容的技术革新新高潮；在保证工业实现持续增长的同时，担当起支援农业加速实现机械化、电气化和水利化的光荣使命；保证更多、更快、更好、更省地全面超额完成各项生产建设任务。

大会总结和推广了安徽工人阶级在社会主义建设中的先进经验，在鼓舞全省职工深入开展增产节约、技术革新、技术革命和劳动竞赛运动，提高职工群众思想觉悟等方面发挥了重要作用。

安徽省“群英会”结束后，为表彰文教、卫生战线上的先进集体和先进工作者，安徽省委又于1960年5月召开了安徽省教育和文化、卫生、体育、新闻领域的社会主义建设先进单位和先进工作者代表大会。1963年2月17日至27日召开了安徽省社会主义建设先进单位、劳动模范、先进工作者代表会议。这些会议在团结教育广大先进生产者模范，发挥他们建设社会主义的积极性方面发挥了重要作用。

五、参与“小三线”建设

1964年9月，党中央根据国际形势的紧张情况，提出要加强战备，改变工业布局的要求，建立大、小三线后方基地。“与此相适应，1965年制定的国民经济第三个五年计划，特别突出了军事斗争准备工作的重要地位。从此，一场规模空前的全国性大备战拉开序幕。”[②] 安徽省根据部署，决定在山区建设“小三线”军工生产基地，省委书记处书记李任之兼任安徽省三线建设指挥部指挥。

---

① 《中国工会运动史料全书·安徽卷》编委会编：《中国工会运动史料全书·安徽卷》，安徽大学出版社1998年版，第445页。

② 徐有威、陈东林：《小三线建设研究论丛：小三线建设与国防现代化》第2辑，上海大学出版社2024年版，第45页。

同全国的“大三线”建设相同，安徽省“小三线”建设经历了两个高潮：第一次高潮形成于1965年召开的全国搬迁工作会议，该会议确定了要“立足于打大仗”和“快搬”“早搬”的指导思想，但不久即因“文化大革命”爆发而处于停止状态；第二次高潮是因1969年初发生在中苏边境的珍宝岛事件而起，大部分三线企业都建成于这一时期，安徽“小三线”工厂也得到快速发展。

华东局关于安徽后方三年建设规划项目共计55个，后又增加12个，其中军工企业18项、配套项目25个。按照小型化、专业化、广泛协作、就地成套的要求，每个项目由若干个专业厂和小型厂组成，项目总计涉及上百个军工厂和配套单位。安徽“小三线”建设从选址、设计、施工到设备安装全过程，各级领导干部、工人和地方民工等都以临战的姿态、饱满的热情、高度的责任感投入建设中，发扬了艰苦奋斗和勇于牺牲的革命精神，以较快的速度完成了基本建设项目。如具有中型规模的990厂，按照安徽省委加快三线建设速度的要求，一方面厂内组织设计，另一方面进山选址，齐头并进，在远离城镇、生活无依托的山里，从筹建到上马仅仅用了一年的时间。无论从建设规模、职工人数、生产设备还是生产效益来看，20世纪六七十年代都是安徽军事工业快速发展的阶段，为国防建设和军品研制作出重要贡献。尽管1978年至1985年，国家对国防工业做了战略调整，但安徽“小三线”军工企业在全国地方军工企业中仍然处于领先地位，在全国三线遗留下来的14条军工生产线中，安徽占了4条半，足见安徽“小三线”在全国地方军工总体布局中具有举足轻重的地位。①

安徽“小三线”基本建设所需的大量民工，基本上是当地农民。如6891厂（后更名为“安徽省先锋机械厂”）在建设过程中，从舒城全县范围内抽调2000多名民工，承担土建施工等。据统计，从1966年开始至1976年，随职工迁入山区的家属人数为18554人，其中农村户口2671人，城镇户口15883人。为解决他们的就业问题，减轻职工的家庭负担，各军工企事业单位把家属组织起来，先后成立了“五七”小组、“五七”工厂、“五七”农场。这些工厂、农场就地

① 李云、张胜、徐有威：《安徽小三线建设述论》，《安徽史学》2020年第5期。

取材，就地生产，就地销售，为军工生产服务。另外，还成立了豆制品组、缝纫组，开办起茶水炉、理发室、煤球场，专门为迁入职工及家属生活提供服务。各级工会也在做好“小三线”职工思想引导、帮助解决职工子女受教育、保障职工福利等方面做出了许多努力，稳定了职工队伍。

从 1970 年开始，安徽省按照全国三线建设的布局，进行了“小三线”建设，岳西、六安、阜阳等地生产雷达、军用微电机、感应机、微波仪器等，皖南的绩溪、旌德、黟县、祁门、屯溪等市县先后建立 53 个企业、27 个事业单位，主要生产火箭筒、通信设备、雷达、指挥镜、动态仪等。到 20 世纪 70 年代中期，“小三线”系统提高了企业的专业化、自动化生产水平，工业总产值每年以 14.9% 的速度增长。“小三线”的建设对支持国防、支援山区的经济文化建设起到了积极作用。

由于“小三线”企业比较分散，交通不便，消息闭塞，工程技术人员很少外出学习交流，使推广应用新技术较为困难。为此，不少单位专门来到安徽交流传授经验。1978 年 8 月，上海市科技协会金属切削交流队和普陀区金属切削交流队来到“小三线”。交流队由朱恒、唐应斌、盛利等全国劳动模范十余人组成，除组织各单位工程技术人员到交流点学习交流，还组织部分人员深入工厂现场指导，帮助企业解决了一些问题，取得了较好的效果，受到企业的欢迎。①

六、建立职工代表大会制度

职工代表大会是职工群众当家作主，参加企业经营决策、管理、监督、行使民主权利的机构，是企业实行民主管理的基本制度。早在 1957 年 4 月，党中央在《关于研究有关工人阶级的几个重要问题的通知》中就规定：在实行党委领导下的厂长负责制的同时，实行和加强党委领导下的群众监督，把企业中由工会主持的职工代表会议制度改为常任的职工代表大会，在较小的企业设置全体职工大会制度，作为职工群众参加企业管理和监督行政的权力机关。

---

① 杨蓓：《上海小三线在皖南的岁月》，《安徽人民日报》2022 年 9 月 5 日。

根据这一通知，安徽省工会和各市工会、专区工会办事处首先在20个工厂和企业进行建立职工代表大会制度的试点工作。在此基础上，全省各级工会在党委的领导下，在企业中逐步推行职工代表大会制度，使这项制度成为发动职工参加企业日常管理和加强自我教育的重要保障。这些制度推行后，广大职工群众责任感明显增强，自动要求修改劳动定额，到最困难的地方和岗位工作，比思想、比干劲、比创造的风气得到发扬。

随着1958年“大跃进”和人民公社化运动的开始，各地掀起一股“工会消亡风”，工会组织和工会工作受到冲击和削弱，刚刚经过试点并开始推行的职工代表大会制度也被迫中断。20世纪60年代，党中央为纠正“大跃进”以来的消极影响，提出了“调整、巩固、充实、提高”的八字方针，要求在企业恢复和健全包括职工代表大会在内的各项规章制度。1961年初，安徽省工会对五年来的工会工作进行了认真总结，指出了维护职工民主权利的工作不够、对党委领导下的职工代表大会制度贯彻不力、多数新建单位还未推行这一制度等问题。

1961年9月，《国营工业企业工作条例（草案）》（即《工业七十条》）明确规定，企业职工代表大会是吸收广大职工群众参加企业民主管理和监督行政领导的重要制度。安徽省随即着手恢复和加强被中断和削弱的职工代表大会制度。安徽省总工会党组在9月召开的第四次扩大会议上，要求各级工会干部认真学习《工业七十条》中关于职工代表大会的规定，联系实际总结经验教训，努力做好恢复和健全职工代表大会制度的工作。1965年3月，安徽省总工会召开的专市工会主席（主任）会议确定，要在党委的领导下，对全省企业职工代表大会制的建立和执行情况，结合“四清”运动，进行一次检查和整顿，进一步发挥职工代表大会的作用。但这项工作尚未完成，“文化大革命”就已开始，已建立的职工代表大会制度及职工民主管理工作因遭到冲击和破坏而再次陷入中断。

第二节　“左”倾思潮影响下的安徽工运事业

一、职工劳动保护工作的削弱与恢复

由于受到“大跃进”运动影响，各级工会对于党提出的“安全生产”方针未能有效贯彻，不少地区和行业片面追求高生产指标，放松对职工安全工作的领导，工伤事故时有发生。从1957年的职工伤亡情况看，虽然伤亡总数较1956年有所下降，但全年因生产事故死亡66人，重伤35人，其中停工3日以上的负伤事故5116人次。据1958年的统计数据显示，仅1—2月就发生重大伤亡事故10起，其中多人伤亡事故4起，共计死亡13人。按具体产业分类：建筑业死亡6人，煤、矾矿，农，林，机器制造业各有一人死亡。这些工伤事故的发生，不仅给国家经济造成严重损失，更严重挫伤了职工群众的革命干劲和生产积极性。①

这些事故发生的原因有多个方面。首先，部分企业领导对“安全生产”方针认识不足，缺乏检查督促，平时只进行一般号召而不采取具体措施，特别是在生产任务紧张时忽视对安全工作的领导，甚至施工前没有采取安全措施就盲目开工。其次，企业在安排施工人员方面，不断增加新工人、临时工人，特别是在建筑领域，工人调动尤为频繁。加上安全思想教育工作未及时跟进，未制定和贯彻各项安全生产制度。最后，部分工会没有做好协助企业加强职工安全思想教育的工作，也是导致各类生产事故发生的重要因素。

除工伤事故多发以外，劳动保护工作也暴露出许多问题。一是加班加点、延长工作时间、更改公休制等现象比较普遍。如芜湖纺织厂要求每星期增加一班，缩短了工人轮休时间，马鞍山铁厂将工人的公休制改为“大礼拜”制。有的工厂由于长期加班加点，使部分女工工作压力过大。二是作业环境中的不安全因

---

① 《中国工会运动史料全书·安徽卷》编委会编：《中国工会运动史料全书·安徽卷》，安徽大学出版社1998年版，第433页。

素被严重忽视。1956年7月，安徽省工会、安徽省劳动局、安徽省卫生厅联合检查组向省委汇报了铜官山冶炼厂由于设计缺陷，投产后产生严重威胁工人健康的“三害”（高温、粉尘和烟害）问题。9月，安徽省省长黄岩向国务院总理周恩来作专题汇报，使该厂“三害”问题最终得到彻底治理。三是安全教育普及程度低。在生产过程中，有些企业领导干部对安全工作缺乏关注，虽然新工人和临时工数量增加，生产热情高涨，但组织工作和安全教育工作没有跟上。

基于以上情况，加强劳动保护和安全生产工作，防止或减少工伤事故发生，保证职工安全与健康等工作已刻不容缓。为贯彻全国总工会第二次劳动保护会议精神，总结安徽省劳动保护工作情况，明确职工群众劳动保护任务，安徽省工会联合会党组于1958年2月1日至5日召开全省群众劳动保护工作会议。出席会议的工会干部和基层积极分子共106人。会议充分发扬民主，开展批评与自我批评，肯定了安徽省各级工会劳动保护工作的成绩，明确了劳动保护工作的薄弱环节是组织建设和思想建设跟不上生产发展的需要，讨论了劳动保护工作的主要问题及解决方案。会议报告最后提出了五条建议：一是厂矿企业及主管部门应加强劳动保护工作的领导；二是在事故严重的单位进行大检查并对责任人进行严肃处理；三是利用各种宣传工具在广大职工群众中深入开展安全生产的思想教育工作；四是引导职工学习和掌握新技术，改进操作方法，提高劳动生产率，减少单拼体力和加班加点的现象；五是督促企业健全安全机构并派专人负责。①

为适应1958年新办企业和职工大量增加的情况，妥善处理职工病、伤、残、死等问题，1959年8月15日，安徽省总工会协同政府劳动部门，参照《劳动保险条例》和有关规定，研究制定了《安徽省人民委员会关于县以上工业、交通、基本建设企业劳保福利待遇的暂行规定》和《安徽省人民委员会关于县以上工业、交通、基本建设企业单位工人、职员在加班加点、事假和停工期间工资待遇的暂行规定》，对职工劳动保险待遇和工作时间做出详细规定，确定凡已实行《劳动保险条例》的企业，已享受的职工继续享受，未享受和新增职工本人可以

① 《中国工会运动史料全书·安徽卷》编委会编：《中国工会运动史料全书·安徽卷》，安徽大学出版社1998年版，第435页。

享受有关待遇，但其家属暂不享受《劳动保险条例》中规定的待遇；凡未实行《劳动保险条例》的企业，一律按暂行规定处理职工病、伤、残、死等劳保福利待遇问题。1960年，全省实行《劳动保险条例》的单位达939家，享受劳动保险待遇的职工达50万人，分别较1955年增加了8.1倍和6.5倍。从1960年下半年起，安徽省总工会根据全国总工会颁发的《关于享受长期劳动保险待遇的异地支付试行办法》，认真做好异地退休养老职工劳动保险待遇的支付工作，在生活上为他们提供方便。

1960年5月15日，党中央发出《关于切实注意劳逸结合保证持续大跃进的指示》，指出部分厂矿、商店、学校、机关和人民公社，对于群众劳动保护问题很不注意甚至完全忽视，存在工作和学习时间过长，经常通宵突击，公休、假日不得休息等严重侵害职工权益等问题。各级党委应切实注意和认真解决这些问题。这项指示下达以后，全省各地、各厂矿企业立即召开会议组织学习，层层传达并贯彻指示精神。

据合肥、蚌埠、安庆三市对141家企业的调查分析，包括省委机关钢铁厂、合肥起重运输机械厂、蚌埠东海烟厂、安庆合营针织厂等在内的69家单位，对党中央指示做了认真研究，广泛发动群众进行讨论，并采取了具体改进措施：一是加强领导，统一认识。许多单位通过书记挂帅，成立专门机构和人员负责落实相关工作；组织干部学习文件，提高思想认识；借助检查摸底和座谈讨论，把党中央指示下达群众中。此外，运用鸣放辩论、典型试验等方法，纠正少数干部把打“夜战”、搞突击看作“大跃进”和“群众干劲大”的思想误区，消除不敢贯彻劳逸结合方针的思想顾虑。二是调整班次，严格控制加班加点。如将二班制改为三班制，工人劳动时间由12小时改为8小时。不少单位从6月开始恢复星期日例假的制度，或者实行大礼拜或半礼拜（星期日休息半天）的制度。一些需要连续生产的单位，通过采取轮休来保证职工例假休息。同时，对加班加点进行严格控制。三是改善职工日常生活和工作条件。如在食堂工作方面，增开饭菜窗口，实行送饭到车间、工地，或实行食堂饭店化，减少职工排队时间。部分单位还设立了代销店、理发室、图书室，组织球赛和看电影；有些单位在职工集中居住的宿舍区建立了群众性的生活服务网，做到房间有人看、衣服有人洗、生病有人问、物品有人管，不出宿舍就能看图书和参加文娱活动。四是领导干部深入一线，督促改进生产管理。此外，有些单位通过调整劳动组合，加强生产调度，解决了职工频繁加班加点的问题；有的单位针对上旬窝工、下旬突击的问题，通过加强计划管理，做好生产准备工作，使生产工作有计划地进行。许多企业领导干部，亲赴生产第一线，实行“四同”“四包”，即和工人同吃、同住、同劳动、同商量，包思想发动、包生产任务、包设备和原材料供应、包生活管理，使工人生产生活方面的问题能够及时得到发现和解决。

以上措施有效改变了原来职工工时长、加班加点和义务劳动多的现象，旷工、病假现象明显减少，每天实际工作控制在8—9小时，恢复了公休制度，改进了食堂管理，调整了宿舍，精简了会议。广大职工的劳动热情更加高涨，生产效率显著提升。如蚌埠东海烟厂撕烟叶工段，由二班制改为三班制后，日产量由850箱增加到1100多箱。但也有部分企业对党中央指示精神贯彻不够，改进措施执行不严。据统计，约33%的企业和多数车间的工种已执行八小时工作制，但有少数车间的工种工作时间依旧较长。此外，有的企业工时过长问题虽已解决，但食堂排队时间过长，宿舍尚未调整，对会议时间控制不严。①

1960年6月14日，安徽省工会联合会、安徽省劳动局等五单位联合印发《关于开展安全生产 防暑降温和劳逸结合检查的联合通知》，并组成联合检查组对安全生产、防暑降温和劳逸结合等工作进行检查。根据调查结果，安徽省工会联合会于7月26日报送了《安徽省工会联合会关于劳逸情况给中共安徽省委的报告》，报告指出，凡是原来劳逸结合工作做得较好和已贯彻党中央指示的单位，仍应加强检查，不断改进；凡是问题解决不彻底或尚未行动起来的单位，应组织干部认真学习贯彻党中央指示，批判错误认识，消除思想顾虑，结合反官僚主义运动发动群众进行一次专门检查。工时过长的工种，应作合理调整，正常生产任务完成后，一律不应加班加点和组织职工义务劳动。保证职工每天有8小时睡眠时间，公休假日尽可能让群众自由支配；如有特殊情况必须加班

① 《中国工会运动史料全书·安徽卷》编委会编：《中国工会运动史料全书·安徽卷》，安徽大学出版社1998年版，第436—437页。

加点时，应当经企业党委批准，报政府劳动部门和地方工会备案。在生活方面，按生产班次调整宿舍，加强对食堂各项工作的领导。

防尘工作也是劳动保护工作的重要内容。在全面建设社会主义时期，从事矽尘作业的单位和工人大幅增加，防尘设备和保护用品的生产跟不上人员增长数量。基于这一因素，1961 年 4 月 30 日，国家煤炭部印发《关于加强煤矿卫生工作及防止矽尘危害的通知》。1962 年 8 月 8 日，国务院批转劳动部《关于防止矽尘危害工作的情况和意见的报告》。1962 年 12 月 10 日至 18 日，劳动部、卫生部、全国总工会、冶金部、煤炭部又在北京联合召开第二次全国防止矽尘危害工作会议，总结第一次全国防尘会议以来的工作和经验。国务院总理周恩来听取了会议汇报，并指示“要力争在三五年内解决我国工业企业中矽尘危害问题”。

为贯彻国务院《关于防止厂、矿企业矽尘危害的决定》和全国防尘会议精神，1963 年 3 月 26 日，安徽省总工会召开防尘会议，总结了近几年防尘工作的成果和存在的问题，并提出建议：一是各级工会干部要牢固树立“安全生产”思想，重视防尘工作，认真贯彻“以预防为主，采取综合措施”的工作方针并制定防尘规划；二是继续向职工及其家属进行防尘教育，启发和教育职工重视防尘工作；三是广泛发动群众，依靠群众开展防尘活动，如经常开展群众性的检查活动、把防止矽尘危害工作作为增产节约劳动竞赛运动的内容；四是会同有关部门做好卫生保健工作；五是建立健全职工群众劳动保护组织机构，加强对职工群众劳动保护工作的领导。

在推进劳动保险工作方面，1963 年全省职工经过调整由 1960 年的 171 万多人精减到 99 万多人，实行《劳动保险条例》的单位有 1116 家，共有职工 34 万多人。省总工会进一步加强对劳动保险事业的统一管理，在实施劳动保险制度的企业，统一新、老职工劳动保险待遇，增强了工人内部团结，促进了生产效率的提高。各地还对劳动保险财务工作、劳动保险卡片和劳动保险集体事业进行了检查、清理和整顿，建立和改进了一系列管理制度。1964 年，根据“四清”运动要求，对劳动保险工作进行了检查和整顿，建立和健全了一些必要制度，进一步贯彻了勤俭办事业和为群众服务的方针。

在省总工会的积极推动下，企业安全生产制度得到恢复和完善，全省劳动保护和安全生产工作逐步加强。劳动保护和安全生产工作的开展，极大地改善了职工群众的健康状况，鼓舞了他们的革命干劲和生产积极性，提高了劳动生产率，促进了各项生产工作的稳步前进。

二、“大跃进”期间的安徽工会工作

社会主义基本制度的建立和“一五”计划建设任务的超额完成，鼓舞了全国人民建设社会主义的热情，工农业生产领域急于求成的思想开始出现。1958年1月15日，安徽省工会召开电话会议，安徽省工会联合会主席陈庆泉发表题为《掀起工业生产新高潮 推动全民工作大跃进》的报告，报告指出在企业整风和社会主义教育运动取得胜利的基础上，一个新的群众性生产高潮已在全省许多企业中形成并扩展起来，职工钻研和改进生产技术、互相学习和互相帮助的风气正在形成，企业领导作风和管理制度也有了很大改善。基于以上有利因素，全省各级工会应积极发挥作用，加强组织和领导工作，系统向党委反映职工群众情况，及时总结生产经验，做好群众生产活动的组织工作和宣传工作。[①] 1958年3月1日，安徽省委发出《关于开展工农业生产大跃进宣传运动的指示》，要求在全省范围内开展工农业生产“大跃进”宣传运动，保证工农业生产“大跃进”的顺利完成。

1958年5月5日至23日，党的八大二次会议在北京召开，会议通过“鼓足干劲、力争上游、多快好省地建设社会主义”的总路线。在总路线的指引下，全国上下很快掀起“大跃进”的高潮，安徽各地工会陆续组织职工群众参与“大跃进”运动。首先，加大宣传力度，如响应“15年赶上英国水平”和宣传“五年内把安徽省地方工业产值在工农业总产值中比重提高到50%”的号召以及“厉行节约、反对浪费”的勤俭建国方针。其次，广泛发动职工群众进行讨论和建议，制订出1958年的增产节约计划，在此基础上开展社会主义劳动生产竞

① 《中国工会运动史料全书·安徽卷》编委会编：《中国工会运动史料全书·安徽卷》，安徽大学出版社1998年版，第412页。

赛，并让全体职工一起讨论竞赛标准和保证条件。除生产竞赛外，各级工会广泛动员召开老工人大会、先进生产者大会、职工大会等，鼓舞群众生产积极性。最后，根据“整风、生产两不误”的精神，在号召职工推进生产新高潮的同时，继续开展整风运动，改进工会各项工作。

1959 年 4 月，二届全国人大一次会议提出开展全民增产节约运动。8 月，党的八届八中全会发布《关于开展增产节约运动的决议》，指出全党和全国各族人民的中心任务就是要深入展开增产节约运动。为响应和贯彻党的八届八中全会决议和全国人大二届一次会议号召，1959 年 8 月 28 日，安徽省工会联合会印发《关于坚决贯彻执行党的八届八中全会决议 迅速发动职工掀起轰轰烈烈的增产节约新高潮 提前和超额完成今年跃进指标的通知》，要求全省各级工会立即行动起来，把贯彻党的八届八中全会决议作为最迫切、最中心的任务，重点完成以下几项工作：一是在党的领导下做好“三抓”工作，即抓好社会主义劳动竞赛的组织工作，抓好对先进人物、先进单位的宣传和经验推广工作，抓好增产节约计划执行情况的检查和评比工作。二是组织全体工会干部认真学习党的八届八中全会精神，认清有利形势和工作责任，抓住开展增产节约运动这一中心环节，主动开展群众工作，当好党的助手。三是在职工群众中广泛深入地宣传党的八届八中全会精神，组织职工学习公报和决议精神，使职工群众鼓足干劲，发展生产。四是要开展对提前完成年度生产计划的先进单位和先进个人的宣传工作，通过报纸、电台、黑板报、大字报等形式，及时报道先进事迹，总结和推广先进经验。五是要认真总结和推广组织开展增产节约运动经验。六是加强向同级党委请示汇报，增强工会上下级联系，严格执行报告制度。①

尽管“大跃进”运动对安徽省工人运动事业造成过一定的冲击，但在安徽各级工会的带领下，全省职工继续贯彻社会主义建设总路线，广泛开展群众性技术革新活动和先进生产者运动，鼓舞了全省广大职工群众建设社会主义的工作热情。

---

① 《中国工会运动史料全书·安徽卷》编委会编：《中国工会运动史料全书·安徽卷》，安徽大学出版社 1998 年版，第 415 页。

三、“工会消亡”风的影响与纠正

1958年下半年，“大跃进”和人民公社化运动全面展开，“左”的错误思想进一步发展。8月，中共中央政治局扩大会议通过了《关于在农村建立人民公社问题的决议》(以下简称《决议》)。《决议》指出：人民公社是建成社会主义和逐步向共产主义过渡的最好组织形式，它将发展成为未来共产主义社会的基层单位。[①] 因此要将建立农、林、牧、副、渔全面发展，工、农、商、学、兵相结合的人民公社，当作提前建成社会主义并逐步过渡到共产主义所必须采取的重要途径。《决议》宣布，“共产主义在我国的实现，已经不是什么遥远将来的事情了，我们应该积极地运用人民公社的形式，摸索出一条过渡到共产主义的具体途径”。《决议》下达后，人民公社运动迅即被推向高潮，与此同时，一股以“一平二调”为主要特点的“共产风”也在全国顺势刮起。在这一背景下，所谓“工会消亡”的问题也被提出，并在工人运动工作领域形成了以“取消县工会”为主要内容的“工会消亡”风。[②]

实际上，广大工会干部对“工会消亡”风持有不同意见。为切实掌握情况，安徽省工会联合会派工作组到蚌埠、芜湖、安庆三专区的七个县了解情况，调查发现除炳辉(今安徽省天长市)、滁县、砀山等县工会已并入工交部外，其余县工会组织还未动。基层工会干部主要有如下几种意见：一类是同意取消。其理由是，公社建立后，工会工作已经被公社工作囊括，工会组织自然可由公社代替，公社又是工、农、商、学、兵五位一体的组织，因此工会已无存在的必要。也有少数工会干部看法比较简单，他们说：“服从党的决定，党叫撤就撤，没有错。”另外，还有个别干部同意取消是带有个人情绪的，他们原本就不愿做工会工作，在上级传达指示后自然表示“非常高兴”。另一类是认为工会不能取消或暂时不能取消。其中大多数干部包括部分基层党政干部都认为取消工会可能会影响工作，他们的理由是，公社刚刚建立，工农差别也未消失，工会还有

① 中共中央文献研究室：《建国以来重要文献选编》第11册，中共中央文献出版社1995年版，第450页。

② 李玉赋主编：《新编中国工人运动史》，中国工人出版社2020年版，第418页。

作用，有工会就有抓头。另外，也有些干部因对工会有感情、有留恋而不同意取消，如有的人说："工会是工人阶级群众组织，是共产主义学校，有历史传统，怎样好取消？"有的则说："苏联现在建设共产主义还要工会，我们为什么不要？"由于意见存在分歧，工会干部在态度上主要有两种表现：一种是积极工作；另一种则是消极等待或简单从事。部分县工会没有考虑好怎样使工会自然消亡，就一面封存文件，一面写信请上级工会不要去文。在工人群众中，少数职工听说后表示"舍不得"；有的怕"降级"，说"取消工会就没有工人老大哥的政治地位了"；有些非党团职工怕没有组织，影响自己进步；有的职工担心物质生活利益受损失，说道："工会取消后，养老金找谁领呢？"

党中央转发全国总工会党组关于县工会处理意见和上述情况分析报告后，1958 年 12 月 27 日，安徽省工会联合会党组发布《关于县工会情况和处理意见的报告》，提出如下意见：一是已成立人民公社的单位，工会名义暂不宣布取消，但工会原有一切活动应该主动停止。二是尚未建立或尚未加入人民公社的单位，工会应在党委统一领导下，加强有关人民公社的宣传教育工作，使职工群众提高对于人民公社的认识和觉悟，努力为建立或加入公社创造条件。三是县联社或公社新建立的厂矿企业，不再建立工会组织，一开始就应该通过公社组织来开展群众工作。四是县工会暂不撤销，工会的牌子暂时还需要挂着，工人来访时还应该接待，以便了解情况、进行教育或反映给有关部门进行处理。五是今后省工会不再向县工会布置工作，也不要求县工会再向省工会报告工作；同时各县经费不再上缴，省工会也不再向县调剂经费。

"工会消亡"风的出现，造成了安徽省各级工会工作的严重混乱。首先，许多工会组织残缺不全甚至陷入瘫痪状态。就徽州专区调查情况而言，1961 年 7 月，8 个县工会和屯溪市工会执行委员会均不健全。绩溪、太平、旌德、宁国四县统计：151 个基层中组织健全的仅有 16 个，经常活动的有 48 个，不经常活动的有 86 个，基本停止活动的有 17 个，另有 39 个基层没有工会主席。其次，各级组织工会干部力量遭到严重削弱。仍以徽州专区调查情况为例，8 个县工会和屯溪市工会共计有干部 22 人，其中留任机关工作的有 13 人，长期下放或调离工作的有 8 人，生病休养未到职的有 1 人；有两个县（休宁、祁门）没有设置工会主席，4个县虽有工会主席的职位但都长期未做工会工作。旌德县专职从事工会工作的干部一个也没有，仅有一个俱乐部干部兼职工会工作。[①] 再次，工人普遍感到困惑、迷惘，积极性大幅降低。最后，“工会消亡”风也影响到了工会文化事业的发展。1958年，全省地区和基层俱乐部共有1080个，1961年底则减少到719个，总计减少了35%以上，不少俱乐部活动开展的效果不好，甚至处于停滞或半停滞状态。[②]

为尽快纠正“工会消亡”风带来的不利影响，恢复和开展工会活动，更好地发挥工会在社会主义建设事业中的作用，安徽省总工会于1961年8月下旬至9月上旬召开省总工会党组第四次扩大会议，宿县、徽州、六安、安庆、阜阳等地区工会干部在小组会上进行讨论并发言。同年11月10日，省总工会第二届执行委员会第五次扩大会议通过了《关于加强基层工会工作的决议（草案）》（以下简称《决议》）。《决议》指出，恢复基层工会工作是工会工作的关键，各级工会组织都应积极开展这一工作。其中，着重做好以下工作：一是认真学习《国营工业企业工作条例（草案）》和《全国总工会党组关于改进基层工会工作的报告》两个文件，明确基层工会主要任务，并在此基础上联系实际进行对照检查，讨论制订出改进工作的计划。二是根据实际需要整顿与健全基层工会组织及各项规章制度。三是加强工会积极分子的教育工作。基层工会要注意选拔政治可靠、生产积极、热心为群众服务的职工，建立起一支以老工人和先进生产者为骨干的积极分子队伍。四是切实改进基层工会工作方法和工作作风。积极主动地围绕党的工作中心，全面开展基层工会工作。

会后，各地工会在当地党委的领导下，清除“工会消亡”风带来的影响，整顿和健全工会组织，恢复和开展工会活动。首先，党委对工会工作的领导加强，大部分县不再抽调县工会干部搞其他工作。其次，工会干部队伍有所加强，工作积极性、政治觉悟和思想水平大大提高。例如阜阳专区10个县1961年以来，主要干部经过调整的有6个县，原先县工会干部不从事工会工作的现象比较普

① 《中国工会运动史料全书·安徽卷》编委会编：《中国工会运动史料全书·安徽卷》，安徽大学出版社1998年版，第459页。

② 《中国工会运动史料全书·安徽卷》编委会编：《中国工会运动史料全书·安徽卷》，安徽大学出版社1998年版，第464页。

遍，现在 43 名干部中只有一人不安心工作。最后，工会组织经过整顿后重新活跃起来。两个专区的 18 个县都召开了工代会，改选了县总工会的执委会。到 1962 年底，阜阳专区 924 个基层已有 80% 经过改选。[①] 随着组织整顿和工作制度的恢复和建立，各级工会开展了一些过去长期放松或放弃了的工作，密切了工会和职工群众的联系。总体来看，工会工作开始由被动转向主动，有了很大的进步和加强。

但各县工会工作还存在一些缺点和问题。其中最大的问题在于各县工会工作的发展不平衡。大体上有三种情况：第一种是组织制度健全、秩序比较正常、工作比较活跃的工会，约占县工会总数的 36.3%；第二种是组织制度比较健全、秩序不够正常、工作不够活跃的工会，约占县工会总数的 50%；第三种是组织制度不健全、工作混乱、处于被动状态的工会，约占县工会总数的 13.7%。除此之外，各县工作中还存在工作重点、组织设置、工作方法上不足的问题。[②]

1963 年 10 月 27 日至 11 月 2 日，安徽省总工会召开了关于县、镇工会工作座谈会议，就进一步做好县、镇工会工作的几项问题做了研究和讨论：一是关于以支援农业为中心全面开展工会工作的问题；二是关于财贸、文教系统机构设置的问题；三是关于县工会工作方法的问题；四是关于依靠党的领导，加强工会与有关部门协作的问题。

1964 年 3 月 25 日，安徽省总工会制定《安徽省县工会工作条例（草案）》，要求进一步加强县工会工作。同日，《安徽工运》发表《加强县镇工会工作》的评论，指出全国总工会八届四次执委会和安徽省总工会二届六次执行委员会扩大会议召开以来，在各地党委的领导下，县镇工会工作逐步得到恢复，有了不同程度的发展。在向职工进行社会主义教育、发动职工开展增产节约劳动竞赛，以及改善职工生活条件等方面做了不少有益工作，积累了宝贵经验。如有的县工会发动拖拉机站职工开展劳动竞赛，提高了工作质量，降低了生产成本，改进了服务态度；有些县工会则发动供销合作社职工了解农民需求，按季及时供

① 《中国工会运动史料全书 · 安徽卷》编委会编：《中国工会运动史料全书 · 安徽卷》，安徽大学出版社 1998 年版，第 465 页。

② 《中国工会运动史料全书 · 安徽卷》编委会编：《中国工会运动史料全书 · 安徽卷》，安徽大学出版社 1998 年版，第 469 页。

应生产资料和生活资料，帮助农民学会使用化肥和农药；还有的县工会发动农具修配厂、粮食加工厂、商业、银行等单位积极开展各种支援农业的活动。实践证明，加强县工会的领导，做好县镇职工工作，对于巩固人民公社集体经济、发展农业生产有着重要意义。

这一时期，“工会消亡”风引起了工会干部和职工群众的思想混乱，对工会工作和工人运动造成了严重危害。产生这一现象的根本原因在于缺乏对马克思主义理论的学习和对实际情况的调查分析，对社会主义建设的长期性、复杂性认识不足。安徽各级工会带领工会干部和职工群众对“工会消亡”问题做了检查和纠正，改进了工会工作存在的不足，重新恢复了工会在社会主义建设事业中的重要作用。

第三节　国民经济调整时期的安徽工运事业

一、宣传和学习毛泽东思想

新中国成立后，工人阶级成为国家领导阶级，但工人阶级政治觉悟、思想觉悟和组织纪律性的提高，还需要经过一个较长的历史过程才能实现。在社会主义建设时期，安徽工人运动的重要工作之一，就是在党和各级工会的引导下，推动工人阶级思想觉悟不断提高，帮助工人阶级在新的历史条件下提高本阶级政治觉悟和阶级觉悟，以适应国家建设工作中出现的各种新情况。

1951 年 10 月，《毛泽东选集》第一卷正式发行，第一批总发行量超出 62 万册，各界群众迅速掀起学习毛泽东著作的热潮。1952 年 4 月到 1953 年 4 月，《毛泽东选集》第二、三卷出版问世，作为中国革命和建设工作指导思想的毛泽东思想在全国范围内得到广泛传播。20 世纪 60 年代，学习毛泽东著作逐渐从全体党员干部普及全国人民。

为提高安徽工人政治觉悟、思想觉悟和阶级觉悟，响应学习毛泽东思想的号召，全省各级工会组织开展了学习毛泽东著作的活动。芜湖市是安徽省宣传和学习毛泽东思想的排头兵和先锋队，芜湖市职工群众自1957年开始自发组织学习《毛泽东选集》活动，活动一直持续到20世纪60年代。1957年11月，芜湖造船厂四号车间出现了第一个工人学习小组，紧接着芜湖江南汽车厂铸工车间、芜湖发电厂发电车间部分工人先后成立工人理论小组，自发学习毛泽东思想。芜湖市委及时总结推广了这一经验，并对工人学习工作进行了部署，推动了工人学习活动由点到面逐步推广开来。1960年3月，安徽省工会联合会和全国总工会先后在芜湖市召开工人学习毛泽东思想经验交流会。

1962年党的八届十中全会以后，特别是毛泽东发出“向雷锋同志学习”的号召后，全省各级工会都把广泛组织职工群众向雷锋学习，作为进行社会主义教育的重要内容。自1962年2月上旬起，安徽各地工会邀请当地党委、军区、人民武装部门的负责同志向工厂企业职工作学习雷锋的动员报告。接着各基层单位纷纷举行雷锋同志事迹报告会、座谈会、展览会、讨论会，组织收听学习雷锋的专题广播，剪辑张贴雷锋事迹报纸资料，出版“向雷锋同志学习”的黑板报。各地工人俱乐部（文化宫）也分别举办讲座和雷锋事迹图片资料展览，举办雷锋生平事迹故事会、报告会等。合肥市工人文化宫举办了学习雷锋诗歌朗诵会，芜湖市工会举办了歌颂雷锋的文艺演出会和工人业余创作座谈会，蚌埠市工人俱乐部还将雷锋事迹的图片资料送到各工厂企业巡回展出。

1963年3月6日，全国总工会发出《关于广泛组织全国职工群众向雷锋同志学习的通知》，要求各级工会把学习雷锋、宣传好人好事和“一厘钱”精神，作为对职工进行思想教育的重要内容。3月12日，为响应“向雷锋同志学习”的号召，安徽省总工会决定在全省职工中广泛开展这一活动。广大安徽职工以热爱劳动、踏实苦干、全心全意为人民服务的雷锋精神要求自己，从身边小事做起，从本职工作做起，积极投入增产节约运动。如合肥机电厂开展学习雷锋活动以来，没有一个工人违反劳动纪律和无故缺勤，全厂职工积极投入增产节约运动。铸木车间工人杨开金说道：“学习雷锋同志不能靠嘴讲，主要看行动，应该搞好生产，提前完成任务。”省农业机械厂青年工人孙华珍学习雷锋深钻苦学的精神，改进了拖拉机大齿轮淬火操作，使功效提高一倍以上。淮南选煤厂职工为学习雷锋艰苦奋斗、勤俭节约的精神，通过组织节约小组，利用业余时间捡拾废铁1800余公斤。[①] 据统计，“学习雷锋”活动开展以来，淮南矿区参加报告会、展览会、座谈会的职工达170800人次，每个职工参与五次以上学习教育；合肥市工会下辖36家单位中，有19家单位组织90%以上职工参加学习，13家单位的60%至70%的职工参加了学习；马鞍山钢铁公司修建部在学习雷锋精神的10天时间里，有62名团员要求入党，104名青年要求入团。[②]

在学雷锋活动深入开展的同时，职工群众中掀起了宣传毛泽东思想、学习毛主席著作的新热潮。芜湖纺织厂、造船厂等单位，从过去“三少”——看报人少、开会人少、文化学习人少，变为“四多”——看报人多、参会人多、文化学习人多、学习毛主席著作的人增多。淮南煤矿有学习毛主席著作小组30多个，共有300多人参加。安徽省总工会于1964年4月21日正式印发《关于宣传毛泽东思想 组织职工学习毛主席著作的若干问题的通知》(以下简称《通知》)，要求各级工会在党委统一领导和部署下，把宣传毛泽东思想、组织职工学习毛主席著作放在首要位置。同时，《通知》还明确了宣传毛泽东思想、学习毛主席著作的六项重点工作：一是通过文化宫、俱乐部、图书室等宣传阵地和黑板报、有线广播站的宣传工具，宣传毛泽东思想和学习毛主席著作的重大意义；二是把组织职工学习毛主席著作落实到小组，以小组为单位开展集中学习；三是引导职工活学活用毛泽东思想；四是开展多种多样的学习活动；五是组织职工在家属中宣传毛泽东思想；六是积极总结经验、交流经验。

在安徽省总工会统一领导和部署下，安徽职工宣传毛泽东思想、学习毛主席著作的活动迅速开展起来。据统计，截至1964年6月，芜湖市工交、财贸两个系统成立学习毛主席著作小组1340个，参加学习的职工共有17849人。不少单位形成了“上班搞生产、下班学理论”的学习氛围。1965年，池州专区工会办事处重建后，全区工会通过出墙报、专刊、展览、座谈会、报告会等形式，组

① 《安徽日报》1963年3月23日。

② 《中国工会运动史料全书·安徽卷》编委会编：《中国工会运动史料全书·安徽卷》，安徽大学出版社1998年版，第554页。

织广大职工学习毛泽东思想和毛主席著作，同时开展向焦裕禄、王杰、王进喜、麦贤德学习的活动，提高广大职工政治觉悟，引导职工投入以“五好”为目标的“比学赶帮超”的增产节约运动。1965 年，濉溪市总工会组织职工学习毛主席著作，结合“四清”开展思想教育工作。1964 年，屯溪市工会举办了 1500 余人的职工学习毛主席著作辅导班。马鞍山市工会联合当地宣传部门，动员广大干部职工投入学习毛主席著作、学习解放军和学大庆运动。很多工会拨出经费购买毛泽东著作发给职工学习。1965 年至 1966 年，马鞍山市总工会发出通知，号召广大职工开展向王杰、焦裕禄学习的活动，并把这两项学习活动作为学习毛主席著作的重要组成部分。

通过开展宣传毛泽东思想、学习毛主席著作活动，全省职工在思想上、政治上受到了教育、启发和鼓舞。1965 年 6 月 9 日，安徽省总工会召开全省职工学习毛主席著作积极分子会议，会议指出：“许多生动的事例都证明了，学习毛主席著作、掌握毛泽东思想，不仅可以改变人们的精神面貌，而且在改造社会、改造自然的斗争中也收到了立竿见影的效果，发挥了巨大的威力。”①

二、精减行政职工队伍

第一个五年计划的超额完成，极大鼓舞了工人阶级和全国人民建设社会主义的热情，但由于缺乏全面建设社会主义的经验，党内出现急于求成的“左”倾思想，“大跃进”和人民公社化运动正是在这一背景下产生的。1958 年，全国工业和建筑业共增加新职工 1900 多万人，但农村劳动力较 1957 年减少了 3800 多万人，工业和农业劳动力的比例由上年的 1 ∶ 13.8 降到了 1 ∶ 3.5。这一情况削弱了农业，挤掉了轻工业，破坏了国民经济发展的正常秩序，最终造成国民经济严重比例失调。在“大跃进”运动期间，城镇人口和职工人数激增，造成城镇粮食、副食和其他商品紧缺。据统计，1960 年，全国职工人数已超过 5000 万人，比 1957 年增加了一倍以上。1960 年底，安徽省职工人数达 1712405 人，其

① 《中国工会运动史料全书・安徽卷》编委会编：《中国工会运动史料全书・安徽卷》，安徽大学出版社 1998 年版，第 547 页。

中女职工人数为285212人，较1957年职工总数增加约1.85倍，女性职工人数增加约3.5倍。[①] 同时，“大跃进”运动挫伤了农民的生产积极性，加上三年自然灾害的影响，农业连续大幅度减产，到1961年，全省粮食总产量只有629万吨，进一步加剧了城镇粮食、副食紧缺的压力。

为减轻城市负担，扭转国民经济困难局面，党中央于1961年6月印发《关于减少城镇人口和压缩城镇粮食销量的九条办法》以及《关于精简职工工作若干问题的通知》。1961年7月14日，安徽省工会联合会印发《关于执行〈省委压缩城市人口 加强农业战线的意见〉的通知》，决定1961年全省压缩城市人口60万人，除已下放的19万人以外，其余41万人在秋收前全部完成下放。通知指出，人口下放工作是当时重要任务，各级工会必须在党委统一领导下，同有关部门协作，做好五方面具体工作：一是加强调查研究，及时向党组织反映情况；二是切实做好思想动员工作；三是协同做好回乡组织工作；四是做好精减城市人口后的各项善后工作，恢复企业正常生产秩序；五是加强领导工作。各级工会要对这一工作认真进行研究，切实加以安排，运用组织力量，层层进行贯彻。在这项工作中，广大职工表现出高度阶级觉悟和组织纪律性，特别是党、团员、工会积极分子纷纷带头，响应党和政府的号召，主动报名下放，携带家眷奔赴农村。据徽州、六安、滁县、蚌埠等地工会汇报，工矿企业精减职工、减少城市人口工作已取得较大成绩。城市职工回乡后，受到社、队干部热情接待，在社、队的帮助下安了家，分到了责任田、自留地，从事农业生产工作。

但职工下放工作过程中也存在一些问题，主要表现在以下几个方面：一是有些工厂没有按规定发给回乡人员应得待遇，其中有位工人连续工龄达14年，厂里只发给7个月退职金。二是有些社、队干部和群众对回乡人员缺乏欢迎态度。据徽州专区工会对歙县的森村、岩寺、桂林、徽州四个公社进行调查的结果，各社、队没有对回乡人员开展接待工作。三是有些社、队对回乡人员安置不妥，使少数回乡人员无法安家落户。四是对于回乡人员安置工作缺乏监管，有些地区压缩城镇人口不巩固，部分回乡人员没有从事农业生产，而是选择外流和做

① 《中国工会运动史料全书·安徽卷》编委会编：《中国工会运动史料全书·安徽卷》，安徽大学出版社1998年版，第1278页。

投机买卖，个别工厂还趁机私收回乡人员。据六安专区工会调查，从合肥、淮南市回到肥西县合巢公社的人员，约有 20% 外流。基于这些情况，安徽省总工会领导各级工会对职工下放回乡状况进行调查研究，积极解决和处理相关问题，使精减职工队伍工作最终取得良好成绩。

据统计，安徽省 1961—1965 年间人口迁入 573905 人，平均迁入率为 48.5%，迁出 865633 人，平均迁出率为 73.1%；净迁移人口为 –291728 人，净迁移率 –24.6%；大批城市人口下放农村。职工人数从 1712405 人锐减至 914379 人，共减少 798026 人，净增长率为 –46.6%。城市职工下放任务的完成，减轻了安徽省各级政府财政负担，缓解了城镇商品供给压力，充实了农业生产的劳动力，对调整国民经济和纠正“大跃进”对农业生产造成的消极影响产生了积极作用。

三、关心职工生活状况

1959 年到 1961 年，我国国民经济出现严重困难。工农业大幅度减产，国民经济结构比例严重失调，各级财政收入骤减，市场物资供应紧张，职工生活问题突出。

安徽各级工会高度重视全体职工生活状况，并为此做出一系列调查研究工作，寻求解决职工生活问题的方案。1959 年 6 月 10 日，安徽省工会联合会作了《关于合肥市职工住宅、食堂工作存在问题及解决办法的调查报告》，汇报了通过摸排走访发现职工在住宅和食堂方面存在的问题。在住宅方面，合肥职工面临“人多屋少，住得拥挤，居住条件差”等问题，如针织厂有职工 1022 人，113 间集体宿舍，其中 100 多人是 4 人合睡一张双层单人床。纺织厂技训班的学院宿舍和金笔厂的女工宿舍一张双人床要睡 4 个人。同时，有的单位由于职工住房缺乏，原有的卫生设施也被改作宿舍，如针织厂将 18 间厕所、8 间自来水间、3 间浴室都改成宿舍，影响了职工的正常生活。在食堂方面，合肥职工面临排队时间长、卫生工作差、炊事人员服务态度差等问题。如搪瓷厂在 1959 年 3 月间曾有四五百人反映粮食不够吃的问题。针对这一情况，省委、市委和各级干部广泛发动群众，吸收工人代表参加，在15天内使合肥市职工住宅、食堂工作中存在的大部分问题得到了解决。据统计，在1959年和1960间安徽省共为职工新建住宅1736908平方米。

为更好地解决职工生活问题，1960年11月28日，安徽省工会联合会发出《关于加强职工思想教育和冬季生活工作的紧急通知》，专门讨论和解决职工在生产、生活、思想方面存在的突出问题。1961年初，全国总工会召开电话会议，安徽省总工会针对职工生活工作情况作了汇报，交流总结了自1960年下半年以来安徽省紧抓职工生活工作中的成果与经验，分别就食堂工作、副食品和代餐品生产、服务性行业、防治疾病、春节生活安排等问题作了汇报。安徽各级工会在党的领导下，采取各种措施和途径开展职工生活工作，发动群众组织生产自救。据1961年上半年统计数据，全省共种地234009亩，收获蔬菜4439万斤，粮食1252万斤；饲养家禽380669只，家畜111408头。同年，安徽省总工会加大了改善女性职工生活的工作力度，着力抓组织建设、女工特殊保护、妇科病防治、整顿托儿组织等工作。根据安徽省总工会女工部1961年的工作总结，改善女工生活工作经过一年努力取得很大进展，如合肥、蚌埠市和淮南、淮北煤矿工会都设立了女工部或女工工作委员会，配备了专职女工干部；在女工多的厂矿企业基层和车间设立了女工委员会或女工代表；恢复了过去行之有效的保护女工的制度和福利设施，适当调整了不适合女工操作的工种；密切配合医疗部门开展妇科病的防治工作；整顿托儿组织，举办了专业或业余的保教人员培训班，加强了园、所管理工作，并根据需要适当扩大原有托儿组织，提高收托率。蚌埠、合肥等地区工会与教育卫生部门和妇联组织，成立了统一领导机构，加强了对保教工作的领导，大大提高了园、所工作质量，促进了保教事业发展。截至1961年1月，全省共有托儿组织1233个，收托幼婴儿44556名。安徽省总工会在保护女职工方面做的工作：缓解了女职工在生活、工作和育儿等方面的困难和压力，激励了她们为企业生产和争取国家财政经济状况好转而努力生产的积极性。

随着大量城市职工下放到农村，农业生产工作得到恢复发展，国民经济实现进一步调整，安徽省职工生活条件明显改善。据安徽省总工会1962年8月和

1963年11月发出的《关于当前部分职工生活困难和解决意见的报告》和《要求人民委员会解决职工家属缺棉衣、棉被问题的报告》，职工生活在吃、用方面"目前基本上是稳定的，且在一定程度上有所改善"[①]，但仍存在职工收入减少、开支增加、困难户比重上升的问题。据对合肥、芜湖、淮南等市和部分县的调查，1962年收入不足以维持最低生活水平的长期困难户中，一般每人平均最低生活费用10元，12元左右的约占职工总数的8%—12%；遇到病、丧、生育及其他特殊情况就发生临时困难的户，约占职工总数的6%—10%，两者合计占职工总数的18%左右。在这些困难户中，急需救济的困难户达到十分之一左右。为此，安徽省总工会组织各地工会和有关部门采取积极措施，一方面继续对职工进行勤俭持家教育，组织职工家属进行生产自救；另一方面专门抽调经费对生活特别困难的职工进行救济，但由于经费不足，还有不少生活困难的职工没有得到救济。据芜湖、合肥22个单位调查统计，1962年上半年共提取福利补助费133522元，其中用于职工救济的只有15068元。为此，安徽省总工会党组于8月20日专门向省委请示报告。省委于9月10日将省总工会党组请示报告批转各地市县、各厂矿企业党委、省直各厅局党组，要求对生活困难的职工切实地加以帮助。仅1962年第四季度，安徽各级工会和企事业单位、机关、团体共拿出补助款220万元。从1962年四季度到1963年三季度，国家劳动部、财政部和全国总工会陆续拨给安徽职工生活补助费1040万元，实际用于职工生活困难补助的经费986万元。

在三年经济困难时期，各级工会还协助企业广开就业门路，安置闲散劳动力。如淮南煤矿工会共举办服务站56个，洗衣缝补组55个和其他生活服务事业119个，民办工厂102个，参加服务人员115人，不但解决了这部分人的生活问题，也便利了职工生产生活；蚌埠铁路分局安排了困难职工家属和子弟共598人，参加到174个生产自救小组，一般每人每个月收入15—30元，解决了其基本生活问题。为进一步做好职工生活困难补助工作，安徽省人民委员会于1964年5月7日批转了省人事局、省工会作出的《关于安徽省国家机关、企业、

① 《中国工会运动史料全书·安徽卷》编委会编：《中国工会运动史料全书·安徽卷》，安徽大学出版社1998年版，第490页。

事业单位职工生活困难补助工作情况和今后意见的报告》，要求各地以后在对生活困难的职工进行补助时，要加强思想政治教育，认真管好、用好困难补助经费，健全评议、领发制度，严禁徇私舞弊和贪污挪用，推动了全省职工生活保障工作的进一步开展。

关心职工生活，是工会本职工作之一，在经济困难时期，安徽各级工会所做的一系列工作，为职工群众解决了大量生活问题，帮助其渡过暂时的经济困难，提高了广大职工思想政治觉悟，使职工及家属更加热爱党、热爱社会主义、热爱生产劳动，促进了国民经济调整工作顺利完成。国民经济调整时期之所以能妥善解决好职工生活问题，根本原因在于党的正确领导，在于各级工会广泛组织、教育和帮助职工群众。

四、开展增产节约运动和社会主义劳动竞赛

开展“比学赶帮超”增产节约运动和社会主义劳动竞赛，是提高职工群众思想觉悟，调动其劳动生产积极性，推动劳动生产发展的有效方法。

1958年，为表扬先进，总结交流经验，按照安徽省委指示，安徽省开展了以“比思想、比干劲、比钻劲、比产量、比质量、比品种、比效率、比成本、比安全、比协作”为中心的红旗竞赛。1959年，为深入开展红旗竞赛，进一步动员广大职工开展增产节约运动，保证全面超额完成工业生产、交通运输和基本建设任务，省工会联合会党组向省委呈送《关于全省各产业评发省委、省人委循环红旗暂行办法向省委的报告》，就评比原则、评比范围、评比办法和程序等内容作了研究和汇报。1960年，在安徽省委和各级党委组织下，安徽省在工业、交通、基本建设战线上开展了社会主义劳动竞赛运动，各部门、各企业围绕各个时期中心工作，广泛开展了各种形式的竞赛活动，激发了广大职工群众的劳动热情，促进了各项生产建设事业的发展。同时，在社会主义劳动竞赛中，各地创造了许多新的竞赛形式，积累了众多宝贵经验。1961年2月10日，安徽省工业部、省总工会递交了《关于进一步开展社会主义劳动竞赛的意见的报告》，提出为进一步发挥广大职工群众积极性和创造性，超额完成当年工业建设

的各项新任务，必须在1960年红旗竞赛运动的基础上进一步地深入开展社会主义劳动竞赛运动，同时建议省委下半年召开一次先进班组代表会议，表扬竞赛中的先进集体和先进生产者，掀起“比学赶帮”的热潮。3月7日，安徽省委批转《省委工业部、省总工会党组关于进一步开展社会主义劳动竞赛的意见的报告》，要求各级党委进一步加强对社会主义劳动竞赛运动的领导，深入发动职工群众，广泛开展各种形式的竞赛活动，包括广泛开展班组竞赛、科室竞赛、专题竞赛、对手赛、协作赛、攻关赛、技术表演赛、生产运动会等形式，掀起一个新的竞赛热潮，以保证完成当年工业生产建设的各项新任务，使竞赛运动进一步开展并长期坚持下去。

随着增产节约运动和社会主义劳动竞赛不断深入，运动的范围也随之不断扩大。据安徽省总工会1963年的统计，全省各行各业都开展了增产节约运动和劳动竞赛，全省工业和交通系统1336个单位、367081名职工中，参加运动的有1187个单位，342004名职工，占到单位数和职工数的89%和93%。通过开展节约增产运动和生产竞赛，激励了广大职工群众生产热情和革新热情，广大职工精神面貌和企业生产工作发生了深刻变化，生产效率稳步上升，产品质量提高，成本下降，利润上升。1963年1月至9月，全省完成工业总产值116700万元，占全年计划的73.4%；二季度比一季度增长9.1%，三季度比二季度增长3%，按40种主要产品产量统计，完成年计划75%以上的有24种；按26种产品质量统计，第二季度比第一季度质量提高的有15种，7月8日比二季度质量提高的有15种；在生产成本方面，1—8月工业可比成本降低10.11%；在利润方面，一至三季度盈利比计划增加14.4%，一至三季度亏损比上年同期减少44.7%；在节约资源方面，1—9月全省共节约煤炭100300吨，占全年节约任务的91%，可节约电2760万度，占全年节约任务的95%，可节约木材24000立方米，占当年节约任务的104%。在比先进、学先进的同时，群众性技术革新活动也在开展。技术革新活动一般根据增产节约的要求，针对生产工作关键环节进行。在技术革新活动中，注意运用“三结合”的方法，坚持反复试验，因此革新成果应用于生产以后，一般都能收到实效。据合肥市安纺、起重、丝绸、矿机、电机等8个厂的统计，1961年1—9月实现技术革新253项。合肥起重机厂革新了七项模具，使内外链环、刮板和销轴的加工工序由原来 34 道减少为 14 道，劳动力减少三分之二，产量增加三分之一，拉力强度由 16 吨半增加到 27 吨，可折式链条成本由原来每公尺 35.2 元降低为 17.9 元。丝绸厂车间浆纱小组开展的经轴少用衬纸革新项目，经反复试验后成功节约衬纸 60%。

1963 年 10 月，党中央、国务院转发《国家经委、全国总工会关于在工业、交通企业中开展“五好”企业和“五好”职工竞赛问题的报告》，要求把“五好”竞赛和先进生产者运动结合起来。“五好”即政治思想好、生产好、学习技术好、管理好、互助协作好，该项竞赛目标是加强企业政治思想工作和企业管理工作，体现了政治和经济、技术的结合，科学管理和群众运动的结合，生产和生活的结合，领导和群众的结合。“五好”竞赛既是一个生产运动，也是一个政治运动。

为响应全国总工会开展“五好”社会主义竞赛的号召，1963 年 10 月 23 日，安徽省总工会发出《关于增产节约运动和劳动竞赛的情况和意见》，对省内开展“五好”竞赛方面存在的问题做了研究，要求把“五好”竞赛逐步开展起来。在全省工业和交通企业中，涌现出许多“五好”企业和大批“五好”职工。据统计，这一时期安徽省共涌现先进集体 13633 个，先进生产者 100573 人。1965 年 8 月，经省委批准，全省工业和交通系统首次“五好”集体“五好”职工代表会议正式召开，共计 757 名代表被分别授予“五好”职工、“五好”集体等光荣称号。

在党的集中统一领导下，安徽各级工会通过开展增产节约运动、社会主义劳动竞赛以及“五好”社会主义竞赛等运动，充分调动和激励了广大职工群众的生产热情和劳动积极性，引导和吸引职工群众参加各项经济建设和生产工作，结合职工群众思想政治教育工作，成功培养出一支有理想、讲政治、懂技术的职工队伍。

五、召开安徽省工会第三次代表大会

“大跃进”运动打乱了国民经济秩序，浪费了大量人力、物力，造成国民经济比例严重失调，使社会主义建设事业遭受重大损失。在严重困难面前，全党上下决心认真调查研究，调整各项工作政策。1961 年 1 月，党的八届九中全会在北京召开，会议听取了李富春所作的《关于安排一九六一年国民经济计划的意见》，对国民经济发展状况和存在问题进行了分析，并“批准对国民经济实行‘八字方针’”。[①] 这表明“大跃进”运动已被停止，国民经济开始转入调整阶段。经过对国民经济的调整，各项生产关系得到调节，安徽省逐步走出困境，全省职工和全省人民纷纷响应党的号召，掀起学习毛主席著作、大学解放军、大学大庆以及“比学赶帮”竞赛的新热潮，全省工业生产和农业生产出现了欣欣向荣的景象。

在这一背景下，为总结过去几年工会工作经验教训，全面研究和改进工会工作，安徽省总工会筹备召开省工会第三次代表大会，会议强调要继续高举毛泽东思想伟大旗帜，为争取国民经济进一步全面好转而奋斗，为迎接社会主义建设的新发展而奋斗。

1964 年 5 月 30 日，安徽省工会第三次代表大会正式召开。出席大会的正式代表 437 人，代表会员 79.98 万多人。同时邀请各条战线的先进集体和先进生产（工作）者、优秀工会积极分子和职工家属代表共 416 人列席大会。省委、省人民委员会、省军区领导以及团省委、省妇联等相关部门负责同志出席会议。在大会上，32 人作会议发言，42 人作书面报告，广泛交流了思想政治工作、“比学赶帮”竞赛、生活福利、工会建设和女工家属等方面的工作经验，介绍了许多先进集体或先进个人的事迹。会议根据民主集中制原则，选举了省总工会新的领导机构即第三届执行委员会，进一步充实了安徽省工会工作的领导力量。

会议总结了安徽省工会过去几年的工作，明确了下一步工作任务。会议指出，随着社会主义革命和社会主义建设事业的蓬勃发展，安徽工人队伍不断地成长和壮大起来，政治思想觉悟和生产技术水平有了很大提高，精神面貌发生了深刻变化，在各项工作中充分展现了国家主人翁的态度和高尚的共产主义风格。安徽各级工会和工会工作者认真贯彻党的工运方针，在团结和教育广大职工及其家属方面，做了很多工作，取得了很大成绩，充分发扬了工会作为党联

① 罗平汉、何蓬：《中华人民共和国史（1956—1965）》，人民出版社 2010 年版，第 259 页。

系群众的纽带和共产主义学校的作用。

会议强调，一要以毛泽东思想为指导，加强思想政治工作。始终把对职工群众的思想教育工作放在第一位，不断对职工群众进行社会主义、爱国主义和国际主义教育。各级工会一定要以毛泽东思想为指针，学习解放军和大庆的经验，坚持“四个第一”，把思想政治工作放在第一位，充分发挥共产主义学校的作用，为把安徽省职工培养成为一支具有高度政治觉悟、高度组织性纪律性和具有现代科学文化知识的产业大军而努力。[①] 为做好全省职工思想政治工作，工会要组织职工学习《毛泽东选集》，用毛泽东思想武装职工头脑；发动职工积极参加社会主义教育和“五反”活动，在运动中锻炼和改造自己；深入群众，做好各项思想政治工作。二要开展以“五好”为目标的“比学赶帮超”竞赛，掀起增产节约运动新高潮。要以“五好”为目标，组织广大职工开展比先进、学先进、赶先进、帮后进的活动。开展“五好”竞赛，要抓好制定“五好”规划工作。各级工会要在宣传“五好”运动、启发群众比先进、找差距的基础上，结合国家生产计划和落实“两赶、三消灭”规划，发动群众制定好“五好”规划；在“五好”竞赛中，要抓先进、树标兵，大力推广先进经验。在“比学赶帮超”竞赛过程中，工会必须引导职工把学、赶先进的意志落实到刻苦学习和钻研技术上来。在练好基本功的基础上，发动职工针对开展技术革新、技术革命和技术协作活动；做好帮助后进职工的工作。工会应当认真教育广大职工以正确的态度看待后进职工，广泛开展“一帮一、一对红 ”的活动，发动先进职工和积极分子，主动亲近、团结、鼓励后进员工，针对不同职工的特点，有针对性地进行帮助。三要发扬艰苦朴素的光荣传统，切实做好职工生活保障工作。在广大职工群众政治热情越来越高、生产干劲越来越大的时候，工会更应做好关心群众生活福利和身体健康的工作，使职工群众体会到党的关怀和社会主义制度的优越性。工会在抓职工生活保障工作时，要结合开展思想教育工作；要在职工及其家属中宣传勤劳节俭、团结互助的风气；应组织各种互助活动，发扬职工友爱精神，使职工树立社会主义新道德；要根据为生产、为群众服务和勤俭

---

① 《中国工会运动史料全书·安徽卷》编委会编：《中国工会运动史料全书·安徽卷》，安徽大学出版社 1998 年版，第 528 页。

办事业的方针，协助企业办好集体福利事业；要继续配合有关方面，在职工及其家属中推行计划生育。四要加强工会建设，使工会组织革命化、群众化。实现工会干部革命化；狠抓基层工会建设；加速工会机关革命化、群众化；整顿工会财务和各项工作。

安徽省工会第三次代表大会在充分发扬民主的基础上，按照民主集中制的原则，选举了安徽省总工会第三届执行委员会，其中委员57名，候补委员22名；并选出了经费审查委员会。陈庆泉当选为省总工会主席，杨健、赵还、王化东、杨震、张西春、左政当选为副主席，吴峰当选为经费审查委员会主任。

会议期间，还有9位代表到合肥和省直部分工厂、企业、学校，同广大职工进行了经验交流，财贸、农林、教育、邮电等部门，召集本系统代表共同举行了座谈会。通过安徽省工会第三次代表大会的召开，全省职工和工会组织统一了思想，总结了各项工作得失，明确了下一阶段工人运动和工会工作的任务。同时，大会在总结工作经验、宣传先进事迹、开展思想工作的过程中，使各级工会和广大职工进一步认清形势和前途，共同为建设一个具有现代农业、现代工业、现代国防和现代科学技术的社会主义强国而不懈奋斗。

六、组织职工参加“工业学大庆”运动

大庆油田是我国工业战线的一面旗帜，大庆石油工人是中国工人阶级的优秀代表。在大庆油田开发建设过程中，广大工人克服重重困难，打出了第一口油井，甩掉了中国贫油国的帽子。1964年，毛泽东号召全国工业战线开展“工业学大庆”的群众运动，学习大庆工人自力更生、艰苦奋斗的精神，促进全国工业建设事业的发展。1965年4月，党中央批准发布《1965年工业交通政治工作要点》，“将坚持大学解放军、大学大庆，深入开展以五好为目标的比学赶帮的增产节约运动，作为工交战线政治工作的主要任务之一”。[①] 安徽省各级工会组织和广大职工积极参加了“工业学大庆”活动。

① 罗平汉、何蓬：《中华人民共和国史（1956—1965）》，人民出版社2010年版，第370页。

从1970年起，安徽省委连续六次召开全省工业、交通系统“学大庆、赶大通”现场会议，大通煤矿成为全省工业学大庆的一面红旗，全局涌现出大通煤矿、谢一煤矿、九龙岗煤矿等一批“大庆式企业”，“学大庆”活动对加强淮南矿区企业管理、促进煤炭生产起到了重要作用。

1971年6月，《人民日报》发表《工业学大庆》的社论后，各地立即开展学习和宣传活动。1971年9月15日，安徽省委印发《关于全面深入开展工业学大庆群众运动的决定》，指出安徽省广大职工和各级领导“学大庆”的自觉性日益提高，“学大庆”的先进单位不断涌现，但运动声势还不够大，前进的速度还不够快。为进一步推动工业、交通战线加快社会主义建设，巩固无产阶级专政，必须充分发动群众，全面深入地开展“工业学大庆”的群众运动。

在安徽省委和各级工会领导下，安徽省“工业学大庆”运动取得良好成效。开展这项活动既有原先的先进单位，如淮南大通煤矿、马鞍山发电厂、马钢一铁厂、合肥一铁厂、合肥精密铸造厂、芜湖东方纸版厂、工农机械厂、铜陵市井边铜矿、蚌埠麻纺厂、庆长江化工厂、安徽造纸厂、怀远县化肥厂、界首酒厂等；也有后来新涌现出来的先进单位，如马钢二钢厂、淮北杨庄煤矿、芜湖冶炼厂、淮南谢一矿、铜陵市井巷公司、合肥轻工机械厂、蚌埠卷烟厂、安庆染织厂、旌德县衣具厂、全椒县农机厂等。

淮南大通煤矿坚持以路线为纲，全面贯彻“鞍钢宪法”，在“工业学大庆”活动中充分挖掘企业潜力，自1971年以来，该矿月月超额完成生产计划，创造了连续60个月稳产高产的新纪录，顺利完成各项经济指标。淮北杨庄煤矿认真贯彻“抓革命，促生产”的方针，连续三年稳产高产，原煤产量翻了一倍，1971年上半年煤炭生产和掘进进尺都超额完成计划，坑木消耗、生产成本、煤炭灰分和含矸率都比原计划降低，全员生产效率比计划效率提高9%，设备完好率达到87%，实现了高产、优质、安全、低耗，被评为淮北矿区“学大庆、赶大通”的先进典型。芜湖东方纸版厂破除“增产到顶、潜力挖尽”保守思想，全厂上下团结奋斗，认真贯彻社会主义建设总路线，开展社会主义劳动竞赛，挖掘生产潜力，创造了连续58个月稳产、高产的新纪录。合肥轻工机械厂高举“鞍钢宪法”的旗帜，深入开展“工业学大庆”运动，坚持用马列主义、毛泽东思想教育人，用党的基本路线引导青年工人，广大职工精神面貌饱满，促进了生产建设工作的开展，连续三年提前一个季度超额完成国家计划，成为全市“学大庆、赶大通”的一面红旗。宣城塔山锰矿原来是后进单位，通过加强领导班子建设，以大庆工人为榜样，加强了干部和群众的团结，推动了生产发展，使企业扭转了落后面貌。

在“工业学大庆”运动中，许多厂矿企业发扬“龙江”风格，开展社会主义大协作。如合肥发电厂和淮南发电厂等20多家单位，把支援抢修合肥炼铁厂三号、一号风机和六三〇轧机改造工程，作为自身职责，抽调最好的技术力量，

★ 1971年，繁昌县马塘埂铁矿工人们“学大庆”，边采矿边运输。

拿出最紧张的材料，让出最好的设备，支援合肥炼铁厂抢修风机和改造轧机。广大职工在抢修风机和支援六三〇轧机改造的过程中，把革命干劲和科学态度结合起来，夜以继日、艰苦奋斗，抢时间、争速度，又快又好地完成了任务。合肥炼铁厂和六三〇轧机改造工程的职工，在兄弟单位这种“龙江”风格鼓舞下，也不断创造出新成绩，加快了自身生产建设进度。

1976年5月28日，安徽省第六次“工业学大庆”会议在大通煤矿电影院隆重举行，省委书记主持开幕式并致辞。大会历时12天，3000多名代表参加。为迎接这次会议的召开，淮南矿务局提前3天完成了5月的国家原煤生产计划。5月27日各地代表到达淮南这一天，矿务局又创造了日产原煤47800多吨的新纪录。离休干部薛北平自1948年6月来到大通煤矿，从事了35年工会宣传工作。薛北平在2021年的一段采访中提到：“‘工业学大庆’的精神鼓舞了我们煤矿工人在井下多出煤、出好煤，给国家作贡献。‘学大庆、赶大通’那会儿，李元广、张现文他们都是劳模了，用裤子背煤支援上海。为了多搞点煤，用什么搞呢，他们穿着短裤，就用裤子背点煤上井到井口倒掉，最后背了不少；有的是腰里别两块大炭，一会儿你撂一筐一会儿我撂两筐，一搞一大堆。”

1977年5月16日，安徽省召开会议研究工会如何开展“工业学大庆”问题。5月20日，省工会在合肥举行了10万人大会，传达全国“工业学大庆”会议精神，并向全省县级以上机关、工矿企业单位进行实况广播。1978年3月，在全国煤炭工业“学大庆、赶开滦”群英大会上，淮南大通煤矿李元广、淮北杨庄煤矿马典周被煤炭工业部授予“全国煤炭战线劳动英雄”；淮南煤炭基地建设会战指挥部九十六处的李良年、四十二处的许起源、淮北矿务局朱庄矿殷茂荣、生产工程处贾秀珍、烈山矿劳福贵、淮北煤炭基地建设会战指挥部陈登明和邵业龙、淮南矿务局谢三矿刘玉良、毕家岗矿刘家银、李二矿唐启兰、李一矿范景堂、淮南煤矿机械厂王先兰、煤田地质公司第三勘探队彭庶统、怀宁县柘山煤矿江功富都被授予劳动模范称号。

安徽省全面开展“工业学大庆”运动，激发了全省职工群众依靠自力更生、艰苦奋斗建设社会主义的精神，促进了安徽工业生产的发展，推动了国民经济的平稳运行。

第八章　社会主义曲折发展时期的安徽工运事业

社会主义曲折发展时期，安徽省工运事业先后经历了“文化大革命”、粉碎“四人帮”等重大历史事件。党领导安徽工人阶级对社会主义建设道路做了艰辛探索。由于中国国情的特殊性和社会主义建设的复杂性，决定了党和安徽工人阶级对社会主义道路的探索不可能一帆风顺。尽管这一时期受“文化大革命”影响，社会主义革命和建设事业走了弯路，安徽工人运动和工会事业也遭遇了挫折，但安徽工人阶级始终坚定不移跟党走，在社会主义建设中做出了重要贡献。

“文化大革命”的爆发，“使党、国家和人民遭到新中国成立以来最严重的挫折和损失”。[①] “文化大革命”期间，安徽职工队伍被严重分裂，“工人造反派”篡夺了包括工会系统在内的部分单位的党政权力。在“文攻武卫”的口号下，安徽省各级工会机关被“造反派”严重破坏，干部被“罢官”和“批斗”，“工代会”取代了工会组织，安徽省工运事业也随即陷入停摆。但广大安徽职工在动乱中逐步意识到“文化大革命”带来的消极影响，尽可能地保持生产活动的进行，帮助恢复和整顿工会。“文化大革命”时期安徽省在工业生产和科技创新方面依旧取得了喜人成绩。“文化大革命”结束后，各级工会组织安徽工人阶级参与恢复国民经济的工作，为改革开放后安徽省经济建设工作做出了重要贡献。

总体来说，这一时期的安徽工运事业，尽管因遭受“文化大革命”的破坏一

① 中共中央文献研究室：《中国共产党中央委员会关于建国以来若干历史问题的决议》，人民出版社 1981 年版，第 22 页。

度陷入低谷，但安徽广大职工群众英勇不屈的斗争实践说明，安徽省工人阶级是一支久经考验、立场坚定的革命队伍，他们不惧艰险、勇于拼搏，为社会主义建设事业贡献出了自己的重要力量。

第一节　安徽工人队伍和工会组织遭受破坏

一、“文化大革命”初期职工队伍的被迫分裂

“文化大革命”初期，由于工业领域受到影响和冲击，安徽工人队伍被迫分裂。1966 年 5 月 16 日，“五・一六”通知下发后，安徽工运事业开始遭受严重冲击。以合肥市供电局为例，1966 年 9 月，该局选举出“文化大革命”委员会成员。会后，部分工人成立造反组织。造反队伍之间由于主张各异、观点不同而发生争执，以致相互攻击、责骂，工人队伍四分五裂。同月，群众造反组织揪斗局内干部，干扰行政工作，严重影响正常生产工作。在武斗之风的影响下，合肥供电局职工间发生了多次冲突。1967 年，上海“一月风暴”波及合肥供电局，该局造反组织纷纷效仿，在全局掀起夺权浪潮。合肥供电局党、政、工、团组织被严重冲击，干部被迫“靠边站”，造反派夺取领导权，局工会被迫中止正常活动，工会工作遭到严重破坏。同时，工会组织被污蔑为修正主义的“三会一团”，即所谓的生产工会、全民工会、福利工会，工团主义。造反派将工人群众划分为“赤卫队”“工三司”，人为制造分裂，随后工会干部遭到造反组织的批斗。此外，合肥市供电局职工队伍的分裂还表现为“工代会”取代了局工会。1969 年 9 月，造反队伍成立“合肥供电局革命工人代表大会委员会”，取代了局工会组织，其基本任务是组织职工参加所谓的造反活动。尽管当时“工代会”也曾提过“抓革命、促生产”的口号，但由于它是“文化大革命”的产物，又被造反组织控制，因此不可能带领职工搞好各项生产工作。

随着“文化大革命”的开展，安徽省“造反”组织大量出现。1966 年 10 月

9日，合肥市工人革命造反派联合委员会成立，该组织约有成员10万人，主要由工人构成，还有一些机关干部和居民加入其中。1967年2月7日，由“工联”分化出的“安徽省工人第一革命造反司令部”成立，自称组织人数约5万人。随后，合肥工人革命造反第三、第四、第五司令部相继宣告成立，自称已报名参加该组织的有12700余人。1967年4月18日，阜阳地区成立“阜阳专区抓革命促生产第一线指挥部”，各县以县武装部为首成立“抓革命促生产指挥部”，代行党政职权。1966年11月25日至31日，亳州企事业单位纷纷建立所谓的造反组织。1968年8月16日，淮北矿务局革命委员会成立，由51名委员组成，常委19名。

除省城合肥外，安徽省其他市县职工队伍和工会组织也遭到分裂，全省工业生产和经济发展因此遭到严重破坏。1967年至1968年期间，因造反派“夺权”，淮南市工会停止活动；1966年，在宿城一中学生贴出第一张大字报后，“文化大革命”在宿州迅速展开，造反组织蜂起；1966年12月1日，芜湖市各造船厂部分造反派冲击芜湖机床厂，工厂被迫停产；1967年7月，芜湖纺织厂因武斗被迫停产，1968年1月才恢复生产；1967年10月14日至15日，铜陵特区第一次武斗发生，造成51人受伤；1968年6月19日至20日，巢湖专区革委会召开“革命大批判座谈会”，一大批职工遭到错误批斗和处置，造成职工队伍严重分裂；1968年9月，六安专区革命委员会成立“群众专政指挥部”，开展“清理阶级队伍”活动，造成职工队伍分裂。

值得注意的是，“文化大革命”不仅导致职工队伍产生分裂，而且争权夺权也使造反派内部时常产生分裂。如安徽省合肥工人革命造反派联合委员会，因对夺权发生分歧而分裂，一部分人退出“工联会”，组成安徽省合肥工人第一革命造反司令部。随后，合肥地区“造反派”组织，围绕“一·二六”夺权出现的分歧，逐步分裂成相互对立的两大派。从此，两派埋下相互争斗的祸根。1968年1月，淮北濉溪两大造反派展开武斗，直至2月20日才得以平息。1967年8月23日，阜阳城“东方红”造反组织千人游行，因口号问题发生争执，最终引起武斗事件。1967年1月27日，蚌埠市28个“群众组织”夺取市党、政、财、文大权；28日下午，“夺权派”在市体育场召开胜利夺权大会，但被另一派群众组织冲砸了会场。夺权造成的对立甚至波及每个系统、单位乃至家庭。

由于“文化大革命”的错误影响，安徽省职工队伍发生严重分裂，部分“造反派”工人主业从参与生产转变为“造反”和“革命”。由于广大工人无法专注于生产活动，省内各企业、工厂出现大面积停产停工，导致安徽省工业总产值大幅下降，安徽省经济发展、工业生产以及职工正常生活陷入窘迫境地。1967年7月23日，上海《文汇报》发表“文攻武卫”口号，在全国范围内产生了消极影响。安徽省许多专区、市、县武斗也因此急剧升级，工厂、矿山大多停工停产。1967年7月至10月，合肥电池厂、合肥新光印刷厂、合肥软木厂、合肥日用化工厂等单位因武斗，造成停产1—3个月不等。1967年淮北矿务局全年产煤184.5万吨，仅完成原定计划的52%，比1966年减少91.1万吨；铜陵有色公司第一冶炼厂因“文化大革命”停产，直至1969年9月10日才重新开炉生产。1967年，马钢先后有10个厂矿一度被迫停产，主要产品产量均倒退到1959年以前的水平，工业总产值比1965年减少一半以上，上缴利润仅相当于1965年的24.7%。

从不同行业来看，由于“全面夺权”和“全面内战”，“文化大革命”初期安徽省各行业工业产值均大幅下跌。安徽省冶金工业，因受到1967年开始的“夺权风暴”影响，冶金工业正常生产秩序被严重破坏，产品产量锐减，经济效益猛跌。1968年，冶金工业出现大面积亏损，亏损额达1309万元；安徽煤炭工业，在“文化大革命”期间一度遭受严重破坏。1967年，由于不断发生武斗，部分矿井处于半停产状态，当年全省仅生产原煤653.5万吨，只完成原计划的51.2%，比1966年减少55.3万吨；安徽电力工业，由于先后受到“大跃进”和“文化大革命”的影响，遭受严重损失。其中，长江水电站经停缓建数年，坝基、坝体补强工程数年才局部竣工。这13年，全省电力投资建设的固定资产形成率只有46.9%，与达到80%以上的要求相差甚远。安徽建材工业在“文化大革命”时也受到很大冲击，生产水平及经济效益大幅度下降，至1968年全省建材工业产值下降到6032万元，低于1957年的水平，仅相当于1965年的二分之一。直至1969年这种生产局面才逐渐好转，省内生产总值恢复到7882万元，但仅相当于1957年的102.2%和1965年的66.4%。

“文化大革命”初期，安徽省部分职工因受到利用参与了“造反”和“夺权”活动而遭受分裂，“造反派”组织蜂起，瓦解了工会组织，给职工群众正常生活生产造成了严重冲击，对工业生产活动产生极大的干扰和破坏。但正如党的第二个历史决议中指出的那样：“正是由于全党和广大工人、农民、解放军指战员、知识分子、知识青年和干部的共同斗争，‘文化大革命’的破坏受到了一定程度的限制。我国国民经济虽然遭到巨大损失，但仍然取得了进展。”由于大部分安徽工人的斗争和努力，“文化大革命”初期安徽工业生产在职工队伍分裂的状况下，仍在困境中取得了一定成就。如1966年，合肥锻压机床厂设计并成功制造了100万吨单柱校直液压机；1968年9月28日，淮南矿务局日产煤炭71832吨，创淮南煤矿最高日产纪录；1968年，马鞍山矿山研究院承担的攀枝花钒钛磁铁矿露天采场边坡稳定性研究，获国家级成果奖等。以上都是安徽职工队伍在“文化大革命”初期所取得的成就，展现出了安徽工人阶级艰苦奋斗、爱岗敬业的精神面貌。

二、“造反派”夺权

由于“文化大革命”的爆发，全国各级工会组织先后受到严重冲击和破坏，许多省、市、自治区工会乃至基层工会被“造反派”夺权，工会办公室被占、财产被分、工会干部被批判。

党的八届十一中全会后，红卫兵运动迅猛兴起，“大串联”现象泛滥。安徽的地方党组织逐渐陷于瘫痪，党的基层组织停止活动。1966年9月1日，合肥部分院校“造反派”千余人涌进省委机关大院，进行静坐示威。11月6日下午，合肥市4个工厂的六七百名职工，与进驻省委机关礼堂的红卫兵发生严重冲突。11月9日，省委召开三级干部会议，传达以批判“资产阶级反动路线”为中心内容的党中央10月工作会议精神。当晚，部分“造反”群众冲进会议举办地稻香楼，围攻、批斗省委领导，冲散了三级干部会议。此后，“造反”群众连续冲击省委机关，导致省委领导机关及其工作机构无法正常工作。省直和各专区、市、县一大批领导干部以及基层干部被打成“走资本主义道路当权派”“反革命修正主义分子”。

在上海“一月革命风暴”影响下，1967年1月26日，合肥地区28个造反组织联合夺了省委和省人民委员会党、政、财大权，罢了党政主要领导人的“官”，自行成立“安徽省革命造反派总指挥部”，进占省委、省人民委员会机关。同日，合肥市委、市人民委员会被夺权。“一·二六”夺权和《新安徽报》发表的《群众罢官好得很》的社论，使“夺权”“罢官”之风很快席卷全省。各专区、市、县党政领导机关、企事业单位乃至农村社队、城镇街道等基层单位，也先后被“造反派”夺权，各级领导干部被批斗，受到迫害，加剧了混乱局面。后经安徽省军区党委和安徽省革命造反派总指挥部研究同意，1967年3月1日成立了安徽省革命生产领导小组。4月1日，中国人民解放军安徽省军事管制委员会成立。8月上旬，中国人民解放军第十二军奉命进驻安徽，参加“三支两军”。10月26日，党中央改组安徽省军管会。1968年1月15日，皖安机械厂革命委员会正式成立，这是安徽省工业、交通系统最早成立的基层革命委员会。5月11日至17日，第一次全省人民保卫工作会议召开，会议要求已成立革命委员会的地方，要在各级机关、事业单位、街道、工矿、企业成立“群众专政队伍”。据统计，截至1968年12月31日，安徽省各地“群众专政队伍”已达100万人以上，被“专政”的群众达16.4万人。1968年4月18日，安徽省革命委员会成立。截至1968年8月25日，全省15个地市、75个县和14所大专院校及其他县级以上单位全部建立了革命委员会。自此，安徽省党、政、财大权均由革命委员会统一管理。

随着“造反派”对安徽省党政机关成功“夺权”，安徽各级工会也在“夺权”浪潮中遭到破坏，安徽省总工会首先受到“造反派”冲击。反革命集团为分裂工人队伍，将“工运黑线统治”“三会一团”（生产工会、福利工会、全民工会，工团主义）等罪名强加给工会，为造反派组织取代工会、夺取工人运动和工会领导权制造舆论。1968年6月19日，合肥工代会常设委员会发出《关于砸烂旧省、市总工会的通告》，并于同日占领安徽省总工会机关办公楼，省总工会被迫停止一切活动。通告说：“工代会常设委员会全体委员会议决定，并报请省、市革命委员会批准，正式宣布砸烂旧省、市工会。”通告特别规定了几项内容：一是旧省（市）总工会不得再以“省总工会”“市总工会”名义张贴标语、大字报和传单，不得再以“省总工会”“市总工会”的旗帜参加任何集体活动；二是安徽省（市）总工会和所属机构所有一切旧印章全部作废，停止对外承办业务和联系工作，安徽省（市）总工会节余工会经费一并冻结，按党中央有关政策精神处理；三是安徽省（市）工会下属机构工人电影院、曙光电影院、南郊工人俱乐部，均属于工代会领导，其一切财产均不得变卖、转移、损坏；四是旧省（市）工会机关干部和工人，要高举毛泽东思想伟大旗帜，开展革命的大批判，彻底批臭批透修正主义工运路线，坚守工作岗位，搞好本单位斗批改，百倍提高革命警惕，加强敌情观念，严防敌人造谣、破坏。坚决反对右倾分裂、右倾保守、右倾投降主义，彻底粉碎右倾翻案妖风，把隐蔽在党内一小撮顽固不化的走资派、叛徒、特务以及国民党反动派的残渣余孽统统挖出来，夺取无产阶级文化大革命全面胜利。这一通告表明，安徽省“造反派”在夺权过程中利用错误的指导方针，鼓动职工群众参与对省（市）级工会的打砸抢“造反”活动，妄图达到在组织上、政治上、经济上彻底取代工会职权和地位的目的。

自《关于砸烂旧省、市总工会的通告》发出后，省总工会、合肥市总工会被“造反派”砸烂，各工厂、企业工代会（大联委）纷纷煽动群众举着所谓“革命批判大旗”砸烂基层工会。1968 年 9 月 2 日，合肥工代会常设委员会炮制《关于工厂企业工代会砸烂旧基层工会后有关问题处理意见的报告》，为工代会进一步夺权工会，在组织、政治和经济上彻底取代工会职权和地位做了铺垫。工代会利用广大职工群众对毛泽东和党的信赖，将他们卷入“造反”“夺权”的运动中。工代会声称在组织上，旧工会必须彻底砸烂，工人阶级队伍必须重新组织，由工代会取代工会；在政治上，旧工会必须以阶级斗争为纲，狠抓阶级斗争，把无产阶级文化大革命进行到底；在经济上，对旧工会制定的《劳动保险条例》和其他规章制度进行改革，有些规章制度则直接取消，如该报告提出取消女职工生育补助费、疗养员（费）和营养员（费）伙食补助费，这些规定“都是不符合毛泽东思想的，应一（律）取消”；又如，“造反派”认为原地方工会举办的疗养院，“是腐蚀工人革命意志，培养修正主义的场所，应立即停办”。

安徽各级工会被“造反派”“夺权”，导致工会工作和工人正常生产生活遭受极大的破坏。在群众生产方面，工会组织开展的各项劳动竞赛和社会主义竞赛曾对促进安徽省工业生产和经济发展发挥了重要作用，但“文化大革命”期间，各项劳动竞赛被迫中断；群众性合理化建议和技术革新运动受到严重影响，学技术被说成是“冲击了政治”、搞“唯生产力论”，岗位练兵和技术比武受到冷落，班组竞赛、班组合作、先进班组帮助后进班组等工作遭到严重破坏，许多劳动模范遭到反革命集团打击，有的甚至被迫害致死。

此外，职工技术协作活动也被迫中断。在职工民主管理方面，由于“文化大革命”的发生，建立职工代表大会制度及职工民主管理的工作遭到冲击、破坏而停顿。在职工教育方面，受“文化大革命”影响，工会宣传教育工作中断，讨论研究生产形势、生产任务和有关思想作风、工作方向、工作方法等方面的宣传教育工作被迫停止；职工业余文化教育被迫停止，包括职工学校建设、扫除文盲和初等教育、职工中等教育、职工中等专业教育、职工高等教育、业务技术教育等一并停办。在职工文化工作方面，各级工会为广大职工群众建设的文化活动阵地，如工人文化宫、工人俱乐部等被侵占，职工正常文化活动被迫中断。在职工生活方面，安徽省在实践中建立发展起来的劳动保险制度由于遭到破坏而停顿，劳动保险金被冻结，职工集体福利设施如食堂、浴室、医院、住宅、托幼园（所）、医务室等受到严重破坏；扶贫就业工作如对困难职工发放经济补助，以及安排失业职工再就业等被迫中断；发放职工工资工作陷入停顿，“文化大革命”期间全省职工工资水平始终维持同 1965 年相近的水平。在“左”倾错误思想和“工会消亡”风的影响下，安徽省工人结核病疗养院、淮河工人疗养院、黄山工人疗养院、马鞍山工人疗养院，交由地方政府卫生部门管理使用。在“文化大革命”期间，其余六所工人疗养院也都由当地革命委员会安排使用。安徽省工会系统在新中国成立后建设起来的 10 所工人疗养院、休养所几乎全部停办，变更了使用性质和所有权，如改作地方医院、党校、学校、工厂、博物馆、宾馆招待所等。职工疗养事业遭到严重破坏。在工会劳动保护方面，由于地方和产业工会劳动保护机构、基层工会劳动保护组织等工会机关在“夺权”中被破坏，工会开展的劳动保护监督检查如安全监督检查、工业卫生监督检查、职工伤亡事故调查处理、劳动保护宣传教育与培训工作中断。在女职工工作方面，1959 年 4 月成立的安徽省女工委员会在“文化大革命”期间停止活动。女职工“四期”保护（月经期、怀孕期、生育期和哺乳期的保护）工作受到冲击；职工家属和托幼工作停顿；女职工正常卫生防护设施遭到破坏，妇科病防治工作陷入停滞。在工会组织建设方面，“文化大革命”期间安徽省各级工会工作基本停滞，工会积极分子队伍被破坏，工会干部遭到批斗或下放。在财务与经费审查方面，工会被“夺权”后，工会经费被冻结上缴。1969 年 2 月，财政部通知工会经费停止拨交。1969 年 5 月 22 日，安徽省革命委员会政工组和生产指挥组联合颁发《关于处理原工会工作几项规定》，决定冻结上交工会各项经费。据统计，1969 年县级以上工会被政府冻结上交工会经费总计 1913.63 万元。其中安徽省总工会被冻结劳动保险金约 167 万元、应上缴劳动保险金约 423.7 万元、工会经费约 266.85 万元、应上缴工会经费约 128.64 万元，共计被冻结 986.25 万元（具体数据如表 2.1 所示）。各级工会财务管理、财产管理工作基本陷入停滞。

表 2-1　安徽省县级以上工会各项经费被冻结情况一览表（单位：元）

项目	市总工会本身合计数	市辖县工会合计数	各地区办事处合计数	地区各县工会合计数	省总工会本身	总计
1. 劳动保险金	1831677.73	7259.41	27715.53	137349.59	1670601.00	3674603.26
2. 应上缴劳保金	105834.78	160612.79	/	10056.81	4237024.22	4543258.60
3. 工会经费	3960056.16	/	492732.53	1859839.93	2668490.65	8981119.27
4. 应上缴工会经费	125738.02	458.00	28127.98	34259.60	1286374.78	1474958.38
5. 会员缴的会费	/	624.74	727.25	145428.52	/	146780.52
6. 其他款项	287667.13	/	/	57700.75	/	345367.88
7. 合计	6310973.82	168954.94	549303.29	2244635.20	9862490.65	19136357.91
8. 冻结上缴财政数	6310973.82	168954.94	549303.29	2244635.20	9862490.65	19136357.91

“文化大革命”期间，安徽省各级工会组织普遍遭到冲击并陷入瘫痪和半瘫痪状态，安徽省总工会职权被完全取代，工会干部普遍受到批判和斗争，党长期培养的工会积极分子和职工群众受到排斥。尽管“文化大革命”期间，“造反派”一度在组织上、政治上和经济上攫取了安徽各级工会的职权，但除了少部分极端分子外，被卷入运动的大多数职工群众都对其持有怀疑或抵制的态度。广大职工群众仍然坚守在社会主义建设事业的各条战线上。在安徽职工群众顽强奋斗下，全省工业交通、基本建设和科学技术方面仍取得了许多重要成就。这些事实说明，工会组织的权利可能会被暂时篡夺，但广大职工和工会干部建设社会主义现代化国家的热情，不会因为一场错误的政治运动而消退。

三、“工代会”取代工会，安徽省工人代表大会召开

1967 年至 1968 年，全国各省、自治区、直辖市和基层厂矿、企事业单位，都普遍成立了“革命职工代表大会”（简称工代会）。工代会名义上是在“革命大联合”的基础上建立的，实际上大多是各种帮派组织拼凑的产物，其领导权往往被“造反派”控制和掌握。尽管他们的口号和纲领五花八门，但是都把“斗走资派”“把‘文化大革命’进行到底”作为自身使命。《安徽省工人代表大会章程（试行草案）》中就曾提出：“狠抓阶级斗争，深入持久地开展革命大批判，彻底肃清叛徒、内奸、工贼刘少奇散布的反革命修正主义流毒，把无产阶级反对资产阶级的政治大革命进行到底。”[①] 这表明工代会本质上是“文化大革命”的畸形产物，它既不是党联系群众的桥梁和助手，也不是维护工人阶级利益的群众组织，只能是各“造反派”组织妥协争权的产物。

1968 年 2 月 8 日，合肥市工人代表大会筹备委员会发出《关于召开安徽省合肥市首届工人代表大会通知》，就“合肥首届工人代表大会”的任务、召开时间、代表条件、代表名额等事项作了规定。召开此次会议的主要任务是，解决工代会政治路线和组织班子问题。

---

① 《中国工会运动史料全书·安徽卷》编委会编：《中国工会运动史料全书·安徽卷》，安徽大学出版社 1998 年版，第 575 页。

1968 年 3 月 12 日，“工人造反派”主持召开“合肥首届工人代表大会”，成立了合肥首届工人代表大会。省领导机关和省军区负责人出席成立大会，大会通过了《向全省革命工人倡议书》。自合肥市工代会成立以来，安徽省内其他市、县也相继成立工代会以取代工会。1968 年 2 月，铜陵特区革命职工大联合筹备委员会成立，4 月 24 日铜陵特区工人代表大会成立，取代铜陵特区总工会，选举出由八人组成的铜陵市工人代表大会委员会，安排主任、副主任各一名；1968 年 3 月 8 日至 9 日，马鞍山市首次革命职工代表大会在工人剧场召开，出席会议正式代表 687 人，列席代表 71 人，大会选举产生马鞍山市第一届革命职工代表大会委员会，委员 61 人，常务委员 17 人；1968 年 4 月 6 日至 9 日，蚌埠市召开第一届革命工人代表大会，与会代表 700 人，会议通过《工人代表大会章程》，并根据“两派对等”原则产生了委员，会议选举许家旺、周学富、史月亭为市工人代表大会副主任；1968 年 4 月 10 日，淮南市革命工人代表大会在洞山召开，会议决定成立市革命工人代表大会委员会；1968 年 8 月，“芜湖市工人代表大会常设委员会”取代了芜湖市总工会，成为全市工会组织的领导机构。1969 年 10 月，芜湖市工人代表大会常设委员会易名为“芜湖市工人代表大会委员会”；1968 年 9 月，安庆地区成立革命委员会工人代表大会，取代工会组织；1968 年 9 月和 1969 年 10 月，在阜阳地区革委会组织下，先后召开阜阳地区第一、第二届工人代表大会，取代原专区工会办事处；1969 年 3 月 10 日，宿县召开工代会第二届代表大会，成立了由 57 人组成的专区工人代表委员会；1969 年 3 月，池州专区召开第一次“三代会”，即工代会、贫代会、红代会，成立第一届工人代表大会委员会，工会为“三代会”中的工代会所替代；1969 年 4 月 7 日，滁县专区工会代表大会成立，取代了专区工会办事处机构。

除省、市、县一级建立工代会外，各地“造反派”也在着手建立基层工代会，以取代基层工会组织。1968 年 10 月 17 日，合肥市工代会常设委员会组织发出《关于加速建立基层工代会的通知》，强调阶级斗争重要任务之一就是，在全市、全省、全国一片红的大好形势下迅速把基层工代会建立起来，要求凡未成立基层工代会的单位，应尽快把工代会建立起来。截至 1968 年 10 月 10 日，合肥地区已有 100 多个单位建立起基层工代会，并有多数单位正在筹备中。

1969年2月21日至3月2日，安徽省首届工人、贫下中农、大中学校红卫兵代表大会在合肥市举行，出席大会代表6200多名，其中工人代表1293名。省革命委员会主任李德生在大会上发表《用毛泽东思想统帅一切 充分发挥革命群众组织的作用 夺取无产阶级文化大革命的全面胜利》的讲话。3月3日，省革命委员会作出《关于成立安徽省工人代表大会委员会的批示》，批准成立安徽省工人代表大会委员会，设立委员107人，常务委员29人，主任1人，副主任4人。尽管《关于成立安徽省工人代表大会委员会的批示》声称工代会是党领导下的以产业工人为主体的革命群众组织，在取代工会以后仍然能发挥工会作为党联系群众的桥梁和助手的作用，但实际上工代会是工人“造反派”组织联合组成的产物，基本上为“造反派”领导人所控制。[①]

3月5日至8日，安徽省工人代表大会第一次全体委员会议召开，出席会议的委员共86人，缺席16人。中国人民解放军驻工代会联络组派人列席会议。大会根据党的八届十二中全会公报精神和省革委会要求，对1969年的主要任务作了规划：一是搞好思想革命化和组织革命化工作，进一步发动和组织广大群众开展学习毛主席著作的群众运动，办好毛泽东思想学习班，把活学活用毛泽东思想的群众运动推向新阶段；二是坚持把“文化大革命”贯彻到底，深入开展革命的大批判，进一步开展斗、批、改，贯彻“抓革命、促生产、促工作、促战备”的方针，拥护、支持和保卫新生的革命委员会。同时，大会还对工代会组织机构设置问题作了安排，包括工代会的委员和常务委员的设置，各级工代会委员会的办事机构设置（包含省工代会委员会、省辖市工代会委员会和县工代会委员会的办事机构）。制定了各级工代会常务委员分组轮流值班的“常委值班制”，要求每4个月召开工代会全体委员会议，每两个月召开工代会常务委员会议。会议还就增补委员、常务委员问题作了讨论，增补马鞍山市省工代会委员。3月8日，安徽省工人代表大会第一次全体委员会议讨论通过了《安徽省工人代表大会章程（试行草案）》。省工代会成立，以及工代会第一次全体委员会议对工代会性质任务和组织形式的明确，表明省工代会已彻底取代省工会第四

① 中共安徽省委党史研究室编：《中共安徽省历史大事记（1949—1999）》，安徽人民出版社2002年版，第238页。

届委员会。

工代会取代工会是“文化大革命”发展的必然结果，工人“造反派”在对各级工会组织采取“夺权”“罢官”“砸烂”等做法后，取得各级工会组织实际控制权，其必然要以新的组织形式来巩固其所篡夺的权力。工代会本质上是“文化大革命”期间出现的畸形产物，既背离了党的正确领导，也脱离了广大职工群众，不符合当时开展工业生产和发展国民经济的客观要求。

第二节　整顿健全安徽各级工会组织

一、逐步恢复各级工会

1971 年，“九一三”事件的发生，从“客观上宣告了‘文化大革命’的理论和实践的失败，成为 10 年‘文化大革命’历史发展的一个转折点”[①]。这为我国工人运动和工会工作的恢复、发展创造了条件。此后，周恩来在毛泽东支持下主持中共中央日常工作，整顿和加强工业企业管理，落实各项农村经济政策，使国家工农业生产状况有所好转。1971 年 12 月至 1972 年 2 月，全国计划会议召开。会议强调加强统一计划，整顿企业管理，落实党对干部、工人、技术人员的政策，反对无政府主义，把产品质量放在第一位。1972 年 5 月，《人民日报》发表文章，提出企业管理需要合理的规章制度。许多开始陆续反对无政府主义、加强企业管理，开展社会主义劳动竞赛。同年 10 月至 11 月，国务院有关部门召开加强企业核算、扭转企业亏损的会议。会议提出要切实抓好企业管理，允许国营企业在完成计划指标后，从利润中提取一定比例的奖励基金，用于职工集体福利事业和先进工作者物质奖励。会后，国家计委起草《关于坚持统一计划 加强经济管理的规定》。该规定对改进企业经济管理提出若干意见，这些意见对恢复和发展当时国家的工业生产具有重要意义。

① 席宣、金春明:《文化大革命简史》，中共党史出版社 1996 年版，第 245 页。

1972年，《人民日报》、《红旗》杂志和《解放军报》发表元旦社论，提出要做好工会、青年团、妇联工作。全国总工会据此向党中央提出组织人员到基层做调研以为整建工会做准备的建议。1973年1月1日，《人民日报》、《红旗》杂志和《解放军报》联合发表《新年献词》，明确提出经过整顿，逐步健全工会、共青团、妇联等群众团体的要求。安徽省委随即提出，要进一步加强群众组织建设。至此，工会组织整顿与健全工作在全省陆续展开。

1973年2月，安徽省革委会发出《关于整顿工会的意见》，提出要根据党中央和省委指示，在安徽省开展工会整顿工作，要求在1973年上半年重点整顿基层工会，并在此基础上逐步筹建县、市以上工会组织。此外，要结合明确指导思想、抓好批林整风运动、做好吸收会员工作、建好领导班子、明确工会任务和加强党的领导等工作整顿工会。随后，《关于整顿工会组织、省工会领导班子、编制和经费问题》的汇报提出，计划于1973年5月前后在马鞍山、蚌埠、合肥、淮南、安庆、宿县、安庆、徽州等地成立总工会，6月中旬在芜湖、铜陵、淮北、蚌埠铁路分局、巢湖、滁县、六安、阜阳等地市成立总工会。汇报就路线教育问题、整顿工会的范围问题、工会和工代会的关系问题、省总工会领导班子问题、编制和经费问题向省革委会一并做了请示。

1973年4月11日，党中央发文指出，整顿工会要以基层为重点，在基本实现革命大联合的基础上，召开省、市、自治区和工业集中的大中城市的工人代表大会，将省、市、自治区和大中城市的工会组织率先建立起来。

为进一步整顿和恢复工会，4月17日，安徽省委印发《关于召开安徽省工会第五次代表大会筹备工作会议的通知》，决定于4月22日召开工会筹备工作会议，讨论省工会第五次代表大会有关问题。1973年5月30日至6月5日，安徽省工会第五次代表大会在合肥召开，会议同意恢复安徽省总工会。11月6日，省总工会向省革委会提交了《要求解决厂矿基层工会干部的编制和配备问题的报告》，提出了一些整顿和健全基层工会过程中亟待解决的问题：一是有些较大厂矿企业基层工会尚未配备专职干部。据六安、芜湖、安庆三市调查结果，职工在200人以上的厂矿企业单位未配备专职工会干部的有52个；合肥电机厂有1200多名职工，基层工会却没有配备专职干部。二是有些单位把一些年老体弱或长期患病的干部安排在工会，使工会工作难以适应各项工作实际需要。为此，安徽省总工会专门派人到安庆、芜湖、马鞍山、合肥等地做了调查研究，征求了部分地区政工组和厂矿企业党组织意见，在省工会第二次常委扩大会议期间专门召开座谈会，同时还查阅了“文化大革命”以前基层工会干部配备情况的资料，形成了对基层工会专职干部编制和配备干部要求的相关意见，促进了安徽基层工会组织的整顿与健全工作的开展。

工会组织的整顿与健全，使安徽工运事业混乱局面有了好转，遭受破坏和撤销的工会组织重新出现在职工群众面前。一些工会工作者得以重新发挥作用，为维护职工权益做工作。但由于“文化大革命”尚未完全结束，此时整顿与健全工会的各项工作仍存在局限性。

二、召开安徽省工会第五次代表大会

为贯彻落实党中央文件精神，进一步筹备恢复安徽省总工会相关工作，安徽省委决定召开安徽省工会第五次代表大会。[①]1973 年 4 月 17 日，安徽省委发出《关于召开安徽省工会第五次代表大会筹备工作会议的通知》，决定于 4 月 22 日召开筹备工作会议。

在省委领导下，4 月 22 日至 25 日，安徽省工会第五次代表大会筹备会议正式召开。会议讨论研究了省工会第五次代表大会的代表和省总工会第五届委员会委员的名额分配和产生方法。4 月 29 日，根据筹备会议协商意见，安徽省工会第五次代表大会筹备小组发出《关于省工会第五次代表大会代表委员名额分配与产生办法的报告》，强调在抓好整顿基层工会的同时，把市、县工会健全起来，积极做好省工会第五次代表大会筹备工作。《关于省工会第五次代表大会代表委员名额分配与产生办法的报告》经省委审议通过后于 4 月 30 日批转各地。经过一段时间筹备，召开安徽省工会第五次代表大会的筹备工作已基本完成。1973 年 5 月 17 日，省委发出《关于召开安徽省工会第五次代表大会的通知》，

---

① 根据安徽省委当时决定，1969 年成立的安徽省工人代表大会委员会，作为省工会代表大会届次计算，故此次代表大会为省工会第五次代表大会。

决定于5月30日至6月5日在合肥召开安徽省工会第五次代表大会。

1973年5月29日，安徽省工会第五次代表大会筹备委员会《关于安徽省工会第五次代表大会筹备工作报告》提到，此次大会推动了安徽省各级工会组织的建设，整顿了全省90%以上基层厂矿企业工会组织，合肥、马鞍山、蚌埠、芜湖、淮南、铜陵、淮北等七个省辖市已先后召开工会代表大会，成立了市总工会。全省72个县（包括安庆市和屯溪镇）也都召开代表大会，建立了县总工会。大会筹备期间，根据民主集中制原则，采取自下而上、上下结合的方式，产生了正式代表1511名，特邀代表76名。另根据省委指示，筹备小组起草了《进一步发挥工人阶级的主力军作用 为巩固无产阶级专政而奋斗》的决议草案。

1973年5月30日，安徽省工会第五次代表大会在合肥正式召开。出席大会正式代表1511人，特邀代表75人。大会主要议程有三项：一是听取和讨论省委工作报告；二是讨论和通过安徽省工会第五次代表大会决议；三是选举产生安徽省总工会第五届委员会。大会的指导思想和任务是，以批林整风为纲，以党中央文件精神为指针，认真学习马列主义和毛泽东关于阶级斗争、路线斗争和工会的有关论述，深入批判林彪的修正主义路线及其在工人运动中散布的种种反革命谬论，总结安徽省工人运动两条路线斗争的经验，讨论和确定工会工作的任务，选举产生了省总工会第五届委员会。6月5日，大会通过《安徽省工会第五次代表大会决议》。6月7日，省总工会第五届委员会第一次全体会议产生省总工会主任、副主任和常委名单，选出委员113人，常委21人，主任1人，副主任5人。

安徽省工会第五次代表大会的召开，恢复了安徽省总工会建制，使安徽省工人运动重新拥有了组织机构和领导机关，为安徽省工人运动和工会工作进一步整顿和恢复创造了条件。但由于大会是在“文化大革命”尚未完全结束的背景下召开的，在政治上仍以“狠抓阶级斗争，坚持社会主义革命和无产阶级专政”为纲，因此名义上虽然恢复了安徽省总工会，但领导权仍被“造反派”头头把持，大会所选举产生的省总工会第五届委员会并不能承担起正确领导安徽工人运动和工会工作的重要责任。

三、动员职工参与全面整顿工作

1975年1月，第四届全国人大第一次会议召开。周恩来在政府工作报告中重申要在20世纪内实现农业、工业、国防和科学技术现代化的宏伟目标。3月，邓小平出席全国工业书记会议，重申建设“四个现代化”社会主义强国的目标，并且强调：“全党全国都要为实现这个伟大目标而奋斗。这就是大局。”[①] 5月，邓小平接见钢铁工业领域代表，提出整顿钢铁行业的“四条措施”。“四条措施的提出，表明整顿的基本方针已经明确，这对整个工业战线乃至整个领域的整顿都有普遍指导意义。”[②] 7月，邓小平根据毛泽东“安定团结、把国民经济搞上去”的指示，着手对各项工作进行全面整顿。

1975年3月11日至21日，安徽省委召开工作会议，传达全国工作会议精神和邓小平关于对各条战线进行全面整顿的指示。3月25日，省委、省革委会暨合肥市委、市革委会召开10万人大会，号召全省党员、干部、群众迅速行动起来，掀起社会主义革命和建设新高潮。4月，根据邓小平提出“以铁路整顿为突破口，使堵塞严重的铁路全部疏通，运输状况好转”的工作要求，1975年3月26日至4月1日，安徽省革委会和省军区召开整顿铁路秩序会议。4月1日，省革委会发出《关于确保铁路运输安全畅通的布告》，号召全省学习、宣传和贯彻党中央关于加强铁路工作的指示，采取有力措施，彻底整顿铁路运输秩序。省革委会还派出工作组到淮南、蚌埠等地对问题严重的路站进行重点整顿。经过整顿，安徽铁路交通状况明显好转，铁路开始通畅，沿线哄抢事件被遏制，列车正点率大大提高。6月8日，省委、省革委会召开全省广播大会，传达邓小平关于抓好钢铁生产的指示，号召全省广大干部努力完成当年钢铁生产计划。第二季度，安徽省各条战线整顿初见成效。全省工业生产值开始全面回

① 郑谦、张化：《中华人民共和国史（1966—1976）》，人民出版社2010年版，第421页。
② 郑谦、张化：《中华人民共和国史（1966—1976）》，人民出版社2010年版，第431页。

升，工业产值比第一季度增长26.6%，煤炭生产稳步上升；支农产品增加；基建速度加快；一批落后企业有了新起色。4月，省革委会组织编制了《安徽省农业“五五”规划（草案）》和《安徽省1980年基本上实现农业机械化规划（草案）》，提出到1980年粮食总产达450亿斤，比1975年增长40.6%；棉花总产450万至500万担；油料760万担；生猪存栏1800万头。到1980年，排灌动力达到530万马力；机电灌溉面积达4918万亩；大中型拖拉机达36728台；机耕面积4795万亩。经过这次整顿，全省经济由停滞、下降逐渐回升，工农业产品产量均有较大幅度增长。

在整顿工作中，全省各级工会举办各种类型的学习班，对工会领导班子进行思想教育，组织学习毛泽东关于学习理论、反修防修，安定团结，把国民经济搞上去的三项重要指示。通过学习，各级工会领导班子提高了觉悟，增强了团结，思想面貌有了明显改观。

安徽省的整顿工作基本按照邓小平主持全面整顿工作后发出的各项重要指示进行，是“文化大革命”以来安徽省经济发展较好的一年。整顿工作虽未触及“文化大革命”造成的一些根本问题，但已开始把“文化大革命”期间颠倒的一些理论、政策、是非加以澄清，在一定程度上实现了拨乱反正。

四、同林彪、江青反革命集团作斗争

从1966年5月到1976年10月，安徽广大党员、干部和群众，同林彪、江青反革命集团进行了一系列斗争，使安徽省社会主义建设事业在曲折中实现了一定发展。

“文化大革命”初期，广大职工群众出于对党和领袖的信赖而拥护和参加这场运动，他们希望通过“文化大革命”克服实际生活中存在的一些弊端，防止资本主义复辟。然而，林彪、江青等人利用他们貌似革命的理论，把这场运动引向歧途，这引起了工人群众对“文化大革命”极“左”思潮和林彪、江青反革命集团的不满和斗争。

安徽工人为反对林彪、江青反革命集团进行了一系列斗争。1967年，淮南电厂工人，因对武斗升级产生不解和疑惑，最终在“停产闹革命”的喧嚣声中慢慢觉醒。淮南电厂工人意识到，倘若电厂停止生产发电，对厂内躲避武斗的万余名群众的生命和淮南10余家煤矿井下通风、排水工作将会造成严重后果。没有离厂的部分电厂职工在极其困难的环境中，在另一派组织不时向生产现场打冷枪的情况下，以高度的责任感坚守生产岗位。广大电厂职工困了就轮流休息一会儿，饿了就就着咸菜吃一点米饭。直到6375部队进驻后，职工才陆续离开。淮南电厂的工人在武斗过程中坚持正常供电，充分体现了工人阶级的奉献精神和敢于斗争的品质，为安徽工人运动史写下了光辉的一页。

安徽地矿勘探职工在满怀信心投入找矿新高潮的时候，“文化大革命”开始了。由于全局性动乱和“左”倾错误思想的影响，安徽地矿勘探各项工作蒙受巨大损失。“文化大革命”导致的一系列严重后果，从反面教育了广大地矿勘探职工，他们逐渐觉醒起来，通过坚守岗位的方式对“文化大革命”进行抵制。这一时期地质勘探工作在曲折中仍旧取得了许多成就。1966年到1976年，他们先后探明两淮地区的石台、临焕、百善、潘一至潘四、铜陵大通、宁国胡芦山、宣城新田、贵池殷坑等几十个煤矿井田，尤其是相继发现庐江罗河铁矿、铜陵冬瓜山铜矿这两个全省最大的金属矿床。在金属矿产方面，广大地矿勘探职工发现了霍山东溪、凤阳五河和全椒马场等岩金及砂金矿床。非金属矿产地质工作也有所收获，如定远大型岩盐矿、枞阳汤沟大型石膏矿和宜城水东珍珠岩矿等的勘查取得一定成效。

在极端困难的情况下，安徽电力职工顶着压力，仍坚持在生产第一线。1967年8月，屯溪地区武斗升级，徽州电业局工人坚守生产岗位，维持全市正常供电。“文化大革命”期间，梅山水电站连续10年超额完成发电任务，受到水利电力部通报表彰。电力建设方面，淮南、淮北、合肥、铜陵、马鞍山等发电厂和陈村、佛子岭等水电站安装了一批新机组。1972年4月，全省第一条220千伏高压输电线竣工投产，淮南坑口电厂电力至此可以长距离输送到江南地区。1974年，长龙山到江苏龙山的220千伏输电线路投入运行。广大电力职工还开展了“工业学大庆”运动，一些单位获得了“学大庆”先进单位称号。由于广大电力职工站在拥护党、拥护社会主义的立场，自发对林彪、江青反革命集团进行斗争，才使“文化大革命”的破坏受到一定程度的限制，安徽电力生产和建设事业才能在曲折中取得较大发展。

“文化大革命”期间，淮北市广大党员、职工、劳动模范和工会干部坚持生产和建设工作，同林彪、江青反革命集团进行了艰难的斗争。在困难的条件下，市总工会恢复了部分工会组织，培养了一大批工会会员，开展了劳动竞赛活动，表彰了一批劳动模范、先进人物，宣传了坚持先进生产人物的事迹，开展了职工业余文体活动。1974年“批林批孔”期间，一些人提出炮轰市委、踢开党委闹革命，淮北市总工会对此进行了抵制。1975年，在周恩来总理病重期间，邓小平在毛泽东的支持下主持党中央日常工作，着手对国民经济工作进行整顿，使国家形势有了明显好转。在这一背景下，淮北市总工会抽调了部分工会干部，在市委派驻工作组的领导下，到部分厂矿开展宣传工作，号召广大职工坚持生产建设，这对于稳定形势、促进生产发挥了重要作用。尽管“文化大革命”对淮北市工业生产造成了严重破坏，但在全市职工共同努力下，淮北市工业生产仍然取得了较大进步，全市工业生产总值由1966年的5697万元增加到1976年的34755万元，企业由1966年的73家发展到1976年的241家，职工总人数由1966年的不足3万人发展到1976年的9万多人，工会会员由1966年的2万多人发展到1976年的6万多人。

“文化大革命”时期，安徽广大职工和各级工会干部经受了严峻考验。全省广大职工和工会干部在极其困难的情况下，坚守工作岗位，坚持生产工作，尽力减少“文化大革命”造成的消极影响。1967年，安徽省工业总产值25.7亿元，较1966年下降29.8%；1968年又比1967年下降0.3%。以后由于广大干部群众的努力，扭转了工业生产总值接连下滑的局面。“三五”计划末期，全省工业总产值46.27亿元，较1965年增长48.8%，年平均增长8.3%。“四五”末期，工业总产值完成82.31亿元，比1970年增长77.9%，年平均增长12.2%。10年合计增长1.65倍，年平均增长10.2%。汽车、拖拉机制造、石油炼制、日用机电产品生产等企业，都在这个时期逐渐建立起来。安徽省经济建设工作在曲折中仍取得一定成就的事实，再一次证明了安徽职工群众和各级工会干部的拼搏和斗争精神。

第三节 “拨乱反正”时期的安徽工会组织

一、清除“四人帮”对安徽工会的影响

1976年10月6日晚，华国锋、叶剑英在中南海召集中共中央政治局常委扩大会议，对“四人帮”成员实行隔离审查。“四人帮”的粉碎，“解除了一场严重的政治危机，实现了党和人民的共同意愿，是‘文化大革命’时期代表正确发展趋势的力量长期斗争的结果”。[①] 10月21日，首都150万军民举行盛大游行，欢庆粉碎“四人帮”的胜利。粉碎“四人帮”后，党中央领导全国人民开展了揭、批、查“四人帮”反革命集团的斗争。工运领域是受“文化大革命”破坏的重灾区。根据党中央指示，安徽省开展了一系列工作以清除“四人帮”对安徽工运事业造成的消极影响。

1977年2月8日，安徽省总工会五届五次全委扩大会议召开，强调要在全省掀起深入揭批“四人帮”的活动。2月9日，会议通过《紧跟华主席 狠批“四人帮”在党的领导下充分发挥工会组织的作用》报告。此后，安徽省开展了自上而下、上下结合的揭批查运动。

全省工会在各级党委领导下，联系本地基层工运实际，组织职工和工会干部揭发了“四人帮”利用工会充当篡党夺权工具的罪行，揭露了“四人帮”分裂工人阶级队伍、砸烂工会组织、迫害工会干部、劳动模范、老工人的罪行；批判了“四人帮”炮制的所谓“工运黑线统治论”和“三会一团”等谬论；批判了“四人帮”煽动无政府主义、鼓动停工停产、败坏工人阶级优良传统和作风的罪行；批判了“四人帮”破坏正常管理制度、攻击技术人员作用、反对关心群众生活等方面的谬论和罪行；清查了工会系统与“四人帮”篡党夺权阴谋活动有牵连的人和事，基本上摧毁了“四人帮”在安徽工运领域的帮派体系。通过这场运动，广大工会干部和职工认清了“四人帮”的罪恶历史和反动面目，

① 郑谦、张化：《中华人民共和国史（1966—1976）》，人民出版社2010年版，第553页。

在许多重大问题上分清了是非。在此基础上，安徽省各省辖市、地区、县工会组织逐步调整了领导班子，夺回了被“四人帮”篡夺的权利，各级工会组织初步恢复了正常工作。

安徽省开展揭批查“四人帮”反革命集团的斗争，清除了“四人帮”在安徽工运领域的影响。但由于受到“两个凡是”方针的影响，使安徽工运领域的揭批斗争还不够彻底，“四人帮”留下的余毒尚未得到完全清除。

二、恢复全省工会工作的正确指导思想

安徽各级工会在揭、批、查“四人帮”反革命集团的斗争中，基本消除了“四人帮”的影响和流毒。为进一步拨乱反正，恢复工会正常工作，安徽省总工会在省委领导下开展了一系列整顿工会系统的重要工作。

1977年2月7日至11日，安徽省总工会在合肥召开五届五次全体委员会扩大会议，揭发批判了“四人帮”反党集团篡党夺权的罪行，总结了1976年全省工会工作，交流了工作经验，讨论和制定了1977年的任务。

1977年，安徽省总工会领导和组织广大职工群众在恢复和整顿工会方面做了许多工作，使安徽工运事业和工会工作进入一个新的发展时期。

一是组织职工认真学习《毛泽东选集》和党中央重要会议文件，明确新时期具体奋斗目标。基层工会纷纷组织职工学习小组，依靠工人理论队伍，组织学习中心组，举办学习班，培养骨干分子。在此基础上，通过组织读书汇报会、心得交流会和召开学习检查等方式，推动学习活动向前发展。各级工会运用一切宣传工具，宣传新时期的总任务和新宪法。据淮南市各级工会的统计，从1978年4月起，各级工会制作大幅标语、宣传牌3600多幅，出墙报、黑板报、学习解答专栏、漫画、图片橱窗近3000期，组织文艺宣传队100多个。合肥、芜湖的工会，举办了以学习总任务和新宪法为主要内容的职工文艺会演，组织文艺宣传队走上街头、深入厂矿和宿舍区进行宣传演出。

二是在揭批“四人帮”的斗争中，进行工会组织的整顿和建设工作。1977年3月，安徽省总工会提出了加强工会组织整顿和建设的问题，通过召开多次

会议传达相关工作指示。各地、市委对工会整顿和建设工作非常重视，合肥市委专门讨论了市总工会工作和组织建设问题，抽调一批工会老干部充实到市工会领导队伍。各地工会对基层组织状况也进行了一些调查研究，结合整党整风和整顿企业，开展基层工会整顿和建设工作。如蚌埠市总工会总结和推广了市邮电局工会工作经验，对各级工会整顿、建设工作起了良好的示范作用。

三是发动和组织广大职工积极参加“工业学大庆”运动，广泛开展社会主义劳动竞赛，促进生产工作的恢复和发展。各市、区、县工会纷纷组织开展劳动竞赛，全省职工很快掀起一个以增产节约为中心的社会主义劳动竞赛热潮，涌现了岱河煤矿、铜官山矿、绩溪县缫丝厂、怀远县化肥厂、解放军第48122厂等一批先进单位。同时，各级工会开展了安全生产和关心职工生活的工作，省总工会配合省劳动局和有关部门，定期开展安全生产检查，推动各地工会关心职工生产安全。各基层工会在职工劳动保护、女工“四期”保护、办好互助储金会、食堂、托儿所、浴室等方面，配合有关部门做了大量工作。

四是组织职工开展业余学习和各项文体活动。

自1977年以后，安徽省工运形势越发好转，各项工作取得了显著成绩。

为彻底消除“四人帮”的影响和流毒，恢复工运工作正确指导思想，1978年8月25日至31日，安徽省总工会在合肥召开五届六次全体委员会扩大会议。会议主要目的是总结安徽省工运领域揭批“四人帮”运动和工会工作经验，把“四人帮”套在工会干部脖子上的精神枷锁彻底砸烂，把他们颠倒了的路线是非纠正过来，在党的新路线和新时期总任务的指引下，恢复和开展工会工作。会议就“文化大革命”期间工会工作主要历史问题做了总结：一是关于“文化大革命”前17年工会工作问题；二是关于工会性质问题；三是关于工会要不要抓生产的问题；四是关于工会要不要抓职工教育的问题；五是关于工会要不要关心职工生活的问题；六是关于工会必须接受党的领导的问题。此外，安徽省总工会对1978年秋冬至1979年春夏全省工会工作任务提出了具体要求：一要发动广大职工继续深入开展揭批“四人帮”的斗争，彻底肃清他们在各条战线和工会工作中的流毒和影响；二要进一步搞好各级工会整顿和建设工作，以适应新时期总任务的需要；三要在“工业学大庆”运动中，广泛发动职工开展社会主义劳动竞赛；四要加强对职工群众的政治、文化和科学技术教育，建设一支高度革命化的、精通技术业务的产业大军；五要切实关心职工生活，做好女工、家属工作；六要组织工人群众参加企业管理，充分发挥工人阶级在实现新时期总任务中的主力军作用。会上，参加会议的218人投票选举产生了出席中国工会第九次代表大会的代表。本次会议是一次拨乱反正的会议，重新恢复和发扬了民主传统，对恢复安徽工会系统各项工作具有重要意义。

“文化大革命”结束后，安徽省总工会从政治、思想和经济等方面进行拨乱反正，使安徽工人运动和工会工作逐步摆脱了“文化大革命”造成的各种枷锁，推动安徽工人运动和工会工作重新步入正轨，朝着正确方向不断向前发展。

第三编

改革开放和社会主义现代化建设新时期的安徽工运事业

1978年12月18日至22日，具有划时代意义的党的十一届三中全会召开，中国进入了改革开放的崭新历史时期。从农村到城市，涉及经济、政治和社会各领域的改革渐次展开，社会生产力获得了空前解放和发展，我国的社会结构包括阶级阶层结构发生了十分深刻的变化，其中工人阶级的变化尤其明显。改革开放后，原来工人阶级的两大组成部分即国有企业工人和集体企业工人迅速分化，非公有制企业职工队伍不断壮大，农民工大量进入城市，工人阶级人数迅速增加，整体素质也明显提高。他们在党的领导和各级工会的组织下，投身于改革开放后的社会主义现代化建设事业中，为新时期的伟大事业贡献了巨大力量。安徽的工人阶级继承和发扬了民主革命时期、社会主义革命和建设时期的工人阶级优良品质，开拓进取，探索前进，积极支持并投身于改革的伟大实践，为安徽的建设和发展作出了巨大贡献，成为改革、发展的主力军和维护社会稳定的中坚力量。

这一时期，安徽工人阶级在工会组织带领下，始终坚持党的领导，深入学习贯彻邓小平理论、“三个代表”重要思想、科学发展观，牢固树立发展是硬道理的观念，紧紧围绕安徽改革开放和经济建设实际，积极探索开展帮助企业扭亏为盈、“双增双节”、“百万职工跨世纪赶超工程”、“百万职工发展创新工程”、“双走访、促三保”行动等活动，调动了广大职工群众参与社会主义现代化建设的积极性，使全省职工的主力军作用得到充分发挥，为促进安徽经济的发展作出了积极贡献。认真践行社会主义核心价值观，大力弘扬劳动精神和工人阶级伟大品格，牵头推进全省职工职业道德建设和文明行业创建工作，组织开展“万人评行风”及知识竞赛、“行风热线”等活动，开展职工读书自学活动，加强“职工书屋”建设，积极倡导与社会主义市场经济相适应的道德新风。切实维护职工合法权益，通过参与制定和修改涉及工会和职工利益的法律法规政策、建立健全政府与同级工会联席会议制度、坚持发展以职工代表大会制度为基本形式的民主管理制度等工作，多层次、多渠道参与职工民主权益改革，积极开展创建劳动关系和谐企业和“共同约定行动”活动、推动社会保障“低保扩面”、“送温暖”工程、协助和推动政府实施再就业工程、建立困难职工帮扶中心、“育才关怀”行动、“安康杯”竞赛等，努力为全省职工提供优质服务。坚持加强工会建设，通过整顿基层组织、发展工会组织和工会会员、选好配强工会领导班子、加强干部培训、改进新形势下产业工会工作等措施，完善了工会组织体系，建设了一支高素质、强能力、敢担当、能战斗的工会干部队伍，同时，从原有的疗休养事业向兴办经济实体、举办职工消费合作社、发展职工互助保险等领域拓展，发展了工会劳动福利事业，加强了工会资产监管，并在全国率先探索发展了工会经费委托税务代收工作，有效提高了安徽工会工作的整体水平。

新时期的安徽社会主义现代化建设事业和工人运动事业不断向前发展。事实证明，安徽工人阶级是一支具有光荣革命传统也特别能战斗的队伍，是改革和建设的主力军和维护社会稳定的中坚力量。面对不断发展的中国特色社会主义事业，安徽工人运动必须紧跟时代步伐、立足中国特色和安徽实际，坚定不移地自觉接受中国共产党的领导，始终坚持贯彻党的全心全意依靠工人阶级根本方针，围绕中心、服务大局，团结动员广大职工投身美好安徽建设，一以贯之地代表和维护职工合法权益，做好改革、发展、稳定中的工会维权服务工作，与时俱进地加强工会组织建设、推进改革创新，建设与新世纪、新形势、新任务相适应的高素质工会干部队伍，从而更好地推动和促进中国特色社会主义现代化建设事业不断进步发展。

第九章 改革开放初期的安徽工运事业

1978年12月，党的十一届三中全会作出把党和国家工作重心转移到经济建设上来、实行改革开放的历史性决策，实现新中国成立以来党的历史上具有深远意义的伟大转折，开启了改革开放和社会主义现代化的伟大征程。

改革开放的开启，使中国工人运动进入了新时期。在党的领导和各级工会的组织下，安徽工人阶级积极投身于经济建设和改革开放的大潮中，他们一方面广泛开展增产节约、劳动竞赛、合理化建议和技术革新活动，以自己的聪明才智和忘我的劳动热情为国民经济的恢复、发展和调整作出巨大贡献；另一方面支持改革、参加改革、为改革献计献策，同时承受住了改革所带来的阵痛，特别是在政治风波中经受住了严峻考验，凸显了中流砥柱的稳定作用。在精神文明建设方面，工人阶级更是以弘扬先进思想为主旋律，以自身的模范行为带动和影响全社会，成为社会主义精神文明建设的推动者和引领者。改革开放的大潮锤炼了工人阶级，使他们开阔了眼界、增长了知识、增添了本领、锻炼了意志、发展了先进性，各行各业都涌现出一大批先进模范人物。事实证明，中国工人阶级不愧是一支有理想、有道德、有文化、有纪律的优秀而坚强的队伍。

在改革开放初期的这一阶段，安徽各级工会一方面紧紧围绕经济建设这个中心，团结动员广大职工积极开展各项经济技术活动，努力完成和超额完成生产任务，坚定不移地支持和投身于各项改革；另一方面主动加强自身建设，全面恢复工会组织及各项业务工作，积极开展符合自身性质和特点的工会工作，努力在改革中发挥自身作用。工会工作不断开创新局面，其中突出强化维护职能的理论与实践，工会组织职工参与民主管理，工会自身建设与改革等工作的完成，充分证明工会是党联系职工群众的桥梁和纽带、国家政权的重要社会支柱、职工群众利益的代表者和维护者，极大地推动了安徽地区的社会经济、民主政治、文化等事业的发展。

第一节 社会主义现代化建设转折时期的安徽工运事业

一、全面恢复工会组织和各项业务工作

进入改革开放和社会主义现代化建设新时期，随着党和国家工作重心的战略转移，努力实现农业、工业、国防和科学技术的现代化成为全党、全国人民和工人阶级的奋斗目标，成为凝聚工人阶级和工会组织的巨大力量。在各级工会的具体动员和组织下，广大职工群众和工会干部满腔热情投入“四化”建设，开展工会工作，以实际行动书写新时期工人运动和工会工作振兴发展的新篇章。特别是在中国工会九大之后，在党的十一届三中全会精神指引下，经过拨乱反正，清除“左”的思想影响，新时期工人运动和工会工作的发展方向、发展目标和中心任务更加明确。在短短两三年时间里，整顿和加强了工会各级组织，建立健全了工会的各项规章制度，全面恢复了工会的各项活动，组织动员了广大职工群众投入“四化”建设，使工人运动和工会工作在恢复、整顿中走向全面复兴。

（一）恢复、整顿和部署工会各项工作

1978 年 6 月 14 日，安徽省总工会党组召开会议，通过《关于召开地、市工会主任会议情况的报告》。会议分析了安徽省工会工作的形势，认为自 1977 年 6 月贯彻党中央关于解决安徽省委领导问题的重要指示以来，各级工会在党委的领导下，积极组织广大工会干部和职工开展揭批“四人帮”的斗争，各级工

会的领导班子得到了初步调整和加强，取得了很大的成绩。1978 年一季度以来，各级工会发动和组织广大职工学习、宣传新时期的总任务和新宪法，开展社会主义劳动竞赛，大搞技术革新和技术革命，促进了工业学大庆运动不断深入发展。特别是“五一”以后全国总工会关于召开中国工会九大的通知和全国劳模座谈会决心书的公开发表，工会的性质、作用和方针、任务更加明确，各级党委对工会工作更加重视。但是，安徽省工会系统被林彪、“四人帮”摧残、破坏较为严重，揭批“四人帮”的运动发展不平衡，林彪、“四人帮”的流毒和影响还没有肃清。有些工会干部心有余悸，不敢大胆工作。有的在路线斗争中犯了错误，立场、思想还没有及时地转过来。工会组织也不健全，全省各条战线的 180 多万名固定职工中有三分之一以上没有入会，近三分之一的基层单位没有恢复和建立工会组织。各级工会的领导班子配备不全，特别是一、二把手没有配齐。各级工会人员编制多数不足，干部力量不强，工作机构不健全，不能适应形势的需要。工会活动经费和工人活动场所的修建费用未落实。“文化大革命”以来，其他单位占用工会的房屋等资产，很多还没有归还，影响工会活动的开展。这些问题，都需要在各级党委的领导下尽快加以解决。

为使安徽省工会工作更好地适应新时期总任务的要求，会议要求坚决贯彻全国总工会八届七次执委扩大会议精神，抓纲治会，切实做好五个方面的工作。一是坚决把揭批“四人帮”的伟大斗争进行到底。根据全国总工会关于召开中国工会九大的通知精神，紧紧抓住“四人帮”推行反革命政治纲领和反革命修正主义路线的主要问题，联系安徽省实际，批深批透，进一步分清路线是非，彻底肃清其流毒和影响。二是搞好各级工会的整顿和建设。首先是整顿好各级工会的领导班子，按照毛泽东同志提出的接班人五项条件和老、中、青三结合的原则，把那些在路线斗争特别是第十一次路线斗争中表现好，全心全意为人民服务，热爱工会工作的同志选拔上来，充实和加强各级工会的领导班子。坚决把那些“震派”人物从各级工会领导班子中清除出去。同时，要调回一些有工会工作经验的老工会干部，担任各级工会的领导工作。省总工会和市（地）、县工会干部要抓紧充实和加强，并根据需要实事求是地核定编制。基层厂矿企业工会主要负责人应配备相当于同级党政副职干部。各级工会要继续做好会员登记和发展新会员的工作。三是组织和发动职工群众广泛深入地开展社会主义劳动竞赛。一方面要配合有关部门，对奖励问题进行调查研究，搞好计时工资加奖励的试点工作；另一方面要加强竞赛的组织领导。四是大力开展职工业余教育。各级工会要对职工文化技术水平、师资、校舍、经费等进行调查研究，提出恢复和发展职工业余教育的近期和长远规划。同时尽快恢复和举办各种类型的职工业余学校、训练班、讲座等，积极协助有关部门办好“七二一”大学。五是关心群众生活，切实解决职工生活中存在的问题。基层工会要协助企业行政部门，办好职工食堂、浴室、托儿所、幼儿园、互助储金会和妇幼保健、医疗卫生等集体福利事业，搞好职工生活困难补助、劳动保护和女工的“四期”保护，加强对职工宿舍的管理。要切实抓好女工和家属工作。对工会主办的工人文化宫、电影院（队）、俱乐部、图书室等进行整顿，充分运用这些阵地开展各种文体活动，活跃职工的文化生活。

安徽日報

ANHUI RIBAO 1978年10月14日 星期六 农历戊午年九月十三 第9589号

合肥市举行大战四季度全面完成工交、基建计划誓师大会

拨乱反正落实政策 奖惩兑现加快步伐

对十七名老劳模当众宣布彻底平反，恢复名誉；对五十二个质劳先进企业、集体和个人进行表彰并发给奖金；对八个问题多生产上不去的单位限期整顿，如限期不改将实行经济制裁

★ 1978年10月，《安徽日报》刊登的拨乱反正恢复17名老劳模名誉的文章。

会议还对全省工会依靠广大工会干部和积极分子，把工会真正建设成无产阶级专政的支柱、党联系群众的桥梁、工人群众学习共产主义的学校，为实现新时期的总任务作出应有的贡献，作出了具体部署安排。

1978年7月28日，省总工会向省委组织部、省编委提出关于省总工会机关、省直各产业工会机构设置和人员编制的请示报告。报告认为1977年到1978年的一年多来，在省委的领导下，经过揭批“四人帮”，安徽省工运路线是非基本分清。特别是全国总工会八届七次执委扩大会议后，强调了工会的工作任务是重要繁杂的，进一步明确了工会的地位、性质、作用和任务。但是，从安徽省总工会当时的组织机构和人员编制的情况看，不能够完全适应工作任务的要求。因此，为认真贯彻落实华国锋关于把工会整顿好、建设好的重要指示，充分发挥工会组织的战斗作用，适应新时期总任务的要求，根据全国总工会关于各省工运恢复和发展的情况，调整对安徽省总工会和省直各产业工会的机构设置和人员编制。

1978年11月5日上午，省总工会党组向省委汇报了中国工会第九次全国代表大会情况，并提出要求成立省职工教育委员会，努力把安徽省职工教育办好。1978年12月2日上午，省委、省革委会召开会议，认真研究全省职工教育工作，批准成立了省职工教育领导小组。①

（二）开展“增产节约”为主要内容的劳动竞赛

改革开放新时期，党中央和国务院发出了开展增产节约运动的号召。全国总工会九届二次常委（扩大）会议也作出了相应的决议，号召全国职工加强安定团结，广泛深入地开展增产节约运动，并指出实现增产节约，就要把社会主义劳动竞赛深入扎实地开展下去，取得显著的经验效果。

根据党中央、国务院的部署，1979年3月23日安徽召开全省工业会议。省总工会相关负责同志在会上作了题为《关于开展增产节约运动等几个问题的意见》的书面发言，对开展增产节约运动和开展社会主义劳动竞赛提出相关意见

① 《中国工会运动史料全书·安徽卷》编委会编:《中国工会运动史料全书·安徽卷》，安徽大学出版社1998年版，第672—683页。

建议。指出要教育全省广大职工深刻认识只有开展增产节约运动，才能把加速建设四个现代化落在实处；要实现增产节约，就要扎扎实实地、深入持久地开展社会主义劳动竞赛。在竞赛中要根据国务院关于奖励问题的通知，认真研究和解决好奖励问题。虽然实行奖金制度以来，对促进生产的发展，改善企业经营管理，调动职工的生产积极性和创造性，起到了很大作用。但是仍存在不少问题：一是没有认真贯彻按劳分配的原则，普遍存在平均主义倾向。二是奖励工作多头领导，奖金名目繁多。三是实行奖金制度以后，有些单位放松了政治思想工作，无论搞什么都要发奖金，出现了“奖金万能”、重视物质奖、轻视荣誉奖的倾向。因此，建议就这项工作进行改进：一是完善管理体制。省、市、县以劳动部门为主，工会和财政部门配合，基层以行政主要领导为主，工会及各有关部门配合。二是坚决贯彻按劳分配原则，克服平均主义倾向。企业生产奖金，应当逐步做到从企业创造的经济价值中提取。三是劳动竞赛奖要坚持精神鼓励和物质奖励有机结合，以精神奖励为主，物质奖励为辅。可授予先进集体和先进生产（工作）者、标兵、劳动模范、“能手”等称号，颁发奖状、奖章、奖旗，印制光荣榜、光荣册等。同时，在竞赛中注意加强劳动保护，搞好安全生产，关心群众生活，协助有关方面逐步解决职工生活的实际问题，减少职工后顾之忧，保证广大职工大干社会主义的积极性。

全国总工会九届二次常委（扩大）会议《关于加强安定团结，广泛深入开展增产节约运动的决议》发表后，各级工会组织认真进行了学习、宣传和贯彻，动员和组织全省职工开展了以增产节约为主要内容的社会主义劳动竞赛。

安徽省工会第六次代表大会和省总工会六届一次常委扩大会议先后就开展增产节约劳动竞赛，进一步作了动员部署，省总工会还先后两次组织地、市工会生产部长参加有关部门的专业会议。1980 年 1 月，省总工会召开全省工会工作会议。会议肯定了一年来安徽省各级工会组织为适应全党工作重点转移和国民经济调整要求，坚持以生产为中心，加强工会的思想、业务和组织建设，做了大量的群众生产工作，突出抓增产节约劳动竞赛，取得了较好的成绩。例如，技术协作活动有所发展，整顿充实了技术交流队、开展技术交流活动、举办专业技术训练班等。安徽省工、交、建、财战线的增产节约劳动竞赛比较广泛地开展了同行业局际竞赛，同行业厂际竞赛，厂际同工种、同业务竞赛，企业内部开展同产品、同机台、同工种竞赛和针对薄弱环节的攻关赛，以及上下工序一条龙协作赛，等等。

按照有关会议精神，省总工会先后组织13名同志参加全国总工会在上海、浙江等地召开的机械工业系统技术表演交流会，进行了技术交流，学习了先进经验。合肥、淮南、淮北、芜湖和宿县地区工会，先后组织了金属切削、焊接、电子、铸造、电镀等工种的技术表演赛。滁县地区工会和有关部门一起，举办了三期远红外先进技术学习班，共成立八个远红外技术推广队。安徽省也先后涌现出“马恒昌式班组”、产品质量信得过班组等先进集体，这些工作促进了生产发展，改变了生产被动局面，保证了国家生产计划的完成，对推动经济建设，完成经济调整任务起到了积极作用。各级工会的群众生产工作比较普遍地开展起来，并且摸索和总结出新经验，为新时期进一步做好工会生产工作，打下了初步基础。[①]

（三）开展为“四化”立功竞赛活动

1980年4月开展的为“四化”立功活动是安徽省推动生产发展的重要实践。由于各级党委加强领导和有关部门的重视，立功活动率先在安徽省工交、基建、财贸等战线逐步开展起来。根据全省8个省辖市的初步统计，截至1981年4月，开展立功活动的企（事）业单位占20%—30%。实践证明，开展为“四化”立功活动调动了广大职工的积极性，对加强广大职工的思想政治教育，促进各项建设事业的发展，起到了积极的作用，收到了良好的效果。

1981年4月，省总工会等部门向省委报送了《关于开展为“四化”立功活动情况和意见的报告》，得到省委办公厅转发。报告指出，为“四化”立功活动的过程，就是把实现党的政治路线变成群众自觉行动的过程。立功活动加强了思想政治工作，提高了职工的思想觉悟，推动了生产的发展。在立功活动中，各企业都紧紧围绕着增收节支这个中心，针对调整工作中暴露出来的问题，开

① 《中国工会运动史料全书·安徽卷》编委会编：《中国工会运动史料全书·安徽卷》，安徽大学出版社1998年版，第683—688页。

展了多种形式的竞赛活动，取得了显著的经济效果。例如，蚌埠电表厂设备不足，工艺落后，新产品民用电表不能批量生产和投入使用。他们在立功活动中，通过开展 14 个项目的攻关竞赛活动，实现了电表安装流水线，使新产品民用电表迅速投入批量生产，月产量达到 12000 只，是立功活动前月产量的 24 倍，电表整机合格率达 100%，成为省内外很有竞争能力的产品，一举搞活了生产。淮北芦岭煤矿，家住农村的工人每年午秋两季请假的多，出勤率低，1980 年 6 月结合“保勤”开展多种形式的立功竞赛以来，出勤率由原来的 70% 提高到 90%，8 项经济技术指标实现了满堂红，7 项指标创历史最好水平。采煤七区产量突破“双纲”指标，荣立集体一等功。

立功活动还促进了群众性的技术革新。据蚌埠无线电一厂、天长县砖瓦厂等 33 家单位统计，在 1980 年的立功活动中，该 33 家单位共实现合理化建议和技术革新 350 项。马钢二轧钢厂“三五百”车间技术员在立功竞赛活动中，改进轧钢机提高了成材率，每年可多为国家创造财富 500 多万元。[①]

（四）完善和强化奖励工作制度机制

1979 年 6 月 14 日，安徽省委出台《关于试行超计划利润奖的意见》，希望通过奖励工作机制调动广大劳动群众的工作积极性，从而推动国民经济持久高速的发展。安徽省自 1978 年以来逐步实行了奖金制度，对于推动生产起到了一定的促进作用。但是，在评发奖金上普遍存在着平均主义的问题，不问盈亏、不问贡献、不问劳动都可以拿到奖金。造成这种现象的主要原因一方面是林彪、“四人帮”反对和破坏按劳分配原则、搞平均主义的流毒没有肃清；另一方面是当时奖金的来源是从各单位职工标准工资总额中提取 10%—12%，它同企业盈亏、职工贡献大小没有关系，这也是产生平均主义的一个重要原因。这不仅使实行奖金的效果不明显，还产生了不良的影响。对此，各地各系统不断改进奖励工作机制，取得了诸多良好成效和有益经验。

从 1979 年 1 月起，合肥市化工系统在实行综合奖的基础上试行了超计划利

① 《中国工会运动史料全书·安徽卷》编委会编：《中国工会运动史料全书·安徽卷》，安徽大学出版社 1998 年版，第 658—692 页。

润奖，奖金的来源是从超计划利润中提取一部分，他们把奖励同开展社会主义竞赛相结合，同狠抓生产关键、抓薄弱环节相结合，有的还同主要生产车间、辅助生产车间与科室签订增产节约合同相结合，同时大力加强了思想政治工作，效果相当显著。省委认为合肥化工系统实行超计划利润奖的办法是好的，是符合社会主义按劳分配原则的，他们的经验是可取的，是把国家、企业、个人三者利益正确紧密地结合在一起。

为全面贯彻“调整、改革、整顿、提高”八字方针，把国家、企业、个人三者的利益紧密结合起来，胜利实现调整国民经济的任务，省委对安徽省现行奖金制度进行改革，要求先在一些单位试行超计划利润奖，取得经验后再逐步推广。同时针对一些认识问题和具体做法作出指示：指出奖金是实现按劳分配所采取的一种劳动报酬形式；企业实行超计划利润奖要在基本完成国家下达的产量、质量、品种、消耗、成本等主要经济技术指标的基础上，根据其获得超计划利润的大小、难易（利润指标由主管局下达）在超计划利润中提取2%—20%（一家企业单位提取的比例，由主管局会同劳动、财政部门提出方案，经市革委会或地区行署批准）作为奖金，多超多奖、少超少奖（对实行计件工资的职工，不发给超计划利润奖；发明创造按国家规定给奖）；正确地实行超计划利润奖，必须切实加强企业管理，搞好经济核算，建立与健全责任制。特别要做好劳动定额的管理工作；实行超计划利润奖，还必须同时采用厂与车间、科室、工段签订增产节约合同的办法；关于试点的范围，各地、市可先选择某些行业的若干领导班子较强、生产和经营管理比较正常的厂矿企业（包括非工业部门管理的厂矿）进行试点；在试行超计划利润奖的过程中，要大力加强政治思想工作，要把政治思想工作渗透到经济工作中去。

1979年年初，合肥制药厂党委在认真总结了前一年实行综合奖的经验教训基础上，决定由厂工会负责组织车间、部门与厂部签订超计划利润奖合同。厂部向车间提出产量、质量、消耗、品种、利润的考核指标和奖励办法，厂工会召开以生产、技术、检验、财务为代表的甲方（厂部）和以车间主任、技术员、工段长、工人为代表的乙方（车间）协商会议，经过充分讨论研究，确定车间完成的各项生产指标，以及科室、辅助车间的保证条件，然后由厂长、车间主任或有关部门负责人签字，交厂工会和生产科仲裁执行，谁完不成合同要求，谁就要被追究经济责任。合同中规定，各车间超额完成利润计划部分，按一定比例提取奖金，多超多奖，少超少奖；完不成合同规定利润指标的，罚车间职工全年工资的10%—15%；辅助车间和科室没有履行合同的，罚全年工资的5%；辅助车间完成了任务，而生产车间没有完成任务，就从生产车间罚款中拿出三分之一奖给辅助车间。合肥制药厂的实践证明，在企业内部签订超计划利润奖合同制，是促进企业改善经营管理，扎扎实实开展以增产节约为中心的社会主义劳动竞赛，挖掘企业潜力，确保国家计划顺利完成的有效措施。

为认真贯彻落实党中央有关奖励工作的新规定和省委、省政府指示，1980年2月6日至11日在合肥召开了全省奖励工作会议。省委副书记苏羽出席会议并讲话。各市经委（工交办）、工会、劳动局和行署劳动局负责同志，省直工交各局、部分奖励工作搞得好的企业的负责同志，省财政厅、人民银行负责同志等参加会议。会议强调，安徽省奖励工作从1978年开始进行试点，工业、交通、基本建设、商业等部门的绝大多数单位已实行奖励制度。经过各地区、各部门的共同努力，1979年以来特别是8月全省奖励工作会议以后，企业管理和经济核算进一步加强，促进了生产发展，超额完成了国家制定的全年增产增收计划，涌现出一批典型。1980年2月15日，省计划委员会、省经济委员会、省总工会、省劳动局共同向省委报送了《关于全省奖励工作会议情况的报告》。

据初步统计，当时实行奖励制度的全民、集体单位共有13872家，占单位总数的90%；职工人数达到155.6万人，约占职工总数的95%。1979年共发奖金1.16亿元（包括上海小三线企业），平均每人全年奖金70.86元，其中全民企业发1.03亿元，平均每人全年奖金81.76元，占标准工资的13.6%；集体企业发1286万元，平均每人全年奖金43.07元，占标准工资的7.2%。

实行奖励制度工作也创造了许多宝贵经验。一是促进了企业管理，加强了经济核算。不少企业从抓各种定额着手，制定了产量、质量、消耗等经济技术指标，建立健全了计量、统计记录、检验以及各类人员的岗位责任制等管理制度，加强了劳动纪律，促进了安定团结，保证了良好的生产秩序、工作秩序和会议秩序。二是促进了生产发展，超额完成了全年增产增收计划。1979年上半年安徽省工业生产不太理想，8月省委召开工业会议和奖励工作会议后很快扭转了形势，生产逐月上升。全年工业总产值增长9.5%，超过全国平均增长幅度；工业企业利润总额增长13.7%；财政收入超额5.45%，超额完成了国家下达的任务。三是奖励形式与生产实现紧密结合。很多企业在总结经验的基础上，由过去实行综合奖改变为适合企业特点的奖励形式。四是在增产增收的基础上，正确处理了国家、集体、个人三者的关系。芜湖市红光针织厂1979年工业总产值比1978年增长24.1%，上缴利润增长82%，而提取奖金仅占增加利润的10.8%，个人得奖金最高32元，最低2元。还有不少企业用提取的奖励基金，新建职工宿舍、浴池，兴办幼儿园、托儿所等职工福利事业，既增加了国家和集体收入，又改善了职工生活，保障了个人生活质量。

实践证明，正确地实行奖励制度能充分体现按劳分配、多劳多得的原则，有利于调动职工群众积极性，有利于增加生产，在实行这个制度的同时，要加强政治思想工作，把精神鼓励和物质奖励、局部利益和整体利益、当前利益和长远利益结合起来，更好地发挥奖金这个经济杠杆的作用。①

（五）加强劳动模范队伍的建设和管理

1979年，党中央、国务院印发《关于召开全国职工劳动模范代表大会的通知》，明确1980年国庆后将在北京召开全国职工劳动模范代表大会，并对全国工人阶级提出殷切期望："希望经过一年的努力，务使工交、基建、农林、牧渔、财贸、科研、文化、教育、卫生、体育等各项工作都能够切实地大进一步，务使各条战线上的劳动模范和先进集体的水平都能显著提高。"这是一个十分鼓舞人心的新的战号令，是夺取"四化"建设第一个战役胜利的一项重要措施。

1979年10月10日，安徽省委、省革委会出台《关于贯彻中共中央、国务院关于召开全国职工劳动模范代表大会的通知的意见》，要求各级工会：一是动员广大职工把精力集中到社会主义现代化建设上来，广泛、深入、持久地开展增产节约运动，加速实现四个现代化的步伐，为明年召开的全国职工劳动模范

① 《中国工会运动史料全书·安徽卷》编委会编：《中国工会运动史料全书·安徽卷》，安徽大学出版社1998年版，第692—704页。

代表大会准备条件，并决定继国家表彰一批全国先进企业和全国劳动模范之后，省内也相应地表彰一批省先进企业和省劳动模范；在 1980 年召开全国职工劳动模范代表大会之前，召开安徽省职工劳动模范代表大会。二是在全省范围内更加广泛、深入地掀起一个社会主义劳动竞赛热潮。各级党政机关和工、青、妇等组织要把各条战线的广大职工更加紧张地动员起来，积极投入以增产节约为中心的社会主义劳动竞赛中去。三是全省职工特别是劳动模范和先进集体，既要有强烈的事业心和责任感，又要在革新技术、学习和掌握先进技术和业务上面下功夫、作贡献。四是各级领导机关，尤其是工会组织，要认真做好劳动模范的培养、教育和管理工作。在群众中大力宣传劳动模范的功绩和作用，努力把尊重、爱护和学习劳动模范的风气恢复和发扬起来，切实纠正不求上进，反而对先进者嫉妒、讽刺、挖苦、打击的不正之风和错误倾向。五是各级新闻、宣传单位要充分运用报刊、广播、电视、电影等宣传工具，认真宣传召开全国职工劳动模范代表大会的重大意义，大力传播、推广全国和全省先进企业、劳动模范的先进事迹、先进思想、先进经验，动员广大职工向他们学习，形成人人争上游、“比学赶帮超”的热潮。

1980 年 11 月 24 日，省总工会发布《关于加强劳模队伍建设和劳模管理工作意见的报告》，对各级工会组织提出要求。一要进一步落实党的劳模政策。在当地党委统一领导下，各级工会应积极配合，对劳模政策落实情况进行一次检查。凡属冤假错案（包括“文化大革命”前的案件）尚未纠正的，都要迅速复查纠正。对于事实不清、定性不准、处理不当的案件，要听取本人的申辩，进行认真的复查复议，仔细鉴别，反复核实，坚持原则，实事求是地作出结论。二要加强对劳动模范的培养教育，充分发挥劳动模范的作用。经常分析他们的思想状况，了解他们遇到的各种问题，听取他们的意见和要求。定期或不定期地向劳动模范传达党中央的指示精神，使他们认清自己肩负的重任，更好地发挥劳动模范作用。注意在劳动模范中发展党员，组织劳动模范学文化、学科学、学技术、学管理，鼓励和支持他们大搞技术革新，努力创造先进的生产技术水平。号召劳动模范在为“四化”立功的活动中，不断作出新贡献。不要随意变动劳动模范的生产、工作岗位，以利于发挥他们的专长和作用。还要主动关心劳动模范的生活和身体健康。三要树立学习、爱护、尊重劳动模范的社会风气。坚定不移地支持、保护劳动模范和先进人物，坚决同各种贬低先进、打击先进的错误思想和行为作斗争。通过报刊、广播、电视及其他宣传工具，大力宣传先进劳动模范先进人物的先进思想、先进事迹，运用典型教育群众，在党内外把尊重、爱护和学习劳动模范的风气恢复和发扬起来。同时，要教育劳动模范正确对待自己，正确对待群众，鼓励劳动模范保持谦虚谨慎、戒骄戒躁的优良传统，保持旺盛的斗志，不断取得新的成绩。四要减少劳动模范的兼职，减轻其社会活动负担。让劳动模范集中精力和时间搞好本职工作，尽量不兼职或少兼职，特别是知识分子劳动模范，应保证他们有充分时间搞好科研、技术和教学工作。对劳动模范参加会议和非生产性活动，要严格加以控制。五要健全劳动模范管理制度，加强劳动模范管理工作。省、地、市、县及基层工会，都要按照分级管理的规定，做好各自范围内的劳动模范管理工作，把历届劳动模范的基本情况掌握起来，并按人建立劳动模范档案。省有关业务主管部门，也要把历年来受中央主管部门表彰命名的劳动模范名单摸清楚，除按人建档外，也要将名单及事迹材料抄送省总工会备查。各级工会和业务主管部门都要设专人或指定人员兼管这项工作。①

（六）恢复和加强职工教育

新中国成立以来，安徽省职工业余教育从无到有，从小到大，逐步建立了初等到高等的业余教育体系，各级各类业余学校广泛发动和组织职工参加学习，对于提高职工的政治文化、技术水平，培养社会主义建设人才，促进生产的发展，起到了重要作用。许多劳动模范、厂矿企业单位的工程技术人员、管理干部通过业余教育提高了文化、技术和管理水平。粉碎“四人帮”以后，各级工会组织解放思想，拨乱反正，积极贯彻党的十一届三中全会和中国工会九大精神，把开展职工业余教育同实现“四化”紧密联系起来，增强了各级工会组织办学的责任感和紧迫感，鼓舞了广大职工向现代科学文化进军的斗志，职工业

① 《中国工会运动史料全书·安徽卷》编委会编：《中国工会运动史料全书·安徽卷》，安徽大学出版社 1998 年版，第 705—710 页。

余教育有了较快的恢复和发展。据合肥、蚌埠、淮北、铜陵4个市，宿县、六安、蒙城、临泉、宿松、桐城、旌德、休宁、绩溪、宁国、歙县、含山、当涂13个县和安庆石油化工厂、芜湖长航、芜湖铁路分局等地区和单位的不完全统计，参加学习的职工达72645人，业余学校430所，专兼职教师2626人，超过1966年以前的规模。职工业余教育的机构也逐步建立健全起来。省成立工农教育委员会，各地、市、县和一些基层也建立了相应的职工业余教育机构，配备了专职工作人员和教师。不少地、市、县和基层厂矿企业党委的负责同志，担任职工业余教育委员会或领导小组的领导，对职工业余教育工作及时开会研究，布置检查，总结推广先进经验。1979年9月28日《安徽日报》专门发表了题为《提高职工文化科学水平的有效途径》的文章，阐述了安徽省恢复和加强职工教育的成果。

1981年2月15日，全国学联、全国伦理学学会、全国总工会、共青团中央、全国妇联、中国文联、中国语言学学会、中华全国美学学会 、中央爱卫会等九家单位联合作出《关于开展文明礼貌活动的倡议》。安徽省广大职工在省总工会带领下，积极响应倡议，在各条战线逐步开展以“五讲”“四美”为内容的文明礼貌活动，取得了比较明显的效果。一是促进了生产。如芜湖发电厂，过去每月需点火二三十次，每次耗原油二吨至三吨。活动后，职工进行“闷火”点火节油试验成功，一次只用原油350公斤，点火时间由原来1.5个小时缩短到11分钟。淮南针织厂三车间的女工们，在“三八”国际妇女节前后，连续四天创高产，日产成衣由1.4万件提高到2.1万件。二是为国分忧，为厂解愁。安庆东风机械厂十几名青年工人，利用业余时间，把厂里的切纸机平板抢修好，甘尽义务，不要报酬，为厂节约9800多元。三是互助互济，拾金不昧。助人为乐的好人好事大量涌现，合钢公司6000多名职工一个多月共做好事2000多件，先后有4000多人次到车站、码头、剧院、菜市等公共场所，打扫卫生、扶老携幼、维持秩序，到老红军、老干部和退休老工人住处，帮助搞家务劳动。四是整顿厂容店貌，美化环境。许多单位狠抓环境美，大搞环境卫生，清除垃圾，绿化厂区，讲卫生的良好习惯开始恢复和形成。各级工会在这一活动中积极主动，采取多种形式做好宣传，并在企业中通过民主讨论等方式，制定文明礼貌守则、公约，或修订原来的青工守则、职工守则，起到了重要引导和推动作用。

1981年7月，省总工会召开了地、市工会教育部长会议，学习贯彻党中央、国务院《关于加强职工教育工作的决定》（以下简称《决定》）和国务院、全国总工会召开的两个职工教育会议精神，讨论研究职工教育管理体制改变后工会在职工教育工作中所承担的任务等问题。10月20日，省总工会印发《关于加强工会系统职工教育工作的意见》，要求各级工会组织一是继续贯彻落实党中央、国务院的《决定》，从党的整个事业的大局来认识加强职工教育的重要性。二是努力办好工会系统的职工学校。三是在自身办学中应该要注意坚持质量第一，注意教学效果；建立职工学校的检查、验收、审批制度；根据工会法和国家计委、建委、财政部、物资总局、全国总工会联合通知，申请地方政府尽量解决教学场所等问题。四是积极参与职工教育的管理，发挥监督作用，维护和保障职工学习权利。各地、市、县工会的负责人要参加同级职工教育管理委员会；企业的职工代表大会，要讨论职工教育的规划和实施方案，并作出相应的决议，责成有关部门执行。五是正确掌握和使用教育经费，工会职工教育经费由工会自行掌握使用。①

（七）恢复建立职工代表大会制度

在“文化大革命”时期，企业民主管理遭到严重破坏，职工代表大会制度陷于停顿。粉碎“四人帮”后，特别是党的十一届三中全会以来，党中央强调要发扬社会主义民主，在实行党委领导下的厂长负责制的同时，恢复建立党委领导下的职工代表大会制度。1978年10月，邓小平代表党中央、国务院向中国工会第九次代表大会发表的致辞中指出：“为了实现四个现代化，我们所有的企业必须毫无例外地实行民主管理，使集中领导和民主管理结合起来。”② 1980年五届全国人大三次会议再次重申这一制度，并明确指出，职工代表大会或职工代表会议作为权力机构，有权讨论和决定自己职权范围内的重大问题，有权选举、罢免或建议任命、建议罢免本单位的行政领导人员。按照中央决策部署和全国

① 《中国工会运动史料全书·安徽卷》编委会编：《中国工会运动史料全书·安徽卷》，安徽大学出版社1998年版，第710—719页。

② 《邓小平文选》第2卷，人民出版社1994年版，第137页。

总工会工作要求，各级工会组织把维护职工群众当家作主的地位和权利作为自己应尽的职责和义务，协同有关部门在企（事）业单位推行职工代表大会制度，认真搞好民主选举，取得可喜进展。

1978 年 11 月 9 日，安徽省总工会召开地、市工会主任电话会议，将恢复职工代表大会制度试点工作列为重点工作。1979 年至 1980 年，省总工会继续把恢复、建立职工代表大会制度提上工作日程，在 1979 年 8 月和 1980 年 1 月，分别召开六届一次常委扩大会和工作会议，对推行职工代表大会制度进行专题讨论和具体部署。这两次会议上重点强调了两点内容，一是全省所有企业都必须建立职工代表大会或职工大会制度；二是及时向省委汇报全省推行职工代表大会制度的情况，以便获取省委的指示与支持。省总工会党组分别于 1979 年 10 月和 1980 年 2 月，向省委提交《关于安徽省建立、健全职代会制的情况》和《在工厂（矿）企业推行职代会制的报告》，要求各级党委加强对这项工作的领导。截至 1980 年 9 月底，全国已有 3.6 万余个基层恢复和建立了职工代表大会制度，其中厂矿企业单位 3.3 万余家，文教、卫生等非厂矿单位 2400 多家。截至 1980 年底，安徽全省共有 763 家单位恢复职工代表大会制度，26 家单位选举了厂长，164 家单位选举了车间主任，359 家单位选举了工段长、班组长。

中国工会九大以来，安徽省一些企（事）业单位进一步恢复和建立了党委领导下的职工代表大会制度。据对 8616 家厂矿企业的统计，有 909 家单位建立了职工代表大会制度，其中有 359 家企事业单位民主选举了工段长、班组长，164 家企事业单位民主选举了车间主任，26 家企事业单位民主选举了厂长（经理）；千人以上的大型企业，绝大部分建立了这项制度。当时，建立职工代表大会制度的单位已从工交、基建部门发展到财贸部门，文教、卫生单位也开始进行试点。在推行职工代表大会制度、加强企业民主管理过程中，全省各企业工会承担职工代表大会工作机构的职责，开展了一系列活动。从组织职工代表的选举，收集职工的提案，筹划召开职工代表大会，到督促检查大会决议的贯彻执行，组织职工代表的经常活动，都主要是由企业工会委员会协同有关部门进行的。在这些工作中，许多工会注重抓住发扬民主这一关键，努力克服形式主义，支持职工代表正确行使当家作主的权利。

从建立这项制度的单位来看，领导作风的转变、管理水平的提高、生产的发展和职工生活的改善等方面，都在不同程度上起到促进作用，其中能充分发扬民主、初步发挥了权力机构的作用、效果较为显著的单位约占20%。职代会对行政各项工作进行经常性的监督，一般的有常务代表会以及职代会产生的生产、生活、财务等委员会和职工代表小组等几种形式，民主管理逐步做到经常化、制度化。但是，从全省情况看，推行职工代表大会制的范围还较小，发展也不均衡，工业比较集中的城市比地、县进度要快些，地区一般只占百分之二、三，还有20个县是空白点。也有一部分建立这项制度的单位是走过场，职工群众不够满意。产生以上问题的原因，主要是有些企（事）业单位的党政领导干部对职工代表大会的意义认识不足，看不到实现企业民主管理对促进企业调整和生产发展的重大作用。有的怕麻烦，怕群众提出意见解决不了，不好收场。同时，在相当一部分企（事）业单位中，由于工会干部配得比较弱，工会组织担当不起职代会工作机构的任务，当工会组织在督促行政领导贯彻执行职代会的决议、落实职代会的各项提案中遇到阻力时，有些工会干部不敢坚持原则，代表职工讲话，致使职代会这种社会主义民主制度流于形式。

对此，1981年4月24日，省总工会党组印发《关于安徽省推行职工代表大会制度的情况和意见》，提出五条意见：一要逐步地在全省企（事）业单位中普遍推行党委领导下的职工代表大会制度；二要使职工代表大会真正成为企业的权力机构；三要积极稳步地搞好基层领导人员的民主选举工作；四要发挥工会为职工代表大会工作机构的作用；五要加强党对职工代表大会的领导，职工代表大会的活动和工作，要在企业党委领导下进行。5月6日，省委转发了省总工会党组《关于推行职工代表大会制度情况和意见的报告》，要求各级党委重视推行职工代表大会工作，各企（事）业单位党组织要把这项工作列入重要议事日程。

1981年5月到6月，全国总工会、国家经委、中央组织部联合召开全国工业企业民主管理座谈会，制定《国营工业企业职工代表大会暂行条例》。6月，省政府在工业交通工作会议上传达了全国工业企业民主管理座谈会精神。会议强调，在企业整顿中要加强民主管理，推行和完善职工代表大会制度。党委要加强领导，抓好这项工作，把党委领导下的厂长负责制度与职工代表大会制度结合起来。在条件成熟的地方，分期分批进行民主选举厂长。7月20日，省总工会、省经济委员会、省委组织部联合印发《关于深入贯彻全国工业企业民主管理座谈会精神的通知》，要求各地围绕经济调整这一中心任务，结合生产实际、经济体制改革、企业整顿以及推行经济责任制等工作，做好推广和完善职工代表大会制度的规划。尚未建立职工代表大会制度的大中型企业要在年内完成此项工作，小型企业在1982年上半年前完成该项工作。同月，省委在《关于工商企业实行经济责任制问题的通知》中提出，要将实行经济责任制与加强企业民主管理结合起来。要普遍建立和健全职工代表大会制度，发动广大职工参加企业管理，保证和监督经济责任制的实施。

为贯彻落实党中央、国务院颁发的《国营工业企业职工代表大会暂行条例》和安徽省委指示，省总工会派出3个调查组对全省推行职工代表大会制度的情况进行调查了解。10月4日，省总工会党组报送了《关于各地贯彻全国企业民主管理座谈会精神情况的报告》，指出全国企业民主管理座谈会的精神在省工业交通工作会议传达后，全省各地、市工会都会同经委、组织部向当地党委作了汇报，并提出了贯彻意见。通过传达贯彻，党政干部认识普遍有所提高，工会干部很受鼓舞。很多地、市、县工会在当地党委的领导和有关部门支持下，组织力量，深入基层，了解情况，总结经验，推动了这项工作的开展。但是，由于当时全国企业民主管理座谈会和中央有关文件的精神传达贯彻时间较短，各地建立职代会制度还存在不少问题，增加数量还不多，发展也不均衡。有些领导对加强企业民主管理的重要性认识不够。有的仍然认为“企业民主管理是软任务，搞好生产才是硬任务”。有的厂矿企业的领导认为职代会约束了自己的手脚，削弱了自己的权力。有的地方领导片面认为“推行经济责任制是当务之急，企业民主管理可以摆一摆”，对贯彻全国企业民主管理座谈会精神，没有拿出具体措施。对此，省总工会党组就更好地建立健全职工代表大会制度提出三条意见：一是切实加强党的领导，进一步提高各级党政领导干部对加强企业民主管理重要性的认识；二是把企业民主管理与实行经济责任制、整顿企业领导班子有机结合起来；三是加强工会干部的配备。各级党委要加强对工会领导班子的建设，选拔、抽调一批优秀中、青年干部做工会工作。10月14日，省委转发省总工会党组《关于各地贯彻全国企业民主管理座谈会精神的情况报告》，要求各地、市、县委，各大学党委，省直各有关单位党委、党组结合实际情况作出部署，指导和督促所属企业有步骤地贯彻实施《国营工业企业职工代表大会暂行条例》，并不断总结经验，使职工代表大会制度进一步完善和提高。[①]

12月23日至27日，省委组织部、省经委、省建委、省财办、省总工会联合召开全省企业民主管理经验交流会。各地市组织部、经委、建委、财办、工会负责人、省直有关厅局负责人、省产业工会负责人出席会议。滁县地委、安庆市财贸办公室、灵璧县总工会、马钢第一轧钢厂等26家单位到会介绍经验。这次会议进一步推动了全省企业民主管理工作的发展，截至1981年底，全省已有2092家单位恢复和建立了职工代表大会制度，较1980年增加了1.74倍；94家单位民主选举出正副厂长（经理）181人；16家单位的446个车间民主选举出车间正、副主任684人；202家单位的2077个班组、工段民主选举出班组长、工段长2929人。

1982年6月，经省委、省政府同意，省总工会、省委组织部、省经委、省财办、省建委五部门联合发出通知，决定对全省企业民主管理工作进行大检查，并成立了检查工作领导小组，省委副书记苏羽任组长。7月至8月，各地、市根据规定进行自查；8月底至9月中旬，省、市抽调97名干部，组成16个检查组，分别到各地市进行检查。检查工作结束后，苏羽、黄驭和省总工会、省委组织部、省经委等部门负责同志听取了各检查组的工作汇报。10月10日，根据检查结果，省总工会、省委组织部、省经委等部门联合向省委、省政府提交了《关于安徽省企业民主管理情况和意见的报告》。截至1982年底，全省建立职工代表大会制度的单位共计4044家，占应建单位总数的30.1%。

中国工会第九次代表大会以后，在各级工会的积极努力下，安徽省大部分企业恢复了职工代表大会制度，在参与企业经营决策、维护职工利益、民主选举和评议干部方面发挥了重要作用，取得了显著成绩，标志着安徽省企业民主管理特别是职工代表大会制度建设工作开始了新的历史发展阶段。

---

① 《中国工会运动史料全书·安徽卷》编委会编：《中国工会运动史料全书·安徽卷》，安徽大学出版社1998年版，第720—728页。

（八）恢复和加强安全生产与防护工作

1978 年 10 月，党中央发出《关于认真做好劳动保护工作的通知》，强调要搞好安全生产和职工劳动保护，治理粉尘有害气体对职工身体健康的危害，把伤亡事故降下来。全国总工会认真贯彻落实党中央、国务院指示精神，加快推动劳动保护工作的全面恢复发展，于 1979 年 1 月重新颁发了《基层工会和车间工会劳动保护工作委员会工作条例（试行草案）》《工会小组劳动保护检查员工作条例（试行草案）》。1980 年 6 月第三次全国工会群众劳动保护工作会议召开，总结了劳动保护工作 30 年来的经验教训，检查了贯彻执行《关于认真做好劳动保护工作的通知》的情况，交流了淮南李郢孜二矿、开滦林西煤矿等 10 多家单位和小组的劳动保护检查员安全生产、防尘防毒和女工特殊保护工作的经验。中央书记处书记、国务院副总理万里到会讲话，要求迅速改变劳动保护问题多的局面，把安全生产、劳动保护工作恢复到历史最好水平。会议的召开，进一步明确了工会劳动保护工作的任务，推动工会劳动保护工作更全面、更迅速地恢复和发展。

1979 年 7 月 29 日，安徽省总工会发布《安徽省劳动保护工作情况和今后意见》，对安徽省劳动保护工作情况作了介绍。1979 年以来，各地区、部门和企业狠抓职工安全教育，发动群众查隐患，揭矛盾，抓整改，进一步推动了劳动保护工作的开展。粉碎“四人帮”以来，安徽省劳动保护工作，在省委和各级党委的领导重视下，有所加强，全省工矿企业职工伤亡人数有所下降。据统计，1979 年上半年全省工矿企业发生伤亡事故 598 起，比 1978 年同期下降 4%；死亡 149 人，比 1978 年同期下降 4.9%；重伤 535 人，比 1978 年同期下降 1.48%。其中，国营企业死亡 99 人，重伤 463 人，分别比 1978 年同期下降 24.43% 和 5.2%；但集体所有制死亡 40 人，重伤 63 人，分别比 1978 年同期上升 2.5 倍和 1.7 倍；其他人员死亡 10 人，重伤 9 人。煤炭系统事故，在全省工矿企业中仍占首位，死亡 66 人，占全省工矿企业死亡总数的 44.3%。特别是芜湖地区，1979 年上半年连续发生小煤窑瓦斯爆炸，共死亡 21 人，与 1978 年同期相比，增加 4.2 倍，占全省小煤窑死亡总数的 72.4%。在安全生产、“两防”工作方面，涌现出一些先进单位，突出的有全国煤炭系统文明生产过硬的淮南李郢孜二矿，全国化工系统防尘防毒红旗单位马鞍山向山硫铁矿，全国冶金系统防尘防毒红旗单位马钢第一烧结厂，全省防尘防毒先进单位嘉山县等。

总体来看，各地区、部门和企业在安全生产、“两防”等方面做了大量工作，成绩是主要的，但也存在一些问题：一是领导重视不够，文件贯彻不平衡。有的地区、部门和单位领导对劳动保护工作口头重视，实际上并不关心；有的文件精神学习不深入，也没有向广大职工和家属传达；有的事前不采取防范措施，事故发生后又不认真检查处理，以致同类事故重复发生。二是劳动保护机构不健全，执行规程不严，违章作业较多，违章操作造成事故的问题也较为严重。三是尘毒危害严重，接触尘毒作业的职工人数越来越多，不符合工业卫生标准的作业场所越来越多，职业病和职业中毒人数越来越多，职业病逐年上升。四是各地依然存在相当数量的和重大的安全隐患，有些重大隐患长久拖着得不到解决。五是工会的监督作用没有充分发挥。另外，“两防”所需的经费、物资落实不够，安全技术措施不具体，工程质量低，也是较为普遍的问题。

对此，省总工会提出，要把劳动保护工作当作一件大事来抓，不断加强工作领导。要配合有关部门做好劳动保护检查监督等方面的工作，敢于向上级党委和有关部门汇报、反映，并根据国务院和省革委会有关部门的规定，将危害情况如实告诉职工群众，不向职工保密。对从事严重危及工人生命与摧残工人健康的作业岗位，建议限期改进。经建议能改而不改的，如果工人拒绝操作，工会应给予支持。要总结和推广先进经验，有计划地表彰一批安全生产和“两防”搞得好的单位和个人。对安全生产和“两防”搞得不好的单位，要坚决贯彻不能评为“大庆式企业”的规定；对严重失职，造成重大伤亡事故的单位，要建议党委严肃处理；或根据法律，代表受害职工向法院提出控诉，使那些严重失职人员，能得到应有的惩处。在国民经济三年调整期间，各级工会组织应主动配合有关部门，把整顿劳动保护工作，解决安全卫生设施，改善劳动条件，作为整顿企业的一项重要任务来抓，把职工劳动保护工作提高到一个新水平。

1980 年，根据国家劳动总局和全国总工会发出的《关于整顿和加强劳动保险工作的通知》，安徽省总工会会同省劳动局有步骤地恢复和整顿了劳动保险工作。6月，全省有3171家厂矿企业恢复实行劳动保险制度，110万名职工恢复享受劳动保险待遇。另有1166家单位、16.77万名职工实行了劳动保险合同和其他劳动保险办法。截至1981年底，全省经过整顿的厂矿企业达到51%，有4016家厂矿企业恢复了劳动保险制度，享受保险待遇的职工131万余人，分别较1980年增加27%和20%。另有4142家单位、43.95万余名职工实行了劳动保险合同和其他劳动保险办法，分别比1980年增加了2.5倍和1.6倍。截至1982年底，全省享受劳动保险、实行劳动保险合同和其他保险办法的职工共183万余人。

经过对劳动保险政策的整顿与调整，取得了以下几项成绩：一是建立健全了劳动保险工作组织。如淮北矿务局建立了劳动保险工作委员会，负责全局劳动保险整顿和管理工作，其下属28家单位都成立了劳动保险工作委员会。有428个车间设立了劳动保险委员会，1668个工会小组选出了劳动保险干事，形成了层层有人抓、事事有人管的劳动保险工作网；二是培训了一批劳动保险业务干部。全省各地共举办培训班231期，培训专、兼职干部12042人；三是通过劳动保险卡片登记，建立了各项管理制度，促进了劳动保险政策的落实，维护了职工合法利益。1984年下半年，安徽省总工会针对职工保险福利改革工作出现的新情况，组织各地、市、县工会和部分产业工会，对333家企业的劳动保险工作情况进行了调查，向安徽省委和全国总工会提交了《关于职工劳动保险、福利待遇的调查报告》。根据省委批示，经与省劳动局、省卫生厅、省财政厅磋商，分别制定了《关于改进职工医疗管理工作意见的通知》《关于因公死亡职工供养直系亲属生活困难补助问题的通知》《安徽省全民所有制企业职工病假期间生活待遇暂行办法》。相关文件在全省贯彻实施后，基本扭转了“罚病、罚老、罚女”等现象，对稳定职工思想，促进经济改革工作起到了重要作用。

1981年，根据省政府《关于切实搞好安全生产的通知》精神，省总工会组成两个检查组于国庆节前后赴两淮煤炭系统及江南地区检查安全生产情况，接着又对淮南谢一矿和淮南煤炭基地会战指挥部的事故进行检查。1981年11月19日，省劳动局、省总工会报送《关于迅速扭转安徽省厂矿企业伤亡事故上升趋势的报告》，报告指出1981年1月至8月，安徽省厂矿企业安全生产形势是比较好的。但自9月以来，伤亡事故急剧增多，重大伤亡事故不断发生，其中9月死亡36人，10月死亡31人，两个月平均每月死亡33.5人，比前8个月平均每月死亡人数增加一倍，比1980年同期增加42%。重大伤亡事故的不断发生，不仅造成不良的社会政治影响，而且造成了经济损失，直接妨碍了生产。

省劳动局、省总工会对9月以来厂矿企业伤亡事故增多的原因进行了分析，归纳为：一是有些企业和部门放松了对安全生产的领导，单纯强调产量、进度，而忽视了安全生产教育，不严格执行安全规程、制度；二是在推行经济责任制和实行奖励制度中，有些单位偏重抓任务包干，放松现场管理和基础工作，而任务包干又着重包产量、进尺，对质量、安全缺少具体要求和严格考核；三是有些建筑施工单位和中小企业管理混乱，安全规章制度很不健全，伤亡事故不断发生。为扭转事故增多趋势，省劳动局和省总工会建议：一要加强对安全生产的领导；二要立即组织全省冬季安全生产大检查；三要严格执行安全规程制度；四要推行经济责任制应同全面加强企业管理相结合，各种奖励制度和计件工资必须把安全、质量作为一项重要考核内容；五要各级劳动部门、工会组织和产业部门，工矿企业的安全机构，要协同配合，大力加强劳动保护监督检查工作。

在省劳动局和省总工会的检查指导下，各地党委、政府切实加强安全生产领导，不断建立健全以岗位责任制为中心的安全生产责任制，消除不安全因素，迅速把事故发生率降了下来，把生产搞了上去。有些地区和单位在安全生产工作上取得了突出成绩，如铜陵和滁县地区以及宣城地区煤矿伤亡事故有了大幅度下降。①

（九）恢复和加强职工群众生活工作

广大的老干部、老工人在长期革命斗争中，为党和人民做了许多工作，为我国革命和建设事业作出了宝贵贡献，对年迈体弱不能坚持正常工作的老干部、老工人，进行妥善安置，使他们各得其所，是非常必要的。1978年，国务院颁

① 《中国工会运动史料全书·安徽卷》编委会编：《中国工会运动史料全书·安徽卷》，安徽大学出版社1998年版，第728—738页。

发〔1978〕104号文件《国务院关于安置老弱病残干部的暂行办法》和《国务院关于工人退休、退职的暂行办法》(以下简称“两个《暂行办法》”)，安徽省积极贯彻实施。经安徽省委批准，省有关部门组成工作组，在安庆市进行了试点工作。

1979年，省委组织部、省劳动局、省人事局、省民政局、省卫生局、省财政局、省总工会联合召开了贯彻执行国务院〔1978〕104号文件的会议。会议听取了安庆市试点工作经验介绍，讨论了省有关单位《关于贯彻执行〈国务院关于安置老弱病残干部的暂行办法〉若干具体问题的处理意见》《关于贯彻执行〈国务院关于工人退休、退职的暂行办法〉若干具体问题的处理意见》及《安徽省职工因伤因病丧失劳动能力鉴定标准》，并就如何贯彻执行国务院〔1978〕104号文件进行了研究。

1979年3月28日，安徽省总工会等单位提交了《关于贯彻执行国务院〔1978〕104号文件的报告》，提出要提高思想认识，广泛深入进行宣传动员，宣传贯彻执行国务院〔1978〕104号文件的重要意义和党中央对广大职工的关怀爱护，谈新社会的幸福感，大造退休光荣的舆论。要教育老弱病残干部，一切从国家和人民需要出发，服从党组织的安排。认真执行党的政策，做好退休干部和工人的管理工作，从政治思想上关怀离休、退休、退职的老干部和老工人，注意组织他们学习马列主义、毛泽东思想，按照规定阅读文件、听报告，参加必要的会议和政治活动。干休所要成立党支部，让老干部定期参加组织活动。省委、省革命委员会高度重视，要求省委组织部、省劳动局、省人事局、省民政局、省卫生局、省财政局、省总工会认真贯彻执行“两个《暂行办法》”，各级革命委员会加强对这项工作的领导，各有关部门密切配合，深入宣传和动员，严格执行党的政策，妥善解决具体问题，切实把安置老干部、老工人的工作做好。

1979年5月17日，全国总工会、卫生部和国家医药总局印发《关于恢复与加强职工疗养事业管理工作的通知》。7月，全国总工会在北京召开全国工会职工生活工作经验交流会。会议部署了广泛深入开展生活后勤战线的劳动竞赛；发动和组织职工群众开展互济活动，依靠群众自己的力量解决职工生活中的问题；积极协助企业行政改善职工居住条件，参与职工住宅建设规划的制定、落实，以及房屋分配工作；从实际出发，做好职工困难补助工作；在有条件的地方，工会要协助企业大力发动和组织职工及其家属、子女，因地制宜搞好农副业生产，改善职工生活；积极做好劳动保险工作等六项任务。

为贯彻《关于恢复与加强职工疗养事业管理工作的通知》和相关会议精神，安徽省总工会于1979年6月2日、8月1日先后两次向省委写了报告，详细汇报了安徽省职业病和尘毒危害严重等情况。报告提出，全省职工生活福利工作当中一个突出的问题就是职工有病（主要是职业病和尘毒危害所致的疾病）得不到及时治疗和疗养。省委副书记苏羽批示要求，按全国总工会和卫生部通知抓好落实，鉴于问题复杂性，在具体收回各疗养单位时要根据具体情况和各单位协商办理。根据苏羽的意见，省总工会立即同有关部门和单位进行了协商，对省职工疗养事业的恢复情况和今后的意见作出报告。

1979年12月12日，省总工会发布《关于省职工疗养事业的恢复情况和今后意见的报告》，指出安徽省疗养事业的恢复和整顿工作在有关当地党委的重视支持下，已取得了一些成绩，但进展不快。1979年9月以来，亳县、界首县的工人疗养院已经收回，正在维修、整顿中。淮北、合肥原来的工人疗养院，在“文化大革命”期间分别被占作博物馆和手表厂，所在市委已同意按照全国总工会、卫生部、国家医药管理总局的联合通知第一条中“由使用单位给工会新建同等规模的疗（休）养院（所）”的规定处理。淮北市的疗养院准备建设200张床位，已列入当地的基建计划，并已组织施工；合肥市的疗养院正在勘察地点，积极设计，准备建设300张床位，并已着手落实地方投资。马鞍山市、铜陵市的工人疗养院也正在协商解决。

1980年5月初到6月下旬，省经济委员会、省基本建设委员会、省财贸办公室和省总工会对全省工交、基建、财贸系统职工生活工作组织了一次检查。这次检查分两个阶段：5月，各地、市开展了自查活动，共自查了1106家厂矿企业单位；从6月初起，组织了地区之间、省辖市之间的互查活动，参加互查的有168人，分为16个组，检查了35个县、4个地辖市，共350家厂矿企事业单位。通过检查，了解了不少情况，交流了一些经验，推动部分单位解决一些亟待解决而又可能解决的问题，进一步密切了党群关系。8月2日，省总工会等单位发布《关于在全省工交、基建、财贸系统开展职工生活工作检查的报告》，总结汇报了这次检查的基本情况，并对今后如何进一步搞好职工生活工作问题，进行了探讨和研究，提出了一些很好的意见：一是各级党委、人民政府要进一步加强领导，把这项工作列入议事日程；二是加强民主管理，把职工生活工作列为企业职工代表大会的重要议程之一。对于企业改善职工生活的规划、职工福利基金的使用、住房分配方案等问题，都应经职工代表大会讨论；三是加强企业后勤部门干部的配备，挑选关心职工生活、大公无私、敢于坚持原则、有一定文化科学卫生知识的干部，到后勤部门工作；四是经常研究和改进改善职工生活的一些重要问题。对于这次检查出来的问题，要转给有关地、市、县，请各地督促有关厂矿企业抓紧解决，一时没有条件解决的，也应作出规划，告知职工群众，以便监督后勤部门逐步实施。

1980 年 7 月 25 日，省劳动局、省总工会转发《国家劳动局、中华全国总工会关于整顿与加强劳动保险工作的通知》给各行署、市、县劳动局和各地、市、县总工会并提出意见，要求认真贯彻执行。一是劳动保险是国家的一项重要制度。要求整顿与加强劳动保险工作，使劳动保险政策、法令能够正确地贯彻执行，更好地为“四化”建设服务。各级劳动部门、企业行政和各级工会组织应按照规定，明确分工，互相配合，共同把劳动保险工作做好、管理好。二是各地、市、县劳动局、总工会、各省局、产业工会，应将通知迅速转发到所属企业和基层工会，并结合本地区（产业）实际情况，提出具体要求，采取有效措施，加强领导，分期分批，把基层劳动保险工作整顿好。三是劳动保险工作是一项经常性业务，政策性强，涉及面广，各地区（产业）应根据通知精神，迅速建立健全机构或充实培训专业人员。四是实行劳动保险条例的厂、矿、企业单位，如已按通知第一项规定分工管理劳动保险业务的，应根据通知精神，对照、总结、改进工作；尚未按通知第一项规定分工管理劳动保险业务的，企业行政与工会均应按规定，明确职责范围，具体分工，互相支持、配合，共同把基层劳动保险工作做好。[①]

---

①《中国工会运动史料全书·安徽卷》编委会编：《中国工会运动史料全书·安徽卷》，安徽大学出版社 1998 年版，第 738—745 页。

党的十一届三中全会以来，在党和政府的领导部署下，工会组织大力协助，做好职工生活工作，使职工的物质文化生活有了较大改善。截至1980年，全国有75%以上的职工晋升了工资等级，加上普遍实行了奖励制度，增加了就业人员，绝大多数职工家庭收入显著增长。1980年全民所有制职工年平均工资比1979年增加近80元。在1979年城镇安排就业900万人的基础上，1980年又继续安排700万人。在住宅建设方面，从1977年至1980年3年间，全国城镇和工矿区新建住宅1.8亿多平方米，解决了360多万户、1450多万人的住房问题。

根据全国总工会的部署和要求，安徽各级工会采取各种措施，努力解决职工生活中存在的实际困难。一是深入开展职工生活后勤方面的劳动竞赛。二是认真开展职工生活大检查。三是大力抓好群众性的互助互济活动，依靠群众自己的力量，解决职工群众生活上的某些困难。四是协助劳动部门和企业行政，积极安排职工子女就业。

实践证明，安徽省工会在恢复和加强职工群众生活工作上采取的措施积极有力，一定程度上取得了良好成效，也积累了诸多有益经验。

二、学习贯彻党的十一届三中全会精神

1978年12月，党的十一届三中全会召开，这是中国共产党历史上又一次具有深远意义的伟大转折。这次会议纠正了“两个凡是”的错误方针，从根本上冲破了长期以来受“左”的错误思想的禁锢，结束了粉碎“四人帮”以来各项工作在徘徊中前进的局面，实现了党和国家工作重点的伟大战略转变。全会的召开对中国工人运动和工会工作的发展也产生了根本性影响。首先，它指引中国工人运动和工会工作端正了方向，明确了中心。按照全会“解放思想、实事求是”的原则，在不断清除“左”的错误思想束缚的基础上，根据中国社会的客观实际，虽然阶级斗争在一定范围内仍将在中国长期存在，但已不是主要矛盾。新时期的主要矛盾是人民日益增长的物质文化需要同落后的社会生产之间的矛盾。因此，工人阶级和全国各族人民必须集中力量，一心一意进行社会主

义现代化建设，发展社会生产力。其次，全会使工人阶级和广大工会干部从发展生产力、实现“四化”的高度认识到，改变同生产力发展不适应的生产关系和上层建筑，改变一切不适应的管理方式、活动方式和思想方式，持续深入推动改革的必要性和重要性，从而激励工人群众和工会干部支持改革、投身改革、锐意改革，在改革中发挥主力军作用。

党的十一届三中全会以后，安徽省委团结带领全省人民认真学习贯彻全会精神，全面开展拨乱反正，率先取得农村改革的突破，迈出改革开放和现代化建设坚实步伐，安徽发展成功实现历史性转折。安徽的社会主义建设和工人运动同全国各地一样开始进入改革开放新时期。在党的领导和全省各级工会的积极组织下，安徽广大职工发挥主人翁作用，积极投身经济建设和改革开放的大潮，以积极的主动性和忘我的劳动精神发展生产，完成国民经济调整计划和任务。

1979 年 1 月 3 日至 18 日，安徽省委召开工作会议，传达学习党的十一届三中全会和中央工作会议精神，研究部署全省工作重点转移和把经济建设特别是农业生产搞上去等问题。会议认为，实现工作重点的转移首先要解放思想，善始善终地结束好批判林彪、“四人帮”的群众运动，保证工作重点的顺利转移；充分发扬民主，认真执行民主集中制，巩固和发展好安定团结的大好形势，确保全省工作重点转好的重要问题；妥善处理历史遗留问题，调动各方面积极因素，推动巩固和发展安定团结的大好形势。会议肯定了“文化大革命”前 17 年安徽省委的工作，对“文化大革命”期间强加给一些省级领导人的错误结论，予以推倒、彻底平反、恢复名誉。同时，会议还着重讨论了如何把经济建设特别是把农业生产搞上去的问题，强调要保障农民集体所有制，切实尊重生产队自主权，建立健全农业生产责任制。这次省委工作会议，充分发扬民主，畅所欲言，提出了许多宝贵的意见和建议，呈现出生动活泼、民主团结的政治局面。

全省上下迅速掀起学习宣传党的十一届三中全会精神的热潮。1979 年 1 月上旬，省委召开省直机关部分局、处以上干部会议，围绕把党的工作重点转移到经济建设上来的中心议题，对省直机关干部思想、作风、工作以及机构、体制等上层建筑怎样适应战略转移问题开展座谈讨论，对机关工作存在的不适应新的形势要求的问题进行深入讨论和剖析，提出要调整机构，“精兵简政”；改革管理体制，按客观经济规律办事；选好新长征的带头人，调整现有干部队伍，培养一支符合四个现代化建设需要的与时俱进的干部队伍。

1979年2月10日至12日，安徽省总工会在合肥召开安徽省劳动模范、先进生产（工作）者座谈会。会上，省革命委员会相关负责同志向劳动模范们介绍了安徽省工农业生产的形势、任务和今后几年的宏伟规划。全国轻工战线劳动模范、蚌埠玻璃厂赵登洲，著名黄梅戏演员潘璟琍，淮南市劳动模范、淮南钢铁厂魏敬烈，铜陵井巷公司革新标兵袁贤宝，马鞍山十七冶标兵马龙祥，铜陵市模范采购员查振发等积极发言。他们反映的问题主要有：一是不少中层领导干部缺少紧迫感，行动迟缓，干劲不足，缺乏民主作风；二是机构庞杂，层次重叠，非生产人员多，人浮于事；三是不少单位喜欢搞花架子，平时工作不怎样，针对上级检查，突击布置，制造假象。希望今后检查工作不要事前打招呼；四是不少地方知识分子政策没有得到落实，“臭老九”的帽子虽然摘掉了，但在使用、安排以及业务对口、技术归队、生活福利等问题上，还是把他们丢在一边。不少冤错案件的平反、纠正工作进展迟缓；五是群众大干“四化”的后顾之忧长期得不到解决。不少单位的领导只抓生产、不问生活，人为地给职工增加了困难；六是各地工会组织力量薄弱，有的基层工会甚至没有配备专职干部，工作开展不起来。

座谈会上，省委第一书记、省革命委员会主任万里动员先进人物、劳动模范提出建设性的批评和建议，强调前途是光明的，但还有不少困难，需要一个安定团结的局面，团结一致好好干，把国民经济搞上去，在经济发展的基础上来改善人民生活。针对劳动模范提出的问题，会议提出四点具体意见：一是关于发扬民主问题。巩固安定团结的大好形势，加速实现四个现代化，必须坚定不移地发扬民主，决不能因为少数人捣乱就动摇，否则就不能调动各方面的积极性。根据党的十一届三中全会精神，全省各个厂矿企业在1979年上半年要搞好民主选举车间主任和班组长的工作，逐步过渡到选举厂长、矿长。工会要督促检查；二是关于技术工作问题。为充分挖掘开发全省丰富物质资源，加快建设，必须抓紧职工技术教育，迅速提高技术水平，大搞技术革新和技术革命，充分利用“七二一大学”业余技校、电视大学等平台，搞好技术培训工作；三是关于落实政策问题。要贯彻执行按劳分配政策，各行各业都能搞计件工资。发奖金不搞平均主义，不吃大锅饭，要按照贡献大小，做好奖金使用发放工作，真正做到按劳分配，多劳多得。在“揭批查”运动中对冤错假案，特别是对受迫害、受打击的劳动模范、标兵、先进人物，要抓紧调查予以平反、纠正、恢复名誉。要落实知识分子政策，继续抓技术人员归队，业务要对口，让他们有职有权。要按具体政策规定，解决好工人子女下放收回和工作顶替等问题；四是关于职工生活问题。要稳定市场物价，不允许随便提价。各厂矿企业的工会组织要帮助食堂把伙食搞好。要在1978年职工住宅建设工作的基础上，加快职工住宅建设，房屋分配首先要照顾工人群体。工会参加这项工作要作调查，坚决反对不关心人民疾苦的官僚主义。①

会议期间，大家围绕工作重点转移、加快“四化”进行了热烈讨论，纷纷献计献策，一致表示要认真贯彻党的十一届三中全会精神，解放思想，大鼓干劲，同心同德，全力以赴，在新长征中发挥骨干的带头和桥梁作用，为早日实现社会主义四个现代化作出更大贡献。

三、召开安徽省工会第六次代表大会

为深入学习贯彻党的十一届三中全会精神，学习贯彻中国工会九大精神，1979年5月14日，安徽省工会第六次代表大会在合肥召开。出席大会的正式代表999人，特邀代表43人，代表151万余名会员。代表中有全省工业、交通、基建、农林、财贸、文教、科技、卫生、体育等各条战线做出显著成绩的会员代表；有“文化大革命”前的老劳动模范和先进人物与“文化大革命”以来新的劳动模范和先进人物；有同林彪、“四人帮”作过斗争的坚强战士；有新中国成立以来的老工会工作者和年轻的工会工作者以及工会积极分子；有少数民族和归国华侨的会员代表。各地职工家属代表也应邀列席了大会。

安徽省工会六大期间，省委第一书记、省革命委员会主任万里到会讲话，并

① 《中国工会运动史料全书·安徽卷》编委会编：《中国工会运动史料全书·安徽卷》，安徽大学出版社1998年版，第655—657页。

就工人阶级怎样管理好企业同各条战线的50多名劳动模范和工会工作者进行座谈，听取大家的意见和要求。万里指出，全省工会的主要任务是坚决贯彻党的十一届三中全会关于解放思想、发扬民主、实事求是、团结一致向前看的方针，把工作重点转移到社会主义现代化建设上来，动员和组织工人阶级发扬自力更生、艰苦奋斗的精神，完成党中央确定的边调整、边前进，在调整中前进，在调整中提高，把国民经济纳入持久的、按比例的、高速度发展的轨道。在完成调整、改革、整顿、提高“八字方针”任务过程中，一要集中力量把农业搞上去；二要千方百计地把轻纺工业搞上去，提高产品质量，增加花色品种，繁荣市场，迅速改变安徽省轻纺工业比较落后的面貌；三要着眼煤、电、运这个国民经济的薄弱环节，安徽省两淮煤田对于解决这个薄弱环节，特别是对于支援华东各省工农业生产，担负着重要的任务，一定要千方百计地增加生产，努力完成和超额完成国家计划。要响应中央号召，紧急地动员起来，立即开展一个群众性的大规模的增产节约运动，加快四个现代化的建设步伐。

省总工会第五届委员会向大会作《全省工人阶级团结起来，为实现社会主义四个现代化而奋斗》的工作报告。报告指出，随着“揭批查”运动的胜利发展和中国工会第九次代表大会精神的传达贯彻，全省各级工会的组织整建工作和各项活动也蓬勃开展。绝大部分基层工会和各县、市工会都相继召开了代表大会，改选了领导机构。受林彪、“四人帮”打击迫害的劳动模范、工会干部和职工群众，大部分得到平反昭雪，恢复了名誉。科、教、文、卫等单位和系统也开始恢复和建立工会组织，广大知识分子又回到了工人阶级的队伍中来。全省有基层工会组织1.2万余个，会员127万余人，工会积极分子15.1万余名。各级工会积极组织广大职工开展社会主义劳动竞赛，掀起了“比学赶帮超”的热潮。大力发动职工开展支农活动，为安徽省抗旱斗争的胜利贡献了力量。围绕生产这个中心，工会在广大职工中进行了形势、任务和新宪法的教育，开展抓恢复、整顿职工业余教育事业和关心职工的物质文化生活的工作，劳动保护、女工、家属等工作，也都有了恢复和发展。

报告强调，根据党的十一届三中全会决定，全党工作的着重点正在转移到社会主义现代化建设上来。要用3年时间，集中力量调整国民经济各方面的比例关系，改革经济管理体制，整顿现有企业，提高整个经济工作的管理水平和技术水平，使国民经济能够持久地、按比例地、高速度地发展。新形势下，全省各级工会必须认真做好以下六项工作：一要以生产为中心，广泛深入持久地开展群众性的增产节约运动；二要加强思想政治工作，不断提高职工群众的政治觉悟；三要组织职工参加企业管理，保障职工的民主权利；四要办好职工业余教育，努力提高职工的科学技术文化水平；五要关心群众生活，保护工人利益；六要进一步加强工会的建设，发挥工会的作用。①

大会选举产生了省总工会第六届委员会，选出委员 129 人，常委 22 人，经费审查委员会委员 19 人，陈庆泉当选为省总工会主席，张西春、左政、吴渤、黄桂兰、张秀英、倪则耕、胡向农、马典周当选为副主席，郭光当选为经费审查委员会主任。

大会交流了工会工作的经验，联系实际，深入批判了林彪、“四人帮”破坏工人运动和工会工作的罪行，进一步澄清了思想、理论、路线是非，认清了形势，明确了任务。大会闭幕后，大会代表和各参会同志迅速把大会精神传达贯彻到基层，以实际行动执行大会决议。各级工会组织按照大会确定的任务，制定工作计划和措施，依靠广大职工群众，坚持以生产为中心，促进工会工作活跃起来。

在党的十一届三中全会和中国工会第九次代表大会精神的指引下，在全党工作重点转移到社会主义现代化建设上来的新形势下，安徽省工会第六次代表大会的召开具有重要意义，极大地动员了全省工人阶级参与“四化”建设，推动了安徽工人运动和工会工作的发展。②

四、动员全省职工完成经济调整任务

1979 年 10 月，全国总工会九届二次常委扩大会议根据五届全国人大二次会

---

①《中国工会运动史料全书·安徽卷》编委会编：《中国工会运动史料全书·安徽卷》，安徽大学出版社 1998 年版，第 658—667 页。

②《中国工会运动史料全书·安徽卷》编委会编：《中国工会运动史料全书·安徽卷》，安徽大学出版社 1998 年版，第 667—670 页。

议通过对国民经济实行调整、改革、整顿、提高的“八字方针”，打好“四化”第一个战役的要求，提出要进一步开展以高产、多品种、低消耗和安全生产为主要内容的增产节约劳动竞赛，形成一个人人为“四化”争作贡献的热潮。安徽各级工会积极贯彻落实全国总工会要求，以积极热情的姿态动员全省职工完成经济调整任务，不断加强在国民经济调整中的工会工作。

（一）明确经济调整中的工会工作任务

1980年1月7日，在全国总工会九届二次执委扩大会议精神的指导下，安徽省总工会召开工作会议，总结过去一年的工作，研究落实1980年的工作任务，动员全省职工扎扎实实搞好增产节约劳动竞赛，继续贯彻国民经济调整、改革、整顿、提高的“八字方针”，为实现全省国民经济计划而奋斗。

安徽省工会组织在党的十一届三中全会和五届人大二次会议精神的指引下，在省委和各级党委的领导，以及有关部门的密切配合和大力支持下，紧跟全党工作着重点的转移，遵循全国工会九大制定的新时期工会工作的方针和任务，以“四化”建设为中心，在恢复和整建工会组织的基础上，全面开展了工会活动，取得了很大成绩。但是，由于思想还不够解放，作风还不够深入，措施还不够得力，全省工会工作还不能完全适应“四化”建设发展形势的需要，与党和职工群众的要求差距较大，工作发展还很不平衡。会议强调，1980年安徽省工会工作的主要任务是坚持以生产为中心，进一步发动职工群众广泛深入持久地开展增产节约劳动竞赛。各级工会组织一定要认真贯彻省五届人大二次会议和全国总工会九届二次执委扩大会议精神，动员和组织全省职工振奋精神，鼓足干劲、聚精会神、专心致志、争分夺秒地为实现这个战斗任务，完成和超额完成全年国民经济计划而奋斗。

1980年7月10日，省总工会再次召开安徽省工会工作会议，着重强调当年工会工作的重点。一是加强职工的政治思想教育。二是抓文化技术教育，提高工人的文化水平和技术水平。三是组织广大职工参加企业管理，更加普遍地推行职工代表大会和职工大会制度。四是关心职工生活，解决职工的生活困难。会议更进一步强调和明确了经济调整中安徽省工会工作的重点任务，为安徽省各工会组织指明了实践和奋斗方向。[①]

(二)加强经济调整中的工会工作

1981年3月28日，安徽省总工会召开六届二次全委（扩大）会议。省总工会主席陈庆泉在会议上作报告，总结全省各级工会做的工作和取得的成绩，同时指出其中存在的问题，动员全省广大职工继续开展增产节约劳动竞赛和为“四化”立功活动。4月1日，省委书记严佑民在省总工会六届二次全委（扩大）会议上发表讲话，对安徽省当时形势进行分析，要求在国民经济调整中做好工会工作，把维护职工的民主权利和切身利益当作大事来办，发扬工会对生产、生活、教育全面抓好的传统，努力做好群众生产、劳动保护、职工生活和教育等各项业务工作。要求党委加强对工会的领导，按照中央的规定，分工一名书记主管工、青、妇工作，要定期听取工会的工作汇报，检查指导他们的工作。

1982年3月13日至16日，省总工会六届三次常委（扩大）会议在合肥召开，省总工会常委，各地、市和省各产业（局）、省属大企业工会负责同志共80人到会。会议根据省委召开的地、市委书记会议、县委书记会议和省五届人大四次会议，以及中央办公厅转发全国总工会党组《关于九届三次执委扩大会议情况和一九八二年工作打算的报告》的精神，充分发扬民主，对全省工会工作形势作了分析，肯定了成绩，总结了经验，找出了差距，明确了任务。与会同志团结一致，畅所欲言，认真研究工作，发挥和集中了集体的智慧。会议上，省委书记苏羽作了讲话，省总工会主席陈庆泉同志作了会议小结。

全省各级工会积极响应全国总工会号召，以多种行之有效的形式组织开展增产节约运动。一是开展形式多样的劳动竞赛。在各级党委的领导下，安徽省工交、基建、财贸战线广泛开展增产节约劳动竞赛。同行业局际竞赛、厂际竞赛，厂际同工种、同业务竞赛，企业内部同产品、同机台、同工种竞赛和针对薄弱环节的攻关赛都取得了很好的效果。二是广泛开展技术协作活动。合肥、淮南、

① 《中国工会运动史料全书·安徽卷》编委会编:《中国工会运动史料全书·安徽卷》，安徽大学出版社1998年版，第746—750页。

淮北、芜湖市和宿县地区工会，先后组织了金属切削、焊接、电子、铸造、电镀等工种的技术表演赛，交流先进经验。省总工会先后组织13名同志参加全国总工会在上海、浙江等地召开的机械工业系统技术表演交流会，进行了技术交流，学习了先进经验。三是举办专业技术培训班。如滁县地区工会和有关部门一起，举办了三期远红外先进技术学习班，为174家单位培训了244名技术骨干，成立了8个远红外技术推广队。四是班组建设得到了加强。通过选树先进典型班组、举办班组工作交流会以及班组骨干的学习培训等活动的开展，不断涌现出马恒昌式班组、产品质量信得过班组等先进集体，对推动经济建设、完成经济调整任务起到了巨大推动作用。①

第二节　开创社会主义现代化建设新局面中的安徽工运事业

一、召开安徽省工会第七次代表大会

1982年9月1日至11日，党的十二大在北京举行。会议高度重视和关注新时期党的工运工作，对新时期党的工运方针作出深刻阐述，提出了党在新的历史时期的总路线和总任务以及工运方针任务，代表了全国工人阶级的根本利益，为新时期中国工人运动和工会工作的发展开辟了更加广阔的道路。同时，进一步明确了工会的性质和任务，确定了新时期工会工作的方针，并对中国工会十大的召开提出了要求，指明了方向。②

1983年5月24日，省总工会党组向省委提交召开安徽省工会第七次代表大会的请示报告。6月10日，省委批准同意省总工会党组《关于召开安徽省工会第七次代表大会的请示报告》和《关于安徽省总工会第七届委员会组成方案的

① 《中国工会运动史料全书·安徽卷》编委会编：《中国工会运动史料全书·安徽卷》，安徽大学出版社1998年版，第750—757页。

② 李玉赋主编：《新编中国工人运动史》下卷，中国工人出版社2020年版，第501页。

报告》。同时强调，为把省工会第七次代表大会开好，请各地市委按照干部“四化”的要求，于7月底前把地市工会领导班子或一、二把手配备好。10月22日，省总工会发布《关于召开安徽省工会第七次代表大会的通知》。[①]

1983年11月30日，安徽省工会第七次代表大会在合肥召开。出席大会的正式代表998人、列席代表23人、特邀代表132人，代表全省213万名工会会员。这次大会的任务是以党的十二大和十二届二中全会精神为指针，认真贯彻中国工会第十次代表大会精神，审议和通过省总工会第六届委员会的工作报告，审议和通过省总工会第六届委员会关于财务工作的报告，选举产生安徽省总工会第七届委员会和经费审查委员会。省委副书记袁振代表省委和省政府向大会致辞，省委常委、副省长苏桦向大会作了《发扬工人阶级的主人翁精神，为提高企业素质和经济效益作出积极贡献》的报告。省总工会主席刘淦代表省总工会第六届委员会作了《发扬工人阶级主人翁精神，为振兴中华、建设安徽而奋斗》的工作报告。

会议首先肯定了安徽广大职工在党的领导下，为恢复和发展国民经济、促进政治上的安定团结和社会风气的好转等方面作出的贡献。会议要求，各级工会要认真维护职工群众的民主权利。要在全省推行和完善职工代表大会制度，把企业民主管理提高到一个新的水平，牢固树立起全心全意依靠工人阶级办好企业的思想。广大职工群众也要以主人翁的姿态，正确运用这种民主权利。

经过充分酝酿，大会选举产生了省总工会第七届委员会和经费审查委员会。选出委员87人、候补委员11人、经费审查委员会委员19人，并经省总工会七届一次委员会选举常务委员16人，刘淦当选为省总工会主席，王凤林、高前清、杨文友、黄桂兰当选为副主席，余筱伯当选为经费审查委员会主任。委员的年龄结构和知识结构与上一届相比，有了明显的改善。新的委员会的组成，体现了党中央关于机构改革的精神，这是对贯彻中国工会十大提出的方针，实现安徽省工会工作各项任务的重要组织保证。

---

① 《中国工会运动史料全书·安徽卷》编委会编:《中国工会运动史料全书·安徽卷》，安徽大学出版社1998年版，第764—766页。

这次大会还为受到全国总工会表彰的安徽省3个先进基层工会、31个先进工会小组、34名优秀工会干部和248名工会工作积极分子发了奖。[①]

大会结束后，省总工会对次年全省工会工作作了初步研究，要求重点抓职代会制度的完善，提高、维护职工的合法权益。在企业整顿中抓好推行完善职代会制度的工作。研究制定职代会制度的验收标准，把好企业整顿的验收关。各级工会要坚持两条腿走路的方针，一方面由全日制院校培养和输送人才，另一方面要广开学路，发展各种形式的在职教育，还要鼓励职工自学成才，尽快培养出一支宏大的有社会主义觉悟、有科学文化知识、有专业技术和经营管理经验的职工队伍。要按照“党委集体领导、职工民主管理、厂长行政指挥”这一原则把所有企(事)业单位的职工代表大会制度建立起来。广大工人阶级要通过这个制度，在所在企业行使当家作主、参加管理的民主权利。

这次会议对于团结动员全省职工贯彻落实中国工会十大提出的任务，开创社会主义现代化建设的新局面具有重大意义。

二、重视和加强职工教育工作

1981年，党中央、国务院《关于加强职工教育工作的决定》印发后，安徽省各地区、各部门、各单位认真学习贯彻，取得了较好的成绩，涌现了一批职工教育先进典型，全省职工教育工作出现了蓬勃发展的好形势。1983年2月21日，《安徽日报》发表社论《搞好职工教育是刻不容缓的大事》，指出职工教育是我国“四化”建设中的一项根本性建设，是建设社会主义物质文明和精神文明的重要措施，同社会主义现代化建设的成败有极其密切的关系，是摆在各级领导和厂矿企业面前的一项重大而紧迫的战略任务，再次凸显了职工教育的重要性和紧迫性。在此基础上，全省各级工会组织积极采取举措，并取得相当成效。[②]

①《中国工会运动史料全书·安徽卷》编委会编：《中国工会运动史料全书·安徽卷》，安徽大学出版社1998年版，第766—783页。

②《中国工会运动史料全书·安徽卷》编委会编：《中国工会运动史料全书·安徽卷》，安徽大学出版社1998年版，第854—864页。

（一）兴办工会宣传教育阵地

兴办职工学校。党的十一届三中全会后，“文化大革命”前建立的职工业余学校相继恢复办学，各地和基层陆续开始新建一批职工学校。截至1980年底，全省各级各类职工学校达1366所。1981年，根据《关于加强职工教育工作的决定》，省总工会加强了对工会自身办学的组织领导，在皖南区工会干部学校和皖北区工会干部学校两校合并基础上，经全国总工会批准开始筹建安徽省总工会干部学校。1984年经省总工会党组研究决定，正式组建安徽省总工会干部学校。省总工会干部学校是全额拨款的正处级事业单位，主要承担省内各级地方工会、产业工会和机关、企（事）业单位工会干部的业务培训，适当承接部分外省市工会干部来校培训。

1987年2月，省总工会在和县召开全省工会职工教育工作座谈会。会议从参与教育管理、维护职工学习权利和工会自身办学等方面对“六五”期间全省工会职工教育工作进行了回顾与总结，着重探讨了工会职工教育如何适应形势发展，大力推进岗位培训和职业技术培训问题。全省工会职工教育座谈会后，各地工会加强了以“一县一校”为目标的职校建设工作。1992年，全省有地方工会和公司、局工会办的职工大学2所，安徽省劳动模范预科学校1所，职工中专5所，职工学校40所。各校立足自身，开展多规格多形式的学历教育和多种类型的短期职业技术培训，同时广泛联合高一级院校大力开展联合办学，提高办学规格，扩大办学规模。还开展了大中专《专业证书》和岗位培训等工会干部教育和职工教育，拓展办学渠道。1981年至1991年，全省基层以上工会主办的职业学校中，共有5.4万余名职工受到中等专业教育并拿到毕（结）业证书，3.3万多名职工从大专班毕（结）业，全省受到各种技术短期培训的职工达200余万人次，促进了职工素质的提高。

创办《安徽工人报》。1959年2月23日，省委宣传部批准省总工会创办《安徽工人报》，并要求于当年的“五一”正式试刊。2月26日，又接上级指示停刊，筹备工作结束。直到1985年，随着我省工运事业的发展，安徽省总工会主办的《安徽工人报》于4月5日正式出版，为四开四版周一刊，省委常委、组织部部长刘广才为创刊号撰写代发刊词。1994 年 1 月 27 日,《经济专刊》创刊（至 1997 年底停办）。时任中央政治局委员、国务院副总理、国务委员方毅题写《安徽工人报》报头字。1998 年 1 月 1 日，改出对开周五刊（含《展望》)。1998 年 1 月 5 日《市场金页》创刊（至 1999 年底停办）。2000 年 1 月 1 日，经国家新闻出版总署批准,《安徽工人报》改名为《安徽工人日报》(报头字由时任中国书法家协会主席沈鹏题写)，这是安徽省除党报、都市报之外的首家日报，也是全国地方工人报中为数不多的名称为日报的几家之一。2000 年 1 月 4 日,《天下文荟》创刊。《安徽工人日报》坚持“求实、写真、匡正、布新”的办报方针，坚持正确的舆论导向，围绕中心，服务大局，高扬维权大旗，鸣时代强音，展主人风采，替职工代言，为各界服务。长期以来，该报彰显“工”报特色，以职工的视角，报道改革和发展，讴歌主人翁在三大文明建设中的主力军作用，着力维护职工的合法权益，使“工”报发挥了不可替代的作用，成为省内有较大影响的主流媒体之一。该报也先后获得“全省最受读者欢迎的报纸”“安徽省十佳报业管理先进单位”等荣誉。

整顿和建立工人文化宫、俱乐部。1979 年 7 月，全国总工会在江苏无锡召开 14 省市工人文化宫、俱乐部工作座谈会，指出随着全党工作着重点的转移，工人文化宫、俱乐部的一切活动都要为四个现代化服务。为此，必须坚持为生产服务、为群众服务的方针，坚持业余、自愿、小型、多样、勤俭节约、讲求实效的原则，积极地、经常地、广泛地开展各种形式的活动，组织吸引广大职工学理论、学政治、学经济、学管理、学科学、学技术和学文化。这次会议的召开，有力地推动了全国职工群众文化工作的全面恢复。自此，安徽工会陆续收回工人文化宫、俱乐部，并进行了整顿。至 1980 年 6 月底，全省已建立工会组织的单位共有工人文化宫、俱乐部 251 个，图书馆（室）3077 个。1983 年 10 月，全省工人文化宫、俱乐部发展到 465 个，专职工作人员 1325 个；图书馆（室）4228 个，藏书 576.54 万册，专职工作人员 1550 人。1985 年 1 月至 3 月底，全省分组分片开展了工人文化宫、俱乐部检查和初评工作。4 月，省总工会表彰了合肥市工人文化宫、安庆市工人俱乐部和芜湖市工人文化宫文艺科等 53 家先进单位和先进集体及书法摄影美术先进单位、先进个人和职工体育先进单位、先进个人。1986 年全省工人文化宫、俱乐部达 1738 个，专职工作人员 2484 人；图书馆（室）179 个，专职工作人员 6988 人。

（二）开展读书活动

1984 年 10 月 20 日，党的十二届三中全会在北京召开，全会通过《中共中央关于经济体制改革的决定》。安徽省积极贯彻落实会议精神，1984 年 12 月 8 日，全省职工读书活动经验交流暨知识竞赛授奖大会召开。会议就读书活动开展情况和下一步工作提出意见。12 月 9 日，省委宣传部领导出席大会并讲话。会议提出，要不断加深对开展职工读书活动重要意义的认识，在各级党委的统一领导下，以高瞻远瞩的战略眼光，站在“四化”建设、党和人民事业全局的高度，切实加强领导，及时调整充实各级读书指导组织，不断加强指导活动。各级工会宣传部门要把读书活动作为主要任务来抓，做到有计划、有检查、有活动。要大力提倡业余自学，走自学成才的道路。工会要为职工自学指路子、搭梯子，因人制宜地向他们推荐书目，尽可能地为他们提供学习条件。①

据各地的统计，全省参加读书活动的职工已由 35 万人发展到 51 万余人、3 万多个读书小组，涌现出一大批读书活动的积极分子。职工读书的范围，从“三史”及有关人生哲理等方面的书籍扩大到经济管理、各类科学技术以及英语、日语、德语、世界语等比较广阔的领域，社会科学和自然科学并重。为了满足职工求知欲越来越强、求知领域越来越广的需要，许多单位为职工提供的书籍逐渐增多。读书活动提高了职工的思想觉悟，增强了“四化”建设的信心。

三、动员职工为完成国民经济计划奋斗

1982 年 11 月 26 日至 12 月 10 日，第五届全国人民代表大会第五次会议在北京召开，会议通过批准《关于第六个五年计划的报告》的决议，正式批准了“六五”计划。全国总工会发出通知，号召全国职工向先进人物学习，为完成

---

①《中国工会运动史料全书·安徽卷》编委会编：《中国工会运动史料全书·安徽卷》，安徽大学出版社 1998 年版，第 864—876 页。

“六五”国民经济计划，实现党的十二大确定的宏伟目标，全面开创社会主义现代化建设的新局面而努力奋斗。

安徽省各级工会积极动员组织职工投身经济建设，促进社会生产力发展。在深化企业改革中，积极参与推行承包经营责任制和企业内部的各项配套改革，深入开展以“创最佳经济效益”“创优质服务，争一流水平”为目标的社会主义劳动竞赛和班组升级竞赛，全省企业参赛面达90%。“六五”计划期间，共评选表彰省级劳动模范1213人次，全国和省五一劳动奖章获得者523人次，“创佳”“创优”竞赛的省级优胜单位904家，涌现出企业合格班组29044个、先进班组10441个、模范班组6313个。竞赛中，发动职工提合理化建议，进行技术革新，开展岗位练兵和技术比武，努力提高产品质量，改善服务态度，发展新产品，降低消耗，降低成本，增加出口创汇，促进了企业技术进步和经济效益的提高，推动了“双增双节”运动的发展。职工技协队伍不断扩大，在技术攻关，推广新技术，提供技术服务，支持乡镇企业方面做了大量工作。在工会群众劳动保护工作中，认真贯彻全国总工会颁发的劳动保护三个《条例》，成立劳动保护监督检查组织，开展安全生产宣传教育，推广安全系统工程，参加工程安全卫生设施“三同时”审查验收和重大事故的调查处理，促进了职工劳动条件的改善和生产的顺利进行。

（一）开展各种形式的劳动竞赛

劳动竞赛是发展社会主义生产力的有效手段之一，在中国革命和建设的各个历史时期都发挥过重要作用。然而，在改革开放的形势下，它受到了商品经济的严峻挑战。面临这一新情况，各级工会从改革需要出发，勇于对劳动竞赛进行改革，不断充实新的内容，完善组织办法，推动竞赛由传统型向现代型转变。党的十一届三中全会以后，安徽省经济结构不断完善，经济社会持续快速发展。广大职工在经济建设的各条战线上，积极扮演主人翁角色，推动各种形式的劳动竞赛不断深入开展。

“战百日、献百元”竞赛。1983年夏天，安徽省遭受特大洪涝灾害，工农业生产受到不同程度影响，给经济社会和人民生活带来极大困难。为调动广大干部职工的积极性，努力提高安徽省工商企业的经济效益，实现增产增收，支援灾区迅速恢复生产，省经委、省总工会等单位联合发起号召，从当年9月起动员全省工交、基建、财贸战线的广大职工大战一百天，广泛深入地开展献百元的增产节约、增收节支立功活动，这一活动又被称为“战百日、献百元”竞赛活动。活动要求各企业以提高经济效益为中心，广泛开展以改善经营管理、完善企业内部经济责任制、搞好技术改造、推动技术进步、提高职工素质、增强产品竞争力、降低消耗、减少费用开支等为主要内容的多种形式的劳动竞赛，如同行业厂际竞赛、科室竞赛、红旗班组竞赛、小指标百分赛、“五小”（小革新、小改进、小窍门、小建议、小发明）智慧杯竞赛、支农产品竞赛，以及节能、攻关等单项竞赛。通过竞赛，把广大工人、工程技术人员和经营管理干部的积极性引导到提高经济效益上来，掀起群众性的学、赶先进活动。

“创最佳经济效益”竞赛。为进一步掀起群众性的创先进、学先进、赶先进的热潮，迅速提高企业的经济效益，推动物质文明和精神文明两个文明建设，1984年4月12日，省政府批转了省经委、省总工会、省团委等单位的联合报告，向全省工交、基建、财贸系统广大职工发出号召，深入广泛开展“创最佳经济效益”竞赛活动。竞赛活动中，省政府联合省总工会组织全省30多个部门90%以上的企业，把克服影响经济效益的因素作为主攻目标，组织各企业职工广泛开展“技术攻关”竞赛，使一批影响经济效益提高的技术关键问题及时得到解决。竞赛形式上，按照行业相同、规模相仿、产品相近的原则，分门别类地把企业组织起来，开展厂与厂、矿与矿、店与店之间的竞赛。竞赛目标上，突出以提高经济效益为中心，着重于扭亏增盈，增收节支，提高产品质量，扩大花色品种，加速新产品开发，降低能源和原材料消耗，提高劳动生产率，从而促进速度和效益相统一，实现生产、税利、财政收入同步增长。开展“创最佳经济效益”竞赛，体现了改革开放后全党工作重点向“四化”建设转移的要求，也是适应企业“转型”“变型”的现实需要。竞赛的广泛开展，对于转变企业发展理念、增强竞争意识，提高广大职工思想认识水平具有极大推动作用。“创最佳经济效益”竞赛自1984年起蓬勃开展以来，对经济社会发展作出了突出贡献。仅1985年1月至11月，全省就完成工业总产值达201亿元，比1984

年同期增长 25%；1986 年，全省职工提出合理化建议 35 万条，开展技术革新 1.7 万余项，有 78 万人参加人均增收节支一百元活动，合计创收 3.3 亿多元。①

“劳动保护工作”竞赛。为发展工会群众劳动保护工作，开创工作新局面，省总工会于 1984 年 5 月发出通知，在全省县以上工会和大型企业组织劳动保护工作竞赛。该竞赛从劳动保护机构建立健全、业务活动开展、深入基层组织劳动安全监督检查等方面设置了竞赛条件。1985 年 6 月 14 日，省总工会在马鞍山市召开劳动保护竞赛表彰会，会上传达了全国防尘工作会议和全国总工会劳动保护会议精神，表彰了 4 个先进市工会、8 家优胜单位、22 家先进单位和 18 名先进个人。会议提出，必须发挥“教育、协助、监督”的作用，确保职工在生产建设中的安全和健康。“劳动保护工作”竞赛的举办，极大推动了各级工会组织劳动保护工作的常态化开展，对维护职工权益，发挥工会职能作用起到了积极影响。

安徽省各条战线的广大职工在全面开创社会主义现代化建设新局面的斗争中，作出了重大贡献，涌现出一大批先进人物和先进集体。为更好发挥榜样作用，进一步发动广大职工开展创先进、学先进、赶先进的社会主义劳动竞赛，省总工会于 1986 年 2 月 22 日颁布《颁发“五一劳动奖章”和“五一劳动奖状”的办法》，明确自 1986 年起，原则上每年（或隔年）在“五一”国际劳动节期间，由安徽省总工会颁发五一劳动奖章和五一劳动奖状，对推动全省劳动竞赛深入发展起到积极作用。②

（二）开展合理化建议和技术革新活动

经济体制改革时期的职工合理化建议和技术革新活动呈现出鲜明的时代特点，参加活动的职工由生产第一线工人，扩展到企业决策人员、工程技术人员、管理人员、后勤人员和离退休人员，许多企业的领导者，既是建议活动的领导者、组织者，又是参加者，科技人员既搞科技理论研究又参加生产实践；建议范围由生产技术领域扩展到经营管理、企业改革、企业决策、思想政治工作、

① 数据来源于 1987 年 4 月 10 日省长王郁昭在安徽省劳动竞赛委员会全体委员会上的讲话。

②《中国工会运动史料全书·安徽卷》编委会编：《中国工会运动史料全书·安徽卷》，安徽大学出版社 1998 年版，第 810—825 页。

廉政建设、后勤服务等方面；目标明确、针对性强，既关注产品质量、节约能源、降低成本、提高效益等生产过程中的具体经济技术操作问题，又关注企业改革、产品结构等带有宏观性的问题；建立科学的管理、审议、实施网络，使合理化建议活动在制度和程序上得到保证。

1982 年，安徽省总工会通过宣传贯彻《合理化建议和技术革新条例》，推动职工合理化建议和技术革新活动向前发展，实现组织、审定、评比、奖励合理化建议制度化。据不完全统计，从 1981 年到 1984 年，全省职工共提出合理化建议 220782 条，实施建议 44648 条，攻破技术关键 7279 项，推广新技术 4810 项。在各行各业兴起的各种形式的技术表演赛、经验交流会也对推动技术进步和经济社会发展起到了不可或缺的作用。1983 年 4 月，为解决安徽模具质量差、寿命短、材料消耗量大等问题，省总工会、省机械工业厅在合肥召开钢结硬质合金、渗硼、人造金刚石聚晶模具经验交流会，专题组织钢结硬质合金材料、热处理工艺及模具的使用经验介绍，渗铬、渗钒、热处理新工艺介绍，以及渗硼和人造金刚石聚晶模具使用经验介绍。1984 年三季度，省总工会、省机械厅联合举办了“金切加工刀夹具新工艺、新技术应用表演交流会”，交流、推广科研和技术革新成果，促进技术进步，振兴安徽工业。

中国工会十大以后，群众性合理化建议和技术革新活动出现了可喜形势。1985 年“五一”国际劳动节期间，参加五一劳动奖章授奖大会的代表向全国职工发出《广泛开展合理化建议、技术革新活动》的倡议书，得到全国总工会、国家经委、国家科委、共青团中央等单位一致支持。全国总工会随即发出通知，强调广泛开展这一群众性活动的重要意义，要求各地把开展这项群众活动同调动职工积极性、不断提高企业素质结合起来，抓出成效。先进人物的倡议和全国总工会等单位的通知，得到安徽省广大职工的热烈响应。1985 年和 1986 年，全省各级工会认真贯彻全国总工会《关于积极组织职工开展合理化建议和技术革新的通知》和全国总工会、国家经委《关于深入开展以提高质量、降低消耗为重点的合理化建议和技术革新活动的通知》，取得明显成效。两年间，全省共有 493778 名职工提出合理化建议 439775 条，采纳 246552 条，实施 174044 条，攻破技术难关 94862 项，推广新技术 7490 项，并有合肥日用化工厂等 11 家企业分获全国技术进步先进企业全优奖和单项奖，合肥化工机械厂等11家企业获安徽省“六五”技术进步先进企业全优奖，安徽拖拉机厂等37家企业获安徽省“六五”技术进步先进企业单项奖。[①]

（三）开展职工技术协作活动

党的十一届三中全会以后，群众性的技术协作队伍以崭新的精神面貌积极投身“四化”建设，为国民经济建设作出了重要贡献。

1982年12月，全国总工会召开“中华全国职工技术协作委员会”成立暨表彰先进大会，安徽有葛挺燧、莫金培等5名技术协作优秀积极分子和杨云龙、韦信棠等5名技术革新能手受到表彰。蚌埠市锅炉技术协作队、合肥热处理技术交流队荣获“全国技术协作先进集体”称号；淮南市谢家集三矿科研科荣获“全国技术革新先进集体”称号。表彰促进了技协组织和活动的进一步发展。1982年，蚌埠、合肥、屯溪等市，巢县、休宁、肥东、和县、歙县、天长等县及滁县地区都陆续成立了技协组织。在各市、县技协组织领导下，建立焊接、金属切削、锅炉、电工、电子、热处理、电镀、模具、铸造、食品加工、工艺美术等专业技术交流（协作、推广）队近200个，队员近3000人。

1984年6月，经省政府编制委员会批准，省总工会成立了“安徽省职工技术协作站”（以下简称“省职工技协”）。10月13日，安徽省职工技术协作委员会成立大会在合肥召开，部分省委常委、省有关厅局的负责同志，各地市工会负责同志、生产部长、各条战线上涌现出来的职工积极分子和专家、能手，以及省产业工会、省总工会机关各部、处、室、校负责同志150余人出席大会。出席大会的还有来自江苏、福建、湖南、江西等省市职工技协的负责同志。大会民主选举了安徽省首届职工技术协作委员会领导成员，通过了《安徽省职工技术协作委员会工作条例》。

经过努力，全省职工技术协作在组织上、效果上都取得了明显进步。从组织规模上看，截至1986年底，省职工技术协作活动已初步形成网络。8个省辖市中有7个成立了技协组织，有2名以上专职干部从事这一工作，蚌埠市技

① 安徽省地方志编纂委员会编：《安徽省志·群众团体志》，方志出版社1999年版，第79页。

协有7名干部编制。省建筑工会建立了全省性的系统技协组织，蚌埠市4个区（局）建立了系统技协，徽州地区市、县、地直9家单位均已建立了组织，成为全省第一个县（市）有技协组织的地区。全省专业技术攻关（协作、交流）队近300个，队员2800多人。省辖市的职工技协组织中已开始有经济实体，仅蚌埠市和安庆市就开创了职工技协经济实体各2个。全省基层技协组织数达到755个，发展会员2.7万多名；有不少地方还组建了离退休职工技协组织。从活动内容上看，已从无偿服务发展到有偿技术服务，由单一的市技协专业协作队攻关、办班、推广新技术，发展到技协组织与生产厂、科研单位联合搞科研、开发新产品，专业队、基层技协与受援企业签订协作攻关、技术改造合同、技术培训合同和开设技术服务部门等。据不完全统计，1986年全省各地、市技协组织共举办专业技术培训班104期，各地受省技协委托举办省内和向全国招收学员的学习班21期，省技协受全国职工技协委托去宁夏回族自治区为西北三省区举办了2期专项技术培训班，这些学习班先后共培训学员7850余人次。各地举行的操作技术表演赛1000多场次，观摩人数达8万余人次；省技协直接组织的巡回技术表演赛31场，2500多位工程技术人员、企业技术操作尖子和当地党政工领导、企业分管生产技术的负责人直接观看了操作表演。这些活动培养了大批技术骨干，提高了职工的技术水平，受到广大职工的欢迎和好评。从成效上看，技协组织在冲破条块分割和封锁式生产、开拓横向联合等方面取得了积极作用。如蚌埠市无线电二厂，过去受条块限制，渠道不畅，一度积压了PC微机百余台，造成了很大的经济压力，这种情况在1986年该厂成立了基层技协后得到了改变。在市技协的帮助下，通过参与省技术协作活动，该厂一次就与武汉汽轮机发电厂成交了6台PC微机，效益近10万元，与此同时，两厂还签订了共同开发“机床单板机控制”的意向协议，开拓了发展渠道。得益于技协活动的广泛开展，截至1985年底，安徽省已研制成功了“水基清洗剂”“面包乳化剂”，革新创造了“CJI型高效工辅具”“多用机头”“电刷（涂）镀自动给进器”“位伸模渗矾”“渗硼工艺”，推广应用了“远红外烘干技术”“锅炉清灰剂”“锅炉除垢剂”“基合计模具”“弧焊机空载自动断电装置”等受企业和职工欢迎的新技术、新工艺、新材料、新设备。

合肥、蚌埠、芜湖、淮北、六安、屯溪等六地初步统计，截至1985年10月，技协为企业、社会攻克的生产关键、技术改造、新产品开发以及推广“四新”等服务项目中，可计算经济效益的就有377项，为国家、企业创造财富1934万余元。另据合肥、蚌埠、芜湖、马鞍山、安庆等省辖市及阜阳、徽州、巢湖、宣城等地区的不完全统计，市、县以上技协组织的技术攻关（协作、交流）队在1986年一年里为企业和社会攻克了重大技术难题242项（不含基层数）。其中增加经济效益在百万元以上的项目有11项，50万元以上的有7项，10万元以上的有48项，万元以上的有60多项，一年为国家、企业多创造财富1.92亿元。基层技协为企业多创造的经济效益也相当可观。据蚌埠67个基层厂矿技协的初步统计，仅1986年企业内部技协活动，就攻克大小生产关键技术836项，为企业增创经济效益6000余万元。[①]

四、推动工会改革和建设

（一）推动省总工会自身改革建设

在深化改革与扩大开放进程中，安徽省总工会因时因势推进自身改革建设，包括推动省总工会机关机构设置改革、直属事业单位改革、省产业工会改革、健全工会组织体系等。

在机关机构设置改革方面，省总工会第五届委员会期间，省总工会机关机构初始设置有办公室、组织组、宣教组和生产组；1975年11月，组改称处，撤掉生产组，增设女工处和工宣队领导小组办公室；1977年4月，增设顾问处；1978年5月，增设生产处，女工处改为生活女工处；1978年11月，处改称部，宣教处分为宣传部和教育部，生活女工处分为生活部和女工部。省总工会第六届委员会期间，撤销了顾问组，新增了财务部和劳保部。省总工会第七届委员会又增设老干部处。1984年6月，成立省总工会法律顾问处。至1988年12月，

① 《中国工会运动史料全书·安徽卷》编委会编：《中国工会运动史料全书·安徽卷》，安徽大学出版社1998年版，第836—851页。

省总工会第八届委员会产生并再次改革和完善了省总工会机关机构，设办公室、机关党委、人事处、老干部处、组织部、宣教部、经济工作部、女工部、劳动工资社会保障部、财务部、劳动保护部。1990 年 12 月增设审计处与经费审查委员会办公室合署办公，1993 年 5 月增设事业工作部。

在直属单位改革方面，1981 年 4 月筹建的安徽省总工会干部学校于 1987 年 5 月正式开学。1984 年 8 月，成立省总工会职工技术协作站。1984 年 9 月，成立安徽省工人运动调查研究室。1985 年 4 月，《安徽工人报》创刊。1987 年，组建中国职工旅行社安徽分社。

在省产业工会改革方面，1979 年，中国财贸工会安徽省委员会改称中国财贸工会安徽省工作委员会。1979 年成立安徽省轻工业工会工作委员会，1983 年成立安徽省总工会轻纺工会工作委员会，1984 年 8 月撤销，成立中国轻工业工会安徽省工作委员会。1980 年，省总工会推动成立中国交通运输工会安徽省委员会。1980 年成立安徽省基建工会工作委员会，后改称中国建筑工会安徽省工作委员会，1992 年改称中国建设建材工会安徽省工作委员会。1980 年 8 月成立安徽省总工会农林水工作委员会。1980 年 10 月成立安徽省国防工办工会工作委员会，1983 年改称中国国防工业工会安徽省工作委员会。1981 年 6 月成立安徽省总工会石油化学工业工作委员会，1984 年改称中国石油化学工业工会安徽省工作委员会。1981 年成立安徽省煤矿工会工作委员会，后改称中国煤矿工会安徽省工作委员会。1981 年 6 月成立安徽省电力工业工会工作委员会，1983 年 2 月成立安徽省电力工会委员会。1983 年 10 月成立中国机械工业工会安徽省工作委员会。1984 年 7 月成立中国纺织工业工会安徽省工作委员会。1984 年 10 月成立中国冶金工会安徽省工作委员会。1984 年 12 月成立安徽省电子工业工会工作委员会。1984 年 12 月恢复中国地质工会安徽省委员会，1985 年 3 月改称中国地质工会安徽省工作委员会。1985 年 9 月成立中国金融工会安徽省工作委员会。

在健全完善工会组织体系方面，1984 年 10 月省总工会对关于全省工会体制中几个问题做了调查。自中国工会九大以来，全省工会组织经过恢复整顿已经建立健全起来。据统计，9 个市、8 个地区、73 个县（市）、省直和 6 个地直单位，2 个县属镇，17 个市辖区均成立了地方工会或工会办事处；全省有 25 个省级产业工会，82个省辖市产业工会，441个县（市）、区的产业工会和公司工会；18291个基层工会，14800个车间工会，166120个工会小组，2169858名工会会员。全省县以上地方工会配有干部1213人，产业或局工会干部1322人，基层工会专职干部8597人。

实践证明，各级工会在党的领导下，根据新时期工会工作方针、任务，积极开展群众活动，在“四化”建设中，发挥了工会组织作用，取得了很大成绩。这表示，当时的工会体制是可行的。随着经济体制改革的深入发展，工会体制也出现了一些新情况、新问题，需要研究解决。针对这些新情况和新问题，省总工会还分别对省产业工会、地区工会办事处、省直工会和地直工会、市总工会、县总工会以及基层工会存在的问题进行了调查、分析和解决，进一步推动了全省工会组织的健全和完善。

（二）整顿基层组织，创建“职工之家”

1984年5月1日，全国总工会决定在全国范围内开展整顿工会基层组织、开展建设“职工之家”活动，并在全国工会组织工作会议上对整顿工会基层组织，建设“职工之家”的指导思想、重要性和必要性、目标和要求、方法和步骤等问题进行了全面阐述。

为贯彻执行全国总工会要求，更好地改善职工生活，1984年6月8日，安徽省总工会发布《关于整顿基层组织，开展建设“职工之家”活动的初步意见》，对整顿的步骤和方法作出规定，要求从实际出发，因地制宜，灵活多样，对不同类型基层工会组织的整顿应有不同步骤和要求，实行分类指导，不搞一刀切。基层工会的整顿可分四步：第一步是学习文件，提高认识，总结工作，找出差距，按照建设“职工之家”的目标制定具体规划和实施细则；第二步是整顿组织，从整顿领导班子入手进行组织整顿、思想整顿、作风整顿；第三步是按照建设“职工之家”的目标独立负责地开展工会工作，打开工会工作新局面；第四步是考核验收，不符合标准的要补课。整顿的方法可根据具体情况，灵活多样，既要全面贯彻六条标准，也可以结合具体情况抓主要矛盾，有所侧重。意见指出，整顿是一项扎实细致的工作，每项标准都要有几条具体内容，基层工会要一步步提高，一步步发展，逐步达到“职工之家”的要求。有些工会系统内部开展的“五好”“六好”竞赛，要同整顿基层工会组织结合起来，不断赋予新的内容，把长期目标与短期要求结合起来；没有开展竞赛的地方，应学习锦州市经验，开展以“双争”为内容的竞赛，调动工会干部和积极分子积极性，推动整顿工作的开展。

1984 年 6 月 15 日，中央组织部、全国企业整顿领导小组、全国总工会发布《关于在企业整顿中抓紧调整基层工会领导班子的通知》。7 月 19 日，安徽省委组织部、省企业整顿领导小组、省总工会转发要求各单位认真贯彻执行，强调在整顿企业、调整领导班子的同时，必须加强基层领导班子的建设并提出意见。一是各地在整顿企业党政领导班子的同时，工会的领导班子也要进行整顿，工会主席应配备企业党委副书记或副厂长同一级干部。凡是未按要求配备的，一定要按规定配备。企业整顿、验收时，工会主席配备不符合规定的，不予验收；凡是已配备过的，不符合规定要求的，要进行调整。二是各级党委组织部门应根据党中央关于干部分级管理的规定，将所属企业基层工会专职主席职务，列入企业党政副职级的干部职务名称表进行管理。三是基层工会主席按规定要配专职的，不要由本单位党政副职兼任。基层工会主席、副主席的任职，应按《中国工会章程》规定，经民主选举，报上一级工会委员会批准。他们的工作调动，必须经同级工会委员会讨论，并征得上一级工会委员会同意。四是各地在贯彻通知过程中，要对本地区本行业所属企业基层工会主席选配情况进行检查，并将检查情况和相关意见于八月底以前上报省总工会。 经过两年时间，安徽省各级工会积极整顿工会基层组织，大力开展建设“职工之家”活动，取得了较大进展。

1986 年 7 月 14 日，省总工会召开七届七次常委（扩大）会议，发布了《关于认真贯彻抓基层、打基础、促改革的方针，深入开展整顿建家活动的意见》，肯定了全省整顿建家活动所取得的成绩，指出了工作中存在的问题，并对整顿建家工作提出具体要求，提出认真贯彻抓基层、打基础、促改革的方针。要求各级工会都要扎实工作，全面规划，狠抓落实，一抓到底，抓出成效。根据全国工会组织工作会议关于开展创建先进“职工之家”和先进“职工之友”活动的精神，按照“高于‘六条’又不庞杂”的要求，同日，安徽省总工会七届七次常委（扩大）会议发布《关于评选1986年度先进“职工之家”、先进“职工之友”的意见》，就评选出1986年度先进“职工之家”和先进“职工之友”的有关问题提出意见，并对评选指导思想、评选范围、组织领导、评选标准等内容作出详细规定。10月27日，安徽省总工会发出《关于在乡镇企业中积极做好扩大建立工会组织试点工作的意见》，进一步对乡镇企业扩大组建工会试点工作的相关问题进行指导。

1986年底，全省已有1.1万多个基层工会按照六条标准整顿验收，建成了合格的“职工之家”，并涌现出一大批“先进集体”和“先进个人”。1987年4月28日，省总工会作出《关于表彰工会先进集体、先进个人的决定》，对在“四化”建设和改革期间工会工作取得优异成绩的先进集体和先进个人进行表彰。[①]

实践证明，整顿基层组织、整顿建家工作在安徽省取得了大面积丰收，解决了一些长期没有解决的问题，建设了一批坚强的基层工会组织，锻造了一支优秀的工会干部队伍，为推进基层工会工作的发展奠定了可靠的基础。

（三）改革工会财务管理制度和兴办经济实体

改革工会财务管理制度方面。根据《全国文教行政财务工作会议纪要》和省财政厅《关于预算包干暂行办法》精神以及全国总工会对县以上各级工会1981年编制预算要求，安徽省总工会1980年12月29日发布了《关于县以上工会1981年试行“预算包干”的通知》。这对增加收入，节约开支，紧缩行政费，逐步增加事业费比重，扩大单位统筹安排资金自主权，促进单位控制随意增人，抓紧处理超编人员，调动各级工会的理财积极性等方面，起到了很大作用。

1983年3月31日，为确保工会财务工作在机构改革中有条不紊地进行，省总工会发布《关于机构改革中的工会财务工作必须注意的几个问题的通知》，对财务工作作出相关规定：一是在机构改革中，工会经费收入工作决不能放松，该收的一定要按规定及时收齐。该上交的一定要按规定及时上交，不得乘机构改革之机截留短解。二是党的组织关系已下放给当地的企（事）业单位的工会

①《中国工会运动史料全书·安徽卷》编委会编：《中国工会运动史料全书·安徽卷》，安徽大学出版社1998年版，第908—922页。

财务工作由地方总工会领导，工会经费留成比例按地方总工会规定执行。三是需要合并单位的工会组织要将财产、物品、账据、经费结余等造册登记，与合并单位工会办理移交，同时报上级工会备案。四是需要撤销单位的工会组织，应将所有财产、物品、账据、经费结余等造册登记，移交给上级工会。上级工会收到撤销单位工会交来的财产物品应并入自己的财产物品账内，各项经费结余，列入当年的“其他收入”科目。

1985年5月10日，根据皖政〔1985〕28号文件精神，省审计局、工商银行、省总工会发布《关于建立工会财务收支定期送达审计制度的通知》，要求从1985年开始，县以上工会组织及所属事业单位的财务收支，均实行按月或按季定期送达审计。实行这一制度，有利于促进增收节支，及时发现问题及时纠正，有利于财务人员按《会计法》办事，正确执行制度，抵制不合理开支。6月，省总工会发布《关于开展全省工会财务工作竞赛的规定》，强调工会财务工作竞赛要以财务互审为基础，通过汇报工作情况、介绍工作经验等方式，以数据为依据进行评比。同时也可以实行百分赛，半年互查、年终总评，对评选出来的工会财务工作先进单位和先进个人，分别授予工会财务先进单位和工会财务先进工作者的称号，给予物质或精神奖励。促进了各单位互相学习，互相帮助，取长补短，共同提高，增强了工会财务工作活力，更好地贯彻执行工会财务工作为职工群众服务、为工会建设服务、为两个文明建设服务的方针和完成“收好、管好、用好”的任务。11月5日，根据全国总工会《关于工会财务管理体制和经费分成的暂行规定》和补充精神，结合安徽省实际情况，省总工会发布《关于工会经费分成规定的通知》，对行政拨交工会的分成进行规定，合理调整经费分成比例，使工会财务管理更好地为职工服务。

经过几年的实践，全省范围内陆续开展了一系列工会财务工作竞赛活动，充分说明开展全省工会财务工作竞赛是推动工会财务工作不断前进，更好地贯彻工会财务工作方针、任务，开创工会工作新局面的一种有效办法。[①]

兴办经济实体方面。根据党中央领导关于工会要多为职工办好事、办实事和

① 《中国工会运动史料全书·安徽卷》编委会编：《中国工会运动史料全书·安徽卷》，安徽大学出版社1998年版，第922—927页。

大力兴办为职工服务的第三产业的指示精神，全国总工会、国家经委、财政部、商业部、国家工商行政管理局、国家旅游局联合发出《关于工会举办为职工服务的第三产业的通知》。1985 年 11 月 13 日，省总工会、省经委、省财政厅、省商业厅、省工商行政管理局、省旅游局转发通知，指出基层工会和各级工会举办的事业单位，不属于党政机关的范畴，可以按规定兴办一些企业和新的事业。具体搞什么项目需要事先做好可行性的调查研究，因地制宜。坚持社会主义方向，注重社会效益，讲究经济效益，防止盲目从事。对举办的经营性企业和事业，不搞无偿投资，必须加强领导，严格管理，独立核算，自负盈亏，实行经济承包责任制，不吃“大锅饭”，做到以事业养事业，以事业发展事业，推动全省各级工会开始兴办经济实体，促进了全省的产业和经济向好发展。[①]

五、加强企业民主管理和民主参与工作

（一）企业民主管理中的新情况和新经验

1985 年 6 月 17 日，全国总工会相关负责同志在安徽省总工会处以上干部会上发表了《要注意研究企业民主管理中的新情况和新经验》讲话，指出要注意研究企业民主管理中新情况和新经验的问题，并专门强调需要进一步研究的七个问题：一要注意研究进一步提高对企业民主管理重要性的认识问题。企业实行民主管理是社会主义企业里的一项根本制度，是非常重要的。二要注意研究企业经济承包责任制的不断发展完善给民主管理提出的新问题。如果民主管理不和经济承包责任制结合起来，民主管理就不能向纵深发展，就不能获得实在的内容，甚至得不到职工的欢迎而枯萎下去。三要注意研究企业的民主管理如何同企业的目标管理相结合的问题。要求民主管理渗透到目标管理中，围绕目标管理把民主管理贯穿到企业整个经营管理的各项制度中。四要注意研究职工在监督和选择企业领导人中怎样发挥主人翁的作用。工会在研究加强民主管理

① 《中国工会运动史料全书 · 安徽卷》编委会编：《中国工会运动史料全书 · 安徽卷》，安徽大学出版社 1998 年版，第 928—929 页。

的时候，其中重要的一条就是要研究职工在参与选择领导人方面怎样发挥作用。五要注意研究如何加强班组的民主管理，使在第一线的职工能够更广泛、更直接、更经常地行使当家作主的权利。六要注意研究职代会的开法如何更加注重实效的问题。不管采取什么形式，关键是看它是否能够真正反映广大职工的意志，真正解决实际问题。七要注意研究在企业领导制度改革中如何加强民主管理的问题。要把加强企业的民主管理同企业领导制度的改革联系起来进行全面的考虑。①

（二）全面推行工会参政议政和职工代表大会

1985 年 1 月 25 日，安徽省总工会七届二次全委会（扩大）会议召开，省总工会主席刘淦作题为《围绕经济改革，开展工会工作，大力促进安徽经济腾飞》的报告，指出要加强民主管理，充分行使和发挥工会组织和职工代表的权利和作用。要切实维护职工合法权益，鼓励和支持职工走勤劳致富的道路。为了增强企业活力，工会在抓好民主管理这个重点的同时，还要抓好职工的劳动与自身物质利益相联系的工作，贯彻按劳分配原则，鼓励职工勤劳致富。让一部分企业、一部分人依靠勤奋劳动先富起来，这是党的一个大政策，也是工会的重要职责。工会要积极参加企业工资制度改革，教育职工克服平均主义，打破"大锅饭"，支持扩大工资差距，拉开档次，充分体现奖勤罚懒、奖优罚劣，多劳多得，少劳少得，让一部分人依靠勤奋劳动先富起来，带动越来越多的人走向富裕。

1 月 29 日，会议就进一步加强工会工作，充分发挥工会组织在经济体制改革中的作用提出意见。一是工会要通过各项活动，把增强企业活力的源泉充分发掘出来。一方面强调加强企业民主管理是工会工作的重点；另一方面要充分挖掘企业活力的源泉，还要鼓励和支持职工勤劳致富。二要振奋精神，选拔人才，充分发挥工会在改革中的作用。三要深入基层，调查研究，开拓工会工作的新路子。会议还指出，1985 年工会工作的重点是加强民主管理、增强企业活

① 《中国工会运动史料全书 · 安徽卷》编委会编：《中国工会运动史料全书 · 安徽卷》，安徽大学出版社 1998 年版，第 789—796 页。

力。要把民主管理工作列入议事日程，摆在重点位置，通过抓好这个重点，带动其他各项工作全面发展。

1986 年 9 月，党中央、国务院颁发了《全民所有制工业企业厂长工作条例》《中国共产党全民所有制工业企业基层组织工作条例》《全民所有制工业企业职工代表大会条例》（以下简称三个《条例》），推动了职工代表大会职权的进一步落实。12 月，安徽省总工会召开七届四次全委（扩大）会议，省总工会主席刘淦在会上作题为《认真贯彻三个〈条例〉，不断健全民主管理制度》的报告，对如何贯彻三个《条例》，不断健全民主管理制度，提出具体要求：一要以审议企业重大决策为重点，全面具体地落实三个《条例》中规定职工代表大会的五项权利。二要行使"五权"，要把民主管理渗透到生产经营管理的全过程。三要建立健全三级民主管理体系，完善各项制度。四是财贸、教科文卫和集体所有制的企（事）业单位亦应参照三个《条例》精神，继续抓好职（教）代会的建立健全，加强民主管理工作。

经过会议部署和贯彻落实，工会参政议政和职工代表大会在安徽省得以全面推行。至 1988 年底，全省已有 12374 家单位建立了职工代表大会制度，其中全民所有制工业企业已全部建立。教、科、文、卫系统也积极推行了职（教）代会制度。职代会制度不断完善，机构日趋健全，各项职权逐步落实，职代会普遍以审议企业重大决策为重点，发动职工行使主人翁权利，尽主人翁责任，为企业发展献计献策，支持行政领导行使各项职权。在企业承包、租赁过程中，工会和职代会积极参与评议和选择经营者，审议承包、租赁方案，参加合同的制定，促进了企业改革的健康发展。有些基层工会通过开展民主对话、民主咨询、民主接待日、民主监督岗等活动，丰富了职工民主管理的内容。

随着经济体制改革的不断深化，职工代表大会制度正朝着行使职权规范化、开展活动经常化、组织体系网格化的方向发展，越来越多的职工发挥主人翁作用，进行企业民主管理与民主参与，为增强企业活力、推动改革和建设的发展注入了强大的动力。[①]

---

① 《中国工会运动史料全书·安徽卷》编委会编：《中国工会运动史料全书·安徽卷》，安徽大学出版社 1998 年版，第 796—810 页。

（三）强化企业民主管理工作

1984 年下半年以来，安徽省企业民主管理工作，结合企业整顿、推行经济承包责任制，特别是厂长（经理）负责制工作和企业基层工会整顿建家活动，得到了很大提高。在实践中，各地都注意探索在经济改革不断深入的新形势下，进一步加强企业民主管理的新路子，解决新问题，总结新经验，从中找出今后的努力方向。各级党政部门对企业民主管理工作十分重视，安徽省各级工会组织也从基层工会的组织建设和领导班子建设、注重职工代表素质的提高、总结经验加以推广几个方面做了积极的努力，全省企业民主管理工作在量和质两个方面都有所发展和提高。

1985 年 6 月，省总工会发布全省企业民主管理的情况，指出全省企业民主管理工作取得了很大成绩，但是还存在一些问题。一是各地各行业的发展不平衡。合肥市发展较快，有的地县没有多大进展。就行业来说，工交建财快一些，农林水、文科卫慢一些；二是职代会作用发挥得好的，比例还不是很大。淮北市统计，好的占总体统计的 25%，一般的占总体统计的 55%，差的占总体统计的 20%，其他地市也大致与此相仿；三是民主管理在系统化、多样化方面还不够。很多单位三级民主管理还未完善，多种形式的民主管理在全省还是少数；四是职代会的办事机构，即工会的组织建设和领导班子建设还须加强。基层工会领导班子，年龄偏大、文化偏低的现象还严重存在。特别是有些从党政部门调入工会的同志，还存在消极情绪，有的不愿干，有的不能干，这些都亟待解决；五是企业民主管理的理论研究工作，还较薄弱，因而在指导这项工作时，显得不力。基于以上情况，省总工会提出意见。一要切实加强对这项工作的领导，民主管理是全年工会工作的重点，一定要抓紧抓好。二要加强调查研究，从理论上解决在当时新形势下遇到的新问题。合肥市成立了民主管理协会，芜湖市成立了民主管理研究会，各地可学习他们的做法，加强这方面的工作。三要继续抓基层工会领导班子建设，提高职工代表素质，从而达到提高职代会质量的目的。[①]

① 《中国工会运动史料全书·安徽卷》编委会编：《中国工会运动史料全书·安徽卷》，安徽大学出版社 1998 年版，第 896—903 页。

1983年至1987年，安徽各级工会认真贯彻党中央颁发的《全民所有制工业企业职工代表大会条例》，全面落实职工代表大会各项工作要求，企业民主管理工作保持了良好发展势头。截至1987年底，全省建立职工代表大会的单位达到12374家，较1982年增加2倍，其中建立厂、车间、班组三级民主管理体系的单位共计有4879家。高等院校教职工代表大会制度建设工作取得重要突破，如安徽大学率先于1984年11月召开该校首届教职工代表大会，邀请67名院校党、政、工负责人列席，省委副书记、省长王郁昭到会祝贺并讲话。到1985年底，安徽相继有22所院校实行了教职工代表大会制度。与此同时，民主评议干部制度也有了新发展，省委组织部、省经委、省总工会于1985年11月发出联合通知，要求已建立职工代表大会制度的企（事）业单位必须建立民主评议干部制度，1987年全省有4547家单位开展了民主评议干部的工作，评议企（事）业单位中层以上干部39552名。

六、推动劳动制度和工资福利制度改革

工资制度、劳动制度改革是经济体制改革的重要内容，直接关系到职工切身利益，各级工会都十分重视，积极参加，并着力处理好两者的关系。在工资改革中，各级工会大力宣传工资改革的意义、方针和政策，并就企业内部分配方案向群众交底，参加工资改革的领导工作，参与工资改革方案的制定和实施，从中央到地方以至企业各级组织，都有同级工会干部参加工资改革领导小组，有些还参加了工资改革办公室工作。全国总工会还组织力量，对企业工资制度改革情况进行调查研究，对企业工资改革总体方案提出了建议，并对解决工资方面的突出问题提出了意见。在劳动制度改革中，重点是实行好劳动合同制。1986年7月，国务院发布《国营企业实行劳动合同制暂行规定》《国营企业招用工人暂行规定》《国营企业辞退违纪职工暂行规定》《国营企业职工待业保险暂行规定》。全国总工会参加了这四个暂行规定的制定，并与党中央宣传部、国家经委、劳动人事部联合印发了《劳动制度改革宣传提纲》。1986年12月，全国总工会又印发《关于工会积极推进劳动制度改革工作的意见》，安徽各级工会积

极学习和贯彻落实。

（一）参与劳动工资和劳动安全保障制度的改革

国务院下发的《关于国营企业工资改革问题的通知》规定，国家对企业的工资实行分级管理的体制、职工工资总额同企业经济效益按比例浮动的办法。1985年3月30日，安徽省总工会发布《关于搞好企业工资改革试点工作的通知》，积极配合行政搞好企业工资改革，要求把工作成果与物质利益紧密结合起来，对改革现行分配制度提出自己的建议。这是调动职工群众主动性和创造性的一个重要前提。11月26日，省总工会转发《安徽省国营企业工资改革实施方案》的通知，明确国营企业工资改革的目的是增强企业活力，充分发挥企业和职工的主动性、积极性、创造性，克服工资分配中平均主义、吃“大锅饭”的弊端，更好地贯彻按劳分配原则，以促进生产的发展和职工生活水平的提高，加速社会主义现代化建设。改革的主要要求：一是把国营企业工资纳入新的工资制度的轨道，使职工的工资和奖金分配与企业的经济效益挂钩，与个人劳动贡献挂钩，为今后职工正常升级增资奠定基础，并在提高效益的基础上，适当增加职工工资；二是理顺国家和企业的分配关系，理顺企业内部的分配关系。企业分配制度的重大改革，有效地增强了企业活力、促进了生产力发展，提高了职工的生活水平，推动建立有中国特色的社会主义分配制度实现新进展。

1985年9月26日，为了在基本建设和技术改造等工程项目中，加强安全和工业卫生管理，省经委、省劳动局、省卫生厅、省总工会开展了《安全和工业卫生专篇》的编写工作，发布《安全和工业卫生专篇》的编写通知及编写参考提纲。指出为了在今后基本建设和技术改造过程项目中，不再造成安全和工业卫生新的欠账，按照国务院国发〔1984〕97号文件要求，设计单位在建设工程项目的初步设计中，应根据国家有关规定和要求，编写安全和工业卫生专篇，详细说明生产工艺流程中，可能产生的职业性危害和应采取的防范措施及其预期效果等。提纲对防火、防爆方面，防尘、防毒、防腐蚀方面，防机械伤害方面，防噪声方面，防暑降温方面的措施进行了规定。

1986年5月23日，省总工会、省物价局发布《安徽省职工物价监督工作细则》，要求各行署、市、县总工会、物价局结合当地实际情况，做好职工物价监督工作。9月12日，省经委、省卫生厅、省劳动局、省总工会发布《关于加强劳动卫生监测和职工健康检查的通知》，进一步加强对安徽省工业企业有毒有害作业的卫生监督，防止职业中毒和职业病的发生，保护职工健康，促进生产发展，并根据《安徽省劳动保护监察暂行条例》的规定，对工业企业有毒有害作业卫生监测和职工健康检查办法作了详细规定。[①]

（二）维护女职工权益

1984年8月17日，安徽省第六届人民代表大会常务委员会第九次会议召开并通过《安徽省保护妇女儿童合法权益的若干规定》，对保护妇女的婚姻自由、保护妇女儿童的人身权利、保护妇女儿童在家庭中的合法权益、保护妇女儿童在社会上的平等权利等方面进行规定，向广大职工大力宣传我国妇女的地位、作用和男女平等的思想，使全社会形成一种保护妇女、尊重妇女的新风尚。

1985年9月13日，省总工会发布《关于宣传贯彻中共中央办公厅、国务院办公厅中发〔1985〕38号文件的通知》，要求各级工会要认真学习、深刻领会文件精神，运用社会舆论来谴责重男轻女、损害妇女合法权益的现象和行为。各级工会在自身的班子建设和职代会的建设中，要注意加强对女干部和女职工代表的培养，女职工代表不仅要有一定的数量比例，而且要充分发挥她们的才智和作用，使她们同男职工一样，能够在企业中当家作主，保障女职工在住房分配、学习技术、评定职称等方面与男职工享有平等的权利。各级工会，尤其是女工部门在加强对女职工进行自尊、自爱、自重、自强教育的同时，要采取多种形式和渠道来提高广大女职工的政治、文化、技术素质和为人民服务的本领，加强四室建设和劳动保护的管理，关心托幼园所和其他服务事业的发展，为女职工参加生产和做好工作创造条件。同时各级工会的女工部门，要对某些单位歧视女职工、分房和招工“以男为主”的突出问题，配合有关部门开展调查，

---

① 《中国工会运动史料全书·安徽卷》编委会编：《中国工会运动史料全书·安徽卷》，安徽大学出版社1998年版，第876—889页。

并注意发现和表彰维权工作做得好的单位和个人。[①]

（三）制定工会法律顾问工作条例

《中国工会章程》规定，县和县以上各级工会设立法律顾问组织。为使工会法律顾问工作适应改革需要，切实保障广大职工和工会组织合法权益，安徽省总工会于 1987 年 8 月制定了《安徽省工会法律顾问工作条例（试行）》，对工会法律顾问机构的体制、机构、编制、职责、工作程序等内容作出规定。

1987 年 8 月 4 日，省总工会印发《关于印发安徽省工会法律顾问工作条例（试行）的通知》，指出工会法律顾问工作是工会工作的重要组成部分，是维护职工群众和工会组织合法权益的重要手段。各级工会组织要进一步提高对工会法律顾问工作的认识，切实加强领导，尽快建立健全各级工会法律顾问组织，并结合实际，制定实施细则。[②]

第三节　深化改革与扩大开放中的安徽工运事业

一、召开安徽省工会第八次代表大会

党的十三大系统阐述了社会主义初级阶段理论，制定了党在社会主义初级阶段的基本路线。党的十三届三中全会要求将治理经济环境、整顿经济秩序、全面深化改革和建设为重点。1988 年 10 月 22 日至 28 日，中国工会第十一次全国代表大会在北京召开。这次大会总结了中国工会十大以来我国工人运动和工会工作的新经验，对于推进工会改革，更好地发挥工会在国家和社会生活中的积极作用，团结带领广大职工在治理经济环境、整顿经济秩序、全面深化改革和

① 《中国工会运动史料全书·安徽卷》编委会编：《中国工会运动史料全书·安徽卷》，安徽大学出版社 1998 年版，第 890—894 页。

② 《中国工会运动史料全书·安徽卷》编委会编：《中国工会运动史料全书·安徽卷》，安徽大学出版社 1998 年版，第 894—896 页。

推进“四化”建设中更好地发挥主力军的作用，具有十分重要的意义。[①] 为贯彻落实党的十三届三中全会、中国工会十一大精神，总结安徽省工会七大以来工人运动和工会工作的新经验，提出今后5年安徽省工会的工作任务，安徽决定召开省工会第八次代表大会。

1988年12月17日，安徽省工会第八次代表大会隆重召开。出席大会的正式代表622人、特邀代表50人、列席代表22人，代表全省288万名工会会员。省委书记、省长卢荣景出席大会并讲话。他指出，10年来，省总工会和全省各级工会组织，积极发挥党联系工人群众的桥梁和纽带作用，认真贯彻党的路线、方针、政策，组织和发动广大职工坚持以经济建设为中心，开展社会主义劳动竞赛；积极参与民主管理和民主监督，积极参政议政；为职工说话办事，表达和维护职工利益；努力改善和加强职工教育工作，提高职工队伍素质。广大工会工作者任劳任怨，兢兢业业，努力探索，在工会的各项工作中作出了显著成绩。他要求，各级工会要认真学习、广泛宣传中国工会十一大精神，把贯彻中国工会十一大精神和贯彻落实党的十三届三中全会精神统一起来，同贯彻落实省委四届九次全会精神统一起来，动员广大职工为治理整顿和深化改革贡献力量。

会议提出，安徽省工会第七次代表大会以来的5年，全省工会工作在改革开放中取得了新进展，各级工会认真贯彻执行党的十一届三中全会以来的路线、方针和政策，贯彻执行中国工会十大确定的工会工作方针，动员和组织全省职工投身改革和建设，大力推进职工民主管理，积极为职工说话办事，深入开展“四有”[②] 教育，不断加强自身建设，在安徽省深化改革和经济社会生活中发挥了重要作用。这5年，工会自身建设也取得了显著成效。各级工会开展了“整顿基层组织，建设职工之家”活动，抓基层，打基础，促改革，加强了基层工会建设，壮大了工会积极分子队伍。全省已建“职工之家”12961个。5年来受到全国总工会和省总工会表彰的模范、先进“职工之家”共157个。基层工会干部年龄偏大、文化偏低的状况有了明显改变。整组建家促进了工会组织的发展，全省已有基层工会组织19591个，工会会员2799699人，分别比1983年增加

---

① 李玉赋主编：《新编中国工人运动史》下卷，中国工人出版社2020年版，第530—531页。

② 有理想、有道德、有文化、有纪律。

7.10%和28.98%。农垦、文化、科研、卫生、机关单位和乡镇企业的工会组建工作都有新的进展。县以上工会按期换届，努力转变工作作风和活动方式，面向基层，为基层服务，为职工服务，开展了各种专题调查研究，为维护职工利益和指导工会工作提供了依据。工会干部培训工作引起重视，5年来全省各级工会共培训干部67024人次，省总工会干部学校、职工大学和职工中专学校成为培训工会干部和职工的基地。工会自身改革开始起步，各地进行了工会管理体制、工会人事制度改革和实行基层工会民主选举的探索，取得了一些经验。工会财务和经费审查工作在收、管、用好经费上取得了新的成绩。工会文化福利事业有了较大发展，基本上实现了一县（市）一座工人文化宫（俱乐部）。《安徽工人报》《安徽工运》在指导工会工作、维护职工利益和宣传先进典型方面发挥了重要作用。

会议强调，安徽省工会在全面深化改革中的新任务，一是调动职工群众积极性，发展社会生产力；二是发挥参政议政作用，维护职工利益；三是加强职工民主管理，推进民主政治建设；四是加强思想和文化技术教育，全面提高职工素质；五是加强工会干部教育和理论政策研究。会议指出，在积极稳妥地推进工会改革工作中，要努力增强基层工会活力，实现群众化和民主化；要改革工会组织制度，转变活动方式；要改革工会干部制度，完善选举制和聘任制；要兴办经济事业，更好地为职工服务；要理顺工会与党政的关系，依法独立自主地开展工作。

大会选举产生了安徽省总工会第八届委员会，选出委员96名，选出经费审查委员会委员19名，并经省总工会八届一次委员会选举常务委员9人，卞国福当选为省总工会主席，王凤林、高蔚青、杨文友、黄桂兰当选为副主席，余筱伯当选为经费审查委员会主任。

这次大会对于加速实现工会工作从产品经济条件下向商品经济条件下的历史性转变，加快全省工会改革的步伐，推动安徽工人运动的深入发展具有重要作用。①

---

①《中国工会运动史料全书·安徽卷》编委会编：《中国工会运动史料全书·安徽卷》，安徽大学出版社1998年版，第934—951页。

二、在深化经济体制改革中维护职工切身利益

（一）参与企业经营机制改革

党的十三大提出，深化改革的主要任务之一是转变企业经营机制，按照所有权、经营权分离的原则，全面推行承包、租赁等多种形式的经营责任制，搞活全民所有制企业。安徽省围绕转变企业经营机制这个中心，积极推行承包、租赁多种形式的经营责任制，取得了显著成绩。

1987 年 12 月 10 日，省总工会印发《关于在实行承包、租赁经营责任制中充分发挥工会作用的意见》，对全省各级工会积极参加经济体制改革，在全面推行承包、租赁经营责任制工作中充分发挥作用的问题提出了意见。一要认真学习党的十三大文件精神，提高对深化改革，实行承包、租赁经营责任制重要性的认识。二要切实代表职工，积极参与推行承包、租赁经营责任制的工作。各级地方工会和产业（局、公司）工会要参加本地区、本系统企业改革领导机构的工作，代表职工群众，参与有关企业改革具体政策措施的制定，参与实行承包、租赁经营责任制工作的部署和领导。三要落实职代会的五项职权，使民主管理贯穿于实行承包、租赁经营责任制的全过程。实行承包、租赁经营责任制的全民所有制企业，都必须全面贯彻三个《条例》，实行厂长负责制。四要积极支持经营者行使统一的经营指挥权，保证企业承包、租赁目标的实现。企业工会和职代会要维护经营者的管理权威，努力做好职工的思想政治工作，加强劳动纪律，严格科学管理；搞好职工培训，提高职工的素质；紧密围绕企业发展目标，开展社会主义劳动竞赛和技术革新、技术协作、合理化建议等活动，充分发挥职工的主人翁积极性，促进企业生产经营的不断发展。

当时，全省已有 804 家预算内全民所有制工业企业实行了承包经营，占全省预算内全民所有制工业企业的 61.2%；有 421 家大中型商业企业实行了承包经营，占全省大中型商业企业的 51.0%；有 744 家商业小企业实行了租赁经营，占全省商业小企业的 20.2%。承包、租赁经营责任制的普遍推行，有效地调动了企业和职工的积极性，在挖掘企业潜力、提高经济效益等方面收到了明显的效果。

1989年4月8日，为进一步完善承包经营责任制，省总工会、省经委、省体改办印发《关于在承包经营企业中推行集体合同制度的意见》。意见指出，随着企业改革的深入，安徽省大部分企业已推行了各种形式的承包经营责任制。从实践情况来看，推行这一制度，对深化企业改革、完善企业内部经营机制和承包经营责任制起到了积极作用。为进一步深化企业改革，发展企业利益共同体，提高经济效益，要统一思想，加强领导，建立和完善企业利益共同体，充分调动经营者和劳动者的积极性，进一步提高企业经济效益。要积极试点，稳步推开，制定切实可行的规划，有领导、有组织、有步骤地推行。要认真研究，注重实效，充分发挥党委保证、监督和职代会民主审议、监督的作用，使集体合同制度的推行成为职工踊跃参加企业民主管理的过程，成为动员职工自觉投身"四化"建设的过程。要在推行集体合同制度的同时，积极推行全员风险抵押承包等各种有利于调动职工积极性、完善企业内部经营机制的承包形式，深化企业改革，促进企业发展。

1990年4月6日，省总工会、省体改办、省经委印发《关于进一步在承包经营企业中推行共保合同制度的意见》，提出在治理整顿和深化改革中进一步完善企业内部经营机制。要求全省在承包经营企业中推行共保合同制度过程中，统一各级领导和广大职工的认识，提高推行共保合同制度的自觉性；建立省推行共保合同联席会议制度，由省总工会牵头，省体改办、省经委等有关部门参加，定期或不定期召开联席会议，研究处理全省推行工作中遇到的重大问题。各地也应加强工作领导，密切配合，协调一致，抓住年初企业召开职代会安排全年工作的时机，逐个落实签约单位，使全省推行工作有较大发展，逐步全面推开。同时，明确从安徽省实际出发，推行集体合同制度以共保合同形式为宜。在推行中还应积极探索其他有利于完善承包经营责任制的方法和形式，推动企业各项工作的顺利开展，促进安徽经济持续、稳定、协调发展。[①]

---

①《中国工会运动史料全书·安徽卷》编委会编：《中国工会运动史料全书·安徽卷》，安徽大学出版社1998年版，第955—958页。

（二）妥善处理企业停产半停产问题

1989 年 11 月 27 日，全国总工会印发《关于妥善处理企业停工待业问题的紧急通知》。12 月 18 日，安徽省总工会印发《关于进一步做好稳定停产半停产企业职工工作的通知》，强调工会要扎扎实实为企业和职工排忧解难。各级工会要配合政府部门帮助企业走出困境，尽可能为职工多做实事。如帮助亏损企业组织职工生产自救，为特困户职工生产自救提供贷款；扩大扶贫基金，组织职工互助济贫，把扭亏扶贫与生活互助结合起来；鼓励本系统效益好的企业挖潜，帮助亏损企业解决资金周转问题等。

1990 年 2 月 12 日，针对安徽省部分工业企业处于停产半停产状态，省经委、省劳动局、省计委、省总工会、省人民银行、省工商银行、省农业银行、省保险公司、省财政厅、省税务局印发《关于妥善处理停产半停产企业问题的意见》，对企业停产半停产的原因进行分析并提出相关意见指出，一是靠企业自身的努力。企业要发扬自力更生、艰苦奋斗精神，防止和克服单纯依赖思想。二是对符合国家产业政策，产品有销路、有前途，但生产和经营暂时有困难的企业，要千方百计把生产经营搞活。银行要在资金上给予支持。流动资金不足的，要适当增加流动资金贷款。对产业结构、产品结构不合理的，可通过开发新产品或联营、企业兼并和承包等形式调整产品结构和企业组织结构。三是停产半停产企业可暂不提或少提折旧基金。在恢复生产期间，经报批，可由同级财政部门给予减免或暂缓缴纳所得税的照顾。对在短期内能够减亏或扭亏的计划内亏损企业，财政部门可提前预拨亏损补贴。四是对因经营管理不善导致停产半停产的企业，主管部门要组织得力人员帮助整顿，建立健全规章制度，加强和改善经营管理。企业领导班子确需调整的，要抓紧调整，调整后要保持相对稳定。五是对调整中已经决定关停的企业以及生产国家明令淘汰产品的企业，要区别情况，下决心实行关、停、并、转，有关部门要帮助企业做好资产处理、人员安置等善后工作。六是切实保障停产半停产企业职工的基本生活。七是逐步完善社会保障制度。八是千方百计搞活流通，扩大销售，减少产品积压。九是停产半停产企业一律不准使用计划外用工，也不准使用返聘离休、退休、退职人员。十是加强思想政治工作。要使广大职工都了解到，对企业存在的暂时困难，党和国家已经或正在采取积极措施，逐步加以解决，形势正在向好的方面变化，从而树立战胜困难的信心。①

企业停产半停产的原因是多方面的，有些是因为市场疲软或资金、原材料短缺造成的，有些是因为生产被淘汰产品未能及时转产的，有些是因为自身管理不善、亏损严重而被迫停产的，有些则是调整产业结构中应予停产、限产的，各级政府及有关部门、工会组织的高度重视，采取的切实措施和妥善处理，对改变这一状况起到了良好作用。

（三）开展职工物价监督工作

随着我国的经济体制改革深入开展，物价问题已越来越成为全社会所共同关注的问题，也是整个改革成败的关键所在。安徽省高度关注和重视物价问题。1988 年全省职工物价监督工作在上年的基础上有较大发展，全省共有 9 个省辖市、6 个地辖市、27 个县开展了职工物价监督活动。截至 1988 年 6 月底，已建立 243 个职工物价监督站，共有职工物价监督员 2386 人，查处各类违法行为和案件 12997 起，收缴罚没款 121246 元，退还消费者款 11503 元，没收不合格衡器具千余杆（台）。对打击不法经营，稳定市场物价，维护消费者利益，起到了积极的作用。

1988 年 8 月 17 日，省总工会、省物价局印发《关于进一步开展职工物价监督工作的几点意见》，针对当时工作中存在的一些问题提出意见。例如，部分职工物价监督员存在着畏难情绪，信心不足；有些地方的职工物价监督站与物价部门的配合不够协调，工作难以深入开展等。对此，要求各级职工物价监督组织加强对监督检查工作重要性的认识，树立长期作战的观念；各级工会、物价部门加强对职工物价监督活动的指导管理工作；职工物价监督员要秉公执法，依法办事。在检查、处理物价违法行为和案件时，要以事实为根据、法律为准绳，严格按照《中华人民共和国价格管理条例》等有关价格管理法规、政策办

① 《中国工会运动史料全书·安徽卷》编委会编:《中国工会运动史料全书·安徽卷》，安徽大学出版社 1998 年版，第 959—962 页。

事，秉公处理；要妥善处理协作办案问题。各地职工物价监督站进行经济处罚时，要严格按照《安徽省职工物价监督站工作细则》第十一条规定和《关于职工物价监督站经济处理权的补充通知》办事；要多渠道解决开展职工物价监督所需的正常经费。各地职工物价监督总站对财政拨给的专项经费和办案补助经费，要单独建立账户，确定专人管理，节约开支，合理使用；要不断开拓监督检查的新路子，抓住监督检查工作的重点。各地职工物价监督站要根据当地的实际情况，把职工反映最强烈、涨价幅度最大的商品作为自己的检查重点，不断扩大监督检查的范围。同时，各地还要针对职工意见集中的问题，进行一些专题调查研究，为当地政府加强物价管理，制定政策措施提供决策依据，从更高的层次真正发挥工会组织参政议政、代表和维护职工利益的职能作用。

1989 年 9 月 23 日，全省职工物价监督检查工作会议召开，指出自 1987 年 5 月省总工会、省物价局联合召开全省职工物价监督检查工作经验交流会议以来的两年多的时间里，安徽省职工物价监督队伍逐步扩大，内部管理逐步加强，人员素质不断提高，取得了较大的成绩。

据统计，从 1987 年 6 月到 1989 年 8 月，全省各职工物价监督站共进行检查 375482 人次，查处违法行为（案件）63640 起，收缴罚没款 1010573 元，退还消费者款 325738 元，没收不合格衡器具 3000 余杆（台）。此外，开展了群众性的物价政策宣传、市场价格动态调查，以及“站帮店”“站帮厂”的“物价、计量信得过”活动等，对于加强市场物价管理、严肃物价纪律、稳定价格水平、维护国家、经营者和消费者利益，促进社会安定团结，都起到了积极的作用。广大职工物价监督员不畏艰难、严于职守、秉公办事，受到了党政领导的表扬和群众的欢迎，涌现出一批受到省、地（市）、县表彰的先进职监站和先进职监员。淮北市职工物价监督总站等四家单位、铜陵市狮子山铜矿职监站宋志城等八位同志，在 1987 年 10 月光荣地被全国总工会和国家物价局分别授予“全国先进职工物价监督站”“全国先进职工物价监督员”的称号。①

① 《中国工会运动史料全书 · 安徽卷》编委会编：《中国工会运动史料全书 · 安徽卷》，安徽大学出版社 1998 年版，第 963—965 页。

（四）强化工会对企业安全生产的监督

1988 年 1 月 18 日，全国总工会和国家经济委员会联合制定《工业企业班组安全建设意见纲要》，对班组安全建设的重要性、目标、要求及加强班组安全建设的领导作了明确阐述，提出了原则性规定。1988 年 6 月，安徽省结合自身实际，由省总工会和省经委联合出台《关于加强工业企业班组安全建设的意见》，就加强企业班组安全建设提出相关意见。一要落实安全生产方针，实行目标管理。二要抓好班组安全教育，提高职工队伍素质。抓职工队伍安全思想教育，是搞好班组安全建设的一项基础工作。三要建立健全安全生产规章制度，严格按章办事。班组要建立以岗位责任制为核心的安全生产责任制，要建立安全活动制度，实行群测、群治、群管；企业要帮助班组建立安全生产档案。四要加强安全生产的科学管理。班组要结合自己的特点，在原有传统安全管理的基础上，大胆探索和逐步应用“系统安全检查表”“事故分析表”，科学地分析、评价生产系统各个环节的各种不安全因素，采取有效措施预测、预防各种灾害性事故的发生，自己动手，解决本班组的事故隐患，把劳动保护和安全生产工作切实抓好。五要实行群众安全监督。实行群众性的安全监督，是工人在企业当家作主的一种体现。班组要按照《工会小组劳动保护检查员工作条例》民主选举工会小组劳动保护检查员，开展群众监督检查，发现隐患，报告险情，制止违章。六要加强班组安全建设的领导。

为落实“国家监察、行政管理、群众监督”相结合的安全生产管理体制，深入贯彻《工会劳动保护监督检查员暂行条例》《基层（车间）工会劳动保护监督检查委员会工作条例》和《工会小组劳动保护检查员工作条例》（以下简称“三个条例”），建立健全工会劳动保护群众监督检查组织，保护职工在生产劳动过程中的安全和健康，促进生产力的发展。安徽省总工会于 1989 年 3 月 25 日制定出台《安徽省工会劳动保护监督检查三个条例实施细则（试行）》，强调各级工会组织在劳动保护工作中负有监督检查职责。工会劳动保护监督检查员和劳动保护专职干部要履行“三个条例”规定的职责，独立负责地开展工作，组织和依靠职工群众，监督协助行政搞好劳动保护安全生产，维护职工安全健康的合法权益。同时,《安徽省工会劳动保护监督检查三个条例实施细则（试行）》还对各级工会职责、工会劳动保护（生产）部门职责、工会劳动保护监督检查员职责、基层（车间）工会职责、工会小组职责作了明确规定。

1990年7月，安徽省煤矿安全生产现场会召开。会议指出，安徽省煤炭系统近年来贯彻落实“安全第一、预防为主、综合治理、总体推进”的安全工作指导思想，创造了许多经验，值得学习推广。煤矿的安全生产工作是有成绩的，但形势仍然十分严峻，上年度因工伤亡事故仍呈上升趋势。煤矿事故多，尘肺病患者多，不仅严重危害职工的安全健康，造成巨大的经济损失，直接影响煤炭工业的发展，也影响煤矿职工队伍的稳定。据统计，每年安徽省尘肺病死亡人数都超过因工死亡人数。1989年安徽省因工死亡人数和尘肺病死亡人数之比为1 ：2.17，对于这个问题，要高度重视，采取有力措施，有效地控制重大事故和尘肺病的发生，大力减少职工的伤亡，保证煤炭生产健康、稳定地发展。会议强调，为充分发挥工会组织在“国家监察，行政管理，群众监督”三结合安全工作体制中的监督检查作用，促进煤炭安全生产工作，充分发挥保护职工安全健康的重要职能，各级煤矿工会要从加强工会群众安全生产工作，发挥监督检查作用；广泛开展群众性反违章、查隐患、除险情、堵漏洞的安全活动，抓好班组安全建设；加强群监和家属妇女协安工作，抓好安全生产的两道防线。

随着经济体制和政治体制改革不断深入，劳动保险制度也适时进行了改革。全省各级工会通过调查研究，获取职工群众对于改革的看法和态度，向党委、政府和上级工会反映。此外，各级工会参与了《国有企业职工待业保险的补充规定》《职工退休养老保险制度改革实施办法》《推行城镇住房制度改革的意见》等政策法规的研究制定，推动了退休职工社会化管理服务工作进程，加强了对退休职工统筹基金管理的民主监督，通过推出职工互助补充保险、职工扶贫等新举措，拓宽了工会劳动保险工作的业务范围。1992年，全省已建立基层工会劳动生活保险委员会1155个；建立劳动保险卡片的单位1059家；工会主管劳动保险的企业单位979家；配备工会专职劳动保险干部402人；兼职劳动保险干部2138人；举办劳动保险干部培训班253期，共计培训7459人。1993年1月，省工会会同省保险公司下发了《关于对省级以上劳动模范实行补充养老保险的通知》，将全国劳动模范和省级劳动模范每月退休待遇分别提高 60 元和 40 元。

（五）推动职工疗（休）养事业的改革

随着国民经济的发展和职工队伍的壮大，原有职工疗（休）养事业已不适应职工队伍发展需要，省总工会和有关市、县总工会决定加强对疗（休）养院的领导和建设，建立健全各项管理制度，推动疗（休）养院领导体制和管理体制改革。一是各疗（休）养院实行集中领导和民主管理相结合的制度，建立疗（休）养生活管理委员会，让疗（休）养员进行自我管理和教育。二是重视疗（休）养院领导班子的整顿和建设。1978 年和 1983 年，省总工会两次派出工作组，对半汤工人疗养院进行整顿，通过调整领导班子，建立健全各项管理制度，实行经济管理与民主管理相结合的办法，调动院内职工积极性，提高医疗服务质量。1984 年，该院经批准试行“五定一奖”，即定任务指标、定床位指标、定人员编制、定经济指标、定管理指标、完成各项指标进行奖励的经济管理制度，推行新医疗手段，直接与厂、矿签订床位合同，减少了分配床位的中间环节，提高了床位利用率，全年 300 张床位一直保持满员，共计接收疗（休）养职工 1042 人次。

除对原有疗（休）养院进行改革外，安徽工会还投资兴办了几所新的工人疗（休）养院。在全国总工会和地方政府支持下，1981 年下半年兴建蚌埠工人疗养院，并于 1984 年 9 月 13 日正式建成开业，院址位于龙湖风景区环湖西路 326 号，占地 2.9 万平方米，有休养楼 2 栋，规划建筑面积 6953 平方米，实有建筑面积 5312 平方米，拥有 150 张床位，主要建筑有休养楼、药房、诊断治疗楼、后勤房，经营服务项目包括健康体检、休闲观光、开会办班、慢性病治疗等。1985 年 5 月，合肥市总工会投资建成合肥工人疗养院，1985 年 6 月 29 日举行了开业典礼。该院占地 4.9 万平方米，建筑面积 1.1 万平方米，建有疗养楼、迎宾楼、人工湖、音乐疗室、门诊办公楼，拥有 250 张床位。同时，还扩建了半汤、黄山工人疗养院。半汤工人疗养院由 250 张床位扩大到 400 张，黄山工人疗养院由 50 张床位扩大到 200 张。

1985 年 5 月，省总工会批准黄山工人疗养院实行经济责任制，该院领导与省工会签订经济承包合同后，制定规章制度，分解工作指标，实行吃、住、行、游一条龙服务，使休养职工的满意度得到提升。1985年，该院实现经济收入比往年增加42%。1988年，该院共接待休养员10926人次，床位利用率达118%，超额完成30%，经济收入33万元，按承包合同提取了基金，职工得到了实惠，疗养院实际经营能力显著增强。

1987年，省总工会决定在半汤工人疗养院率先实行院长负责制，规定了任期责任和目标，促进该院在深化改革工作中不断发展。这所省内规模最大、以治疗慢性疾病为主的工人疗养院，到1993年已拥有高、中、低档床位600张，专业技术人员130名，其中高中级医务人员47人，形成了以医疗、疗养、康复、休养相结合的办院模式和服务体系，设计了一系列疗效突出的疗养产品，如温泉浴加雷公藤系列产品对类风湿性疾病具有明显疗效，针对治疗偏瘫及神经性疼痛具有显著疗效，多功能脊柱牵引机对拉压复位和治疗腰椎间盘突出病治愈率达到70%，药棒疗法和第五代处方的中药藤疗对风湿病具有较好的疗效。1990年至1993年，该院共收治慢性病疗养员5110人。1992年该院被授予“全国先进疗养员之家”的荣誉称号。

从1987年起，省总工会组织全省16个地市、省直和7家大企业工会，开展向各疗（休）养院输送疗（休）养员的竞赛活动。第一年蚌埠市工会完成上级下达任务的134.6%，名列第一；第二年淮北矿务局工会夺冠；第三、四、五年宣城地区工会连续夺魁，分别完成任务的245%、258%、345%，实现了三连冠。

为使工会疗（休）养事业适应形势发展的需要，改变长期以来疗养院、休养所吃国家的“大锅饭”，职工吃院（所）的“大锅饭”的状况，充分发挥疗（休）养事业广大职工的积极性，把疗（休）养院办得更加富有生机和活力，实现以事业养事业，更好地为职工群众服务、为生产服务，安徽省总工会根据全国总工会《关于职工疗养休养事业体制改革的决定》，结合实际，对疗（休）养院的体制、经营管理等进行了改革，建立和健全了各项规章制度，在全省地、市工会，部分大企业工会和疗（休）养院中，开展了疗（休）养事业工作竞赛活动，取得了较好的社会效益和经济效益，加速了疗（休）养院改革的步伐，推动了疗（休）养事业的发展。1989年1月10日，省总工会着眼6所疗（休）

养院现状，在各院规划的基础上作出五年发展规划，发布《安徽省工会疗（休）养事业五年发展规划（1989—1993 年）》(草案)，制定了包括进行疗（休）养体制改革、改革办院方向和经营方针、严格控制床位规模和人员编制、努力提高职工业务技术素质和疗（休）养事业的学术水平等 7 条规划原则。到 1989 年底，安徽省 6 所疗（休）养院共接待疗（休）养人员 19524 人，床位使用率达 80%，治疗总效率达 97%，总收入 362.25 万元，总支出 317.89 万元。[①]

截至 1993 年末，全省各级工会举办的工人疗（休）养院有：安徽省黄山工人疗养院、安徽省工人半汤温泉疗养院、合肥市工人疗养院、蚌埠市工人疗养院、亳州市工人疗养院、界首市工人疗养院 6 家。

三、加快建设乡镇企业工会

党的十一届三中全会以来，随着农村商品经济的发展，乡镇企业迅速兴起，逐渐成为国民经济的重要组成部分，乡镇企业职工作为新型工人阶级，正在不断成长和壮大。面对日益发展的乡镇企业职工队伍，全国总工会 1984 年作出在乡镇企业中建立工会组织试点工作的部署。

安徽省总工会按照全国总工会部署，在乡镇企业中开展建立工会组织试点工作，截至 1985 年底，全省乡镇企业组建工会有 48 个单位。为了积极慎重地做好扩大乡镇企业组建工会试点这项工作，1986 年 10 月 27 日，省总工会印发了《安徽省总工会关于在乡镇企业中积极做好扩大建立工会组织试点工作的意见》，就乡镇企业扩大组建工会试点工作的有关问题，乡镇企业中建会的条件及建会试点的步骤和方法、建会试点工作应注意的问题、加强试点工作领导等问题作了明确要求。

1992 年 7 月 21 日，省总工会、省乡镇企业局发布《关于进一步加快在乡镇企业建立工会组织的意见》，对加快乡镇企业工会组建工作提出意见。一是职工人数较多且相对稳定，生产经营基本正常且具有一定规模，符合建立工会组织

① 《中国工会运动史料全书·安徽卷》编委会编：《中国工会运动史料全书·安徽卷》，安徽大学出版社 1998 年版，第 971—973 页。

条件的乡镇集体企业都应建立工会组织。二是省、地（市）、县乡镇企业局可以建立系统工会，并配备同级副职的工会主席和专职工会干部。三是各地、市、县工会和乡镇企业局都要积极主动，密切配合，共同做好乡镇企业工会的组建工作。四是乡镇企业建立工会后，要按照《工会法》《中国工会章程》《基层工会工作暂行条例》的规定开展工作，全面履行工会的各项职能。五是建立乡镇企业基层工会单位，应按《工会法》的规定，每月按全部职工的工资总额组成的2%计提拨交工会经费。工会经费的分成比例是基层工会自留60%，上交市、县总工会40%，其中市、县总工会15%，上解省总工会15%（含全国总工会5%），市、县乡镇企业局工会10%。

各地经过几年的试点，摸索出一些成功的经验。例如，合肥市总工会提出在乡（镇）企业建立工会组织的意见，经合肥市委批转各县、区委贯彻执行。该请示明确，凡有10家以上乡（镇）企业工会，职工超过1000人、年产值1000万元以上的乡（镇）建立乡（镇）工会工作委员会，作为县、郊区工会的派出机构，代表县、郊区工会指导企业工会开展工作。10家以下乡（镇）企业工会，职工在1000人以下，年产值在1000万元以下的乡（镇），建立乡（镇）工会联合会。乡（镇）工会组织，受乡（镇）党委和县、郊区工会双重领导，以乡（镇）党委领导为主，职工在1000人至3000人的乡（镇），配备一名工会干部；职工在3000人以上的乡（镇），配备两名工会干部，专职工会主席按同级党政副职配备；专职工会干部的工资由同级财政解决。①

实践证明，乡（镇）企业建立工会组织，有利于企业决策的科学化、民主化；有利于发扬职工的主人翁精神和充分调动广大职工的积极性。加快乡（镇）企业工会的组建工作，对实现省委要把发展乡（镇）企业作为振兴安徽经济的一项重要战略任务和突破口来抓的战略部署，具有重要意义。

---

①《中国工会运动史料全书·安徽卷》编委会编：《中国工会运动史料全书·安徽卷》，安徽大学出版社1998年版，第1022—1023页。

四、加强工会建设和内部管理

（一）加强工会廉政建设和深化“职工之家”建设

省总工会认真贯彻党中央、国务院及安徽省委、省政府关于加强廉政建设的一系列文件和指示精神，结合机关实际情况，于 1988 年 8 月 24 日制定《关于加强廉政建设的规定》，对工会人、财、物各方面的事宜进行严格规定和管理，加强了廉政建设，减少了工会腐败现象的发生。一是严禁机关干部和职工经商、办企业；二是严禁用公款送礼和接受礼品；三是严禁用公款请客吃喝；四是严格控制工会经费的支出；五是加强机关车辆管理，严格用车制度；六是严格执行干部住房的有关规定；七是认真贯彻执行党的人事方针、政策；八是建立廉政岗位责任制，加强监督检查。

1990 年 5 月 3 日，全国总工会作出《关于继续深入开展建设职工之家活动的决定》，这是全面加强基层工会建设的指导性文件，是贯彻党的十三届六中全会和《中共中央关于加强和改善党对工会、共青团、妇联工作领导的通知》精神，推动各级工会把工作重点放在基层，增强基层工会活力，提高基层工作整体水平的有效措施。

根据上级精神，安徽省总工会着力强化党对工会的全面领导，继续推进加强基层工会建设，结合安徽省开展推进建设“职工之家”活动的实际情况，1991 年 3 月，出台《关于继续深入开展建设职工之家活动的实施意见》，对安徽省继续建设“职工之家”的基本要求、方法步骤、活动领导等内容作出详细规定，为安徽省继续深入开展建设“职工之家”活动提供了基本指导。文件中还提到，通过建设“职工之家”活动，增强基层工会的活力，把全心全意依靠工人阶级的指导思想落实到基层；促进工会领导机关的改革和建设，提高领导工作水平，使各级工会组织真正取得广大职工的信赖。建设“职工之家”活动既是加强基层工会自身建设的重要途径，也是增强企业活力、提高整体素质、促进全省经济发展的一项基础工作。[①]

（二）加强工会审计工作

为认真贯彻新《工会法》和财政部、中国人民银行、国家统计局、全国总工会关于缴纳工会经费的规定，加强对各企（事）业、机关、学校、科研等单位拨交工会经费的监督，根据中央“治理经济环境、整顿经济秩序”的精神，各级审计局应对拨交工会经费进行审计，以保证国家法令正确贯彻执行。

1989年2月2日，安徽省审计局、人民银行、省总工会发布《关于委托各级审计事务所对工会经费的提取和拨交进行审计的通知》，要求各单位工会经费要遵循《工会法》及相关规定，各级审计局应对此进行依法审计并形成制度。凡已成立工会组织的单位（包括中央驻安徽省的单位），都必须接受当地审计事务所对计拨工会经费的审计。各单位应给予支持，不得借故拒审。

1992年11月27日，为贯彻执行国家财经法规，维护工会财务制度，加强财经管理和审计监督，促进资金合理有效的使用和工会廉政建设，保障工运事业的健康发展，根据《中华人民共和国审计条例》《审计署关于内部审计工作的规定》和全国总工会有关规定，安徽省总工会制定《安徽省工会系统内部审计工作暂行规定》，分别对审计机构和审计人员、审计范围和审计职权、审计方式、审计工作程序、法律责任、审计事业费开支及规定等方面内容作出详细规定，要求各级工会主管审计的领导人和经费审查委员会，定期部署和检查本单位的审计、经审工作，听取内审、经审机构的工作汇报，及时审定批复审计报告，督促和检查决定的执行。[②]

---

①《中国工会运动史料全书·安徽卷》编委会编：《中国工会运动史料全书·安徽卷》，安徽大学出版社1998年版，第992—997页。

②《中国工会运动史料全书·安徽卷》编委会编：《中国工会运动史料全书·安徽卷》，安徽大学出版社1998年版，第1066—1071页。

五、推进企业民主管理工作

（一）健全企业民主管理制度

1988 年 4 月 13 日，《中华人民共和国全民所有制工业企业法》（以下简称《企业法》）正式颁布，同年 8 月 1 日开始实施。《企业法》的颁布实施具有重要意义，明确了全民所有制企业的法律地位，使企业制度建设步入法制轨道。还明确规定了厂长是企业的法定代表人，在企业中处于中心地位。规定了职工代表大会是企业实行民主管理的基本形式，是职工行使民主管理权力的机构。这就要求完善以厂长为企业中心地位的企业领导制度，把厂长在企业经营管理上的行政指挥权与职工对企业经营管理的民主参与权统一起来。

安徽省按照《企业法》和有关工业企业条例规定的原则，进一步加强企业民主管理工作。1991 年 2 月，省总工会、省委组织部、省经委联合出台《关于加强企业民主管理的若干规定》，强调民主管理是社会主义企业的本质特征。所有企业都要按照《企业法》《职工代表大会条例》和有关规定，建立和完善职代会制度。尚未建立职代会制度的企业，其主管部门和上级工会应督促其限期建立。已建立职代会制度的企业，要进一步完善职代会制度，明确和理顺职代会与党组织、行政、工会的关系，分清职责，并通过制定实施细则，使各方面的工作规范化，从组织制度上保证企业民主管理健康发展。《关于加强企业民主管理的若干规定》贯彻落实了全心全意依靠工人阶级的根本指导思想，在深化企业改革、完善厂长负责制和承包经营责任制的过程中，健全和完善了企业民主管理制度，充分发挥了广大职工在建设和改革中的主力军作用，促进了安徽省经济持续、稳定、协调发展。①

（二）开展企业民主管理检查和经验交流

企业实行民主管理是社会主义国家职工主人翁地位的体现，是社会主义国

① 《中国工会运动史料全书·安徽卷》编委会编：《中国工会运动史料全书·安徽卷》，安徽大学出版社 1998 年版，第 1018—1022 页。

家企业性质所决定的。1989 年到 1993 年，安徽各地普遍开展了检查评比、互相观摩、培训职工代表等活动，制定了进一步加强企业民主管理的相关规定，成立了由党委领导任组长的企业民主管理指导小组，促进职工民主管理工作有序发展。

1988 年和 1989 年，全省各级工会抓住《企业法》颁布的有利时机，围绕企业改革工作，进一步贯彻落实《职工代表大会条例》。合肥市总工会与市体改办公室联合制定《关于在深化企业改革中进一步加强民主管理的若干意见》；淮北市总工会、市经委、市体改办公室联合下发《淮北市租赁经营企业民主管理若干问题暂行意见》；安庆市委、市政府批转了市总工会、市体改办公室《关于加强承包、租赁企业职工民主管理工作意见的报告》；多数企业工会根据《职工代表大会条例》和《企业法》规定，对本单位职工代表大会实施细则作了补充修订。省总工会、省经委、省劳动局于 1989 年 4 月联合发出通知，规定企业在制订优化劳动组合方案时，必须经过职工代表大会讨论、审查、通过后才能公布实施。

1990 年 3 月，为认真贯彻治理整顿、深化改革的方针，加强企业民主管理，调动职工的主人翁积极性，省总工会、省委组织部、省经委发出联合通知，决定对全省企业民主管理工作进行第二次大检查，并成立由省委常委、组织部长任组长的检查领导小组。大检查具体分为三个阶段：第一阶段为自查阶段，时间从 4 月初到 5 月上旬结束。由基层单位对照《企业法》《职工代表大会条例》和有关规定进行自查，并向上级单位报告自查结果。在自查阶段，各地可根据本地实际提出一些具体要求，并在基层自查的基础上进行抽查，对本地区的民主管理情况进行总结、准备全省经验交流会的典型材料。第二阶段为互查阶段，由每个地、市各组织一个检查组，在地、市之间进行互查。检查组由 5 人组成，地市工会、经委、组织部负责人各 1 名，地、市工会组织（民主管理）部 1 人，省总工会联络员 1 人。全省 16 个地、市分为三个片，阜阳、淮北、宿县、蚌埠、淮南为第一片，滁县、巢湖、安庆、六安、合肥为第二片，马鞍山、芜湖、铜陵、池州、黄山、宣城为第三片。各片内地、市按上述排列顺序依次进行互查，互查采取听地、市汇报和检查基层单位的办法，检查的单位应包括各种类型（大中小型企业，全民、集体企业等）。地、市互查前，省民主管理大检查领导组将召开会议进行具体布置。互查阶段从5月中旬开始到5月底结束。第三阶段为总结交流经验阶段。这一阶段首先听取各片检查情况的汇报，其次审定各地、市典型经验材料，对全省民主管理进行总结，最后召开经验交流会。

1990年12月4日，省总工会、省委组织部和省经委联合召开企业民主管理经验交流会，进一步贯彻落实党中央相关文件和党的六中全会精神，解决依靠职工群众办好企业的问题。会议肯定了近几年安徽省企业民主管理工作所取得的进步。在政治上使广大职工的主人翁地位和权利得到落实，在经济上使广大职工的合法权益得到保障，在思想上使广大职工的主人翁精神得到充分体现。并就如何全面落实全心全意依靠工人阶级的指导思想，加强企业民主制度建设，促进治理整顿深化改革等问题提出意见。一是全省各级党组织，特别是各级领导干部都要牢固树立全心全意依靠工人阶级的观念，进一步提高对企业民主管理重要性的认识。二是深入贯彻党中央有关文件精神，正确处理三个关系，切实保证职工在企事业中的主人翁地位。三是工会要把企业民主管理作为工作重点，从组织上担当起工作机构的重任。会议还强调，各级政府要支持工会发挥民主参与和民主监督的作用。在研究制定地方经济和社会发展规划，涉及职工利益的重大政策时，要请地方工会和相应的产业工会参加，听取工会的意见和职工群众的呼声；各级政府设立的有关职工利益的专门机构，如劳动争议仲裁委员会、城市体改办、推行承包租赁领导小组等，应有工会的代表参加工作；要充分听取工会和职工群众的意见，逐步建立各级政府与工会召开联席会议的制度。政府与工会建立联席会议制度，是工人阶级参与国家和社会事务管理的重要渠道，也是各级政府联系群众，自觉接受群众监督，实现决策民主化、科学化的重要措施，要大力推广。①

这次检查和经验交流会的结果表明，随着经济体制改革的不断深入，企业民主管理工作正向纵深发展。一是企业民主管理的基本形式，即职工代表大会制度在巩固和发展，厂长接待日、厂长信箱、民主咨询、民主对话、民主监督

---

①《中国工会运动史料全书·安徽卷》编委会编：《中国工会运动史料全书·安徽卷》，安徽大学出版社1998年版，第1006—1018页。

岗等其他民主管理形式层出不穷，呈现出多元发展的新格局。二是以经济建设为中心，已成为大多数企业民主管理工作的共识，职工代表大会的中心议题已由生活福利转向生产经营。1989 年，全省职工代表大会共收到提案 14.60 万件，其中涉及生产经营工作的 7.42 万件，占总提案数的 50.8%；在采纳的 8.22 万件提案中，涉及生产经营工作的 4.40 万件，占采纳提案总数的 53.5%。三是职工代表大会以审议企业重大决策为重点，带动其他各项工作的落实。1989 年，全省提交职工代表大会审议的方案共 11.37 万件，经审议同意的有 7.62 万件；有 572 家单位民主选举了厂长（经理）；有 3450 家单位民主评议了中层以上领导干部，被评议的基层领导干部有 3.5 万名。四是企业民主管理逐步走向规范化、法治化。《职工代表大会条例》和《企业法》颁布后，各地在贯彻执行中还制定了有关规定和实施细则，民主管理的组织制度、活动制度和组织体系逐步完善，基本沿着有法可依、有章可循的方向发展。五是企业民主管理的工作环境和社会环境日趋改善，党、政、工及社会各界齐抓共管的局面正在形成。各级工会始终把企业民主管理作为工作重点，各级党政部门也坚持把加强民主管理作为保证企业社会主义方向的大事来抓。地方人大、政协也陆续对企业民主管理进行专题视察，社会科学界和理论宣传界也加强了对民主管理的理论探讨和宣传工作。

1991 年 1 月，省总工会和省经委、省委组织部联合下发《关于加强企业民主管理的若干规定》，强调所有企业都要建立和完善职工代表大会制度，并将职工代表大会各项职权具体落实情况纳入企业考核范畴。除此之外，根据全国总工会的统一部署，自 1991 年起开展了对职工代表进行民主管理基本知识的培训工作。全省各级工会都加强了对这项工作的领导，制定了培训规划，输送了 1494 名师资，统一使用全国总工会编印的《民主管理实用教材》，实行结业考试发证制度，经过 3 年努力，超额完成了全国总工会下发的培训 24 万名安徽职工代表的任务。截至 1993 年底，共培训职工代表 30 万人，涌现出一批先进集体和先进个人，有 8 家单位和 9 名个人受到全国总工会表彰，68 家单位和 182 名个人受到安徽省总工会表彰。经过系统培训，提高了职工代表素质，增强了职工管理企业的能力，提高了职工代表大会的工作质量和民主管理水平。截至

1993年底，全省已建立厂级职工代表大会制度的企（事）业单位11110家，其中国有单位8234家，集体单位2677家，乡镇企业149家，股份制企业39家，中外合资企业11家。出席厂级职工代表大会的代表共388492人，其中女代表102240人，工人代表202547人，科技管理人员代表103384人，中层以上干部代表82561人。1993年，全省召开职工代表大会的单位8369家，提交职工代表大会审议的有关生产经营、人事制度、奖金分配、技术改造、职工教育、生活福利等方面的方案74560件，经审议同意的方案5343件，被否决的方案13178件；有1606家企业的厂长代表、企业法人、工会主席代表职工签订集体合同（共保合同）。

通过全省企业民主管理大检查和经验交流，各级党政工领导进一步提高了加强职工民主管理重要性的认识，增强了全心全意依靠工人阶级办好企业的观念；广大职工进一步增强了主人翁意识，提高了积极参加民主管理的自觉性；基本摸清了全省企业民主管理的现状和存在的问题，加强了基础工作和制度建设，为企业民主管理工作的顺利发展打下了良好的基础。

六、强化工会宣传工作

（一）动员职工发挥工人阶级主力军作用

在浦东开发开放的大背景下，安徽省1990年7月拉开沿江开发开放的序幕，“抓住机遇、开放皖江、强化自身、呼应浦东、迎接辐射、带动全省”成为当时安徽省的重大决策。省总工会认真贯彻省委、省政府决策部署，号召全省各条战线的广大职工，立即行动起来，发扬工人阶级主人翁精神，积极投身于加快沿江地区经济开发开放的宏大事业中，顽强拼搏，踏实苦干，为实现省委、省政府确定的开发开放皖江目标任务，推动全省经济持续稳定协调发展而努力奋斗。

1990年9月1日，省总工会召开八届九次常委（扩大）会议，会议通过了《关于动员全省职工发扬工人阶级主人翁精神为加快沿江地区经济开发开放建功立业的决议》，要求全省职工认真学习领会省委、省政府关于加快沿江开发开放的战略决策，进一步增强改革开放意识、商品经济意识和全局观念，增强紧迫感和责任感，弘扬团结奋斗、艰苦创业、无私奉献的精神，立足本职，忘我劳动，为加快沿江地区经济开发开放作出新的贡献。同时，要发扬工人阶级的创造精神，踊跃参加企业民主管理，积极投入合理化建议活动，做主人、提建议、献良策，用自己的智慧和力量，促进技术进步，提高管理水平，深化企业改革；发扬工人阶级的艰苦创业精神，积极参加以“双增双节”为主要内容的“创最佳经济效益”“创优质服务，争一流水平”和班组升级等多种形式的竞赛活动；发扬工人阶级的进取精神，积极参加振兴中华读书自学活动，学政治、学文化、学经济、学技术、学管理，广泛开展岗位练兵、技术比武，树立远大理想，提高职业技能，遵守劳动纪律，讲究职业道德，不断强化自身，提高职工队伍的整体素质，努力适应沿江地区经济开发开放的需要。各级工会要牢固树立全省一盘棋的思想，明确任务，找准位置，为加快沿江地区经济开发开放多作贡献。会议充分体现了全省广大职工的根本利益和共同愿望，对于推动全省经济建设和改革开放的发展具有十分重要的意义。

1990 年 9 月 2 日，省总工会在芜湖召开沿江四市工会座谈会，重点讨论工会组织在贯彻落实省委提出的加快沿江地区经济开发开放、振兴安徽经济这一重大战略中，如何做好工会工作的问题。座谈会上，与会同志踊跃发言，各抒己见。与会同志一致认为，要发挥工会组织在加快沿江地区经济开发开放步伐中的重要作用，深入地向广大职工进行对外开放、商品经济观念和自力更生、奋发进取精神的教育，动员全省职工积极参与、支持和关心沿江地区开发开放工作，进一步发扬工人阶级的创造精神，做主人、提建议、献良策，用智慧和力量为开发皖江作贡献。

1992 年 1 月 11 日，省总工会召开八届四次全委（扩大）会议，就 1991 年安徽经济情况和 1992 年安徽经济工作打算作出安排，并就工会如何围绕经济建设中心进一步发挥作用提出想法和意见。会议认为，1991 年是“八五”计划第一年，也是安徽历史上极不平凡的一年。正当全省人民认真贯彻落实党的十三届七中全会精神，保持经济回升势头之时，人民遭受了百年罕见的特大洪涝灾害，各项经济损失高达 275 亿元，国民经济和社会发展多方面受到了重大影响。

在党中央、国务院的坚强领导和全国人民、海外侨胞及国际社会的帮助与支持下，全省人民艰苦拼搏团结奋战，夺取了抗洪救灾的重大胜利，初步实现了党中央提出的“不饿死人、不冻死人、不发生大的疫情、不出现成批灾民外流”的“四不”目标。以恢复生产、重建家园为中心的救灾工作正向纵深发展，国民经济也正向好的方向转化。1992 年是安徽省经济发展的关键一年。各级工会组织和广大工会干部认真学习贯彻党的全心全意依靠工人阶级的根本方针，围绕经济建设这个中心，广泛动员和组织全省职工开展多种形式的社会主义劳动竞赛，开展合理化建议和发明创造活动，开展“双增双节”和“质量、品种、效益年”活动，加强职工的思想政治工作和民主管理工作，认真维护职工的合法权益，较好地调动了广大职工群众的社会主义积极性，使全省职工的主力军作用得到充分发挥，为促进安徽经济的发展作出积极贡献。①

（二）加强职工思想政治教育工作

1990 年 6 月 1 日，安徽省总工会召开工会思想政治工作会议。会议对近几年安徽省工会思想政治工作进行回顾，要求全省各级工会把加强和改进职工思想政治工作摆上重要议事日程，自觉地围绕党在各个时期的中心任务，开展基础教育、形势政策教育和日常思想政治工作，有力地促进了安徽省“四有”职工队伍和社会主义“两个文明”建设的发展。

全省工会以邓小平《建设有中国特色的社会主义》和《坚持四项基本原则》等论著为中心内容，举办了省辖 8 市和全省职工《学〈决议〉、树理想、讲道德、守纪律》知识和演讲竞赛，分别吸引了 60 万名职工和 100 多万名职工踊跃参加，使广大职工受到了一次深刻的党的基本路线教育。组织发行《党的基本路线简明教程》17 万册，编印 2 万余册学习党的十三大文件辅导材料和弘扬工人阶级主人翁精神的演讲集《心灵的火花》；组织全省 1.2 万余名专职工会干部参加《党的基本路线简明教程》统一考试，合格率达 99% 以上；组织英雄模范人物和职工自学成才者报告活动，受教育的职工达百余万人。全省工会深入

① 《中国工会运动史料全书・安徽卷》编委会编：《中国工会运动史料全书・安徽卷》，安徽大学出版社 1998 年版，第 973—978 页。

扎实地开展形势教育，为稳定职工队伍和全省大局，起到了积极的作用。党的十三届四中全会以后，各级工会组织广大职工认真学习党的十三届四中、五中、六中全会精神，开展了爱国主义、社会主义、独立自主、艰苦奋斗的教育，推动了学雷锋、学大庆、学铁人活动深入发展。

1990 年 7 月 25 日，省总工会再次强调，职工思想政治工作要抓好两个系列的教育即基础教育和形势政策教育。基础教育的内容主要包括社会主义初级阶段党的基本路线教育，理想道德教育，民主法制和纪律教育，爱国主义和革命传统教育。形势政策教育首先是要把党和政府在不同时期的方针政策贯彻到群众中，并通过群众的实践进一步完善党的方针政策。针对新形势下出现的思想和行为，经常地、大量地、灵活多样地开展宣传解释、说明疏导和转化工作。职工思想政治工作分为这两个系列，是就他们各自的内容体系和功能而言的。抓好这两个系列教育，必须明确这两者之间既有区别，又有联系，是相互作用、相辅相成的一个整体。同时，职工思想政治工作还要高度重视职工群众的自我教育，尊重职工群众的主人翁地位和参与意识，在思想政治工作中采取吸引和引导的自我教育方法，让职工群众唱“主角”。

这一时期，安徽省广大职工在基础教育和形势政策教育、日常思想政治教育、自我教育工作中，广泛开展了社会调查、算账对比、读书活动、演讲、知识竞赛、征文、书评影评、答辩、双向交流等活动，深受职工喜爱，这些活动具有旺盛的生命力，在很大程度上加强和改进了安徽省广大职工的思想政治教育工作。①

（三）加强女职工工作

1989 年 11 月，省总工会在铜陵、合肥、蚌埠、芜湖等市总工会的配合下，深入纺织、轻工、重工、矿山、地质、卫生、铁路等行业的 60 多个企业，就劳动制度改革中有关女职工问题进行了调查，发布《劳动制度改革中有关女职工问题的调查》。调查显示，在铜陵、合肥调查的 26 家企业中有 7 家企业出现了

① 《中国工会运动史料全书 · 安徽卷》编委会编：《中国工会运动史料全书 · 安徽卷》，安徽大学出版社 1998 年版，第 1093—1097 页。

153名富余女职工，占富余职工405人的37.8%。另外，在安徽的铁道部第四工程局，截至1988年底，出现编余女职工212名，占编余职工数的100%，占女职工总数的2.7%。她们成为富余和编余人员的主要原因，一是企业经济状况不好，压缩生产人员；二是机械、矿山、地质、铁路、建筑等行业中不适岗的女职工较多；三是处在孕期、哺乳期女职工的工作适应性减弱；四是体弱多病常缺勤。

为做好女职工的劳动保护，保护其在劳动和工作过程中的安全和健康，根据国务院《女职工劳动保护规定》，结合安徽省实际情况，省总工会制定了《安徽省女职工劳动保护实施办法》并于1990年5月19日颁布施行。同时，为适应新形势需要，1991年4月18日，安徽省女职工工作会议召开，强调要团结和动员广大女职工为实现十年规划和“八五”计划而奋斗。

1991年10月12日，省总工会印发《关于进一步加强工会女职工工作的通知》。通知要求，各级工会要高度认识做好女职工工作的意义，把女职工工作摆上工会工作的议事日程，主要领导要过问、关心女职工工作，经常听取女职工部门的汇报，帮助解决急需解决而又能够解决的困难和问题。同年，《中共中央办公厅关于企业女职工工作问题的复函》中印发的《全国总工会、全国妇联关于在企业女职工工作中进一步加强合作的通知》明确，“妇联不在企业建立组织，妇联对企业女职工工作提出的要求，通过同级工会统一部署”，厘清了企业女职工工作的职责归属，为工会女职工组织和妇联组织更好地分工协作打下了基础。树立长期抓好女职工工作的思想，工会的各个职能部门都要主动配合、协助女职工部门共同做好女职工工作。各级工会要认真做好女职工干部的挑选、配备工作，把作风正派、有群众基础，又有较高领导能力的女职工干部，推荐、选拔到女职工委员会的领导岗位上来。女职工委员会主任由同级工会的女主席或女副主席兼任，不能兼任的，经民主协商推荐或民主选举产生符合条件的女职工干部担任，任职期间享受同级工会副主席待遇。女职工委员会主持工作的副主任应配备或享受同级工会中层正职待遇。各级工会主要领导要主动、积极地采取多种途径来落实女职工委员会主任和副主任的待遇问题。[①]

① 《中国工会运动史料全书·安徽卷》编委会编：《中国工会运动史料全书·安徽卷》，安徽大学出版社1998年版，第1104—1111页。

第十章　社会主义市场经济转型时期的安徽工运事业

在世纪之交的转型时期，中国共产党、中国工人阶级和全国人民面临两大历史任务，一是建立和完善社会主义市场经济体制；二是实现乃至超过到20世纪末国民生产总值比1980年翻两番，为继续发展和全面建设小康社会奠定坚实的物质基础。通过完成这两项任务，把建设中国特色社会主义伟大事业全面推向21世纪。

在党的领导下，安徽工人阶级围绕完成两大历史任务，肩负使命，发挥主力军作用，始终走在时代前列。在向社会主义市场经济转变过程中，工人阶级自身也面临着来自市场竞争的压力和来自新经济的挑战，职工队伍也发生了历史性的嬗变，在数量结构、就业状况、思想观念、整体素质、价值取向乃至精神文化需求等方面都发生了很大变化。广大职工顺应形势，转变观念，努力学习，用先进的理论和科技知识武装头脑，提升素质和能力，加快了工人阶级队伍的知识化，并在推进向社会主义市场经济转变和经济社会发展的伟大实践中，表现出与时俱进的时代风貌和优良的思想道德水平，涌现出一大批先进模范人物，展现了工人阶级新风貌，教育和带动了其他社会成员，进而提升了全民族的思想道德素质。实践证明，工人阶级不愧是推动建立和完善社会主义市场经济体制、促进经济社会发展的强大力量。

在从计划经济体制向市场经济体制的历史性转变中，安徽工运事业也随之发生转变。市场经济的发展，特别是多种所有制经济的发展，使社会经济结构、经济关系和劳动关系日趋复杂化，社会利益主体多元化和明朗化，工会在劳动关系中作为职工利益代表者和维护者的身份得以确认，这就要求工会必须重点研究劳动关系问题，以维护职工合法权益为基点，主动协助政府和企业行政处理好改革中涉及职工切身利益的各种问题。安徽工会迎难而上，应对挑战，力求转型以适应不断发展的形势要求，更好地维护职工群众的合法权益。

在社会主义市场经济转型时期，安徽工运事业取得了长足发展。安徽各级工会贯彻以人民为中心的发展思想，坚持全心全意依靠工人阶级的根本方针，通过召开代表大会、推进厂务公开和职工民主管理、加强工会组建和自身建设等措施，不断提升工会服务职工群众的能力和水平。同时，安徽省总工会积极推动出台《安徽省实施〈中华人民共和国工会法〉细则》、《安徽省外商投资企业工会条例》、《安徽省私营企业工会条例》等地方性法规，推动建立政府与工会联席会议制度，组织学习贯彻新修订的《工会法》，开展职工互助保障事业，加强外商投资企业、乡（镇）企业和私营企业工会工作等，深入参与社会公益事业，为实现共同发展和进步作出了积极贡献。

第一节　向社会主义市场经济体制转型期间的安徽工运事业

一、召开安徽省工会第九次代表大会

1993 年 11 月 18 日，省总工会八届七次全委会议召开，部署学习贯彻中国工会十二大精神。会议强调，学习贯彻中国工会十二大精神，要深刻理解和把握新形势下我国工人阶级的地位和作用；深刻理解和把握党和新形势下工人阶级、党和工会之间的特殊关系；深刻理解和把握新形势下工会的地位和作用。同时强调，要把省工会九大的筹备和召开，作为对全省工会组织、工会干部和工会工作的一次全面检验，精心准备、精心组织，切实把大会开成一个民主、

团结、胜利的大会，进一步推动中国工会十二大精神的贯彻落实。[①]

1993年12月26日至29日，安徽省工会第九次代表大会在合肥召开。出席大会的正式代表688人、特邀代表67人，代表全省315万余名工会会员。大会开幕前夕，省委书记卢荣景接见大会主席团全体成员并讲话。省委副书记杨永良代表省委、省政府向大会致祝词。大会的主要任务是以党的十四大和十四届三中全会精神为指导，贯彻中国工会第十二次代表大会和省委五届十次全会精神，总结全省5年来的工人运动和工会工作，选举产生新一届省总工会领导机构，部署全省今后5年的工会工作任务，明确未来五年安徽省工会的工作目标和任务，为安徽省工会的发展指明了方向。[②]

会议指出，全省广大职工要充分认识自己肩负的历史使命，在改革开放和现代化建设的实践中更好地发挥主力军作用，作出更大的贡献，争取进一步提高自身素质。要以振兴安徽、解放和发展生产力为己任，充分认识安徽的有利条件，奋发图强，勇挑重担，为胜利实现省委、省政府提出的宏伟目标而奋力拼搏，做到人人关心企业生产经营，关心企业经济效益，注重产品质量争创一流的工作成绩，为安徽省经济再上新台阶献计出力。各级工会组织要紧紧围绕党的经济建设这个中心，进一步发挥自己的特点和优势，不断强化职工的主人翁地位和作用。同时要根据新的历史条件，在改革开放和社会主义现代化建设的实践中，不断充实、丰富新的内容，切实走出一条适应社会主义市场经济需要的，有安徽省特色的工会工作和职工教育的新路子，进一步把各级工会组织建设成为深受工人群众信赖的“职工之家”。全省各级党委和政府要坚持全心全意依靠工人阶级的方针，进一步加强和改善党对工会工作的领导，为工会工作创造必要的条件，并采取实际措施关心职工生活，帮助解决困难企业、困难职工的一些实际问题，以调动广大职工改革和建设的积极性。[③]

---

①《中国工会运动史料全书·安徽卷》编委会编：《中国工会运动史料全书·安徽卷》，安徽大学出版社1998年版，第1037—1039页。

② 安徽省地方志编纂委员会办公室编：《安徽省志·工会志（1994—2010年）》，方志出版社2015年版，第15页。

③《中国工会运动史料全书·安徽卷》编委会编：《中国工会运动史料全书·安徽卷》，安徽大学出版社1998年版，第1043—1054页。

大会作了《团结动员全省职工为加快安徽发展而奋斗》的报告，总结了安徽省5年来的工人运动和工会工作，部署了今后5年的工会工作任务。报告指出，省工会第八次代表大会以来的5年，是安徽省改革开放和经济建设不断发展的五年。5年来，全省广大职工以高度的主人翁责任感和历史使命感，艰苦奋斗，勤奋工作，开拓进取，为安徽省经济发展和社会进步作出了重大贡献。1992年与1987年相比，全省国民生产总值增长29.6%，工农业总产值增长58.9%，社会商品零售总额增长76.5%，财政收入由39.8亿元增长到55.1亿元。其中，职工群众的劳动创造占国民收入的60%，占财政收入的90%。[①]

大会确立了今后一个时期全省工会的工作方针，即坚定不移地贯彻执行党的基本路线，坚持两个维护的统一，履行各项社会职能，发挥民主渠道和社会调节作用，团结动员全省职工，巩固和发展安定团结的政治局面，为胜利实现安徽省第二步战略目标而奋斗。根据这一方针，今后一个时期全省各级工会的主要任务是充分发挥工人阶级主力军作用，推动安徽经济迈上新台阶；依靠职工群众，加强民主管理，推动各项改革深入发展；大力加强职工教育，全面提高职工素质，建设"四有"职工队伍；坚持两个维护的统一，积极参政议政，更好地发挥民主渠道和社会调节作用；适应形势需要，加强乡（镇）企业、外商投资企业和私营企业的工会工作；进一步解放思想，积极健康地发展工会企（事）业。在省委的领导下，团结带领全省职工，解放思想，实事求是，开拓进取，顽强拼搏，为夺取安徽经济建设和社会发展的更大胜利，实现社会主义现代化而努力奋斗。[②]

大会选举产生了省总工会第九届委员会，选出委员99人，经费审查委员会委员23人。在九届一次委员会上，选举常务委员9人，卢声道当选为省总工会主席，卞国福、杨文友、黄桂兰、郭永生当选为副主席，郭永生当选为经费审查委员会主任。

---

①《中国工会运动史料全书·安徽卷》编委会编：《中国工会运动史料全书·安徽卷》，安徽大学出版社1998年版，第1043—1044页。

②《中国工会运动史料全书·安徽卷》编委会编：《中国工会运动史料全书·安徽卷》，安徽大学出版社1998年版，第1047—1054页。

二、推动工会工作法治化和规范化

（一）学习贯彻《工会法》

1992年2月26日，安徽省工会法律工作会议召开，强调工会法律工作是发挥工会“两个维护”作用的基本依据。会议肯定了1991年安徽省工会法律工作取得的成绩，特别是在开展劳动争议调处工作、职工普法教育活动以及参与立法等方面取得显著成果，对1992年全省工会法律工作重点进行了部署。一是以宣传学习贯彻《工会法》为中心，广泛开展“二五”普法活动。新的《工会法》获全国人大通过，学习宣传贯彻《工会法》很快成为各级工会中心任务，省总工会专题研究如何宣传贯彻《工会法》，各地市工会制定普法规划，在宣传、贯彻《工会法》的同时宣传贯彻好《中华人民共和国劳动法》（以下简称《劳动法》）、《企业法》等法律法规，全面提高广大工会干部和职工的法治观念，提高法治水平，弘扬法治，依法办事。二是继续抓紧抓好劳动争议调处工作。坚持“三为主”（以基层为主、预防为主、调解为主）方针，达到“化解矛盾、增进团结、促进效益、稳定大局”的成效。要求当年劳动调解组织的组建率全省达到98%，合格率达到100%。研究和探讨推行全员劳动合同制出现的新问题，从法律角度去研究探讨用工制度和企业改革中出现的新问题。三是继续做好厂纪厂规检查工作。联合有关部门检查或抽查不符合现行法律法规的“土政策”，避免发生劳动争议和其他恶性事件。继续做好参与立法和职工来信来访工作，积极为职工和工会组织提供直接的法律服务，更好地发挥维护职能，增强工会的凝聚力和吸引力。

1992年4月3日，修改后的《中华人民共和国工会法》（以下简称新《工会法》）正式颁布实施。新《工会法》颁布实施后，为向社会各界广泛宣传新《工会法》，中央宣传部、全国总工会、司法部联合发出《关于认真学习、宣传〈工会法〉的通知》，要求各级党委宣传部门、总工会和司法行政部门加强对学习、宣传《工会法》的具体组织领导，制定切实可行的学习和宣传计划，把新《工会法》列入第二个五年普法规划。安徽省总工会认真贯彻落实上级要求，结合当年工会法律工作会议的安排，在推动和开展工会工作过程中，高度重视新《工会法》的宣传和学习贯彻。

1992年4月18日，省总工会八届十三次常委（扩大）会议召开，会议传达贯彻全国总工会十一届十三次主席团会议精神，研究安徽省工会如何学习宣传贯彻新《工会法》的问题。省总工会主席、党组书记卞国福在会上就学习宣传贯彻工作提出了意见：要认真贯彻全国总工会十一届十三次主席团会议精神，结合本地区、本行业、本单位的工作实际，突出重点，采取切实有效的措施抓紧抓好学习宣传贯彻新《工会法》的工作。

首先，省总工会以省总工会干部学校为基地，在5月中上旬，每个地市工会、大企业工会派出一至两名领导干部，到省总工会干部学校集中学习新《工会法》，力求学深、学精，全面掌握精神实质。推荐人员参加中国工运学院举办的新《工会法》学习宣传培训班，省总工会干部学校也开办培训班，并在岗位培训班中增设新《工会法》课程。地市工会、大企业工会一方面要积极组织人员到省总工会参加培训，另一方面也要积极创造条件自己举办培训班。争取在较短时间内，在全省范围内形成一支学习宣传新《工会法》的骨干队伍。各地市工会要积极组织新《工会法》宣讲队深入工矿企业组织职工群众学习新《工会法》，为职工答疑解难，帮助职工学法、懂法、用法。要在工会报刊上开辟新《工会法》讲座，为广大职工和工会干部学习理解新《工会法》提供辅导材料。

其次，动员和组织各种舆论力量投入对新《工会法》的宣传。积极主动地与有关方面联系，在当地的电台、电视台和报刊上开辟专题、专栏，宣传新《工会法》，为贯彻执行新《工会法》大造舆论；同时要充分发挥工会内部的工人文化宫、俱乐部、报刊和院校以及墙报、黑板报等宣传教育阵地的作用，开展新《工会法》的学习宣传，把新《工会法》宣传到基层和职工群众中去。各级工会还可以邀请党政领导、司法理论界人士、企业家和劳动模范以及新闻界人士等举行座谈会，请他们畅谈对新《工会法》的理解和认识。要通过各种渠道的宣传，使新《工会法》家喻户晓，深入人心，促使广大职工从中受到教育和鼓舞，增强主人翁的自豪感和责任感，进一步激励他们积极投身于改革开放和社会主义现代化建设事业中。

再次，学习宣传要联系中央12号文件和中办6号文件的贯彻落实，联系面临的形势和任务，联系干部、群众实际，加深对新《工会法》精神的全面理解。为防止走过场，促使学习宣传取得实效，年内各级工会要做好三件事：一是要对全省各级工会干部进行新《工会法》知识测验。这项工作由各地、各行业、各单位工会自行组织，省总工会在适当时候组织进行重点抽测。二是各地要组织广大职工、工会干部、工会积极分子进行学习新《工会法》知识竞赛，先在基层开展起来，然后层层选拔进行复赛和决赛。各地市在决赛阶段可以联系电视台进行实况转播。三是开展宣传贯彻新《工会法》调查，这项工作在第三季度进行，各地市工会要对本地宣传贯彻情况写出有情况、有分析、有建议的调查报告上报省总工会。省总工会将组织力量分赴各地进行调查。在调查的基础上，省总工会拟于年底召开全省工会学习宣传贯彻新《工会法》情况汇报会，以进一步推动新《工会法》的贯彻落实。

最后，省总工会与省委宣传部、司法厅等单位联系，成立省学习宣传贯彻新《工会法》协调组，下设办公室，在省总工会办公，负责了解情况、协调关系、指导工作。各地市工会也可采取相应措施，建立相应组织。各级工会要主动地、迅速地把学习宣传贯彻新《工会法》的工作开展起来。要注意了解新情况、研究新问题，总结和推广经验，加强工作指导，有针对性地解决存在的问题，以推动学习宣传贯彻新《工会法》工作继续深入发展。[①]

新《工会法》不仅突出了“职工主体地位”和“民主管理”，也加强了对职工合法权益的保障。安徽省工会把维护职工权益作为工会工作的重中之重，加大了对企业劳动法律法规宣传力度，帮助职工了解劳动法律法规的内容及维护自身权益的方法。同时采取多种方式，比如举办劳动知识竞赛、开展法治进工地等，提高职工的法律意识和维权意识，有效保障职工的合法权益。

（二）推动出台《安徽省实施〈中华人民共和国工会法〉细则》

1993年，为更好学习宣传贯彻落实新《工会法》，省总工会起草了《安徽省

① 《中国工会运动史料全书·安徽卷》编委会编:《中国工会运动史料全书·安徽卷》，安徽大学出版社1998年版，第1023—1030页。

实施〈中华人民共和国工会法〉细则》(以下简称《细则》)。1993年9月14日，安徽省第八届人民代表大会常务委员会第五次会议通过并公布施行。《细则》明确了工会组织的职责、权利和义务，规范了工会的运作管理和服务方式。

《细则》共有六章，四十八条。第一章是总则，阐述了《细则》的制定背景、总体要求等内容。第二章是工会组织，规定了工会组织的组织原则、组织领导、工会委员会的产生方式等内容，指出工会各级组织按照民主集中制原则建立；各级工会委员会由会员大会或者会员代表大会民主选举产生；上级工会组织领导下级工会组织；凡符合《工会法》规定条件的企（事）业单位、机关均应建立工会；上级工会有责任向未建立工会的单位宣传《工会法》，指导并帮助其建立工会。第三章是工会的权利和义务，对各级工会组织的权利和义务作出明确规定，规定国有企业和集体所有制企（事）业单位都应依法建立健全职工代表大会制度，凡属职代会职权范围内事项，都必须提交职代会审议；上级工会有权派出代表对所属工会组织所在的企（事）业单位就侵犯职工合法权益的重大问题进行调查并提出处理意见，有关单位应当予以协助并及时纠正；工会帮助、指导职工与企（事）业单位行政方面签订劳动合同；企业拟辞退、处分职工时，应听取工会意见；工会对《工会法》规定的涉及工会组织和职工利益的问题提出意见，或要求认真处理、纠正的，接收单位应当及时予以答复、处理、纠正。第四章是基层工会组织，明确了国有企业工会委员会、集体所有制企业工会、国有企业的管理委员会、股份制企业、中外合资经营企业、中外合作经营企业、外资企业及私营企业、全民所有制和集体所有制事业单位工会等基层工会组织的职责和权力。第五章是工会的经费和财产，强调工会会员应按照工会章程规定的标准按时上交会费；凡建立工会组织的国有企业和集体所有制企（事）业单位和机关，应按每月全部职工工资总额的百分之二向工会划拨当月的工会经费；工会应当根据经费独立原则，建立预算、决算和经费审查监督制度；各级工会经费收支情况应当由同级工会的经费审查委员会审查，并且定期向会员大会或者会员代表大会报告，接受监督；工会所有的财产、经费和国家拨给工会使用的不动产，任何组织和个人不得侵占、挪用和任意调拨；地方总工会及其授权的派出工会组织以及所属事业单位离休、退休人员的费用，实行社会统筹的地区由统筹基金中支付，没有实行统筹的地区，由同级财政负担。第六章是附则，强调《细则》自公布之日起施行，任何单位和个人违反《细则》，有关部门应追究其责任，情节严重的，司法机关应依法追究有关人员的法律责任；《细则》应用中的具体问题，由省人大常委会法制工作委员会负责解释。①

为促进《细则》的顺利实施，省总工会采取多种措施加强实施保障。一是建立健全工会组织建设和职工群众工作考核体系，明确考核指标和标准，逐步实现对工会组织建设和职工群众工作的全面覆盖和全过程监管。二是加强工会干部培训和能力建设。组织开展各种形式的培训和交流活动，提升工会干部的综合素质和服务能力。三是加强工会信息化建设，推进信息化技术在工会工作中的应用，提高信息化管理水平，提高工会服务效率和质量。四是加强工会与企业管理者的沟通与协调，建立和完善双方沟通协调机制，加强工会在企业管理和决策中的参与和发言权，推动企业与职工的共同发展。五是加强对工会组织的政策支持和资金保障，为工会组织提供必要的政策保障和经费支持。

省总工会提出，各级工会要根据本地本单位的实际，把学习贯彻《细则》摆到重要议事日程，采取有效措施抓紧、抓好，抓出成效。一要集中精力抓好学习。各级工会领导干部和机关要带头学习，并对《细则》的学习宣传和贯彻落实进行有效的监督和指导。要采取办培训班、组织辅导小分队等形式，帮助基层工会的同志抓好学习，力争在较短时间内，在全省工会系统形成一支学习贯彻《细则》的骨干队伍。二要动员和组织各种力量投入对《细则》的宣传。各级工会一方面要充分发挥工会内部的文化宫、俱乐部、报刊和院校以及墙报、黑板报等宣传教育阵地的作用，深入开展宣传活动；另一方面要积极主动地与有关方面联系，在当地的电台、电视台和报刊上开辟专题、专栏，为贯彻执行《细则》大造舆论。还可通过邀请社会各界人士举行座谈会等形式，强化宣传效果。三要联系实际，边学习边落实。要与学习贯彻新《工会法》相结合，与解决工会工作存在的问题相结合，与促进改革开放和现代化建设相结合，要在联系实际解决问题上下功夫。四要加强对学习宣传贯彻《细则》的组织领导。领

---

①《中国工会运动史料全书·安徽卷》编委会编:《中国工会运动史料全书·安徽卷》，安徽大学出版社 1998 年版，第 1026—1030 页。

导干部要分工负责；要注意了解新情况、研究新问题，总结推广新经验，有针对性地解决存在的问题，扎扎实实地把工会法《细则》的宣传贯彻工作开展起来，推动安徽省工会工作和工会建设进一步发展。①

《细则》的出台和实施为安徽省工会组织的改革与发展提供了重要保障和指导，推动了工会组织建设和职工权益保障工作的开展，提高了工会在企业中的作用和影响力，为安徽省的经济社会发展作出了积极贡献。

（三）学习贯彻《劳动法》，推行集体合同制度

《劳动法》是保护职工合法权益的重要法律依据，安徽各级工会积极学习宣传贯彻《劳动法》，并通过推行集体合同制度，规范了企业和职工之间的劳动关系，保障了职工的合法权益和利益。

为推动《劳动法》的顺利实施，从 1994 年 9 月下旬开始，省总工会、省劳动厅联合开展安徽省《劳动法》知识竞赛，得到了全省广大职工的积极响应和广泛参与。据统计，竞赛活动开展以来，有 145 万名职工参加笔试。有 223 个代表队参加了地市举办的初赛。通过这次声势浩大的宣传活动，《劳动法》深入企业车间班组，走进千家万户。12 月 12 日，全省《劳动法》知识竞赛达到了高潮。经过自下而上、层层选拔产生的 6 个代表队在合肥进行了安徽赛区的决赛。省人大常委会副主任陆子修等领导观看了决赛。在开展《劳动法》知识竞赛期间，安徽省各级劳动部门和工会组织还采取各种形式学习宣传《劳动法》。省总工会已举办了 5 期《劳动法》理论骨干培训班，各地、市、县工会、产业工会、大企业工会举办了 320 期培训班，培训骨干有 4000 余人。②

1995 年 8 月 7 日，省人大常委会主任会议专门听取省总工会、省劳动厅关于贯彻实施《劳动法》情况的汇报。省总工会着重就全国总工会十二届六次主席团会议和本省贯彻实施《劳动法》的进展情况，尤其是推行平等协商、签订集体合同的进展情况和存在的问题向主任会议作详细汇报。省劳动厅就贯彻实

---

①《中国工会运动史料全书·安徽卷》编委会编：《中国工会运动史料全书·安徽卷》，安徽大学出版社 1998 年版，第 1030—1031 页。

②《安徽工会运动史料全书》编委会编：《安徽工会运动史料全书（1994 年 1 月—1998 年 4 月）》，安徽大学出版社 1998 年版，第 3 页。

施《劳动法》中有关工作和问题作汇报。在听取汇报后，会议形成意见：一是贯彻实施《劳动法》工作取得一定成绩，应予以肯定；二是建立平等协商，签订集体合同制度是《劳动法》和《工会法》明文规定的，应认真贯彻执行，尤其在社会主义市场经济发展的形势下更要加强和完善这项制度；三是鉴于全国总工会、国家劳动部对平等协商、签订集体合同工作的意见不够一致，要求省总工会、省劳动厅分别向各自上级汇报，建议全国总工会与国家劳动部联合发文，以统一要求，明确任务；四是在上级文件未下达之前，要求省总工会与省劳动厅联合下发一个开展平等协商、签订集体合同试点工作的意见，先把试点单位工作开展起来，根据实际情况，平等协商签订集体合同工作可以先在有条件的非公有制企业、现代企业试点单位及已签订共保合同的单位进行试点，逐步推开和完善。[①]

1996年5月，为贯彻实施《劳动法》，指导和规范企业进行集体协商、签订集体合同工作，促进劳动关系的和谐稳定，省劳动厅、省总工会颁布《关于在安徽省企业开展签订集体合同试点工作的意见》，就开展签订集体合同试点工作提出意见。一是关于试点目的。企业开展集体协商签订集体合同试点工作要以《劳动法》《工会法》为法律依据，通过试点工作，认真总结经验，逐步建立起与社会主义市场经济体制相适应的劳动关系的自我调节机制，保持和促进劳动关系的和谐与稳定。二是关于试点范围。安徽省企业开展集体协商签订集体合同试点工作的重点应是在外商投资企业、私营企业等非国有企业里进行，对于已确定建立现代企业制度试点的企业要把签订集体合同作为试点工作的一项重要内容；已签订“双保合同”的企业要按照《劳动法》及有关规定加以修改和完善；其他国有企业，也可以选择部分单位开展试点，以便总结经验，不断提高。三是关于试点的工作步骤。集体协商签订集体合同试点工作分为三个阶段进行。第一阶段是准备阶段。即要加强对集体协商签订集体合同有关政策的学习和宣传，统一认识，明确签订集体合同的目的和意义。第二阶段是协商签订合同阶段。各级劳动部门和工会组织要积极为试点企业双方提供有关的法律、

① 《安徽工会运动史料全书》编委会编：《安徽工会运动史料全书（1994年1月—1998年4月）》，安徽大学出版社1998年版，第7页。

法规、政策咨询，解答在签订集体合同过程中的有关问题。第三阶段是总结经验完善措施阶段。各级劳动部门、工会组织要及时总结和发现试点企业的经验和遇到的困难与问题，应及时研究和帮助解决并逐步完善配套措施。

同时,《关于在安徽省企业开展签订集体合同试点工作的意见》对试点工作提出了明确要求：一是积极稳妥地开展试点工作。各有关单位既要积极地开展试点工作，又要有计划有步骤地逐步展开。二是加强对试点工作的指导。各级劳动部门、工会组织都要加强对试点工作的指导，并确定专人深入试点企业开展指导工作，帮助试点企业制定试点方案，精心组织实施相关工作。三是选好试点企业。试点企业应当具有健全的工会组织并签订集体合同、有较好企业管理基础、产权关系明晰、有一个团结战斗的领导班子等条件。各地选择确定的试点企业要报省劳动厅、省总工会备案。这些都保障了试点工作顺利进行，确保试点工作达到预期目的。①

1996 年 6 月 4 日，省总工会召开全省推行集体合同制度电视电话会议。合肥美菱股份有限公司等 8 家企业的法人代表和工会主席在会上签订了集体合同。省委组织部、省经贸委、省体改委、省机械局、省建材局、省电力局、省轻工总会、省农垦总公司的负责同志出席了会议。在会上签订集体合同的企业还有国营华阳河农场、蚌埠浮法玻璃总公司、安徽叉车集团公司、安徽寿春水泥集团、合肥百货大楼股份有限公司、淮北发电厂、阜阳机电（集团）股份有限公司。全省 16 个地市分别设立了分会场，各地、市党政负责同志和工会以及有关部门负责人参加了会议。1996 年 11 月 11 日，省总工会再次召开推行集体合同制度电视电话会议，进一步提高对推行平等协商和集体合同制度的认识。

（四）推动完善新时期工会法律工作

1995 年 12 月中旬，省总工会分三组对全省工会法律工作进行了检查。1996 年 2 月 25 日，省总工会印发《关于全省工会法律工作大检查情况的通报》，充

① 《安徽工会运动史料全书》编委会编:《安徽工会运动史料全书（1994 年 1 月—1998 年 4 月）》，安徽大学出版社 1998 年版，第 8—9 页。

分肯定工会法律工作取得的长足发展，尤其是在《工会法》和《劳动法》的宣传、培训、贯彻、落实方面，取得可喜成绩和新的经验。同时，对检查中暴露的问题进行了总结：一是工会法律工作在部分地、市工会没有摆上应有的位置，地位不高，影响不大；二是部分地、市工会法律干部业务素质有待提高；三是工会法律工作机构不健全，影响了法律工作的正常开展；四是部分地市的劳动争议调处工作有滑坡趋势；五是工会参与劳动争议仲裁力度不够；六是集体合同制度推行进度缓慢。通报要求，认真贯彻全国总工会十二届二次、三次执委会精神，提高对新形势下工会法律工作的认识，切实加强对工会法律工作的领导，努力健全组织机构，不断强化法律工作，充分发挥工会法律部门在宏观决策、源头参与、依法维护和协调劳动关系等方面的重要作用。

1996年12月，省总工会召开全省工会法律工作研讨交流会，强调要认真做好新时期工会法律工作，在实现两个根本性转变、加强社会主义精神文明建设和法治建设的新形势下，全省工会法律工作的基本任务是全面贯彻实施《工会法》和《劳动法》，进一步落实工会工作总体思路，以维权为核心，充分发挥立法参与和决策参与的源头维护作用，依法维护工会和职工的合法权益；借助“三五”普法的契机，认真抓好职工法制宣传教育和工会法律人才的培训工作；加强劳动争议调处，协调企业劳动关系，积极开拓工会劳动法律监督和法律服务工作的新路子，努力开创市场经济条件下工会法律工作新局面。①

1996年至1998年，为认真落实全国总工会《关于加强培训工会法律专业人才的实施方案》，省总工会不断培养和扩大工会系统内的律师、劳动争议兼职仲裁员、劳动争议调解员、工会劳动法律监督员队伍。狠抓劳动争议调处工作，加大工会协调劳动关系的力度。凡是有工会组织的企业均应建立劳动争议调解委员会，未成立的应加紧成立；已成立的要着力抓好规范化管理，充分发挥劳调委的职能作用。根据这次大检查的综合测评，评选出15家荣获全国总工会表彰的工会法律工作先进单位及63名省总工会表彰的先进个人，各地市工会应根

① 《安徽工会运动史料全书》编委会编：《安徽工会运动史料全书（1994年1月—1998年4月）》，安徽大学出版社1998年版，第310页。

据本地实际做好先进单位和先进个人的表彰工作。①

自改革开放以来，随着经济体制改革和劳动用工制度改革的不断深化，劳动关系发生了深刻的变化，两大利益主体日益明晰。在用人单位与劳动者的关系中，作为相对弱者的劳动者的权益维护问题，逐渐成为工会组织的重要任务之一，特别是《工会法》和《劳动法》规定了工会代表和维护劳动者的合法权益，直接把工会推到了维权的前沿阵地。因此，全国总工会十二届二次执委会提出了新时期工会工作总体思路，突出了工会的维护职能，把维权工作提高到一个前所未有的高度。安徽各级工会牢记维护宗旨，面向基层，面向职工，积极创造条件全方位开展维权工作，把宏观维护与微观维护相结合，把源头维护与局部维护相结合，把超前维护与事后维护相结合，把整个维护与个案维护相结合，取得了一定的成绩。②

（五）推动建立政府联席会议制度

安徽省总工会积极推动建立与政府的联席会议制度，定期召开会议，交流信息、研究问题、协调工作，这加强了政府与工会的联系与协作，推动了经济社会的发展和稳定。

1993 年 8 月 23 日，安徽省政府、省总工会召开了第一次联席会议。会议强调召开省政府、省总工会的联席会议是政府进一步贯彻党的全心全意依靠工人阶级的指导方针，发扬民主、实行科学决策的一项具体措施。政府与工会的联席会议听取了工会和职工群众的意见，共同协商如何进一步调动广大职工的积极性、创造性，依靠职工群众兴皖富民、推动安徽省改革和建设事业再上一个新台阶，是十分有益和必要的。③ 会议指出，省政府与省总工会举行第一次联席会议，研究进一步贯彻落实党的全心全意依靠工人阶级的指导方针，解决涉及职工切身利益和工会工作的一些重大问题，充分体现了省委、省政府对全省职

---

①《安徽工会运动史料全书》编委会编：《安徽工会运动史料全书（1994 年 1 月—1998 年 4 月）》，安徽大学出版社 1998 年版，第 315—317 页。

②《安徽工会运动史料全书》编委会编：《安徽工会运动史料全书（1994 年 1 月—1998 年 4 月）》，安徽大学出版社 1998 年版，第 312 页。

③《中国工会运动史料全书·安徽卷》编委会编：《中国工会运动史料全书·安徽卷》，安徽大学出版社 1998 年版，第 983 页。

工和工会工作的重视、关心和支持。在深化改革、扩大开放，加快安徽经济发展过程中，更需要发挥工会作为党和政府联系群众的桥梁和纽带作用，进一步调动广大职工积极性，为安徽的两个文明建设作贡献。[①]

★ 1993年8月23日，省政府与省总工会举行首次联席会议。

1996年2月29日，省长回良玉主持召开省政府、省总工会第二次联席会议。会议听取了省总工会工作情况的通报，研究了工会工作有关问题。会议认为，省政府与省总工会举行联席会议是贯彻落实党的全心全意依靠工人阶级根本方针的具体体现，是围绕跨世纪赶超战略，共商兴省大计，动员和组织全省职工，为实现省“九五”规划和2010年远景目标团结奋斗的一次重要会议。会议充分肯定了联席会议召开的时间和议题选择，强调这次联席会议对加快安徽发展，实现省委和省人代会通过的决议和目标，共商兴省大计都具有重大意义。

1999年3月5日，省政府与省总工会举行第三次联席会议。会议确定的主要事项包括：坚持各级政府与各级工会每年一次的联席会议制度；请省总工会牵头制定加强工会组建方面的措施报省政府审定后下发；在公有制企业建立健全职工代表大会制度，推行“厂务公开”，所有机关和企（事）业单位，要依法

① 《中国工会运动史料全书·安徽卷》编委会编：《中国工会运动史料全书·安徽卷》，安徽大学出版社1998年版，第986—988页。

按时足额拨缴工会经费，各级政府要依法保护工会资产。

2000年8月29日，省政府与省总工会召开第四次联席会议，专题研究“两个确保”和下岗职工再就业工作。

2001年8月24日，省政府与省总工会召开第五次联席会议，研究困难职工群体有关问题。会议提出要高度重视解决好困难职工生产生活问题，切实抓好“两个确保”和再就业工作，要扩大低保覆盖面，明确企业责任，开展社会救助，重视发挥各级工会的作用。[①]

（六）规范新时期工会财务工作

党的十四大确立建立社会主义市场经济体制的改革目标，党的十四届三中全会制定了建立社会主义市场经济体制的总体规划。1994年以来，改革已经进入整体推进和重点突破相结合的关键阶段。在改革力度加大、速度加快的新形势下，工会财务工作遇到了许多以前没有遇到过的新情况和新问题，特别是随着经营机制的转换，企业在生产经营、用工制度、工资形式等方面发生了一系列的变化，给工会经费收缴工作带来了很多困难。面对这些困难，安徽省各级工会深入调查研究，积极寻求对策，大胆探索，创造了许多适应形势需要的新工作方式，确保了工会经费收缴工作的稳步发展。

1994年10月27日，省总工会召开全省工会财务工作座谈会。会议肯定了各级工会组织在财务工作方面取得的成绩，指出了存在的主要问题：如在工作机制上，还缺乏一整套适应经济社会发展形势所需要的行之有效的保障措施。《工会法》有待于进一步在安徽工人群体中加以贯彻落实，各种规章制度还有待进一步完善。从工会经费收缴工作上看，各地的发展很不平衡，经费收缴率不高，没有跟上工资总额的增长水平，有的地、市和产业，甚至出现了负增长；个别地方还有截留、挪用工会经费的违纪现象。强调工会经费收缴迟缓的被动局面必须扭转，截留、挪用上解经费的违纪行为必须纠正，必须依照政策和法

① 安徽省地方志编纂委员会办公室编：《安徽省志·工会志（1994—2010）》，方志出版社2015年版，第135—136页。

律，扎扎实实地做好工会财务工作。[①] 关于下一步财务工作，会议提出，一要切实抓好学习，深刻理解建设有中国特色社会主义的理论，努力把握社会主义市场经济的基本规律，调整、更新那些不适应形势需要的旧观念。二要进一步加大宣传贯彻《工会法》力度，提高企业法人代表和行政财会人员的法制观念，做到依法拨缴工会经费。三要继续抓好经费收缴工作，增强忧患意识，对面临的问题要有分析，有预测，及早拿出解决问题的对策，做到有备无患，处理好收缴经费工作中的重点、难点。四要继续开展工会财务竞赛，进一步改革和完善竞赛评比办法。财务竞赛不仅要与工会组建率、经费收缴率挂钩，同时要与经费增长率挂钩，尽可能使经费收入的增长与职工工资的增长相一致，力求全省工会经费收入在当年有一个较大幅度的增长。五要进一步加强预算管理，按照国家《预算法》，严肃工会预算工作，强化预算审批、预算监督。六要切实加强工会财产管理。七要关心支持财务工作，努力在全省建设一支素质优良，作风过硬，具有高度事业心和责任感的工会财会队伍，把安徽省工会财务工作，提高到一个新的水平。[②]

三、全面提升职工综合素质

（一）加强职工技协工作

职工技协是工会开展群众性科技活动的骨干力量，具有科技、人才、信息及协作网络等方面优势，又具有直接联系企业和职工的特点。因此，职工技协在企业转机建制的过程中肩负特殊责任。安徽省各级工会组织以贯彻实施《劳动法》《企业法》《科技进步法》为契机和突破口，支持并投身于转机建制的改革实践，在实施“改革、改组、改造”中，调整优化结构，挖潜改造革新，提高产品质量，增加适销对路的产品，提高劳动生产率，为促进科技经济一体化贡

① 《安徽工会运动史料全书》编委会编：《安徽工会运动史料全书（1994 年 1 月—1998 年 4 月）》，安徽大学出版社 1998 年版，第 271 页。

② 《安徽工会运动史料全书》编委会编：《安徽工会运动史料全书（1994 年 1 月—1998 年 4 月）》，安徽大学出版社 1998 年版，第 273—275 页。

献聪明才智。[①]

安徽省各级职工技协广泛深入开展群众性的技术活动，在提高职工技术素质，推进企业技术进步，加速科技成果转化为现实生产力，促进企业转机建制，提高企业经济效益，增强企业活力等方面发挥了独特作用，取得了显著成绩，为两个文明建设作出了突出贡献。据1993年的不完全统计，全省各级职工技协组织开展技术攻关5559项，创经济效益6911万元；推广新技术102项次，创经济效益3452万元；举办技术培训、讲座2767期次，培训人员12.05万人次。涌现全国职工技协先进集体6个，先进个人6人；全省职工先进集体43个，先进个人54人。

职工技协作为工会领导下的科技性社会团体，是工会加强与科技人员、产业工人、管理人员等关系的纽带和桥梁，是工会参与经济建设很有特色的工作，职工技协工作增强了工会的活力，扩大了工会的作用和影响。全省各级工会不断加强对职工技协工作的领导，把握好技协工作的方向，努力为其创造良好的内外部环境，更加广泛深入地开展群众性技术活动，开展技术攻关、技术革新，推广新技术、新工艺，开展技术协作、技术扶贫和帮困扭亏活动，组织技术练兵、技术比赛、技术交流、技术培训等活动。同时，安徽省各级党政和工会领导关心和支持技协工作，在工会改革和建设中加强职工技协建设，在机构改革中加强技协力量，选拔会管理、懂技术、知识面广、事业心强的同志充实到职工技协的领导班子和干部队伍中，加强职工技协的建设。此外，全省职工技协加强基层工作和基础管理，进一步开展以提高经济运行质量和效益为主要目标的群众性技术活动，促进科技经济一体化，推动全省职工技协工作全面进步，为富皖强省、科教兴国作出巨大贡献。[②]

①《安徽工会运动史料全书》编委会编:《安徽工会运动史料全书（1994年1月—1998年4月）》，安徽大学出版社1998年版，第324—325页。

②《安徽工会运动史料全书》编委会编:《安徽工会运动史料全书（1994年1月—1998年4月）》，安徽大学出版社1998年版，第322—324页。

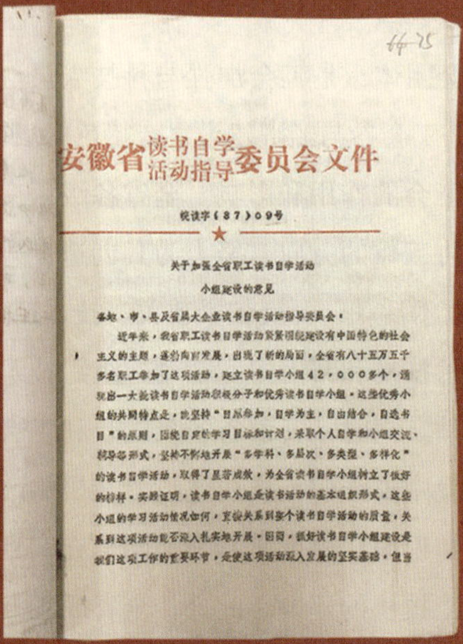

安徽省读书自学活动指导委员会文件

皖读字（87）09号

★

关于加强全省职工读书自学活动
小组建设的意见

各地、市、县及省局大企业读书自学活动指导委员会：

近年来，我省职工读书自学活动紧紧围绕建设有中国特色的社会主义的主题，蓬勃向前发展，出现了新的局面，全省有八十五万五千多名职工参加了这项活动，建立读书自学小组42，000多个，涌现出一大批读书自学活动积极分子和优秀读书自学小组。这些优秀小组的共同特点是，既坚持"自愿参加，自学为主，自由结合，自选书目"的原则，围绕自定的学习目标和计划，采取个人自学和小组交流、辅导等形式，坚持不懈地开展"多学科、多层次、多类型、多样化"的读书自学活动，取得了显著成效，为全省读书自学小组树立了很好的榜样。实践证明，读书自学小组是读书活动的基本组织形式，这些小组的学习活动情况如何，直接关系到整个读书自学活动的质量，关系到这项活动能否深入扎实地开展。因而，抓好读书自学小组建设是我们这项工作的重要环节，是使这项活动深入发展的坚实基础。但当

基层职工积极参加读书自学活动。

马钢一钢厂企管科读书辅导员给工友上法制教育课。

★ 20世纪80年代，安徽省职工读书自学活动蓬勃开展。

（二）开展读书自学活动

安徽省职工读书自学活动始于1983年，它作为一项“树人”工程，得到省委的高度重视。中央批复下达后，经省委同意，成立了安徽省职工读书活动指导委员会，简称读指委，由省委宣传部、省工、青、妇、科协、人事、劳动、教委、文化、新闻出版、广播电视等十几家单位组成，省委宣传部、省总工会为副主任单位，其他为成员单位。从此，建立起了读指委统一领导，工会组织实施，成员单位分工配合的职工读书活动组织领导体制，指导广大职工开展读书活动。各地、市、县也陆续建立职工读书活动组织领导体制，企业相继建立厂、车间、班组三级读书指导网络。①

安徽省职工读书自学活动开展10多年来，在省委、省政府和各级党政领导及社会各方面的热情关怀、支持、培植下，实现持续健康发展，在帮助职工树立正确的人生观、世界观和价值观，引导职工学习科学文化技术知识，促进改革开放和经济建设，推动社会主义精神文明建设等方面，作出了积极贡献。当时我国正处在重要的历史发展时期，摆在全国人民面前的任务，就是要抓住机遇，深化改革、扩大开放、促进发展、保持稳定，夺取建设有中国特色社会主义的更大胜利。为充分发挥工人阶级在建立社会主义市场经济体制过程中的主力军作用，进一步抓好读书自学活动，努力提高职工队伍整体素质，加强“四有”职工队伍建设，省总工会决定第五次表彰近年来在全省职工读书自学活动中作出优异成绩的集体和个人。1994年4月，省总工会颁布了《关于第五次全省职工读书自学活动先进集体、先进个人的表彰决定》。②

安徽省职工读书活动指导委员会成立后，多次召开会议研究全省的职工读书活动，在“五讲四美三热爱”活动和社会主义精神文明建设中发挥了积极作用。1985年省职工读书活动指导委员会颁布《安徽省职工自学成才暂行条例》，在广泛征求意见后几经修改，于1991年正式颁布实施《安徽省职工自学成才条例》。

---

①《安徽工会运动史料全书》编委会编:《安徽工会运动史料全书（1994年1月—1998年4月）》，安徽大学出版社1998年版，第242页。

②《安徽工会运动史料全书》编委会编:《安徽工会运动史料全书（1994年1月—1998年4月）》，安徽大学出版社1998年版，第236页。

职工读书自学活动的开展，丰富了全省精神文明建设成果，为加快全省两个文明建设作出贡献，引起了省委、省政府的高度重视和支持。省委在四届五次全委（扩大）会上，把职工读书活动列入全省精神文明建设规划和全省创建文明城市竞赛评比项目。1995 年，省总工会《安徽省 1996 年—2000 年精神文明建设规划》中明确指出，开展群众性活动，职工读书活动要从引导职工学理论、学文化、学科学、学技术入手，大力提倡岗位成才。

全省各级读书指导组织按照省委和全国总工会关于加强社会主义精神文明建设、加强思想政治工作和开展职工读书自学活动的总体部署和要求，始终不渝地把读书自学活动作为提高职工思想政治素质和科学文化技术素质，建设“四有”职工队伍的有效途径抓紧抓好。在提高职工思想政治素质方面，以爱国主义教育为中心内容，以正面教育进行自我教育为主要方法，紧密联系职工思想实际，积极组织职工学习《邓小平文选》和党的一系列方针政策，深入开展爱国主义教育、职业道德教育，激发广大职工爱国、爱党、爱社会主义的热情。在提高职工科学文化技术素质方面，大力提倡干什么，学什么，引导广大职工岗位读书、岗位成才，把爱国之志化为敬业爱岗的实际行动，为企业深化改革、发展经济贡献聪明才智。在开展职工读书自学活动的实践中，全省各级指导组织认真总结组织建设、科学管理、活动方式等方面的新做法、新经验，不断探索新路子，使这项活动呈现勃勃生机。这项活动在广大职工中产生了较大的反响，为促进和发展安徽的大好形势发挥了积极的作用。①

（三）树立典型和表彰先进，弘扬工人阶级优秀品质

全省广大职工围绕安徽省经济建设中心，大力开展以“双增双节”和扭亏增盈为主要内容的劳动竞赛以及岗位练兵、技术比武、合理化建议等多种形式的职工技术进步活动，充分发挥了工人阶级在经济建设中的主力军作用，为推动安徽改革开放、加快现代化建设作出了重大贡献，涌现出了一大批技术能手和先进个人。他们是全省各条战线的标兵，是广大职工学习的榜样。为表彰他们

① 《安徽工会运动史料全书》编委会编：《安徽工会运动史料全书（1994 年 1 月—1998 年 4 月）》，安徽大学出版社 1998 年版，第 243—245 页。

的功绩，1994 年 4 月 15 日，省总工会发布《关于颁发 1994 年安徽省“五一劳动奖章”的决定》，决定向谢春兰等 171 名技术状元和先进个人颁发安徽省五一劳动奖章，授予相应的荣誉称号，并颁发荣誉证书。省总工会号召全省广大职工，要以先进模范人物为榜样，继续发扬工人阶级的主人翁精神，大力弘扬社会主义主旋律，弘扬工人阶级的优秀品质，为推动安徽经济再上新台阶作出新的更大贡献。

同时，安徽省各级劳动竞赛委员会积极宣传动员、精心组织开展社会主义劳动竞赛，对调动广大职工积极性、推动企业经营机制的转换、促进技术进步、提高企业经济效益等方面起了积极的作用，使安徽省劳动竞赛活动在建立社会主义市场经济体制的过程中，得以继续全面、广泛、深入开展，有力地促进了安徽的物质文明和精神文明建设。为表彰先进，推动新时期劳动竞赛工作进一步深入开展，1994 年 4 月 20 日，省劳动竞赛委员会印发《关于表彰安徽省社会主义劳动竞赛优秀组织者的决定》，决定授予余武芳等 110 名同志“安徽省社会主义劳动竞赛优秀组织者”称号，并颁发荣誉证书。省劳动竞赛委员会要求各级劳动竞赛委员会和广大竞赛组织者，加强对新时期经济工作和劳动竞赛理论的学习和研究，紧紧围绕安徽省经济发展目标，在经济建设的各个领域，继续广泛、深入、创造性地组织广大职工开展社会主义劳动竞赛，精心组织开展好全省“百万职工献良策”“百万职工大练兵”以及职工技术比武、合理化建议、创先进班组等活动，充分调动全省职工的社会主义积极性，为促进安徽经济持续、快速、健康发展，推动综合省力再上新台阶而努力奋斗。

1995 年，全省广泛开展以“双增双节”、扭亏增盈、职工技术进步为主要内容的社会主义劳动竞赛，有力地提高了企业经济效益和社会效益，为安徽经济的持续快速健康发展，圆满完成“八五”计划作出了积极贡献，涌现了一大批生产和业务能手、改革和建设标兵，扭亏增盈和合理化建议等方面的积极分子，谱写了许多弘扬社会主义旋律的动人篇章。1996 年 4 月 20 日，省总工会印发《关于颁发 1996 年度安徽省五一劳动奖章的表彰决定》，决定向合肥建筑集团一公司郑祥福等 166 名同志颁发安徽省“五一劳动奖章”，并授予相应的荣誉称号和证书。

1996年是“九五”计划的第一年，也是实现党的跨世纪宏伟目标的第一年。开好局是关键，安徽省总工会号召全省职工以先进人物为榜样，自觉投身到“百万职工跨世纪赶超工程”中，为胜利完成省委六届二次全会和省八届人大四次会议通过的《“九五”计划和2010年远景目标纲要》提出的各项任务，推动安徽的改革和现代化建设进入蓬勃发展的新阶段作出新的更大的贡献。[①]

（四）培养和提升职工精神文明素质

这一时期，全省各级工会积极参与精神文明建设工作，通过倡导礼仪文化、崇尚科学知识、弘扬正气风尚等活动，引导职工树立正确的价值观念和行为准则，促进社会和谐稳定。

1996年，安徽省各级工会积极开展职工“爱岗敬业”演讲比赛，前后历时7个多月。各地市、省直、产业、大企业工会，开展大量的、卓有成效的组织工作，广泛发动、吸引职工参与。据不完全统计，全省各级工会开展了不同规模的演讲比赛3000多场，有2万多名不同行业、不同工程、不同层次的职工登台演讲，听众、观众达50万人次。演讲比赛特点显著：一是领导重视，措施得力。地市、省直、产业、大企业工会认为开展全省职工“爱岗敬业”演讲比赛，是工会加强职工职业道德建设，推进社会主义精神文明建设的一项重要活动，必须抓紧、抓好、抓出成效。二是主题鲜明，内容实在。全省各级工会在开展“爱岗敬业”演讲比赛中，引导广大职工紧紧扣住职业道德建设这个主题，紧密结合“学邯钢、抓管理、促效益”企业管理年活动，紧密结合安徽省开展“百万职工跨世纪赶超工程”。广大职工结合本行特点和自身职业实践，讲自己、讲自己身边的人和事。三是立足基层，重在教育。“爱岗敬业”演讲比赛是一次群众性的自我教育活动，很多地市、产业和大企业工会，从班组和车间抓起，着力推动基层演讲活动蓬勃开展。四是加强宣传、扩大影响。基层企（事）业单位充分运用自己的学习园地、黑板报、宣传栏、有线广播、闭路电视、厂报厂刊，大力宣传开展演讲活动的重要意义，大力宣传“爱岗敬业”的先进模范

---

① 《安徽工会运动史料全书》编委会编：《安徽工会运动史料全书（1994年1月—1998年4月）》，安徽大学出版社1998年版，第100—103页。

人物和事迹。地、市、县工会主动加强与新闻单位的合作，使演讲活动在地方报纸、广播电台、电视台上得到充分的宣传报道。[①]

1996年11月5日，省总工会贯彻落实党的十四届六中全会审议通过的《中共中央关于加强社会主义精神文明建设若干重要问题的决议》，结合自身实际颁布了《关于加强社会主义精神文明建设的意见》，明确了工会精神文明建设的主要任务：加强职工思想建设，坚持用马克思列宁主义、毛泽东思想，特别是邓小平建设有中国特色社会主义理论武装广大职工，深入持久地开展爱国主义和艰苦创业精神教育，大力宣传和弘扬“黄山松精神”；加强职工职业道德建设，以为人民服务为核心，以集体主义为原则，推动各行各业建树“为人民服务，对社会负责”“岗位做奉献，真情为他人”的职业精神，形成爱岗敬业、诚实守信、办事公道、服务群众、奉献社会的良好职业风尚；加强职工文化技术教育，大力提高广大职工的科学文化素质和职业技能。各级工会要促进实施“科教兴皖”战略部署，推动各地把职工文化技术教育列入素质的新要求，深入实施“百万职工育才计划”，广泛组织、动员职工群众学理论、学文化、学科学、学技术、学管理、学法律。不断丰富职工精神文化生活。此外，还要不断丰富职工精神文化生活；加强对职工的社会主义民主和法制教育；广泛发动和精心组织群众性精神文明创建活动；深入做好经常性的职工思想政治工作，多为职工群众办实事。

文件提出，工会加强精神文明建设要发挥和增强自身的优势。安徽各级工会和广大职工在精神文明建设的实践中创造了许多好的途径、方法和经验，形成了自身的特点和优势。读书活动、演讲比赛、知识竞赛、报告会、故事会、有奖征文和各种展览、文体活动以及评先表彰、劳动竞赛、民主管理、扶贫济困等，都是工会加强精神文明建设的途径和形式。工会的宣传、教育、文化、体育阵地和设施，是工会精神文明建设的重要阵地和载体。各级工会要守土有责，切实加强和完善对自身的精神文明建设阵地的领导和建设，理顺职能部门与阵地的关系，为充分发挥其作用创造条件，为保持其固有的属性和服务宗旨把关

① 《安徽工会运动史料全书》编委会编：《安徽工会运动史料全书（1994年1月—1998年4月）》，安徽大学出版社1998年版，第211—212页。

定向。发挥工会宣传舆论阵地作用，不断强化宣传工人阶级和工会的力度。工会的报刊、广播、电视、电教中心等宣传舆论阵地，要坚持党性原则，坚持实事求是，坚持团结稳定鼓劲、正面宣传为主，牢牢把握正确的舆论导向，着力宣传工人阶级在改革和建设中的伟大业绩、主人翁风貌和涌现出来的先进典型，用工人阶级的先进思想、优良品德影响和带动全社会、大力弘扬主旋律。努力办好工会各级各类学校。工会职工学校要以职业教育和文化技术教育为重点，调整办学思路和教育结构，拓宽办学渠道，不断提高办学水平和教学质量。进一步发挥工人文化宫、俱乐部的“学校和乐园”作用。省辖市工会、地区所在地工会和大企业工会，要创造条件，不断充实、更新和完善工人文化宫、俱乐部的内部设施，强化硬件建设。①

（五）提升职工职业道德素质

加强职业道德建设是社会主义精神文明建设的重要内容。党的十四大和十四届三中全会对加强职业道德建设，树立良好的社会风气，提出了明确的要求。对此，1995 年 2 月 16 日，安徽省总工会颁布《关于加强全省社会主义职业道德建设的意见》，并从进一步提高对加强职业道德建设的认识、加强职业道德建设的任务、加强职业道德建设的途径和方法、加强职业道德建设的组织领导等四个方面对各工会组织提出了要求。1995 年后，全国总工会、国家经贸委等单位每年都选树和表彰一批先进单位和个人。同时，省总工会每年也对全省职工职业道德建设先进典型开展推荐、表彰和交流活动，以推动职业道德建设。

1995 年 12 月 26 日，省总工会颁布了《关于表彰全省职业道德建设先进单位、先进个人的决定》，决定授予李仁翠等 96 名同志“全省职业道德先进个人”荣誉称号；决定授予合肥钢铁公司焦化厂等 51 家单位“全省职业道德建设先进单位”荣誉称号。号召全省各企事业单位和各行各业、各条战线的广大职工要以先进模范为榜样，在改革开放和发展社会主义市场经济的过程中，发扬艰苦奋斗、勤俭建国的优良传统和良好的职业道德风尚，为实现全省国民经济和社

---

①《安徽工会运动史料全书》编委会编：《安徽工会运动史料全书（1994 年 1 月—1998 年 4 月）》，安徽大学出版社 1998 年版，第 213—218 页。

会发展“九五”计划和2010年的宏伟目标而努力。同时，省总工会要求全省各级工会组织在认真学习贯彻落实省委六届二次全会精神和全国总工会十二届三次执委会精神的过程中，深入开展职业道德建设，积极倡导爱国主义、集体主义和社会主义的道德风尚，广泛开展“五爱”教育活动，大力宣传先进典型事迹，在广大职工中形成学先进、赶先进、人人争当先进的良好社会风气，激励职工敬业创业、开拓进取，推动社会主义两个文明建设不断发展，取得更大胜利。①

1997年4月，根据党的十四届六中全会通过的《中共中央关于加强社会主义精神文明建设若干重要问题的决议》，省文明委决定成立职工职业道德建设委员会，由省总工会牵头组织开展全省职业道德竞赛活动。② 为更大程度提升职工职业道德素质，安徽省6月掀起全省十大窗口行业道德竞赛热潮。省职工职业道德建设委员会决定在商业、交通、公安、卫生、建设（供气、供水、公交）、邮电、电力、铁路、民航、金融等十大窗口行业，开展职工职业道德竞赛。这十大窗口行业直接面向社会，面向群众，与广大群众的工作和生活息息相关，是党和政府联系人民群众的一条纽带。以十大窗口行业为突破口，影响和带动其他各个行业加强职工职业道德建设。

全省各行业特别是与群众生活关系密切的窗口行业，积极落实党的十四届六中全会精神，开展以“服务人民、奉献社会”为宗旨的创建文明行业活动，对职工普遍进行职业责任、职业道德和职业纪律的教育，规范了行业行为，树立了行业新风。各级工会把职工职业道德建设摆上重要议事日程，广泛发动职工群众开展职业道德竞赛。以加强职业道德建设为重点，把创建文明行业、文明“窗口”③ 作为主要抓手，大力提高职工的思想道德素质。同时发挥工会组织的优良传统和自身优势，组织、动员广大职工深入开展职业道德竞赛，广泛吸引广大职工积极投身到各种群众性精神文明创建活动中。

全省十大窗口行业职业道德竞赛分三个阶段进行。1997年4月以前为动员

---

①《安徽工会运动史料全书》编委会编：《安徽工会运动史料全书（1994年1月—1998年4月）》，安徽大学出版社1998年版，第229—231页。

② 安徽省地方志编纂委员会办公室编：《安徽省志·工会志（1994—2010）》，方志出版社2015年版，第185页。

③ 创建文明行业、文明“窗口”是安徽省文明行业创建工作的重要内容。

部署阶段，5月至12月为组织实施阶段，1998年一季度为总结表彰阶段。十大窗口行业竞赛内容包括：一赛制定和落实竞赛实施方案，二赛职工职业道德教育的深度和广度，三赛制定和完善职业道德规范，四赛遵守职业道德规范、弘扬为人民服务宗旨，五赛弘扬行业文明新风、纠正行业不正之风，六赛“窗口”示范作用。职工职业道德建设，由工会主抓，建立党委领导、工会牵头、政府部门配合支持的组织领导体制。各地和十大窗口行业，把职业道德竞赛纳入当地和本行业精神文明建设的整体工作部署当中，在同级党委的统一领导下，形成工会与文明办、经贸委、纠风办密切配合、齐抓共管的工作格局。省职工职业道德建设委员会在省精神文明建设指导委员会领导下，统一协调、指导全省职工职业道德建设及其竞赛活动，下设办公室负责具体工作。各级工会和十大窗口行业，再成立或确定相应组织具体负责，并安排落实具体人来抓这项工作。各地职业道德建设委员会和各级地方工会负责协调、指导当地的十大窗口行业职业道德竞赛工作。结合当地实际，认真贯彻落实省职业道德建设委员会工作部署，开展职业道德竞赛活动。在组织职工参加全省行业系统职业道德竞赛的同时，积极组织职工参加当地职业道德建设活动。①

竞赛期间涌现出一批职业道德建设优秀单位，淮北市交通运输管理处就是其中的先进典型代表。1997年6月，省总工会决定授予淮北市交通运输管理处“安徽省职工职业道德建设最佳单位”称号，号召全省各级工会和广大职工，特别是“窗口”行业的工会组织和职工，以职业道德建设为重点，以为人民服务为核心，以树立行业新风为主题，不断提高“窗口”行业的服务质量、服务意识、服务水平，推进安徽省社会主义精神文明建设的深入发展。②

① 《安徽工会运动史料全书》编委会编：《安徽工会运动史料全书（1994年1月—1998年4月）》，安徽大学出版社1998年版，第231—233页。

② 《安徽工会运动史料全书》编委会编：《安徽工会运动史料全书（1994年1月—1998年4月）》，安徽大学出版社1998年版，第235页。

四、启动“送温暖工程”，解决职工实际困难

（一）开展“送温暖”活动

1992 年春节，全国总工会号召各级工会开展“送温暖”活动。1994 年起，安徽省总工会组织全省工会开展以“进万家门、知万家情、解万家难、暖万家心”为主题的向困难职工“送温暖”活动，正式启动了安徽的“送温暖”工作。

1994 年 12 月 31 日，省总工会召开主席办公会议，专题研究实施“送温暖工程”、安排春节慰问特困职工活动。会议决定，省总工会拨出 35 万元（其中省政府 15 万元）专款用于春节慰问特困职工，组织慰问团分赴各地市慰问特困职工，省委、省人大、省政府、省政协有关领导同志参加，并决定成立“安徽省职工扶贫解困基金会”，增强实施“送温暖工程”的实效性。

1995 年 1 月 4 日，省委书记卢荣景看望困难企业职工，省总工会“送温暖工程”系列活动拉开序幕。省委相关领导以及省经贸委、劳动厅等部门负责同志到安徽印染厂、合肥电池厂等困难企业考察，走访职工和企业离退休老同志家庭，检查职工生活安排落实情况，并分别与两厂的领导座谈，共商企业解困大计。调研分析了困难企业陷入困境的原因，强调解困的关键是打好改革攻坚战，全心全意依靠工人阶级，因地制宜探索改革、改组和改造的新路子。困难企业要面向市场调整结构，一手抓适应性调整，集中资金增加适销对路产品生产，解决好“吃饭”问题；另一手抓战略性调整，认真调研、科学论证，开发一些技术起点较高、附加值较高的新产品，解决好企业长期发展问题，从根本上摆脱困境。各级党委、政府和社会各方面都要从改革、发展、稳定的大局出发，从机制、资金、政策多方面帮助企业排忧解难。以省党政工领导看望困难企业职工为起点，安徽省“送温暖工程”系列活动陆续展开。

1996 年 1 月 17 日，省委相关领导来到安徽丝绸厂、安徽通用机械厂，慰问两个困难企业的广大职工，分别和两个厂的领导一起分析企业困难的原因，探讨企业转机解困的路子。勉励企业和广大职工坚定振兴企业的信心，进一步解放思想，以市场为导向，效益为中心，改革为动力；以产品的高质量、大批量、

★ 1996年，安徽省“送温暖工程”基金领导小组成立大会暨捐款仪式。

低价格占领市场。要加强内部管理，实现经济体制由计划经济向市场经济转变、发展模式由粗放型向集约型转变。相关领导专门走访看望了6户劳动模范、退休职工和困难职工，并向他们赠送了慰问金。[①]

1996年1月26日至2月4日，受省委、省政府的委托，省总工会领导分别带队，分5组先后深入全省16个地市和省直的48家困难企业、154户困难职工家中，登门慰问送去温暖。省总工会慰问团在当地党政工领导的陪同下，每到一处都召开厂领导和职工代表参加的座谈会，详细了解企业的困难情况，以及职工的生活状况，并和企业的同志一道分析走出困境的办法，勉励他们在困难中树立信心，齐心协力渡过难关。1月30日，慰问团到安庆造纸厂、染织总厂，勉励职工克服暂时困难，关心企业发展，尽快改革企业面貌。同日，相关负责

① 《安徽工会运动史料全书》编委会编：《安徽工会运动史料全书（1994年1月—1998年4月）》，安徽大学出版社1998年版，第136页。

同志来到铜陵立新煤矿，在看望了特困职工杨文喜和其他困难职工后，并给他们赠送了慰问金。2月1日，赴中煤三建公司看望了全国劳动模范、煤炭战线十面红旗之一的陈登明。在六安肉厂，了解到职工汪传忠年前因车祸遇难，遗孀和孩子生活困难时，送去慰问款，并提出要关心她的生活。省总工会慰问团在送温暖时，还了解各地贯彻落实党中央、国务院两办通知的执行情况。总体上各地对困难职工生活很关心，都做到有资金、有计划，以确保职工过个欢乐祥和的春节。据不完全统计，当时全省地方政府和有关方面共筹措送温暖资金5443.68万元，省和地市两级工会自筹资金215.9万元。①

1995年至1998年，省总工会还先后制定了安徽省“送温暖工程”基金会章程，举行了安徽省“送温暖工程”基金领导小组成立大会，出台了《安徽省送温暖工程基金管理办法》，并就资金筹集提出了政府拨一点儿、工会拿一点儿、民政部门筹一点儿、效益好的企业支援一点儿、机关事业单位干部职工自愿捐助一点儿的“五个一点”办法。通过“送温暖”活动，安徽省总工会积极关注困难职工的生活和工作情况，提供必要的帮助和支持，增强职工之间的互助意识和团结精神。这些活动不仅解决了职工的实际困难，也为安徽工会树立了良好的形象和声誉。

（二）协助政府推进下岗职工再就业工作

1997年，省总工会拓展十个再就业渠道，进一步分流、安置失业下岗职工，力争将全省城镇失业率控制在3%以内，当年失业、下岗职工再就业率在80%以上。十个再就业渠道包括：转岗分流，企业通过开展多种经营、兴办第三产业，创造新的就业岗位进行分流；实行厂内待业，建立厂内劳动力市场，把从主体中剥离出来的富余职工，进行技能培训，提高其竞争上岗的能力；清理临时性用工，凡是有失业、下岗职工的企业，应将临时用工清退，腾出岗位安置失业、下岗职工；提前退养，对接近退休年龄的职工，动员其从岗位上退下来，实行内部退养，待达到退休年龄时，再正式办理退休手续；鼓励职工自谋职业，

① 《安徽工会运动史料全书》编委会编：《安徽工会运动史料全书（1994年1月—1998年4月）》，安徽大学出版社1998年版，第139—140页。

★ 1998年5月27日，省总工会、省委宣传部、省劳动厅联合召开安徽省国企下岗职工再就业先进事迹报告会。

凡失业、下岗职工自愿与企业“买断工龄”，企业可按职工工资和工龄给予一次性补偿费；带资分流，凡是企业安置失业下岗职工，原企业可给予接收单位一定的资产或资金支持；移交分流，将企业办社会的职能移交给有关部门；开展社区服务，鼓励失业下岗职工组织起来开展便民、利民等公益性事业；鼓励、支持失业下岗职工向第一产业转移，从事种植业、养殖业等开发性农业；社会分流，组织劳务输出等，实现再就业。截至1997年4月底，通过分流、安置破产企业职工12.5万人，下岗职工20余万人，取得了显著成效。[①]

1997年，安徽各级工会把“送温暖工程”向再就业工程延伸，变“输血”为“造血”，成为下岗职工就业的可靠帮手。各地按照省总工会的部署，对下岗职工情况进行了全面调查。据调查统计，当时全省有下岗职工36.14万人，其中国有企业职工24.32万人，占全省下岗职工统计数的67%；下岗时间半年以上的

① 《安徽工会运动史料全书》编委会编：《安徽工会运动史料全书（1994年1月—1998年4月）》，安徽大学出版社1998年版，第161页。

23.33 万人，占全省下岗职工统计数的 65%；40 岁以下的 18.59 万人，占全省下岗职工统计数的 51%；女工 13.83 万人，占全省下岗职工统计数的 38%。安徽省工会系统立足调查的实际情况，以典型事例引导下岗职工转变就业观念，开拓就业门路，实施再就业工程。省农林水工会、省纺织工会等产业工会利用召开工作会议机会，总结推广一批再就业的典型；三八国际劳动妇女节前夕全省女职工工作会议表彰了十大再就业女职工。全省工会组织评选出十大再就业明星，并在五一国际劳动节大会上进行隆重表彰。接着又组织再就业明星巡回报告团，先后在合肥、安庆、黄山等 5 市巡回作报告，听众 4000 多人次。五一国际劳动节期间，省总工会组织十大再就业明星在合肥花园街为下岗职工开展现场咨询，引起良好的社会反响。

各级工会还充分利用自身优势，广泛开展下岗职工技能培训。合肥、芜湖、马鞍山等地相继创办下岗职工技能培训中心或培训基地，开办家教、裁剪、电脑、财会等培训班。省总工会与省教委组织 7 所大学在暑假期间培训下岗职工，开设 14 个班，培训 595 人，报名人数近千人。此外，全省工会系统 36 个职业介绍机构为 5104 名下岗职工牵线搭桥再就业。工会兴办的 493 家企（事）业吸纳下岗职工 4960 人。合肥、安庆等市工会多次组织下岗职工就业洽谈会，效果很好。省总工会还把帮助下岗职工再就业当作一项“民心工程”，将其列入下半年工作的重要日程。[①]

1997 年 12 月 3 日，安徽省召开下岗职工再就业工作经验交流会，会议提出把下岗职工再就业工作进一步推向深入，一是要贯彻好党的十五大精神。再就业工程一定要在党的十五大精神的指导下进行。党的十五大报告对再就业工作非常关心和重视，同时党的十五大还为再就业工作开辟了广阔的空间，它在理论上的一个重大突破就是，承认了个体经济、私营经济也是社会主义市场经济的重要组成部分，这样下岗职工就可以理直气壮地走自谋职业之路，因为这同样是建设社会主义。二是各级政府、各有关部门要一如既往地重视、关心、支持下岗职工，给他们创造条件。三是政策要落实，各地提出的再就业政策要真

---

① 《安徽工会运动史料全书》编委会编：《安徽工会运动史料全书（1994 年 1 月—1998 年 4 月）》，安徽大学出版社 1998 年版，第 163 页。

正落实到位，全社会各级政府、劳动、经贸和工商等部门对再就业工作要高度支持和关心。要把再就业工程与“送温暖工程”紧密结合起来，各地各级领导要予以高度重视。对于工会来说，全省有11万名特困职工，2万名工会干部，每个工会干部要积极行动起来，在年内挨户走访慰问，走遍所有的特困职工家庭，把组织的温暖送进千家万户。[①]

（三）积极兴办职工消费合作社

1997年4月25日，安徽省职工消费合作社领导小组成立。副省长黄岳忠担任组长，领导小组办公室设在省总工会。领导小组成员由省经贸、商务、劳动、民政、财政、卫生、公安、建设、工商、国税、地税、物价、烟草、人行等有关厅局负责人组成。同日，安徽省职工消费合作社领导小组召开第一次工作会议，会议就有关政策、措施、细则等方面进行认真的磋商、协调。会议强调了兴办职工消费合作的重要性、必要性和紧迫性，要求各有关部门为安徽省职工消费合作社的兴办全线开绿灯。兴办职工消费合作社是新时期党和政府关心群众生活，为困难企业和职工排忧解难的具体体现；是服务改革、维护稳定大局的重要举措，是实施“送温暖工程”制度化、经常化的好形式；有利于促进消费，进而拉动市场，促进经济发展，在社会主义市场经济条件下，调动社会方方面面的力量扶贫解困。兴办职工消费合作社要遵循“自愿结合、互助合作、连锁经营、民主管理、会员受益、扶贫解困”六大原则，把社会效益摆在首位。要完善制度创新机制、健全组织、严格管理。在总结试点经验的基础上全面铺开。政府各有关部门要积极支持，制定相关的配套政策，做到主动服务、优惠服务、优质服务、高效服务。[②]

1997年6月，省经贸委、省总工会等16个省直委办厅局联合起草下发《关于兴办职工消费合作社的若干意见》，为大力发展职工消费合作社提供了有力的政策保障。意见共有8条，对职工消费合作社的性质、意义，服务的重点、原

① 《安徽工会运动史料全书》编委会编：《安徽工会运动史料全书（1994年1月—1998年4月）》，安徽大学出版社1998年版，第166—168页。

② 《安徽工会运动史料全书》编委会编：《安徽工会运动史料全书（1994年1月—1998年4月）》，安徽大学出版社1998年版，第178—179页。

则，成立职工消费合作总社、下设配送中心，给予各项优惠以及各级工会组织要加强领导等方面提出了具体的可操作意见。要求各级税务机关积极支持兴办职工消费合作社，并在税款征收上给予优惠。非独立核算的连锁店应缴纳的税款，由配送中心负责统一缴纳。配送中心的从业人员，应以安置下岗和失业人员为主，当年安置下岗和失业人员超过从业人员总数的50%的，经地税机关审核批准，可免征所得税3年，免征期满后，当年新安置下岗和失业人员占从业人员总数20%的，经地税机关审核批准，减半征收所得税2年。要求各地、市商业和烟草、食盐等专卖商品的管理部门要帮助疏通供货渠道、提供商品信息，并准予办理专卖商品经营许可证，价格上以最低批发价予以优惠。城管、环卫、公安、消防、物价、交通等部门要大力支持，免收有关费用。总社配送中心和连锁店需要办理卫生许可证及有关人员健康证，卫生部门要给予协助，只收工（成）本费。6月12日，省委办公厅、省政府办公厅正式批转了《关于兴办职工消费合作社的若干意见》，要求各地结合实际，认真予以贯彻执行，这标志着安徽省大力兴办职工消费合作社有了政策保障。①

五、加强工会企事业发展及相关业务工作

（一）发展工会企事业

1994年3月，全国总工会在长春召开工会企事业工作会议，就工会企事业发展的性质和特征、管理体制、经营机制、产业结构等一系列问题提出指导性意见。全国总工会与国家计委联合下发《全国工会企事业发展规划基本思路》，具有中国工会特色的社团产业轮廓日渐明晰。对此，安徽各级工会认真贯彻落实全国总工会关于发展工会企事业的指导意见，推进全省工会企事业开始保持稳定、健康的良好发展势头。

1994年5月至6月，省总工会先后在阜阳、马鞍山举行北片、南片全省工

① 《安徽工会运动史料全书》编委会编：《安徽工会运动史料全书（1994年1月—1998年4月）》，安徽大学出版社1998年版，第184—185页。

会企事业发展工作座谈会。9月召开全省地市工会主席、主任、事业部长会议，年底省总工会制定并下发《安徽省工会企事业管理暂行办法》。

1995年3月，省总工会召开全省工会事业部长会议，传达全国总工会企事业工作会议精神，了解全省工会企事业发展情况，征求对工会企事业工作的意见和建议，安排部署并指导全省工会发展企事业工作。7月，省总工会会同省劳动厅、省计委、省人事厅、省工商局和省地税局等6家单位，联合下发《关于发展工会企事业的意见》，就工会企事业的发展重点、规划制定、劳动用工、产权界定、税收等方面作出明确规定，标志着安徽省工会企事业工作逐步实现规范化、制度化，步入全面发展、整体推进的新阶段。其间，芜湖、宿县地区等地市分别提出并制定各自的工会企事业发展规划，淮北、合肥等地市也制定出工会企事业管理办法。11月，省总工会在芜湖召开第二次全省工会企事业工作会议，传达第四次全国工会企事业工作会议精神，总结交流全省工会企事业先进经验，部署今后一段时间全省工会企事业工作，并授予合肥市总工会等17家单位“安徽省举办工会企事业先进单位”称号，授予芜湖扬子保温瓶厂“工会明星企业”称号，授予安徽省皖安三环木地板厂等6家企业“安徽省先进工会企业”称号，授予李允贵等19人“安徽省工会企事业先进个人”称号。

1995年7月11日，根据《全国工会企事业发展规划基本思路通知》精神，安徽省总工会、计划委员会、劳动厅、人事厅、工商行政管理局、地方税务局联合印发《关于发展工会企事业的意见》的通知，要求各单位结合实际情况，认真组织落实。通知指出，发展工会企事业，是工会适应社会主义市场经济的客观要求，是以经济建设为中心推动改革、促进发展、维护稳定的一项战略任务；全省各级工会各类企事业单位，必须坚持为改革开放、发展社会生产力服务，为职工群众服务，为推进工运事业服务的宗旨；各级工会要紧紧围绕全国和安徽省改革开放、发展市场经济的大局，形成大思路，做好大文章；各级工会一起上、重点在基层，是工会发展企事业的重要方针；县以上各级地方工会（含地区工会办事处）要因地制宜地积极发展本级工会企事业，同时加强对基层工会企事业的指导、协调、监督和服务工作；工会企事业单位的资产属工会组织代表全体会员所有，受国家法律保护；发展工会企事业的资金，可用工会节余经费，也可通过引导和动员社会资金投资入股、引进外资、银行借贷等多种方式筹集；加强工会企事业的管理。

1995 年 11 月 15 日，省总工会召开主席办公会议，听取全省第二次工会企事业工作会议准备情况的汇报。会议要求，要总结经验，表彰先进，提出新的奋斗目标。这次会议要求必须把省委六届二次全会精神和全国第四次工会企事业工作会议结合起来，解放思想，抓住机遇，加快发展，壮大工会经济实力。各级工会不仅要抓机遇，还要抢机遇，加快发展工会企事业。各级工会干部对发展工会企事业要有紧迫感和危机感。要认真贯彻落实中央五中全会提出的两个根本转变，一是从计划经济向市场经济的转变，二是从粗放型经济向集约型经济的转变。从产值 2 亿多元到 2000 年实现产值 10 亿多元，和安徽省的经济总量相适应。

1995 年 11 月 28 日，全省第二次工会企事业工作会议召开。强调要抓住机遇，办好工会企事业。对此，一是要充分认识工会企事业工作的地位和作用。发展工会企事业是工会贯彻落实党的十四届五中全会和省委六届二次全会精神的具体行动，是履行工会维护职责，进一步突出工会维护职能的需要。二是要坚持解放思想与实事求是的统一，努力做到既积极又稳妥。全省工会干部特别是工会领导干部，要清醒地认清形势，对发展工会企事业真抓实干。三是要大力加强领导，采取有力措施，保证工会企事业的健康发展。各级工会领导必须充分认识新形势下工会企事业工作的重要性，站在全局的高度、以战略的眼光看待工会企事业工作，抓好企事业工作。①

（二）加强工会劳动保护工作

工会劳动保护工作是维护职工合法权益和身心健康的重要工作之一。安徽省各级工会组织通过职工防暑降温、安全生产工作，加大工会劳动保护监督检查力度，清理完善厂规厂纪等工作，加强巡视检查和技术指导，完善工伤事故报告和处理程序，进一步加强工人的职业安全和健康保护，推动安徽工

① 《安徽工会运动史料全书》编委会编：《安徽工会运动史料全书（1994 年 1 月—1998 年 4 月）》，安徽大学出版社 1998 年版，第 387—392 页。

会劳动保护工作不断发展。

1993年1月以来，安徽省安全生产形势十分严峻，工伤死亡事故不断发生。事故的发生给人民生命财产带来巨大损失。为扭转安徽省安全生产被动局面，1月28日，省总工会印发《关于切实加强安全生产工作的紧急通知》，强调各级工会要切实提高认识，加强领导。主要负责人要经常关心过问安全生产工作，对安全生产工作中的一些重大问题领导班子要集体听取汇报，及时采取措施。要加强劳动保护队伍的组织建设，做好宣传、培训教育工作，配备好劳动保护专职干部，真正将劳动保护工作提到议事日程；要坚持“安全第一、预防为主”的方针，深入基层和生产第一线，调查研究在建立社会主义市场经济体制的情况下，企业在深化改革、转换经营机制中，劳动保护和安全生产工作遇到的新情况、新问题，监督和协助行政把安全生产摆到各种生产活动的首位；要继续抓好班组安全建设，开展“创建安全合格班组”活动。组织职工群众查找安全隐患，坚决杜绝违章指挥、违章作业和违反劳动纪律的“三违”现象，把事故隐患消灭在萌芽状态；要根据各自情况积极配合行政开展一次防火、防爆、防瓦斯、防事故为主要内容的安全检查，对查出问题经核实后，可发隐患通知或以其他形式督促企业行政迅速解决。检查结束后，各地应将书面材料上报省总工会，省总工会将适时派员到各地检查。[①]

1994年7月，安徽各地普遍高温，加强防暑降温、搞好安全生产等任务十分重要和紧迫。7月6日，省总工会印发《关于认真做好高温期间职工防暑降温、安全生产等工作的通知》，要求各级工会组织给予高度重视，在教育广大职工坚守岗位、完成任务的同时，认真做好各项有关工作。一要提高认识，加强领导，从维护职工生产积极性、保护社会生产力、落实全心全意依靠工人阶级方针、促进安徽省社会稳定和经济发展的高度出发，关心高温期间职工的疾苦，积极采取措施，努力做好防暑降温、安全生产等各项工作，确保广大职工安全度夏。二要切实加强安全生产劳动保护工作，把做好高温期间的安全生产、劳动保护工作作为首要任务来抓，深入基层掌握情况，及时发现和查处事故隐患；

① 《中国工会运动史料全书·安徽卷》编委会编：《中国工会运动史料全书·安徽卷》，安徽大学出版社1998年版，第966—971页。

协助有关方面尽力改善作业环境和劳动条件，做好高温期间的防暑降温工作。三要进一步关心职工生活帮助解决实际困难，在高温期间要主动配合行政多做实事，开展向企业、车间、班组生产岗位送清凉等慰问活动，帮助企业生活后勤部门搞好暑期职工食堂、医疗卫生、清凉饮料供应等服务工作；要特别关心困难企业的职工生活，帮助解决和落实困难企业防暑降温、安全生产所必需的资金和物资。

1995 年 1 月 16 日，省总工会九届三次常委会（扩大）会议召开。会议强调，一是以贯彻实施《劳动法》为契机和突破口，突出维护职能，提高做好工会劳动保护监督检查工作的认识。二是认真贯彻落实国务院省政府召开的安全生产工作电话会议、全国总工会召开的全国工会劳动保护部长会议精神，实施工会劳动保护的有效监督。三是加强监督事故隐患的整改治理，抓好班组安全建设，真正实现"预防为主"。工会劳动保护监督检查工作要适应形势的需要，把工作的重点放在抓好班组安全建设和事故隐患、职业危害作业点监督跟踪检查和督促整改治理上，切实把安全生产工作的中心转移到预防为主上。四是加强工会劳动保护组织建设和宣传教育培训工作。要加强职工安全生产和工地劳动保护监督检查工作，关键在领导。除了分管领导要抓好这项工作外，主要领导也要重视这项工作，把这项工作真正提到议事日程上。要经常了解安全生产情况，定期分析安全生产形势，帮助解决监督检查工作中存在的实际问题。①

1997 年 8 月，《工人日报》连续报道了蚌埠火柴厂严重侵犯职工合法权益的事件后，全国总工会、省委、省政府主要领导作了重要指示，省总工会领导责成机关有关部门及蚌埠市总工会认真调查处理，并派人参加了由省经贸委牵头，省总工会和省劳动厅组成的省调查组，赴蚌埠调查处理。根据蚌埠火柴厂严重侵犯职工合法权益的事实，蚌埠市委、市政府作出严肃处理，有关责任人分别被判刑、撤职、公开检查等。省总工会在调查处理过程中强调，在企业改革和发展中，要时刻牢记职工是企业的主人，要确立全心全意依靠工人阶级办好企业的思想。搞好企业，必须严格管理，但要严而有据，严而依法。

① 《安徽工会运动史料全书》编委会编：《安徽工会运动史料全书（1994 年 1 月—1998 年 4 月）》，安徽大学出版社 1998 年版，第 342—346 页。

1998年1月20日，省总工会还专门印发《关于进一步清理完善厂规厂纪依法加强维护职工合法权益的通知》，要求企业制定的厂规厂纪，必须符合国家法律法规和政策的规定，企业的所有者、经营者都要增强法制观念，依法维护职工合法权益。各级工会组织要从蚌埠火柴厂侵犯事件中吸取教训，举一反三，进一步突出维护职能，依法维护职工的合法权益。①

（三）推进工会女职工工作

随着工会工作的发展，工会女职工工作重要性越来越凸显，根据《中国工会章程》第二章第十三条的规定，经安徽省总工会常委会议讨论决定建立省总工会女职工委员会。

1992年2月，省总工会颁布《关于建立安徽省总工会女职工委员会的决定》。省总工会女职工委员会是在省总工会领导下，维护女职工合法权益和特殊权益，团结带领全省女职工在改革开放和“四化”建设中更好发挥作用的具有代表性的女职工组织。

3月22日至23日，省总工会女职工委员会成立大会在合肥召开，会议选举产生第一届女职工委员会，通过了《安徽省总工会女职工委员会暂行条例》。《安徽省总工会女职工委员会暂行条例》共四章二十四条。第一章为总则，介绍了条例的制定背景、女职工委员会的性质等内容。明确安徽省总工会女职工委员会是在省总工会领导下的团结、带领全省女职工参加社会主义现代化建设维护女职工合法权益和特殊权益的具有民主性、代表性和群众性的女职工组织。女职工委员会贯彻执行党和政府有关女职工工作的方针、政策，执行同级工会代表大会的决议，围绕工会中心工作，根据女职工的特点和意愿开展工作。第二章明确了女职工委员会的基本任务，指出女职工委员会要团结、动员全省女职工发扬工人阶级主人翁精神，在社会主义现代化建设和改革开放中建功立业；要代表和维护女职工在政治、经济、文化、社会和家庭等方面的合法权益和特殊利益，同一切歧视、虐待、侮辱、迫害女职工的行为作斗争；要对女职

① 《安徽工会运动史料全书》编委会编：《安徽工会运动史料全书（1994年1月—1998年4月）》，安徽大学出版社1998年版，第317—318页。

工进行爱国主义、集体主义、社会主义教育，引导女职工树立自尊、自信、自立、自强精神，努力提高思想道德和科学文化技术素质，为安徽的社会主义精神文明建设和物质文明建设发挥积极作用；要参与本省有关保护女职工权益的政策、法规的制定，监督、协助有关部门贯彻实施；要组织女职工参政议政，在企事业单位和社会事务管理中发挥民主参与、民主监督的作用；要注意发现、培养女干部，并向各级党组织推荐输送，促进女职工人才的成才；要会同、协调、督促工会有关部门和社会各界共同做好女职工工作；要履行妇联团体会员的权利和义务，与妇联相互协调、分工合作，按照工会章程独立自主开展工作。第三章规定了女职工委员会的组织制度。强调省、地（市）县工会和省产业工会要建立女职工委员会，同时规定了女职工委员会的组成人员、组织制度、组织管理等内容。第四章则明确其工作制度。强调女职工委员会根据工作需要制订有关制度和工作计划，定期召开委员会议，检查，总结工作，遇有重大问题，由主任或副主任临时召集会议。各级工会女职工委员会定期向同级工会委员会和上级工会女职工委员会报告工作。县以上各级工会女职工委员会要把工作重点放在基层，根据广大女职工的意愿和要求开展工作，增强吸引力、凝聚力。女职工委员会开展活动所需经费在工会有关项目内支出，行政方面给予适当补助。①

1988 年，国务院《女职工劳动保护规定》（以下简称《规定》）颁布实施。《规定》是新中国成立以来发布的第一个关于女职工劳动保护的法规，它的颁布不仅体现了党和政府对女职工的关心和爱护，还体现了社会主义制度的优越性，为搞好女职工劳动保护工作提供了法律依据。

安徽各级工会积极贯彻落实，把搞好女职工劳动保护作为维护女职工合法权益和特殊利益的大事来抓，借助社会力量，狠抓《规定》的学习宣传贯彻并结合安徽省实际，制定了《安徽省女职工劳动保护实施办法》，为推动《规定》的贯彻实施做了大量工作，使全省女职工劳动保护工作有了较大发展。在贯彻落实《规定》中，安徽省各级工会组织做了多项工作。一是狠抓学习宣传，使《规定》深入人心。在全省范围五年先后开展了两次较大的宣传贯彻《规定》的

① 《中国工会运动史料全书·安徽卷》编委会编：《中国工会运动史料全书·安徽卷》，安徽大学出版社 1998 年版，第 1109—1111 页。

活动。二是深入调查研究，积极参与立法。安徽各级工会把参与立法、督促协助政府和行政制定实施细则作为一项重要工作来抓。同时，省总工会和各地市工会开展了广泛深入的调查研究，努力摸清全省女职工劳动保护现状及实施《规定》存在的问题和困难。三是借助社会力量，推动《规定》的贯彻实施。全省各级工会除了与劳动、卫生、妇联等部门配合，还注意借助社会力量，争取人大、政协的支持。但是，当时安徽在女职工劳动保护方面也还存在着不足之处，具体表现在发展不平衡，特别是乡镇企业、亏损企业贯彻《规定》问题较多；纺织行业女职工“两个不上夜班”有少数企业又有“回潮”等。[①]

1989 年 9 月至 10 月，在《规定》颁布一周年之际，省总工会对全省纺织行业的 192 家企业进行了《规定》贯彻落实情况的调查。1994 年 4 月，省总工会女职工委员会进一步指出要努力做好新形势下的女职工劳动保护工作。当时，全省有女职工 182 万人，占职工总数的 36%。

1995 年是我国“八五”计划的最后一年，安徽省“八五”计划各项主要任务胜利完成，省总工会开展的江淮女职工“八五”建功立业活动也画上了一个圆满的句号。“八五”是安徽省历史上经济和社会发展最快、综合省力增强显著、国内外形象显著提升的时期之一，为安徽省跨世纪发展奠定了良好的基础。全省各级工会女职工委员会坚持以经济建设为中心，深入开展江淮女职工“八五”建功立业活动，开展“迎 95 世妇会”“塑女职工形象”的系列活动，团结动员全省各条战线的女职工，充分发挥主人翁积极性，在各自的岗位上无私奉献，涌现了一大批先进集体和个人。

1996 年 3 月 6 日，省总工会女职工委员会一届四次全委（扩大）会议暨江淮女职工“八五”建功立业活动表彰大会召开。会议强调，要团结动员全省女职工在实现安徽跨世纪赶超目标中再立新功。女职工是工人阶级的重要组成部分，是妇女群众的中坚力量。在改革开放和社会主义现代化建设中，女职工不仅是社会物质财富的创造者，也是社会主义精神文明的建设者，是推动社会主义市场经济体制建立，促进社会全面进步的一股伟大力量。广大女职工要充分

① 《安徽工会运动史料全书》编委会编：《安徽工会运动史料全书（1994 年 1 月—1998 年 4 月）》，安徽大学出版社 1998 年版，第 365—366 页。

认识自己的特殊地位和作用，进一步增强责任感和使命感，为推进和加强安徽省“两个文明”建设，为实现安徽省历史性跨越作出新的贡献。[①]

1996年11月，安徽省委办公厅印发《中共安徽省委办公厅转发省总工会党组、省妇联党组关于企业女职工工作问题的报告》，再次明确“妇联不在企业建立组织，企业工会女职工委员会是县或者县级以上妇联的团体会员，通过县以上工会女职工委员会接受妇联的业务指导”，有效避免企业女职工工作的多头布置，有利于工会女职工组织及时收集和妥善处理女职工维权诉求，切实履行维权服务职责。1997年4月，省总工会召开全省女职工工作会议。会议指出，全省各级工会女职工组织紧紧围绕党和政府的工作大局，按照新时期工会工作的总体思路，抓住贯彻实施《劳动法》《妇女权益保障法》《中国妇女纲要》的工作重点，推动党的全心全意依靠工人阶级方针的进一步落实，保护和调动广大女职工的积极性；动员和组织广大女职工投身两个文明建设，开展江淮女职工跨世纪赶超工程立功竞赛活动；深入调查研究，及时反映女职工的呼声和要求，参与有关女职工切身利益的政治法规的制定；积极推动企业建立平等协商和签订集体合同制度，维护女职工的合法权益和特殊利益，帮助下岗女职工提高择业素质，协助政府安排再就业；加强女职工劳动保护，加快新经济组织组建工会女职工组织的步伐，开展创建文明家庭活动等方面，做了大量卓有成效的工作，取得了显著的成绩。下一步工作中，必须充分认识做好女职工工作的重大意义；必须努力提高广大女职工的思想道德和文化技术素质；必须进一步发动广大女职工为实现“九五”计划建功立业；必须突出做好下岗女职工的再就业工作；必须依法维护广大女职工的切身利益；必须关心、重视和加强工会女职工工作。

江淮女职工跨世纪赶超立功“四赛”活动是全省紧紧围绕两个文明建设的大局，结合女职工工作的特点开展的一项带有战略性的工作。各级工会女职工委员会结合地市和企业情况，根据女职工队伍的特点，有针对性地加大活动力度，每年突出其中一至二个重点，开展一次有影响、有示范和实际效果的活动。省

① 《安徽工会运动史料全书》编委会编:《安徽工会运动史料全书（1994年1月—1998年4月）》，安徽大学出版社1998年版，第352页。

总工会从1997年起，每年表彰100名参加“四赛”活动成绩突出的女职工标兵和10个标兵单位，各级工会通过各种宣传媒介加以宣传报道、扩大社会影响，带动女职工发扬“四自”精神，成为各条战线上的女标兵、女模范，为安徽的繁荣和进步，发挥“半边天”的作用。同时，各级工会继续深入贯彻《劳动法》《妇女权益保障法》和《中国妇女发展纲要》，积极与有关方面配合，把女职工权益维护工作落到实处。①

（四）加强外商投资企业的工会工作

在市场经济中，外商投资企业成为新兴力量。安徽省总工会积极加强外商投资企业的工会工作，推进“公司+工会”模式，保障职工的权益和利益，并努力扩大工会在这些企业中的影响力和作用。

1992年全国外商投资企业工会工作会议后，安徽省总工会传达会议精神并转发全国总工会《关于加快外商投资企业工会组建步伐和加强工会工作的意见》。同时，还把这项工作作为重要工作内容，要求各地认真贯彻全国总工会有关精神，抓紧抓好这项工作，在年内使已投产的外商企业的工会组建率达50%。重点指导部分外商投资企业较多的市总工会，要求他们主动向党委汇报，取得有关部门的配合，共同抓好这项工作。截至1993年底，安徽省外商投资企业注册数为1920家，其中1993年新批的外商投资企业1040家，已开业的500余家，利用外资10亿美元，从业职工10余万人。投资者大多来自港台、泰国、日本、欧美等地，还有部分国内企业在境外投资兴办的企业再回国投资的。在已开业的500家企业中，新建立工会组织到1993年底统计为48个，会员6185人。

1994年5月，省总工会对全省外商投资企业工会工作情况进行了调查，并向全国总工会上报了《安徽省总工会组织部关于外商投资企业工会工作情况的报告》。11月上旬，省总工会向省委、省政府作了专题报告，详细报告了我省外商投资企业工会组建情况，并就下步工作提出了指导性意见。在省总工会的全力推动下，全省各级工会加大工作力度，重点抓外商投资企业工会组建，取得

① 《安徽工会运动史料全书》编委会编：《安徽工会运动史料全书（1994年1月—1998年4月）》，安徽大学出版社1998年版，第358—361页。

了显著成果。据初步统计，到1994年底，全省符合建会条件的744家外商投资企业，已有495家建立工会，工会组建率达66.45%，超额完成全国总工会要求目标的60%。

1994年11月12日，省总工会就三资企业工会组建工作作了汇报，明确提出在当年底各地三资企业工会组建率要在60%以上。全省各级工会根据安徽实际，采取了三条措施：一是请省委、省政府办公厅批转省总工会关于加快安徽省三资企业组建工会工作的报告。二是由省总工会领导带队，组织若干小组，深入各地检查督促落实情况，进一步加大力度，推动全省三资企业工会的组建工作，认真落实全国总工会提出的任务。三是由合肥及部分典型区域带头，发挥带动作用。并提出这项工作在保证质量的前提下，只有下限，没有上限。要求像合肥这样基础比较好的地方，到年底，三资企业工会组建率下限最低不能低于70%，上限不封顶。①

1995年，安徽省外商投资企业工会工作继续贯彻中办、国办、中组部等六部委通知要求，按照全国总工会有关要求，制定了力争年底外商投资企业工会组建率要达到开业投产数的60%，应建数的80%的工作目标，通过建立目标责任制，进一步加强调查研究，采取有力措施加以推进。同时，重点做好两个方面的工作：一是做好外商投资企业工会干部的培训，不断提高工会干部的素质，培养他们既敢于善于维护职工的合法权益，又善于与外商合作共事，共谋企业发展的能力；二是加强对外商投资企业工会工作的指导，结合外商投资企业特点，逐步建立协商谈判、签订集体合同制度，有选择地先行试点，总结经验后加以推广。②

（五）加强乡（镇）企业和私营企业工会工作

1993年9月7日至11日，全国总工会在江苏省无锡市召开了第一次全国乡（镇）企业工会工作会议。会议主题是适应深化改革和建立社会主义市场经济体

① 《安徽工会运动史料全书》编委会编：《安徽工会运动史料全书（1994年1月—1998年4月）》，安徽大学出版社1998年版，第256—258页。

② 《安徽工会运动史料全书》编委会编：《安徽工会运动史料全书（1994年1月—1998年4月）》，安徽大学出版社1998年版，第263页。

制的要求，加快乡（镇）企业组建工会的步伐，加强乡（镇）企业工会建设。会上，全国总工会主席倪志福作了讲话。19家单位介绍了组建乡（镇）企业工会和开展乡（镇）企业工会工作的经验，到会同志还讨论了《全国总工会关于加强乡镇企业工会工作的意见》。这次会议总结了乡（镇）企业工会工作的新经验，开拓了工会工作的新领域，探讨了中国工运新理论，体现了在深化改革中工会工作的新发展。安徽省总工会积极贯彻会议精神，在省委、省政府的正确领导下，开展相应实践。

经过实践，安徽省乡（镇）企业有了较大发展。到1993年底，安徽省共有乡（镇）企业947354家，其中乡（镇）村合作集体企业157035家，职工6397314人，其中乡（镇）村办合作集体企业职工2972903人。1993年乡（镇）企业总产值1132亿元，其中工业产值为686.98亿元，乡（镇）企业总产值中乡（镇）村办合作集体企业产值690亿元。乡（镇）企业中的外商投资企业数为64家，职工11109人，年产值44706万元，1993年乡（镇）企业工业产值占全省工业总产值1400亿元的49%。全省具备建会条件的乡（镇）办集体企业约1500家，到1993年底已建会487家。

1994年4月5日，省总工会发布《关于乡镇企业工会工作调查情况的报告》。报告总结了安徽省乡（镇）企业工会组建工作存在的几点情况。一是要提高对乡（镇）企业工会组建工会工作的认识。特别是要向各级党政领导多作宣传，使他们首先提高对此项工作的认识。二是党委要加强领导。凡是乡（镇）企业组建工会较快的地方，都具有党委重视，加强了对此项工作领导的共同特点。三是工会要积极主动。针对乡（镇）企业组建工会这项新工作，各地工会努力提高对此的认识，学习有关文件摸清各自情况，积极主动开展工作。四是条块结合、多种形式抓组建。根据各地不同情况，提出通过建立乡（镇）企业局工会和乡（镇）工会的条块结合的方法，采取多种形式推动乡（镇）企业组建工会工作。五是经费问题是组建乡（镇）企业工会的难点。六是乡（镇）企业工会工作难以开展影响了其他乡（镇）企业组建工会工作。新组建的乡（镇）企业工会中有些开展了卓有成效的工作，为本企业的建设和发展，为教育职工，代表、维护职工的利益作出了一定贡献。但还有相当大一部分乡（镇）企业工会工作难以开展，从属于行政，不能代表和维护职工的利益，没有发挥应有的作用，没有形成良好的形象，影响了其他乡（镇）企业组建工会工作。七是要端正态度，选择有一定规模的乡（镇）企业组建工会。[①]

1995年4月26日，省总工会转发全国总工会《关于印发〈中华全国总工会关于加强私营企业工会工作的意见〉的通知》，并结合实际提出贯彻实施意见。一是关于在私营企业组建工会总的要求。根据安徽省私营企业发展状况的实际，当前私营企业组建工会，应首先在依法登记取得营业执照、开业投产且具有一定规模、生产经营比较正常、职工队伍相对稳定的企业中进行。二是关于私营企业工会工作的任务。私营企业工会要突出作为职工合法权益的代表者，要依法建立协商谈判制度和集体合同制度，指导和帮助职工签订劳动合同，并监督执行，要引导职工树立国家主人翁精神，发动职工搞好企业生产经营，为企业发展献计出力，与经营者共谋企业发展。三是关于对私营企业工会的领导。各级工会要加强对私营企业工会的领导和指导，主动争取党委和政府有关部门、工商行政管理和劳动行政管理等部门的支持，以《劳动法》《工会法》为依据，把私营企业工会工作纳入工会整体工作的范畴，使私营企业工会工作走上规范、有序的轨道。[②]

六、围绕创“四新”开展各类竞赛和活动

（一）奋力创“四新”

1996年1月16日，安徽省总工会召开九届三次全委（扩大）会议。会议提出，1996年，安徽各级工会面临的任务十分艰巨，全省工会要团结动员全省职工，按照全国总工会提出的工会工作总体思路，积极推进社会主义市场经济的建设，并努力创造“四新”，推动出现新面貌，登上新台阶，开创新局面，作出

① 《安徽工会运动史料全书》编委会编：《安徽工会运动史料全书（1994年1月—1998年4月）》，安徽大学出版社1998年版，第266—267页。

② 《安徽工会运动史料全书》编委会编：《安徽工会运动史料全书（1994年1月—1998年4月）》，安徽大学出版社1998年版，第268—269页。

新贡献。在实践中，安徽省工会不断改进和创新工作方式，突出工会服务职工的特色和优势，扩大了工会在社会各界的影响力和作用范围。①

同时，为落实省委的指示精神，省总工会决定当年第一季度在全省广泛开展实现“四新”目标的大讨论和有奖征集合理化建议活动。1月24日，省总工会印发《关于开展实现工会工作“四新”目标大讨论的通知》，要求各级工会认真学习领会省委领导的讲话和有关会议精神，提高认识，增强实现“四新”目标的紧迫感。深刻认识实现工会工作“四新”目标的重大意义，从而激发大家做好工会工作的积极性和创造性，为实现安徽省经济和社会发展“九五”计划和2010年远景目标作出更大贡献。采取多种形式，发动社会各界开展“四新”目标大讨论。充分利用报刊、宣传栏、黑板报等各种舆论宣传阵地，大力宣传省委提出的工会工作“四新”目标。采取召开座谈会、讨论会、演讲会、有奖征文等多种形式，发动社会各界开展讨论。在《安徽工人报》开辟大讨论专栏，在大讨论中紧密联系实际，从思想解放、观念更新、作风转变、改革创新和精神状态等方面深入探讨，使大讨论的过程成为解放思想的过程、转变工作作风的过程。通过大讨论，把工会干部、工会积极分子和广大职工的思想统一到“四新”目标上来，推动全省工会工作不断向前发展。围绕实现“四新”目标，开展有奖征集合理化建议活动。在开展大讨论的同时，层层组织、深入发动广大工会干部和工会积极分子，对工会的组织体制、运行机制和活动方式等各个方面提出合理化建议。各地、市工会要在3月底向省总工会推荐10条以上合理化建议。在此基础上，省总工会将评选出100条优秀合理化建议进行表彰奖励。各地也要开展评选活动，对有价值的合理化建议进行表彰和奖励。

省总工会九届三次全委（扩大）会议还提出“四新”工会工作新目标，要求因势利导，在全国总工会工作总思路的指导下，顺势发起实现“四新”目标大讨论，意在调动方方面面的积极性，吸收来自各个方面的合理化建议，以大讨论达到大发动，促进思想的大解放，作风的大转变，进而带动工会工作的大发展，用实际行动，把省委的号召落到实处。省总工会从机关抓起，从领导班子

①《安徽工会运动史料全书》编委会编:《安徽工会运动史料全书（1994年1月—1998年4月）》，安徽大学出版社1998年版，第22页。

做起，为全省工会起表率作用。一方面解放思想，力避僵化。建立和完善各种内容的学习制度，领导带头，坚持下去，建立浓厚的学习气氛、研究问题气氛、开拓创新气氛，逐步形成勤于思考、勇于探索、敢于创新的良好风气。另一方面真抓实干，力戒空谈。通过维护职工的合法权益来调动积极性，通过调动积极性来更好地发挥广大职工的主人翁作用，在改革发展中多作贡献。[①]

（二）开展“双百”活动

科技进步是保证国民经济持续、快速、健康发展的巨大动力，也是加快发展安徽经济的关键所在，实现科技进步，必须依靠全体职工的积极性、智慧和创造力。

1994 年，为贯彻落实党的十四届三中全会和省委五届十次全会精神，充分发挥工人阶级推进科技进步和经济建设中的主力军作用，提高安徽省科学技术和职工队伍素质，保持经济快速增长的好势头，推动安徽经济再上台阶、作出新贡献，省劳动竞赛委员会、省总工会决定在全省开展“百万职工献良策”“百万职工练兵”活动（以下简称“双百”活动），并印发《关于开展全省“百万职工献良策”和“百万职工练兵”活动的通知》，对活动的开展提出意见。

一是提高认识，加强领导。广泛开展群众性合理化建议、技术改进、发明创造和岗位练兵、技术比武活动是依靠职工推进科技进步的重要形式和途径，对增强企业活力，提高经济效益，促进企业经营机制转换和建立现代企业制度都具有十分重要的意义。二是大力组织开展“百万职工献良策”活动。通过活动改变安徽省合理化建议活动水平较低的被动局面，力争 3 年内全省合理化建议活动在数量上有飞跃，达到和超过年 100 万件，在质量上有较大提高，为企业创造出更高的效益，在总体水平上赶上和超过全国先进地区。三是继续深入开展“百万职工大练兵”活动。进一步拓宽思路，把工作重点放在基层，使练兵比武活动与职工读书自学、岗位业务技术培训、考工定级、岗位达标、安置下岗富余人员以及工人献绝招、青年工作拜师学艺活动相结合，拟定关于此项活

① 《安徽工会运动史料全书》编委会编：《安徽工会运动史料全书（1994 年 1 月—1998 年 4 月）》，安徽大学出版社 1998 年版，第 30—32 页。

动的组织、表彰、奖励及日常管理制定具体办法，以推动此项活动长期、深入开展。四是总结推广经验，表彰先进。各级竞赛组织和工会要对以往开展合理化建议和练兵比武的情况进行认真的总结，善于发现典型，总结推广先进经验，通过成果发布、经验交流多种形式发挥典型引路的作用，对不同企业进行分类指导，同时找出工作中的薄弱环节，有针对性地提出改进的办法和措施。省劳动竞赛委员会和省总工会将在适当时候召开专门会议总结、交流这方面的情况和经验，以推动“双百”活动扎实、有效地开展。[①]

1993 年以来，全省各级工会和竞赛组织发动广大职工开展了一系列帮助企业扭亏增盈的活动，取得一定成效，对推动经济发展、维护社会稳定起到了作用。1994 年 4 月 2 日，安徽省总工会、省劳动竞赛委员会进一步贯彻落实国务院、全国总工会和省委、省政府关于帮助企业扭亏增盈的要求及日前省政府召开的扭亏增盈电话会议精神，印发《关于进一步开展帮助企业扭亏增盈活动的通知》，号召全省广大职工和各级工会、竞赛组织进一步行动起来，深入、扎实地开展帮助企业扭亏增盈活动，为推动安徽经济持续、快速、健康发展作出更大贡献。[②]

1996 年 4 月 18 日，省劳动竞赛委员会提出把安徽省社会主义劳动竞赛活动推向新的高潮，并召开全省劳动竞赛工作会议，总结回顾 1995 年以来的全省劳动竞赛工作，审定 1995 年度全省劳动竞赛优胜单位，研究部署今后的全省劳动竞赛工作。对于 1995 年的工作，省劳动竞赛委员会认为，全省各级劳动竞赛组织发动全省职工，围绕改革、发展、稳定大局，深入开展各种形式的社会主义劳动竞赛活动，充分调动了广大职工改革和建设的积极性，有力地提高了企业经济效益和社会效益，推进了物质文明和精神文明建设，为安徽经济的持续快速健康发展，圆满完成“八五”计划作出了积极贡献。关于 1996 年任务，省劳动竞赛委员会指出，全省劳动竞赛工作要团结动员全省 500 万名职工，高举赶超旗帜，弘扬“黄山松精神”，发挥工人阶级主力军作用，创安徽一流，争全国

---

① 《安徽工会运动史料全书》编委会编：《安徽工会运动史料全书（1994 年 1 月—1998 年 4 月）》，安徽大学出版社 1998 年版，第 114—115 页。

② 《安徽工会运动史料全书》编委会编：《安徽工会运动史料全书（1994 年 1 月—1998 年 4 月）》，安徽大学出版社 1998 年版，第 116—117 页。

上游，掀起群众性的争先进位、创优夺冠热潮，广泛组织实施“百万职工跨世纪赶超工程”，大力开展以同行业赶超、重点工程赶超、班组赶超、个人赶超等多种形式的劳动竞赛活动，充分调动职工群众的积极性、智慧和创造力，切实维护职工利益，大力弘扬先进，努力推进科技进步，提高劳动者素质，激励全省职工为圆满完成当年的各项工作任务建功立业。①

（三）推进“百万职工跨世纪赶超工程”

为深入贯彻落实省委六届二次全会和省八届人大四次会议精神，顺利实现安徽省“九五”计划和2010年远景目标，省劳动竞赛委员会和省总工会决定在全省组织实施“百万职工跨世纪赶超工程”（以下简称“赶超工程”）。1996年4月9日，省劳动竞赛委员会、省总工会出台《关于实施“百万职工跨世纪赶超工程”的意见》，要求全省工会积极推进“赶超工程”，通过举办各种竞赛活动激发职工积极性，加强职工培训和技能提升，提高职工素质和工作效率。同时，加强对工作环境和职工身心健康的保护，为企业的可持续发展提供有力保障。

“赶超工程”弘扬“黄山松精神”，发挥工人阶级主力军作用创安徽一流争全国上游，掀起群众性争先进位、创优夺冠的热潮，为实现安徽省跨世纪赶超目标建功立业。“赶超工程”主要有六个方面。一是深化改革站前列。每个职工要站在改革前列，积极支持、参与和推动改革，正确处理国家、集体、个人三者利益关系，加强民主管理和民主监督，在实现两个根本性转变过程中发挥主人翁作用。二是立足岗位创一流。每个职工要立足本职岗位勤奋工作，创一流技术、一流管理、一流质量、一流服务、一流效益。三是年增贡献200元。每个职工要积极参加合理化建议、技术革新、技术协作、发明创造、“双增双节”、扭亏增盈和“企业年”活动，实现年增贡献200元。四是做“五爱”“四有”职工。每个职工要爱祖国、爱人民、爱劳动、爱科学、爱社会主义，做有理想、有道德、有文化、有纪律的“四有”职工，敬业爱岗、岗位成才。五是职工生活达小康。每个职工要勤奋工作，争取到2000年，家庭人均生活费收入超过

① 《安徽工会运动史料全书》编委会编：《安徽工会运动史料全书（1994年1月—1998年4月）》，安徽大学出版社1998年版，第126—131页。

★ 1997 年 4 月 29 日，安徽省庆祝“五一”暨“百万职工跨世纪赶超工程”首届表彰大会召开。

5170 元（1995 年价格计算），生活达到小康，要积极开展扶贫帮送温暖活动，走共同富裕之路。六是各行各业争位次。各行各业都要瞄准全国先进水平，明确赶超目标和对象，在全国同比中进位次、争上游。

1996 年 5 月 9 日，省委办公厅转发省劳动竞赛委员会、省总工会《关于实施“百万职工跨世纪赶超工程”的意见》，要求各单位结合实际，认真贯彻执行。意见要求，动员和组织全省广大职工群众广泛实施“百万职工跨世纪赶超工程”是深入贯彻落实省委六届二次全会和省八次人大四次会议精神，加速安徽省经济建设和社会发展的一项重要措施，既是物质文明建设，又是精神文明建设，对进一步发挥工人阶级作用，动员全省广大职工为实现安徽省跨世纪赶超目标建功立业具有重要意义。①

1997 年 4 月 29 日，省总工会在安徽大剧院隆重举行庆祝“五一”暨百万职

① 《安徽工会运动史料全书》编委会编：《安徽工会运动史料全书（1994 年 1 月—1998 年 4 月）》安徽大学出版社 1998 年版，第 83—84 页。

工跨世纪赶超工程首届表彰大会。会上宣读了《关于表彰首届安徽省百万职工跨世纪赶超工程暨1996年度劳动竞赛优胜单位的决定》，合肥荣事达集团公司等24家单位荣获“安徽省百万职工跨世纪赶超工程功臣”称号，安徽叉车集团等98家单位荣获“安徽省百家最佳经济效益单位”称号，合肥市电信局等102家单位荣获“安徽省百家最佳优质服务单位”称号，马鞍山市等7个地市和省电力局等13个厅局（公司）劳动竞赛委员会荣获“安徽省组织劳动竞赛优胜单位”称号，芜湖长江轮船公司长江4805轮驾驶部等107个班组荣获“安徽省模范班组”称号。同时对54项年经济效益在10万元以上的重大合理化建议予以表彰。会上还表彰了张冀洲、尹建云、武瑞玲、程指晓、张惠民、洪流、逢锦惠、黄冠玉、孙启胜、董江华10位下岗职工再就业明星。皖北矿务局刘桥一矿、蚌埠市第三人民医院相关人员分别代表先进集体和先进个人在会上发了言。1700多名各界代表出席了会议。会后，与会人员观看了精彩的“职工庆五一，迎接香港回归”大型文艺演出。

全省各级竞赛组织在省委、省政府的正确领导下，把握“稳中求进，进中求好，好中求快”的方针，紧紧围绕安徽的跨世纪赶超目标和经济工作的重点，团结动员全省广大职工深入开展以“百万职工跨世纪赶超工程”为主要形式的各种社会主义劳动竞赛活动，进一步激发和调动了广大职工改革和建设的积极性、创造性，为安徽省的改革、发展、稳定作出了积极贡献。

七、贯彻落实全心全意依靠工人阶级的根本方针

（一）开展全心全意依靠工人阶级调研活动

全心全意依靠工人阶级是我们党一贯坚持的根本方针。在现代化建设过程中，安徽各级工会始终把保障工人合法权益放在首要位置，积极参与职工福利保障工作。

省总工会一直关注职工的生活需求和权益保护，开展全心全意依靠工人阶级的调研活动，努力为职工谋取更多福利待遇。1996年2月28日，省总工会立足

新的历史条件，贯彻党全心全意依靠工人阶级这一根本指导方针，着眼出现的新情况和新问题，按照省委要求制定了安徽省贯彻全心全意依靠工人阶级方针的实施意见。根据省委指示，省总工会决定在全省范围内开展全心全意依靠工人阶级“万、千、百、十”大型系列调研活动。“万”，即向万名职工问卷调查，广泛征求对全心全意依靠工人阶级这一方针的认识和意见。“千”，即向千家企业直接调查，此项调查以大中型企业为主，以产业工人相对集中的中心城市为主，由各地、市、县工会，省直、省产业工会，省总各部门、干校、报社组织人员直接深入企业调查。“百”，即向百名地、市、县级领导干部调查在指导落实全心全意依靠工人阶级指导方针方面的情况和意见，由省总工会拟出征询提纲，直接函调。“十”，即向十名省级领导干部征求落实全心全意依靠工人阶级这一方针的意见，由省总工会具体负责。1996 年 3 月 4 日，淮北矿务局召开全心全意依靠工人阶级调研工作会议，全省工会“万、千、百、十”大型调研活动拉开序幕。各地市工会、省直机关工会分管调研工作的领导，调研室、办公室主任以及部分 1995 年度优秀调研报告获奖作者等近 60 人出席会议。省总工会党组书记、第一副主席高前清到会讲话。

1996 年 6 月 1 日，省总工会召开全心全意依靠工人阶级理论研讨会。全省各地 100 多名理论工作者、经济工作者、工会工作者汇聚一堂，深入研究探讨新形势下全心全意依靠工人阶级问题。研讨会强调，职工队伍作为全心全意依靠工人阶级的主体，伴随着改革的发展，已经并正在发生着一系列新的变化。截至 1996 年 3 月底，全省共有职工 501.7 万人，比 1995 年增加 31.2 万人，尤其是乡（镇）企业职工已超过 500 万人，职工生活消费水平进一步提升。1996 年一季度，全省职工平均工资 1147 元，比上年同期增长 19.9%，扣除价格上涨因素实际增长 5.1%。广大职工对安徽的发展前景更加充满信心。另据调查，全省职工紧密围绕省六次党代会提出的奋斗目标，广泛深入开展“创最佳经济效益”“创优质服务、争一流水平”“百万职工献良策、百万职工大练兵”等多种形式的劳动竞赛。1995 年，参赛的基层单位达 9518 家，参赛职工达 534 万人次。1995 年，全省有 47.9 万名职工共提出合理化建议 37 万条，其中已采纳 17 万条，已实施 9.3 万条，创造价值 8.8 亿元。全省职工的劳动创造占国民收入的

60%，财政收入的 90%。工人阶级在深化改革、加快发展、保持稳定的历史进程中已经并继续发挥越来越大的决定性作用。

调查表明，安徽省各级党政对工人阶级的历史地位和作用普遍给予了高度评价和充分肯定，并在实际工作中，把全心全意依靠工人阶级作为一项基本的政治原则，贯彻到政治、经济和社会生活的各个方面，贯穿改革发展的全过程。主要表现在以下几个方面：党的依靠方针已经成为各级党政的共识，并为大多数职工所了解；制定出台一系列文件政策法规，从总体上保障了职工主人翁地位和权利；重视工会工作，发挥工会代表职工参政议政的作用；基层企（事）业单位大多采取了一些有力措施，努力将党的依靠方针落到实处。安徽各级工会在贯彻落实党的依靠方针过程中，取得了有目共睹的新进展，创造了许多生动的好经验，赢得了广大职工的拥护和支持。但还存在一些问题，有些干部中还存在严重的思想障碍，有些单位淡化削弱职工主人翁意识，严重侵犯职工合法权益的现象还时有发生，还需要进一步加强和完善。

（二）推动贯彻落实全心全意依靠工人阶级的根本指导方针

1996 年 4 月 22 日，省长回良玉和省总工会党组书记、第一副主席高前清谈如何贯彻落实全心全意依靠工人阶级的根本方针。谈话中，回良玉强调，全心全意依靠工人阶级一要强化依靠意识。工人阶级是国家的主人，是改革开放的主力军，贯彻落实这一根本方针，关系到国家的富强，民族的振兴，社会的稳定，是关系到党和国家前途和命运的重大原则问题。要实现“九五”计划和 2010 年宏伟目标，就必须充分发挥工人阶级的主力军作用。二要强化以经济建设为中心的意识。实现跨世纪的宏伟目标必须坚持以经济建设为中心的根本指导思想不动摇。要搞经济建设就要充分发挥工人阶级的主力军作用，紧紧依靠工人阶级，发扬工人阶级识大体、顾大局，自力更生、艰苦创业、忘我劳动、无私奉献的光荣传统，把我们国家、我们省建设得繁荣富强。三要强化改革意识。工人阶级是先进生产力和生产关系的代表，是改革开放的最基本的力量。广大职工要不断提高推进改革的自觉性和坚定性，以深化国有企业改革为重点，为促进企业改革、改组、改造和加强管理、加快建立现代企业制度和社会主义市场经济体制发挥积极作用。四要全心全意依靠工人阶级要强化稳定意识。稳定是搞好改革和发展经济的前提，工人阶级是最有组织性、纪律性、最可依赖的队伍，是稳定的中坚力量，能为改革开放创造稳定的环境。6 月 10 日下午，省人大常委会有关领导和高前清谈话。谈话提到全心全意依靠工人阶级必须落实到法律制度建设上，要着重加强法制建设，完善法律法规，强化执法监督，确保党的依靠方针落到实处。①

12 月 28 日，为进一步贯彻落实全心全意依靠工人阶级的根本指导方针，安徽省委办公厅转发了省总工会党组的《关于进一步贯彻落实全心全意依靠工人阶级根本指导方针的意见》，要求各地、市、县委，省委各部委，省直各单位党组（党委），各大学党委结合实际，认真贯彻落实。②

经过实践，在改革开放和建立社会主义市场经济新时期，安徽省广大职工和各行各业各基层企（事）业单位始终坚持党的全心全意依靠工人阶级方针，积极探索依靠职工办企业的新路子，取得了显著成就，涌现出一大批依靠职工办企业的先进典型，促进了全省社会主义物质文明和精神文明建设。为表彰先进，树立典型，进一步把全心全意依靠职工办企业落到实处，1998 年 1 月 18 日，省总工会发布《关于表彰安徽省全心全意依靠职工办企业十佳单位及先进单位的决定》。授予阜阳化工总厂、荣事达集团、皖北矿务局刘桥一矿、安庆石化总厂、安徽古井集团公司、铜陵钢铁股份公司、巢湖地区供电局、安徽电力建设第一工程公司、蚌埠铁路分局、安徽叉车集团公司“安徽省全心全意依靠职工办企业十佳单位”荣誉称号；授予合肥美菱股份有限公司等 18 家单位“安徽省全心全意依靠职工办企业先进单位”荣誉称号。

同时，省总工会号召全省广大职工和各行各业、各基层事业单位，以全省全心全意依靠职工办企业十佳单位和先进单位为榜样，认真学习，提高认识，牢固树立全心全意依靠职工办企业的思想；坚持和完善企业领导体制，建设一个好的企业领导班子；提高职工素质，造就一支过硬的职工队伍；制定和落实

---

①《安徽工会运动史料全书》编委会编：《安徽工会运动史料全书（1994 年 1 月—1998 年 4 月）》，安徽大学出版社 1998 年版，第 45—48 页。

②《安徽工会运动史料全书》编委会编：《安徽工会运动史料全书（1994 年 1 月—1998 年 4 月）》，安徽大学出版社 1998 年版，第 67 页。

依靠职工办企业的具体制度和措施，形成一个好的机制；企业关心职工，千方百计保护、调动和发挥职工群众的积极性和创造性；重视发挥工会作用，支持工会依法独立自主地开展工作。高举邓小平理论伟大旗帜，全面贯彻落实党的十五大精神，努力实现安徽省国有企业三年改革和发展目标，为建设有中国特色社会主义事业全面推向 21 世纪，作出更大的贡献。[①]

（三）推广阜阳化工总厂依靠职工办企业经验

改革开放以来，安徽省各级工会组织积极贯彻落实全心全意依靠工人阶级的根本指导方针，工业战线的企业和广大职工都在不断探索，大胆实践，力图走出一条建设有中国特色社会主义的路子。省委、省政府明确提出国有企业改革要大胆、放手、放开、放活。在省委、省政府和阜阳市委、市政府的正确指导下，阜阳化工总厂坚持国有企业改革正确方向，贯彻党的全心全意依靠工人阶级的根本指导方针，发动职工，团结依靠职工搞改革，上技改，抓管理，使企业由小变大，由亏转盈。

阜阳化工总厂 1973 年投产时，是个年产 3000 吨合成氨的小厂，建厂后的 10 年累计亏损 350 万元，1985 年处于效益严重滑坡，还受到省政府的“黄牌警告”。1992 年在企业最困难的时候，副厂长王显义担起了厂长的重任。面对化肥厂市场疲软，资金紧张的局面，王显义和企业领导班子带领职工开始了艰难的第二次创业，决定迎难而上进行大规模技术改造，转产高效肥尿素。1993 年 4 月，该厂定购尿素设备急需 100 万元预付金，否则卖方将加价 90 万元，广大职工理解企业的困难，仅几天时间便集资 103 万元，保证设备及时购入，避免了经济损失。第二次创业取得了良好的开端。从此该厂自觉地依靠职工办企业，从当年仅能生产单一碳铵产品的小厂已发展到能生产尿素、甲醇、吗啉等十几个产品的国有中型企业，各项经济指标位于全省乃至全国同行业领先水平。短短的 3 年时间国有资产增值 6 倍。1992 年至 1995 年，产值递增率 28%，利税率递增 66%。1996 年至 9 月完成工业总产值和实现利税，分别比 1995 年同期

① 《安徽工会运动史料全书》编委会编：《安徽工会运动史料全书（1994 年 1 月—1998 年 4 月）》，安徽大学出版社 1998 年版，第 74—75 页。

增长 6.8%和 11.3%。阜阳化工总厂的成功，表明了在正确的路线方针指导下，真正发动职工、依靠职工、相信职工、关心职工，国有企业是完全有可能搞好搞活的。阜阳化工总厂依靠职工办企业呈现出两个文明建设整体推进的生动局面，为搞活国有企业走出了一条成功的探索之路。为此，安徽省总工会决定在全省推广阜阳化工总厂依靠职工办企业的经验，以促进企业发展和职工福利提升。

1996 年 11 月 11 日，阜阳化工总厂全心全意依靠职工办企业新闻发布会召开。省总工会在发布会上指出，依靠职工办企业是把党全心全意依靠工人阶级落实到企业的具体体现，这是一项复杂而又艰巨的工作。希望国有企业党政领导充分认识依靠职工办企业的意义，从实际出发，认真学习，借鉴阜阳化工总厂的经验，推动党的全心全意依靠工人阶级的方针在企业得到真正的贯彻落实，在社会主义市场经济条件下，再创国有企业的辉煌；希望阜阳化工总厂再接再厉、一如既往地依靠职工办好企业，在总结实践现有经验的基础上，予以不断完善发展，在三改一加强，提高职工素质和企业效益等方面再上一个新台阶。希望各级工会组织和广大工会干部，认真落实党的全心全意依靠工人阶级的根本指导方针和工会工作总体思路，贯彻执行《全国总工会关于全心全意依靠职工群众搞好企业若干问题的意见》，努力做好工会的各项工作，宣传推广阜阳化工总厂的经验，使阜阳化工总厂的经验在全国开花结果，从而充分保护调动好广大职工的积极性和创造性，为两个文明建设作出贡献。①

1997 年 3 月 15 日，省总工会颁布《关于推广阜阳化工总厂依靠职工办企业经验的决定》。再次强调全心全意依靠工人阶级是我们党一贯坚持的根本指导方针。在改革开放新时期，我们仍要坚持全心全意依靠工人阶级，这个基本的政治原则，任何时候都不能动摇。在深化国有企业改革、两个根本性转变的过程中，阜阳化工总厂认真贯彻党的根本指导方针，坚持依靠职工深化改革、促进发展，特别是建立和推行了全心全意依靠职工办企业的运行机制，从指导思想、领导班子、职工队伍、劳动关系、利益分配、生活保障、职代会和工会、监督和实施等方面制定了四十条规定，使党的“依靠”方针落到实处。

---

①《安徽工会运动史料全书》编委会编:《安徽工会运动史料全书（1994 年 1 月—1998 年 4 月）》安徽大学出版社 1998 年版，第 52—54 页。

关于学习阜阳化工总厂经验，一是建立健全依靠职工办企业的制度和机制。大胆探索和建立落实主人翁地位充分发挥其积极性的有效机制和办法，把党的“依靠”方针转化成广大职工看得见、摸得着、感受得到的企业行为和规范，走出一条适应企业特点的振兴之路。要坚持和完善职代会制度，落实职代会各项职权，重视和发挥工会作用，建立和健全三级民主管理网络，加强民主参与和民主监督。特别要做好职代会民主评议干部工作；要按照《劳动法》的规定，建立平等协商和签订集体合同制度，在企业内部形成协调稳定的劳动关系；要在深化企业改革、建立现代企业制度的过程中实行职工董事和职工监事制度，积极探索职工民主管理的新形式。二是进一步加强职工队伍建设，充分发挥工人阶级的主力军作用。正确处理依靠职工群众与职工自觉当好主人的关系，切实加强职工的思想道德教育和文化技术教育，提高职工队伍素质，努力建设一支有理想、有道德、有文化、有纪律的“四有”职工队伍；组织和动员职工群众发扬主人翁精神，围绕提高产品质量和经济效益，出色完成生产经营任务，踊跃参加合理化建议、劳动竞赛和义务劳动，立足岗位多作奉献，从而充分发挥工人阶级在社会主义物质文明和精神文明建设中的主力军作用，以工人阶级的先进思想影响和带动全社会。三是认真解决涉及职工利益的实际问题，切实保障维护职工的合法权益。从解决职工最关心的热点难点入手，坚持按劳分配、效率优先、兼顾公平，做到内部分配公开、公平、公正，不断改善生产环境，搞好安全生产，关心职工生活，为职工排忧解难。要特别关心亏损、双停企业的职工生活，广开生产经营门路，妥善安置富余职工；要深入实施“送温暖工程”形成扶贫帮困机制。

安徽省各级工会组织和广大工会干部把推广阜阳化工总厂经验，作为贯彻党的十四届五中、六中全会精神，落实党的“依靠”方针、促进两个文明建设的一项重要任务，认真安排布置，切实抓紧抓好。使阜阳化工总厂经验在全省开花结果，进一步激发了广大职工的社会主义积极性，发挥了工人阶级的主力军作用，推动安徽省国民经济持续、快速、健康发展和各项社会事业的全面进步。①

① 《安徽工会运动史料全书》编委会编：《安徽工会运动史料全书（1994 年 1 月—1998 年 4 月）》，安徽大学出版社 1998 年版，第 61—62 页。

八、成立安徽工运杂志社

（一）安徽工运杂志社的成立与变迁

《安徽工运》是安徽省总工会主办的指导全省基层工会工作的理论刊物，1955年6月1日创刊，安徽省总工会成立后两年左右，为维护工人权益，促进工人阶级团结，安徽省工人运动调查研究室创刊出版《安徽工运》杂志。[①] 1984年，经省新闻出版局该刊物批准改为内部发行，1992年7月，经新闻出版署批准向国内外公开发行。截至2023年12月，《安徽工运》共出刊668期。公开刊号时每期发行量近3万份，2001年改为内部资料实行赠阅后，期印量约为1万份。

为更好地发挥该刊物对全省工运理论的指导作用，1997年10月，省总工会正式成立安徽工运杂志社。

2001年9月，为更好地做好工会女职工工作宣传，安徽省总工会向全国总工会汇报，报中央宣传部、国家新闻出版总署批准，将原《安徽工运》更名为《华夏女工》杂志，创办《华夏女工》杂志，《安徽工运》以内部资料性出版物的形式继续由华夏女工杂志社负责编辑出版。[②] 安徽工运杂志社变更为华夏女工杂志社。自此，全国唯一一家女工期刊诞生了。

2012年底，安徽积极推进全省深入推进文化体制改革，华夏女工杂志社首批入选。华夏女工杂志社于2013年较早完成了体制改革，更名为安徽华夏女工杂志社有限责任公司，实现了从事业单位到企业单位的转变。改制期间，经认真核算，华夏女工杂志社拥有各类资产307.3万元。杂志社坚持“导向为先，内容为王，创新为要，诚信为本”的办刊思路，经过10年运营，在发挥工会舆论宣传阵地功能的同时，华夏女工杂志社较好地实现了工会资产的保值增值，资产总额突破1200万元。

① 安徽省地方志编纂委员会编：《安徽省志（群众团体志）》，方志出版社1999年版，第42页。
② 安徽省地方志编纂委员会办公室编：《安徽省志·工会志（1994—2010）》，方志出版社2015年版，第24页。

（二）安徽工运杂志社（华夏女工杂志社）的主要活动

《安徽工运》立足宣传党的工运路线方针，探索工会工作基本规律，研究问题，交流信息，歌颂主人翁时代精神，反映职工呼声，向党和政府准确表达职工的意愿和要求，旗帜鲜明地维护职工的合法权益，成为党联系职工群众的桥梁和纽带，增强了工会在宣传教育方面的能力和影响力。

《华夏女工》于 2001 年 9 月试刊，2002 年 1 月正式发行，16 开本，64 页码，每月 5 日出刊。2015 年《华夏女工》由月刊改为半月刊。全国总工会副主席、书记处书记倪豪梅为《华夏女工》撰写发刊词，指出要“以维护女职工合法权益和特殊权益为基本职责，生动反映各界女职工的精神面貌，真切关注她们的所思所想和喜怒哀乐”，并号召全国各行各业的女职工姐妹们都来关心和支持这本属于女职工自己的刊物，极大地鼓舞了办刊士气。

《华夏女工》以“展女工风采，替女工代言，为女工服务”为办刊宗旨，通过维权案例策划、女职工风采展示、女职工工作报道、优质文章精选等，积极参与女职工工作的宣传，为全国亿万名女职工和女职工工作服务，在提升女职工依法维权意识，发挥宣传舆论阵地作用，弘扬主旋律、凝聚正能量，提供资讯服务等方面进行了不懈探索并作出了应有贡献，具有较强的传播力、引导力、影响力和公信力。党的十八大以来，《华夏女工》紧密围绕党和国家大局，在改革开放 40 周年、建党 100 周年等重大时间节点，编辑出版各类专刊，获得极大的社会反响及各界的一致好评；结合乡村振兴、疫情防控、重大工程、重要事件、劳动模范先进人物、工会工作等有针对性地开展策划工作，组织、采写、刊发了众多相关稿件，深受读者喜爱，营造了良好的舆论氛围。《华夏女工》已发展成为全国工会系统舆论宣传的主阵地之一，发行量逾 10 万份，覆盖全国所有省区市。2010 年入选国家新闻出版总署全国农家书屋推荐名录。先后两次入选“中国精品期刊展”，三次被评为“华东地区优秀期刊”，多次被评为“安徽省优秀期刊”，首批入选“安徽省数字化出版转型示范单位”。《华夏女工》杂志成为安徽省总工会对外宣传交流的品牌之一。

第二节　世纪之交的安徽工运事业

一、学习贯彻邓小平理论

邓小平理论是中国共产党领导下中国特色社会主义事业的指导思想，自20世纪80年代以来，成为党和国家的指导思想。在改革开放初期，中国各级基层组织受到宏观环境的影响，普遍存在理论学习欠缺的状况。为推动各级基层工会组织更好地学习贯彻邓小平理论，1994年后，安徽省总工会组织引导职工紧密联系改革、开放和现代化建设实际，广泛宣传和研读《邓小平文选》第三卷，开展了一系列学习活动。在学习邓小平理论的方式和方法方面，安徽省总工会针对全省工会和工会干部，全面推行以“听、说、读、写”为主的多种教育方式，不断更新教材，开设特色课程，推广网络教育等方式，提高学习效果。在组织建设方面，积极推行“以人为本”的组织方针，注重职工代表的参与和表达，开展“五大问题、三大程序”等制度建设工作，积极推进基层工会组织建设，为职工服务提供了坚实的组织基础。针对职工群众面临的各种问题，省总工会秉承维护职工合法权益、加强工会服务意识和能力的原则，积极开展各种形式的维权活动，发挥工会作为职工代表，为维护职工合法权益发挥了积极的作用。在经济建设方面，省总工会积极推行“自主管理、自主发展、自主服务”的方针，与企业联动合作，推动“强企暖工”工程，加强对企业的监督和服务，为安徽省的经济发展注入了强大的力量。

1994年2月至9月，省总工会根据全国总工会的总体部署，在全省职工中开展“全国班组社会主义市场经济知识竞赛”活动，推动全省班组学习《邓小平文选》第三卷，并在职工中普及社会主义市场经济基本知识。全省有10万多个班组、近100万名职工参加活动。安庆市总工会、宁国水泥厂工会、阜阳地区工会、淮南市总工会、中铁四局工会5家单位获得全省班组社会主义市场经济知识竞赛特别优秀组织奖；铜陵市总工会等13家单位获得全省班组社会主义市场经济知识竞赛优秀组织奖；巢湖市总工会等16家单位获得全省班组社会主义市场经济知识竞赛基层优秀组织奖；怀宁县供电局皖河变电所校表室等200个班组获得全省班组社会主义市场经济知识竞赛优胜班组奖。[①]

新世纪初是安徽各级工会深入学习和贯彻邓小平理论的重要阶段。重视和加强对邓小平理论的学习，推动提高了各级工会干部的理论水平，为更好地服务职工群众奠定了良好的理论基础，为安徽工会在新时期的发展指明了方向。安徽各级工会在学习贯彻邓小平理论的应用和探索过程中，不断深化工作实践，取得了一系列显著成果。一方面培养出一大批精通邓小平理论的工会干部，提高了组织学习贯彻邓小平理论的自觉性和工作能力；另一方面取得了在职工权益保护、组织建设等方面的丰硕成果，为安徽省的社会主义事业发展作出了重要的贡献。1992年至2002年，安徽省工会通过多种灵活的方式、方法学习邓小平理论，取得了完善组织建设和发展、保障职工合法权益、推动全省经济发展等方面的积极成果。这些经验和做法，在当今仍然具有一定的借鉴价值。

省总工会学习贯彻邓小平理论的工作实践，起到了信仰统一、组织建设与发展、职工权益保障及经济发展等多方面的积极作用，具有重要的现实意义。首先，加强组织建设。安徽工会立足于职工工作中，开展了各种形式的活动，充分利用工会机构、工会会员的力量，加强对职工的服务和宣传教育，为维护职工的合法权益提供了坚强的组织保障。其次，促进职工群众的参与。各级工会在学习贯彻邓小平理论的过程中，积极促进职工群众的参与，发动职工群众，使他们成为工会的主体力量，为工会事业的发展发挥积极作用。工会通过组织职工群众参与各种活动，不断增强职工团结协作和自我管理能力的同时，也不断提高了工会工作的质量和水平。最后，提高工会干部的能力素质。各级工会注重培养和提高工会干部的能力素质，为工会的发展打下了坚实的人才基础。工会重视对干部的培训和教育，培养了一批具有高素质、高能力的工会干部，进一步提高了工会的服务质量和水平。

总之，安徽各级工会深入学习贯彻邓小平理论的实践为中国工会事业的发

① 安徽省地方志编纂委员会办公室编：《安徽省志·工会志（1994—2010）》，方志出版社2015年版，第183—184页。

展提供了有益启示。一是在加强组织建设方面，需要进一步优化工会组织结构，建立完善的组织管理制度和职工代表制度，提高工会服务职工的能力和水平。二是在促进职工群众参与方面，需要加强对职工群众的宣传教育和动员，提高职工群众的组织意识和参与意识，发动职工群众参与工会活动，积极参与工会事务管理。三是在提高工会干部的能力素质方面，需要深入开展各种形式的培训和教育活动，提高工会干部的业务水平，增强其工作能力和管理能力，为工会事业的发展提供强有力的保障，把握时代脉搏，紧密结合工作实际，切实提高政治素质和工作水平，为更好地服务职工群众提供坚强的思想和组织保证。

二、召开安徽省工会第十次代表大会

处在世纪之交，安徽省工会迎来新时期发展的重要节点，为了探索新的途径和思路，省总工会决定召开省工会第十次代表大会。

1998 年 8 月 28 日至 30 日，安徽省工会第十次代表大会在合肥隆重召开。出席会议的正式代表 681 名，特邀代表 61 名，代表全省 305 万名工会会员。大会的主要任务是高举邓小平理论伟大旗帜，认真贯彻党的十五大精神，总结过去 5 年工作，部署今后一个时期的主要任务，选举新一届工会领导机构和出席中国工会十三大代表。省委书记卢荣景、副书记王太华代表省委分别讲话，对今后 5 年全省工会工作、工会领导班子建设和加强党对工会工作的领导等重要问题，提出了新的更高的要求。副省长汪洋作经济形势报告。

省工会第十次代表大会形成了一系列重要决策和成果。一是为进一步密切与职工群众之间的联系，安徽省工会制定了职工代表大会制度，并在会议上启动实施。二是安徽省工会加强了基层组织建设。通过大力加强基层组织建设，培养和选拔优秀基层工会干部，突出基层工作，为发挥工会作用奠定了基础。三是优化工会组织架构。代表大会通过了有关工会改革的决定，优化工会组织架构，提高工会工作效率。通过建立省、市、县三级工会组织，实现了上下沟通、协作配合，促进了工会事业的有序、快速发展。四是加强职工群众维权服务。

代表大会通过了一系列有关职工权益保护、服务措施的决定，包括发布关于职工权益保护的指南，对维权律师进行培训，加强对违法用工行为的打击等。五是推进工会干部队伍建设。代表大会强调要加强工会干部队伍建设，注重通过选配、培训、考核等手段，选拔和提拔一批年轻化、知识化、专业化的优秀干部。六是增加工会财政经费的投入。代表大会通过了加大工会财政经费投入的决定，确保工会组织机构的正常运转。通过发动广大职工群众积极参与、为工会财政设立专款专用等措施，加强工会财务管理，确保财政资金的合理、透明使用。

大会选举产生了安徽省总工会第十届委员会，选出委员 102 人（暂缺 3 名），经费审查委员会委员 23 人，在省总工会十届一次全委会上，选举常务委员 15 人，高前清当选为省总工会主席，赵国屏、杨文友、郑鑫、牛和桂当选为副主席，耿保康当选为经费审查委员会主任。在省总工会十届二次全委会上，选举宣国英为副主席。在省总工会十届五次全委会上，选举王秀芳为主席。在省总工会十届七次全委会上，选举徐建为副主席。在省总工会十届九次全委会上，选举夏育才为副主席。①

大会召开后，安徽省各级工会组织开展了各种形式的动员，了解广大职工的需求和反映，对工会建设进行了全面评估和调整。此举不仅推动了工会组织在管理和服务方面的现代化，也为省内工会组织提供了新的改革和发展方向。广大代表们与会期间不仅深入讨论了现阶段工会组织发展的新思路、新模式、新方式，还就工会组织改革与促进经济发展、实现职工利益关系等方面的问题进行了广泛探讨。

1998 年的省工会第十次代表大会是安徽省工会在新时期发展历程中的又一重要节点，它标志着安徽省工会在新时期取得了新的发展，工会的组织结构和工作机制得到了进一步完善，职工群众的权益得到了更好的维护，为工会在新时期进一步发挥统组织、促斗争、保权益、谋福利作用定下了新的目标和方向，为职工群众谋求更多的权益和福利提供了坚实的保障，为新时期工会事业的发

① 安徽省地方志编纂委员会办公室编：《安徽省志 · 工会志（1994—2010）》，方志出版社 2015 年版，第 16—17 页。

展指明了新的方向和路径，为未来工会事业的发展提供了有益借鉴。

三、职工队伍发展变化与工会干部队伍建设

世纪之交期间，经济体制、经济结构、利益分配、劳动关系发生深刻变革，职工队伍的构成、分布、思想观念也随之发生变化。在全心全意依靠工人阶级方针的指引下，安徽工人阶级坚持在学习和实践中不断提高自身素质，解放思想、与时俱进，始终站在时代潮头；讲奉献、顾大局，正确对待和处理国家、集体和个人利益的关系，为推动安徽经济社会又好又快发展发挥了主力军作用。

（一）职工队伍发展状况

随着社会主义经济体制的改革深化，安徽工人阶级队伍随着形势的变化发生了很大变化。

职工队伍人数方面。1994 年，企业实行减员增效，已建工会组织单位职工总人数骤然减少，从 1993 年的 349 万人减少到 248 万人，减少 101 万人。1995 年以后，职工队伍呈波状发展，逐渐壮大，至 1998 年达 339.8 万人，2003 年达 444.1 万人。[①] 另外，据安徽省委党校课题组对安徽工人阶级队伍现状的研究显示，1978 年改革开放以来，安徽省职工人数为 308.5 万人，至 1997 年，增长到 502.6 万人。其后，又呈下降趋势，1998 年为 495.3 万人，1999 年为 483.7 万人，2000 年为 470 万人。自 1995 年开始，安徽国有和集体单位职工的绝对数量几乎一直是下降态势，分别由 363.7 万人和 123.1 万人降至 2000 年的 307.8 万人和 89.1 万人，而其他单位职工却由 16 万人增至 73.1 万人。正由于如此，1978 年安徽职工构成为百分百公有制成分，到了 2000 年，国有集体单位职工比重降至 84.4%，其他单位职工则升为 15.6%。[②]

职工队伍身份构成进一步演变。职工身份构成加快由二元结构向多元结构转变。随着改革推进国有企业和集体企业加快实施兼并破产、改制搞活、减员

① 安徽省地方志编纂委员会办公室编：《安徽省志·工会志（1994—2010）》，方志出版社 2015 年版，第 9 页。

② 中共安徽省委党校课题组：《安徽工人阶级队伍现状研究》，《理论建设》2002 年第 5 期。

增效与下岗分流等一系列改革措施，企业富余人员被剥离出来；所有制结构加快调整，一大批非公经济单位应运而生。国有企业、集体企业、私营企业、乡（镇）企业、股份合作制企业、合资企业等多种不同性质的所有制企业陆续产生，二元化为主的职工队伍结构已经被多元化所代替。1994 年，全省职工 492.9 万人，其中国有、集体企业职工共 480.0 万人，占全省职工的 97%。私营经济蓬勃发展，为职工队伍增加新生力量。1997 年，全省共有私营企业约 2.1 万户，从业人员 29.4 万人：到 2001 年，私营企业约 5.6 万户，从业人员 78.5 万人。此外，随着工业化、城镇化建设的推进和非公有制经济的快速发展，农民工成为企业新增从业人员的重要部分。2002 年，全省农民工占职工总数的比例为 2.2%，比 1997 年上升 0.9%。

职工队伍素质不断提高。1992 年至 2002 年，安徽职工队伍的综合素质随着改革开放的深化不断提高，他们为建设中国特色社会主义事业作出了重大贡献。政治素质方面。改革开放以来，安徽工人阶级发扬主人翁精神，认真贯彻执行党的路线方针和政策，坚持中国特色社会主义道路，成为全省现代化建设和改革开放事业的主力军。广大职工自觉理解、支持改革，拥护党和政府采取的一系列改革措施，毅然承受改革带来的阵痛，坦然面对下岗后的困难，为推进现代企业制度、适应国企改革作出了不可磨灭的贡献，涌现出一大批全国劳动模范、先进工作者和省劳动模范、先进工作者。全省职工积极要求加入中国共产党和共青团的人数不断增多。1997 年，全省已建工会组织单位党员人数 68.57 万人，占总体统计人数的 20.6%；共青团员 48.09 万人，占总体统计人数的 14.4%。文化素质方面。随着经济快速发展和国家对教育投入加大，职工文化素质不断提升。1994 年，省总工会第五次表彰在全省职工读书自学活动中取得优异成绩的 30 个先进集体、50 名优秀组织者、25 名自学成才者。1997 年，全省已建工会读书自学指导委员会 1581 个，表彰自学活动先进集体 308 个，表彰自学成才 283 人，评选自学活动积极分子 4202 人。1997 年，全省已建工会组织单位大专及以上文化程度职工 45.80 万人，占职工总数 13.80%。技术素质方面。职工队伍技术素质不断提高。1997 年的抽样调查显示，高级技工、技师占工人总数的 13.36%；2001 年的抽样调查显示，高级技工、技师占工人总数的

16.45%。

工会会员数量持续增长。省总工会认真贯彻落实“继续扩大数量、突出提高质量、坚持数质并进、实现持续发展，坚持不懈地推进工会组建和会员发展工作取得更大发展”的要求，团结带动全省各级工会，全力推进工会组建和会员发展工作，职工入会率不断提高并相对稳定。1994年，全省工会会员201.7万人，建会单位职工入会率81.3%，其中女会员67.8万人，占女职工总数的81.9%。1998年，全省工会会员305.3万人，建会单位职工入会率89.8%，其中女会员114.5万人，占女职工总数的90.4%。2000年，省总工会转发《中华全国总工会关于加强工会会员会籍管理有关问题的暂行规定》，要求各级工会切实加强对会员会籍管理工作的领导。2001年，省总工会根据全国总工会统一部署，下发《安徽省总工会关于颁发新〈中华全国总工会会员证〉的通知》，2001年1月开始颁发新的工会会员证，加强会员会籍管理。[①]

（二）职工队伍内部结构划分

据安徽省委党校课题组研究显示，2000年安徽工人阶级的内部构成大致可划分为五个层次。

一是高层管理人员。由党政机关、企（事）业单位主要负责人构成，大体可包括处级和处级以上的干部。这是工人阶级队伍的领导阶层，是我国市场化改革的组织者、推进者及基本制度的创新者。一般来说，他们政治素质好，年富力强、文化知识水平高。2001年安徽机关单位的14643名处级和处级以上领导干部中，中共党员占处级和处级以上领导干部的95.6%，50岁以下占处级和处级以上领导干部的54.3%，学历为大专及大专以上的占处级和处级以上领导干部的90%，本科及本科以上占处级和处级以上领导干部的52.3%。丰裕的人力资本存量及从事高复杂程度的特殊劳动当然给这一阶层带来了较一般其他职工相对要高的经济收入，但无论如何，与这一阶层的政治和社会地位相比，则肯定存在差距。2000年的安徽，这一阶层的人数是3万左右，占职工队伍和整个

① 安徽省地方志编纂委员会办公室编：《安徽省志·工会志（1994—2010）》，方志出版社2015年版，第10—11页。

工人阶级的比例大致为 0.6% 和 0.2%。

二是高层技术人员。指在企（事）业单位中取得高级职称的专业技术人员。他们的绝大多数经过了高等或更高层次的专业教育，精通专业知识和技能，是各行各业不可多得的专家和人才。高层技术人员是当代中国先进生产力和先进文化的首要代表者，也是进一步发展这一生产力和文化的主要推动者。过去，他们一直被视为工人阶级的另类，在经济收入上与一般职工同吃“大锅饭”，甚至还“脑体倒挂”。改革开放以来，这一状况已经开始了根本性的变化。安徽高层技术人员队伍扩展快，1997 年为 3.92 万人，2000 年底已达 5.07 万人。4 年内平均增速为 6.7%。当时这支队伍在职工中的比重为 1.1%，在整个工人阶级的比重约是 0.33%。可以预计，在未来的现代化建设中，这支队伍将是安徽工人阶级中一股最有前途的力量。

三是办公室工作人员。这是当时工人队伍中一个正在迅速壮大的群体。它由几个部分组成：机关中的一般公务员、企（事）业单位的一般干部或管理人员、各类中级专业技术人员、新兴服务产业中的从业人员。通常这部分人又被称为“白领工人”，其共同特征是受过良好的教育或经历了系统的专业培训；有舒适的工作环境，以相对轻松的脑力劳动为主；收入较为丰足，生活也比较安定。正因如此，这部分人往往是当今社会稳定发展的中坚。白领阶层还是当今工人阶级中的极富流动性和变动性的部分，它既是向高层管理人员和高层技术人员输送新生力量的首要来源地，也是下层蓝领工人向上流动的首选目的地。当时，这部分人员大致有 200 万人，在安徽职工队伍和整个工人队伍中比重大致为 41.0% 和 12.6%。

四是从事操作性劳动的工人。这是当时工人阶级的基本组成部分。通常，他们又被称为“蓝领工人”，由传统意义上的产业工人和今天的乡（镇）企业工人构成。这一阶层在安徽大致有 748.8 万人，占全部的 48.9%，是工人队伍中人数最多的阶层。产业工人是最早登上中国历史舞台的工人阶级。一个多世纪过去了，他们始终是代表并推进中国先进生产力发展的基本力量，他们的政治、文化素质以及劳动技能也在不断提高。这支传统的工人阶级大军不仅内涵和外延有了进一步的拓展，其自身的人员构成也发生了显著变化：一部分人通过深造和培训进入了高级阶层行列，相当数量的另一部分成员下岗失业，与企业解除了劳动关系。乡镇企业工人是具有中国特色农村工业化进程的产物，是农村中先进生产力的代表。这部分人在安徽农村劳动力中的比重已接近四分之一。他们大多分布在传统产业部门，并相当数量就业在个体和私营企业。与城市产业工人相比，他们干的工作大体相同，但由于是农民，由此带来的文化程度和技术水平相对略逊一筹，其工资和各项福利待遇都明显低于前者。

五是失业及无固定职业的工人。下岗失业工人大多来自传统产业部门中的国有中小企业，他们曾为我国建设作出了重要贡献。问题是尽管在各级政府努力下每年都有半数或半数以上的下岗工人重新就业，可每年又有相当数量的新增失业工人，并且这些人中总有一些人由于文化水平低下、技术单一老化和年龄偏大、知识更新困难而难以再就业；缺乏稳定的生活来源，再加上难以及时足额领到生活费或是赡养负担过重，这些人最容易成为工人阶级队伍中的贫困人口。无固定职业的工人即背井离乡到城镇打工的农民。进城后的农民工有相当一部分被其他经济单位吸纳，集中在以手工操作为主、技术含量低的传统部门；还有一部分则要以各种杂活为主，如勤杂工、临时工、钟点工，等等。农民身份以及没有组织依托、各自为政的劳动方式决定了农民工在劳资双方利益矛盾中的劣势和无助，干的是最粗重脏累的工作，得到的却是最低的报酬。然而，也正是这部分人最富吃苦耐劳精神，最肯学习，最善于创业。在当时的安徽，他们中的不少人凭借打工积累下的资金、技术及管理经验，回乡创业，成了当地的致富带头人。①

（三）工会干部队伍建设

发展工会积极分子队伍。安徽各级工会重视工会积极分子队伍建设，工会积极分子队伍日益壮大，成为推动全省工会工作向前发展的重要力量。1995年，省总工会根据全国总工会《关于评选表彰全国优秀工会干部和优秀工会积极分子的通知》要求，从历年来省、地、市表彰的模范职工之家、职工小家及优秀工会工作者、优秀工会积极分子中推选出全国优秀工会干部16名（其中地方工

① 中共安徽省委党校课题组：《安徽工人阶级队伍现状研究》，《理论建设》2002年第5期。

★ 1983年11月，省总工会干部学校首期工会干部轮训班结业。

会3名、基层工会13名）、全国优秀工会积极分子31名（其中党政领导干部3名、兼职工会干部28名）。同时，表彰全省优秀工会工作者100名，优秀工会积极分子50名。1998年，省工会第十次代表大会表彰了99名优秀工会工作者、64名优秀工会积极分子。[①]

加强工会干部培训工作。省总工会按照全国总工会关于工会干部培训规划的要求，研究制定全省工会干部培训“九五”“十五”“十一五”规划，做好工会干部培训工作。每年年初制定年度工会干部岗位培训计划并组织实施，举办各类培训班，提高全省工会干部的整体素质。为提高社会主义市场经济体制下工会干部工作水平，1994年，省总工会印发《安徽省工会干部社会主义市场经济基本知识培训规划》。2001年，转发《中华全国总工会关于加强新建企业工会干部培训工作的意见》，要求各地加强对新建企业工会干部的培训，并将其纳入地市目标责任制中一并进行检查，不断推进新建企业工会工作。2001年11月，成立由省总工会主席任组长的安徽省工会干部教育培训工作领导小组，明确其职责为审定全省工会干部教育培训工作相关政策和各项制度；审定全省工会干部教育培训规划；督促检查全省工会贯彻落实全国总工会和省委“十五”干部教育培训任务情况。

1994年，全省工会进行工会干部适应性岗位培训10975人次，培训女干部

① 安徽省地方志编纂委员会办公室编：《安徽省志·工会志（1994—2010）》，方志出版社2015年版，第12页。

3042人次，培训专职干部1846人次；1996年，进行工会干部适应性岗位培训61686人次，培训女干部11003人次，培训专职干部14026人次。[①]

四、完善困难职工生活保障和再就业

20世纪90年代中期至21世纪初期是中国经济快速发展时期。然而，由于经济转型期的特殊性，许多传统行业遭受了严重冲击，导致大量职工下岗失业，生活陷入困境。面对这一时期经济发展的新形势和挑战，职工群众的生活和就业面临着前所未有的挑战和压力。在此背景下，安徽省总工会积极开展困难职工生活保障和再就业工作，通过成立职工服务中心、开展免费职业培训、推进公益性岗位安置等措施，帮助失业职工重新就业，为职工提供了全方位的帮助和支持，为营造和谐的劳动关系和完善社会保障体系作出了重要贡献。

（一）开展困难职工生活保障工作

困难职工是指因各种原因而失去工作或收入的劳动者。由于全球经济环境的变化以及中国社会经济的发展，工业化的进程进一步加剧了劳动力市场的分化，产生了大量职工失业、待业、低收入等问题。这些问题在安徽得到了广泛关注。安徽省总工会充分认识到困难职工的生存问题是亟待解决的重大问题，因此积极推动全省各级工会组织采取多元措施，开展困难职工生活保障工作。

1992年，省总工会出台《关于加强困难职工生活保障工作的意见》，提出在职工工资、福利待遇、医疗保险、住房等方面进行全面保障。为使困难职工逐渐融入社会和有一份合理的收入以维持其生活，省总工会制定了一系列的保障措施，包括失业职工临时救助金。对失业职工进行暂时性救助，帮助其渡过难关，同时加强与相关部门的合作，协调解决职工的就业问题；低收入职工基本生活保障。给予低收入困难职工家庭住房补贴、医疗救助、子女教育资助等；职工救助工程。为职工提供生命救助、确保职工生命安全，为受灾职工进行物

① 安徽省地方志编纂委员会办公室编：《安徽省志·工会志（1994—2010）》，方志出版社2015年版，第13—14页。

资和资金援助。此后，安徽省总工会陆续出台了一系列保障政策，如职工医疗保险、劳动保障金、生活困难补助等，为困难职工提供了保障。

同年，省总工会还开始建设困难职工救助体系。该体系主要包括困难职工救助基金、困难职工临时救助、困难职工紧急救助等。困难职工救助基金是以捐赠为主要来源，通过人工选择、甄别，给符合条件的职工进行资助，目的是维持职工最基本的生活保障。1992 年至 2002 年这 10 年间，全省工会共筹集了资金 1.2 亿元，资助了 13 万余名困难职工，解决了大量职工的问题及困难。

住房是每个人都非常关注的内容，特别是对于困难职工。在 1992 年到 2002 年这 10 年间，省总工会通过多种方式，为失业、下岗或者有住房需要的职工提供协助。主要措施包括困难职工购房贷款、职工公寓建设、市场上住房折扣优惠等。安徽省总工会推出购房贷款方案，用于帮助有购房需求的困难职工解决住房问题；在城市建设中，安徽各级工会不断推进职工公寓建设，向困难职工提供住房保障和安置工作。在近 10 年时间里，全省工会已经建成了上千个职工公寓，公寓的租金较低，可以减轻困难职工的经济负担，为许多困难职工提供了住所。

省总工会也积极为困难职工提供医疗保障。1992 年到 2002 年这 10 年间，省总工会推出了“困难职工医疗互助计划”。该计划通过职工流动基金及其他资金来源，为困难职工提供医疗费用的援助。此外，为方便困难职工看病，全省各级工会还建设了一批职工医院，并采取各种方式着力推进职工医疗保障工作。

1998 年，省总工会对困难职工生活保障工作进行了检查和评估。近 10 年来，全省各级工会在困难职工生活保障工作方面开展了丰富多彩的实践工作，取得了显著成果。在上述措施的帮助下，一批失去工作或者生活陷入困境的职工得到了及时救助和帮助，有了基本生活保障。该项工作的实施效果显著，得到了困难职工的高度评价。但在这些保障工作背后，看到了存在的问题和不足，比如，救助政策上存在措施执行困难、政策资金不足等问题；低收入职工生活保障工作中的“贫困陷阱”问题，即无法自我脱困的问题；职工救助工程等工作中的工作难度大与工作机制不完善，措施和帮助不够精准和有效等。此后，安徽各级工会继续完善和加强困难职工生活保障工作，使其更加精准、有效。

（二）开展困难职工再就业工作

产业的调整与变革为社会再就业带来了巨大挑战。安徽省总工会在此背景下积极开展困难职工再就业工作，提出了基本的政策方案，开展了系列服务活动。为开展困难职工再就业工作，省总工会出台了一系列再就业服务政策，包括定期开展职业技能培训，通过技能培训，提高失业职工的职业能力和就业竞争力。鼓励和扶持创业，通过提供资金、设施和技术等帮助，促进失业职工坚定其从业初衷。提供招聘信息和就业机会，通过宣传、推介职业信息，提高职工再就业的机会和能力。

1998 年 3 月，省总工会下发《关于全力推进实施再就业工程的意见》，实施“三年三个 10 万”再就业工程。即在三年时间内每年对 10 万名下岗失业人员开展再就业培训，为 10 万名下岗失业人员提供职业介绍服务，通过各种渠道和途径帮助 10 万名下岗失业人员实现再就业。以“六个一批”举措推动“三个 10 万”目标任务完成，即免费培训一批就业困难的下岗失业人员，培育一批“工会再就业示范基地”，引导一批下岗失业人员从事第三产业和社区服务业，推荐一批“4050”就业困难群体从事政府投资开发的公益性岗位，培育一批“1+1”模式走自谋职业之路的下岗职工再就业典型，帮扶救助一批下岗特困职工。

1998 年 4 月，省总工会成立下岗职工再就业工程领导小组。1997 年 12 月至 1999 年 5 月，省总工会联合省教委、省劳动厅，组织中国科学技术大学等 64 所

皖工发字(1998)38号

关于全力推进实施再就业工程的意见

各地、市工会，省直、省产业工会，各大企业工会：

当前，做好下岗职工再就业工作，已经成为全党全社会的头等大事，它不仅关系到职工群众的切身利益，关系到国有企业改革的成败，而且关系到社会稳定和社会主义政权的巩固。最近，省委、省政府就推进再就业工程作出了一系列重要部署，提出“减人增效、全员培训、政策引导、逐步分流、择优上岗、优化结构、明确责任、帮困到户”的再就业工程指导思想。省总工会在认真总结分析前一阶段全省工会实施再就业工程情况的基础上，对当前和今后一个时期推进实施再就业工程提出如下意见。

一、进一步提高认识，落实“一把手”工程，增强实施

★ 1998 年，省总工会印发《关于全力推进实施再就业工程的意见》，拉开了安徽工会春送岗位的序幕。

高校，分230批次对132万名下岗职工举办免费再就业技能培训，由高校和劳动部门颁发培训结业证书、职业资格等级证书。

1999年5月，省总工会响应全国总工会“下岗职工自强自立互助行动”号召，组织合肥百货大楼、商之都等单位购置300台商用冰柜捐赠给下岗特困职工经营冷饮食品，帮助全省300名下岗特困职工实现再就业，全国总工会副主席李奇生出席捐赠仪式。9月，省总工会成立“安徽省求实再就业服务中心”，帮助下岗职工再就业牵线搭桥。2000年1月，省总工会组织皖东机械厂等60名下岗职工成立“下岗职工擦皮鞋服务队”，2000年10月，组织合肥、芜湖、蚌埠、淮南、安庆5市15名国企下岗职工前往江苏和上海，学习借鉴下岗失业后再就业经验，鼓励引导他们“不找市长、找市场”，自谋职业、自主创业。

2001年，省总工会出台《关于促进下岗职工再就业的实施意见》，明确提出下岗职工再就业的政策措施，如政府补贴、技能培训、创业扶持等。此后，安徽各级工会积极宣传和落实这些政策，为下岗职工提供了再就业的机会。

为表彰再就业先进，1997年4月，省总工会授予张洲等10人“安徽省下岗职工再就业十大明星”称号，颁发省五一劳动奖章。1998年4月，省总工会授予汪萍等50人“安徽省下岗职工再就业明星”称号，颁发省五一劳动奖章。1999年4月，省总工会省劳动厅联合授予常家明等20人“安徽省下岗职工再就业带头人”称号，颁发省五一劳动奖章。2000年4月，省总工会授予马丽萍等20人“安徽省第二届下岗职工再就业带头人”称号，颁发省五一劳动奖章。①

除了上述措施，全省工会还积极推动加强职业教育和技能培训，并且不断进行政策引导，为困难职工输送技能，帮助他们顺利完成再就业。在加强职业教育体系建设方面，省总工会自1992年以后在全省范围内加强了职业教育体系建设，搭建了一张动态的职业教育网络。在各地成立了职业技术培训中心、职业指导讲师团等，以提高职工职业技能和水平，并对其进行进一步的职业指导。在职业技能培训方面，省总工会积极鼓励职工积极参加技能培训，不断提高职工的职业技能和素质。在跨行业换岗培训方面，省总工会开展了跨行业换岗培

① 安徽省地方志编纂委员会办公室编:《安徽省志·工会志（1994—2010）》，方志出版社2015年版，第84—85页。

训工作，使一些失业职工在短时间内掌握另一种职业技能，从而实现快速再就业。在1992年到2002年这10年间，安徽各级工会共开展了数千场技能培训，使数万名技术劳动者共同受益。

1992年至2002年是安徽各级工会开展困难职工生活保障和再就业工作的关键时期。安徽省总工会在这10年中不断完善工作体系，为困难职工的生活保障以及顺利再就业作出了很大的努力和贡献。其中，困难职工救助体系的建设、住房保障工作、医疗保障工作为困难职工带来了巨大的实惠。在再就业工作方面，加强职业教育体系建设、职业技能培训、跨行业换岗培训等方案都帮助了一部分失业职工或下岗职工。通过出台保障政策、实施再就业政策等措施，安徽工会为困难职工渡过难关，提供了有效的支持和帮助。可以说，全省工会在这10年中积极发挥作用和职能，为解决安徽劳动力市场方面的问题贡献了自己的力量。

五、建立健全企事业单位民主管理机制

党的十五大指出，要坚持和完善以职工代表大会为基本形式的企事业民主管理制度，组织职工参与改革和管理，维护职工合法权益。在党的十五大精神的指引和深化改革的新形势下，安徽各级工会积极探索职工民主管理的新形式、新途径，不断总结和推动企事业单位建立民主参与、民主决策、民主管理、民主监督机制，通过坚持“党委统一领导，党政共同负责，有关方面齐抓共管，职工群众广泛参与”的工作体制和运行机制，大力推行职代会制度、厂务公开制度、公司制企业职工董事和职工监事制度，企事业单位民主管理机制日臻健全和完善，民主管理工作取得长足发展。

（一）推行职工代表大会制度

安徽省总工会积极推行职工代表大会制度，主要内容包括国有、集体及其控股企业的职代会建设，改制企业职代会建设，民主评议领导干部等方面。

国有、集体及其控股企业的职代会建设。1997年12月1日，省总工会印发《安徽省股份合作制企业职工代表大会工作实施意见》。2001年初，省总工会专

门发文就开好职代会提出重点要求，文件在《安徽工人日报》登载，并配发评论员文章，对基层做好职代会工作给予及时指导。2001 年 6 月 18 日，省总工会召开全省大企业工会工作会议，围绕全国总工会、省总工会提出实现工会工作“五突破一加强”的目标，重点研究如何进一步加强以职代会为基本形式的企业民主管理和民主监督工作。会议听取各单位的情况汇报，讨论交流有关职代会建设的措施和办法。8 月，省总工会召开全省纪念《职代会暂行条例》颁布 20 周年会议，进一步研究职代会工作。同时，《安徽工人日报》组织专版纪念文章。此外，在全省开展职代会工作情况调查的基础上，起草《关于进一步建立健全职代会工作的意见》。①

改制企业职代会建设。党的十四届三中全会提出，要进一步转换国有企业经营机制，建立适应市场经济要求，产权清晰、权责明确、政企分开、管理科学的现代企业制度。1994 年至 2002 年，在抓好职工代表大会正常活动的同时，省总工会重点参与企业转机建制改革，加强改制企业职代会建设。1994 年，为迅速提高转机建制后企业职工代表参与民主管理的整体素质，省总工会编印《社会主义市场经济与工会工作教学参考资料》。7 月中，省总工会举办师资骨干培训班。11 月，省政府召开全省深化企业改革、建立现代企业制度试点工作会议，各地市工会主席、组织（民管）部长列席会议，参与讨论。会后，省总工会召开会议，全面部署建立现代企业制度试点工作。1995 年 2 月 7 日，省总工会成立现代企业制度试点工作领导小组。随后，省总工会参与审定批准安徽扬子集团、安徽轮胎厂、池州铅锌冶炼厂、安徽红四方集团等五家现代企业制度试点企业的试点方案，重点规范试点企业职代会制度职工代表依法进入董事会和监事会等工作。6 月 28 日至 7 月 2 日，全省首批 32 家现代企业制度试点单位工会主席，各地市工会组织（民管）部长，省级试点企业较多的所在地市工会分管主席等 49 人，在河北省承德市参加全国省级现代企业制度试点单位工会主席业务培训班，提高各试点企业工会干部的参与能力和业务素质。1996 年 10 月中旬，省总工会与全国总工会有关部门对黄山、铜陵、巢湖、六安等地、市小企

① 安徽省地方志编纂委员会办公室编：《安徽省志 · 工会志（1994—2010）》，方志出版社 2015 年版，第 121 页。

业改制中的工会工作进行调研，调研结束后，省总工会下发《关于在小型企业改革中加强职工民主管理和发挥工会作用的若干意见》。1997 年 9 月 2 日，省经济体制改革委员会和省总工会联合制定《关于在企业改制中加强职工民主管理和工会工作的若干意见》，省总工会按照意见，参加有关改制方案的论证，确保企业改制的程序和内容必须通过职代会，必须向职工群众公开，维护企业稳定。

做好职代会民主评议企业领导干部工作。党的十四届六中全会明确指出，“要加强对党员特别是领导干部的严格要求、严格管理、严格监督”，领导干部要“自觉接受党和人民的监督”。中央经济工作会议也对搞好国有企业改革和发展，加强企业领导班子，加强职工代表大会对企业领导干部的民主评议和监督进一步提出了要求。省总工会一直坚持职代会民主评议、监督企业各级领导干部制度。自 1985 年以来，全省就有不少企业根据《职工代表大会条例》，开展对企业中层以上的干部进行评议。1997 年开始，省总工会把职代会民主评议企业领导干部作为一项重要工作加以突出。1997 年 1 月 9 日，省委组织部、省经贸委、省总工会联合下发《关于建立健全企业职工代表大会民主评议领导干部制度的通知》，就民主评议企业领导干部的指导思想和原则、评议对象和范围、评议的主要内容、步骤和方法、评议的组织领导等提出要求。2 月 14 日，三家联合召开全省职代会民主评议领导干部电话会议，部署民主评议企业领导干部工作。2 月 19 日，省总工会把职代会民主评议领导干部列入与地市、产业工会签订的目标责任书中，实行一票否决。2 月 25 日至 3 月 3 日，省总工会派出三个检查组分赴全省 17 个地市检查职代会民主评议企业领导干部工作的落实情况。3 月 21 日，全国总工会召开职代会民主评议企业领导干部工作全国电话会议，高前清代表安徽工会作典型发言。到 3 月底，全省有 6244 家企业进行民主评议，评议 18612 名厂级干部、29459 名中层干部，其中国有企业 4049 家，评议厂级干部 12299 名，中层干部 18570 名。4 月 14 日，省委组织部、省经贸委、省总工会联合召开全省职代会民主评议企业领导干部第二次电话会议，对民主评议企业领导干部工作再动员、再部署。此后，共同抽调人员分成两个检查组，对八个地市、16 家企业职代会民主评议企业领导干部情况进行抽查。12 月 15 日，省纪委、省委组织部、省经贸委、省总工会联合制定《关于安徽省职工代表大会民主评议企业领导干部的若干暂行规定》。

1998年2月16日，省纪委、省委组织部、省经贸委和省总工会联合召开全省职代会民主评议企业领导干部工作电话会议，对民主评议领导干部工作进行动员和部署。3月27日至31日，四家联合先后分南北片在宣城、怀远召开全省民主评议领导干部工作汇报会，听取汇报，查找薄弱环节，提出对策和意见。6月上旬，四家单位抽调人员组成4个组，共同对全省民主评议领导干部工作进行检查。1998年，全省共有8353家企事业单位开展职代会民主评议领导干部工作，占应评的97.8%。其中国有企业4550家，集体企业2985家。接受评议的企事业单位中层以上领导干部77623人，通过民主评议和测评，其中优秀的占总数的22%，称职的占总数的73%，不称职的占总数的5%。10月，四家单位联合制定《安徽省企业职工代表大会民主评议领导干部若干规定》，标志着全省职代会民主评议工作进入经常化、制度化的新阶段。1999年后，全省大部分企业坚持每年开展一次职代会民主评议领导干部工作。①

（二）推行厂务公开制度

安徽省总工会推行厂务公开制度采取了诸多举措，其中包括厂务公开试点、事务公开、调研检查等。

厂务公开试点。1998年，省总工会按照党中央部署开始推行厂务公开工作。10月3日，省总工会组织人员到河北、天津参观学习厂务公开工作。10月6日，在全省工会工作会议上介绍学习参观情况，部署开展厂务公开试点工作。11月30日，省纪委、省委组织部、省经贸委和省总工会联合召开全省企业职代会民主评议领导干部和推行厂务公开电视电话会议，回顾企业职代会民主评议领导干部工作，总结交流经验，部署推行厂务公开工作。至此，厂务公开试点工作全面展开。1999年5月21日，省纪委、省委组织部、省经贸委、省总工会联合下发《安徽省企业厂务公开工作实施意见》，明确厂务公开的指导思想、原则和范围、厂务公开的内容、程序、形式、时间、基本工作标准以及工作体制

① 安徽省地方志编纂委员会办公室编：《安徽省志·工会志（1994—2010）》，方志出版社2015年版，第123—124页。

和运行机制等，为各地工会和企业开展厂务公开工作提供指导和遵循依据。5月29日至30日，省总工会召开全省大型企业工会工作会议，传达天津会议精神，交流开展厂务公开试点工作的情况，研究探讨推行厂务公开的有关问题，部署国有企业、国有控股企业厂务公开工作。6月10日，省委常委会听取全国厂务公开工作经验交流会精神和省推行厂务公开工作情况汇报。根据会议要求，成立安徽省推行厂务公开工作领导小组，省纪委、省委组织部、省经贸委、省监察厅和省总工会有关领导参加。7月7日，省推行厂务公开工作领导小组召开第一次会议，听取贯彻全国厂务公开工作经验交流会议精神和省推行厂务公开工作进展情况的汇报，研究厂务公开工作意见和领导小组工作职责，要求力争用3年左右时间在省内国有企业、集体企业和国有、集体控股企业基本建立厂务公开制度。会议决定省推行厂务公开工作领导小组办公室设在省总工会。

全面推行厂务公开。1999年7月8日，“安徽省推行厂务公开工作领导小组”公章和“安徽省推行厂务公开工作领导小组办公室”公章启用，省推行厂务公开工作全面展开。7月13日至14日，省总工会召开厂务公开工作调度会议。8月5日至6日，省厂务公开工作经验交流会召开，传达全国会议精神，总结交流试点经验。省厂务公开领导小组组长和副组长到会发表讲话，省纪委、省委组织部、省经贸委、省总工会相关负责同志分别发言，具体部署推进厂务公开工作，24家单位交流推进厂务公开工作经验。当年，全省各市和多数县（市、区）参照省里的做法先后召开厂务公开工作会、现场会、经验交流会。9月21日，省推行厂务公开工作领导小组和领导小组办公室，成员单位省纪委、省委组织部、省经贸委、省总工会分别制定厂务公开工作职责。2000年3月1日至3日，全国厂务公开与企业管理调研座谈会在长春召开，安庆市自来水公司作题为《厂务公开聚人心群策群力促发展》的发言，芜湖钢铁厂作题为《厂务公开是扭亏增盈的一剂良药》的书面发言。3月16日，全省企业厂务公开暨民主评议工作电视电话会议召开，总结1999年工作，安排当年工作，4位与会同志介绍经验。8月10日，省厂务公开领导小组办公室制定《安徽省厂务公开工作标准》，就厂务公开工作的组织机构，制度建设，公开的内容、形式与程序，质量与效果等进行具体明确布置，作为各地、各单位规范工作的依据。9月

5 日至 6 日，第二次全省厂务公开工作经验交流会在安庆召开，传达全国厂务公开工作电视电话会议精神，总结、交流、推广典型经验，11 家单位作大会发言。会议组织与会人员实地参观安庆石化厂、安庆自来水公司和华茂集团的厂务公开工作。2001 年，全省企事业单位建立厂务公开制度有新提高新发展，6410 家国有、集体及其控股企业实行厂务公开制度，占应实行企业数的 95.98%；6022 家各种类型的事业单位建立事务公开制度，占应实行单位数的 91.53%；283 家非公有制企业相继建立厂务公开制度，国有、集体及其控股企事业单位推行厂务公开制度三年目标任务顺利完成。

事务公开工作。2000 年，省总工会将厂务公开制度向事业单位延伸。9 月 25 日，省厂务公开领导小组正式下发《关于在事业单位试行事务公开的意见》，决定在全省各类事业单位中试行校务、院务、所务、站务等公开（以下简称事务公开）。11 月 8 日，省厂务公开工作领导小组召开事务公开工作座谈会，听取各委、厅有关负责人贯彻落实全省厂务公开经验交流会精神和《关于在事业单位试行事务公开的意见》的汇报，部署事务公开工作。9 月 18 日，全省事务公开工作电视电话会议召开，对全省事务公开工作进行全面总结和部署。蚌埠市委、合肥工业大学、省博物馆、铜陵人民医院 4 家单位进行经验交流。10 月中下旬，省总工会开展全省事务公开工作大检查，督促各事业单位切实加快工作进度，并保证工作质量。[①]

开展调研检查。2000 年 11 月，全省开展厂务公开调研检查。省厂务公开办公室抽调人员分成三个组，分别由省纪委、省经贸委、省总工会有关负责人带队，对 6 个市进行检查，收回调查问卷 9155 份，认为厂务公开有必要的 8025 份，占总样本的 87.7%；认为厂务公开有成效和有一定成效的 7998 份，占总样本的 87.4%；对本单位厂务公开工作满意和基本满意的 7988 份，占总样本的 87.3%。全省有 6703 家企（事）业单位开展厂务公开工作，其中国有和国有控股企业 3484 家，占全省开展厂务公开工作企（事）业的 52.0%；集体和集体控股企业 2410 家，占全省开展厂务公开工作企（事）业的 36.0%。企业化管理的

① 安徽省地方志编纂委员会办公室编：《安徽省志・工会志（1994—2010）》，方志出版社 2015 年版，第 125—127 页。

事业单位443家，事业单位1151家，其他所有制企业216家。2001年，依据《安徽省厂务公开工作标准》，采取“一听二查三检四谈五访六反馈”的方法，集中开展两次全省性的大检查。[①]

（三）推行职工董事与职工监事制度

1994年，省总工会参与《关于选择50家企业进行建立现代企业制度试点方案》的修改，增加“国有独资公司，两个以上国有企业或投资主体设立的有限责任公司中应有职工董事，各类公司中均应有职工监事，参加董事会和监事会的职工包括公司工会领导人”等内容。1995年至1996年，省总工会参与现代企业制度试点，对试点方案中的工会主席进入董事会、监事会等内容进行审查把关。1997年9月2日，省经济体制改革委员会和省总工会联合制定的《关于在企业改制中加强职工民主管理和工会工作的若干意见》中明确，国有独资公司、国有控股的有限责任公司和股份有限公司设立董事会的，董事会中应有公司职工代表，有限责任公司、股份有限公司的监事会中应有适当比例的职工代表，具体由公司章程确定，职工董事、职工监事由企业工会组织职工提名，经职工代表大会或全体职工民主选举产生或更换。1999年11月11日，省总工会下发《关于进行职工董事、职工监事问题调研的通知》。2000年7月，省总工会、省经贸委联合印发《安徽省公司制企业职工董事、职工监事工作的若干暂行规定》，对建立和完善职工董事职工监事制度，规范运行机制，积极发挥作用提出明确要求。10月24日至28日，省总工会在省总干校举办职工董事、职工监事培训研讨班。2001年，省总工会配合全国总工会、国家经贸委在安徽召开职工董事、职工监事问题研讨会，对安徽省建立职工董事、职工监事制度情况进行重点调研，并在会上进行汇报交流。当年，参加省经贸委主持的省重点企业公司制改制工作论证和审查，对建立职工董事、职工监事制度进行把关。按《公司法》改制的企业1105家，设职工董事的834家，占按《公司法》改制的企业的75.48%；设职工监事的878家，占按《公司法》改制的企业的79.46%。工会

① 安徽省地方志编纂委员会办公室编：《安徽省志・工会志（1994—2010）》，方志出版社2015年版，第128页。

负责人进入董事会的475家，进入监事会的378家，分别占设职工董事企业的56.95%和设职工监事企业的43.05%。[①]

（四）其他形式的民主管理工作

在坚持把职工代表大会作为企事业单位民主管理制度的基本形式，公司制企业完善职工董事、职工监事制度的同时，各地非公有制企业积极探索通过由职工参加并占相对多数的企业管理委员会、民主议事会、民主协商会和合理化建议、经理信箱等形式实行民主管理。学校在推行校务公开的实践中，通过定期召开离退休干部代表、民主党派负责人、各级政协委员、社会各界人士以及学生家长座谈会，公布要求且可以公布的事项及执行情况。其中普通中小学通过使用学生收费监督明白卡，让学生家长清楚并予以监督。涉及水、电、气、就医等与群众日常生活息息相关的单位，通过价格听证会、专题发布会等形式征求意见、发布信息。各种形式的民主管理不仅调动了职工群众的参与积极性，增加了透明度，还进一步丰富了公开内容，受到职工群众的欢迎。[②]

六、发展和加强工会各项事业与建设工作

（一）加强新经济组织的工会组建

随着市场经济体制逐步建立和完善，多种新经济组织不断涌现，在新经济组织建立工会对于协调劳动关系意义重大。省总工会适应形势发展，逐渐把工会组建工作重心放在新经济组织上，对各地新经济组织建会情况进行通报，促进这项工作深入、扎实开展。

1999年，省总工会在全省工会系统开展基层工会组织建设整顿工作，制定下发《安徽省总工会关于进一步加强基层工会组织建设的通知》，要求各级工会

① 安徽省地方志编纂委员会办公室编：《安徽省志·工会志（1994—2010）》，方志出版社2015年版，第132页。

② 安徽省地方志编纂委员会办公室编：《安徽省志·工会志（1994—2010）》，方志出版社2015年版，第134页。

进一步提高对基层工会组织建设重要性的认识，加强领导班子和干部队伍建设，认真研究改革和发展中的新情况、新问题，把基层工会组织建设工作提高到新的水平。与省经济贸易委员会、省对外经济贸易委员会、省工商行政管理局联合印发《关于进一步加强改制企业和新经济组织工会组织建设的通知》，要求在改制企业、新经济组织和重点产业、系统中，恢复、整顿、组建工会组织。新经济组织在25人以上的，应先行建立工会委员会，会员在200人以上的，应配备专职工会干部。

1999年12月，为贯彻落实全国总工会十三届三次主席团会议和十三届二次执委会议提出的实现工会工作“五突破一加强”的任务，加快全省新建企业工会组建步伐，全面推动新建企业工会工作的开展，省总工会成立了“安徽省新建企业工会工作办公室”，办公室直属省总工会党组领导，其主要职责是指导、协调新建企业组建工会；制定新建企业涉及职工和工会的政策；调查研究新建企业劳动关系状况和工会工作情况；总结、交流和推广新建企业工会工作典型经验；维护新建企业工会和职工的合法权益。

2000年11月，省委常委会议专门听取了省总工会关于全国新建企业工会组建工作会议精神的汇报，研究了贯彻意见。11月29日，省委、省政府召开电视电话会议，传达贯彻全国新建企业工会组建工作会议精神，省委领导发表讲话，有力地推动了新建企业建会工作的开展。省总工会十届三次全委会通过《关于进一步加强新建企业工会组织建设工作的意见》明确了新建企业工会组建的重要意义、指导思想、方法步骤、主要措施。截至2000年底，全省新建企业工会净增1万家左右，会员增加30万人左右。2001年底，全省新建企业（主要指外商投资企业、乡镇企业和私营企业）组建工会和发展会员分别累计达到3.5万多家和110多万人。新建企业建会数和发展会员数分别排在全国第9位和第11位。

此外，省总工会高度重视“职工之家”建设工作，根据全国总工会《关于对全国模范职工之家进行复查验收的意见》，自1992年开始，对中国工会十大和十一大授予的9个“全国模范职工之家”严格按照建家标准进行了复查验收。1995年，对1982年以来省总工会授予的“省模范职工之家”进行复查验收，切实保证“模范职工之家”的质量。1999年，省总工会制定《安徽省总工会关于进一步深入开展建设职工之家活动的实施办法》，对建设“职工之家”的指导思想、基本要求、实施办法和组织领导都做了明确规定，同时要求各地根据本地区、本行业特点，制定建家活动的实施细则，通过建家推动工会各项工作的开展，提高工会工作整体水平。[①]

（二）发展工会企事业工作

1996 年至 1997 年，全省各级工会企事业工作的重点是在充分论证、慎重稳妥、巩固完善已有企事业的基础上，积极发展新的经济实体。在全国第五次工会企事业工作会议上，安徽省扬子保温瓶厂、合肥职工技协、宿县金通商贸中心被评为全国工会企事业百强企业。

1998 年 3 月，省总工会召开全省第三次工会企事业工作会议，贯彻落实全国工会企事业工作会议精神，部署全省工会企事业工作。编制并组织实施《工会企事业五年（1998—2003 年）发展规划纲要》，成立省总工会直属企事业管理委员会，建立工会企事业发展基金。4 月，根据全国工会企事业工作会议精神，“工会企事业工作”更名为“工会劳动福利事业”，简称为“工会劳福事业”。

1999 年，全省“工会劳福事业”发展转入低潮。2000 年初，全省只有 232 家工会组织兴办的 356 家经济实体，企事业总产值及营业收入 1.9 亿元，利税总额 386 万元，安排各类就业人员 2687 人。

2000 年 2 月之后，全省工会企（事）业的发展处于调整、巩固时期，按照“有所为、有所不为”的原则，将完全依赖市场资源配置的企（事）业单位基本推向市场；将部分依赖市场资源配置、发挥工会职能作用、满足人民群众物质和文化需求的企（事）业单位予以保留，由工会系统或政府有关部门在政策和资金上给予一定的倾斜和补助。2001 年 12 月，全省工会企（事）业工作由各级总工会事业部开展对口管理。2002 年 1 月，按照机构改革要求，事业部编制取消。2006 年 3 月，恢复省总工会事业部编制，省市、县（区）总工会成立资产监督管理委员会，全省各级工会分别由事业部或职能部门履行出资人资格，对

---

① 安徽省地方志编纂委员会办公室编：《安徽省志 · 工会志（1994—2010）》，方志出版社 2015 年版，第 34—35 页。

工会企（事）业单位实施管理。

在指导全省工会兴办经济实体的同时，省总工会还不断加大对直属企（事）业单位的发展和指导力度。1994 年 3 月，省总工会对黄山工人疗养院、半汤工人疗养院、安徽工人报社、安徽省职工国际旅行社实行事业单位企业化管理，对安徽省天苑贸易公司（省总工会机关劳动服务公司）实行市场化经营。安徽省天苑贸易公司下设天苑印刷厂、天苑酒家、合肥天苑贸易公司等 3 个经济实体，主要经营百货、建筑材料、金属材料、化工产品、机械设备、汽车配件、煤炭、木材及农副产品等的批发、零售业务，采取自营、联营和门面出租等，年收入达百万元。1994 年 5 月，省委书记卢荣景、副书记孟富林亲临省总工会机关，参观指导省总工会机关劳动服务公司，并对该公司经营工作给予充分肯定。1995 年 4 月，省总工会在合肥成立“安徽皖工审计事务所”，注册资金 10 万元，国有企业，职工 13 人。1999 年 10 月，根据市场经济的发展和省政府关于政企分离的要求，经省政府、省总工会批准同意，安徽皖工审计事务所脱钩改制。2000 年 1 月，安徽省天苑贸易公司经省总工会党组研究决定予以撤销，其印刷厂及门面房交由省总工会机关服务中心管理。①

（三）探索开展工会经费税务代收工作

为更好保障工会经费使用和管理，安徽省工会在政策允许的情况下，创新探索工会经费税务代收工作，加强了经费的监管管理和使用效率，确保了工会经费的合理使用。

安徽省委托税务代收工会经费工作起步于 2001 年。当时，随着企业改革不断深入和非公有制经济的不断发展，由于缺乏有效的制约手段，工会经费收缴难的问题日益突出。2001 年 6 月，蚌埠市总工会在全国率先酝酿委托税务代收工会经费的可行性，并将这一想法向省总工会和蚌埠市领导进行汇报，很快取得省总工会和蚌埠市领导的支持。经过反复洽谈和协商，蚌埠市总工会与市国税局就委托代收工会经费的具体事宜达成一致意见，并很快联合发文，就这项

① 安徽省地方志编纂委员会办公室编：《安徽省志·工会志（1994—2010）》，方志出版社 2015 年版，第 171—173 页。

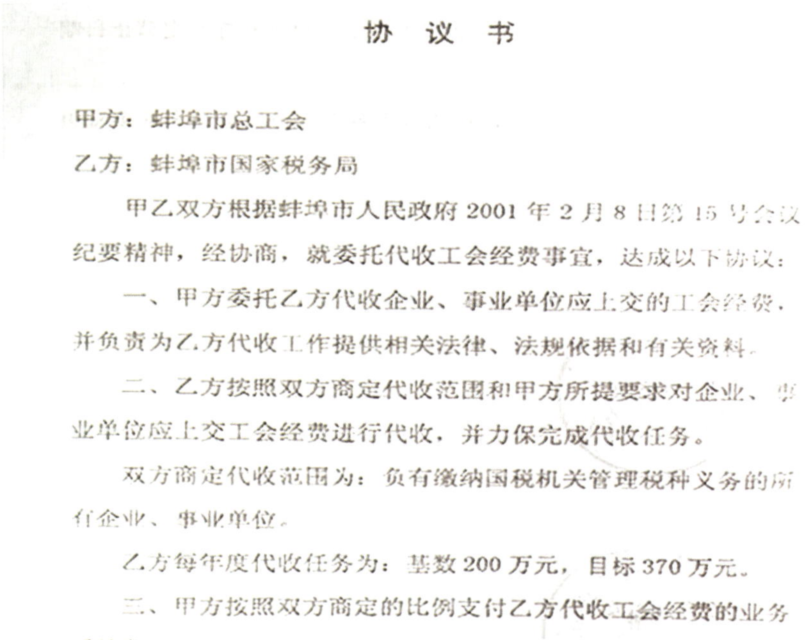
协　议　书

甲方：蚌埠市总工会

乙方：蚌埠市国家税务局

甲乙双方根据蚌埠市人民政府2001年2月8日第15号会议纪要精神，经协商，就委托代收工会经费事宜，达成以下协议：

一、甲方委托乙方代收企业、事业单位应上交的工会经费，并负责为乙方代收工作提供相关法律、法规依据和有关资料。

二、乙方按照双方商定代收范围和甲方所提要求对企业、事业单位应上交工会经费进行代收，并力保完成代收任务。

双方商定代收范围为：负有缴纳国税机关管理税种义务的所有企业、事业单位。

乙方每年度代收任务为：基数200万元，目标370万元。

三、甲方按照双方商定的比例支付乙方代收工会经费的业务

★ 2001年，蚌埠市在全国率先探索开展委托税务代收工会经费工作。

工作进入实质操作阶段作出明确规定。省总工会及时总结该市成功经验后向全省推广。随后，合肥、芜湖、黄山、六安、滁州等地纷纷效仿。[①]

在政策措施方面，全省各级工会主动争取当地党委、政府的重视支持和税务部门的积极配合，省及各市、县均出台委托税务代收工会经费的政策措施，保证了委托税务代收经费工作的稳步实施。17个省辖市中有13个市不仅出台了工会与税务部门的联合文件，还由政府下发专门文件。在账户管理方面，全省各市、县工会委托税务代收的工会经费，部分地方在银行设立专户，由工会进行管理，再按月或按季转入工会经费集中户，并按规定逐级分成上解。有的地方是将税务代收的工会经费直接进入工会经费集中户。在手续费方面，由于安徽省实行委托税务代收工作起步较早，当时全国没有统一的政策规定，代收手续费比例和支付方式由各地工会同税务部门协商确定，因此各地手续费比例高低不一。17个省辖市和78个县级地方工会中，实行2%工会经费全额委托代收的

① 安徽省地方志编纂委员会办公室编：《安徽省志·工会志（1994—2010）》，方志出版社2015年版，第151页。

市、县代收手续费比例均在5%以下（含5%），13个市、52个县为10%，1个市、11个县为15%，1个市、13个县超过15%。为了促进税务部门加大代收力度，许多地方在代收手续费上实行二级或三级超额累进制，即在完成年初双方协商确定的代收经费基数内的为10%，超额部分则分档次相应提高比例。全国总工会对税务代收手续费比例进行统一规定后，省总工会及时要求对手续费比例偏高的市、县进行下调。手续费支付方式主要有两种，一种是在结算时从代收经费中直接扣除，另一种是将代收经费全部转入工会经费集中户后，由委托工会支付。①

（四）推进工会疗（休）养院建设

1994年1月，安徽省工会举办的工人疗（休）养院有安徽省黄山工人疗养院、安徽省工人半汤温泉疗养院、合肥市工人疗养院、蚌埠市工人疗养院、亳州市工人疗养院、界首市工人疗养院6家，共有资产总额1798.55万元，全国总工会核定开设床位1100张，土地面积174925平方米，建筑面积56256平方米，在职职工463人，离退休人员64人。

全省疗休养院所承担疗（休）养的主要职责包括：全国总工会组织的全国劳模疗（休）养；各省企业、事业、机关、团体及工会系统等单位组织的劳动模范、职工群众疗（休）养；职业病、慢性病、有毒有害作业、因公负伤等疾病进行休养、疗养、康复；具有有偿服务性质的社会各界人士的健康疗（休）养和康复疗养。全省工会疗（休）养院所主要经费来源，一是全国总工会床位补贴。1996年12月之前，全省工会疗（休）养床位补贴每年为124.0万元，1997年1月之后逐年减少。二是省财政离退休费的补贴。1994年1月至1996年12月，每年为20.6万元左右。从1997年1月起，随着离退休人员增加和离退休人员离退休费标准的提高，每年有所增加。三是各疗（休）养院所为社会各界和职工群众提供服务的收入。

1994年至1998年，是全省工会疗（休）养事业发展的鼎盛时期。其间，在

① 安徽省地方志编纂委员会办公室编：《安徽省志·工会志（1994—2010）》，方志出版社2015年版，第152页。

成立安徽省职工疗养协会、制定《安徽省职工疗（休）养协会章程》的基础上，每年省总工会制定计划及开展向各疗（休）养院所输送疗（休）养员工作竞赛评比活动，由全省 17 个地市总工会和省大企业工会组织进行为期 7 天至 10 天的职工疗休养，效果明显。工会疗（休）养院所是计划经济的产物。在计划经济体制下，由工会分配指标，企事业单位选派疗休养员，同时得到国家财政补贴及上级工会在经费上的支持，使得疗（休）养院所正常运转。随着大部分国有企业的改制，不少企业破产，职工下岗，困难企业更是无钱送职工疗养，致使疗（休）养院所的疗（休）养资源锐减，迫使疗（休）养院所进入市场寻求生存发展之路。

1999 年 5 月，省总工会根据全国总工会疗（休）养工作会议精神，从增强公有制经济的活力出发，在工会资产不流失和服务宗旨不变的前提下，面向市场，深化改革，确定全省工会疗（休）养院所转变为事业单位企业化管理的模式，并通过多形式、多渠道筹集资金的办法，对所有疗（休）养院所进行初步改革。全省各疗（休）养院所以市场配置资源为主，全方位融入市场，逐步进入“自主经营、自负盈亏、自我发展、自我约束”的生存发展时期。[①]

2003 年 8 月，合肥市工人疗养院因城市发展规划需要，根据合肥市政府《关于合肥市工人疗养院整体移交合肥市卫生局的函》，经省总工会报全国总工会同意，整体移交合肥市卫生局。

2005 年 8 月，黄山工人疗养院被全国总工会授予“全国劳动模范疗休养基地”，半汤工人疗养院被安徽省人民政府确定为工伤康复疗养定点医疗机构。

（五）发展工会外事工作

安徽省总工会始终坚持正确政治方向，按照国家总体外交的战略部署，根据“独立自主、广泛联系”的活动方针，积极开展外事工作，发展同各国工会的友好合作关系。

出国访问、考察、培训。1994 年 5 月，芜湖市新型建材厂丁文等 3 人随全

① 安徽省地方志编纂委员会办公室编：《安徽省志·工会志（1994—2010）》，方志出版社 2015 年版，第 173—174 页。

国总工会组团赴日本研修，境外停留一年。同年11月，芜湖市永康食品厂张劲松等20人随全国总工会组团赴日本技术研修，境外停留1年。

1996年7月25日，安徽省总工会相关人员赴英国执行劳动关系培训，境外停留18天。9月7日，蚌埠市总工会相关人员参加中国工会代表团赴法国执行友好访问任务，境外停留14天。

1997年5月27日，安徽省职工国际旅行社相关人员参加中国职工旅行社总社赴法考察团，赴法国执行考察任务，境外停留10天。同年8月，安徽省总工会相关人员随劳动部代表团赴美国培训，境外停留20天。8月25日至9月7日，安徽省总工会相关人员随中国工会消费合作社赴日本培训团前往日本执行培训任务，境外停留10天。11月7日至17日，马鞍山市总工会相关人员赴法国培训，境外停留10天。

1998年4月，铜陵市建成棉纺厂一行8人，随全国总工会组团赴日本研修，境外停留1年。

1999年4月20日至29日，安徽省总工会相关人员参加中国工会赴劳动关系和工会工作考察团前往俄罗斯执行考察任务。8月24日，淮北矿区工会相关人员参加中国煤矿化学工会赴德劳动关系考察团赴德考察劳动关系，境外停留15天。同年10月，安庆市总工会相关人员参加全国总工会业务培训团前往英国、新加坡执行公务，境外停留15天。

2000年1月16日，安徽省邮电工会相关人员随中国邮电工会赴日本访问，境外停留8天。2月17日，安徽省总工会相关人员随中国职工对外交流中心研修生考察团赴日本考察访问，境外停留10天。3月27日至4月5日，应日本工会总联合会高知县联合会邀请，安徽省工会代表团一行7人赴日本访问，代表团在日期间就双方工会及职工交流等达成共识。2000年4月，安徽省20名研修生赴日本名古屋研修纺织，研修时间3年。4月1日，安徽省人大常委会副主任吴天栋、省政府副省长黄岳忠及省总工会主席高前清与赴日本研修生进行了座谈。4月29日，安徽省总工会召开座谈会欢送劳动模范免费赴泰国休养。5月5日至20日，安徽省总工会相关人员参加国家经贸委代表团赴美国参加质量年会，境外停留15天。5月16日至22日，安徽省总工会相关负责同志率领中国工会代表团访问日本，境外停留 7 天。7 月 4 日，安徽省总工会相关人员参加中国工会技协考察团赴日本访问境外，停留 10 天。7 月 21 日，安徽省总工会相关人员参加中国工会培训团，赴法国培训，境外停留 15 天。8 月 27 日，芜湖开发区工会相关人员参加中国工会代表团访问菲律宾、马来西亚、毛里求斯，境外停留 10 天。10 月 7 日，蚌埠市总工会相关人员参加中国工会代表团访问卢森堡等西欧国家，境外停留 19 天。12 月 1 日至 10 日，安徽省总工会相关人员参加中国工会代表团赴比利时出席中华全国总工会暨世界劳联 2000 年国际研讨会，境外停留 10 天。

2001 年 2 月 5 日，淮南矿区工会相关人员参加中国煤炭代表团访问澳大利亚，境外停留 10 天。3 月 30 日，安徽省机械工会、安凯集团相关人员参加中国工会代表团赴奥地利访问，境外停留 10 天。5 月 10 日，安徽省民航工会相关人员参加中国技协代表团访问俄罗斯，境外停留 15 天。5 月 28 日至 6 月 10 日，安徽省总工会相关人员随中国质量代表团赴新西兰澳大利亚访问，境外停留 12 天。

10 月 14 日，安徽省总工会相关人员参加中国工会集体合同培训团访问德国，境外停留 21 天。11 月，安徽省建筑工会相关人员参加中国建筑业工会干部团赴英国培训，境外停留 15 天；安徽省高速公路总公司工会相关人员参加中国高速公路管理者团赴日本技术交流，境外停留 10 天。11 月 12 日，安徽省总工会相关人员参加中国工会青年代表团赴日本考察，境外停留 12 天。11 月中旬，安徽省总工会相关人员参加省政府发展研究中心代表团赴澳大利亚、新西兰考察社会保障。11 月 24 日，安徽省总工会相关人员参加中国工会劳动关系培训团访问瑞典，境外停留 15 天。①

外国工会和工人代表团到访。1994 年 4 月 19 日，应中国职工对外交流中心邀请，日本日中技能者交流中心常务理事田井昭太郎先生一行到皖访问。5 月 12 日至 13 日，应河南省总工会邀请，日本三重县劳动者福祉协会友好访华团到安徽黄山等地访问。9 月，应中国职工对外交流中心邀请，以熊谷京一为团长的日中企业经营管理研讨会代表团到皖举办经营管理研讨会。10 月，应全国总工

① 安徽省地方志编纂委员会办公室编：《安徽省志·工会志（1994—2010）》，方志出版社 2015 年版，第 215—217 页。

会邀请，以突尼斯劳联外事书记赫依丁・布斯拉赫为团长的代表团一行2人到皖访问。11月13日至17日，以日本自治劳福冈县本部委员长桥口甚之辅为团长的考察团一行到皖访问。

1995年5月1日至3日，以总书记哈桑・贾玛为团长的阿拉伯工联代表团一行2人对黄山市进行友好参观访问。

1996年4月2日至3日，应中国职工对外交流中心邀请，以日本富士通工会中央执行委员长渡边纪畅为团长的希望小学视察团一行3人到皖进行友好访问，出席1995年援建的舒城“富士通工会希望小学”学校落成仪式和开学典礼。9月25日至26日，应中国职工对外交流中心邀请，以日本福岛县中小企业团体中央会会长南大作为团长的日本福岛县第九次经济考察团一行17人到黄山市进行友好参观访问。

1997年9月3日至5日，以日本日中技能者交流中心专务理事中川丰为团长的日本企业管理和福利专家代表团一行4人到皖参加企业管理研讨会。11月20日至22日，以日本富通中央工会副执行委员长岩泽重男为团长的“青春之船”先遣团一行4人到皖访问。

1998年5月4日，以日本富士通工会中央执行委员长松冈晴男为团长的富士通工会“青春之船”访华团到皖进行友好访问。

1999年3月22日至26日，应全国总工会邀请，以副主席阿・伊・苏里科夫为团长的俄罗斯独立工会联合会代表团一行4人到合肥、黄山等地参观。8月17日至21日，应全国总工会邀请，国际劳工局工人活动专家拉赫万一行2人到皖访问，并在合肥举办集体谈判教材评估班。10月5日至10日，应安徽省总工会邀请，以事务局长足达秀夫为团长的日本劳动组合总联合会高知县联合会访问安徽先遣团一行2人到皖访问。10月31日至11月4日，应安徽省总工会邀请，以会长川田拓助为团长的日本工会总联合会一行22人到合肥、黄山市参观访问。11月1日，双方工会在安徽饭店签订《相互友好交流协议》。12月15日至17日，应中国职工对外交流中心邀请，以日本名古屋纺织株式会社坂田和木野村寿先生组成的研修生面试团一行到皖面试研修生。

2000年3月16日，日本高知对外友协会会长铃木康夫一行3人来皖访问。

11月18日至19日，以总书记艾立勒晳·久布为团长的伊朗工人之家代表团一行5人到皖访问。

2001年4月13日至18日，德国五金化学工会及德国艾博特基金会到皖访问，并出席全国总工会在合肥举办的“中德劳动关系研讨会”。6月9日至12日，瑞典五金工会代表团一行4人访问安徽，并出席全国总工会在黄山举办的“中国—瑞典劳动关系研讨会”。6月16日至19日，日本名古屋纺织株式会社青木孝行到皖访问。8月24日至25日，日本福井县研修生考察团2人到访。10月31日至11月9日，根据协议，日本联合高知工会代表团7人应邀到访。11月23日，英国驻华大使馆政务处一等秘书岳德伟拜会安徽省总工会。①

七、开展“安康杯”竞赛活动和职工文化体育活动

（一）开展“安康杯”竞赛活动

“安康杯”竞赛是发动职工开展形式多样的安全生产宣传教育活动，提高职工的安全生产意识和素质，依靠职工、组织职工参与企业安全生产管理工作的活动之一。活动的最初形式是20世纪80年代中期由内蒙古自治区包头市总工会等部门首创，经实践不断完善，而后逐步在内蒙古自治区全区推开。经过几年在全区开展“安康杯”竞赛活动，内蒙古自治区的安全生产状况逐年改善，工伤事故连年下降，效果十分显著。1998年，全国总工会和国家经贸委在总结内蒙古自治区开展“安康杯”竞赛活动经验的基础上，对这种活动形式给予了充分的肯定，并在进一步完善和充实活动内容、形式的基础上在全国逐步展开。1999年，全国总工会和国家安全生产监督管理总局开始在全国开展“安康杯”竞赛活动，安徽省组织全省企（事）业单位积极参加。

“安康杯”竞赛组织。安徽省开展“安康杯”竞赛活动始终得到各级政府及有关部门的高度重视和支持，省安委会把“安康杯”竞赛工作作为全省安全生

① 安徽省地方志编纂委员会办公室编：《安徽省志·工会志（1994—2010）》，方志出版社2015年版，第220—221页。

产年度工作的要点，列入省安全生产“十一五”规划，将每年的“安全生产月”作为一项重点活动在全省组织开展。成立省“安康杯”竞赛活动组织委员会，组委会主任由省政府副秘书长担任，副主任由省总工会分管副主席、省安全生产监督管理局副局长担任，“安康杯”竞赛组委会办公室设在省总工会，对全省“安康杯”竞赛活动进行指导和协调。参赛企业成立由厂长或工会主席领导下的竞赛组织，对照竞赛考核标准，制订竞赛方案，落实竞赛措施，开展各项安全生产活动。全省上下形成分工明确、责任落实的竞赛工作格局。

“安康杯”竞赛活动。1999年，“安康杯”竞赛活动刚开展，参赛企业、行业职工比较少，只有300家国有大、中型企业参赛，行业集中在煤炭、化工、制造业等，参赛职工74万人。随着竞赛活动的深入开展，参赛范围逐年扩大，参赛企业数持续增长。一些股份制及中小型企业积极踊跃加入“安康杯”竞赛活动。同时，省“安康杯”竞赛组委会每年召开全省“安康杯”竞赛活动总结表彰大会，对获得全国和全省“安康杯”竞赛优胜企业、优秀班组、优秀组织单位和优秀组织者进行表彰，并利用多媒体展示部分优胜企业的“安康杯”竞赛先进事迹。大多数市总工会1年或2年召开一次“安康杯”竞赛活动总结表彰大会，总结经验、布置工作，表彰在“安康杯”竞赛活动中取得优异成绩的单位和个人。① 参照全国总工会对连续五年获得全国“安康杯”竞赛活动优胜企业评选全国五一劳动奖状的做法，省总工会对全省连续五年获得全国和全省“安康杯”竞赛活动的优胜企业评选省五一劳动奖状。马鞍山钢铁集团有限责任公司、大唐淮北发电厂、宿州供电公司、淮北供电公司分别获得全国五一劳动奖状。

省总工会坚持创新活动形式，增强“安康杯”竞赛活动的吸引力和持久力。2000年，各级“安康杯”竞赛组委会共编印“安康杯”竞赛简报近1000期，开展“安全知识竞赛”“安全生产演讲比赛”约800场，举行“安全在我心中”签名活动100多场。在举行活动的同时，省总工会注重在《安徽工人日报》《安徽工运》等媒体宣传报道，有力促进“安康杯”竞赛活动的深入开展。②

---

① 安徽省地方志编纂委员会办公室编：《安徽省志·工会志（1994—2010）》，方志出版社2015年版，第69页。

② 安徽省地方志编纂委员会办公室编：《安徽省志·工会志（1994—2010）》，方志出版社2015年版，第70页。

“安康杯”竞赛活动以厂一级为单位组织，由工会主席或委员主持，根据企业实际情况选定不同类别的竞赛项目。在竞赛项目的设定上，安徽省工会注重与企业生产经营密切相关，同时鼓励职工在技术创新、工作管理、员工体质健康等方面提供有益的建议和方案。在比赛流程中，安徽省工会注重公正性、公平性，将企业目标与员工利益结合起来，最终为企业和职工开展了一项有利的集体活动。

在实践中，“安康杯”竞赛活动共设定了诸多竞赛项目，如岗位技能、创新创意、管理创新等方面，为企业创造了良好的竞争氛围，让职工展示自己的才华和技能。还有一些企业借此机会加强了组织管理，提高了生产效率和质量，增强了企业的竞争能力。同时，在竞赛活动中，员工们也通过锻炼、联谊等方式增强了自身素质和技能。因此，“安康杯”竞赛活动不仅促进了企业的发展，也极大地推动了区域经济的繁荣。

“安康杯”竞赛活动在实践中取得了一些优良成效。一是增强了企业和职工之间的信任和合作关系，增强了团队合作意识和凝聚力。竞赛活动是一种全员参与的活动，有助于增强团队合作意识和凝聚力，提升了工会服务职工的能力。二是帮助企业激发了员工创新和创造力，推动了企业的技术进步和管理水平。激发了职工的工作积极性，提高了职工的工作表现和贡献。三是提高了职工的身体素质和精神风貌。竞赛活动鼓励职工参与体育活动，提高了职工的身体素质和精神风貌，能够丰富职工的业余生活，提高职工的生活质量。然而，也存在一些问题，如评选过程中可能存在的人情或权力等现象，或者职工不能充分实现其作用等。因此，安徽省工会在今后的工作中，也需要加强管理和推进创新，更好地发挥“安康杯”竞赛活动的作用。

实践证明，通过竞赛的方式为职工提供了展示和锻炼自己能力的平台，并为企业经济效益和职工生活水平作出了积极贡献。但实践中仍存在一些问题需要加强管理和创新，从而更好地发挥“安康杯”竞赛活动的作用。因此，安徽省工会在后续工作中始终坚持探索、实践和改进，进一步提升“安康杯”竞赛活动的质量，推动企业经济效益和职工的生活水平不断改善，为职工权益和社会发展作出更大贡献。

（二）开展职工文化和体育活动

随着改革开放和社会主义现代化建设事业进入关键时期，国家各项事业都在加速发展，特别是劳动力市场的变革，使得职工的生活质量和身体素质得到更多的关注。在此背景下，安徽工会积极响应国家政策，提高职工身心健康水平。

职工文化活动。1995年6月，省总工会对在工人文化宫、俱乐部建设中作出突出贡献的40个职工文化先进集体和65名职工文化先进工作者进行表彰。1996年12月，省总工会对在工会系统的电影院、图书馆、舞厅、录像厅、双休日活动中工作突出的单位和个人进行表彰，授予阜阳市工人俱乐部电影院等18家单位、马鞍山市工人文化宫图书馆等47家单位、皖北矿务局毛郢孜矿歌舞厅等44家单位、芜湖市工人文化宫录像厅等13家单位、安庆石化化肥厂工会双休日活动等31家单位先进单位称号；授予吴满枝等41人优秀图书管理员称号。1998年7月，为纪念党的十一届三中全会和改革开放20周年，迎接省工会第十次代表大会的召开，省总工会举办了以“辉煌的春天”为主题的职工文艺会演。1999年4月，为庆祝新中国成立50周年和澳门回归，省总工会组织4个职工文艺团体赴省重点工程芜湖长江大桥和合肥二电厂工地演出。9月30日，组织“庆国庆，迎澳归，迈向新世纪”文艺演出，共14个节目近400名演员参加。

职工体育活动。1994年9月5日至13日，省总工会在桐城县举办全省县级职工“龙眠杯”乒乓球比赛，共有24支代表队的100多名男女运动员参加了比赛，芜湖市第三制药厂代表队和省银鹰代表队分获市级男女团体第一名；巢湖航运局代表队和祁门县代表队分获县级男女团体第一名。1996年1月，省总工会第三届全国工人运动会安徽省代表团成立，总人数128人，参加了男篮、乒乓球、健美操、象棋、桥牌、田径、大众体育创编项目、太极柔力球、中老年门球等9个项目的比赛，取得总排名第十一名的成绩。1998年2月，为贯彻落实安徽省全民健身年活动实施方案，省总工会制定了职工群众健身活动的意见。1999年9月，省总工会组织“迎国庆全省职工体育活动月”活动，全省有6个地市和10多家大企业组织了专项活动，参加职工近20万人次。1999年12月18日，省总工会在各地市同时举办“全省职工迎接澳门回归、迈向新世纪长跑活动”。2000 年 5 月，省总工会组织开展以“健康迈向二十一世纪”为主题的全省职工大众体育竞赛系列活动，共组织 8 项健身竞赛。[①]

八、推动完善职工权益保障机制

（一）推动开展平等协商工作

劳动力市场变革使得职工的权益得到更多的关注，而工资作为职工及其家庭生活的物质基础，是职工劳动权益的核心所在；工资分配作为劳动关系的核心问题，关系到职工、企业和国家三方的根本利益。在此背景下，安徽各级工会积极响应国家政策，立足实际采取措施，积极推动平等协商工作的开展，完善了职工权益保障机制，为职工权益的保护和发展作出了重要贡献。

在改革开放初期，安徽工会按照“依法保障、平等协商、维护稳定”的总原则，在工会会员代表大会、工会委员会、工会主席办公会、劳资双方协商会等不同层次和领域，坚持运用协商的方式挖掘问题症结，制定和实施解决问题和维护秩序的各项措施，实施“谈判一次胜利，闹得十次失败”的方针，促使双方共建和谐工作环境。

安徽省的工会平等协商工作内容包括职工权益的保护、劳动关系的协调、社会保障的完善等。在具体操作中，工会不仅要代表职工维护自身权益，还要积极参与到企业的生产经营中，推动企业的发展。平等协商工作的特点体现在，一方面，它是一种协商式的劳动关系处理方式，旨在通过协商达成双方都能接受的解决方案；另一方面，它是基于平等、公正、民主等原则展开的，体现了职工与用人单位的平等地位。在 20 世纪 90 年代初期，安徽省工会在潜移默化中逐渐形成平等协商的文化，越来越多的企业参与到工会的协商中，如全省煤矿、钢铁、纺织、机械等行业，为高效的协商提供了广泛的平台，帮助企业管理层与工会进行有效交流。例如，针对部分企业有派出工作队的情况，安徽省

① 安徽省地方志编纂委员会办公室编：《安徽省志 · 工会志（1994—2010）》，方志出版社 2015 年版，第 196—198 页。

工会多次与企业主要负责人协商，并对这一行为进行限制和规范。此外，1998年，省总工会与省政府协商提出，通过大幅度减免企业用电费用、缓缴社会保险及税费、提供低息贷款等多项优惠政策解决企业难题。在此过程中，全省各级工会在协商中积极地维护工人的根本利益，与政府协同合作，共同解决矛盾问题。

2001年5月，省总工会成立工资集体协商工作办公室，抽调专人负责此项工作，通过编印工作简报，举办协商代表培训班，组织人员外出学习考察，召开工作推进会，开展专项大检查等方式，培训一批企业工资集体协商谈判骨干力量，选树一批开展工资集体协商工作的先进典型，发挥了良好的示范带动作用。[①]

1992年至2002年，全省各级工会通过平等协商工作取得了良好成效。一是职工权益得到更好的保障，工会通过协商，使企业更加关注职工的权益，提高了职工待遇和福利；二是劳动关系更加稳定，工会积极参与到劳动关系的协调中，使企业与职工之间的矛盾得到有效解决，促进了劳动关系的稳定；三是社会保障得到完善，工会通过协商，推动企业加强社会保障工作，使职工的社会保险制度得到完善。工作中也收获了许多有益经验。首先，平等协商恰当地反映了工会服务职工的理念，有效调解了企业内部矛盾和争端，保护了工人权益和社会稳定。同时，与政府的协商一同进行，能够将工会工作的利益最大限度地发挥出来。其次，也存在一些问题，如双方调解工作中的权威性问题，以及商谈过于注重眼前利益而忽视了长远发展问题等。因此，安徽省工会在后续工作中，对相关问题予以重视，逐渐加强协商的责任感和使命感。

通过这一时期的平等协商工作，安徽各级工会为职工权益的保护和发展作出了重要的贡献，并为工会如何规范协商机制和发挥作用提供了重要的参考和借鉴。

（二）推动集体合同工作

安徽省作为中部地区重要的工业基地，工会组织在集体合同工作方面有自身的特点和丰富的经验。

---

① 安徽省地方志编纂委员会办公室编：《安徽省志·工会志（1994—2010）》，方志出版社2015年版，第131页。

自1995年起，安徽省开始逐步推行集体合同工作。1996年，省总工会和省劳动厅联合下发《安徽省集体协商和集体合同暂行办法》，对平等协商和集体合同的原则、内容、方法、争议处理等事项作了明确规定。1999年，实行集体合同工作通报制度，并根据情况的变化，在通报中增加了到期合同的续签、改制企业的再签以及区域性、行业性集体合同的新签等内容。一些市、地、县和产业工会与劳动部门联合下文检查集体合同工作，或纳入人大执法检查范围，省总工会结合有关工作，对集体合同情况进行了抽查。年底，全省共有9268家企业签订了集体合同，其中履约情况较好的约占统计总数的60%，一般的占统计总数的30%，较差的占统计总数的10%。85%以上的到期合同进行了续签。同时，签订行业性、区域性集体合同工作在一些地方也有进展。2001年12月31日，省总工会会同省劳动和社会保障厅、省经贸委、省企联联合转发《关于进一步推行平等协商和集体合同制度的通知》，并提出相关贯彻意见。①

集体合同工作的内容主要包括职工福利待遇、劳动条件、劳动保护、劳动时间、劳动合同、工作安全等方面。在具体操作中，工会要代表职工与用人单位进行协商，达成一份符合双方利益的合同。在集体合同的制定过程中，一般需要工会与企业协商。1992年至2002年，安徽省工会积极推动集体合同的签订，并致力于促进企业管理者的意识转变。具体来说，各级工会秉承“坚持从工人根本利益出发，通过谈判协商，平等合法保障工人权益”的原则，为企业与职工提供一个公平、开放、协商的平台。在集体合同的内容方面，除了劳动条件和经济待遇，全省工会还注重于保障工人的合法权益和职业安全。例如，针对一些企业存在的低津贴、长时间劳动、不安全的工作环境等问题，工会多次提出协商意见，并与企业主要负责人协商解决方案，以充分保障工人的利益。同时，在集体合同的实施过程中，工会也充分发挥其监督作用，确保企业履行合同中的各项规定。

从集体合同工作的特点看，它是一种集体化的协商方式，旨在通过协商达成双方都能接受的解决方案；它是基于公正、民主等原则展开的，体现了职工与

---

① 安徽省地方志编纂委员会办公室编：《安徽省志・工会志（1994—2010）》，方志出版社2015年版，第130页。

用人单位的平等地位。从集体合同工作的成效看，一是职工福利待遇得到提高。工会通过协商，使企业更加关注职工的福利待遇，提高了职工的生活水平；二是劳动条件得到改善。工会通过协商，推动企业改善职工的劳动条件，提高了职工的工作环境和工作条件；三是劳动保护得到加强。工会通过协商，推动企业加强职工的劳动保护工作，保障了职工的身体健康和安全；四是劳动时间得到规范。工会通过协商，规范了职工的工作时间和休息时间，保障了职工的工作和生活平衡。

集体合同制定和实施增强了企业和职工之间的信任和合作关系，促进了工会服务职工的作用，提升了工会组织自身的能力和影响力。同时，对于保持全省职工队伍的稳定，促进劳动关系的和谐、推动经济社会又好又快的发展，发挥了重要作用。工会在集体合同的制定和实施中秉承“劳动关系和谐稳定”的原则，通过协商和谈判为企业和职工提供了一个公正、平等的平台，有效增强了工会服务职工的作用和能力。但是，在这一过程中也存在一些问题，如贯彻实施层面中的落实不足，集体合同的规范性和权力有待完善，需要加强管理和推进创新，更好地发挥集体合同的作用。因此，后续工作中，安徽省工会继续加强培训和管理，努力提高集体合同的质量和实效性，通过集体合同工作，切实维护工人合法权益。

（三）推动职工社会保障工作

安徽省总工会着力推动职工保障事业健康发展，在社会保障工作上多措并举，从调查研究、政策制定、稳定职工队伍等方面发力，取得了良好成效。

一是加强调查研究。省总工会先后就困难职工基本生活、下岗职工进出“中心”、低保政策落实、职工权益维护、劳动安全卫生、企业改制职工安置、社会保险政策落实、职工收入状况、困难群体就业等热点难点问题，开展专题调研并形成调查报告。其中较有影响的是1998年5月《关于县以上工会干部调查走访万名下岗职工的情况汇报》，1999年4月《关于安徽省当前下岗职工基本生活保障和再就业工作状况的调查报告》，2000年5月《关于安徽省10个列入全国国有企业关闭破产和职工再就业工作情况的调查报告》，2000年8月《关于全省两个确保和下岗职工再就业情况的汇报》，2001 年 5 月《关于蚌埠、黄山、池州 3 市部分国有企业改制退位职工身份置换问题的调查报告》和《关于安庆、池州、铜陵社会保障政策落实情况的调查报告》，2001 年 9 月《关于安徽省困难职工群体的情况及解决的建议》。

二是推动政策制定。省总工会积极参与省政府及有关部门社会保障法规政策的研究制定。例如，1997 年 10 月《安徽省统一企业职工基本养老保险制度实施方案》，1999 年 4 月《安徽省人民政府关于切实做好国有企业下岗职工基本生活保障和企业离退休人员养老金发放工作有关问题的通知》，1999 年 7 月《安徽省关于实施城镇职工医疗保险制度改革若干意见的通知》，2000 年 7 月《安徽省人民政府关于进一步做好全省企业离退休人员基本养老金按时足额发放和国有企业下岗职工基本生活保障工作的通知》、11 月《安徽省人民政府关于加强社会保险费征缴工作的意见》，2001 年 4 月《安徽省人民政府关于大力促进就业工作若干问题的通知》，这些社会保障政策的出台，促进了职工经济权益的维护和有关问题的逐步解决。[①]

三是稳定职工队伍。2000 年前后，由于企业改革、职工下岗，部分地区和企业出现“两个确保”不到位，拖欠职工工资和社会保险费，职工群体上访事件时有发生。遵照省委关于稳定工作的部署要求，省总工会建立省、市、县和企业工会构成的 4 级预警机制和信息网络，并建立省总工会值班制度，要求基层及时上报各种信息，配合协助政府及时分类处置，把问题处理在基层，解决在萌芽状态。2001 年 5 月至 6 月，省总工会保障部组织全省工会开展企业拖欠职工工资、下岗生活费、社会保险费等摸底调查，形成《安徽省困难职工基本情况汇总表》报省政府，汇总表反映全省企业欠缴养老保险费 100 万元以上的企业 275 家、欠缴失业保险费 50 万元以上的企业 69 家、拖欠职工工资 300 万元以上的企业 134 家、拖欠下岗职工生活费 100 万元以上的企业 147 家、拖欠离退休职工养老金 50 万元以上的企业 93 家、拖欠职工医药费 50 万元以上的企业 188 家、拖欠职工集资款 100 万元以上的企业 142 家。2001 年 7 月，省地税

① 安徽省地方志编纂委员会办公室编:《安徽省志 · 工会志（1994—2010）》，方志出版社 2015 年版，第 79 页。

局、省劳动和社会保障厅、省财政厅、省总工会联合下发《关于全省部分企业基本养老保险费欠费情况的通报》。通过摸底调查，掌握了安徽省困难职工基本情况，为制定合理有效的解决方案提供了基本依据。

四是促进低保扩面。1997年10月，国务院决定在全国建立城市居民最低生活保障制度，保障对象分为三类，包括无生活来源、无劳动能力、无法定赡养人；领取失业救济金期满未能重新就业，家庭人均收入低于最低生活保障标准的居民；在职人员和下岗人员在领取工资或最低工资、基本生活费后以及退休人员领取退休金后，其家庭人均收入低于最低生活保障标准的居民。2001年初，省总工会制定《全省困难职工群体状况调研实施方案》，对1820家困难企业、109万名职工进行实地实名调研，对困难企业拖欠工资和社会保险费、困难职工基本生活和困难职工进入低保情况进行调查统计，对存在的问题进行深度分析，形成《安徽省困难职工群体状况调查报告》。调查报告反映的情况被全国总工会及时上报党中央，中共中央政治局委员、国务院副总理吴邦国先后作出两次重要批示，第一次在全国总工会办公厅7月31日《参阅件》（第8期“安徽省困难职工群体状况”）上批示，强调要特别关心特困职工这一群体，要从安徽省总工会调查报告分析，在做好“两个确保”工作的基础上，将完善低保作为工作的重点，摸清人员、工资情况，提出解决办法，并争取国家支持。第二次在全国总工会办公厅9月7日《全国总工会信息》（第50期“安徽省困难职工群体基本情况”）上批示，强调要从材料分析，建立城市低保，确保最低生活保障是当务之急。同时，省委、省人大、省政府主要领导高度关注省总工会调查报告反映的问题，分别做出批示。2001年8月24日，省政府和省总工会召开第五次联席会议，以解决困难职工群体问题为议题，听取省总工会《关于安徽省困难职工群体问题的情况及建议》，形成会议纪要，强调做好低保工作的重要性和紧迫性，责成有关部门按照国务院领导要求，抓紧做好全省低保扩面工作，努力实现“应保尽保、应保必保”。2001年9月，省民政厅和省总工会联合下发《关于把特困职工家庭纳入最低生活保障的通知》，要求各级民政部门和工会组织认真贯彻国务院和省政府的部署，将应保未保的特困职工全部纳入低保救助，做到“不漏保1户，不遗漏1人”。省总工会抓住低保扩面契机，组织全省工会将掌握的20.66万户（涉及人口65.44万人）“低保线”特困职工档案全部移交民政部门，为审查核定进入低保提供依据，并协助配合民政部门把符合条件的特困职工纳入最低生活保障。在扩面过程中，针对部分基层民政部门在操作过程中出现的“视同收入”“限定指标”和基层操作不规范、属地管理不到位、补缺补差水平低以及部分产业因政策原因未能进入等问题，省总工会向省领导和民政部门反映，促使有关问题很快得到解决。

2001年11月，省卫生厅出台《关于政府举办的非营利性医院开设“助困病房”实行特困职工医药费用减免的通知》，明确对患病困难职工凭特困证、低保证给予挂号费、床位费、药品费、治疗费、检查费等实行比例不等的减免政策，使患病困难职工从中受益。[①] 这些相关医疗政策的出台，也对职工生活起到了重要的保障作用。

（四）为职工提供法律援助

1999年2月26日，省总工会成立“安徽省职工法律援助中心”为困难职工提供法律援助等维权服务，先后承办了原合肥禽蛋公司离退休职工与安徽三联科技有限公司医疗费纠纷案、安徽商之都职工与该单位经济补偿纠纷案、安徽省第一建筑工程公司职工与该公司生活费纠纷案、合肥市农资公司职工与该公司内退纠纷案、合肥皖江公司职工与该公司解除劳动关系纠纷案、安徽省机械供销总公司职工工伤争议案、中电集团第16研究所职工与该所生活费和退休工资争议案、中国联通公司合肥分公司职工与该公司死亡待遇纠纷案等法律援助案，有效维护了职工的合法权益，使很多职工摆脱了生活困境，重新树立了生活的勇气和对社会主义民主与法制的信心，为促进社会稳定和构建社会主义和谐社会作出了应有的贡献。中央电视台和《人民日报》《工人日报》《安徽卫视》《安徽工人日报》《安徽商报》《安徽市场报》《合肥晚报》等新闻媒体对上述案件予以大量报道，社会效果显著。参与了合肥铁路工程学校部分退休教职工和省路桥、港航、疏浚公司以及安徽鸿运公司等离退休职工关于退休待遇和合肥

---

① 安徽省地方志编纂委员会办公室编：《安徽省志·工会志（1994—2010）》，方志出版社2015年版，第80—81页。

市白马公司职工因企业改制导致经济补偿和赔偿等集体上访案件的调查处理，维护了职工群体的合法权益。①

与此同时，省总工会还帮助各级工会组织依法维权，先后参加省总工会机关服务中心广告纠纷、参与绩溪县总工会劳动争议申诉等案件、六安市裕安区工会经济纠纷申诉等案件。参与临泉县、阜阳市、枞阳县、泾县、淮北市总工会以及省总工会房地产案件的开庭审理或案外调解，均取得满意结果。“文化新村”房地产纠纷案、三里庵原工人疗养院产权纠纷案、三孝口拆迁安置纠纷案均胜诉结案。针对马鞍山纺织厂、芜湖木材化工总厂、铜陵工艺美术厂等工会的账户和资金被法院错误冻结、划拨等情况，省总工会积极帮助协调，据法力争，使问题得到妥善解决。

（五）开展职工互助保障工作

20 世纪 90 年代初期，随着改革开放进一步深入，在社会主义现代化建设事业取得成就的同时，一些急需解决的困难和问题也逐步显现。其中职工群众的保险保障水平相对较低，已成为影响职工队伍稳定、制约社会和谐发展的重要因素之一，受到党和国家高度关注。1993 年，全国总工会发挥自身优势、为党政分忧、为职工解难出发，创办中国职工保险互助会，组织职工开展互助互济活动，积极协助政府提高职工的保险保障水平。中国职工保险互助会是经国家劳动部同意，民政部批准注册的具有法人资格的全国性社团互助合作制保障机构，是国家财政和税务部门认定的具有免税资格的非营利组织。该组织以为职工群众服务为目标，以更好地维护职工群众的基本经济利益为宗旨在职工自筹资金、自愿参加的基础上，以解决职工自身实际困难为主要任务，在全国范围内开展与职工生、老、病、死、伤残或发生意外灾害、伤害等有关的互助保障业务，成为社会补充保障体系的一部分。

为进一步推动和加快安徽省职工互助保障事业的发展，经安徽省总工会申请，1998 年 10 月 28 日，中国职工保险互助会批准成立中国职工保险互助会安

① 安徽省地方志编纂委员会办公室编：《安徽省志 · 工会志（1994—2010）》，方志出版社 2015 年版，第 100—101 页。

徽省办事处（简称安徽省办事处），负责安徽省范围内，除合肥、芜湖外的职工互助合作保险事业。[①]（合肥、芜湖已先于省总工会申请成立办事处）

安徽省办事处成立后，省总工会党组根据全国总工会相关规定，设立了管理委员会和日常办事机构。办事处日常工作机构设在办事处。在办事处的指导下，淮北、宿州、蚌埠、阜阳、淮南、六安、滁州、马鞍山、巢湖、宣城、铜陵、池州、安庆、黄山、亳州等市总工会，省直、交通、国防、地质、电力、农林水、教育、机械等省产业工会，淮北矿业集团、马钢集团公司、中铁四局集团公司、蚌埠铁路分局、合九铁路公司、东航安徽分公司等大企业工会先后成立代办处，分别在各自范围内开展职工互助保险业务，建立相应的工作机构。安徽省办事处在管理委员会的领导和中国职工保险互助会的具体指导下开展工作。安徽省办事处保费收入也逐年递增，其中 1999 年实现各类保费收入 2084 万元；

★ 1999 年 11 月，中国职工保险互助会安徽办事处为全省第一例出险的蚌埠火车站职工送去理赔金。

① 安徽省地方志编纂委员会办公室编：《安徽省志 · 工会志（1994—2010）》，方志出版社 2015 年版，第 177 页。

2000 年实现各类保费收入 8440 万元；2001 年实现各类保费收入 21627 万元。[①]

业务发展组织机构建立后，经过一段时间的筹备，安徽省办事处于 1999 年 3 月开办《职工团体意外伤害互助保险计划》《职工安康互助保险计划》和《女职工安康互助保险计划》，并迅速开展业务活动，其中第一起重大理赔是 1999 年 11 月，蚌埠火车站贵宾室女服务员庄一琴在工作期间被不法之徒打致重伤，根据理赔条款，给予庄一琴 5 万元理赔金。

① 安徽省地方志编纂委员会办公室编：《安徽省志・工会志（1994—2010）》，方志出版社 2015 年版，第 178—179 页。

安徽工人运动史

ANHUI GONGREN YUNDONGSHI

【下册】

安徽省总工会◎编

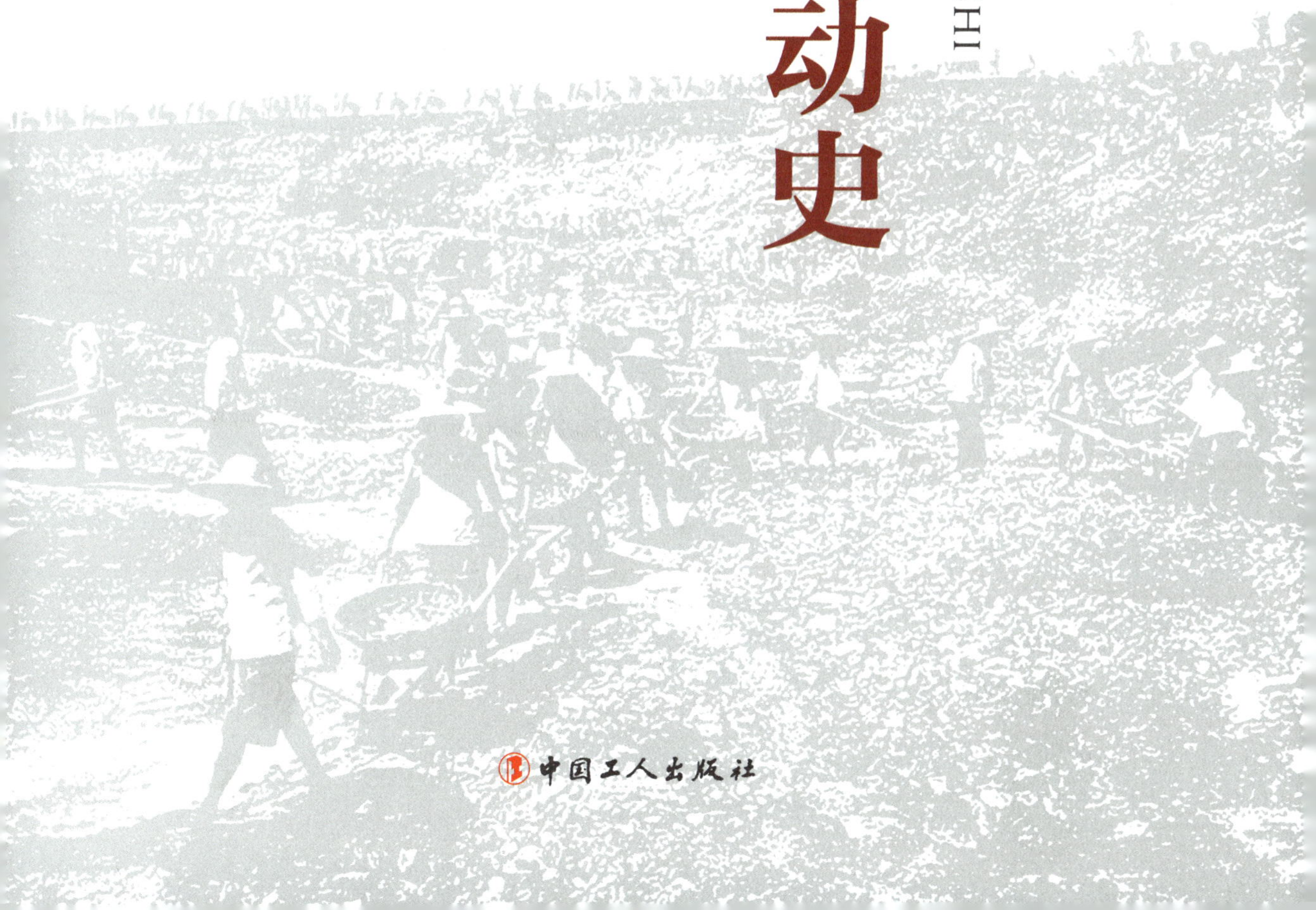

中国工人出版社

目　录

第三编　改革开放和社会主义现代化建设新时期的安徽工运事业

第四编　中国特色社会主义新时代的安徽工运事业

第十一章　进入21世纪的安徽工运事业

进入21世纪，国际形势和国内环境发生了深刻变化。国际形势方面，世界多极化在曲折中发展，经济全球化深入发展，文化多样化持续推进，社会信息化快速发展，科学技术孕育新突破；国内环境方面，我国社会主义物质文明、政治文明和精神文明快速发展，社会主义市场经济体制已经确立，邓小平提出的“三步走”发展战略顺利实现了前两步发展目标，我们迈向全面建设小康社会的新征程。面对新形势、新任务，安徽工运事业和工会工作面临新要求。

安徽各级工会在党的领导下，认真学习党的十六大、十七大精神，坚持贯彻党全心全意依靠工人阶级的根本指导方针，坚定不移落实“组织起来、切实维权”的工作方针，积极履行维护职工合法权益的基本职责。10年间，全省工会围绕中心、服务大局，团结带领广大职工为推动转型发展作出了新贡献；凝心聚力、弘扬先进，推动职工队伍素质得到了新提升；强基固本、激发活力，依法推进企事业单位普遍建立工会组织取得了新突破；突出维权、促进和谐，参与社会管理工作迈出了新步伐；情系职工、扶危济困，协助党政保障和改善民生取得了新成绩；统筹兼顾、协调发展，推进工会整体工作水平迈上了新台阶。全省各级工会改革创新，求真务实，踏实肯干，积极进取，为全面建设小康社会、加速安徽崛起作出了重大贡献。

第一节 推进全面建设小康社会中的安徽工运事业

一、学习贯彻“三个代表”重要思想

2000年2月25日，江泽民总书记在广东省考察工作时，从全面总结党的历史经验和如何适应新形势新任务的要求出发，首次对“三个代表”重要思想进行了比较全面的阐述。要求全党特别是党的领导干部深刻认识和牢牢把握“三个代表”，用以指导自己的思想和行动，成为合格的共产党员。

安徽省总工会深入学习贯彻“三个代表”重要思想，并在多次重要会议上进行部署。2001年2月3日，省总工会召开十届四次全委会，会议回顾了过去一年的工作，肯定了全省各级工会组织和广大工会干部在邓小平理论和“三个代表”重要思想的指导下，以省委召开全省工青妇工作会议为动力，紧紧围绕党和国家工作大局，认真落实全国总工会提出的工会重点工作“五突破一加强”，各项工作都取得了新成绩。会议提出，2001年工会工作的指导思想是，以邓小平理论和党的基本路线为指导，按照“三个代表”的要求，深入贯彻党的十五届五中全会和省委六届十二次全会精神，紧紧围绕加快发展、富民强省主题，狠抓“五突破一加强”工作的落实，最大限度地把广大职工组织到工会中，最大限度地维护广大职工的合法权益，最大限度地保护和调动广大职工的积极性、创造性，在实现安徽“十五”计划中充分发挥工人阶级的主力军作用。

2002年1月21日，省总工会十届六次全委会议肯定了过去一年的工作，全省各级工会和广大工会干部以邓小平理论和“三个代表”重要思想为指导，紧紧围绕党政工作大局，锐意进取，开拓创新，埋头苦干，扎实工作，努力落实省总工会十届四次全会确定的各项任务，为推进安徽省改革发展稳定作出了应有贡献。会议强调，面临新形势和新任务，2002年全省工会工作要抓住贯彻落实《工会法》的重要契机，切实履行维护职工合法权益的基本职责，按照“抓机制、办实事、转作风、求实效、促发展”的思路，继续推进工会各项重点工

作的落实，切实保护、调动和发挥好广大职工投身两个文明建设的积极性和创造性，为实现“十五”计划和“加快发展、富民强省”目标多作贡献。依据这一指导思想，全省各级工会要继续深入贯彻江泽民总书记“七一”重要讲话，用“三个代表”重要思想统揽工会各项工作，团结动员全省职工为实现安徽省“加快发展、富民强省”的目标而努力奋斗。

2003 年 1 月 14 日，省总工会十届八次全委会议肯定了在过去的一年中，安徽省各级工会联系实际学习贯彻“三个代表”重要思想，进一步奠定了与时俱进地推动工会各项工作的思想基础。各级工会采取专题学习、座谈讨论、收听收看录像、举办学习报告会等多种形式，深入学习江泽民“5 · 31”重要讲话和党的十六大文件，层层展开了“解放思想、实事求是”大讨论，紧密联系工会工作实际，深入基层、深入职工群众，广泛开展调查研究，认真分析和思考工会工作面临的新形势、新情况，努力运用发展着的马克思主义理论指导工会工作实践，推动了工会各项工作的开展。会议要求，全省工会必须以邓小平理论和党的十六大精神为指导，努力实践“三个代表”重要思想，按照省委的要求和全国总工会十三届五次执委会的部署，坚定不移地推动党的依靠方针的贯彻落实，切实履行维护职责，突出重点，办好实事，团结动员全省职工为实现“加快发展、富民强省”目标、全面建设小康社会作出新贡献。根据这一思路，全省工会把深入学习宣传贯彻党的十六大精神，用“三个代表”重要思想统揽工会各项工作作为首要政治任务，牢牢把握和深刻领会“三个代表”重要思想的科学内涵，切实抓住解放思想、实事求是、与时俱进这一理论精髓，用党的十六大精神统揽工会各项工作，进一步增强开拓创新的决心和勇气。

省总工会十届四次全委会以来，全省各级工会把深入贯彻“三个代表”重要思想作为工会工作的重要任务。在思想上，认真学习江泽民总书记的重要讲话和党的十六大文件，开展关于“解放思想、实事求是”的大讨论，力求深刻理解和正确把握“三个代表”重要思想的精神实质，进一步增强群众观点、群众路线和党的宗旨意识，切实改进工作作风。在实践中，坚持用“三个代表”重要思想统揽工会各项工作，认真落实全国总工会提出的“五突破一加强”和“三个最大限度”，加快各级领导机构改革，坚持深入基层、密切联系职工群众，把职工群众团结组织到工会中，切实维护广大职工的根本利益。认真学习贯彻“三个代表”重要思想，对实现“加快发展、富民强省”的目标、踏上全面建设小康社会的新征程具有重要意义。

二、召开安徽省工会第十一次代表大会

为全面贯彻“三个代表”重要思想，认真学习党的十六大精神，团结动员全省职工，为全面建设小康社会、实现“加快发展、富民强省”奋斗目标而努力奋斗，省总工会开始了安徽省工会第十一次代表大会的筹备工作。省总工会十届八次全委会上提出，要按照省委要求，在努力做好各项工作的同时，认真筹备和召开省工会第十一次代表大会。把筹备和开好省工会第十一次代表大会的过程，变成深入调查研究，全面推进工会各项工作，促进工会工作上水平的过程。

2003 年 8 月 12 日至 14 日，安徽省工会第十一次代表大会在合肥召开。出席会议的正式代表 700 名、特邀代表 77 名，代表全省 417 万名工会会员。大会的主要任务是以邓小平理论和“三个代表”重要思想为指导，认真总结省工会十大以来的工作，研究部署今后 5 年的主要任务，选举新一届省总工会领导机构，团结动员全省职工与时俱进、开拓进取，在加快发展、富民强省、全面建设小康社会的伟大实践中，再创新业绩。省委书记、省人大常委会主任王太华，省委副书记王明方代表省委分别讲话。全国总工会副主席、书记处书记苏立清到会并讲话。团省委、省军区分别代表各人民团体和驻皖部队、武警官兵向大会致祝词。

会议通过了《深入贯彻党的十六大精神，团结动员全省广大职工为全面建设小康社会而努力奋斗》工作报告。报告指出，省工会十大以来的 5 年，是安徽省“九五”计划按期完成，“十五”计划开局良好，经济建设和社会发展取得重大成就的 5 年。在党和政府的领导下，全省职工始终以高度的政治责任感和历史使命感，坚定不移地支持和参与改革，推动了改革的不断深化；始终保持和发扬工人阶级艰苦奋斗的主人翁精神，立足岗位，勤奋工作，促进了安徽省经济的持续快速发展；始终站在时代前列，自觉接受市场经济的考验，大力弘扬社会主义道德风尚，用工人阶级的优秀品质影响和带动社会，为促进经济和

社会协调发展作出了重大贡献。实践充分证明，有着光荣传统的安徽工人阶级，不愧为先进生产力和生产关系的代表，不愧为推进经济发展和社会进步的中坚力量，不愧为改革开放和社会主义现代化建设的主力军。过去的5年，在省委和各级党委的指导下，全省工会高举邓小平理论伟大旗帜，全面实践“三个代表”重要思想，紧紧围绕党和政府各个时期的中心工作，坚定不移地推动全心全意依靠工人阶级根本指导方针的贯彻落实，按照“五突破一加强”和“三个最大限度”的要求，突出履行工会维护的基本职责，全面加强工会自身建设，各项重点工作取得了实质性进展，有的跻身于全国先进行列。

报告提出，今后的5年，要进一步认清工会工作面临的新形势，正确把握今后5年工会工作的基本思路和主要载体。全省工会工作的基本思路是高举邓小平理论伟大旗帜，认真落实和实践党的十六大精神和“三个代表”重要思想，坚定不移地推动全心全意依靠工人阶级根本指导方针的贯彻落实，切实履行维护职工合法权益的基本职责，与时俱进、开拓创新，把全省广大职工的积极性和创造性保护好、调动好、发挥好，在加快发展、富民强省，全面建设小康社会的伟大实践中，进一步发挥工人阶级主力军作用。贯彻这一思路的主要载体是推进三个工程、健全两个机制、加强一个建设。“推进三个工程”，一是推进以更好地调动和发挥广大职工社会主义劳动积极性为主要内容的群众性经济技术创新工程；二是推进以救助困难职工和促进再就业为主要内容的送温暖工程；三是推进以全面提高职工队伍整体素质为主要内容的职工素质工程。“健全两个机制”，一是建立健全以职代会为基本形式的职工民主管理机制；二是建立健全以维护企业和职工队伍稳定为核心的劳动关系协调机制。“加强一个建设”，即加强工会组织自身改革和建设。

报告强调，为更好地贯彻执行未来5年全省工会工作的基本思路和主要载体，要牢固树立发展是第一要务的观念，把广大职工团结和组织起来，积极为全面建设小康社会贡献力量。一是要深入开展以“创新工程”为载体的群众性立功竞赛活动，引导和激励广大职工积极投身社会主义物质文明建设；二是要进一步坚持和完善以职代会为基本形式的企事业民主管理制度，充分发挥广大职工在社会主义政治文明建设中主力军作用；三是要大力实施以文明行业创建为突破口的“职工素质工程”，引导和激励广大职工，在推进社会主义精神文明建设中勇当主力军；四是要大力协助政党做好下岗失业人员再就业工作，努力为广大职工特别是困难职工多办实事；五是要继续坚持并完善平等协商和签订集体合同制度，不断扩大工会维权的覆盖面；六是要依法督促企业改善劳动条件，减少职业危害，保障职工的身体健康和生命安全；七是要切实加强协调企业劳动关系工作，积极营造团结和谐的发展环境，维护企业和社会的稳定。

大会选举产生了省总工会第十一届委员会，选出委员 102 人（暂缺 3 名），经费审查委员会委员 22 人（暂缺 1 名），在省总工会十一届一次全委会上选举常务委员会委员 17 人，王秀芳当选为省总工会主席，郑鑫、牛和桂、徐建、夏育才当选为副主席，耿保康当选为经费审查委员会主任。在省总工会十一届五次全委会上，选举李维勇为副主席。①

三、强化职工思想政治引领工作

（一）改进工会领导机关工作作风和领导方式

改进工会领导机关工作作风和领导方式是工会顺应时代要求，提升工作综合能力的重要保障。省工会第十一次代表大会强调，要切实加强工会领导机关的工作作风和领导方式。各级工会领导机关要顺应时代发展的要求，大力转变工作作风，不断创新工作机制和工作方法，积极推进工会工作的群众化、民主化和法制化。要坚持深入群众，加强调查研究，不断提高工作的预见性、科学性和实效性。要坚持面向基层，多为基层着想，切实减轻基层负担，依法维护基层的正当权益，为基层组织开展工作营造良好的环境，更好地发挥基层组织的主动性和创造性。要从源头参与上下功夫，不断提高工会参政议政水平，进一步建立健全工会与同级政府联席会议制度，主动争取人大、政协的支持，通过各种提案反映职工群众的呼声，加大立法和政策参与力度，推动建立职工权

① 安徽省地方志编纂委员会办公室编：《安徽省志·工会志（1994—2010）》，方志出版社 2015 年版，第 17—18 页。

益和工会工作的法律保障体系。要不断总结和创造适应新形势的工作运行方式，加强分层、分类指导，针对不同所有制、不同地区、不同规模类型的基层组织，适时调整工作方法，提高指导水平。要注意发现、培养和选树典型，善于通过工会报刊等宣传阵地，宣传和推广典型经验，通过典型示范，积极引导和推动基层工会工作。各级工会干部，特别是工会领导干部要牢固树立群众观念，进一步密切与职工的广泛联系，真心实意为职工群众办实事，使各级工会组织真正成为“职工之家”，广大工会干部真正成为“职工之友”。

会后，各级工会领导机关认真学习贯彻会议精神，着力改进工作作风和领导方式，自觉加强思想、作风和维权能力建设，积极开展“文明单位”创建活动，较好地保持了蓬勃向上的精神风貌，有力地推动了重点工作的落实。修订和完善了一批内部管理规章制度，推进了机关内部的规范化、制度化建设。工会干部培训工作有了新的进展，工会领导班子和干部队伍建设得到了加强。

省总工会十一届六次全委会上，明确各级工会领导班子要始终把思想政治建设和理论建设摆在首位，加强工会干部协管工作，积极协助各级党委选好配强工会领导班子，特别是选配好“一把手”。对此，安徽各级工会进一步加大工会干部教育培训力度，着眼于提高工会干部维权能力，特别是协调劳动关系的能力，充分利用各级工会干部院校，组织开展多种形式的岗位培训和适应性训练，力争做到新任主席当年到任、当年培训，5 年内将全省专、兼职工会干部轮训一遍。切实加强了基层工会力量，稳妥地开展基层工会主席直选试点，通过公开招聘、内部选拔，试行聘任工会工作组织员、指导员、志愿者等做法，广泛吸纳人才，拓宽工会干部来源渠道，建立了一支专兼结合、结构合理、素质优良的工会干部队伍。

会议还进一步对各级工会组织改进工会领导机关工作作风和领导方式提出要求，一是加强调查研究和理论政策研究，坚持以理论创新推动工作创新。自觉把工会工作放到经济建设、政治建设、文化建设、社会建设的格局中去认识和把握，注重研究职工队伍发展和劳动关系变化中的新情况和新问题，积极探索新形势下工会工作的特点和规律。继续开展评选优秀调研成果，做好调研成果的转化，不断推动工会工作的创新发展。二是重视和加强产业工会建设，充分发挥产业工会熟悉本产业企业特点、紧密联系职工的优势，有针对性地加强对企业工会的指导与服务。推进工会女职工组织建设，深入实施“女职工建功立业工程”和“女职工素质提升工程”，切实维护女职工的合法权益和特殊权益。三是加强工会财务工作，坚持依法聚财、科学理财、合理用财，努力保持工会经费收入稳定增长，强化经费管理，提高资金使用效率。四是加强经审工作规范化建设，提高经费审查监督和资产审查审计水平，加大同级审查和对下审计力度，全面提升审查监督工作的能力和质量。五是建立和完善工会资产监督管理体系，落实工会资产保值增值责任，推进工会劳福事业的改革和发展。继续做好工会外事、统计调查工作和信息化建设，为工会重点工作服务。

（二）引领职工践行社会主义核心价值体系

2006年10月，党的十六届六中全会通过了《中共中央关于构建社会主义和谐社会若干重大问题的决定》，第一次提出了构建社会主义核心价值体系的重大命题和战略任务。指出“社会主义核心价值体系是建设和谐文化的根本”[①]。2007年10月15日，党的十七大进一步指出：“建设社会主义核心价值体系，增强社会主义意识形态的吸引力和凝聚力。社会主义核心价值体系是社会主义意识形态的本质体现。要巩固马克思主义指导地位，坚持不懈地用马克思主义中国化最新成果武装全党、教育人民，用中国特色社会主义共同理想凝聚力量，用以爱国主义为核心的民族精神和以改革创新为核心的时代精神鼓舞斗志，用社会主义荣辱观引领风尚，巩固全党全国各族人民团结奋斗的共同思想基础。”[②]

按照建设社会主义核心价值体系要求，全省各级工会广泛开展了主题教育系列活动，正确引导职工提升自身素质。省总工会先后召开党组会议、干部大会，举办机关党员干部培训班，传达学习党的十七大精神，并下发通知，对全省工会学习贯彻工作进行部署。一是采取集中培训、开展研讨、召开座谈会、举办报告会等多种形式，抓好各级工会领导班子和工会干部的学习；二是深入基层、深入职工，积极做好组织动员、宣讲辅导等工作；三是发挥工会报刊、工人文

① 《中共中央关于构建社会主义和谐社会若干重大问题的决定》，人民出版社2006年版，第22页。

② 胡锦涛：《高举中国特色社会主义伟大旗帜 夺取全面建设小康社会新胜利而奋斗》，《胡锦涛文选》（第二卷），人民出版社2016年版，第639页。

化宫、俱乐部、职工学校等宣传教育阵地的优势，加大宣传力度，营造舆论氛围，在广大工会干部和职工中迅速掀起学习贯彻党的十七大精神的热潮，进一步增强做好工会工作的责任感和使命感。

各级工会把提升职工整体队伍素质作为工会工作的重要内容，有针对性地加强职工思想政治工作，广泛开展形式多样的主题教育系列活动。以“知荣辱、讲正气、促和谐”为主题，组织开展全省职工荣辱故事会；举办“央行杯”全省女职工演讲大赛，推荐和评选表彰学习型先进班组和知识型职工标兵；协助组织有关厅局领导在《政风行风热线》解答问题、接受咨询；开展全省职工“迎奥运”健身系列活动；不断深化“创建学习型组织，争做知识型职工”和文明行业创建活动，努力在广大职工群众中形成牢固的共同理想道德基础。据不完全统计，全省各级工会举办职工“荣辱故事会”达130多场，讲述了900多个普通职工的荣辱故事，77万人次职工受到教育，在陶冶职工道德情操、提升行业部门风气、推动构建和谐安徽方面发挥了积极作用。在“全民健身与奥运同行——全国职工乒乓球大赛”上，安徽职工代表队先后勇夺男子团体、单打金牌等6个奖项，安徽省总工会获优秀组织奖。这是近10年来安徽省职工体育在全国性大型比赛中取得的最好成绩。

同时，根据党的十七大提出的“要加强文化建设，明显提高全民族文明素质”要求，2008年1月16日，安徽省总工会十一届七次全委会议强调，各级工会要大力加强宣传教育工作，推进职工素质工程，努力建设一支高素质的职工队伍，为更好地发挥工人阶级主力军作用提供基础和保证。各级工会组织要以“高举旗帜、科学发展、共建和谐”为主题，在广大职工和工会干部中广泛开展学习党的十七大精神主题教育活动，围绕加强社会主义文化建设，教育和引导广大职工进一步提高素质。

全省各级工会组织以创建学习型车间和班组为重点，以培养技能型人才为目标，全面深化“创建学习型组织、争做知识型职工”活动。积极推进职工文化和企业文化建设，继续开展向农民工送文化活动，在一线职工和农民工集中的城市社区、工业园区、乡（镇）村和项目工地普遍建立“职工书屋”，扶持援建一批“职工书屋”示范点。深入开展“迎奥运、讲文明、树新风”等群众性精神文明创建活动。认真研究探索文明行业创建工作的新思路、新方法，评选表彰文明服务示范窗口和文明优质服务标兵，不断推进文明行业创建工作。以迎接2008年北京奥运会为契机，以省职工文体协会为依托，继续组织开展职工文化体育活动，丰富职工群众的精神文化生活。加强对工人文化宫、俱乐部的工作指导和管理服务，推动把职工文化体育阵地纳入公共文化服务体系范畴。

安徽各级工会以"高举旗帜、科学发展、共建和谐"为主题，按照社会主义核心价值体系的要求，不断提升职工队伍的整体素质。在积极践行社会主义核心价值体系的过程中，广大职工的思想道德素质和科学文化素质得到了大幅提升，为充分发挥工人阶级的先进性和创造性，推进安徽经济社会又好又快发展奠定了有力基础。

（三）加强工会宣传教育工作

这一时期，安徽省工会的宣传教育工作坚持以科学的理论武装职工，以正确的舆论引导职工，以高尚的精神塑造职工，不断提高职工群众的思想道德素质和科学文化素质，努力培养和造就有理想、有道德、有文化、有纪律的职工队伍。

积极开展主题教育活动。2002年10月，省总工会举办新修改的《中华人民共和国工会法》"宣传月"。在"宣传月"期间，各地请省市有关领导在当地发表电视讲话10次，发动职工填写知识问卷85万人次，散发宣传资料20万份，举办各类培训班58个，有1万多名工会干部和党政领导干部参加了培训学习。2004年，全省各行业组织职工群众学习《职工思想道德修养读本》，开展以"共筑诚信"为主题的征文、演讲赛、辩论赛和道德箴言征集等一系列活动。8月18日至20日，省创建文明行业活动指导委员会、省总工会组织了全省职工"共筑诚信"主题辩论赛。全省11个行业、部门共55名职工辩手参加了总决赛。省工商银行代表队获金奖，省电力和省建设2支代表队获银奖，省检察院等8支代表队获铜奖。省电力代表队的王君获最佳辩手奖，陈环等4人获优秀辩手奖。9月4日至6日，安徽省代表队在大庆参加全国职工"共筑诚信"主题辩论赛获银奖，安徽省总工会获优秀组织奖，安徽省工商银行选手陈环获最佳辩手奖。2005年3月至10月，全国总工会组织开展纪念中华全国总工会成立80

周年职工知识竞赛活动。竞赛分学习竞赛读本、书面答题和现场决赛 3 个阶段。全省共有 15 个市和部分行业的 30 多万人次参加知识竞赛活动。在学习竞赛读本和书面答题中，黄山市的蒋宣兰等 9 人获一等奖。省总工会选拔的铜陵市蓝田股份有限公司代表安徽在全国知识竞赛总决赛中，获得银奖（第二名），省总工会获全国总工会颁发的优秀组织奖。2006 年，为庆祝“五一”国际劳动节 120 周年，省总工会在 4 月底至 5 月底开展以“当好主力军、建功‘十一五’、和谐奔小康”为主题的工人阶级和工会工作宣传月活动，在全社会掀起宣传热潮。

积极开展“创争”活动。2004 年 5 月，省总工会牵头，联合省文明办、省发展和改革委员会、省教育厅、省科技厅、省人事厅、省劳动和社会保障厅、省国资委和省工商联等部门，在全省各级机关、企事业单位和广大职工中组织开展“创建学习型组织，争做知识型职工”活动（简称“创争”活动），主要目的是积极营造尊重劳动、尊重知识、尊重人才、尊重创造的社会环境；努力推进建立各类学习型组织，培育知识型职工；逐步形成人人学习、终身学习、团队学习和工作学习化、学习工作化的氛围和机制；帮助广大职工更新学习理念，提升学习能力，为职工创造更多的学习机会和成才机会；促进人才队伍建设，为各类人才不断涌现和充分发挥作用奠定坚实基础。同时成立省“创争”活动领导小组，省总工会、省文明办、省发展和改革委员会、省教育厅、省科技厅、省人事厅、省劳动和社会保障厅、省国资委和省工商联等有关部门负责同志为领导小组成员。将“安徽省职工自学成才评审委员会”更名为“安徽省学习型组织、知识型职工评审委员会”，负责全省创建学习型组织先进单位和知识型职工标兵的评审认定工作。

2004 年 3 月至 8 月，省总工会组织全省 50 多万人次职工通过读书、答题、征文、演讲比赛、擂台赛等多种形式，参加全国总工会宣教部、国资委群工局和《工人日报》社联合举办的全国职工“创争”知识竞赛。黄山市徽州区工会等 55 家单位获得全国组织奖，赵东燕等 73 名职工分别获得了全国一、二、三等奖，省“创争”活动领导小组分别授予蚌埠铁路分局工会等 11 家单位为省“创争”活动知识竞赛先进单位、铜陵发电厂工会等 63 家单位为省“创争”活动知识竞赛先进基层单位、巢湖市总工会宣教部等 6 家单位为省“创争”活动知识竞赛组织奖获得单位，向王海量等200名职工分别颁发省“创争”活动知识竞赛一、二、三等奖。

2005年10月，省“创争”活动领导小组授予安徽省电力公司、安徽省江淮汽车股份有限公司、马鞍山钢铁股份有限公司球团厂、淮北矿业集团公司朔里煤矿、芜湖发电厂、阜阳市汽车运输有限集团6家单位为“安徽省学习型组织优秀单位”；授予合肥电信分公司等17家单位为“安徽省学习型组织示范单位”；授予马钢股份公司第一炼铁总厂配料车间乙班配料组等10个班组（科室）为“安徽省学习型示范班组（科室）”；授予中国人民解放军第五七二〇工厂高级经济师谭传文等5人为“安徽省知识型优秀职工”。2005年12月和2006年1月13日，全国“创争”活动领导小组召开全国“创争”活动表彰电视电话会议，马鞍山钢铁股份有限公司球团厂、淮北矿业集团公司朔里煤矿、芜湖发电厂、安徽省江淮汽车股份有限公司4家单位被授予“全国学习型组织先进单位”称号；中国人民解放军第五七二〇工厂高级经济师谭传文、国投新集能源股份有限公司新集二矿助理工程师刘家章、安徽省电力公司安庆供电公司高级政工师章贯文3人被授予“全国知识型职工先进个人”称号。

2007年3月12日，省“创争”活动领导小组办公室转发全国“创争”活动领导小组《关于表彰2006年度全国学习型班组、知识型职工先进集体和先进个人的决定》，其中淮北矿业集团公司朔里煤矿高级技师杨杰获“全国知识型职工标兵”称号；六安供电公司220千伏春秋塘变电站、中国人民解放军第五七二〇工程总装车间新机调试班、安徽省江淮汽车股份有限公司商用车制造公司前桥厂三车间金一班、芜湖发电厂汽机检修部调油班4个班组获“全国学习型优秀班组”称号；蚌埠市振冲安利工程机械有限公司张宗山、奇瑞汽车有限公司王成荣获“全国知识型职工优秀个人”称号。2007年8月21日，省“创争”活动领导小组授予六安江淮汽车齿轮制造有限公司企业管理科等100个班组为“安徽省学习型先进班组”、中国联通公司池州分公司陆梅等100名职工为“安徽省知识型职工先进个人”。[①]

---

① 安徽省地方志编纂委员会办公室编：《安徽省志·工会志（1994—2010）》，方志出版社2015年版，第189—191页。

（四）开展文明行业创建工作

1999年4月，安徽省文明委决定把省职工职业道德建设委员会调整充实为省创建文明行业活动指导委员会（以下简称省文行委），负责协调指导全省职业道德建设和文明行业创建工作，办公室仍然设在省总工会。

1999年4月7日，省文行委印发《安徽省创建文明行业活动实施意见》，明确了创建文明行业活动的指导思想、主要任务和文明行业评选“五好”标准、文明职工评选“四优”标准等，通过《安徽日报》《安徽工人报》等新闻媒体向社会公布。10月下旬，全省分3个组检查了全省创建文明行业活动汇报会贯彻落实情况。12月7日，省文行委召开了“安徽省创建文明行业活动监督员受聘颁证大会”，省委副书记方兆祥，省委常委、秘书长、省文行委主任王明方为由人大代表、政协委员、专家、劳动模范、新闻记者、文行委及其办公室成员组成的100名监督员颁发受聘证书。

2000年，以安徽省气象部门荣获中国气象局和省文明委授予“文明系统”称号为契机，省文行委精心组织各地各窗口行业和执法部门开展学习气象创建经验活动。11月，省文行委召开全省创建文明行业活动经验交流会，会议总结了2年创建工作情况，观摩学习、宣传推广淮北市创建经验，确定了“十五”全省创建文明行业工作“两步走”目标，即前2年主要是在继续抓住重点、进行示范的同时，抓全面推开；后3年是在全面推开的基础上，抓全面提高，整体推进文明行业创建和职业道德建设工作，建成一批省级先进单位、文明窗口和文明行业。

2000年12月14日，省文行委启动首次全省万人评行风活动，历时4个多月，全省30多万名群众通过填写省市两级党报、《安徽工人日报》上刊发的征求意见表和街头散发的征求意见表，参加座谈会等途径，评议全省16个窗口行业和执法部门服务态度、服务环境、服务质量、职业道德和管理监督等5个方面的状况。2001年5月9日，省文行委召开全省万人评行风活动新闻发布会，向社会公布评议情况及初步整改意见。6月14日，在全省精神文明建设工作会议上，省文行委授予3个系统全省创建文明行业活动“优秀奖”，授予3个系统全省创建文明行业活动“先进奖”。

2001 年初，省文行委和省总工会结合庆祝建党 80 周年，加强职业道德教育和文明行业创建，部署全省层层开展“为人民服务，为党旗增辉”主题演讲活动，历时 4 个多月，选拔出 66 名选手于 6 月底在马鞍山进行了决赛，全省举办的演讲比赛达 800 多场次，演讲职工达 5700 多人次，观看演讲的职工 18.4 万余人次。9 月 3 日，省文明委召开全省创建文明行业活动电视电话会议，省委常委、常务副省长张平发表讲话，对全面深入推进开展文明行业创建工作进行了部署，确定开展创建活动的行业要拓展到 50 个。10 月中旬将 50 个行业和部门分成 3 个组，分别由省文行委领导带队开展互查活动。12 月上旬，省文行委邀请部分省人大代表、政协委员分 2 个组，分别到合肥、蚌埠两地，对部分窗口行业和执法部门的创建文明行业工作和整治行业不正之风情况，进行了专项督查。

2002 年初，抓住贯彻实施《公民道德实施纲要》的契机，省文行办指导、协调地方和行业文行办组织职工参加全省和全国总工会组织的学习纲要知识竞赛。第一季度省文行办协调和指导 48 个行业、部门的省主管部门制定出 65 个系统（子系统）的优质规范服务标准，于 4 月 16 日开始分别通过《安徽日报》《安徽工人日报》分 3 批集中向社会公布，还汇编成册印发各地和各有关行业、部门。5 月 17 日，省文行委召开全省创建文明行业工作会，总结 2000 年底以来的工作，传达全国和省有关会议精神，向各地和 50 个行业部门部署新一年度的工作。2002 年 4 月和 8 月，根据省委、省政府统一部署，两次召开电视电话会议，与省人事厅牵头组织开展创建人民满意基层站所活动，带领采访组赴部分基层站所采访报道，宣传引导文明行业创建向基层站所延伸。淮北交通局运管处、蚌埠公安局 110 报警服务台，被中央文明办、国务院纠风办选树为全国第三批创建文明行业工作示范点。16 家单位被中央文明委授予“全国创建文明行业工作先进单位”称号。

2002 年 12 月 27 日开始，历时半年，省文行委组织实施全省第二次万人评行风活动。评议的对象为全省 30 个行业部门，全省各界 36 万余人次参与评议，60% 以上群众认为与往年相比行风有所好转。2003 年 9 月 25 日，省文行委召开新闻发布会向社会公开了评议结果和整改意见，根据对 36 万余份评议表的综合统计分析，在参评的 30 个行业和部门中，社会各界对电力、邮政、工行 3 个行业的综合满意度分居前三位。从 2003 年初开始，省文行委和省总工会组织实施“比学十六大精神、争做诚信职工”系列活动，广泛开展知识竞赛、演讲比赛、街头宣传咨询等宣传教育活动，突出诚信建设，推动“诚信进万家”和人民满意的基层站所创建。11 月 5 日，省文行委正式印发《安徽省文明行业（系统）评比表彰办法》，规定了评比表彰的标准和申报、考评的方法、程序等。

全省创建文明行业活动，由以建立职业道德规范和文明行业“五好标准”，纠正行业不正之风为重点，以“提供优质服务，树立行业新风”为主要内容，拓展为突出诚信建设，抓提高抓成效，争创诚信企业诚信行业，打造品牌，建设信用安徽，推动实现物质文明、政治文明、精神文明同步协调发展，建设和谐社会的新阶段。2003 年一季度，经过推荐、征求意见、暗访、评审、媒体公示和召开表彰大会等一系列工作，表彰 3 个省级文明行业、49 家省文明行业创建工作先进单位、99 个省文明窗口和 20 名省模范文明职工。同时，省总工会向

★ 2004 年 3 月 31 日，安徽省创建文明行业工作表彰大会召开。

3个省级文明行业主管部门颁发安徽省五一劳动奖状，向20名省模范文明职工颁发安徽省五一劳动奖章。2003年10月，出台《安徽省文行委、安徽省总工会关于贯彻创建“八百里皖江文明长廊”工作的实施意见》，推进创建诚信行业诚信企业新举措。

2004年1月3日，省文行办与安徽人民广播电台联合创办开播了每周一次的《行风热线》广播直播节目，精心选择每期节目话题，坚持每周六上午直播1小时。2005年1月6日，召开《行风热线》开播一周年座谈会，全面回顾总结开播以来的工作，2年间，有80多位厅局长和600多名处室负责人走进电台直播间与广大群众直接沟通交流，倾听群众的意见、建议和要求，接受群众投诉，向群众宣传有关政策法律，帮助群众协调解决实际问题。同年11月，与省纪检委、省监察厅、省纠风办联合，将《行风热线》改版为《政风行风热线》，由省纠风办牵头。截至2009年12月，《政风行风热线》节目组共受理了8400多位听众的来电、来信和来访投诉咨询，问题回复率达99%以上。2010年1月4日，《政风行风热线》再次改版，从“一周见”改为“天天见”，每周播出210分钟。

2005年，根据省委书记郭金龙提出的改进“两风”、增强“两情”的新任务新要求，省文行委结合保持共产党员先进性教育活动中广大群众的愿望，部署相关行业部门制订解决群众反映突出问题的计划，6月20日，召开新闻发布会，并在《安徽日报》《安徽工人日报》向社会公布了全省45个行业部门解决49个行风突出问题的计划。12月，省文行委在45个行业部门自查自评、各市组织明察暗访的基础上，进行考核并向社会公布结果。2005年1月至10月，以“展示优质规范服务新风采，弘扬公正文明执法新风尚”为主题，突出行业、部门特色，挖掘提炼宣传感人典型事迹，以演讲、情景剧、小品等艺术形式，演示了服务（执法）理念和规范化服务礼仪、行为，展示了服务群众的新境界和执法为民的新风尚。在行业部门展开自赛的基础上，10月17日至18日举办了全省决赛，共有16支行业部门代表队200多人参赛。

2006年1月17日，省文行办启动全省第三次“万人评行风”活动。6月2日召开全省第三次“万人评行风”活动内部通报会。本次行风评议问卷数量51

万多份，参与评议的有 17 个窗口行业和 13 个执法（行政管理）部门，主要分别就服务行业服务的态度、质量、环境和合法收费、廉洁自律、与往年相比行风状况、执法部门的文明执法、公正执法等 7 个方面，征求了各界群众的意见。通过评比，7 月 4 日召开表彰会，授予安徽省地方税务系统、安徽省国家税务系统和安徽省电信行业等单位“安徽省文明行业”称号，授予宋金盘等 10 人“安徽省模范文明职工”称号，授予 69 家单位“安徽省创建文明行业工作先进单位”称号，授予 119 个窗口“安徽省文明窗口”称号，授予 63 人“安徽省文明职工”称号，授予 68 人“安徽省创建文明行业活动先进工作者”称号，授予 10 个文行委“安徽省创建文明行业工作优秀组织奖”。6 月 30 日，省总工会授予安徽省地方税务局、安徽省电信公司、安徽省国家税务局省五一劳动奖状。同日，省人事厅、省总工会决定，获得第二届“安徽省模范文明职工”称号的宋金盘等 10 人享受市（厅）级劳动模范待遇。

2007 年 3 月至 10 月，省文行办在全省范围内组织开展职工荣辱故事会活动。经过预赛和全省复赛、决赛，共举办 130 多场职工荣辱故事会，讲述 900 多个普通职工的荣辱故事，并从中摄取 70 篇故事汇编成集，77 万余人次的职工受到了一次真切而深刻的荣辱观教育。3 月至 8 月，省文行办按照省文明办制定的有关评选标准，对全省 17 个文明城市候选城市和 22 个文明县城候选县城的材料进行审核登记，并报省文明办及回复各相关市文明办。

2008 年 3 月至 8 月，省文行办与省社科院精神文明建设研究中心联合开展“新形势下文明行业创建工作的新思路、新形势和新方法”的专题调研，先后深入合肥、淮南、安庆等地和部门行业、窗口单位实地了解情况，听取反映，形成《安徽省文明行业创建的现状、问题和对策思考》专题调研报告。①

通过一系列调研活动、风评活动等文明行业创建活动的开展，整体推进了安徽省文明行业的创建工作，建成了一批高素质、高标准的先进文明行业。

---

① 安徽省地方志编纂委员会办公室编：《安徽省志·工会志（1994—2010）》，方志出版社 2015 年版，第 193—195 页。

四、宣传贯彻《安徽省实施〈中华人民共和国工会法〉办法》

（一）推动出台《安徽省实施〈中华人民共和国工会法〉办法》

《中华人民共和国工会法》（以下简称《工会法》）是工会开展工作的法律依据，学习宣传和贯彻落实《工会法》，是各级工会组织的重要任务。1992年4月3日新的《工会法》颁布后，安徽省总工会在深入调研、广泛宣传的基础上，积极协助省人大修订《安徽省实施〈中华人民共和国工会法〉细则》，结合安徽实际，对原有的内容进行充实和完善，并于1993年9月14日推动出台了《安徽省实施〈中华人民共和国工会法〉细则》。此后，1998年8月1日和2001年11月22日又分别推动出台了《安徽省外商投资企业工会条例》和《安徽省私营企业条例》两个法规文件，为安徽省工会法制化建设，打下更加坚实的基础。

在此基础上，省总工会强调各级工会干部、广大职工和社会各界要深刻认识贯彻执行《工会法》的重大意义，了解《工会法》赋予工会的权利和义务，进一步在全社会营造支持工会依法开展工作的法制环境，努力把安徽省工会工作提高到一个新水平。2004年1月7日，安徽省第十届人民代表大会常务委员会第七次会议召开，会议制定并通过了《安徽省实施〈中华人民共和国工会法〉办法》。

《安徽省实施〈中华人民共和国工会法〉办法》总计六章四十八条。第一章为总则，共五条，明确了工会的地位和作用。第二章是工会组织，规定了工会各级组织的建立原则、产生条件、工会各级组织部门的设立、领导干部的选举、任期和待遇等各项内容。规定了工会各级组织按照民主集中制原则建立。第三章是工会的权利和义务，详细地说明了工会享有的各项权利和必须履行的各种义务，充分体现出工会全心全意为职工服务的宗旨和维护职工合法权益的基本职责。第四章是工会的经费和财产，明确了工会经费的产生、使用、工会财产的管理办法等各项内容。第五章是法律责任，对工会各级组织、工会工作人员违反本办法时，应承担何种法律责任、怎么承担法律责任作了明确说明。第六章为附则，规定《安徽省实施〈中华人民共和国工会法〉办法》自2004年4月

1 日起施行，《安徽省实施〈中华人民共和国工会法〉细则》《安徽省外商投资企业工会条例》《安徽省私营企业条例》同时废止。

《安徽省实施〈中华人民共和国工会法〉办法》详细完备地说明了工会的地位和作用、工会的建立原则和产生条件、享有的权利和履行的义务等各项内容，为安徽工会工作的开展提供了坚实的法律保障。

（二）学习宣传《安徽省实施〈中华人民共和国工会法〉办法》

《安徽省实施〈中华人民共和国工会法〉办法》出台后，省总工会抓住这一机遇，把学习贯彻《工会法》作为从宏观上营造工会工作良好风气的重要抓手，采取上下联动的形式，开展了丰富多彩的宣传活动。结合纪念《工会法》修改实施一周年，全省各级工会编印和散发了宣传资料 20 万份，走上街头接待法律咨询数万人次；全省县以上地方工会和大中型企业共举办《工会法》学习班 450 余期，3 万多名党政企业领导和工会干部参加了学习。不少地方还组织开展了《工会法》电视大赛、知识竞赛等学习宣传活动。

2002 年 9 月上旬，省人大相关领导带领工会干部对《工会法》贯彻实施情况进行专题执法检查，解决了一些地方工会长期没有解决的实际困难，在全省产生了良好的影响。《工会法》的宣传贯彻实施，进一步提高了地方党政领导和企事业单位的认识，增强了依法支持工会独立自主开展工作的自觉性，也拓宽了工会源头参与的渠道。不少地方在研究和制定涉及职工切身利益如最低工资、社会保障、劳动保护和再就业等地方政策和改革措施时，都能够依法吸收工会参加，听取和吸纳工会的意见和建议。

2004 年，全省各级工会认真宣传和贯彻落实《安徽省实施〈中华人民共和国工会法〉办法》。各级工会在同级党委、人大、政府的重视支持和有关部门的密切配合下，充分运用工会及社会上的各种宣传阵地，精心组织、层层发动，在全省范围内，大力发展多种形式的学习宣传活动，掀起了新一轮学习贯彻《工会法》的热潮。4 月，全省工会上下联动，2 万多名工会干部走上街头，在各市、县（区）主要街道设置宣传点，向各级群众广泛宣传《安徽省实施〈中华人民共和国工会法〉办法》。省人大和部分市县党委、人大领导纷纷发表电视讲话和署名文章，对“实施办法”的学习宣传和贯彻落实进行动员部署，提出明确要求。一些地方还在当地党报上开辟专版、专栏，连续刊登“实施办法”条文、学习文章和相关报道。省总工会先后举办两期培训班，培训了400多名“实施办法”学习宣传骨干。各级工会通过以会代训、短训班、辅导班、强化班等方式共举办各类培训班1500余期，培训各级工会干部和职工7.3万人。省总工会以《工会法》和安徽省“实施办法”为主要内容，组织开展了全省工会系统“四五”普法年度考试，41.3万名党政领导、工会干部和职工参加了考试，进一步强化了学习宣传的效果。通过学习宣传，使各级党政领导、广大职工和社会各界，进一步深刻认识了贯彻执行《工会法》的重大意义，增强了工会干部依法开展工作的理念和信心，在全社会营造了支持工会工作的法制环境。

（三）开展“四五”普法活动

2001年，在新修改后的《工会法》颁布实施一周年之际，省总工会开展了一系列宣传纪念活动。2002年4月4日，省总工会成立省总工会机关法制宣传教育依法治理领导小组。6月28日，省总工会成立“四五”法制宣传教育工作领导小组，并组织开展了接待法律咨询、知识竞赛等一系列活动。10月22日，经省总工会提请，安徽省人大常委会召开新修改《中华人民共和国工会法》颁布实施一周年座谈会。10月27日，省总工会下发《关于在全省工会系统组织“四五”普法知识考试的通知》，组织全省工会干部和职工51万人参加了考试。

2002年12月15日，省总工会下发《关于表彰全省工会系统“四五”普法先进单位和先进个人的决定》，授予肥东县总工会等111家单位“四五”普法先进单位称号；授予胡晓红等105人“四五”普法先进个人称号。12月16日，合肥市总工会等11家单位和黄芳胜等16人分别被全国总工会授予“四五”普法先进单位和先进个人称号，省总工会法律部获评“四五”普法优秀单位。

在“四五”普法的过程中，面向社会开展印发宣传资料、接待法律咨询、举办电视大赛和知识竞赛等丰富多彩的活动，帮助人民群众和地方工会切实地解决了一些实际难题，提高了人民群众知法、学法、尊法、守法的意识，在社会上营造了良好的风气。

五、贯彻落实工会工作方针和工会维权观

2003年，全国总工会十四届三次主席团（扩大）会议提出“组织起来，切实维权”的工会工作方针。2006年12月8日，全国总工会十四届十一次主席团（扩大）会议上，首次鲜明地提出了“以职工为本，主动依法科学维权”的中国特色社会主义工会维权观。维权观一经提出，为各级工会更好地履行维权的基本职责提供了理论遵循。安徽各级工会认真贯彻“组织起来，切实维权”工作方针，紧紧围绕党和政府的工作大局，按照全国总工会的部署，创造性地开展各项工作，逐渐形成具有安徽特色的工会工作。

（一）贯彻落实工会工作方针，加强工会维权能力建设

2005年1月18日，安徽省总工会十一届三次全委会议要求贯彻落实“组织起来，切实维权”的工作方针，在2004年至2005年期间认真开展“组织起来，切实维权”的大调研活动。

根据大调研活动的部署，省总工会组成两个调研课题组，采取点面结合的方法，深入全省17个省辖市和部分县区及基层工会，召开了40多场座谈会，获得了丰富的第一手资料。在此基础上，对近年来工会组织建设和依法维权的工作成绩、问题及对策，开展了认真的分析研究，形成了专题调研报告上报全国总工会和省委、省政府，省委、省政府高度重视，并就有关问题作出决定。各市、县总工会，根据省总工会的调研提纲，积极认真地进行了调查研究，并针对大调研中发现的问题，提出解决办法。在大调研工作的推动下，各地工会采取向非公企业选派组织员、凭会员证享受优惠待遇等措施，加大工会组建和发展会员的工作力度，使工会组建率和职工入会率都有不同程度的增长。为了巩固和发展大调研成果，省总工会还召开了市总工会主席和部分大企业工会主席座谈会，专门讨论工会工作创新问题。这些活动，对全省工会重点工作的开展产生了积极的推动作用。

同时，根据省总工会十一届三次全委会精神，全省各级工会按照党的十六届四中全会关于加强和改进党的群众工作的要求，切实加强工会维权能力建

设，认真开展“创建学习型组织”，争做“学习型干部”活动，围绕“创建文明单位”，加强机关建设，不断提高自身素质五个方面的能力。即服从服务于党和国家大局的能力，组织职工、动员职工、依靠职工、服务职工的能力，表达和维护职工合法权益的能力，构建和谐稳定社会主义新型劳动关系的能力，工会自身创新发展的能力。完善工会干部选拔、轮岗交流和挂职锻炼等制度，加大干部协管力度，积极争取各级党委重视和支持，努力推动市县工会主席按同级党政副职配备。充分发挥工会干部院校主阵地的作用，加强工会干部教育培训工作，以贯彻落实《工会法》和《安徽省实施〈中华人民共和国工会法〉办法》为重点，多形式、多渠道培训工会干部，提高干部教育培训的层次性和实效性。巩固和发展“组织起来，切实维权”大调研成果，加强调查研究和理论政策研究，不断提高工会干部分析问题、研究问题和解决问题的水平。

各级工会领导机关也根据当地党委的统一部署，在工会系统认真开展共产党先进性教育活动，引导广大党员学习贯彻党章，坚定理想信念，认真解决党员思想、组织、作风及工作方面存在的问题，不断增强党员队伍和党组织的创造力、凝聚力、战斗力，充分发挥党和党员领导干部在做好工会工作、服务职工群众上的先锋模范和骨干带头作用，为做好新形势下的工会工作提供坚强的思想保证、政治保证和组织保证。

（二）不断完善工会维权机制

全省各级工会坚持主动维权、依法维权、科学维权，从宏观和微观两个层面加强维权机制建设。

第一，坚持和不断完善政府与工会的联席会议制度，积极参与有关法律法规和政策措施的制定，从源头上推动一些涉及职工切身利益问题的解决。2002年，以省政府名义出台了《关于县以上人民政府与同级工会建立联席会议制度的通知》，2003年省委批转了省总工会《关于贯彻中国工会十四大精神的意见》，2004年省人大出台了《安徽省实施〈中华人民共和国工会法〉办法》。之后，省总工会又重点推动出台了3份文件，一是与省国税局、省地税局联合转发了全国总工会和国家税务总局《关于进一步加强工会经费税前扣除管理的通知》；二是与省财政厅联合下文，解决了行政事业单位计拨工会经费的问题；三是协助省政府办公厅出台关于贯彻国办文件精神的通知。在此期间，省总工会还专门组织力量到各地基层工会进行调研，广泛吸取了近年来各级工会争取政府支持工会工作的成功做法，并对各地的成功经验和工会工作多年形成的有效载体和机制进行梳理归纳，形成了 11 条意见，进一步规范了政府支持工会工作的措施，反响很好。

同时，省政府和省总工会坚持落实联席会议制度。2002 年 12 月 20 日，省政府与省总工会召开第六次联席会议，协商研究如何发挥工会作用，促进安徽省就业和再就业工作。会议议定的主要事项是省总工会会同省政府办公厅起草《关于县级以上地方政府与同级工会建立联席会议制度的若干规定》，提请省政府常务会审议；拨付 2003 年度“两节”送温暖资金 400 万元，对各级工会建立的“困难职工帮扶中心”所需资金视财力情况适当时候予以考虑；由省劳动和社会保障厅牵头，对工会兴办的职业培训和职业介绍机构进行资质认定。2003 年 4 月，省政府下发《安徽省人民政府关于建立市、县人民政府与同级工会联席会议制度的通知》，要求各市、县政府均应与同级工会建立联席会议制度，并规定会议时间和程序。

2003 年 11 月 11 日，省政府与省总工会召开第七次联席会议，会议议定的主要事项包括：高度重视“困难职工帮扶中心”建设，以推动送温暖工作经常化、社会化；省财政安排送温暖资金在维持 2002 年总规模的基础上，2003 年单独追加 50 万元专项用于向特困劳动模范送温暖；在 2004 年适当时候，由省政府督查室牵头对国务院《公共文化体育设施条例》和《安徽省人民政府关于建立市、县人民政府与同级工会联席会议制度的通知》中有关条款执行情况进行调研或督查。2004 年 1 月，省人大十届七次常委会审议通过《安徽省实施〈中华人民共和国工会法〉办法》，对省、市、县政府与同级工会联席会议制度再次予以确认。

2005 年 1 月 10 日，省政府与省总工会召开第八次联席会议，研究贯彻《国务院办公厅关于深入贯彻工会法支持工会工作的通知》精神，进一步维护职工合法权益等问题。会议议定的主要事项包括：同意省财政追加 480 万元送温暖资金；省政府办公厅和省总工会制定安徽省贯彻《国务院办公厅关于深入贯彻工会法支持工会工作的通知》的实施意见；由省人事厅牵头，会同省总工会、省财政厅制定对困难省部级劳动模范帮扶救助办法。

2005 年 12 月 22 日，省政府与省总工会召开第九次联席会议。会议议定的主要事项包括：省财政厅追加 550 万元送温暖资金；由省劳动和社会保障厅牵头，省总工会和有关部门参加对全省各类用人单位贯彻落实《劳动法》签订、履行劳动合同以及劳动安全卫生情况展开联合检查；由省财政厅会同省总工会对“关于市、县对困难职工帮扶中心定期补助并列入财政预算问题”进行调研提出意见，报省政府审定。

2006 年 12 月 29 日，省政府与省总工会召开第十次联席会议，研究创建劳动关系和谐企业，进一步做好困难职工帮扶工作。会议议定的主要事项包括：同意由省政府办公厅牵头，省总工会等有关部门参与，在全省范围内开展非公有制企业劳动关系联合调研；同意省财政按照党中央财政每年拨付安徽的“困难职工帮扶中心”专项资金给予 200 万元的配套，市、县（区）政府每年也要对“困难职工帮扶中心”给予一定的经费补助，同意省财政 2007 年“两节”送温暖资金 500 万元；同意将省总工会所属疗（休）养院等事业单位列入全省事改企范围，省财政给予适当补助；同意省财政对省职工活动中心综合大楼建设项目给予一定的资金补助。

2008 年 1 月 2 日，省政府与省总工会召开第十一次联席会议。会议议定的主要事项包括：同意三季度以省政府名义开展《中华人民共和国劳动合同法》贯彻落实情况执法检查；继续加大对困难群众的就业援助特别是零就业家庭的帮扶；同意出台防止和解决农民工工资拖欠问题的规范性文件；由省财政厅对“困难职工帮扶中心”建设继续给予倾斜支持，请省财政厅尽快将其配套资金和“两节”送温暖资金拨付到位。[①]

第二，以职代会制度建设为重点，全面推动厂务公开民主管理工作的深入发展，维护广大职工的政治民主权利。省总工会十届六次全委会提出，坚持发展职代会制度，认真落实职代会各项职权。各级工会要把增强公有制企业单位职

---

① 安徽省地方志编纂委员会办公室编：《安徽省志·工会志（1994—2010）》，方志出版社 2015 年版，第 136—138 页。

代会工作的实效性放在首位，通过深入推行厂（事）务公开，坚持职代会民主评议企业领导干部、公司制企业实行由职代会选举职工董事和职工监事，不断充实和丰富职代会内容，落实好职工群众的知情权、审议权、通过权、决定权和评议监督权。在非公有制企业，也要按照《工会法》的规定，借鉴和运用公有制企（事）业单位民主管理的有效形式，大胆探索和推行职工代表大会制度等各种与非公有制企（事）业单位相适应的民主管理形式，以更好地落实非公有制企（事）业单位职工参与民主管理的权利。

从 2002 年开始，为进一步巩固、规范、深化国有和集体及其控股企业职代会建设，省总工会主要采取文件、会议等形式进行布置，通过检查、会议交流研讨等办法促进落实。职代会制度建设不断加强，为国有、集体及其控股企业的改革、发展和稳定发挥了积极作用。2004 年起，省总工会以区域性、行业性职代会建设为重点，加强小型非公有制企业职代会建设。省总工会指导各地进行区域性、行业性职工代表联席会议的试点。在此基础上，2005 年 1 月 11 日，省总工会制定下发《关于进行区域性职工代表大会试点工作的意见》，就实行区域职代会的范围、原则及区域职代会的职权、职工代表、组织制度提出明确意见。

第三，把签订劳动合同和平协商、集体合同作为主要着力点，积极推进劳动合同制度实施“三年行动计划”，通过开展创建劳动关系和谐企业、和谐工业园区等活动，进一步健全基层劳动关系协调机制，促进安徽省劳动关系的协调稳定。2002 年安徽省总工会与省劳动和社会保障厅、省企业家协会联合下发《转发劳动保障部、全国总工会、中国企业家协会〈关于建立健全劳动关系三方协调机制的指导意见〉的通知》。同年 8 月，安徽省劳动和社会保障厅、省总工会、省企联建立省协调劳动关系三方会议制度，全省各地相继成立相应的组织机构，不断完善运行机制，扩展协商内容和提高工作的实效性。根据国家协调劳动关系三方文件精神，省协调劳动关系三方会议的职责是，制定有关建立健全集体协商和集体合同制度的地方性法规、政策时交流情况、交换意见，针对有关问题统一认识，提出意见和建议；交流有关贯彻《劳动法》、建立健全集体协商和集体合同制度工作情况，研究在运作中出现的重大问题，提出对策，加强指导；组织检查、交流、培训等活动，推动全省集体协商和集体合同工作；

了解、分析全省因劳动关系引发重大事件的有关情况并向省政府和有关部门报告，提出建议；协调处理重大劳动争议案件，构建和谐稳定的劳动关系。

截至2005年底，全省17个市、105个县（市、区）全部建立三方协调机制，形成“主体协商、三方指导、政府调控、依法规范”的工作格局。2006年2月2日，省协调劳动关系三方第五次会议召开，听取三方关于2006年协调全省劳动关系工作的情况汇报，讨论2007年工作要点。5月23日至24日，省总工会与省劳动和社会保障厅、省企业联合会、省企业家协会召开了全省协调劳动关系工作会议暨表彰大会，努力推进劳动关系三方协调机制建设，着力构建社会主义新型劳动关系。2007年，省总工会同省劳动和社会保障厅、省企业联合会、省企业家协会召开了全省协调劳动关系三方第六次会议，对加大劳动法律法规宣传落实力度、加强劳动合同管理工作、推进平等协商和集体合同制度、加强劳动关系三方协调机制建设、完善劳动争议处理制度等事项提出了明确要求，表彰了一批省模范劳动关系和谐企业与工业园区。

第四，以高危行业和企业为重点，广泛开展“安康杯”竞赛，加强对企业劳动安全卫生工作的群众监督，充分发挥工会组织在安全生产中的作用。省安全生产委员会把“安康杯”竞赛工作作为全省安全生产年度工作的要点，列入省安全生产“十一五”规划，将每年的“安全生产月”作为一项重大活动在全省组织开展。“安康杯”竞赛组委会办公室设在省总工会，对全省“安康杯”竞赛活动进行指导和协调。2007年起，省财政每年支付10万元专项资金用于全省开展“安康杯”竞赛活动，各市积极响应和开展，市政府有关领导担任竞赛组委主任，同时设立竞赛办公室，形成政府领导，工会、安全生产监督局及有关部门齐抓共管的局面。省“安康杯”竞赛组委会每年召开全省“安康杯”竞赛活动总结表彰大会，对获得全国和全省“安康杯”竞赛优胜企业、优胜班组、优秀组织单位和优秀组织者进行表彰，并利用多媒体展示部门优胜企业的“安康杯”竞赛先进事迹。大多数市工会1年或2年召开一次“安康杯”竞赛活动总结表彰大会，总结经验、布置工作，表彰在“安康杯”竞赛活动中取得优异成绩的单位和个人。

第五，以促进工会工作社会化为目的，主动实行开放透明的工作方式。工会工作要走向社会化，必须更多地实行开放和透明的工作方式。2002 年省总工会机关调整使用一批干部，其中一半以上的部门主要负责人实行公开竞争上岗。此后，机关干部的晋升和奖励，都进行公开测评和张榜公示。在评选五一劳动奖章、劳动模范和其他各项评先评优工作中，严格贯彻公开、公平、公正的原则，认真进行群众推荐、层层选拔、张榜公示和登报公示，广泛征求各方面的意见，坚决杜绝暗箱操作。在救助困难职工问题上，以前省总工会首先把筹措和募集来的款物集中起来，其次再根据各地情况进行平衡分配。这样很多捐助单位和个人不知道受助对象是谁，有的还对所捐款物的去向心存疑虑，受救助的困难职工之间也容易出现心理不平衡。为了增加这项工作的透明度，减少负面影响，从 2003 年开始，省总工会采取了两个措施，一是先把出捐单位和受助地区或受助单位联系好，让他们面对面对口援助，去掉中间环节；二是凡是受到救助的困难职工都出榜公布，让广大职工评判认可。事实证明这样做的效果非常好，不少对口援助双方还从此结成帮扶对子，一些实力较强的企业根据受助困难企业或地区的实际需要，从资金、人才、项目等方面进行长期帮扶，使困难企业、困难职工以至社会都从中受益。2003 年开展的“万家民营私企牵手下岗失业人员活动”，使 2.56 万名下岗失业人员重新走上了工作岗位。

实践证明，贯彻落实“组织起来，切实维权”的工会工作方针和工会维权观，进一步明确了工会的职责和主要任务，围绕提高工会的维权能力，不断加强工会自身建设。同时，坚持主动维权、依法维权、科学维权，切实加强工会的维权机制建设，为维护广大职工的合法权益、有效解决困难职工的现实问题、发展和谐的劳动关系发挥了重要作用。

六、切实保障职工群众的身体健康和生命安全

（一）高度重视职工的身体健康和生命安全

保障职工劳动安全和职业健康是职工享有的最基本权利。进入 21 世纪，省总工会继续高度重视职工身体健康和生命安全，在多次重要会议中对此强调和部署。

省工会第十一次代表大会强调，要依法督促企业改善劳动条件，减少职业危害，保障职工的身体健康和生命安全。以贯彻《中华人民共和国安全生产法》《中华人民共和国职业病防治法》《女职工劳动保护规定》和劳动安全卫生“三个条例”等法律法规为重点，继续组织开展“安康杯”竞赛活动，帮助职工掌握安全生产知识，增强安全意识。要坚持“安全第一、预防为主、群防群治、依法监督”的原则，健全工会劳动保护监督检查网络，建立起预警、处理、反馈的长效机制；要严肃“三同时”审查验收工作，加大对职工重大伤亡事故和严重职业危害问题的调查处罚力度，对严重侵犯职工劳动安全、职业健康权利的典型事件，要依法追究有关人员责任。开展多种形式的安全生产监督检查活动，督促企业落实安全生产责任制，认真执行劳动保护法律法规，积极创造安全卫生的工作环境，把劳动保护措施落实到生产经营各个环节，努力构筑职工安全生产的有效屏障。

省总工会十一届三次全委会强调，要积极宣传贯彻《职业病防治法》《安全生产法》和工会劳动保护“三个条例”，协助和督促企业严格执行国家劳动安全卫生法律法规和标准，推动“安全第一、预防为主”方针的落实，普及安全生产基本知识，总结推广“职代会保安全”和“一法三卡”（事故隐患和职业危害监控法、安全检查提示卡、有毒有害物质信息卡、危险源点警示卡）工作经验，积极探索非公有制企业工会劳动保护工作的有效机制和方法。继续开展“安康杯”竞赛活动，注重发挥工会劳动保护监督检查三级网络的优势，监督企业特别是高危行业、事故多发行业和中小企业落实国家各类劳动保护标准，努力做好各个环节的安全防范工作，切实维护职工群众的生命安全和身体健康。

省总工会十一届六次全委会强调，要广泛开展“安康杯”竞赛等群众性安全生产活动，督促企业落实安全生产措施，切实保障职工的生命安全和身体健康。加强工会劳动保护监督检查队伍建设，推广职代会保安全和“一法三卡”等群众性安全监督检查的经验，深入开展对重点行业、重点地区和乡镇、私营企业，特别是劳动密集型中小企业的安全生产和职业危害、事故隐患、女职工劳动保护的群众性监督检查，做好各个环节的安全防范工作。切实加强对高危行业和农民工集中行业的安全培训，增强职工安全生产的自我保护意识和能力。

（二）参与制定关于安全生产和职业卫生的法规政策

2003 年，省总工会回复省安全生产委员会（以下简称省安委会）《关于对安徽省安全事故报告和调查处理暂行办法》的修改意见、《关于对安徽省人民政府建立责任安全生产事故调查处理及行政责任追究暂行规定（代拟稿）》的修订意见、《关于对安徽省人民政府建立责任安全生产长效机制的决定（送审稿）》的修订意见。2005 年，回复关于《安徽省安全生产条例（送审稿）》的修改意见。2006 年，回复关于《安徽省小煤矿整顿关闭工作规划》的意见，回复关于落实省十届人大常委会《审定意见书》的意见。2007 年，回复省政府办公厅关于对《安徽省安监局〈关于开展小型露天采石场整顿关闭工作的指导意见〉（征求意见）》的意见，办理省政协九届五次会议第 177 号建议省政府制定《安徽省非公有制企业劳动保护办法》提案的答复，回复省经委关于《安徽省煤矿安全生产联合执法实施意见（征求意见稿）》的意见。2008 年，回复省安委会《关于对开展小型金属与非金属地下矿山整顿关闭工作意见的回复》《安徽省安全生产目标管理考核办法》《安徽省安全生产目标管理考核标准》《安徽省人民政府安全生产职责（征求意见稿）意见的回复》《安徽省劳动保护用品监督管理办法（征求意见稿）函的回复》的意见。可见，安徽省工会积极参与制定安全生产和职业卫生的法规政策相关工作，充分保障和发挥了其参政议政的权利和作用。

（三）积极组织各级工会参与安全检查

安徽省总工会积极组织各级工会参与安全检查，参与安全检查的主要形式包括参与政府或企业组织的检查、工会独立组织的检查、开展季节性检查、专项检查、组织职工代表巡视等。目的是通过安全检查发现事故隐患和职业危害，督促整改，维护广大职工群众的生命健康权益。

2003 年 7 月，全国总工会在南京召开推广“一法三卡”现场会。会后，安徽省总工会下发《关于认真推广“一法三卡”的通知》，进行全面部署，在全省组织开展非公有制企业劳动安全卫生状况调查，对部分企业进行职业危害检查。根据蚌埠、淮南、黄山、阜阳、合肥等市提供的调查情况，形成《安徽省非公企业劳动安全卫生调查报告》上报全国总工会。11月，省总工会在蚌埠市召开全省“一法三卡”现场会，蚌埠市总工会、蚌埠卷烟厂、八一化工集团等单位介绍了推广应用的经验。

2006年8月，省总工会积极推动落实工会劳动保护工作责任制，在合肥召开了全省劳动保护工作经验交流会。合肥、安庆、蚌埠等7家单位做经验介绍，与会代表现场考察红四方集团安全生产现场，省委常委、省总工会主席、党组书记王秀芳到会讲话。会后省总工会组织全省生产大检查并开展维护农民工合法权益调查活动，向全国总工会上报调查报告。

2007年，省总工会对淮北、铜陵、马鞍山、安庆等八个具有典型意义区域的职业病发病和防治工作进行了专题调研，深入了解全省职业病防治工作现状。

2008年1月，省总工会参加省政府办公厅开展的全省安全生产“三个再查”督查工作，对六安、亳州市的化工、交通、药材、水利行业进行安全生产督查。5月，为确保抗震救灾和北京奥运会期间的安全生产工作，对铜陵市、安庆市、淮南市安全生产工作进行督查。督察组听取铜陵市、安庆市、凤台县总工会安全生产、工会劳动保护工作及开展安全生产百日专项督察工作情况的汇报，现场检查了铜陵市铜化集团华兴公司、铜陵皖能发电有限公司以及安庆市安庆菱湖漆业有限公司、安徽曙光化工集团、淮南矿业公司李一煤矿的安全生产工作和“安康杯”竞赛活动开展情况，检查了淮南市公安局交警大队交通安全工作。9月，参加省安委会组织的对铜陵、安庆、合肥市的尾矿库检查。10月，参加省安委会组织的对铜陵市关闭非金属小矿山的检查。

实践证明，安徽工会参与制定关于安全生产和职业卫生的法规政策，积极组织安全检查，开展各项劳动安全卫生状况调查和职业危害检查活动，依法督促企业改善劳动条件，面向全省推广“职代会保安全”和“一法三卡”的工作经验，极大提高了企业和职工群众的安全意识，有效清除了重点行业、重点地区存在的生产隐患和职业危害，切实保障了广大职工群众的身体健康和生命安全。

七、加强困难职工帮扶中心建设

（一）安徽省困难职工帮扶中心建设概况

2002年6月，省总工会出台《安徽省总工会关于建立困难职工帮扶中心的实施意见》和《安徽省总工会关于困难职工帮扶中心验收标准及补助办法》，并在12月20日全省工会再就业工作会议上作出专门部署。2003年12月，省总工会在芜湖市召开全省工会困难职工帮扶中心工作会议，传达贯彻全国工会困难职工帮扶中心工作座谈会精神。截至2004年底，全省17个省辖市总工会全部建立困难职工帮扶中心，提前一年完成全国总工会下达的任务。同时，受全国总工会委托，省总工会对17个市的困难职工帮扶中心进行验收，颁发牌匾，并给予每个市15万元启动资金。2008年7月，省总工会为17个市困难职工帮扶中心配备帮扶工作专用车。

在推动县（市、区）工会困难职工帮扶中心建设方面，2005年5月，省总工会提出“成熟一个，建立一个；建立一个，规范一个”的要求，逐步推进县级工会困难职工帮扶中心建设。2008年7月，全省工会困难职工帮扶工作会议在合肥召开，就加强全省困难职工帮扶中心建设作出部署。同月，省总工会下发《关于加强县级困难职工帮扶中心建设的意见》，提出“有工作场所、有工作机制、有工作人员、有稳定资金、有帮扶项目、有规章制度”的要求，对验收合格的县级困难职工帮扶中心给予1万—2万元启动资金和电脑等支持。2008年12月，全省有75个县（市、区）工会建立了困难职工帮扶中心。部分市、县（市、区）工会从服务职工需求出发，扩大服务范围，扩展扶助领域，在开发区、实验区、工业园区、乡镇街道和大中型企业建立困难职工帮助服务站（点）。

安徽省工会困难职工帮扶中心发挥的作用和产生的社会影响得到全国总工会的高度肯定，中共中央政治局委员、全国人大常委会副委员长、全国总工会主席王兆国分别于2006年1月和2008年1月两次莅临视察。合肥市困难职工帮扶中心两次被全国总工会授予“全国工会模范帮扶中心”称号，马鞍山、芜湖、铜陵、蚌埠和桐城市总工会困难职工帮扶中心先后被全国总工会授予“全国工会帮扶工作先进集体”称号。2008 年 7 月，省总工会表彰一批帮扶工作先进单位和个人：授予合肥市困难职工帮扶中心等 3 家单位“全省工会模范帮扶中心”称号；授予铜陵市困难职工帮扶中心等 16 家单位“全省工会先进帮扶中心”称号；授予苗云等 10 位同志“全省工会帮扶工作标兵”称号；授予中铁四局工会等 20 家单位“全省工会帮扶工作先进单位”称号；授予宴琢等 52 位同志“全省工会帮扶工作先进个人”称号；授予蚌埠市总工会培训中心等 10 家单位“全省工会职业培训示范点”称号；授予芜湖市总工会职业介绍中心等 10 家单位“全省工会职业介绍示范点”称号；授予蚌埠市长健服装有限公司等 18 家单位“全省工会优秀创业示范基地”称号。[①]

（二）关于建立职工帮扶机制和构建工会帮扶体系工作的部署

省工会第十一次代表大会提出，实施对困难职工的帮扶救助，努力为广大职工多办实事，是工会履行基本职责的具体举措，是一项体现爱心、凝聚人心的重要工作，得到各级党政机关和社会各界的广泛支持，受到职工群众的普遍欢迎。各级工会要怀着深厚的阶级感情，满腔热情、设身处地想职工群众之所想、急职工群众之所急，尽心尽力地为困难职工排忧解难。借助社会力量，广泛开展对困难职工和困难劳动模范的就业救助、生活救助、医疗救助、子女劳动救助等活动，进一步推进“送温暖工程”的经常化、制度化、社会化。要积极参与社会保障制度的改革和完善，协助政府努力做到“两个确保”，落实“三条保障线”，督促企业依法缴纳社会保险费。要发挥工会优势，继续完善职工互助合作保险。积极探索和建立职工医疗互助补充保障等制度，增强职工抵御风险的能力。各省辖市工会要在继续开通“151”服务热线的基础上，积极争取政府和社会各界的支持，创造条件建立和完善困难职工帮扶中心，力所能及地为困难职工提供帮助，努力形成“一条龙、一站式”的帮扶机制。

省总工会十一届三次全委会指出，积极构建工会帮扶体系、协助党和政府

① 安徽省地方志编纂委员会办公室编：《安徽省志 · 工会志（1994—2010）》，方志出版社 2015 年版，第 82—83 页。

解决职工特别是困难职工的生产生活问题。一是继续督促再就业政策的贯彻落实。进一步加强困难职工帮扶中心建设，积极争取政府的资金支持，构建稳定的资金来源渠道，形成有效运作的长效机制。困难职工帮扶中心要明确工作职责，加强制度建设，搞好内外协调，切实提高帮扶救助水平。认真做好工会职业培训、职业介绍机构的资源整合和资质认定工作，努力办好工会再就业基地，推行创业培训、小额贷款和创业指导“三位一体”的工作模式。举办劳务输出协调交流活动，指导、协调下岗职工再就业基地，按规定享受再就业优惠政策，鼓励和帮助再就业基地面向市场，按市场经济规律运作，帮助更多的困难职工自主择业、自主创业，确保全面完成工会促进再就业工作3年3个10万的目标任务。二是积极参与完善城镇社会保障体系改革试点工作，协助完善最低生活保障制度，争取把所有符合条件的困难职工全部纳入低保。推动有条件的企业建立企业年金，扩大医疗保险覆盖面，促进社会医疗救助制度的建立和完善，推广职工医疗卫生互助活动，加大女职工生育保险覆盖面。积极推动清理拖欠职工工资工作，按照全国总工会要求用3年时间解决职工工资历史拖欠问题，积极促进安徽省出台《工资支付条例》，坚决防止新的拖欠。要积极参与和推动分配制度改革，确保广大职工在改革中得到实惠。三是组织实施好元旦、春节期间“送温暖”活动，继续在工会系统开展特困职工子女助学活动，加强对全国劳动模范“三金”发放情况的监督和检查，推动建立解决困难劳动模范的帮扶机制，做好劳动模范日常管理工作，热情接待劳动模范来信来访，妥善处理劳动模范反映的问题，认真保护好劳动模范的合法权益。

（三）积极开展困难职工帮扶活动

安徽各级工会根据省总工会十一届三次全委会精神，积极争取党政机关的政策和资金支持，完善资金筹集和使用管理制度，落实市、县财政对困难职工帮扶中心的资金配套，切实用好财政补助资金，不断提高帮扶工作的质量和水平，充分发挥困难职工帮扶中心作为党和政府联系职工群众的“窗口”作用。

2001年，安徽省总工会在全国率先建成《安徽省困难职工档案管理系统》和《安徽省困难职工群体信息管理系统》。县以上工会和有100名以上困难职工

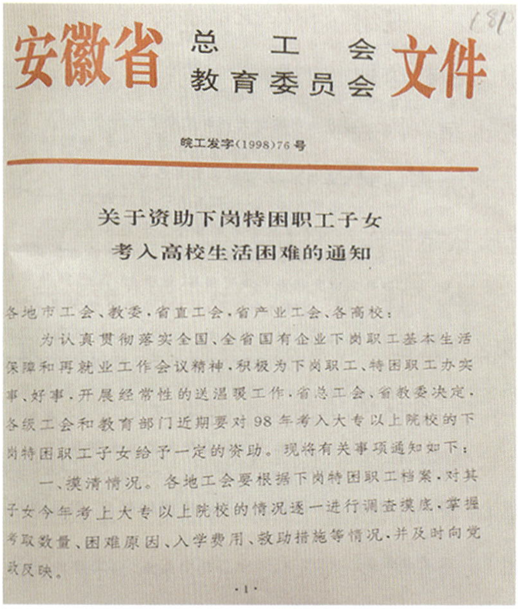
安徽省总工会教育委员会文件

皖工发字(1998)76号

关于资助下岗特困职工子女考入高校生活困难的通知

各地市工会、教委,省直工会,省产业工会、各高校:

为认真贯彻落实全国、全省国有企业下岗职工基本生活保障和再就业工作会议精神,积极为下岗职工、特困职工办实事、好事,开展经常性的送温暖工作,省总工会、省教委决定,各级工会和教育部门近期要对98年考入大专以上院校的下岗特困职工子女给予一定的资助。现将有关事项通知如下:

一、摸清情况。各地工会要根据下岗特困职工档案,对其子女今年考上大专以上院校的情况逐一进行调查摸底,掌握考取数量、困难原因、入学费用、救助措施等情况,并及时向党政反映。

·1·

★ 1998年8月,省总工会在全国率先开展以资助寒门学子、改变贫困人生、促进教育公平为主要内容的“育才关怀行动”。2005年,全国总工会要求各级工会开展的助学活动统称为“金秋助学”。

企业将困难职工资料输入管理系统,实现动态管理。管理系统的开发使用,对工会准确掌握和动态管理困难职工基本情况、明确送温暖对象和范围、构建预警机制起到重要作用,受到全国总工会保障部领导的肯定。2001年12月,省总工会与省直机关工委联合下发通知,组织省直系统开展向特困职工送温暖献爱心捐款活动。截至2008年12月,全省建立起“送温暖工程”基金组织298个,其中省级1个、市级21个、县级125个、基层151个。

2002年3月,在全国工会纪念实施“送温暖工程”10周年活动中,安徽省总工会和7个市总工会、7个基层工会以及7名工会保障干部受到全国总工会的通报表彰。同年5月,芜湖市总工会等60个单位工会获得“实施送温暖工程先进单位”,陈安达等42人获得“实施送温暖工程先进个人”称号。

2004年起,全国总工会要求市级以上工会全部建立职工维权热线,承担工会信访接待,为职工群众提供维权诉求平台。2005年,省总工会对管理系统进行更新换代,增加建档内容和功能板块。2007年起,全国工会统一实行《工会帮扶工作管理系统》。

安徽各级工会切实履行职责,构建工会帮扶体系,加强困难职工帮扶中心建设，深入实施“送温暖工程”，促进职工就业再就业工作，积极开展农民工援助、创业带动就业、“金秋助学”、“两节”送温暖、“育才关怀”、“送清凉”、“姐妹献爱心”等帮扶活动，实现了送温暖活动的经常化、制度化和社会化，推动安徽省各级工会困难职工帮扶中心在解决困难职工的生产生活问题上发挥了重要作用，产生了积极的社会影响，赢得了社会各界的一致好评。

八、推动群众性经济技术活动和班组建设创新发展

（一）开展各类劳动竞赛活动

省工会第十一次代表大会提出，要深入开展以“创新工程”为载体的群众性立功竞赛活动，引导和激励广大职工积极投身社会主义物质文明建设。省各级工会必须坚持不懈地贯彻党和国家“尊重劳动、尊重知识、尊重人才、尊重创造”的重大方针，充分发挥包括专家、工程技术人员、经营管理者在内的广大职工的积极性、创造性和聪明才智，为社会主义物质文明建设创造新业绩。新世纪新阶段的劳动竞赛，要紧紧围绕安徽省“十五”计划，大力实施“创新工程”，广泛开展多种形式的建功立业活动。在推动转变思想观念、拓展竞赛领域、充实竞赛内容、创新竞赛方式、完善工作制度和健全激励机制上下功夫。要全面深化职工技术进步活动，继续开展职工计算机知识普及和应用竞赛，带动职工技术比武科技含量的进一步提高，结合重点工程竞赛，开展技术协作、技术攻关、技术咨询和技术服务活动，及时做好先进科研成果、先进操作技能的推广应用工作，促进新的科技成果向现实生产力转化。

2004 年，全省工会围绕实现“861”行动计划，以群众性经济技术“创新工程”和“女职工建功立业工程”为载体，深入开展多种形式的劳动竞赛和群众性经济技术创新活动，并通过选树“创新能手”和“创新示范岗”，在全省营造了“争先创优”的良好氛围。召开了安徽省庆祝“五一”暨创新工程表彰大会，共有 100 个创新工程先进集体、96 名先进个人、98 个班组、18 个组织劳动竞赛先进单位、48 项重大合理化建议和技术改进成果以及 18 名能工巧匠、职工技术

能手受到表彰。向全国总工会推荐全国职工创新示范岗候选单位和全国职工创新能手候选人，有6家单位获得全国职工创新示范岗称号、10位职工获得全国职工创新能手称号，对调动广大职工在全面建设小康社会实践中建功立业的积极性，起到了较好的激励作用。

2006年，全省各级工会广泛开展“当好主力军、建功‘十一五’”竞赛和“创争”活动，充分展现了工人阶级的时代风采。各级工会以“当好主力军、建功‘十一五’”竞赛活动为抓手，广泛组织开展了重点工程竞赛、挖潜增效竞赛、争当“五一”巾帼标兵等多种形式的立功竞赛和经济技术创新活动，引导和动员职工积极投身推进跨越式发展、加快实现崛起的伟大实践。全省县级以上工会在各个层面开展重点工程劳动竞赛1150多次，参赛职工93.9万人；近60万名职工参加了各种形式的技术比武活动，14万名职工参加了不同形式的技能培训；全省职工提合理化建议15.5万条，有效调动和充分发挥了广大职工的主人翁积极性。

2007年，全省各级工会紧紧围绕安徽省“861”行动计划和全民创业行动，以“当好主力军、建功‘十一五’”竞赛为载体，不断深化主题、加大力度、创新形式、完善机制，广泛开展创建“工人先锋号”和职工节能减排竞赛等各种形式的劳动竞赛、合理化建议活动，发挥职工协助组织的作用，有效激励和发挥了广大职工的主人翁积极性。据统计，当年全省工会开展了各类劳动竞赛3947次，参赛职工118万人；近31万名职工参加了各种形式的技术比武活动，79万名职工参加了不同形式的职业技术（技能）培训；全省职工提出合理化建议16万条，实施8.67万条。

2008年，省总工会十一届七次全委会提出，要以“当好主力军、建功‘十一五’”竞赛活动为主要载体，广泛开展多种形式的职工经济技术活动。紧紧围绕转变经济发展方式、提高自主创新能力、加强节能减排和生态环境保护，大力推进创建“工人先锋号”活动由点向面扩展、由窗口服务行业向各行各业延伸。在广泛选拔的基础上，表彰一批安徽省“工人先锋号”先进典型。继续开展“全省职工节能减排竞赛”活动，实施“职工节能减排月”行动，组织职工为节能减排作贡献。充分发挥产业（系统）工会的优势和职工技协组织的作

★ 2007年，马鞍山开展农民工职业技能大赛。

用，开展富有行业特色的技术培训、技术比武、技术交流、岗位练兵和技术革新、技术协作、技术攻关活动，组织开展好重点工程示范性劳动竞赛和全省职工职业技能大赛、女职工技能大赛。基于此，安徽省各类劳动竞赛和经济技术活动得到良好发展，取得良好成效。

（二）开展群众性科技活动

2003年，安徽省职工技协三届一次会议召开。全省各级职工技协组织以组织实施职工经济技术创新工程为抓手，开展技术攻关、技术改造、技术革新等群众性技术创新活动，努力提高职工技术素质，促进企业技术进步，增强企业自主创新能力。省总工会把职工技协工作纳入年度工作目标责任制的考核指标，要求各级工会组织切实加强领导，精心部署，扎实推进。2010年，合肥市总工会与市科技局等11家单位联合出台《关于深入开展技术创新活动的若干意见》，号召全市职工技协组织和广大技协会员大力开展技术创新、技术攻关等系列技术活动，提高职工技协的号召力和凝聚力。芜湖、淮南等市结合企业实际，大力开展技术改造和新产品研发等活动，引导职工为改进新工艺、开发新产品、拓展新市场作贡献。蚌埠、铜陵等市积极组织有专业技术特长的劳动模范先进人物、技协积极分子开展技术帮扶活动，为企业提供技术攻关、技术指导、技术培训等服务，全面推进企业技术进步。池州市总工会与市职工技协组织开展了“庆‘五一’，我为节能减排作贡献”宣传活动，充分发挥广大职工节约资源、保护环境的积极性、主动性和创造性。2003 年至 2010 年，全省各级职工技协组织共开展技术革新、技术攻关 55580 项，提出合理化建议 518302 条，实施 159901 条，发明创造 4304 项，总结推广先进操作法 13154 个。

同时，安徽各级工会结合企业技术进步工作，在职工中广泛开展技术比武活动。2003 年至 2010 年，全省岗位练兵、技术比武蔚然成风。省职工技协先后承办了全省职工职业技能大赛、全省汽车驾驶员技能比赛、全省公路养护大赛。尤其是两次全省职工职业技能大赛，省总工会专门成立全省大赛组委会。比赛分别在淮化集团、安徽东风机械总厂、安徽叉车集团、38 所、省电建二公司等单位举行，选拔出全省 4 个工种的前三名，组队代表安徽省参加各工种全国大赛。在全国大赛中取得了铣工个人第五名，车工个人第九名，车工团体第九名，焊工个人第六名和第二十名的较好成绩，安徽省总工会两次荣获了全国比赛的组织奖。合肥市举办全市职工庆祝新中国成立 60 周年技能大赛，设 5 个工种，有 3 万多名职工参加。马鞍山市组织全市农民工技能大赛。安庆市 2004 年组织技术比赛 302 项（次），参赛人员 19796 人次。安庆石化总厂工会坚持每年举办一届职工技术比武运动会，比赛内容由通用型向专用型延伸，由维修工种向操作工种拓展。巢湖市先后联合举办 4 届全市职工职业技能大赛，共涉及机械、旅游、汽车维修、家政等 11 个行业，参赛职工达 2400 多人。省产业和各市工会举办的技能比赛项目涉及机械、轻工、纺织、建筑、电力、交通、煤炭、化工、数控、电子、财贸、地质、电信等领域的相关工种。2003 年至 2010 年，全省开展技术比赛 15125 项，参赛人员达 70 万人。[①]

（三）做好劳动模范和先进人物的评选表彰

为充分发挥劳动模范和先进人物的典型带头作用，进一步推动安徽省劳动竞赛和经济技术活动深入发展，省总工会着力部署和做好全省劳动模范和先进人物的评选表彰工作。

2004 年，全省各级工会进一步完善劳模工作机制，加强对各条战线劳动模范和先进人物的培养、选拔、管理和服务，认真做好对生活困难劳模的帮扶工作，推动并督促各项劳模政策的落实。省总工会在全省开展了省部级劳模生活状况调查，“五一”前后，在省主要新闻媒体开辟专栏，对安徽省不同时代的劳模代表进行了典型宣传。

省总工会十一届三次全委会指出，要认真做好“创新工程”先进集体、先进个人以及五一劳动奖状、奖章和“创新示范岗”“创新能手”的评选表彰工作，积极做好全国劳动模范和先进工作者的评选推荐工作，组团参加全国劳动模范表彰大会，同时大力宣传工人阶级的历史功勋和伟大作用，进一步弘扬劳模精神，总结劳模管理工作经验，广泛营造劳动伟大、劳模光荣的舆论氛围。

省总工会十一届六次全委会提出，省总工会将协助省政府召开 5 年一次的劳模大会，各级工会要按照面向一线、面向基层的原则，充分发扬民主，把那些群众公认、真正为安徽省改革和建设作出突出贡献的先进模范人物评选推荐出来。广泛宣传劳模的突出事迹，大力弘扬劳模精神，激励和动员全省职工以先进模范人物为榜样，进一步焕发劳动热情，努力在生产建设的各个岗位上争创一流业绩。切实加强劳模管理和服务工作，健全困难劳模帮扶救助机制，做好困难劳模的帮扶救济工作，在全社会进一步树立尊重劳模、关爱劳模的良好风尚，充分发挥劳模在政治、经济、文化、社会建设中的示范、导向和激励作用。

2007 年，安徽省开展省劳动模范、先进工作者和先进集体评选推荐工作。经过层层筛选、广泛征求意见，评选表彰省劳动模范和先进工作者 679 名、先

---

① 安徽省地方志编纂委员会办公室编：《安徽省志·工会志（1994—2010）》，方志出版社 2015 年版，第 56—57 页。

进集体100家，并在“五一”前夕召开了省劳动模范表彰大会。以此为契机，进一步加强对劳模先进人物的日常管理和服务，做好困难劳模的帮扶救助工作，分期分批组织全国劳模体检、疗休养，切实为劳模办实事，并通过工会报刊和社会媒体，对劳模先进事迹大张旗鼓地进行宣传，广泛营造了“争先创优”的良好社会氛围。

（四）推动班组工作创新发展

省总工会一直积极推动班组工作创新发展。2001年后，全省建立健全党政工齐抓班组工作体系，大力组织开展班组劳动竞赛，加强班组民主管理工作，开展建“职工小家”活动和安全合格班组活动，逐步形成适应市场经济要求的班组工作组织和工作规划。蚌埠市在工业企业推行岗位练兵卡、练兵台、劳动竞赛评比板等形式，将班组升级竞赛活动延伸到服务和流通领域，开展“星级”柜组活动，开拓服务型班组新模式。安徽华茂集团坚持以赛促训，实行以班组全员竞赛与开展“尊师带徒”活动互为一体，培养一大批一专多能的复合型人才。铜陵有色公司在班组升级竞赛中不搞终身制，每年考核命名一次，使班组一直处于竞赛之中，不断取得新成绩。

2006年，全省各级劳动竞赛和工会组织从班组工作的规范化、制度化、科学化建设入手，狠抓班组基础建设，强化班组日常管理，创造了大量行之有效、富有成果的班组经验。合肥市开展了评选“十大首席员工、十大标杆班组、十大创新能手、十大合理化建议”活动，表彰的重点放在班组一线。各市努力把班组建设成为学习型班组、节约型班组、创新型班组，推动全省班组工作创新发展。省劳动竞赛委员会和省总工会本着劳动竞赛物质利益与社会荣誉相结合的原则，注重提高班组、班组长和一线职工的政治地位。按照全国总工会的要求，省总工会在评选包括劳动模范在内的各类先进中，均突出一线，向一线职工和班组、班组长倾斜，并明确规定一线班组职工和班组长必须占评选先进总数50%到60%。坚持每年表彰100个左右省模范班组，从中推进3个至4个全国模范班组，享受“全国五一劳动奖状”同等荣誉称号。1994年至2006年，全省共推进评选54个模范班组、评选表彰1086个省模范班组。2004年省总工会还命名了安徽省十大标杆班组。

2008年，省劳动竞赛委员会、省总工会以建设“四个一流”（一流工作、一流服务、一流业绩、一流团队）和“和谐团队”为主要内容，推进创建“工人先锋号”活动，把班组升级竞赛、创建先进班组活动和创建“工人先锋号”结合，使创建“工人先锋号”活动由点向面扩展，由窗口服务行业向各行各业延伸。2008年初，省总工会命名安徽叉车集团公司小吨位内燃叉车事业部总装班等101个先进集体为2007年度安徽省“工人先锋号”，从中推进了28个全国“工人先锋号”，扩大了“工人先锋号”的社会影响力。①

省总工会推动全省班组工作的创新发展，组织开展各种劳动知识竞赛，推进创建“工人先锋号”活动向全省各行各业延伸，大力弘扬劳模精神，在评选各类先进中，向一线职工和班组、班组长倾斜，认真做好先进集体、先进个人以及五一劳动奖状、奖章的评选表彰工作，在充分发挥先进人物的模范带头作用、广泛调动职工生产积极性和创造性的同时，在社会上营造了“尊重劳模、关爱劳模”的良好风气。

九、加强工会基层组织建设、民主管理、女职工、对外交往等工作

（一）加强基层工会组织建设

基层工会组织是开展工会工作的基础，发挥着密切联系职工群众的重要作用，安徽各级工会高度重视基层工会组织建设，坚持“哪里有职工，哪里就应建立工会组织”的原则，最大限度地把广大职工群众组织到工会中来。

2001年11月22日，安徽省第九届人大常务委员会第二十六次会议通过《安徽省私营企业工会条例》，并自2002年1月1日起施行。条例规定适用于安徽省区域内的所有私营企业。同时强调，私营企业工会是工会的基层组织，是企业职工自愿结合建立的群众组织，代表职工的利益，要依法维护职工的合法

① 安徽省地方志编纂委员会办公室编：《安徽省志·工会志（1994—2010）》，方志出版社2015年版，第46—47页。

权益，依照《中国工会章程》独立自主地开展工作。私营企业应当尊重和维护工会的合法权益，支持工会依法独立地开展活动，应当支持职工依法组建工会，上级工会可以帮助和指导私营企业职工组建工会，任何单位和个人不得阻挠。该条例对民营企业工会的组建原则、享有的权利、应履行的义务、领导机关和干部设立的条件等内容作了明确规定。安徽各级工会坚持《安徽省私营企业工会条例》《安徽省实施〈中华人民共和国工会法〉办法》等法律法规，不断加强民营企业工会组建工作，按照“扩大覆盖面、增强凝聚力”的要求，积极开展“以党建带动工建、工建服务党建”活动，大胆创新工会组织形式和建会方式，切实提高工会组建率和职工入会率，把广大职工组织到工会中来，充分发挥工会桥梁纽带的作用。

2002年，安徽省总工会转发了全国总工会关于贯彻实施修改后的《工会法》，确保实现2002年工会组建目标的通知，要求各地按照全国总工会要求，对建会目标作适当的结构性调整，抓住机遇，依法推进基层工会组建工作。2003年8月，省工会第十一次代表大会提出，“推进工会自身改革和建设，必须高度重视县级工会和基层工会组织建设，注意理顺产业工会与地方工会的关系”。省总工会和省辖市工会要把加强县级工会建设、发挥好县级工会作用摆上重要议事日程，加大工作指导力度，努力推进县级工会工作上水平、登台阶。切实抓好乡镇（街道）、社区（村）工会工作，加强开发区（工业园区）的工会组织建设，在工作程序、人员编制、活动方式等方面，大胆创新，积极探索一套符合基层特点的工会组织体系和工作运行机制。基层工会组织要通过开展“双爱双评”等活动，增强活力，发挥作用。要进一步理顺产业工会和地方工会的关系，尽量避免职能设置的重复，减少工作上交叉，使产业工会和地方工会工作相辅相成，各展所长，最大限度地发挥工会组织的整体功能。

2004年，针对民营企业快速发展、民营企业及职工越来越多的特点，根据《中共安徽省委、安徽省人民政府关于加快民营经济发展的决定》要求，省总工会制定《关于进一步加强民营企业工会工作的意见》，要求各地工会要充分认识民营企业工会组建的重要性，把民营企业职工（包括进城务工人员）组织到工会中来。转发《中华全国总工会关于组织各种所有制企业、事业单位及机关的劳务工入会的通知》，加大吸收包括进城务工人员在内的各类企业职工加入工会组织的力度。

2005 年，省总工会十一届三次全委会提出，一是大力推进改制企业、非公有制企业、民办非企业单位和社会中介组织的工会组建，大力发展进城务工人员和劳务工入会。二是依法规范基层工会组织建设，做好基层工会主席特别是非公有制企业工会主席的民主选举试点工作，研究提出基层工会主席直接民主选举产生的规范性意见。三是上级工会要加强对基层工会的分类指导和服务，各级工会领导机关要建立分工负责和基层联系点制度，经常深入基层帮助协调工作，总结推广基层工会工作的经验。同年，为贯彻落实全国总工会提出的“组织起来，切实维权”的工作方针，进一步推动外资企业组建工作，省总工会成立“安徽省总工会推动外商投资企业工会组建工作领导小组”。2006 年 9 月，沃尔玛深国投百货有限公司芜湖分店举行工会成立暨第一次会员大会，这是中

★ 2006 年 9 月 15 日，沃尔玛在皖首家工会沃尔玛深国投百货有限公司芜湖分店工会成立。

国第47家沃尔玛工会，也是沃尔玛在皖分店成立的首家工会。

2007年，省总工会十一届六次全委会提出，创新组织体制，改进运行机制和活动方式，切实增强基层工会特别是企业工会活力。贯彻落实《企业工会工作条例》，以落实工会各项重点工作为目标，把创建和谐企业活动与建设“职工之家”“双爱双评”和“关爱职工、实现双赢”等活动结合起来，进一步规范基层工会组织和工会工作。切实加强对县级工会包括乡镇（街道）工会和开发区（工业园区）工会的指导，抓住健全组织、配强干部、提高素质、完善机制、激发活力等环节，推动工作上水平。同时，注意总结县级工会工作经验，继续深入开展创建工会工作“十佳县”“先进县”活动，通过开展“示范达标乡镇（街道）工会”活动，突出履行维护职能，充分发挥县级和乡镇（街道）工会的作用。按照“扩大覆盖面、增强凝聚力”的要求，以党建带动工建、工建服务党建，建立健全促进工会组建的有效机制，不断提高工会组建率和职工入会率。大胆创新工会组织形式和组建方式，积极探索楼宇工会、项目工会、市场工会、区域性行业性工会、社区工会、“小三级”工会组织网络，推广运用沃尔玛建会的经验，进一步加大非公有制企业尤其是外商投资企业工会组建的力度。在组建工会的同时，同步建立经费审查委员会、女职工委员会，及时办理工会法人资格登记。

省总工会十一届七次全委会上也强调，以加强工会组建为突破口，进一步健全工会组织体系。以外商投资企业、私营企业为重点领域，以农民工为主要对象，充分利用农民工返乡过春节的时机，创新工会组织形式和建会方式，积极推进区域性、行业性基层工会联合会建设，最广泛地把广大职工包括农民工组织到工会中来，确保2008年6月底前基本完成省总工会下达的组建任务，年底前实现外商投资企业和私营企业建会率达到两个85%。同步建立经费审查委员会、女职工委员会，及时办理工会法人资格登记。

2008年，省总工会下发《关于在春节期间做好发展农民工会员工作的通知》，要求各级工会利用春节农民工集中返乡之际，采取多种形式把农民工组织到工会中来。同时转发《中华全国总工会关于组织劳务派遣工加入工会的规定》和《中华全国总工会关于坚决纠正在企业改革改制中撤销工会组织、合并工会工作机构问题的通知》，最大限度地把广大职工团结起来，进一步加强了工会的组织建设。

（二）加强非公有制企业民主管理工作

安徽各级工会在推进全面建设小康社会进程中，高度重视非公有制企业的民主管理工作。在数次会议中，省总工会不断强调其重要性，并对非公有制企业民主管理工作进行了部署。2003 年 8 月，省工会第十一次代表大会明确要认真贯彻《安徽省非公有制企业职工民主管理暂行意见》，积极推动规模以上非公有制企业尽快建立职代会制度。实行职代会制度的非公有制企业，要大胆进行机制创新，在企业生产经营重大事项上，要落实职工的知情权和建议权；在涉及劳动关系重大问题上，要落实职工与业主的协商共决权；在执行劳动法规和政策、履行集体合同和劳动合同上，要落实检查监督权。非公有制企业职代会，可以与会员大会、员工大会结合起来，小企业可以通过区域职代会、民主管理小组等多种形式，因企制宜实行民主管理。2007 年省总工会十一届六次全委会要求，从发展社会主义基层民主政治、保障职工群众直接行使民主权利的需要出发，依照有关法律法规，在各类企事业单位中积极推行以职代会为基本形式的民主管理和厂务公开制度。2008 年省总工会十一届七次全委会明确，要大力推行区域性、行业性职代会建设，不断提高非公有制企业职代会建制率。坚持以职代会为载体，推动非公有制企业依法建立厂务公开民主管理制度，进一步深化厂（事）务公开和民主评议工作。认真总结公司制企业实行民主管理的经验，继续推进和完善职工董事、职工监事制度，做好职工董事、职工监事的培训工作。力争 3 年内，在已建工会的非公有制企业中，职代会和厂务公开的建制率在 60% 以上。

工作开展方面。2002 年 8 月 30 日，省总工会制定《关于非公有制企业职工民主管理工作的暂行意见》，启动推进非公有制企业民主管理工作，促进非公有制企业的健康发展。11 月 20 日，省厂务公开办公室在蚌埠滤清器有限责任公司召开非公有制企业民主管理工作座谈会，就非公有制企业开展厂务公开，实行民主管理进行交流研讨。蚌埠滤清器有限责任公司等 6 家企业作重点发言。当

★ 2001年8月，安徽省纪念职代会《条例》颁布二十周年座谈会召开。

年实行厂务公开制度的非公有制企业740家，其中私有企业432家、私有控股141家、合资企业129家、三资企业38家。2003年10月13日，全省改制企业厂务公开民主管理工作座谈会召开。2004年6月17日，全省民主管理调研工作调度会召开，邀请全国厂务公开办公室负责人，就非公有制企业开展厂务公开民主管理进行培训。2005年，非公有制企业民主管理工作的重点是规模以上非公有制企业和由国有、集体及其控股企业改制的非公有制企业，要单独建立健全厂务公开民主管理制度；小型非公有制企业，要建立区域性、行业性职代会。2008年5月15日，非公有制企业厂务民主管理工作座谈会召开，要求非公有制企业厂务公开民主管理工作覆盖面3年达到60%，5年达到80%。[①]

此外，小型非公有制企业职代会建设也是安徽省推进非公有制企业民主管理工作的重要措施之一。2004年起，省总工会以区域性、行业性职代会建设为

① 安徽省地方志编纂委员会办公室编:《安徽省志・工会志（1994—2010）》，方志出版社2015年版，第127页。

重点，加强小型非公有制企业职代会建设，指导各地进行区域性、行业性职工代表联席会议的试点工作。在此基础上，2005 年 1 月 11 日，省总工会制定下发《关于进行区域性职工代表大会试点工作的意见》，就实行区域职代会的范围、原则以及区域职代会的职权、职工代表、组织制度提出明确意见。芜湖印发《芜湖市关于开展区域性职工代表大会试点工作的实施意见》。蚌埠在社区开展以建立区域性职代会为龙头的组建工会、发挥作用的厂务公开民主管理“一条龙”工程。各市在小企业集中的区域和行业确定 1—2 家试点单位，开展区域性和行业性职代会试点，总结经验，逐步推广。6 月 24 日，省总工会在蚌埠市淮上区吴小街镇召开区域性职代会试点工作现场会，9 月 22 日在芜湖市凤凰美食街召开行业性职代会试点工作现场会，分别推广介绍蚌埠和芜湖推行区域性和行业性职代会的经验，推动全省区域性、行业性职代会制度逐步建立。当年，全省有 6 个市召开区域性、行业性职代会现场会，覆盖非公有制企业 160 余家。2006 年 12 月 21 日，省总工会在肥西县三河镇召开全省区域性、行业性职代会建设工作会议，合肥、芜湖、蚌埠市和淮北濉溪镇、亳州古井镇、马鞍山太白镇介绍经验。当年有 73 个乡镇和行业建立区域性、行业性职代会，覆盖企业 2254 家。2007 年 9 月 17 日，召开全省区域性、行业性职代会建设工作座谈会，交流总结推行区域性、行业性职代会的工作情况和具体做法，研究探讨进一步推动全省区域性和行业性职代会建设。①

通过“党委统一领导，党政共同负责，有关方面齐抓共管，职工群众广泛参与”的工作体制和运行机制，各级工会大力推行非公有制企业的职代会制度、厂务公开制度、职工董事和职工监事制度，在全省形成了区域性、行业性的职代会工作格局，维护了广大职工群众的知情权、参与权、表达权和评议监督权，促进了社会主义基层民主政治在安徽的发展。

（三）推行平等协商和集体合同工作

建立和完善平等协商、集体合同制度，是社会主义市场经济条件下，协调企

① 安徽省地方志编纂委员会办公室编:《安徽省志·工会志（1994—2010）》，方志出版社 2015 年版，第 122 页。

业劳动关系、促进企业和谐稳定、增强企业凝聚力的制度保障，也是工会组织维护职工群体利益、扩大维权覆盖面的重要抓手。因此，安徽省总工会在前期工作基础上，重视推行平等协商和集体合同工作，并多次在重要会议中作出强调和部署。

省工会第十一次代表大会强调，要继续坚持并完善平等协商和签订集体合同制度，不断扩大工会维权的覆盖面。坚持所有企业，特别是非公有制企业，都要建立健全和完善平等协商和集体合同制度。对分散零星的小企业，可通过签订区域性、行业性集体合同，扩大合同的涵盖面。要坚持把职工关心的热点、难点问题作为平等协商的重点，增强合同的针对性和实效性，防止形式主义。要把工资集体协商作为推行平等协商和集体合同制度的重要内容，在认真总结试点经验的基础上，稳步推行工资集体协商工作，促使职工工资增长与企业经济效益增幅相同步、经营者收入与企业经济效益挂钩，逐步形成市场机制调节、企业民主决策、职工民主参与、国家监控指导的企业工资分配新机制，让广大职工共享经济发展、改革开放和社会进步的成果。要坚持以集体合同规范劳动合同，劳动合同中的各项指标不得低于集体合同。为了增强约束力，提高履约率，各级工会要在基层企业中，建立健全监督检查、履约责任和考核评价等相关制度，保证集体合同的兑现，使集体合同真正成为保护职工和企业合法权益的重要依据。

省总工会十一届三次全委会要求，继续大力推行平等协商集体合同制度，把推行集体合同制度与推行劳动合同制度有机衔接起来，指导和帮助职工签订好劳动合同，以非公有制企业和改制企业为重点，加大建制力度，积极推行工资集体协商等专项集体合同。抓住“平等协商”和“履约兑现”两个关键环节，建立和完善平等协商、履约责任、监督检查、职工参与和评价等相关制度，提高职工群众的参与程度。积极推行区域性和行业性集体合同制度，探索由用人单位、劳务中介组织与务工人员签订集体合同等新途径。

省总工会十一届六次全委会明确，要以督促用人单位与职工签订劳动合同为抓手，把工会维权关口前移，联合有关部门认真落实“全面推进劳动合同制度实施三年行动计划”。以改制企业、非公有制企业以及农民工比较集中的建筑、餐饮等行业为重点，帮助和指导职工签订劳动合同，监督检查劳动合同执行情况，协助做好劳动合同管理工作，规范企业用工行为，努力提高劳动合同签约率和覆盖面。贯彻落实《集体合同规定》，以非公有制企业为重点，进一步健全和完善平等协商机制和集体合同制度。积极开展工资集体协商要约行动，加大签订工资专项集体合同力度，加强对工资集体协议履行情况的监督，推动企业逐步建立工资分配共决机制，切实保障职工工资水平随着企业的发展而合理增长。推动建立和完善区域（行业）性平等协商、集体合同制度，积极推行女职工权益保护专项集体合同，努力扩大平等协商和集体合同的覆盖面，提高建制率，增强实效性。

省总工会十一届七次全委会强调，要贯彻落实《集体合同规定》，进一步深化平等协调签订集体合同工作。以非公有制企业特别是外商投资企业为重点，加强职工协商谈判代表队伍建设。突出工资集体协商，推动企业建立健全职工参与工资分配的共决机制，保障职工工资水平随着企业效益的提高而合理增长。大力开展签订区域性、行业性集体合同，切实解决小企业协商难、签约难的问题。注重女职工权益保护，在已建工会女职工组织并签订了集体合同的单位，女职工权益保护专项集体合同签订率要达到80%以上。

在推动集体合同签订方面，2002年4月省总工会机构改革后把集体合同工作划归法律工作部管理，并于5月召开全省集体合同工作会议。2008年6月26日，省总工会转发全国总工会《关于建立集体协商指导员队伍的意见》，要求各级工会充分认识建立集体协商指导员队伍对于推进集体合同制度实施的重要意义，列为当地工会组织建设的重要内容，采取切实措施，建立健全本地区、本行业的集体协商指导员队伍，提高工会开展集体协商、签订集体合同的水平。28日，省总工会转发全国总工会《关于开展集体协商要约行动的意见》，要求各级工会组织充分认识开展集体协商要约行动的重要意义，从当地实际出发，在充分准备的基础上，选择适当时机，集中开展一次集体协商要约行动，进一步推动企业建立和完善集体协商制度，更好地维护了职工合法权益。[①]

---

① 安徽省地方志编纂委员会办公室编：《安徽省志·工会志（1994—2010）》，方志出版社2015年版，第130—131页。

在工资集体协商工作方面，2002 年 7 月，省总工会与省劳动和社会保障厅联合下发《关于开展企业工资集体协商试点工作的意见》，要求各省辖市在年内选择 2 家至 3 家企业开展试点工作。2005 年 6 月，省协调劳动关系三方联合召开会议，共同部署推进此项工作。同年，省总工会转发全国总工会《关于进一步推进工资集体协商工作的通知》，制定相关工作规划，开展工资集体协商试点。9 月 22 日，芜湖凤凰美食街餐饮业首届职工代表大会召开，劳资双方签订的行业性工资集体合同实现两个突破：突破国家法律法规规定的劳动标准，行业内的职工劳动报酬高于当地政府公布的最低工资标准；突破性地建立了职工巡回检查履约制度。2007 年 1 月，省政府办公厅根据省总工会的建议，在《关于推进企业解决拖欠工资问题的通知》中明确要求，各级劳动保障部门要会同国资委、经委等部门和工会组织指导企业全面加强劳动合同管理，大力推行集体合同制度，建立健全与现代企业制度相适应的工资分配制度，加强和完善工资集体协商等职工民主参与决定工资的办法，逐步形成企业劳资共决的收入分配机制。2008 年 9 月，省协调劳动关系三方再次联合下发《关于全面推进企业工资集体协商工作的意见》，印发工资专项集体合同文本，要求通过大力推行企业工资集体协商，逐步理顺企业工资分配关系，推进企业建立和完善科学规范的工资分配共决机制、工资合理增长机制和工资支付保障机制，使职工收入能够随着经济的发展、效益的增长而同步提高。[①]

安徽各级工会积极开展工资协商试点工作，并以此为重点内容，建立和健全平等协商、集体合同制度，推动企业逐步建立工资分配共决机制，要求职工工资增长与企业经济效益增幅相同步、经营者收入与企业经济效益相挂钩，为工会组织维护职工群体利益、扩大维权覆盖面提供了重要制度保障，对协调企业劳动关系、促进企业和谐稳定以及增强企业凝聚力具有重要意义。

（四）开展女职工工作

女职工工作是工会工作的重要组成部分，安徽省各级工会女职工组织围绕党

① 安徽省地方志编纂委员会办公室编：《安徽省志·工会志（1994—2010）》，方志出版社 2015 年版，第 131 页。

和国家工作大局和工会工作全局，认真履行职责，坚持一手抓参与发展，一手抓权益保障，以加强工会女职工组织建设和维权机制为重点，以深入实施女职工建功立业工程和女职工素质提升工程为载体，组织动员广大女职工为经济建设和社会发展作出积极贡献。

在组织机构与队伍建设方面，2003 年 2 月 28 日，省总工会第三届女职工委员会第一次会议召开，选举产生省总工会第三届女职工委员会，由主任委员、副主任委员、委员共 56 人组成。2004 年 9 月，省总工会启动以女职工建功立业工程、女职工素质提升工程、女职工爱心帮扶工程为主要内容的女职工组织“311”工作计划，建立省、市总工会“311”工作年度统计制度。2006 年，全省各级工会女职工组织依托工会组建，带动女职工组织建设，提出工会女职工组织与工会组织同步筹备、同步组建、同步挂牌的“三同时”要求，使工会女职工组织不断发展壮大。截至 2006 年底，全省 3.582 万个基层工会中已建立工会女职工组织 1.12 万个，专、兼职工会女职工干部达 2.23 万人。全省市、县工会女职工委员会的组建率为 100%，基层工会女职工委员会的组建率为 90%，非公有制企业女职工组织的组建率为 61%。2007 年《企业工会工作条例》颁布实施，省总工会女职工委员会要求全省各级工会女职工组织要巩固国有企业工会女职工组织建设基础，推进非公有制企业和乡镇（街道）女职工组织建设，把女农民工组织到工会组织中来。2008 年 2 月 29 日，省总工会第四届女职工委员会第一次会议召开。2010 年，全国总工会提出“双措并举、二次覆盖”的工会组建工作方针，省总工会女职工委员会以此为契机，将工会女职工组织建设纳入工会组建整体工作同步推进，提出到 2010 年底全省工会女职工组织覆盖率达到 90%。[①]

在女职工素质提升工程方面，2001 年至 2005 年，省总工会女职工委员会开展“多读一本书，多掌握一门技术，多提一条合理化建议，立足岗位，多参加一项创新创造活动”的“四个一”素质达标活动。从 2003 年开始，省总工会先后开展全省十大创业女明星、全省十佳女职工标兵和全省五一巾帼标兵的评选

① 安徽省地方志编纂委员会办公室编：《安徽省志 · 工会志（1994—2010）》，方志出版社 2015 年版，第 106 页。

表彰，每年评选10位女职工先进典型。2004年以后，省总工会女职工委员会先后建立了“311”工作统计制度、女职工权益保护专项集体合同季报制度，并通过每季度编辑一期《女职工工作信息》，每年编印一本《女职工工作研讨文集》指导工作。2008年6月，省总工会成立“安徽省女职工素质教育专家顾问团”，设法律、经济、宣教、文体和健康保健5个组，为各级女职工组织提供“菜单式”服务。[①]

在组织女职工建功立业方面，2006年至2010年，省总工会在全省女职工中开展“学先进、比奉献，创一流工作业绩，争当五一巾帼标兵”活动（即女职工“学比创争”活动）。内容包括以各自的工作岗位为立足点，广泛开展创一流工作业绩活动；以提高岗位技能、业务知识为着力点，广泛开展女职工素质提升活动；以单亲特困女职工为重点对象，广泛开展“为困难姐妹献一份爱心”活动。为配合此次活动的进行，省总工会同时开展“掌握一门新技术、参加一项创新（创造）活动、刷新一项纪录、提一条合理化建议、为困难姐妹献一份爱心”的“五个一”活动。2006年2月，省总工会女职工委员会与省直工会联合举办安徽省女职工风采展示，16个单位选送12个不同形式、不同类型节目在省“三八”表彰大会后展示。2007年7月，省总工会举办“创一流业绩 展女职工风采”“央行杯”全省女职工演讲比赛。10月，省总工会与省商业经济学会、省消费者协会、省财贸工会、省美容美发技术研究会共同举办“安徽省2007美容美发技能大赛”。[②]

在女职工权益维护与特殊保护方面，省总工会女职工委员会主动参与政府有关部门涉及女职工劳动权利、经济权利、政治权利和特殊利益等方面法律法规的制定，先后参与《安徽省职工生育保险条例》《安徽省实施〈中华人民共和国妇女权益保障法〉办法》《安徽省妇女发展纲要》《安徽省集体合同条例》等地方性法规的调查、论证和修改，提出多项建议和意见。2007年4月，省人大常委会通过《安徽省实施〈中华人民共和国妇女权益保障法〉办法》，明确规定

① 安徽省地方志编纂委员会办公室编：《安徽省志·工会志（1994—2010）》，方志出版社2015年版，第116页。

② 安徽省地方志编纂委员会办公室编：《安徽省志·工会志（1994—2010）》，方志出版社2015年版，第114—115页。

“用人单位与职工平等协商，可以就女职工的特殊保护签订女职工权益保护专项合同，或者在集体合同中约定相关内容”。省总工会女职工委员会每年组织全省各级工会女职工组织开展1项至2项专题调研，先后针对《妇女权益保障法》执行情况、企业女职工下岗失业情况、单亲特困女职工家庭情况、纺织行业女职工劳动保护情况、金融危机影响下非公有制企业女职工面临的新情况和新问题、新建企业工会女职工组织建设、非公有制企业女职工特殊权益保护情况、国有大中型企业女职工参政议政情况等进行了调研，并形成调研报告。各级工会女职工组织积极组织、引导女职工通过职工代表大会、厂务公开等民主管理方式参与企业民主决策、民主管理和民主监督，行使好职工代表大会及工会会员代表大会代表的各项职权。

为加强女职工劳动保护，2004年，省总工会女职工委员会开展“五一”女职工维权周活动，号召各地广泛深入开展法制宣传教育活动。2006年5月9日，省总工会、省工商联联合下发《关于开展女职工劳动安全卫生情况专项检查的通知》，要求各市总工会、工商联集中一段时间对本地女职工劳动安全卫生情况进行检查。在各市自查的基础上，省总工会、省工商联组成联合检查组，分两组对安庆、阜阳、六安进行了专项检查，抽查了13家企业。检查中，省总工会编制了《安徽省非公企业女职工劳动安全卫生情况调查表》，对涉及女职工劳动安全卫生方面的具体检查内容进行分解。马鞍山等10个市根据省总工会、省工商联的统一部署，对市直及部分县市区的非公有制企业进行了检查，涉及化工、建材、纺织、服装、矿山及食品加工等行业共869家中小型私营企业，涉及女职工30673人。调查显示，部分私营企业，尤其是小型私营企业，在女职工劳动安全卫生方面问题较多，主要表现为部分企业主的劳动卫生安全意识淡薄；工作时间普遍超标，大部分女职工每周工作时间在40小时至56小时，少数企业达到60小时至70小时，有的是不定期的加班加点，有的则是长期超时工作。通过检查，各级工会进一步加强对非公有制企业女职工劳动保护的监督。经省总工会女职工委员会的积极呼吁，非公有制企业女职工劳动保护情况被列为《安徽省妇女发展纲要》中期监测评估的重点项目。

积极推进女职工权益保护专项集体合同的签订，2006年4月，省总工会下发《关于开展女职工权益保护专项集体合同工作的通知》，布置签订女职工权益保护专项集体合同工作，明确2006年至2008年在80%已建立集体合同制度的企业开展签订女职工权益保护专项集体合同工作的目标和任务，要求2006年各市要达到20%，2007年达到50%，2008年达到80%。省总工会女职工委员会在2006年第一期《女职工工作信息》上刊登了铜陵、芜湖市总工会和南车集团铜陵车辆厂的做法及范本，供全省学习参考。8月11日至15日，省总工会在上海工会干部管理学院举办女职工权益保护专项集体合同工作研修班。2007年4月，为帮助基层规范签订程序，提高签订质量，省总工会编印《女职工权益保护专项集体合同指导手册》，从如何开展集体协商签订女职工权益保护专项集体合同入手，介绍女职工权益保护专项集体合同的操作程序、操作方法及其他相关知识，并提供《安徽省女职工权益保护专项集体合同》参考文本。10月至11月，省总工会女职工委员会组织全省17个市总工会女职工委员会组成4个调查组，对各市贯彻落实《中华全国总工会办公厅关于推进女职工权益保护专项集体合同意见》和《安徽省总工会关于开展女职工权益保护专项集体合同工作的通知》情况、女职工权益保护专项集体合同的履约情况等进行互查，共抽查17个市、23家企业。从检查情况看，全省女职工权益保护专项集体合同工作发展态势良好。2008年5月20日至22日，省总工会召开全省工会女职工权益保护专项集体合同工作推进会，总结交流全省工会开展女职工权益保护专项工作情况。

加强对女职工的爱心帮扶，为特困女职工排忧解难。2004年3月，省总工会制定了《关于认真解决单亲特困女职工家庭困难的意见》，针对单亲特困女职工生活问题提出了具体意见和建议。2005年，省各市及大企业普遍建立了困难女职工档案并主动向保障部门推荐，利用“两节”及“三八”“六一”开展多种形式的结对帮扶活动。2004年至2008年，全省各级工会女职工组织筹措帮扶资金924万元，帮助8388名困难女职工，其中单亲困难女职工6226人，资助3500名单亲困难女职工子女上学。强化女职工的健康保护，2002年至2006年，省总工会与中国平安保险股份有限公司合肥分公司联合在全省女职工中开展“平安团体女职工防癌保险”活动。开展艾滋病知识宣传教育，2004年9月，省总工会、省劳动和社会保障厅、省卫生厅、省企业联合会/企业家协会联合开展“职工红丝带健康行动”，省总工会下发《安徽省总工会预防与控制艾滋病五年规划》。2006 年 9 月至 11 月，省总工会举行全省职工预防控制艾滋病知识竞赛活动，参赛对象主要是建筑、煤矿、服务等行业的农民工和其他行业的外来务工人员。活动覆盖全省 17 个市、843 家企业，参赛在职职工 294293 人、离退休及下岗职工 392 人，订购竞赛参考教材 6000 套，发放竞赛试题 302142 份、竞赛宣传资料 39536 份。2008 年 10 月，省总工会联合省劳动和社会保障厅、省工商联和省企联制定《关于加强工作场所预防控制艾滋病宣传教育和维护艾滋病病毒感染者及病人劳动保障权益的通知》。①

在推动《中国妇女发展纲要》（以下简称《纲要》）贯彻落实方面，2002 年恰逢《妇女权益保障法》颁布 10 周年，6 月，省总工会制定《安徽省总工会实施〈安徽省妇女发展纲要〉方案》，印发到各市和省属大企业。11 月，全省 17 个市总工会制定本地区、本单位的《纲要》实施方案，《纲要》涉及工会的相关指标纳入省市总工会的统计年报，全会贯彻《纲要》的格局初步形成。2003 年 3 月，省总工会成立《安徽省总工会实施〈安徽省妇女发展纲要方案〉》领导小组，下设监测评估和统计评估 2 个专业组，同时将工作职责和目标分解到各个职能部门工作中。省总工会女职工委员会每年通过召开一次领导小组会议、开展 1 项至 2 项调研等形式对各级工会贯彻《纲要》情况进行检查。2004 年 7 月，省总工会女职工委员会在合肥对北片 9 市，9 月在芜湖对南片 8 市的《纲要》贯彻落实情况进行检查。12 月，省总工会女职工委员会参加了省政府妇女儿童工作委员会对合肥、蚌埠、淮北、安庆等 4 市的检查。2006 年，省总工会对照《纲要》确定的目标任务，认真地进行监测和评估，完成《工会系统〈妇女发展纲要〉（2001—2010 年）中期评估报告》。2007 年，省总工会配合省政府妇女儿童工作委员会，做好国务院《妇女发展纲要》中期评估督导组对非公企业合肥华泰集团女职工劳动保护情况检查。2008 年，省总工会女职工部荣获省政府妇女儿童工作委员会“实施妇女儿童发展纲要先进集体”称号。②

① 安徽省地方志编纂委员会办公室编：《安徽省志·工会志（1994—2010）》，方志出版社 2015 年版，第 108—113 页。

② 安徽省地方志编纂委员会办公室编：《安徽省志·工会志（1994—2010）》，方志出版社 2015 年版，第 117 页。

（五）开展工会外事和与港澳台往来工作

一方面是开展工会外事工作。安徽省各级工会组织积极开展工会外事工作，始终坚持正确的政治方向，按照国际总体外交的战略部署，根据“独立自主、广泛联系”的活动方针，积极开展对外工作，发展同各国工会的友好合作关系。安徽省总工会与国外工人团体、友好人士往来，由安徽省职工对外交流中心、省总工会办公室（国际联络部）负责联系和接待。主要是归口管理全省工会系统的外事工作；负责工会对外友好交往和文化、经济、技术交流活动；搞好工会对外宣传；负责全国总工会、省总工会和兄弟省工会邀请的外宾来皖接待安排；负责出国研修职工的选派、涉外人员的选拔培训等。

出国访问、考察和培训。2002 年 5 月，安庆、铜陵纺织女工等 8 人由中国职工对外交流中心选派赴日本研修 3 年。7 月 9 日，安徽省优秀工会工作者、劳动模范等 5 人参加中国工会代表团赴日本访问，境外停留 8 天。7 月 23 日至 8 月 1 日，安徽省总工会代表团一行 7 人赴日本访问。高知县知事、高知市市长会见了代表团，境外停留 10 天。7 月，安庆、淮北纺织女工等 10 人由中国职工对外交流中心选派赴日本研修 3 年。

2003 年 2 月 21 日，蚌埠市总工会相关人员参加中国工会劳动关系考察团赴德访问，境外停留 12 天。4 月 1 日，安徽省总工会相关人员参加中国工会赴日本研究生考察团赴日本考察，境外停留 10 天。9 月 15 日，安徽省工会代表团一行 10 人赴德、法等国访问，境外停留 15 天。10 月 10 日，安徽省工会代表团一行 16 人访问德、法等国，境外停留 15 天。11 月 29 日，安徽省工会代表团参加中国工会代表团赴卢森堡等国访问，境外停留 15 天。

2004 年 9 月 6 日至 15 日，安徽省工会代表团一行 7 人赴日本访问，境外停留 10 天。9 月 13 日至 25 日，应埃及公共事业工会邀请，安徽省工会代表团一行 6 人赴埃及访问。10 月 14 日，安徽省总工会相关人员参加省委组织部全省领导干部经济管理培训班赴加拿大培训，境外停留 45 天。11 月 10 日至 23 日，安徽省工会代表团一行 16 人赴意大利、德国访问，境外停留 14 天。11 月 27 日，安徽省总工会相关负责同志参加中国工会经济全球化与工会工作研讨班赴意大利、瑞士考察，境外停留 14 天。

2005 年 5 月 20 日，由中国职工对外交流中心组织，安徽省总工会交流中心选派的安庆纺织研修生余谟生等一行 5 人赴日本福井研修，境外研修 3 年。9 月 3 日，由中国职工对外交流中心组织，安徽省总工会交流中心选派安庆纺织研修生高欣玉等一行 3 人赴日本福井研修，境外研修 3 年。10 月 25 日，安徽省总工会相关人员参加中国工会财务工作代表团赴挪威、瑞典、芬兰考察访问，境外停留 12 天。11 月 18 日至 28 日，安徽省总工会相关负责同志参加中国工会代表团出访苏丹、土耳其，境外停留 11 天。12 月 8 日，安徽省工会代表团一行 15 人赴澳大利亚、新西兰考察，境外停留 12 天。

2006 年 11 月 20 日至 12 月 1 日，应埃及公共事业工会、埃及工人工会总联合会和土耳其伊斯坦布尔政府邀请，安徽省工会代表团一行 7 人访问埃及、土耳其，境外停留 12 天。11 月 30 日至 12 月 9 日，应日本工会总联合会高知县联合会和韩国全国金属劳动协会邀请，省总工会代表团一行 7 人赴日本、韩国访问，境外停留 10 天。11 月 4 日至 18 日，安徽省总工会代表团参加中国工会代表团赴意大利、芬兰参加国际劳工组织研讨考察，境外停留 15 天。

2007 年 3 月 9 日至 21 日，应澳大利亚宝活市政府和新西兰怀塔克雷市政府的邀请，安徽省总工会一行 13 人赴澳大利亚、新西兰访问交流，境外停留 12 天。3 月 12 日至 24 日，安徽省总工会相关负责同志参加中国工会“灵活就业与权益维护”培训团，经德国、法国前往卢森堡执行研讨培训任务，境外停留 14 天。9 月 12 日至 23 日，应澳大利亚北领地亚洲关系和贸易部、新西兰驻上海总领事馆邀请，安徽省委常委、省总工会主席、党组书记王秀芳率安徽省工会代表团一行 5 人赴澳大利亚、新西兰访问，境外停留 12 天。9 月 17 日至 10 月 7 日，安徽省总工会相关负责同志参加省委组织部“加强社会管理研究班”赴法国培训，境外停留 21 天。10 月 8 日，安徽省教育工会相关人员参加中国教育工会代表团访问日本，境外停留 8 天。[①]

外国工会和工人代表团到访。2002 年 5 月 20 日至 30 日，应中国职工对外

① 安徽省地方志编纂委员会办公室编：《安徽省志·工会志（1994—2010）》，方志出版社 2015 年版，第 217—219 页。

交流中心邀请，美国文化与艺术代表团一行 9 人到皖访问。6 月 17 日至 19 日，应全国总工会邀请，奥地利五金工会代表团一行 7 人到皖访问。8 月 31 日至 9 月 5 日，应省总工会邀请，日本联合高知工会会长足达秀夫等一行 9 人到华参加中日邦交正常化 30 周年暨中日友城工会联谊活动。9 月 18 日，应全国总工会邀请，多哥劳动者全国联合会副总书记托恩·达纳等一行 2 人到皖访问。10 月 22 日至 23 日，应全国总工会邀请，瑞典五金工业矿业工会代表团一行 2 人到皖访问。11 月 23 日至 27 日，应全国总工会邀请，日本国际劳动财团讲学二团一行 2 人到皖访问、讲学。其间全国总工会、日本国际劳动财团在合肥举办了中小企业工会组建工作国际研讨会。12 月 5 日，安徽省总工会相关负责同志会见了到访的美国驻上海总领馆领事何美乐。

2003 年 1 月 18 日至 20 日，应全国总工会邀请，以穆斯塔法·库姆鲁司库为团长的土耳其工人工会联合会代表团一行 5 人到皖访问。2 月 21 日至 28 日，应安徽省总工会邀请，以埃及公共事业工会主席、埃及工会总联合会总书记、埃及协商会议副发言人穆罕默德·穆萨为团长的埃及公共事业工会代表团一行 6 人到访，2 月 23 日，安徽省总工会相关负责同志和埃及公共事业工会主席穆罕默德·穆萨分别代表双方工会在合肥签订了《相互友好交流协议书》。10 月 9 日至 18 日，应安徽省总工会邀请，以会长足达秀夫为团长的日本联合高知工会代表团一行 7 人到安徽、上海、广西等地访问，安徽省总工会主席、党组书记王秀芳等会见代表团一行。

2004 年 5 月 27 日至 29 日，应中国职工交流中心邀请，以罗杰·西姆鲁拉为团长的美国现代艺术代表团一行 10 人到黄山访问。11 月 14 日至 16 日，以慎支元文为团长的日中技能者交流中心访华团一行 8 人到黄山访问。

2005 年 1 月 12 日至 15 日，应中国职工对外交流中心邀请，日本福井县纺织捻线工业联合会事务局长谷川名彦一行 5 人，到安徽考察研修生。6 月 15 日至 18 日，应安徽省总工会邀请，日本联合高知工会会长足达秀夫一行 3 人到皖访问，安徽省总工会相关负责同志会见代表团一行，双方就今后交流事宜达成了共识。7 月 22 日至 25 日，应中国职工对外交流中心邀请，日本福井县纺织捻线工业联合会西藤纤维株式会社社长到皖考察研修生。8 月 4 日至 11 日，应安徽省总工会邀请，埃及公共事业工会联合会主席穆罕默德·穆萨一行7人到安徽、上海访问，安徽省委副书记王明方会见并邀请了代表团一行，省总工会主席、党组书记王秀芳与代表团进行了会谈。12月1日至7日，日本联合高知工会会长冈俊司一行6人应邀到安徽、上海访问。

2006年2月26日至3月1日，应全国总工会邀请，巴拿马工人自治中央工会总书记梅纳携家人到皖访问。5月7日至9日，应中国职工对外交流中心邀请，日本盐尻制帽（株）社长1人到安徽（安庆）考察面试赴日本研修生。9月7日至10日，应全国总工会邀请，由总书记剃阿·古埃率领的科特迪瓦财政部雇员工会代表团一行3人到皖访问，夏育才会见代表团一行，在皖期间与奇瑞签订购买汽车2000辆总值人民币1亿多元的购货合同。10月7日至8日，应中国职工对外交流中心邀请，日本盐尻制帽（株）社长1人到安徽（安庆）考察面试赴日研修生。12月1日至3日，应江苏省总工会邀请，以韩国劳动组合总联盟全罗北道地域本部总务局长安在成为团长的全罗北道地域本部第10次友好访华团一行6人到皖访问。

2007年4月22日至24日，日本盐尻制帽（株）会长盐尻英1人到合肥、安庆考察赴日本研修生。5月16日至20日，国际劳动组织北京局专家萨米娜等2人到安徽参加全国总工会与国际劳工局在芜湖举办的“促进残疾人就业研讨会”，夏育才在芜湖会见国际劳工局专家一行。10月12日至13日，日本盐尻制帽（株）会长盐尻英1人到合肥、安庆考察赴日本研修生。11月25日至12月3日，应安徽省总工会邀请，以埃及公共事业主席、埃及国会议员穆罕默德·穆萨为团长的埃及公共事业工会一行8人到华访问，代表团访问了北京、合肥、黄山。12月5日至11日，应安徽省总工会邀请，以事务局局长间屿佑一为团长的日本工会总联合会高知县联合会代表团一行6人到访，代表团访问了合肥、黄山和上海。

2008年9月25日至27日，以日本茨城县行方市麻生工商会会长平野毅为团长的访问团一行10人到合肥、黄山参观访问。①

---

① 安徽省地方志编纂委员会办公室编：《安徽省志·工会志（1994—2010）》，方志出版社2015年版，第221—223页。

另一方面是与港澳台往来工作。安徽省各级工会组织积极开展与港澳台交流往来工作，始终坚持“和平统一、一国两制”的方针，加强与港澳台地区工会和劳工组织交流交往，省总工会与港澳台地区的工人团体友好往来，由安徽省职工交流中心、省总工会办公室负责联系和接待。

赴港澳台参访。2002 年 9 月 12 日至 20 日，安徽省总工会相关人员参加全国总工会组织的内地工会代表团赴港澳交流。2003 年 10 月 15 日至 24 日，安徽省总工会部分人员参加全国总工会组织的内地工会代表团访问港澳。2004 年 2 月 21 日至 28 日，安徽省总工会相关负责同志率省工会代表团一行 10 人赴港澳访问。2006 年 8 月 20 日至 29 日，应台湾高雄市总工会邀请，安徽省总工会代表团一行 14 人赴台湾交流考察。

港澳台工会和职工代表团到访。2003 年 11 月 18 日至 25 日，应全国总工会邀请，澳门工会联合总会参观团一行 20 人到皖访问。2005 年 7 月 11 日至 14 日，应安徽省总工会邀请，台湾高雄市总工会一行 17 人到皖参观访问。2007 年 3 月 4 日至 6 日，应江苏省总工会邀请，台湾屏东县总工会代表团到马鞍山、黄山参观访问。3 月 10 日至 19 日，应安徽省总工会邀请，高雄市总工会一行 15 人到安徽、上海访问，在皖期间，安徽省总工会相关负责同志会见并宴请了访问团成员，双方工会签署了工会交流协议书。2008 年 3 月 27 日至 29 日，应江苏省总工会邀请，台湾高雄市交通运输业工会联合会代表团一行 18 人到合肥、滁州（凤阳）、亳州访问。①

安徽各级工会始终坚持正确的政治方向，积极开展国际交往和与港澳台往来的工会工作，发展了国际国内各工会的友好合作关系，充分展示出安徽工人阶级和安徽工会的先进性。

---

① 安徽省地方志编纂委员会办公室编：《安徽省志 · 工会志（1994—2010）》，方志出版社 2015 年版，第 226—279 页。

十、参与抗洪和抗震救灾工作

（一）参与淮河抗洪

2007年，安徽省遭遇了高强度、高频率、大范围的自然灾害，特别是淮河干流发生了1954年以来的最大洪水，滁河流域、皖南山区等地也遭受了洪水、泥石流袭击。在党中央、国务院的亲切关怀和坚强领导下，各级党政领导深入一线、靠前指挥，有关部门各司其职、密切配合，各级防汛抗旱指挥机构精心调度、科学防控，广大军民并肩作战、奋力抗灾，全省上下万众一心、众志成城，最大限度地减轻了灾害损失，夺取了抗洪抢险斗争的重大胜利。

在这场惊心动魄的抗洪抢险斗争中，全省各级工会组织和广大工人群众迅速参与到抗洪抢险救灾工作中去，作出了积极贡献。淮河安徽段第一个蓄洪区蒙洼蓄洪区开始蓄洪后，安徽省总工会相关负责同志当即组织安徽省总工会捐款10万元，并于7月12日派专人驰送灾区阜阳，支援灾区群众抗洪救灾。与此同时，安徽省总工会机关党员干部急灾区群众之所急、想灾区群众之所想，立即组织开展向灾区捐款活动。省委常委、省总工会主席、党组书记王秀芳第一个将个人捐款交到工作人员手中。省总工会领导、机关干部职工以及离退休的老同志纷纷伸出友爱之手，向灾区群众捐献爱心。至7月13日，省总工会机关已捐款达2万多元。

阜阳市各级工会也及时投入抗洪救灾工作之中，7月12日，阜阳市总工会向全市工会组织下发了《关于积极参与防汛抗洪救灾工作的通知》，要求全市各级工会组织和广大职工积极响应市委、市政府号召，迅速动员起来，积极投身到防汛抗洪救灾工作中去。据了解，阜阳各级工会组织在党委的统一领导下，以高度的政治责任感，深入防汛抗洪救灾一线。阜阳市总工会筹集17万元救灾款援助灾区人民，阜阳市建筑集团工会也捐赠价值10万元的物资，以实际行动支援受灾群众抗洪救灾，战胜困难。非灾区工会组织也充分发挥自身优势，切实为灾区群众办实事，发扬“一方有难，八方支援”的精神，积极捐款捐物。

阜南县总工会和各基层工会也积极行动起来，冲锋在抗洪抢险的第一线。7

月7日，阜南城区进入二级防汛状态。县总工会向全县基层工会发出紧急通知，要求工会干部积极投入抗洪救灾工作中。各级工会积极响应，组织1.2万多名职工抗洪救灾。7月10日上午8时，阜南县总工会相关负责同志立即奔赴王家坝抗洪第一线，迎接开闸蓄洪。按照上级分工指定的任务转移人、畜和开闸后的灾民安置、卫生防疫、生活保障等工作。在开闸蓄洪前3个小时，工会相关人员赶到互助庄台，逐个劝导群众，重点劝导妇女儿童和老年人撤离。12时28分，王家坝闸接国家防总命令准时开闸。开闸后，洪水来势凶猛，很快就围困了互助庄台。当庄台被洪水全部围困时，张家奎连忙清点人数，无一人失散。开闸后的第二天，工会相关人员召集"孤岛"上的党员干部召开了多次会议，提出诸多临时决议：一是带领党员过组织生活。建立了党员联系群众制度、支部决策制度、救灾物资公开发放监督制度，充分发挥党员的先锋模范作用；二是成立了安全防患组。凡居住在庄台下坡，海拔28.5米以下的村民全部上迁并对危房逐户排查，共排查出6户、13间，已动员全部搬出，还在庄台内实行站岗值班制度，确保稳定；三是开展卫生防疫工作。实行门前卫生责任制，成立卫生队对住宅区和公共场所定期打扫，垃圾集中堆放，对住户门前和厕所每天两次喷药消毒，对饮水进行净化，防止疫情发生；四是走访灾民。深入到户，特别是对外出打工的农民工家庭逐户走访，帮助解决实际困难。经过一系列措施的贯彻落实，不仅做好了抗洪救灾工作，也做好了生产自救和灾后重建工作。

另外，阜南县化工总厂在做好本企业防汛工作的同时，在城区出现内涝时，厂工会负责同志带领由20多名职工组成的抢险队，携带高压抽水泵，奔赴排水一线，全力支持城区防汛工作。阜南县供电公司工会组织700多人进行抗洪抢修，以工会会员为主力，组建29支由350人组成的"小红帽"抢修突击队，日夜奋战在抢修第一线，努力用最短的时间恢复供电。几天来，共恢复断线15处，修复10千伏配电变压器210台，使重灾区全部恢复通电。①

（二）支援汶川抗震救灾

汶川特大地震发生后，安徽省总工会党组坚决落实党中央、国务院抗震救灾

① 《哪里有灾情，哪里就有工会组织》，《工人日报》2007年7月17日。

部署。要求全省工会系统广大干部职工大力弘扬“一方有难，八方支援”的传统美德和奉献精神，积极为支援抗震救灾捐款捐物献爱心，开展对口支援和帮扶工作，把保障灾区职工群众生命安全放在第一位，协助党和政府全力打好抗震救灾攻坚战，充分展示全省广大职工和工会组织的作为和风采。

为贯彻落实中央政治局紧急部署抗震救灾会议精神，安徽省总工会按照省委、省政府的要求和全国总工会的号召，对支援四川灾区抗震救灾工作作出紧急部署。2008 年 5 月 13 日，省总工会启动快速反应机制，召开党组紧急会议，研究部署抗震救灾工作。会议决定，向四川省总工会发出慰问电，对奋战在抗震救灾第一线的广大干部职工表示亲切慰问和崇高敬意，并捐款 15 万元支援抗震救灾工作。同时，决定成立“安徽省总工会支援四川汶川特大地震抗震救灾工作领导小组”。5 月 13 日至 15 日，省总工会先后召开 4 次领导小组会议和主席办公会议，专题研究部署支援救灾和帮扶工作。

2008 年 5 月 14 日，省总工会发出《关于全力做好向灾区和职工捐款工作的紧急通知》，要求全省各级工会要把思想和行动统一到党中央的部署和要求上来，积极投身抗震救灾工作。5 月 13 日至 18 日，省总工会连续 4 次向各市总工会发出紧急通知，号召和动员全省各级工会组织和广大工会干部把思想和行动统一到党中央、国务院的部署上来，按照省委、省政府和全国总工会的要求，高度重视、精心组织，积极为地震灾区职工群众捐款捐物。同时，动员和发动各级工会组织、先进单位和先进模范人物积极开展和广泛参与抗震救灾帮扶捐助活动，勇于承担社会责任，向灾区奉献爱心。5 月 19 日，省总工会发出《关于进一步做好为地震灾区捐款捐物有关工作及报送捐助情况的紧急通知》，号召各级工会组织进一步组织广大职工为灾区职工群众再献爱心，广泛开展捐款捐物活动，要求各地方工会、产业工会、基层工会要迅速行动起来，进一步加大工作力度，以更加广泛的动员、更大声势的行动，动员和组织各级工会、企事业单位和广大职工、工会会员，积极广泛地开展捐款捐物活动，帮助灾区工会和职工解决抗震救灾和生产生活中遇到的突出困难和问题。5 月 20 日，省总工会积极响应全国总工会倡议，在广泛动员的基础上，组织发动广大会员开展“重建家园、再献爱心”大行动，全省 500 多万名工会会员（含农民工会员）每人捐献1元钱（多捐不限），为灾区职工群众重建家园再献一份爱心、再作一份奉献。5月21日，发出《关于做好抗震救灾期间农民工工作的紧急通知》，要求全省各级工会把抗震救灾作为工会的首要任务来抓。要以高度的政治责任感和对职工群众的深厚感情，紧急行动起来，加强组织领导，扎实做好灾区农民工的稳定工作；要深入了解掌握本地区灾区农民工受灾情况、思想动态和生活状况，积极开展走访抚慰活动，将党和政府及工会组织的关爱送到农民工中间；要通过工会帮扶等多种渠道，急灾区农民工之所急，解灾区农民工之所难，帮灾区农民工之所需。对家庭受到震灾影响特别困难的农民工，要重点搞好帮扶救助，帮助他们渡过难关。

6月5日，省总工会下发了《关于加强工会系统抗震救灾资金物资管理和监督检查工作的通知》，并在省总工会抗震救灾领导小组内设立专门机构，监督捐款捐物的上缴和转拨情况。根据通知精神，各级工会严格纪律，切实加强工会系统抗震救灾物资管理和监督检查，对捐献的款物确定专人负责，统一管理，详细登记，及时张榜公布。通过加强监管，全省各级工会收到的捐款捐物全部转拨到灾区或集中上缴省总账户，然后集中上缴全国总工会转拨到灾区，切实做到每一元钱、每一份物资都用在灾区重建和灾区群众身上。

在省总工会的组织动员下，全省各级工会积极响应，迅速成立救灾支援队、卫生医疗队和志愿者队伍等其他抢险救灾队伍20余支，并纷纷开展组织和支援抢险救灾活动，奋力救助灾区职工生活。① 合肥、蚌埠、巢湖等市承建安置板房任务，实行生产情况日报制度；安徽鸿路钢构集团、富煌钢构、联友钢构等10家钢构企业承担了4万套移动板房生产建设任务；马钢集团在积极为灾区群众捐钱献爱心的同时，全力以赴生产救灾急需物资，优先组织生产灾区急需的彩涂板；安庆石化总厂在为灾区捐款、献血的同时，将3000吨柴油调配灾区，保

① 救灾支援队、卫生医疗队和志愿者队伍有：安徽特警支队救援队、安徽省第一支抗震救灾医疗队、合肥市卫生监督所服务队、马鞍山市医疗救援队、安庆市立医院抗震救灾医疗队、安庆卫生监督小分队、安庆市援川卫生防疫小分队、安徽省卫生监督工作队、中铁四局救援突击队，蚌埠市疾病预防控制中心支援队、池州市医疗救治小分队、蚌埠市三院首批赴川医疗队、爱心家庭志愿者、“集结号”志愿者队伍、怀远县刘氏四兄弟、中国移动通信集团安徽有限公司抗震救灾抢险突击队、安徽四创电子股份有限公司应急救援队、安徽省组建支援四川地震灾区公路抢险保障队伍、中铁四局抗震救灾抢险突击队、安徽省公路工程检测中心桥梁安全性检测工作组等。

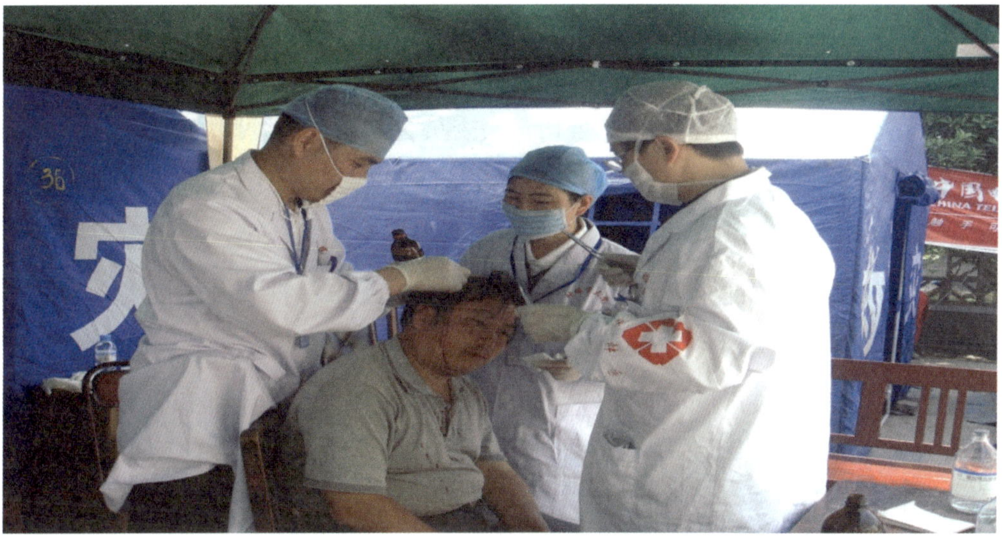

★ 2008 年，蚌埠医疗队职工赶赴汶川救治伤员。

障了灾区及沿江市场柴油的价格稳定；怀祥集团提供救灾大米供应，组织工人 24 小时不间断生产出 1200 吨救灾大米运往灾区；安徽省水利建筑工程总公司开展安置房援建工作，其下属子公司安徽贝斯特实业发展有限公司承建了灾区中兴学校、幸福中学、安顺小学、崇义小学、青城山学校、上元村小学 6 所学校，共建造 159 间教室，总面积达 13000 平方米，8268 名学生恢复上课。

各级工会领导干部和广大职工群众纷纷捐款捐物，积极开展赈灾活动。据统计，在支援抗震救灾斗争中，安徽省各级工会和广大职工累计组织落实捐款捐物价值 5533 万元，其中通过全国总工会转拨灾区 1394 万元，转交地方民政、慈善和红十字会 3624 万元，省总工会直接拨付灾区 515 万元。此外，根据全国总工会对口帮扶灾区工会的工作部署，安徽省工会对口帮扶四川省松潘县工会。安徽省总工会和部分市县工会及时与松潘县工会联系，了解松潘县及工会的受损情况，积极开展对口帮扶活动，共捐款 222.04 万元。

在赈灾活动中，涌现出了一大批先进典型。其中，安徽省立医院抗震救灾医疗队、淮南市第一支赴四川灾区卫生监督小分队、安徽鸿路集团过渡安置房项目组等 24 个单位被全国总工会命名为“抗震救灾 重建家园‘工人先锋号’”；安徽省公安消防总队赴四川抗震救灾支援大队、安徽医科大学第一附属医院抗震救灾医疗队、安徽省建设厅应急管理办公室、安徽省蚌埠市振兴路桥工程有限公司4家单位被全国总工会评为“抗震救灾、重建家园”先进集体，授予全国五一劳动奖状；淮南东辰集团公司工会委员会、马鞍山海狮织造公司委员会、上海铁路局合肥站工会委员会3家单位被全国总工会授予第二批“全国抗震救灾先进基层工会”称号；安徽中医学院第一附属医院门诊第二分工会、安徽富煌集团公司工会、安徽华茂集团工会的3人被授予第二批“全国抗震救灾优秀工会干部”称号。

总之，在支援汶川抗震救灾的活动中，安徽省各级工会干部和职工群众用实际行动诠释了“万众一心、众志成城，不畏艰险、百折不挠，以人为本、尊重科学”的伟大抗震救灾精神。在此后的工作中，安徽工会坚持和弘扬以爱国主义为核心的伟大抗震救灾精神，为实现“加快发展、富民强省”的目标提供了源源不竭的精神动力。

第二节 为加快安徽崛起而奋斗时期的安徽工运事业

一、学习贯彻科学发展观

2003年7月28日，胡锦涛总书记在全国防治非典工作会议上的讲话中，第一次提出了科学发展观的概念。2007年10月，党的十七大报告对科学发展观的理论定位、理论依据、理论内涵作了全面阐述。

安徽省总工会深入学习贯彻科学发展观，并多次在重要会议上进行部署。省总工会十一届七次全委会议提出，高举中国特色社会主义伟大旗帜，以邓小平理论和“三个代表”重要思想为指导，深入贯彻落实科学发展观，以求真务实的作风，突出重点，狠抓落实，切实做好工会各项工作。一是围绕促进经济又好又快发展，动员和激励广大职工充分发挥主力军作用；二是围绕发展社会主义民主政治，切实保障广大职工的政治民主权利；三是围绕加强社会主义文化建设，教育和引导广大职工进一步提高素质；四是围绕加快以改善民生为重点的社会建设，切实维护广大职工合法权益。号召全省各级工会在省委的坚强领导下，深入贯彻落实科学发展观，团结带领全省职工开拓进取，扎实工作，为实现党的十七大提出的目标任务、推进安徽加快崛起而努力奋斗，以优异成绩迎接中国工会十五大和省工会十二大的胜利召开。

2008 年 10 月 6 日，省工会第十二次代表大会工作报告提出，要与时俱进，紧扣主题，坚定不移地以科学发展观统领工会工作。一是把推进科学发展摆在更加突出位置。各级工会必须按照政治上保证、制度上落实、素质上提高、权益上维护的要求，切实有效地推动落实党的依靠方针，尤其要重视在制度和机制建设上狠下功夫。要充分发挥工会组织的优势，把广大职工群众团结、组织、发动起来，更好地发挥广大职工的积极性、创造性，在实现全面建设小康社会的伟大进程中充分发挥工人阶级主力军作用。二是牢固树立和认真实践中国特色社会主义工会维权观。各级工会要按照中国特色社会主义工会维权观的内在要求，积极协助党和政府，把充分发挥工人阶级主力军作用同保障职工群众共享经济社会发展成果统一起来，更好地表达和维护广大职工的合法权益。要坚持从实际出发，把工作的着力点真正放到解决职工群众生产生活中的热点难点和紧迫问题上，主动依法科学维权，努力推动建立和谐稳定、互利双赢的新型劳动关系。要高度重视并做好进城务工人员合法权益的维护工作，最大限度地把他们组织到工会中来，帮助他们尽快融入现代城市文明。要特别重视做好困难职工群体的帮扶工作，通过工会真诚、人性化的服务，使党和政府为民谋利的各项政策惠及全体职工，推动构建社会主义和谐社会。三是深入推进基层民主政治建设。工会作为组织引导广大职工推进社会主义民主政治建设的重要力量，在推行职工民主管理工作中肩负着重要职责，要在党委领导和政府（行政）支持下，坚定不移地走中国特色社会主义工会发展道路，更加自觉地把推行职工民主管理放在发展社会主义民主政治的全局中来认识，更加主动地把职工民主管理作为建设中国特色社会主义工会的重要任务来把握，更加坚定地把厂务公开民主管理工作放在工会工作的重要位置抓紧抓好，为发展社会主义基层民主政治建设作出不懈努力。四是要进一步发展工人阶级的先进性。必须加强新形势下的职工思想政治工作，坚持用马克思主义中国化最新成果武装职工，用中国特色社会主义共同理想凝聚职工，不断提高职工思想道德素质。要把培养一支知识型、技能型、复合型的高素质职工队伍，作为促进职工全面发展的战略任务，抓住国家实施高技能人才培训工程的机遇，采取切实有效措施，积极推动和协助企业搞好职工技能培训，建立提高职工队伍素质的长效机制，引导社会力量大力发展民办职业技术教育，培养和造就一大批具有较强的创新能力、掌握较高职业技能的技术工人，全面提高职工群众的思想道德和科学文化素质，使工人阶级的先进性在新的时代得到新的体现和发展。

围绕学习宣传贯彻科学发展观，全省各级工会开展了一系列活动和工作。2006 年 4 月 6 日，省总工会转发全国总工会《关于认真学习贯彻胡锦涛同志树立社会主义荣辱观重要讲话精神的通知》，要求组织动员广大职工认真学习贯彻胡锦涛总书记重要讲话精神，深入贯彻落实科学发展观，深刻领会“八荣八耻”的丰富内涵，带头树立和践行社会主义荣辱观，在弘扬社会正气、倡导时代新风中充分发挥工人阶级主力军作用，为推进安徽跨越式发展、实现奋力崛起而努力奋斗。11 月，省总工会在全省职工中广泛开展践行社会主义荣辱观教育的基础上，组织参加由全国总工会在江苏淮安举办的“知荣辱、树新风、促和谐”知识演讲大赛，参赛的 3 名选手中 1 人获二等奖、2 人获三等奖，安徽省总工会宣教部获优秀组织奖。

2008 年初，省总工会下发《关于开展学习宣传贯彻党的十七大精神主题教育活动的通知》，同时《安徽工人日报》刊发了知识竞赛百题及答题卡，全省各级工会广泛发动、精心组织，通过学习培训、专题辅导、交流讨论、现场抢答、答题擂台、理论征文等形式，共组织并吸引了 82.4 万名职工及其他社会各界群众参与，其中省总工会收到全省各地 276442 份知识竞赛答题卡。5 月下旬，省总工会组织参加全国总工会举办的党的“十七大”精神知识竞赛网络复赛，由淮北矿业集团职工组成的安徽代表队获得优秀奖，安徽省总工会获得全国职工学习“十七大”精神知识竞赛优秀组织奖。

在学习贯彻科学发展观的过程中，安徽各级工会高举中国特色社会主义伟大旗帜，坚持以邓小平理论、“三个代表”重要思想为指导，坚定不移地用科学发展观统领工会各项工作，坚持走中国特色社会主义工会发展道路，树立和践行中国特色社会主义工会维权观，积极组织开展各种知识竞赛，极大地提高了广大职工群众的思想道德素质和科学文化素质，这对切实维护广大职工的合法权益、充分发挥工人阶级主力军作用、实现经济社会和谐发展和加快安徽崛起具有重要意义。

二、召开安徽省工会第十二次代表大会

2008 年是全面贯彻党的十七大精神的第一年，也是实施“十一五”规划承上启下的关键一年。为团结带领全省职工开拓进取、扎实工作，实现党的十七大提出的目标任务、推进安徽加速崛起而努力奋斗，省总工会开始了省工会第十二次代表大会的筹备工作。1 月，省总工会十一届七次全委会进一步强调要认真筹备和召开好省工会第十二次代表大会。要把筹备和开好省工会第十二次代表大会的过程，变成深入调查研究，全面推进工会各项工作，促进工会工作上水平的过程。各级工会要认真回顾和总结省工会第十一次代表大会以来的工作情况，广泛收集广大工会干部和职工群众对未来 5 年工作的意见和建议，为省工会第十二次代表大会的起草提供丰富的素材，力求使省工会十二大报告在经验总结上有新概括，在指导工作上有新思路。①

2008 年 10 月 6 日至 8 日，安徽省工会第十二次代表大会在合肥召开。出席会议的正式代表 741 名、特邀代表 50 名，代表全省 600 万名工会会员。大会的主要任务是全面贯彻党的十七大精神，高举中国特色社会主义伟大旗帜，以邓小平理论和“三个代表”重要思想为指导，深入贯彻落实科学发展观，全面总结省工会十一大以来的工作，研究确定今后 5 年工会工作任务，选举产生新一届省总工会领导机构，在省委的坚强领导下，进一步组织、引导、服务职工，切实维护职工合法权益，团结动员全省职工充分发挥工人阶级主力军作用，为推进科学发展、加快安徽崛起而奋斗。省委书记、省人大常委会主任王金山代

① 安徽省地方志编纂委员会办公室编：《安徽省志·工会志（1994—2010）》，方志出版社 2015 年版，第 18—19 页。

表省委讲话。全国总工会副主席、书记处书记倪健民致贺词。团省委、省军区分别代表群团组织和驻皖部队向大会致贺词。

会议指出，省工会十一大以来，全省工会认真落实党的全心全意依靠工人阶级指导方针，围绕中心，服务大局，务实创新，体现特色，创造了许多在全国具有广泛影响的新鲜经验，展示了安徽工会组织和广大工会干部开拓进取的崭新形象。过去的5年，全省工会社会作用更加突出、组织凝聚力进一步增强、维权力度不断加大、服务职工能力明显提升，是改革开放以来安徽工会工作的最好时期之一。这一时期，全省工会工作在诸多方面取得了显著成就。一是群众性建功立业活动蓬勃发展，职工队伍整体素质明显提升；二是工会基层组织建设取得重要进展，工作覆盖面进一步扩大；三是源头参与力度不断加大，工会维权机制逐步建立；四是困难职工帮扶体系日臻完善，服务职工富有成效；五是工会自身建设全面加强，各项工作协调发展。

会议强调，必须始终坚持党的领导，用中国特色社会主义理论体系指导工会工作，把对党负责与对职工群众负责统一起来，牢牢把握工会工作正确的政治方向；必须始终坚持以经济建设为中心，紧紧围绕推动科学发展主题，保护、调动和发挥好广大职工的主人翁积极性；必须始终坚持以职工为本，主动依法科学维权，着力推动解决广大职工最关心、最直接、最现实的利益问题，切实表达和维护职工群众的合法权益；必须始终坚持解放思想、实事求是、与时俱进，积极探索体现时代特征、具有安徽特色的工会工作发展路数；必须始终突出重点、典型示范的工作方法，实现面向社会的开放式工作方式，增强基层活力，整合社会资源，努力提高工会工作整体水平。

同时，省工会第十二次代表大会对未来5年的工作做了科学谋划。要深化职工建功立业活动，着力在推动经济建设又好又快发展中创造新业绩；深化企事业单位民主管理，着力在加强基层民主政治建设中取得新进展；深化职工素质工程和企业文化建设，着力在发展工人阶级先进性中展示新风貌；深化依法维权和困难职工帮扶工作，着力在共建共享和谐社会中迈出新步伐。通过省各级工会的不懈奋斗，力争在工会重点工作上取得明显成效，努力推动安徽工会工作再上新台阶。在围绕大局、争先创优、发动职工为推进经济社会又好又快发展建功立业方面，全面深化经济技术创新工程，不断激发广大职工的创造能力；深入开展群众性立功竞赛活动，充分激发广大职工的劳动热情；大力实施职工素质提升工程，努力造就适应时代要求的新型职工队伍；积极开展企业文化建设和职工文体活动，促进发展社会主义先进文化。在突出维护、促进和谐、切实保障广大职工在共建中共享改革发展成果方面，加强宏观参与机制建设；加强劳动关系协调机制建设；加强民主管理机制建设；加强职工帮扶机制建设。

大会选举产生了省工会第十二届委员会，选出委员 101 人（暂缺 8 人），经费审查委员会委员 23 人，在省总工会十二届一次全委会上选举常务委员 15 人，王秀芳当选为省总工会主席，李维勇、夏育才、陈平当选为副主席，夏育才当选为经费审查委员会主任。在省总工会十二届二次全委会上，选举孙勇为副主席。在省总工会十二届五次全委会上，选举许晓东、阮怀楼为副主席。在省总工会十二届七次全委会上，选举童怀伟为省总工会主席，徐建为省总工会副主席。在省总工会十二届八次全委会上，选举李素萍为省总工会副主席。

三、推动构建和谐劳动关系

省工会十二大召开以来，安徽经济社会全面发展，各项事业取得巨大成就，全省工人阶级队伍不断壮大、主力军作用得到充分发挥，推动全省工会组织创新发展、工会工作取得显著成绩。全省工会围绕中心、服务大局，积极维护职工合法权益，不断强化民主管理，加强维权机制建设，构建了安徽省工会积极和谐的劳动关系，推进工会参与社会管理工作迈出了新步伐，工会工作整体水平迈上了新台阶。

（一）加强职工权益维护与和谐劳动关系的专题调查研究

省总工会认真学习贯彻党的十七大精神，紧紧围绕党政工作大局与工会工作全局组织开展理论研究和政策调研，努力为工会领导机关决策服务，为工会组织参政议政服务，为指导基层工会工作服务，取得了一系列新的成果。其中包括对职工权益维护与和谐劳动关系等专题的研究。

2008年，承担全国总工会有关部门委托课题《关于劳动关系新变化给工会工作带来新挑战新机遇的研究报告》，系统总结了市场经济进程中的劳动关系新特点，对新形势下的工会工作提出了富有建设性的主张建议，该文在全国总工会刊物发表，引起了广泛关注。2010年，《论经济全球化背景下劳动者权益及其维护》一文被省社科院评为一等奖；2011年，《工会参与社会管理及其创新的基本构想》在《人民日报·内部参阅》和《工运研究》发表；2012年，《关于当前城市职工队伍主要特征及其在改革发展稳定中的作用发挥》《论工会在推进实体经济中的作用》为全国总工会有关报刊刊载。此外，省机械冶金工会对企业一线职工收入、工资集体协商、改制企业工会组织状况以及改革的热点、工作的重点以及维护职工合法权益的难点问题等进行了大量调研，并形成论文和调研报告，积极向有关方面反映。2009年，省机械冶金工会向上级和有关部门重点反映铜陵有色金属公司棚户区困难职工群体居住条件恶劣，急需整体改造、搬迁等问题，得到上级和有关部门的高度重视，促使问题得到了妥善解决。在深入调研的基础上，为安庆月山铜矿在实施破产过程中出现的职工集资款、医疗保险、人员安置等问题，积极争取有关政策支持，取得了较好成效。

在为加快安徽崛起而奋斗时期，安徽省各级工会组织积极构建和谐劳动关系，紧紧围绕产业发展的中心任务、职工切身利益的突出问题和工会重点工作加强调查研究，形成调研重要成果，为加大源头参与力度、积极维护职工合法权益、进一步加强工作指导起到了积极作用。

（二）推动出台《安徽省集体合同条例》

平等协商和集体合同制度是市场经济国家普遍采用的协调劳动关系的一项重要制度，全面建立平等协商和集体合同制度是维护职工合法权益、构建和谐劳动关系的重要手段。《中华人民共和国劳动法》颁布实施后，安徽省各级工会与行政劳动部门密切配合，大力推行平等协商和集体合同制度。在此基础上，安徽省集体合同地方立法具备了实践基础。

2007年8月，省人大常委会内司委同省总工会开始调研论证工作。2008年4月，成立起草小组，开始起草《安徽省集体合同条例》。2009年5月至6月，省总工会同省人大常委会内司委考察、学习借鉴外省集体合同条例地方立法的经验和做法，形成专题考察报告报省人大常委会。2010 年 6 月和 9 月，省总工会同省人大常委会法工委先后赴黄山、宣城和云南、贵州进行专题调研和学习考察，修改 20 稿。2010 年 10 月 22 日，省第十一届人大常委会第二十一次会议通过《安徽省集体合同条例》，自 2011 年 1 月 1 日起开始施行。

《安徽省集体合同条例》共八章五十三条，对集体协商的原则、代表、内容、程序和法律责任等进行了全面规定。第一章为总则，明确规定了集体合同双方当事人的权利和义务、集体合同的适用范围、订立集体合同的原则、集体合同的劳动报酬和劳动条件、集体合同的管理等内容。第二章是集体协商，对集体协商的代表、职责、形式等具体内容作了规定。第三章是集体合同内容，指出集体合同应该包括劳动报酬、劳动定额标准、工作时间和休息休假、劳动合同管理等 16 项内容，并对劳动报酬、工作时间和休息休假、劳动保护和劳动条件及职业危害防护、保险和福利、女职工和未成年工保护的内容进行了详细的说明。第四章是集体合同的订立、履行、变更、解除和终止，明确规定了集体合同的订立、履行、变更、解除和终止等具体事项。第五章是区域性、行业性集体合同，对区域性、行业性集体合同的设立条件、主要内容等内容作了说明。第六章是争议的处理，对出现争议的各种情况、发生争议后怎么解决等内容进行了说明。第七章是法律责任，规定了用人单位和职工代表双方应负的法律责任，并对双方违反条例规定时怎么处理进行了解释。第八章为附则，对条例的执行和实施作了明确规定。规定条例自 2011 年 1 月 1 日起施行。

《安徽省集体合同条例》明确规定了用人单位与职工一方应当建立集体协商机制，通过平等协商订立集体合同，健全职工工资增长机制和支付保障机制。此条例的制定颁布，是完善安徽省劳动保障法律体系的一项重要举措，是工会组织参与立法的一项重要成果，为工会组织依法维护劳动者合法权益提供了强有力的法律保障。

（三）扎实推进厂务公开民主管理，维护职工民主政治权益

省工会十二大后，全省各地认真贯彻党的全心全意依靠工人阶级的指导方

针，积极推行厂务公开民主管理工作，制度机制进一步健全，厂务公开民主管理的覆盖面进一步扩大。

一是进一步打牢厂务公开民主管理基础。通过加强领导和建立健全民主管理工作组织，在全省上下成立由党政领导牵头、有关部门和工会参加的领导机构，始终保持党委统一领导、党政共同负责，纪委、组织部、经信委、国资委、工会、工商联等有关方面齐抓共管，职工群众广泛参与的领导体制和工作机制。明确厂务公开民主管理责任制，发挥领导小组成员单位作用。同时，狠抓建制工作，进一步扩大厂务公开民主管理覆盖面。据2013年6月统计，全省开展厂务公开的企（事）业单位达到64437家，比2008年增加43181家，增长203.15%；建立职代会制度的62499家，比2008年增加39506家，增长171.82%。有6484家建立了职工董事制度，6364家建立了职工监事制度，与2008年相比，都有新的发展。厂务公开民主管理制度已经被越来越多的企（事）业单位经营管理者和职工群众所接受，逐渐发展成为企（事）业单位的基本制度，成为职工群众的广泛民主实践活动。

二是立足长远，规范运作，进一步提高厂务公开民主管理水平。通过加强国有、集体及其控股企业建制后的规范运作，持续开展借鉴ISO9000标准建立厂务公开民主管理质量体系活动。宿州供电公司、马钢集团南山矿业有限责任公司、安徽中烟芜湖卷烟厂等一大批企业，根据ISO9000标准制定了《企业厂务公开管理手册》，对厂务公开管理方针、目标任务、流程控制等进行了详细的规范，成为全省厂务公开管理制度化、规范化的典范。2013年6月统计，全省民主管理落实标准化的单位达2188家，促进了厂务公开民主管理工作不断完善和深化。同时，省总工会会同有关部门，就企业改制、职代会民主评议企业领导人员、职工董事监事制度等民主管理问题，出台了一系列文件。2013年，省人大将《安徽省企业民主管理条例》列入立法计划，已开展了立法调研、条例起草、广泛征求意见等工作，9月将提交省人大常委会进行第一次审议。另外，各地还建立了定期培训制度、定期报告制度、工作通报制度、考核督查制度等，这些制度的建立，保证了工作规范运行和有效落实。厂务公开民主管理工作有章可循、有法可依，形成了活动经常化、运行规范化、工作程序化的良好局面。

三是积极探索，勇于创新，不断创新厂务公开民主管理工作思路，积极探索厂务公开民主管理新的实现形式、探索深化厂务公开民主管理工作的新途径、新方法。大唐洛河电厂网上公开，不仅内容丰富，公开及时，而且开辟了领导与职工之间的互动平台，职工提出的问题及时得到解答或解决，极大地提高了厂务公开的时效性。池州公交公司通过手机信息平台群发厂务公开信息、滁州电信通过建立公司微博群等现代信息化方式，将每位职工的手机打造成了全新的网络公开平台。

各市工会也取得了显著成效。滁州市共有6520家企事业单位建立厂（事）务公开民主管理制度，建制率达85%。有24家企事业单位荣获全国和省级厂（事）务公开先进（示范）单位。坚持指导企业依法把好改制程序关，2008年后的5年来，市、县总工会参与了全市300多家企业的改制工作，有力保障了企业改制方案、职工下岗分流方案提交职代会审议通过，职工董事、职工监事由职代会民主选举产生。六安市扎实推进厂务公开民主管理。以发展和完善基层民主制度为主方向，认真贯彻《企业民主管理规定》，进一步规范职工代表大会、厂务公开等民主管理制度。努力实现国有及国有控股企业和事业单位100%建立职代会制度；规模以上非公有制企业普遍建立职代会制度；中小型非公有制企业集中的地方广泛建立区域性、行业性职代会制度。进一步发挥职代会在保障职工的知情权、参与权、表达权、监督权等方面的重要作用。2012年以来，全市实行厂（事）务公开单位达2089家。其中，国有集体企业150家、事业单位584家，占应推行面100%；非公有制企业1355家，占应推行面70%以上。全市有6家基层单位获评省厂务公开民主管理先进单位、1县获评先进组织单位，2名基层工会主席获评先进个人，有3家基层单位被确定为全省厂务公开民主管理示范单位，职工群众对厂务公开的满意率达95%以上。芜湖市积极推广芜湖发电公司、芜湖卷烟厂等6家企业实行的职工代表竞选制度，积极探索规范国企职工代表提案制、常任制两项创新工作，2012年5月全省厂（事）务公开示范单位现场经验交流会在芜湖举办。当时，芜湖市建会非公有制企业中，4305家建立了职代会制度，建制率达85%。继续推行行业性、区域性职代会制度建设，巩固中小企业职代会建设成果，建立了餐饮行业、1890再就业一条街、花卉市场和茶叶市场4个职代会，全市形成了多种形式的职代会26个，覆盖非公有制企业718家、职工3.4万多人。从2012年开始，芜湖市委已连续两年把推进厂务公开民主管理工作列入市委常委会若干重点事项。池州市各级工会会同有关部门积极推进厂务公开民主管理制度建设，着力推进非公有制企业和区域性、行业性职代会制度建设。全市实行厂务公开的企事业单位2061个，职工群众对厂务公开的满意率达92.8%。池州市被全国厂务公开工作协调小组授予“全国推动厂务公开民主管理工作先进单位”称号。2家企（事）业荣获全国厂务公开先进单位称号，11家企业获得全省厂务公开先进单位、示范单位称号，4人被评为全省厂务公开先进工作者。

实践证明，全省各级工会组织通过扎实推进厂务公开民主管理，在促进企事业单位科学发展、协调关系、化解矛盾、维护职工合法权益，进而促进和谐方面发挥了重要作用。各级厂务公开领导机构加强对企业改制重组关闭破产过程中厂务公开民主管理工作的指导，对企业改制重组关闭破产过程中履行民主程序提出明确要求，通过职代会和厂务公开制度，落实职工群众在企业改革中的知情权、参与权、表达权和监督权，妥善处理企业改革过程中的矛盾和问题，防止一些企业在改制重组中侵害出资人和职工合法权益，保障企业改制的顺利进行，推动构建了全省和谐劳动关系。

（四）加强劳动争议调处工作，协调稳定劳动关系

工会参与劳动争议处理，是工会组织维护职工合法权益、协调稳定劳动关系的重要抓手。各地工会坚持“基层为主、预防为主、调解为主”的工会处理劳动争议原则，争取更多的资源和手段，形成“党委重视、政府支持、各方配合，合力推进”的工作格局。

为此，安徽各级工会不断加强劳动争议调处工作，推进构建全省协调稳定的劳动关系。一是不断加大工会参与劳动争议调处的力度，特别是参与重大、疑难的集体争议案件的处理。为加大工会参与劳动争议调处的力度，在加强改制企业和非公有制企业劳动争议调解委员会组织建设的同时，注重提高组建率和

办案率，制定并完善劳动争议调解的各项工作制度。建立健全工会法律服务和法律援助制度，为困难职工和工会组织提供法律服务和法律援助，代理职工及工会组织参与劳动争议仲裁和诉讼。截至 2012 年底，全省工会兼职仲裁员办理劳动争议调解案件 5874 件，办理劳动争议仲裁案件 2851 件。

二是坚持夯实组织基础，加大培训力度，进一步提升劳动争议调解员业务水平。为不断推进劳动争议工作，把矛盾化解在萌芽，解决在基层，着重抓好劳动争议组织建设等各项基础性工作，推动构建和谐社会。按照全国总工会的要求，不断加大劳动争议组织建设，取得了一定成效，据不完全统计，截至 2012 年底，全省各类企（事）业单位共成立劳动争议调解组织 7175 个。为提高工会干部调解的能力和水平，省总工会于 2011 年 3 月在安庆举办全省工会劳动争议调解员资格培训班，共 230 余名工会干部参加了此次培训并通过考试，获得省劳动争议调解员资格。

三是完善协调劳动关系三方机制建设，积极推进创建劳动关系和谐企业活动。一方面推进创建和谐劳动关系企业和工业园区活动，努力构建互利共赢的和谐劳动关系。省总工会会同省协调劳动关系三方联合下发《关于深入开展创建劳动关系和谐企业活动的通知》，从签订劳动合同、开展集体协商、加强民主管理等 10 个方面对创建活动提出了明确要求。2010 年，省总工会根据国家协调劳动关系三方的部署，会同省人社厅、省企联共同推荐了 13 家企业、2 个工业园区申报全国劳动关系和谐企业；并对各市上报的 42 家全省劳动关系和谐企业进行审核公示。积极争取党政重视支持，充分发挥协调劳动关系三方作用，努力形成党政主导、工会牵头、依托三方、多方配合、企业与职工广泛参与的良好工作格局。当时，开展创建活动的企业达 16400 家，其中 3415 家企业受到表彰。另一方面健全劳动关系三方协调机制，参与劳动关系重大问题的研究和处理。2008 年至 2012 年，省协调劳动关系三方共召开了 9 次会议，协商讨论劳动关系领域的热点、难点问题。2011 年 12 月 16 日，省总工会会同省人社厅、省企联在合肥召开全省构建和谐劳动关系先进表彰暨经验交流会。会议共同表彰了一批全省创建劳动关系先进企业和工业园区，交流了构建和谐劳动关系的工作经验，对当时和今后一个时期构建和谐劳动关系工作进行了全面部署。

四是注重畅通渠道、化解矛盾，高度重视并进一步做好职工信访工作。坚持把做好信访工作作为改进工作作风、密切联系职工群众的重要手段，真诚倾听职工呼声，真情关心职工疾苦，真心服务职工群众，实行重大节日“热线”和信访值班制度，对来信来访处理分类登记，定期进行信访综合分析。加大督查督办力度，切实帮助信访职工解决实际困难。省工会十二大后，省总工会机关信访（热线）5年累计受理职工来电、来信、来访2400余件（次），基本做到了件件有回音、事事有落实，在维护职工队伍稳定中发挥了积极作用。2008年、2012年省总工会2次被省委、省政府信访工作领导小组评为全省信访工作目标管理优秀单位。

（五）完善维权机制建设

安徽省各级工会组织在积极构建和谐劳动关系过程中，坚持完善维权机制建设。第一，加大源头参与力度。例如，省教育工会不断强化源头参与力度以完善维权机制建设，一是逐步建立健全各级教育工会与教育行政的联席会议制度。安徽工程大学、安徽财经大学坚持和完善校行政与工会的联席会议制度，积极推动教职工普遍关注的涉及学校改革建设、民生发展等议题的讨论。安徽师范大学、安徽中医药大学等高校充分发挥教代会执委会在维护职工知情权和参与权中的作用，维护教职工切身利益。二是主动参与涉及职工权益的政策法规的制定和修订。2011年，《事业单位人事管理条例（草案）》公开征求意见，省教育工会及时组织部分高校、附院工会负责人召开座谈会，认真审议讨论，广泛征询意见，形成并上报了30多条意见和建议。三是积极推动工会主席进入同级改革领导小组和工作机构，提升工会组织话语权。阜阳市总工会以市委、市政府名义出台了《关于进一步支持和改进工会工作的意见》，从重视工会工作、维护职工合法权益、加强工会组织建设与干部队伍建设等方面制定了一系列政策，深受基层工会组织和广大职工的欢迎。全国总工会《工会信息》大篇幅进行了刊用，《安徽工人日报》在头版头条进行了报道。适应企业改制重组、结构调整和多种所有制经济发展的新形势，积极参与企业改制中的维权、稳定工作，及时下发《关于认真做好工会参与国有企业改制工作的意见》。各级工会旗帜鲜明支持改革，普遍参加了各级政府和企业的改制领导工作机构，紧紧抓住企业改制方案中涉及职工切身利益的关键问题，充分发挥职代会作用，牢牢把住维权关口，提出的300多条主张和建议被不同程度地采纳，保证了企业改组改制的顺利进行，保持了职工队伍的和谐稳定，得到各级党政的充分肯定。健全完善劳动关系三方协调会议制度，配合市政府督促所辖8个县、市、区全部建立了三方协商机制。坚持市、县总工会与同级政府联席会议制度，通过这一平台，研究解决有关职工和工会工作的问题200多项。积极争取增加工会干部在各级人大代表、政协委员中的数量，进一步加大工会在人大、政协中的参与力度。

淮南市总工会也高度重视和加大源头参与力度。积极参与《劳动合同法》《劳动争议调解仲裁法》《安徽省实施〈工会法〉办法》和《女职工劳动保护规定》等涉及职工权益的规范性政策文件的制定和修订。2008年至2012年，举办“三法一例”等法律法规培训班6次、普法专题讲座12次，培训干部职工2.1万余人次。加强与人大、政府、政协和有关部门的协调联动，完善三方协商机制，推动了《工会法》等法律法规的贯彻实施。黄山市各级工会加强源头参与，主动配合有关部门组织开展了《工会法》《劳动法》《劳动合同法》等执法检查和调研活动，积极向人大、政协提交有关涉及职工利益的议案和提案，建立了政府与工会的联席会议制度和劳动关系三方协商机制，全力推进厂务公开民主管理工作，及时反映职工群众的呼声和意愿，努力构建科学维权工作机制。切实提高职工法制意识，增强依法维护自身合法权益的自我保护观念。加强工会“五五”“六五”普法工作，先后组织了以学习宣传《工会法》《劳动法》《安徽省实施〈工会法〉办法》《劳动合同法》为主要内容的各类培训班、学习班，编印发放《工会法》《劳动者维权手册》《劳动合同法》等宣传资料1万余册。2010年，休宁县总工会被评为全国“五五”普法先进单位。

第二，推动企业普遍开展工资集体协商。全省各级工会组织充分发挥劳动关系三方作用，多措并举，因地制宜，积极推动集体合同制度的全面实施，举全会之力，大力推进工资集体协商工作，努力提高工资集体协商的覆盖面。当时全省共签订集体合同3.34万份，覆盖企业3.8万家，同比分别增长72.5%和64.5%；共签订工资专项集体合同2.62万份，覆盖企业3.1万家，同比分别增长

101%和112.6%，覆盖职工226.16万人。2011年5月，省总工会在铜陵召开全省工会推进工资集体协商工作会议，专题部署安徽省工资集体协商工作，进一步推进《中华全国总工会2011—2013年深入推进工资集体协商工作规划》落实。

同时，省总工会积极督促推动各地贯彻落实省委、省政府两办《意见》，努力形成党政主导、工会力推、多方配合、企业与职工广泛参与的工资集体协商良性工作格局。积极会同省协调劳动关系三方，推动省委办公厅、省政府办公厅下发《关于进一步推进工资集体协商工作的意见》，对推进工资集体协商工作的重要意义、指导思想和目标任务、主要措施、组织领导等问题作出了明确规定，要求全省各类企业都应当普遍建立工资集体协商制度，用3年时间使工资集体协商建制率在已建工会组织的企业中达到80%以上；组织开展全省性的工资集体协商“要约行动月”活动，不断扩大工资集体协商覆盖面。根据省委、省政府两办《意见》的规定，省总工会将每年3月作为全省企业工资集体协商“要约行动月”，要求各地、各有关部门要按照《安徽省集体合同条例》的规定，积极引导工会和企业开展工资集体协商要约行动。据不完全统计，2012年要约行动月期间，全省工会组织共向16416家企业发出了协商要约，回应要约的企业13221家，应约率达80.54%；协商签订（工资）专项集体合同企业7763家，覆盖职工651512人，签订率达58.72%，产生了广泛的社会影响，取得了较好成效。2013年，省总工会又会同省协调劳动关系三方在全省各类企业中开展了“要约行动月”活动。2013年要约行动月期间，全省共发出要约企业20529家，覆盖职工1488959人，回应要约企业19996家，覆盖职工1461547人，应约率达97%，同比增长40%；签订合同企业12410家，覆盖职工815716人，签订率达62%。参与要约行动和履约签订的企业数均高于去年水平；广泛开展工资集体协商业务培训，不断加强工会协商队伍建设。

为深入学习贯彻《安徽省集体合同条例》，省总工会专门举办全省工会（工资）集体协商指导员培训班，培训班聘请全国总工会有关领导和专家授课，全省各级工会组织及大企业工会干部参加培训。与此同时，全省各市、县和省产业、大企业工会也采取多种形式，共举办各类培训班128场，培训工资集体协商指导员和职工协商代表9600多人；积极配合政府开展农民工工资支付专项检查工作。省总工会积极配合人力资源和社会保障部等政府有关职能部门，开展全省性的农民工工资情况专项督查活动。2011 年 11 月，省人力资源和社会保障厅、省总工会等 6 部门联合发出《关于开展农民工工资支付情况专项检查的通知》，要求各级政府有关部门及工会组织，在“两节”期间，全力以赴组织开展农民工工资支付情况专项检查，确保在省内就业的农民工在节前都能领到应得工资返乡过年。2011 年 12 月下旬，省总工会相关负责同志带领省农民工工资专项检查第五督查组赴宿州、淮北两市开展督查，深入厂矿企业、建筑工地实地了解情况，现场解决农民工工资拖欠问题。

各市、县级工会也积极推进工资集体协商工作。宿州市推进市委、市政府两办《关于深入推进集体合同制度　进一步开展工资集体协商工作的实施意见》的落实，开展工资集体协商集中要约行动，积极推进非公有制企业的工资集体协商工作，全市工资集体协商建制率已达 78%，圆满完成省总工会下达的工会组建和工资集体协商任务。

四、推进完善和创新工会帮扶工作

安徽省工会十二大以来，全省各级工会紧紧围绕职工切身利益问题，加强对政策的宏观参与度，拓展工作载体，创新方式方法，精心打造工会品牌工程，工会保障工作取得了新的进展。

（一）进一步叫响做实工会帮扶工作品牌

“两节”送温暖活动更加深入人心。全省各级工会认真贯彻省委和全国总工会关于做好困难群众生产生活工作的指示要求，“全覆盖、无遗漏”，元旦春节期间深入开展以“心系职工情，温暖千万家”为主题的向困难职工送温暖活动。2008 年至 2013 年，全省工会共筹集发放送温暖资金 6.8 亿元，救助困难职工 99.93 万户，慰问困难企业 26882 家，党政工领导与 42022 名困难职工开展结对帮扶送温暖活动。各级工会积极拓展活动内容，开展向困难职工送医疗、送培训、送岗位、送文化等活动，以及农民工平安返乡行动，以满足困难职工的多层次需求。阜阳市多举措为农民工“返乡”办实事，开展免费包车“接您回家”、“农民工专场招聘会”、“农民工有困难就近找工会”等系列活动，让农民工舒心返乡，快乐返乡。宿州市在送温暖活动中改变活动方式，由“大张旗鼓”送温暖转变为“静悄悄”送温暖，既有帮扶实效又顾及职工感受，更体现送温暖活动中的人文关怀。合肥、滁州等市多年牵头组织领导干部结对帮扶困难职工。“两节”期间，一大批领导干部走进困难职工家中与他们促膝谈心，了解他们生产生活上的困难，鼓励他们增强战胜困难的信心。

“金秋助学”让数万困难学子实现梦想。从1998年安徽省工会在全国率先开展“金秋助学”活动以来，数以万计的困难职工和农民工子女插上梦想的翅膀，实现人生理想。全省各级工会近年来进一步加大助学力度，创新助学形式，扩大助学范围，提高助学标准。2008年之后5年，全省工会共筹集助学资金1.075亿元，资助63770名困难职工和农民工子女上学，其中困难农民工子女25903名。在多年开展的“金秋助学”活动中，各级工会积极凝聚社会合力，整合社会资源，创新助学模式。省总工会争取省移动公司的支持，共获赠助学金200万元，连续多年帮助627名困难职工和农民工子女上大学。芜湖市充分发挥自身组织优势，在困难职工和社会爱心人士之间牵线搭桥，一批民营企业家纷纷伸出援助之手，慷慨解囊，社会化助学模式进一步显现。同时组织企业工会与困难职工子女探索“结对帮扶、对口助学”新模式，组织发动一批国有和民营企业，踊跃参与工会“金秋助学”活动。蚌埠市在助学活动中，积极争取到蚌埠市投资集团捐款120万元，对100名考入一本院校的困难职工和困难农民工子女实施4年全程资助。在做好物质帮扶的同时，马鞍山市更加注重对困难学子的精神帮扶，为受助对象提供“三个一”服务：赠一本书、送一张勤工俭学联系卡、上一堂心理健康讲座，帮助他们树立正确的人生观和价值观，鼓励他们克服心理压力，乐观面对人生挑战。六安、池州、黄山、宣城、亳州、宿松、广德等地，通过举办多种形式、各有特色的助学活动仪式，邀请党政领导出席活动，扩大助学活动的社会关注面，营造浓厚的助学氛围。安徽省工会连续16年实施的“金秋助学”品牌工程，进一步增强了工会组织的社会影响力，营造了共同关注、携手帮扶困难职工群体的社会氛围。

★ 2007 年 2 月 24 日，阜阳市总工会举行农民工平安返程专列开行仪式。

维权帮扶救助平台逐步建立健全。自 2003 年开始建立困难职工帮扶中心到 2009 年底，全省 16 个市和 105 个县（区）全部建立帮扶中心并常态化开展帮扶工作。为推进帮扶中心规范化管理，省总工会及时下发《关于认真学习贯彻习近平同志重要批示精神推进全省工会帮扶工作常态化长效化建设的意见》，2010 年起，在全省开展帮扶中心规范化建设星级达标活动。当时，全省 16 个市和 85 个县（区）工会帮扶中心达到了星级标准（其中五星级 29 家、四星级 48 家、三星级 24 家）。合肥市帮扶中心多次被全国总工会授予“全国工会帮扶工作标兵单位”称号，马鞍山、芜湖、淮南、安庆、蚌埠、桐城等市帮扶中心和淮北矿业集团公司工会被全国总工会授予“全国工会帮扶工作先进集体”称号。从 2011 年开始，帮扶工作开始向基层延伸。在芜湖市召开的全省基层帮扶站点建设现场推进会上，确定用 3 年时间，在全省构建以市级帮扶中心为骨干，县级帮扶中心为支撑，乡镇（街道）、社区（村）规模以上企业和工业园区帮扶工作站（点）为基础的帮扶工作网络，实现对困难职工帮扶救助的全覆盖、不遗漏的帮扶工作目标任务。

帮扶救助内容不断拓展延伸。各级工会充分利用帮扶中心这个平台，注重整合资源，拓展帮扶内容，建立包括生活救助、就业服务、政策咨询、信访接待、劳资纠纷、医疗救助、上学资助、心理咨询等内容的“帮扶、救助、服务”三位一体帮扶工作模式，探索创建爱心超市、爱心医院、爱心学校、心理诊疗、劳动争议调解庭等服务平台，为困难职工提供多样化服务。同时，省总工会高度重视送温暖资金、帮扶资金（以下简称“两金”）的管理和使用，下发了《关于加强工会困难职工帮扶中心专项资金管理的通知》《安徽省总工会关于困难职工帮扶中心专项资金使用管理实施办法》等管理文件，并连续3年组织对全省“两金”进行检查。这对规范全省工会专项帮扶资金管理，确保帮扶资金使用安全，起到积极的促进作用。近5年来，全省市、县（区）帮扶中心共筹集帮扶资金3.12亿元，日常救助困难职工82.54万人次（其中，中央财政专项帮扶资金用于生活救助4875万元，帮扶救助困难职工100221户；用于医疗救助3313万元，帮扶救助困难职工27248户；用于助学救助4935万元，帮扶救助困难职工25926户；用于职业培训2056万元，为89234人提供职培服务；用于职业介绍41万元，为3990人提供职介服务；用于法律援助12万元，为89人进行了法律援助）。

（二）全力协助党和政府做好促进就业再就业工作

2008年以来，全省各级工会注重发挥工会组织作用和阵地优势，大力协助党政做好就业再就业工作，努力促进安徽就业局势的稳定。一是配合省政府制定就业政策。通过开展就业形势调研，提出解决高校毕业生、失业人员、城市新增劳动力和农村富余劳动力就业问题的建议，每年配合省政府出台就业指导性文件。二是实施家政服务促就业工程。与省商务厅等部门连续4年组织实施“家政服务工程”，几年来，全省工会组织1.94万人开展家政培训并普遍就业，合肥、芜湖、马鞍山、滁州、淮南等市工会以及省总工会干校的家政服务促就业成效突出。三是大力开展职业技能培训。按照全国总工会培训促就业工作要求，坚持每年下达“515”培训促就业计划（即每年技能培训5万名、创业培训1万名、帮助失业职工就业5万名），充分发挥全省工会各类职业技能培训机构和就业示范基地的作用，开展实用性技能培训和创业培训，一大批下岗失业人员和就业困难群体通过工会培训实现了就业再就业。2011年，在省总工会协调和省工商银行的支持下，合肥职工大学组织109名农民工免费上大学，在社会上产生了很好反响。四是选树农民工培训和创业带动就业典型。经过工作实践，形成了一批培训能力强的自办或与社会联办的农民工培训机构，培养了一批农民工创业带动就业的典型。合肥职工大学被全国总工会命名为“全国工会农民工技能培训示范基地”；蚌埠市总工会职业培训中心等6家单位被全国总工会命名为“全国工会就业培训基地”。为发挥典型示范作用，提升工会培训机构的质量，2009年，省总工会命名表彰了18个“全省工会农民工就业培训示范基地”；20个“全省工会农民工就业示范基地”；20个“全省工会农民工创业带头人”。

与此同时，各级工会积极配合政府开展“春风送岗位”行动、“民营企业招聘周”等活动，连续4年组织开展“工会就业援助月”活动、“高校毕业生阳光就业行动”和帮扶就业困难群体就业专项行动，注重发挥帮扶中心牵线搭桥作用，帮助求职者实现就业再就业。针对严峻就业形势，2011年2月在巢湖市举办安徽省暨合肥市“工会就业援助月”活动启动仪式和大型招聘洽谈会。这次招聘会共组织了合肥市和巢湖市150多家用工企业，提供了7000多个就业岗位供求职者见面选聘。同时还组织阜阳市与巢湖市部分用工企业开展劳务用工对接活动。近万人入场参加招聘，2000多名求职者与用人单位当场达成就业意向。淮北市连续多年开展“暖风行动”送岗位活动，积极为求职者和企业搭建平台。铜陵市争取政府和社会资源支持，通过开设工会小额借款项目、开展职介服务，推出一批就业创业明星。5年来，全省工会开展农民工和下岗失业人员技能培训34.26万人次、创业培训3.87万人次，帮助30.17万名就业困难人员实现了就业再就业。省总工会和部分市总工会以及省总工会干校先后受到省就业工作领导小组的通报表彰。

（三）广泛开展职工生活后勤保障系列活动

促进职工体面劳动、有尊严生活、提升幸福指数是工会工作重要内容。安徽各级工会从2007年开始开展以“优化职工生产生活条件，强化职工生活后勤保障，创建和谐劳动关系”为主要内容的职工后勤保障工作。2007年12月，省总工会在中铁四局金塘梁场项目工程部，召开全省职工生活后勤保障工作现场会，启动了全省工会“强后勤、促和谐”职工后勤保障的试点工作。2008年起，省总工会在全省组织开展以“优化职工生产生活条件，强化职工生活后勤保障，创建劳动关系和谐企业”为主要内容的职工生活后勤保障竞赛评比活动。各地方工会和企业工会积极响应，着眼于职工需求，以改善职工食堂、职工宿舍、职工浴室条件和环境为主要内容，开展生活后勤保障系列评比表彰活动，促进企业行政改善生产生活条件，让职工基本做到“四心”，即吃得放心、住得舒心、工作顺心、娱乐开心，有效增强了企业的活力和凝聚力，实现了“企业得发展，职工得实惠”的双赢局面。2010年，省总工会就开展“强后勤、促和谐”主题活动，制定下发了具体实施意见，要求企业工会在协助行政发展生产的同时，注重搞好职工就餐住宿、安全卫生和文体活动等，努力改善职工生产生活条件，提高职工的后勤保障水平。2011年底，省总工会专门召开会议，全面总结职工后勤保障工作的经验和做法，表彰了中铁四局等一批职工后勤保障工作先进单位、职工满意食堂和职工满意宿舍，进一步推动了此项工作的深入开展。据不完全统计，全省开展职工后勤保障工作的企业，由2007年的318家发展到2011年底的3684家，185万名职工从中受益。2012年，省总工会召开安徽省职工后勤保障工作会议，明确安徽省开展职工后勤保障工作的企业数量比4年前增长了9倍多。

活动开展后，各市县、产业工会认真贯彻省总工会的部署要求，指导企业结合各自实际，积极开展职工后勤保障工作，取得了明显成效。省邮政公司和省电信公司等行业，根据线长、点多、面广的特点，开展小伙房、小菜园、小花园、小淋浴室、小活动室的“五小”和谐小家建设，解决一线职工的实际问题。淮北矿业集团根据矿井职工工作辛劳的特点，加大行政经费对职工食堂、浴池、集体宿舍的投入，提高一线职工的福利待遇，提升矿工的幸福指数。

（四）开展职工互助保障活动

职工互助保障活动是由全国总工会主办的中国职工保险互助会（以下简称中互会）组织开展的，以住院医疗互助为主，涵盖大病医疗、意外伤害及困难救助等服务的互助互济保障机制。该活动不以营利为目的，坚持公益性、互助性、普惠性，具有收费低、保障高、门槛低、受益面大等显著优势，是一项从广大职工利益出发、惠及每一名职工、促进社会和谐稳定的“民生工程”，是国家社会保障的有益补充、工会服务职工的有力抓手、职工抵御风险的有效屏障。

安徽省各级工会积极开展职工互助保障活动，密切联系职工、凝聚群众，努力为职工抵御各类风险建立重要屏障。2008 年，桐城市总工会在安庆市委、市政府支持下开展职工住院医疗互助互济活动。本着“稳步推进，合理调节，量力而行”的原则，桐城市互助互济活动受到职工广泛欢迎。在第一次开展该活动时，桐城市总工会明确，职工每年缴纳 48 元互助金，就可以享受国家基本医疗保障报销政策后再报销剩余个人自付部分的 30%。政策一推出，便吸引了 130 家单位超过 6000 名职工参加。然而，没有考虑到还有未申请补助的职工，导致资金缺口逐年增大。从 2009 年 1 月开始，桐城市总工会对职工住院医疗、住院费用报销标准等进行了一些调整。2013 年将住院补助标准由 50% 下调为 30%，将 5 种慢性病补助标准由 30% 下调为 20%。2015 年市政府与市总工会召开联席会议后决定，将互助金缴纳标准提高到每人每年 60 元，个人年度累计补助总额提高到 2 万元。2019 年，互助金缴纳标准提高到每人每年 72 元，个人年度累计补助总额则提高到 3 万元。为提高报销效率，2012 年，桐城市总工会推出“只跑一次路”服务。职工异地住院或者慢性病报销无须提供发票，由帮扶中心直接进入医保系统打印报销凭证。职工只要提供一份申请互助表和一份身份证复印件就可以办理，整个申请过程不到 3 分钟。2009 年，安徽省地质工会在调研中发现，由于行业的特殊性，地质职工长年跋山涉水、风餐露宿，积劳成疾的现象十分突出。许多地质职工患上重特大疾病后，高额医药费成为家庭沉重负担，甚至亲朋好友也背上了沉重的债务。2010 年 7 月，安徽省地矿局在实行职工基本医疗保障和职工互助保障计划的基础上，决定建立职工生命健康的第三道保障线：实施重特大疾病救助金制度，其中，2万元以下实行队级救助，2万元以上实行局级救助，局级救助个人最高额度为10万元，每年跨年度申报与发放。

（五）开展“双走访”活动

2009年，受国际金融危机冲击，安徽部分企业和职工的生产生活受到较大影响。省总工会号召全省万名工会干部走访企业、走访职工，促进保增长、保民生、保稳定（即“双走访、促三保”活动）。省委书记王金山就这一活动批示省总工会，要求工会组织“扶贫济困要成常态”。随后，“双走访”成为安徽工会工作的重点工作和各级工会组织年度考核的重要指标。省政协副主席、党组副书记，省总工会主席、党组书记王秀芳强调，要将工会干部“双走访”作为一种常态机制，延续下去。之后，省总工会决定将该活动引向深入，将走访主题定位为“服务科学发展、服务社会和谐、服务职工群众”。“双走访”活动找准了工会工作与党和政府中心工作的结合点，契合了工会作为党领导下的工人阶级群众组织的关键点，回应了广大职工群众对工会组织和工会工作的关注点，是工会组织践行党的群众路线、做好新形势下职工群众工作的重要举措。

从2009年9月开始，省总工会结合安徽实际，组织全省各级工会开展了“双走访”活动。组织万名工会干部，深入走访企业、走访职工。在4年多的时间里，安徽工会系统“双走访”活动，经历了三个推进阶段，各阶段有各阶段的任务和举措、特色和创新，始终以贴近基层、贴近职工为出发点，以增强对职工群众的感情、密切同职工群众的联系，为职工群众排忧解难为目的。截至2014年9月，全省各级工会干部共走访企业3.63万家（次），走访职工68.8万人，发放调查问卷14.56万份，征求意见和建议1.06万条，帮助企业解决实际问题1.31万个，救助慰问困难职工42.64万户（次），取得了实实在在的成效。“双走访”活动三个推进阶段具体情况如下：

第一个阶段是从2009年9月开始的“双走访、促三保”行动，即“万名工会干部走访企业、走访职工，促进保增长、保民生、保稳定”行动。其开展的背景源于2008年的国际金融危机。2008年底，金融危机的影响逐渐蔓延至安徽，当年全省GDP和工业增幅分别回落了1.2和3.4个百分点，一些中小企业生产经营出现困难，职工就业、收入及权益维护遭遇新的压力。为应对这一不利形势，服务于省委、省政府“保增长、保民生、保稳定”工作大局，省总工会在全省工会系统开展了“双走访、促三保”行动，发动职工凝心聚力促进增长，协助党政千方百计改善民生，深入实际解难帮困维护稳定。

第二个阶段是从2011年9月开始的“双走访、三服务”活动，即“万名工会干部走访企业、走访职工，服务科学发展、服务社会和谐、服务职工群众”。省总工会对活动的内容与主题进行深化，主要是由于进入“十二五”时期后，安徽经济发展增速明显，社会事业不断完善，为密切联系职工群众，凝聚起加速崛起的强大合力，省委在全省党政系统开展了“五级书记带头大走访”活动。省总工会开展了以“访民情、汇民智、释民惑、解民忧、惠民生”为主题的“双走访、三服务”活动，为的是呼应党政所需，回应职工所盼，适应工会所能。

★ 2009年9月，全省“万名工会干部‘双走访、促三保’行动”动员大会召开。

第三个阶段是从2012年2月开始。为推动全心全意依靠工人阶级根本方针的落实，积极参与加强和创新社会管理，切实做好新形势下职工群众工作，全国总工会适时开展了“面对面、心贴心、实打实服务职工在基层”活动。安徽省总工会把“双走访、三服务”活动作为承接全国总工会“面对面、心贴心、实打实服务职工在基层”活动的重要载体并全力引向深入，全省各级工会普遍建立健全了“双走访”活动的长效机制和常态化工作格局。

从工作成效上看，2009年全省工会组织开展各类劳动竞赛7900余次，参赛职工117.8万人，全省职工提合理化建议21.1万余件，实施10.4万余件，产生效益9.5亿元；全省“安康杯”参赛企业共6017家，参赛班组8.15万个，参赛职工136.17万人，覆盖面进一步扩大。截至2009年底，全省工会建立困难职工电子档案11万户，涉及困难人员28.78万人，筹集发放“两节”送温暖资金1.167亿元，慰问救助困难职工19.34万户。截至2010年7月，全省工会仅农民工就业专场招聘会就举办117场次，11.25万名农民工进场求职，达成意向性就业协议4.19万人；全省工会培训农民工10.88万人，通过培训帮助农民工实现就业5.11万人；全省参加创建劳动关系和谐企业活动的企业已达1.76万家，8124家企业、235万人参加了“共同约定行动”；全省2.6万家企（事）业单位建立职代会或职工大会制度，覆盖职工289.43万人，2.58万家企（事）业单位实行厂务公开和民主管理制度，覆盖职工283.16万人。

从走访工作情况看，截至2010年7月，全省各级工会干部已走访企业13368家，其中非公有制企业5814家，走访职工269488人，发放调查问卷94189份，征集意见3930条，梳理问题500余条，帮助企业解决问题8000余件，救助慰问困难职工19.1万户，其中困难农民工2.47万户。

“双走访、促三保”行动有力地促进了党和政府关于“保增长、保民生、保稳定”工作的落实，在服务党和政府工作大局中作出了应有贡献。一是在保增长促发展中发挥了主力军作用。全省各级工会深入企业调研生产经营状况，组织动员广大职工大力弘扬劳模精神，为战危机促发展献计出力，广泛深入地开展了“同舟共济保增长，建功立业促发展”竞赛活动，激发广大职工的劳动热情和创造活力。充分发挥工会“大学校”作用，切实加强包括农民工在内的职工教育培训工作，完善“创建学习型组织，争做知识型职工”活动机制，努力造就知识型、技能型、创新型职工队伍。2009年全省生产总值登上万亿元新平台；2010年上半年，全省经济回升向好的势头进一步增强，全省生产总值同比增长15.4%，规模以上工业增加值增长26.3%，财政收入增长35.3%，这些成绩无不凝结着全省广大职工和工会工作者的辛勤汗水。二是在保民生促共享中发挥了助推性作用。全省各级工会积极做好就业帮扶工作，加强对失业职工、农民工的就业服务和创业指导；积极协助政府有关部门督促企业履行社会责任，做到尽量不裁员或少裁员，稳定职工岗位，缓解就业压力；大力开展职工就业培训、职业介绍、创业帮扶等工作，帮助职工提高就业技能，促进就业形势基本稳定。高度重视职工工资分配工作，推动完善工资支付保障机制。协助受到金融危机冲击的企业制定应急预案，尽量不减薪或少减薪，坚决防止恶意欠薪，切实保障包括农民工在内的职工工资能够按时足额发放。充分发挥困难职工帮扶中心作用，进一步加大帮扶救助工作力度。认真参与涉及国计民生的重大政策法规的制定，积极反映职工群众的意见和呼声。做好职工劳动安全卫生保护工作，进一步发挥了工会组织在安全生产中的作用。三是在保稳定促和谐中发挥了协调凝聚作用。在应对危机维护稳定过程中，各级工会采取多种措施，稳定职工队伍，将国际金融危机带来的不利影响降到最低。通过开展深入基层走访调研行动，宣传和推动劳动相关法律法规的贯彻实施，帮助企业依法规范劳动关系。完善党和政府主导的维护职工权益机制，健全工会组织，广泛开展创建劳动关系和谐企业活动，发挥劳动关系三方协商机制和劳动争议调解组织的作用，大力发展社会主义和谐劳动关系。完善以职代会为基本形式的企事业单位民主管理制度和平等协商集体合同制度，推进厂务公开，加强利益协调、诉求表达、矛盾调处、权益保障机制建设，维护职工合法权益，努力实现企业和职工互利双赢。深入开展调查研究，认真分析排查影响职工权益和职工队伍稳定的不利因素，加强劳动关系矛盾预警和应急处理等机制建设，努力把问题解决在基层，把矛盾化解在萌芽状态，切实维护企业和社会的和谐稳定。

五、围绕省“861”行动计划开展重点工程劳动竞赛

“861”行动计划是在党的十六大提出全面建设小康社会的奋斗目标后，安徽省委、省政府集思广益，提出安徽省全面建设小康社会的主要目标、三步走战略以及在起步阶段重点建设八大产业基地和六大基础工程的战略基础上形成，于2004年正式组织实施的。实施“861”行动计划，是省委、省政府以科学发展观为指导，积极探索既有时代特征又符合安徽省实际的发展新路子。作为一个以重大项目为核心的载体，“861”行动计划紧紧抓住安徽加快发展的关节点，得到了全省上下的一致响应，通过近年来的积极实施，取得显著成效，成绩斐然。[①]

安徽各级工会认真落实省委、省政府决策部署，围绕省“861”行动计划，以全面转型、加速崛起、兴皖富民为主线，以广泛开展建功立业主题劳动竞赛和创建“工人先锋号”活动为主要载体，团结动员全省广大职工群众，大力弘扬工人阶级伟大品格和劳模精神，拼搏进取，锐意创新，为推动安徽省经济社会又好又快发展作出了积极贡献。据统计，全省工会开展各类劳动竞赛、岗位练兵和技术比武8万余次，参赛职工1620万人次，其中女职工312万人次，各级职工技能培训机构共培训职工132万人次，提升了技术等级的职工达93万人次。

“十一五”期间，根据省总工会《关于动员全省职工开展“当好主力军，推进新跨越”活动，为实现“十一五”规划建功立业的决议》的部署，各级工会紧紧围绕“十一五”规划的目标、任务，充分发挥劳动竞赛的优势和特点，不断拓宽竞赛内容，改进活动方式，引导和组织职工群众以主人翁姿态积极投身改革开放和经济建设伟大实践。2009年，为积极应对国际金融危机带来的严峻挑战，引导职工与企业“抱团取暖”、共克时艰，省总工会在十二届二次全委会上作出《关于在全省职工中广泛开展“同舟共济保增长、建功立业促发展”竞赛活动的决议》，要求各级工会组织把思想和行动统一到中央和省委、省政府决策部署上来，充分激发广大职工的劳动热情和创造活力，促进企业增产、增效、增收。进入“十二五”以来，根据《中华全国总工会关于组织动员广大职工为

---

① 周晓东：《我省实施“861”行动计划成绩斐然》，《江淮时报》2006年1月4日，第5版。

实现“十二五”规划目标任务创先争优建功立业的决议》和《中华全国总工会2011—2015年劳动竞赛规划》，省总工会制定了《安徽省2011—2015年劳动竞赛规划》，要求全省各级工会和劳动竞赛组织围绕党政工作大局，积极推进皖江城市带承接产业转移示范区、国家技术创新工程试点省、合芜蚌自主创新综合试验区建设，组织发动基层企业广泛开展多种形式的劳动竞赛活动。

2008年之后的5年，在省劳动竞赛委员会的统一部署和指导下，各级劳动竞赛和工会组织与社会各界通力合作，切实加强对竞赛活动的组织领导，针对不同行业、不同企业的实际情况，结合经济工作中的重点和难点，发动广大职工，开展了不同形式的劳动竞赛。首先是扎实推进重点工程建设竞赛活动。围绕开展省“861”行动计划，省总工会与相关单位联合举办了“争当合蚌合福合肥南环线铁路建设先锋”和淮南至上海特高压交流输变电示范工程（安徽段）建设立功竞赛活动。充分调动广大职工的积极性和创造性，促进重点工程建设技术创新、制度创新、管理创新，推动重点工程快速、优质、高效建成，早日发挥效益。并以点带面，推动全省“861”重点工程项目全面开展重点工程建设劳动竞赛活动。

滁州市主动融入科学发展大局，充分调动和发挥广大职工的主力军作用，助推滁州跨越发展作出新贡献。通过广泛开展建功立业活动，为发展凝聚力量，连续5年深入开展“大滁城”建设创先争优劳动竞赛活动，并形成年初部署、年中推进、年终考核表彰的工作机制。全市各级工会以“当好主力军、建功‘十二五’（‘十一五’）”主题竞赛活动为载体，广泛深入地开展工会干部“双走访、促三保”“双走访、三服务”活动，组织引导广大职工为滁州发展凝心聚力。连续5年开展“美好滁州”建设（“大滁城”建设）创先争优劳动竞赛活动，全面推动以“五比五赛”为主要内容的重点工程、重大项目建设劳动竞赛活动。坚持以“工人先锋号”活动为抓手，在全市组织开展“比技术、比服务、比贡献，争创工人先锋号”的“三比一创”活动，全市创建“工人先锋号”参赛班组已达3991个，搭建了职工施展才能的新平台。积极开展“节能减排达标竞赛”活动，组建节能减排义务监督员队伍，大力开展“工会林”基地建设，共同推进生态滁州建设。5年间，全市各级工会在各个层面开展劳动竞赛5600

多次，参赛职工18万多人次，提出合理化建议约6.3万条，实施采用率20%以上，并涌现出一大批全国、省、市劳动模范、先进工作者、五一劳动奖状、奖章获得者和“工人先锋号”等。

六安市围绕开展“861”行动计划，以“五比五赛”为主要内容，组织开展多种形式的技术比武、技能比赛、岗位练兵等群众性创先争优建功立业活动，充分调动广大职工的积极性和创造性，促进重点工程建设技术创新、管理创新。先后举办卫生系统护士岗位创新技能大赛，粮食系统全市粮食行业技能大赛等系列品牌竞赛活动。2008年至2012年的5年间，全市有5万余人次参加了各类经济技术创新活动，提出合理化建议4万多条、技术创新1000余项。同时，不断扩大技协覆盖面，开展达标活动，发展壮大技协队伍，调整、充实、健全了基层技协的工作班子，做到有组织、有活动、有成果。认真做好“工人先锋号”推荐评比工作，全市有48个班组获得市级以上“工人先锋号”称号，一批优秀窗口单位被全国总工会命名为全国“工人先锋号”。

蚌埠市广泛开展劳动竞赛，连续多年举办“身手不凡”职工技能电视竞赛，从基层一线选树一批高技能人才，使传统的劳动竞赛焕发出新的生机和活力；开展多种类型的职业技能大赛，涉及机械、化工、交通、建筑、卫生、金融、营销、服务、旅游等领域50余个项目（工种），参加职工50余万人次；发动各级工会广泛开展重点工程“五比五赛”、“十个一”节能减排劳动竞赛、专项技能劳动竞赛、“我为企业发展献一计”合理化建议活动。通过竞赛和活动的开展，涌现出大批先进模范。评选全国劳动模范和先进工作者5名，全国五一劳动奖章获得者8名，全国五一劳动奖状获得者3个，全国“工人先锋号”4个；省劳动模范和先进工作者40名，省五一劳动奖章获得者11名，省先进集体18个。

阜阳市紧紧围绕实现“十一五”规划目标和市委、市政府提出的“6611”工程，动员全市各级工会组织广泛开展劳动竞赛、合理化建议、技术革新、技术协作、发明创造等多种形式的职工经济技术创新活动。共组织职工开展劳动竞赛2100项（次），参赛职工85万余人次，提出合理化建议11万余条，创造效益3亿元。坚持以职业道德建设、纠正不正之风为重点，围绕优化环境、促进发展这一主题，大力开展“爱岗敬业、诚实守信、办事公道、服务人民、奉献社会”的职业道德活动，有效推进了各行各业职业道德建设和诚信建设。积极宣传劳动模范先进事迹，大力弘扬劳模精神，进一步营造“劳动光荣、知识崇高、人才宝贵、创造伟大”的良好氛围，涌现出了答朝荣、刘晓琳等一批先进代表。9 名职工荣获全国劳动模范称号和全国五一劳动奖章。

宣城市坚持加强技能创新，以“当好主力军、建功‘十一五’、和谐奔小康”为主题，以创建“工人先锋号”为主要载体，在重点工程、服务行业等领域，普遍建立了以企业为主体、职工踊跃参与的劳动竞赛工作机制，广泛开展技术比武、技能竞赛、技术攻关、节能减排、合理化建议等职工技术创新活动。全市共有 61000 人次参加了各类技术创新活动，推广新技术、新工艺、新材料 1360 项、技术开发 210 项、技术革新 1700 项，提出合理化建议 3200 条；加强模范激励，大力弘扬劳模精神，以榜样力量引领时代风尚，不断提高劳动模范的政治和社会地位，积极做好劳动模范的评选表彰和管理服务工作。全市共涌现出全国劳动模范和先进工作者 4 人，省劳动模范和先进工作者 33 人；有 7 人获得全国五一劳动奖章，10 人获得省五一劳动奖章，15 个班组（科室）获得省级以上“工人先锋号”称号。

铜陵市紧紧围绕促进全市经济社会发展和建设幸福铜陵的主题，团结动员广大职工大力发扬主人翁精神，广泛开展“当好主力军、建功‘十一五’、和谐奔小康”，“同舟共济保增长、建功立业促发展”和“我为节能减排作贡献”等群众性经济技术创新活动。深入开展重点工程劳动竞赛、技术比武、创建“工人先锋号”和合理化建议等活动。全市职工累计提出合理化建议 13.6 万条，其中 369 条重大合理化建议受到省劳动竞赛委员会和省总工会的表彰。成功举办了电焊工、车工、汽车维修工等 4 届全市职工职业技能大赛，1017 名职工参赛，产生了 6 名省“十大能工巧匠”和 1 名省技术能手。召开了班组建设现场交流暨创建“工人先锋号”动员会和全市重点工程建设劳动竞赛总结表彰会。5 年间，共推荐表彰全国“工人先锋号”6 个，省“工人先锋号”10 个，省模范班组 3 个。同时还注重对劳动模范的培养和选树，成立了市劳动模范协会，先后评树全国劳动模范 4 名，全国五一劳动奖章获得者 10 名，全国五一劳动奖状获得者

1个；省劳动模范27名，省先进集体4个，省五一劳动奖章获得者20名，省五一劳动奖状获得单位2个，省劳动竞赛先进集体18个。

池州市围绕经济建设和促进科学发展大局，以“当好主力军、建功奔小康”为主题，以创建“工人先锋号”为主要载体，在承接产业转移集中区、工业园区、重点工程、服务行业等领域，普遍建立了以企业为主体、职工为主力、市场为主导的劳动竞赛工作机制和企业增效、职工增收的激励机制。广泛开展技术练兵、技能大赛、技术协作、节能减排、合理化建议等职工经济技术创新活动，激发了广大职工立足本职、建功立业的积极性和创造性。5年间，全市共有10余万人次参加了各类经济技术创新活动，提出合理化建议1万多条，技术革新、技术攻关40余项，推广技术创新成果70余项。42个班组获得市级以上“工人先锋号”荣誉称号，30人获得市级以上“能工巧匠”“优秀技术能手”称号。3人被评为全国劳动模范和先进工作者，52人被评为安徽省劳动模范和先进工作者。7人荣获全国五一劳动奖章，16人荣获安徽省五一劳动奖章。

安庆市以经济技术创新为重点，以实施职工素质提升工程为关键，组织广大职工积极开展以“当好主力军、实现新跨越”为主题，以创建“工人先锋号”为主要载体，以“创建学习型组织，争做知识型职工”活动为牵引，在重点工程、工业企业、服务行业等领域，普遍建立了以企业为主体、职工为主力、市场为主导的劳动竞赛工作机制和企业增效、职工增收的激励机制，广泛开展技术练兵、技能大赛、技术协作、节能减排、合理化建议等职工经济技术创新活动。组织动员广大职工在经济建设中争当先锋，在抗震救灾中主动作为，在窗口行业中优质服务。全市共有46万人次参加了各类经济技术创新活动，提出合理化建议9万多条，技术革新、技术攻关653项，推广技术创新成果189项，总结推广先进操作法22个，创造效益10多亿元。大力培育树立在广大职工中叫得响、看得见、学得到的“劳模”明星，通过先进模范人物传帮带，建立和完善职工培训、技能鉴定、技术推广和表彰激励等一系列配套激励机制，为职工营造良好的成才氛围，把新世纪职工素质工程提高到一个新的层次和水平。全市共涌现出全国劳动模范和先进工作者7人，省劳动模范93人；获得省以上五一劳动奖章40人，313个班组（科室）获得市级以上“工人先锋号”荣誉称号。

黄山市大力开展各种形式的劳动竞赛活动和群众性经济技术创新活动，5年来，市、县（区）两级工会共组织开展各种区域性、行业性技能大赛38次，参与职工7万余人次，职工出提合理化建议1.09万条，有3887条建议被采纳实施，开展技术发明、技术革新、技术创新项目821项，创直接经济效益1.31亿元。围绕旅游发展需要，全市工会找准工作契合点，在交通运输、卫生旅游服务等领域开展徽匠技能大赛、徽嫂进京家政服务等具有黄山特色的活动。这些活动都极大地调动了职工学技术、比奉献的热情。在劳动竞赛和建功立业活动中，一大批具有时代特征的先进个人和先进集体受到表彰，其中各级工会推荐评选了全国、省、市劳动模范97名，五一劳动奖章获得者6名。先后涌现出5个全国“工人先锋号”，9个省“工人先锋号”。同时，加强劳模管理和服务工作，先后组织部分劳动模范赴吉林、北戴河、西安、云南等地疗休养，每年都开展健康体检；组织劳动模范参加全市重大活动、开展劳动模范先进事迹宣传；努力推进劳模政策待遇的落实，及时发放全国劳模“三金”、省劳动模范低收入补助和特困帮扶资金；黟县、屯溪区、歙县分别评选表彰了县（区）级劳模，祁门县解决了市级劳动模范困难定期补贴；徽州区每年拿出5万元解决劳动模范专项活动经费等举措，在全社会营造了“学习劳模、关心劳模、争当劳模”的良好氛围。

六、推进农民工入会工作

深入推进农民工入会和服务工作是贯彻落实中央党的群团工作会议精神、推动新时期工会工作创新发展的重大举措，也是安徽工会工作的重头戏。安徽省工会十二大以来，各级工会以党工共建创先争优活动和党的基层组织建设年为契机，推动工会组建工作纳入党建总体规划和工作考核体系，不断推动党建带工建、党工共建工作，进一步加快组建步伐，最大限度地把包括农民工、劳务派遣工在内的广大职工组织到工会中来，紧密地团结在党的周围。

（一）组建工会工作延伸到农村和农民工集中地

省工会十二大以来，省总工会坚持突出重点抓覆盖，创新建会形式，简化入会手续，在农民工输出地建立村工会，实现源头建会；在农民工输入地建立劳务派遣工会，在农民工集中的地方建立市场工会、项目工会，并简化农民工入会手续，建立和完善“一次入会、持证流动、务工共享、进出登记”机制，使农民工及时方便地入会，入会率明显提高。坚持“源头入会、委托管理、双向维权”的原则，继续推动劳务派遣企业建会和组织劳务派遣工入会工作，重点推动劳务派遣工集中的产业行业劳动者加入工会。

阜阳市坚持拓宽领域，完善服务，尽心竭力为农民工办实事。根据农民工灵活就业的特点，创新工会组建形式，健全市、县、乡、村四级联动的组织网络，拓展区域性、行业性组建形式，最大限度地把分散的农民工吸纳到工会中来。与输入地工会建立城际间工会农民工维权联动机制。积极推动农民工民主政治权利的落实。在维护农民工经济权益的同时，积极组织农民工参加职工代表大会，参与企业管理决策、厂务公开、民主评议等工作，切实维护他们的民主政治权利，并在全省电视电话会上分享经验。

铜陵市各级工会着力巩固执政基础，基层工会组织建设实现了新突破。坚持“党建带动工建、工建服务党建”，创新工会组织组建方式，与市委组织部联合制定印发了《关于以党建带工建加强基层工会组织建设的意见》，把组建工会工作延伸到农村和农民工集中地，拓展到民营企业、外商投资企业。成立了楼宇工会、大市场工会、一条街工会等区域性、行业性新型工会组织，工会组建和会员发展工作取得重大进展。截至2012年底，全市工会单独基层组织3000多个，会员29.5万人。工会组建率和职工入会率均达95%以上，处于全省领先水平。其中新建区域性、行业性工会组织80多个，发展农民工会员2万多人，全市乡镇（街道）、社区全部建立了工会组织。

宿松县为了适应新时期工会工作的需要，积极推行“双措并举、二次覆盖”工作，在推动非公有制企业建会和组建区域性、行业性新型工会上下功夫、求突破，着力把建会工作重点向乡（镇）、社区、非公经济组织延伸，工会组建和会员发展工作取得重大突破。截至2012年12月，基层工会964个，比5年前增加514个；在册会员62609人，比5年前增加20601人，其中农民工会员19851人、女会员5017人。在抓组建的同时提出了“抓建会、重管理，在建会中求发展，在发展中促建会”的组织工作方针，积极指导基层建立完善各项规章制度，按照“八个有”规范新建工会组织，乡镇、企业、社区工会逐步迈上规范化轨道。

（二）着力推动农民工帮扶工作，调动农民工入会积极性

全省各级工会结合“双走访”活动，深入企业走访慰问包括农民工、劳务派遣工在内的广大职工，着力为农民工办实事，倾听他们的呼声和诉求，帮助解决实际困难和问题，从精神和物质两方面大力推动农民工帮扶援助工作，进一步调动他们入会的积极性。

合肥市总工会不断深化文明行业创建工作，广泛开展职工文体活动，提振职工精神风貌，组织开展职工书画大赛、职工摄影展、职工歌咏展演、农民工卡拉 OK 大赛等丰富多彩的职工文化活动，成功举办慰问大建设职工系列文艺演出、市第二届职工运动会、农民工艺术节等大型活动，规模之大、规格之高为历年之最。开展全额资助优秀农民工上大学活动，深入重点工程工地为农民工免费放映电影 600 余场，丰富了职工的精神生活，促进了职工队伍综合素质的全面提升。同时，合肥市总工会深入开展“农民工援助行动”“农民工平安返乡”“农民工维权月”等富有工会特色的帮扶活动，发挥合肥经济圈农民工维权联席会议和城际间农民工维权联盟作用，形成维护农民工合法权益的强大合力。

淮南市积极推进农民工维权机制建设，开设“农民工服务窗口”和农民工维权热线，举办各种农民工技能培训班，配合有关部门为 8105 名农民工追讨欠薪 5570.9 万元。同时，拓展工会帮扶体系，深入实施“送温暖工程”，5 年来共筹集发放送温暖资金 117075 万元，慰问困难企业 1034 家次，救助困难劳动模范和特困职工及困难农民工 18.5 万户次。持续开展“金秋助学”暨育才关怀活动，1.3 万名困难职工和农民工子女得到资助，助学金额达 1618 万元，连续 5 年实现了在档困难职工和农民工子女“金秋助学”全覆盖。大力开展培训促就业行动，5 年来培训城镇下岗失业人员、农民工 3.3 万人次。开展“送清凉、送安全、送法律、送政策”活动，5 年来全市共筹资 6017 万元，购买防暑降温物品及药品，对奋战在一线的职工、农民工进行慰问。此外，为帮助返乡农民工、

下岗失业人员、困难职工子女高校毕业生开展自主创业，扶持中小企业成长发展，在省总工会和市政府的大力支持下，创办了淮南市总工会创业园。创业园占地 30 亩，有标准厂房 6000 平方米，内设理论教室、实训区、创业区，可容纳创业单位 25 家，解决就业岗位 600 多个。有 18 家企业入园创业，吸纳就业 300 余人。

宣城市尽心办好工会惠民实事，在扶贫帮困中见实效。积极协助党政解决职工最关心、最直接、最现实的利益问题，使职工群众共享经济社会发展成果。大力推动困难职工帮扶中心星级达标创建工作，市、县（区）两级困难职工帮扶中心有 4 家达标。坚持开展“春送岗位、夏送清凉、秋送助学、冬送温暖”活动，市、县两级总工会共筹集资金 2556 万元用于困难职工帮扶救助。其中，筹集资金 120 万元免费培训困难职工和农民工 11000 人次，帮助 3300 名就业困难人员实现再就业；对困难职工和困难农民工实施生活救助 9800 人次，发放资金 431 万元；开展重大疾病救助 1958 人次，发放资金 238 万元；“送温暖”慰问困难职工 28460 人次，发放资金 1590 万元；资助困难职工和农民工子女上学 1366 人次，发放资金 177 万元。

黄山市坚持在深化改革和完善社会保障体系中，推进“农民工援助行动”，市县（区）总工会培养、扶持了一批农民工就业基地、培训基地和创业带头人。黄山区乌石吊瓜籽加工厂被命名为“全省工会农民工就业示范基地”；休宁德胜鲁班木工学校被命名为“全省工会农民工培训示范基地”；歙县中佳实业公司孙国忠获评“全省工会农民工带头人”。全市各级工会还对 20161 名职工群众开展了职业技能培训；已帮助各类困难群众实现就业 20507 人，其中农民工 16858 人，极大调动了农民工入会积极性，助推全省农民工入会工作不断发展。

七、推进会员评家活动和“职工书屋”建设工作

（一）积极开展会员评家活动

按照党中央关于“工会要真正成为职工之家、工会干部成为工人之友”的

指示，全国基层工会普遍开展建设职工之家活动，在激发基层工会活力、提升工作水平、密切工会与职工群众联系、推动基层单位改革发展稳定中发挥工会作用。2008 年 12 月 22 日，中央书记处再次提出“把各级工会组织进一步建成名副其实的职工之家”，为深化建设职工之家活动提出了新的要求。此外，党的十七大对加强社会主义基层民主建设作出部署，对基层工会民主建设提出了新的要求。工会广泛开展会员评家活动，有利于发扬会员民主，加强基层工会的民主建设，保障会员知情权、参与权、监督权的落实，也有利于创新建设职工之家工作机制，充分调动会员群众参与工会活动的热情，使基层工会工作更加富有生机和活力。会员评家实际上成为密切工会组织与会员、职工群众联系的客观需要。

为推进基层工会群众化民主化建设，激发基层工会活力，省总工会于 2006 年制定《建设职工之家活动管理办法（试行）》，确定了职工之家评选的基本标准、评选范围和评选程序、改制企业职工之家荣誉称号归属以及表彰和奖励办法等相关事项。2009 年，省总工会转发全国总工会《关于做好全国基层工会开展建设职工之家 25 周年纪念活动相关工作的通知》，要求各级工会根据全国总工会通知精神，组织开展调研和纪念活动，进一步推进基层工会规范化建设。同年，全国总工会出台了《中华全国总工会关于开展会员评议职工之家活动的意见》，这是指导会员评家工作的依据。2010 年，为贯彻落实全国总工会《关于开展会员评议职工之家活动的意见》《关于进一步加强建设职工之家工作，充分发挥基层工会作用的意见》的精神，省总工会印发《关于开展会员评家、建家工作情况自查的通知》，进一步推动建家、评家工作的深入发展，指导各级工会积极开展建设职工之家活动。

2009 年 8 月 12 日，在合肥市纪念全国基层工会开展建设职工之家活动 25 周年暨五星级、四星级职工之家表彰大会上，有 15 家单位被评为五星级职工之家，28 家单位被评为四星级职工之家。合肥市各基层工会在开展建家活动中，注重为广大职工打造一个个温馨之“家”、阳光之“家”。合肥燃气集团工会之家是全国模范职工之家。该集团职工入会率达 100%，集团工会下设 13 个工会分会。在做好其他工作的基础上，始终将加强职代会管理作为落实企业民主管理工作的重要措施，实现职工真正当家作主。公司年度工作计划、人员分流方案、财务收支情况、职工薪酬调整方案、职工福利方案等议题，在每年的职代会或者职工代表团长会议上，都将提前 7 天下发给各代表团审议，让职工能够充分表达意愿。职工意愿表达出来后，该集团工会实行职工代表提案交办制度，经提案审查委员会审查立案的提案，将提请董事长逐件批示，然后由工会召集相关部门负责人召开提案交办会，要求责任部门限时办理，办理结果向下一次职代会报告。2007 年至 2009 年，该集团共办理职工代表提案 40 项，采纳 22 项。

安徽省工商银行营业部打造精神之“家”，开展“员工职业发展帮助计划”“员工福利保障计划”“强身健体计划”“困难救助计划”，使该单位工会日益成为单位员工精神诉求的主要渠道，成为员工的精神之“家”。员工职业发展帮助计划，是该单位从职业发展角度维护员工利益的重要手段。连续的技能达标、业务比赛及管理干部军训、高校短期培训等丰富多彩的教育活动，让员工职业竞争力不断提高；强身健体计划从健康保障做起，将文体活动贯穿全年并且创新组织形式，登山活动、春节联欢晚会、三八国际妇女节活动等让员工的心更紧地凝聚在一起；员工保险福利计划从提高员工生存保障做起，除按时足额缴纳员工养老保险、失业保险、医疗保险之外，还为员工办理了工伤保险、家财和人身意外伤害保险、女员工生育保险和防癌保险等；困难救助计划“让每一位员工感受家的温暖”。部门工会主持推行了《营业部员工大病帮困救助资金管理暂行办法》，同时，把帮扶与“人性化解决疑难问题”相结合，妥善解决了较为棘手的劳动争议纠纷、三产清理及后勤剥离工作中干部员工安置，以及员工家庭突发事件处理等问题。

安徽联华实业集团公司作为一家股份公司，其公司工会成立伊始，就为企业发展注入了新的活力，为维护员工合法权益提供了组织保证。公司工会致力于建设和谐的劳资关系，为企业员工打造和谐之“家”。从 2005 年开始，公司工会每 5 年与董事会签订集体合同，明确工会职责、薪酬管理、制度建设等重大问题。在 2008 年 1 月 1 日新《劳动合同法》实施前，工会配合人事行政部按新《劳动合同法》规定与符合条件的员工签订《劳动合同》，聘用退休、下岗、留职停薪的人员，签订聘用协议。做到了在岗员工有合同或者有协议，使稳定的劳动关系日趋完善。由于劳动关系稳定，员工长期在岗位上安心工作。党委、工会、董事会还联合组成了“薪酬考核小组”，每年审定一次薪酬管理办法。将每年为员工调薪、提高工龄工资、实行同工同酬、岗变薪变作为薪酬管理重点纳入管理办法。按业绩、按能力、按贡献，对员工的工资实行有升有降措施，体现多劳多得、按劳付酬的原则，让员工满意，也让业主满意。

合肥市图书馆工会针对图书馆发展需要，充分发挥自身优势和特点，开展“创建学习型组织，争做知识型职工”活动，积极打造学习之“家”。通过引导职工进行职业生涯规划和开展职业道德素养教育，使职工确立正确的世界观、人生观、价值观以及与图书馆事业发展目标相一致的个人愿景；通过组织职工去国内发达地区的图书馆考察学习，使职工了解图书馆最前沿的技术和未来的发展方向；通过组织开展职工技能大赛等，鼓励职工自学成才、岗位成才，在职工中营造良好的学习氛围。如该馆网络部的员工中很多人所学并非计算机专业，但是他们突破了个人专业限制，自学计算机网络知识，并将所学运用到图书馆的工作实际中，为图书馆的数字化和信息化建设做了大量工作，为合肥市图书馆晋级国家一级图书馆作出了重要贡献。随着“创争”活动的不断深入，广大职工立足岗位，自觉学习蔚然成风。当时，该馆大专以上人员占全馆职工的98%；高级职称有 8 人、中级职称 18 人，共占 54%。①

淮南东辰集团公司工会紧紧围绕企业发展大局，认真履行维护职工合法权益的基本职责，深入开展“职工之家”创建工作，促进了企业和谐发展。通过贯彻“依靠”方针，加强民主管理工作，制定职代会实施规范文件，量化和细化厂务公开内容，探索多种公开形式，并建立了监督检查制约机制。规范集体合同平等协商工作，不定期对履约情况进行检查。组织开展建功立业竞赛活动，“工人先锋号”创争活动有声有色。每年制定下发“安康杯”竞赛实施方案，认真开展劳动保护监督检查工作，及时消除隐患。不断加强职工文化和企业文化建设，以建设职工书屋为抓手，深入推进“创建学习型组织、争做知识型职工”活动，成立各类文体协会，活动丰富多彩。完善帮扶机制，扎实开展扶贫解困

① 《合肥职工之家建设工作亮点频现》，安徽政务服务网。

工作，健全特困职工档案，持续开展“两节”送温暖、“金秋助学”、“互助互济献爱心”活动。面对国际金融危机的冲击，开展“同舟共济保增长，建功立业促发展”主题竞赛活动，倡导在全系统开展“共同约定行动”和“走访企业、走访职工，促进保增长、保民生、保稳定”行动，引导广大职工与企业同舟共济，共克时艰。在2010年的2个月中，60多名工会干部共走访生产经营单位100多个，职工1000多人（次），召开多种类型的座谈会40多场。[①]

（二）推进职工书屋建设工作

职工书屋是工会为保障广大职工特别是一线职工、农民工的基本文化权益，丰富基层职工精神文化生活，开展的一项重要文化工程，是一件公益工程。通过建设职工书屋提升职工队伍科学文化素质，把职工读书自学活动推向了新的阶段。

2007年底，全国总工会决定自2008年起，用3年时间在全国重点扶持建设3000个职工书屋示范点，并发动各级工会以点带面，用5年时间全面推动职工书屋建设。2008年1月8日，全国总工会印发《关于开展全国工会“职工书屋”建设的实施意见》，对职工书屋建设进行了具体部署。职工书屋建设的总体目标是从2008年开始，力争用5年左右的时间，在全国目前尚缺乏读书条件的基层企（事）业单位、社区等建设5万个职工书屋，逐步形成阅读条件比较完备、广泛覆盖职工群众的工会读书设施网络。

根据全国总工会的实施意见，省总工会出台全省职工书屋建设实施方案。决定从2008年开始，用5年的时间，在全省范围内由各级工会建设2000个职工书屋。同时，用3年时间，建设100个职工书屋示范点，并指出：职工书屋示范点的建设支持资金为3万元，由全国总工会、省总工会和市县（区）工会共同筹集，其中全国总工会出资2万元、省总工会出资5000元，以配送图书、报刊等实物方式援建；其余经费由地方工会和主管工会配套解决。全省各级工会在职工书屋建设工作中，立足长远，夯实基础，在组织体制、运行机制和活动方式方面，做了大量工作。

---

① 《建职工之家 展工会活力》，《工人日报》2010年7月23日第7版。

在组织体制方面，省总工会2008年成立了职工书屋建设领导小组，负责指导、推进、监督、检查职工书屋各项工作。2009年9月16日，省总工会成立安徽省职工素质建设工程领导小组，各市工会也都成立了相应的领导机构，从组织上保证了这项工作的落实。其中，合肥、安庆、滁州等市由市总工会主要领导任组长，将职工书屋建设作为一把手工程来抓。

在运行机制方面，将省总工会、各市总工会工作纳入年度总体工作目标之中，按照全国总工会、省总工会部署制定本地职工书屋建设计划。各级工会积极争取行政支持，采用企业投入、职工和社会捐助等多种形式建设职工书屋，把职工书屋建设与运用市场手段结合起来，充分调动各方面的积极性，做到少花钱、多办事，取得了明显的效果。2010年，职工书屋建设列入省文明行业创建活动，为省总工会加强职工书屋建设赢得了财政专项资金扶持。同年，开始建设安徽省“职工书吧”示范点，推动“职工书屋”建设向一线职工和农民工

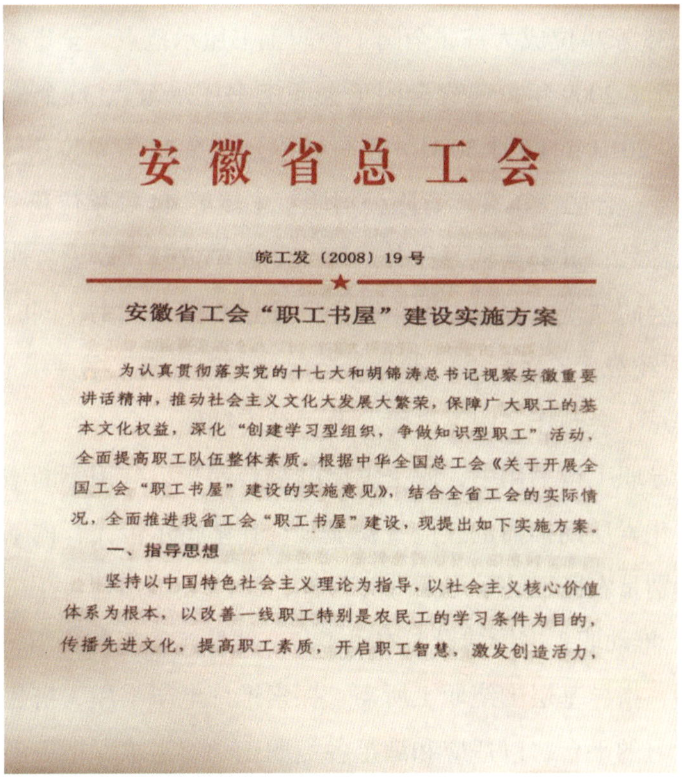

安徽省总工会

皖工发〔2008〕19号

安徽省工会“职工书屋”建设实施方案

为认真贯彻落实党的十七大和胡锦涛总书记视察安徽重要讲话精神，推动社会主义文化大发展大繁荣，保障广大职工的基本文化权益，深化“创建学习型组织，争做知识型职工”活动，全面提高职工队伍整体素质。根据中华全国总工会《关于开展全国工会“职工书屋”建设的实施意见》，结合全省工会的实际情况，全面推进我省工会“职工书屋”建设，现提出如下实施方案。

一、指导思想

坚持以中国特色社会主义理论为指导，以社会主义核心价值体系为根本，以改善一线职工特别是农民工的学习条件为目的，传播先进文化，提高职工素质，开启职工智慧，激发创造活力，

★ 2008年，省总工会出台《安徽省工会“职工书屋”建设实施方案》。

密集的工地、车间延伸，催生了基层“流动书箱”。

2013年，合肥市工会率先推动职工书屋建设进入民生工程。省总工会把握省文明城市申报考评机遇，推广合肥做法与经验，与省文明委协商，将职工书屋建设纳入民生工程或公共文化建设，并列入安徽省文明城市（县城）考核指标，为市、县总工会加强职工书屋建设赢得政策和1200余万元财政资金扶持。

在活动方式方面，省总工会作为“书香安徽阅读季”活动组委会成员，积极搭建平台，充分利用党政资源，开展赠书“进工地”“进企业”等“七进”活动。各地也纷纷抓住契机创新方法，发挥职工书屋作用，打造“文明新高地书香马鞍山”“精致淮北阅读行”“安庆大讲坛”等读书品牌活动，激发职工书屋活力，吸引职工到书屋中来。

在全省各级工会组织的共同努力下，经过多年的积极探索与发展，职工书屋建设经历了从无到有、从少到多、从弱到强的发展历程，取得了阶段性成果。全省职工书屋数量逐年稳步增长，质量不断提高。2008年12月1日，合肥市工人文化宫等35家单位成为首届全国工会职工书屋示范点，全省各级工会建设职工书屋453个。2009年，建成全国工会职工书屋示范点35个，省级工会职工书屋438家。2010年12月30日，工行蚌埠分行等35家单位获“全国职工书屋示范点”称号；合肥汽车客运有限公司职工书屋等44家单位获“安徽省职工书屋示范点”称号；灵璧县地方税务局等458家单位获“安徽省职工书屋”称号。全国总工会向“全国职工书屋示范点”赠送2万元图书，同时省总工会配套5000元专项经费，省文行委、省总工会向“安徽省职工书屋示范点”赠送2万元图书，省总工会制作“职工书屋”及示范点牌匾。全省各级工会以职工书屋为载体，引导职工读书用书，职工书屋的平台和辐射作用不断增强，作为提高职工科学文化素质助推器的效应日益显现。在坚持示范先行的基础上，以改善一线职工特别是农民工的学习条件为目标，2011年推出建设了“安徽省职工书吧示范点”，推动职工书屋建设向农民工和一线职工密集的班组、车间以及科室延伸；同时，指导基层围绕职工所需，探索推广电子书屋，搭建适宜不同岗位职工读书学习的平台，以适应和满足各类职工学习需求，把更多的职工吸引到书屋里来。

全省职工书屋主要建立在工人集中的企业、工业园区、重点建设项目工地，有实体职工书屋和电子职工书屋两种模式。按照设置规模，省级职工书屋分为三类：职工书屋、职工书吧和流动书箱。职工书屋主要建立在职工集中的企业、工业园区、社区；职工书吧主要建在劳模创新工作室、工会户外劳动者服务站点（幸福驿站）、职工小家、女职工阳光家园、职工休息室等便利型阅读站点；流动书箱主要建在重点工程项目部、野外施工驻点等流动性较大的场所，以及车间班组较多的企业。职工书屋一般收录政治理论类、文学类、人文社科类、生活类等多个种类图书，除此之外各级工会还可以结合职工的实际需求，购买相关的专业书籍，确保职工在职工书屋看到、学到与生产生活相关的知识，做到学习理论知识与开展工作实践相结合、学习钻研新技术与科技创新相结合，为广大职工求知、求新提供便捷平台。职工书屋的书籍根据电子职工书屋和实体职工书屋两种类型分别配置。对电子职工书屋，省总工会在安徽职工服务网建设有安徽省电子职工书屋，提供各类丰富的书刊阅读资源及在线阅读活动功能，供全省职工免费使用。对实体职工书屋，每年省总工会将选树命名一批职工书屋并为其配送图书；为历年来建成的省总工会命名并发挥作用较好的职工书屋补充更新图书；为劳模创新工作室、工会户外劳动者服务站点（幸福驿站）、职工小家、女职工阳光家园等项目配送图书。同时，各级工会可结合实际自行使用工会经费购买图书。

职工书屋在为职工提供读书场所，成为广大职工学习、进步、成才平台和阵地的基础上，还可以结合自身实际，广泛开展知识竞赛、读书演讲、读书沙龙等职工读书活动。实体职工书屋建设应达到“十有”标准，即建设有场地、管理有制度、使用有计划、阅读有组织、学习有成果、藏书有更新、日常有人管、定期有活动、活动有特色、长期有作用。申报全国总工会职工书屋的要求：有专用场地、配套书架、桌椅、可上网电脑；藏书（含报刊）量不低于 3000 册；具有向职工提供数字阅读服务功能，接入有正式版权的数字阅读平台（如电子职工书屋）不少于 1 种；由同级工会调配工作人员从事职工书屋的日常管理；有规范的图书借阅及图书室管理制度；有相应的经费保障和运行机制。申报省级职工书屋的要求：有专用场地、配套书架、桌椅、可上网电脑或阅读器；藏书

(含报刊)量不低于2000册；配备专职或兼职工作人员从事职工书屋的日常管理，有规范的图书借阅及图书室管理制度；有相应的经费保障和运行机制。

八、加强新形势下的省产业工会和省直属机关工会工作

1997年，省机构编制委员会印发《关于印发〈安徽省产业工会（省直机关工会）职能配置、机构设置和人员编制方案〉的通知》，根据产业特点，全省设15个产业工会和1个安徽省直属机关工会委员会，其中，中国教育工会安徽省委员会、中国财贸工会安徽省工作委员会、安徽省农林水工会工作委员会3个产业工会为驻会产业工会；安徽省交通工会委员会、中国邮电工会安徽省委员会、中国国防工业工会安徽省委员会、中国轻工业工会安徽省工作委员会、中国纺织工会安徽省工作委员会、中国机械工业工会安徽省工作委员会、中国石油化学工业工会安徽省工作委员会、中国地质工会安徽省工作委员会、中国建设建材工会安徽省工作委员会、中国冶金工会安徽省工作委员会、安徽省电子工业工会工作委员会、中国煤矿工会安徽省工作委员会12个产业工会为非驻会产业工会。安徽省直属机关工会最初成立于1955年，1958年12月被撤销。1984年10月成立安徽省直属机关工会委员会，1991年改称安徽省直属机关工会工作委员会。

2005年和2006年，省机构编制委员会先后印发《关于省轻工等5个省级产业工会管理体制调整的批复》《关于省煤矿产业工会管理体制调整有关问题的通知》，将中国轻工业工会安徽省工作委员会、中国纺织工会安徽省工作委员会、中国机械工业工会安徽省工作委员会、中国石油化学工业工会安徽省工作委员会、中国冶金工会安徽省工作委员会、中国煤矿工会安徽省工作委员会6家非驻会产业工会调整为驻会产业工会，形成了9家驻会、6家非驻会的格局。

（一）部分驻会产业工会的工作情况概述

一是中国教育工会安徽省委员会。中国教育工会安徽省委员会（简称省教育工会），前身是1953年1月，由皖北教育工会筹备委员会和皖南教育工会工作

委员会合并成立的安徽省教育工会工作委员会，后改称中国教育工会安徽省委员会，是安徽省总工会2016年工会改革前驻会产业工会中唯一召开工会代表大会的产业工会，其先后于1957年、1996年、2003年召开第一次、第二次、第三次代表大会。主要工作是民主管理、提升教师队伍素质、维护教职工合法权益、扶贫帮困、自身建设。

2000年，省委教育工委、省教育厅下发《关于在高校内部管理体制改革过程中发挥工会、教代会作用的通知》，明确提出："凡涉及教职工切身利益的学校内部管理改革方案，必须提交教职工代表大会审议通过，方可实施。"广大教职工积极参与学校改革发展、民主管理以及涉及教职工切身利益等重大问题的讨论和决策。仅2010年，全省教职工共提出合理化建议9294条，实施4431条。普教系统把深化教代会建设的重点放在进一步制度化、规范化及民办学校建立教代会制度上。合肥、芜湖等地进一步明确履行教代会职权的程序和方法。宣城40多所规模较大的民办学校建立工会组织，部分学校已建立起教代会制度。2004年，高校教代会建设向建立二级教代会制度发展，合肥工业大学等单位的二级教代会试点工作取得成效。2009年，安徽工程大学工会与校行政召开首次联席会议，拓宽了高校民主管理的渠道。各级教育工会坚持以职工为本，以发展和谐劳动关系为主线，收到可喜成效。2004年、2007年安徽中医学院等3所学校先后被评为"全国厂务公开先进单位"，2007年安徽医科大学等2家单位被评为"安徽省厂务公开先进单位"。①

二是中国财贸工会安徽省工作委员会。中国财贸工会安徽省工作委员会（简称省财贸工会）系省总工会直管的省产业工会，联系省商务厅、粮食局、旅游局、盐务局、财政、工商、统计、物价、审计、国税、地税及中石化、海关等财贸各厅局行业工会工作。其前身是安徽省店员工会和安徽省商业工会。1952年，成立安徽省店员工会，1954年被撤并。1956年5月，成立安徽省商业工会，1959年10月，改称中国财贸工会安徽省委员会，1979年，改称中国财贸工会安徽省工作委员会。省财贸工会的主要工作是劳动竞赛与劳模管理、职工

---

① 安徽省地方志编纂委员会办公室编：《安徽省志·工会志（1994—2010）》，方志出版社2015年版，第233—234页。

权益维护、困难帮扶、基层工会组建、民主管理、和谐商业企业。

1994 年至 2010 年，省财贸工会坚持以维护职工合法权益为重点，要求各级财贸工会针对职工关注的热点、难点问题，开展下岗职工状况、财贸系统中小企业改制及工会组织建设情况、非公有制企业劳动合同制度实施情况、供销系统开展职工社会基本养老保险情况、粮食系统国有粮食附营企业改制及职工生活状况等调研活动，形成调研报告。[①]

三是安徽省农林水工会工作委员会。安徽省农林水工会工作委员会（简称省农林水工会）前身是安徽省农业工会和安徽省林业工会。安徽省农业工会于 1956 年成立，1957 年改称安徽省农水工会。安徽省林业工会于 1956 年成立。1959 年安徽省农水工会和安徽省林业工会撤销。1961 年恢复安徽省林业工会，1963 年改称安徽省农林工会。1980 年成立安徽省农林水工会工作委员会，归属省农委管辖，1988 年划归省总工会管辖，成为省总工会驻会产业工会。主要工作是劳动竞赛、职工权益维护、困难帮扶、基层工会组建、自身建设。

1994 年至 2010 年期间，为解决省农林水系统基层工会部分新任干部业务不熟的问题，共举办培训班 17 期，培训工会干部和工会积极分子 1520 人。根据不同时期的特点和任务，深入基层、深入职工，撰写《关于国有林场职工加快生态文明建设的调查》《关于农场职工承包土地亟待解决的几个问题》《关于普济圩农场职工养老保险、医疗保险等问题的调查报告》等 10 篇调研报告，向国家、省、市有关部门反馈重要信息和建议，帮助部分单位和职工解决养老保险、医疗保险等 8 个方面的问题。

四是中国机械工业工会安徽省工作委员会。1956 年，成立安徽省机械工业工会工作委员会，1958 年 4 月被撤并，1959 年 4 月恢复，1963 年再次被撤并，1983 年 10 月，成立中国机械工业工会安徽省工作委员会（简称省机械工会），隶属省机械工业厅。2000 年，省机械工业厅撤销，同年 10 月，成立省机械工业协会，省机械工会编制纳入省机械工业协会。2005 年，省机械工会人员编制纳入省总工会。2006 年，省机械工会、省冶金工会合署办公。主要工作是劳动和

---

① 安徽省地方志编纂委员会办公室编：《安徽省志 · 工会志（1994—2010）》，方志出版社 2015 年版，第 237 页。

技能竞赛、劳模宣传与管理、基层工会组建、帮扶救助、自身建设。

2007 年，邀请全国职工科技奖获得者——一汽大众公司王洪军、江西江铃汽车公司装备车间袁政海班组，来安徽举办两场专题报告会，有 2000 人次参加报告会。会后，制作王洪军、袁政海班组先进事迹报告会光盘，组织省机械系统部分班组长、技术能手与王洪军、袁政海班组成员面对面交流。《工人日报》、《安徽日报》、安徽电视台等多家媒体进行报道。6 月，会同省机械工业协会联合下发《关于开展向王洪军同志学习意见》《关于开展向袁政海班组学习意见》，号召全省机械行业职工向先进人物学习，立足岗位争创新业绩，为振兴安徽机械工业，促进安徽经济崛起作出积极贡献。

1994 年至 2010 年，省机械工会积极筹措资金走访慰问劳动模范、特困职工，共筹集资金 340 多万元，救助劳动模范 352 人次、特困职工 2288 人次，共筹措 50 多万元资助 512 名困难职工子女上大学。2008 年雪灾，省机械工会筹集送温暖资金 13 万元，对 130 名困难劳模、困难职工实施救助。2008 年汶川地震，省机械工会组织省机械系统直属企业工会为灾区捐款 48.6 万元，为东方汽轮机厂捐赠棉被 560 床。金融危机爆发后，为了解金融危机对机械工业企业造成的打击和影响，会同省机械工业协会对 30 多家机械企业生产、职工生活情况开展调查，筹集 30 多万元救助 30 多名困难职工。深入 12 家机械直属企业，就不裁人、少裁人、不减薪、少减薪、留住人才等与企业行政进行商谈，稳定了职工队伍。2008 年，对安庆月山铜矿在实施破产过程中存在的职工集资款、医疗保险、人员安置等问题进行专项调研，积极寻求有关政策支持，维护职工合法权益。2009 年，针对铜陵有色金属公司关闭破产矿山棚户区改造问题进行专项调研，形成的调研报告得到有关领导的高度重视。温家宝、李克强、王兆国等中央领导作出批示，促使该公司关闭破产矿山棚户区列入国家发改委工矿区棚户区改造首批试点。

五是中国煤矿工会安徽省工作委员会。1961 年，成立安徽省总工会煤炭工会工作委员会，1963 年撤并，1981 年成立安徽省煤矿工会工作委员会，后改称中国煤矿工会安徽省工作委员会（以下简称省煤矿工会），是省总工会派驻省煤炭厅的产业工会，接受省总工会和省煤炭厅党组的双重领导。2000 年省煤炭厅撤销后改为省煤矿安全监察局，省煤矿工会由省煤矿安全监察局代管。2007年2月，省煤矿工会改为省总工会驻会产业工会，与省石化工会合署办公。主要工作是劳动竞赛、劳动保护和安全生产、权益保障、女职工工作、民主管理、宣传教育、自身建设。

1994年至2010年，省煤矿系统各级工会不断创新劳动竞赛的机制、内容和形式，开展重点工程、小指标、节能减排达标、建功立业等劳动技能竞赛活动。1998年，曹舒春等3人获评全国煤矿节能创效标兵。2008年，省煤矿系统获中国能源化学工会职工技术创新成果28项。1994年至2010年，省石化系统各级工会围绕建设资源节约型、环境友好型社会，组织开展群众性技术创新、节能减排、合理化建议等活动，2006年，安徽曙光化工集团完成技术改造、新产品开发126项，其中《轻油裂解氰化钠含氢尾气回收利用生产合成氨技术》获安徽省科学技术奖三等奖。2010年，安徽铜陵化工集团公司工会开展"排头班一条龙竞赛"、"时间过半、任务过半"双过半竞赛等31大项195小项劳动竞赛，征集合理化建议1562条，采纳352条。[①]

（二）部分非驻会产业工会的工作情况概述

一是安徽省交通工会委员会。安徽省交通工会委员会（简称省交通工会）成立于1952年，1997年经省机构编制委员会批准为省级产业工会。2007年，经省委组织部核准，列入参照公务员管理范围。省交通工会对省交通运输厅直属单位工会、省公路管理系统和地方海事系统工会、省高速公路控股集团有限公司和省交通投资集团有限责任公司工会实行垂直领导，对各市、县（市、区）交通运输局工会和交通行业企事业单位工会从产业角度实行指导、协调、管理和服务。主要工作包括劳动竞赛、民主管理、维权维稳、送温暖和帮扶工作、精神文明建设、微笑服务、温馨交通服务、自身建设。

1994年至2010年，省交通工会紧紧围绕加快经济发展方式转变，组织开展技能竞赛和客运安全优质竞赛活动，促进了道路运输的安全、便捷、顺畅实

① 安徽省地方志编纂委员会办公室编:《安徽省志·工会志（1994—2010）》，方志出版社2015年版，第238—245页。

现了达到节能减排的指标要求；在省交通基础设施建设重点工程和农村公路民生工程开展“安全生产好、工程质量好、工程进度好、科技创新好、劳动关系好”的“五好”竞赛活动，促进年度工程任务目标的超额完成和工程质量的全面提升，高速公路、国省干线公路、农村公路和水运工程项目合格率逐步提升。2007年，首次开展春运农民工平安返乡（岗）安全优质服务劳动竞赛，组织动员交通系统广大职工为乘坐公路、水路运输工具回乡（岗）农民工提供安全、优质、快捷服务。2008年，开始在省交通运输行业开展“安康杯”竞赛，在省地方海事系统开展综合执法业务技能和“安全优秀船舶”“安全优秀班组”竞赛。2009年，在全省执法人员中开展大练兵活动，执法人员系统接受理论业务知识、军事队列动作、执法现场模拟演示等培训，统一考评，与转岗安置相挂钩。2010年，在省高速公路系统开展收费员业务技能竞赛。

二是中国建设建材工会安徽省工作委员会。中国建设建材工会安徽省工作委员会（简称省建设建材工会）前身为安徽省建筑工会工作委员会，安徽省建筑工会工作委员会于1952年11月成立，1958年12月被撤并，1960年恢复，1980年成立安徽省基建工会工作委员会，后改称中国建筑工会安徽省工作委员会，1992年改称中国建设建材工会安徽省工作委员会。省建设建材工会涵盖建筑施工、房地产开发、城市供水、排水、燃气、公交、市政、环卫、园林、勘察、设计、房地产等20多个行业。主要工作包括组织建设、维权机制、专题调研、劳动竞赛、宣教文体、维权帮扶、创建学习型组织。

2004年至2006年，省建设建材工会根据产业发展情况和职工面临的实际问题，开展公交、环卫、建筑业农民工、建筑业外派劳务人员等职工权益状况调研。通过分析行业发展现状、面临的工作难点和职工权益保障方面存在的突出问题，形成《安徽省建筑业农民工状况调研》《环卫工人劳动状况和权益保障》等调查报告。2004年至2010年，连续组织参加全国燃气行业班组安全生产竞赛。2010年，开展保障性安居工程建设等重点工程劳动竞赛。2005年至2010年，连续举办五届全省徽匠建筑技能大赛。省建工集团、合肥燃气集团工会在职工中组织开展“五小”竞赛，征集合理化建议，发动职工为节能降耗和环境保护献计出力。1994年至2010年，全省各级建设建材工会先后征集合理化建议

1620条，实施职工技术革新57项。

三是中国国防工业工会安徽省工作委员会。中国国防工业工会安徽省工作委员会（简称省国防工会），是安徽省国防科技工业产业工会组织的领导机关，机构设在安徽省国防科学技术工业办公室，业务上接受省总工会指导。省国防工会成立于1980年10月，定名为安徽省国防工办工会工作委员会，1983年更名为中国国防工业工会安徽省工作委员会。1997年经省编委审核，省委同意，列入全额预算事业单位管理序列。2007年，经省委组织部同意，省国防工会列入参照公务员法管理范围。2010年，省国防工会直属基层工会13家，业务指导基层工会46家。主要工作包括民主管理、群众性经济技术工作、劳模管理、文明创建、女职工工作、维权帮扶、职工互助保障、自身建设。

2008年4月，省国防工会开展《劳动合同法》实施情况专题调研。2009年编印了《职工代表大会操作要点》，全面规范职代会程序。2010年获全国女职工权益保护专项集体合同工作先进单位称号。2008年至2010年，持续开展了“共同约定行动”“彩虹计划”和“双走访、促三保”行动。2011年，安徽红星机电公司、安徽方圆机电公司2家军工企业荣获第三批全国模范劳动关系和谐企业称号。同时，认真组织开展劳动竞赛活动，持续开展“我为节能减排作贡献”活动，并开展职工节能减排技术创新成果和重大合理化建议成果评选活动，有多项成果达到了国内领先、世界先进水平，在第二届、第三届全国职工技术创新成果奖评选中获得优秀奖。2011年参加全国总工会主办的“海峡两岸职工创新成果展”，安徽金星预应力工程技术有限公司的《高速公路及大型桥梁关键技术预应力盘圆料镦坯制造技术改进项目》荣获金奖。

2012年，制定了《2012年安徽省国防科工系统建功“十二五”竞赛活动实施意见》《安徽省国防科技工业职工技术创新成果奖评选奖励暂行办法》。9月，科工办与省交通厅、省人社厅、省总工会联合举办首届全省船舶企业电焊工技能大赛，并授予前10名选手“安徽国防科技工业金牌职工”荣誉称号；10月下旬，与中国长航集团、省人社厅联合举办了2012年中国长航集团职工技能（电焊工、工具钳工）大赛。

此外，省国防工会还认真做好直属工会所在单位劳动模范管理工作，建立困难劳模档案，做好困难劳模帮扶工作。2009 年，制定《省国防科工系统劳动竞赛先进集体、先进个人考核评选细则》，开展系统年度劳动竞赛先进集体和先进个人评选表彰工作。2011 年，中船安庆柴油机有限公司获全国五一劳动奖状，中国电科集团第 16 所探月工程项目组获评全国“工人先锋号”，博微长安公司电焊工黄春燕获全国五一劳动奖章。

2010 年 3 月，省国防工会女职工委员会召开换届大会，选举产生第三届女职工委员会。积极推进签订女职工权益保护专项集体合同工作，2009 年、2010 年先后获安徽省和全国女职工权益保护专项集体合同工作先进单位称号。持续开展“女职工建功立业工程”“女职工素质提升工程”和“姐妹献爱心”等活动。2011 年，解放军第五七二〇工厂三车间、钣铆车间二工段同时荣获全国五一巾帼标兵岗称号；江东船厂经营部副部长王浩宇荣获全国五一巾帼标兵称号。2012 年第 6 期《工会工作简报》刊发女职工工作专刊，宣传贯彻新颁布的《女职工劳动保护特别规定》。[①]

省各产业工会在当时工作中积极响应和落实省总工会工作部署，结合各自职责，坚决维护产业工会工人的合法权益，促进了安徽省各相关产业的发展，为推动安徽崛起、促进经济社会发展发挥了重要作用。

九、提升职工法律素养和技能素质

（一）推进工会普法宣传教育工作，提升职工法律素养

安徽省工会十二大以来，全省工会普法工作始终坚持以依法治国、依法治会为主线，以“两个转变、两个提高”为工作目标，紧紧围绕党和国家的工作大局和工会中心工作，继续深入开展法制宣传教育，进一步提高了工会干部和广大职工的法律意识和法律素养，有力地推动了工会工作法制化进程。

① 安徽省地方志编纂委员会办公室编：《安徽省志・工会志（1994—2010）》，方志出版社 2015 年版，第 246—256 页。

在普法教育内容上，除要求工会干部深入学习《宪法》《民法》《公司法》《合同法》《行政复议法》《行政许可法》等法律法规外，还根据职工关心的难点、热点问题和工会工作实际，重点宣传普及《劳动合同法》《就业促进法》《劳动争议调解仲裁法》和《安徽省集体合同条例》等相关法律法规。2010 年作为“五五”普法的收官之年，省总工会下发《关于表彰全省工会系统“五五”普法先进单位和先进个人的决定》，授予肥西县总工会等 122 家单位“五五”普法先进单位称号；授予吕春锦等 117 名同志“五五”普法先进个人称号。

认真组织开展每年“12 · 4”全国法制宣传日和“江淮普法行”宣传活动。省工会十二大以来，在“12 · 4”全国法制宣传日期间，全省各级工会组织和工会干部，纷纷走上街头，深入基层单位，开展法制宣传、法律咨询、法律救助及送法下基层等形式多样的普法教育活动。共散发普法宣传资料 300 万份，发放《劳动合同法》《就业促进法》等学习资料 56.5 万本，解答法律咨询 33.57 万人次。“江淮普法行”活动是省委宣传部、省人大内司工委、省依法治省领导小组办公室研究决定开展的一项重要普法活动，在每年 6 月集中开展，各级工会组织高度重视此项活动，结合“法律六进”，向广大职工群众送法、普法。

2011 年，党中央、国务院转发《中央宣传部、司法部关于在公民中开展法制宣传教育的第六个五年规划（2011—2015 年）》，全国总工会发布《关于在工会干部和职工中开展法制宣传教育的第六个五年规划（2011—2015 年）》。为贯彻落实上级要求，扎实推进“六五”普法工作，进一步提高各级工会干部的法律素养和维权能力，安徽省总工会出台《关于在全省工会干部和广大职工中深入开展法制宣传教育的第六个五年规划》，推动“六五”普法工作向纵深发展。2012 年 10 月，全省工会“六五”普法理论骨干培训班在宿松举办。2012 年 11 月中旬，省总工会下发通知和普法试卷，要求各市积极组织 2012 年度“六五”普法考试。

同时，安徽各级党委和政府要求把法制宣传教育纳入当地经济社会发展规划，纳入党委和政府目标管理，进一步完善党委领导、人大监督、政府实施的领导体制，确保“六五”普法规划各项目标任务落到实处。通过深入开展法制宣传教育，传播法律知识，弘扬法治精神，树立社会主义法治理念，培育社会主义法治文化，形成自觉学法守法用法的社会氛围，为推进依法治国进程，实现经济社会又好又快发展营造良好的法治环境。

在吸纳社会律师充实普法力量的基础上，省总工会广泛开展“送法进企业、普法进园区”系列普法宣传活动。此外，省总工会还组织省职工维权法律顾问团多名律师，先后举办了6场劳动法律知识专题讲座，现场答疑解惑。近千名工会干部、职工代表和企业人力资源管理人员参加了培训。鉴于普法效果显著，省总工会又追加举办4场针对煤炭企业职工等群体的普法宣传活动，并编印6000本《劳动法》《劳动合同法》手册免费发放。据统计，在省总工会的带动下，全省各级工会共举办普法讲座180场，2万余人次参加普法宣传。

各地工会中，合肥市总工会、市职工帮扶中心从2006年开始就组织成立合肥市义务普法放映队，在“六五”普法工作中，合肥市义务普法放映队针对合肥大建设和文明法治建设主体的厂矿企业、建设工地、社区、学校等服务对象组织主题系列教育，分别为《宪法篇》《爱党爱国爱社会主义篇》《人生篇》《警示篇》《家庭篇》等。在实际普法宣传中，合肥市义务普法放映队除结合主旋律挑选影片，工会法律和劳动争议调解员现场进行相关法律的咨询答疑、受理争议申诉外，还紧扣“六五”普法主题，下载央视《社会与法》等围绕百姓日常生活、权益保护、综合治理、行为道德等有关节目，让观看者边看边议，互动交流，让更多法律知识潜移默化地影响他们。① 基层企业工会中，为引导全体干部职工和会员自觉学习相关法律法规，提高依法维权意识，进一步加强工会组织制度的建设，认真贯彻落实省总工会、中铁四局工会相关文件精神，中铁四局建筑公司工会正式启动全公司职工“六五”普法考试工作，进一步推动和加强了企业工会普法宣传教育工作。

（二）开展职工技术进步活动，提升职工技能素养

为充分发挥职工群众的聪明才智和创造力，培养一支高素质的职工队伍，为推动企业可持续发展提供智力支撑和人才保证，安徽省各级劳动竞赛、工会和职工技协组织以“科教兴国”“科教兴皖”战略为指导，组织职工围绕企业生产经营管理，着眼于提高企业和职工素质，广泛开展以合理化建议、技术改进、

①《合肥市义务普法放映队8年走7万公里送上789场电影》，凤凰网。

技术协作、发明创造、岗位练兵、技术比武等为主要内容的职工技术进步活动。

省总工会规定每年5月为全省合理化建议月。不少基层工会和职工技协在五一国际劳动节期间，走上街头，宣传政策，咨询疑难，征集合理化建议。休宁县总工会与县经信委，连续4年开展职工“金点子”征集评选活动，平均每年收到各类“金点子”60个以上，直接产生的效益达1000万元。

各地区、各行业、各基层企事业单位从实际出发，因地制宜，因企制宜，广泛开展了群众性的岗位练兵、技术比武活动，激发了广大职工爱岗敬业的创新、创造、创业热情，掀起了钻业务、练技能、强素质的职工练兵热潮。蚌埠市在多年举行职工技术比武的经验基础上，举办了职工“身手不凡”技能电视竞赛活动，不断提升技能比武活动的影响力。合肥市举办了“全市职工庆祝新中国成立60周年技能大赛”，有3万多名职工参加。马鞍山市定期举行职工系列技能大赛，还组织了全市农民工技能大赛。亳州市制定了《亳州市职工职业技能大赛三年实施方案》，举办了万名技工大比武暨第三届职工职业技能大赛，并举行了市委书记和市长出席、市委副书记主持的高规格表彰会议。黄山市连续举办4届“徽匠”建筑技能大赛，进一步弘扬“徽匠”精神，打造“徽匠”品牌，保护“徽匠”及徽派古建筑工艺，全面营造“学技术、育品牌”氛围。宿州市结合文明行业创建工作，在全市10大服务行业开展技能比武活动。省产业工会和各市工会举办的技能比赛项目涉及机械、轻工、纺织、建筑、电力、交通、煤炭、化工、数控、电子、财贸、地质、邮电等领域的相关工种，各具地方特色、行业特色，深受企业和职工的欢迎。许多地方工会还把组织职工岗位练兵比武作为“育才工程”实施，建立自己的培训基地，有计划地制定培训、练兵、比武规划，定期分批对一线职工和经营管理人员进行政治素质、文化素质、业务技能和行业规范等方面的培训，使专业人员向复合型创新人才发展，使岗位工人掌握一定的理论知识，向智能型人才发展。

各级工会在不断夯实职工技能比武平台的同时，推行“以人为本”的理念，建立以激励为主要手段的长效机制，宣传推广技术精、业务强、素质好、作风硬的技术人才先进事迹，在全省职工中营造了立足岗位、崇尚技能、勤学苦练、争创一流的良好氛围。省总工会与省人社厅、科技厅联合，坚持每年评选全省

“十大能工巧匠”，及时发现、总结和推广一线职工生产中的绝技、绝招、绝活，一批优秀的蓝领技术工人脱颖而出。巢湖市总工会开展了“全市职业技能十佳标兵”评选活动，让职工通过网络、短信等投票方式评选身边的技能标兵。安徽建工集团李朝进、铁路系统许翱等一批能工巧匠荣获全国、省劳动模范称号和全国、省五一劳动奖章。

各级工会还积极参与技术市场建设，利用职工技协科技中介平台，开展技术交流、技术转让、技术咨询和技术服务活动，促进职工技术成果转化。省总工会与省科技厅、人社厅联合，坚持定期推荐、评选、表彰全国、省职工优秀技术创新成果。2010 年，安徽省推荐的安徽省煤田地质局物探测量队的《煤矿采空区下薄煤层高精度三维地震勘探方法研究与应用》、安徽金星预应力工程技术有限公司的《盘圆料镦坯制造夹片》2 个项目，分获全国第三届职工优秀技术创新成果三等奖和优秀奖。安徽省连续 4 年参加“海峡两岸职工创新成果展”，11 项职工技术成果获得金奖。2010 年，合肥市政府出台了《合肥市职工创新成果评选条例》。马鞍山市举办职工经济技术创新成果展活动，通过灯箱、展板、实物模型等形式，再现了全市职工经济技术创新活动的辉煌成果，参展的职工代表和社会各界人士有近万人次，收到了较好的效果，推动了活动的开展。

据不完全统计，2008 年至 2013 年，省直厅、局（行业、系统）和各地组织的技术比赛有 760 余项次，全省参加各种练兵比武的职工达 2600 万人次，竞赛的覆盖面和职工参与率均在 85%以上；各级职工技能培训机构共培训职工 132 万人次，通过岗位练兵和技术培训提升技术等级的职工达到 93 万人次；开展技术革新、技术攻关 5 万余项，总结推广先进操作法（经验）1.3 万个；职工提出合理化建议近 52 万条，实施 15 万余条，其中受到表彰的年节约或创造经济效益 30 万元以上的重大合理化建议 760 条，共节约和创造经济价值约 72.6 亿元。

实践证明，安徽省各级工会组织在“科教兴国”“科教兴皖”正确战略的指导下，充分发挥了广大职工群众的聪明才智和创造力，在技术发明和科技创新方面取得了良好成绩，为推动企业可持续发展提供智力支撑和人才保证，为增强全省经济综合竞争力、促进经济社会又好又快协调发展提供了重要保障。

十、推进企业工会建设工作

加强企业工会工作是推动经济发展、构建社会主义和谐社会的重要着力点，是工会扩大覆盖面、增强凝聚力的必然要求，是应对新情况、解决新问题的迫切需要。安徽省总工会十一届五次全委会议上，明确各级工会要高度重视企业工会建设，认真学习落实《企业工会工作条例（试行）》，不断提高工会工作水平。注重进一步加强民营、外商投资企业工会建设工作。①

省总工会扎实推进基层工会组织建设工作，层层分解工会组建和会员发展任务，加强企业工会建设。加强对下指导和服务，建立领导干部联系点制度，着力抓组建，各有关部门加强协调配合，形成合力。省总工会还先后召开工会组建工作调度会和推进外商投资企业工会组建工作会，进一步推动全省基层工会特别是外资企业工会组建工作。各市县工会通过开展“基层组织建设年”“企业工会建设年”“百乡（镇、街道）建千会”等活动，努力推进改制企业、非公企业、外商投资企业的工会组建工作，最大限度地把广大职工特别是农民工组织到工会中来。与此同时，各基层工会特别是新建工会，以落实工会各项重点工作为目标，把建会建制建家等各项工作结合起来，进一步完善机制，加强规范化建设，并广泛开展建设职工之家和“双爱双评（双促）”等活动，提高企业和谐程度，促进企业健康发展。②

---

①《要高度重视企业工会建设》，新浪网。

②《省总力推企业工会建设》，新浪网。

第四编

中国特色社会主义新时代的安徽工运事业

党的十八大以来，以习近平同志为核心的党中央准确把握我国社会发展新特征，顺应人民群众对美好生活新期待，举旗定向、谋篇布局、攻坚克难，提出了一系列治国理政新理念新思想新战略，推动党和国家各项事业取得了全方位、开创性的历史性成就和历史性变革。党的十九大站在历史和全局的高度，顺应浩浩荡荡的时代潮流，承载亿万人民的光荣梦想，郑重宣示中国特色社会主义进入新时代。党的二十大科学总结新时代10年的伟大变革，明确了全面建成社会主义现代化强国、实现第二个百年奋斗目标，以中国式现代化全面推进中华民族伟大复兴这一全党中心任务，指明了“中华号”这艘巨轮驶向伟大复兴的前进方向。启航新征程，中国工人阶级自觉承担起历史赋予的使命，肩负起国家、民族、人民寄予的重任，听党话、跟党走，始终走在时代前列，踊跃投身改革发展，用劳动筑梦，以实干圆梦，创造了让世界瞩目的建设奇迹，为推进中国特色社会主义伟大事业作出了不可磨灭的历史贡献。各级工会组织在党的领导下，忠诚党的工运事业，竭诚服务职工群众，坚定不移走中国特色社会主义工会发展道路，牢牢把握为实现中国梦而奋斗的我国工人运动时代主题，不断增强政治性、先进性、群众性，团结动员广大职工群众充分发挥主力军作用，为推动中国特色社会主义伟大事业作出了新贡献。

进入新时代，安徽各级工会组织在省委和全国总工会的正确领导下，顺应时代浪潮，响应时代号召，团结动员全省广大职工为实现中华民族伟大复兴的中国梦、加快建设现代化五大发展美好安徽、决胜全面建成小康社会而奋斗，取得了许多重大成就。在自觉接受党对工运事业的领导上，安徽省各级工会组织带领广大职工认真学习宣传贯彻党的十八大、十九大、二十大精神，认真学习宣传《习近平谈治国理政》第一卷至第四卷，学习贯彻《习近平关于工人阶级和工会工作论述摘编》，学习贯彻中央、省委党的群团工作会议精神，不断强化工会系统党的建设。在职工思想引领上，加强和改进新时代产业工人队伍思想政治工作，落实意识形态责任制和网络意识形态责任制，扎实推进劳动领域维护政治安全工作，引导全省职工群众坚定不移听党话、矢志不渝跟党走。在促进经济社会发展上，围绕重大战略、重大工程、重大项目、重点产业，持续开展“当好主人翁 建功新时代”“建功‘十四五’ 奋进新征程”等主题劳动和技能竞赛，推动新时期产业工人队伍建设改革工作，创建劳模工匠（职工）创新工作室，培育选树“安徽工匠”，举办全省首届职工技术比武运动会，表彰省劳动模范、先进工作者和先进集体等，组织动员广大职工在经济建设主战场建功立业。在工会维权工作上，积极学习贯彻新修订的《工会法》，推动出台和组织实施《安徽省企业民主管理条例》《安徽省工会劳动法律监督条例》《安徽省女职工劳动保护特别规定》，制定《安徽省基层工会经费收支管理实施办法（试行）》，开展工会“七五”“八五”普法宣传教育工作，推进工会依法维权工作专业化、社会化，切实保障职工合法权益。在服务职工群众上，开展“两个普遍”工作，突出农民工、新就业形态劳动者入会和服务，扎实做好城市困难职工解困脱困工作，创新开展各类普惠服务，打造“跟着劳模去扶贫”“跟着劳模去创新”工作品牌，开展“工会送岗位 乐业在江淮”就业援助行动，加强户外劳动者工会驿站建设等。在推进长三角一体化高质量发展过程中，各级工会积极助力，联合构建沪苏浙皖工会合作机制，助力打造长三角一体化发展“工会模块”，彰显了工会作为。在加强工会自身建设上，扎实推进全省工会改革，先后开展创先争优建功立业、“固本强基、彰显活力”、推进基层工会建设落实年、工会工作规范化建设年等活动，开展工会干部赴基层蹲点和全员“当一周工人”等活动，努力把工会建设成为名副其实的职工之家，让工会干部成为职工群众信赖的娘家人、贴心人。

雄关漫道真如铁，而今迈步从头越。面向未来，安徽工运事业大有可为。全省广大职工和工会干部将更加紧密地团结在以习近平同志为核心的党中央周围，高举中国特色社会主义伟大旗帜，在安徽省委和全国总工会的坚强领导下，只争朝夕、不负韶华，真抓实干、锐意进取，为加快建设现代化美好安徽，在中国式现代化进程中坚定走好新时代安徽高质量发展新路贡献新的智慧和力量！

第十二章　为全面建成小康社会而奋斗阶段的安徽工运事业

党的十八大开始，中国特色社会主义进入新时代。以习近平同志为核心的党中央准确把握我国社会主义发展新特征，提出了一系列治国理政新理念新思想新战略，推动党和国家各项事业取得了全方位、开创性的历史性成就和历史性变革。在习近平新时代中国特色社会主义思想的指引下，安徽工人阶级自觉承担起历史赋予的使命，以劳动筑梦，以实干圆梦，在引江济淮、昌吉至古泉特高压工程、新能源汽车等重点项目、重点工程开展劳动竞赛，职工在各自工作岗位上争先进、做模范，在操作技能、技术创新上攻坚克难，在改革发展的第一线建功立业，积极投身和推动了现代化五大发展美好安徽建设。

安徽各级工会组织在党的领导下，深入学习宣传贯彻党的十八大、十九大精神，认真学习贯彻习近平总书记考察安徽重要讲话重要指示精神、在全国劳动模范代表座谈会上的重要讲话精神，开展“中国梦·劳动美·安徽篇章”系列主题活动，推进职工群众理想信念教育，弘扬劳模精神、劳动精神、工匠精神，营造健康文明、积极向上的职工文化，团结引领职工听党话、跟党走；牢牢把握为实现中国梦而奋斗的工人运动时代主题，协调推进产业工人队伍建设改革，组织开展重点工程、重点项目劳动竞赛，表彰劳模先进，举办职工技术比武运动会、推广职工先进技术操作法和技术创新成果，动员职工群众建功新时代；认真履行基本职责，推动出台《安徽省企业民主管理条例》《安徽省女职工劳动保护特别规定》等地方性法规、政策文件，开展“七五”普法宣传，建立各级工会法律顾问团，扎实做好城市困难职工解困脱困工作，推进集体协商、企事业单位民主管理，深化工会“四季送”品牌工作，开展会员普惠服务，创建幸福家园、幸福驿站、女职工“阳光家园”等，增进职工群众的获得感、幸福感、安全感；认真贯彻中央、省委党的群团工作会议精神，建立完善“1+1+N”制度框架体系，推进省、市、县工会改革三级联动，开展“固本强基、彰显活力”活动，开展农民工入会集中行动，推进工会网上建设，激发基层工会活力，扩大工作覆盖面，强化工会系统党的建设和党风廉政建设，推动安徽工运事业迈上新的台阶。

第一节　党的十八大召开前后的安徽工运事业

2012 年是实施“十二五”规划承上启下的重要一年。全省生产总值达 1.72 万亿元，较上年增长 12.1%，增幅居中部第 1 位；城镇居民人均可支配收入 2.10 万元，较上年增长 13%；城镇新增就业 65.9 万人。全省工会和广大职工喜迎党的十八大，以学习宣传实践中国特色社会主义工会发展道路为主题，以开展“双走访、三服务”活动为主线，扎实推进“两个普遍”行动，组织庆祝中国共产党成立 90 周年宣传教育系列活动、“保持党的纯洁性 迎接党的十八大”主题教育实践活动，开展“当好主力军、建功‘十二五’”劳动竞赛等活动，开展 2012 年工会就业援助月活动，稳步推进《安徽省志・工会志》编纂，为加快建设美好安徽作出了积极贡献。

一、深入推进“两个普遍”

2010 年 7 月，全国总工会十五届四次执委会议提出“两个普遍”（依法推动企业普遍建立工会组织、依法推动企业普遍开展工资集体协商）。2011 年初，全国总工会分别下发了《中华全国总工会 2011—2013 年推动企业普遍建立工会组织工作规划》和《中华全国总工会 2011—2013 年深入推进工资集体协商工作规划》，提出了目标任务和主要措施。省总工会认真贯彻落实全国总工会文件精神，大力推动企业依法普遍建立工会组织，不断提高企业工会组织覆盖率和职工入会率，制定印发了《安徽省总工会2011—2013年依法推动企业普遍建立工会组织实施意见》，提出2011年至2013年，全省企业法人建立工会组织净增6.8万家以上，全省企业法人建会率达到92%以上，其中外商港澳台投资企业、世界500强等跨国公司企业法人建会率达到95%以上。

2012年4月6日至7日，全省“双走访、三服务”活动暨“两个普遍”工作推进会在合肥召开，会议对“两个普遍”工作进行了再部署。5月29日，省总工会与省财政厅联合转发全国总工会、国家财政部《关于加强注册会计师行业基层工会建设的通知》，要求各级工会、财政部门坚持属地管理原则，加快组建工作步伐。7月31日，华东地区工会组织工作座谈会在安徽合肥召开，江苏、浙江、福建、江西、山东、安徽以及上海市总工会分管领导、组织部部长齐聚一堂，讨论《县区工会组织工作考核要点和办法》。8月23日至24日，全省工会组建工作推进会在合肥召开，会议学习传达了全国工会“两个普遍”工作推进会议、全省非公企业党建工作会议精神，总结交流了上半年特别是4月6日全省工会“双走访”暨“两个普遍”工作推进会议以来全省工会组建和会员发展工作，部署和安排全省工会组织建设任务，并采取以会代训的形式，对小型非公企业法人数据库管理员进行培训。10月23日，全省工会基层组织建设暨数据库集中核查工作推进会在合肥召开，研究部署推进工会组建和会员发展工作，交流基层工会工作经验，推动非公企业法人数据库信息核查录入工作取得新进展。

2013年5月9日，省总工会转发全国总工会《关于推动落实投产5年、职工50人以上未建会企业集中建会行动的通知》，推动企业普遍建立工会组织，并对任务进行分解落实，重点推动私营企业、外商投资企业建会，继续抓好劳务派遣工、农民工入会工作，着力推动基层联合工会和行业基层工会联合会建设，不断提高工会组织覆盖率和企业职工入会率。先后于2013年5月和10月召开全省工会组织工作会议和组织建设经验交流会，总结近3年组织建设工作特别是落实组建3年规划的成效和经验，部署工会组织建设任务，确保工会组建2011—2013年3年规划目标任务完成。为确保2013年度工会组建和会员发展任务的落实，重点对部分工会组建潜力较大的市县进行上门督查指导。各地工会高度重视，精心组织，全面排查，挂牌督办，合力攻坚。经过全会努力，全国总工会下达我省2013年工会组建净增1.8万家、会员发展净增32万人的目标超额完成。2013年11月底，全国总工会对我省非公企业工会组建和会员发展工作进行督查考核，对铜陵、芜湖两地非公企业进行数据库随机抽查，被抽查的非公企业工会台账资料齐全，工作正常开展，受到全国总工会的充分肯定。

2014年，省总工会贯彻落实“组织起来、切实维权”的工作方针，组织开展全省非公企业工会“固本强基、彰显活力”活动。同年3月至4月，在全会开展加强基层工会建设问题调研活动，省总领导分别带队成立5个调研组，每组赴1个市调研，每市调研2个县级工会、3个乡镇（街道）工会和4个企业工会，深入了解基层工会建设的实际情况，总结典型经验，研究分析存在的主要问题和原因，提出加强基层工会建设的举措。5月，省总工会召开全省加强开发区、工业园区工会工作现场会，会议听取了合肥市总工会等7家单位的经验介绍、28家单位的书面交流，研究部署了新形势下进一步做好开发区、工业园区工会工作任务。7月，印发《关于开展全省基层工会组织建设工作督查的通知》，在全省组织开展基层工会组织建设工作督查互查活动，部署各市对基层工会组织建设工作进行督查。

在推动企业普遍建立工会组织方面，全省各级工会积极采取成立基层工会联合会等灵活建会形式，加强工会组建。各地推动民办学校、二级学院组建工会工作，有的基层工会在解决非在编人员入会问题上进行了有效的探索，取得了重大进展。省教育工会各直属高校均建立了工会和分工会。芜湖电大、安徽财经大学等学校非编人员入会率达100%。淮南市民办学校工会组建率、职工入会率分别提高到91.7%和92.3%。宿州市坚持“双措并举、二次覆盖”，实行工会组建一票否决制，努力实现企业发展到哪里，工会组织就延伸到哪里，全市已建基层工会组织5681家，发展会员454925人（农民工会员195849人）。六安市按照“双措并举、二次覆盖”工作要求，开展组建突击月活动并加大督查力度，依法扎实推进企业普遍建立工会组织。坚持把工会组建和工会法人资格登记工作同步进行，做到组建一个，登记一个。新组建的工会在批复成立后，即领取申请登记表，办理法人登记，登记注册后到银行开户。2008年至2012年底，全市新组建企业工会3023家，新发展工会会员88131名，超额完成组建和会员发展任务。淮北市在全国开国有企业、非公企业工会结对共建先河，构建“1610”结对共建模式，获全国工会基层组织建设创新成果奖。亳州市按照“两个普遍”的工作要求，坚持以在企业普遍建立工会组织为重点，坚持不懈地推进工会组建和会员发展工作，全市基层工会组织发展到3616家，工会会员总数超过30.6万人，工会队伍进一步壮大。安庆市在全市各级工会组织、工会干部和广大职工中开展公开承诺、践行承诺行动，实施“两个为了什么”承诺行动，以党工共建创先争优活动推进工会工作创新发展，用工会工作实际成果衡量检验党工共建创先争优活动的成效。通过承诺行动，推动全市工会系统党工共建创先争优活动有序有效开展，将“党建带动工建、做实职工之家、争当劳动之星、促进科学发展”落到实处，进一步提升了工会组织的吸引力、凝聚力、影响力。截至2010年，安庆大观区、迎江区已经率先基本实现工会组建全覆盖，全市基层工会组织达6421家，工会组织涵盖法人单位13055个，会员达56.2万人，有135个乡镇（街道）和71个社区建立工会联合会，其中，市辖的桐城市14个乡镇（街道）全部建立总工会，全市企业工会建会率超过60%。[①]

在推动企业普遍开展工资集体协商方面，全省各级工会组织充分发挥劳动关系三方作用，多措并举，因地制宜，积极推动集体合同制度的全面实施，举全会之力，大力推进工资集体协商工作，努力扩大工资集体协商的覆盖面。

六安市深入推进工资集体协商工作，积极探索和创新方式，推动中小企业特别是非公企业工会开展工资集体协商、集体合同签订工作；全面推进工资集体协商、集体合同在已建工会企业全覆盖；努力建设高素质的工资协商职工代表和指导员队伍，依法规范集体合同签订程序，加强对集体合同履约情况的监督检查，大力开展培训，建立督查标准，打造具有六安特色的工作模式。2012年，六安市成立了由市委常委、组织部部长、市总工会主席为组长，相关部门负责人为成员的市推进工资集体协商工作领导小组，领导小组办公室设在市总工会，具体负责全市的工资集体协商工作。六安市总工会参与制定的《关于进一步推

① 《安庆市总开展“两个为了什么”承诺行动》，《工人日报》2010年11月1日第2版。

进工资集体协商工作的实施意见》由市两办下发，从四个方面对推进工资集体协商工作提出了规范性的要求。市总工会还先后牵头组织召开了全市工资集体协商工作动员大会等会议和工资集体协商培训班，并多次深入一线检查指导工资集体协商推进工作。六安各县区工会也都结合实际，按照要求深入实施，推动形成党政工共同推进的工资集体协商工作格局。

芜湖市以贯彻落实市委《关于进一步加强和改进工会工作的意见》精神为契机，在全市上下深入开展依法推动“两个普遍”、创建和谐劳动关系等活动，积极参与社会管理创新，上下联动，着力推进工资集体协商。成立了由常务副市长为组长的芜湖市推进工资集体协商领导小组，并将工资集体协商工作纳入政府考核目标。芜湖市劳动关系三方四家根据市政府要求将推进工资集体协商工作作为每季度联席会议的重点内容，并形成了宣传联动、培训联办、文件联发、工作联抓、资料联网、督查联手“六联”工作机制。省三方四家专题考核组到芜湖市检查时给予了“起点早、工作实、效果好”的高度评价。当时，全市已有5765家企业签订集体合同和工资专项集体合同。《工人日报》《安徽工人日报》《芜湖日报》等新闻媒体分别对芜湖市启动工资集体协商“要约行动月”以及在电线电缆、羽绒、服装等行业开展工资集体协商签订工作进行了集中宣传报道。2013年1月，中国劳动关系学院“和谐劳动关系”专题调研组专程赴芜湖市，就工会参与社会管理与维护职工权益，发挥三方机制作用、开展工资集体协商，保障职工各项权益的落实等专题进行调研，并对芜湖市的创新创先做法给予了一致好评和充分肯定。

铜陵市大力推行平等协商集体合同制度，全市国有及国有控股企业集体合同签订率达100%，覆盖职工近10万人。500多家企业签订女职工特殊权益保护专项集体合同，探索签订了一批区域性、行业性集体合同。积极开展“劳动关系和谐企业与工业园区”创建活动，《创建活动实施意见》经市两办转发。为应对国际金融危机带来的不利影响和冲击，积极推动企业和职工开展了“共同约定行动”，最大限度地保证了职工不下岗、不减薪。

池州市按照“两个普遍”的要求，依法在企业开展“工资集体协商要约行动”。池州市委办、市政府办发文件转发了省两办《关于推进工资集体协商工作的意见》，为工会组织推进工资集体协商工作提供了强有力的政策支持。举办了全市工资集体协商指导员骨干培训班，培训工资协商代表200名。开展了工资集体协商“要约行动月”活动，贯彻落实《安徽省集体合同条例》的规定，积极引导基层工会和企业扎实开展工资集体协商工作。全市已建工会企业共签订集体合同803份，已建工会企业工资专项集体合同签订率达75%。

亳州市认真贯彻落实“组织起来，切实维权”的工作方针和“两个普遍”的工作要求，把建立工资集体协商制度作为构建和谐劳动关系的重点，通过集中开展工资集体协商“要约行动月”和“百日要约”等活动，加强部门配合，统一部署、上下联动，取得了积极的进展。全市共签订工资集体协商专项合同1311份，覆盖企业2218家，覆盖职工69839人。

二、开展“双走访、三服务”活动

2011年9月，根据省委关于开展“五级书记带头大走访”活动的部署，安徽省总工会在认真总结2009年“双走访、促三保”行动经验的基础上，组织开展以“访民情、汇民智、释民惑、解民忧、惠民生”为主题的“双走访、三服务”活动，即走访企业、走访职工，服务科学发展、服务社会和谐、服务职工群众。活动内容为服务科学发展，团结动员广大职工深入开展建功立业活动；服务社会和谐，以推进“两个普遍”为重点，促进和谐劳动关系发展；服务职工群众，积极协助各级党政保障和改善民生。活动领导小组办公室工作由省总工会办公室、研究室共同承担。2011年9月26日，省总工会发出通知，对全省“双走访、三服务”活动进行部署安排。10月10日，省总工会召开机关“双走访、三服务”活动推进会议。会议宣读了省总工会“双走访、三服务”活动推进领导小组及办公室组成人员名单，省总工会机关各部门、驻会产业工会和在肥二级单位负责人参加了会议。在省总工会的示范带动下，各市、县（市、区）工会均成立了“双走访、三服务”活动推进领导小组，建立“双走访、三服务”活动领导责任制和领导干部联系点制度，制定了活动意见、实施方案等，在广大工会干部中掀起了参与活动的热潮。

2012 年 1 月 9 日，全国总工会启动“面对面、心贴心、实打实服务职工在基层”活动。安徽省总工会乘势而动，把“双走访、三服务”活动作为承接“面对面、心贴心、实打实服务职工在基层”活动的重要载体并将其全力引向深入，全省各级工会普遍建立健全了“双走访”活动的长效机制和常态化工作格局。4 月 6 日，省总工会在合肥召开“双走访、三服务”暨“两个普遍”推进会，先后到合肥市总工会困难职工帮扶中心、“合肥要素大市场”建筑工地、合肥燃气集团等进行观摩交流。

4 月 7 日，省总工会对正在开展的“双走访、三服务”活动作出进一步部署，要求在全省范围内实施“万千百十”工程，即组织全省万名工会干部深入基层大走访，建立千个企业工会联系点，组建百支职工业余文艺演出队，筹资 4.7 亿元为企业和职工办十件实事。十件实事具体包括：深化温暖工程促保障，强化职业培训促就业，坚持夏送清凉促安康，持续“金秋助学”促育才，延伸帮扶工作促和谐，建设职工文化促提升，加强劳模服务促争先，开展法律援助促公正，推进“两个普遍”促维权，创新劳动竞赛促发展。为确保实效，省总工会专门组成 7 个调研督导组，赴各地开展督导检查 23 批（次）。省总工会还就走访督导工作作出要求，各调研督查组走访企业不得少于 20 家，走访职工不得少于 200 人，走访困难职工家庭不得少于 20 户，走访时间不得少于 1 个月；走访要与宣传政策法规、促进企业发展、推动解决问题、转变工作作风等有机结合起来，重点是解决企业和职工生产生活中的实际困难；调研结束后，各组要形成书面调研报告和走访日志。

7 月 25 日，省总工会在马鞍山召开“双走访、三服务”工作汇报会，进一步促进活动的深入开展。会上，马鞍山市、芜湖市、宿州市、宣城市以及马鞍山建筑行业工会联合会分别作了典型经验交流发言。截至 2012 年 9 月底，全省各级工会干部累计走访企业 19832 家（其中中小企业 9601 家，困难企业 2164 家），走访职工 40.6 万人（其中困难职工 11.1 万人，困难劳模 4341 人，农民工 10.5 万人），召开企业经营者、职工代表和工会干部等各类座谈会 8015 场（次），征集意见建议 5192 条，帮助职工和企业解决问题 4388 个，有效维护了职工群众的利益，受到了党中央、省委领导的充分肯定和职工群众的一致好评。

各地和省各产业工会认真落实省总工会的部署安排，扎实推进“双走访、三服务”活动的开展。蚌埠市围绕蚌埠市委、市政府实施工业强市战略、开展城市大建设、推进自主创新试验区建设等经济发展重点工作部署，努力找准工作切入点和着力点，开展创先争优、“双走访、三服务”活动和“蚌埠要崛起、我该怎么办”大讨论活动。宿州市以党工共建、创先争优为动力，大力开展“双走访、三服务”活动。淮南市开展“党工共建、创先争优”活动和“双走访、三服务”活动，各级工会干部共走访企业1200多家，走访职工2.4万多人，收集意见建议300多条。六安市在开展“双走访、三服务”活动过程中，共有50多位工会干部走访调研了200多家企业，慰问困难职工500多名；结合走访调研，每位班子成员都撰写了一篇理论调研文章，并在全省理论调研会上获奖。马鞍山市以深入贯彻落实科学发展观为中心，以党群共建创先争优为强大动力，深入开展“双走访、三服务”。芜湖市结合市委进一步转变机关工作作风、加强机关效能建设的要求，走访近千家企业，走访职工万余人；举办座谈会50多场次，收集各类问题100多条。铜陵市积极开展工会干部“双走访、三服务”活动，加强工会干部教育培训工作，先后举办4期各类工会干部培训班，参训人员500多人。池州市开展“双走访、三服务”活动，先后30多次深入市直企业和各县区联系点，开展广泛而深入的调研帮扶活动，召开了两次返乡农民工就业座谈会，开展了“送岗位进家门”活动，解决涉及企业工会组织建设、职工工资、企业用工、就业培训、劳动保护等问题40多个；认真做好职工群众来信来访工作，全年共接待来电来访252批（次）、接受政策咨询289人、法律服务12人次，日常救助70人。黄山市以“双走访、三服务”活动为抓手，注重调动广大职工群众的创造活力，开展建功立业劳动竞赛，有效助推黄山经济平稳较快发展；制定了《黄山市工会系统开展工会干部“双走访、三服务”行动实施方案》，要求机关干部及各区县工会领导班子成员每月走访时间不少于3天，活动期间走访企业不少于10户；市总工会班子成员到企业、社区、联系点走访和了解各单位的相关情况，听取企业和职工的呼声、要求和建议。截至2011年底，共走访开发区企业37家，走访区县工会、区县企业20余次，帮助企业解决问题134个。固镇县深入企业详细了解职工劳动合同签订情况、工资福利情况及企业发展运营情况，倾听职工诉求，千方百计为企业排忧解难，2011年全县相关系统走访企业18家，走访困难职工群众123人，为困难职工群众送去大米、食用油、棉被及慰问金总计7000余元。休宁县开展以“访民情、汇民智、释民惑、解民忧、惠民生”为主线的“双走访、三服务”活动。相关部门带队深入企业、社区，仔细询问企业和职工的生产生活情况，拉近与职工的距离，真心实意为职工办实事，全县协助企业解决各类问题110多个，帮扶困难企业、困难职工40多个（人），发放帮扶资金6万多元；开展创建“工人先锋号”活动，分别在金融、供电、交通、卫生等行业组织20余场技能比赛，休宁公路分局获评全省劳动竞赛先进集体，琼琼职工服装职业培训学校唐月红获评全国五一巾帼标兵。

省轻工纺织工会扎实开展工会干部“双走访、三服务”活动，了解企业经营和工作状况，确保重点工作落到实处。积极利用各种机会，采取走出去请进来的方式，先后深入全省轻纺行业，走访了46家企业，通过召开座谈会、问卷调查、实地走访等多种形式，搞好调查研究工作，了解企业经营和工会工作状况，倾听基层工会和职工呼声，摸实情、献良策、办实事，总结新经验，选树新典型，拓宽新思路，为落实工会重点工作，特别是扩大轻纺工会工作覆盖面起到了一定作用。省地质工会相关负责同志深入313地质队野外一线走访调研，全局地勘单位工会干部深入基层调查研究，服务职工群众。省煤矿石化工会到安徽淮化集团有限公司等10家煤炭、化工企业及项目部和车间进行调研，走访职工、查看资料，并与企业党政领导、工会干部、职工群众进行座谈，了解企业生产经营、职工思想动态和工会工作情况，就存在的问题提出意见和建议。

通过开展“双走访”活动，各级工会取得许多重要成绩：一是促进了群众性创先争优建功立业活动。从2009年9月到2013年9月，全省组织开展各类劳动竞赛8万余次，参赛职工1445万人次，为加快转变经济发展方式、促进经济社会又好又快发展创造了新业绩。二是推动了构建和谐劳动关系活动。省总工会把构建和谐劳动关系作为参与加强和创新社会管理的重要切入点和着力点，大力发展和谐劳动关系。截至2013年6月底，全省建立基层及基层以上工会组织11.34万家，工会会员达775.6万人。全省工会建制单位已签订工资专项集体合同2.62万份，覆盖企业3.98万家，覆盖职工254.96万人。全省6.25万家企事业单位建立了职代会或职工大会制度，6.44万家企事业单位实行了厂务公开，6484家公司制企业建立了职工董事制度，6365家公司制企业建立了职工监事制度，广大职工的知情权、参与权、表达权、监督权进一步落实。三是完善了工会帮扶工作长效机制。各级工会坚持以“双走访、三服务”活动为主线，积极协助党政保障和改善民生。从2009年9月至2013年9月，全省工会共筹集助学资金1.15亿元，资助6.6万名困难职工和困难农民工子女上学。通过各种途径组织农民工、下岗失业人员开展技能培训29.4万人次、创业培训5万余人次，帮助30.4万名下岗失业人员和农民工实现再就业。

“双走访、三服务”活动找准了工会工作与党和政府中心工作的结合点，契合了工会作为党领导下的工人阶级群众组织的关键点，回应了广大职工群众对工会组织和工会工作的关注点，是工会组织践行党的群众路线、做好新形势下职工群众工作的重要举措，是密切与职工群众联系、增进与职工群众感情的有效载体，是切实转变工作作风、回归群众性组织群众化工作的重要方法，是尊重职工群众首创精神、推动工会工作创新发展的源头活水。[①]

三、组织开展“当好主人翁 建功新时代”主题劳动竞赛

（一）开展创先争优建功立业活动

2011年，省总工会开展群众性创先争优建功立业活动，工人阶级主力军作用得到有效发挥。紧紧围绕科学发展主题，以创建“工人先锋号”为载体，组织动员广大职工深入开展挖潜增效、节能减排、重点工程建设“五比五赛”等各种形式的创先争优劳动竞赛，广泛参与经济技术创新工程试点省、皖江城市带承接产业转移示范区、合芜蚌自主创新综合试验区建设，全面深化职工技术进步活动，大力弘扬劳模精神和工人阶级伟大品格，激励广大职工立足本职岗位，创造一流业绩。隆重召开省庆祝“五一”暨创先争优劳动竞赛推进大会，

① 《“回应职工所盼，适应工会所能”》，《工人日报》2013年11月19日第6版。

评选表彰100家省劳动竞赛先进集体、149名先进个人和101个省“工人先锋号”，掀起了“当好主力军、建功‘十二五’”创先争优劳动竞赛的热潮。结合评选表彰，协调省级主要新闻媒体，加大对劳动模范和先进典型的学习宣传力度，有效营造了创先争优建功立业的氛围。全省组织开展各类劳动竞赛1万余次，参赛职工177.8万人次；30余万名职工参加了各种形式的技术比武、岗位练兵活动，通过技能比赛，1.3万名职工晋升了技术等级；全省职工提出合理化建议16.4万条，实施6.1万条，为加快转变经济发展方式，促进经济社会又好又快发展创造了新业绩。加强班组建设，省经信委、国资委、工商联等部门联合召开全省班组建设会议，总结交流经验，命名表彰了20个“安徽省标杆班组”，参观学习华茂集团公司班组建设先进典型，进一步推进抓基层、打基础工作。

2012年，省总工会开展“当好主力军、建功‘十二五’”创先争优劳动竞赛和创建“工人先锋号”活动，组织筹备召开省劳模大会。围绕提升省“861”行动计划，省总工会、省电力公司于年初启动实施国家电网、安徽省1000千伏淮南至上海特高压输变电工程立功竞赛活动，下发《淮南至上海特高压交流输变电示范工程（安徽段）建设立功竞赛活动方案》。该工程以“实施皖电东送战略，建设特高压精品工程”为主题，以“五比五赛”（比建设管理，赛施工安全；比造价控制，赛经济效益；比科技创新，赛质量水平；比组织协调，赛进度控制；比团结协作，赛和谐共建）为主要内容，在工程建设各阶段、各环节全面开展劳动竞赛活动，并于9月26日在芜湖举行立功竞赛启动仪式。

2012年，三年一度的全国职工职业技能大赛开赛。4月，成立了省职工职业技能选拔赛组委会，由省总工会牵头，制定下发工作方案和实施意见。省组委会办公室根据全国组委会的要求，做好参加全国决赛的各项准备工作，并响应大赛组委会号召，征集大赛宣传口号，获得征集活动优秀组织奖，全部7个工种均圆满完成组队和参赛工作。各单位给每个工种参赛选手提供了有利条件，选配技术指导，集中强化训练，积极备战全国决赛。7个工种的21名选手以良好的精神面貌、饱满的参赛热情和稳定的技能水平参加了全国决赛，其中在计算机程序设计员全国决赛中马钢选手吕成军获得了第六名的好成绩。

2012年，宿州市组织引导广大职工创先争优建功立业深化“当好主力军、建功‘十二五’”创先争优劳动竞赛活动。围绕工业五年扩张、“7233”工程和“园区和城乡建设突破年”活动，在重点工程中开展劳动竞赛活动，参赛职工（农民工）近万人。“五一”前夕召开庆“五一”暨劳动竞赛表彰大会，表彰29个市先进集体、优秀组织单位和113名先进个人，授予19人市五一劳动奖章和36个班组市“工人先锋号”称号，2名职工获全国五一劳动奖章，1个班组获全国“工人先锋号”称号。省农垦集团公司于2012年深入开展创先争优建功立业活动，开展“种田能手、高效种植、产业服务技能”和“十佳”劳动竞赛。农垦集团公司田文俊总经理荣获“全国五一劳动奖章”。寿西湖农场和九城监狱两个单位工会被评为“全国工会职工书屋示范点达标单位”，省监狱管理局工会被评为“全省工会财务会计管理规范化建设达标单位”，省农垦集团公司被评为“第三届安徽省省属企业文明单位”。

（二）深化创先争优建功立业活动

2013年，省总工会继续开展创先争优建功立业活动，深入开展重点工程建设、挖潜增效、节能减排等竞赛，广泛组织合理化建议、岗位练兵、发明创造等职工技术进步活动。组织职工参加技术比武、岗位练兵170万人次，16万名职工晋升了技术等级。召开庆祝“五一”暨劳动竞赛表彰大会，103个省劳动竞赛先进集体、150名省劳动竞赛先进个人受到表彰。

围绕科学发展的主题和加快转变经济发展方式的主线，以创建“工人先锋号”为载体，全省广大职工积极投身各种形式的创先争优建功立业劳动竞赛活动，广泛参与经济技术创新工程试点省、皖江城市带承接产业转移示范区、合芜蚌自主创新综合试验区建设，进一步焕发劳动热情和创造活力。2013年12月7日，由省财贸工会和省商业联合会联合召开的全省商贸服务业“以德经商，共筑诚信”创先争优活动表彰大会在合肥召开。为表彰先进，树立典型，激励教育系统工会组织和工会干部立足岗位创先争优，11月至12月，省教育工会开展了省教育系统工会工作先进集体、优秀工会工作者和支持工会工作的好领导评选表彰活动，授予合肥市教育工会等167个单位“安徽省教育系统工会工作先进集体”称号，授予曾申宝等168位同志“安徽省教育系统优秀工会工作者”称号，授予程乐民等79位同志“安徽省教育系统支持工会工作的好领导”称号。省地质工会以创建“工人先锋号”为载体开展创先争优活动，继续开展“安康杯”竞赛活动评比表彰，争创“安全生产优胜单位”“安全生产优胜班组”“安全生产文明机台”活动，发挥工会安全督查作用，与相关处室一起开展数10次安全文明检查，积极排查安全隐患，全局共有34个单位和个人获得全国总工会或省总工会表彰。其中，省地矿局荣获全国“安康杯”竞赛安全文化宣传工作优秀组织单位称号；勘查技术院、311队荣获全国“安康杯”竞赛优胜单位称号；326队地质灾害勘查评估监测所、物化探院地矿分院荣获全国“安康杯”竞赛优胜班组称号；332队宁国竹溪岭多金属矿普查项目组荣获“工人先锋号”称号；325队荣获安徽省劳动竞赛先进集体称号；326地质队洪刚、测绘院陶萍、第一水文院温冬华3人被授予省五一劳动奖章。省地质工会荣获全国能源化学工会技能竞赛先进单位和全国基层职工互助保险先进单位称号。313队朱恒银领衔完成的科研成果获安徽省职工优秀技术创新成果二等奖。

滁州市于2013年深入开展“当好主力军、建功‘十二五’”创先争优劳动竞赛活动，坚持服务滁州经济发展大局，围绕市重点工程和重大项目建设，组织全市各级工会以创建“工人先锋号”活动为载体，开展“美好滁州”建设创先争优劳动竞赛，激励广大职工主动融入发展大局，充分发挥主力军作用。广泛组织职工开展合理化建议、技术革新、发明创造、新产品开发等群众性技术创新活动，不断增强企业依靠职工自主创新的能力。全市涌现出1个全国五一劳动奖状、2个全国“工人先锋号”；1个省五一劳动奖状、5个省劳动竞赛先进集体和7个省“工人先锋号”先进单位。宣城市在开展劳动竞赛中以创建“工人先锋号”为主要载体，组织职工广泛开展重点工程建设竞赛、优质服务竞赛，推进“当好主力军、建功‘十二五’”创先争优劳动竞赛活动，引导广大职工争创一流工作、一流服务、一流业绩和一流团队。全年组织开展各类技术比武、技能竞赛300余场次，表彰各类技术标兵和能手1800余人次。宣州区李健和安徽生信铝业公司杨红胜2人被授予全国五一劳动奖章，宣城烟草公司卷烟配送中心被授予全国“工人先锋号”称号。

为契合在非公企业深入开展“固本强基、彰显活力”活动部署，省劳动竞赛委员会、省总工会联合省经信委、省工商联制发了《关于深化全省非公企业劳动竞赛工作的指导意见》，并于2014年3月28日在淮北市召开全省非公有制企业劳动竞赛工作会议，进一步加强了非公企业的劳动竞赛工作。

（三）开展“中国梦·劳动美·安徽篇章”主题劳动竞赛活动

为推进国家技术创新工程试点省、皖江城市带承接产业转移示范区、合芜蚌自主创新综合试验区建设，2014年4月11日，省劳动竞赛委员会全体会议决定在全省范围内广泛开展“中国梦·劳动美·安徽篇章”主题劳动竞赛活动，组织发动广大职工和基层企业，广泛开展多种形式的劳动竞赛和技术革新、技术协作、发明创造、合理化建议等活动，掀起劳动竞赛热潮，为建设美好安徽建新功。

通过深入开展重点工程建设、挖潜增效、节能减排劳动竞赛，广泛组织合理化建议、岗位练兵、发明创造等职工技术进步活动，有效激发了广大职工创先争优建功立业的积极性。据统计，全省共组织职工参加技术比武、岗位练兵200余万人次，实现技术革新、技术攻关1.1万余项，总结推广先进操作（工作）法2600项，提出合理化建议12万项，实施3万余项，其中受到省级表彰的重大合理化建议314项，共节约和创造经济价值29.6亿元。省总工会重点抓好工业园区、开发区职工技术创新活动，联合省经信委、省工商联开展非公有制企业劳动竞赛，参赛企业16万家，参赛职工400万人次；联合省人社厅等单位举办安徽省首届职工技术比武运动会，涉及工种166个，参赛职工200万人。各级工会深入推进劳模创新工作室创建活动，全省共创建20家省级劳模创新工作室、151家市级劳模创新工作室，获专利1264项，取得经济效益19亿元。广泛开展省“十大能工巧匠”“十大带徒名师”评选活动，进一步深化了名师带徒、师徒结对、老工人献绝招、青年工人拜师学艺等活动。

四、表彰省劳动模范等先进集体和个人

根据省政府《批转省人事厅关于进一步规范行政性表彰奖励工作意见的通

知》精神，省先进集体、省劳动模范、省先进工作者综合评选5年开展1次。为做好2012年的省劳动模范、先进工作者和先进集体表彰工作，省总工会从2012年2月开始积极筹备召开安徽省劳动模范、先进工作者和先进集体表彰大会，先后召开了3次评选布置会、协调会，较好完成3次省政府常务会议、省委常委会会议相关汇报工作，与省直相关部门和各评选推荐机构进行了大量沟通协调工作。安徽省劳动模范、先进工作者和先进集体推荐评选，坚持面向基层、面向工作一线、面向经济社会发展的各条战线和社会各个阶层，突出推荐个人和集体的先进性和代表性，力求评选出来的先进能够经得起历史、实践和人民群众的检验。

4月27日，省劳动模范、先进工作者和先进集体表彰大会在安徽大剧院举行。受表彰的679名省劳动模范、先进工作者和99个先进集体代表，与特邀代表和各界群众代表共1600人出席大会。省委书记、省人大常委会主任张宝顺出席会议并发表讲话。省委副书记、省长李斌主持大会。省委常委、省及有关方面负责同志出席大会。

会议指出，各级党委、政府要始终坚持全心全意依靠工人阶级的根本方针，进一步密切同职工群众的血肉联系，努力为劳动模范干事创业营造更好的环境和条件，要广泛宣传劳动模范的先进事迹和崇高精神，大力倡导劳动光荣、知识崇高、人才宝贵、创造伟大的时代新风，进一步激发全社会的劳动热情和创造活力。要建立健全党委、政府主导的维护群众权益机制，统筹协调各方面利益关系，让职工群众共享改革发展成果。各级工会组织要充分发挥党联系职工群众的桥梁纽带作用，深入开展“双走访、三服务”活动，心贴心地与职工沟通交流，实打实地为职工说话办事，真正让工会组织成为职工之家。

五、加强工会干部教育培训

（一）制定《2011—2015年安徽省工会干部教育培训规划》

根据全国总工会《2011—2015年全国工会干部教育培训规划》，结合安徽实际，省总工会印发了《2011—2015 年安徽省工会干部教育培训规划》，从指导思想、基本原则和工作目标、培训任务和工作要求、加强培训工作的保障措施、重视和加强对培训工作的组织领导等方面对今后五年全省工会干部教育培训工作提出规划和要求。

《2011—2015 年安徽省工会干部教育培训规划》强调，要高举中国特色社会主义伟大旗帜，围绕推进学习型工会组织建设，以提高工会干部服务科学发展、服务社会和谐、服务职工群众的能力为重点，以提高工会干部教育培训质量为主线，不断增强工会干部教育培训的生机活力，努力培养造就一支“政治坚定、业务扎实、作风过硬、廉洁自律”的高素质工会干部队伍。要坚持服务大局、以人为本，坚持改革创新、科学发展，要坚持全员培训、注重实效，2011—2015 年将全省专兼职工会干部全部轮训一遍。要锚定工作目标，明确责任分工，落实分类培训，重点抓好工会主席培训、工会干部轮训以及工会专业人才培训等。要资源共享，加强工会干部院校间的合作与交流；要优化结构，建设高素质的工会干部教育培训师资队伍；要注重质量，提高工会干部教育培训的针对性实效性。要建立健全工会干部教育培训的管理体制，加大经费投入，努力改善办学条件，建立和完善工会干部教育培训工作运行机制；要积极争取各级党委和政府对工会干部教育培训工作的重视和支持。

按照既定的《2011—2015 年安徽省工会干部教育培训规划》，安徽省总工会突出培训重点，采取多种形式，多渠道开展大规模的工会干部特别是非公企业工会干部培训、轮训，努力实现五年培训、轮训工会专兼职干部 20 万人次的目标任务。

（二）制定《2017—2021 年安徽省工会干部教育培训规划》

省总工会深入学习贯彻习近平新时代中国特色社会主义思想，特别是关于加强干部队伍建设的重要论述，落实中央、省委党的群团工作会议精神，打造“忠诚党的事业、服务职工群众”的工会干部队伍，根据党中央《干部教育培训工作条例》、省委《贯彻实施办法》和全国总工会《2016—2020 年全国工会干部教育培训规划》，结合安徽省实际，于 2017 年 12 月 27 日印发《2017—2021

年安徽省工会干部教育培训规划》（以下简称《规划》），从总体要求、培训内容、培训对象及措施、实施保障、组织领导五个方面对今后五年安徽省工会干部教育培训工作提出规划和要求。

《规划》要求突出抓好理论教育、党性教育和专业化能力培训，全面提升工会干部教育培训质量，为全面履行工会职能、推进工会工作创新发展，更好地团结动员广大职工为决战决胜全面建设小康社会、加快建设五大发展美好安徽建功立业，提供思想政治保证、人才保证和智力支持。要坚持正确方向，强化责任意识；要坚持服务大局，突出主业主课；要坚持全员培训，注重学习实效；要遵循基本原则，明确工作目标，围绕增强政治性、先进性、群众性开展培训，重点对市级工会领导班子成员、县级工会领导班子成员、乡镇（街道）和开发区（工业园区）工会主席、县级以上工会机关干部、基层工会干部以及工会专业人才等开展培训。《规划》提出，要加强合作交流，共享工会干部教育培训资源；要注重队伍建设，提升工会干部教育培训师资素质；要创新方式方法，提高工会干部教育培训工作的针对性。要加强组织领导，明确工作职责；要加大经费投入，打牢基础工作；要加强阵地建设，提升培训实效。

（三）2018—2023 年全省工会培训情况综述

2018—2023 年五年间，全省基层以上工会免费培训、轮训工会干部 26.9 万人次。其中，省总工会本级免费培训、轮训工会干部 1.35 万人次，累计投入培训经费 817 万元。各级工会积极选派工会干部参加党校、行政学院和中国劳动关系学院举办的各类培训班，有效提升了工会干部队伍的整体素质。

除工会系统开展干部培训以外，省总工会还积极推动拓展市县党政领导干部工会工作培训。根据省委领导批示精神，2014 年 11 月、2015 年 9 月、2017 年 10 月，省总工会与省委组织部先后联合举办 3 期安徽省党政领导干部工会工作培训班，对全省市县分管或联系工会工作的党政领导全部轮训一遍，累计培训 217 人次，通过培训，进一步提高了党政领导干部对工人阶级和工会工作的认识，加深了对工会工作的理解和支持。

第二节　贯彻党的十八大精神开局之年的安徽工运事业

2013 年是贯彻落实党的十八大精神的开局之年。全省生产总值达 1.90 万亿元，同比增长 10.4%；城镇居民人均可支配收入 2.31 万元，同比增长 9.9%；城镇新增就业 67.5 万人。全省工会和广大职工深入学习贯彻党的十八大精神，开展重点工程建设、挖潜增效、节能减排等竞赛，广泛开展“中国梦 · 劳动美 · 安徽篇章”系列主题宣传教育活动，隆重召开庆祝“五一”暨劳动竞赛表彰大会。积极推动出台《安徽省企业民主管理条例》，组织全省非公企业劳动关系状况调查和工会信访工作调查，深入实施女职工“提素建功”工程和“关爱行动”，积极开展“投产 5 年、职工 50 人以上未建会企业”集中建会行动，深入开展建设“职工之家”和“会员评家”活动。推动出台市、县工会主席按同级副职配备的意见，建立完善省总工会领导和产业、部门与基层联系点制度，为打造“三个强省”、建设美好安徽作出了积极贡献。

一、学习贯彻党的十八大精神

党的十八大是在我国进入全面建成小康社会决定性阶段召开的一次十分重要的大会。大会对全面推进改革开放和社会主义现代化建设作出战略部署，明确提出了全面建成小康社会的宏伟蓝图。实现中华民族伟大复兴中国梦这一共同理想要靠劳动者的辛勤劳动、诚实劳动、创造性劳动。党的十八大为新形势下工人运动和工会工作指明了方向。

按照省委和全国总工会的部署，全省各级工会把学习宣传贯彻党的十八大精神作为首要政治任务。10 月 15 日，省总工会党组专门召开会议，带头学习宣传贯彻党的十八大精神。10 月 20 日，省总工会发出通知，对全省工会系统认真学习宣传贯彻党的十八大精神作出部署安排。同日，省总工会召开机关干部职工大会，对省总工会机关的学习贯彻提出要求。10 月 25 日，省总工会、省创建文明行业活动指导委员会办公室邀请部分先进模范代表来合肥开展座谈，并要求全省各行各业和广大职工认真学习贯彻党的十八大精神，以先进典型为榜样，学习借鉴他们的先进经验，扎实开展创建文明行业活动，为建设“三个强省”和美好安徽而努力奋斗。11 月 20 日，省总工会机关印发《学习贯彻党的十八大精神工作方案》，细化学习内容和形式、时间安排，强调要加强组织领导，做到学用结合，把学习活动与深入开展学习型机关建设相结合、与创先争优活动相结合、与机关效能建设相结合、与全面完成工会各项工作目标任务相结合、与思考谋划明年工作相结合，努力推动省总工会机关工作创新发展。12 月 5 日，省总工会召开机关干部职工大会，对学习贯彻党的十八大精神进行再部署，传达省委九届六次全会和全省领导干部学习贯彻党的十八大精神培训班精神。省总工会机关通过聘请专家宣讲、组织机关党员干部撰写学习心得体会、召开经验交流会等多种形式，紧紧把握党的十八大提出的新思想、新观点、新论断，把机关党员干部的智慧和力量凝聚到实现党的十八大确定的目标任务上来。

11 月 8 日至 12 月 8 日，省总工会、省文行办组织开展“学习宣传贯彻十八大精神——建美好安徽·展主人风采”主题有奖征文活动，共收集全省各市各行业投稿 518 篇。其中，《建美好安徽 从点滴做起》等 2 篇征文获一等奖；《你所站立的地方》等 6 篇征文获二等奖；《实现大蜀山生态文明建设新跨越》等 13 篇征文获三等奖；《勤奋实现理想 岗位成就事业》等 40 篇征文获优秀奖；蚌埠市总工会（文行办）、安徽省地税局文行办获组织奖。《安徽工人日报》从 10 月 8 日起，先后开设“建设美好安徽、喜迎十八大”“10 年回眸——聚焦新变化，喜迎十八大”“践行‘走转改’，迎接十八大”等栏目，为党的十八大的召开营造浓厚的舆论氛围。从 11 月 7 日党的十八大召开预备会开始做好会中报道，报社利用新华社对内通稿，对党的十八大进行全方位的及时报道，同时刊发我省各地职工收看、学习党的十八大的消息。党的十八大闭幕后，及时把报道的重点转到学习宣传贯彻方面。《安徽工运》开设专栏、专题，推出一批重点文章和学习体会。

全省各级工会还坚持把学习宣传贯彻工作与践行中国特色社会主义工会发展道路相结合。淮北市团结带领全市职工找准服务大局的切入点，在落实转型攻坚任务上凝聚合力。六安市先后开展主席给在职干部职工上《坚定理想信念永葆党员本色》党课、召开主题教育实践活动动员会、部署活动方案系列会议。宿州市埇桥区组织观看“反腐倡廉警示教育”图片展等活动。组织“学习贯彻党的十八大精神，做建设美好安徽主力军”征文活动，征得优秀稿件92篇。桐城市以推进“两个普遍”为工作主线，不断拓展服务大局能力，创新工作体制机制，增强维权维稳实效，提高帮扶救助水平。宿松县总工会组织“心连心”艺术团下基层为企业、为职工义务演出30余场次，宣传了党的十八大精神，活跃了职工文化生活。安徽轻工纺织工会采取组织专题学习、座谈会、交流会和征文等不同形式开展学习活动，进一步深化对坚定不移地走中国特色社会主义工会发展道路重大意义的认识。

2013年，宿州市围绕经济建设中心和加快发展第一要务，继续深化“五大工程”①。蚌埠市坚持服务科学发展、服务社会和谐、服务职工群众，在凝聚职工力量、促进经济发展，维护职工权益、构建和谐劳动关系，推动民生工程建设，加强自身建设、扩大工会影响力等方面，发挥党联系职工群众的桥梁纽带作用和职工利益维护者的作用。滁州市围绕发挥广大职工的主力军作用，依法维护职工群众的合法权益，不断夯实组织基础，提升服务职工群众的能力和水平。芜湖市以推动科学发展、促进社会和谐为主题，以“以人为本、服务维权，健全组织、构建和谐，创新增效、提升水平”为切入点，锐意进取、开拓创新，抓重点攻难点，圆满完成年度各项工作。池州市紧紧围绕市委、市政府关于实施“五大战略”，推进“三区”发展的决策部署，以助推科学发展为主题，以构建和谐社会为主线，面对面、心贴心、实打实为职工服务。广德县积极参与加强和创新社会管理，加强和改进新形势下工会自身建设。

在全党深入开展以为民务实清廉为主要内容的党的群众路线教育实践活动，是党的十八大作出的一项重大部署。2013年5月9日，中央印发《关于在全党深入开展党的群众路线教育实践活动的意见》。7月1日，安徽省委召开全省党的群众路线教育实践活动工作会议。

根据党中央、省委统一部署，7月3日，省总工会召开党的群众路线教育

① 共建和谐“温暖工程”、农民工“圆梦工程”、行业“争创工程”、当代工人“文化工程”、工会基层组织“提升工程”。

实践活动动员大会。在教育实践活动中，省总工会机关从实际出发，组织开展“九个一”系列活动（一是举办一期党的群众路线教育学习培训班；二是举办一次党的群众路线教育知识竞赛；三是组织一次学习心得交流；四是开展一次非公企业职工队伍状况调查；五是召开一次高质量的民主生活会；六是组织参观一次廉政教育展览；七是帮助解决一批调研中发现的涉及职工群众切身利益的突出问题和查摆中发现的机关存在的突出问题；八是修订完善一批务实管用的规章制度，健全联系基层、服务职工长效机制；九是选树表彰一批密切联系职工群众、为职工群众办实事做好事解难事的先进典型）。为密切与基层和职工群众的联系，省总工会建立机关与基层联系点制度，省总工会领导每人联系 3 至 4 个市工会，省总工会机关每个职能部门联系 1 个市工会及其所属的 2 个县（市、区）工会、3 个国有（国有控股）企事业单位工会、4 个非公有制企业工会。重点联系工会组织力量比较薄弱、生产经营困难的企业、新经济和社会组织。7 月中旬至 8 月上旬，省总工会通过下基层、上门走访、个别谈心及发放调查问卷、设置征求意见箱、召开座谈会等方式，征求对进一步加强省总工会机关作风建设的意见和建议，累计发放征求意见调查问卷 5000 余份。同时，着手建立、修改、完善一批能持续、可延伸的制度。

在教育实践活动中，省总工会还研究制定了《安徽省总工会贯彻落实中央、省委和全国总工会改进工作作风密切联系群众有关规定的实施细则》《省总工会党组的八项公开承诺》等文件，对意见比较集中的非公有制企业工会工作薄弱、深入基层不够、对基层工作支持不足、发文发简报偏多等问题及时进行了整改。针对基层工会提出的工会经费应当进一步向基层倾斜的意见，加大对下级工会的补助力度，省总工会本级全年补助 4357 万元，比 2012 年增长 20.8%。加大工会干部培训力度，对调训到省总工会干部学校进行培训的基层工会干部全部实行免费培训。

7 月 8 日，省总工会同合肥市总工会相关负责同志，走访了位于合肥市瑶海区的建设工地，看望和慰问正在施工的中建七局华东公司职工和农民工。同一时间，省总工会组成 6 个小组，由省总工会领导班子成员带队，深入高危、高温作业行业，重点工程建设项目以及重点企业，开展夏季“送清凉”和工会劳动保护监督检查工作；10 日，来到安徽德邦化工有限公司、洛河发电厂，看望慰问生产一线坚守岗位的职工，分别送去白糖、茶叶、绿豆、矿泉水等防暑降温物品，共计价值 4 万元；17 日，赴淮北开展“送清凉”活动，向淮北市总工会授予“全国工会系统先进集体”奖牌和证书；22 日，到宿州市总工会机关看望慰问了工会干部，并就不断加强工会帮扶中心建设提出要求；25 日，在省地矿局开展党的群众路线教育实践活动调研，了解地质职工所思所想；30 日，皖电东送淮南至上海特高压交流输变电示范工程（安徽段）立功竞赛工作汇报会，在芜湖县境内的 1000 千伏皖南变电站召开。省总工会相关负责同志出席会议，现场慰问了奋战在特高压建设现场的一线员工。

7 月 29 日，省总工会召开机关中青年干部座谈会，广泛听取机关中青年干部的意见和建议。8 月 6 日，省总工会举办党的群众路线教育实践活动知识竞赛。8 月 15 日，省总工会践行党的群众路线教育实践活动先进事迹报告会在合肥召开。蚌埠公交集团驾驶员杨苗苗、中国电子科技集团公司第 43 所副总工程师雷剑分别作了先进事迹报告。

2014 年 1 月 24 日，省总工会机关召开党的群众路线教育实践活动总结会议。省总工会党组书记、副主席徐建主持会议并讲话，省委第七督导组参加会议。会议指出，省总工会在教育实践活动中，努力做到“规定动作”不走样，“自选动作”高标准、有创新，进一步增强了省总工会机关服务大局的意识。会议强调，要认真巩固教育实践活动的成果，着力建立健全加强作风建设的长效机制。省总工会作为全省工会的领导机关，要进一步带头改进领导方式和活动方式，把为职工服务从思想上和行动上贯穿于工会工作始终，把工作重心放在服务基层、服务职工上。特别是要关注关心困难企业职工和弱势职工群众群体，为他们排忧解难。工会领导干部要自重、自省、自警、自励，在各方面以身作则。在工作中认真发扬民主，充分走群众路线，始终与职工群众同呼吸共命运，使工会组织真正成为职工群众的“娘家”，工会干部真正成为职工群众的“娘家人”。

2014 年 1 月，中共中央印发《关于开展第二批党的群众路线教育实践活动的指导意见》。全省工会把开展第二批教育实践活动与巩固扩大第一批教育实践活动成果结合起来，各县、市、区工会把开展教育实践活动与贯彻落实党的十八届三中全会精神结合起来，与贯彻落实党中央一系列重要会议精神结合起来，认真做好年度各项工作，两手抓、两不误、两促进。

二、学习贯彻习近平总书记在全国劳动模范代表座谈会上的重要讲话精神

2013 年 4 月 28 日，习近平总书记来到全国总工会机关，同全国劳动模范代表座谈并发表重要讲话。习近平总书记指出，人民创造历史，劳动开创未来。劳动是推动人类社会进步的根本力量。幸福不会从天而降，梦想不会自动成真。实现我们的奋斗目标，开创我们的美好未来，必须紧紧依靠人民、始终为了人民，必须依靠辛勤劳动、诚实劳动、创造性劳动。我们说“空谈误国，实干兴邦”，实干首先就要脚踏实地地劳动。

习近平总书记强调，时代在发展，事业在创新，工会工作也要发展、也要创新。要顺应时代要求、适应社会变化，善于创造科学有效的工作方法，让职工群众真正感受到工会是“职工之家”，工会干部是最可信赖的“娘家人”。要把竭诚为职工群众服务作为工会一切工作的出发点和落脚点，全心全意为广大职工群众服务，认真倾听职工群众呼声，维护好广大职工群众包括农民工合法权益，扎扎实实为职工群众做好事、办实事、解难事，不断促进社会主义和谐劳动关系。要高度重视广大职工的多样化需求，不断拓展职工成长成才空间，着力培养造就一大批知识型、技术型、创新型的高素质职工。①

按照安徽省委和全国总工会的部署，省总工会把学习贯彻习近平总书记系列重要讲话，特别是在同全国劳动模范代表座谈会上的重要讲话精神作为重要政治任务，传达学习精神，并及时下发通知，对学习宣传贯彻工作作出全面部署，通过召开报告会、座谈会、在《安徽日报》上开设宣传劳动模范专版专栏、在安徽广播电台新闻联播中开设“劳模做我师傅”专栏等多种形式，组织广大工会干部和职工群众学习。

2013 年，按照《中共安徽省委办公厅印发〈关于深入学习贯彻习近平总书记

① 习近平：《在同全国劳动模范代表座谈时的讲话》，《人民日报》2013 年 4 月 29 日第 2 版。

一系列重要讲话精神的工作方案〉的通知》要求，省总工会印发《关于深入学习贯彻习近平总书记一系列重要讲话精神的实施方案》，提出具体要求：一是开展社会宣传，注重运用网络、微博、微信、移动多媒体等现代科技手段，发挥企事业单位宣传栏、公告栏、职工书屋、工人文化宫、职工俱乐部等基层宣传文化阵地作用；二是广泛开展宣传教育，积极组织宣讲团到基层宣讲，推动讲话精神进机关、进学校、进企业、进社区、进乡村；三是加强典型宣传，认真总结和广泛宣传各地各部门在学习贯彻中创造的好经验、好做法，适时推出一批把学习成果转化为工作成效的先进事例，形成主流舆论声势；四是围绕提高经济增长质量和效益、实施创新驱动发展战略，组织开展“谱写中国梦安徽篇章建功立业”主题劳动竞赛活动，广泛开展群众性经济技术创新和职工技术技能提升活动，造就一支有智慧、有技术、能发明、会创新的技术工人大军，努力建设知识型、技术型、创新型职工队伍；五是大力弘扬工人阶级伟大品格和劳模精神，唱响“劳动光荣、工人伟大”的时代主旋律，创新调动职工积极性的有效途径，使职工群众的劳动热情和创造活力充分迸发。

2013 年 3 月 27 日至 28 日，省财贸工会工作会议暨先进表彰会在合肥召开。同年，全省交通系统着力把学习贯彻习近平总书记在同全国劳动模范代表座谈会上的重要讲话指示精神引向深入。11 月，省交通系统组织全省汽车驾驶员、汽车修理工选拔赛，在此基础上组织汽车驾驶员和汽车修理工两支代表队分别参加第五届全国交通运输行业职业技能竞赛，安徽省汽车驾驶员代表队获得“团体第一名”“个人第一名”和“最佳优秀组织奖”。合肥市为深入贯彻落实习近平总书记在同全国劳动模范代表座谈会上的重要讲话指示精神，评选表彰合肥市五一劳动奖状 102 个，合肥市五一劳动奖章 200 个，合肥市“工人先锋号”100 个；开展劳模体检、疗休养及免费办理公交卡充值等活动，全年发放劳模“三金”481.4 万元，救助困难劳模 52 人，救助金额 21.4 万元。

三、学习宣传贯彻中国工会十六大精神

2013年10月18日至22日，中国工会第十六次代表大会在北京召开。大会闭幕后，习近平总书记与全国总工会新一届领导班子集体谈话并发表重要讲话，充分体现了党中央对工人阶级的亲切关怀，对工会工作的高度重视，为我国工运事业发展指明了前进方向。大会全面回顾了全国各级工会过去五年的工作成绩和十年的主要经验，提出了为实现中华民族伟大复兴的中国梦而奋斗这个当代中国工人运动的时代主题，对新形势下各级工会团结动员广大职工为推进中国特色社会主义事业贡献智慧和力量作了全面部署。

安徽省总工会认真学习宣传贯彻中国工会十六大精神，先后召开中国工会十六大安徽代表团全体代表座谈会、机关全体党员干部大会、党组会议和中心组会议、全省工会组织建设经验交流会等，认真学习大会精神，研究部署全省工会学习贯彻意见，要求各级工会要把学习宣传贯彻这次大会精神作为当前和今后一个时期的重要政治任务，采取多种形式组织广大职工和工会组织迅速兴起学习宣传贯彻热潮，把思想和行动统一到党中央的重要指示精神中，把智慧和力量凝聚到大会确定的各项任务上来。同时，省总工会党组第一时间向省委汇报了中国工会十六大情况和习近平总书记重要讲话、李克强经济形势报告、刘云山代表党中央的祝词和李建国报告精神。省委副书记李锦斌对此作出批示。

为加强学习宣传贯彻，省总工会还印发《关于认真学习宣传贯彻中国工会十六大精神的通知》，要求切实加强组织领导，确保学习宣传贯彻工作落到实处，将大会精神及时向党委（党组）汇报、政府（行政）通报，进一步争取党委（党组）和政府（行政）对工会工作的重视，扎实做好大会精神宣传工作，营造学习宣传贯彻的浓厚氛围，通过举办讨论会、报告会、研讨会、专题培训班等多种形式，组织广大职工和工会干部认真学习领会大会精神。

全省各级工会围绕学习宣传贯彻工作还开展了各类活动。省总工会组织相关人员赴马鞍山钢铁集团、中铁四局等单位宣讲大会精神，在全省开展以“中国梦·劳动美·我的梦”为主题的职工读书圆梦成果视频展示赛，结合“职工书屋”建设，组织广大职工深入学习中国工会十六大精神。在《安徽工人日报》《安徽工

运》、省总工会网站开设十六大专题、专栏，营造学习宣传贯彻氛围。省农林水工会、省教育工会等组织专题培训班 5 期，600 多名工会干部参加培训。

11 月 19 日，全国总工会宣讲团来到安徽，在省总工会学习贯彻党的十八届三中全会和中国工会十六大精神报告会上进行宣讲，提出要深刻理解党中央对工人阶级和各级工会组织、广大工会干部的殷切期望，认真学习大会报告，把大会确定的各项目标任务落到实处，推动党的工运事业创新发展。

四、召开安徽省工会第十三次代表大会

安徽省工会第十三次代表大会是在全省上下深入贯彻落实党的十八大和省第九次党代会精神，打造“三个强省”、建设美好安徽的关键时期召开的一次重要会议。这次大会的主要任务是以邓小平理论、“三个代表”重要思想、科学发展观为指导，坚定不移地走中国特色社会主义工会发展道路，全面总结省工会十二大以来的工作，研究确定今后五年的目标任务，选举产生省总工会新一届领导班子，团结带领全省广大职工为打造“三个强省”、建设美好安徽而奋斗。

2013 年 8 月 28 日，安徽省工会第十三次代表大会在安徽大剧院隆重开幕。出席会议的正式代表 778 名、特邀代表 50 名，代表全省 775 万工会会员。省委书记、省人大常委会主任张宝顺出席会议并讲话。全国总工会副主席、书记处书记段敦厚到会致辞。省政协副主席、省总工会主席童怀伟代表省总工会第十二届委员会作工作报告。群众团体代表和驻皖部队代表分别致辞。

大会指出，省工会十二大以来的五年是安徽省经济社会发展取得重大成就的五年，也是全省工运事业蓬勃发展的五年。五年来，安徽广大职工涌现出一大批劳动模范和先进人物，充分展示了新时期工人阶级的时代风采。各级工会切实履行各项职能，在推动经济发展、促进社会和谐、维护职工权益上发挥了重要作用。特别是以创建“工人先锋号”为载体，深入开展创先争优劳动竞赛，以“双走访、三服务”活动为抓手，完善职工维权帮扶救助体系，形成了具有时代特征、安徽特色的工会工作新路子。

大会强调，面对同心共筑中国梦的新使命，面对阔步前进奔小康的新任务，

全省广大职工要大力弘扬“中国梦·劳动美”的主旋律，勤奋劳动，诚实劳动，创新劳动，在打造“三个强省”中充分发挥主力军作用，在建设美好安徽中尽情展示主人翁风采。一要坚定理想信念，始终做坚持中国道路的中流砥柱。全省广大职工要坚持用中国特色社会主义理论体系武装头脑，坚持工人阶级的阶级属性和政治立场，不断增强对中国特色社会主义的道路自信、理论自信和制度自信。二要勇于创新创造，始终做致力转型发展的时代先锋。全省广大职工要树立发展是硬道理的战略思想，积极投身经济建设主战场，坚持主题主线，坚持以提高经济发展质量和效益为中心，坚持稳增长、调结构、促改革，推动经济持续健康发展，努力在建设美好安徽中建功立业。三要坚持顾全大局，始终做促进社会和谐的中坚力量。全省广大职工要发扬识大体、顾大局的光荣传统，正确对待改革中的利益格局调整，妥善处理个人与集体、局部与整体、当前与长远的关系，始终与企业风雨同舟，始终与党和政府共克时艰，以自身努力汇聚促进社会和谐稳定的正能量。四要弘扬伟大品格，始终做引领时代新风的行动楷模。要大力弘扬“爱岗敬业、争创一流、艰苦奋斗、勇于创新、淡泊名利、甘于奉献”的劳模精神，在干事创业中施展才华本领，在拼搏进取中实现人生价值。工会工作是党的群众工作的重要组成部分，全心全意依靠工人阶级是党的根本指导方针。各级党委要始终牢记，在任何时候、任何情况下，工人阶级的地位不能动摇、作用不能削弱。

大会通过了题为《高举旗帜 凝聚力量 团结带领全省职工为建设美好安徽而奋斗》的工作报告，报告总结了过去五年安徽各级工会引导职工运动的各项工作情况：一是围绕中心、服务大局，团结带领广大职工为推动转型发展作出了新贡献。以创建“工人先锋号”为载体，组织职工积极参与国家技术创新工程试点省、皖江城市带承接产业转移示范区、合芜蚌自主创新综合试验区建设，深入开展淮南至上海特高压交流输变电工程等“861”重点工程建设劳动竞赛、挖潜增效竞赛、节能减排竞赛和群众性经济技术创新活动，有效激发了广大职工创先争优建功立业的积极性。二是凝心聚力、弘扬先进，推动职工队伍整体素质得到了新提升。切实加强职工技能培训，组织职工参加技术比武、岗位练兵 225 万人次，帮助 93 万人次职工晋升了技术等级，新一代知识型、技术型、创新型职工队伍茁壮成长。三是固本强基、依法建立工会组织取得了新突破。全省基层工会组织已达 11.34 万家，会员 775.6 万人。四是突出维权、促进和谐，参与社会管理工作迈出了新步伐。不断健全以职代会为基本形式的厂务公开民主管理制度，全省 6.25 万家企事业单位建立了职代会或职工大会，6.44 万家企事业单位实行了厂务公开。大力推进工资集体协商，全省签订集体合同 3.34 万份、工资专项合同 2.62 万份、女职工权益保护专项合同 2.35 万份。五是情系职工、扶危济困，协助党政保障和改善民生取得了新成绩。全省工会五年累计筹集发放“两节”送温暖资金 6.8 亿元，救助困难职工 99.93 万户次；筹集助学资金 1.075 亿元，资助 6.337 万名困难职工和农民工子女上学。报告指出，必须始终坚持党的领导，高举旗帜坚定方向；必须始终坚持围绕中心，服务大局勇挑重担；必须始终坚持职工为本，凝聚力量真抓实干；必须始终坚持面向基层，强化组织激发活力；必须始终坚持解放思想，体现特色富于创造。今后五年全省工会要确保实现“五个提升”的工作目标，即科学发展推动力、工会组织凝聚力、劳动关系协调力、维权帮扶服务力和工会干部队伍战斗力五个方面进一步提升。全省工会应着力做好以下四个方面的工作：主动融入“三个强省”建设，充分发挥工人阶级主力军作用；致力构建和谐劳动关系，切实履行维护职工合法权益基本职责；竭诚服务职工群众，切实保障职工共享改革发展成果；全面加强自身建设，努力提高工会工作整体水平。

大会选举产生了省总工会第十三届委员会和经费审查委员会，童怀伟当选为省总工会主席，徐建、许晓东、李素萍、阮怀楼当选为副主席，胡东辉当选为经费审查委员会主任。大会闭幕式上还对全省 120 个模范职工之家、100 个模范职工小家、120 名优秀工会工作者进行了表彰。在省总工会十三届六次全委会上，选举樊忠厚为省总工会副主席，许启金、李坤刚为省总工会副主席。在省总工会十三届七次全委会上，选举李明为省总工会主席，程光林、徐露平为省总工会副主席。在省总工会十三届八次全委会上，选举徐发成、张文静、胡东辉为省总工会副主席，张保华为经费审查委员会主任。

省工会十三大胜利闭幕后，全省各级工会组织迅速掀起了学习宣传贯彻省工会十三大精神的热潮。淮南市、长丰县、界首市、淮北市相山区、黄山市徽州区总工会等通过召开机关大会、中心组理论学习会及制定下发通知等形式，传达学习会议精神，部署贯彻落实工作。各基层工会认真贯彻落实大会提出的各项目标任务，动员和引导广大职工积极开展劳动竞赛，发扬劳模精神，争当“最美劳动者”，不断增强工会的凝聚力和吸引力，使工会组织真正成为值得依靠的“职工之家”，工会干部真正成为最可信赖的“娘家人”。

五、开展职工思想政治工作

安徽各级工会一直注重加强职工思想政治建设，坚持用中国特色社会主义理论体系武装头脑，针对职工群众精神文化需求和工会实际，以社会主义核心价值体系建设为根本，努力满足职工群众精神文化需求，推动建设高素质职工队伍。

（一）切实做好职工思想政治教育工作

为抓好全省职工思想政治教育工作，省总工会着重推进以下几项工作：

加强顶层设计。2013 年 8 月 26 日、9 月 11 日，安徽省委、全国总工会分别召开全国宣传思想工作会议的贯彻落实会议，强调团结引领广大职工团结在中国特色社会主义旗帜下，凝聚起全面建成小康社会、实现中国梦的强大力量。10 月 9 日，省总工会召开全省工会宣传思想工作视频会议，号召全省广大工会干部要围绕中国梦的时代主题，精心组织、广泛动员职工群众开展“中国梦·劳动美”系列主题宣传教育活动。积极贯彻落实中央、省委和全国总工会召开的宣传思想工作会议精神，开展非公企业职工思想状况调查。召开全省工会新闻宣传工作会议，对宣传思想工作进行部署，制定《关于加强安徽省总工会机关宣传报道管理的暂行规定》。加强职工思想动态调研和舆情研判，掌握工会意识形态工作的领导权和主动权。

开展理想信念教育。省总工会积极组织全省职工深入学习宣传贯彻党的十八大精神，学习宣传贯彻中国工会十六大、省工会十三大精神。组织全省职工踊跃参与“劳动我最美”全国职工微博大赛、全国职工图片征集活动、“中国梦·劳动美”全国职工讲文明树新风公益广告设计作品征集活动、“中国梦·劳动美”全国职工诗词创作大赛。2013年4月18日，评选表彰“建美好安徽·展主人风采”全省职工学习宣传贯彻党的十八大精神优秀征文和优秀组织奖，引导广大职工结合中国梦的宣传教育，把学习宣传贯彻党的十八大精神引向深入。10月28日，启动“中国梦·劳动美·我的梦”主题教育活动——全省职工读书圆梦成果视频展示赛，通过层层遴选，推选出28个单位和8名个人的视频资料在“中安在线”展播，并接受网络投票评选，共吸引100多万名网友点击观看，成功推出了职工读书学习成才圆梦典型——宿州供电公司输电线路检修工、劳模许启金。省总工会向全国总工会精心推荐，许启金被中宣部选定为2014年全国五一劳模宣传两个典型之一。

加强职工职业道德建设，大力推进职工队伍“四德”建设。全国职工职业道德建设标兵评选活动自第十一届开始，每两年评选表彰标兵单位、标兵个人各20个（名）。全省工会积极培养以“爱岗敬业、诚实守信、办事公道、服务群众、奉献社会”为主要内容的职工职业道德精神，增强职工的道德意识，提高职工的道德素质。在2013年第十三届全国职工职业道德建设评选活动中，安徽省推荐的合肥庐阳区市容局清洁队长刘向红获得标兵个人称号并获得全国五一劳动奖章，自此连续5届，安徽省推荐的宣城泾县宣纸厂捞纸工周东红、蚌埠市公安局特警支队一大队教导员张劼、黄山迎客松第19任“专职守护人”胡晓春、安徽智飞龙科马生物制药有限公司疫苗生产研究员周锋等人相继获得标兵称号。编辑出版《共筑精神家园——职工社会主义核心价值体系主题实践精品案例》，收录了“邓玲工作法”“徐辉假日志愿服务小分队”和“方国胜工作室”等12个安徽省职工社会主义核心价值体系主题教育实践精品项目以及“瑞青班”等8个优秀项目。

创新发展文明行业创建工作。2013年6月23日，省精神文明建设指导委员会印发《安徽省文明城市（县城、城区）创建管理办法》，省总工会抓住有利契机，推动文明行业创建工作常态化机制化，积极协助省文明办做好省文明城市（县城）测评部门复核文明行业创建工作。9月30日，安徽省各级工会推广合肥市标准化职工书屋做法和经验，推动淮南市和繁昌、全椒等县把职工书屋等职工文化阵地建设纳入当地民生工程，为多个市、县、区工会争取到地方财政专项经费 1200 多万元，这也为地方工会争取各级政府政策和财政资金扶持提供了源头支撑。

（二）推进职工书屋等职工思想政治工作阵地建设

为贯彻中央关于推动全民阅读、建设书香中国的重要指示，全国总工会聚力打造凝心聚魂的职工阵地，持续深化职工书屋建设，职工书屋日益成为基层工会开展职工阅读活动的重要平台和抓手。在职工书屋建设中，安徽省总工会始终坚持贴近基层、贴近实际、贴近职工的原则，以改善一线职工学习条件为目的，使职工书屋成为职工文化、企业文化的重要载体。全省各基层工会在职工书屋建设过程中逐步实现自我建设、自我服务、自我发展，并以职工书屋为抓手，开展“读书会”“读书演讲”“社区读书队”等丰富多彩的读书活动。

2015 年，省总工会与省委宣传部联合开展了评选安徽省“百家机关书屋”活动。2016 年 12 月，《中华人民共和国公共文化服务保障法》正式将“职工书屋”列入公共文化设施。2017 年 10 月，安徽承办了全国职工书屋建设 10 周年论坛，省总工会获得“全国职工书屋建设优秀组织单位”称号，并在论坛上作经验交流。

2020 年，省总工会制定下发《安徽省职工书屋建设管理实施办法（暂行）》，进一步规范了我省各级职工书屋建设。同年，国网安徽省电力有限公司的职工书屋被全国总工会表彰为“全国工会品牌职工书屋示范点”，中煤矿建集团工会因开展“书香矿建”活动被全国总工会评为“优秀读书职工组织”，安徽国营芜湖机械厂职工朱卫国被全国总工会评为“阅读学习成才职工”。

2021 年，省级职工书屋建设工作打破以往百家书屋书目完全一致的做法，采用了线上选书平台，每家申报单位有一个专属账号选择专业知识的图书，根据行业、产业、工种的不同进行分类，让职工进行线上选书，鼓励职工“选择读”。6 月，省总工会利用省总工会官微和省电子职工书屋平台组织全省 17 万余名职工参与全国总工会线上党史知识竞答活动，位列全国第五，并被全国总工会授予“优秀组织单位”称号。7 月，省总工会在全省范围内开展职工书屋建设情况调研；开通线上网络问卷调查，全省 44147 名职工参与，共收集基层一线职工有效意见建议600余条。10月，省总工会在泾县举办“把一切献给党·劳动创造幸福”全国职工党史学习教育读书活动。来自省内各地的200名劳模工匠职工代表现场观看了此次活动，由“东方头条”全程直播报道，并通过新华网客户端、安徽省总工会微信公众号等多个平台进行直播，共53.5万人次实时观看活动盛况。同年，省总工会被全国总工会评为“全国职工主题阅读活动优秀组织单位”、淮北市总工会职工书屋被全国总工会评为“全国工会品牌职工书屋示范点”、中铁四局集团五公司盾构分公司职工魏大翻被评为“阅读学习成才职工”。

2022年1月，省总工会机关职工书吧揭牌，助推省总机关建设学习型、创新型、和谐型机关。为总结各级工会职工书屋建设的成果，省总工会拍摄了全省职工书屋建设成果展宣传片。当年年底，合肥市工人文化宫职工书屋被全国总工会表彰为“全国工会品牌职工书屋示范点”，

★ “阅读经典好书争当安徽工匠”全省工会职工书屋主题阅读交流活动。

宁国市总工会开展的“职工阅读分享会”被全国总工会评为“优秀读书职工组织”、安徽送变电工程有限公司职工张太雷被全国总工会评为“阅读学习成才职工”。

2023 年在全国总工会的指导下，安徽省总工会联合多省工会开展《千万职工共读经典主题活动》，组织职工参与共读活动，进一步优化、创新主题阅读交流活动。同年 4 月，在宁国市举办“阅读经典好书 争当安徽工匠”全省工会职工书屋主题阅读交流活动，紧扣“书香安徽·皖美阅读”主题，总结安徽省职工书屋建设经验做法，活动全程网络视频直播，点击量达到 82.1 万人次。当年年底安徽省总工会被评为“全国职工主题阅读活动优秀组织单位”；阜阳青年电子商务产业园职工书屋被评为“全国工会品牌职工书屋示范点”；淮南东辰集团有限责任公司“书香东辰”读书会、铜陵化工集团新桥矿业有限公司“新硫行”职工读书会被评为“示范性职工读书会”；安徽鲲鹏装备模具制造有限公司葛孝华被评为“阅读学习成才职工”；蚌埠市总工会徐希涛被评为全国工会职工书屋“突出贡献工作者”。

2024 年 4 月，省总工会联合省委宣传部举办“阅读经典好书 争当安徽工匠”安徽省工会职工书屋主题阅读交流活动，活动通过新华网客户端、省总工会微博、抖音同步直播，53.2 万职工在线收看。

各级工会在推进职工书屋建设中，不断拓展职工书屋功能，将固定书屋与流动书屋、流动书箱或流动图书车等形式结合起来；将传统书屋与电子书屋结合起来；将工作区书屋与职工公寓区、生活区书屋结合起来；把开展读书学习活动与解决企业生产技术重点、难点问题结合起来，实现职工书屋由“建”向“用”的转变，为温暖职工的精神世界提供了场所和文化家园。职工书屋建设作用发挥明显，活动方式灵活，已经成为推进职工文化、企业文化发展的有效载体。

截至 2024 年 1 月，全省共建设全国职工书屋示范点 464 家，省级职工书屋 2536 家。全省 80% 以上的职工书屋都建在企业，企业以此为平台，通过开展读书讲座、读书沙龙、心得交流、读书演讲、知识竞赛等活动，引导职工“爱读书、多读书、读好书”。这既丰富了职工的精神文化生活，营造了积极向上、健康温馨的工作氛围，也有效增强了职工对企业的归属感和责任感，对促进企业经营发展、推动企业文化建设、增强企业凝聚力、建设和谐劳动关系等起到了重要作用，受到企业和职工的普遍欢迎。

（三）充分发挥职工文体活动在职工思想政治引领中的突出作用

全省各级工会积极开展各类职工文体活动，推广《普通人群锻炼标准》，动员组织职工群众积极参与全民健身月活动，举办形式多样的球类、棋牌类、登山比赛以及健身展示赛、职工运动会、趣味运动会等职工体育活动，不断提高职工幸福指数和健康素质；探索体育活动与健身舞蹈有机融合路径，选送 2 个职工全健排舞项目在全国比赛中双双获得一等奖，项目获得创编项目团体奖。在各级工会举办职工文化艺术节、职工系列文艺演出、职工书画大赛、职工摄影展、职工歌咏赛、职工原创诗歌大赛等群众性活动基础上，省总工会联合省文联、省文行办举办“全省职工文艺调演”，展现了我省职工群众良好的精神风貌和文艺素养。

马鞍山市总制订了“1+N”项活动计划（召开劳模表彰大会、开展 1 次主题征文，举行 2 场文艺演出、开设 3 个宣传专栏、召开 N 场职工座谈会，组织开展 N 项职工文体活动，指导县、区工会开展 N 项主题宣传活动……），旨在通过这一系列的活动，提升职工思想道德素质、弘扬工人阶级伟大品格和劳模精神、丰富职工精神文化生活。省地质工会在矿山地头开展“一线工人故事会”比赛，由普通职工讲述身边先进典型的故事，让矿友们领略了身边的榜样在平凡工作中不平凡的风采。中国人民银行淮北市中心支行工会组织职工到朔里煤矿“杨杰讲堂”开展“我与杨杰，面对面”学习交流活动。

全省各级工会适应时代发展和职工队伍需要，紧贴职工群众思想实际，通过以重点工作为抓手，加强职工书屋等职工思想政治工作阵地建设，开展形式多样的职工文体活动等，充分发挥职工思想政治工作在推动改革、促进发展、维护稳定中的作用，努力把职工思想政治教育渗透和贯穿于工会各项工作的全过程，有力增强了职工思想政治工作的针对性、实效性。

第三节　依法治国进入全面推进新阶段的安徽工运事业

2014 年是全面贯彻落实党的十八届三中全会精神、全面深化改革的第一年。全省生产总值达 2.08 万亿元，同比增长 9.2%；城镇居民人均可支配收入为 2.48 万元，同比增长 9%；城镇新增就业 67.1 万人。全省工会和广大职工以开展“中国梦·劳动美·安徽篇章”主题系列活动和“固本强基、彰显活力”活动为重点，认真落实“五个提升”目标年度分解任务，成功举办安徽省首届职工技术比武运动会，推动劳动竞赛向非公领域拓展，开展“安徽省十大带徒名师”评选，广泛开展“送法进企业、普法进园区”活动，参加《安徽省实施〈女职工劳动保护特别规定〉办法》立法调研、《安徽省集体合同条例》实施情况执法调研和农民工参加社会保险情况专题调研，启动实施女职工“阳光家园”建设，创新开展为基层办好十件实事，为全面建成小康社会，建设经济繁荣、生态良好、社会和谐、人民幸福的美好安徽作出了积极贡献。

一、组织学习《习近平谈治国理政》

《习近平谈治国理政》第一卷至第四卷出版以来，省总工会切实把学习贯彻《习近平谈治国理政》作为一项重大政治任务，组织全省各级工会和广大职工认真开展学习宣传贯彻工作，坚持抓深学习、抓热宣传、抓实贯彻，努力将学习成效转化为推动安徽工运事业和工会工作高质量发展的强大动力和生动实践。

2020 年 11 月 13 日，省总工会举办第十六期“五一大讲堂”，邀请省委党校（安徽行政学院）马克思主义学院有关教授作专题辅导报告，对《习近平谈治国理政》第三卷等内容进行了全面阐释。省总工会机关及直属单位全体党员干部聆听了授课。

2022 年 8 月 16 日，省总工会举行学习宣传贯彻《习近平谈治国理政》第四卷首场宣讲，深刻领会习近平新时代中国特色社会主义思想，深刻把握习近平总书记重要讲话的核心要义。通过把《习近平谈治国理政》第四卷与第一卷、

第二卷、第三卷作为一个整体贯通起来，全面系统地读原著、学原文、悟原理、知原义，准确把握思想精髓和核心要义，全面指导工会实际工作，团结引领全省广大职工听党话、感党恩、跟党走，组织动员广大职工以更加饱满的热情立足本职岗位建功立业，切实做好职工维权服务工作，更好地在党和国家工作大局中发挥工会组织作用。

在省总工会的带领下，各市、县总工会也积极组织开展学习。2020 年 4 月，安庆市总工会机关党支部开展为党员过“政治生日”主题党日活动，组织全体党员学习《习近平谈治国理政》第二卷中将改革进行到底、建设社会主义法治国家等内容。8 月，旌德县总工会组织全体干部职工集中学习《习近平谈治国理政》第三卷。中建七局二公司举办“三型”党组织建设研讨班暨二季度党建例会，邀请合肥市委党校教授授课，专题学习和解读《习近平谈治国理政》第三卷。当涂县总工会召开党组中心组（扩大）会议，集中学习了《习近平谈治国理政》等内容。9 月，五河县总工会举办基层工会主席培训班，将《习近平谈治国理政》第三卷纳入培训课程。祁门县总工会组织党员干部开展集中夜学的方式，主要围绕习近平新时代中国特色社会主义思想、《习近平谈治国理政》第三卷等内容制订学习计划，采取领导讲学、研讨交流、结对帮扶村“夜访”等形式，把夜学活动与县工会日常工作结合起来，不断增强党员干部的党性修养和政治素质。10 月，马鞍山市总工会召开学习贯彻习近平总书记考察安徽重要讲话指示精神及《习近平谈治国理政》第三卷宣讲报告会。黟县总工会党支部开展“传承优良作风，用行动践行诺言”活动，学习《习近平谈治国理政》第三卷并开展传承尊老服务行动。11 月，郎溪县总工会开展 2020 年度党员教育培训工作，组织全体党员干部认真学习《习近平谈治国理政》第三卷等内容，不断强化党员干部思想武装。淮北市相山区总工会举办《习近平谈治国理政》第三卷主题读书分享会，邀请非公有制企业职工、教师、区直机关、街道、工会代表分享读书心得体会。12 月，怀远县总工会召开县总党组理论学习中心组学习（扩大）会议，集中学习《习近平谈治国理政》第三卷等内容。

2021 年 1 月到 2 月，黄山市徽州区总工会分别开展“学理论、找差距、大走访、解民忧”和“学理论、讲政治，找不足、促整改”主题党日活动，组织党员集中学习《习近平谈治国理政》第三卷等内容。2月，怀宁县总工会召开县总工会党组理论学习中心组学习会，组织机关干部职工集中学习了《习近平谈治国理政》第三卷等内容。3月，阜南县总工会召开十二届十二次常委会会议。会上，学习了《习近平谈治国理政》第三卷第七个专题“形成全面开放新格局”。

2022年9月22日，滁州市总工会在中国电信滁州分公司开展《习近平谈治国理政》第四卷劳模宣讲进企业活动，市直各窗口行业均安排了代表参加。为保证学习有条不紊地开展，滁州市、县总工会从书籍采购、学习计划制订、研讨交流等工作布置上都做了精心组织、周密安排，如征订《习近平谈治国理政》第四卷，确保所有党员人手一册；针对部分离退休党员行动不便等情况，采取送书上门、帮学辅学等措施，确保人人都在教育之中，增强学习的实效性。滁州市南谯区组建劳模宣讲团，选派5名优秀劳模，深入镇、村、机关、学校开展10场宣讲，惠及500余名一线职工群众；结合“五一讲堂”深入企业召开学习座谈会3次，广泛听取职工的学习心得，与职工进行面对面交流；深入联系包保企业，开展上门送学活动，并为全区10家职工书屋赠书20余册。滁州市琅琊区组织基层工会干部职工开展知识竞答，举办专题辅导报告会，开展“牢记嘱托谱新篇 砥砺奋进新征程”主题征文活动；通过微信公众号，推送“《习近平谈治国理政》第四卷重点内容是什么？如何学习？”等文章，并在微信公众号和微信群中交流学习心得。全椒县邀请劳动模范到县人社局、县交通局、县司法局、县财政局、县民政局等单位开展《习近平谈治国理政》第四卷宣讲。凤阳县组织学员利用学习强国平台参与《习近平谈治国理政》第四卷专题学习与专题答题，并定期督促通报学习情况。明光市依托学习强国、微信等平台载体，通过线上知识辅导抓好个人自学，确保在职党员参学率达到100%。

2022年9月28日，芜湖市总工会、无为市总工会组织劳模工匠走进安徽太平洋电缆股份有限公司，开展学习宣传贯彻《习近平谈治国理政》第四卷暨“劳动创造幸福”劳模宣讲进企业活动。劳模工匠现场与企业职工学习理论、分享他们的励志故事。听完劳模工匠感人的奋斗经历，现场一位一线职工激动地说：“听完他们的精彩分享，我为劳模工匠们点赞。今后，我要用劳模精神鞭策自己，立足岗位、勤奋劳动，为企业增效、为社会发展作出自己应有的贡献。”安徽太平洋电缆股份有限公司工会主席在聆听了现场宣讲后感慨道：“真没有想到，这次劳模宣讲会，不但让我们现场聆听了《习近平谈治国理政》第四卷主要精神，还安排了劳模工匠亲临现场为我们讲述他们不平凡的奋斗事迹，营造了崇尚劳动、学习劳模的良好氛围，形式活跃，我觉得很受教育。”肥西县总工会9月22日在紫蓬镇合肥沪汇日化有限公司举办学习贯彻《习近平谈治国理政》第四卷宣讲活动，该企业近30名职工聆听宣讲。休宁县9月27日举办学习贯彻习近平总书记在省部级主要领导干部专题研讨班上重要讲话精神、《习近平谈治国理政》第四卷宣讲报告会，县总工会、妇联、科协、工商联、残联等群团组织干部职工参加报告会。

二、推动工会依法维权工作

党的十八届四中全会对全面推进依法治国，建设中国特色社会主义法治体系，建设社会主义法治国家作出了全面部署。安徽省总工会深入学习贯彻党的十八届四中全会精神，坚持树立法治思维，扎实推进依法治会、依法维权，近年来着力推进工会依法维权工作，切实把维权工作纳入法制化轨道。

2013年，除了把参与制定《安徽省企业民主管理条例》作为加强维权工作重要的抓手外，省总工会还加强劳动关系矛盾排查和职工法律援助工作，制定《2013年“江淮普法行”活动安徽省总工会实施方案》。在《安徽工人日报》上开辟专栏，精心选取若干典型劳动争议调解案例刊登，采取以案说法的形式，供广大干部职工学习借鉴，受到了省委宣传部的称赞。深入开展送法进企业、进社区、进工地活动，提高广大职工的法律意识。认真组织全省非公企业劳动关系状况调查和工会信访工作调查，不断推进劳动争议预防、预警、调处、法律援助一体化建设，全年提供维权服务和法律援助10135人次。

合肥市在2013年的维权帮扶工作中开展“春季行动”，深入推进工资集体协商签订集体合同工作，举办工资集体协商指导员培训班，大力推行区域性、行业性工资集体协商工作。2013年，全市新签订集体合同企业6201家，覆盖职工 13.6 万人。全市累计签订集体合同的企业 16337 家，覆盖职工近 80 万人，集体合同报审率和备案率均达 100%，已建会企业集体合同签订率动态保持在 90% 以上。加强职工劳动争议调解工作，全市 80% 以上规模企业建立劳动争议调解委员会。市职工劳动争议调解中心累计接待职工来访咨询 1500 多人次，立案调解 190 例，帮助职工追回经济损失近 230 万元。加强工会职工法律援助工作，开展“法律进企业”主题活动，市困难职工法律援助工作站全年接待职工法律咨询 980 多人次，立案援助 15 件，帮助挽回经济损失 100 多万元。健全职工队伍维稳网络信息平台，妥善处理职工信访，积极参与庐江矾矿等企业改制工作。推动健全以职代会为基本形式的企事业单位民主管理制度，选树 53 家厂务公开民主管理示范单位，已建会企业的厂务公开和职代会建制率均达到 80%。开展“安康杯”竞赛活动，全市参赛企业 2697 家、参赛班组 18723 个、参赛职工 32 万人。开展困难职工帮扶活动，“两节”期间发放送温暖款物 1538.3 万元，慰问困难企业 897 家、困难职工 25732 户，市职工帮扶中心日常接待来访、咨询 8100 多人次，提供大病、生活等各类救助 4035 人次，救助金额 302 万元，全市 85% 的乡镇（街道）建立了帮扶站。在促进就业方面，市职工大学全年免费技能培训 1200 人，市曙光职工就业服务中心全年举办免费招聘会 28 场，成功介绍 3400 多人就业，市总工会为 60 家企业和个人小额贷款贴息 34 万元。明光市通过实施职工素质提升工程、职工建功立业工程、以维权帮扶为重点的民生工程、工会自身建设工程，加强学习型、服务型、创新型职工之家建设，提高了服务职工的能力和水平，全年各项工作得到提升，荣获“全国工会职工法律援助维权服务先进单位”“安徽省职工互助互济保障工作先进单位”等称号。

2014 年，全省工会突出做好维护职工权益工作。一是深入开展“法律六进”活动，推动劳动法律法规的贯彻落实。《劳动法》颁布 20 周年期间，6 月 18 日，省总工会下发《关于组织开展纪念〈劳动法〉颁布 20 周年系列活动的通知》，决定在农民工集中的企业和工业园区广泛开展以宣传普及劳动法律知识为主要内容的“送法进企业、普法进园区”系列普法宣传活动，增强广大职工的法治观念，提高工会干部的维权能力，促进企业更好地贯彻执行劳动法律法规。8 月至 12 月，省总工会组织省职工维权法律顾问团，先后到合肥市蜀山区工业园、六安市霍山县工业开发区、安庆市经济开发区、芜湖新兴铸管有限责任公司、皖北煤电集团、淮南矿业集团等地市和企业举办10场劳动法律知识专题讲座，1300多名工会干部、职工代表和企业管理人员参加培训，发放《劳动法》《劳动合同法》手册6000本。据统计，全省各地工会共举办各种类型的普法讲座180场，21204人次参加。淮南、宣城、铜陵等地还在全市范围内组织开展纪念《劳动法》颁布20周年征文比赛，涵盖煤矿、电力、化工等行业，覆盖职工24.8万人。其中《劳动法，我们身边的保障》《劳动法，在你我身边》等30多篇优秀论文被推荐参加全国工会系统征集《劳动法》颁布20周年征文比赛。二是积极学习宣传贯彻《劳务派遣暂行规定》，依法维护劳务派遣人员合法权益。2014年2月，省总工会下发《关于学习宣传贯彻〈劳务派遣暂行规定〉的通知》，要求各地工会组织结合《劳动合同法（修正案）》的相关规定，认真做好《劳务派遣暂行规定》的学习宣传贯彻工作，切实维护被派遣劳动者合法权益，及时反映学习宣传贯彻实施中出现的重大情况，促进劳动关系和谐稳定。据统计，全省各地工会共举办专题培训班28场，参加培训的专兼职工会干部3000人。省总工会开展《劳务派遣暂行规定》贯彻落实情况专题调研，其中全省已经取得行政许可证的劳务派遣公司共有576家，劳务派遣人员达到24.7万人，并向政府主管部门反映劳务派遣用工中存在的突出问题，提出改进意见和建议。

2014年6月9日，省总工会为发挥律师等社会力量在职工维权工作中的重要作用，与省司法厅研究成立“安徽省职工维权法律顾问团”。全省各地工会组织和司法行政机关密切配合，成立了多种形式的职工维权法律援助组织，吸纳广大律师积极参加工会组织的法制宣传、法律咨询和法律援助等工作。省职工维权法律顾问团团长由省总工会、省司法厅分管领导担任，成员由热心职工维权事业，具有较高政治素质和丰富执业经验的律师、工会公职律师和劳动争议仲裁员等担任。省总工会法律工作部负责日常管理工作，省司法厅律师管理处负责行业管理指导。省职工维权法律顾问团是面向全省广大职工和工会组织的服务性组织，主要承担以下职责任务：一是协助省总工会参与国家和地方劳动法律法规和政策的研究制定，配合开展劳动法律监督工作；二是协助工会组织开展职工法制宣传和普法教育活动，指导职工依照法律规定建立劳动关系和开展集体协商；三是参加省总工会职工信访接待工作，办理工会组织交办的职工法律援助案件；四是配合工会组织妥善处理职工群体性、突发性劳动争议案件，引导职工依法理性地维护自身权益；五是协助省总工会协调指导全省工会法律维权工作，开展维护职工权益理论研讨和经验交流活动。省职工维权法律顾问团在省总工会机关设立工作站，建立律师定期值班制度，承办各类职工法律援助案件，为合法权益受到侵害的困难职工、工会工作者和工会组织提供无偿法律援助。各市、县比照省职工维权法律顾问团的方式，结合当地实际成立职工维权法律顾问组织，最终形成覆盖全省的三级网络体系。2014 年 10 月，省总工会还制定下发《安徽省总工会法律人才队伍建设三年规划（2014—2016 年）》，着力提升工会组织依法维权的能力和水平。

据统计，截至 2014 年，全省工会共接待职工来访来电 160 多人次，办理劳动争议案件 12 起，其中凤阳县女工曹日梅劳动关系确认和工伤案件被《工人日报》报道。省总工会根据全国总工会办公厅《关于开展 2015 年度中央专项彩票公益金法律援助项目的申报工作的通知》要求，积极组织各省辖市工会进行申报，其中合肥、滁州分别获得 8 万元和 5 万元法律援助专项经费，为 100 名困难职工、农民工办理法律援助案件 76 起，为职工挽回经济损失 476.8 万元。

此外，省总工会还积极推动劳动争议调解工作，进一步提升劳动关系协调力，及时预防和化解劳动关系矛盾。2014 年，全省 10374 家规模以上企业成立了劳动争议调解组织，劳动争议调解委员会组建率达到 66.2%。马鞍山、芜湖、淮北 3 市和广德县完成市级劳动争议调解中心组建工作，全省 16 个省辖市所属的 22 个县（市、区）建立劳动争议调解中心，组建率达到 21%，超额完成了各项指标年度任务。

三、开展“中国梦·劳动美·安徽篇章”主题宣教活动

2012 年 11 月 29 日，习近平总书记在参观《复兴之路》展览时，第一次提出实现中国梦，并在第十二届全国人民代表大会第一次会议闭幕时的讲话中对

中国梦作了系统阐释。2013 年 4 月 1 日，全国总工会下发意见，决定在广大职工中开展“中国梦・劳动美”主题宣传活动，号召各级工会通过宣讲报告、媒体宣传、文化活动等方式，面向基层、面向职工，深入开展“中国梦”宣传教育活动。

安徽省总工会积极响应全国总工会号召，2014 年 1 月，结合安徽打造“加速崛起的经济强省、充满活力的文化强省、宜居宜业的生态强省”，建设美好安徽战略目标，在全省广泛开展“中国梦・劳动美・安徽篇章”主题宣传活动。

“建功中国梦——中国梦・劳动美・我的梦”全省职工读书圆梦成果视频展示赛收获丰硕。全省职工读书圆梦成果视频展示赛历时 7 个月，活动精选的 28 家单位视频、8 名个人视频通过中安在线网站首页显著位置集中展播，吸引了 100 多万人次点击观看并投票。这是安徽省总工会首次利用视频在网络媒体开展的大型主题活动，推出了职工读书学习成才圆梦典型，吸引职工广泛关注和踊跃参与，展示了“职工书屋”的平台效应，成效和启示颇多。该活动推出 2 名“安徽省学习型职工模范”和 1 个安徽省职工书屋建设使用成果单位，发现推出了 2014 年全国五一劳动奖章获得者、劳动模范宣传典型许启金，为安徽劳动模范典型宣传取得重大突破提供了线索和素材。

“宣讲中国梦——与改革同行・与梦想齐飞”全省职工主题宣讲展示赛有声有色。宣讲活动从 1 月部署之后，全省广大职工踊跃参与，各级工会有效把握时机，结合“五一”“十一”等重要时间节点不断推进，掀起了一波又一波活动热潮。职工通过演讲、快板、讲故事、三句半、诗朗诵、情景剧、微电影等多种方式，经过 1150 场次、2 万多人次的初赛选拔，共推荐报送 61 个作品参加省级选拔，经专家评审后，骆秋云演讲《“徽嫂”的中国梦》和王君演讲《在童心的世界绽放我的中国梦》荣获一等奖，并被推荐参加全国职工“中国梦・劳动美・我与改革创新”演讲比赛决赛，产生良好反响。安徽的活动得到全国总工会充分认可，安徽省总工会宣教部被授予最佳组织奖。

劳动模范“寄语中国梦”客运汽车车身公益宣传活动影响广泛。这项活动在蚌埠举办启动仪式后，在省交通运输管理局、省公安厅交警总队协作配合下，通过全省 5000 辆省际客运班车和部分市公交车以车贴画、宣传画和流动车身的形式，向社会展示了许启金等 30 位在全省有较大影响和知名度的劳动模范先进典型的形象，在省内外形成了一道靓丽的劳动模范风采流动风景线。宿州市在 6 条线路公交车身喷绘许启金等劳动模范形象和寄语，马鞍山、芜湖、阜阳市还在市内公交车张贴了劳动模范寄语招贴画，让更多市民了解劳动模范，扩大劳动模范知名度和劳模精神影响力。

“唱响中国梦”全省职工主题歌曲创作征集比赛集好评赢关注。3 月中旬，省总工会与省文联联合下发通知开展“唱响中国梦”活动，动员组织全省职工开展主题歌曲歌词创作征集活动。全省职工踊跃参与，共有 69 个推荐作品参加了创作歌曲征集比赛，并组织文艺小分队进企业、上工地开展送宣讲、送文艺活动，试唱部分优秀参赛作品。

省总工会、省文联于 9 月 29 日举办“中国梦·劳动美·安徽篇章——全省职工主题宣传迎国庆展演”，精选展演了主题宣传系列活动各类优秀作品，集中展示了组织开展全省职工主题宣传系列活动 5000 多场、近 200 万人次直接受众参与的成果，赢得了众多赞许。

据统计，2018—2023 年的 5 年，全省各级工会围绕“中国梦·劳动美·安徽篇章”主题宣传教育，组织开展“永远跟党走 奋进新征程”“喜迎二十大 建功新时代”等宣教活动 6 万余场次，辐射职工 7000 万人次。

四、组织工会就业援助月活动

就业是民生之本，帮助职工实现稳定就业是工会的一项重要工作。安徽是劳务输出大省，随着经济社会发展变化，党委政府要求帮助外出务工人员就近就地就业，求职者希望在家门口找到满意的工作，企业需要破解“招工难、用工荒”问题。

2014 年 2 月 10 日至 12 日，第四届“全国工会就业援助月”启动仪式在安徽国际会展中心举行，随后分别在合肥和淮北两地举行现场招聘、校企对接、招商推介、劳务维权等活动。省委、省政府和全国总工会对这次活动高度重视。全国总工会、省相关领导同志出席启动仪式和招聘会。省政府办公厅专门召开协调会议，省委宣传部、省教育厅、省经信委、省人社厅、省工商联、省总工会及合肥市政府、淮北市政府共同参与，为活动的成功举办提供了组织保障。活动期间，邀请9省市800多家就业服务机构和用人单位参加招聘，提供就业岗位10万余个，达成就业意向3.04万人，全国总工会为此专门向省委、省政府发来感谢信。同时，省总工会联合有关部门开展春风行动和工会就业援助月活动，全年共组织专场招聘会319场，成功介绍就业14.77万人。2015年，省总工会还专门将就业援助列入为基层（职工）办十件好事实事内容。

2016年，省总工会积极开展企业转岗分流职工就业创业援助工作。2月至3月，在工会就业创业援助月期间，省相关单位组织合肥市同淮北市、淮南市，芜湖市同马鞍山市建立产能过剩行业职工劳务输出对接机制，举办系列劳务对接会；主动联系江苏省总工会，协同举办安徽煤炭企业和江苏常州市、盐城市用人单位对接会，全省煤炭企业分流转岗职工劳务输出到合肥市、滁州市和江苏省常州市、盐城市企业工作，其中仅合肥长安汽车公司就吸纳236名煤炭转岗职工就业。淮北、淮南、马鞍山等市产能过剩地的市总工会在困难职工帮扶中心和招聘会现场，都设立专门政策咨询窗口，布设电子滚动大屏幕，定期公告用工信息，为产能过剩企业分流转岗职工人员提供就业政策、用工信息等咨询服务。针对分流职工现状，各地总工会积极联系用工单位，到矿区开展“送岗位”上门活动，举办专场招聘会。

各有关单位充分利用工会各类培训基地和平台，面向钢铁、煤炭、有色等过剩产能行业职工，实施工会转岗促就业培训和稳岗培训项目，通过转岗职工专项技能培训促进就业。省总工会制定《安徽工会创业援助行动计划》，安排经费500万元，有关市总工会进行1∶1以上资金配套，采取小额贷款贴息、无息借款、资金入股等方式，扶持有创业意愿和一定创业能力的煤炭钢铁分流转岗职工创业以带动就业。淮北市总工会对经济效益良好、创业事迹感人、社会责任感强、项目具有推广价值的创业带头人命名“职工创业标兵”荣誉称号，评选煤矿转岗分流职工创业标兵25人，发放创业扶持资金11.5万元，引导职工通过创业实现就业。淮南市总工会积极为创业职工申报小额贷款贴息，经过公示，有19个项目符合小额贷款贴息条件，贷款金额300万元。

2020年，为配合疫情防控工作，省总工会开展“全省工会网上就业创业援助月”活动。2月中旬至3月下旬，在全国率先组织开展主题为“安全防护抗疫情、稳岗就业促发展”的“安徽工会网上就业创业援助月”活动，先后6次组织19家劳动关系和谐企业参加省总工会网络直播和安徽广播电视台节目直播，发布“疫情防控期间劳动用工法律提示”。全省归集参加网上招聘的企业4713家、岗位23.6万个，开展网上招聘会及直播311场，点击量达535万人次，达成就业8.4万多人，其中，贫困县农民工达成就业1.3万多人。《新华社》、人民网、《安徽日报》等主流媒体广泛报道，产生了积极社会影响。

2021年，省总工会开展工会就业服务百千万行动，常态化开展“安徽工会网上就业创业援助”行动，全省归集参加网上招聘的企业10619家、岗位43.1万个，开展线上线下招聘会共877场，达成就业意向10.4万人次，其中，农民工达成就业意向1.8万人次。年度扶持创业项目、职工稳岗培训、困难职工稳就业分别完成任务数的183%、329%、130%。

从2014年开始至2020年，全省工会连续7年统一开展“工会就业援助月”活动，主要以下岗职工、农民工、高校毕业生、家庭困难职工及企业转岗分流职工等为重点群体，以职业介绍、职业培训、就业创业支持等为主要形式，2021年因新冠肺炎疫情影响，实施“安徽工会网上就业创业援助”行动，以线上为主、线下为辅。8年间，全省工会通过就业创业活动，缓解了企业招工压力，扩大了就业能力，推动了安徽经济社会的发展。

五、推动出台和宣传贯彻《安徽省企业民主管理条例》

（一）推动出台《安徽省企业民主管理条例》

2012年2月13日，中央纪委、中央组织部、国务院国资委、监察部、全国总工会、全国工商联联合印发《企业民主管理规定》，这是继1986年党中央、国务院颁发《全民所有制工业企业职工代表大会条例》以来，全面规范企业民主管理工作的重要规章，打破了企业所有制界限，明确非公有制企业也应实行民主管理。

同年2月，在安徽省十一届人大五次会议上，省人大代表提出3件有关企业民主管理立法的建议，受到省人大常委会领导的高度重视，被列为重点督办事项。5月30日，省人大常委会召开关于企业民主管理问题代表建议重点督办会，会议听取了省总工会、省经信委、省人社厅、省国资委办理省人大代表关于企业民主管理问题建议情况的汇报，省人大常委会相关工作机构介绍了督办工作方案。

2013年2月5日，省十二届人大常委会第一次主任会议决定将制定企业民主管理条例列为2013年立法计划提请审议类项目，由省人大常委会内司工委牵头组织开展立法工作。3月2日，成立由省人大常委会内司工委牵头，省人大常委会法工委、省政府法制办、省人社厅、省经信委、省国资委、省总工会、省工商联参加的立法协调小组和草案起草小组，并制定了工作方案，召开了工作会议。4月至8月，省推行厂务公开工作领导小组办公室参加省人大内司工委组织的调研组，赴淮北、阜阳、合肥、淮南、铜陵、安庆等市开展《安徽省企业民主管理条例》立法调研，形成《安徽省企业民主管理立法调研报告》。9月16日，《安徽省企业民主管理条例（草案）》一审后，在省人大常委会法工委的组织下，省推行厂务公开工作领导小组办公室对条例草案进行了4次集中修改，并于11月20日提交省十二届人大常委会第七次会议二审。

2014年1月22日，省十二届人大常委会第九次会议审议通过《安徽省企业民主管理条例》，定于2014年3月1日起正式实施。《安徽省企业民主管理条例》分总则、职工代表大会、企业事务公开、职工董事和职工监事、监督检查、法律责任、附则7章共53条，为安徽省企业民主管理工作提供了法律保障和工作指导。2月20日，下发《关于宣传贯彻和实施〈安徽省企业民主管理条例〉的通知》，要求各地全面抓好宣传动员工作，扎实有效推进《安徽省企业民主管理条例》的全面实施。《安徽日报》《安徽工人日报》和省人大、省政府法制办、省总工会、中安在线、中国网等门户网站及媒体网站都全文登载了《安徽省企业民主管理条例》，《新华社》《人民日报》《工人日报》《法制日报》和中央人民广播电台、安徽电视台等多家媒体网站，从不同角度对《安徽省企业民主管理条例》进行了宣传报道。

（二）宣传贯彻《安徽省企业民主管理条例》

全省各级厂务公开工作领导机构、企事业单位以贯彻落实《安徽省企业民主管理条例》为契机，持续抓建制打基础，抓典型促规范，抓培训提水平，不断健全民主制度、丰富民主形式、拓宽民主渠道。2015 年 1 月 8 日，在各地推荐和民主评选的基础上，省推行厂务公开工作领导小组命名安徽中烟工业有限责任公司、合肥卷烟厂等 36 家单位为“安徽省厂务公开民主管理示范单位”。4 月 9 日，省总工会印发《安徽省企事业民主管理操作规程（试行）》（以下简称《规程》），就职工代表大会、企业事务公开、职工董事职工监事三项制度如何操作，从内容上、形式上、程度上作了全面规范。5 月 5 日，全国厂务公开信息第 9 期全文刊发了《规程》，推荐全国各地学习借鉴。12 月 17 日，省推行厂务公开工作领导小组在江淮汽车股份有限公司召开全省职工代表大会规范化建设现场会，总结工作经验，推进职代会规范化建设工作。

2016 年 6 月 12 日至 17 日，由省人大常委会内司工委牵头开展《安徽省企业民主管理条例》执法调研，先后赴马鞍山、宣城、滁州、合肥、亳州、阜阳等地，深入了解基层企业民主管理工作开展情况及成效。2017 年 1 月 9 日，省总工会制定下发《关于深入推进非公有制企业民主管理工作的实施意见》，对新形势下进一步加强非公有制企业民主管理工作提出明确要求。3 月 22 日，下发《关于进一步健全完善职工（工会会员）代表大会备案制度的通知》，决定自 2017 年起，在以往建立职工代表大会制度备案的基础上，在省总直管工会、有关大企业工会中实行工会会员（或会员代表）大会备案制度。4 月至 6 月，分别赴淮北、马鞍山市实地调研了解淮北矿业集团、马钢集团职工安置分流情况，对进一步规范召开职代会、创新厂务公开工作提出明确要求。7 月至 8 月，开展“一法一办法两条例”（《中华人民共和国工会法》《安徽省实施〈中华人民共和国工会法〉办法》《安徽省集体合同条例》《安徽省企业民主管理条例》）落实情况调研，重点对各地贯彻落实《安徽省企业民主管理条例》情况进行了检查。11 月 25 日，制作《安徽省企业民主管理条例》动画宣传片《如何开好职代会》，并通过省总工会官网、微信公众号推送宣传，指导基层规范召开职代会。11月30日，制定下发《关于进一步加强职工代表大会规范化建设的意见》，从重要意义、基本原则、主要内容、工作要求四个方面对加强职代会规范化建设进行了明确规定。

2018年1月至6月，省推行厂务公开工作领导小组办公室借助全省工会推动建会工作契机，把企业民主管理建制扩面与工会组建、增强活力相结合，实现“建会、建家、建制”三同步，推动企业民主管理建制扩面。8月22日至25日，第十次全国企业民主管理工作调研检查第十互检组一行，对我省企业民主管理工作进行了调研检查。2019年3月，省推行厂务公开工作领导小组办公室组织开展《安徽省企业民主管理条例》颁布实施5周年系列宣传贯彻活动，在安徽省总工会微信公众号上开展网上知识竞赛，总参与量8.91万人次。2020年8月17日，省推行厂务公开工作领导小组办公室印发《关于健全以职工代表大会为基本形式的企事业单位民主管理制度的工作举措》，细化新时代企业民主管理工作举措，明确责任分工。12月1日，全国厂务公开协调小组下发《关于表彰全国厂务公开民主管理先进单位的决定》，安徽省总工会被表彰为“全国推动厂务公开民主管理工作先进单位”。

为庆祝中国共产党成立100周年，加大企业民主管理宣传力度，展示企业民主管理工作的生动实践，2021年4月23日，省推行厂务公开工作领导小组办公室开展以“我和企业民主管理的故事”为主题的企业民主管理微视频征集推荐活动，共收集作品70件，择优向全国总工会报送5件，其中，国网安徽省电力有限公司《我要帮你》获全国二等奖，中国铁塔股份有限公司滁州分公司《用“三度”管理实现“温度”提升》和国网池州供电公司《企业民主管理丰富多彩的世界》获全国三等奖。6月至11月，省推行厂务公开工作领导小组办公室采取自查和抽查相结合的方式，在全省开展企业民主管理工作调研检查，把落实全国总工会《2019—2023年全国企业民主管理工作五年规划》《2019—2023年职工代表培训规划》情况作为调研检查的重点，及时了解掌握各地工作情况，帮助基层解决实践中遇到的困难和改革中出现的新情况、新问题。8月，根据工作需要和人员变动情况，及时调整省推行厂务公开工作领导小组及其办公室成员。各地参照省领导小组模式，健全和完善厂务公开领导机构，进一步巩固了“党委统一领导、党政共同负责、有关方面齐抓共管、职工群众广泛参与”的工作格局。

2022年3月31日，省委副书记、省推行厂务公开工作领导小组组长程丽华主持召开省推行厂务公开工作领导小组会议，总结2021年全省企业民主管理工作，安排部署2022年工作任务，会议讨论通过《安徽省推行厂务公开工作领导小组及其办公室工作规则》。4月6日，省推行厂务公开工作领导小组印发《安徽省推行厂务公开工作领导小组及其办公室工作规则》，确定会议制度、文件会签、调研检查、工作表彰、信息报送和财务工作等6项工作制度。4月26日，省推行厂务公开工作领导小组办公室下发《关于组织开展全省厂务公开民主管理工作典型案例征集活动的通知》，各地认真总结推行厂务公开民主管理工作中的创新举措和特色做法，共推荐121个典型案例，为各地推进工作提供指导借鉴。7月至8月，组织各地厂务公开领导机构，推动本地区和企事业单位进行自查，省联合调研组对阜阳、淮南、黄山、安庆等地进行抽查，帮助基层解决困难和改革中出现的新情况新问题。7月21日，省推行厂务公开工作领导小组办公室制定下发《安徽省职工代表大会操作规程》《安徽省职工代表大会操作流程图》，对职代会的筹备、形式、内容、程序、时限和职权等进行了明确规定，为全省企事业单位推进职代会制度化、标准化、规范化建设提供工作指南。党的二十大召开后，全省工会系统开展“健全以职代会为基本形式的企事业单位民主管理制度，维护职工合法权益”专题调研，形成专题调研报告报送省委政研室。10月，根据关于开展全国厂务公开民主管理先进单位复查工作的有关要求，对2003年、2007年、2010年我省受表彰的39家全国厂务公开民主管理先进单位和2013年受表彰的2家全国厂务公开民主管理示范单位进行全面复查。

2023年4月10日，省推行厂务公开工作领导小组召开第六次会议。当时全省16个地级市、104个县（市、区）均健全完善了厂务公开领导机构，在全国率先实现省、市、县（区）三级领导机构全覆盖。4月26日，全省开展新时代企事业单位民主管理研究理论征文活动，征集论文79件，择优向全国总工会报送9件，其中《新时代平台经济下企业民主管理创新模式研究》获全国二等奖，

《关于规范职工提案管理 进一步提升集团公司民主管理水平的思考》获全国优秀奖。7月11日，下发《关于开展2023年度“聚合力 促发展”全省优秀职工代表提案征集推荐活动的通知》，组织职工群众为企业高质量发展献计献策，征集职工代表提案135件，评选表扬省级优秀职工代表提案50件。为迎接中国工会十八大胜利召开，6月至8月，省总工会组织开展基层组织建设和民主管理工作微视频展播活动，5件作品被全国总工会展播，其中，当涂县总工会推荐的《幸福来“敲门” 工会喊“回家”》和中铁四局集团有限公司工会推荐的《构建厂务公开“三大工程”的民主管理实践》获全国优秀作品，省总工会获评优秀组织单位。10月27日，全省厂务公开民主管理工作会议在合肥召开，会议表彰了全省厂务公开民主管理先进单位和先进个人。10月至11月，各地根据《关于做好2021—2023年全国厂务公开民主管理工作先进单位申报推荐工作的通知》要求，有序组织开展全国厂务公开民主管理工作先进单位申报推荐工作。11月，省领导小组办公室成员单位分三组，赴各地调研开展全省企业民主管理“双查”活动，通过听取汇报、座谈交流、查阅档案等方式，对调研单位厂务公开工作领导机构的现状和作用发挥，落实职工代表大会、厂务公开、职工董事职工监事等企事业单位民主管理制度等情况进行调研，了解掌握各地工作开展情况，帮助基层解决实践中遇到的困难，推动企业民主管理工作走深走实。

2024年3月18日，省推行厂务公开工作领导小组办公室印发《2024年全省企业民主管理工作要点及任务分工》，从强化思想引领、聚焦建制扩面、提质增效、加强组织领导等方面细化具体任务，督促各地抓好落实。4月1日，下发《关于2023年度“聚合力 促发展”全省优秀职工代表提案征集推荐活动开展情况的通报》，通报表扬50件优秀职工代表提案。4月30日，全国厂务公开协调小组印发《关于表彰2021—2023年全国厂务公开民主管理工作先进单位的决定》，授予合肥维天运通信息科技股份有限公司等我省14个单位“2021—2023年全国厂务公开民主管理工作先进单位”称号，授予安徽省总工会等我省4个单位“2021—2023年全国推动厂务公开民主管理工作先进单位”称号，命名淮北矿业（集团）有限责任公司等我省3个单位“2021—2023年全国厂务公开民主管理示范单位”称号。

制定和贯彻《安徽省企业民主管理条例》是落实全心全意依靠工人阶级、发展全过程人民民主的重要举措，是完善新时代企业管理制度、促进经济健康发展的必然要求，是构建和谐劳动关系、维护职工合法权益的重要途径。实践证明，健全以职工代表大会为基本形式的企事业单位民主管理制度，有力推动了企事业单位民主决策、科学管理，促进了劳动关系健康和谐稳定，调动了职工群众的积极性和创造性，进一步保障职工知情权、参与权、表达权和监督权有效落实。

六、加强开发区、工业园区工会建设

随着全省工业化、城镇化进程的加快发展，开发区、工业园区已处在全省加快经济发展方式转变和经济结构调整的最前沿，成为产业发展和劳动关系集聚的重要区域，开发区、工业园区工会日益被推向协调劳动关系、维护职工合法权益、有效服务职工、助推地方经济社会发展的前沿。加强开发区、工业园区工会工作，日益成为加强党的执政能力建设、巩固党的执政基础的需要，加强社会管理创新、构建和谐劳动关系的需要，维护职工合法权益、促进社会公平正义的需要。2011 年 7 月 14 日，全国总工会印发《关于进一步加强开发区、工业园区工会工作的意见》，重点从认识加强开发区、工业园区工会工作的重要性，明确工会工作的主要任务，加强工会自身建设，加强对开发区、工业园区工会工作的领导四个方面制定指导意见，进一步推动开发区、工业园区工会工作。安徽省各级工会重点围绕“三个着力”，按照“扩大覆盖面、增强凝聚力”的要求，积极探索开发区、工业园区工会组建新模式，加强省级以上开发区、工业园区工会规范化建设。

2014 年 1 月 16 日，省总工会召开十三届二次全委会，提出要以开展“中国梦·劳动美·安徽篇章”主题系列活动和“固本强基、彰显活力”活动为抓手，推动落实“五个提升”年度目标，切实为基层和广大职工办好十件实事，在打造“三个强省”、建设美好安徽中充分发挥工会作用。为切实加强非公企业工会建设，激发非公企业工会活力，促进非公企业工会发挥作用，真正把非公企业工会建成有凝聚力和吸引力、让职工信赖的“职工之家”，2014年，省总工会决定在全省非公企业工会开展“固本强基、彰显活力”活动，制定印发《关于在非公企业工会开展“固本强基、彰显活力”活动的意见》。

全省各级工会组织按照“巩固、发展、提高”的总要求，坚持抓好工会组建和会员发展工作，重点抓好开发区、工业园区工会组织建设，规范“小三级”工会组织网络建设，推动“六好”乡镇（街道）工会建设，加强规模以上非公企业工会规范化建设，开展选树千家示范非公企业工会活动。2014年首先选树300家示范非公企业工会，激发非公企业工会活力，开展“工会组织亮牌子、工会主席亮身份”和非公企业“双爱双评”活动，建设职工之家，不断完善会员评价机制，把更多的人力、物力、财力投入基层。在44个省级以上开发区首批选聘55名社会化工会工作者，省总工会本级直接用于补助基层开展活动的经费为9436.4万元，占省总工会本级预算的70.9%，同比增长29.2%，并决定每年从对下补助经费中拿出不低于10%的比例专项用于乡镇工会建设。截至2014年底，全省基层工会组织已达12.01万家，会员793.67万人。

2014年5月20日，省总工会在合肥召开全省加强开发区、工业园区工会工作现场会，各市、省直管县总工会分管主席、组织部部长，全省17个国家级开发区工会主要负责人，省级开发区工会主要负责人代表，省总工会机关职能部门、驻会产业工会主要负责人参加了这次现场会。与会代表实地观摩了合肥京东方等单位工会工作情况，观看了合肥市工会创新工作宣传片，听取了合肥市总工会等7家单位的经验介绍、28家单位的书面交流。现场会要求各地开发区、工业园区工会主动争取党政和有关方面的重视和支持，积极推动建立劳动关系三方协商、工会与管委会定期召开联席会议等工作制度，加强地方工会对开发区、工业园区工会工作的指导和服务，重点解决开发区、工业园区工会在组织体制、运行机制、干部选配、经费管理等方面存在的突出问题，努力把开发区、工业园区建成全省基层工会工作的“示范区”和探索市场经济条件下工会工作内在规律的“试验田”。

现场会结束后，省总工会以推进基层工会改革为契机，指导乡镇（街道）、开发区（工业园区）规范建立工会组织，继续推动有条件的地方建立工会。健全完善乡镇（街道）—村（社区）—企业“小三级”工会组织网络，支持符合条件的乡镇（街道）、开发区（工业园区）建立工会，使工会组织的触角不断向基层、企业一线延伸覆盖。开展乡镇（街道）、开发区（工业园区）工会组织建设调研，对全省面上情况进行摸底，组织各地开展自查，并赴部分地区进行实地调研。

全省各级工会把乡镇（街道）、开发区（工业园区）作为基层工会组建的重点区域，成立组建工会和发展会员工作考核领导小组，召开专题现场会，下达量化工作目标。根据乡镇（街道）、开发区（工业园区）管辖范围内企业多且分散的特点，各级工会按照“哪里有职工、哪里就要建立工会组织”的原则，创新工会组建形式，注重发展区域性、行业性基层工会组织，采取诸如餐饮工会、美容美发工会、项目工会、楼宇工会等灵活多样的组织形式，最大限度地把职工和农民工组织到工会中来。

2021年，省总工会认真落实全国总工会基层工作部、省委非公经济和社会组织工委年度工作部署，按照《基层组织建设提升年实施方案》安排，制定《开展开发区（工业园区）辖区内企业和2020年省民营企业“三个百强”工会组建拉网行动实施方案》，以开发区（工业园区）辖区内企业和2020年省“三个百强”民营企业为重点，集中力量突破，促进企业建会数和职工入会数明显提升，深入推进基层工会组织建设制度化、规范化。截至2021年底，全省共有173个开发区（工业园区），已建工会组织1.7万个，覆盖职工177.9万人，工会会员152.1万人。

全省各级工会始终把加强开发区、工业园区工会建设摆在更加突出的位置，在注重加强开发区、工业园区工会自身建设的同时，做实服务经济发展、推动企业工会组建、建立健全维权机制、协调处理劳动争议、指导基层工会开展工作等工作，充分发挥了开发区、工业园区工会推动园区经济发展，促进社会和谐，依法维护职工合法权益的重要作用，有力促进了开发区、工业园区工会工作整体水平的提高。

七、举办安徽省首届职工技术比武运动会

为深入实施人才强国、人才强省战略，有效整合全省行业系统职工技能竞赛活动，省劳动竞赛委员会、省总工会、省人社厅、省经信委、省国资委、省工商联联合举办了全省首届职工技术比武运动会。2014 年 6 月 18 日，在安徽神剑科技股份有限公司车间举行了省首届职工技术比武运动会启动仪式。此次运动会中，省组委会主抓 8 个一类项目竞赛，示范带动其余二类项目竞赛有序规范开展。进入三季度，全省每个月举办 1 至 2 场省级一类竞赛项目决赛，车工、铣工、焊工、白酒酿造、气象预报、美容美发、商贸、煤田钻探、点钞、计算机信息技术等工种各级竞赛活动在全省各地全面开赛，高潮迭起。截至 11 月底，共组织 200 多万名职工参加基层岗位练兵活动，43 万名职工参加各类选拔赛，10 多万名职工参加 174 项省级决赛，助推近万名职工提升了技术等级。通过展示推广成果、交流经验，全面掀起全省广大职工立足岗位练技能、学技术、钻业务、强素质热潮。

2014 年 12 月 30 日，省首届职工技术比武运动会成果展示会在安徽工会大厦举办。会上宣读了《关于表彰安徽省首届职工技术比武运动会先进个人和先进集体的决定》。会议对省首届职工技术比武运动会进行了总结。

★ 2014 年安徽省首届职工技术比武运动会成果展示会。

安徽省首届职工技术比武运动会有四个特点：一是规模大，共组织了166项省级职工技术比赛活动，历时半年时间，吸引200多万名职工积极参与，规模和影响在全省劳动竞赛工作史上尚属首次，为全省职工搭建了一个展示本领特长的舞台；二是形式新，探索形成了一个良好的运行体制，推动建立起集技术培训、交流、竞赛和技术等级晋升于一体的职工素质提升有效机制；三是结合紧，在职工技术比武运动会上呈现了“比学赶帮超”的群众性经济技术活动良好氛围，广大职工立足岗位练技能、学技术、钻业务、强素质等竞赛活动蔚然成风；四是效果好，运动会锻造了一支高素质的职工队伍，上万名职工提升了技术等级，为广大职工开辟了快速成才的渠道，有力地助推全省经济的转型升级。会议强调：要进一步拓展技术比武的领域，深入开展重点工程建设、挖潜增效、节能减排等群众性经济技术创新活动，增加技术比武的科技含量；要围绕市场对职工素质的新要求，探索联合培训、个性化培训、订单式培训和送技能到企业等多样化的培训方式；要进一步营造关爱劳动模范、爱护先进的良好氛围，大力宣传大赛中涌现出来的技术状元、技术能手、技术标兵，让他们在经济上得实惠，生活上有保障，专业上受尊重，政治上得荣誉。

八、开展为职工办十件实事活动

全省各级工会始终把竭诚服务职工群众作为工会工作的出发点和落脚点，扎实为职工做实事、解难事、办好事。在以往工作基础上，2014年1月16日，省总工会召开十三届二次全委会，正式提出每年“切实为基层和广大职工办好十件实事”。从此，每年“为职工办十件实事”就成了安徽工会的工作品牌，受到广大职工群众热烈欢迎。

每年年初，省总工会通过安徽职工服务网、安徽省总工会微信公众号和电子邮箱等方式，围绕与工会联系服务职工群众密切相关的重点工作以及广大职工群众最关心、最盼望、最亟待解决的问题，面向社会各界公开征集“为职工办十件实事”意见和建议。在广泛调研、充分征集意见的基础上，按照“职工所需、工会所能”的工作思路，明确每年“为职工办十件实事”的具体项目。“十件实事”涉及全省职工工作生活的多个方面，与职工切身权益密切相关，主要包含职工思想政治引领、技能培训、素质提升、就业创业、劳动安全、会员普惠、工会法律援助、阵地建设、新就业形态劳动者权益维护、产业工人队伍建设改革、网上工会服务等方面内容。比如，2019 年“为职工办十件实事”的具体项目分别是：助推产业工人技能提升；服务扶持职工就业创业；组织万名一线职工疗休养，打造千个户外劳动者“幸福驿站”；开展百场农民工免费体检；推进建设千家“阳光家园——母婴室”和“阳光家园——托管班”；搭建“皖工鹊桥”青年职工婚恋交友平台；组织百万职工参加文化体育活动；帮扶救助万名城市困难职工解困脱困；为万名货车司机等 8 大群体会员赠送意外伤害互助保险；推进“互联网 + 工会服务”[①]。

据统计，2018 年至 2023 年，“为职工办十件实事”取得明显成效。全省各级工会累计投入困难职工帮扶资金 7.1 亿元，筹集资金 14.6 亿元，慰问职工 1004 万人次，帮助 2.8 万名困难职工子女求学圆梦。常态化开展工会就业创业服务活动，创新开展“工会送岗位　乐业在江淮”就业援助行动，累计举办线上线下招聘会 7000 余场，促进 30 余万职工稳定就业。深化“尊法守法 · 携手筑梦”服务农民工法治宣传和“百千万法律帮扶行动”，服务农民工 240.9 万人次。积极助力疫情防控和经济复苏，累计投入疫情防控资金 1.01 亿元，慰问一线防疫职工 4.37 万人，2 次专项表彰在新冠疫情防控工作中表现突出的个人或集体，授予省五一劳动奖章 300 个。组织 29 万名一线职工疗休养，向 39.86 万名新就业形态劳动者赠送职工意外伤害互助保险，为 10.7 万名农民工免费体检、1.88 万名女职工免费“两癌”筛查，开展青年职工婚恋交友活动 951 场，建成“工会驿站”3087 家、女职工“阳光家园”1945 家。设立全国工会系统首支省级专项基金安徽职工发展专项基金，筹集 1500 多万元财物支持职工发展。

---

① 安徽省总工会编：《安徽工会年鉴（2020）》，黄山出版社 2021 年版，第 386 页。

九、开展工会创新工作评选

为落实省工会十三大的工作部署，积极探索新形势下工会工作的新思路新方法，在新的历史起点上不断推进工会工作创新发展，省总工会组织开展了全省工会十大创新工作评选表彰活动，开展了2013年度全省工会工作创新成果申报及考核活动。

活动一经开展就得到了各市、省直管县总工会和省总工会各部门、各产业工会的积极响应和大力支持，共有18家单位申报创新工作52项。为了更好展示各级各单位在工作中的创新成果，省总工会专门召开各市、省直管县总工会创新工作汇报会。通过测评打分，并经省总工会党组研究，决定对合肥市总工会等9家创新工作示范单位、六安市总工会等9家创新工作先进单位予以通报表彰；授予淮北市总工会申报的《创建劳模（技能人才）创新工作室》等10个项目授予“全省工会十大创新工作”称号，并给予工作经费补贴。

各地方工会中，淮北市着力打造活力型、创新型、知识型团队，新命名10个劳模创新工作室，其中“杨杰劳模创新工作室”解决技术难题37项，开展科研攻关19项，培训职工1600多人次，为企业创效8650余万元。池州市把评选表彰全市十大创新杰出职工作为要重点做好的10件实事之一，组织评选全市十大创新杰出工人和全市十大创新优秀工人，鼓励更多职工扎根一线、立足本职，增强创新意识。桐城市有6家企业被授予安庆市劳动竞赛先进集体称号，命名6个先进班组为安庆市“工人先锋号”，6人获得安庆市“五一劳动奖章”，4人获得安庆市十大创新能手和十大能工巧匠称号。

第四节　经济发展进入新常态阶段的安徽工运事业

2015年是全面深化改革的关键之年，是全面推进依法治省的开局之年，也是全面完成“十二五”规划的收官之年。全省生产总值达2.20万亿元，增长8.7%；城镇居民人均可支配收入为2.69万元，增长8.4%；城镇新增就业65.2

万人。全省工会和广大职工深入学习贯彻中央、省委党的群团工作会议精神，与省委组织部联合举办全省市（县、区）党政领导干部工会工作研讨班，参与起草省委《关于加强和改进党的群团工作的实施意见》（以下简称《实施意见》），圆满完成我省100名全国劳模评选推荐。召开全省第五次班组建设工作会议，开展省“十大能工巧匠”“十大带徒名师”和“十大职工优秀技术创新成果”评选表彰活动，在“安徽好人馆”开设劳模专栏，精心组织全省职工运动会。制订农民工入会三年行动计划，在全国率先启动实施“农民工入会集中行动”，实行入会农民工实名登记，推动出台《安徽省女职工劳动保护特别规定》，制定下发《安徽省企事业民主管理操作规程（试行）》，建立省总工会法律顾问制度，为打造“三个强省”、建设美好安徽、全面建成小康社会作出了积极贡献。

一、学习贯彻中央、省委党的群团工作会议精神

2015年7月6日至7日，中央党的群团工作会议的胜利召开，为新形势下党的群团工作指明了前进方向，也为党的群团事业发展提供了重要历史机遇。对正处于转型发展、加速崛起关键时期的安徽而言，安徽工人阶级和工会组织责任重大，使命光荣。全省各级工会组织深入学习中央党的群团工作会议精神，认真贯彻《中共中央关于加强和改进党的群团工作的意见》和安徽省委《实施意见》，着力保持和增强工会组织的政治性、先进性、群众性。省总工会明确提出：要始终坚持党的领导，牢牢把握工会工作正确政治方向；要绝对忠诚党的事业，为全面建成小康社会凝聚智慧力量；要竭诚服务职工群众，不断增强工会组织的吸引力、凝聚力和战斗力。

2015年9月8日至11日，省委组织部、省总工会共同举办全省县（市、区）党政领导干部工会工作专题培训班，94名来自全省47个县（市、区）党委分管工会或政府联系工会工作的负责人及工会主席参加培训。培训班围绕党的群团工作会议等四个专题进行了系统的学习研讨。由省委组织部和省总工会在省委党校专门举办分管和联系工会工作的党政领导干部培训班，这在我省党的

建设和工运发展史上还是第一次。

2015 年 9 月 30 日，省总工会召开传达贯彻省委党的群团工作会议精神大会。会议强调：贯彻落实好省委党的群团工作会议精神，要坚持一个核心，即保持正确的政治方向，清醒的政治头脑，自觉接受党的领导；发挥两个作用，即发挥群团组织作为党密切联系群众的桥梁和纽带作用，组织和带领广大群众紧密团结在党的周围；保持和增强“三性”，即政治性、先进性和群众性；克服“四化”，即克服机关化、行政化、贵族化、娱乐化，结合农民工入会这项重点工作，解决“四化”中存在的问题。

2015 年 10 月 25 日至 29 日，全省工会领导干部培训班在上海工会管理职业学院举办。围绕深入贯彻落实中央和省委党的群团工作会议精神，不断提高工会工作科学化水平，进一步推进农民工入会数量和服务质量“双提升”，具体安排了《党的群团工作若干思考》《群体性劳资纠纷与工会作为》《提高媒体应对能力》等课程。各市总工会、省直管县总工会党组书记，省总工会机关各部门、驻会产业工会主要负责同志参加培训。培训期间，各单位负责人还围绕关于全省战略性新兴产业集聚发展基地调研情况和对贯彻党的群团工作会议进行了座谈讨论。培训班学员赴上海建工集团外滩建设工地和中建八局上海世博绿谷项目建筑工地现场，围绕农民工入会和服务工作进行交流学习。

在市县层面，阜南县总工会召开机关全体工作人员会议，学习贯彻中央党的群团工作会议精神，要求推动工会组织与时俱进，更加充满生机活力；保持工会组织的政治性、先进性、群众性，自觉接受党的领导，把职工群众最广泛最紧密地团结在党的周围；围绕县委、县政府工作大局，大力弘扬劳模精神、劳动精神和工人阶级伟大品格，组织动员广大职工群众在改革发展稳定和全面建成小康社会进程中建功立业；与正在开展的践行“三严三实”、“八小”问题专项整治、“恪守三民情怀，争做三好干部”等活动结合起来，与开展农民工入会和服务等业务工作结合起来，以“娘家人”身份积极服务基层，服务职工群众，发挥好工会的桥梁纽带作用，为建设美好阜南作出工会组织应有的贡献。

2015 年 9 月 30 日，宿松县总工会召开机关全体干部职工会议，学习传达省委党的群团工作会议精神。要求县总工会机关干部提高认识，切实增强做好党的群团工作；围绕中心、服务大局，提高工会组织影响力，扩大工作有效覆盖；积极作为，切实做好职工群众的宣传、引领、教育、管理、服务工作，特别是做好农民工入会和服务农民工工作。

2015 年 10 月 12 日，怀远县总工会召开专题学习会议，传达学习贯彻省委党的群团工作会议精神。要求各级工会切实增强政治意识、责任意识、担当意识，着力保持和增强工会工作和工会组织的政治性、先进性、群众性；做到把学习领会会议精神与推进工作结合起来，始终把工会工作放到全市、全县工作大局中去思考、去部署，找准工作切入点和结合点，在促进改革发展中展现作为、体现价值；把“谋新篇、走前列”作为工会工作的总目标，把“创新型、服务型、实力型”工会建设作为工会工作的主抓手，结合工作实际抓好贯彻落实，以农民工入会和服务工作为契机，开创怀远工会工作新局面。

二、积极构建和谐劳动关系

发展和谐劳动关系是构建和谐社会的重要基础，是推进科学发展、实现“十二五”规划目标任务的必然要求。安徽各级工会通过强化维权职能，发展和谐劳动关系，进一步加强源头参与，协助党委政府推动劳动法规和政策措施的制定，从制度层面上解决影响劳动关系和谐的共性问题。依法推动企业普遍建立工会组织、普遍开展工资集体协商，建立健全劳动合同、集体合同、职代会等协调劳动关系制度，加强劳动争议预防、预警和调处机制建设，做到表达职工利益诉求渠道畅通有序、调解劳动关系矛盾措施及时有效。深入推进厂务公开民主管理工作，有效保障广大职工的知情权、参与权、表达权、监督权。全省各级工会组织把构建和谐劳动关系作为参与加强和创新社会管理的重要切入点和着力点，健全和完善协调劳动关系机制，促进和谐劳动关系发展。

省总工会深入开展创建和谐劳动关系企业活动，坚持和完善以职代会为基本形式的企事业单位民主管理制度。全省 9780 家企业参加了县级以上创建劳动关系和谐企业与工业园区活动，达标企业 1300 余家。省总工会召开全省厂务公开民主管理表彰暨深化创新工作会议，总结推广典型经验，广泛开展厂务公开、职工代表大会建制专项行动，切实加强民主管理制度化、规范化建设，积极参与企事业单位改革改制中的民主管理。全省5.3万余家企（事）业单位建立了职代会或职工大会制度，4.16万家企（事）业单位实行了厂务公开，2993家建立了职工董事制度，2183家建立了职工监事制度，广大职工的知情权、参与权、表达权、监督权得到进一步落实。

各级工会把构建和谐劳动关系作为参与加强和创新社会管理的重要切入点和着力点，适应劳动关系新变化，拓宽工会工作新思路，探索依法维权新途径，大力发展和谐劳动关系，在维护职工合法权益促进社会和谐稳定中彰显新作为。

省电子工会结合安徽省电子信息产业的实际情况，分析研究本行业和基层工会组建工作的形势和任务，加强非公有制企业的建会和联系工作。推动建立规范有序、公正合理、互利共赢、和谐稳定的新型劳动关系。淮北市总工会广泛开展劳动关系和谐企业（工业园区）创建活动，表彰20家“创建和谐劳动关系优秀企业（工业园区）”，促进了劳资互利共赢，实现了共建共享。全力做好劳动关系矛盾纠纷排查调处工作，建立企业劳动争议调解组织415个，覆盖职工总数的83%。全年为职工提供法律咨询120余人次，协助处理职工投诉5件，维护了职工队伍与社会的和谐稳定。

省总工会还把建立工资协商共决机制、提高企业普通职工工资收入作为工会的重要工作来抓，通过集中开展工资集体协商“要约活动月”活动，以区域性、行业性工资集体协商为突破口，以国有及国有控股企业、世界500强在皖企业为重点，在全省掀起要约行动和协商签订工资专项协议的热潮。截至2012年9月底，全省共签订工资专项集体合同2.16万份，覆盖企业3.11万家，职工330万人。

2015年3月21日，党中央、国务院印发《关于构建和谐劳动关系的意见》，要求各地充分认识构建和谐劳动关系的重大意义、指导思想、工作原则和目标任务，依法保障职工基本权益，健全劳动关系协调机制，加强企业民主管理制度建设，健全劳动关系矛盾调处机制，营造构建和谐劳动关系的良好环境，加强组织领导和统筹协调。

淮北市着力完善劳动关系三方机制，通过开展“春季要约”行动，成功签订全省首份劳务派遣集体合同。持续推进工资集体协商工作，全市共签订工资集体协商合同756份，签订率达83%，覆盖职工24万人，其中农民工5万余人。淮北矿业集团、皖北煤电集团等国有大企业二级、三级协商取得新进展。开展“送法到基层”工会法规巡回宣讲活动，接待职工信访171人次，为职工提供法律援助15件。开展“安康杯”竞赛和星级安全企业创建活动，吸引437家单位34万名职工参与。开展“查隐患、保安全、促发展”专项行动，督促企业整改安全隐患1.3万条。

阜阳市建立工会专兼职集体协商指导员队伍，持续开展集体协商“春季要约”活动，发出要约企业1041家，应约率达94.4%，覆盖职工11.27万人；与蚌埠、宿州、淮南等6市签订了皖北地区工会劳务协作维权服务意向书；协助政府有关部门为2000多名农民工追讨欠薪4000多万元；参与涉及农民工的劳动争议仲裁87起，维护了200名农民工的合法权益；组织239家单位4583个班组10多万名职工参加省“安康杯”竞赛活动，依法参与安全事故的处理。

芜湖市推进完善市、县区“三方四家”和谐劳动关系协商机制。芜湖市总工会与市中级人民法院、劳动仲裁院、司法局和综治办共同成立“芜湖市劳动争议联合调解中心”，形成劳动争议诉求法律咨询、调解和依法仲裁、诉讼“一站式、一条龙”服务。“联调中心”运行5个多月共受理劳动争议案件67件，其中，调解成功33件，直接移送劳动仲裁案件28起，接待职工法律咨询200余人次；以大力推进企业集体协商“要约行动”为重要载体，促进《芜湖市企业工资集体协商办法》落实，有效维护职工合法利益。全市共有2658家企业签订有效集体合同及工资集体协商专项合同累计3430份，涉及职工31.16万人；加强以职代会为基本形式的企事业单位民主管理制度建设和职工代表培训，全市已建会公有制企业厂务公开率、职代会建制率均达100%，已建会非公有制企业厂务公开率、职代会建制率均在85%以上。

池州市举办法律和工资集体协商工作培训班、全市职业化工会主席培训班，在全市开展创建示范单位活动，推进厂务公开民主管理制度化规范化建设。开展“安康杯”竞赛活动，5万多人参加了竞赛活动，3家企业获全国“安康杯”竞赛“优胜单位”，2个班组获全国“安康杯”竞赛“优胜班组”。推进职工互助保障工作，为近千名一线环卫工人办理了团体意外伤害互助保障计划。全市参加互助保障人数已达 2.5 万人，职工互助保障参保金额已达 157 万元，赔付金额 73 万元。

利辛县帮助和指导职工签订劳动合同，代表职工签订集体合同、劳动安全卫生、女职工权益保护、工资调整机制等专项集体合同，努力构建和谐劳动关系。2015 年，158 家企业签订了工资集体协议，覆盖职工 1365 人。开展“江淮普法行”“六五”普法和“12 · 4”法制宣传活动，制作法规宣传展板，印发宣传材料 3000 余份。在县供电公司举办了“普法进园区”劳动法知识讲座，园区非公企业、供电公司等单位职工参加了劳动法知识讲座。此外，县总工会免费为农民工提供了 5 次法律咨询服务，帮助农民工解决实际困难 10 件。

2016 年 2 月，省委、省政府出台《关于构建和谐劳动关系的实施意见》，明确构建和谐劳动关系的总体要求、指导原则、目标任务、重要举措和责任分工。全省各级工会分别成立以省、市、县（区）三级总工会主要负责同志为组长的构建和谐劳动关系领导小组，把贯彻落实《关于构建和谐劳动关系的实施意见》精神作为当时和今后一个时期的重要任务摆上重要议事日程。省及各市、县还成立由政府分管领导为主任，人社、工会、企联、工商联有关领导为成员的协调劳动关系三方委员会，为统筹推进和谐劳动关系创建工作提供了组织领导保证。

2016 年，安徽省“三方四家”制定构建和谐劳动关系综合试验区建设指导意见和评价标准，编制全省综合试验区建设项目方案，明确“十三五”期间创建活动的时间表和路线图。2019 年，全省 2 个工业园区、12 户企业和谐劳动关系创建工作受到国家表彰。

“十三五”期间，省政府修订《安徽省最低工资规定》，省总工会出台《安徽省工会劳动法律监督条例》，省“三方四家”出台《安徽省和谐劳动关系评价确认办法》《安徽省劳动关系风险监测预警暂行办法》等。2020 年 5 月 13 日，省总工会与安徽大学联合建立“安徽工会劳动关系研究基地”，加强工会劳动关系研究，对全省 103 个劳动关系监测点形成的数据进行分析研究，每年形成安徽工会劳动关系监测季度分析和年度报告。2020 年 12 月 25 日，省人社厅、省总工会、省企业联合会、省工商业联合会共同召开全省构建和谐劳动关系工作推进会，全面总结“十三五”全省劳动关系工作成就，部署安排“十四五”工作任务，并为“安徽省和谐劳动关系示范企业”“安徽省和谐劳动关系示范园区”授牌。2018 年至 2022 年，全省 130 家工业园区普遍开展创建活动，验收合格率达 100%，覆盖企业 12 万户，职工 265 万余人。开展和谐劳动关系示范企业、示范工业园区评价确认工作，全省共确认市级示范企业 3000 户，市级示范园区 30 家；省级示范企业 310 户，省级示范园区 15 家，涌现了一批共建共享、和谐发展的先进典型。

安徽各级工会多措并举，通过贯彻总体国家安全观，维护劳动领域政治安全，保障新就业形态劳动者合法权益，加强诉调对接机制建设及协调劳动关系三方机制建设，推进劳动关系监测和集体协商提质增效等措施共同发力，增加劳动关系和谐因素，促进了经济持续健康发展和社会和谐稳定，依法推进和谐劳动关系构建向纵深发展。

三、推动出台和宣传贯彻《安徽省女职工劳动保护特别规定》

（一）推动出台《安徽省女职工劳动保护特别规定》

1990 年，省政府颁布的《安徽省女职工劳动保护实施办法》（以下简称《实施办法》），对于减少和解决女职工在劳动中因生理特点造成的特殊困难，保护女职工劳动安全和健康发挥了重要作用，但历经 20 多年快速发展，女职工劳动保护环境和劳动保护需求发生重大变化，需要制定新规章代替《实施办法》。《实施办法》的立法依据，是 1988 年国务院颁布的《女职工劳动保护规定》。2012 年 4 月，国务院制定《女职工劳动保护特别规定》，废止了《女职工劳动保护规定》，《实施办法》立法依据不复存在。《实施办法》颁布之后，国家相继出台《劳动法》、《职业病防治法》、《安全生产法》、《劳动合同法》、《社会保险法》等，这些法律从不同角度对女职工劳动保护作出新规定。

2015 年 2 月，省政府法制办召开立法协调会，将修订《安徽省女职工劳动保护实施办法》纳入省政府立法计划实施类项目。根据省政府法制办要求，省总工会及时撰写了《安徽省女职工劳动保护特别规定（修订草案）》（以下简称

《修订草案》）的政策解读、新旧法规对照表，完成《修订草案》第六稿的修改，编写《修订草案》立法参考资料汇编等，为省政府开展论证工作提供重要参考，后与省人社厅、省安监局 3 家单位联合行文，提请省政府审议。4 月 21 日，省政府法制办组织召开立项论证会，邀请有关专家就《修订草案》制定的必要性、可行性开展论证，省总工会相关负责同志介绍省总工会修订工作情况。5 月，省总工会配合省政府法制办赴芜湖、淮北等地开展立法调研工作。6 月 3 日，省总工会会同省政府法制办集中修改文件稿，对名称、条款内容加以规范。6 月 12 日，《安徽省女职工劳动保护特别规定（草案征求意见稿）》向社会公开征求意见，并于 7 月正式提交省政府。

2016 年 1 月 12 日，《安徽省女职工劳动保护特别规定》（以下简称《特别规定》）经省政府第 67 次常务会议通过，3 月 1 日正式实施。它是国务院《女职工劳动保护特别规定》颁布实施后制定出台的第一个地方性政府规章，体现了省委、省政府对民生工作的高度重视和对广大女职工的关心爱护。

新修订的《特别规定》结合全省实际，在加强政府职责、强化用人单位责任义务、拓展女职工劳动保护范围、细化女职工劳动保护内容、完善监督管理体制等方面，责任更加明确，措施更加具体，更具有可操作性，具体体现在以下几方面：

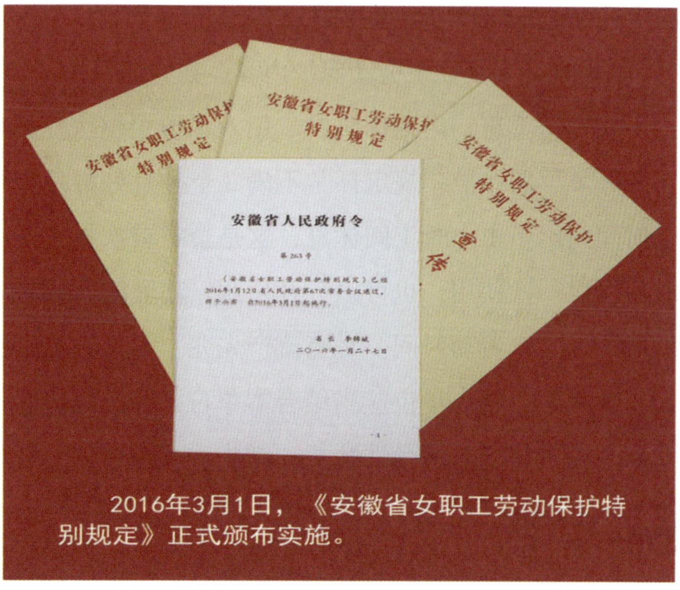

★ 2016 年 3 月，《安徽省女职工劳动保护特别规定》颁布实施。

一是加强了政府职责。《特别规定》明确规定了县级以上人民政府应当加强对女职工劳动保护工作的领导，督促有关行政部门履行女职工劳动保护监督检查职责，将女职工劳动保护纳入社会信用体系。这一规定，标志着用人单位的女职工劳动保护情况将被作为衡量单位信用的重要指标。

二是强化了用人单位义务。《特别规定》对用人单位履行的义务提出了具体要求：如应当建立健全女职工劳动保护制度；不得以性别为由拒绝招用女职工或提高对女职工的录用标准；对女职工禁忌从事劳动范围的岗位职业防护措施和特别待遇有书面告知的义务；订立集体合同和女职工权益保护专项集体合同应当明确女职工劳动保护的内容；不得以女职工结婚、怀孕、生育、哺乳等为由，降低工资、福利待遇，辞退或解除劳动合同。条款中加入“结婚”一词，是根据立法调研中基层女职工反映的情况，结合全省省情创新制定的。此项规定满足了基层女职工的诉求，具有很强的可操作性，更体现出民主立法的精神。

三是拓展了女职工劳动保护范围。《特别规定》在国家规定的经期、孕期、产期、哺乳期“四期”保护的基础上，将女职工更年期也纳入女职工劳动保护范围，给予一定特殊保护。规定“女职工更年期综合征症状严重，不能适应原岗位工作，申请减轻工作量或者调整工作岗位的，用人单位根据医疗机构证明和实际情况给予安排”。此款参考《女职工保健工作规定》，将女职工更年期保护上升到地方性政府规章层面。

四是细化了女职工劳动保护内容。如经期保护：规定女职工月经过多或者痛经不能正常上班，申请休息的，用人单位根据医疗机构证明，安排其休息 1 天至 2 天。孕期保护：规定怀孕不满 3 个月且妊娠反应严重的女职工，在每天劳动时间内给予 1 小时工间休息，这是全省首次提出的。哺乳期保护：规定哺乳时间可以一次使用，也可以分开使用。哺乳时间和在本单位内为哺乳往返途中的时间，计入劳动时间。对有流产先兆、习惯性流产史女职工的保护。预防和制止性骚扰：用人单位应当结合本单位工作、生产特点，采取有效措施，预防女职工在工作场所遭受性骚扰；制止对女职工的性骚扰，及时调查处理性骚扰投诉。

五是规范了女职工劳动保护特殊待遇。结合全省省情，制定了一些人性化的保护条款。如为怀孕女职工、女职工哺乳提供休息、哺乳用房和必要设施，鼓励、引导相邻用人单位联合为怀孕女职工、女职工哺乳提供休息、哺乳用房和必要设施等。

六是明确了法律责任。若用人单位违反了《特别规定》的有关规定，侵害女职工的合法权益和特殊利益，县级以上人力资源和社会保障部门、安监等相关部门应责令其改正，并给予行政处罚。

（二）宣传贯彻《安徽省女职工劳动保护特别规定》

《特别规定》颁布后，省总工会及时学习宣传贯彻《特别规定》，制定宣传工作方案，召开宣传动员会、举办大型宣传咨询日活动、举办专题培训班、成立宣讲员队伍；起草了《关于宣传贯彻和实施〈安徽省女职工劳动保护特别规定〉的意见》，与省人社厅、省安监局联合印发，并成立女职工劳动保护工作督查组，建立督查制度，定期开展女职工劳动保护专项调研和监督检查。

2021 年 3 月，省总工会与省人社厅还联合印发了《安徽省女职工权益保护专项集体合同（参考文本）》（以下简称“参考文本”），并在省总工会第六届女职工委员会第三次会议上颁布，对女职工权益保障进行细化，充分考虑女职工身体条件和生理特点，聚焦女职工招录使用、劳动保护、休息休假、工资待遇、安全卫生等方面，指导用人单位规范签订专项集体合同，“参考文本”被全国总工会女职工部选中在“学习强会”予以推广。我省女职工权益保护专项集体合同签订率、履约率持续保持在 90% 以上，有效调动女职工工作积极性，助力企业和谐发展。

同时，省总工会围绕深入贯彻《特别规定》，不断在思想引领、关爱服务、素质提升方面打造女职工工作品牌。

2019 年 3 月，为打造一个女职工专属的阅读品牌，“书润匠心”女职工读书活动应运而生。2021 年起，活动冠以“玫瑰书香・书润匠心”的新名称，在继续开展读书分享、征文评选等活动的同时，开始关注和鼓励读书会、读书小组等女职工阅读组织的培育和选树。数以万计的女职工参与到“玫瑰书香・书润匠心”活动之中，利用读书活动谈信仰、论实干、竞风采、展芳华，不断将活动成效推向新高度。

省总工会广泛动员女职工参与“建功‘十四五’奋进新征程”劳动技能竞赛，进一步发挥女职工示范引领作用。2019年至2023年五年间，全省开展女职工劳动技能竞赛2756场次，24.4万名女职工参与，2.1万名女职工通过技能竞赛提升技术等级。2022年省总工会又启动巾帼劳模进校园活动。3月17日，由安徽省总工会和安徽大学联合主办的“奋进新征程 巾帼绽芳华——巾帼劳模进校园”活动在安徽大学成功举办，活动特邀蚌埠市特殊教育中心教师、党的二十大代表、全国五一劳动奖章获得者丁海燕，安徽广播电视台首席主持人、安徽省先进工作者任良韵，安徽省仇传慧技能大师工作室首席专家、省五一巾帼标兵仇传慧等巾帼劳模进行宣讲，生动诠释了劳模精神、劳动精神、工匠精神。

2014年，省总工会开始创建工会女工家园[①]，帮助解决女职工因生理、心理特点以及家庭环境因素造成的特殊困难。省总工会高位推进、全面发动，创建了母婴室、心灵驿站、托育室、托管班等4种类型的工会女工家园，打造女职工温馨港湾，为她们提供贴心服务。省总工会坚持边创建、边完善，陆续出台了《安徽省工会假期托管服务操作手册》《安徽省工会女工家园创建管理实施办法（试行）》，逐步加强对工会女工家园的管理，建立完善网上申报系统，实现场景可视化、管理动态化。到2023年，全省各级工会创建工会女工家园2100余个，科大讯飞等7家单位获评首批全国爱心托育用人单位。2023年6月，央视新闻频道对我省托育服务工作进行报道，工会女工家园已经成为工会响亮品牌，并被写进《安徽省实施〈中华人民共和国工会法〉办法》。

“阳光少年”夏令营是省总工会创建的职工子女关爱品牌。省总工会于每年“六一”期间开展慰问、“两纲”结对共建等活动，暑假期间开展“阳光少年”夏令营。2019年至2023年间，全省各级工会开展留守儿童关爱活动1166场，覆盖5.5万名职工子女。其中每年暑假的“阳光少年”夏令营已持续不断开展，活动主要面向农民工子女、困难职工子女，并从2022年开始，省总工会将新就业

① 原阳光家园。2023年9月，为进一步体现工会特色、工会品牌，安徽省总工会将“阳光家园”更名为“工会女工家园”。

形态劳动者子女纳入入营范围，以减轻职工暑期陪护压力，关爱孩子健康成长。

随着青年职工群体逐步扩大，单身职工越来越多，婚恋交友需求也愈加强烈。省总工会女职委经过广泛调研、分步实施，逐步创建“皖工鹊桥·会聚良缘”婚恋交友平台，不断拓展服务单身职工新形式。通过组织建立工会“红娘”群，组织“运动交友”“云交友”“绿色交友”等特色婚恋活动，帮助职工树立健康文明的婚恋观、家庭观，为他们组建幸福家庭作出工会贡献。

“皖工之约”职业女性大讲堂，是我省工会女职工工作特色品牌，大讲堂结合女职工特点及需求，提供“个性化”“订单式”服务，送课下基层，通过提供政治理论、健康知识、亲子教育、家风家教等课程，为女职工答疑解惑、充电赋能，帮助女职工缓解压力，激发创造力，深受基层职工欢迎。同时，省总工会还广泛开展富有女职工特色的职业培训、岗位练兵、技能竞赛等活动，努力为安徽高质量发展贡献“半边天”的力量。

四、开展农民工入会集中行动

农民工作为工人阶级的新生力量，已成为产业工人的主体。做好农民工入会和服务工作，不仅关系到农民工切身利益的维护，更关系到经济平稳健康发展和社会的和谐稳定。在当时安徽开展加快“调结构、转方式、促升级”行动计划的背景下，做好农民工入会和服务工作，是为实现全面打好转型升级攻坚战提供人力支持和组织保障的需要。全省各级工会以农民工需求为导向，着力扩大入会数量和提高服务质量，不断提高农民工组织化水平，努力把广大农民工最广泛最紧密地团结在党的周围。

2015 年 4 月，全国总工会下发《关于开展“农民工入会集中行动”实施方案》，正式启动为期 9 个月的农民工入会集中行动。同年 6 月 29 日，省总工会印发《关于成立安徽省总工会农民工工作领导小组的通知》，成立由省总工会主席任组长的农民工工作领导小组。省总工会领导和部门分片、分行业包干，落实工作责任。7 月 4 日，印发《安徽省总工会关于进一步做好为农民工服务工作的实施意见》（以下简称《实施意见》），就进一步做好新形势下为农民工服务工作作出部署，要求各地工会按照《实施意见》制定具体方案、配套政策及领导协调机构，把服务农民工工作纳入目标责任管理，定期进行督查、考核和问责。各市确立了由市委分管领导直接抓农民工入会的领导机制，形成了党委领导、政府支持、工会主抓、各方协同推进的农民工入会工作格局。7 月 13 日下午，省总工会召开大会传达学习贯彻中央党的群团工作会议精神和全国总工会主要领导在安徽调研基层工会建设时的重要讲话精神，强调确保完成农民工入会目标任务。7 月 16 日，省委常委会专题听取了农民工入会工作汇报，省委、省政府主要领导分别就农民工入会工作作出重要指示、提出明确要求。7 月中下旬，省总工会领导分赴 16 个市、18 个县督查调研，就各地农民工入会和服务农民工工作分别提出指导意见。7 月 17 日和 24 日上午，省总工会分别召开农民工工作领导小组会议，研究部署集中精力、人员、时间、经费推进农民工工作，听取省总工会领导分片包干调研督查情况，查找农民工入会和服务农民工工作存在的问题，研究部署下一步工作举措。7 月 20 日，省总工会农民工工作领导小组办公室召开第一次会议，明确办公室职责和办公室成员工作分工。7 月 30 日，省总工会印发《安徽省总工会关于开展“农民工入会集中行动”三年规划（2015—2017 年）》，按照 3 年新发展农民工会员 200 万人的目标任务，省、市、县（区）工会层层分解，签订目标责任书，把农民工入会工作与表彰激励、经费补助等直接挂钩，进一步压实主体责任。

2015 年 8 月 14 日、17 日、19 日，全省工会农民工入会和服务工作调度会北片、中片、南片分别在亳州、安庆、芜湖召开，会议分析和总结了前一阶段全省农民工入会和服务工作，并就下一步工作作出部署。8 月 21 日，省总工会主办、合肥市总工会和中建四局六公司共同承办的安徽省建筑行业“农民工入会集中行动”现场推进会暨省总工会送文化下基层慰问演出，在中建四局六公司所属的合肥天珑广场项目工地隆重举行。全国总工会基层组织建设部、中国海员建设工会、省总工会、省住建厅、中建总公司、中建四局及合肥市总工会等相关负责同志出席推进会。为帮助建筑项目工会联合会建设好职工书屋，省总工会向天珑广场项目工会联合会赠送 2 万元图书，活动承办单位还为现场的 150 多名农民工送去了群口快板《工会就是你的家》、小品《回家》和歌曲等文艺节目。8月27日，宿州市经济技术开发区农民工集中入会启动仪式在百丽鞋业职工活动广场隆重举行，宿州中元化工公司、皖北药业公司、安特食品有限公司等近20家单位1500余名农民工在活动现场集中宣誓加入工会，领取工会会员证，正式成为工会会员。9月2日上午，全省工会农民工入会和服务工作座谈会召开，会议通报各地农民工入会工作进展情况，通报表扬了宿州、淮北市总工会，分别兑现获表彰单位农民工入会工作经费补助17万元和5万元。9月10日上午，省产业工会农民工入会工作专题会议召开，省教育、财贸、农林水、轻工纺织、地质、建设建材等工会负责人参加会议，会议听取与会各产业工会有关农民工入会工作前期进展情况、存在问题以及下一步打算等方面的汇报，对各产业工会的重难点工作进行研究和部署。9月30日，由省总工会、合肥市总工会主办、巢湖市总工会承办的省暨合肥市家政服务业农民工集中入会仪式在巢湖举行，仪式上，“巢湖市家政行业工会联合会”揭牌，共有300多名家政行业农民工代表参加活动，并进行面点制作、婴儿被动操、插花等职业技能展示。10月9日，省总工会下发《安徽省总工会关于表彰农民工入会工作先进单位的通报》，对截至2015年9月30日，提前完成全年农民工入会任务的合肥市总工会等17家单位予以通报表扬，并分别兑现农民工入会集中行动工作经费补贴。10月12日至13日，全省工会农民工入会和服务工作现场会在宿州召开，与会代表参观宿州新安速快递物流园、安徽东大木业集团、宿州万达广场项目部、宿州百丽鞋业公司，走访调研农民工入会和服务工作开展情况及基层工会组织建设情况，会议要求全省各级工会要在学好用好宿州经验的基础上，深化农民工入会的各项工作、夯实农民工服务的各项举措、积极营造关注关心关爱农民工的良好社会氛围。

“农民工入会集中行动”期间，宿州市总工会积极探索，形成可推广可复制的宿州经验。一是找准了工会服务党政工作大局的切入点和结合点。宿州市委将农民工入会工作作为党委的工作来研究、来部署、来推动，为各级工会组织开展工作提供了坚强保障。二是跳出了工会组织自拉自唱自我循环的工作模式。宿州市总工会积极争取党委政府的重视和支持，积极推动把组织农民工入会工作纳入党建目标考核体系，依靠政府力量和借助社会资源，形成推进农民工工作的合力。三是宣传了工会工作，扩大了工会影响。宿州市充分运用农民工喜闻乐见的方式，宣传工会的性质和特点，增强工会组织的吸引力、影响力。同时，浓墨重彩地宣传造势，扩大各地农民工集中入会行动的影响，使社会各界尤其是农民工了解了工会、认知了工会，为工会营造了良好的工作环境。四是锻炼了工会干部队伍，提高了工会工作水平。宿州市各级工会干部在宿州市委和各级党组织的坚强领导下，坚持深入基层一线、深入农民工群体，把各项工作抓实抓细抓到位，进一步锤炼了工作作风，也带动了全市工会各项工作水平的整体提升。宿州市的做法和经验，对于全省工会工作具有启示和借鉴意义。

2016 年，省总工会持续推动农民工入会集中行动，明确当年农民工入会工作的总体要求是，目标不降、力度不减、节奏不变、干劲不松，推出了为农民工服务“1166”工程（搭建 1 个职工服务平台，发放 1 张会员服务卡，推进 6 项服务，推出 6 项维权），印发《2016 年全省农民工入会服务工作目标任务分解方案》。3 月 22 日至 23 日，全省工会农民工入会和服务工作推进会议在合肥召开，会议总结推广 2015 年以来的工作经验，明确 2016 年的目标任务。6 月 22 日至 24 日，全省农民工职工代表骨干培训班在省工人半汤温泉疗养院举办，来自全省相关企业的农民工职工代表和建筑、物流（快递）、家政服务、餐饮服务、劳务派遣等农民工相对集中的行业、企业工会负责人共 80 余人参加培训。9 月 13 日，省暨阜阳市工会农民工子女助学和科普实验馆开馆揭幕仪式，在阜阳市袁寨中心学校举行。截至 2016 年底，全省当年新发展农民工会员 110.3 万人（2015 年发展农民工会员 129.5 万人，合计 239.8 万人），农民工入会 3 年任务在 2 年内全面完成。

2017 年，在完成农民工入会集中行动任务的基础上，省总工会进一步摸清底数、消除“死角”，叫响做实“1166”农民工服务品牌，评选全省十大最美农民工，组织开展“尊法守法 · 携手筑梦”服务农民工法治宣传行动，常态化做好农民工入会和服务工作。

2015 年以来，全省各级工会深入学习贯彻习近平总书记系列重要讲话精神，把农民工入会服务工作摆在重中之重的位置，突出重点领域、重点行业，大力开展农民工入会集中行动，着力扩大工会组织覆盖面，最大限度地把农民工组织到工会中来、凝聚在党的周围，实现了农民工入会数量和服务质量“双提升”，不断增强工会组织的吸引力和凝聚力。

五、举办第三届安徽省职工运动会

2015年安徽省职工运动会，是继1984年第二届安徽省工人运动会[①]之后，时隔31年再次开展的全省综合性职工运动会，运动会以“劳动光荣，运动快乐”为主题，坚持“参与、交流、展示、快乐”的原则，比赛项目以在全省职工中普遍开展的、有广泛群众基础的运动项目为主，辅以趣味性、表演性项目，淡化金牌，突出健身，充分体现群众性、广泛性。

3月30日，安徽省职工运动会组委会召开第一次会议。会议审议了运动会方案、运动会总规程、开幕式方案、运动会会徽、会旗等方案内容。5月18日，省职工运动会组委会召开第二次会议，听取前一阶段筹备工作汇报，审议运动会开幕式议程及演出方案、剧本。6月16日，以“崇高·美丽·运动·圆梦”为主题的安徽省暨合肥市职工运动会开幕式在省金种子体育馆举行，开幕式上，30名不同时期的劳动模范向全省职工发出“每天锻炼一小时，健康工作五十年，快乐生活一辈子”的倡议。此次职工运动会得到省委高度重视，省委书记王学军出席并宣布运动会开幕。

2015年8月2日，省职工运动会首场决赛项目扑克牌比赛圆满收官。8月18日，省职工运动会围棋比赛在芜湖开赛，共有27支代表队参加。9月20日，省职工运动会网球比赛在合肥开赛。此次比赛有甲组8支代表队、乙组9支代表队的职工运动员参加。9月20日，省职工运动会羽毛球比赛在安庆市体育馆开赛。此次比赛共有来自各地市、各行各业37支代表队的职工参加。10月10日，省职工运动会广播体操比赛在马鞍山市体育馆开赛，共有15支代表队参加。10月14日，省职工运动会山地自行车公路赛在池州市齐山平天湖开赛，19支代表队参加了此次比赛。10月19日，省职工运动会最后一项比赛——趣味创

---

① 第一届安徽省工人运动会于1955年举办。

编赛在合肥市体育中心圆满收官。

11月16日，省职工运动会总结闭幕大会在省总工会机关召开。闭幕会上表彰了2015年安徽省职工运动会获奖单位，其中合肥市代表团（甲组一等奖）、国网安徽省电力公司代表团（乙组一等奖）等18个单位获2015年安徽省职工运动会团体总分奖，淮北市总工会等22个单位获2015年安徽省职工运动会优秀组织奖，亳州市代表团等43个单位获2015年安徽省职工运动会体育道德风尚奖，蚌埠市总工会等17个单位获2015年安徽省职工运动会突出贡献奖，安徽古井集团等5个单位获2015年安徽省职工运动会特别贡献奖。自此，安徽省职工运动会实行届别制，原则上每4年一届。

2019年6月，省总工会联合省体育局下发《关

★ 2015年6月，安徽省暨合肥市职工运动会开幕，这是安徽时隔31年再次开展的全省综合性职工运动会。

于举办安徽省第四届职工运动会的通知》，成立安徽省第四届职工运动会组委会。9 月 17 日，安徽省第四届职工运动会开幕式在省体育馆举行，以全民健身展演的方式，组织了 16 个市和省直单位的近 800 名职工代表登台，展示当地全民健身活动的特色亮点，线上线下 3.2 万名职工观看点赞，获得省领导和干部职工的一致好评。自 9 月 21 日到 11 月 10 日，运动会 16 个省级赛事分别在全省 16 个市举办，来自全省各市、各条战线、各行各业的 40 个参赛代表团 6000 多名职工运动员，从基层一线职工到机关市厅级领导干部，在省决赛中同台竞技、切磋提高。在此示范带动下，全省各级工会共举办各类职工体育赛事 1.1 万余场，吸引了 120 多万名职工参与其中，充分展现了新时代奋斗者健康的体魄和昂扬的精神风貌，增强了产业工人队伍的向心力与凝聚力。此外，合肥市举办了第四届职工运动会，历时 27 天先后举办 17 个省级各单项赛事的选拔活动，全市共有 68 个代表团，近 5000 名职工参加比赛。

在省职工运动会的带动下，全省各级工会创新开展群众性体育运动，激发广大职工参与全民健身的热情。尤其是 2023 年 3 月，省总工会印发《关于组织开展“中国梦 · 劳动美 · 安徽篇章——凝心铸魂跟党走 团结奋斗新征程”安徽省新就业形态劳动者健步走活动的通知》，面向安徽省内所有新就业形态劳动者开展为期 30 天的健步走活动，打破了传统赛事和传统锻炼方式对锻炼时间和地点的限制，让新就业形态劳动者在紧张工作之余，更便捷地参与运动锻炼，将快乐运动融入工作生活中，激发了全民健身的热情，参与职工 20 余万人，位列全国第三。积极组队参加全国及长三角地区各项赛事，同年 7 月参加全国职工羽毛球大赛并获优秀组织奖；9 月参加长三角职工气排球公开赛，获得中年组冠亚军，联合省体育局印发《关于推进机关、事业单位和国有企业体育设施开放工作的通知》，增强了职工运动健身的积极性；10 月参加长三角职工城市定向邀请赛获得三四名。

合肥市总工会注重活动牵引，激发奋进力量。广泛开展职工喜闻乐见的文体活动，组织举办“中国梦 · 劳动美——致敬劳动者”合肥市职工摄影大赛，共征集 3300 余幅参赛作品，120 幅（组）作品公开展出，举办了合肥市职工短视频大赛，征集短视频作品 200 余个。积极开展全民健身活动，组织开展合肥市职工乒乓球比赛，19支队伍200余名职工参赛。依托线上线下载体，2023年共开展“五一学堂”公益培训以及“情暖劳动者 欢喜过新年”健身普惠活动、“送万福 进万家”书法公益活动、2023年合肥工会“健身普惠”活动等各类文体活动713场次、覆盖人数79261人次。

滁州市总工会以满足广大职工日益增长的文化体育需求为出发点和落脚点，组织基层工会开展职工喜爱的篮球、羽毛球、乒乓球、气排球等职工文化体育活动，在提高职工身体素质、丰富职工精神文化生活等方面取得了良好效果。市总工会、市文体协会先后举办了全市市直职工气排球赛、篮球赛等重大文体活动。

淮北市总工会聚焦职工需求导向，抓活职工文体活动。突出“中国梦·劳动美·淮北篇章”主题，常态组织开展“我们的节日”、职工书画摄影展、职工红歌比赛、职工运动会等文体活动。深入学习贯彻习近平文化思想，以“菜单式供给＋点单式送学”，推深“新时代文明实践——职工大学习”项目，丰富职工精神文化生活，获评全国终身学习品牌项目。

六、开展对口援疆援藏工作

2015年，安徽省总工会制定了包含220万元对口援疆项目、270万元对口援藏项目的年度对口援疆援藏工作方案，出台《安徽省总工会关于进一步加强工会对口援疆援藏工作的实施意见》《安徽省总工会对口援疆援藏资金管理办法》《安徽省总工会2015年对口援疆援藏工作要点》。3月4日，省总工会召开工会对口援疆工作座谈会。5月20日至21日，新疆和田地区工会党组书记马朝霞一行3人到安徽洽谈对口援疆项目实施情况。6月，新疆生产建设兵团成立60周年，为了体现全国工会对长期戍守边疆兵团职工的关心和爱护，全国总工会要求北京、上海、安徽等9省市工会筹集专项资金用于兵团工会兴建职工综合服务设施；按照全国总工会统一部署，经省总工会党组研究同意，安徽工会及时筹集100万元专项资金援助新疆生产建设兵团工会。7月12日至19日，安徽省总工会一行12人赴西藏自治区山南地区工会办事处和浪卡子县、错那县总工会实地调研、指导工会工作，落实对口援助项目，并举行安徽省总工会向山南地区工会援助款项200万元的交接仪式。8月24日至29日，安徽省总工会一行16人赴新疆和田地区皮山县开展工会对口援助活动，落实援助项目，看望慰问安徽援疆指挥部人员。2015年的庆“五一”暨欢迎全国劳动模范和先进工作者大会，授予4名援疆援藏干部职工省“五一劳动奖章”，授予安徽援疆指挥部省“五一劳动奖状”。

2016年3月，省总工会邀请安徽援疆指挥部部分在疆干部职工来皖座谈交流工会对口援疆工作，时任援疆指挥部负责同志对全省各级工会对援疆工作的大力支持表示感谢。9月至10月，安徽省总工会分2批接待30名和田地区工会干部、劳动模范来皖学习培训和开展疗休养活动；在皖期间，安徽省总工会精心筹备，采取集中授课、座谈交流和现场教学等形式，进一步增进了两地工会干部和职工之间的交流交往交融。8月16日至19日，安徽省总工会赴山南地区及拉萨市开展援助对接活动。在藏期间，省总工会工作组一行先后与西藏区总、山南市党政领导和工会负责同志就开展对口援助工作进行座谈交流；座谈会现场，还举行了安徽省总工会向山南市总工会对口捐助180万元资金的仪式，并向当地困难职工子女代表发放了“金秋助学”慰问金。12月3日至13日，西藏山南市工会干部代表团一行13人来皖学习培训和对接交流。在皖期间，安徽省总工会采取课堂教学、对接交流和实地参观等方式，有效促进皖藏工会干部和职工群众相互交流交往交融。7月，滁州市人民医院医生、安徽省第六批援藏医疗工作队队员赵炬因病医治无效去世，安徽省总工会及时召开会议，决定追授其“安徽省五一劳动奖章”，并号召全省广大干部职工学习赵炬无私奉献和爱岗敬业的精神。

2017年8月21日至28日，安徽省总工会一行赴新疆和田地区皮山县开展工会对口援助调研活动。调研期间，省总工会与奥依托格拉克村现场签订结对帮扶协议，并捐助结对帮扶脱贫资金155万元，用于基层组织建设、促进民族团结、开展技能培训、推动产业就业、帮扶困难职工等方面；同时，安徽省总工会还向皮山县总工会援助资金60万元。在疆期间，安徽省总工会调研组一行还前往中铁四局城轨分公司乌鲁木齐地铁项目工地和安徽援疆指挥部驻地，看望慰问新皖两地一线职工和农民工，并开展“送清凉”活动，送去慰问金 10 万元及防暑降温慰问品。9 月 6 日至 13 日，安徽省总工会一行赴西藏山南市开展我省工会对口援藏活动，对接落实援助项目，认真听取援藏意见，研究创新援藏工作方式方法，并向山南市总工会及所属受援 3 县总工会援助了 170 万元资金。在藏期间，省总工会调研组一行赴山南乃东区民族哔叽手工编织加工厂实地调研企业生产经营和工会工作开展情况；赴错那、浪卡子、措美 3 县实地考察我省工会援助项目落实情况，深入困难职工家中，实地走访慰问在档困难职工 4 名。6 月至 8 月，安徽省总工会接收 4 名山南市工会干部，分别安排在省总工会办公室、基层工作部、宣传教育部、女职工部挂职锻炼。

2018 年 5 月，安徽省总工会会同新疆和田地委宣传部、安徽省驻新疆援建指挥部举办了“同心向党·皖疆一家亲”和田地区新玉歌舞团来皖慰问全省职工和工会干部文艺演出，并开展“皖疆人民心连心，民族团结一家亲结对认亲”活动。9 月 8 日至 16 日，组织新疆皮山县劳动模范和工会干部来皖考察学习；学习期间，皮山县劳动模范和工会干部一行赴我省部分市、县总工会和企业工会考察学习、开展民族团结宣传教育、参观红色教育基地等活动。10 月 28 日至 11 月 2 日，组织 58 名新疆生产建设兵团工会财务经审干部来皖培训。通过上述活动，为提升新疆受援地区工会干部综合素质和职工群众技能水平奠定了坚实基础。6 月 29 日至 7 月 8 日，组织山南市 20 名劳动模范和一线职工来皖疗休养，并考察学习我省相关市、县总工会帮扶中心建设和新农村建设等。通过上述活动，为提升西藏受援地区工会干部综合素质和职工群众技能水平奠定了坚实基础。出资 70 万元，用于山南市及所属 3 县在档困难职工和山南籍在皖就学困难职工子女帮扶活动。出资 40 万元，用于援助山南市及所属 3 县职工和农民工开展技能培训和创业培训。

2019 年 10 月 8 日至 13 日，安徽省总工会一行赴新疆和田地区皮山县开展工会对口援助活动，并向皮山县总工会援助 110 万元。在疆期间，省总工会调研组一行先后与新疆维吾尔自治区总工会、新疆生产建设兵团总工会、和田地区工会、皮山县总工会进行了座谈交流，并对接援助项目；积极协调亳州、阜阳、六安、宣城市总工会各援助 5 万元，共计 20 万元用于援助皮山县奥依托格拉克村党群（村民）服务中心建设，提升该村党组织建设和党群服务水平。10月8日至12日，组织58名新疆生产建设兵团工会干部来皖培训，就学习贯彻中国工会十七大精神、积极构建智慧工会、群团改革与工会工作创新、基层工会组织建设等专题进行培训辅导，提升他们的业务素质和服务职工能力。2019年“两节”期间，省总工会作出专门安排，筹集送温暖资金10万元，用于慰问在皖的14家企业共计100名新疆籍少数民族困难员工。9月22日至27日，安徽省总工会一行赴西藏山南市开展我省工会对口援藏活动。在藏期间，调研组一行先后赴错那县、浪卡子县等实地查看了安徽工会援建项目，走访慰问20多户困难职工家庭和在皖就读的困难职工子女家庭；与山南市党政领导和工会干部召开座谈会，听取上一轮（2015—2018年）我省工会援助山南市及所属错那县、措美县、浪卡子县项目落实和资金使用管理情况，以及2019年援助项目落实情况。

2020年8月、9月，中央第七次西藏工作座谈会、第三次中央新疆工作座谈会分别在北京召开，习近平总书记出席会议并发表重要讲话，阐释新时代党的治疆、治藏方略。2020年10月19日，省总工会党组理论学习中心组理论学习会专门传达学习了中央第七次西藏工作座谈会、第三次中央新疆工作座谈会精神。省总工会安排援疆援藏资金177万元，用于受援地工会基础设施建设、结对帮扶村脱贫攻坚、困难职工技能培训等方面。

2021年3月16日至19日，新疆维吾尔自治区总工会一行4人来皖开展第三轮对口援疆受援工作对接活动。4月22日至24日，西藏自治区总工会一行5人来皖开展第三轮对口援藏受援工作对接活动。7月5日至10日，安徽省总工会一行赴新疆，与新疆维吾尔自治区总工会开展工作交流和项目对接，赴受援地和田地区皮山县开展工会对口援助调研活动。7月11日至17日，安徽省总工会一行11人赴西藏开展第三轮对口援助活动。9月14日至18日，安徽省总工会党组书记、副主席徐发成赴拉萨参加全国工会对口援藏工作会议，并率安徽工会援藏工作团再次赴安徽对口支援的山南市及所辖错那县、措美县、浪卡子县考察调研工会对口援藏工作，走访慰问安徽援藏干部，与当地党政领导、工会干部和基层群众共商进一步做好工会援藏工作。按照省委对口支援新疆西藏工作领导小组会议精神和全国工会在对口援疆援藏工作会议上提出的“新一轮援助保持现有节奏不变、力度不减、尺度不松、责任不卸，确保工作的稳定性和持续性”要求，经与受援地多次沟通，对接磋商援助工作，8 月 27 日，安徽省总工会党组会审议通过《安徽省总工会关于做好第三轮工会对口援疆援藏工作的实施意见》和 2021 年度对口援助新疆西藏项目计划。新一轮（2021—2025 年）安徽工会确定意向投入援疆援藏资金各 1000 万元。

2022 年 8 月 17 日，全国工会对口援疆工作会议以视频会议形式召开，会议总结 2021 年以来全国工会对口援疆工作进展情况，部署进一步做好援疆工作任务。8 月 18 日，第三次对口支援西藏工作会议在京召开，中共中央政治局常委、中央西藏工作协调小组组长汪洋出席会议并讲话。8 月 29 日，安徽省委召开常委会会议，认真学习习近平总书记考察西藏时的重要指示精神，传达学习第三次对口支援西藏工作会议精神，研究部署贯彻落实工作。在与新疆西藏受援地工会多次沟通协商基础上，11 月 1 日，安徽省总工会召开党组会暨援疆援藏工作领导小组会议，传达学习全国工会对口援疆工作会议和省委常委会有关会议精神；研究安徽工会 2022 年度对口援助新疆西藏项目计划；调整安徽省总工会对口援疆援藏工作领导小组成员。

2023 年元旦、春节期间，安徽省总工会援疆办有关同志专程赴新疆驻皖工作组进行实地调研慰问，并安排专项资金 10 万元，用于开展 100 名新疆籍在皖困难少数民族务工人员送温暖活动。5 月 30 日至 6 月 1 日，根据全国总工会援疆办有关通知要求，应新疆生产建设兵团工会邀请，安徽省总工会一行赴新疆生产建设兵团八师参加石河子第二工人文化宫启用仪式，并参加了全国总工会有关座谈会。8 月 9 日，安徽省总工会一行赴西藏进行调研，并就下一步更好开展受援工作与山南市总工会交换意见和建议。9 月 4 日至 9 日和 10 月 8 日至 13 日，安徽省总工会分 2 次赴疆开展对口援助资金专项审计和调研工作，就项目科学精准谋划、发挥资金绩效提出合理化意见建议。9 月 21 日，安徽省总工会干部学校一行 6 人赴新疆皮山县总工会开展送教活动，来自和田地区一市六县的 100 余名基层工会干部参加本次活动。8 月 27 日，安徽省总工会召开援疆援藏工作领导小组会议，研究安徽工会 2023 年度对口援助新疆西藏项目计划。应西藏自治区总工会、安徽省驻新疆援建指挥部要求，12 月 1 日，安徽省总工会及时下发《关于做好 2023 年新疆西藏特色农副产品助销工作的通知》，进一步推动安徽工会对口援疆援藏工作，助力对口援疆援藏地区乡村振兴。

2024 年初，安徽工会与新疆西藏受援地工会多次进行沟通协商，科学谋划年度对口支援项目计划。3 月 22 日，安徽省总工会援疆援藏工作领导小组会议审定通过了安徽工会 2024 年度对口援助新疆西藏项目计划。

第五节　全面建成小康社会决胜阶段的安徽工运事业

2016 年是全面建成小康社会决胜阶段和“十三五”规划的开局之年。全省生产总值达 2.41 万亿元，较上年增长 8.7%；城镇居民人均可支配收入达 2.92 万元，较上年增长 8.2%；城镇新增就业 66.8 万人。全省工会和广大职工深入学习贯彻习近平总书记视察安徽时与知识分子、劳动模范、青年代表座谈会上的重要讲话精神，开展“中国梦・劳动美・永远跟党走”主题宣传，组织“安徽好人在身边——最美劳动者”主题宣传。开展“大国工匠”“全国最美职工”推荐学习活动，组织开展“投身调转促、建功十三五”主题劳动竞赛，广泛实施“互联网 +”职工素质提升计划，开展“万千百十”工会普法宣传行动。推动出台《安徽省女职工劳动保护特别规定》和《安徽省最低工资规定》，加大困难职工解困脱困工作力度，联合开展“农民工求学圆梦行动”，打造安徽工会“1166”服务农民工品牌。研究制定《安徽省总工会改革方案》，召开全省工会党风廉政建设工作会议，改版省市工会网站、推出微信公众号，制定工会数据库标准，为打造创新型“三个强省”、建设美好安徽、全面建成小康社会作出了积极贡献。

一、学习贯彻习近平总书记考察安徽重要讲话精神

2016 年 4 月 24 日至 27 日，习近平总书记来到安徽考察调研。4 月 26 日，

习近平总书记在合肥主持召开知识分子、劳动模范和青年代表座谈会并发表重要讲话。来自安徽省和全国各地的70多名知识分子、劳动模范、青年代表参加座谈会。党中央和安徽省有关部门负责同志参加座谈会。习近平总书记在会上强调，我们要全面建成小康社会，进而建成富强民主文明和谐的社会主义现代化国家，实现中华民族伟大复兴，必须依靠知识，必须依靠劳动，必须依靠广大青年。这是我们国家和民族发展的力量所在，也是我们事业成功的力量所在。习近平总书记指出，广大知识分子、广大劳动群众、广大青年要紧跟时代、肩负使命、锐意进取，把自身的前途命运同国家和民族的前途命运紧紧联系在一起，努力为全面建成小康社会贡献智慧和力量。

2016年4月29日上午，安徽省庆祝“五一”暨投身“调转促”、建功“十三五”劳动竞赛动员大会在安徽大剧院隆重召开。省委书记王学军出席大会并讲话，省委副书记、省长李锦斌主持会议。会议指出，各级工会组织要坚守主战场，模范履行政治责任，更好发挥组织作用；要自觉接受党的领导，牢牢把握正确政治方向，教育引导职工群众坚定不移听党话、跟党走；要坚决履行维护职工合法权益的基本职责，尽心竭力为职工群众服务，让职工群众真正感受到工会是“职工之家”，工会干部是最可信赖的“娘家人”。

省总工会深入学习贯彻习近平总书记重要讲话精神，先后召开党组会、机关党员干部大会、理论学习中心组和劳动代表座谈会、青年理论沙龙等，并于5月10日下发《关于深入学习贯彻习近平总书记在知识分子劳动模范青年代表座谈会上的重要讲话精神的通知》，提出要坚持不懈用重要讲话精神指导实践、推动工作，把学习重要讲话精神作为开展“两学一做”学习教育的重要内容，把学习贯彻重要讲话精神与学习领会党中央治国理政新理念新思想新战略结合起来，与学习贯彻习近平总书记关于工人阶级和工会工作的重要论述结合起来，与学习贯彻李建国在庆祝“五一”国际劳动节暨全国五一劳动奖表彰大会上的讲话精神结合起来，确保重要讲话的各项要求在安徽工会和干部职工中落地生根、开花结果。

2016年5月19日，省总工会结合“两学一做”学习教育，召开劳动模范代表座谈会，学习习近平总书记在知识分子、劳动模范、青年代表座谈会上的重要讲话精神。省直及产业工会、各市工会负责人、省总工会机关干部以及部分劳动模范代表参加了座谈会，共同学习重要讲话精神。5位劳动模范代表和2位工会干部代表在座谈会上分享了学习体会和感受。会议提出要以劳动模范先进典型为榜样，大力弘扬工人阶级伟大品格，大力弘扬工匠精神，积极参与投身“调转促”、建功“十三五”主题劳动竞赛活动，努力提高自身的技术技能水平，为全面建成小康社会贡献智慧和力量。

省总工会高密度宣传劳动模范先进典型，精心推荐上报合肥市燃气集团高级技师吴雄飞全身心服务群众的事迹，被中宣部确定为当年“五一”全国重大宣传典型；中国宣纸集团高级技师周东红被中宣部、中央文明办和全国总工会命名为全国十大“最美职工”；与省文明办、省电视台联合推出“安徽好人在身边——最美劳动者”专题，宣传劳动模范的先进事迹。加大新媒体宣传力度，徽客工馆、安徽省总工会、《安徽工人日报》3个公众号同时对省庆祝“五一”大会、先进典型进京欢送座谈会、特高压表彰大会等系列活动进行宣传策划，特别是徽客工馆公众号关于习近平总书记4月26日在合肥召开知识分子、劳动模范、青年代表座谈会的宣传，阅读量近4千人次。

“五一”期间，全省各级党政领导和工会干部深入基层一线开展走访慰问、帮扶救助等活动，及时做好省部级以上困难劳模“三金”和80岁以上省部级劳模高龄补贴的发放工作。省总工会组织“文艺小分队”赴农民工聚集的省重点工程——商合杭铁路建设工地（中铁四局第四公司肥东制梁场）进行慰问演出。滁州市举办“中国梦·劳动美——永远跟党走”暨庆“五一”专场慰问演出，省地质工会开展庆祝“五一”找矿立功健步走比赛。

二、开展投身“调转促”、建功“十三五”主题劳动竞赛

2015年，省总工会围绕省委、省政府提出的“调结构、转方式、促升级”决策部署，在一批重点工程、重点区域、重点项目开展形式多样的劳动竞赛，激发职工创先争优建功立业的积极性；大力弘扬劳动精神、劳模精神和工人阶级伟大品格，激发了广大职工的创业创新潜力，凝聚了全省职工建设美好安徽、

全面建成小康社会的强大能量。省总工会紧紧围绕经济建设中心和发展第一要务，坚持稳中求进工作总基调，紧紧围绕调结构转方式促升级，组织带领广大职工群众为实现经济发展目标建功立业，在提高职工队伍整体素质、深化劳动竞赛、弘扬劳模精神和劳动精神上出实招、办实事、敢创新，把广大职工群众的主人翁精神充分激发起来，把工人阶级主力军作用充分发挥出来。

（一）深入开展投身“调转促”、建功“十三五”主题劳动竞赛活动

围绕省委、省政府确定的“十三五”目标规划和加快“调转促”“4105”行动计划，安徽各级工会积极引导广大职工树立并践行创新、协调、绿色、开放、共享的新发展理念，落实转方式、调结构、促改革等任务，特别是推动供给侧结构性改革等各项任务，推动安徽省经济社会持续健康发展。一是突出竞赛重点。要结合地域优势、地方特色和行业特点，广泛开展产业重点区域、重点行业、重点工程创新发展劳动竞赛、重点工程建设竞赛，发挥整体推进、示范带动作用。二是拓展竞赛范围。从国有企业向非公企业、从大中型企业向小微成长型企业、从生产制造业向现代服务、物流运输、电子商务、电子信息等所有行业拓展，把来自不同地区、不同所有制、不同行业的企业和职工有效组织起来，不断拓展竞赛范围。三是创新竞赛方式。打造和做强五一劳动奖状（奖章）、“工人先锋号”、职工技术创新成果等竞赛品牌，广泛开展征集合理化建议、评选先进操作法等活动，支持和鼓励基层开展“一企一品牌”“一区一特色”“一行一标杆”等特色劳动竞赛。四是选树竞赛典型。注重从劳动竞赛中发现、培养、选树先进典型，创新职工参与劳动模范评选的形式，提高基层一线工人尤其是农民工、工程技术人员在劳动模范评选中的比例，使先进典型从基层产生、向一线倾斜，更接地气、聚人气，真正发挥先进典型的榜样示范引领作用。

（二）开展重点工程竞赛活动

2016年，省总工会组织开展了特高压和铁路建设两项重点工程劳动竞赛。

特高压重点工程劳动竞赛方面，省总工会认真总结淮南至上海特高压输变电

工程建设立功竞赛、灵州至绍兴特高压输变电工程（安徽段）建设立功竞赛两项重点工程竞赛活动的开展情况，组织相关人员到淮南至上海特高压输变电工程建设立功竞赛施工现场开展检查和调研，对有关参建单位活动开展情况进行考评。同时，印发《关于开展昌吉－古泉 ±1100 千伏特高压直流输电工程（安徽段）建设立功竞赛活动的通知》，制定特高压直流输电工程劳动竞赛方案和竞赛评分表。4 月 21 日，省总工会召开了安徽省特高压工程建设立功竞赛表彰大会暨晋北－江苏、昌吉－古泉特高压工程建设立功竞赛启动仪式，表彰在特高压工程建设立功竞赛活动中涌现出来的先进集体、先进个人代表，将特高压重点工程劳动竞赛活动推向深入。

铁路建设重点工程劳动竞赛方面，省总工会印发了《关于开展安徽省铁路建设重点工程劳动竞赛活动的通知》和《2016 年度“投身调转促、建功十三五，争当商合杭高铁建设先锋”劳动竞赛实施方案》。6 月 17 日，召开安徽省铁路建设重点工程暨“投身调转促、建功‘十三五’，争当商合杭高铁建设先锋”劳动竞赛推进会，省总工会和相关单位领导、参建单位人员参加会议。11 月底召开重点工程商合杭铁路建设劳动竞赛现场调研座谈会，宣读了三季度劳动竞赛优胜单位表彰决定并授旗。

（三）开展百万职工技能大提升活动

省总工会积极发动省直各厅局（系统）开展全省性技能竞赛活动，为形成示范效应，带动 16 个市、2 个直管县工会系统开展技能提升活动，省总工会对全省性技能大赛项目进行分类汇总，选择一批具有代表性的技能比赛项目由省总工会与省直厅局（系统）联合开展，先后与省商务厅联合开展美容美发行业和沐浴行业农民工专项技能竞赛，与省卫计委联合开展基层岗位练兵和突发疾病防治技能竞赛，与省残联联合开展残疾人职业技能竞赛等。不断推动劳动和技能竞赛向社会管理、行政服务、新兴产业、现代服务业拓展。全年与 44 家省直有关单位开展各类技能竞赛 118 项，组织基层岗位练兵 300 多万人次，参加各类选拔赛职工 40 余万人。

（四）实施职工晋升技术等级奖励计划

省总工会印发《安徽省职工晋升技术等级奖励暂行办法》，对安徽省职业技能等级由技工晋升技师，由技师晋升到高级技师的职工，省总工会及相关工会组织给予一定资金奖励，对职工技能等级晋升相关问题进行了进一步的规范，对报名的要求、方式和时间节点作了详细的说明。2016 年 12 月底，对在 2015 年度晋升为高级技师的闵国建等 199 人给予了奖励。

三、组织实施工会改革

2015 年中央党的群团工作会议以后，安徽省委党的群团工作会议于 9 月 29 日在合肥召开，要求切实加强和改进新形势下群团工作。安徽省总工会认真贯彻落实党中央、省委党的群团工作会议精神，着手谋划改革创新省总工会工作。2016 年 2 月，安徽省总工会认真研究改革构想，进行改革前期准备工作。4 月，落实省委常委会 2016 年工作要点中“推进群团工作改革创新”的要求，向省委报送《安徽省总工会改革工作方案》。6 月至 9 月，落实省委常委会 2016 年工作重点关于推动群团工作改革创新的有关要求，省总工会相关负责同志赴浙江省总工会学习考察工会改革工作，反复研究修改《全省工会改革初步设想》。11 月中下旬，形成《安徽省总工会改革方案（征求意见稿）》，并征求全国总工会意见。12 月 30 日，省委批准《安徽省总工会改革方案》（以下简称《方案》）。同年，省纪委驻省总工会机关纪检组还被派驻到省总工会开展工作。

根据省委批复的省总工会改革方案要求，按照整合机构、优化职能、减上补下的原则，省总工会须精简 30.5% 的编制，其中，机关行政编制精简 10.1%，驻会产业工会事业编制精简 30.4%，直属事业单位事业编制精简 36.1%；机关职能部门由 13 个减少为 10 个，精简后的部门分别是办公室（国际联络部）、组织部、宣传教育部、权益保障部、劳动和经济工作部、基层工作部、网络工作部、女职工部（省总工会女职工委员会办公室）、财务和资产管理部、省总工会经费审查委员会办公室，机关党委按有关规定设置；推进驻会省产业工会改革，驻会省产业工会实行委员会制，由原先 9 个产业工会整合为 5 个产业工会，整合后的驻会产业工会分别是省教科文卫体工会、省财贸轻纺烟草工会、省农林水利气象工会、省机械冶金工会、省能源化学工会。其中，在省总工会领导机构方面，《方案》明确，下一次安徽全省工会代表大会，基层一线人员比例将由之前的 41.6% 提高到 80.0%；省总工会全委会委员中基层一线人员比例将由之前的 21.1% 提高到 40.0%；常委会组成人员中增加兼职副主席 4 名、挂职副主席 1 名；常委会组成人员中基层一线人员比例提高到 20.0%。《方案》明确，为增强服务基层和职工的能力，将从事生产经营活动的直属事业单位改制为企业。坚持重心下移，把力量资源向基层倾斜，省总工会本级用于直接服务职工和对下级工会补助达到年度总支出的 70.0% 以上。要加强工会信息化建设，组织赴河南、湖北、江苏考察学习，在芜湖、宿州等地召开推进会议，改版省、市工会网站，推出省、市工会微信公众号，制定工会数据库标准，提出到 2020 年实现信息基础设施进一步优化升级，“互联网 +”服务职工体系初步成形，全省工会大数据平台逐步完善，信息安全保障体系基本建立的建设目标。

《方案》实施近半年后，省总工会采取的改革举措和工会工作发生了变化。一是“有减有增”。精简整合机构部门，增加职工代表和基层工会经费。按照机构重置、功能再造、扁平管理的要求，优化省总工会机关组织架构，省总工会将内设职能部室从 13 个精简为 10 个，减少 23.1%；驻会产业工会从 9 个精简为 5 个，减少 44.4%；人员编制精简 145 人，减少 30.5%。省工会代表大会代表、省总工会全委会委员、常委会委员中基层一线比例分别增加到 80.0%、40.0%、20.0%。省工会改革坚持以问题为导向，着眼基层工会缺编制、缺经费、缺办公场所、缺工作人员的现实问题，突出“减上补下”夯实基层工会力量。二是“有破有立”。破除工会组织“机关化”，立足“互联网 +”服务职工。破除“机关化、行政化、贵族化、娱乐化”现象，在工会改革实践中，加强工会同职工群众的有机联系和深度融合，使工会真正成为“职工之家”，工会干部成为职工最可信赖的“娘家人”。省总工会强化互联网思维，把打造互联网工作平台作为推进工会工作改革创新、提高服务引领职工能力的重要手段，加快建设工会官方网站、新媒体平台，健全“互联网 +”服务职工体系。三是“有点有面”。以职工需求为出发点和落脚点，增强职工群众的获得感。工会改革下活工作“一盘棋”，以省总工会改革带动全省工会系统改革。通过就业援助、转岗培训、创业扶持、帮扶救助等举措，省总工会带动8市有关工会启动创业就业援助行动，扶持100个创业项目和10家支持就业示范单位，吸纳6974名产能过剩企业中转岗分流的职工、返乡农民工等就业困难人员就业。四是省、市、县（区）级总工会机构调整、职能优化基本完成，16个市总工会全部出台改革方案并稳步落实，76个县（市、区）总工会印发改革方案，工会组织服务职工工作制度机制逐步完善，工会工作创新意识明显增强。

四、开展困难职工解困脱困工作

随着国家加快经济结构调整步伐，去产能、去库存、去杠杆、降成本、补短板的任务十分繁重。对安徽而言，煤炭、钢铁、冶金、建材等行业企业面临严峻形势，部分产能过剩企业、经营困难企业和“僵尸企业”退出市场，会对职工的就业、工资、社保等造成不利影响，困难职工群体会进一步扩大。省总工会面临重要而紧迫的任务是发挥工人阶级识大体、顾大局的优良传统，教育引导广大职工认清严峻形势，树立发展信心，增强责任意识，与企业同舟共济、共渡难关。同时，认真贯彻落实党中央、省委扶贫开发工作会议精神，在党和政府领导下深入实施全面帮扶、精准帮扶，依法维护好职工劳动经济权益。

2015年11月，中央扶贫开发工作会议吹响脱贫攻坚冲锋号。全国总工会要求，工会要在脱贫攻坚战中发挥重要作用，特别是要解决好困难职工的问题，确保2020年全面建成小康社会。2016年4月12日，全国总工会召开全国工会系统做好困难职工解困脱困工作电视电话会议，提出将困难职工解困脱困融入国家脱贫攻坚大局，把精准贯穿全过程，整合资源，分类帮扶，通过“四个一批”措施，切实提升解困脱困效益。安徽省总工会认真贯彻落实全国总工会“4·12”电视电话会议精神，坚持把困难职工解困脱困工作作为当时及今后一个时期的重点工作抓紧抓实抓好。

2016年，省总工会专门对全省困难企业及职工队伍状况开展大调研，掌握经济下行给企业和职工带来的困难。对全省困难职工状况进行一次全面大普查，逐一入户走访，掌握困难职工群体规模、分布及就业收入、致困原因等情况。做实做细困难职工档案，做到一户一档案、一户一计划、一户一措施。5月，全省集中开展困难职工入户走访调查工作，先后下发《困难职工家庭入户走访调查的通知》《困难职工家庭入户走访调查表》等，专题召开全省工会保障部部长会议培训讲解，入户走访调查率达98.5%，摸清全省工会建档在册20万余户困难职工基本情况，撰写《困难职工入户走访调查分析报告》，为研究出台精准帮扶困难职工解困脱困实施意见奠定了基础。

同年，省总工会设立职工创业专项资金200万元，选树扶持50名创业带头人（包括返乡农民工、困难职工家庭高校毕业生），以创业带动就业。重心下移，坚持把资源和力量向基层倾斜、向帮扶困难职工倾斜。构建以精准帮扶为重点的服务职工体系，拓展困难职工帮扶中心（职工服务中心）和站点服务功能，推动政策帮扶、制度保障，扩大服务范围和对象，发展职工互助项目，实行普惠化服务。除正常下拨财政帮扶资金和自筹资金外，省总工会又安排200万元开展产能过剩行业困难企业转岗职工就业培训，加大对两淮煤矿等困难企业职工送温暖、帮扶救助、互助保障、职工疗休养工作的资金投入，妥善解决困难职工安置和社会保障问题。

2016年6月30日，省总工会在马鞍山市召开全省工会困难职工解困脱困工作会议，正式出台并部署实施《安徽省总工会关于进一步做好困难职工解困脱困工作的实施办法》，全面部署全省工会未来五年城市困难职工脱困解困工作目标任务、工作举措和保障措施。在8月的全国工会权益保障工作会议上，安徽省工作做法和成效受到全国总工会领导好评。9月，省总工会下发《关于加大帮扶困难职工解困脱困工作力度的通知》，督促各地落实"金牌蓝领计划"和"圆梦计划"，加大消化滞留资金力度，并就完成两项计划情况进行通报。10月，省总工会设计制作了《困难职工解困脱困联系卡》，进一步落实解困脱困工作部署，启动困难职工建档立卡工作，责任到帮扶人，计划和措施到受助困难职工户。经过不懈努力，全省工会完成了年度困难职工解困脱困的目标任务。

2016年，省总工会还积极开展了企业转岗分流职工就业创业援助工作。2月至3月在工会就业创业援助月期间，省相关单位组织合肥市同淮北市、淮南市，芜湖市同马鞍山市建立产能过剩行业职工劳务输出对接，举办系列劳务对接会；主动联系江苏省总工会，协同举办安徽煤炭企业和江苏常州市、盐城市用人单位对接会，全省煤炭企业分流转岗职工劳务输出到合肥市、滁州市，江苏省常州市、盐城市企业工作，其中仅合肥长安汽车公司就吸纳236名煤炭转岗职工就业。淮北、淮南、马鞍山等市产能过剩地市的总工会在困难职工帮扶中心和招聘会现场，都设立专门政策咨询窗口，布设电子滚动大屏幕，定期公告用工信息，为产能过剩企业分流转岗职工提供就业政策、用工信息等咨询服务。针对分流职工现状，各地总工会积极联系用工单位，到矿区开展“送岗位”上门活动，举办专场招聘会。

相关单位充分利用工会各类培训基地和平台，面向钢铁、煤炭、有色等过剩产能行业职工，实施工会转岗促就业培训和稳岗培训项目，通过转岗职工专项技能培训促进就业。省总工会制定《安徽工会创业援助行动计划》，安排经费500万元，有关市总工会进行1 ∶ 1以上资金配套，采取小额贷款贴息、无息借款、资金入股等方式，扶持有创业意愿和有一定创业能力的煤炭钢铁分流转岗职工创业以带动就业。淮北市总工会对经济效益良好、创业事迹感人、社会责任感强、项目具有推广价值的创业带头人授予“职工创业标兵”荣誉称号，评选煤矿转岗分流职工创业标兵25人，发放创业扶持资金11.5万元，引导职工通过创业实现就业。淮南市总工会积极为创业职工申报小额贷款贴息，经过公示，有19个项目符合小额贷款贴息条件，贷款金额300万元。

在困难职工解困脱困的资金管理方面，省总工会根据巡视和审计工作整改要求，按照省财政资金使用相关规定，建立完善保障工作专项资金相关制度，切实加强资金监管，提高资金使用绩效。截至2016年9月底，涉及的7个项目资金均已制定管理使用暂行办法（其中工会帮扶资金管理使用办法于2015年已制定），陆续下发《安徽省总工会送温暖资金使用管理暂行办法》《安徽工会创业就业资金使用管理暂行办法》《安徽工会过剩产能行业职工稳岗转岗培训经费管理暂行办法》；备案《安徽省总工会特困职工病床补助经费使用管理暂行办法》

★ 2016 年 6 月，全省工会进一步做好困难职工解困脱困工作会议召开。

《安徽省总工会下岗再就业培训经费使用管理暂行办法》《安徽省工会就业创业援助月专项资金使用暂行办法》。

在此基础上，省总工会收集近两年来国家、省有关部门和全国总工会出台的职工社会保障政策和规定，汇编并向各级工会发放《职工社会保障政策汇编》，调动保障干部学习掌握运用政策的积极性，增强政策帮扶意识。制定印发全省各地工会两年消化处理中央、省财政滞留专项资金的审计整改方案，解决专项资金滞留问题。同时，调整完善了党中央专项帮扶资金分配方案、全省工会“金秋助学”活动相关安排及省总工会资金分配方案，与在档困难职工家庭户数、农民工会员数、城市最低工资、去产能和灾害致困、解困脱困工作、结余资金等挂钩，并要求各级工会着力提高精准水平，及时上报资金使用计划，规范资金使用管理。在对中央财政帮扶资金和送温暖资金进行专项检查的基础上，还邀请地方政协委员对专项资金的使用管理和困难职工档案情况进行督查。

五、部署工会“七五”普法

2016年12月9日，省总工会制定《安徽省总工会关于在全省工会工作者和职工中开展法治宣传教育的第七个5年规划（2016—2020年）通知》，明确工会开展法治宣传教育的指导思想、主要目标和主要任务，并将其工作划分为宣传发动阶段（2016年）、组织实施阶段（2016年至2020年）和检查验收阶段（2020年）。

工会“七五”普法的主要目标是法治宣传教育机制进一步健全，法治宣传教育内容更加丰富、形式更加多样，法治宣传教育与工会工作法治化建设有效结合，工会领导干部对《工会法》《劳动法》等法律法规做到应知应会，必知必会。主要任务是深入学习宣传习近平总书记关于全面依法治国的重要论述，增强走中国特色社会主义道路的自觉性和坚定性，增强厉行法治的积极性和主动性。突出学习宣传宪法，坚持把宪法学习宣传摆在首要位置，在工会工作者和职工群众中普遍开展宪法教育，弘扬宪法精神，树立宪法权威。全面学习宣传中国特色社会主义法律体系。全面学习宣传民商法、经济法、社会法、诉讼与非诉讼程序法等方面的法律。深入学习宣传保障职工和工会组织权益的法律法规。着眼于维护职工合法权益，发展和谐劳动关系，深入开展《劳动法》《劳动合同法》《劳动争议调解仲裁法》《社会保险法》《安全生产法》《职业病防治法》《工伤保险条例》《安徽省女职工劳动保护特别规定》等涉及职工切身利益的法律法规和规章的宣传。着眼于推进工会改革试点和工会工作法治化建设，深入开展《工会法》《中国工会章程》《安徽省集体合同条例》《安徽省企业民主管理条例》等法律法规和规章的宣传教育。推动法治教育和道德教育相结合，切实加强职工法治文化建设。坚持依法治国和以德治国相结合的基本原则，以法治体现道德理念，以道德滋养法治精神，促进实现法律和道德相辅相成、法治和德治相得益彰。

工会系统法治宣传教育的对象是各级工会工作者和包括农民工在内的广大职工群众。重点加强工会领导干部、基层工会工作者和农民工的法治宣传教育，把各级工会领导干部带头尊法学法守法用法作为树立法治意识的关键。工会“七五”普法的组织保障和举措包括：切实加强领导。省总工会成立“七五”法治宣传教育领导小组，负责全省工会系统“七五”法治宣传教育工作；省总工会普及法律常识办公室（设在省总工会法律工作部）承担日常工作，具体指导全省工会系统法治宣传教育工作；领导小组各成员部门落实“谁主管谁负责”普法责任。健全完善机制。建立健全定期会议机制，建立健全工会工作者尤其是领导干部教育培训机制，建立健全监督检查机制，建立健全沟通协调机制，建立健全典型案例普法机制，建立健全激励机制。加强经费保障。各级工会把法治宣传教育经费列入年度预算，切实予以保障，并建立动态增长机制。强化队伍建设。各级工会高度重视工会普法队伍建设，充分整合自有资源，通过学习培训，建设一支高素质的工会普法骨干队伍。加大创新力度。以职工群众和工会工作者学法需求为导向，创新理念，注重实效，创新阵地，拓宽途径，创新形式，善用网络。

“七五”普法期间，省总工会紧紧围绕工会“维护职工合法权益、竭诚服务职工群众”的基本职责，加强组织领导和保障，建立工会普法责任制，发挥工会优势，创新方式方法，有计划、有步骤地推进工会普法宣传和法治化建设，在维护职工合法权益助推构建和谐劳动关系、决胜全面建成小康社会、建设现代化五大发展美好安徽中发挥积极作用。

六、组织农民工求学圆梦行动

全省工会“金秋助学”活动在继续救助新考入普通高校本科困难职工（农民工）子女的基础上，根据化解过剩产能职工转岗分流、技工大省建设、自然灾害等新情况新问题，多措并举创新发展助学活动，拓展范围，延伸服务链条，有效缓解因子女上学致困职工（农民工）家庭的困难。

实施“金牌蓝领计划”和“圆梦计划”。“金牌蓝领计划”针对建档在册和符合条件新建档的困难职工（农民工）子女，当年考入高职院校就读的，变往年的资助少数为应助尽助，资助金额与普通本科生一视同仁，鼓励引导困难职工子女立志争当皖工徽匠和大国工匠；“圆梦计划”把往年一次性资助入学就读延伸到数次救助直至完成学业，向 2014 年以来建档在册的困难职工（农民工）家庭和 1149 名在校就读的品学兼优学生，按学年发放助学金，以奖代补形式提供其上学期间所需生活费和路费等，勉励困难职工（农民工）子女勤奋学习顺利完成学业。

扶持校企合作，实施助学、就业一条龙服务。2016 年 9 月中旬，省总工会在蚌埠举办“省暨蚌埠市总工会支持校企合作培训蓝领人才计划”协议签字仪式，蚌埠市总工会、中科电力装备公司和蚌埠机电技师学院签订 100 名困难职工子女培养“金牌蓝领”项目协议，工会和企业共同出资培养，受助学生毕业到该企业就业。

同时，省总工会探索关爱留守农民工子女帮扶新措施，援助阜阳市袁寨镇中心学校（60% 以上学生为农民工子女），建成并启用了以学习实训机器人操作为主要内容的农民工子女科普实验馆。省总工会还要求各地强化政策帮扶，加强国家助学政策和工会助学新举措、新项目的宣传；精准助学程序，在调查摸底、受理核实、审批公示、资金发放四个环节上严格审核把关，强调执纪问责。

2017 年 9 月 1 日，省总工会举行全省工会 2017 年“金秋助学”启动仪式暨“金秋助学”20 周年巡礼。从 1998 年起，安徽工会在全国率先启动以资助困难职工子女上学为主要内容的育才关怀行动，2005 年起按照全国总工会要求改为金秋助学，这项活动到当年已经持续开展了 20 年。全省工会共筹集助学资金 3.07 亿元，帮助了 18.92 万名困难职工子女和困难农民工子女实现上学梦，其中帮助 13.35 万名困难职工子女和困难农民工子女顺利进入高校，金秋助学取得了丰硕的成果。

2018 年全省工会共筹集助学资金 2343 万元，资助 6677 名困难职工和困难农民工子女上学。2019 年全省工会共筹集助学资金 2863 万元，资助 5658 名困难职工和困难农民工子女上学，其中，大专以上困难学子 5295 名，高中和中等职业教育阶段 274 名，小学和初中阶段 89 名。在资助困难学生中，困难农民工子女 2064 名。

2020 年 8 月 28 日，由安徽省总工会、中国职工发展基金会主办，宿州市总工会承办的 2020 年安徽省工会金秋助学“微心愿助成长”启动仪式在宿州举行。活动精心打造“金牌蓝领”、“圆梦计划”，以“微心愿助成长”活动为载体，整合社会资源，助力困难学子完成学业、实现就业，共筹集助学资金 2185 万元，资助 4248 名困难职工和困难农民工子女上学，其中，大专以上困难学子 3777 名，高中和中等职业教育阶段 144 名。

2021 年的“金秋助学”活动共筹集助学资金 2014 万元，资助 5808 名困难职工和困难农民工子女上学，其中，大专以上困难学子 5443 名，高中和中等职业教育阶段 277 名，小学、初中及其他教育阶段 88 名。资助的困难学生中，困难农民工子女有 1498 名。2022 年 8 月 15 日的省暨合肥市 2022 年工会“金秋助学”活动启动仪式后，省总工会下拨 300 万元助学资金，动员安徽移动公司等爱心企业捐赠 30.5 万元，支持各地开展金秋助学活动。全省工会连续 25 年开展金秋助学活动，被《安徽信息》刊载。2022 年，全省共筹集助学资金 2162.69 万元，资助 5804 名困难职工和困难农民工子女上学。2023 年，全省各级工会筹集助学资金 2427 万元，资助 6985 名困难职工子女上学，其中，大专以上困难学子 6404 名，高中和中等职业教育阶段 414 名。困难职工家庭高校毕业生中需就业帮扶的 163 人次，为困难职工家庭高校毕业生提供实习见习机会 261 人次，帮助困难职工家庭高校毕业生实现就业 282 人次。

从 1998 年安徽工会启动育才关怀行动，2005 年改名为金秋助学，至 2023 年，金秋助学活动持续开展了 25 年，为一大批困难职工子女上大学解决了资金不足的问题，缓解了困难职工家庭的生活困难，增强了工会组织对职工的凝聚力，提高了工会组织在社会上的影响力。

七、推荐评选大国工匠

“大国工匠”是央视新闻频道 2015 年 4 月起推出的“五一”特别报道，主要介绍一线工人的高超技艺和执着坚守，讲述不同岗位劳动者用自己的灵巧双手，匠心筑梦的故事。我省 2 名职工入选 2015 年“大国工匠”和 2016 年“大国工匠”，分别是中国宣纸股份有限公司捞纸工周东红和中国宣纸股份有限公司晒纸工毛胜利。

2018年6月启动“大国工匠年度人物”发布活动，由全国总工会和中央广播电视总台联合举办。各级工会组织选拔推荐，职工群众广泛参与，经过推荐、初选、评委会评选等环节，从推荐人选中初选出50位“大国工匠年度人物”候选人，从候选人中评选出10位“大国工匠年度人物”。我省地质矿产勘查局313地质队朱恒银当选2018年“大国工匠年度人物”，国网安徽送变电工程有限公司变电施工分公司王开库入围2018年“大国工匠年度人物”50强。

第六节　党的十九大召开前后的安徽工运事业

2017年是党的十九大召开之年，是实施“十三五”规划的重要一年，也是供给侧结构性改革的深化之年。全省生产总值达2.75万亿元，增长8.5%；城镇居民人均可支配收入达3.16万元，增长8.5%。全省工会和广大职工深入学习贯彻党的十九大精神，深入贯彻落实习近平总书记考察安徽重要讲话精神，首次以省委、省政府名义表彰省劳动模范、先进工作者和先进集体，开展职工队伍稳定调研排查化解专项行动，牵头推进我省产业工人队伍建设改革工作，协调落实产业工人队伍建设改革任务分工，开展《女职工劳动保护特别规定》贯彻落实情况及“一法一办法两条例”法律法规贯彻实施情况调研，开展“尊法守法·携手筑梦”服务农民工法治宣传行动、“强基层、补短板、增活力”行动，总结推广国有企业和非公企业结对共建做法，召开全省工会经费委托税务代收工作现场会、推进会，全面推行产业工会委员会制，为加快建设创新、协调、绿色、开放、共享的美好安徽作出了积极贡献。

一、学习贯彻党的十九大精神

2017年10月18日至10月24日，党的十九大在北京召开。党的十九大是在全面建成小康社会决胜阶段、中国特色社会主义发展关键时期召开的一次十分重要的大会。大会召开前，安徽省总工会专门组织开展了“中国梦·劳动美·安徽篇章”——喜迎党的十九大主题教育活动，引导全省各级工会开展主题演讲比赛、主题知识竞赛、座谈会、歌咏比赛、诗歌朗诵会、摄影书画展、劳模报告团宣讲等活动2000余场次，为党的十九大胜利召开营造了良好的氛围。

大会开幕当天，省总工会、各市（县）总工会、大企业工会及省总工会直属单位及时组织广大党员干部、劳模代表和一线职工收听收看党的十九大开幕盛况，召开座谈会交流体会和感受。安徽省分管、联系工会工作党政领导干部培训班全体学员在北京集体收看党的十九大开幕会，参观“砥砺奋进的五年”大型成就展，并第一时间召开学习党的十九大精神座谈会。参加全省新任工会主席上岗资格培训班的123名学员集体收看大会开幕会直播。全省各级工会通过组织观看开幕式、召开座谈会等形式多样的活动，进一步教育引导广大职工群众在思想上政治上行动上同以习近平同志为核心的党中央保持高度一致，立足岗位、砥砺奋进。

按照省委和全国总工会的部署，全省工会系统把深入学习贯彻党的十九大精神作为首要政治任务，认真组织学习培训、宣传教育、贯彻落实工作。10月27日，省总工会党组中心组（扩大）会议专题学习传达大会精神，就下一步省总工会机关如何学习宣传贯彻工作进行部署和安排。省总工会还先后召开机关干部职工大会、全省工会学习贯彻党的十九大精神电视电话会议、党的十九大精神宣讲报告会。省总工会领导带头深入基层，分赴宣城、安庆、马鞍山、阜阳、淮南、合肥等地，开展“五大一新”活动，深入企业宣讲。举办全省工会学习贯彻党的十九大精神轮训班，确保市、县两级工会领导干部全部轮训一遍。

10月30日下午，全国总工会在北京召开全国工会学习贯彻党的十九大精神电视电话会议，要求各级工会把学习宣传贯彻大会精神作为当前首要政治任务，迅速掀起学习热潮。11月3日下午，省总工会召开党的十九大精神宣讲报告会，邀请3位基层一线职工党代表许启金、杨苗苗、王忠才作宣讲报告。11月6日，省总工会召开全省工会学习贯彻党的十九大精神电视电话会议。11月7日，省总工会印发《关于党的十九大精神学习宣传方案的通知》，要求全省各级工会把学习宣传贯彻大会精神作为当前和今后一个时期的首要政治任务，迅速掀起学习宣传热潮。要以学习好宣传好贯彻好习近平新时代中国特色社会主义思想为主线，全面准确深入地宣传大会的重要意义和重要内容。要切实抓好工会系统和省总工会机关的学习培训，精心策划形式多样的主题宣讲、主题演讲比赛、省总工会文艺小分队下基层等活动，宣传引领职工立足岗位贯彻落实大会精神，分批次推出一批劳动模范、江淮工匠、一线职工等先进人物报道，全面推进群众性精神文明创建活动，推动广大职工把践行社会主义核心价值观作为情感认同和行为习惯，充分利用工会系统的网站、“两微一端”及《安徽工人日报》微信公众号等新媒体，做好各级工会和广大职工学习宣传贯彻的动态性、综合性报道。

全省各级工会也积极行动。10月18日、10月25日，安庆市总工会机关组织收看大会开幕会、闭幕会。10月26日上午，淮南市总工会机关全体人员集中学习讨论大会报告。10月27日下午，滁州市总工会召开党组（扩大）会议，传达学习大会精神。10月31日，铜陵市总工会召开机关全部干部职工会议，传达学习大会精神。[①]

二、启动产业工人队伍建设改革

（一）产业工人队伍建设改革工作的组织领导

2017年4月14日，党中央、国务院印发了《新时期产业工人队伍建设改革方案》，由全国总工会牵头协调的产业工人队伍建设改革工作正式启动。安徽省委、省政府高度重视、迅速行动，认真谋划、扎实推进。

6月1日，省委召开产业工人队伍建设改革专题会议，要求将产业工人队伍建设改革作为全面深化改革的一项重要任务，着力加以推进。省委成立推进新时期产业工人队伍建设改革协调小组，省委副书记任协调小组组长，成员单位包括省委组织部、省委宣传部、省发改委、省委教育工委、省人社厅、省国资委、省总工会等33个单位，负责全省产业工人队伍建设改革的宏观指导、政策协调和组织推进。协调小组下设办公室，办公室设在省总工会，省总工会主席

① 《全省工会迅速掀起学习贯彻十九大精神热潮》，《安徽工人日报》2017年11月3日。

担任办公室主任，形成党委统一领导、政府有关部门各司其职、工会组织统筹协调推进的工作格局。

6月2日，省委书记李锦斌主持召开省委常委会会议。会议听取安徽省总工会工作汇报，专门就全省新时期产业工人队伍建设改革工作提出明确要求，强调要深入学习贯彻习近平总书记关于工人阶级和工会工作的重要论述和党中央关于产业工人队伍建设的文件精神，充分认识加强新时期产业工人队伍建设改革的重大意义，切实把思想和行动统一到中央的决策部署上来。

6月27日，省委副书记、省推进新时期产业工人队伍建设改革协调小组组长信长星主持召开协调小组第一次会议。会议强调，要认真落实党中央关于新时期产业工人队伍建设改革的决策部署，加快建设一支有理想守信念、懂技术会创新、敢担当讲奉献的宏大的产业工人队伍，为五大发展美好安徽建设提供重要支撑。要认真组织学习，准确把握改革方向，围绕贯彻“政治上保证、制度上落实、素质上提高、权益上维护”的总体要求，深入开展调研，科学制定安徽省产业工人队伍建设改革实施意见和推进措施。各地各有关部门要明确责任分工，加强协作配合，强化督察督办，确保各项改革举措落实到位、落地见效。

省总工会把推进新时代产业工人队伍建设改革工作作为重要政治任务，纳入安徽省工会改革的重要内容，第一时间召开了党组会、主席办公会、理论学习中心组会等，学习文件精神，把准改革方向；第一时间向省委、全国总工会进行了汇报，提出贯彻落实的初步意见。全国总工会对安徽省上报的《关于新时期产业工人队伍建设改革情况汇报》作出重要批示，对安徽省产业工人队伍建设改革工作给予充分肯定，并提出明确要求。

（二）《关于推进新时代产业工人队伍建设改革的实施意见》的出台

2017年6月29日，省产改协调小组办公室下发通知，部署开展安徽省新时期产业工人队伍建设改革综合调研。7月，由省委组织部、省委政研室、省人社厅、省总工会牵头成立4个调研组分赴合肥、芜湖等8个市及有关大企业，开展产业工人队伍建设改革综合调研，召开座谈会17场，分别听取8个市的组织、教育、人社、工会等单位和65家企业情况汇报，对6532名产业工人进行个别访谈和问卷调查，形成了《关于安徽省新时期产业工人队伍建设改革调研报告》。省委组织部、省委教育工委、省发改委等单位结合本系统、本单位实际，也组织开展了专题调研。省总工会领导班子成员还分别带队深入产业工人比较集中的马钢、铜陵有色、两淮煤矿、安庆石化等大企业蹲点调研一周，广泛听取一线产业工人意见。

8 月 3 日，省产改协调小组在合肥举办安徽省新时期产业工人队伍建设改革专题学习研讨班。全国总工会副主席、书记处书记、党组成员阎京华，省政协副主席、省总工会主席童怀伟，省总工会、省委教育工委、省财政厅、省人社厅相关领导出席研讨班。阎京华在研讨班上作辅导报告，介绍了《新时期产业工人队伍建设改革方案》制定出台的背景，阐述了重大意义、总体要求以及主要内容和举措。省委教育工委负责同志阐述了职业教育的地位与作用，介绍了我省职业教育改革发展情况及服务产业工人队伍建设的打算。省人社厅负责同志介绍了我省技能人才队伍建设情况，解读了省政府出台的《支持技工大省建设若干政策》，并详细说明人社部门将如何推进产业工人队伍建设改革。省协调小组 33 个成员单位代表，各市总工会主席、党组书记和分管主席以及省总工会机关各部门、省直工会、省产业工会、省总工会直管企业工会和有关大企业工会主要负责同志参加了研讨班。在 4 日下午的研讨班座谈会上，各单位同志围绕《中共安徽省委、安徽省人民政府关于推进新时期产业工人队伍建设改革的实施意见（提纲）》（以下简称《实施意见》）提出意见建议，并就如何推进产业工人队伍建设展开交流。

8 月 4 日至 11 日，省产改协调小组办公室负责同志带队，从省教育厅、省经信委、省人社厅、省国资委、省总工会和马钢公司抽调精干力量，组成文件起草小组，封闭起草安徽省实施意见。8 月 23 日、9 月 8 日，协调小组办公室先后向协调小组各成员单位，省公安厅、省司法厅、省编办等有关单位，各市委、有关大企业等征求意见。

10 月 10 日，省委副书记、省产改协调小组组长信长星专题听取省产改协调小组办公室关于安徽省产业工人队伍建设改革工作情况汇报，并于 11 月 14 日再次作出指示，要求进一步提炼内容、压缩文字。11 月 23 日，省委副书记、省产改协调小组组长信长星主持召开协调小组第二次会议，研究审议我省《实施意见》，会议要求从方向把握、框架内容、任务举措等方面进一步修改完善《实施意见》，强调要深化思想认识，提高政治站位，切实增强责任感和使命感，把产业工人队伍建设改革作为当前一项重大任务抓紧抓好；细化工作方案，加强组织领导，确保每个环节都有人管、每项任务都有人抓；注重分类施策，统筹推进落实，聚焦产业工人队伍建设的重点领域和产业工人集中关注的热点问题，着力抓一件或几件有特色、有亮点的改革；强化舆论宣传，营造良好氛围，提高职工群众对政策的知晓度和认可度，大力营造关心、支持改革的良好社会环境。

2018 年 2 月 24 日上午，省委书记、省委全面深化改革领导小组组长李锦斌主持召开省委全面深化改革领导小组第十四次会议，审议通过了《关于推进新时代产业工人队伍建设改革的实施意见》(以下简称《实施意见》)。3 月 22 日，省委、省政府正式印发《实施意见》。《实施意见》提出了 5 个方面 25 条具有安徽特色和创新性落实《新时期产业工人队伍建设改革方案》的具体举措。5 月 23 日，省总工会印发《贯彻落实〈关于推进新时代产业工人队伍建设改革的实施意见〉方案》，进一步明确改革任务，强化工作责任。

(三)统筹推进产业工人队伍建设改革

2018 年 6 月 11 日，省产改协调小组召开第三次会议，贯彻落实省委、省政府近期印发的《实施意见》。会议指出，推进产业工人队伍建设改革是复杂的系统工程，必须把握工作重点，形成党委统一领导，政府有关部门各司其职，工会、行业协会、企业代表组织步调一致的工作格局。要围绕产业工人队伍建设改革 5 个方面内容和 25 条措施，把产业工人思想政治建设放在突出位置、把产业工人素质提升作为核心抓手，在推动思想引领、技能提升、待遇提高、作用发挥、支撑保障等关键环节的体制机制改革上下功夫、出实招、见实效。会上，各成员单位结合分工，就贯彻落实情况和下一步工作计划作了汇报。8 月 30 日上午，省产改协调小组召开第四次（扩大）会议，省人社厅、省委教育工委、省国资委、淮南市总工会、滁州市总工会 5 家单位先后作经验交流。会议审议通过了《安徽省推进新时代产业工人队伍建设改革协调小组及其办公室工作规则》和《关于推进我省新时代产业工人队伍建设改革实施意见的督查方案》。

11 月至 12 月，省总工会组织 9 个调研组，赴 16 个市开展新时代产业工人队伍建设改革专项调研（督查）。调研发现，产改启动以来，我省产业工人队伍思想政治建设不断加强，保证产业工人主人翁地位的制度安排进一步健全，尊重劳动、崇尚技能、鼓励创造的社会氛围日益浓厚，产业工人技能形成体系加快构建，产业工人技能素质进一步提升，运用互联网推进产业工人队伍建设扎实有效，产业工人队伍建设支撑保障持续强化，但同时也存在认识不高、重视不够，工作推进不平衡，采取的措施不具体、针对性不强等问题。调研建议，加强工作指导，形成工作合力，形成上下联动、整体推动的工作格局；加大宣传力度，营造良好氛围，奏响“工人伟大、劳动光荣”的时代主旋律；突出工作重点，推动重大改革任务落实，推行终身职业技能培训制度，加强高技能人才队伍建设；加强督查检查，严格跟踪问效，开展改革情况绩效评估，推动各项举措落地见效。

2019 年 3 月 26 日下午，省产改协调小组召开第五次会议，省委宣传部、省委教育工委、省人社厅作经验交流。会议从制度设计有突破、具体举措有创新、重点工作有特色等方面，对 2018 年全省产业工人队伍建设改革工作给予充分肯定，强调要紧盯目标任务，把握时间节点，对照目标要求，加大工作力度，倒排工期、挂图作战，确保 2019 年各项改革任务圆满完成；要聚焦改革重点，加强产业工人思想引领，提升产业工人技能素质，提高产业工人待遇；要强化基础保障，加强制度建设，加大资金投入，营造良好氛围。12 月 27 日下午，省产改协调小组召开第六次会议，对深化改革进行了再动员再部署。

2020 年 8 月 1 日，长三角地区“三省一市”深化产业工人队伍建设改革研讨会在江苏南京召开。全国总工会副主席、书记处书记、党组成员阎京华出席并讲话。江苏省委副书记任振鹤到会致辞。安徽省人大常委会副主任、省总工会主席李明出席会议并作交流发言。会上，阎京华强调，要深刻理解推进产业工人队伍建设改革的重要性、紧迫性；要准确把握推进这项改革面临的新形势、新任务、新挑战；要进一步提高政治站位，不断提高思想自觉、政治自觉和行动自觉，扎实推进产业工人队伍建设改革。李明在发言中指出，近年来，安徽省产业工人队伍建设改革取得显著成效，技能人才队伍不断壮大，产业工人主人翁地位稳步提升，产业工人技能形成体系逐步建立，产业工人发展空间更加宽广，对产业工人的服务保障力度持续增强。深化产业工人队伍建设改革，要进一步统筹发展现代职业教育和完善职业培训体系，着力拓宽产业工人发展空间，大力促进农民工就业创业、融入城镇，充分运用互联网服务产业工人队伍建设，更好发挥工会在产业工人队伍建设改革中的作用。研讨会上，长三角地区“三省一市”工会主要负责同志就学习贯彻习近平总书记关于产业工人队伍建设改革的重要论述进行深入研讨，来自“三省一市”的基层工会、企业代表作了经验交流，举行了“三省一市”总工会主席联席会议制度签约仪式，为长三角地区产改优秀案例和劳动模范（职工）优秀科技创新成果颁奖，启动了长三角地区一体化建设 100 项重点工程劳动竞赛。

12 月 15 日，省产改协调小组召开第七次会议，省教育厅、省人社厅、省国资委进行了交流发言。会议强调，要认清形势、保持韧劲，推动产业工人队伍建设改革取得新成效；要以加强思想引领为根本，推动习近平新时代中国特色社会主义思想入脑入心；要以提升能力素质为核心，努力建设高素质劳动大军；要以维护合法权益为保障，使广大产业工人共建共享改革发展成果；要积极作为、主动担当，形成产业工人队伍建设改革强大合力；要坚持问题导向，加强调查研究，了解基层情况，研究分析问题；要探索试点改革，围绕产业工人队伍建设改革的重点举措和推进过程中存在的问题、短板和不足，积极探索符合本地区实际的产业工人队伍建设改革有效途径和具体举措；要加强跟踪调度，探索实行第三方评估，推动实现改革成效最大化。

三、表彰省劳动模范、先进工作者和先进集体

党的十八大以来，安徽省各行各业涌现出一大批在全面建成小康社会伟大实践中爱岗敬业、勇于创新、业绩突出的集体和个人。为表彰先进，弘扬劳模精神、劳动精神、工匠精神，进一步激励全省人民投身决战决胜全面小康、建设

五大发展美好安徽的新征程，安徽首次以省委、省政府名义高规格表彰省劳动模范、先进工作者和先进集体。

2017 年 4 月 28 日，安徽省劳动模范、先进工作者和先进集体表彰大会在安徽大剧院举行。省委书记李锦斌出席会议并讲话。省委副书记、省长李国英主持会议。省政协副主席、省总工会主席童怀伟宣读表彰决定。授予夏力等 425 人“安徽省劳动模范”荣誉称号，授予王竹青等 171 人“安徽省先进工作者”荣誉称号，授予安徽省公安厅网络安全保卫总队等 77 个单位“安徽省先进集体”荣誉称号。省党政军领导向荣获表彰的省劳动模范、先进工作者和先进集体颁发奖牌和荣誉证书。省劳动模范代表安徽合力股份有限公司装配钳工刘飞宣读倡议书。受表彰的省劳动模范、先进工作者、先进集体代表，特邀代表，省暨合肥市各界群众代表约 1600 人参加会议。

四、推进安徽工会法治化建设

安徽各级工会认真贯彻落实习近平总书记关于全面依法治国新理念新思想新战略，特别是深入学习贯彻习近平法治思想，贯彻落实中央全面依法治国工作会议精神，聚焦全面建设社会主义现代化国家目标要求，扎实有效开展新时代法治宣传教育，按照省委和全国总工会的决策部署，主动找准职工群众的关注点，着力推进安徽工会法治化建设。

（一）健全工会法治化建设机制

安徽各级工会法治化建设始终从服务中心工作和大局出发，建立健全工会法治化建设机制，将工会法治化建设纳入全省法治化建设规划重要内容。

一方面，加强对领导干部的宣传教育，党组书记、领导班子成员及党支部书记带头讲法治课，提高法治意识，增强运用法治思维和法治方式解决问题的能力水平。另一方面，通过举办青年干部学习沙龙、青年干部理论 e 家学习、读书征文与演讲等形式，加强对工会机关干部的宣传教育。

2018 年，省总工会及时调整法治宣传教育领导小组，下设办公室在省总工会权益保障部。2019 年，领导小组制定下发《2019 年安徽工会法治化建设工作要点》《安徽省总工会关于实施普法责任清单制度的通知》，签订《2019 年度普法责任书》。修改印发《安徽省总工会法律顾问工作办法》，聘请省总工会新一届法律顾问，召开座谈会研究部署进一步健全完善省总工会法律顾问工作。

落实省委和全国总工会"七五"普法规划部署，每年制订年度普法工作计划，与年度工作同部署、同考核；省总工会领导分别与分管部室、产业工会、直属单位签订普法责任书；建立并落实普法责任清单制度，与部门职责结合，将法治宣传教育与建会、管会、履职、维权和服务等有机结合，强化各部门普法责任。加强工会法律队伍建设，实施安徽省总工会法律人才队伍建设规划，省总工会每年组织全省工会干部普法骨干培训班，鼓励机关干部参加国家统一法律职业资格考试、劳动关系协调师资格考试、劳动争议仲裁员职业资格考试，提升工会干部维护职工权益的能力素质。

通过认真落实"七五"普法规划，在 2018 年全省"七五"普法中期督查考核中，省总工会位列省直单位第一方阵，获得全国"七五"普法中期先进集体荣誉称号。

（二）创新普法形式

在巩固传统平台和阵地基础上，省总工会充分运用新媒体新技术，不断创新普法宣传形式，形成了线上线下相呼应的普法格局，在工会普法宣传教育工作上取得了显著成效。例如，《安徽工人日报》开辟"职工法律面对面"栏目，《华夏女工》刊登有关女职工维权的内容。省总工会官网、安徽职工服务网、"安徽省总工会"和"徽客工馆"微信公众号、《安徽工人日报》及皖工网等平台，开设"法治宣传"普法板块和专栏，形成线上线下相呼应的格局。省总工会微信公众号组织开展劳动法律法规、宪法知识网上法律知识竞赛吸引工会干部和职工群众学习掌握法律知识，在人民日报社人民论坛网开展的全国党政机关优秀融媒体公众号征集评选活动中被评为"2018 年度有温度的融媒体公众号"。

2016 年省总工会制作工会法和劳动法等法律法规漫画印发全省各级工会，2017 年省总工会制作《教农民工签劳动合同》动漫，放置省总工会官网首页供各级工会干部和广大职工网友点击浏览。2017 年，省总工会还获得“我与宪法”微视频作品征集活动全国优秀组织奖。2018 年，经评选，推荐合肥市经开区总工会制作的女职工维权漫画、安庆市太湖县总工会制作的《骑行普法》微视频、安徽叉车集团有限责任公司工会的《国法家事》微电影等作品参加全省和全国总工会的法治微视频制作大赛，其中《国法家事》获得省级比赛优胜奖。

（三）开展“尊法守法·携手筑梦”主题活动

围绕“尊法守法·携手筑梦”主题活动，以农民工为服务对象，省总工会成立法治宣传服务领导小组和公益法律服务领导小组，研究制订活动计划，并把参与这个主题活动的绩效情况，列为省劳动法学研究会发展新理事和评选全省工会维权优秀律师的条件之一。

2017 年和 2018 年这两年间，全省“尊法守法·携手筑梦”主题活动共组织 15 所高校的师生 1316 人和专职律师 358 人以及工会干部近 500 人，实地面对面和线上服务 452 万余人次，开展 1068 场次宣传咨询和法律援助服务，帮助农民

★ “尊法守法 · 携手筑梦”安徽省职工法律知识技能竞赛。

工 1439 万人次讨薪，讨回欠薪数 16386.14 万元。2019 年，参加活动的工会干部 339 人、律师协会 36 个、律师志愿者 201 人，开展各类宣传咨询活动 139 场次、服务农民工 13067 人。选择开展法治宣传行动的 3 所高校，带动 5 所高校和 6 个市主动加入行动，有的高校还把活动的服务范围延伸到了省外。公益法律服务行动通过在重点市启动的方式，辐射带动其他各市也组织开展行动。

针对农民工群体的需求，省总工会在活动中采用“工会干部 + 高校师生”“工会干部 + 志愿律师”的组队形式，发挥专业优势和网络传播优势，紧密结合高校暑期大学生社会实践，以工会夏送清凉、秋送助学、冬送温暖、春送岗位等活动为载体，创新活动方式方法，贴近农民工和广大职工群众。深入农民工集中的工业园区、乡镇街道、社区、企业及工地，采用现场知识抢答、互动解答、以案说法、情景演示等农民工喜闻乐见的形式，到车站、码头和机场开展“接你（农民工）回家”等农民工平安返乡服务活动，各地工会职工服务（帮扶）中心接待农民工法律咨询，宣传服务农民工；志愿律师开展现场法律咨询、代写诉讼文书和协调处理劳动争议，引导农民工运用法律手段理性维护自身利益，指导帮助追讨欠薪，督促企业经营者依法保障农民工合法权益，维护社会和谐稳定。

同时，通过采集各地报送的活动信息，每月编印《“尊法守法 · 携手筑梦”服务农民工活动简报》，推介宣传全省好做法，分别报送全国总工会、省委政法委、省直工委、省教育厅、省司法厅、省法宣办、省依法治省办等单位。

（四）开展特色普法服务活动

在开展特色普法服务活动方面，省总工会立足全省实际，打造了一系列具有安徽特色的普法服务活动。

结合重要节日时间节点，开展法治宣传活动。组织省总工会机关干部参与“江淮普法行”“12 · 4 国家宪法宣传周”活动。落实“法律六进”“送法进企业、普法进园区”活动，普及工会法、劳动法等劳动法律法规知识；在 2019 年全省工会“宪法宣传周”活动中，举办省暨阜阳市总工会“宪法进企业”和“法律体检”活动，举行省总工会新入职人员宪法宣誓活动等，《安徽新闻联播》《安徽工人日报》《中工网》《安徽普法》《中安在线》进行专题报道。全国总工会“宪法宣传周”活动总结 2 次提到安徽省活动情况。合肥市总工会积极参加市普法办、合肥电视台“法治合肥—以案释法”普法栏目的摄制工作，提高志愿服务范围，扩大社会影响力。滁州抓住重要节日提高影响力，利用重要民俗日“琅琊山庙会”和“全椒正月十六走太平”以及“三八妇女节”“雷锋日”“国际志愿者日”“消费者权益日”等活动时间，积极开展法律服务行动。黄山市总工会联合市司法局、市交通运输局打造法治宣传公交专线，车厢内张贴《工会法》《中国工会章程》等法律宣传画、“12351”职工服务热线以及工资工时和工伤处理等回答，将乘客的普通出行变成学法之旅。

坚持与重点工作同部署、同实施。结合全省“两节送温暖”“农民工工资清欠”“就业创业援助月”工作，优势互补，资源共享，深入推进“尊法守法·携手筑梦”服务农民工公益法律服务行动，竭诚服务广大农民工。一是开展农民工平安返乡活动。省总工会与省邮政管理局等部门联合开展“春运邮情情暖江淮”活动，为外出务工人员提供春运返程送车票、返乡车票送补贴、爱心班车送回家等活动。阜阳、安庆等市总工会配合有关部门深入开展“春风行动”“接您回家”“农民工平安返乡行动”等活动。二是积极参与保障农民工工资支付。各级工会将走访慰问、欠薪排查与公益法律服务行动结合起来，充分发挥基层工会“第一知情人、第一报告人”的作用，积极配合人社、住建和公安等部门联合开展农民工工资支付情况检查，确保返乡农民工拿到工资回家过年，维护农民工合法权益。三是提供就业创业法律咨询。将法律服务关口前移，各地组织志愿服务律师、劳动关系协调师和法律志愿者进招聘会，现场为广大求职者提供就业创业政策和法律咨询服务，宣传讲解劳动争议问题，指导用工者拿起法律武器维护合法权益，提高农民工对法律知识知的晓率，营造尊法学法守法用法的良好氛围。

组织全省职工法律知识竞赛。2018 年 12 月宪法宣传周期间，省总工会举办全省职工法律知识竞赛，以学习宣传宪法以及于工会和劳动相关的法律法规为主要内容，举办线上线下法律知识竞赛、法治演讲比赛 465 场，参赛职工、农民工和工会干部 8.3 万人次，带动全省广大职工、农民工接受多次生动的普法教育。

（五）开展工会劳动法律监督

为加大工会劳动法律监督力度，省总工会配合省人大执法检查、政府行政执法、政协委员视察，推动劳动法、工会法及实施办法等有关职工权益法律法规的贯彻实施。2014 年 10 月，省人大常委会开展《安徽省集体合同条例》执法调研活动，执法调研组分 3 组分别赴合肥、淮南、六安、黄山、淮北、亳州等地进行调研。2016 年 6 月，省人大常委会针对《安徽省企业民主管理条例》的贯彻落实情况，分别赴合肥、亳州、阜阳、滁州、马鞍山、宣城等地开展执法调研。淮北、铜陵、安庆及桐城、怀宁、望江、岳西等市、县人大常委会也相继开展《工会法》等有关法律法规的执法调研活动，有力推动了《工会法》在全省的贯彻实施。2017 年，省总工会会同省人大内司工委等单位到 6 个市开展调研督查《中华人民共和国工会法》《安徽省实施〈中华人民共和国工会法〉办法》《安徽省集体合同条例》《安徽省企业民主管理条例》（简称“一法一办法两条例”）等涉及职工权益的法律法规贯彻实施情况，进一步推动各地更好地贯彻实施《工会法》等法律法规，促进安徽省劳动关系和谐稳定。

全省各级工会推动维权关口前移，采用非诉方式解决劳动争议问题。各地在职工服务中心普遍建立劳动争议调解室，完善工会信访接待制度和职工维权法

★ 中铁四局项目部组织进行《安徽省企业民主管理条例》网上知识竞赛答题活动。

律顾问团工作站运行机制，切实发挥工会干部和职工维权法律顾问团成员作用；发挥“12351”职工服务热线和职工服务网在维权等方面的作用，开展网上法治宣传服务，规范值班律师工作管理，重点做好农民工、困难职工、女职工等群体的法律援助工作，形成实体、热线、网络“三大平台”融合发展，为职工群众提供更多法律服务，最大限度化解社会矛盾。合肥市总工会职工服务中心成立市劳动争议仲裁委员会工会仲裁派出庭，芜湖市成立工会主导多部门“劳动争议联合调解中心”，着力破解劳动争议“难题”。

（六）发挥省劳动法学研究会和省维护职工权益法律顾问团作用

安徽省劳动法学研究会成立于1998年12月，2012年省法学会将省劳动法学研究会交给安徽省总工会单独管理。在省总工会领导高度重视下，省劳动法学研究会团结全省广大劳动法学工作者、法律工作者，树立社会主义法治理念，弘扬社会主义法治精神，维护法律尊严和权威，开展劳动法学研究、学术交流和法治实践，积极构建和谐劳动关系，取得了较大的工作成效。

2018年4月，根据省总工会改革情况及工作需要，省劳动法学研究会对组成成员进行调整完善，组建由省总工会兼职副主席、安徽大学法学院教授李坤刚担任会长；省总工会、省工商联、省企联、省人大内司工委、中铁四局、中国移动通信安徽公司工会和安徽昊华律师事务所7家单位有关同志担任副会长；省直有关单位处室、设立法学院和劳动关系的大学、律师事务所、企业、市总工会或人社部门、合肥市1个开发区工会和省总工会、干校等从事劳动法律法规理论研究和实践的负责同志或专业人员28人担任理事。研究会立足于安徽工会职工队伍状况，围绕新时代安徽工会如何组织职工、引导职工、服务职工和维护职工合法权益问题，如劳动就业、收入分配、社会保障、安全生产等方面职工劳动权益维护问题，如何健全完善职工民主管理、集体协商签订集体合同等工会维权机制以增强其成效性问题等热点难点问题，为工会依法履职建言献策。省劳动法学研究会每年召开一次研讨会，2018年召开研究会年会暨2018年全省劳动关系分析研判报告会，2019年召开年会暨全省工会劳动法律监督座谈会，2020年研究会完成《安徽省快递行业从业人员的社会保障现状、问题及对策研究》的研究报告。

省总工会、省司法厅于2014年联合成立安徽省维护职工权益法律顾问团，吸引社会法律人才加入工会维权队伍，整合专（兼）职普法人员和志愿者，根据工作需要调整顾问团成员，至2022年已吸纳45名成员。聚焦职工和工会组织合法权益，宣传党的方针政策，宣传宪法法律特别是劳动法和工会法等涉及工会的法律法规，开展法律咨询和公益法律服务，积极参与劳动法律监督，最大限度地争取职工群众的理解与支持，汇聚更多的正能量，为化解复杂矛盾纠纷多做工作。参与省总工会重大事项决策、发挥好“把关”作用。在省总工会参与制定地方性法规和政策、作出重大决策、出台重要文件、处置重大事件以及工会资产和招标采购合同审查的时候，认真研究论证，作出风险评估，提出法律意见，为工会依法治会保驾护航。

省总工会加强工会法律援助力度，推动建立劳动争议协商解决机制，积极推动企业劳动争议调解委员会建设，指导推动建立行业性、区域性调解组织，加强劳动争议调解与仲裁调解、人民调解、司法调解的联动。健全劳动争议诉调对接机制，通过人民法院设立劳动法庭，推动完善劳动争议诉讼制度。合肥市、滁州市“中彩金”项目被评为全国“中彩金”法律援助项目示范单位。办理农民工、残疾职工、女职工等困难群体因劳动经济权益遭到侵害，或其劳动权益受到侵犯时的法律援助案件，不仅提高了工会法律援助律师志愿团办案的积极性，而且切实维护了困难职工合法权益，将工会法律援助工作推向更高水平。开展《女职工劳动保护特别规定》贯彻落实情况调研，新建女职工阳光家园160家。发挥源头参与职能，开展“一法一办法两条例”法律法规贯彻实施情况调研。

五、开展第八次职工队伍状况调查

职工队伍状况调查是全国总工会为全面了解不同时期我国职工队伍和劳动关系新情况新变化，准确把握工会工作面临的新形势新任务，及时反映基层和职工愿望呼声，每5年开展一次集中调查活动。2017年1月，全国总工会下发通知，正式启动第八次全国职工队伍状况调查工作，此次调查的总课题是：实现“两个一百年”奋斗目标、实现中华民族伟大复兴中国梦中铸就工人阶级新辉煌。调查选择在北京、山西、辽宁、江苏、浙江、安徽、福建、山东、河南、湖北、广东、广西、四川、陕西、甘肃15个省（区、市）进行，采取问卷抽样调查、专题调研、典型调查、网络调查和文献研究相结合的方式，兼顾点和面，线上和线下。

作为全国总工会抽样调查省份之一，省总工会迅速部署落实，成立由省总工会领导任组长的调查工作领导小组。5月6日，省总工会下发《第八次全国职工队伍状况调查安徽省实施方案》，正式启动安徽职工队伍状况调查工作。此次调查主要通过问卷抽样调查、专题调研、典型调查、个案访谈调查、专题座谈会和文献与研究相结合等方式进行。安徽作为全国总工会抽样点，共承接3250个抽样问卷样本任务配合本次调查，其中职工问卷3000个，工会主席问卷250个。为充分利用本次职工队伍状况调查契机，切实掌握全省职工队伍的实际情况，省总工会在全省增投抽样问卷样本7590个，其中职工问卷7000个，工会主席问卷590个，共计10840个样本，覆盖全省16个市及2个直管县（市）。调查设置1个总课题和7个分课题，其中总课题为“在决战决胜全面小康、加快建设五大发展美好安徽中充分发挥工人阶级主力军作用的调查”。

5月8日，省总工会举办全省职工队伍状况调查动员会，全面部署各项工作任务，建立全省联络员制度，并对各级调查骨干开展培训，拉开安徽职工队伍状况调查工作序幕。随即，各市总工会、省总工会有关部门和驻会产业工会分头开展问卷调查、专题调研、典型调查和个人访谈调查。省总工会成立7个调查组，分赴各单位督查工作开展情况、了解基层调查工作困难，确保调查成果科学规范、真实准确。5月25日，全省抽样问卷调查工作完成，承担问卷调查任务的市、县总工会将原始问卷报送调查领导小组办公室。7月，根据全国总工会调查办公室反馈的问卷抽样调查数据处理结果，起草安徽省职工队伍状况调查总报告，同时各市总工会、省总工会有关部门和驻会产业工会开始起草论证课题报告。8月底，调查工作及报告起草工作全部完成，最终形成调查总报告1篇、7篇专题研究报告、18篇地方研究报告及各有关部门和产业工会提交的典型单位调查报告职工个案访谈调查材料若干篇，最终被收录进《第八次安徽省职工队伍状况调查报告集》。

本次调查全面展现了当时全省职工队伍总体状况和内部结构，职工劳动经济权益、民主政治权利、精神文化需求等方面的状况，重点分析了职工队伍技术技能素质总体状况，互联网技术和新媒体的广泛应用对职工学习、工作 、生活、思想等带来的影响，新技术新业态新模式蓬勃发展对职工队伍和劳动关系的影响，深化了对职工队伍发展规律的认识，为筹备安徽省工会十四大、做好新形势下安徽工会工作提供了重要决策参考。

六、规范工会经费代收工作

省总工会与省税务部门、省人行持续加强工作对接，密切协调配合、加强宏观指导、出台政策文件、破解收缴难题，工会经费收缴取得了优异成绩，全省各项财务工作也获得了进一步提升。

（一）推进工会经费全面委托地税代收

工会经费税务代收工作经过一段时间的推进，在全省推开，但存在国税、地税同时代收工会经费、不易统筹的情况。省总工会为推进地税代收工作，2017年6月在合肥召开全省工会经费代收现场会。10月，省总工会深入调研全省工会经费收缴工作现状，赴省地税局和合肥市地税局庐阳分局、省地税局直属分局开展调研，及时总结委托代收尤其是委托地税系统代收经费工作的鲜活经验。11月，省总工会与省地税局联合在合肥召开全省工会委托地税代收工作推进会议，为2018年全面启动地税代收工会经费打下坚实的基础。

2018年1月25日，安徽省总工会、安徽省地方税务局、中国人民银行合肥中心支行制定《安徽省地方税务机关代收工会经费实施办法》，进一步提升了全省工会经费税务代收工作的质量与效率。2024年，省总工会联合省税务局、中国人民银行安徽省分行对《安徽省税务机关代收工会经费实施办法》进行修订，并联合省税务局出台《关于进一步加强工会经费税务代收工作的通知》，推动我省工会经费税务代收工作高质量发展。

（二）开展全省工会经费税务代收工作劳动竞赛

自2016年起，全省每年开展工会经费税务代收工作劳动竞赛活动，评选全省税务代收工作劳动竞赛先进集体、先进个人，由省总工会、省税务部门、省人行联合通报表扬，并从中择优申报五一劳动奖状（奖章）及工人先锋号。安徽省各级工会在开展委托税务代收工作劳动竞赛活动中认真履行职责，积极做好组织协调工作，将先进指标向税务部门、人民银行倾斜，向基层一线人员倾斜。通过建立竞赛激励机制，选树了一批全省工会经费税务代收工作先进集体和先进个人，充分发挥先进典型的带头示范作用，调动基层单位工作人员的主动性、积极性。

省总工会推进全省工会经费税务代收工作劳动竞赛工作，2020年，首次在六安市举行全省工会经费税务代收工作劳动竞赛学习交流活动。2022年，在淮南市寿县再次召开全省工会经费税务代收工作经验交流会，总结推广各地工会经费税务代收工作先进经验，以点带面，推进全省工会经费税务代收工作实现新跨越。当年，省总工会首次组织开展工会经费税务代收工作先进职工疗休养，获得了参疗职工的好评。

（三）加强全省工会财务资产工作

出台《安徽省基层工会经费收支管理实施办法》。经过深入调研，广泛征求全省各级工会及省纪委、省财政厅、省审计厅的意见，2018年，安徽省总工会出台《安徽省基层工会经费收支管理实施办法（试行）》，规范了基层工会经费的收支管理，保证了广大职工群众的正常福利，为基层工会开展工会活动提供了制度保障，为基层工会履职尽责、增强活力提供政策依据，受到基层工会和广大职工的普遍欢迎，增强了职工对工会的认同感。2021年，修订《安徽省基层工会经费收支管理实施办法》，细化了基层工会经费的支出范围，明确开支标准，新增对职工会员的人文关怀。2023年，为回应基层关切，下发《关于基层工会经费使用有关问题的通知》，对《安徽省基层工会经费收支管理实施办法》

部分内容再次修订。其间，省总工会及时解答基层工会疑问，加强财务政策宣讲，推动《安徽省基层工会经费收支管理实施办法》落地见效。

积极助力小微企业发展。贯彻落实《省政府〈关于应对新型冠状病毒肺炎疫情支持中小微企业平稳健康发展的若干措施〉》《中共安徽省委 安徽省人民政府关于促进市场主体提质扩量增效的意见》文件精神，在 2020 年、2022 年两次对承租全省县以上地方工会房产用于经营的中小微企业（含个体工商户）免收 3 个月房租，全省各级工会为 407 家困难小微企业、个体工商户减免租金 2302 万元。2019 年、2020 年，连续 2 年实行税务代收工会经费省总本级留成部分全额返补基层企业政策，共返补资金 2.07 亿元。制定出台《安徽省总工会关于贯彻落实小微企业工会经费支持政策的实施意见》，自 2020 年 1 月 1 日至 2022 年 12 月 31 日，对符合规定的小微企业工会经费实行全额返还的支持政策。全省各级工会累计返还 2.55 亿元，惠及 6.3 万户企业。2023 年，转发《中华全国总工会办公厅关于实施小额缴费工会组织工会经费全额返还支持政策的通知》，自 2023 年 1 月 1 日至 2024 年 12 月 31 日，继续实施小额缴费工会组织经费全额返还的支持政策，对足额拨缴工会经费且全年上缴工会经费低于 1 万元（不含）的小额缴费工会组织（不含国有及国有控股企业和由财政保障基本支出的党政机关、事业单位中的小额缴费工会组织），一次性全额返还当年上缴的工会经费。

持续推动工会财务规范管理。2021 年，为适应工会组织财务改革的需要，财政部修订并印发新《工会会计制度》。省总工会联合省财政厅下发《关于做好〈工会会计制度〉贯彻实施工作的通知》，建设全省县以上工会财务综合管理系统和基层工会财务管理云核算平台；同时，通过线上线下方式对省、市、县（区）三级工会财务干部进行全覆盖专项培训，指导做好新旧制度衔接和实施工作。实施预算绩效管理，建立预算执行定期调度制度，强化预算刚性约束，重大开支项目均提交党组会审议。出台《安徽省工会预算绩效管理暂行办法》《安徽省总工会本级预算管理暂行办法》，推进全省工会工作项目化管理，做到项目立项与预算申报明确绩效目标，预算审核突出绩效目标，并将年度预算支出的执行及绩效情况与各部门年度综合考核（发展部分）挂钩，作为评优评先的重要参考之一，促进预算执行效率和资金使用效益提升。省总工会每年组织力量对部分重点工作和重大项目开展预算绩效评价和专家评审，工会经费使用的科学性、精准度和约束力持续提升。此外，省总工会先后制定出台了《安徽省总工会财务管理暂行办法》《安徽省工会预算管理实施办法》《安徽省工会帮扶资金使用管理实施细则（试行）》《安徽省总工会机关合同管理暂行办法》《安徽省全国劳模专项补助资金发放管理实施细则（试行）》等十余项重要财务制度，进一步规范财务行为，强化资金管理。

深入开展工人文化宫、疗养院清理整改。省总工会认真贯彻落实全国总工会关于工人文化宫、工人疗休养院清理整改的工作部署，2017 年 8 月 18 日在合肥召开了全省工人文化宫、疗养院清理整改工作座谈会。2018 年 10 月 17 日和 12 月 17 日，两次通过视频方式召开全省工人文化宫、疗养院清理整改工作会议，部署和推进清理整改工作。2017 年至 2021 年，全省各级工会坚持问题导向，建立问题清单、责任清单、整改清单，依法依规解决出租承包、“三无”（无阵地、无人员、无活动）工人文化宫历史遗留问题，经过 5 年多时间的持续推进，全省纳入统计范围需清理整改的 53 家工人文化宫已基本落实要求，完成清理整改。其中政府有关部门主管工会归还占用的工人文化宫场地 17 家，归还建筑面积总计 6000 余平方米；采用恢复重建、新建、异地置换方式恢复工人文化宫功能的有 14 家；已全部收回出租承包场所 12 家，收回出租承包面积总计近 2 万平方米。工会资产公益性、服务性不断增强，全省县以上工人文化宫基本实现应清尽清、应改尽改。

加强工会资产管理制度建设。2017 年 4 月 18 日、2017 年 11 月 30 日，相继印发了《安徽省总工会固定资产管理办法》《安徽省工会行政事业性资产管理办法（试行）》。2024 年 4 月，根据新《工会会计制度》和各级工会意见，对两个管理办法进行修订，进一步压实明确各级工会和各部门资产监管职责，压实各级责任。全省各级工会资产监管部门严格落实工会资产管理制度，不断提升资产管理规范化水平。省总工会注重发挥资产监督管理委员会作用，根据人员变动及时调整资产管委会成员并落实每年不少于一次的会议制度。及时审议各级工会报审的资产事项，进行政策研究，给予政策指导。

七、做好工会外事和与港澳台交往工作

（一）外事工作

配合全国总工会做好国际劳工组织成员国工会工作，服务于国家民间外交和经济建设大局。国际劳工组织对国际劳工标准有制定权，国际劳工组织有 14 位工人正理事长席位，国际劳工标准的制定对于中国经济社会的发展意义十分重大。1989 年后，中国工会的国际劳工组织正理事席被剥夺。经过多年的努力，2012 年 6 月，在国际劳工组织代表大会上，中国工会重新当选国际劳工组织工人正理事。为确保 3 年一次的国际劳工组织工人正理事的选举，按照全国总工会的要求，安徽省总工会配合全国总工会接待了独联体工会、东亚 5 国工会、非洲 33 国工会、非洲统一工会、德国五金工会、阿拉伯工会统一工会、拉美工会等 30 多个工会团体来皖参访。

此外，1995 年日本富士通青春之船访问团一行来华访问，经与中国职工对外交流中心争取，确定在舒城县西垬乡兴建富士通希望小学，日方投资 35 万元。1996 年 4 月，希望小学正式投入使用。随后，富士通工会历任委员长多次组织员工来皖与学校进行互动交流，并向学校捐赠教学和学生学习用品，2016 年的交流活动还请了数十位在该校小学就读、后大学毕业走上工作岗位的校友进行座谈，体现中日两国人民世世代代友好的意愿。2019 年，省总工会还组织安徽叉车集团技术工人参加由科技部和全国总工会联合主办的高技能领军人才和优秀产业技术紧缺人才赴德国培训交流项目。

多年来，省总工会外事工作坚持为经济建设大局服务、为工会全局工作服务的宗旨，注重与国外工会组织开展务实交流合作，形成了机制化、常态化的模式，先后与日本联合高知、日本富士通工会、埃及公共事业工会、埃及行政服务工会、澳大利亚新南威尔士工会、新西兰第一工会、土耳其国家工会、土耳其五金工会、俄罗斯下诺夫哥罗德州工会、巴西巴伊亚州工会、塞舌尔国家工会、阿根廷独立工会等签署交流合作协议或备忘录，并定期开展人员互访，推进合作事宜。

（二）港澳工作

港澳工作方面，安徽省总工会继续按照全国总工会的要求，中央政府驻港联络办和中央政府驻澳联络办的请求，配合做好爱国爱港爱澳工会团体工作，壮大爱国工会力量，促进香港特区、澳门特区的长期繁荣稳定，确保“一国两制”在香港特区、澳门特区的行稳致远，发挥内地工会组织的力量。

安徽工会先后接待了香港工会联合会、香港教师工会、香港房屋署工会、香港交通运输业总工会、香港建造总工会、香港铁路员工总会、香港洋务工会、香港海员工会、香港政务人员协会、香港文职及专业人员协会、香港饮食业职业总会、澳门工会联合总会、澳门水电工会、澳门律师从业人员工会、澳门文职人员工会、澳门饮食服务业工会、澳门建造业工会、澳门医护人员工会等多个团体 50 多批次来皖交流访问。同时，还参加全国总工会组团和省总工会组团赴港澳交流访问 20 批次。

（三）对台工作

对台工作方面，安徽省总工会认真贯彻党在新时代解决台湾问题的总体方略，在促进两岸关系和平、推动皖台融合发展中，发挥工会组织作用。

依托一个机制，推动皖台工会人员交流交往。多年来，安徽省总工会经过认真的考察和调研，先后与高雄市总工会、高雄市交通运输总工会、新北市总工会、台湾中华两岸劳动关系发展协会、台湾海峡两岸劳工发展交流协会、台湾木工业工会联合会、台湾中华劳工同盟总工会、台湾造船工业工会、台湾产业总工会建立了交流合作机制，通过协议的方式定期开展人员互访、培训、研讨活动。同时帮助合肥、淮北、黄山市总工会与台湾基层工会的直接交流与对接，形成多方共赢局面。

搭建一个平台，提升皖台职工技能。自 2015 年至 2016 年，安徽省总工会邀请台湾海峡两岸劳工发展交流协会在安徽举办皖台职工焊接技能竞赛，双方各派出 10 名选手同台竞技。2017 年、2019 年安徽省总工会组队赴台参加海峡两岸职工技能竞赛。2021 年、2022 年，通过视频方式联合台湾岛内多家工会，举办多工种技能竞赛活动。2023 年邀请 70 位台湾青年职工和青年学生在安徽举办了6个工种的技能竞赛活动。为提升皖台职工技能水平，增进两岸劳工福祉，搭建了皖台职工技能竞赛交流活动平台，为皖台职工展示技能提供舞台。采取深入台湾岛内和邀请台湾同胞来皖的方式，共举办了10余场竞赛活动，涉及焊接、车床、叉车、美发、烘焙、厨艺、制茶等多个工种，受到皖台职工和企业好评。

扩大基层工会交流，增进两岸同胞亲情。两岸交流的活力在民间，动力在人民。多年来，坚持深入基层，密切联系群众。组织相关产业工会、企业工会、十强县（市、区）工会干部赴台，就建立平等协商签订集体合同、职业安全、互助保障、职业技能培训等开展交流。同时邀请台湾基层工会干部和职工代表、台湾青年职工来皖参访，2016年暑期邀请50位台湾青年学生来皖举办为期一周的夏令营，让台湾青年学子感受中华传统文化和祖国大陆发展的面貌，2016年底邀请台湾工会在皖举办了以“两岸一家亲，共书劳动美”为主题的皖台职工书画摄影周活动。2019年黄山市总工会组织能工巧匠在台湾举办了根雕艺术展。通过多种形式，使台湾同胞加深对中华文化和祖国统一的认同感。

★ 2023年，皖台职工在安徽马鞍山同台竞技，比拼职业技能。

贯彻安徽省惠台55条，落实在皖台胞同等待遇。2018年安徽省出台《关于促进皖台经济文化交流合作若干措施》后，省总工会认真贯彻落实涉及工会的条款，将在皖工作且符合条件的台胞列入五一劳动奖章评选范围，累计评选了18名省市五一劳动奖章。2021年，全国总工会为提高职工生活品质，设立中国职工服务平台，要求安徽省总工会推荐一批生产优质农副产品的企业上线平台，供全国大企业工会和各级地方工会在节假日购买用于给职工发放的福利品。经过考察，安徽省总工会推荐了14家在皖生产农副产品的台资企业上线平台，拓展了台资的销售渠道，深受好评。

第十三章　迈向全面建设社会主义现代化国家新征程的安徽工运事业

党的十九大以来，党中央带领全国人民完成脱贫攻坚、全面建成小康社会的历史任务，实现第一个百年奋斗目标，迈上全面建设社会主义现代化国家新征程，向第二个百年奋斗目标进军。安徽工人阶级和劳动群众开启新征程，扬帆再出发，围绕打造“三地一区”战略定位、建设“七个强省”奋斗目标，在加快发展现代产业体系、推进长三角一体化、建设科技创新策源地等火热实践中，以实际行动当好主人翁、建功新时代，在加快建设现代化美好安徽新征程中充分发挥工人阶级主力军作用。

安徽各级工会组织坚持以习近平新时代中国特色社会主义思想为指导，在党的领导下，深入学习贯彻习近平总书记关于工人阶级和工会工作的重要论述和关于安徽工作的重要讲话重要指示精神，树牢“两心”理念[①]、聚焦“两力”目标[②]，以“42101”重点工作格局[③]统领各项工作，着力打造“五个工会”[④]；开展“不忘初心、牢记使命”主题教育、党史学习教育、学习贯彻习近平新时代中国

① 一方面坚持围绕中心、服务大局，做到“党有号召、工会有行动”；另一方面坚持以职工为中心的工作导向，做到“职工有所呼、工会有所应”。

② 不断增强工会对职工的凝聚力、在社会的影响力。

③ 聚焦突破重点难点，每年明确“四项重点任务”；着眼建强产业工人队伍和工会干部队伍，大力实施产业工人素质提升、工会干部本领锤炼“两项工程”；认真履行维权服务职责，每年为职工办“十件实事”；发挥劳模示范引领作用，打造“跟着劳模去创新”特色工作，以重点工作突破带动工会全面工作整体提升。

④ 讲政治的忠诚工会、敢担当的有为工会、善服务的暖心工会、强基层的活力工会、严作风的勤廉工会。

特色社会主义思想主题教育，深化“中国梦·劳动美·安徽篇章”主题宣教活动，建设新时代文明实践基地（中心），提升新时代产业工人队伍和广大职工群众的思想政治水平；深化产业工人队伍建设改革，组织开展“当好主人翁 建功新时代”“建功十四五 奋进新征程”等主题劳动和技能竞赛，加强劳动模范管理服务，选树“安徽工匠”，发布安徽工匠年度人物，建设安徽工匠学院、安徽劳动关系学院，助力安徽经济高质量发展；积极融入长三角一体化，围绕党政所需、职工所盼、工会所能的重点工作，主动谋划等高对接制度机制，探索建立长三角工会工作融合新领域，牵头举办长三角“三省一市”职工创新成果展示交流活动、G60 科创走廊城市暨安徽省职工网络安全技能大赛等活动，推动打造长三角一体化发展工会模块；学习贯彻新修订的《工会法》，推动出台《安徽工会劳动法律监督条例》，深化“尊法守法·携手筑梦”服务农民工法治宣传和“百千万法律帮扶行动”，统筹疫情防控和经济社会发展，制定实施“服务职工群众，助力企业复工复产”十项举措，全力办好困难职工帮扶民生实事，创新开展“工会送岗位 乐业在江淮”就业援助行动，设立安徽职工发展专项基金，建设工会户外劳动者服务驿站，不断维护和发展职工权益；持续深化工会改革和建设，加强工会系统党的建设，深入推进新就业形态劳动者工会工作，形成和推广货车司机网上入会全国试点经验，建成安徽智慧工会云平台，推进省驻会产业工会改革，抓好县级工会加强年专项工作，开展工会干部赴基层蹲点和全员“当一周工人”活动，谱写安徽工会高质量发展的新篇章。

第一节　贯彻党的十九大精神开局之年的安徽工运事业

2018 年是贯彻落实党的十九大精神的开局之年，同时也是改革开放 40 周年。全省生产总值达 2.97 万亿元、较上年增长 8% 以上；城镇常住居民人均可支配收入 3.44 万元、较上年增长 8.7%；城镇新增就业 70.5 万人。全省工会和广大职工深入学习贯彻习近平总书记关于工人阶级和工会工作的重要论述特别是同全国总工会新一届领导班子成员集体谈话时的重要讲话精神，筹备召开省工会第十四次代表大会，推动省委、省政府出台《关于推进新时代产业工人队伍建设改革的实施意见》，开展“新时代 · 新气象 · 网聚职工正能量”系列网络评选活动，选树“安徽省最美职工”，联合举办“劳动模范工匠大师进校园”系列活动，开展“坚决打赢脱贫攻坚战，争当十大工程先锋”劳动竞赛、“跟着劳模去扶贫”等活动，选树“江淮工匠”“江淮工匠标兵”，启动货车司机、网约送餐员等“八大群体”入会行动全国试点工作，联合印发《关于加强社会工作专业岗位开发与人才激励保障措施的实施意见》，成功上线安徽智慧工会云平台，为奋力谱写全面建成小康社会、加快建设现代化五大发展美好安徽作出了积极贡献。

一、学习宣传贯彻习近平新时代中国特色社会主义思想

党的十九大把习近平新时代中国特色社会主义思想确立为我们党必须长期坚持的指导思想，并在党章中把习近平新时代中国特色社会主义思想确立为党的行动指南，将这一思想的核心内容概括为“八个明确”“十四个坚持”。2021 年 11 月 11 日，《中共中央关于党的百年奋斗重大成就和历史经验的决议》在党的十九大报告“八个明确”的基础上，用“十个明确”对习近平新时代中国特色社会主义思想的核心内容作了进一步概括。

2018 年 7 月，为推动省总工会学习贯彻习近平新时代中国特色社会主义思想制度化、规范化、长效化，省总工会制定《深入学习贯彻习近平新时代中国特色社会主义思想实施方案》，从四个方面对学习贯彻工作进行了明确。要提高站位，坚决落实学习贯彻习近平新时代中国特色社会主义思想这一首要政治任务；要突出重点，准确把握学习贯彻的主要内容；要明确职责，层层压实学习贯彻的工作责任；要加强领导，充分保障学习贯彻工作取得实效。省总工会还为机关干部发放了《习近平新时代中国特色社会主义思想三十讲》等学习资料，号召广大工会干部和职工群众，在学懂弄通做实党的十九大精神上下功夫，推动习近平新时代中国特色社会主义思想全面落实到工会各项工作之中；学习习近平总书记关于工人阶级和工会工作的重要论述，把党的十九大关于工人阶

级和工会工作的新论述新要求落实到工会工作各方面。

2018 年，省总工会在全省组织举办“中国梦·劳动美·安徽篇章——学习贯彻习近平新时代中国特色社会主义思想和党的十九大精神”全省职工演讲比赛，历时 5 个多月，在基层广泛开展比赛和全省南片、北片、省直产业组选拔赛基础上，于 6 月 15 日举办了全省决赛，在省级决赛中增设知识竞答环节，把习近平新时代中国特色社会主义思想和党的十九大精神等知识设置成题目，现场随机抽题回答，演讲比赛成绩由答题和演讲两部分组成。全省基层共开展选拔赛 3000 多场次，参赛职工 4 万多人次，受众近 80 万人次。在此示范带动下，全省各级工会组织开展了形式多样、为职工群众喜闻乐见的主题知识竞赛、座谈会、歌咏比赛、朗诵会、摄影书画展等学习贯彻习近平新时代中国特色社会主义思想宣教活动。

2019 年，省总工会开展并参与庆祝新中国成立 70 周年系列活动，筑牢职工思想根基，凝聚职工智慧力量。与省委宣传部共同开展安徽省“最美职工”评

★ 2021 年 7 月，学习贯彻习近平总书记“七一”重要讲话精神安徽省劳模宣讲团首场宣讲活动。

选，评选表彰10名职工。安徽省推荐的朱恒银当选“大国工匠年度人物”和第七届全国道德模范，铜陵精达特种电磁线股份有限公司苏保信被全国总工会、中宣部命名为全国十大“最美职工”。

2020年，在全国劳动模范先进工作者表彰大会结束之后，省总工会迅即联合省委宣传部组建安徽省学习宣传全国劳动模范和先进工作者表彰大会精神劳模宣讲团，分赴省内16个市开展巡讲活动，邀请劳动模范、大国工匠登台讲述自身经历，生动诠释劳模精神、劳动精神、工匠精神的时代价值，线上线下受众150余万人，在全国范围内率先做到了区域全覆盖。印发《关于在广大职工队伍中开展“中国梦·劳动美·安徽篇章——决胜小康、奋斗有我”主题宣传教育活动通知》，示范组织开展劳模先进事迹报告会、职工职业道德故事征文、编创演出情景剧《战疫先锋》等“抗击疫情 劳动闪亮”系列活动，有力展示众志成城、抗击疫情的职工力量。

2021年，围绕庆祝建党百年，省总工会组织开展“学习贯彻习近平总书记‘七一’重要讲话精神”“党史学习教育”“学习贯彻党的十九届六中全会精神”“学习贯彻省第十一次党代会精神”“劳模寄语党代会”等系列活动，联合全国总工会文工团举办2场次“百万职工心向党”奋斗者之歌文艺晚会，自下而上组织开展全省职工演讲比赛、党史知识竞答、征文比赛、千场送红色电影进企业等活动。在全省广大职工中开展以党史为重点的“四史”宣传教育，印发《关于在我省广大职工中开展“四史”学习教育的通知》。通过以赛促学，策划党史知识竞赛等有效学习党史知识的活动，组织15万余名职工参与全国党史知识竞答活动，参与人数排名全国第五。利用省总工会官微和省职工电子书屋平台举办了全省职工党史知识竞赛，共有3.27万名职工直接参与竞赛答题。

2022年8月16日，在合肥京东方举办安徽工会学习贯彻《习近平谈治国理政》第四卷首场宣讲暨“喜迎二十大 建功新时代”劳模工匠大师宣讲活动，邀请了全国劳动模范胡晓春、安徽省劳动模范李培生进行宣讲。

多年来，全省各级工会始终把学习宣传贯彻习近平新时代中国特色社会主义思想作为重大政治任务，坚持不懈用习近平新时代中国特色社会主义思想凝心铸魂，不断强化职工思想政治工作，使广大职工群众始终在思想上政治上行动上同以习近平同志为核心的党中央保持高度一致，工会各项工作不断取得新成绩、呈现新面貌、焕发新活力。

二、学习贯彻中国工会十七大精神

2018年10月22日至26日，中国工会第十七次全国代表大会在北京召开。习近平总书记等党和国家领导人出席了大会开幕式，李克强总理作经济形势报告，王沪宁同志代表党中央发表了题为《展示新时代我国工人阶级团结奋斗新风采》的致辞。这次大会是在我国进入全面建成小康社会决胜阶段、中国特色社会主义进入新时代召开的一次重要会议。大会审议通过了全国总工会十六届执委会报告、《中国工会章程（修正案）》，选举产生了全国总工会新一届领导机构。会后，习近平总书记与全国总工会新一届领导班子成员集体谈话并发表重要讲话。

大会闭幕后，安徽代表团在驻地立即召开代表团工作总结会议，对传达贯彻提出要求，要求各位代表回去后及时汇报，传达好、学习好、宣传好、贯彻好大会精神。10月29日上午，省总工会召开机关党员干部大会，传达贯彻大会精神。习近平总书记同全国总工会新一届领导班子集体谈话时重要讲话精神发表后，10月30日上午，省总工会第一时间召开座谈会进行学习讨论。10月31日，省总工会召开主席专题会议，进一步传达学习习近平总书记同全国总工会新一届领导班子集体谈话时重要讲话精神。11月1日，省总工会就习近平总书记同全国总工会新一届领导班子集体谈话时重要讲话和中国工会十七大精神及学习宣传贯彻的打算向省委副书记信长星作了专题汇报。

省总工会及时制定印发学习宣传贯彻习近平总书记重要讲话以及中国工会十七大精神实施方案，研究部署以下几项工作：一是认真组织学习宣讲。通过举办专题学习会、研讨会、培训班等，对工会干部进行分期分批集中、系统的轮训，推动广大工会干部真正做到学懂弄通做实。抽调骨干力量组成宣讲团，组织领导干部带头深入工厂车间、生产一线、基层工会宣传宣讲，带动广大工会干部和职工群众深入学习习近平总书记重要讲话以及中国工会十七大精神实施方案。二是深入开展调查研究。围绕学习贯彻习近平总书记重要讲话精神、完成好中国工会十七大确定的目标任务，针对技术革新、发明创造、网上练兵等群众性经济技术创新活动，发挥工会院校、文化宫等宣传阵地作用，加强农民工及快递员、送餐员、卡车司机等群体的入会组织和服务工作，打造高素质专业化工会干部队伍，深入开展专题调研活动，摸清实情，了解职工所盼，积极向党委和政府建言献策，研究落实措施。三是狠抓贯彻落实。组织各级工会紧密结合本地区、本产业、本部门、本单位实际，主动落实好各项任务。

三、召开安徽省工会第十四次代表大会

2018 年 4 月 9 日，省总工会十三届七次全委会在合肥召开，会议提出下半年将召开省工会第十四次代表大会。7 月 31 日，省总工会十三届八次全委会听取了省工会十四大筹备工作情况报告，审议通过了提交省工会十四大的工作报告和十四大代表资格审查委员会人选名单等决议。选举徐发成、张文静为省总工会副主席。

2018 年 8 月 6 日至 8 日，安徽省工会第十四次代表大会在合肥召开。出席会议的正式代表 768 名，特邀代表 34 名，代表全省 804 万名工会会员。大会的主要任务是全面总结省工会十三大以来的工作，提出今后五年工会工作的总体思路和目标任务，选举产生省总工会新一届领导班子。大会的主题是，高举习近平新时代中国特色社会主义思想伟大旗帜，深入学习贯彻党的十九大精神，全面贯彻落实省第十次党代会和省委十届六次、七次全会部署，坚定不移地走中国特色社会主义工会发展道路，牢牢把握我国工人运动的时代主题，不忘初心、牢记使命，组织动员全省广大职工为实现中华民族伟大复兴的中国梦、加快建设现代化五大发展美好安徽而不懈奋斗。

省委书记李锦斌出席会议并讲话。李锦斌强调，全省广大职工要深入学习贯彻习近平新时代中国特色社会主义思想和党的十九大精神，牢记使命担当，在坚定不移推进高质量发展中发挥主力军作用；要弘扬优良传统，在坚定不移促进社会和谐中发挥主人翁作用；要砥砺伟大精神，在坚定不移引领时代新风中

发挥排头兵作用。全省各级工会组织要始终坚守工会工作的主战场，狠抓工会工作的中心任务，模范履行工会组织的政治责任，更好发挥工会组织的独特作用。各级党委要从巩固党的阶级基础、执政基础和群众基础的高度，切实加强和改进对工会工作的领导。全国总工会副主席、书记处书记、党组成员江广平到会致辞。

省人大常委会副主任、省总工会主席李明代表省总工会第十三届委员会作了题为《紧跟新时代 展现新作为 团结动员全省千万职工为加快建设现代化五大发展美好安徽而不懈奋斗》的工作报告。报告指出，5 年来，全省各级工会组织广泛开展“中国梦·劳动美·安徽篇章”主题宣传教育和“当好主人翁、建功新时代”劳动技能竞赛等活动，在推动经济社会发展、维护职工合法权益、深化工会系统改革、推进全面从严治党等方面做了大量工作，工会组织的政治性、先进性、群众性显著增强。大会提出未来五年全省工会工作的总体要求是，高举习近平新时代中国特色社会主义思想伟大旗帜，全面落实省委和全国总工会决策部署，坚持服务改革发展、服务社会和谐、服务职工群众，坚持引领职工思想、提升职工素质、增进职工福祉，坚持加强党的建设、夯实基层基础、改进工作作风，着力打造忠诚之家、筑梦之家、幸福之家、活力之家，不断开创新时代安徽工运事业发展新局面。全省工会工作的主要任务是，坚持正确政治方向，承担起引导职工群众听党话、跟党走的政治责任，不断保持和增强工会组织和工会工作的政治性。牢牢把握时代主题，组织动员职工群众走在时代前列，在改革发展稳定第一线建功立业，不断保持和增强工会组织和工会工作的先进性。自觉践行群众路线，加强基层工会组织建设，健全联系职工群众的长效机制，满腔热情服务职工群众，不断保持和增强工会组织和工会工作的群众性。

大会选举产生了安徽省总工会第十四届委员会和经费审查委员会，李明当选为省总工会主席，徐发成、张文静、阮怀楼、胡东辉、樊忠厚、许启金、李坤刚、程光林、徐露平当选为副主席，张保华当选为经费审查委员会主任。在省总工会十四届四次全委会上，选举许建清为省总工会副主席，省总工会十四届五次经审委员会选举曾传发为省总工会经费审查委员会主任。在省总工会十四届五次全委会上，选举宋国权为省总工会主席。在省总工会十四届六次全委会上，选举张勇为省总工会副主席。在省总工会十四届八次全委会上，选举何树山为省总工会主席。

大会期间，省总工会创新举办《砥砺奋进的五年——安徽工会成就展》，制作了《建功立业在路上》劳模事迹专题视频。省工会十四大闭幕后，省总工会领导集中开展宣传宣讲，其中从8月15日至9月底，省总工会领导分赴各地开展省工会十四大宣讲辅导22场次。

四、深入开展“两节”送温暖活动

2013年“两节”送温暖，省总工会负责同志分别赴上海铁路局合肥车务段、合肥火车站、合肥汽车客运南站和安徽移动通信客服中心等单位以及宣城、广德、淮北、亳州、阜阳、芜湖、马鞍山、宿州、蚌埠、淮南、安庆、六安、滁州和宿松等地，走访困难企业和困难职工，慰问劳动模范，传递党和政府及工会组织的关爱。其间，各级工会干部与8181户困难职工开展结对帮扶送温暖。据不完全统计，截至当年2月5日，全省相关部门共筹集发放送温暖资金1.566亿元，走访慰问困难企业6320家，救助困难职工家庭19.9万户。

2015年“两节”送温暖，全省工会共筹集发放送温暖资金1.61亿元，走访慰问困难企业7066家，救助困难家庭19.89万户。

2016年，省总工会制定《送温暖资金使用管理暂行办法》。据不完全统计，截至2016年2月2日，全省工会共筹集发放送温暖资金1.67亿元，走访慰问困难企业7089家，救助困难家庭20.76万户（其中困难职工15.63万户、困难农民工4.56万户、困难劳模0.57万户）。

2017年，省总工会制定《关于进一步规范专项帮扶资金和送温暖资金使用管理的通知》。截至2017年1月23日，据不完全统计，全省工会共筹集发放送温暖资金1.68亿元，走访慰问困难企业4289家，走访慰问建档困难职工家庭、困难企业职工和一线职工共计21.8万（户）人，其中救助建档困难职工家庭12.8万户（含困难农民工家庭3.85万户），慰问困难企业职工和坚守岗位的一线职工（含农民工）8.55万余人，慰问困难劳模家庭4488户。

2018年，省总工会制定《关于进一步规范送温暖工作的通知》。截至2018年2月8日，据不完全统计，全省工会共筹集发放送温暖资金1.07亿元，走访慰问困难企业3405家，其中供给侧结构性改革中的困难企业和去产能任务重的企业282家，走访慰问困难家庭、工匠劳模、技能人才、学科带头人等专业人才、一线职工共计19.29万（户）人，其中慰问困难家庭10.77万户（含困难农民工家庭2.36万户），工匠劳模、技能人才、学科带头人等专业人才0.12万人，慰问一线职工和农民工8.4万人。

2019年，省总工会以“情系职工群众，温暖千家万户”为主题，精心组织动员全省各级工会深入基层一线走访困难企业，慰问困难职工、劳动模范、工匠、技能人才和春节期间奋战在重点工程项目工地、交通、环卫、公安等一线的职工群众，送上党和政府的关心关怀及工会组织的温暖。省总工会印发《安徽省工会送温暖资金使用管理办法（试行）》，在执行全国总工会要求的实名制发放的基础上，加强对送温暖资金的管理，要求杜绝现金发放，全面实行银行打卡发放，同时明确要求告知送温暖对象。截至2019年1月28日，全省工会共筹集发放送温暖资金1.22亿元，走访慰问企业3375家，走访慰问困难职工、困难农民工、困难劳模、一线职工共计13.90万（户）人，其中慰问困难职工家庭8.43万户（含困难农民工家庭1.32万户），慰问一线职工5.47万人。

2020年，省总工会组织开展“万名工会干部进万家”帮扶解困送温暖活动，截至2020年1月21日，全省工会共筹集发放送温暖资金1.12亿元，走访慰问企业3333家，走访慰问困难职工、困难农民工、困难劳模、一线职工共计13.75万（户）人，其中结对走访帮扶建档在册困难职工家庭13881户，发放款物1670万元，省总工会机关干部结对走访帮扶建档在册困难职工119户，实现工会机关干部全员参与，建档在册困难职工走访送温暖全覆盖。

2021年，省总工会以“工会送温暖，情暖职工心”为主题开展2021年元旦春节帮扶解困送温暖活动。截至2021年2月22日，全省工会共筹集发放送温暖资金1.2亿元，走访慰问企业2600家，走访慰问困难职工（含农民工）、困难劳模、一线职工等共计15.3万（户）人，其中慰问困难职工家庭9.13万户，慰问一线职工5.04万人，含疫情防控一线医务人员9526人。目前，2021年全省工会“两节”帮扶解困送温暖活动基本任务已完成，慰问救助困难职工做到了全覆盖、不遗漏。

2022 年“两节”送温暖期间，全省工会共筹集发放送温暖资金 1.33 亿元，走访慰问企业 2955 家，走访慰问困难职工（含农民工）、困难劳模、一线职工等共计 16.18 万（户）人，其中慰问困难职工家庭 9.21 万户，慰问一线职工 5.57 万人，含疫情防控一线职工 7519 人，“工会进万家·新就业形态劳动者温暖行动”服务月及“两节”期间，慰问新就业形态劳动者 18513 人。

2023 年，全省工会持续开展“两节”送温暖活动，共筹集发放送温暖资金 1.3 亿元，走访慰问企业 3361 家，慰问困难职工、一线职工、农民工、劳模工匠、新就业形态劳动者、医务人员等 18.65 万人。其中，慰问困难职工 8.74 万人，慰问节日期间坚守岗位一线职工 4.54 万人，慰问新就业形态劳动者 2.49 万人，慰问医务工作者等一线防疫人员 2.66 万人。

实践表明，送温暖工作作为工会“四季送”活动之一，多年来为广大职工特别是困难职工送去了党和政府的关心关爱及工会组织的温暖，进一步密切了党和人民群众之间的血肉联系，调动了职工群众的积极性，维护了改革、发展、稳定大局。

五、做好“八大群体”入会工作

习近平指出，要继续深化工会改革和建设，牢固树立大抓基层的鲜明导向，夯实基层基础，激发基层活力，不断增强基层工会的引领力、组织力、服务力。安徽省总工会以落实加强基层工会建设的“三个着力”重要指示为主线，不断夯实基层基础，推进建会入会，在全国率先完成农民工集中入会三年任务，及时启动“八大群体”[①]入会行动全国试点工作。

2018 年 3 月，全国总工会下发《关于贯彻落实〈促进道路货运行业健康稳定发展行动计划（2017—2020 年）〉全总负责任务实施方案》和《推进货车司

① 八大群体：货车司机、快递员、护工护理员、家政服务员、商场信息员、网约送餐员、房产中介员、保安员。

机等群体入会工作方案》，确定安徽等5省（区）、5市（区）作为全国总工会开展货车司机等八大群体入会集中行动试点单位。同月，安徽省总工会参加全国总工会基层工作部关于开展“货车司机入会集中行动”专题研讨会，及时汇报了开展试点工作打算。3月上旬，省总工会在全省范围内建立和推行以《工会组建意见函》《工会组建法律监督检查意见书》《工会组建法律监督检查建议书》为主要内容的“一函两书”制度，要求全省各级工会以货车司机等“八大群体”入会为重点，指导基层工会通过先服务职工再发展会员、先活动覆盖再组织覆盖、先体制外入会再单独建会等方式，建立和推行“一函两书”制度，推动形成“横向到边、纵向到底、上下贯通”的工会组织网络化格局。作为全国总工会5个货车司机入会集中行动试点省份之一，省总工会在试点第一时间对各地物流园区（行业）和道路货运企业工会组建信息基本情况进行统计摸排，深入全省各地充分调研货车司机等“八大群体”入会工作的基本情况。

4月17日，省总工会印发《关于加强全省道路货运行业工会工作的实施意见》，明确了抓好全省道路货运行业工会工作、吸引货车司机加入工会组织的主要任务，并就6个方面20条具体措施明确了责任分工。5月11日，省总工会印发《推进全省货车司机等群体入会工作方案》，全力推进货车司机、快递员、护工护理员、家政服务员、商场信息员、网约送餐员、房产中介员、保安员等群体入会，并确定合肥、蚌埠、淮北、宿州等市作为全省开展货车司机入会集中行动试点单位。6月2日，省暨合肥市推动货车司机等八大群体现场入会行动启动仪式在合肥市熔盛工程机械产业园举行。全国总工会基层工作部、省交通运输厅、省总工会相关负责人，各市、省直管县总工会分管负责人，合肥市各县（市、区）工会负责人及试点单位代表、八大群体代表参加了启动仪式。各市也按照省总工会要求，纷纷启动八大群体入会行动。6月27日淮北市物流货运企业组建工会及货车司机入会行动启动仪式在淮北传化公路港举行，7月12日至13日淮南市开展货车司机等八大群体入会行动启动仪式。

10月18日，省总工会印发《关于做好100人以上企业建会专项行动的通知》，部署开展100人以上企业建会专项行动，特别是以非公企业、外资企业为重点，深入开展排查，加大建会力度，进一步加大工会组织有效覆盖。12月27

日，全国工会推进货车司机等群体入会工作现场经验交流会在广州召开。会上，广东、安徽省总工会等8家单位介绍了推进货车司机等群体入会、加强基层工会建设的经验做法。

各市结合自身实际，不断推进八大群体入会工作。蚌埠市在圆满完成货车司机入会试点任务的基础上形成了蚌埠经验，即“依托现有建会工作格局，通过物流园区内统筹建会、园区外属地建会、零星分散挂靠建会、乡镇（街道）兜底建会”的工作思路。亳州市为确保非公企业建会质量，提出了“三同时”的建会要求：一是有条件的企业要党建工建同时建，不具备党建条件的，要先把工会组织建起来；二是建会要做到工会委员会、经费审查委员会和女工委员会三个委员会同时建，确保工会机构健全；三是在工会组建的同时，要做到工会组织和会员信息同步录入工会数据库，并做到及时更新。

2018年，全省共发放《工会组建意见函》3615份、《工会组建法律监督检查意见书》107份、《工会组建法律监督检查建议书》15份，通过开展运用“一函两书”，新建工会组织960个，新发展会员5.69万人。截至2018年底，全省已建基层工会9.60万个、涵盖单位13.33万家，发展会员804.26万人，其中农民工会员358.64万人。全省八大群体共计新发展会员10.15万人，新建工会组织1386个，其中新发展货车司机会员5.79万人，新建货运企业工会组织682个。全省100人以上企业建会率达到93.5%。

2018年以来，全省各级工会以开展“货车司机入会集中行动”为牵引，全会上下联动，合力攻坚克难，大力推进“八大群体”入会，实现“八大群体”入会取得新突破，推动农民工入会工作实现新提升，加快提高农民工组织化程度，不断夯实党执政的阶级基础和群众基础。

六、推进智慧工会建设

智慧工会建设不仅是工会改革创新的重要突破口，更是转变工作方式、提升工作效能的有力抓手。2016年7月7日，安徽省总工会成立信息化建设领导小组，统筹推进全省工会信息化建设。2016年8月5日，省总工会在芜湖市召

★ 2018 年 6 月 12 日，安徽智慧工会云平台上线。

开了全省工会信息化建设暨农民工服务工作会议，会议对抓好信息化建设提出了明确要求，发出了全省工会信息化建设的动员令，吹响了全省工会信息化建设的集结号，正式启动建设“一库、一卡、两网、两系统”。[①] 在 2017 年机构改革中，省总工会增设网络工作部。2018 年“安徽智慧工会云平台”上线运行，纵向上省、市两级工会打通接口实现数据归集，横向上与同级政务系统实现数据共享，实现安徽智慧工会建设从“0”到“1”的跨越。

2018 年 6 月 12 日，省总工会举办“安徽智慧工会云平台”上线仪式。省总工会、省人力资源和社会保障厅、省经济信息中心、团省委、省妇联领导参加活动，全国总工会网络工作部来函祝贺，《工人日报》头版头条报道了此次活动。

安徽智慧工会云平台正式上线运行，标志着 2016 年提出的“一库、一卡、两网、两系统”已基本建成，

① 一个全省工会数据库，一张会员服务卡，工会门户网、职工服务网，工会协同办公系统、视频会议系统。

“互联网 +”服务职工体系也初步成形。截至 2018 年 12 月底，省、市职工服务网已全部上线运行，全省共采集入库会员信息 586 万名，基层工会组织信息 6.9 万家；2018 年网上受理申请事项 13660 件，办结 12973 件。

2019 年至 2021 年连续实施“智慧工会建设年”“智慧工会云平台普及应用年”“智慧工会创新应用年”，2022 年至 2024 年持续深化智慧工会创新整合应用，以用促建、以用促转、以用促管，成效显著，实现了安徽工会网上工作从无到有、从点到面、从弱到强的历史性突破，为安徽工运各项事业发展提供了有力支撑。

工会数据基础不断夯实。2017 年省总工会印发《安徽省工会系统数据库建设核心字段标准技术规范》，按照“省总工会统标准、市总工会采数据”的建设模式，启动基础数据库建设。2021 年 1 月，安徽在全国率先发布《工会数据元》《工会信息分类与编码》两项省级工会地方标准，明确了工会信息分类原则、编码规则，规定了数据元的字段、代码，为工会数据采集、数据库建设、数据交换与共享提供了标准依据。省总工会在全省推广应用这两项数据标准，推进各级工会数据与政务数据共享交换，为建会入会、金秋助学、大病救助等工会服务应用提供数据支撑。其中，合肥取得市数据资源局支持，通过合肥城市中台赋能工会大数据；蚌埠实现了与 15 个部门 27 个项目数据的互联互通；黄山全面推进社会保障卡（含电子社保卡）在工会领域的应用工作，实现工会系统涉及个人用户的资金逐步通过社会保障卡金融账户发放。2021 年 12 月，“全省工会推广应用数据标准”获评省委网信办选树的全省网络综合治理十大示范项目。2022 年 7 月，工会数据标准推广应用案例获评 2021 年度（第二十六届）安徽省信息化十件大事之一，在全国率先实现省总工会“神经元”部署和与全国总工会“云脑”联结，2022 年底安徽工会实名制数据质量居全国第一名。2023 年圆满完成“十四五”全国总工会信息化建设工程（一期）安徽试点项目，成功嵌入全国工会服务平台并实现会员统一身份认证。

智慧工会建设全面推进。2016 年芜湖会议后，2017 年 1 月 5 日、6 月 22 日，省总工会分别在宿州、合肥召开会议，统筹推进全省工会信息化建设和网上工作。2018 年 12 月 21 日，在马鞍山召开安徽智慧工会建设推进会议，会议决定在2019年开展以“做实数据、做强平台、做好服务”为主题的安徽智慧工会建设年。2020年、2021年又接续开展“智慧工会云平台普及应用年”“智慧工会创新应用年”。安徽智慧工会建设得到了省政府大力支持，省总工会2018年、2021年两次将智慧工会建设列入与省政府联席会议议题，安徽智慧工会云平台有效融入全省政务“一朵云”和电子政务外网“一张网”。省总工会获评2020年度“各地走好网上群众路线典型案例征集展示活动”全国优秀机构案例，安徽智慧工会云平台在全国总工会“互联网＋普惠服务优秀平台”主题活动评选中获评省级十佳。2023年以来，省总工会全面加快工会系统数智化建设，《工人日报》头版5次报道安徽工会网上工作，安徽智慧工会应用案例编入2023年全国工会干部培训基础教材。

网上“五一学堂”逐步成形。2020年2月，省总工会贯彻国家有关部委和全国总工会联合下发的《关于应对新型冠状病毒感染肺炎疫情支持鼓励劳动者参与线上职业技能培训的通知》，决定开展网上就业技能培训并筹建安徽工会网上“五一学堂”，搭建集培训、练兵、比赛、晋级“四位一体”的网络学习平台，截至2023年底，已提供成熟课程体系4512门，覆盖工种145类，平台浏览量534万。通过网络直播形式开展线上就业技能培训，吸引近5万人在线学习；开放职工电子书屋，提供41.3万册图书在线阅读，并在线开展职工职业道德故事征集、第七届全国职工摄影展等活动，总使用量达683万次。合肥、亳州等9市总工会开设了心理健康、育婴、面点、家庭情商等系列微课程，开发网上练兵系统，激励引导求职者进入网上“学堂”学习参训，全省近30万人次参与2020年的线上就业技能学习培训。安徽工会网上“五一学堂”2021年获评全国总工会十佳省级平台，安徽工会网上“五一学堂”普及应用获评2022年度安徽省信息化十件大事。

“互联网＋”普惠服务拓展深化。省总工会持续打造“绿色出行”普惠品牌，推广“码上入会”，推进“互联网＋”普惠服务，2021年11月4日，“皖工惠”普惠平台上线暨货车司机“安康杯”竞赛有奖活动启动仪式成功举行。启动仪式在微信端同步直播，共33.13万人次收看了现场直播，平台登录注册3.6万人。各地普惠性服务也亮点纷呈，依托工会实名数据库，广大在库会员享受到更广范围和更大力度的普惠服务，合肥市总工会自2018年起持续开展工会会员绿色出行普惠关爱行动，为全市工会会员提供每人每年50元的公共交通出行补贴，累计投入8000多万元，每年超过40万名工会会员参与普惠充值，“乘公交、坐地铁，合肥工会有补贴”的口号深入人心。宿州、六安、滁州等市倡导低碳生活方式，开展持会员卡市内乘公交最低享5折优惠活动。芜湖开展职工公园年票普惠活动。淮南533个单位11.4万人参加在职职工医疗互助活动，涉及互助金681万元。亳州市通过医疗普惠系统，与人社数据对接共享，自动识别住院会员，及时精准将工会医疗补助打入其社保卡。蚌埠市在会员卡中虚拟预置了26元专享保障金，会员在受到非工伤性意外伤害时，最高可得到2万元的专享保障。马鞍山市工会与南京市工会签署合作协议，实施普惠项目对接，推动两市会员普惠项目互享。宣城市会员在江村、朱旺等景区可享受5折至7折优惠。滁州市总工会官微上嵌入电子“微书屋”，让广大职工在手机上就能看书、听书。其余各市也通过微信公众号、手机App等开展形式多样的活动，吸引会员积极参与。2022年以来，全省还逐渐形成工会线上普惠“四季送”活动品牌。

新媒体影响力逐步扩大。2017年通过微信开展网上职业道德标兵选树、金秋助学先进评选、劳模疗休养报名、十九大报告知识有奖竞答等活动，省总工会微信公众号粉丝关注数达到31万，位列安徽政务微信（省直）榜前8位，在全国工会系统月百强榜中排名省级工会第一，荣获安徽政务新媒体“突破力十佳”称号。全省16个市工会微信公众号全部上线运行，全省工会系统网站集约化建设全面展开。2018年在全国范围内征集并确定了省总工会微信公众号LOGO标识和动漫形象，结合《安徽省基层工会经费收支管理实施办法（试行）》的出台，开展从职工福利发放标准、工会经费来源到如何建会、入会的综合宣传，4篇系列推文总阅读数突破32万。2019年印发《安徽省工会系统新媒体管理办法》，规范全省工会系统新媒体高效安全运行，省总官微在人民日报社人民论坛网开展的全国党政机关优秀融媒体公众号征集评选活动中被评为“有温度的融媒体公众号”。2020年新冠肺炎疫情发生后，及时宣传工作动态、先进典型和防控知识，展示各行各业职工特别是医护人员等抗疫一线职工和工会干部众志成城战疫精神风貌，原创工会疫情防控稿件 36 篇，省内外 20 多家媒体平台相继转载，还搭建了“安徽抗疫防汛‘五一’云展馆”，宣传抗疫防汛先进典型。2021 年初开展“安徽工会新春祝福”新春云拜年活动，倡导“就地过年”，邀请劳动模范、一线职工、在外过年的安徽人以及在安徽过年的外地人传递新春祝福、共享新年喜悦，话题点击播放超过 822 万人次。2022 年以来推进构建数字化媒体矩阵群，以省总官网、官微、抖音号为主渠道，全省工会 131 个不同层级和类型的新媒体账号、220 余万粉丝形成集束效应。至 2024 年，省总工会官微连续 7 年荣获“年度安徽政务微信影响力省直十佳”，被评为安徽省文明账号，带动全省工会新媒体影响力提升，在全国工会系统处于第一方阵。省总新媒体中心被授予“全国职工网民素养教育基地”。宿州工会微博入围人民日报社评选的“全国工会十大微博”。

网络安全屏障不断巩固。省总工会 2019 年印发《关于进一步加强全省工会系统网络安全工作的意见》，明确各级工会落实网络安全主体责任，加强实名数据安全保护。2023 年研究制定《安徽省工会系统网络安全管理规定（试行）》《安徽省工会系统网络安全事件应急预案》等规范性文件，在新制定的《安徽省总工会信息化项目管理办法（试行）》中压实网络安全同步规划、同步建设、同步运行责任。2017 年以来，全省工会每年开展网络安全宣传周主题活动，组织网络安全宣传员千余人走进企业、社区，在“五一学堂”直播网络安全专题讲座，组织“个人信息保护日”网络安全知识竞答，网络安全宣传周活动辐射人数近百万，2017 年至 2023 年共 4 人次被评为全国先进个人。2023 年省总工会还研究制定了《关于进一步加强全省工会系统网络信息员队伍建设实施意见》和《全省工会网络信息员队伍管理和保障办法（试行）》，不断巩固壮大网上主流思想舆论。

省总工会始终坚持把网上工作作为联系职工、服务职工的重要平台，以做实数据、做强平台、做好服务为主线，构建“安徽智慧工会云平台”，建、用、管一体推进，赋能基层学网懂网用网，创新开展“互联网 + 工会”普惠性服务，以用促建、以用促转、以用促管，形成了线上线下深度融合的服务职工体系，显著增强工会网上传播力、引导力、影响力，为深化工会改革和建设、有效发挥桥梁纽带作用提供了有力支撑。

七、开展劳模工匠“五进”活动

2018年以来，安徽工会持续开展劳动模范工匠大师进校园、进企业、进工地、进班组、进社区的“五进”活动，将其作为传播党的创新理论、弘扬劳模精神、劳动精神、工匠精神的一项重要方式，逐渐成为安徽省总工会的一项品牌工作。

2018年11月18日，省总工会联合省委宣传部、省教育工委等在安徽水利水电职业技术学院举行“劳动模范工匠大师进校园”首场活动，活动通过播放先进事迹短片、劳模现场宣讲及实操技艺展示、学生与劳模互动等形式，鲜活展现了宿州供电公司输电运检室带电作业班副班长、中共十九大代表、全国劳动模范、大国工匠、安徽省总工会兼职副主席、“状元工匠”许启金，安徽省驷马山引江工程管理处高级技工、全国水利行业首批首席技师孙国永，中国宣纸股份有限公司捞纸工、全国劳动模范、大国工匠周东红等劳模工匠的成长历程和时代风采。活动上为22名劳模工匠颁发校外导师聘书，8名劳模工匠和职业院校学生签订对口专业“师带徒协议”，活动现场1600余名师生参加。2018年12月19日，迎驾集团举行的劳模进企业活动在青年学生、职工群众中产生巨大反响。

2019年4月3日，省总工会联合省委宣传部、教育工委在安徽职业技术学院举办安徽省劳动模范工匠大师进校园活动，10位劳模工匠大师走进校园和学生们互动交流，职业院校的学生作为广大产业工人生力军直接向大国工匠“拜师学艺”，面对面感悟劳模精神、劳动精神、工匠精神。通过在线视频和网络直播，全省121所高校78.8万名师生参与活动。5月31日，省总工会联合省财贸轻纺烟草工会建立跨区域、跨行业、跨企业的劳模创新工作室联盟，在庐江安得利公司举办了安徽省劳模工匠进企业活动。在省总工会示范带动下，全省各级工会陆续开展劳模进校园、进企业、进班组、进工地、进社区的“五进”活动。

2020年，劳模工匠“五进”活动进一步深化。1月15日组织劳模工匠走进六安市金安区南屏苑社区，9月28日组织开展安徽省劳动模范工匠大师进企业——走进中科大高新园区建设工地活动，近50万名职工在线收看。在省总工会的示范带动下，各级工会积极响应，以作报告、访谈、现场演绎、情景剧、拜师等更丰富的活动形式加上更广泛的覆盖面积，助燃劳模工匠能量升温。其中“安徽省劳动模范工匠大师进校园”活动被评为全国思政课创新案例。

2021年，省总工会组织省劳模宣讲团于7月28日、9月9日、12月3日、12月16日，分赴淮南、潜山、合肥、蚌埠作宣讲报告。省劳模宣讲团小分队先后走进中铁四局引江济淮、中建五局合肥聚变堆以及江汽集团新港基地、海尔工业园等项目工地、车间厂房，给一线职工群众说党史、讲自己、展未来。百名劳模讲党史活动被纳入“全省党史学习教育特色创新活动”，涌现出合肥市总工会“党史教育进工地”、淮北市总工会“工间一刻钟 党史微课”等特色经验做法，有力推进了全省各地各级劳模工匠开展党史知识、党史故事等宣讲志愿服务活动1062场次。

2022年10月，省总工会成立了由参加党的二十大的劳模工匠和新当选的省劳模先进等百名先进典型组成的宣讲团。截至2022年11月底，全省工会已组建各级各类劳模工匠宣讲团、宣讲队146个，开展党的二十大精神专题宣讲

★ 2020年9月28日，安徽省劳动模范工匠大师走进中科大高新园区建设工地。

674 场。针对理论宣讲对职工吸引力不强的问题，省总工会在全省范围选拔有文艺才华的职工，建立职工文艺人才节目库；选拔有一技之长、乐于志愿服务的职工，建立劳模志愿服务库，为迅速匹配组建出不同主题、适用于不同场合的宣讲活动提供专业人才。

2023 年，全省各级各类劳模工匠（工会干部）宣讲团行动共频，其中省总工会赴铜陵、宿州、淮南、六安等地示范性开展省级工会进企业、进车间、进社区、进学校宣讲 5 场次，示范带动全省工会开展宣讲 2534 场，覆盖职工约 213 万人。省总工会还首次举办全省工会宣讲骨干培训班，劳模工匠、工会干部宣讲团约 80 名成员参加，进一步提高宣讲团成员对党的创新理论的理解与宣讲深度。全面拓展理论宣讲"进网络"，通过在线云宣讲、录制宣讲短视频等多种形式，更便捷地将党的声音传到职工身边，特别是在省总工会所属各类宣传平台，开展"二十大精神在工会"、学"习"时光等主题宣传，共推出相关信息 358 篇次，总阅读量 210 万次。自此，劳模工匠"五进"增加"进网络"，拓展为劳模工匠（工会干部）"六进"活动。各级工会宣讲形式更加多样，例如，亳州市工会除一定规模的宣讲活动外，在全市推行"班前十分钟 思政微课堂"，利用零碎时间宣传宣讲，将思想政治引领融入日常班组生活；当涂县总工会开辟宣讲新阵地，在"当涂工会"微信公众号开设"劳模风采"、"党史故事 100 讲"、"《党的二十大报告》音频版"转播、劳模工匠围绕党的二十大话心声等专栏，构建线上线下全方位大宣讲格局。

通过多年的发展，全省工会劳模工匠（工会干部）宣讲形式从报告会转变成情景式、沉浸式、互动式等形式多样的、充满仪式感的宣讲活动；宣讲对象从企业职工扩充到学校学生、社区群众等；宣讲内容从讲劳模事迹转变为用生动的故事 + 党的创新理论；宣讲平台也从线下空间走进网络，宣讲人也从劳模工匠先进典型增加到工会干部，正在逐步形成领导干部带头讲、劳模工匠跟进讲、职工群众人人讲的局面。

八、规范和保障职工福利

在保障和提高职工福利待遇方面发挥积极作用，一直是工会工作的传统和优势。随着反腐败斗争的纵深推进和不正之风的持续纠治，我国福利制度越来越规范化、制度化，各级工会在保障职工福利待遇方面也越来越注重在制度建设上下功夫。

2014 年 7 月，全国总工会就针对基层反映的职工正常福利待遇受影响问题，下发了《关于加强基层工会经费收支管理的通知》，推动以法律和制度保障普通职工特别是一线职工享有正常福利。为贯彻落实全国总工会《关于加强基层工会经费收支管理的通知》精神，规范职工福利发放等事项，2015 年 1 月省总工会研究出台了《安徽省总工会关于贯彻落实中华全国总工会加强基层工会经费收支管理的若干意见》（以下简称《若干意见》）。《若干意见》规定，基层工会可组织会员观看电影和春秋游等集体活动；可在国家法定节假日（元旦、春节、清明节、劳动节、端午节、中秋节、国庆节）向会员发放节日慰问品，每人每年不超过 1000 元；可对发生困难的会员个人及家庭发放慰问金等。

2018 年 3 月，省总工会制定出台《安徽省基层工会经费收支管理实施办法（试行）》（以下简称《实施办法（试行）》）。《实施办法（试行）》规定基层工会逢年过节可向全体会员发放慰问品，每人每年不超过 1500 元；可向过生日的会员发放不超过 300 元的生日慰问品；可向结婚生育的会员发放不超过 600 元的慰问品（金）；可向生病住院的会员发放不超过 1000 元的慰问品（金）；工会会员去世，基层工会可给予不超过 2000 元的慰问金；工会会员直系亲属（限于配偶、父母、子女）去世，基层工会可给予不超过 1000 元的慰问金；工会会员退休离岗，基层工会可召开座谈会予以欢送并发放不超过 1000 元的纪念品；基层工会可组织开展职工疗休养活动等。《实施办法（试行）》同时规定工会会员本人及家庭因大病、意外事故、子女就学等致困时，基层工会可一次性给予不超过 2000 元的慰问金。《实施办法（试行）》共有 6 章 28 条，与 2015 年的《若干意见》相比，内容更加具体，支出范围进一步明确，可操作性进一步提高，受到基层单位和职工的普遍认可，社会关注度较高。

2021 年 12 月，省总工会坚持问题导向，特别是围绕提升职工的福利待遇，对原《实施办法（试行）》中的有关条款和内容进行进一步修订完善，制定出台了《安徽省基层工会经费收支管理实施办法》（以下简称《实施办法》）。《实施办法》充分考虑我省经济发展水平、职工工资收入水平和物价指数等综合因素，将逢年过节发放节日慰问品的标准由每人每年不超过 1500 元，调整为每人每年不超过 2000 元；规定可向结婚的会员发放不超过 2000 元的慰问品（金），可向符合政策生育的会员发放不超过 1000 元的慰问品（金）。这些条文规定进一步提升了职工会员的获得感和幸福感。

2022 年 7 月，省总工会再次印发《关于转作风暖民心促发展保稳定的二十条措施》，明确在原定节日慰问品限额之外，2022 年基层工会可按照每人不超过 300 元的标准发放消费券，用于购买我省脱贫地区产品和文旅、餐饮消费产品等，这为促进乡村振兴、提振消费信心提供了有效助力。

2023 年，为激发消费动能，推动消费从疫后恢复转向持续扩大，省总工会在前期文件基础上，于 1 月印发《关于基层工会经费使用有关问题的通知》，明确基层工会在落实《实施办法》全年节日慰问品 2000 元限额标准外，2023 年、2024 年可再按照每人每年不超过 300 元的标准发放消费券，用于购买我省的农副产品和对口支援地区消费帮扶产品；将《实施办法》第八条第五款中“工会会员直系亲属（限于配偶、父母、子女）去世，可给予不超过 1000 元的慰问金”修订为“工会会员的配偶、父母（含配偶父母）、子女去世，可给予不超过 2000 元的慰问金”。

此外，全省各级工会还在职工疗休养、普惠服务等多方面积极推动和提高职工福利待遇。2019 年 12 月，省总工会与省财政厅、省人社厅、国资委联合发文《关于加强安徽省职工疗休养工作的意见》，规定各级工会可以组织开展职工疗休养活动，省内一般不超过 5 天，跨省疗休养一般不超过 7 天，疗休养费用标准不超过 400 元 / 人 / 天。2022 年 1 月再次联合发文的《关于调整安徽省职工疗休养政策的通知》，将疗休养费用标准调整为不超过 460 元 / 人 / 天，同时允许职工家属随同参加（费用自理、责任自负），进一步提高了疗休养质量，扩大了受益面，受到职工好评。据统计，仅 2023 年全省工会就组织了 22.1 万名职工疗休养，直接拉动消费5.1亿元。从2018年开始，各级工会还陆续开展了“绿色出行、公交普惠”活动。各地政策各不相同，有的是“一分钱乘公交”，有的是“半价乘公交”，有的是每年给会员公交卡直接充值。据不完全统计，截至2024年6月，全省各级工会累计投入公交普惠资金约1.63亿元，惠及会员1080万人次。各地工会还结合本地实际情况，开展了形式多样的工会消费帮扶活动。合肥市总工会通过建立“幸福路爱心消费帮扶公共服务平台”，合理安排职工福利额度用于采购本市农村地区农特产品，以及省市援建地区“土特产”。淮北市总工会联合邮政集团淮北市分公司推出“工惠购”平台，采用“工会+邮政”的农产品消费帮扶模式，线上线下推广销售农产品，实现普惠职工与助力乡村振兴的有机结合。

安徽各级工会通过制定职工福利制度，组织各类普惠活动，加强对职工会员的人文关怀，有力促进了职工福利的稳步提升，保障了干部职工按规定享有福利待遇，提高了职工的生活品质。同时，这些政策和举措还助力了脱贫攻坚、乡村振兴，促进了文化和旅游产业的发展，提振了社会消费的信心，为全省经济社会发展作出了工会组织的贡献。

第二节　新中国成立70周年之际的安徽工运事业

2019年是新中国成立70周年，是全面建成小康社会关键之年。全省生产总值达3.71万亿元，较上年增长7.5%以上；城镇居民人均可支配收入37540元，较上年增长9.1%；城镇新增就业71.03万人。全省工会和广大职工深入学习贯彻党的十九届四中全会精神，扎实推进城市困难职工解困脱困攻坚年、基层工会组织建设年、智慧工会建设年、工会工作规范化建设年“四个年”建设，开展“中国梦·劳动美·安徽篇章——与共和国同成长、与新时代齐奋进”主题宣传，举办庆祝新中国成立70周年大型史诗歌舞晚会，推进新时代职工文明实践中心建设，推动出台《安徽省工会劳动法律监督条例》，与沪苏浙工会签署《推进中国长三角地区职工劳动技能创新战略合作协议》，开展“三比一增”专项劳动和技能竞赛，实施“坚决打赢脱贫攻坚战，争当十大工程先锋”主题竞赛、“跟着劳模去扶贫”等脱贫攻坚五项举措，推动城市困难职工解困脱困工作纳入政府民生工程，建设户外工作者“幸福驿站”，组织一线职工疗休养，为“八大群体”会员赠送意外伤害互助保险，为决胜全面建成小康社会、加快建设现代化五大发展美好安徽作出了积极贡献。

一、开展庆祝中华人民共和国成立70周年系列活动

2019年是中华人民共和国成立70周年，是全面建成小康社会的关键之年，在省委、全国总工会的坚强领导下，聚焦和突出庆祝中华人民共和国成立70周年这条主线，以“中国梦·劳动美·安徽篇章——与共和国同成长、与新时代齐奋进”为主题，精心策划开展了职工演讲比赛、劳模工匠进企业进校园、省职工运动会、劳动模范“乘高铁”看变化、庆祝新中国成立70周年文艺晚会等群众性宣传教育活动。

5月8日，由中央宣传部、全国总工会等7部委联合主办“时代新人说——我和祖国共成长”系列演讲大赛，作为庆祝新中国成立70周年系列群众性主题宣传教育活动的重要工作安排。省总工会牵头承接组织全省“劳动筑梦”“改革前沿”两场主题赛事，演讲比赛活动自5月初启动以来，基层踊跃参与，全省基层开展选拔赛3000多场次，参赛职工4万多人次。6月12日，“劳动筑梦”全省职工演讲比赛在合肥举行，来自全省各地的49名参赛选手声情并茂地讲述了一个个普通而不平凡的劳动故事。8月27日，“改革前沿”全省职工演讲比赛在黄山举行，全省各行各业的35名职工选手用真挚的情感、深情的语言、生动的事例，多角度呈现自己与祖国共成长、同命运的奋斗故事。来自安庆市总工会代表队的赵扬帆选手还获得了全国“时代新人说——我和祖国共成长”演讲大赛总决赛的资格。

2019年9月26日，“筑梦江淮·辉煌历程”暨安徽省总工会庆祝新中国成立70周年全省职工文艺演出在安徽大剧院举行。演出分为“序”以及“火红的年代”“大潮涌江淮”“筑梦新时代”三个篇章，通过歌舞、快板、情景表演等

多种文艺表现形式，以时间维度展示新中国成立以来的辉煌成就、安徽日新月异的新面貌，集中展现了安徽各级工会组织坚持政治性、先进性、群众性，团结引领全省广大职工锐意创新、拼搏进取的精神风貌。来自全省各行各业的70名劳模代表、近1500名职工代表到场观看演出。全省各级工会组织结合实际，广泛开展合唱、文艺会演、摄影等系列活动，大力营造爱党爱国、团结奋进的浓厚社会氛围。

10月23日，组织70名“全国劳动模范”“安徽省劳动模范”乘坐商合杭高铁合肥以北段试运营列车从合肥南站出发前往阜阳市，参观阜阳市规划馆，感受时代新变化。

全国工会职工书屋建设领导小组于2019年4月启动“与共和国同行”示范性主题阅读活动，在全国范围

★ 2019年9月，庆祝新中国成立70周年全省职工文艺演出。

内统一策划开展70场活动。10月22日，省总工会在马鞍山举办了“与共和国同行”——全国职工主题阅读安徽诗歌专场活动。以马鞍山钢铁职工欧震为代表的一批职工文化骨干、劳动模范代表，以及来自一线的职工代表同台吟唱诵古诗词和“中国系列”现代诗歌，这是全国职工主题阅读70场活动中唯一的诗歌专场，推动全省各级工会职工书屋广泛开展诵读、征文、演讲、讲座、沙龙、文化创作、知识竞赛等形式多样、内容丰富的职工阅读学习活动，推动在广大职工中形成读书学习的良好风气，引领广大职工岗位成才、报效祖国。

在庆祝新中国成立70周年前夕，党中央部署开展了“不忘初心、牢记使命”主题教育。6月6日，省委召开“不忘初心、牢记使命”主题教育工作会议。根据党中央、省委的统一部署，6月11日，省总工会召开“不忘初心、牢记使命”主题教育工作会议，对省总工会开展主题教育进行动员部署。

6月12日，省总工会印发《开展“不忘初心、牢记使命”主题教育工作方案》，明确各时间段重点任务安排。各直属单位也都迅速行动，于6月中旬前全部完成主题教育动员部署。6月13日，省总工会组织机关党员干部前往合肥监狱开展警示教育活动。6月19日至25日，省总工会集中一周时间举办主题教育读书班，在个人自学和通读原著的基础上，采用党组中心组和支部集中学习、集中研讨、举办“青年理论学习e家”研讨会、邀请专家辅导等多种形式进行学习交流；省总工会党组进行了8次集中学习研讨，领导班子成员结合分管工作全部作了交流发言。

2019年8月1日，省人大常委会副主任、省总工会主席李明到省总工会主题教育领导小组办公室，听取前一阶段主题教育工作开展情况的汇报，察看有关台账资料，对做好下一步工作提出要求。8月2日，省总工会党组理论学习中心组召开第16次专题学习研讨（扩大）会暨调研成果交流会。8月5日，省总工会召开十四届四次常委（扩大）会议，强调要把主题教育抓紧抓好，把工会工作抓实抓牢，真正把主题教育成果转化为推动重点任务落实的实际行动。

主题教育期间，围绕“全省基层工会组织建设情况”“全省城市困难职工生产生活现状和解困脱困工作”“关于理顺非驻会产业工会组织关系”等课题，省总工会领导班子成员结合分管工作，分赴各市县开展调研，累计撰写10篇调研报告，并召开调研成果交流会解决问题。同时，结合调研对直属单位主题教育工作分别进行督导，对发现的薄弱环节提出明确要求，对发现的问题督促整改到位。

各市县工会也按照要求，认真开展“不忘初心、牢记使命”主题教育。芜湖市总工会开展“走进企业当工人、悟工会初心使命”活动，分批安排机关干部进企业、当工人，体悟工会作为职工群众“娘家人”的初心使命。马鞍山市卫生健康委、市总工会根据省、市委脱贫攻坚和“不忘初心、牢记使命”主题教育“三走进”要求，共同组织部分市五一劳动奖章获得者和市、县血防（疾控）机构部分党员防治技术人员，走进贫困村郑蒲港新区白桥镇红旗村，开展“跟着劳模去扶贫，走进乡村送健康”活动。宣城市总工会按照“五个围绕”强化问题导向开展调研，党组成员结合各自重点课题和分管工作，分别以实地走访、听取汇报、座谈交流等方式，深入基层和职工中间开展专题调研工作。阜南县总工会先后召开 12 次讨论会，7 次专项调研，撰写心得体会 28 篇。六安市叶集区总工会结合新时代文明实践工作，举办以“学习劳动模范、传递榜样力量”为主题的道德讲堂，邀请全区各级劳动模范、先进工作者及五一劳动奖章获得者参加。

二、组织开展“四个年”建设

省总工会十四届二次全委会提出，以城市困难职工解困脱困攻坚年、基层工会组织建设年、智慧工会建设年、工会工作规范化建设年活动为抓手，全面带动当年工会工作的开展。2019 年 3 月 29 日，省总工会召开全省工会“四个年”和 2019 年为职工办十件实事活动动员视频会，要求按照中国工会十七大和省工会十四大的工作部署，扎实开展全省工会城市困难职工解困脱困攻坚年、智慧工会建设年、基层工会组织建设年、工会工作规范化建设年活动，努力为全省广大职工办好十件实事。自此，省总工会开始重点打造和丰富“四个年”活动。

（一）“城市困难职工解困脱困攻坚年”

2019 年 3 月，中共中央政治局常委、国务院总理李克强在年度《政府工作报告》中指出要加大城镇困难职工脱困力度。根据全国总工会统一部署，安徽省总工会将 2019 年城市困难职工解困脱困攻坚作为“42101”全省工会重点工作之一，全省各级工会随即开启城市困难职工解困脱困攻坚行动。

6 月 6 日，省总工会召开全省工会困难职工帮扶民生工程电视电话培训会，对全省市、县（区）总工会，产业、部分企业工会分管困难职工帮扶民生工程的领导和干部进行专题培训。培训会就困难职工帮扶民生工程的发展沿革、概念界定、工作要求等方面作了详细介绍和解释。

6 月 20 日，全省困难职工帮扶民生工程绩效考核座谈会召开。省财政厅相关同志对全省民生工程绩效评价机制作了介绍，对绩效评价的范围、对象、程序、指标以及评价结果的运用作了详细解释，参会人员对《安徽省困难职工帮扶民生工程绩效考核办法（征求意见稿）》进行充分讨论，并提出修改意见。省总工会为进一步加强困难职工帮扶工作制度建设，制定出台一系列重要文件。如《安徽省工会送温暖资金使用管理办法（试行）》《安徽省工会城市困难职工解困脱困攻坚年实施方案》《安徽困难职工帮扶民生工程实施办法》《安徽省困难职工帮扶民生工程绩效评价办法（试行）》《安徽工会困难职工退档管理办法》，为救助困难职工解困脱困提供了制度依据，保障了困难职工帮扶工程的实施。

7 月 11 日，省委有关领导同志在《关于全省城市困难职工生产生活现状和解困脱困工作情况的报告》上作出批示，建议相关部门共同研究报告中反映的问题及所提建议，共同推进这项工作。

8 月 5 日，省总工会召开全省城市困难职工解困脱困工作推进会。会议强调，打赢城市困难职工解困脱困攻坚战，工会责任重大、使命光荣。要坚决落实一个总体目标，切实抓好两项重点任务。各级工会要加强组织领导，不断加强工会干部队伍建设，把困难职工解困脱困工作列入重要议事日程，摆在更加突出位置。要结合“不忘初心、牢记使命”主题教育，坚决落实省总工会确定的全省工会实施困难职工解困脱困攻坚行动要求，充分运用全省城市困难职工生产生活现状专题调研成果，把主题教育成果转化到加大困难职工解困脱困帮扶和保障力度上来，扎实做好全省城市困难职工解困脱困工作。

省总工会认真学习贯彻省政府研究民生工作和民生工程突出问题检视整改会议精神，8月22日，下发《关于做好检视整改困难职工帮扶民生工程突出问题的通知》，全面检视困难职工帮扶民生工程存在的问题，对于各地梳理出来的45个具体问题清单逐一排查，全省工会建立问题台账，逐项逐条阐明具体问题、剖析原因，制定整改措施，明确责任主体及整改效果，限制整改期限，确保整改工作取得实效，扎实推进困难职工解困脱困。此外，省总工会从本级工会经费中安排300万元，重点向革命老区、深度贫困地区的困难职工子女、农民工子女、高校新生倾斜。同时按照不同家庭情况，分别通过“圆梦计划”“金牌蓝领”“阳光就业”以及筹措社会资金等精准帮扶城市困难职工。据统计，2019年全省金秋助学共筹集助学资金2863万元，资助5658名困难职工和困难农民工子女上学，其中困难农民工子女2064名。

2019年，全省帮扶建档困难职工12330户实现脱困，新建档困难职工5077户。全省建档在册困难职工由2016年的20.4万户，减少到1.38万户。12月2日，在2020年安徽困难职工帮扶民生工程项目评估会上，由专家学者、人大代表、困难职工代表、基层工作者组成的评估委员会，对2019年安徽困难职工帮扶民生工程项目实施和2020年困难职工帮扶民生工程项目实施情况进行评估。评估委员达成三点共识：一是城市困难职工帮扶民生工程依据充分，效果显著；二是城市困难职工帮扶民生工程社会认可，职工欢迎；三是城市困难职工帮扶民生工程提质增效、影响扩大。

2020年，省总工会实施城市困难职工解困脱困决战决胜年行动，印发《安徽省工会城市困难职工解困脱困决战决胜年实施方案》，积极开展困难职工帮扶民生工程，对全省12961户城市困难职工开展有效帮扶。并通过打一次电话、进行一次信息更新、送一次关爱、送一份保障（在职职工意外伤害互助保障）、送一份岗位（就业服务）等“五个一行动”具体措施，关心疫情期间在档困难职工基本生活，帮助困难职工解决生活实际困难，为全省在档1.3万户困难职工打卡发放帮扶金1300万元，为全国和省级在档的1.1万户困难职工赠送意外伤害保险，为全省在档的 9231 户全国级困难职工每户发放疫情生活补贴 1000 元。截至 2020 年 12 月 31 日，累计发放资金 11660.72 万元，保障 21829 户。其中，困难职工生活救助 15145 户，使用资金 6140.92 万元，人均 0.41 万元；子女助学救助 3598 人，使用资金 2072.54 万元，人均 0.58 万元；医疗救助 3086 人，使用资金 3447.26 万元，人均 1.12 万元。

2020 年，根据全国总工会城市困难职工解困脱困工作成效第三方评估工作部署，省总工会委托第三方机构安徽建筑大学于 2020 年 5 月至 7 月对全省 123 个评估单元的城市困难职工解困脱困工作成效实施了第三方评估。评估报告认为，2016 年以来，全省各级工会城市困难职工解困脱困工作取得显著成效。安徽省建档在册困难职工由 2016 年的 20.4 万户，减少到 1 万户。特别是 2019 年纳入安徽省民生工程以来，全省工会使用帮扶资金 1.03 亿元用于对 18201 户困难职工实施生活救助、子女助学、医疗救助，帮扶 1.23 万户建档困难职工实现脱困，新建档困难职工 5077 户，形成了一套行之有效的“1+4+N”帮扶体系，安徽省城市困难职工解困脱困工作取得新成效。评估结果显示，安徽省困难职工解困脱困工作成效综合评价为 97.88%，帮扶工作满意度为 98.99%，广大困难职工对工会的帮扶工作给予充分认可，困难职工获得感、幸福感、安全感显著提升。

同年，经全国总工会困难职工解困脱困工作成效第三方评估，识别精准度达 99.96%，困难职工满意度为 99.56 分，社会公众满意度为 100 分。省总工会充分运用第三方评估结果，整改问题，弥补不足，实施困难职工帮扶“回头看”和困难职工解困脱困攻坚行动，对亳州、安庆、宿州等地进行督导，确保 2020 年底，我省建档在册困难职工全部实现解困脱困，同步迈入小康社会。

2020 年，省总工会还制定了《安徽省工会帮扶资金使用管理实施细则（试行）》《安徽省工会困难职工帮扶实施办法（试行）》《安徽工会困难职工帮扶手册（试行）》，明确困难职工认定标准、程序和救助标准等，对困难帮扶工作成功经验进行固化，并召开视频会议进行培训，督促指导各地制定出台新办法，保障工会帮扶资金使用规范高效。

2021 年，省总工会实施困难职工精准帮扶年行动，以实施困难职工帮扶民生工程为抓手，以“精准”二字贯穿解困脱困工作全过程，做到精准识别，结对帮扶全覆盖；精准施策，动态管理分层次；精准评估，激励担当树典型。2021年帮扶救助困难职工1.1万户（人）（其中，生活救助5462户，助学救助2967人，医疗救助2234人）。“困难职工精准帮扶年”被列入省委党史学习教育“我为群众办实事”实践活动重点项目。全国总工会召开城市困难职工解困脱困工作总结表彰会，安徽省总工会权益保障部等4家单位和3名个人受到通报表扬。

2021年7月27日，全省城市困难职工解困脱困工作总结表彰会在合肥召开，全面总结5年来的工作成效，表彰作出重要贡献的先进集体和个人。会议指出，经过5年来的奋斗，我省建档在册的城市困难职工全部实现解困脱困，城市困难职工生活水平明显提高，发展能力不断增强，精神风貌得到提振，党同职工群众的血肉联系更加紧密，成绩值得充分肯定。会议强调，要认真总结城市困难职工解困脱困工作取得的好成绩、好经验，要牢牢把握工会巩固拓展城市困难职工解困脱困成果和提升职工生活品质面临的新形势、新任务，巩固解困脱困成果，工作要求要更加严格，提升职工生活品质，工作领域要更加广泛，维护职工合法权益，工作对象要更加多元，精准对接职工需求，工作方法要更加智能；要进一步在提升职工群众生活品质上展现大担当、大作为，用好用足解困脱困5年过渡期，保持帮扶政策稳定，以建立防止返贫动态监测机制、常态化帮扶机制为抓手，巩固解困脱困成果，以工作重点、工作对象、工作方式的转变为契机，实现工作有效衔接，以促进职工享有更稳定的就业、更可靠的社会保障、更多的生活福利、更丰富的精神文化生活为目标，提升职工生活品质。会议通报表扬了在全省城市困难职工解困脱困工作中作出重要贡献的50个集体、50名个人，授予合肥市总工会等12个集体安徽省五一劳动奖状，授予徐华玲等18名个人安徽省五一劳动奖章。

2022年，省总工会又开展了困难职工帮扶“四提一优”行动。困难职工帮扶被纳入省委、省政府20项民生实事，明确由省总工会牵头。省总工会认真落实省委、省政府关于2022年办好20项民生实事工作要求，扎实开展困难职工帮扶“四提一优”行动和“五比五赛”，建立“基层单位摸底排查、各级工会主动发现、职工个人主动申报”机制，努力做到“应建尽建、应帮尽帮”。全年全省工会新建、动态调整困难职工档案分别为 3483 户、4154 户，其中职工个人主动申报 300 余人次；全省工会累计发放帮扶资金 1.1 亿元，帮扶救助 16008 户（人）。经第三方评估，困难职工帮扶民生工程帮扶资金覆盖率、帮扶联系人覆盖率、帮扶工作满意度三项指标均在 98% 以上，全省综合得分达 99.46 分，帮扶民生工程成效显著。《全省工会办好民生实事服务企业发展》信息得到省委书记批示肯定。

2022 年，省总工会联合省民政厅转发《中华全国总工会 民政部关于进一步加强工会组织与民政部门困难职工家庭数据比对和信息共享、政策衔接、机制协同工作的通知》，对各级工会和民政部门加强困难职工家庭信息对比等提出具体要求。

2023 年，省总工会开展 2023 年困难职工精准帮扶提升行动。推动将困难职工帮扶纳入 2023 年全省 50 项民生实事，纳入省总工会对各市（县）总工会综合评价的重要内容，持续巩固拓展城市困难职工解困脱困成果，与提升职工生活品质相衔接，对符合条件的困难职工家庭，做到“应建尽建、应帮尽帮”。制定《2023 年困难职工精准帮扶提升行动实施方案》，持续深化困难职工帮扶“四提一优”行动，全省工会新建、动态调整困难职工档案 2990 户、4115 户，累计发放帮扶资金 1.02 万元，惠及困难职工 14615 户（人）。经第三方机构绩效评价，我省困难职工帮扶民生实事成效显著，帮扶工作满意度达 99.51%，困难职工获得感、幸福感、安全感明显增强，有关工作在省委《安徽信息》刊载。对 2022 年度困难职工帮扶民生实事劳动竞赛中表现突出的 30 个集体和 50 名个人进行通报表扬，择优授予 2 个集体安徽五一劳动奖状、3 名个人安徽省五一劳动奖章。

在 2016 年至 2023 年的 8 年期间，安徽省总工会坚持把城市困难职工解困脱困摆上重要议事日程，作为工会一项重要政治任务和重点工作，积极争取中央财政、省财政帮扶资金的支持，推动城市困难职工帮扶纳入全省民生实事，全省工会帮助 18.92 万名困难职工解困脱困，增强了困难职工的幸福感、获得感、安全感。

（二）“智慧工会建设年”

2019年至2021年，省总工会先后实施“智慧工会建设年”“智慧工会云平台普及应用年”“智慧工会创新应用年”，工会网上工作取得明显成效。

2019年，全省工会开展以“做实数据、做强平台、做好服务”为主题的“智慧工会建设年”。一是组织智慧工会集中办公。自2019年1月8日起，从省总工会机关各部门、驻会产业工会抽调专人集中办公，协同推进安徽智慧工会建设。截至4月中旬，阶段任务基本完成，省总工会机关10个部门、5个驻会产业工会提交了需求分析报告。通过组织集中办公，省级职工服务网一级页面各栏目升级优化，各驻会产业工会的服务分厅也建成上线，运行稳定。二是开展智慧工会调研。省总工会调研组先后赴福建、河南等省和淮北、宿州、马鞍山等市开展专题调研。三是推动智慧工会云平台建设应用。在做实数据上，加强统筹规划，严格数据核查，汇集全省646万名工会会员信息，8.28万家工会组织信息，数据质量大幅提升。完成《工会数据元》《工会信息分类与编码》2项地方标准设计论证。组织8名实习大学生进行第三方抽查核验，推动实名数据库建设往精、细、实方向发展。在做强平台上，全面推进职工服务网建设应用，2019年在线开通主席信箱、政策咨询共收到并答复143条，网上审核办理女职工阳光家园500个，完成年度经费审查工作情况数据统计上报，工会地图涵盖全国职工教育示范点27个，县级职工帮扶中心72个，幸福驿站93个，劳模创新工作室92个，劳模疗休养基地15个，阳光家园512个。通过省级职工服务网电子监察系统督办各市网上事项办理情况，全省工会网上受理申请事项43025件，办结42715件。“安徽智慧工会云平台”被省信息化协会评选为年度优秀项目。在做好服务上，省总工会开发在线活动通用模块，方便基层开展网上工作。2019年网上组织会议、培训报名，报名人数2万多人次；组织工匠评选活动、法律知识竞赛等，共50万人次参与。省能源化学工会通过实名数据库，组织“安康杯”职工安全生产知识网上竞赛，线上线下共有5.6万人次参加。探索开展普惠性服务，吸引会员广泛参与，省直、省机械冶金工会与公交集团依托实名数据库开展公交普惠活动，合肥、宿州、六安、滁州等市面向职工开展“低碳生活，绿色出行”活动，亳州、淮北、滁州、蚌埠、马鞍山、黄山等市通过实名数据库，积极推进医疗补助、电子书屋等“互联网+”普惠性服务。

2020年，实施“智慧工会云平台普及应用年”，以用促建、以用促转、以用促管，各项工作取得明显成效。一是助力疫情防控，组织线上就业技能培训。省总工会积极发挥网络优势，运用网络信息化手段助力疫情防控和企业安全有序复工复产工作。在职工服务网开设安徽工会网上就业创业援助月专题，完成了企业招聘信息、工会网上招聘会、工会特色就业服务、就业服务信息、工会就业技能培训5个专栏开发。为省总劳模企业、劳动关系和谐企业网上专场招聘会提供在线直播技术服务，引导全省工会网络部门为311场网上招聘会提供网络技术服务，点击量达535万人次，助推促成就业协议8.4万余个。省总工会网上“五一学堂”边建设边应用，共协调征集技能培训资源312个，筛选83个职业培训类视频。通过网络直播形式开展线上就业技能培训，吸引近5万人在线学习；开放职工电子书屋，提供412632册图书在线阅读，并在线开展职工职业道德故事征集、第七届全国职工摄影展等活动，总使用量达683万次。二是以用促建，做实做大数据库。修改完善《工会数据元》《工会信息分类与编码》2项地方标准，完成省级评审，2020年新增872334名工会会员、13663家工会组织、3560名省部级劳模数据信息。网上就业创业援助月期间，归集4464家招聘企业290545个岗位需求18478条信息数据，方便求职群体快速查询到“准确、详细、明了”的招聘企业和岗位信息。升级完善智慧工会云平台。突出应用和职工需求，调整优化职工服务网问卷调查模块，建成女职工培训师资库，谋划推进智慧工会云平台二期项目设计。三是以用促转，推进业务上网及服务在网。省总工会OA系统延伸到市总工会业务部门和县（区）工会，充分运用视频会议系统部署、调度工作，进一步提高办公效率。2020年，OA办文办事同比增长621.8%，职工服务网访问量同比增长502.79%，门户网站访问量同比增长21.69%，官微阅读量同比增长109%。省总工会还相继开展职工“求学圆梦行动”网络问卷调研、劳模带货扶贫农产品直播专场、庆“五一”抗疫先进事迹报告会网络直播活动。推动职工服务网普及应用，推进基层代办、全程网办，全省工会2020年共办结各类网上服务事项50197件。开展“互联网+”普惠服务，持续打造“绿色出行”普惠品牌。省总工会官微与滴滴公司合作开展“炎炎夏日送清凉”活动，发放10万份100元出行礼包，合肥、滁州、马鞍山、宣城、亳州等市总工会和省直、部分省产业工会依托实名数据库开展公交补贴普惠服务，合肥将2020年工会会员绿色出行普惠关爱行动与微信端职工入会结合起来，以普惠服务倒逼建会入会。四是以用促管，落实网络意识形态工作责任制。加强制度建设，制定出台《安徽省总工会落实网络意识形态工作责任制实施办法（试行）》，明确责任主体及其职责。注重发挥省总工会官网官微网络宣传主阵地作用，开设专栏专题，加强思想引领和党的路线方针政策宣传，大力开展习近平新时代中国特色社会主义思想等学习宣传，官微开展专题知识竞答，吸引了50万人次参加。省总工会官微加强原创稿件推发，搭建了“安徽抗疫防汛‘五一’云展馆”，宣传抗疫防汛先进典型。落实网络安全工作责任制，开展门户网、职工服务网、工会OA 3个系统信息安全等级保护测评，出台《安徽省总工会网络安全工作检查考核办法（试行）》，督促各级工会贯彻《关于进一步加强全省工会系统网络安全工作的意见》，落实网络安全主体责任，加强实名数据安全保护。

2021年，实施“智慧工会创新应用年”，坚持建、用、管一体，拓展网上业务、创新服务模式，打造智慧工会升级版。一是创新数据管理，推广应用安徽工会数据标准。2021年1月，安徽在全国率先发布《工会数据元》《工会信息分类与编码》2项省级工会地方标准，为工会数据采集、数据库建设、数据交换与共享提供了标准依据，推进各级工会数据与政务数据共享交换；11月，安徽职工服务网成功嵌入“皖事通”App，方便数据比对、录入和保鲜，为网上入会、困难帮扶、医疗救助等工会业务提供数据支持；7月至12月全面推进货车司机网上入会试点工作，规范优化货车司机等新就业群体网上入会和网上服务流程，将工会会员申请填报必填项从16项精简至5项；12月初，“全省工会推广应用数据标准”获评省委网信办选树的全省网络综合治理10个示范项目。2021年工会实名数据库新增53.94万名工会会员、9451家工会组织数据信息。二是创新服务项目，打造“互联网+”工会服务平台升级版。升级网上服务平台。建成电子工会、地质工会、国防工会等新驻会工会职工服务网服务分厅，满足基层工会和职工群众网上服务需求。部分地市启动智慧工会二期建设，芜湖智慧工会二期平台、“蚌工E家”智慧工会云平台等地方平台上线运营，合肥智慧工会二期项目进入验收阶段。促进网上服务应用。推进新就业形态劳动者网上入会及会员管理模式创新，简化入会流程，实现广大职工扫码入会转会，共有132705名货车司机网上入会。全省工会新版OA于1月1日正式上线使用，覆盖全省县区级以上工会、省总工会直管工会，2021年省总工会机关通过OA办文办事2657件。职工服务网“网上就业创业援助月”专题模块进行了升级完善，动态更新招聘信息36877条。推进“互联网+”工会培训。三是创新阵地载体，增强传播力、引导力、影响力。安徽工会“五一学堂”实现与安徽政务网统一身份认证，与工会实名数据库互联互通，开展“安康杯”知识竞赛、职工互助保障知识竞答等活动，参与人数突破200万人次，2021年共注册学员18.9万人，累计收入课程2.6万部。拓展深化“互联网+”普惠服务。11月4日“皖工惠”普惠平台上线暨货车司机“安康杯”竞赛有奖活动启动仪式举行，启动仪式在微信端同步直播，共33.13万人次收看了现场直播，平台登录注册3.6万人。依托工会实名数据库，广大在库工会会员享受到范围更广和力度更大的普惠服务，合肥工会会员绿色出行普惠关爱行动发放补贴2000万元、惠及职工40万人，芜湖开展职工公园年票普惠活动，淮南533家单位11.35万人参加在职职工医疗互助活动，涉及互助金681万余元。完成官网官微集约化建设，强化网上重大主题宣传和工会重点工作专题宣传。省总工会官微再次荣获“年度安徽政务微信影响力省直十佳”称号，2021年增粉19.14万多人、总数达80万，全省工会新媒体影响力普遍得到提升，省总工会官微位居省直前四名。

（三）全省“基层工会组织建设年”

为进一步夯实基层基础、增强基层活力，2019年，省总工会决定在全省工会开展以“强组建、抓重点、促规范”为主要内容的“基层工会组织建设年”活动，着力推进工会基层组织建设，不断提升全省基层工会工作水平。

2019年3月15日，印发《安徽省基层工会组织建设年实施方案》，明确了

“强组建、抓重点、促规范”等主要任务，实施方案主要围绕方案制定阶段、推进实施阶段、观摩总结阶段有序推进。3 月 28 日上午，2019 年省总工会为职工办好十件实事和组织实施“四个年”行动计划新闻通气会召开，省委宣传部、省总工会相关部门负责人及各中央驻皖新闻单位、省直相关新闻媒体负责人、部分记者参加会议。3 月 29 日上午，全省工会“四个年”和 2019 年为职工办十件实事活动动员视频会在合肥召开，省总工会相关领导分别对“四个年”和为职工办十件实事活动作出了部署安排。4 月 10 日印发《安徽省总工会“网上入会”工作管理办法（试行）》，规范网上入会“提交申请、系统核查、人工核查、吸纳入会”4 个步骤，明确预警通报、回访反馈、督促督办、纠正问责等工作机制，畅通职工入会渠道。7 月 2 日至 3 日，全省“基层工会组织建设年”现场推进会在亳州召开，与会人员现场观摩康美（亳州）华佗国际中药城、亳州筑梦社区等，考察亳州市城市展览馆特别是劳模展览馆，会议总结近年来全省工会基层组织建设的经验做法，部署全省基层工会组织建设年各项任务。8 月 26 日，出台《安徽省总工会关于进一步加强和改进省总工会直管工会工作的意见（试行）》，召开省总工会直管工会工作座谈会，指导安徽中烟、省邮政集团等 6 家直管工会和多家非直管工会换届选举工作。9 月 2 日联合省邮政管理局出台《关于加强全省快递行业工会建设的意见》，明确了全省快递行业工会组织建设和工会工作规范化建设的目标任务，并对推进行业工会组建、企业工会组建、行业人员入会以及发挥工会作用提出了具体要求。10 月 16 日上午，全省基层工会组织建设视频调度会在合肥召开。合肥市、淮北市、马鞍山市围绕落实基层工会组织建设年进行了交流发言。

扎实推进“促规范”任务，加强“六有”工会建设。按照组建程序完善、组织机构健全、活动场所完备、工作运行规范、活动开展正常的标准，2019 年，省总工会核销 13 个不符合条件的推荐对象，确认命名 50 个“六好”乡镇（街道）工会和 87 个非公企业示范工会，并积极推进社会化工会工作者队伍建设。

“基层工会组织建设年”工作成效显著，形成了一些典型做法和经验。如亳州市总工会充分发挥“党建带工建、工建服务党建”优势，加强顶层设计，实行“四个共建”（思想共建、组织共建、队伍共建、阵地共建），推进非公企业工会组织建设，并提出了“跟着党建建工建，按照党建要求抓工建，按照党建标准促规范”的目标，建立“五个一”工作法（一本建会工作手册、一本工会工作台账、一本工会工作指南、一本法律法规文件汇编、一套档案资料），取得良好成效。合肥市总工会以“强基层、补短板、增活力”为载体，通过抓建会入会、抓示范引领、抓会员普惠、抓规范化建设，全面推进基层工会组织建设工作。繁昌县总工会紧扣基层中的“基层”，推动成立由县委组织部领导任组长、县总工会主席任副组长的工会组织建设领导小组，扎实推进以镇工会为主导、村(社区)工会为中心、村属企业工会为基础的“小三级”工会制度化、规范化、长效化建设，实现工会组建和职工服务双覆盖。

2019年，全省共新建基层工会组织6436家，新发展会员50.12万人。其中，新建“八大群体”工会组织3398个，新发展会员28.11万人；100人以上企业8629家，已建会7993家，建会率92.63%；省级以上开发区（工业园区）所辖企业23973家，建会19769家，建会率82.46%，职工169.3万人、发展会员146.42万人，入会率86.49%。全年累计向59952名货车司机等“八大群体”会员赠送在职职工意外伤害互助保障计划，其中省总工会本级负担1万名。

2020年，省总工会深化“基层工会组织建设年”成果，以“基层工会组织建设巩固拓展年”为主要载体，继续加强基层工会组织建设。7月29日印发《关于深化农民工、八大群体入会和商圈、楼宇、市场建会工作的指导意见》，指导各地加强区域性（行业性）联合工会、工会联合会建设，进一步加强农民工、“八大群体”入会工作，推进商圈、楼宇、市场工会组织建设，扩大工会组织有效覆盖面。9月28日至29日，在淮北召开全省基层工会组织建设巩固拓展年现场推进会，总结全省基层工会组织建设工作进展情况，部署推进下一步工作任务。截至2020年底，全省共建立基层工会组织10.5万家，发展会员913.3万名。百人以上企业建会率达98.5%，省委非公工委组织数据库中25人以上非公企业和四类社会组织建会数分别为1.2万家、2220家。

2021年，省总工会以基层组织建设提升年为主线，不断推动基层工会组织建起来、转起来、活起来。4月7日，印发《开展开发区（工业园区）辖区内企业和省民营企业“三个百强”工会组建拉网行动实施方案》，根据省委非公工委等部门以及相关行业协会共享信息，掌握非公企业和社会组织名录，精准有效开展开发区辖区内企业拉网行动。

（四）全省“工会工作规范化建设年”

2019年，省总工会为巩固工会改革成果，加强全省地方工会规范化建设，组织开展“安徽省地方工会工作规范化建设年”活动，从推进组织体系建设规范化、工会领导体制规范化、联系职工群众机制规范化、机关工作规范化、全面加强制度建设等方面，不断提升工会工作制度化、规范化、科学化水平。

推进组织体系建设规范化方面，加强工会代表大会代表和工会委员会委员任期制建设，充分发挥代表、委员的作用；进一步增强工会领导机构的群众性、代表性、广泛性；进一步完善工会组织体系，优化地方工会组织设置，进一步理顺地方工会与产业工会隶属关系。

推进工会领导体制规范化方面，进一步健全完善全委会、常委会、主席会工作规则；加强对下级工会的领导和服务，建立上级工会定期听取下级工会工作汇报和意见建议制度，对省辖市总工会、直管县总工会开展年度综合评价；落实工会接受同级党委和上级工会双重领导、以同级党委领导为主的组织领导体制，健全地方工会向同级党委、上级工会请示、报告重要工作的制度。

推进联系职工群众机制规范化方面，进一步健全联系基层制度，地方工会根据实际情况在基层一线建立联系点，领导干部深入基层联系点调研；加大地方工会机关干部和基层工会干部双向挂职工作力度，按地方工会改革方案要求落实双向挂职工作；健全征求意见机制，通过多种渠道收集基层工会和职工诉求并及时反馈处理。

推进机关工作规范化方面，明确岗位职责，制定岗位责任说明书，确保分工到位、责任到人；规范工作流程，完善工作流程路线图，全面推广和完善机关办公自动化管理系统，制定机关工作运行规范；加强工作调度，以年度重点工作推进会、月工作例会、周工作例会、季度分析会等形式，及时跟踪问效。强化效能监督，每月开展明察暗访，改进机关工作作风。

全面加强制度建设方面，进一步建立健全工作制度，围绕废、改、立、留四个方面，对党的十八大以来的规章制度进行全面梳理，列出清单逐项清理，形成系统完整的工会规章制度体系；强化制度的执行和落实，确保各项制度行得通、管得住、用得好；加大对制度执行情况的监督检查，切实做到学习制度、了解制度、执行制度，对违反制度的人和事，严肃追责，自觉维护制度的权威性。

2020年，为有效落实省委巡视省总工会党组反馈问题整改任务，巩固深化工会工作规范化建设年活动成果，全省工会大力开展“工会工作规范提质年”活动，坚持在建机制、强功能、增实效上持续用力，进一步推动全省工会工作规范发展、提质增效。一是推进工会领导体制科学规范，二是完善密切联系群众机制，三是加强工会组织体系和阵地建设，四是规范工作运行机制。2020年，省总工会首次开展安徽省设市（区）、直管县（市）总工会年度工作评价，顺利完成17家单位工会关系划转工作，共完成145项制度性文件的废、改、立，省总工会本级规范性文件较上一年减少7%以上、会议数减少11%以上。

2021年，全省工会持续聚力提升工会工作质量，组织开展工会工作体系完善年活动，通过继续健全完善工会系统全面加强党的领导体系、工会双重领导体系、密切联系职工体系、深化服务职工体系、规范高效工作运行体系等方式，全省工会工作不断形成体系完备、科学规范、运行高效的新局面。

三、加强产业工人思想政治工作

2019年3月《中共中央办公厅、国务院办公厅关于加强和改进新时代产业工人队伍思想政治工作的意见》出台后，省总工会迅即行动，认真贯彻落实党中央和安徽省委关于深化新时代产业工人队伍建设改革的相关部署，深入开展调查研究，广泛征求意见建议，同年12月31日，《中共安徽省委办公厅、安徽省政府办公厅关于加强和改进新时代产业工人思想政治工作的若干措施》正式印发，进一步增强了安徽省做好新时代职工思想政治工作的针对性、实效性。安徽成立由省委书记担任组长的省思想政治工作领导小组，统筹领导各级各部门开展工作。在省委宣传部增设思想政治工作处，具体负责全省思想政治工作的规划部署和日常工作，建立健全省直单位思想政治工作联席会议、省属企业思想政治工作联络等工作机制，在多方联动中凝聚合力。

产业工人队伍建设改革以来，安徽各级工会充分运用网络、微博、微信等新媒体手段，加强职工思想动态信息收集，及时准确把握职工思想新状况，每周编制《安徽省职工思想动态》；采取线上线下问卷调查、座谈会、个案访谈、相关文献资料研究等方式，常态化开展产业工人思想状况调查，特别是2020年全省职工思想政治工作调研，把全省分为南、北、中三片，16个地市宣教工会干部全部参与，并针对调研发现的问题，策划了全省工会思政工作案例征集活动，加强职工书屋建设管理，举办劳动模范（工匠）进企业、进校园活动，建立职工文艺文才库等一系列举措，加强职工特别是产业工人思想政治工作针对性。

全省工会牢牢把握为实现中国梦而奋斗的时代主题，号召全省各级工会广泛开展“中国梦·劳动美·安徽篇章”“强国复兴有我”“劳动创造幸福”等系列主题教育活动，举办演讲、知识竞答、征文、朗诵、摄影书画展、文艺会演、劳模工匠大师宣讲等系列群众性宣传教育活动，在参加活动中自我提升、自我教育，极大丰富了产业工人精神文化生活。同时加大对产改工作的宣传力度，通过对一些政策解读、产改工作成效、涌现先进典型等进行大篇幅宣传，推动各级工会在产改工作中强意识、强管理、强服务，以“我为职工办实事”的暖心举措为产业工人解决关心关注的实际问题，从而解决思想上的困惑。

芜湖市总工会联合安徽工程大学、市委宣传部合作共建的“芜湖市产业工人队伍思想政治工作研究中心”，于2021年5月在安徽工程大学揭牌。通过校市合作的方式，汇聚优势资源，积极开展学术研究、思想调查、课题调研、咨询指导、案例提炼、“双进”宣讲、研讨交流、实习实践等8项工作任务。2022年3月，芜湖市湾沚区成立“新时代产业工人思想政治引领”理论宣讲团，常态化开展进企业进社区、进学校宣传宣讲活动。铜陵市总工会面向全市各行业在职职工，重点聚焦先进制造业、现代服务业和战略性新兴产业选树“铜都工匠”。合肥市总工会在“合肥工匠”选树之后，2024年1月开展“合肥数字工匠”的选树命名，30名来自制造业、服务业、技术应用业、要素驱动业等各行各业的数字人才入选。亳州市总工会组织开展皖若春风·新时代非公企业产业工人思想政治工作沙龙，邀请全市16家非公企业和6家国有企业参加，各企业代表结合各企业发展实情和个人专业岗位等特点作了如何增强企业职工思想政治引领实效的发言讨论。

产业工人是生产的主力军，产业工人的思想政治工作极其重要。全省各级工会组织要注重把产业工人思想政治工作同生产经营管理、各种形式的宣传教育、文体活动、奖励激励等结合起来，在思想上解惑、精神上解忧、文化上解渴、心理上解压，凝聚团结奋进力量，切实推动企业思想政治工作提质增效。

四、推动出台和宣传贯彻《安徽省工会劳动法律监督条例》

（一）推动出台《安徽省工会劳动法律监督条例》

工会劳动法律监督工作，是工会依法维权最直接、最有效的一个手段，它变事后维权为事前防范、变被动服务为主动引导，发现问题最早、付出成本最小、维权效果最好。工会通过开展劳动法律监督，及早发现问题，及时提醒用人单位依法纠正，使大量的劳动争议纠纷，能在萌芽状态、在基层企业、在劳动纠纷协商等环节得到化解，更加有利于及早预防化解劳动关系矛盾、依法维护职工合法权益、促进劳动关系和社会的和谐稳定。

2017年，《安徽省工会劳动法律监督条例》（以下简称《条例》）被列入省第十三届省人大常委会立法规划。省总工会随即开展前期准备工作，对全省工会劳动法律监督立法的必要性和可行性进行论证，收集整理立法法律政策依据和习近平总书记有关论述，征集广东等已颁布实施该方面《条例》的省以及合肥市等省内外9市《条例》文本，编印《条例》的《立法参阅资料》。2018年，《条例》被列入省人大常委会立法调研论证类项目后，省总工会积极和省人大内司委对接，制定调研论证工作方案。省人大常委会副主任刘明波和省人大常委会副主任、省总工会主席李明多次率省人大内司委、社会建设委、法工委和省总工会负责同志赴外省和省内进行工会劳动法律监督立法调研。省总工会成立由党组书记任组长的立法工作领导小组，在参阅全国总工会《工会劳动法律监督试行办法》和有关法律法规、其他省《条例》以及调研基础上起草《安徽省工会劳动法律监督条例（草案初稿）》，广泛征求省总工会机关各部门、产业工会、市县总工会和基层工会的意见和建议进行修改。先后赴江苏、江西、广东、浙江等省调研《条例》的立法和实施情况，进行交流和学习。与省人大常委会社会建设委、法工委多次召开工作会议，根据调研和征求意见情况对《条例》多次修改论证，还邀请省司法厅立法方面的专家和大学教授、法律顾问、律师对《条例》从立法技术规范方面进行多次修改完善，《条例》草案先后修改20余次。经省人大常委会2次审议，《条例》于2019年12月21日经省第十三届人大常委会第十四次会议审议通过，并于2020年5月1日起开始实施。这部地方性法规的出台，从源头上强化了对工会劳动法律监督工作的法律支撑。

《条例》共5章33条，分为总则、监督组织及职责、监督内容和方式、法律责任、附则。从工会劳动法律监督的主体、职责、内容、方式、程序、法律责任等方面作了具体规定。《条例》内容有以下几个特点：一是明确立法宗旨和监督对象。规定以保障和规范工会劳动法律监督，维护职工合法权益，构建和谐劳动关系为立法宗旨，明确工会劳动法律监督是工会依法对用人单位遵守劳动法律、法规、规章，保障职工合法权益情况进行的有组织的群众监督。二是规定监督主体和职责。明确监督的主体是各级工会组织，并对监督组织及其职责进行细化规定。三是明确政府及有关部门的职责。明确各级人民政府应当将构建和谐劳动关系纳入经济社会发展规划、政府目标责任考核体系，完善政府与同级工会联席会议制度，支持工会依法实施工会劳动法律监督。并明确县级以上人民政府人力资源和社会保障局和其他有关部门的职责。四是细化监督内容。明确对用人单位遵守劳动法律法规，执行平等就业、劳务派遣用工、劳动合同、平等协商和集体合同、民主管理、劳动报酬、休息休假、安全生产、特殊权益保护、社会保险、教育培训等规定的情况进行监督。五是明确监督方式和程序。明确从监督组织接到投诉或者举报后登记办理、调查核实、沟通协商，督促用人单位及时改正、发出《工会劳动法律监督意见书》，到用人单位无正当理由拒不改正时，由县级以上地方总工会向同级人民政府人力资源和社会保障局等有关部门发出《工会劳动法律监督建议书》等环节，都作出具体规定。六是强化监督保障。设定责令改正，赔偿损失，取消监督资格，依法给予处分，行政处罚等措施，构成犯罪的依法追究刑事责任等法律责任。

（二）宣传贯彻《安徽省工会劳动法律监督条例》

《条例》颁布实施后，全省各级工会积极推动宣传贯彻实施工作。省总工会召开新闻媒体座谈会，向媒体介绍立法背景、立法过程、《条例》的主要特点和内容、学习宣贯计划，多家报纸、网站进行大力宣传报道。《安徽日报》“劳动者之窗”、《安徽工人日报》和“安徽普法”微信公众号等媒体分别刊登省总工会党组书记、副主席徐发成对《条例》的解读。与省人力资源和社会保障厅联合下发《关于做好学习宣传贯彻〈安徽省工会劳动法律监督条例〉的通知》，开展系列宣传贯彻活动。召开全省工会学习宣传贯彻《条例》视频会议，对全省工会劳动法律监督进行部署安排，编撰《安徽省工会劳动法律监督操作指南》《安徽省工会劳动法律监督工作手册》《安徽省工会劳动法律监督宣传手册》，制定《工会劳动法律监督意见书》《工会劳动法律监督建议书》《工会劳动法律监督调查函》（即“一函两书”）等格式文本。完善监督组织建设。成立以省总工会党组书记为主任的省级工会劳动法律监督委员会，聘请2名律师作为特邀监督员，全省工会先后成立劳动法律监督组织10442个。加强培训学习，省、市、县工会分层次举办劳动法律监督员培训班，加强工会劳动法律监督员的培训、考核、发证、聘任和管理工作。把具有法律专业知识背景、熟悉劳动法律法规、擅长协调劳动关系、热爱工会工作、对职工群众有感情的工会干部、职工代表和法律工作者，充实进工会劳动法律监督队伍，为开展工会劳动法律监督工作提供人才支撑。近年来，全省共举办215场培训班，培训工会劳动法律监督员19661名，办理劳动法律监督案件96起，发出“两书”187份，开展法律咨询活动120余场，为职工提供法律服务2000万人次。省总工会还与人力资源和社会保障厅等政府相关部门建立信息相互通报和定期会商制度，加强沟通和合作，与行政执法程序相衔接，明确受理《工会劳动法律监督意见书》《工会劳动法律监督建议书》的处理流程，使《条例》确立的工会劳动法律监督“两书”制度确实发挥作用，确保《条例》规定的有关执法内容落到实处、执行到位。

五、开展"跟着劳模去扶贫"活动

2018年11月，省总工会认真贯彻落实党中央、省委关于脱贫攻坚的工作部署，在全省范围内组织开展"跟着劳模去扶贫"活动，活动主要根据各行各业劳动模范不同专长，立足脱贫攻坚重点领域的不同特点，组织实施"5+1"劳模扶贫工程，即开展技能扶贫、健康扶贫、教育扶贫、产业扶贫和结对帮扶5项专题活动，建设一支劳模扶贫志愿服务队。

在各级工会组织动员下，全省广大劳动模范积极投身脱贫攻坚主战场，为贫困群众脱贫致富献计出力。全国劳动模范、滁菊研究所所长龚建国在金寨县指导近20家农户开展滁菊种植，赠送优质菊苗12万株，提供技术咨询服务、产品回收和价格保护等服务，带动农民增收。安徽省劳动模范、芜湖野树林生物科技公司董事长许忠建立"公司+合作社+协会+基地+农户+市场+互联网"的联动运营模式，带动215户贫困户成功脱贫。

2019年2月22日，在金寨县铁冲乡前营村村部，举行了安徽省暨六安市"跟着劳模去扶贫"和2019年"工会就业创业援助月"启动仪式，对活动进行了再动员再部署。一是"劳模+驻村干部"做实技能扶贫。以全省工会系统驻村扶贫为抓手，组织农业、林业、畜牧、水产等行业的技术专家型劳动模范，到驻村开展特色种植、养殖等实用技术培训和技术交流活动。二是"劳模+贫困户"做实健康扶贫。以重大传染病、地方病、慢性病为重点，组织医疗系统劳动模范到贫困地区开展健康科普宣传、义务诊疗等活动，为贫困户现场送医送药、送疾病预防保健常识。三是"劳模+合作社（基地）"做实产业扶贫。以农民专业合作社为依托，动员农业系统劳动模范积极投身产业扶贫工程，通过劳模创办合作社（基地），以合作社（基地）带动脱贫。活动立足乡村实际，鼓励支持引导有条件、有能力、有意愿的贫困户通过特色产业增收脱贫。四是"劳模+五一大讲堂"做实教育扶贫。以"五一大讲堂"为载体，组织劳动模范代表走进乡村农户、深入田间地头，讲述劳动模范故事、介绍奋斗经历，营造光荣脱贫、勤劳致富的氛围。五是"劳模+贫困村"做实结对帮扶。以贫困村为单位，因地制宜、因村施策，组织有意愿、有能力的劳动模范与条件合适的贫困村签订结对帮扶协议，支持扶贫项目，吸纳就业人员，帮助村集体经济发展壮大。

2020 年，省总工会召开 13 次党组会学习习近平总书记关于扶贫工作的重要论述，学习党中央及省委关于脱贫攻坚的决策部署，研究部署深化“跟着劳模去扶贫”、脱贫攻坚四季攻势等重点工作和阶段性活动。并结合实际开展多项助推脱贫攻坚的具体工作，确保“跟着劳模去扶贫”活动扎实有序推进。

根据各行各业劳动模范不同专长，立足脱贫攻坚重点领域不同特点，省总工会认真细化“十百千万”劳动模范助力扶贫行动，即举办 10 场“跟着劳模去扶贫”示范活动，组织 100 家先进集体助力扶贫，培育 1000 个劳动模范扶贫典型案例，对接 1 万个就业岗位信息。淮北市总工会助力复工复产，开展劳动模范企业等专场招聘 22 场，推行“一企一码”快速招聘模式，300 家用工企业提供岗位 2 万个，点击量超过 22 万次，达成用工意向 6176 人，签订就业协议 3825 份。六安市总工会根据每个劳动模范的工作性质的不同，为劳动模范量身定制“劳模扶贫任务清单”。宣城市总工会根据贫困村工作需要，制订“订单式”劳动模范扶贫活动工作计划。据统计，全省各级工会共组织 3000 余名劳动模范，

★ 省总工会在金寨县铁冲乡开展“跟着劳模去扶贫”活动。

开展技能扶贫550次、健康扶贫458次、教育扶贫500次，举办238场示范活动，组织349家先进集体助力扶贫，总结推广1024个劳动模范扶贫典型案例，精心培育劳动模范扶贫品牌，亮出工人先锋号旗帜，展现工人阶级风采。为贫困地区输血造血扶贫扶智，共开展产业扶贫537次，带动1.9万人就业，为贫困户增收约2.9亿元。省总工会投资建设的2个“跟着劳模去扶贫”基地，金寨县铁冲滁菊扶贫示范基地形成本地种植、加工一体化的工会扶贫项目产业，带动30户贫困户发展生产；寿县张李淠河湾劳模扶贫基地的建设，预计实现年村级集体经济收入达到60万元，能解决300人不出村就业，扶贫项目效果显著，进一步激发了贫困户依靠勤劳致富的美好意愿。

在新冠肺炎疫情期间，省总工会举办了劳动模范企业网络直播招聘会，共收集各级工会推出的2.9万余个岗位，在省总工会网站以视频或文字形式免费发布招聘信息。积极组织开展劳动模范带货，助力消费扶贫。六安、阜阳、淮南等市工会组织全国、省级和市级劳动模范，利用抖音、微信公众号等网络平台，在直播间开展劳动模范带货销售农产品，为贫困户解决销路问题。其中，金寨县总工会在抖音平台开展“跟着劳模去扶贫，劳模带货肯定行——农产品直播助销活动”，共计销售产品11815件，网销金额达58.4万元。在此基础上，省总工会表彰2019年度脱贫攻坚十大工程先锋集体16个，脱贫攻坚十大工程先锋个人16名。从各级工会征集党的十八大以来全省各级劳动模范、先进工作者、先进集体等助力脱贫攻坚事迹1024例，择优选择100例录入《劳模助力脱贫攻坚》一书。

聚焦深度贫困地区和特殊贫困群体，省总工会进一步加大对革命老区、深度贫困地区和挂牌监督县工会经费补助、项目资金的倾斜力度，持续加大对全省国家级贫困县、省级贫困县、革命老区贫困县共32个县工会的项目补助力度。2019年，省总工会拨付32个贫困县工会项目补助693万元。2020年，省总工会对32个贫困县总工会分别给予30万元共计960万元的专项补助，助推大别山等革命老区脱贫攻坚工作。

六、组织全省“安康杯”竞赛活动

2019年开始，全国“安康杯”竞赛活动改为两年一次，针对新变化，省“安康杯”竞赛组委会办公室研究并报竞赛组委会同意后，将我省竞赛评选总结工作调整为两年，并且与全国总结评选年错开。2021年4月，省“安康杯”竞赛组委会组成人员得到进一步充实，市、县两级工会组织也积极调整竞赛组委会成员构成，为竞赛工作开展奠定了坚实基础。同时，省“安康杯”竞赛组委会着力推动各级政府把“安康杯”竞赛纳入政府安全生产和消防工作考核，为竞赛持续健康发展注入了强大动力。

全省各级“安康杯”竞赛组织针对安全生产主要矛盾和职工安全健康权益实现面临的问题，坚持把预防生产安全事故和控制职业病危害作为竞赛重点，积极履行安全生产委员会成员单位职责，依法监督企业和有关方面贯彻国家劳动安全卫生的法律法规，发动职工群众参与企业安全工作，监督企业不断改善劳动条件，维护职工在生产劳动过程中的安全和健康权益，依托《职业病防治法》宣传周、“安全生产月”、“送清凉”等活动载体，深入开展安全生产隐患排查治理、职业病防治等工作。

2019年12月21日，省第十三届人大常委会第十四次会议通过《安徽省工会劳动法律监督条例》，并于2020年5月1日实施。全省工会采取多种形式抓好条例的宣传贯彻，督促企业履行安全生产主体责任和企业全员安全生产责任制。各级工会按照“四不放过”的原则，深度参加事故调查，依法维护了伤亡职工的合法权益。同年，淮北市指导督促所属企业建立职工健康档案，对16.5万名职工的健康档案实行网络信息化管理。淮南市指导有关企业签订1700余份《劳动保护专项集体合同》，覆盖近3000家企业、36.9万名职工。铜陵市开展尘肺病防治攻坚行动，对煤尘、矽尘、石棉等28种危害职业健康因素建立个案监测信息体系。

2021年6月，省总工会创新开展线上全省职工安全健康技能大赛，网上实名制参赛职工达18.2万人，答题总人次达151万。芜湖市将“我为安全献一计”活动与全市职工技术创新竞赛有机结合，黄山市突出本地特色开展旅游公路滑坡应急处理、漂流救援应急演练等竞赛，安庆市联合电力、石化、燃气等高危行业企业开展多场安全技能示范性竞赛。亳州、蚌埠、六安、宣城等市和省能源化学、机械冶金、地质等产业广泛开展安全知识网上竞赛等活动。合肥市开展“现场隐患大家找，安全生产大家说”网上留言活动，近万名职工参与线上活动。宿州市指导有关企业开设“平安二十四”超市，职工利用“随手拍”手机 App，可全天候上传安全隐患照片并获得相应积分和物质奖励。马鞍山市创新开展“职业安全卫生防护工具包”试点工作。池州市制订劳动保护三年行动计划（2019—2022 年），以点带面梯次推进安全隐患排查等工作。

2021 年 9 月 24 日上午，2019—2020 年度安徽省“安康杯”竞赛经验交流会在合肥召开，省总工会、省应急管理厅、省卫生健康委相关领导出席会议。会议集中观看了《生命重于泰山——学习习近平总书记关于安全生产重要论述》专题片，通报表扬了 2019—2020 年度全省“安康杯”竞赛先进集体、先进个人和全省“安康杯”竞赛继续保持荣誉优胜单位、优胜班组。

2023 年 6 月，省“安康杯”竞赛组委会联合省住建厅等单位，在全省范围内开展主题为“安全生产提品质 科学管理促安康”的“安康杯”安全技能竞赛。全省工会系统积极响应，踊跃组队参赛，直接参与竞赛的建筑行业企业数 200 多家，安全员近千人，累计参与职工数超万人。自 2019 年开始，连续 4 年成功举办“安康杯”“安全记心中 全家总动员”演讲比赛活动。2023 年活动期间，全省各行各业 300 多个节目参与，参与企事业单位超 800 家。同年 10 月，指导淮北市总工会，重点开展化工行业劳动保护监督检查员技能竞赛，各地市按照省总通知要求积极组织初赛选拔，参赛化工企业近百家，累计报名参赛职工近万人。

随着“安康杯”竞赛活动提质扩面，从传统的国有工业企业，如煤炭、电力、建筑等行业向非公企业、小微企业和农民工集中的企业延伸拓展，并重点向医药、食品、物流、餐饮、酒店等基础比较薄弱的行业延伸拓展，积极组织和引导更多类型的企事业单位和更多的职工及农民工参与到“安康杯”竞赛活动中，让更多的企业工会组织把安全生产和职业病防治放在整体工作中的重要位置。据统计，2023 年全省“安康杯”竞赛评选中，非公企业优胜单位和优胜班组比例分别达到52%、45%，越来越多的非公企业，特别是中小微、农民工比较集中的劳动密集型企业以及新业态企业积极参与到竞赛中来，竞赛呈现出覆盖面持续扩大、发展势头强劲的良好态势。

夏季“送清凉”活动作为“安康杯”竞赛活动的重要组成部分，受到各级工会高度重视。省总工会每年都召开会议专题研究防暑降温工作方案，确保全省防暑降温工作适时启动、扎实开展。2023年“送清凉”活动期间，全省各级工会共筹集慰问资金及实物1.45亿元，慰问企业1.6万家，惠及职工212万人，其中农民工26.3万人，环卫工12.6万人，货车司机、外卖骑手等新就业形态劳动者11.4万人；为职工提供健康体检66万人；开展工会劳动保护监督检查12311次，排查隐患31601个，督促整改28059个；开展职业卫生宣传教育5364次，受众49.6万余人次，发放职业病防治资料40余万份。

通过竞赛活动的广泛开展，事故发生率和职业病发病率得到有效控制，企业安全生产和职业卫生状况持续好转，职工安全健康权益得到进一步维护，竞赛活动得到各级党政的充分肯定、企业的积极响应、职工的热烈欢迎和社会各界的广泛好评。2021年全省参赛单位数和职工数达到2.18万家和359.9万人，这一数字在2023年分别达到了2.41万家、361.3万人，比2019年分别提高26.8%、40%。

七、开展“网聚职工正能量 争做中国好网民”活动

由全国总工会和中央网信办联合举办的“网聚职工正能量 争做中国好网民”主题活动于2016年12月29日正式启动。2017年以来，安徽省总工会联合省委网信办积极开展全省工会“好网民”主题活动，承办全国工会“好网民”活动子项目，安徽省总工会2017年至2021年连续5年被中央网信办、全国总工会授予“好网民”活动优秀组织奖，2017年至2023年安徽已获全国奖项562个。

2017年，省总工会、省委网信办承办全国“网聚职工正能量 争做中国好网民”系列主题活动之一的“网上练兵”、网上劳动和技能竞赛活动。全国13个省、直辖市近200家单位、300多名职工参与，提交参评材料1200余份，收到

★ 2019年5月，"倾情礼赞新中国 网聚职工正能量"安徽工会"好网民"活动启动仪式。

网络投票640244票，累计参与462787人次。全省各级工会在"网上练兵"、公益广告设计、"科技创新·劳模展示微视频"、"画面故事"、"网言网语"征集等子项目活动中，累计获得"好网民"全国奖项130余个，"安徽劳模创新工作室"网络平台荣获一等奖。省总工会承办的全国"网上练兵"、网上劳动和技能竞赛活动入选2017年度（第二十二届）安徽省信息化十件大事。

2018年4月23日，全省工会新媒体工作培训班暨"好网民"活动启动仪式在省工人半汤温泉疗养院举办。围绕纪念改革开放40周年，组织开展了具有安徽特色的"新时代 新气象 网聚职工正能量"活动，在好故事、好图文、好声音网络系列作品征集活动中，共征集作品1500余件，网友参与266676人次，网络投票469335票。12月21日，全省工会"新时代 新气象 网聚职工正能量"主题成果展示活动在马鞍山举行。省总工会荣获2018年安徽省“争做中国好网民 我们‘徽’更好”先进单位。在全国“好网民”主题活动的8个子项目活动中，安徽共有35个单位、个人及作品获奖，安徽工会“新时代 新气象 网聚职工正能量”活动荣获中央网信办、全国总工会“网络正能量专题‘同心圆’二等优秀活动”，安徽省总工会新媒体中心荣获中央网信办、全国总工会“全国职工网民网络素养教育基地”称号。

2019年5月13日，由省总工会与省委网信办联合主办的“倾情礼赞新中国 网聚职工正能量”活动在中铁四局一公司庐江轨道板场启动。2019年7月9日，全国总工会在安徽滁州举办了“网聚职工正能量 争做中国好网民”主题活动协调会。省总工会除了与省委网信办联合承办全国网络正能量摄影作品征集活动外，还创新开展5项特色活动，包括“同框今昔赞发展”图文征集活动、“祖国，我想对您说”微视频征集活动、“诗润江淮”音频征集活动、“互联网+”平台征集活动、省职工网民网络素养教育基地案例征集活动。此外，省总工会、省委网信办还参与主办了“安徽‘益’起‘徽’更好”网络正能量笑脸短视频征集活动。省总工会、省委网信办承办的网络正能量摄影作品征集活动，共收集作品7000余件，70件作品分获一、二、三等奖项；向全国“好网民”各子项目报送作品近2400件，获各类奖项52个。安徽省总工会获全国优秀组织单位称号，1人获全国优秀个人称号；安徽工会“好网民”活动获全国网络正能量专题活动一等优秀活动，并在全国总结展示活动中作经验交流。

2019年，围绕新中国成立70周年重要节点。省总工会于国庆节当天在官方微博发布《我爱你，中国！》短片，省总工会、中铁四局工会、省新媒体集团联合拍摄制作的献礼新中国70周年主题创意快闪，数百名一线职工与省总工会全体党员干部合唱《我和我的祖国》，视频同步由“学习强国”学习平台推送，荣获省委网信办“70年70变”短视频征集活动二等奖。省总工会还邀请“安徽发布”“安徽日报客户端”“安徽新闻网”“今日头条”“新浪安徽”“中安在线”“凤凰网安徽”“安徽生活网”“腾讯新闻”“合肥论坛”等30余家网络主流媒体通过官网、微信公众号、微博等平台对安徽“好网民”活动内容和报名征集通知进行转载发布，积极营造各大网络媒体齐发声的宣传氛围。此外，利用“凤凰网”等媒体多平台推送短片，获得点击量达600万，微博互动话题阅读量达470万，作品阅读量达1100万。12月11日，安徽工会“好网民”活动成果展示活动在淮北举行。

2020年，省总工会、省委网信办联合承办全国“网聚职工正能量 争做中国好网民”摄影作品征集活动，共收集31个省和部分全国产业工会符合条件的原创摄影作品近万件，评选出84件获奖作品。同步推出安徽工会“助抗疫促发展 网聚职工正能量”系列征集活动，涵盖摄影、微课、朗诵、歌曲、微视频、微电影、专题活动案例、榜样故事征集等内容。4月，开展“好网民”主题活动预热宣传活动，精选10名战“疫”英雄作为安徽工会“好网民”活动“代言”人，总阅读量突破1200万，其中微博话题阅读量约1172万，微信话题阅读量28万。8月25日，安徽工会“助抗疫促发展 网聚职工正能量”——“镜头里的安徽”摄影大赛暨蚌埠行采风活动在蚌埠新港启动。全省各市近150名摄影家奔赴职工幸福驿站、企业、生态园、科技单位、高速淮河特大桥项目工地等现场采风。12月18日，2020年安徽工会“好网民”主题活动展示典礼和安徽抗疫防汛“五一”云展馆启动仪式在合肥举行。在2020年全国“好网民”主题活动中，安徽省获得全国优秀作品和优秀组织单位共65个。安徽省总工会走好网上群众路线工作入选2020年度“网聚‘政’能量共筑同心圆”——“全国优秀机构典型案例”。

2021年，安徽工会“好网民”主题活动以“网聚职工正能量 咱们e心跟党走”为主题，开展微视频、微电影、摄影、诵读、歌曲作品和创意活动优秀案例征集，同时，结合党史学习教育“我为群众办实事”的实践活动，推出货车司机等新就业形态劳动者网上入会与服务模式创新案例等网上应用案例征集，同时承办全国“好网民”主题诵读活动。3月，启动“同心向党 辉煌百年再启程”百年华章·E起诵主题诵读作品征集活动，分音频、视频两种类型，囊括学习之路、百年辉煌、劳动精神、美好中国四大主题，共征集到诵读作品2705件，最终评选出获奖作品76件，1551万余人次点击浏览投票。5月28日，建党百年·红五月E起诵优秀作品展演暨2021年安徽工会“好网民”主题活动启动仪式在省总工会举行。12月20日下午，安徽“好网民”主题活动展示典礼在中铁四局文化宫举行。在2021年全国“好网民”主题活动中，安徽省共计获奖

112 个，“百年华章 · E 起诵主题诵读作品征集活动”荣获全国总工会网络正能量创意活动“同心圆”一等优秀活动；安徽工会“五一学堂”平台被评为省级“十佳”平台。

2022 年，“好网民”主题活动以迎接宣传贯彻党的二十大为主线，突出“网聚职工正能量 建功献礼二十大”主题，组织开展歌曲、诵读、摄影、微视频、工会新媒体账号、职工网络达人、网络文明公益海报、小程序应用案例、互联网 + 工会维权服务案例、互联网 + 工会普惠服务平台和网络创新活动等 11 个项目的征集、评选和展示。6 月 22 日，2022 年安徽工会“好网民”主题活动启动仪式在安徽送变电公司举行。活动共征集到 4373 个作品（案例），856 件作品入围，331 件作品获奖，获得浏览量约 3965 万，点赞投票达 360649 票，获评“全省网络文明建设典型案例”。在 2022 年全国工会“好网民”主题活动中，安徽共收获 74 项大奖，占全国总奖项的 9.5%。《“工会送岗位 乐业在江淮”就业援助集中行动》入选全国“好网民”互联网 + 工会维权服务典型案例；安徽省总工会微信公众号获全国网络正能量新媒体（微信组）省级工会十佳账号，安徽省总工会普惠平台“皖工惠”小程序获全国互联网 + 工会普惠服务“最具影响力”平台和微信小程序应用优秀案例。

2023 年 6 月 25 日，2023 年全省工会“好网民”主题活动项目发布暨 2022 年“好网民”主题活动总结展示仪式在合肥举行。围绕“网聚职工正能量 团结奋斗新征程”主题，共开展歌曲、微视频、摄影、诵读、文章、新媒体账号、创新活动、智慧工会应用提升案例等 8 个项目的征集、评选和展示。活动共征集到作品 15441 件，45.3 万人次参与投票，覆盖职工 1400 万人次，在全国获奖 92 项，征集数、获奖数居全国第一。安徽省总工会获网络正能量新媒体省级十佳账号（微信组）、安徽智慧工会云平台获“互联网 + 工会”普惠服务“省级十佳”平台，“工惠一夏”网上普惠活动获网络正能量创新活动“同心圆”特别活动。10 月 27 日，安徽工会“好网民”主题活动优秀作品展演活动在淮南举办，活动回顾了安徽工会开展“好网民”主题活动 7 年历程，展演了历年优秀作品。

2024 年，省总工会联合省委网信办开展“皖美职工正能量 争做中国好网民”主题活动，开展歌曲、微视频、动漫、摄影、诵读、职工网络达人、网评文章、

互联网 + 工会普惠服务优秀平台、AI 应用案例、创新活动等 10 个子项目的征集、评选和展示。

“网聚职工正能量 争做中国好网民”主题活动为加强安徽网络内容建设，弘扬时代主旋律，营造清朗的网络空间，发挥了工会组织的应有作用。

八、加强社会化工会工作者队伍建设

为深入贯彻习近平总书记加强基层工会建设“四个着力”重要指示精神，2014 年 7 月，中华全国总工会印发《中华全国总工会关于新形势下加强基层工会建设的意见》，明确提出，基层工会干部队伍是基层工会赖以发挥作用的关键，积极争取公益性岗位，运用市场化、社会化方式聘用社会化工会工作者，建立完善社会化工会工作者选聘、使用、履职、考核、退出等机制。自 2014 年开始，省总工会加强社会化工会工作者配备和管理工作。2014 年至 2016 年，省总工会下达了三批社会化工会工作者招聘计划，第一批招聘 55 名，第二批招聘 72 名，第三批招聘 141 名。

2016 年，全国总工会、民政部、人力资源社会保障部联合出台《关于加强工会社会工作专业人才队伍建设的指导意见》。2017 年，省总工会根据上级文件精神，印发《关于做好第四批省总直补社会化工会工作者提标扩面工作的通知》，下达 266 名招聘指标，明确省总直补的社会化工会工作者，其劳动报酬标准（含各项社会保险费用）由各市总工会与用人单位结合本地实际协商确定。实行分级负担方式，省总工会按照每人每年 1.8 万元标准给予定额补助，市总工会、省直管县总工会负担经费应与省总的定额补助相配套，其余由用人单位兜底。用人单位为市总工会的，由市总工会兜底。11 月 28 日，省总工会制定出台《安徽省总工会直补社会化工会工作者管理办法（试行）》。

2019 年 4 月 4 日，根据各地申请和前四批社会化工会工作者实际在岗情况，省总工会印发《关于做好第五批省总直补社会化工会工作者招聘工作的通知》，计划在全省招聘省总直补社会化工会工作者 512 名。11 月 11 日至 14 日，举办省总直补社会化工会工作者培训班，全省 100 多名省总直补社会化工会工作者参加培训。12 月 24 日，省总工会、省民政厅、省人社厅联合印发《关于加强工会社会工作专业人才队伍建设的实施意见》，明确全省工会社会工作专业人才队伍建设的目标任务，规范工会社会工作专业人才人员构成、工作内容和岗位设置，健全招聘录用、薪酬保障、考核管理、激励保障、教育培训、解聘退出等工作机制，并对工会社会工作专业人才队伍建设保障工作提出具体要求。

2020 年，为落实省工会十四大工作报告中提出的“力争实现每个乡镇（街道）、开发区（工业园区）至少有一名专职工会工作者”的工作目标，省总工会 8 月 17 日印发《关于做好第六批省总直补和 2020 年市县自行负担社会化工会工作者招聘工作的通知》，在全省开展第六批省总直补社会化工会工作者和 2020 年市县自行负担社会化工会工作者招聘工作，其中计划招聘省总直补社会化工会工作者 100 名、市县自行负担社会化工会工作者 45 名。2022 年，省总工会 2020—2021 年社会化工会工作者补贴专项资金接受安徽华安会计师事务所有限公司进行的绩效评价。

2024 年以来，为进一步加强和规范社会化工会工作者队伍建设，不断充实基层工会工作力量，围绕“配、招、补、用”，研究制定《安徽省总工会关于进一步加强社会化工会工作者队伍建设的若干规定》，着力解决社会化工会工作者队伍数量短缺、管理不规范、保障不足等难题。

第三节　“两个一百年”奋斗目标历史交汇之际的安徽工运事业

2020 年是“两个一百年”奋斗目标历史交汇之年，是即将全面建成小康社会的关键节点。全省生产总值 3.87 万亿元，较上年增长 3.9%；城镇居民人均可支配收入达 3.94 万元，较上年增长 5.1%；城镇新增就业 66.3 万人。全省工会和广大职工深入学习贯彻习近平总书记考察安徽重要讲话重要指示精神，深入开展“四个年”活动，大力实施“两项工程”，扎实办好“十件实事”，着力打造“跟着劳模去扶贫”工作品牌，以“42101”重点工作带动整体工作全面提升。研究制定安徽工会“十四五”时期发展纲要，协助省委、省政府做好劳动模范和先进工作者评选推荐工作，健全完善长三角“三省一市”总工会主席联席会议制度，成功主办长三角三省一市职工创新成果展示交流活动和首届长三角家政服务业女职工技能竞赛，开展安徽省劳动模范工匠大师进企业、进班组、进工地、进社区活动，服务疫情防控和经济社会发展大局，及时研究出台加强职工疫情防控、助力企业复工复产十项“硬核”举措，圆满完成援鄂抗疫医务人员疗养任务，全额返还小微企业工会经费，开展全省“万名工会干部进万家”帮扶解困送温暖活动和关爱困难职工“五个一”行动，挂牌成立安徽省总工会职工服务中心、新时代职工文明实践中心和安徽劳动关系学院，为决战决胜全面建成小康社会、实现第一个百年奋斗目标、开创现代化五大发展美好安徽建设新局面作出了积极贡献。

一、学习贯彻习近平总书记考察安徽重要讲话重要指示精神

2020 年 8 月 18 日至 21 日，习近平总书记在安徽考察，并主持召开了扎实推进长三角一体化发展座谈会。全省各级工会把学习宣传贯彻习近平总书记考察安徽重要讲话重要指示精神作为重大政治任务，与学习贯彻党的十九大精神、习近平新时代中国特色社会主义思想、习近平总书记关于工人阶级和工会工作的重要论述结合起来，全力抓好学习宣传和贯彻落实工作。

2020 年 8 月 24 日，省总工会召开会议传达学习习近平总书记考察安徽重要讲话重要指示精神和在合肥主持召开扎实推进长三角一体化发展座谈会上的重要讲话指示精神，以及省委常委会扩大会议精神，研究部署学习宣传贯彻工作。8 月 31 日，省总工会召开党组会暨理论学习中心组专题学习研讨会，研究部署省总工会机关和工会系统学习宣传贯彻工作。9 月初，省总工会分别就省总工会机关和工会系统学习宣传贯彻工作下发通知，印发《安徽省总工会关于深入学习宣传贯彻习近平总书记考察安徽和在合肥主持召开扎实推进长三角一体化发展座谈会重要讲话精神的总体安排方案》，部署落实学习宣传贯彻工作。省总工会机关各基层党组织积极发挥党支部学习主阵地作用，结合“三会一课”，组织党员干部原原本本学，深入开展研讨交流；充分利用“学习强国”、安徽干部

教育在线及“五一大讲堂”等学习平台，发挥“青年干部理论学习 e 家”作用，利用点滴时间自主学习，积极引导离退休老党员跟进学习。全省各级工会第一时间将习近平总书记重要讲话精神作为工会干部教育培训、基层工会主席轮训的必修课，作为各级工会干校的主课，制订学习计划，开展集中学习培训，分专题、分单元进行系统辅导。

省总工会利用宣传展板、橱窗、LED 大屏等载体，宣传工作中的新举措、好办法。在《安徽工人日报》等工会媒体阵地开设“认真学习宣传贯彻习近平总书记考察安徽重要讲话精神”专栏，集中推出全省各级工会学习宣传贯彻情况；在“安徽省总工会”微信公众号开展“习近平总书记考察安徽重要讲话指示精神知识竞答”活动，吸引参与答题职工网友 71733 人次。举办安徽省总工会新时代职工文明实践中心揭牌仪式暨首场全省职工文明实践活动，邀请受到接见的劳动模范职工代表进行访谈；大力开展劳动模范工匠大师“五进”活动，劳动模范代表深入工友宿舍，同广大农民工一道交流学习心得，通过讲述访谈、宣讲演示、视频呈现、艺术再现等多种形式，有效增进产业工人、青年学生的政治认同、思想认同、情感认同。

9 月 25 日，省总工会召开党组会议学习传达省委十届十一次全会精神，研究部署全省工会贯彻习近平总书记考察安徽重要讲话重要指示精神。

在贯彻落实“奋力推进经济高质量发展”“扎实推进长三角一体化发展”和关于技能人才工作重要指示精神方面，全省工会围绕“高质量”“一体化”，健全完善长三角“三省一市”总工会主席联席会议制度，加强与沪苏浙等地工会密切协作。10 月 25 日，长三角职工疗休养基地互认共享协议签字仪式暨安徽职工疗休养基地授牌活动在宣城市泾县举行，我省首批命名 50 家职工疗休养基地，与沪苏浙 300 多家职工疗休养机构开启“共享模式”。11 月 1 日至 6 日举办沪苏浙皖三省一市长三角区域职工创新成果展示和职工技能竞赛活动。聚焦重点区域，围绕基础设施，紧扣转型升级，坚持绿色发展，大力开展百万职工劳动和技能竞赛活动，广泛发动基层岗位练兵，开展工业机器人、网络安全、新能源汽车等省级技能竞赛 180 项；推进产业工人教育培训，实施职工技能等级提升和带徒名师奖励计划，着力提升产业工人综合素质，壮大技术工人队伍，从基层一线岗位的技术能手、带徒名师、创新达人中推荐评选“安徽工匠”“安徽工匠年度人物”。

在贯彻落实“加强民生保障和社会建设”“防汛救灾和灾后恢复重建”的重要指示精神方面，安徽在全国率先组织开展了主题为“安全防护抗疫情、稳岗就业促发展”的“安徽工会网上就业创业援助月”活动，全省归集参加网上招聘的企业4713家、岗位23.6万个，开展网上招聘会及直播311场，点击量达535万人次，就业数8.4万余人；启用安徽工会就业培训实名制系统，为4000名困难职工、农民工等群体提供免费家政培训，支持革命老区贫困县开展就业技能培训的资金达100万元，为去产能等困难企业的转岗分流职工稳岗培训了1万名职工。深入实施省困难职工帮扶民生工程，开展全省“万名工会干部进万家”帮扶解困送温暖活动，对每一名困难职工都确定工会干部实行“一对一”结对帮扶。截至2020年12月，全省工会共筹集发放送温暖资金1.12亿元，累计走访企业3333家、职工13.75万（户）人。成立省总工会职工服务中心，试点开展省直机关职工医疗互助活动，组织410家基层工会的62921名在职职工参加。实施全省困难职工帮扶民生工程，对全省123个评估单元的12961户城市困难职工解困脱困工作成效开展第三方评估。省总工会密切关注我省灾情和企业、职工受灾损失情况，积极争取全国总工会对我省补助救灾资金100万元，安排省总本级300万元防汛救灾资金，帮助受灾企业开展生产自救，解决受灾职工燃眉之急；省总工会机关组织动员各基层党组织和党员干部全力以赴做好防汛救灾工作，成立以青年党员干部为主体的党员抗洪抢险突击队，确保安全度汛。

在贯彻落实“劳动模范是共和国的功臣，要大力弘扬劳模精神”的重要指示精神方面，11月24日，全国劳动模范和先进工作者表彰大会在北京人民大会堂隆重举行，安徽省共84人受到表彰。12月7日，省委书记李锦斌、省长李国英会见我省全国劳动模范和先进工作者及省劳动竞赛先进集体和先进个人代表；在随后召开的安徽省学习宣传贯彻全国劳动模范和先进工作者表彰大会精神座谈会上，省委常委、组织部部长丁向群代表省委讲话。省总工会按照省委要求，第一时间召开会议传达学习，下发学习宣传贯彻通知，并组成7个宣讲团赴全省16个地市开展巡回宣讲。同时，在省主流媒体开设《榜样·劳模风采》专栏，与省广播电视台联合开展“2020新时代劳模故事江淮行”大型融媒体主题宣传活动，与省委宣传部联合开展年度“最美职工”选树工作，在全社会范围营造劳动光荣的社会风尚和精益求精的敬业风气。

在贯彻落实“夯实党执政的群众基础”和关于加强基层工会建设“三个着力”的重要指示精神方面，省总工会全力推进非公企业和社会组织建会、农民工和“八大群体”入会工作，与安徽广播电视台“蓝海豚·卡车之声”合作推进货车司机入会和服务工作，试点开展扫码入会工作。截至2020年12月，全省新增基层工会组织1.2万家，会员90.6万，其中农民工会员61.7万人、“八大群体”会员13.8万人。推进以职代会为基本形式的企事业单位民主管理制度建设，开展“凝心聚力抗疫情、民主协商促发展”主题活动。广泛开展“中国梦·劳动美·安徽篇章——决胜小康 奋斗有我”主题宣教活动，加强职工文明实践中心（站、所、点）建设，着力打造职工精神文化的新家园和凝聚职工力量的主阵地；常态化做好职工思想动态监测工作，分南、中、北三个片区在全省范围内组织开展产业工人队伍思想状况调研活动。组织参加全国职工摄影展、职工书法美术作品展线上征集、全国职工健步走网络公开赛、职工读书活动等，开展安徽省职工建功“十三五”主题摄影展活动，组织职工文体活动数万场、参加职工逾百万。

二、创新提出“42101”重点工作格局

（一）“42101”重点工作格局的提出

2020年4月27日，安徽省总工会召开“42101”全省工会重点工作动员部署会，部署安排2020年全省工会“四个年”“两项工程”“十件实事”“跟着劳模去扶贫”等重点工作任务，第一次正式完整提出“42101”重点工作格局。

早在2019年，省总工会首次提出“四个年”建设，即在全省工会系统组织开展城市困难职工解困脱困攻坚年、基层工会组织建设年、智慧工会建设年、

工会工作规范化建设年“四个年”活动，各项重点工作取得可喜的成绩。但在实际工作中也存在一些薄弱环节，新时代产业工人队伍建设改革力度不大、干部队伍建设有短板等问题不容忽视。

2020 年 4 月 15 日，省总工会十四届三次全委会议召开。在深刻总结实践经验，深刻梳理工作实际的基础上，省总工会正式提出了“42101”重点工作格局，即每年明确四项重点任务，着力突破重点难点；大力实施产业工人素质提升、工会干部本领锤炼“两项工程”，建强两支队伍；每年扎实为职工办“十件实事”，做好维权服务；打造“跟着劳模去扶贫（创新）”工会特色工作，发挥劳动模范示范引领作用。

（二）“42101”重点工作格局的演进

2020 年安徽省总工会“42101”重点工作任务的目标，包括基层工会组织建设巩固拓展年、城市困难职工解困脱困决战决胜年、智慧工会云平台普及应用年、工会工作规范提质年“四个年”活动，产业工人素质提升和工会干部本领锤炼“两项工程”，为职工办“十件实事”以及一项富有特色的“跟着劳模去扶贫”工作。[①]

2021 年安徽省总工会“42101”重点工作任务是，深入开展基层组织建设提升年、困难职工精准帮扶年、智慧工会创新应用年、工会工作体系完善年“四个年”建设，产业工人素质提升、工会干部本领锤炼“两项工程”，扎实为职工办好“十件实事”，大力开展“跟着劳模去创新”，在新的起点上推动全省工运事业和工会工作实现更高质量的发展。[②]

2022 年安徽省总工会“42101”重点工作任务是，着力抓好“四项重点任务”，以迎接宣传贯彻党的二十大为主线，加强职工思想政治引领，组织职工建功立业；以维护劳动领域政治安全为底线，做好新就业形态劳动者建会入会和权益维护工作；以提高职工生活品质为导向，加强职工服务阵地建设；以“建起来、转起来、活起来”为目标，加强民营企业工会规范化建设。持续深化全

① 《在融入长三角一体化发展中贡献工会力量》，《工人日报》2021 年 5 月 21 日第 2 版。
② 安徽省总工会编：《安徽工会年鉴（2022）》，安徽科学技术出版社 2022 年版，第 353 页。

省工会产业工人素质提升、工会干部本领锤炼“两项工程”，为职工办好“十件实事”，大力开展“跟着劳模去创新”活动。[①]

2023年安徽省总工会“42101”重点工作任务是，聚焦县级工会加强年专项工作深化工会改革和建设，聚焦民营企业工会规范化建设持续夯实基层基础，聚焦工会驿站提质扩面建强职工服务阵地，聚焦新就业形态劳动者群体提升维权服务质量。持续深化产业工人素质提升、工会干部本领锤炼“两项工程”，用心为职工办好“十件实事”，大力开展“跟着劳模去创新”活动。

2024年安徽省总工会“42101”重点工作任务是，突出首位产业打造安徽工匠学院体系，锚定“五强”目标深化县级工会加强年成果，聚焦建会入会和权益保障做好新就业形态劳动者工会工作，着眼作用发挥推动工会驿站建设提质扩面增效；持续深化产业工人素质提升、工会干部本领锤炼“两项工程”；继续为职工办好“十件实事”；大力开展“跟着劳模去创新”活动。

（三）“42101”重点工作格局的实施成效

“42101”重点工作格局提出以来，安徽各级工会坚持围绕中心、服务大局，坚持以职工为中心的工作导向，以“一年抓几件事”的狠劲和“几年抓一件事”的韧劲，持续推深做实“42101”全省工会重点工作，工会对职工的凝聚力、对社会的影响力明显增强，全会上下干事创业争先进位的意识更加强烈。“42101”已经成为安徽工会最大共识、最强品牌、最靓名片。

四项重点工作深入开展。全省各级工会承担起引导职工群众听党话、跟党走的政治责任，突出“中国梦・劳动美・安徽篇章”主题宣传教育，举办“永远跟党走 奋进新征程”“喜迎二十大 建功新时代”等群众性宣教活动6万余场次。持续深化工会改革，先后开展工会工作规范化建设年、工会工作规范提质年、工会工作体系完善年活动，有效构建起系统完备、科学规范、运行高效的工作机制。5年净增基层工会1.94万家、会员208.88万人，其中新业态领域工会4994家、会员59.76万人。统筹推进工会维权工作，持续开展集体协商“春季要约”行动、和谐劳动关系创建活动，建立健全“法院＋工会”诉调对接机

① 安徽省总工会编：《安徽工会年鉴（2023）》，安徽科学技术出版社2023年版，第307—313页。

制，深化“尊法守法·携手筑梦”服务农民工法治宣传和“百千万法律帮扶行动”，服务农民工 240.9 万人次。加强工会数智化建设，让职工群众乐享“云上服务”，共办结各类网上事项 36.5 万件，“互联网 +”普惠活动惠及职工 324 万人，工会与职工靠得更近、系得更紧、黏得更牢。

“两项工程”扎实推进。深化产业工人队伍建设改革，全省五年新增技能人才 200.1 万人，产业工人在“三代表三委员”和各类劳模先进中的数量和比例进一步提高。持续深化工会干部本领锤炼工程，锻造高素质专业化工会干部队伍。

每年为职工办“十件实事”成效显著。共组织 29 万名一线职工疗休养，向 39.86 万名新就业形态劳动者赠送职工意外伤害互助保险，为 10.7 万名农民工免费体检、1.88 万名女职工免费“两癌”筛查，开展青年职工婚恋交友活动 951 场，建成“工会驿站”3087 家、女职工“阳光家园”1945 家。我省工会累计投入帮扶资金 7.1 亿元，全省建档在册的 20.4 万户城市困难职工全部实现解困脱困。创新开展“工会送岗位 乐业在江淮”就业援助行动，累计举办线上线下招聘会 7000 余场，促进 30 余万名职工稳定就业。春送岗位、夏送清凉、金秋助学、冬送温暖，持续擦亮“工字”品牌，五年来共筹集资金 14.6 亿元，走访企业 1.9 万家，慰问职工 1004 万人次，帮助 2.8 万名困难职工子女求学圆梦。

“跟着劳模去扶贫（创新）”示范引领作用有效发挥。开展劳动模范工匠大师进企业、进工地、进班组、进学校、进社区活动，打造出劳动模范工匠大师“五进”职工思政课品牌。大力弘扬劳模精神、劳动精神、工匠精神，全省共涌现出全国劳动模范和先进工作者 84 名，省劳动模范和先进工作者 705 名、省先进集体 98 个，全国及省五一劳动奖状 175 个、五一劳动奖章 1410 名、工人先锋号 848 个。[①]

三、推荐表彰全国劳动模范和先进工作者

2020 年 1 月 15 日，中共中央办公厅、国务院办公厅印发《关于做好 2020

① 《过去五年，我省工会各项工作不断取得新成绩、呈现新面貌、焕发新活力——凝聚力量，书写劳动华章》，《安徽日报》2023 年 10 月 12 日第 1 版。

年全国劳动模范和先进工作者评选表彰工作的通知》，对推荐表彰全国劳动模范和先进工作者相关工作作出部署。

1 月 23 日，安徽省委办公厅、省政府办公厅下发《关于做好 2020 年全国劳动模范和先进工作者评选推荐工作的通知》，成立省全国劳模评选推荐工作领导小组，由省委副书记任组长，有关省领导任副组长。领导小组办公室设在省总工会，负责推荐、审核、评选等各项具体工作。

省评选办和各推荐单位按照党中央和省委文件要求，严格评选推荐条件，严守评选推荐程序，严格把控人员结构比例。3 月 19 日，经省评选领导小组会议审议并报经省委、省政府主要领导同意，我省 84 名拟推荐人选报送全国筹委会办公室初审。全国初审通过后，5 月 14 日至 5 月 20 日，拟推荐人选名单分别在《安徽日报》、“中安在线”网站等媒体公示。5 月 28 日，省评选领导小组召开全体会议，原则通过了拟推荐人选名单。6 月 2 日，省委常委会听取评选推荐有关工作汇报，审议并同意拟推荐人选名单。我省推荐的 84 名人选中，企业职工和其他劳动者 40 人，占比 47.6%，其中一线工人和专业技术人员 28 人，占企业职工和其他劳动者总数的 70%；农村方面 18 人，占比 21.4%，其中农民工 11 人，占农民总数的 61.1%；机关事业单位人选 26 人，占比 31%，其中县处级干部 5 人，占机关事业单位人选总数的 19.2%。以上人选完全符合中办文件评选要求。

11 月 24 日上午 10 时，全国劳动模范和先进工作者表彰大会在北京人民大会堂隆重举行，安徽共 80 名新当选的劳动模范和先进工作者参会。其中，亳州市税务局驻利辛县汝集镇朱集村第一书记刘双燕同志作为先进工作者代表上台领奖。11 月 25 日上午，省委书记李锦斌，省长李国英，省委常委、组织部部长丁向群等省领导在稻香楼接见全国劳模、全国和省五一劳动奖章获得者代表，与代表们合影。11 月 25 日下午，省总工会召开全省工会学习贯彻习近平总书记在全国劳动模范和先进工作者表彰大会上的重要讲话精神会议，专题传达学习了大会精神。

四、助力疫情防控和复工复产

2019年12月新冠疫情暴发，给人民的工作生活带来了巨大影响，安徽省总工会在统筹推进疫情防控、助力复工复产中充分发挥工会组织作用，为打赢疫情防控攻坚战贡献了工会力量。

（一）全力以赴做好疫情防控

2020年1月23日，省总工会下发《关于做好关心坚守防疫抗病岗位一线医务人员的通知》，筹措230万元资金对坚守防疫抗病岗位一线医务人员开展慰问。1月27日，省总工会印发《关于做好全省工会系统疫情防控工作的通知》，对全省工会系统疫情防控工作作出详细部署，再次安排520万元用于保障坚守生产岗位一线职工自身防护和疫情防控工作，慰问防控一线工作人员。2月4日，省总工会召开党组会议暨疫情防控工作领导小组会议，决定设立疫情防控工作专项资金2000万元并制定资金使用管理实施意见，用于疫情防控工作中的慰问帮扶和防疫物资购置等工作，帮助解决疫情防控工作一线工作人员和感染新冠肺炎职工的实际困难。积极支援湖北省工会330万元抗击疫情，组织合肥、安庆、芜湖对口支援武汉、孝感、黄冈等市。

1月30日，省疫情防控应急指挥部将省半汤工人温泉疗养院确定为安徽省疫情防控备用医院。省总工会下拨资金310万元，并争取省财政投资1500万元，对半汤工疗抗疫医务人员疗养基地进行了改造建设。3月18日开始，为安徽省第五批支援湖北回皖的99名医疗队员提供疗养服务，并圆满完成任务。

2月21日，省总工会发布"疫情防控期间劳动用工法律提示"，明确了就业提示、疫情期间工资支付提示、劳动合同履行提示、医护及相关人员的工伤认定等方面内容，提示用人单位应当遵守劳动法律法规和抗疫时期有关政策的规定，依法履行劳动合同，支付工资，维护劳动关系和社会的和谐稳定。新华社、人民网、《安徽日报》等主流媒体以"安徽省总工会提示：不得以曾患有新冠肺炎为由拒绝录用"为题进行广泛宣传报道。

2022年4月，针对上海疫情的严峻形势，安徽省总工会主动与上海市总工

★ 2020 年，安徽援鄂医疗队员在省半汤工人疗养院隔离疗养。

会对接，及时筹措资金，委托合肥百大集团，迅速筹集了土豆、胡萝卜等 5 种质量好、能存放的新鲜蔬菜，并且分拣打包成每份 15 斤、共计 1 万份的抗疫爱心蔬菜包捐赠给上海市总工会。安徽共有 5582 名医务人员驰援上海，接纳 20004 间隔离房源，整建制接管 2 家上海方舱，有力体现了“长三角一体化、全国一盘棋”。

疫情防控过程中，全省各级工会组织劳动模范、工会干部积极参与当地联防工作，深入社区、农村包保联系点等开展入户宣传和排查工作，精准落实防控措施。通过网站、微信公众号、电子显示屏、微信群、QQ 群、短信发布等形式，全面宣传科学防控方法，解读有关政策措施，提高自我防护意识，提供疫情防控心理关怀。

（二）多措并举助力复工复产

2020 年 3 月 3 日，省总工会制定出台《关于服务职工群众助力企业复工复产的十项措施》，坚持在抓疫情防控的同时积极开展网上就业创业等服务，帮助企业复工复产，帮扶受疫情影响困难职工，助力经济社会秩序有序恢复。

第一，搭建网上就业用工平台。以全省工会网上就业创业援助月活动为主抓手，依托省、市职工服务网，精准对接群众就业和企业用工需求，发布3000家以上企业20万个以上就业岗位信息，举办百场以上工会网上专场招聘会，开办职工网上职业技能培训“五一学堂”，促进万名以上就业困难人员实现稳定就业，帮助企业解决用工难题。

第二，加强职工安全防护。协助企业建立健全疫情防控工作体系，督促企业加强返岗职工健康监测，做好疫情防控专项教育，落实岗位防疫保护措施。省总工会设立2000万元疫情防控专项资金，各级工会设立相应专项资金，用于复工复产企业一线职工的安全防护、慰问帮扶等，确保企业安全复工、职工安全生产。

第三，提供精准贴心服务。针对复工期间职工可能面临的劳动纠纷、心理压力等问题，安排专人专业力量，保持“12351”职工服务热线24小时在线畅通，第一时间为职工提供法规解读、政策宣传、心理疏导等暖心服务，保障职工安心返岗。

第四，着力减轻企业负担。对符合中小企业划型标准规定的小微企业，全额返还2020年度工会经费；省总工会将2020年税务代收本级留成经费全部返补基层企业。

第五，促进劳动关系和谐稳定。认真贯彻落实《安徽省工会劳动法律监督条例》，加强劳动关系风险监测和研判，深入排查隐患，及时化解矛盾。重点针对受疫情影响可能带来的裁员下岗、薪资拖欠等问题，扎实抓好“企业爱职工、职工爱企业”教育，引导企业通过集体协商，采取调整薪酬、延期支付、轮岗轮休、缩短工时等方式稳定劳动岗位，引导员工理性表达合理需求，体谅企业困难，与企业共克时艰。

第六，广泛开展劳动和技能竞赛。牢牢把握工人运动时代主题，把复工复产一线作为建功立业主战场，指导企业立足实际，创新方式方法，广泛开展灵活多样的劳动和技能竞赛，团结动员广大职工以主人翁姿态在岗位建功促生产。

第七，选树表彰先进典型。及时选树防疫、复产一线涌现出的先进个人、先进集体等优秀典型，广泛宣传先进典型的感人事迹。劳动模范、五一劳动奖状

（奖章）、工人先锋号等评选表彰，向防疫、复产一线表现突出的职工和企业倾斜，激励企业和职工全力投入复工复产。

第八，开展一线职工疗休养。将一线职工，特别是防疫一线医务人员疗休养纳入省总工会2020年为职工办“十件实事”，省总工会组织3000名以上一线职工疗休养，带动全省工会扎实做好一线职工疗休养工作。

第九，关心关爱困难职工。加强困难职工动态管理，灵活采用电话、微信、上门等方式，跟踪了解建档在册困难职工生活情况，及时将“因疫致困”职工纳入工会困难职工帮扶体系。对在档困难职工每户打卡发放1000元帮扶金并赠送一份互助保障，对新申报符合建档条件的困难职工每户给予不超过1000元的临时帮扶金，缓解其生活困难。

第十，工会干部进企业、进班组。在疫情防控到位的前提下，有序组织工会干部深入企业、深入职工，宣传党和政府惠企惠民政策，督促政策落地落实，帮助解决企业复工复产遇到的问题和职工实际困难，努力为企业和职工解难帮困。①

通过落实十项措施，全省工会有力服务了职工群众，助力了企业复工复产。开展线上就业技能培训，建设网上“五一学堂”，征集技能培训资源312个；免费开放电子职工书屋41.3万册图书，近百个教学视频；通过微信端以网络直播形式，组织就业指导、法律维权等在线辅导劳动模范企业、和谐企业两场专场招聘会。支持中小微企业平稳健康发展，对承租全省县以上地方工会房产用于经营的中小微企业（含个体工商户）免收3个月房租，免收租金107.23万元；暂免收缴小微企业工会经费，对符合规定的小微企业工会经费实行全额返还。开展集体协商“春季要约”行动，鼓励疫情期间企业、职工通过建立和规范集体协商制度，灵活处理特殊时期劳动合同、劳动报酬、休息休假等用工问题，稳定劳动关系，支持企业复工复产。发放困难职工疫情期间特殊帮扶金2238.9万元，全省工会累计投入疫情防控资金7153万元。在全国工会系统率先开展助力复工复产网上就业援助行动，发布4713家企业、23.6万个岗位需求信息，举

① 安徽省总工会编：《安徽工会年鉴（2021）》，安徽科学技术出版社2021年版，第343—345页。

办直播招聘 311 场次，近 30 万人次参加线上就业培训。开展抗疫消费扶贫行动助力脱贫攻坚，帮助贫困地区累计销售农副产品超 2 亿元。

五、开展新时代职工文明实践活动

建设新时代文明实践中心是以习近平同志为核心的党中央从战略和全局高度作出的重大决策。推动党的创新理论“飞入寻常百姓家”，让习近平新时代中国特色社会主义思想在城乡基层深入人心、落地生根，是新时代文明实践中心的首要政治任务。

安徽省总工会认真贯彻党中央、省委决策部署，吹响全省职工积极投身新时代精神文明建设的新号角，建立了全国工会系统首家新时代职工文明实践基地——安徽省总工会新时代职工文明实践基地，并于 2020 年 9 月 1 日揭牌启用，首场全省职工文明实践活动也于当天举办。在首场活动中，成立安徽省新时代职工文明实践志愿服务总队，全国劳动模范作先进事迹报告，工匠大师展示精湛技艺，劳动模范先进代表接受现场访谈，劳动模范志愿服务总队发出倡议书。全省各级工会干部及职工群众共 36.8 万人次通过网络直播收看，进一步

★ 2020 年安徽省总工会新时代职工文明实践基地首场全省职工文明实践活动。

激发了广大职工投身文明实践活动的积极性、主动性。

2021年，省总工会示范性开展“弘扬劳模精神助力乡村振兴”“弘扬劳动精神共创幸福生活”“弘扬工匠精神推动高质量发展”主题文明实践活动，分别在歙县璜田乡、铜陵铜官山区、泾县云岭新四军史料陈列馆举办，三场活动的网络直播观看人数达100.5万。在实践活动中，通过劳动模范宣讲、体验劳动生活、参观劳动模范纪念馆、助销农产品等方式，将文明实践活动做细做实，示范引领全省各级工会开展职工文明实践活动2700余场次，深化“我为群众办实事”实践活动。全省各级工会统筹发挥劳动模范等先进典型中乡村文化带头人、科技能人、技工、医生、老师等在各行各业的模范作用，建设数量充足、构成多元、富有活力的志愿服务队1100余支，精准化、常态化、便利化开展文明实践活动。淮北市新时代职工文明实践中心设有“志愿者工作室”，实行“月+周”双活动制度，实现活动常态化。

2022年，安徽省劳动模范工匠大师进社区暨全省新时代职工文明实践活动在滁州市琅琊区凤凰湖社区举办，活动邀请潘苗苗、陈多田等安徽省新时代职工文明实践中心劳动模范志愿服务总队成员“零距离”服务社区群众。滁州市先进工作者朱家和、全国劳动模范陈多田现场宣讲。活动穿插了富有地方特色的凤阳花鼓表演以及轻松幽默的相声剧等文艺节目，现场还向社区居民赠送了红色电影观影票。活动线上线下同步进行，全省广大干部职工共11万余人通过线上平台收看，20多万人次点赞。

2023年，开展安徽省新时代职工文明实践活动进校园，邀请劳动模范工匠大师走进宿州市埇桥区夹沟镇青山村思思希望小学校园，让师生近距离接触劳动模范，引领青少年在劳动体验过程中感悟劳模精神、劳动精神、工匠精神，厚植尊重劳动、热爱劳动、辛勤劳动、诚实劳动的劳动态度和劳动品德。活动期间，还向小学捐赠课桌椅等教学设施。各级工会连续多年开展为职工办“十件实事”，在各种实践活动中结合“我为群众办实事”，深入职工群众问需问计，开展职工文艺小分队慰问、职工免费体检、公交出行补贴、“送清凉”“送温暖”等工会特色活动，比如，在“跟着劳模去创新”文明实践活动中，组织龙头企业、行业协会签署农产品购销帮扶协议，组织劳动模范工匠专家现场指导，产用交流，为非公企业职工开展技术技能和安全生产知识培训，促进乡镇非公企业健康持续发展等。广泛开展为职工提供义诊、家电维修、科学健身等解决实际问题的服务，集群推进各类服务品牌建设，有效促进了新思想宣传宣讲与文明实践的深度融合。

省总工会新时代职工文明实践基地成立，是工会系统适应新形势、新任务，加强和改进新时代职工思想政治工作的创新实践。基地突出政治性，注重强化思想引领，把职工文明实践基地建成引领思想、传播党的声音、培育文明新风、传承优秀文化的主阵地。同时充分发挥工会的组织优势、群众优势和阵地优势，坚持把文明实践基地建在职工身边的原则，按照基地统筹、中心带动、所辐射、站服务、点特色的定位，整合盘活各级各类工会职工服务资源，依托工会干部学校、职工学校、工人文化宫、职工服务中心、职工之家、职工书屋等各类工会阵地，打造一批室内外、固定与流动相结合的新时代职工文明实践场所，全面搭建全省新时代职工文明实践平台。基地充分发挥劳动模范等先进典型的示范引领优势，劳动模范志愿服务队吸收各级劳动模范、工匠大师、最美职工、先进工作者等担任志愿者，以职工群众需求为导向，积极探索行之有效的新时代职工文明实践活动形式，用接地气的职工语言传递新时代“新声”，让职工群众听得进、喜欢听、有触动。在加强传统媒体宣传的同时，充分利用各级工会网站、职工服务网、微信、微博、移动端等新媒体，建设文明实践信息互通共享的工作平台，实现文明实践活动线上线下同频共振、相映生辉，不断打造全省新时代职工文明实践品牌。

六、加强职工服务中心建设

2014 年，省总工会开展职工帮扶中心（服务中心）建设达标活动。按照标准对申报的县级工会帮扶中心（服务中心）进行考核验收，15 家县级工会帮扶中心通过验收，并被授予星级帮扶中心称号。全省工会建立了“分级负责、上下联动、条块结合、全面覆盖”的工会帮扶工作体系，形成了以市级帮扶中心为骨干，县级帮扶中心为支撑，基层工会帮扶站为基础的帮扶工作网络，有效解决工会服务职工“最后一公里”问题。芜湖市总工会立足促进“帮扶中心”向“服务中心”的全面转型，在全省率先启动职工服务信息化系统建设。制定下发《关于安徽省基层工会服务（帮扶）工作站项目化管理暂行办法》，首次试行项目化方式建设帮扶站，重点推进帮扶站点进开发区（工业园区）。

2015 年，为进一步提升帮扶中心（站点）帮扶服务职工群众的能力和水平，省总工会印发《关于开展职工帮扶服务站标准化规范化建设工作的通知》，部署全省各市、县总工会开展帮扶中心达标升级和基层工会帮扶站新站布点已建站升级示范站建设工作。经过验收总结，全省 16 市总工会和 95 个县区工会帮扶中心达到“六有”建设标准，建设基层帮扶站 2551 个，奠定了帮扶中心（站点）规范化建设基础。

2019 年 12 月，省总工会认真落实省政府和省总工会联席会议议定事项，向省委编办报送了《关于设立安徽省总工会职工服务中心的请示》。2020 年 3 月，省总工会召开职工服务中心筹建领导小组会议第一次会议，传达省总工会党组关于省总工会职工服务中心筹建工作方案等要求。9 月，省委编办《关于设立省总职工服务中心的批复》同意设立安徽省总工会职工服务中心，正处级建制，为省总工会所属公益一类事业单位。同月，省总工会职工服务中心正式挂牌成立。

2021 年，省总工会印发《关于加强普惠服务 开展提升职工生活品质试点工作的通知》，积极探索创新精准性、生活性服务职工体系的业态、模式、机制，着力打造一批服务职工基地，培育一批社会资源和力量，建成一批服务型、枢纽型、高质量服务职工综合体和职工生活幸福、环境良好的企业样板，以点带面、示范引导推动联系广泛、服务职工的工会工作体系日益健全。

2022 年，根据全国总工会有关文件精神，制定职工服务中心赋能增效标准和塑造幸福生活环境企业标准，将职工服务中心和生活幸福型企业试点工作任务细化分解。指导我省唯一全国总工会试点单位——淮南田家庵电厂制定提升职工生活品质三年工作规划和 2022 年实施方案。全省 16 个市共开展 31 家职工服务中心赋能增效和 159 家幸福型企业试点工作。

2023 年，省总工会召开全省工会提升职工生活品质推进会，联合第三方专业机构制定我省提升职工生活品质指标体系。指导我省 7 家全国总工会第二批提升职工生活品质试点单位推进试点工作，并积极申报中央财政职工困难帮扶资金 232.62 万元。推进 71 家职工服务中心赋能增效。全国总工会发布了第二批提升职工生活品质试点单位名单，我省合肥市职工服务（帮扶）中心入选“全国总工会试点工会帮扶中心”，国网安徽省电力有限公司、中盐安徽红四方股份有限公司、淮南文峰光电科技股份有限公司、奇瑞汽车股份有限公司、中铁四局集团电气化工程有限公司入选“全国总工会试点企业（工业园区）”。

七、加强职工疗（休）养工作

职工疗（休）养是国家法律法规赋予职工的一项基本权利，是事关劳动者合法权益的福利事业，是我国社会保障体系的重要组成部分。党和国家始终高度重视和关心一线职工身心健康，支持保障职工疗休养事业发展。《中华人民共和国劳动法》第七十六条规定：“国家发展社会福利事业，兴建公共福利设施，为劳动者休息、休养和疗养提供条件。”《中国工会章程》规定：“工会会员享有工会提供的文化、教育、体育、旅游、疗休养、互助保障、生活救助、法律服务、就业服务等优惠待遇。”省人大通过的《安徽省实施〈中华人民共和国工会法〉办法》规定：“职工按照规定参加疗养、休养的，工会及用人单位应当做好相关服务保障工作。”

省总工会高度重视职工疗（休）养工作，自 2016 年起，连续 9 年将职工疗（休）养活动列入每年“为职工办好‘十件实事’”项目，持续加大工作力度，参加疗（休）养的职工数由每年几千人跃迁增长到 2023 年的 22.1 万人，受到了广大职工群众的普遍欢迎。

全省职工疗（休）养活动面向广大职工，以生产工作一线职工、技术工人、新就业形态劳动者和工会会员为主。参加疗（休）养的职工为带薪参加，由所在单位保障疗休养期间工资。省内一般不超过 5 天，跨省疗（休）养一般不超过 7 天。疗（休）养地点可以安排在安徽省各级工会认定的职工疗（休）养基地，沪苏浙皖“三省一市”总工会互认共享的长三角地区职工疗（休）养基地、革命老区、脱贫地区及对口帮扶地区，以及符合条件的民宿、乡村旅游重点村、红色旅游景点。

省政府与省总工会 2019 年、2021 年、2023 年联席会议先后三次研究职工疗休养工作，推动我省职工疗休养政策不断完善和落实。2019 年 12 月 31 日，省总工会、省财政厅、省人社厅、省国资委共同印发《关于加强安徽省职工疗休养工作的意见》，进一步明确职工疗休养的组织管理、对象、内容和费用标准等。2022 年 1 月 21 日，省总工会、省财政厅、省人社厅、省国资委共同印发《关于调整安徽省职工疗休养政策的通知》，将党政机关和有条件的事业单位疗休养费用标准由不超过 400 元 / 人 / 天提高为不超过 460 元 / 人 / 天（不含交通费）。允许职工家属随同参加疗休养，省内疗休养可在单位工会统一组织下安排职工分批次、分时段开展疗休养活动等。2022 年 7 月 25 日，省总工会联合省财政厅、省文化和旅游厅印发《关于广泛开展职工疗休养活动助力旅游行业恢复发展的通知》，明确 2022 年全省各级工会组织 10 万名职工疗休养，将符合条件的旅行社、民宿、乡村旅游重点村、红色旅游景点等纳入承接省内疗休养业务范围，助力我省旅游行业恢复发展。

安徽省总工会还携手上海市总工会、江苏省总工会、浙江省总工会开展了形式多样的职工疗休养交流协作活动。2019 年 11 月，上海市总工会牵头，在上海市举办长三角职工疗休养区域协作推介会，长三角“三省一市”总工会签署《推进中国长三角地区职工疗休养区域战略合作协议》，由此拉开了长三角地区职工疗休养交流协作的序幕。2020 年 10 月，安徽省总工会牵头，长三角“三省一市”总工会在宣城市泾县，举办以“互认共享 一体发展”为主题的长三角职工疗休养基地互认共享协议签字仪式暨安徽职工疗休养基地授牌活动，开启了长三角地区疗休养产品共推、市场共享、机制共建的“一体化模式”。活动仪式上命名了 50 家首批安徽省职工疗休养基地，“三省一市”总工会有关领导共同在《互认共享协议》上签字。

2022 年 8 月，安徽省总工会牵头，“三省一市”总工会在黄山市举办长三角地区职工疗休养交流协作暨安徽省职工疗休养工作推进会。会上宣读了第二批 53 家安徽省职工疗休养基地名单并授牌，“三省一市”总工会共同签署《支持黄山市职工疗休养合作意向书》。

2023年11月，安徽省总工会牵头，“三省一市”总工会在池州市青阳县举办首届长三角地区职工疗休养基地服务技能大赛决赛。比赛采取“理论+实操”相结合的方式进行，分为原创职工疗休养产品展示、中餐主题宴会摆台、中式铺床及主题夜床布置赛项。“三省一市”1500多家职工疗休养基地的3万余名从业人员参加预赛，近2万人参加网上练兵，通过层层选拔，各产生5支代表队，最终共20支代表队的60名选手进入本次决赛。通过三天的紧张激烈角逐，产生团体和个人一、二、三等奖，对获得比赛一等奖的选手，各省（市）可择优推荐申报本省（市）五一劳动奖章。此次竞赛为长三角地区职工疗休养基地从业人员搭建了展示交流、切磋技艺的舞台，激励更多的疗休养从业人员练本领、强技能，推动长三角地区职工疗休养基地服务水平不断提升，促使服务品牌更加响亮。

2024年6月，由安徽省总工会、黄山市人民政府主办，黄山市总工会、黄山市文化和旅游局承办的长三角地区职工疗（休）养交流协作暨“我在大黄山疗（休）养”宣传推介活动以“黄山市主会场+池州、安庆、宣城市分会场”的形式举行。上海市总工会、江苏省总工会、浙江省总工会、安徽省总工会、黄山市人民政府有关负责同志等共同启动“我在大黄山疗休养”长三角万名职工疗（休）养首发团。活动现场展播了大黄山职工疗（休）养专题宣传片，黄山、池州、安庆、宣城市总工会分别作职工疗（休）养资源推介，成立了大黄山职工疗（休）养基地联盟，上海市总工会、江苏省总工会、浙江省总工会、安徽省总工会共同签订了《支持大黄山职工疗（休）养活动意向书》，长三角大企业代表与大黄山职工疗（休）养基地代表签订疗（休）养活动意向书。活动当日，上海市总工会、江苏省总工会、浙江省总工会、安徽省总工会及各市总工会共组织360个疗（休）养团共14392名职工赴“大黄山”地区疗（休）养，由此拉开了长三角地区职工来“大黄山”疗（休）养的序幕。

此外，安徽省各级工会积极参加沪苏浙工会组织的各类职工疗休养交流协作活动。2023年安徽省各级工会组织赴沪苏浙开展宣传推介活动83场次，吸引沪苏浙来皖疗休养14.7万人，直接拉动消费6.18亿元。

组织职工疗休养体现了党和国家对职工的关心关爱，是工会服务职工群众的重要举措，对保护职工身心健康、激发职工劳动热情具有重要作用。在构建新发展格局、提振扩大内需消费的背景下，以职工疗（休）养事业发展撬动康养产业、文旅产业全面发展，也为经济社会的发展提供了重要助力。

第四节　中国共产党成立100周年之际的安徽工运事业

2021年是实施“十四五”规划、开启全面建设社会主义现代化国家新征程的第一年。全省生产总值达4.3万亿元，较上年增长8.3%；城镇常住居民人均可支配收入达4.3万元，较上年增长9%；城镇新增就业70.9万人。全省工会和广大职工深入学习贯彻习近平总书记对安徽作出的系列重要讲话指示批示精神，推深做实“42101”全省工会重点工作，开展庆祝建党100周年系列活动，举办“致敬劳动者奋进新征程”——安徽职工建功“十三五”风采展，开展“弘扬劳模精神助力乡村振兴”“弘扬劳动精神共创幸福生活”“弘扬工匠精神推动高质量发展”等主题文明实践活动，组织“中国梦·劳动美——永远跟党走奋进新征程”庆祝建党百年系列活动，联合沪苏浙工会出台《2021年推进“十四五”长三角高质量一体化发展工会工作意见》，成立“长三角地区工匠联盟”，发布长三角地区“工匠绝活”，联合表彰长三角区域高质量一体化建设重点工程劳动竞赛先进典型，牵头举办长三角G60科创走廊城市暨安徽省职工网络安全攻防技能大赛，主办“我心向党·放飞梦想”长三角职工风筝运动交流赛，落实全国五一劳动奖章获得者享受省劳动模范待遇，遴选劳动模范企业农副产品上线全国总工会“中国职工服务号”，开展“工会进万家·新就业形态劳动者温暖行动”服务月活动，推动货车司机、快递员等重点行业集体协商，举办安徽首届城市工会集体协商技能竞赛，全面完成产业工人队伍建设改革阶段性绩效评估工作，开展模范职工之家“结对共建”试点活动，上线“皖工惠”普惠平台，实现职工服务网与“皖事通”互联互通，推进省产业工会优化整合，组织全省工会干部赴基层蹲点，为加快建设新阶段现代化美好安徽作出了积极贡献。

一、开展庆祝中国共产党成立100周年系列活动

2021年，中国共产党成立100周年。省总工会以建党百年为主线，开展“中国梦·劳动美·安徽篇章——永远跟党走 奋进新征程”13项主题宣教活动，自下而上组织开展全省职工演讲比赛、党史知识竞答、征文比赛、光影忆劳模、千场送红色电影进企业、千场劳动创造幸福新时代职工文明实践、百场劳模宣讲等活动，其中全省职工演讲比赛32支代表队共有来自各行各业的50名选手参赛，网络直播40.51万职工收看；全省职工征文比赛，共收到有效稿件3542篇。据不完全统计，全省共开展1.12万场庆祝建党百年活动，吸引了100余万名职工直接参与，带动全省各级工会广泛开展形式多样、内容丰富的群众性宣教活动，辐射上千万职工，最大范围吸引广大职工参与，有力营造了“党的盛典、人民的节日”浓厚社会氛围。

开展“百万职工心向党”建党百年庆祝活动。4月24日，由省总工会、省体育局、安徽日报报业集团等联合主办的“重温党的历史 奋进新征程——安徽省城市接力跑系列赛”首场蜀山站活动在合肥市蜀山区小岭南开跑，“党员先锋、安徽日报报业集团、能工巧匠、蜀山榜样、科技创新、辛勤园丁、白衣天使、中学生、大学生、群众体育、乡村振兴”等11个方阵组成近千人的集体跑团参加活动。5月9日，由省总工会、省体育局共同主办，省职工文体协会、省风筝运动协会共同承办的“我心向党·放飞梦想”长三角职工风筝运动交流赛在合肥开幕。此次比赛，长三角“三省一市”各组织2支职工代表队参加，每队8人；合肥市及包河区各组织1支风筝表演队参与展示活动。6月中下旬，邀请全国总工会文工团来皖开展“百万职工心向党”庆祝中国共产党成立100周年文艺会演及下基层慰问演出活动，举办2场次“百万职工心向党”奋斗者之歌文艺晚会、4场次文艺小分队下基层慰问。6月28日下午，“永远跟党走 奋进新征程”省总工会机关庆祝建党100周年歌咏比赛隆重举行，由省总工会机关各部门、产业工会、直属单位、离退休干部职工等组成的17支参赛队伍以嘹亮的歌声向党的百年华诞献礼。

组织开展千场红色电影观影活动。省总工会联合省委宣传部、省电影局等

部门开展“看电影 学党史”——庆祝中国共产党成立100周年百部优秀影片主题展映活动，重点遴选100部新中国成立以来，特别是党的十八大以来拍摄的优秀国产主旋律影片进行展映展播、专家导赏、影评短视频征集等活动。省总层面赠送100余场红色电影到基层一线，并在全省16个地市19家影城推出建党百年献礼影片——《革命者》免费观影，活动通过省总工会微信公众号发布，得到了全省职工的热烈响应，2800余张观影优惠券在1天内告罄。

组织开展“光影忆劳模”活动。省总工会与省委宣传部、省广电局联合开展《劳动创造幸福》主题系列微电影活动，选取20位2020年新当选的全国劳动模范和先进工作者进行微电影拍摄制作，在省总工会微信公众号、安徽工人日报微信公众号、校园院线电影、安广网络等进行展播。

举办安徽工会“网聚职工正能量 咱们e心跟党走”系列征集活动。省总工会与省委宣传部、省委网信办联合主办“百年华章·E起诵”主题诵读作品征集活动。通过传播手段和话语方式创新，开展“劳动颂歌献给党”歌曲征集、网络正能量微视频征集、网络正能量微电影征集、网络正能量摄影作品征集、网络正能量诵读作品征集、网络正能量创意活动征集、“互联网+”普惠服务优秀平台征集等活动，动员吸引更多职工网民自觉在网上正面发声。

举办全省职工党史知识竞答活动。在全省广大职工中开展以党史为重点的“四史”宣传教育，转发全国总工会《关于广泛开展党史学习教育的通知》，印发《关于在我省广大职工中开展“四史”学习教育的通知》。通过以赛促学，策划党史知识竞赛等有效的学习党史知识的活动，组织全省15万余名职工参与全国党史知识竞答活动，参与人数排名全国第五。利用省总工会微信公众号和省职工电子书屋平台举办了全省职工党史知识竞赛，共有3.27万名职工直接参与竞赛答题。10月19日，举办“喜迎党代会 奋起新征程”省总工会直管工会职工党史知识竞赛，17支参赛队通过激烈角逐，最终省投资集团工会代表队获得一等奖。

组织开展全省各级工会职工思想政治工作优秀案例征集展评活动。从122篇中遴选22篇优秀典型案例汇编成册，《中国工人》《安徽日报》《安徽工人日报》《工商导报》等媒体陆续选登，推介我省工会有特色、有成效、易复制、可推广的职工思想政治工作好经验好做法。

省总工会还积极组队参加全国性活动。如“中国梦·劳动美——喜迎建党100周年”2021年全国职工乒乓球大赛、“健康中国我行动”第九套广播操工间操云比赛及展演活动、全国职工线上职工运动会等，安徽省参与职工逾百万人，为实现广大职工对美好生活的向往提供有力保障。

各市县和产业工会也结合本地实际，组织开展了丰富多彩的庆祝建党百年系列主题活动。8月20日下午，合肥市总工会举办“学百年党史 建工会新功”主题演讲沙龙活动。8月27日，合肥市总工会开展学习贯彻习近平总书记在庆祝中国共产党成立100周年大会上重要讲话精神宣讲活动，赴京观礼劳动模范代表徐辉、王军作主题发言。宿州市总工会组织开展“永远跟党走 奋进新征程”庆祝中国共产党成立100周年全市职工征文活动、全市职工演讲比赛决赛，职工征文、书画比赛、“红七月”线上党史知识竞赛等活动，把满足职工精神文化需求与党史学习教育有机结合。淮南市总工会强化“中国梦·劳动美——永远跟党走 奋进新征程”主题宣传教育和党史学习教育，开展建党百年庆祝及职工文明实践活动1374场次。精选60名劳动模范工匠开展75场次宣讲，教育职工10.5万人次。2021年7月1日，淮南市工运史陈列馆建成并开馆。省教科文卫体工会先后开展了“四史”知识测试、征文、网上职工摄影作品展、书画作品展、文艺会演等系列活动，得到了全系统各直属单位积极响应。

在党的百年华诞之际，党中央在全党组织开展党史学习教育。按照党中央、省委部署要求，全省工会系统和省总工会机关广泛深入地开展党史学习教育。

省总工会成立由党组书记任组长的领导小组，对标党中央、省委部署要求，制定省总工会党史学习教育实施方案，明确党史学习教育的指导思想、总体要求、学习内容和具体工作安排。召开机关全体党员干部大会、省总工会十四届五次全委会以及全省工会党建和党风廉政建设等会议，对省总工会机关及全省工会系统党史学习教育进行全面部署。

省总工会领导班子成员带头讲专题党课，分赴各地宣传宣讲。依托机关“五一大讲堂”，邀请省委党校、省直机关理论宣讲团专家作党史专题报告。选派省总工会干部学校教师赴社区、定点帮扶村开展“送党课下基层”活动。开展“劳模说党史”活动，邀请劳动模范为机关党员干部作专题报告；全省100多名劳动模范工匠开展党史知识、党史故事等宣讲志愿服务活动1069场次，“百名劳模讲党史”活动被纳入“全省党史学习教育特色创新活动”。

把党史学习纳入工会干部培训重要内容，举办全省工会干部党史学习教育培训班、省总工会党史学习教育专题读书班，向全体党员干部发放“四史”学习资料，举办党史知识测试、“永远跟党走 奋进新征程”歌咏比赛暨主题艺术党课、“看电影·学党史”优秀影片主题展演、“学党史·诵红色经典”等活动，开展“清明祭英烈 传承红色基因”主题党日活动、“革命老区红色行”革命传统教育等，组队参加全省党政机关群众歌咏大会，荣获优秀表演奖和优秀组织奖，选拔机关党员参加省直机关红色经典诵读比赛并荣获一等奖，参加省直机关党史知识竞赛并荣获一等奖。发挥工会报刊、网站、文化宫、职工书屋等工会宣传文化阵地及“两微一端”等新兴媒体作用，在《安徽工人日报》、省总工会网站开设专栏，营造党史学习教育的浓厚氛围。《安徽工人日报》制作的《大别山星火：舒传贤》在省委党史研究院、省广播电视局、省新媒体集团主办的“安徽省庆祝建党100周年原创精品短视频征集活动”中荣获一等奖。

全省各级工会立足实际，深化党史学习教育成果转化，推深做实“我为群众办实事”实践活动，用心用情为全省职工办好“十件实事”。开展“精准帮扶困难职工”活动，筹集发放送温暖资金1.2亿元，走访慰问企业2600余家，困难职工（含农民工）、困难劳模、一线职工等15.3万（户）人，做到结对帮扶全覆盖。该项活动被列入省委党史学习教育“我为群众办实事”系列实践活动重点项目。

全省各级工会还组织开展送影上门、送教上门、送书上门、送医上门等特色活动。例如，凝聚爱心力量用情服务特殊群体，开展志愿服务活动关爱孤寡老人和特殊儿童，满足结对共建社区困难群众“微心愿”；开展消费帮扶，线上线下采购帮扶地区农副产品12.22万元；组织党员志愿者深入职工生活区和结对共建社区，宣传疫情防控知识，协助做好年老体弱者、禁忌证人群新冠疫苗接种的服务保障工作。全年组织机关党团员200余人次参加实践活动，受益群众有数千人。

二、完整提出“两心”工作理念和“两力”工作目标

2020年10月，党的十九届五中全会审议通过了《中共中央关于制定国民经济和社会发展第十四个五年规划和二〇三五年远景目标的建议》，对“十四五”时期我国发展作出系统谋划和战略部署。2020年8月，习近平总书记在安徽考察时强调，在构建以国内大循环为主体、国内国际双循环相互促进的新发展格局中实现更大作为，在加快建设美好安徽上取得新的更大进展。2020年11月，习近平总书记在全国劳动模范和先进工作者表彰大会上强调，“大力弘扬劳模精神、劳动精神、工匠精神”。“充分发挥工人阶级和广大劳动群众主力军作用。”“努力建设高素质劳动大军。”“切实实现好、维护好、发展好劳动者合法权益。”

2021年，在中国共产党成立100周年、“十四五”规划开局之年及全面建设社会主义现代化国家新征程开启之际，安徽省总工会深入学习贯彻党的十九届五中全会精神、习近平总书记考察安徽重要讲话精神和在全国劳动模范和先进工作者表彰大会上的重要讲话精神，在谋划2021年工作时，提出了“两心”工作理念和“两力”工作目标。

2021年1月14日，省总工会召开学习贯彻党的十九届五中全会精神专题研讨班暨全省工会工作务虚会，会议提出，工会作为党联系职工群众的桥梁纽带，一头连着党委政府，一头连着职工群众。做好工会工作，各级工会组织要树牢“两心”工作理念。一方面要坚持围绕中心、服务大局，做到“党有号召、工会有行动”；另一方面要坚持以职工为中心的工作导向，做到“职工有所呼、工会有所应”。

12月30日，省总工会召开学习贯彻党的十九届六中全会及省第十一次党代会精神专题研讨班暨全省工会工作务虚会。会议提出，做好工会工作，各级工会组织要聚焦“两力”工作目标。一方面，积极顺应职工对美好生活的向往，用心用情用力解决职工急难愁盼问题，让工会干的事精准对接职工盼的事，不断增强工会对职工的凝聚力。另一方面，坚持“工作即宣传”，不仅多做、做好，还要多说、说好，大力加强信息宣传工作，讲好工会故事、传播工会声音，让党政领

导、社会各界更加了解工会、支持工会，持续扩大工会在社会的影响力。

“两心”理念和“两力”目标的提出，与“42101”重点工作格局一起，让全省工会工作思路更加清晰，抓手更加有力，进一步推动全省工会工作扎实开展，有力扩大了工会工作的影响力。安徽工会聚焦党政重视、社会关注和职工关心的大事、要事以及事关职工切身利益的实事、好事，于2022年开始创新开展“工会送岗位 乐业在江淮”全省工会就业援助行动，活动当年就实现促进稳定就业9万余人，2023年帮助13.05万名劳动者就近就地稳定就业，受到党政高度肯定、企业普遍欢迎、职工广泛认可。同时聚焦职工急难愁盼、每年坚持为职工群众办好“十件实事”，如为适应户外劳动者需求建“工会驿站”得到省委常委会工作报告充分肯定，农民工免费体检服务、“皖工鹊桥”婚恋交友、职工疗休养等工作赢得广大职工的广泛认可和普遍好评。在扎实做好自身工作的基础上，工会工作信息宣传也实现突破性进展，2023年省总工会信息工作跃居省直单位第22位，群团第一，工会组织在社会的影响力不断增强。

三、打造长三角一体化发展工会模块

2018年11月5日，习近平总书记在首届中国国际进口博览会开幕式上宣布，支持长江三角洲区域一体化发展并上升为国家战略。安徽省总工会积极融入长三角一体化，围绕党政所需、职工所盼、工会所能的重点工作，主动谋划等高对接制度机制，探索建立长三角工会工作融合新领域，推动构建长三角区域一体化发展工会合作机制，积极打造长三角一体化发展“工会模块”。

（一）构建长三角区域一体化发展工会合作机制

2019年4月19日，上海、江苏、浙江、安徽等“三省一市”总工会携手合作，在上海召开长三角区域一体化发展工会合作会议，会议商讨了《长三角一体化发展国家战略联席会议工会合作发展框架协议》，开启了长三角工会合作发展的新篇章。

2020年8月1日，长三角地区“三省一市”深化产业工人队伍建设改革研讨会在江苏南京召开，举行了“三省一市”总工会主席联席会议制度签约仪式。

2021 年 4 月 1 日，上海、江苏、浙江、安徽“三省一市”总工会 2021 年推进“十四五”长三角高质量一体化发展工会工作联席会在上海召开。会议形成《2021 年推进“十四五”长三角高质量一体化发展工会工作意见》，发布了长三角地区“三省一市”职工劳动和技能竞赛、职工疗休养及基地互认、共同推进红色工运资源宣传发掘、预防化解区域性劳动关系矛盾、工会干校合作等工作方案。

2022 年 9 月 9 日，2022 年推进长三角高质量一体化发展工会工作联席会议以远程连线的方式召开。上海、江苏、浙江、安徽“三省一市”就下一阶段长三角地区工会工作进行了交流，共同发布了《2022 年推进“十四五”长三角高质量一体化发展竞赛工作意见》《2022 年长三角三省一市职工疗休养区域战略协作工作方案》《2022 年首届“长三角大工匠”选树命名活动方案》《长三角结对城市职工劳动和技能竞赛方案》等重点工作方案。

2023 年 6 月 28 日，2023 年推进长三角高质量一体化发展工会工作联席会议在上海召开。上海、江苏、浙江、安徽“三省一市”总工会就长三角地区工会工作进行了交流，共同发布了《2023 年推进长三角高质量一体化发展劳动和技能竞赛工作方案》《长三角三省一市总工会共建群体性劳动关系矛盾预警预防、联动调处协同工作机制方案》《2023 年长三角工会建立红色工运场馆互学互访联动机制工作方案》《2023 年协同开展长三角区域职工疗休养交流活动工作方案》；联合命名了 40 名首届“长三角大工匠”，安徽送变电工程有限公司王开库等 10 人成为我省首批当选的“长三角大工匠”。

安徽省总工会积极建立健全常态化学习交流机制，在已建立的沪苏浙皖省级工会层面联席会议制度的基础上，各级工会也正逐级建立工作协作机制，与沪苏浙工会加强沟通对接，通过建立长三角“三省一市”工会工作交流微信群、组织学习培训班等，不断拓展协同合作领域。

（二）联合开展长三角区域劳动技能竞赛

2019 年 4 月 19 日，首届中国长三角地区职工劳动技能竞赛活动启动。竞赛包括松江区总工会与嘉兴、杭州、金华、苏州、湖州、宣城、芜湖、合肥等共同实施《九城市总工会助推G60科创走廊高质量发展职工劳动技能创新活动方案》；黄山市总工会与杭州市总工会及新安江沿线市、县（区）总工会等联合开展绿色发展劳动和技能竞赛；“宣城·宁国—湖州·安吉”省际建筑行业劳动技能竞赛等9项活动。2019年8月14日至16日，首届中国长三角地区燃气行业职工劳动技能“燃气管道调压”创新立功竞赛在上海市浦东新区举行，安徽省代表队在此次竞赛中共获得两金两银四铜，并取得团体第一名的优异成绩。2019年9月28日，以“携手长三角、建功新时代”为主题的长三角地区纺织行业职工职业技能竞赛于浙江绍兴举行，安徽省共选派了24名选手参加。2020年11月5日，首届长三角家政服务业女职工技能竞赛在合肥举行。

2021年10月11日，以“建功‘十四五’奋进新征程”为主题的长三角G60科创走廊城市暨安徽省职工网络安全技能大赛在合肥举办，来自长三角地区的33个城市（区）代表队、99位参赛选手齐聚一堂。2021年10月12日，长三角地区通信网及5G+技能大赛在合肥举行，来自沪苏浙皖的8家通信企业代表、32名选手参赛。

2023年2月16日，以“工匠赛美艺，巾帼展风采”为主题长三角美容美发行业女职工技能竞赛在合肥举办，竞赛分为女士剪发、新娘化妆、美甲全能、纹绣全能4个工种，“三省一市”48名选手同台竞技。2023年11月7日至8日，2023年长三角地区新能源汽车技能竞赛在安徽新能源汽车工匠学院举办，竞赛共设置“新能源汽车故障诊断与排除”“动力电池总成装调与检修”“电驱动总成装调与检修”3个竞赛项目，吸引了来自长三角地区21支队伍63位选手参加。2023年11月8日至10日，首届长三角地区职工疗休养基地服务技能大赛决赛在池州举办，“三省一市”各产生5支共20支代表队的60名选手进行决赛角逐。2023年12月12日至14日，第二届中国长三角地区融资担保职业技能竞赛总决赛在安徽合肥举办，总决赛期间还举办了第三届长三角地区融资担保一体化高质量发展论坛，并发布了长三角融资担保联盟共同宣言。

2024年1月25日，由沪苏浙皖“三省一市”总工会联合主办的长三角地区信息技术应用创新成果大赛决赛在上海成功举办，本次决赛共有16支代表队同台竞技、交流学习。

（三）深入开展长三角区域业务合作

2020 年 11 月 2 日上午，以“智慧能源绿色发展”为主题的长三角“三省一市”职工创新成果展示交流活动在合肥举办，节能降耗、改善生态环境等方面的 100 项职工创新成果在安徽创新馆参展集中展览，2300 多人实地观展，23.4 万人参加线上活动，200 多家媒体报道，产生广泛社会影响。

2021 年 11 月 3 日，由长三角“三省一市”总工会共同主办，浙江省总工会承办的长三角“三省一市”民营企业产业工人队伍建设改革工作交流活动在杭州举行，共同分享交流推进民营企业“产改”工作的经验做法，研究下一阶段工作安排。

2022 年 12 月 19 日，由安徽省委宣传部指导，沪苏浙皖总工会主办，芜湖市总工会、芜湖市产业工人队伍思想政治工作研究中心协办的“皖若春风 · 长三角非公企业思想政治工作沙龙”以视频连线形式举办，来自沪苏浙皖的工会组织、非公企业和部分产业工人代表相聚“云端”，“同屏”交流。

2023 年 2 月 25 日，2023 年全国工会就业创业活动启动仪式暨长三角区域工

★ 2020 年 11 月，长三角“三省一市”职工创新成果展示交流活动。

会综合招聘会安徽合肥分会场在合肥经开区中环城广场举办，招聘现场划分6个重点招聘板块，提供就业岗位近6000个。2023年2月25日，由长三角地区“三省一市”总工会联合在南京举办“春风送岗促发展 工创美好新生活”2023年全国工会就业创业服务活动暨长三角区域工会综合招聘会。

2024年5月14日至16日，2024年长三角G60科创走廊城市暨安徽省汽车装调工技能竞赛在芜湖市成功举办，来自长三角G60科创走廊城市及安徽16个地市的72名选手参加比赛。2024年8月27日至28日，第三届中国长三角地区燃气行业职工劳动技能（燃气管道调压）创新立功竞赛在合肥成功举办，竞赛涵盖技术方案编制、蒙眼拆装、安全阀检修、工艺系统检查及故障排除等多项考核内容，来自沪苏浙皖四支代表队的52名燃气行业职工参加了决赛。2024年9月26日至27日，中国长三角地区职工（农民工）盾构操作工职业技能竞赛在中铁四局宁（南京）马（鞍山）城际铁路盾构区间工地举办，60余名来自长三角重点工程的青年职工和产业工人同台竞技，参赛选手平均年龄29岁。2024年10月24日至25日，2024年长三角地区女职工数字技能竞赛在合肥成功举办，长三角地区“三省一市”工会首次合力搭建女职工数字技能竞技平台，竞赛设置“数据分析处理”“人工智能训练”两个项目，来自长三角“三省一市”24支代表队参加决赛。

（四）协同开展长三角区域职工疗休养活动

2020年10月21日，以“互认共享 一体发展”为主题的长三角职工疗休养基地互认共享协议签字仪式暨安徽职工疗休养基地授牌活动在宣城市泾县举行，长三角地区职工疗休养基地实现互认共享。安徽省首批命名50家职工疗休养基地，与沪苏浙300多家职工疗休养机构开启“共享模式”。

2022年8月18日至19日，长三角地区职工疗休养交流协作暨安徽省职工疗休养工作推进会在安徽黄山召开，长三角“三省一市”总工会共同签订了支持黄山职工疗休养合作意向书，大企业代表与职工疗休养基地代表签订疗休养活动意向书。

2023年6月28日，2023年推进长三角高质量一体化发展工会工作联席会议发布《2023年长三角工会建立红色工运场馆互学互访联动机制工作方案》《2023年协同开展长三角区域职工疗休养交流活动工作方案》,“三省一市”总工会共同绘制一张长三角地区红色工运场馆地图,发布一组长三角红色工运寻访主题线路,并将红色工运场馆纳入长三角职工疗休养交流活动。2023年,各级工会及疗休养基地赴沪苏浙开展宣传推介交流83场次,推荐15家省级基地为“上海市职工疗休养基地”,吸引沪苏浙来皖疗休养14.7万人,直接拉动消费6.2亿元。

(五)协同开展职工文化交流活动

2021年5月9日,由安徽省总工会、安徽省体育局共同主办,安徽省职工文体协会、安徽省风筝运动协会共同承办的“我心向党·放飞梦想”长三角职工风筝运动交流赛在合肥市包河区牛角大圩生态园举行。

2022年11月18日,“皖美攀登 快乐健身”长三角职工登山邀请赛在池州青阳县九子岩鸣枪开赛,来自沪苏浙皖的10支代表队、60名运动员在绿水青山间拼速度,赏美景,话友谊。

2023年9月20日,“凝心铸魂跟党走·团结奋斗新征程 喜迎工会十八大”长三角职工优秀戏曲文化交流展示活动在安庆市黄梅戏艺术中心举行,黄梅戏《典则俊雅》、昆曲《扈家庄》、沪剧《三看灯》、婺剧《泗州城》、徽剧《贵妃醉酒》等不同剧种轮番登场,长三角地方戏曲不同剧种同台竞秀、精彩纷呈。

四、开展全国货车司机网上入会试点

为深入推进新就业形态劳动者建会入会工作,着力破解制约建会入会的制度性、体制性障碍,2021年5月12日,全国总工会召开基层工作会议,会议明确新就业形态劳动者建会入会工作是全国各级工会年度工作重点。会后,全国总工会基层工作部向省总工会了解合肥维天运通信息科技股份有限公司(路歌)基本情况,提出在安徽开展货车司机网上入会试点的意向。5月17日,全国总工会蹲点组到达安徽,围绕货车司机网上入会工作深入开展调研,指导做好试点前期准备工作。6月9日,全国总工会基层工作部到安徽调研货车司机网上入会工作。7 月 9 日，全国总工会下发《关于开展货车司机网上入会试点工作的通知》，确定在江苏、安徽两省开展货车司机网上入会试点工作，试点时间为 2021 年 7 月至 12 月。

7 月 19 日，省总工会召开党组会议研究审定《安徽省货车司机网上入会试点工作实施方案》。7 月 22 日至 23 日，全国总工会联合调研组到安徽调研指导货车司机网上入会试点工作，在调研组指导下，对《安徽省货车司机网上入会试点工作实施方案》进行修改完善。7 月 26 日，省总工会印发《安徽省货车司机网上入会试点工作实施方案》，综合考虑平台企业分布、货车司机体量等情况，确定合肥、亳州、蚌埠、阜阳、马鞍山等 5 个市作为先行先试市，合肥维天运通信息科技股份有限公司（路歌）作为试点单位。7 月 29 日，省总工会召开货车司机网上入会先行先试座谈会，对先行先试工作进行进一步动员和部署，明确工作任务，合肥、亳州、蚌埠、阜阳、马鞍山市总工会以及省交通工会、合肥维天运通信息科技股份有限公司等分别围绕各地、各单位货车司机网上入会试点工作推进情况及工作思路、意见建议等进行交流发言。8 月 2 日，省总工会召开主席会议，专题听取货车司机网上入会试点工作有关情况汇报。8 月 12 日，省总工会召开工作对接会，省总工会相关部门和合肥维天运通信息科技股份有限公司共同研究打通网上入会通道等问题。8 月 13 日，货车司机网上入会试点工作专班召开会议，对照部门职责，细化职责分工，加强与先行先试市、单位沟通协调，划定任务完成时间节点。

8 月 19 日，省总工会召开全省工会新就业形态劳动者劳动保障权益维护暨新就业形态劳动者入会集中行动、货车司机网上入会视频动员部署会，进一步统一思想、明确任务。8 月 25 日，省总工会下发《合肥维天运通公司货车司机网上入会实施方案》，明确合肥维天运通信息科技股份有限公司要发挥头部平台企业优势，利用卡友地带平台和货车司机服务资源，配合合肥、亳州、蚌埠、阜阳、马鞍山等 5 市开展先行先试，做到应入尽入。9 月 10 日，省总工会在合肥维天运通信息科技股份有限公司召开货车司机网上入会全省推行启动暨工作对接部署会，推动货车司机网上入会试点工作在全省全面高效推行。10 月 1 日，合肥维天运通信息科技股份有限公司卡友地带 App 网上入会模块完成试测并全面开放。

通过省、市、县工会三级联动，一盘棋推进试点工作，建立了“1+2+3+N”（完善1个工作格局、采用2维宣传方式、破解3项关键问题，做实N种会员服务）的货车司机网上入会模式，截至2021年底，全省货车司机会员达32.5万，其中省级试点平台——合肥维天运通信息科技股份有限公司卡友地带平台安徽货车司机入会近8万人。安徽省总工会开展货车司机网上入会试点工作的总结在《全国工会信息》（2022年第4期）上全文刊发，为全国工会提供了可复制、可推广的安徽经验、安徽方案。12月13日，全国推进货车司机等新就业形态劳动者入会暨“司机之家”建设电视电话会议在京召开，安徽省总工会、合肥维天运通信息科技股份有限公司分别在会上作经验交流发言。

2022年新冠疫情防控期间，货车司机生产生活出现一些新困难，部分货车司机滞留在高速收费站、服务区、物流园区等地，为帮助解决货车司机实际困难，省总工会决定在全省范围内开展疫情防控期间关爱货车司机“三个一”行动（开展一次关爱活动、开展一次调研活动、开展一次宣传活动）。2022年4月14日，省总工会下发《关于开展疫情防控期间关爱货车司机行动的通知》，要求各级工会高度重视、精心部署，在当地疫情防控指挥部统一领导下，加强与地方党政职能部门协调联动，及时协调解决货车司机实际困难，切实把关爱货车司机“三个一”行动落到实处。活动期间，省总工会本级投入10万元，采

★ 2021年7月23日，合肥市高新区举行货车司机集中入会仪式。

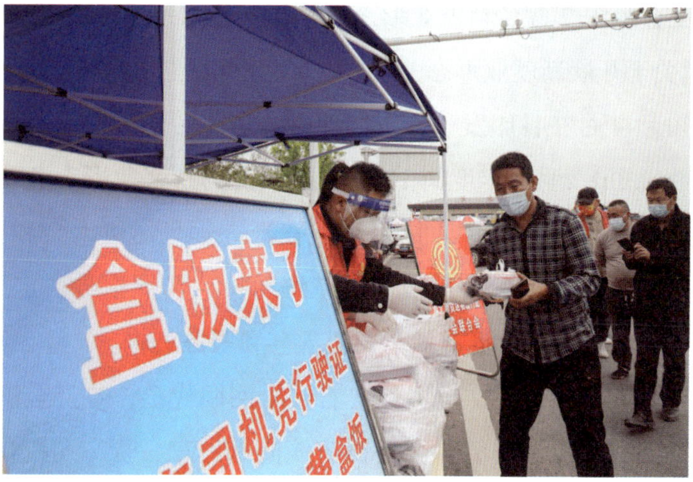

★ 淮北市总工会为货车司机赠送午餐。

购 1000 份方便食品、饮用水、防疫用品等物资，在集贤路、金寨路、蜀山收费站等多处高速路口为货车司机送上“暖心”礼包。全省各级工会共筹集资金 302.7816 万元，向货车司机发放“暖心”礼包 79105 份。4 月，省总工会围绕货车司机运营状况、政策落实、生活情况等三个方面进行深入调研，共收到反馈问卷 1770 份、实地走访货车司机 6859 人，形成《关于疫情防控期间货车司机运营状况和生活情况的调研报告》，报送安徽省委、省政府和全国总工会。20 余家省内外媒介报道转发我省关爱行动，《全省工会关心关爱货车司机信息》被《安徽信息每日快报》刊发。

2024 年 2 月 18 日，全国总工会办公厅印发《关于进一步推进货车司机入会和服务工作的通知》，力争到 2024 年底，全国新发展货车司机会员 100 万人以上，并持续巩固、扩大货车司机入会成果，实现到 2026 年底，全国货车司机会员超过 500 万人，基本覆盖全部活跃货车司机。2 月 28 日，全国总工会召开进一步推进货车司机入会和服务工作部署会议，在全国范围内推进货车司机入会和服务工作。3 月 22 日，省总工会印发《安徽省推进货车司机入会和服务工作实施方案》，明确主要目标为 2024 年底全省新发展货车司机会员 4 万人以上，并持续巩固扩大货车司机网上入会成果，力争到 2026 年底全省货车司机会员超过 56 万人，基本覆盖全部活跃货车司机。3 月 28 日召开全省新就业形态劳动者工会工作暨货车司机入会和服务工作推进会，4 月 1 日印发《2024 年全省工会组织2万名新就业形态劳动者、农民工免费体检工作方案》，4月3日印发《关于开展新就业形态劳动者会员数据治理和货车司机会员实名制入库工作的通知》，4月7日印发《关于向新就业形态劳动者赠送专项意外伤害互助保障计划的通知》，明确年度向10万名新入会的新就业形态劳动者赠送专项意外伤害互助保障计划，4月24日召开全省推进货车司机入会和服务工作4月调度会议，落实定期调度、信息报送、工作通报、督促指导、定期会商等5项工作机制，继续集全会之力推进货车司机入会和服务工作。5月2日，指导推动头部货运平台企业（路歌）在全国首次召开全网职代会，签订全国货运行业首份全网集体合同。5月12日，举办安徽省滴滴网约车、货车司机集中建会入会仪式，省市工会上下联动、同步举办，实现滴滴在皖14家授权地级市建会入会全覆盖。

五、做好维护劳动领域政治安全工作

为深入学习贯彻习近平总书记关于总体国家安全观的一系列重要论述，2021年3月18日，全国总工会专门下发有关意见通知，要求全国工会系统构建落实“五个坚决”，坚决维护劳动领域政治安全。5月6日，省总工会召开维护劳动领域政治安全工作领导小组第一次会议，会议决定成立“1+2+N”工作专班。6月16日，省总工会有关实施意见先后经5次修改完善后提交省总工会党组会议审定通过，及时报送全国总工会社联部并正式印发全省各级工会。6月22日，省总工会举办全省工会维护劳动领域政治安全工作培训班。8月，省总工会牵头成立了由13家省直单位为成员的省维护劳动领域政治安全厅际沟通协调机制。截至9月30日，全省16个设区市级总工会和2个直管县（市）总工会全部完成本级实施意见的制定工作，自此，专项工作在全省工会系统全面铺开。

2022年3月28日和8月30日，省委书记郑栅洁2次主持召开专题会议，听取省总工会有关工作情况的汇报，并在省总工会有关专题报告上作出批示。6月2日，全国总工会书记处书记、党组成员张茂华对省总工会专项工作报告作出批示肯定。7月25日，省总工会召开全省工会维护劳动领域政治安全暨信访工作会议，对专项工作再次进行专项督导推进，持续保持大事大抓态势。8月

17 日，安徽省总工会在全国总工会专项工作视频调度会上作经验交流发言。安徽省总工会在全国总工会 2022 年度维护劳动领域政治安全考核评价工作中荣获全国工会系统优秀等次。

2023 年 5 月 5 日，省总工会召开全省工会维护劳动领域政治安全暨信访工作会议。7 月 26 日，省总工会在全国总工会召开的地方联动机制推进会上作书面交流发言。11 月 6 日，省委召开常委会会议，专题听取省总工会有关工作汇报，省委书记韩俊专门就维护劳动领域政治安全工作提出明确要求。

2024 年 2 月 27 日，省总工会召开全省工会维护劳动领域政治安全工作会议。3 月 29 日，省总工会有关专题工作报告被全国总工会社联部工作专报全文刊发，供全国工会系统学习借鉴。4 月 28 日，省总工会召开专题调度会暨省维护劳动领域政治安全厅际沟通协调机制工作会议，传达学习有关会议及文件精神，部署近期有关重点工作。

六、构建“工会+”劳动争议多元化解机制

省总工会积极推进“工会+法院+检察院+人社+司法”协作联动机制，坚持和发展新时代“枫桥经验”，维护职工合法权益，构建和谐劳动关系，维护职工队伍和社会和谐稳定。

开展根治拖欠农民工工资工作。在省根治拖欠农民工工资工作领导小组的指导下，省总工会配合相关部门依法严厉打击恶意欠薪、欠薪逃匿、以暴力手段对待职工讨薪等行为。2018 年以来，每年开展根治拖欠农民工工资工作中期检查评估，赴铜陵市、淮南市及凤台县和六安市及舒城县等地开展实地督查考核。2020 年后，省总工会单独组成工作组，每年赴池州市开展根治欠薪冬季专项行动和保障农民工工资执法月活动，其间实施“四不两直”暗访，认真完成包保工作任务，结合工会维权服务基本职责，认真做好根治欠薪工作，维护农民工权益，让农民工拿到钱、过好年。

推进工会维权机制建设。依托“安徽工会劳动关系研究基地”，发挥协调劳动关系“三方四家”机制作用，协调、解决涉劳动关系问题，推进新时代和

谐劳动关系创建活动，做好基层劳动关系公共服务样板站点培育工作。发挥“12351”工会服务职工热线作用，运用人工智能化、数字化的手段为热线注智赋能。各级法院、检察院、人力资源和社会保障厅（局）等部门高度重视，及时给予各级工会强有力的支持和指导。省高院、省总工会联合下发《关于加强合作开展劳动争议诉调对接工作的意见》，省检察院、省总工会联合下发《关于建立职工劳动权益保障协作配合工作机制的意见》，与省人社厅共同研究，印发《安徽省劳动人事争议联合调解中心工作方案》等。同时，省总工会加强与相关部门的沟通联络、信息共享、形势研判、线索移交等，切实形成合力、同向发力。

构建工会与“一府两院”联席会议制度。省总工会每年与省政府召开联席会议。2024 年上半年，省总工会又分别与省高院、省检察院召开联席会议，建立了省级工会“一府两院”联席会议制度。2024 年 2 月《关于深入学习贯彻习近平总书记重要讲话精神推动新时代新征程安徽工运事业和工会工作高质量发展的意见》的出台，进一步推动了县以上总工会普遍建立政府与工会、“工会 + 法院”、“工会 + 检察院”联席会议制度。

推进“一函两书”专项行动。2024 年上半年，省总工会分别与省高院、省检察院联合发文，协同推进“一函两书”工作，综合发挥工会群众监督、司法监督和劳动保障监察的特点和优势。工会发出的“一函两书”同时抄送检察机关、通报人民法院，合力推动涉工法律规定执行监督，推动劳动领域法律法规落实落地。

开展“工会 + 法院”劳动争议诉调对接工作。自 2021 年下半年以来，全省各级工会和人民法院加强工作协同，建立劳动争议委派、委托调解工作机制，有效发挥工会、法院在调处劳动争议中的各自优势，形成调解合力。全省形成 132 个工会调解组织、543 名工会调解员组成的诉调对接网格，130 家总工会入驻最高人民法院和全国总工会“总对总”诉调对接人民法院工作平台。2021 年、2022 年、2023 年，全省各级工会法院指派案件总数分别为 52949 件、47652 件、59834 件，结案案件数分别为 52850 件、45016 件、59271 件，调解成功率分别达到 73.41%、90.66%、76.11%。2024 年 1 月至 4 月，全省各级工会法院指派案件总数 18157 件，其中组织自建案件 47 件；结案案件总数 16603 件，其中调解成功数 13094 件，调解成功率达 78.87%。安徽省总工会诉调对接调解工作位居全国前列、省直单位排名第一。

七、开展“建功‘十四五’奋进新征程”主题劳动竞赛

2021 年，省总工会广泛开展“建功‘十四五’奋进新征程”主题劳动和技能竞赛，组织动员全省广大职工立足岗位、建功立业，为我省实现“十四五”良好开局作出了积极贡献。组织召开全省庆祝“五一”暨“建功‘十四五’奋进新征程”劳动竞赛动员大会，省委书记李锦斌对大会作出批示，省委副书记程丽华出席大会并讲话。会议表彰 138 个省劳动竞赛先进集体，257 名省劳动竞赛先进个人，192 个省工人先锋号。推荐全国五一劳动奖状单位 10 个，奖章获得者 34 名，全国工人先锋号 36 个，我省推荐的中国科学院合肥物质研究院稳态强磁场实验装置团队作为全国工人先锋号代表在全国“五一”表彰大会上作典型发言。通过及时有效地评先进、树典型、立标杆，让全省广大职工学有榜样、追有目标，充分调动他们的工作积极性、主动性、创造性。

省总工会精心组织开展示范性劳动竞赛，聚焦制造强省战略、推动战略性新兴产业集群发展、推进传统产业改造升级、优化营商环境等重点工作，组织开展全省战略性新兴产业劳动竞赛、安徽自贸区建设立功竞赛、世界制造业大会立功竞赛、全省高速公路重点建设项目劳动竞赛、全省十项重点建设项目劳动竞赛等 10 场省级示范性劳动竞赛，有力带动劳动竞赛在各层面、各领域、各行业全面蓬勃开展。我省铁路重点工程劳动竞赛、新能源汽车和智能网联汽车产业劳动竞赛、白鹤滩—江苏 ±800 千伏特高压直流输电线路工程（安徽段）建设劳动和技能竞赛 3 项竞赛被纳入全国引领性劳动和技能竞赛项目库。深入开展主题竞赛和职工技能竞赛。围绕平安安徽、健康安徽、教育强省、税费服务四个主题，分别联合省公安厅、省卫健委、省教育厅、省税务局开展专项劳动和技能竞赛。组织开展 179 项省级技能竞赛，依托安徽省职工服务网和“五一学堂”，推动省级竞赛开展网上培训和网上练兵，带动各级开展各类竞赛上万场，组织 300 万名职工开展岗位练兵、技术比武，劳动技能竞赛的氛围越来越

浓厚。在第七届全国职工职业技能大赛决赛上，安徽省总工会获优秀组织奖，我省的砌筑工、网络与信息安全管理员获团体优胜奖。

同时，省总工会深化长三角地区劳动和技能竞赛合作，联合沪苏浙总工会出台《2021 年推进“十四五”长三角高质量一体化发展工会工作意见》，共同部署长三角地区劳动和技能竞赛等工作。联合沪苏浙总工会表扬长三角区域高质量一体化建设百项重点工程劳动竞赛先进集体和先进个人，安徽省 2 个集体获得优秀组织奖、20 个单位获得组织奖、20 名个人获得先进个人。牵头举办长三角 G60 科创走廊城市暨安徽省职工网络安全攻防技能大赛，参加长三角优化营商环境立功竞赛暨职工技能比武决赛，纺织行业、智能制造物流管理等职业技能竞赛，“三省一市”劳动竞赛协同更加紧密，竞赛内容成果更加直观。做实产业工人劳动保护工作，以“安康杯”竞赛活动为载体，以危险化学品、煤矿和非煤矿山、建筑施工、交通、燃气、消防等行业为重点，组织全省 2.18 万家企业、359.9 万名职工参赛。联合省应急厅、省卫生健康委开展全省职工安全健康技能大赛（线上），网上实名制参赛职工达 18.3 万名，答题总量达 151 万人次。加强职工安全卫生知识宣传教育，全省各级在“安全生产月”和《职业病防治法》宣传周活动期间，共开展主题宣讲、宣传咨询、警示教育等活动 3500 多场次，教育职工 50 万人，典型做法得到全国总工会通报肯定。

2022 年，省劳动竞赛委员会创新开展全国引领性劳动和技能竞赛，安徽省特高压白江线工程、铁路重点工程、新能源汽车和智能网联汽车产业 3 项竞赛被纳入全国引领性竞赛项目库，进一步扩大了安徽省竞赛的影响力。特高压白江线工程劳动竞赛，全过程开展“五比一创”（比施工安全、比工程质量、比技术创新、比科学管理、比优质服务，创精品工程）；铁路重点工程劳动竞赛，结合 5 个在建项目不同阶段和特点，开展了路基、桥梁、隧道、站房、绿化、电力等各具特色的主题竞赛；新能源汽车和智能网联汽车产业劳动和技能竞赛，先后组织江汽新能源、奇瑞新能源、安凯客车、长安汽车等新能源整车、重点零部件企业参加竞赛活动。建立健全竞赛绩效评价体系，组织开展竞赛阶段性评估。扎实开展省级劳动和技能竞赛，围绕省委、省政府中心工作，开展 12 项省级示范性竞赛；联合省直有关单位，开展平安安徽、健康安徽、教育强省、

★ 2021年长三角G60科创走廊城市暨安徽省职工网络安全技能大赛启动仪式。

法治安徽、税费服务等5个专项竞赛；聚焦十大新兴产业以及传统产业、现代服务业，组织开展88项180个工种省级职业技能竞赛。出台民营企业劳动竞赛规范文本，发动251家重点民营企业、12.6万名职工开展劳动和技能竞赛。省级竞赛带动全省各级开展劳动和技能竞赛超1万场，300余万名职工参与岗位练兵、技术比武。协同开展长三角区域性劳动和技能竞赛，联合沪苏浙总工会共同发布《2022年推进“十四五”长三角高质量一体化发展竞赛工作意见》，部署长三角“三省一市”劳动和技能竞赛工作。围绕国家发改委出台的《沪苏浙城市结对合作帮扶皖北城市实施方案》和皖北振兴战略，组织开展长三角结对城市职工劳动和技能竞赛，举办长三角婚纱制作设计技能邀请赛；组队参加长三角地区燃气行业劳动技能创新立功竞赛、优化营商环境立功竞赛、融资担保职业技能大赛、清障岗位技能竞赛等活动，“三省一市”劳动竞赛协同更加紧密，竞赛内容成果更加直观。大力实施产业工人素质提升工程，实施技能等级提升和带徒名师奖励，对全省符合条件的462名职业技能等级晋升为高级技师（国家职业资格一级）的职工和带徒名师予以每人一次性2000元奖励。开展技能培训促就业和稳岗培训7.7万人。联合安徽国际商务职业学院开设全省财贸系统商贸行业首批“求学圆梦定向培养班”，提高财贸系统商贸行业农民工学历水平；建好用好电子职工书屋、网上“五一学堂”等学习平台，累计开展“五一学堂”职工公益培训1900余场次，惠及职工15.7万人次。

2023年，省劳动竞赛委员会组织召开安徽省庆祝“五一”暨“建功‘十四五’奋进新征程”劳动竞赛推进大会，省委书记韩俊作出批示，省委副书记程丽华出席会议并讲话；举办2023年省劳动和技能竞赛启动仪式，印发《关于开展2023年全省劳动和技能竞赛的通知》，部署全年竞赛工作；在皖赣铁路沿线站点召开全省铁路重点工程劳动竞赛现场推进会，进一步掀起全省铁路建设施工新高潮；我省劳动竞赛工作先后在非公有制企业产业工人队伍建设改革暨“十四五”全国引领性劳动和技能竞赛推进会，全国长江大保护项目建设劳动和技能竞赛动员大会作交流发言。高标准推进全省劳动和技能竞赛工作，全国引领性竞赛项目——特高压白江线工程建设劳动竞赛圆满结项，引江济淮二期工程劳动竞赛被确定为“十四五”全国引领性竞赛项目；安徽代表队荣获全国职工数字化应用技术技能大赛团体总分第8名以及最佳组织奖，其中无人机操作员工种荣获团体成绩第2名；围绕省委、省政府中心工作，组织开展金融服务实体经济立功竞赛等8项省级示范性竞赛；聚焦省委、省政府对经济社会发展重点领域、重点行业等提出的工作目标，组织开展创新安徽、数字安徽、平安安徽等7项省级专项竞赛；省劳动竞赛委员会、省总工会联合28家省直单位、12家中央驻皖单位和省属企业、3家省行业协会等单位，开展了255个工种的省级职工职业技能竞赛。全省劳动和技能竞赛覆盖各级机关、企事业单位3.5万余家，带动职工参加岗位练兵、技术比武340余万人次。高质量开展长三角地区劳动和技能竞赛，联合沪苏浙总工会共同发布《2023年推进长三角高质量一体化发展劳动和技能竞赛工作方案》，聚焦长三角区域一体化发展大局和工会工作全局，紧扣“高质量”和“一体化”两个关键词，广泛深入开展不同层级的劳动和技能竞赛。先后牵头开展长三角地区新能源汽车技能竞赛、康养美食创新大赛、融资担保职业技能竞赛；组队参加长三角地区工业机器人虚拟仿真职业技能竞赛、长三角地区供水行业供水管道工职业技能竞赛等竞赛活动20余场，携手打造长三角地区大比武、大练兵、大竞赛、大建功的时代赛场。

八、开展“跟着劳模去创新”活动

为大力弘扬劳模精神、劳动精神、工匠精神，充分发挥劳模工匠的示范引领作用，激励全省广大职工立足岗位建功立业，2021年，省总工会制定《安徽省工会“跟着劳模去创新”活动实施方案》，各级工会紧紧围绕“十四五”规划目标任务，聚焦全省工作大局，加强统筹协调，创新工作举措，努力完成“五百”目标（即：举办百场劳模创新大讲堂、组织劳模结对帮助百家非公企业技术创新、培育百项劳模重点创新项目、打造百个劳模创新示范平台、实施百名劳模名师带高徒计划）。9月17日，全省产业工人队伍建设改革评估和试点工作部署暨“跟着劳模去创新”活动推进会在合肥召开，总结了2021年以来全省产业工人队伍建设改革和“跟着劳模去创新”活动推进情况，部署了下一步工作任务。

2022年，持续开展“跟着劳模去创新”活动，一是成立“劳模工匠导师团”，建设全省劳模工匠信息管理服务平台；二是实施名师带徒计划1000个，省总本级奖励400名以上名师高徒，推动市县两级工会实施职工技能等级提升和带徒名师奖励计划；三是建立10个省级“跟着劳模去创新”示范基地，推动新建100家各级劳模工匠创新工作室；四是研究制定《安徽省职工创新补助资金管理办法》，重点补助20项职工创新项目，推动国有大中型企业和百强民营企业开展“揭榜挂帅”等活动；五是组织参加首届大国工匠创新成果交流大会，做好优秀创新成果展示交流转化等工作；六是建设10个省级、100个市级劳模助力乡村振兴示范项目（基地），引导劳模企业积极创办产业基地、富民项目。6月8日，省总工会召开“跟着劳模去创新”劳模集智座谈会，邀请11位劳模工匠代表畅谈如何发挥劳动模范示范作用，引领广大职工群众开展创新活动。

2023年，省总工会深化“跟着劳模去创新”活动，一是深入开展劳模工匠“名师带徒”活动，建立完善高技能人才培养制度和绝技绝活传承推广长效机制，实现千名劳模工匠带动万名职工提升技能；二是推动企业开展劳模工匠

“揭榜挂帅”活动，充分调动广大职工的积极性，激发广大职工的创新潜能，征集优秀典型案例，打造工会创新工作新品牌；三是命名第六批省级劳模工匠人才创新工作室50家，组织申报第四批全国示范性劳模工匠人才创新工作室，示范带动开展各级各类创新工作室创建工作；四是加大对职工创新工作的扶持，发挥职工创新资金扶持作用，支持50项职工创新项目，组织职工申报第七届全国职工优秀技术创新成果和2023年度全国职工创新补助资金项目；五是组织开展全省职工优秀技术创新成果交流活动，展示职工创新成果；六是发挥各级劳模创新基地、劳模助力乡村振兴基地作用，支持基地加强人才培养、实行技能提升、开展创新研究等；七是积极参加第二届大国工匠创新交流大会，展示我省劳模工匠和广大职工创新成果不低于50项，助力优秀创新成果转化。

2024年1月11日，安徽省职工技术创新竞赛总结表彰暨“跟着劳模去创新”工作推进会在合肥召开。会上宣读省总工会《关于安徽省职工技术创新竞赛获奖情况的通报》和《关于命名第六批安徽省劳模工匠创新工作室的决定》。与会领导为省职工技术创新竞赛“金成果”“金项目”“金点子”获奖代表颁奖，为第六批省劳模工匠创新工作室代表授牌。省职工技术创新竞赛获奖代表张翔，第六批省劳模工匠创新工作室领衔人代表汪兴芳，合肥市总工会、铜陵市总工会、淮河能源控股集团分别作交流发言。会议指出，全省各级工会主动服务和融入高质量发展大局，把推进职工创新和“跟着劳模去创新”工作，作为深化产业工人队伍建设改革、助力创新型省份建设的重要抓手，取得了令人可喜的成绩。会议强调，要深刻认识推进职工创新工作是深入学习贯彻习近平总书记重要讲话精神的具体行动，是助力创新型省份建设的重要举措，是工会围绕中心、服务大局的有力抓手；要进一步提升职工创新素质、深化职工创新活动、促进职工创新成果转化，持续推动职工创新工作走深走实；要充分发挥劳模工匠的创新攻坚作用，充分激发职工群众的创新集聚效应，积极搭建职工创新学习交流平台，全力打造“跟着劳模去创新”工作品牌，持续提升职工创新工作新高度。

九、组织工会干部赴基层蹲点、到企业当一周工人

2021年4月29日，全国总工会印发《关于集中开展全国工会系统机关干部赴基层蹲点活动工作方案》，决定于2021年5月至10月集中开展全国工会系统机关干部赴基层蹲点活动，进一步帮助基层和职工办实事解难题。

5月20日，安徽省总工会印发《关于集中开展全省工会系统机关干部赴基层蹲点活动工作方案》《省总工会机关干部赴基层蹲点活动实施方案》。6月15日，省总工会召开全省工会系统机关干部赴基层蹲点活动动员培训视频会议，首次开展蹲点活动。在省总工会机关、驻会产业工会、直属单位干部中选派20名党员干部，组成7个工作组，分别赴亳州市谯城区经开区工会、蚌埠市淮上区小蚌埠镇工会、淮南市田家庵区安成经济开发区工会、宣城市泾县经济开发区总工会、铜陵市铜官区总工会、潜山市源潭镇总工会、芜湖市镜湖区总工会开展为期3个月的蹲点活动。其中，芜湖市蹲点组为产业工人队伍建设改革试点工作蹲点组，指导督促全国第二批产业工人队伍建设改革试点单位——安徽海螺水泥股份有限公司，做好“提高产业工人经济地位”全国试点工作。

全省工会系统共组织192个蹲点组、572名蹲点干部开展为期3到6个月的蹲点活动。蹲点期间，全省各级蹲点组，走访单位2942个，访谈基层干部（职工）13368名；开展思想引领活动、宣讲工会和劳动法律法规等1035场次；指导新建基层工会2456个、覆盖企业3397家、发展会员114434人，其中新就业形态劳动者会员36811人；慰问帮扶困难职工1695人，化解劳动纠纷235人次、提供法律援助1520人次；组织编写蹲点工作动态16期，向省委领导报送蹲点专报，蹲点活动被省委《安徽信息》单篇刊发；被《工人日报》、《劳动报》《安徽日报》、“中工网”等省内外媒体全方位报道。

为巩固拓展蹲点工作成果，2022年1月，省总工会印发《关于建立健全全省工会领导机关干部赴基层蹲点工作长效机制的实施意见》，明确了5项主要任务，即深入基层工会和职工群众，广泛开展有特色、接地气、入人心的宣传宣讲活动，大力弘扬劳模精神、劳动精神、工匠精神，做好职工思想政治引领工作；以新就业形态劳动者入会和平台企业建会为重点，努力把新就业形态劳

动者组织到工会中来，不断扩大工会组织覆盖面；聚焦涉及职工切身利益的问题，维护好职工的发展权益，着力解决职工群众实际困难和问题；宣传新修改的《工会法》《安徽省工会劳动法律监督条例》《安徽省企业民主管理条例》等法律法规，完善构建和谐劳动关系制度机制，维护职工队伍团结稳定；把蹲点工作作为锻炼和培养干部的重要平台，进一步增强做好群众工作的责任担当和为民情怀。建立了蹲点工作制度、党建引领制度、调查研究机制、问题解决机制、为职工办实事机制、重大事项报告机制等6项制度机制。蹲点一般选择在每年第二、三季度，时间一般不少于三个月。蹲点范围主要是未建工会、工会工作比较薄弱、劳动关系情况比较复杂单位所在地的乡镇（街道）、开发区（工业园区）工会和县级以下区域性、行业性工会联合会。同时，建立每年省、市、县总工会机关干部全员赴企业“当一周工人”制度，把党的路线方针政策和工会组织的服务带下去，把基层工会的呼声建议和一线工人的“急难愁盼”带上来，增进与一线工人感情，提升群众工作能力水平。

省总工会机关把蹲点活动作为培养锻炼干部的重要阵地和平台，将蹲点活动与工会干部本领锤炼工程结合起来，进一步增强干部做好群众工作的本领。2022年3月，省总工会制定印发《关于2022年全省工会机关干部赴基层蹲点工作方案》，进一步明确以扎实做好职工思想政治引领、扩大工会组织覆盖面、解决基层和职工实际困难和问题、维护职工队伍团结稳定、培养锻炼工会干部队伍等5项重点工作任务。在开展蹲点工作的同时，组织开展省、市、县三级总工会机关干部全员“当一周工人”活动，工会干部进工厂、下车间，与企业职工共同生活、共同劳动。

2022年6月24日，省总工会召开机关干部赴基层蹲点工作动员会。省总工会机关成立3个蹲点组，共选派9名干部赴滁州市经开区、阜阳合肥现代产业园区、肥西县开发区3个市（县）的基层工会开展蹲点工作。全省工会全年共组建200个蹲点组、700余名工会干部参与蹲点工作，投入专项资金660余万元，累计访谈基层工会干部12300余人次，慰问帮扶困难职工8000余人次、化解劳动纠纷涉及人数1100余人次、为1300余名职工提供了法律援助。

2023年4月，省总工会制定印发《关于2023年全省工会机关干部赴基层蹲点工作方案》，5 月 19 日，召开全省工会系统机关干部赴基层蹲点工作动员部署培训会议，全面启动 2023 年全省工会领导机关干部赴基层蹲点工作。同时持续开展“当一周工人”活动，选派省总工会机关 45 岁以下年轻干部到“12351”职工维权热线当一天话务员。同时要求干部在“当一周工人”活动期间，到工会驿站当一天站长，进一步提升活动效果。省、市、县分两批共组织 381 个蹲点组深入未建工会、工会工作比较薄弱的乡镇（街道）、开发区（工业园区）工会等地区开展蹲点工作。开展思想引领活动 1214 场、宣讲劳动法律政策 517 场，指导新建基层工会 2055 个，新发展会员 12.9 万余人，推进规范化建设基层工会 1164 个。2024 年 3 月，省总工会制定印发《关于开展 2024 年全省工会机关干部赴基层蹲点工作方案》，4 月 16 日，省总工会召开 2024 年全省工会系统机关干部赴基层蹲点工作动员培训视频会议，对全省开展蹲点工作进行动员部署，并对蹲点干部进行业务工作培训。全省工会系统组织第一批 144 个蹲点组，416 名蹲点干部深入各平台企业、新就业形态劳动者相对聚集的开发区（工业园区）开展蹲点工作，推动解决一批问题、办成一批实事、形成一批成果、锻炼一批干部。自 2021 年以来，全省工会系统机关共派出 2554 名蹲点干部组成 773 个蹲点组深入基层开展蹲点工作。

十、建立完善工会工作评价机制

考核评价是压实工作责任的重要保障，对于推进工作具有导向、激励和推动作用。省总工会高度重视全省工会系统的考核评价工作，逐步建立完善工会工作评价机制。

2019 年，省总工会首次对全省 16 个设区市、直管县（市）总工会开展年度工作评价，评选出合肥、淮北市总工会等 8 家优秀单位。2020 年 8 月 11 日，省总工会印发《安徽省设区市、直管县（市）总工会年度工作评价办法》，对评价对象、内容和方式作出明确规定，明确了每年由省总工会对设区市、直管县（市）总工会上年度工作进行评价，对评价为优秀等次的设区市、直管县（市）总工会进行通报表扬并抄送当地党委政府。2021 年 5 月 24 日，省总工会印发

《安徽省设区市、直管县（市）总工会年度工作评价办法（试行）》，进一步完善考核评价办法。同年6月，根据工作需要成立省总工会考核评价工作领导小组，由党组书记任组长，领导小组下设办公室和四个专项考核组：省总工会机关及直属单位综合考核组，设区市、直管县（市）总工会综合评价专项考核组，产业工人队伍建设改革工作专项考核组，劳动领域政治安全工作专项考核组。

第五节　党的二十大召开前后的安徽工运事业

2022年是党的二十大召开之年。全省生产总值达4.50万亿元，较上年增长3.5%；城镇居民人均可支配收入4.51万元，较上年增长4.9%；城镇新增就业69万人。全省工会和广大职工深入学习贯彻党的二十大精神，持续推深做实“42101”全省工会重点工作，组织开展“喜迎二十大 建功新时代”系列主题宣教活动，隆重召开安徽省劳动模范先进工作者和先进集体表彰大会，首次举办全省深化产业工人队伍建设改革专题研讨班，推动产改工作纳入省委对各市综合考核范围，创新选树首届安徽工匠并举行年度人物发布仪式，组织开展“跟着劳模去创新”活动，成立安徽省助力乡村振兴劳模（工匠）联盟，组织开展“金成果”“金项目”“金点子”全省职工技术创新竞赛，会同沪苏浙总工会制定《长三角三省一市工会一体化推动构建和谐劳动关系工作方案》，联合开展中国长三角地区劳模工匠创新工作室、首届“长三角大工匠”选树命名活动，成功举办长三角结对城市职工劳动和技能竞赛，牵头召开长三角地区职工疗休养工作交流协作会，大力开展“工会送岗位 乐业在江淮”全省工会就业援助行动，实施新就业形态劳动者入会集中行动和百日攻坚行动，开展“新就业形态劳动者温暖服务季”和关爱货车司机“三个一”行动，出台关于转作风、暖民心、促发展保稳定二十条硬核措施，启动“县级工会加强年”专项工作，出台《安徽省民营企业工会工作规范（试行）》，建立维护劳动领域政治安全厅际沟通协调机制，建立工会干部赴基层蹲点常态化工作机制，组织省、市、县三级工会机关干部赴企业一线“当一周工人”，为加快建设经济强、格局新、环境优、活力足、百姓富的现代化美好安徽作出了积极贡献。

一、学习贯彻党的二十大精神

党的二十大是在全党全国各族人民迈上全面建设社会主义现代化国家新征程、向第二个百年奋斗目标进军的关键时刻召开的一次十分重要的大会。大会科学谋划未来五年乃至更长时期党和国家事业发展的目标任务和大政方针，宣示了新时代新征程党的使命任务，擘画了以中国式现代化全面推进中华民族伟大复兴的宏伟蓝图。

为迎接党的二十大胜利召开，全省各级工会通过理论宣讲、劳模宣讲、演讲比赛、知识竞赛等方式，把“大学习”的课堂搬到工厂车间、生产一线，推动习近平新时代中国特色社会主义思想进企业、进车间、进班组；大力弘扬劳模精神、劳动精神、工匠精神，组织劳动模范、工匠人才进校园、进企业，发布“最美职工”“安徽工匠年度人物”，努力营造劳动光荣的社会风尚和精益求精的敬业风气；开展全省新就业形态劳动者说——诗词创作大赛、全省职工摄影书画作品征集活动、全省企（行）业歌曲、职工舞蹈、职工曲艺小品征集活动、“劳动者说”短视频征集以及演讲、诵读、知识竞赛、职工志愿服务大接龙等形式多样、喜闻乐见的群众性活动，建设健康文明、昂扬向上、全员参与的职工文化，为党的二十大召开营造良好的舆论氛围。

2022 年 4 月至 10 月，开展“喜迎二十大 建功新时代”系列主题群众性宣传教育活动，省总工会举办全省职工摄影书画作品征集活动，征集摄影作品 4252 幅，书画作品 546 幅；联合省国资委举办全省企（行）业歌曲、职工舞蹈、职工曲艺小品征集活动，征集原创歌曲 32 首、舞蹈 34 支、曲艺小品 35 个等，充分展示近年来全省职工感党恩、听党话、跟党走的新举措。特别是 2022 年 10 月 9 日，省总工会在马鞍山举行“喜迎二十大 建功新时代”全省新就业形态劳动者说——诗词创作大赛颁奖仪式，仪式通过网上直播，97.8 万人次观看，11.5 万人点赞。此次大赛征集了 700 余篇作品，初选、网络投票、专家评审后，评选出获奖及入围作品 40 篇。

党的二十大召开后，省总工会迅速下发学习宣传贯彻通知、实施方案和任务清单，举办培训班、座谈会、宣讲报告会，省总领导带头开展“五进”宣讲、带头撰写理论文章、带头深入基层调研，确保大会精神在全省工会系统落地生根。2022年10月27日，省总工会召开全省工会学习宣传贯彻中国共产党第二十次全国代表大会精神会议，按照党中央统一部署和省委提出的“大学习、大宣传、大贯彻”要求，在全省工会系统以最强领导、最快行动、最大力度、最实举措，迅速掀起学习宣传贯彻落实的热潮，推动党的二十大精神在工会系统落地生根。

在全省工会系统开展“二十大精神在工会”主题宣传活动，2022年10月24日起，省总所属报刊、新媒体陆续交替刊发“工会主席谈”“劳模工匠说”“工会干部职工议”“工会在行动”，并开通主题留言征集区，据统计，共推出相关信息358篇次，总阅读量210万次，在全省广大工会干部和职工中掀起了学习热潮。

2022年11月，省总工会组建学习宣传贯彻党的二十大精神安徽省劳模工匠

★ 2022年11月21日，学习宣传贯彻党的二十大精神——安徽劳模工匠（工会干部）宣讲团首场活动在合肥西站项目工地举行。

宣讲团，宣讲团成员由出席党的二十大的劳模工匠、新当选的省劳模先进及具有代表性、表达能力强、热衷于劳模“五进”宣讲、职工文明实践活动的100名劳动模范、工匠组成。

2022年11月10日，全省工会学习贯彻党的二十大精神宣讲报告会以视频会议形式召开，省总工会党组书记、副主席徐发成围绕深刻领会党的二十大的主题、“两个确立”的决定性意义、过去五年的工作和新时代十年的伟大变革、开辟马克思主义中国化时代化新境界、新时代新征程中国共产党的使命任务、全面推进社会主义现代化国家建设的重大部署、坚持党的全面领导和全面从严治党的重大部署、坚持团结奋斗的时代要求等8个方面，进行了生动深入的阐述和辅导。党的二十大代表、国网宿州供电公司输电运检中心党支部书记兼超特高压运维班班长廖志斌围绕“奋进新征程，再创新佳绩”这一主题，分享了亲历党的二十大盛会的感受和体会，讲述了自己立足岗位、成长成才的劳动故事，并结合自身工作经历，讲述了对新时代十年伟大变革的深刻认识。

2022年11月21日下午，学习宣传贯彻党的二十大精神及省劳模工匠（工会干部）宣讲团首场活动在合肥举行。本次宣讲活动线上线下同步进行，全省工会系统广大干部职工通过线上平台集中收看宣讲。

首场活动成功带动了全省工会组建各级各类劳模工匠宣讲团、宣讲队，分赴各地，进企业、进工地、进班组、进社区、进学校，广泛开展对象化、分众化、互动化，接地气、入人心的宣讲，党的二十大代表廖志斌、袁媛、苏保信、路丙辉等我省劳模工匠们，纷纷深入所在单位、基层一线和职工群众中，结合岗位实际，谈心得、说体会、讲感受，开展集中宣传宣讲活动，把一堂堂生动的思政课送到基层职工身边，推动党的二十大精神走进基层一线、走进职工心里，在工会系统和广大职工中落地生根、开花结果。同月，2022年度安徽省总工会干部学校送教上门暨定远县工会干部培训班在滁州市定远县委党校举办，22个乡镇、县直机关、部分企（事）业单位及村（社区）工会干部参加培训。2023年2月13日至17日，省总工会机关举办学习贯彻党的二十大精神专题培训班，全面深入系统学习贯彻党的二十大精神。2023年4月14日，由省总工会联合省委宣传部共同主办的“学习宣传贯彻党的二十大精神”暨安徽省劳模工匠宣讲团非公企业专场宣讲活动走进百丽鞋业宿州分公司，向一线职工面对面宣讲党的二十大精神和全国两会精神。

各市县及基层工会层面，2022 年 10 月，寿县总工会组织女职工、女劳动模范（工匠）赴安徽八公山豆制品有限公司，开展了“建功新时代，巾帼展风采”党的二十大精神劳模（工匠）宣讲进企业活动。来自全县系统、园区、基层工会和企业一线及各行各业的先进女职工代表参加了宣讲会。滁州经济技术开发区在安徽盼盼食品有限公司举办“学习宣传贯彻党的二十大精神——党建·工会业务暨‘安康杯’知识竞赛”活动。旨在深入学习宣传贯彻落实党的二十大精神，结合安全生产、工会业务等知识，利用竞赛形式提升产业工人理论素养，激励更多劳动者特别是青年职工走技能成才、技能报国之路，为企业长远发展多作贡献。芜湖市湾沚区总工会开展“学习二十大 入企当工人”活动，党组班子成员和全体机关干部先后前往安徽德孚转向系统股份有限公司和芜湖立新清洁用品有限公司，宣传党的二十大精神，锤炼政治觉悟，转变工作作风，深入车间一线真实体验职工的工作环境、劳动过程和生活感受。宣城市绩溪县先锋模范宣讲团“进企业、进机关、进社区、进农村”开展系列宣讲活动，以“送课上门”的形式，用群众身边事解说党的二十大精神。

2022 年 11 月，安庆市总工会“五一学堂”职工公益培训课在 326 地质队会议室举办，特邀市委党校党史党建专家进行宣讲。临泉县各基层工会开展“学习党的二十大——工会微宣讲在行动”活动，安徽永生堂药业有限责任公司工会主席走进生产车间，走到车间工人身边，生动讲解党的二十大精神，并在工作群发送学习视频。

2022 年 12 月，合肥市总工会创新推出合肥工会“积分工园”——深入学习贯彻党的二十大精神网上活动。其间，工会微信小程序设置“工会系统学习贯彻党的二十大精神”阅读有礼专栏，实时收录“数”读党的二十大报告、《中国共产党章程》、党的二十大精神在工会等内容。活动推出后在广大职工会员中引起强烈反响，超 14.2 万人参与线上打卡学习，首期共发放 100 套《党的二十大报告辅导读本》书籍。涡阳县总工会开展“学习党的二十大精神 今天我来答”线上竞答活动，实现了从“闭门自学”向“以题会友”的有益转变。“皖”若春风·芜湖市企业职工思政课走进芜湖新兴铸管有限责任公司，通过情景朗诵、地方曲艺、歌舞表演等职工喜闻乐见的形式，宣传党的二十大精神，100 余名职工代表在现场参加此次活动，22 万人次通过网络直播在线观看。凤阳县总工会开展五一学堂“举旗帜·送理论”党的二十大精神宣讲报告会、学习贯彻党的二十大精神专题劳模巡回宣讲会，邀请安徽科技学院马克思主义学院专家和省劳动模范、凤阳县崇文小学校长分别进行宣传宣讲。亳州市谯城区劳模宣讲团通过进社区、进机关、进学校、进企业、进农村、进家庭等“六进”活动开展示范宣讲，与广大干部群众面对面互动交流。

2023 年 1 月，合肥市“举旗帜·送理论”学习贯彻党的二十大精神宣讲报告会走进肥西县总工会，安徽医科大学马克思主义学院教授在安徽安利材料科技股份有限公司作宣讲报告，在企业里传递党的“好声音”。太和县总工会组织开展学习宣传贯彻党的二十大精神有奖竞答活动，吸引 1.8 万余人参加。

二、深化新时代产业工人队伍建设改革

（一）加大对产业工人队伍建设改革的组织领导和统筹推进力度

省委、省政府将产业工人队伍建设改革作为全面深化改革的一项重要任务，与技工强省建设、制造强省建设等统筹谋划、整体推进。2021 年、2022 年，产业工人队伍建设改革阶段性绩效评估工作、推进省市两级产业工人队伍建设改革试点工作先后被纳入省委全面深化改革委员会工作要点；2022 年，产业工人队伍建设改革被纳入省政府与省总工会联席会议议题；2023 年，产业工人队伍建设改革被纳入省委常委会工作要点、省委对各市综合考核内容；2023 年、2024 年，产业工人队伍建设改革被纳入省政府工作报告。30 家成员单位和 16 个市细化改革方案，压实工作责任；省总工会履行牵头抓总职责，加强协调联动和调研督导，推进改革任务落实。

2021 年 9 月 10 日下午，省产改协调召开第八次会议。会议传达学习全国推进产业工人队伍建设改革工作经验交流会和专题培训班精神，省教育厅、省人社

厅、省国资委等3家成员单位交流发言，审议通过《全省产业工人队伍建设改革阶段性绩效评估工作方案》和《全省产业工人队伍建设改革试点工作方案》。

2022年9月19日至23日，全省深化产业工人队伍建设改革专题研讨班在省委党校（安徽行政学院）举办。此次专题研讨班由省委组织部、省委党校（安徽行政学院）和省总工会联合举办。专题研讨班邀请了全国产改办领导，省委政研室、省经信厅、省人社厅、省总工会和省委党校有关专家，围绕深化产业工人队伍建设改革推动经济社会高质量发展，加快推进制造强省、技工强省建设等进行专题授课，安排了中国共产党百年奋斗史、数字经济与未来产业格局等自修课程，并组织开展了学习交流。

2022年10月26日，全省深化产业工人队伍建设改革电视电话会议暨省协调小组第九次会议在合肥召开。安徽省委书记，省人大常委会主任、党组书记郑栅洁作出批示。省委副书记、省委党校（安徽行政学院）校长（院长）、省产改协调小组组长程丽华出席会议并讲话。省人大常委会党组副书记、副主任，省总工会主席、省产改协调小组副组长宋国权主持会议，省政府副省长、党组成员、省产改协调小组副组长何树山出席会议。省总工会党组书记、副主席，省十三届人大常委会委员，省产改协调小组办公室主任徐发成通报工作。批示指出，产业工人是实施科教兴国战略、人才强国战略、创新驱动发展战略的重要支撑。近年来，全省广大产业工人大力弘扬劳模精神、劳动精神、工匠精神，立足本职、埋头苦干、开拓创新，为我省制造业提质扩量增效作出了重要贡献。新征程上，要扎实做好思想引领、素质提升、地位提高、队伍壮大等重点工作，着力打造一支适应高质量发展要求的产业工人队伍，为安徽加快建设制造强省贡献智慧力量。会议对我省产业工人队伍建设改革取得的积极成效予以肯定。会议指出，要提高政治站位，将产改工作与技工强省、制造强省建设统筹谋划、整体推进。要突出重点任务，在加强思想引领上持续用力，推动党的二十大精神进企业、进车间、进班组；在推动建功立业上持续用力，引导产业工人在三次产业高质量协同发展中担当作为；在提升技能素质上持续用力，培育更多知识型、技能型、创新型劳动者；在提高地位待遇上持续用力，畅通参政议政渠道，完善收入分配激励机制；在维护合法权益上持续用力，落实民主管理、联席会议等制度，不断将产改工作引向深入。要强化工作举措，抓强组织协调，抓深改革试点，抓热舆论宣传，形成推动产业工人队伍建设改革的强大合力。2023 年 1 月 6 日上午和 3 月 14 日上午，省产改协调小组还分别召开联络员会议，进一步推进工作落实。

（二）完善产业工人队伍建设改革制度体系

以省委、省政府《关于推进新时代产业工人队伍建设改革的实施意见》为主体，围绕思想引领、建功立业、素质提升、地位提高、队伍壮大等重点改革任务，教育部、省政府出台《关于整省推进职业教育一体化高质量发展加快技能安徽建设的意见》，省政府印发了《支持技工强省建设若干政策》，省委办公厅、省政府办公厅制定《关于加强和改进新时代产业工人队伍思想政治工作的若干措施》，省政府办公厅印发《安徽省职业技能提升行动实施方案（2019—2021 年）》，省教育厅等 9 部门联合出台《安徽省职业教育提质培优行动计划（2021—2023 年）实施方案》，省人社厅制定《安徽省企业技能人才自主评价试行办法》《关于全省工程技术领域高技能人才职称评审有关问题的通知》《关于做好企业技能人才直接认定工作的函》，省国资委出台《安徽省省属企业工资总额管理办法》，省总工会制定《关于广泛深入持久开展“建功‘十四五’奋进新征程”主题劳动和技能竞赛的意见》《关于加强“安徽工匠”培育工作的意见》《安徽省劳模工匠创新工作室命名管理暂行办法》《关于推进工匠学院建设的实施意见》，省住房和城乡建设厅印发《关于加快培育和壮大我省建筑产业工人队伍的意见》等。据统计，省委、省政府及协调小组各成员单位出台改革配套文件 60 多个，初步形成了我省产业工人队伍建设改革“1+N”制度体系。

在健全完善一体推动、一体落实的整体部署和工作机制方面，省产改协调小组及办公室先后印发了《关于发挥企业主体作用深入推进产业工人队伍建设改革的实施意见》《关于健全完善安徽省推进新时代产业工人队伍建设改革协调小组办公室工作机制的通知》《关于转发〈关于建立健全推进产业工人队伍建设改革分类指导机制的意见〉的通知》《关于建立健全推进产业工人队伍建设改革专题培训机制的实施意见》《关于进一步发挥产业工会作用推进产业工人队伍建设改革的实施意见》《进一步推进县（市、区）产业工人队伍建设改革的若干措施》《关于充分发挥国有企业在推进产业工人队伍建设改革中带动作用的实施意见》等制度文件。

（三）开展产业工人队伍建设改革阶段性绩效评估工作

根据省委、省政府《关于推进新时代产业工人队伍建设改革的实施意见》（以下简称《实施意见》）和省推进新时代产业工人队伍建设改革协调小组第八次会议要求，省协调小组办公室于2021年9月中旬至10月下旬，组织开展了全省产业工人队伍建设改革阶段性绩效评估工作。

此次评估的主要内容共26项，包括《实施意见》明确的加强和改进产业工人队伍思想政治建设、构建产业工人技能形成体系、运用互联网促进产业工人队伍建设、创新产业工人发展制度、强化产业工人队伍建设支撑保障等5个方面25项主要举措落实情况和改革组织实施情况。

评估采用全面自评和调研评估相结合的方式，在各成员单位和16个市全面自评的基础上，协调小组办公室组织6个调研评估组，分别由省委组织部、省政府政策研究室、省教育厅、省人社厅、省总工会负责同志带队，省发展和改革委员会、省经信厅、省商务厅、省应急管理厅、省国资委、省工商业联合会等单位派员参加，赴16个市开展调研评估。调研评估采取交流座谈、查阅资料、实地走访、个人访谈等形式，共召开汇报会16场，分别听取各市协调小组及组织、宣传、教育、人社、国资、工会等单位情况汇报，查阅制度文件汇编、典型案例汇编、会议记录、工作台账等资料100多份，实地走访企业35家，组织136家企业交流座谈，和127名一线产业工人进行个人访谈。其间，协调小组办公室还设计了调查问卷，动员2.5万余名产业工人进行了网上填报。协调小组办公室在综合各成员单位、16个市自评报告和6个调研评估组分报告的基础上，对2.5万余份调查问卷进行了统计分析，梳理改革进展，总结经验做法，查找问题不足，提出对策建议，并广泛征求了各成员单位意见建议，最终形成了全省产业工人队伍建设改革阶段性绩效评估报告。

（四）推动产业工人队伍建设改革试点工作提质扩面

2021 年，安徽海螺水泥股份有限公司被确定为全国第二批产改试点单位，试点的项目是“提高产业工人经济地位”。安徽省委副书记、省委党校（安徽行政学院）校长（院长）、省产改协调小组组长程丽华主持召开协调小组第八次会议，对抓好海螺水泥试点工作提出明确要求。全国总工会兼职副主席高凤林率调研组到公司调研，对试点工作进行指导。省总工会结合常态化蹲点工作，专门成立产改蹲点工作组，驻点安徽海螺水泥股份有限公司，指导完成全国试点任务。经过一年的努力，项目试点取得了阶段性的成效，得到了全国产改办的充分肯定。

同年，启动了省级层面的试点工作，采用全面试点和项目试点相结合的方式，选择 21 个单位（其中 3 个地区、2 所职业院校、1 个产业工会、8 家国有企业、7 家非公企业）开展试点。其中，合肥市、芜湖市湾沚区、广德市、省农林水利气象工会、国网安徽省电力有限公司等全面试点地区和单位，要求重点围绕产业工人队伍思想政治引领、建功立业、素质提升、地位提高、队伍壮大等方面进行积极探索，力求取得突破；项目试点则围绕“加强非公企业党建工作”“提高职业教育水平”“推动产业工人技能提升”“提高产业工人经济地位”“拓宽产业工人发展空间”“发挥劳模工匠引领作用”“维护产业工人合法权益”等 7 个方面的重点内容，选取了金鹏控股集团有限公司、安徽中鼎控股（集团）股份有限公司、淮河能源控股集团有限责任公司等 16 家单位。试点工作取得了明显成效，合肥市打造“科里科气”的工匠、淮北矿业的“工匠年薪制”、淮河能源的“首席技师、资深技师年薪制”等经验做法，在主流媒体得到广泛宣传报道。

2022 年以来，安徽先后开展市、县（区）两级试点工作，在全省超过 1000 家企业推进产改工作。一是突出重点。围绕推进技工强省、制造强省建设，以产业工人集中的区域、行业、产业、企业等为重点，聚焦采矿业、制造业、建筑业等实体经济，科学合理选定试点单位。二是优化布局。注重地区和部门、国有企业和非公企业、规模企业和中小型企业、企业试点与行业试点等相协同，确保全省16个设区市、重点产业行业、各类别企业都有试点。三是上下联动。加强上下贯通，形成网状格局，点、线、面结合开展产改试点工作，力求全省各级、各地、各行业同步推进。

（五）推进产业工人队伍建设改革评价考核工作

从2022年开始，全国推进产业工人队伍建设协调小组每两年对各省（区、市）产改工作进行一次评价考核（中间一年是工作督查）。同时，中央改革办也对产改工作开展专项督察。

2022年，全国推进产业工人队伍建设协调小组印发《关于建立推进产业工人队伍建设改革工作情况评价考核机制的意见》，考核围绕组织领导、思想引领、素质提升、队伍壮大、地位提高、权益维护、社会评价等7个一级指标、25个二级指标、88个三级指标开展，下发了省级单位产改工作评价考核评分表，对每一个三级指标进一步明确了若干个评分要点及检查要求，共有289个评分要点、261项检查要求，总分共计1000分。省总工会将考核通知要求转发省产改协调小组成员单位及省总工会相关部门，明确责任分工，积极开展自评；结合近年来全省产改调研、培训、会议、评估、试点等工作情况，认真梳理《改革方案》《实施意见》重点举措推进情况，组织起草了《安徽省推进产业工人队伍建设改革工作总结》《安徽省产业工人队伍建设改革评价考核自评情况说明》等材料，并及时上报全国产改办。经全国推进产业工人队伍建设协调小组综合评定，2022年度安徽省推进产业工人队伍建设改革工作情况评价考核结果为“优秀”。

2023年，全国总工会开展包括产业工人队伍建设改革在内的重点工作督查。省产改办下发通知，要求各成员单位总结上报2023年产业工人队伍建设改革工作推进情况；要求各市、省直管县（市）就发挥工会牵头抓总作用，发挥工会大学校作用、开展技能培训情况，加大对产业工人创新创造扶持力度情况等内容开展调研。省产改办深入梳理总结工作落实情况，认真查找存在的突出问题和薄弱环节，起草上报总结报告。全国总工会办公厅印发通报，2023年度安徽省产业工人队伍建设改革工作被评为“优秀”等次。

同时，从 2023 年起，省委将产改纳入对各市的综合考核内容；省总工会也对各市、省直管县（市）总工会推动产改工作情况开展综合评价，并积极推动产改纳入市（县）党委综合考核，切实发挥考核评价的“指挥棒”作用，层层传导压力，推进各项改革任务落地落实。

三、召开安徽省劳动模范先进工作者和先进集体表彰大会

2022 年 1 月，省委办公厅、省政府办公厅印发通知，对省劳动模范评选工作作出部署。省委、省政府成立省劳动模范、先进工作者和先进集体评选表彰工作领导小组，领导小组办公室设在省总工会，负责评选表彰日常工作。11 月 8 日上午，2022 年安徽省劳动模范、先进工作者和先进集体表彰大会在合肥隆重举行。省委书记，省人大常委会主任、党组书记郑栅洁出席会议并作重要讲话。省委副书记、省长、省政府党组书记王清宪主持会议。省委常委，省政协主席，省人大主持日常工作的副主任，省人大、省政府有关负责同志在主会场出席会议，各市组织市领导和人员在分会场参加会议。会议以电视电话会议形式召开，并首次设置青少年代表宣读致敬辞环节。大会表彰省劳动模范、先进工作者 705 名，省先进集体 98 个。

会议指出，近年来全省广大职工和劳动群众坚决贯彻以习近平同志为核心的党中央决策部署和省委工作要求，在现代化建设的主战场大显身手，在服务群众的第一线默默付出，在维护安全稳定的最前沿冲锋陷阵，推动安徽改革发展稳定各项事业取得了新进步。今天受到表彰的先进典型，都是奋斗在各行各业劳动者中的优秀代表。大家以实际行动生动展现了劳模精神、劳动精神、工匠精神，充分展现了安徽人民的时代风采，不愧为新时代的最美奋斗者，不愧为安徽的功臣，不愧为安徽的骄傲。

会议强调，要传承工匠精神、锤炼过硬素质，认真学文化、学科学、学技能，扎实推动技术工艺革新、管理服务出新、业态模式创新，为建设教育强省、科技强省、人才强省注入源源不断的动力和活力。要营造劳动光荣的社会风尚、向上向善的社会风气，争做劳模精神的践行者、道德建设的先行者、优良作风

★ 2022 年 11 月 8 日，安徽省劳动模范、先进工作者和先进集体表彰大会。

的传承者，让劳动最光荣、劳动最崇高、劳动最伟大、劳动最美丽蔚然成风。各级党委、政府要把全心全意依靠工人阶级的根本方针贯彻到经济社会发展各领域，落实到制定政策、推动工作全过程，体现到为劳动者谋利造福各方面，进一步完善劳模政策、提升劳模地位、落实劳模待遇，推动更多劳动模范和杰出工匠竞相涌现。各级工会要坚持以职工为中心的工作导向，广泛深入开展劳动技能竞赛，积极构建和谐劳动关系，让职工群众真正感受到工会是职工之家，工会干部是最可信赖的娘家人、贴心人。全省上下要更加紧密地团结在以习近平同志为核心的党中央周围，大力弘扬工人阶级和广大劳动群众的崇高精神和高尚品格，坚定信心、同心同德，埋头苦干、奋勇前进，不断开创现代化美好安徽建设新局面。

四、推进新就业形态劳动者工会工作

党的十八大以来，习近平总书记多次对维护好新就业形态劳动者的合法权益作出重要指示，要求工会通过多种有效方式，把快递员、送餐员、卡车司机等灵活就业群体吸引过来、组织起来、稳固下来，使工会成为他们愿意依靠的组织。省总工会积极履行维护职工合法权益、竭诚服务职工群众的职责，不断扩大对新就业形态劳动者的基层组织覆盖。

2021 年 7 月 9 日，全国总工会将安徽和江苏列为货车司机网上入会试点省份。安徽作为两个试点省份之一，成功为全国工会提供了可复制、可推广的安徽经验、安徽方案。7 月 29 日，全国总工会又下发通知，决定自 2021 年 7 月至 2022 年 12 月，在全国范围内组织开展新就业形态劳动者入会集中行动。

8 月 13 日，省总工会制发《安徽省关于切实维护全省新就业形态劳动者劳动保障权益的实施办法》《安徽省新就业形态劳动者入会集中行动实施方案》，并分别成立省总工会切实维护全省新就业形态劳动者劳动保障权益工作、省新就业形态劳动者入会集中行动领导小组。8 月 19 日，省总工会召开全省新就业形态劳动者劳动权益维护暨新就业形态劳动者入会集中行动、货车司机网上入会工作动员部署视频会议，就货车司机网上入会试点工作和新就业形态劳动者入会集中行动提出具体意见。11 月 8 日，省总工会召开全省新就业形态劳动者入会推进暨“工会进万家·温暖行动”服务月工作部署会，会议就进一步推进新就业形态劳动者建会入会和服务工作，筹备全国推进货车司机等新就业形态劳动者入会暨“司机之家”建设现场经验交流会作出部署。12 月 8 日、16 日，全省基层工会组织建设现场观摩活动分别在六安市舒城县和阜阳市颍上县顺利举办，现场观摩安徽卓志建设工程有限公司、必斐艾食品有限公司、颍上县慎城镇工会规范化建设，颍上县新业态职工之家（货运司机之家）建设、兴安电气设备股份有限公司工会组织建设和企业民主管理工作等。

2022 年 2 月 25 日，全国推进新就业形态劳动者工会工作电视电话会议在北京召开。会议强调，各级工会要努力实现新就业形态劳动者工会组织覆盖和工作覆盖双提升，大力推行“重点建、行业建、兜底建”模式，继续紧盯货车司机、网约车司机、快递员、外卖配送员等重点群体，深入开展新就业形态劳动者入会集中行动，确保实现两年新发展新就业形态劳动者会员 800 万人以上的目标。安徽省总工会在会上作经验交流。3 月 4 日，省总工会下发《关于组织开展新就业形态劳动者建会入会创新案例征集评选活动的通知》，组织各市、省直管县（市）总工会进行申报。3月11日，省总工会召开全省推进新就业形态劳动者工会工作暨蹲点活动总结部署会，总结前一阶段工作情况，部署下一阶段工作任务。

针对疫情防控期间，部分货车司机滞留在高速收费站、服务区、物流园区等地，出现生产生活方面的困难，4月14日，省总工会下发通知，在全省范围内开展疫情防控期间关爱货车司机“三个一”行动，营造了全社会关心、关爱、关注货车司机的良好氛围。6月8日、13日和23日，省总工会分别召开新就业形态劳动者建会入会工作调度推进会，听取16个市和2个省直管县（市）新就业形态劳动者建会入会工作情况，对各市工作情况进行了点评，肯定所取得的成效，指出当前工作中存在的主要问题，对下一步新就业形态劳动者建会入会工作开展提出了相关要求。8月23日，省总工会印发《推进新就业形态劳动者建会入会百日攻坚行动工作方案》，明确自8月下旬至11月底，在全省范围内开展“推进新就业形态劳动者建会入会百日攻坚行动”。9月2日上午，省总工会召开推进全省民营企业工会工作规范化建设暨新就业形态劳动者入会百日攻坚行动动员部署会，会议强调要把开展好百日攻坚行动作为重要任务，摆上议事日程，细化工作方案，倒排工期、挂图作战，确保完成年度新发展货车司机、网约车司机、快递员、外卖配送员等新就业形态劳动者20万人入会的目标任务。

各地工会在开展新就业形态劳动者入会集中行动，特别是聚焦“行业建、重点建、兜底建”方面形成了各具特色的做法。芜湖市工会全力推进市县行业工会联合会建设，充分发挥联合会“承接地”“周转池”作用，创新工会联合会“孵化发展”模式，通过灵活就业人员工会联合会先整体吸收入会，再根据不同职业劳动者入会情况，单独孵化成立行业工会联合会；淮北市总工会大力推动货运、外卖送餐、网约车等头部平台企业“重点建”，选择传化公路港、路通运输等龙头企业作为突破口，先大后小、以点带面，促成300余家规模以上企业建会；马鞍山市总工会完善“小三级”工会组织体系，发挥其对新就业形态劳动者的兜底作用，以属地管理为主、行业管理为辅，对不具备单独建会条件的小微企业和流动零散就业人员，吸纳到区域性工会联合会，做到了“兜得住、兜得牢、兜得好”。

省委、省政府高度重视新就业形态劳动者工会工作。2023 年省委多次召开专题会议听取省总工会关于新就业形态劳动者建会入会和权益保障工作情况汇报，并对省总工会《关于我省货车司机入会和维权服务工作情况的汇报》作出批示。省政府也先后多次召开专题调度会，听取省总工会新就业形态劳动者入会和服务情况。

2023 年 3 月 30 日，省总工会印发《关于深入推进“兜底建”工作的实施方案》，督促指导各地市开展区域（行业）工会、乡镇（街道）和园区工会、社区（村）工会建设。4 月 10 日，省总工会联合省委非公工委等单位印发《关于开展首批安徽新就业群体“最美”系列评选活动的通知》，开展首批安徽“最美快递员”“最美配送员”“最美司机”评选活动，评选出 30 名“最美快递员”、30 名“最美配送员”、40 名“最美司机”。2023 年 5 月，全国总工会正式公布新就业形态劳动者建会入会创新案例征集评选结果，蚌埠市总工会《争取平台支持 实施部门联动 着力扩大工会组织覆盖面》获评“十佳”创新案例，淮南市快递行业工会联合会《实施“小蜜蜂”工程 推动快递行业从业者入会》获评优秀案例。

7 月 7 日，省总工会印发《安徽省总工会深入推进新就业形态劳动者工会工作三年行动计划（2023—2025 年）》，明确 2023—2025 年新就业形态劳动者工会工作目标任务，并对 11 项重点工作进行任务分工，同时成立省总工会推进新就业形态劳动者工会工作领导小组。8 月 16 日，省总工会召开全省新就业形态劳动者工会工作“三年行动”动员部署会议，合肥市总工会、淮北市总工会、马鞍山市总工会，合肥维天运通科技有限公司工会、安徽顺丰速运有限公司工会作交流发言。12 月 1 日、11 日和 12 日分别印发《关于落实省总新就业形态劳动者工会工作对口联系制度的通知》《安徽省总工会深入推进新就业形态劳动者工会工作领导小组及其办公室和专项小组工作规则》和《新就业形态劳动者工会工作任务清单》的通知，推动新就业形态劳动者工会工作全面深入开展。

安徽各级工会还坚持多措并举，破解新就业形态劳动者维权难问题，维护新就业形态劳动者合法权益。一是强化源头参与。扎实推进《安徽省实施〈中华人民共和国工会法〉办法》修订工作。积极参与省人民代表大会社会建设委员会《安徽省维护新就业形态劳动者劳动保障权益规定》立法调研和文件起草。围绕新业态就业、集体协商、心理健康等方面深入调查研究并形成 7 篇调研报告，其中《关于我省新业态就业情况的调研报告》得到省委副书记程丽华批示肯定。向全省 734 家新业态企业发出集体协商要约，签订集体合同企业 708 家、覆盖职工 70184 人，签订率 97.5%。推进头部平台企业维天运通与职工就运费支付、运输保障、运输安全等开展全网集体协商并达成协议，惠及货车司机 380 万人，在全国形成可复制、可借鉴的安徽经验。二是健全维权机制。实施“百千万法律帮扶”专项行动，积极为新就业形态等企业开展法律帮扶、法律体检，督促用人单位规范用工。发挥协调劳动关系“三方四家”机制作用，牵头召开季度“三方四家”会议，及时就新就业形态权益保障相关重大问题进行沟通协商。推动新就业形态劳动者职业伤害保障试点政策落实落地。广泛宣传《工会法》《劳动法》等与新就业形态劳动者权益密切相关的法律法规，举办法治讲座 281 场，制发学习资料 7.4 万份，覆盖职工 102 万人次。积极推进劳动领域维护政治安全工作。充分发挥领导小组和“1+2+N”工作专班作用，签订年度工作责任书，进一步压实工作责任。建立全省工会 1100 名劳动关系信息员并发挥其“探头”“预警”作用，每月常态化开展职工队伍稳定风险隐患专项排查化解，推动构建和谐劳动关系。三是做实温暖服务。广泛开展“工会送岗位 乐业在江淮”就业援助行动，帮助新就业形态劳动者实现稳定就业，并赠送每人 50 元的意外伤害互助保障计划。开展“新就业形态劳动者温暖服务季”活动。开展送免费健康体检、职工疗休养、送意外伤害互助保险等活动，开展夏季送清凉、节日送温暖活动、扶贫帮困慰问等活动，解决新就业形态劳动者的现实难题。筹集发放慰问金 471 万元，惠及新就业形态劳动者 2.49 万人次。组织 5900 名新就业形态劳动者疗休养，为 39886 名新就业形态劳动者、农民工免费体检，为合肥维天运通科技有限公司 57 名困难货车司机子女每人发放 2000 元助学金。充分发挥“安徽职工发展专项基金”作用，帮助解决新就业形态劳动者多样化需求。

五、开展“工会送岗位 乐业在江淮”就业援助行动

“春送岗位”作为工会“四季送”的重要内容，一直都是工会的传统工作品

牌，但在新时代如何让传统工作焕发新活力，需要敢于创新、善于创新，不断赋予工作新的主题、新的内容、新的形式。安徽是劳务输出大省，随着经济社会发展变化，党委政府要求帮助外出务工人员就近就地就业，求职者希望在家门口找到满意的工作，企业需要破解“招工难、用工荒”问题，为此，省总工会决定从2022年起，在全省工会系统正式启动“工会送岗位 乐业在江淮”就业援助行动。

“工会送岗位 乐业在江淮”就业援助行动主要从以下几方面展开：

一是摸清情况底数，提出目标任务。每年春节期间，各级工会干部抢抓外出务工人员回家过年的时机走村入户，对返乡人员进行问卷调研，结合工会干部“五进”活动，收集“两个清单”，即“就业难”劳动者求职需求清单、“招工难”企业用工需求清单。在此基础上，省总工会提出全年就业援助目标任务。针对春节和清明节是外出务工人员返乡高峰时段，确定年初至4月上旬为“工会送岗位 乐业在江淮”就业援助集中行动阶段，之后转为常态化工作阶段。

二是精细归集岗位，广泛发布信息。按照“准确、详细、明了”的要求归集企业用工岗位信息，“准确”就是岗位信息真实有效、准确无误；“详细”就是企业状况、职位描述、岗位要求、薪资预期等信息详细具体；“明了”就是所有岗位信息分地域、分工种清晰罗列。对每天归集的岗位信息，通过安徽职工服务网、职工服务中心、工会驿站等工会服务阵地进行发布。

三是线上线下招聘，精准搭建平台。在线下，面向农民工、新就业形态劳动者、困难职工家庭成员、高校毕业生等重点群体举办各类专场招聘会。每年元宵节前夕，省、市、县（区）三级工会联动，同时举办百场以上线下大型招聘会。在线上，着力打造工会数智化招聘品牌。企业负责人、工会主席、劳模工匠、网红达人纷纷走进工会直播间，通过“直播带岗”“入企探岗”，让求职者足不出户享受就业服务。联合支付宝公司首推智能互动求职机，有效解决“人不好找岗”“岗不好找人”难题。

四是强化组织保障，确保工作实效。将就业援助目标任务分解落实到各市县、各产业工会，建立“领导 + 部门”包保责任制，开展专项劳动竞赛。省总工会对104个县（市、区）分别补助3万元宣传经费，对集中行动期间实现稳定就业的求职者，每人赠送 50 元意外伤害互助保险。利用电视滚动屏、户外广告屏、乡村大喇叭、村务公开栏、抖音视频等进行宣传，增强工会送岗招聘知晓度。委托第三方开展调查评估，确保工作做实、数据真实，2022 年、2023 年我省工会就业援助满意度分别达到 91.4%、92.8%。

2022 年，省总工会提出“1252”目标任务，即归集 1 万家以上企业，提供 20 万个以上就业岗位，举办 500 场线上线下招聘会，助力 2 万名以上人员实现稳定就业，最终帮助 90091 人实现稳定就业，大大超出预期目标。2023 年，省总工会提出“2738”目标任务，即提供 2 万家以上企业，提供 70 万个以上就业岗位，举办 3000 场次以上线上线下招聘会，促进 8 万名以上人员稳定就业，最终帮助 130511 人实现稳定就业，同比增长 45%。2024 年，省总工会在过去 2 年奠定的基础上，进一步拉高标杆，研究提出“3831”目标任务，即提供 3 万家以上企业，提供 80 万个以上就业岗位，举办 3000 场次以上线上线下招聘会，促进 10 万名以上人员稳定就业，截至 4 月 10 日，各级工会已帮助 129075 人稳定就业，提前超额完成全年“3831”目标任务。

★ 安徽省暨合肥市“工会送岗位 乐业在江淮”就业援助行动招聘会现

3 年来，“工会送岗位 乐业在江淮”就业援助行动硕果累累，全省工会共归集企业 9.2 万家、岗位 269 万个，举办线上线下招聘会 1.2 万场次，扶持就业创业项目 204 个，开展技能培训 11.3 万人，帮助 34.9 万名劳动者在家门口实现稳定就业，得到了党委政府的充分肯定、职工群众的广泛好评、用人单位的热诚欢迎。全国总工会主要领导和省委主要领导先后 6 次批示肯定，有关经验做法被福建、辽宁等多个省份复制借鉴。“工会送岗位 乐业在江淮”成功入选全国工会重点工作创新案例，已成为安徽工会工作的金字招牌和靓丽品牌。2024 年 4 月 26 日，全国总工会召开全国工会重点工作创新案例发布会，安徽省总工会在会上作典型交流发言。

六、推进民营企业工会工作规范化建设

为进一步推进民营企业工会工作规范化建设，激发民营企业工会吸引力、凝聚力，不断促进民营企业工会建起来、转起来、活起来。2022 年，省总工会首次将民营企业工会工作规范化建设列入“42101”重点工作，纳入对市级工会年度综合评价重要内容，不断提高民营企业工会工作规范化建设水平。

2022 年 8 月，省总工会制发《安徽省民营企业工会工作规范（试行）》，从组织建设、队伍建设、工作任务、工会经费使用管理、保障措施等 7 个方面制定 37 条具体规范措施，为全面推进全省民营企业工会工作规范化建设提供制度保障。同年，还在全省组织开展培育民营企业工会示范点活动和模范职工之家同民营企业“结对共建”活动，共培育选树 50 个“安徽省民营企业工会工作规范化建设示范点”，督促指导 384 对企业结对，进一步规范建会建家。

各地总工会积极响应，相应出台推进民营企业工会工作规范化建设指导意见。淮南市以市委、市政府名义印发《淮南市民营企业工会工作规范化建设指导意见》；六安市印发《关于加强全市非公企业和社会组织工会规范化建设的实施意见》，3 年内创建 300 家规范化非公企业和社会组织工会；芜湖市总工会与市委组织部、市委非公工委联合制定《关于进一步加强“党建带工建、工建服务党建”工作的实施意见》，指导民营企业把党组织和工会组织建设同步推进，

同步提升。

2023年，省总工会继续将民营企业工会工作规范化建设作为全会“42101”重点工作，巩固提升民营企业工会工作规范化建设成果。各级工会通过工会组建拉网行动、新就业形态劳动者入会集中行动、百日攻坚行动等，基层工会组织数和会员数逐年提升。仅2023年新增民营企业工会组织4217家，新发展工会会员24.4万人。马鞍山市总工会举办全市非公企业、社会组织党工共建劳动竞赛，提升工会干部组建业务水平，扩大民营企业工会组织覆盖面。亳州市、阜阳市总工会加强分类指导，开展基层工会规范化建设星级工会创建活动，制定星级评比标准，不断提升规范化建设水平。合肥市总工会编印《合肥市基层工会换届工作操作指南（试行）》，指导帮助基层工会规范换届。滁州市总工会编印《工会规范化建设提质扩面评估工作指南》，让基层工会干部一看就知道“做什么，怎么做”。淮北市总工会联合行业主管部门指导货运、快递、外卖、网约车四大行业全部签订集体合同，实现面上提升，点上突破。宿州市总工会推进新业态会员实名制入会工作，做到建会即入会，入职即入会。安庆市总工会实施民营企业工会“双创双提升”工程。

2021年至2023年，省总工会分别在六安舒城、阜阳颍上、芜湖湾沚、滁州天长开展全省民营企业工会工作规范化建设观摩活动，充分发挥先进典型示范效应，做到学有榜样、看有标准、做有样板。

省总工会还将民营企业工会工作规范化建设同开展模范职工之家评选活动相结合。2023年7月31日，省总工会印发《关于推荐命名安徽省模范职工之家、安徽省模范职工小家和安徽省优秀工会工作者的通知》，经过基层工会申报、市级工会推荐、省级工会核查等程序，并经安徽省总工会党组研究决定，共命名安徽省模范职工之家100个、安徽省模范职工小家100个和安徽省优秀工会工作者100名。同年，向全国总工会推荐申报全国模范职工之家、全国模范职工小家各37个。自党的十八大以来，共评选安徽省模范职工之家539个，安徽省模范职工小家514个，安徽省优秀工会工作者566名；获评全国模范职工之家181个，全国模范职工小家181个。

七、开展“县级工会加强年”专项工作

县域治理是推进国家治理体系和治理能力现代化的重要一环。县级工会在我国工会组织体系中处于承上启下的重要地位，发挥着基础性和关键性作用。为贯彻落实中共中央办公厅、国务院办公厅《关于推进以县城为重要载体的城镇化建设的意见》精神，总结县级工会改革创新经验，推动各级工会领导机关进一步加强对县级工会的领导，充分调动县级工会积极性、主动性、创造性，形成深化工会改革创新、加强县级工会工作的整体合力，全国总工会决定自2022年9月至2023年9月，在工会系统集中开展“县级工会加强年”专项工作。2022年8月17日，全国总工会召开“县级工会加强年”专项工作启动会，出台《“县级工会加强年”专项工作方案》，明确专项工作的指导思想、目标要求、重点任务和组织领导，提出了“一二三四五”的总体要求，即围绕一条主线、坚持两个结合、推动三个下沉、完成四项任务、实现“五强”[①]目标。

2022年9月13日，省总工会印发《安徽省“县级工会加强年”专项工作实施方案》，成立领导小组，建立对口联系制度，实现省、市工会领导机关对全省104个县级工会对口联系全覆盖。2022年10月8日，召开全省工会“转作风、暖民心、促发展、保稳定”集中行动暨“县级工会加强年”专项工作部署推进会。2022年11月18日，印发《省总工会“县级工会加强年”专项工作专班任务分工及工作规则》，明确工作专班具体任务，建立研究会商、研讨交流、通报报告等工作制度。同日，召开“县级工会加强年”专项工作双月调度会，对专项工作进展情况进行分析研究，安排部署下一步工作。

2023年2月8日，省总工会召开省总工会机关“县级工会加强年”专项工作座谈会，听取省总工会机关各部门、驻会产业工会、职工服务中心对口联系县级工会工作情况汇报，研究推进各项重点任务。2月9日，召开全省“县级工会加强年”专项工作推进会，总结“县级工会加强年”前一阶段工作推进情况，分析梳理存在的主要问题，部署下一阶段工作任务。4月20日、5月25日和6

① 政治引领强、组织功能强、服务阵地强、制度机制强、作用发挥强。

月7日，“县级工会加强年”专项工作皖南、皖中、皖北片区调研座谈会分别在铜陵、淮南和阜阳召开，以调研为抓手，分片区跟踪工作进度，研究解决问题，推深做实“县级工会加强年”专项工作。7月5日至6日，召开“县级工会加强年”专项工作汇报会，省总工会领导班子成员集体听取机关各部门、驻会产业工会对口联系工作开展情况、所联系县级工会工作加强情况及存在的突出问题，对前期工作情况进行点评，并确定起草《加强县级工会工作指导手册》《加强县级工会工作相关文件汇编》《安徽省加强县级工会工作典型案例汇编》等，加强工作指导。7月24日，召开全省“县级工会加强年”专项工作推进大会，会议对下一阶段工作进行了再动员、再部署、再推进，形成上下齐抓、协调联动、同频共振、同向发力的工作格局。8月21日，印发《安徽省总工会关于加强县级工会建设的若干举措》，聚焦解决“四缺”（缺人、缺钱、缺阵地、缺活力）难题，提出15条具体措施，巩固拓展“县级工会加强年”专项工作成果。9月8日下发《关于开展“县级工会加强年”专项工作冲刺月活动的通知》，于9月在全省工会系统开展专项工作冲刺月活动，要求各地在解决具体问题、推进工作规范、做好维权服务、巩固深化成果上加速冲刺，在全会上下营造“争当优秀县级工会、争创十佳县级工会”的浓厚氛围。

“县级工会加强年”专项工作开展期间，全省104个县（市、区）均落实了向同级党委汇报工作制度、召开了政府与工会联席会议、完善了厂务公开领导机构和产改工作领导机构，进一步激发县级和基层工会工作活力，“四缺”难题得到有效缓解。强化专项工作宣传，编印专项工作动态31期，总结提炼、宣传推广各级工会经验做法，形成比学赶超、争先进位的良好氛围。安徽省“县级工会加强年”专项工作受到全国总工会党组书记、副主席、书记处第一书记徐留平充分肯定。

2024年，省总工会锚定“五强”目标，巩固深化县级工会加强年成果，继续将“县级工会加强年”专项工作列入全会“42101”重点工作，推进落实《安徽省总工会关于加强县级工会建设的若干举措》。坚持把巩固县级工会加强年成果与年度重点工作相结合，统筹推进新就业形态劳动者工会工作三年行动、非公企业工会建设三年行动、“小三级”工会建设三年行动、产业工人队伍建设改革、工会阵地建设提质扩面增效、维护劳动领域政治安全等工作。充分发挥各地优势，努力打造“一县一品”“一县一特色”工会工作品牌，评选创新工作典型案例，培育、总结和推广一批先进典型，安庆市总工会《“一县”打造“一品”“一品”激活“一县”》的做法被《工人日报》头版头条刊发，全国 170 余家省级以上媒体转发，得到全国总工会充分肯定。

八、评选表彰全省厂务公开民主管理先进单位和先进个人

为发挥典型示范引领作用，进一步推进全省厂务公开企业民主管理制度化、规范化、法治化建设，省推行厂务公开工作领导小组决定评选表彰一批全省厂务公开民主管理先进单位和先进个人。

2022 年 3 月 31 日，省委副书记、省委党校（安徽行政学院）校长（院长）、省推行厂务公开工作领导小组组长程丽华主持召开省推行厂务公开工作领导小组会议，会议将全省厂务公开民主管理先进单位和先进个人评选表彰工作列入年度工作要点，讨论通过《全省厂务公开民主管理工作先进单位和先进工作者评选表彰管理办法》。

2022 年 4 月 6 日，省推行厂务公开工作领导小组印发《全省厂务公开民主管理工作先进单位和先进工作者评选表彰管理办法》，明确评选表彰的周期、项目和数量，进一步规范工作程序、申报要求等。2022 年 10 月，省推行厂务公开工作领导小组办公室起草《评选表彰全省厂务公开民主管理先进单位和先进个人工作方案》，并征求各方意见和建议。

2022 年 11 月 2 日，省推行厂务公开工作领导小组办公室印发《关于评选表彰全省厂务公开民主管理先进单位和先进个人的通知》，部署开展评选表彰工作。要求各地严格比例结构要求，严把推荐质量关，坚持代表广泛、重点突出、结构合理的原则，重点向基层和工作一线倾斜。

2022 年 11 月至 2023 年 1 月，各地按照通知要求，坚持公开、公平、规范、有序的原则，自下而上、逐级推荐，严格执行“两审三公示”程序，顺利完成了评选工作初审、公示和复审阶段的各项工作。

2023年4月12日，省推行厂务公开工作领导小组印发《安徽省推行厂务公开工作领导小组关于表彰全省厂务公开民主管理先进单位和先进个人的决定》。2023年10月27日，安徽省厂务公开民主管理工作会议在合肥召开，会议宣读了《关于表彰全省厂务公开民主管理先进单位和先进个人的决定》，授予50家单位“全省厂务公开民主管理先进单位”称号，授予149人“全省厂务公开民主管理先进个人”称号。

九、选树发布“安徽工匠”

2022年4月27日，习近平向首届大国工匠创新交流大会致贺信。安徽省总工会积极组织参加首届大国工匠创新交流大会，在深圳会场展示安徽省25家企业的32名劳模工匠代表的先进事迹和创新成果，宣纸集团周东红作为安徽省的全国唯一产业工人代表在大会开幕式上发言，广泛发动职工参加线上互动和创新成果转化签约，安徽省总工会荣获大国工匠创新交流大会优秀组织单位。

2021年6月21日，省总工会出台《关于加强“安徽工匠”培育工作的意见》，明确在“十四五”期间，每年选树100名“安徽工匠”，并从中产生10名“安徽工匠年度人物”，带动全省工会广泛开展工匠人才培育选树活动。据统计，全省市级以上共选树789名工匠。在工匠精神的示范引领下，全省产业工人整体素质明显提升，全省技能人才总量达到612万人，其中高技能人才183.6万人，一大批大国工匠、能工巧匠竞相涌现，1人当选“大国工匠年度人物”，2人荣获“中华技能大奖”，25人荣获“长三角大工匠”称号，151人获“全国技术能手”称号，142名高技能人才享受国务院或省政府特殊津贴。

创新工匠选树办法。首届“安徽工匠”选树工作创新评选方式，不分配推荐指标、不限定推荐名额、不设置条件门槛，实行组织推荐、个人自荐相结合，线上线下均可申报。通过各地、各部门、各行业协会等组织推荐和个人自荐，共有818名职工参评。省总工会评选办将参评人员分为战略性新兴产业、传统制造业、居民服务业、非物质文化遗产和其他行业等5类，邀请有关院士、专家成立5个评审组，经严格评审、集体研究、社会公示等，评选出100名“安徽工匠”，并从中产生了10名“安徽工匠年度人物”。选树的100名“安徽工匠”，平均年龄仅41.7岁，最大66岁，最小26岁，平均工龄18.9年，其中产业工人87名，女职工5人。

讲好工匠先进故事。2022年5月13日、2023年12月26日，省总工会联合安徽省委宣传部、安徽广播电视台，连续两届举办安徽工匠年度人物发布仪式。连续2年省委书记亲致贺信，勉励包括“安徽工匠年度人物”在内的全省广大职工。在安徽广播电视台开设“工匠故事江淮行”等专栏，广泛宣传安徽劳动模范工匠先进人物典型。开展工匠“五进”活动，全方位、多角度、深层次开展新闻宣传、社会宣讲等，不断创新宣传形式和方式方法，讲好工匠故事、展示工匠形象、弘扬工匠精神。

建设工匠提升平台。推动建设安徽工匠学院，并将学院建设纳入省政府与省总工会2022年联席会议议定事项。围绕“传承、提升、培养”的功能定位，按照“1+3”的工匠学院建设模式，搭建广大职工技能和学历提升平台，造就更多

★ 2021安徽工匠年度人物发布仪式。

高技能人才和工匠人才。2023 年 1 月 10 日，安徽工匠学院正式在安徽开放大学挂牌成立，省总工会有关负责同志出席并为安徽工匠学院揭牌，省总工会、省人力资源和社会保障厅、省委教育工委主要负责同志向安徽工匠学院阜阳、合肥、芜湖校区授牌。

十、深化产业工会改革

2018 年至 2020 年，按照省委关于“逐步将由省直机关工会管理的企事业工会按行业性质划分到相关地方或产业工会，推进扁平化管理”的要求，省总工会进一步推动非驻会产业工会驻会管理工作。先是成立调研组，多次召开座谈会，听取理顺组织关系和职级职数核算的意见建议，认真梳理总结存在的矛盾和问题。鉴于 5 家非驻会产业工会具有社会团体法人资格的独立单位、非驻会产业工会经费由省总工会的经费保障而非财政统发、“有事找省总，无事管不着”等问题，2018 年 5 月，省总工会召开党组会议对非驻会产业工会关系划转问题进行专题研究，提出将省国防工业工会、省地质工会、省电子工业工会 3 家非驻会产业工会划归驻会管理的调整方案。2019 年 3 月，省总工会制定《非驻会产业工会回归省总工会管理工作方案》，之后，省总工会党组分别与非驻会产业工会所在厅局党委（党组）共同行文报省委编办。2020 年 7 月，省委编办下发关于管理体制调整的批复。2020 年 12 月，省国防工业工会、省地质工会、省电子工业工会 3 家产业工会管理体制调整为驻会管理，与省总工会机关现有在编在职人员行政关系、工资关系、党组织关系、人事档案等保持同等待遇，离退休人员按照原组织关系由原驻在单位管理，办理到龄未退人员退休手续。至 2020 年 12 月，形成了 8 家驻会产业工会（省教科文卫体工会、省财贸轻纺烟草工会、省农林水利气象工会、省机械冶金工会、省能源化学工会、省国防工业工会、省电子工业工会、省地质工会）、2 家驻在有关厅局的非驻会产业工会（省建设建材工会、省交通工会）的格局。

表 4-1　2020 年底安徽省产业工会基本情况

单位名称	编制数（人）	产生方式	是否独立收缴经费	是否驻会
省教科文卫体工会	11	委员会	是	驻会
省机械冶金工会	11	委员会	是	驻会
省财贸轻纺烟草工会	6	委员会	否	驻会
省农林水利气象工会	5	委员会	否	驻会
省能源化学工会	6	委员会	否	驻会
省国防工业工会	5	委员会	否	驻会
省地质工会	5	任命制	否	驻会
省电子工业工会	3	任命制	否	驻会
省建设建材工会	6	任命制	是	非驻会
省交通工会	7	委员会	是	非驻会

2021 年，中央书记处听取群团组织工作汇报后指示，要巩固拓展群团改革成果，推动改革不断向纵深发展。省委十届十三次全会明确要求，深入推进工会、共青团、妇联等群团组织改革。为进一步落实党中央及省委决策部署，有效衔接全国产业工会，省总工会参照学习江苏、浙江等省工会做法，根据《工会法》《中国工会章程》的“同一行业或者性质相近的几个行业，可以根据需要建立全国的或者地方的产业工会”“各级地方产业工会组织的设置，由同级地方总工会根据本地区的实际情况确定”等相关规定，启动了驻会产业工会的整合工作。在坚持机构不增，编制职数不变的原则下，整合原有的省国防工业工会、省电子工业工会、省地质工会、省能源化学工会 4 家驻会产业工会，重新设立安徽省国防邮电工会委员会、安徽省能源化学地质工会委员会、安徽省省部属（直管）企事业工会委员会、安徽省网络信息工会委员会 4 家驻会产业工会。2021 年 9 月，省总工会党组正式向省委组织部、省委编办上报《关于调整省总工会驻会产业工会有关事项的请示》。2021 年 12 月省委编办对机构设置进行了批复，2022 年 5 月省委组织部就整合成立的单位列入参照公务员法管理范围进行了批复。

2022 年 5 月，省总工会印发《关于调整省总工会部分驻会产业工会的通知》，完成整合改革任务，形成了目前的组织体系设置，即 8 家驻会产业工会分别是省教科文卫体工会、省财贸轻纺烟草工会、省农林水利气象工会、省机械冶金工会、省国防邮电工会、省能源化学地质工会、省网络信息工会、省部属（直管）企事业工会，2 家非驻会产业工会分别是省建设建材工会、省交通工会的布局。

截至 2023 年 12 月，8 家驻会产业工会全部完成换届（成立）工作，进一步理顺各产业工会职能，做到权责匹配，对上承接工作避免出现职责交叉、工作重复的情况，对下指导工作做到有抓手有方向有载体，为今后“做大做强驻会产业工会，做优做精服务产业职工”打下坚实基础。

第六节　迈上新时代新征程的安徽工运事业

2023 年是全面贯彻落实党的二十大精神的开局之年，是实施“十四五”规划承上启下的关键一年。全省生产总值达 4.71 万亿元，较上年增长 5.8%；城镇居民人均可支配收入 4.74 万元，较上年增长 5.1%；城镇新增就业 72.2 万人。全省工会和广大职工深入学习贯彻习近平总书记关于工人阶级和工会工作的重要论述特别是同全国总工会新一届领导班子成员集体谈话时的重要讲话精神，扎实开展学习贯彻习近平新时代中国特色社会主义思想主题教育，组织学习《习近平关于工人阶级和工会工作论述摘编》，以“42101”重点工作为牵引，带动各项工作发展。胜利召开安徽省工会第十五次代表大会，开展“凝心铸魂跟党走 团结奋斗新征程”等主题宣教活动，承办全国职工宣讲比赛总决赛，推动工会就业援助行动融入社会就业公共服务体系，建立工会驿站建设联席会议制度，推动工会驿站建设纳入全省民生实事，印发《关于充分发挥国有企业在推进产业工人队伍建设改革中带动作用的实施意见》，举办大国工匠创新交流大会安徽分论坛，打造安徽工匠学院体系，联合沪苏浙总工会选树发布首届“长三角大工匠”，牵头举办长三角结对城市职工劳动技能竞赛、长三角地区新能源汽车技能竞赛、融资担保职业技能竞赛、长三角地区职工疗休养基地服务技能大赛，修订出台《安徽省实施〈中华人民共和国工会法〉办法》，联合印发《关于进一步加强劳动人事争议协商调解工作的实施意见》，开展厂务公开民主管理评选表彰，出台《安徽省总工会关于加强县级工会建设的若干举措》，建成“12351”工会服务职工热线，圆满完成“十四五”全国总工会信息化建设工程(一期)安徽试点项目，为谱写现代化美好安徽建设新篇章作出了积极贡献。

一、学习《习近平关于工人阶级和工会工作论述摘编》

2023年9月，中共中央党史和文献研究院编辑的《习近平关于工人阶级和工会工作论述摘编》(以下简称《论述摘编》)出版发行。省总工会第一时间组织学习宣传贯彻工作。

2023年9月18日，省总工会印发《安徽省总工会关于认真学习宣传贯彻〈习近平关于工人阶级和工会工作论述摘编〉的通知》，对全省工会学习宣传贯彻工作进行动员部署。2023年9月25日下午，省总工会召开全省工会深入学习贯彻《论述摘编》座谈会。

2023年9月29日，省总工会召开党组会议，深入学习《论述摘编》，研究制定了贯彻落实具体举措：一是深入学习领会，将学习《论述摘编》列入重要议事日程，坚持主要领导亲自抓；结合各地第二批学习贯彻习近平新时代中国特色社会主义思想主题教育，将其纳入学习贯彻习近平新时代中国特色社会主义思想的重要内容，统筹部署安排，加大对下指导，强化推动落实。二是加强学习培训，把《论述摘编》作为工会干部学习培训的重点内容，通过多种方式，引导各级工会干部通读、精读、研读；要发挥省总工会干校资源优势，打造学习宣传贯彻《论述摘编》优质精品课程。三是广泛宣传宣讲，结合宣讲中国工会十八大精神，指导各地及时组建劳模工匠（工会干部）宣讲团，用好“六进”载体，面向基层一线职工，广泛开展有特色、接地气、入人心的宣讲活动。要充分利用工会媒体和宣传阵地广泛宣传、生动解读《论述摘编》。四是抓好贯彻落实，围绕贯彻落实中国工会十八大和省工会十五大确定的目标任务，切实在抓好“42101”、工会驿站、“12351”职工维权热线建设等重点工作落实上出实招、办实事、求实效，真正把学习成效转化为谋划推动工会工作创新发展的思路举措，推动《论述摘编》在工会系统落地生根、形成生动实践。

2023 年，按照党的二十大部署，党中央在全党开展了学习贯彻习近平新时代中国特色社会主义思想主题教育。2023 年 4 月 11 日，安徽召开全省学习贯彻习近平新时代中国特色社会主义思想主题教育动员大会。

2023 年 4 月 18 日，省总工会机关召开学习贯彻习近平新时代中国特色社会主义思想主题教育动员大会，对省总工会机关及直属单位开展主题教育进行动员部署。省委主题教育第七巡回指导组到会指导。根据动员会的部署安排，省总工会高质量举办主题教育读书班、调研成果交流会、专题民主生活会等，领导班子成员带头学习研讨、带头调查研究、带头检视问题、带头整改落实，机关各级党组织和广大党员、干部真抓实做、争做表率，主题教育各项工作进展有序、扎实深入，取得了一系列重要阶段性成果。

在理论武装方面，及时向机关全体党员、干部发放主题教育 5 本指定学习材料和 3 本重要参考材料，并编印《认真学习贯彻习近平总书记关于工人阶级和工会工作的重要论述摘编》《产业工人队伍建设改革 50 问》作为工会干部学习材料。开展集中互学，安排 8 天时间举办主题教育读书班，健全和完善周一集中学习日制度，依托“三会一课”、主题党日等组织支部党员、干部集中学习，推动理论学习向基层党员延伸。督促党员加强自学，通过“学习强国”、“安徽先锋微讯”、“安徽干部教育在线”、工会“五一学堂”、机关“青年理论学习 e 家”等平台，及时向党员转发推送各种学习教育资源，不定期抽查党员干部学习情况，检验学习效果。党组书记带头，围绕“四个讲清楚”为全体党员干部讲专题党课，班子成员均在所在支部及分管部门讲专题党课，支部书记全部按要求讲专题党课；邀请省直机关理论宣讲团专家、劳动模范先进人物进机关作专题报告；组织开展“三问”研讨交流、“青年理论 e 家”线下交流等，畅谈学习体会，努力运用党的创新理论解决实际问题。

在调查研究方面，聚焦工会工作实践遇到的新问题、工会改革存在的深层次问题、职工群众急难愁盼的问题，明确 12 个方面的调研内容，确定 18 项重点调研课题，着力打通工作的难点、堵点、痛点。省总工会领导每人牵头1个重点课题，同时针对分管领域中突出难点问题进行专项调研，带动机关各部门、产业工会及直属单位广泛开展调查研究。坚持群众导向，既到工作情况好、创新做法多的基层工会去总结经验，也到职工群众矛盾多、工作开展困难大的单位去研究问题；既分赴省内的南、北、中片调研了解整体情况，也到杭州等省外地区学习经验，真正从群众中汲取智慧、从调研中求取“真经”。并把集中调查研究与年度重点调研课题、工会干部赴基层蹲点、学习宣传贯彻省工会十五大精神等工作结合起来、一体推进，持续为基层减负增效。对调研中反映和发现的问题，逐一梳理形成问题清单、责任清单、任务清单。召开主题教育调研成果交流会，对省总工会主题教育调研成果的阶段性展示，总结经验、探讨举措。

在检视整改方面，省总工会领导班子成员赴基层一线调研48次，发现问题66个，收集群众意见118条，帮助解决群众实际困难65个，梳理出“户外劳动者‘四难’、少数县级工会‘四缺’”等问题清单7个，形成调研报告19篇、成果转化运用清单16项。对调研中发现的问题，动态更新整改落实情况，着力抓好建章立制，并将整改整治情况通过公告栏向党员干部群众进行通报。针对户外劳动者反映强烈的“四难”问题开展专项整治，截至2023年8月底，全省新增工会驿站6705个，累计达到9220个。

在推动发展方面，围绕解决户外劳动者“四难”问题，启动“工会小站 贴心大爱”工会服务站点双15工程；围绕解决就业难问题，持续开展“工会送岗位 乐业在江淮”全省工会就业援助行动；围绕解决基层工会“四缺”问题，深入开展“县级工会加强年”专项工作，努力实现“五强”目标；围绕解决县级推动产改工作力度不够的问题，在全国省级层面率先出台县级产改“十六条”；围绕解决新就业形态劳动者权益维护问题，推深做实新就业形态劳动者建会入会和权益保障工作。充分运用“浦江经验”开展下访接访，解决职工群众难题、化解信访积案，解决群众急难愁盼问题和民生领域突出问题。

2023年9月18日，省总工会召开学习贯彻习近平新时代中国特色社会主义思想主题教育总结会议。随后，省总工会认真做好第一批主题教育和第二批主题教育有效衔接，运用开展主题教育的成功经验，积极指导各市、县工会开展第二批主题教育。截至 2024 年 1 月，第二批主题教育基本结束。第二批主题教育结束后，省总工会持续巩固拓展主题教育成果，扎实推进“铸魂赋能强基”工程，印发《省总领导接待职工来访、阅批职工来信、包案处理职工信访事项规定》《全省工会职工信访工作规则》《“12351”安徽省总工会服务职工热线管理暂行办法》，进一步完善工会“民声呼应”工作体系，常态化、机制化落实现场办公制度，细化完善调研成果转化运用清单和年度机关党建工作任务清单，努力推动安徽工运事业高质量发展。

二、学习贯彻中国工会十八大精神

2023 年 10 月 9 日，中国工会第十八次全国代表大会在北京开幕。习近平、赵乐际、王沪宁、丁薛祥、李希等党和国家领导人到会祝贺，蔡奇代表党中央致词。大会全面总结新时代十年工会工作的成就和经验，系统总结工会十七大以来的工作，深刻把握以中国式现代化全面推进中华民族伟大复兴对党的工运事业和工会工作提出的新任务新要求，明确新时代新征程上工会组织肩负的历史使命和工会工作的目标任务，修改《中国工会章程》，选举产生全国总工会新一届领导机构。2023 年 10 月 23 日，习近平总书记同中华全国总工会新一届领导班子成员集体谈话并发表重要讲话。

2023 年 10 月 12 日下午，中国工会第十八次全国代表大会刚闭幕，安徽省代表团立即在驻地召开会议，总结本次大会安徽省代表团履职情况，部署安排下一步学习宣传贯彻工作。省人大常委会副主任、省总工会主席何树山出席会议并讲话，省总工会党组书记、副主席徐发成主持会议。何树山强调，中国工会十八大是广大职工群众和工会干部政治生活中的一件大事，大会期间，代表们以饱满的政治热情和严实的工作作风，忠诚履行代表职责，正确行使民主权利，充分展示了我省代表团的良好形象。同时强调，学习宣传贯彻中国工会十八大精神是全省工会一段时期的重要政治任务。各位代表要宣传在先、贯彻在先。要带头抓好学习，坚持把学习大会精神与扎实开展第二批学习贯彻习近平新时代中国特色社会主义思想主题教育结合起来，及时将大会精神向各级党委政府汇报，示范带动广大职工和工会干部迅速把思想和行动统一到党中央的决策部署上来。要带头抓好宣传，各位代表要带头深入基层，面向一线职工抓好大会精神宣传；各级工会要扎实抓好本地区、本系统、本单位的宣传宣讲工作，充分发挥工会宣传阵地作用，深入全面解读宣传大会精神，营造浓厚舆论氛围。要带头抓实贯彻，各位代表要立足本职岗位，扎实做好各项工作，切实把大会精神落实到实际行动中；各级工会要做好结合文章，把贯彻大会精神与落实省工会十五大各项任务部署结合起来，与完成年度工作目标任务结合起来，推动大会精神真正在安徽工会工作中落地生根、开花结果。

2023 年 10 月 16 日上午，省总工会召开党组（扩大）会议，传达学习中国工会十八大精神，并对全省工会贯彻落实工作作出部署。会议传达了中国工会十八大盛况，学习了蔡奇代表党中央的致词精神，王东明所作的大会报告、中国工会章程（修正案）及中国工会第十八次全国代表大会闭幕词精神，通报了安徽省代表履职情况。会议强调，学习宣传贯彻大会精神是一个时期全省各级工会组织和广大工会干部的重大政治任务。要紧密结合安徽工会实际，扎实抓好贯彻落实，推动中国工会十八大精神在安徽落地生根、开花结果。省总工会作为全省工会领导机关，要先学一步、学深一层，示范带动全省广大职工和工会干部开展学习。要紧密结合安徽实际，作出专门部署安排，迅速在全省各地掀起学习宣传热潮。要静下心来系统研究谋划，切实找准贯彻落实中国工会十八大精神的切入点、着力点，把大会提出的目标任务转化为安徽工会工作的新思路、新方法、新举措，真正把中国工会十八大精神贯彻落实到安徽工会工作各方面全过程，切实把学习的成效转化为不断推动新时代安徽工会工作高质量发展的强大动力。①

2023 年 10 月 24 日上午，省总工会召开党组会议，传达学习习近平总书记在同全国总工会新一届领导班子成员集体谈话时的重要讲话精神。2023 年 10 月 27 日上午，全省工会学习宣传贯彻习近平总书记在同全国总工会新一届领导班子成员集体谈话时的重要讲话及中国工会十八大精神动员部署会以视频会议

---

①《省总工会召开党组（扩大）会议传达学习中国工会十八大精神》，安徽省总工会。

形式召开。会议强调，全省各级工会组织要深入学习贯彻习近平总书记在同全国总工会新一届领导班子成员集体谈话时的重要讲话精神，全面准确理解和把握中国工会十八大精神，深刻学习领会党中央致词和大会报告的丰富内涵、精神实质和实践要求，结合工会工作实际有针对性地加强思考研究，更好把握新时代工运事业和工会工作的特点与规律，推动党中央决策部署在全省工会系统落实落地。要进一步增强责任感、使命感，加强组织领导、掀起学习宣传热潮，强化宣讲培训、力求学懂、弄通、做实，注重结合转化、狠抓工作落地见效，确保习近平总书记重要讲话精神不折不扣落实到工会工作各方面、全过程，努力完成中国工会十八大确定的目标任务，以实际行动奋力开创安徽工运事业新征程和工会工作新局面，为全面建设现代化美好安徽作出工会组织新的更大贡献。[①] 会议当天，省总工会还印发了《安徽省总工会关于认真学习宣传贯彻习近平总书记重要讲话精神 努力完成中国工会十八大确定的目标任务的通知》，对相关工作进行部署。2023 年 11 月 17 日，省总工会机关举办学习贯彻习近平总书记在同全国总工会新一届领导班子成员集体谈话时的重要讲话精神及中国工会十八大精神宣讲报告会。2023 年 12 月 29 日上午，省总工会机关“五一大讲堂”举办中国工会十八大精神宣讲报告会。省总工会党组书记、副主席徐发成出席并作主旨宣讲，中国工会十八大代表任萍萍分享参会感悟。

在省总工会的部署安排下，全省各级工会积极学习宣传和贯彻落实大会精神，掀起了学习宣传热潮。2023 年 10 月 31 日，省教科文卫体工会在合肥召开学习宣传贯彻习近平总书记在同全国总工会新一届领导班子成员集体谈话时的重要讲话及中国工会十八大精神会议，深入学习习近平总书记同中华全国总工会新一届领导班子成员集体谈话时的重要讲话精神，学习《习近平关于工人阶级和工会工作论述摘编》，宣讲中国工会十八大精神。2023 年 11 月 9 日下午，“‘凝心铸魂跟党走 团结奋斗新征程’——学习贯彻习近平总书记重要讲话和中国工会十八大精神安徽省劳模工匠（工会干部）宣讲团走进奇瑞”火热举行。2023 年 11 月 6 日至 10 日，省总工会经审会在省总工会干部学校举办习近平总书记同

① 《全省工会学习宣传贯彻习近平总书记在同全国总工会新一届领导班子成员集体谈话时的重要讲话及中国工会十八大精神动员部署会召开》，安徽省总工会。

全国总工会新一届领导班子成员集体谈话时的重要讲话及中国工会十八大精神宣讲会暨全省工会经审干部培训班。2023 年 12 月 13 日，省国防邮电工会在霍山县举办学习贯彻习近平总书记在同全国总工会新一届领导班子成员集体谈话时的重要讲话及中国工会十八大精神专题宣讲报告会。

三、召开安徽省工会第十五次代表大会

安徽省工会第十五次代表大会，是在全省上下全面贯彻党的二十大精神、奋力谱写中国式现代化安徽篇章的关键时期召开的一次重要会议。大会的主题是高举中国特色社会主义伟大旗帜，以习近平新时代中国特色社会主义思想为指导，全面贯彻党的二十大精神，贯彻落实省第十一次党代会精神，不忘初心、牢记使命，忠诚履职、奋勇争先，组织动员全省广大职工为全面建设现代化美好安徽而团结奋斗。大会的主要任务是全面总结省工会十四大以来的工作，研究确定今后 5 年的目标任务，选举产生省总工会新一届领导班子，团结带领全省广大职工为全面建设现代化美好安徽而团结奋斗。

2023 年 5 月 10 日，安徽省工会第十五次代表大会在合肥隆重开幕。来自全省各条战线的约 780 名代表出席大会。省委书记韩俊出席会议。省委副书记、省长王清宪讲话。全国总工会副主席、书记处书记魏地春到会讲话。省人大常委会副主任、省总工会主席何树山作了题为《忠诚履职　奋勇争先　组织动员全省广大职工为全面建设现代化美好安徽而团结奋斗》的报告。

报告全面总结了安徽省工会第十四大以来 5 年的工作。提出在习近平新时代中国特色社会主义思想科学指引下，在省委和全国总工会的坚强领导下，全省各级工会坚持围绕中心、服务大局，坚持以职工为中心的工作导向，聚焦主责主业，突出抓主抓重，持续推深做实“42101”重点工作，各项工作不断取得新成绩、呈现新面貌、焕发新活力。这 5 年，深刻理解了工会组织既是群团组织、更是政治组织的定位，始终坚持工会工作正确政治方向，着力强化思想政治引领，广大职工听党话、跟党走的信念更加坚定；牢牢把握了工人运动时代主题，聚焦服务现代化美好安徽建设中心大局，充分凝聚广大职工建功立业磅礴力量，

★ 2023年5月，安徽省工会第十五次代表大会胜利召开。

工人阶级主力军作用、工会组织担当作为更加凸显；牢固树立了以职工为中心的工作导向，认真履行维权服务基本职责，用心、用情、用力当好职工知心人、贴心人、娘家人，职工群众的获得感、幸福感、安全感更加充实；紧紧围绕保持和增强政治性、先进性、群众性，坚持强基固本、开拓创新，持续抓好工会改革任务落实，工会自身建设更加坚强有力、更加充满活力；坚持抓主抓重，持续推深做实“42101”重点工作，工会组织对职工的凝聚力、在社会的影响力明显增强，全省工会干事创业、争先进位的意识更加强烈。

报告概括了5年来安徽工会牢记“国之大者”，凝心聚力干的“4件大事”。一是助力打赢脱贫攻坚战，如期完成城市困难职工解困脱困任务，我省城市困难职工与全省人民一道同步迈入全面小康社会。二是答好全面深化改革命题，产业工人队伍建设改革取得重要阶段性成果，产业工人技能素质进一步提升、地位待遇进一步提高、发展通道进一步畅通。三是贯彻总体国家安全观，建立健全维护劳动领域政治安全工作格局和长效机制，劳动领域政治安全形势持续向好，我省职工队伍和劳动关系总体和谐稳定。四是主动融入长三角一体化发展国家战略，联合构建沪苏浙皖工会合作机制，积极打造长三角一体化发展“工会模块”，安徽工会围绕中心、服务大局的作用有力彰显。同时，对5年来聚焦“皖之要事”，打造的“皖工”品牌进行了阐述。“工会送岗位 乐业在江准”全省工会就业援助行动帮助更多劳动者就近就地稳定就业，困难职工帮扶纳入省政府民生实事，货车司机网上入会为全国提供了安徽经验、安徽方案，安徽工匠选树发布唱响了“劳动光荣、技能宝贵、创造伟大”时代主旋律，每年“为职工办‘十件实事’”提供分众化普惠性服务，民营企业工会工作规范化建设、智慧工会建设应用等多项工作走在全国前列，安徽工会主动作为、勇于创新的风采充分展现。

报告提出，今后5年是全面建设社会主义现代化国家开局起步的关键时期，也是新征程上奋力谱写中国式现代化安徽篇章的关键时期，工人阶级和工会组织责任重大、使命光荣。全省工会工作今后5年的总体要求是：全面贯彻落实习近平新时代中国特色社会主义思想和党的二十大精神，贯彻落实习近平总书记关于安徽工作的重要讲话重要指示精神、关于工人阶级和工会工作的重要论述，进一步树牢“两心”工作理念、聚焦“两力”工作目标、坚持“42101”重点工作格局，大力加强职工思想政治引领，纵深推进产业工人队伍建设改革，广泛深入持久开展劳动和技能竞赛，着力提升维权服务质量，切实维护劳动领域政治安全，持续加强工会基层基础和工作创新，有效发挥桥梁纽带作用，真抓实干、奋发有为，组织动员全省广大职工为全面建设现代化美好安徽而团结奋斗。今后5年工会工作的目标任务是：立足工会基本职能职责，坚持围绕中心、服务大局，坚持以职工为中心的工作导向，着眼增强工会对职工的凝聚力、在社会的影响力，倾力把安徽工会打造成“讲政治的忠诚工会、敢担当的有为工会、善服务的暖心工会、强基层的活力工会、严作风的勤廉工会”。今后5年的重点工作：一是突出政治属性，坚决扛起引导职工群众听党话、跟党走这个政治责任，奋力在筑牢团结奋斗的共同思想基础上取得新成效。二是围绕中心大局，牢牢把握高质量发展这个首要任务，奋力在助推现代化美好安徽建设上创造新业绩。三是聚焦主责主业，认真履行维权服务这个基本职责，奋力在提升职工生活品质上展现新作为。四是坚持守正创新，紧紧围绕深化工会改革和建设这个重大课题，奋力在有效发挥桥梁纽带作用上实现新突破。五是强化党建引领，始终抓住党的建设这个根本保证，奋力在营造风清气正的政治生态上开创新局面。

★ 省工会第十五次代表大会开幕会前，韩俊、王清宪等领导会见出席大会的劳模先进代表。

大会选举产生了省总工会第十五届委员会和经费审查委员会，何树山当选为省总工会主席，徐发成、张勇、陈金红、朱颖、胡少石、程光林、朱胜利、徐露平、刘红丽当选为副主席，曾传发当选为经费审查委员会主任。

省工会第十五次代表大会开幕会前，韩俊、王清宪等领导还专门会见了出席大会的全国劳动模范先进工作者，以及安徽当年受到全国总工会表彰的全国五一劳动奖状单位代表、全国五一劳动奖章获得者代表、全国工人先锋号代表等并发表讲话。

韩俊指出，近年来，全省各个行业、各条战线的劳动者认真贯彻习近平总书记重要讲话重要指示精神，立足岗位、尽职尽责、拼搏奋斗，在平凡的岗位上创造了不平凡的业绩，为推动安徽高质量发展作出了重要贡献，集中彰显了劳模精神、劳动精神、工匠精神，充分展示了新时代江淮儿女的新风采。韩俊强调，全省各级各部门特别是各级工会要进一步关心关爱劳模和广大一线职工，多办一些实事、暖心事，充分保障劳动者合法权益，大力开展劳动竞赛，提升职工技能，努力让劳动最光荣、劳动最崇高、劳动最伟大、劳动最美丽在江淮大地蔚然成风。广大劳模先进要听党话、跟党走，衷心拥护“两个确立”、忠诚践行“两个维护”，做“又红又专”的政治“明白人”。要挑重担扛重责，在安徽现代化建设的火热实践中施展拳脚、建功立业，以个人出彩为全局添彩。要精技术增本领，主动学习掌握新的科技手段，勤学苦练、刻苦钻研，做到干一行爱一行、钻一行精一行。要强作风作表率，自觉践行社会主义核心价值观，大力发扬团结协作、互助友爱的精神，厚植工匠文化，恪守职业道德，以一身正气赢得社会尊重。

四、提出打造“五个工会”发展愿景

党的二十大报告提出，深化工会、共青团、妇联等群团组织改革和建设，有效发挥桥梁纽带作用。全心全意依靠工人阶级，健全以职工代表大会为基本形式的企事业单位民主管理制度，维护职工合法权益。在全社会弘扬劳动精神、奋斗精神、奉献精神、创造精神、勤俭节约精神，培育时代新风。省第十一次党代会提出了加快建设“五个安徽”的总体目标，省委十一届四次全会提出了“八个奋力”的具体任务。

面对安徽正处于厚积薄发、动能强劲、大有可为的上升期、关键期的新形势，和党对工运事业、工会工作提出的新任务、新要求，安徽省工会十五大报告明确了今后五年的目标任务是，立足工会基本职能职责，坚持围绕中心、服务大局，坚持以职工为中心的工作导向，着眼增强工会对职工的凝聚力、在社会的影响力，倾力把安徽工会打造成“讲政治的忠诚工会、敢担当的有为工会、善服务的暖心工会、强基层的活力工会、严作风的勤廉工会”。

打造讲政治的忠诚工会，就是要坚决把拥护“两个确立”、做到“两个维护”作为最高政治原则和根本政治规矩，坚定不移忠诚核心、拥戴核心、维护核心、捍卫核心，坚定不移用习近平新时代中国特色社会主义思想统一思想、统一意志、统一行动，确保工会工作的正确政治方向。

打造敢担当的有为工会，就是要牢牢把握我国工人运动时代主题，以工人阶级伟大品格和劳模精神、劳动精神、工匠精神引领职工、组织职工、凝聚职工，加快建设一支知识型、技能型、创新型劳动者大军，不断激发广大职工积极投身现代化美好安徽建设的强劲动力，唱响新时代“咱们工人有力量”。

打造善服务的暖心工会，就是要积极顺应职工群众对美好生活的向往，推动工会维权服务体系不断健全、领域不断拓展、功能不断完善，让工会干的事精准对接职工群众盼的事，不断提升职工生活品质，努力把工会建设成为名副其实的职工之家，让工会干部成为职工群众信赖的娘家人、贴心人。

打造强基层的活力工会，就是要以加强县级工会建设为牵引，以新就业形态劳动者建会入会为重点，以民营企业工会工作规范化建设为抓手，创新基层工会组织形式，建强用好职工服务阵地，构建工会网上工作新形态，持续激发基层工会生机活力，让基层工会真正建起来、转起来、活起来、强起来。

打造严作风的勤廉工会，就是要贯彻落实省委“一改两为五做到”“踔厉奋发五提升”要求，深入推进工会系统全面从严治党，持之以恒改进工作作风，着力打造“忠专实”“勤正廉”的工会干部队伍，努力形成奋发有为、勇争一流的干事创业氛围和风清气正、崇德尚廉的良好政治生态。

“五个工会”发展愿景与“两心”工作理念、“两力”工作目标、“42101”重点工作格局一脉相承，共同描绘了安徽工会未来5年发展蓝图，为今后5年安徽省各级工会组织开展重点工作指明了方向，推动了新时代安徽工会工作高质量发展。

五、提出“上心用心、谋划策划、创新创造、借势借力、争先争优”工作方法

为更好地把全省工会工作“两心”工作理念、“两力”工作目标、“42101”重点工作格局、“五个工会”发展愿景的科学谋划变成现实，2024年1月的全省工会工作务虚会提出了“上心用心、谋划策划、创新创造、借势借力、争先争优”的安徽工会工作方法。

一要上心用心。上心，就是始终保持强烈的事业心，时刻把工作放在心上；用心，就是始终保持强烈的责任心，想方设法、千方百计把工作干好。这是由工会工作的特点决定的，一方面，工会工作领域广泛、舞台广阔、组织强大，有资金、有资产、有资源，只要想干事，就有干不完的事，而且有条件、有资源、有手段干成事；另一方面，工会工作弹性比较大，干好工会工作需要充分发挥主观能动性，自我加压、积极作为、主动作为。

二要谋划策划。谋划是对工作思路、工作目标、发展方向的思考和规划，策划是围绕谋划的目标任务作出的具体工作安排、制定的具体工作举措。做好工会工作一定要注重加强谋划策划，善于在大局中谋事干事成事，自觉把工会工作放到全省、各市、各地的工作大局中去思考、去定位、去摆布，找准工会工作的切入点、结合点、着力点，不能游离中心、偏离中心。各级工会在谋划策划工会工作时，要自觉地与“两心”工作理念对标，看看符不符合、对不对得上。

三要创新创造。创新就是工会工作要有创新思维，不能按部就班，要创新意、出新招、见新效，常做常新。创造就是要在工作创新的基础上，创造更大的发展业绩，创造更多的安徽经验。做好常规性工作是基本职责所在，但工作能否实现突破，很大程度上取决于是否敢于创新、善于创新。各级工会要敢于创新思路，创新方式方法，围绕重点难点工作，大胆探索、勇于创新，敢走前人没有走过的路，力争拿出更多“一招鲜”的举措，从点上发力，带动面上的工作取得突破，在这个过程中创造更多可供全国工会复制借鉴的安徽经验、安徽方案。

四要借势借力。工会是群团组织，不同于其他党政机关，所以干好工会工作要善于借势借力。从外部来讲，要积极争取党政领导重视和有关部门支持。要善于用好定期向党委汇报工会工作、每年召开政府与工会联席会议等制度安排。从内部讲，省市县级工会主席一般都是同级副职领导，站位的高度、看问题的角度、推动工作的力度、协调各方资源的能力比较强，要充分发挥自身优势，主动出面向当地党委政府主要负责人汇报，主动加强与有关部门沟通协调，推动工会工作落实。

五要争先争优。争先争优是推动工作的好方法，也是一个鲜明导向。争先，就是奋勇向前、不甘落后、争当先进；争优，就是不仅横向跟别人比，也要纵向跟自己比，力求更好更优。概括起来就是“敢与先进比高下，敢与自己比过去”。各级工会要深刻认识到前有标兵、后有追兵，不进则退、慢进也是退，时刻保持时不我待的紧迫感。要自我加压主动干、相互学习比着干，在全省工会系统形成你追我赶、争先恐后的良好局面。

“上心用心、谋划策划、创新创造、借势借力、争先争优”之间存在着严密的逻辑层次。干好工会工作，首要的是要上心用心。只有对工作上心用心，保持强烈的事业心责任感，才会去想方设法、千方百计把工作干好。同样，有了事业心责任感之后，才会主动去谋划策划具体的工作抓手和举措，才会想着如何去创新意、出新招、见新效，才会想着如何去借助各种力量为我所用。这20个字的工作方法为全省工会工作提供了明确方向和清晰路径，有力推动了各项重点工作在安徽工会落地落实。

六、推动出台《关于深入学习贯彻习近平总书记重要讲话精神　推动新时代新征程安徽工运事业和工会工作高质量发展的意见》

2023年10月23日，习近平总书记同全国总工会新一届领导班子成员集体谈话并发表重要讲话，为新时代党的工运事业和工会工作指明了前进方向、提供了根本遵循。安徽省委常委会会议第一时间传达学习，并提出要求。

按照省委要求，省总工会迅速行动，在省委办公厅、省委政研室的指导下，着手起草《关于深入学习贯彻习近平总书记重要讲话精神 推动新时代新征程安徽工运事业和工会工作高质量发展的意见》(以下简称《意见》)。2023年11月8日至14日，省总工会起草工作专班封闭起草《意见》初稿，并与《安徽省人民政府办公厅关于新形势下进一步支持工会工作的通知》、《安徽工会工作“十四五”规划和2035年远景目标纲要》、省工会十五大报告及《安徽省总工会关于加强县级工会建设的若干举措》等文件进行仔细对照、消化吸收有关内容，形成《意见》征求意见稿。在广泛征求工会系统内部意见并修改的基础上，

2023年11月22日，省总工会向51家省直单位征求意见建议。2023年12月初，省总工会进一步征求全国总工会意见，全国总工会对《意见》的起草给予高度评价。2024年1月29日，省委常委会会议听取省总工会《意见（讨论稿）》起草情况的汇报。2024年2月4日，省委办公厅正式印发了《意见》。

《意见》提出加强职工思想政治引领、组织动员广大职工建功立业创新创造、构建和谐劳动关系、着力提升职工生活品质、深入推进工会改革和建设等5个方面重点任务。在加强职工思想政治引领方面，把学习贯彻习近平新时代中国特色社会主义思想作为首要政治任务，推动党的创新理论进企业、进班组、进工地、进社区、进学校、进网络；用好红色资源，选树命名“安徽省职工教育基地”。在组织动员广大职工建功立业、创新创造方面，联合沪苏浙等地工会开展“长三角大工匠”选树、劳动和技能竞赛等活动，共建长三角地区劳模工匠人才创新工作室联盟，探索统筹区域内工会会员普惠服务、疗休养及基地互认、工会干部培训交流等工作；聚焦新能源汽车、先进光伏和新型储能等重点产业，广泛深入持久开展劳动和技能竞赛；聚焦“千村引领、万村升级”工程，组织劳模开展送技术下乡、送医疗入村、送教育进校、送服务到户等志愿活动，举办乡村振兴职工职业技能大赛。将产业工人队伍建设改革列入市县党委综合考核，把优秀产业工人纳入党管人才总盘子，落实终身职业技能培训制度，支持各级工会开展工匠选树、建设工匠学院。在积极构建和谐劳动关系方面，坚持统一指挥、各方协同、源头治理、迅速行动，强化市县联动机制作用，建立健全劳动领域政治安全工作体系。健全信访“四加”工作机制，用好“12351”工会服务职工热线，畅通职工利益诉求表达渠道。在着力提升职工生活品质方面，坚持每年“为职工办十件实事”，推广职工子女托管服务，探索创新更多现代化服务项目。推深做实“工会送岗位　乐业在江淮”就业援助行动，在技能培训、组织招聘、就业平台搭建等方面提供更高质量服务。在深入推进工会改革和建设方面，持续扩大工会组织覆盖面，实施大抓基层工会三年行动，推进基层工会标准化规范化建设。加快工会数字化建设，健全政务信息资源与工会组织信息共享交流机制，推动工会数据采集共享与开放利用。

《意见》印发后，省总工会第一时间学习传达，印发全省工会系统学习宣传贯彻通知，制定省总工会本级贯彻落实分工方案，对标对表抓好贯彻落实。省总工会领导班子成员带头宣传宣讲，充分发挥工会宣传舆论阵地作用，积极发动社会新闻媒体力量，多形式多角度多种方式加强对文件精神和主要内容的宣传解读。

2024 年 2 月 28 日，省总工会印发学习宣传贯彻《意见》的通知，对全省工会系统学习宣传贯彻《意见》作出部署安排。一要加强组织领导。把学习宣传贯彻《意见》作为当前和今后一个时期的重要任务，摆上重要议事日程，对学习宣传贯彻作出具体安排、提出明确要求。建立抓落实工作机制，主要负责同志亲自抓、负总责，及时协调推进贯彻落实工作。及时将《意见》出台的背景、主要内容、重大意义和省总工会提出的贯彻落实要求以及本级工会的措施建议向党委、政府汇报，争取更多支持。二要广泛进行宣传。广泛开展有特色、接地气、入人心的宣传宣讲活动，充分发挥工会宣传舆论阵地作用，积极发动社会新闻媒体力量，通过开设专题专栏、撰写系列评论等多种方式，加强对《意见》精神和主要内容的宣传解读，及时推介各级工会学习宣传贯彻情况和典型经验，全面反映《意见》推动工会工作的实际成效。三要强化学习培训。把《意见》纳入各级工会干部学习培训的重点内容，制订具体的学习培训计划，通过举办讨论会、研讨会、专题培训班等多种形式，深入学习培训《意见》精神，力求学深学透、融会贯通。各级工会领导干部要带头学习宣传贯彻，带动广大工会干部原原本本、认认真真研读《意见》精神，力求把握核心要义、领会精神实质。四要抓好贯彻落实。对《意见》的重点任务进行细化分解，明确责任，抓好统筹协调、督查督办。将学习宣传贯彻落实《意见》情况，列入省总工会对各市、直管县（市）总工会工作的综合评价内容，加强对《意见》落实情况的跟踪问效，实行清单化、闭环式管理。各级工会组织要根据《意见》精神，对本地本单位急需解决的问题进行认真梳理，及时向党政汇报沟通，紧密联系实际，制定贯彻落实的具体措施，特别是要在争取工会阵地建设项目、财政拨缴和工会经费税务代收、工会领导班子和干部队伍建设等方面实现新突破，真正把《意见》精神落到实处。3 月 29 日，省总工会又印发了贯彻落实《意见》的工作方案，进一步分解任务，细化分工，对抓好贯彻落实工作提出要求。

七、推动修订和宣传贯彻《安徽省实施〈中华人民共和国工会法〉办法》

2021年12月24日全国人大常委会十三届三十二次会议对《中华人民共和国工会法》进行了修正。为了与上位法保持一致，亟须对2004年4月1日起施行的《安徽省实施〈中华人民共和国工会法〉办法》（以下简称《实施办法》）进行修订完善。

为进一步适应工会工作面临的新形势、新任务，回应新时代职工群众新需求、新期盼，大力推进工会工作法治化，省总工会及时成立《实施办法》修订工作领导小组和工作专班，在省人大社建委、法工委的指导下，积极推进《实施办法》修订工作。自2023年2月以来，省总工会采取实地调研、座谈交流、专家论证、走访企业等形式，广泛征求政府部门、人大代表和政协委员、工会组织和工会干部、律师和法律专家以及基层劳模工匠、新就业形态劳动者等一线职工意见建议，在此基础上形成《实施办法》修订草案。2023年11月，省第十四届人大常委会第五次会议对《实施办法》修订草案进行首次审议。之后，省人大法制工作委员会会同省人大社会建设委员会、省总工会，根据审议意见对修订草案进行修改。2024年3月28日，安徽省第十四届人大常委会第八次会议审议通过《实施办法》（修订案），这是该《实施办法》继2004年制定以来的第一次全面修订，于2024年5月1日起正式实施。

新修订的《实施办法》主要包括总则、工会组织、工会的权利和义务、工会的经费和财产、法律责任、附则等，共6章45条。重点突出扩大工会组织及工会工作覆盖面、加强产业工人队伍建设改革、构建联系广泛服务职工工会工作体系、维护新就业形态劳动者权益等方面内容，与工会工作和职工权益密切相关。

在扩大工会组织及工会工作覆盖面方面，《实施办法》明确社会组织中的劳动者有依法参加和组织工会的权利，将工会组织以及工会工作的覆盖面由企业、事业单位、机关扩展为企业、事业单位、机关、社会组织，统称用人单位，并增加工会适应企业组织形式、职工队伍结构、劳动关系等方面的发展变化，维护劳动者参加和组织工会的权利的规定。在加强产业工人队伍建设改革方面，明确县级以上人民政府重视和加强产业工人队伍建设改革工作，有关部门应当根据各自职责推动改革任务落实，企业应当强化和落实培养产业工人的主体责任，工会应当会同有关部门、企业推动产业工人队伍建设改革。在构建联系广泛、服务职工工会工作体系方面，明确工会应当开展困难救助、就业帮扶、子女上学救助、送温暖等活动，推动建立工会驿站、货车司机之家、工会女工家园等，加强智慧工会建设，发挥“12351”工会服务职工热线等网络平台的作用。在维护新就业形态劳动者权益方面，明确新就业形态劳动者参加和组织工会的权利，区域性、行业性工会组织可以代表新就业形态劳动者，与用人单位或者行业代表组织签订集体合同，工会引导和支持参加相应的社会保险等。

2024 年 4 月 22 日，省总工会下发关于学习宣传贯彻《实施办法》的通知，部署全省各级工会学习宣传贯彻《实施办法》工作。要求各地把实施办法作为干部教育培训的重要内容，作为“八五”普法工作的重点内容来抓，做好日常学习宣传，充分利用工会系统媒体，通过开设专题专栏、互动交流等，多种形式宣传《实施办法》，着力营造良好的执法环境和社会氛围。4 月 24 日，省政府新闻办召开新闻发布会，就《实施办法》修订情况、主要特点等进行解读。

八、完善政府与工会联席会议制度

自 1993 年首次召开省政府与省总工会联席会议以来，省总工会一直把落实好政府与工会联席会议制度摆在发展社会主义民主政治的高度，着力健全机制建设、探索实现路径、强化作用发挥，全省政府与工会联席会议制度不断完善。

2003 年，省政府出台《关于建立市、县人民政府与同级工会联席会议制度的通知》，明确各市、县人民政府均应与同级工会建立联席会议制度，并对联席会议的主要内容、组织实施等作出要求，明确联席会议一般每年举行一次，一般由政府主要负责人主持，政府有关负责人和同级工会负责人参加。2005 年，省政府办公厅出台《关于深入贯彻工会法支持工会工作的通知》，要求各级政府要按照《安徽省人民政府关于建立市、县人民政府与同级工会联席会议制度的通知》要求，建立健全与同级工会联席会议制度，每年至少召开一次联席会议，各级政府及有关部门对联席会议上议定的事项，要认真贯彻落实。2015 年，省委、省政府先后出台《关于加强和改进党的群团工作的实施意见》《关于构建和谐劳动关系的实施意见》，再次强调建立健全县级以上政府与同级总工会联席会议制度。2016年，省政府办公厅出台《关于新形势下进一步支持工会工作的通知》，强调要坚持政府与工会定期协商制度，每年至少与工会召开一次联席会议或专题会议。省人大常委会先后出台《安徽省实施〈工会法〉细则》《安徽省实施〈工会法〉办法》等地方法规，明确县级以上人民政府与同级工会应当建立联席会议制度，政府与同级工会联席会议制度依据不断健全。

经过多年探索实践，安徽省政府与工会联席会议形成政府主导、工会主抓、各部门协同发力的工作格局。省政府将联席会议列入当年工作计划每年召开一次，每次会议均由省长亲自主持，副省长、秘书长、省直部门主要负责人参加。省总工会将联席会议召开情况纳入对下年度考核评价指标体系，考核结果通报同级政府，各市总工会也逐步将联席会议工作纳入对下考核内容，推动联席会议制度向基层拓展延伸。截至2023年，安徽全省16个市、95个县（市、区）已建立联席会议制度并实现常态化召开，市级建制率100%，县级建制率91.3%，基本建立覆盖省、市、县三级联席会议制度链条。2023年，省总工会制定出台《关于进一步规范市、县（市、区）总工会与同级政府联席会议工作的意见》，推动联席会议制度进一步规范高效运行。2023年，安徽省总工会在全国总工会首次政府与同级工会联席会议制度建设专项考核中获优秀等次。

随着政府与同级工会联席会议制度作用的有效发挥，2018—2023年间，安徽各级政府与工会联席会议推动解决事关职工切身利益和工会长远发展的重大问题500余项，其中省总工会本级18项。联席会议参政议政、民主协商的平台作用不断发挥。

九、省总工会分别与省人民检察院、省高级人民法院召开第一次联席会议

为坚持和发展新时代“枫桥经验”，认真学习贯彻2023年12月全国总工会与最高人民检察院座谈会精神，维护职工合法权益，依据《中华人民共和国工会法》《中华人民共和国劳动法》《安徽省工会劳动法律监督条例》等相关法律

法规，进一步加强对职工权益保障特别是新就业形态劳动者权益保障的机制建设，更好维护职工队伍和谐稳定，推动构建和谐劳动关系，省总工会积极推动，分别与省人民检察院、省高级人民法院召开第一次联席会议。

（一）省总工会与省人民检察院第一次联席会议

2024 年 4 月 1 日，省总工会与省人民检察院召开第一次联席会议。省人大常委会副主任、省总工会主席何树山，省人民检察院党组书记、检察长陈武出席会议并讲话。省总工会党组书记、副主席徐发成主持会议并通报工会工作及维权服务情况，省人民检察院党组副书记、副检察长盛大友通报检察机关开展助力劳动者权益保护专项工作情况。双方围绕推进“工会 + 检察院”职工劳动权益保障工作进行座谈交流，共同签订《关于建立职工劳动权益保障协作配合工作机制》协议，建立沟通联络、联席会议、信息共享、线索移送、共同研判、办案协作、党建合作、法治宣传联动等八项工作机制，推动实现工会劳动法律监督与检察机关法律监督双向赋能。

会议指出，要深刻认识协同推进劳动者权益保障工作的重要意义。党的二十大报告强调，要健全劳动法律法规，完善劳动者权益保障制度，加强灵活就业和新就业形态劳动者权益保障。作为落实党中央决策部署、依法维护劳动者合法权益的重要力量，履行依法维护劳动者合法权益，是工会和检察机关必须承

★ 2024 年 4 月 1 日，省总工会与省人民检察院召开第一次联席会议。

担的共同政治责任、法定责任，是践行以人民为中心的发展思想的必然要求。全省各级工会和检察机关要切实提高政治站位，贯彻落实党的二十大精神和习近平总书记在同全国总工会新一届领导班子成员集体谈话时的重要讲话精神，贯彻落实全国总工会与最高人民检察院座谈交流会议精神和省委工作部署，充分发挥检察机关刑事、民事、行政、公益诉讼“四大检察”职能优势，以及工会贴近和了解劳动者的优势，凝聚工作合力，提升工作质效，共同把维护劳动者权益工作做得更实更好，不断实现好、维护好、发展好劳动者合法权益。

会议强调，要紧抓关键环节，依法维护劳动者合法权益。坚持源头参与，共同推动涉及劳动者权益相关立法，结合贯彻落实《安徽省实施〈中华人民共和国工会法〉办法》以及我省工会劳动法律监督条例，通过联合开展调研、督查等活动，积极做好涉工领域的源头参与和维权服务工作。突出重点，积极推进在依法惩治恶意欠薪违法犯罪、保障农民工权益、维护新就业形态劳动者权益等方面的协同协作，密切沟通交流与务实合作。在依法办理涉及劳动争议、人事争议等民事检察监督和民事支持起诉案件、行政检察监督案件、公益诉讼检察监督案件中，聚焦解决劳动者急难愁盼问题，积极发挥检察职能作用和工会组织优势，在保障职工合法权益等方面取得更多实质性成果。

会议提出，要突出关口前移，协同推进运用“一函两书”制度。全省各级工会和检察机关要以开展“一函两书”专项行动为切入口，推动劳动法律法规贯彻执行。检察机关要和工会共同研究协同开展劳动者权益保障法律监督方面的职能定位、机制衔接等问题，依法准确行使民事诉讼监督、行政诉讼监督、检察公益诉讼等检察职能，助力工会全面推行劳动法律监督“一函两书”制度。建立省、市、县（区）、基层工会等“四级”工会劳动法律监督网络体系。省总工会加强对市、县（区）总工会的指导督促，支持市、县（区）和基层工会积极开展劳动法律监督工作；市、县（区）总工会要指导、帮助基层工会对用人单位遵守劳动法律法规情况的日常性监督；基层工会要充分发挥离职工群众最近、更易发现劳动用工方面存在的问题和风险隐患的优势，愿做愿当、敢做敢当、能做能当，依法合规、积极稳妥、因地制宜用好“一函两书”，有效发挥好监督作用。

会议强调，要持续深化交流协作，形成协同共治合力。要以省总工会与省人民检察院联席会议制度为牵引，建立省、市、县（区）工会与检察机关联席会议制度和相应工作机制，充分发挥工会劳动法律监督和检察机关法律监督职能优势，携手打造安徽“工会＋检察院”职工权益保障工作品牌，共同以法治力量维护职工群众合法权益。加强协作配合，每年至少召开一次联席会议，加强信息互通、分析研判、联动协作，配置相应的组织资源、资金资源和管理资源，共同推进“工会＋检察院”八项工作机制落地、落实、见效，引领全省各级工会和检察机关切实形成维护劳动者合法权益的强大合力，积极构建和谐劳动关系，切实维护劳动领域政治安全。

会议指出，要做好成果转化，强化典型激励。持续加大法治宣传力度，不断提高劳动者维权能力和用人单位守法意识，及时总结劳动权益保障协作配合经验做法，选树推广劳动者权益保障和检察监督典型案例，不断推动“工会＋检察院”协作配合扩面提质增效。强化典型激励，对特别优秀的组织和个人优先推荐申报工会系统各类评选表彰，进一步在全社会推动形成崇尚劳动、尊重劳动者的良好氛围。

（二）省总工会与省高级人民法院第一次联席会议

2024 年 5 月 27 日，省总工会与省高级人民法院召开第一次联席会议。省人大常委会副主任、省总工会主席何树山，省高级人民法院党组书记、院长田云鹏出席会议并讲话。省总工会党组书记、副主席徐发成主持会议并通报工会工作和“工会＋法院”职工劳动权益保障协作配合工作机制情况，省高级人民法院党组成员、副院长、一级高级法官陈斌通报法院有关工作情况。

会上，双方围绕推进“工会＋法院”职工劳动权益保障工作进行座谈交流，商定建立省总工会和省高级人民法院联席会议、通报会商、诉调对接、司法建议与工会监督衔接、合作共建等五项工作机制。安徽省总工会对省高级人民法院长期以来对职工劳动权益保障和省总工会工作的重视和支持表示感谢，对近年来省总工会和省高级人民法院加强协调联动和维权服务机制建设，在保障劳动者合法权益，推动构建和谐劳动关系等方面取得的成效予以充分肯定。

★ 2024 年 5 月 27 日，省总工会与省高级人民法院召开第一次联席会议。

会议强调，全省各级工会组织要提高政治站位，深入学习贯彻习近平总书记关于工人阶级和工会工作的重要论述，不断增强协同推进职工劳动权益保障工作的责任感和使命感。要加强风险防范，突出关口前移，充分发挥工会劳动法律监督“一函两书”以及人民法院司法建议在助推劳动纠纷诉源治理方面作用，健全完善劳动领域矛盾纠纷预防调处化解机制，发挥基层工会预防调处职能，协同推进“工会 + 法院”劳动争议在线诉调对接机制实现全覆盖和实质化运行。要凝聚工作合力，创新协作模式，通过联合发布典型案例、完善劳动争议案件数据信息沟通机制、进一步畅通工会参与司法渠道等方式，提升劳动争议案件办理质效，加大对新就业形态劳动者权益保障力度，携手打造“工会 + 法院”职工权益保障工作品牌。

会议指出，省高级人民法院与省总工会建立职工劳动权益保障协作配合工作机制，对预防化解纠纷，保障劳动者权益具有重要意义。全省法院要切实增强做好职工劳动权益保障工作的政治自觉、法治自觉、审判自觉，不断提升劳动纠纷预防化解法治化水平，不断实现好、维护好、发展好广大劳动者合法权益。要切实抓好联席会议成果落地落实，进一步深化协作协同，凝聚工作合力，依法公正高效审理劳动争议案件，深化劳动争议多元化解实质性化解，推动劳动争议源头预防一致，提升工作绩效。要结合各自实际落实责任，加强协作配合和工作联动，共同推动全省市县级法院、工会组织建立协作配合工作机制，共同推动将工作机制转化为工作高质量发展的实际成效。

会议要求，全省各级工会组织要以省总工会与省高级人民法院建立联席会议制度为契机，主动加强与各级法院机关的交流协作，联合下发职工劳动权益保障协作配合工作机制的意见并抓好落实，坚持源头参与共同推动相关立法，全面推行工会劳动法律监督“一函两书”专项行动，不断深化“工会 + 法院”职工劳动权益保障协作配合工作，持续推动工会和法院交流协作常态化、长效化，推进新时代和谐劳动关系创建活动，共同以法治力量维护职工合法权益。

会议强调，要认真贯彻落实本次联席会议部署，加强人民法院和工会组织的协作配合，不断完善“法院 + 工会”职工劳动权益保障协作配合工作机制，坚持联合发布劳动争议典型案例，推动劳动纠纷一揽子调处、全链条服务、实质性解决，以优质的司法服务解难题、定纷争、暖民心，让劳动者更有获得感、幸福感、安全感。

十、开展全省职工技术创新竞赛

为调动和激发产业工人立足岗位、建功立业的积极性、主动性、创造性，加大对产业工人创新创效扶持力度，深化群众性技术创新活动，2022 年 6 月，省总工会印发《关于开展安徽省职工技术创新竞赛活动的通知》，开展全省职工技术创新竞赛活动。

通知印发后，各单位充分结合自身实际，开展了形式多样的创新竞赛活动。合肥市以市政府名义出台《合肥市职工创新成果评选和职业技能竞赛办法》，每年组织开展职工技术创新成果评选和职工“五小”活动创新成果评选活动；淮北市总工会开展“科技创新 决胜未来”创新大赛，举办“奋进新征程 建功新时代”职工创新成果展；芜湖市总工会将职工技术创新活动列入年度重点工作，会同市科技局联合开展全市职工技术创新竞赛。竞赛期间，全省各单位共发动约 1.6 万家企事业单位、187.5 万名职工参与，累计收到职工技术创新成果 4324

项、职工创新补助资金项目 942 项、重大合理化建议 2229 项。经各单位初赛选拔，共推荐“金成果”179 项、“金项目”87 项、“金点子”734 项。

竞赛共分为市级初赛、省级初审、省级复赛、省级决赛、实地考察等程序，2022 年 10 月，在市级初赛的基础上，对各市初赛选拔的项目重点围绕“参赛人员身份”“参赛项目情况”“参赛项目数量”等方面进行了初审，其中有 151 个“金成果”，76 个“金项目”，734 个“金点子”进入省级复赛。2022 年 11 月 26 日，组织对省职工技术创新竞赛进行省级复赛评审，评审专家主要来自在合肥高校及科研院所的院长教授、省级相关主管部门同志、劳动模范和高技能人才代表等共计 20 人，省级复赛评审出“金成果”候选对象 100 个并择优推荐 25 个进入决赛，评审出“金项目”候选对象 48 个并择优推荐 10 个进入决赛。2023 年 6 月 26 日上午，在合肥中安创谷全球路演中心举办省职工技术创新竞赛决赛，决赛按照先“金成果”后“金项目”的顺序，35 名选手依据各自抽签的次序，以路演答辩的形式依次参加比赛，最终决出 20 个“金成果”一、二、三等奖候选对象，5 个“金项目”重大补助项目候选对象。2023 年 7 月 19 日至 21 日，省竞赛活动领导小组办公室会同部分高校专家教授先后分别赴合肥、滁州、马鞍山等地，对拟授予“金成果”一、二、三等奖的 20 个项目进行实地考察，考察组通过听取汇报、现场提问、实地查看、调阅资料、分组座谈等方式，对成果的真实性和第一完成人的身份进行了考察确认，并对相关情况进行了认定。

竞赛活动主要呈现四个特点：一是严格标准、公平公正，竞赛采取自下而上、层层比拼、现场角逐、专家评分的方式进行，特别是在省级复赛和决赛阶段，邀请两位中科院合肥物质科学研究院科学家担任总评委，专家裁判既有中国科学技术大学、安徽大学、合肥工业大学等高校学院的院长教授，又有省委改革办、省政府办公厅等省直厅局相关主管部门同志，还有全国劳动模范、省级劳动模范等劳动模范和高技能人才代表，专家裁判涵盖各行各业、各个方面。在竞赛过程中，专家裁判们坚持原则、严格标准，省纪委监委驻省总工会纪检监察组派员对省级复赛和决赛进行全程监督，整个竞赛过程公平、公开、公正。二是突出重点、优中选优，本次竞赛的主体是面向全省企事业单位的基层一线职工和专业技术人员，100 个“金成果”拟获奖对象中，第一完成人是一线职工和专业技术人员的有 72 人，占比 72%；“金成果”和“金项目”拟获奖对象中，所在单位是非公企业的分别有 44 个和 26 个，分别占比 44% 和 54%；在省级复赛和决赛阶段，采取打破行业产业、推荐单位等平衡限制，以成果项目的实际质量作为评判的最终标准，“金成果”一、二、三等奖候选对象中，合肥、马鞍山各有 4 个，分别占比 20%，淮南 3 个，占比 15%。三是点面结合、行业广泛，在坚持先进性、典型性的同时，专家裁判在评选推荐过程中也兼顾广泛性，“金成果”和“金项目”拟获奖对象覆盖了全省 16 个地市；涵盖了机械电机、电子信息、资源环保、采矿冶金等 10 余个行业类别，既包含煤炭、钢铁等传统产业，也涵盖新一代信息技术、高端装备制造、智能家电等新兴产业。四是业内认可、影响深远，在省级复赛、决赛和实地考察结束后，专家们在评审报告中一致认为，本次竞赛决出的“金成果”“金项目”创新性强，总体水平高，对产品升级、降本增效、解决生产一线实际问题发挥了重要作用，体现了我省一线职工和专业技术人员创新意识和工匠精神，“金成果”拟获奖对象，总体技术含量高，实用性强，大多取得了良好的经济效益和社会效益；“金项目”拟获奖对象，能针对生产生活实际需求，解决关键难题，提高了生产效率和安全生产水平，在决赛中首次采用路演方式，邀请省国资委、省科协、省人社厅、省工商联等单位领导和全省各市总工会负责同志现场观摩，参赛职工的广泛性、比赛形式的创新性、比赛项目的技术性，得到了一致好评。

★ 2024 年 1 月，省职工技术创新竞赛总结表彰暨“跟着劳模去创新”工作推进会召开。

2024年1月11日上午，省职工技术创新竞赛总结表彰暨“跟着劳模去创新”工作推进会在合肥召开。省总工会、省科技厅、省人社厅、省国资委、省工商联、省科协等单位负责同志出席会议。会议宣读了省总工会《关于安徽省职工技术创新竞赛获奖情况的通报》和《关于命名第六批安徽省劳模工匠创新工作室的决定》。省职工技术创新竞赛获奖代表张翔，第六批省劳模工匠创新工作室领衔人代表汪兴芳，合肥市总工会、铜陵市总工会、淮河能源控股集团分别作交流发言。会议还表彰了100个“金成果”、48个“金项目”、405个“金点子”，对获得一、二、三等奖的“金成果”分别给予20万元、10万元、5万元的奖励；对获奖“金项目”，区分重大项目和一般项目，分别给予10万元和5万元的经费补助。

十一、推进工会驿站建设

环卫工、快递员、外卖配送员等户外劳动者是城市环境的维护者、秩序安全的守护者、便利生活的提供者。由于工作地点分散，户外劳动者工作环境和条件难以得到有效保障，面临“吃饭难、喝水难、休息难、如厕难”等问题。2016年初，全国总工会下发《关于推进户外劳动者服务站点建设的通知》，首次部署开展户外劳动者服务站点建设工作。此后，全国总工会先后下发《关于进一步规范和做好工会户外劳动者服务站点建设工作的通知》《关于规范工会户外劳动者服务站点相关工作的指导意见》等文件，指导各级工会进一步规范和做好相关工作。多年来，安徽省总工会认真落实全国总工会部署要求，将户外劳动者服务站点建设作为每年“为职工办好十件实事”的重要内容来抓，取得了扎实成效。截至2022年底，全省累计投入资金5000余万元，通过自建、共建等方式，共建设“工会户外劳动者服务站点”3327家。

2022年，全国总工会将推进工会户外劳动者服务站点建设工作摆在更加突出的位置。2022年11月，全国总工会召开全国工会户外劳动者服务站点建设工作座谈会。2023年7月，全国总工会启动“工会服务站点双15工程”，明确在原来工作基础上，努力实现2023年底全国工会服务站点达到15万个，在全国主要城市和城市重点区域基本实现服务站点15分钟服务圈交叉覆盖的工作目标。

省委、省政府高度重视工会服务站点建设，2023年“五一”“十一”前夕，省委书记韩俊先后两次深入合肥工会服务站点看望慰问户外劳动者，对建好用好工会服务站点、办好服务职工暖心事提出明确要求。2022年、2023年连续两次省政府与省总工会召开联席会议，将工会服务站点建设纳入全省民生实事，建立由省人大常委会副主任、党组成员，省总工会主席何树山任第一召集人，省总工会党组书记、副主席徐发成任召集人，省发改委等13家省直单位组成的联席会议制度，协调推动工会服务站点建设工作。

省总工会多次召开会议进行部署，并联合各成员单位下发《全省户外劳动者服务站点（工会驿站）建设实施方案》，推动形成“各市总工会”+“全省交通运输、邮政管理、金融3条线”+“公安、住建、商务、市场监管”等成员单位、11家省直及省产业工会、14家省共建企业各负其责、密切配合的“1+3+N”工作推进格局。2023年，全省新增工会驿站10427家，累计建成工会驿站13454家，驿站总量、工作评价双双跃居全国第一。全省工会驿站在百度、高德地图上显示12687个，服务户外劳动者884万人次，成为党的政策理论的宣传站和为民办实事的服务站，第三方问卷调查户外劳动者满意度达98.5%。省总工会先后制定发布全国首个工会驿站建设省级地方标准——《工会驿站建设规范》

★ 安徽全省累计建成工会驿站13454家，位列全国第一。

《工会驿站运维服务规范》。安徽省“工会驿站”名称标识被全国总工会采用为全国统一标识。安徽省总工会、合肥市总工会被全国总工会评为在工会驿站双15工程中作出重要贡献的先进单位，安徽省总工会在全国工会驿站双15工程总结会议上作交流发言。全国总工会专门向安徽省委、省政府致感谢信，省委常委会工作报告予以充分肯定。2023年8月，全国总工会党组书记、副主席、书记处第一书记徐留平深入马鞍山市珍珠园工会驿站实地调研，对安徽工会驿站建设工作高度肯定。

2024年，省总工会认真落实中国工会十八大精神及全国总工会“新双15工程”部署要求，制定在全省建设1.5万家工会驿站目标任务，从中打造2300家24小时无人值守智能化工会驿站，选树2300家各级最美工会驿站，持续推动工会驿站建设提质扩面，统筹实施工会驿站建设、管理、使用、品牌等四大提升行动，不断在新的起点上推动工会驿站高质量发展。

近年来，安徽工会累计投入资金3.12亿元，建成工会驿站13454家，驿站总量、年度工作评价双双跃居全国第一，全面完成了“在全省建成11000家工会驿站、进入全国先进行列”的既定目标任务。安徽省总工会被全国总工会评为在工会驿站“双15工程”中作出突出贡献的先进单位。站在新的起点上，面对新的任务要求，全省各级工会组织将以更高站位、更实举措、更严作风推进工会驿站建设工作，把工会驿站打造成为叫得响、立得住、传得开的靓丽工作品牌，使之成为名副其实党的政策理论和工会工作的“宣传站”、为民办实事的“服务站”。

十二、建设安徽工匠学院体系

根据《中华全国总工会办公厅关于印发〈“1+1+N”工匠学院体系建设三年行动方案（2024—2026年）〉的通知》（总工办发〔2024〕15号）的工作要求，安徽省总工会加快推进工匠学院体系建设，着力做好工匠学院建设的规划、标准、课程、教材、师资、培训、评估等工作，吸引广大职工积极参加工匠学院学习培训，调动各级工会组织和企业建设工匠学院的积极性、主动性、创造性。

省总工会认真贯彻落实省委打造汽车“首位产业”决策部署，按照全国总工会关于建设工匠学院的部署要求，多次对接相关厅局、院校和企业，统筹推进安徽工匠学院和安徽新能源汽车工匠学院建设。

省人大常委会副主任、省总工会主席何树山召开专题会议，研究部署突出“首位产业”建设工匠学院工作。省总工会党组召开会议听取安徽工匠学院和安徽新能源汽车工匠学院建设方案，按照“工会＋部门＋院校＋企业”模式建设工匠学院。2023 年 1 月 10 日，在安徽开放大学挂牌成立安徽工匠学院，首批在合肥技师学院、阜阳技师学院、芜湖技师学院设立 3 个校区，主要开展素质提升、比武竞赛、创新创造等工作。2023 年 9 月 19 日，联合省发改委（省汽车办）、省教育厅、省经信厅、省财政厅、省人社厅、省国资委等单位在安徽汽车职业技术学院挂牌成立安徽新能源汽车工匠学院，并在江淮集团、奇瑞集团设立首批 2 个校区，主要开展技能培训、举办竞赛和活动等。2023 年 10 月 18 日，会同省教育厅、省经信厅、省财政厅、省人社厅、省国资委、省工商联等七家单位联合印发《关于推进工匠学院建设的实施意见》，聚焦加快推进安徽高质量发展，强化重点产业技能人才供给，统筹推进全省工匠学院建设；联合省国资委印发《关于充分发挥国有企业在推进产业工人队伍建设改革中带动作用的实施意见》，要求国有企业发挥资源优势，建设适应企业发展需要和人才需求的工匠学院。

2023 年，安徽工匠学院共支持 50 位劳模工匠和 458 名新能源汽车产业工人开展汽车检测与维修技术、机电一体化技术、数控技术等专科、本科学历提升教育。安徽新能源汽车工匠学院围绕新能源汽车产业相关企业开展技能人才培训 1433 人，其中取得高级工及以上技能等级证书 309 人。全省各级工匠学院累计为产业工人提升学历 3193 名，提升技能 14238 人。

2024 年，围绕新质生产力发展，聚焦产业技术变革和优化升级，根据各地区域优势和各产业特点，差异化布局、项目化管理，成立光伏储能、人工智能等产业工匠学院。例如，合肥市总工会精准对接制造业、服务业、新能源汽车和智能网联汽车产业链需求，将工业机器人专业实训基地建在产业链上、课堂搬到车间里；滁州市总工会成立光伏工匠学院，为全省大力发展先进光伏和新

★ 2023 年 1 月 10 日，安徽工匠学院在安徽开放大学挂牌成立。

型储能产业培育工匠人才；芜湖市总工会建设全省首家人工智能产业工匠学院，培养造就更多人工智能领域工匠人才，等等。根据省总工会 2024 年“42101”重点工作安排，部署在全省制造业 10 强县、增速 10 快县等建设县级工匠学院，截至 2024 年 9 月底，共建设各级各类工匠学院 133 个，其中，省级工匠学院（含分校）11 个，市级工匠学院 59 个、县级工匠学院 63 个，初步形成了省市县工匠学院三级联动、产业工匠学院“四链”融合（产业链、教育链、人才链、创新链）、企业工匠学院“五力”提升（引领力、实践力、创新力、攻关力、传承力）的安徽工匠学院体系。

各级工匠学院组建由劳模工匠、技能专家、高校教师等组成的教师团队，依托工匠学院实训基地和安徽工会网上“五一学堂”，优化产业工人数字学习环境，建立“理论线上学+实操线下做”的学习模式，建设集培训、练兵、比赛、晋级“四位一体”的网络学习平台，注册学员32.71万人，服务企业11.55万家、工会组织10.73万家。据统计，全省各级工匠学院共开展各类学历提升教育3193人、职业技能培训14238人，网上学院累计参训学员30.48万人、浏览量达1800万次，技能人才培养规模进一步扩大，阵地作用初步显现。

工匠学院不仅是职工技能素质提升、技术创新的基地，更是职工技术创新成果孵化、展示、交流转化的平台和载体。2024年10月8日，中华全国总工会公布100家工匠学院为2024年度全国重点支持工匠学院，我省安徽工匠学院、安徽电力工匠学院、中能建建筑集团至精工匠学院、安徽新能源汽车工匠学院、淮北矿业工匠学院等5家成功入选，数量并列全国第一。

十三、推进工人文化宫建设

工人文化宫是工会所属的公益性文化事业单位，是工会为职工群众提供文化娱乐活动的主要场所和进行思想政治教育的重要阵地，是职工文化的重要组成部分，在新时代职工文化建设中发挥着重要作用。

2017年，省总工会以资产清理整改为契机，坚持以建促改，不断推动职工服务阵地焕新升级，阵地建设呈现良好发展态势。2018年以来，安徽省新建工人文化宫15家，用地面积20.67万平方米，建筑面积26.77万平方米；改造工人文化宫19家，建筑面积3.55万平方米，截至2023年，全省有工人文化宫（俱乐部、职工活动中心）机构70家，其中市级13家（六安市、宣城市、池州市没有机构），县（区）级57家。70家工人文化宫中，公益一类15家，公益二类48家，自收自支6家，国有企业1家（芜湖市工人文化宫）。有机构有阵地的工人文化宫22家，建筑面积约14万平方米。有机构无专门阵地的48家，多为主管工会划出部分房屋、场地用于开展职工文体活动。

2019年至2020年，省总工会连续两年对全省工人文化宫、工人疗养院进行全面调研，2020年底，省总工会将推动工人文化宫回归公益列为省政府与省总工会联席会议议题进行研究。为落实联席会议精神，2021年，省总工会在省内广泛开展调研，并赴长三角地区及山东、陕西等地学习考察，结合安徽实际，联合省委编办、省发改委等 10 部门制定了《关于推动全省工人文化宫高质量发展的意见》。

2022 年 4 月至 6 月，省总工会调研组先后深入 10 余个市、县进行实地调研，深入了解全省工人文化宫等职工服务阵地建设管理运营现状，先后召开了省总工会直属单位、市级工会、县级工会 3 个层面的座谈会，梳理出意见建议 50 余条。同年 8 月，省总工会制定出台了《安徽省总工会关于坚持公益性服务性方向推进职工服务阵地社会化市场化运作的实施细则（试行）》，进一步明确和细化“两性两化”运作过程中的职责和要求，推进工人文化宫等职工服务阵地积极开展“两性两化”运作。2022 年 12 月，省总工会印发《关于市、县（区）工人文化宫作用发挥考评奖补实施办法（试行）》，进一步提升工人文化宫的公益性和服务性，推进社会化市场化运作，激励全省各级工会利用工人文化宫等职工文化服务阵地。

2023 年 5 月至 6 月，省总工会对全省工人文化宫建设发展情况进行了专题调研，形成《关于全省工人文化宫阵地建设管理状况的调研报告》。8 月，省总工会印发《安徽省总工会关于工人文化宫等阵地建设专项补助管理办法（试行）》，认真贯彻“鼓励恢复重建、倡导维修改造、规范控制新建”的方针，引导各级工会尽力而为，量力而行，不要贪大求全。明确了工人文化宫等阵地建设的补助范围、补助原则、补助标准、补助条件、补助时间、补助工作程序、资金监督管理等具体事项。为进一步推动各地工会职工服务阵地建设，更好地满足职工需求，为构建普惠性服务的职工服务体系提供了有力保障。11 月，省总工会在淮北市召开安徽省推进工人文化宫高质量发展现场会，会议通报了安徽省推进工人文化宫高质量发展工作情况，部分市、县（区）工会代表作交流发言。12 月，省总工会根据《关于市、县（区）工人文化宫作用发挥考评奖补实施办法（试行）》要求，在全省范围内开展 2023 年度全省市、县（区）工人文化宫作用发挥考评工作，对全省已投入使用并正常发挥作用的市、县（区）工会所属的 40 个工人文化宫，经过自评、评审、实地抽查和第三方测评阶段、终审四个阶段，评选出合肥市、淮北市为市级工人文化宫优秀等次；宣州区、琅琊区、太和县为县区级工人文化宫优秀等次。

2023年11月17日，全国总工会办公厅印发《关于确认首批全国标准化工人文化宫名单的通知》，公布首批48家全国标准化工人文化宫名单，合肥市工人文化宫、淮北市工人文化宫2家入选。

2024年2月4日，省委办公厅印发的《关于深入学习贯彻习近平总书记重要讲话精神推动新时代新征程安徽工运事业和工会工作高质量发展的意见》明确提出将加强职工服务阵地建设，建好用好工人文化宫作为提升职工生活品质的重要举措。4月24日，省总工会在肥西举行推进全省工人文化宫规范化建设现场交流活动。

在省总工会的推动下，合肥市工人文化宫采取“自主＋委托＋合作”相结合的“三位一体”运营模式；淮北市工人文化宫坚持内融外联、创新推进，构建“工会＋”服务综合体；阜阳市工人文化宫以“职工学堂”为抓手，开设“云课堂”，开展“云服务”等。安庆市将新工人文化宫建设列为市公共文化体系建设重点项目，写入市委工作报告和政府工作报告。

十四、加强工会宣传信息工作

工会宣传信息工作是党的宣传工作的重要组成部分，各级工会树牢“两心”理念，把工会围绕中心服务大局、以职工为中心所开展的工作做实做好，为工会宣传工作提供优质的原材料；聚焦“两力”目标，通过加强工会“42101”重点工作宣传，不断增强工会对职工的凝聚力、在社会的影响力，持续巩固壮大奋进新时代的主流思想舆论，有效赋能经济社会高质量发展。

（一）宣传工作

近年来，省总工会始终坚持把宣传工作摆在与业务工作同等重要的位置，树立“工作即宣传，宣传必感动”理念，突出重点工作，着力构建大宣传格局，不断增强工会对职工的凝聚力、在社会的影响力。所谓“大宣传”，主要体现在“大事”“大家”“大力”“大声”这“四大”上。“大事”即坚持“工作即宣传”，

★ 2022年4月28日，安徽省总工会首次在省政府新闻办举行“省劳动竞赛和全国五一劳动奖情况通报”新闻发布会。

真正把宣传工作作为工会工作的大事来抓。“大家”即坚持“全员抓宣传、谁干谁宣传”，推动形成“人人干工作、人人搞宣传”的浓厚氛围。“大力”即坚持借势借力，动员一切资源进行宣传，充分利用自身媒体阵地，借助中央驻皖和省内主流媒体等社会宣传资源，扩大宣传受众面，增强宣传效果。“大声”即坚持全方位广覆盖，利用一切渠道进行宣传形成强大宣传声势发出工会响亮声音，产生良好宣传效果。

全省工会聚焦重点工作和工会系统重要会议、重大活动、重大典型等，通过召开新闻发布会、策划专题、设置专栏等形式，及时跟进做好宣传报道，有效提升工会工作影响力知晓度。2022年4月28日，省总工会首次在省政府新闻发布厅召开省劳动竞赛和全国五一劳动奖新闻发布会。2023年5月和2024年4月，又分别在省政府新闻发布厅召开省工会第十五次代表大会新闻发布会、《安徽省实施〈中华人民共和国工会法〉办法》解读新闻发布会。

与此同时，工会宣传工作机制日益完善。省总工会积极建立对口联络机制，加强和省委宣传部、省委网信办以及各级宣传、网信部门的沟通协调，积极争取他们的支持配合。建立新闻媒体协作机制，连续多年召开工会宣传工作新闻媒体座谈会，通过组织新闻策划会、主题采风活动以及组建工会媒体工作群等，加强与主流媒体的沟通交流，深化业务合作。建立评价激励机制，先后制定《关于加强和改进安徽省总工会新闻舆论工作的实施意见》《安徽省总工会新闻宣传工作制度》，实行宣传工作月统计、季通报制度，将宣传工作纳入对设区市工会工作年度综合评价重要内容。建立培训机制，每年举办基层通讯员培训班，大力加强宣传队伍建设等。

由于工会工作直面职工，宣传必须坚持“工”字特色。省总工会连续多年在主流媒体开设《劳动者之窗》《榜样·劳模工匠风采》等10余项专栏，其中《最美职工图片故事》专栏，总阅读量超过1000万；围绕大国工匠朱恒银、全国劳动模范吴义阳等先进事迹，组织创作了《初心如钻》《天路》等一批优秀歌曲、黄梅戏等文艺作品；联合省委宣传部、省电影局拍摄制作20部《劳动创造幸福》微电影，在全省校园院线电影、安广网络等展播我省20位全国劳模的先进事迹，都突出展现了工人阶级风采。连续两年举办“安徽工匠年度人物”发布仪式。首届“安徽工匠年度人物”发布仪式在“学习强国”进行了专题推荐，在《安徽卫视》播出当晚，新华网、抖音、新浪微博、百度、好看、中安在线等平台同步直播，高峰段12万人同时进入直播间，累计260万人次观看。《工人日报》、《中国妇女报》、新华网、人民网、央广网、《人民日报》及《光明日报》客户端等央媒党媒超10万次发文点赞，《人民日报》电子阅报栏全省740台设备同步上线，《安徽日报》《安徽新闻联播》等省主流媒体进行跟踪报道。

省总工会拥有安徽工人日报社、华夏女工杂志社、官方抖音号、官网、官微等工会舆论宣传阵地。自2022年以来，立足省总工会所属报刊、新媒体等各类资源整合的传播优势，从“策、采、编、发、审”全过程建立横纵联合、协同作战机制，大大提升了工会媒体内容生产能力和效率。特别是省总工会抖音号先后策划了“劳动创造幸福”、“抖出你的劳动范”、“《美丽中国》工会版”等一系列富有工会特色的创意产品，截至2024年4月，共发布1389篇视频，获赞超过72万，总浏览量超过1000万，多条视频被人民网、中工网等中央媒体转载，传播力、引导力、影响力、公信力在逐步扩大。2023年8月，“安徽省总工会”微信公众号粉丝数突破100万。

在省总工会的示范带动下，全省各级工会宣传工作坚持守正创新、亮点纷呈。合肥市总工会建立健全全市工会系统内宣联动工作机制，构建以“合肥工会”微信公众号为中心的全市工会新媒体宣传矩阵，市、县两级 18 家新媒体平台针对省总工会、市总工会重点工作和重要活动进行联动宣传；全市各级工会依托职工大学、工人文化宫、职工剧院等职工文化阵地开展“五一学堂”公益培训、合肥工会“健身普惠”活动等各类文体活动，丰富职工精神文化生活。淮北市总工会先行先试推进媒体融合发展，建设全省首家工会融媒体中心——淮北市工会融媒体中心，2022 年 1 月投入试运行，2022 年 6 月 16 日正式揭牌，形成“1+1 ＞ 2”的协同效应，先后推出《部长讲堂》、“奋进淮北・奋斗有我”抖音短视频大赛等一批特色栏目（活动）。阜阳市总工会积极探索思政教育新模式，以“小切口”讲“大课题”，将宣传宣讲习近平新时代中国特色社会主义思想和党的二十大精神，中国工会十八大精神等与职工生产生活相结合，创新开展艺术化宣讲活动，让职工群众听得懂、愿意看、坐得住。滁州市总工会将宣传工作指标纳入对县级工会年度综合评价内容，每季度通报完成情况；还纳入对市总工会部室和二级机构全体人员年度评先评优指标，实行一票否决，未完成的部室不得评为先进，个人未完成任务的，年度考核不得评为优秀等次，以此调动机关全体人员参与宣传工作的积极性和主动性。安庆市总工会探索宣传方法由“有声”向“有声有形”转变，以全国劳动模范、全国岗位学雷锋标兵，太湖县北中镇邮递员吴义阳 23 年坚守山乡邮递路的感人故事为蓝本，创作了黄梅小戏《天路》，首次将劳动模范以戏曲形式搬上舞台；结合工会驿站建设，创作了《期待满园花开——户外劳动者之歌》，描写了户外劳动者的工作的艰辛与奉献，工会驿站传递的温暖与关爱。

（二）加强工会信息工作

工会信息工作主要是针对工会工作的重点和职工群众关心的热点、难点问题和省委、省政府的中心工作，及时收集和采编有关基层工会工作进展情况和职工思想动态等方面的信息，并以简报和专报的形式，向领导机关反映，为领导决策提供依据。

自 2021 年以来，省总工会大力加强信息工作，要求各地把信息工作作为工会组织的一项基础工作来抓，在人力、物力、财力上提供支持。根据信息、统计、调研“三位一体”的要求开发深层次、有价值的信息，构建省、市、县、大型企业四级信息网络，确定了百余名信息员队伍。2022 年 1 月 25 日，《关于印发省总工会信息和新闻宣传工作制度的通知》中的《安徽省总工会信息工作制度（试行）》，对工会信息工作内容、标准、评比等作出明确规定。2022 年 4 月 19 日，省总工会印发《关于 2022 年度全省工会上报信息得分情况和优秀单位优秀信息工作者的通报》，对上年度工会信息工作评比结果进行通报。2022 年 2 月 22 日，《安徽工会信息》创刊，设《快报》和《工作聚焦》专报两种形式，聚焦展示全省工会系统的好经验、好做法，及时反映基层问题及建议。

省总工会加强信息报送工作，所报送的大量信息被省委、省政府和全国总工会采用，并被评为优秀信息。2021 年，省委《安徽信息》刊发的《省总工会关于推动更多外出务工人员在本省就近就地就业的有关建议》受到省委领导的高度重视，当即批示人力资源和社会保障厅研究采取系统措施。2022 年，有关就业问题的信息被全国总工会采用并上报中共中央办公厅采用并获中央领导批示。2023 年，编发的《新生代产业工人面临现实难题需关注》，被中共中央办公厅采用。2022 年，在全国工会信息工作评比中，安徽省获省级工会优秀信息单位。

十五、举办安徽省工会首届经审业务技能竞赛

开展经审业务技能竞赛是培养高素质专业化经审干部队伍、助推工会工作高质量发展的有力举措，也是全面提升工会组织力、引领力、服务力的生动体现。安徽省工会首届经审业务技能竞赛自 2023 年 12 月正式启动，各级工会高度重视、层层发动，共 1 万多名专兼职工会经审干部参加基层竞赛培训。经过激烈比拼，42 支代表队 126 名选手进入复赛，8 支代表队 24 名选手进入总决赛。

2024 年 4 月 15 日，安徽省工会首届经审业务技能竞赛总决赛在淮北举办。全国总工会党组成员、经审会主任蔡安辉出席开幕式并讲话。全国总工会经审办、省审计厅、省总工会及淮北市有关负责同志出席活动。各市总工会经审会、42 支复赛代表队队员等参加开幕式。省直工会代表队获得团体一等奖。

近年来，安徽工会经审工作坚持以创新为引领，着力提质增效，探索开展省

级工会预算绩效审计等多个全国工会经审首创工作被全国总工会通报表彰，连续多年在全国省级工会经审工作规范化建设考核中荣获“特等奖”，12 个审计项目被评为全国工会“优秀审计项目”。2023 年省总工会经审办获评安徽省“优秀内部审计机构”称号。

一是深化工会经费预决算审查审计。省总工会经审会每年召开经审会审议省总工会本级年度预算执行情况和年度预算草案报告，密切关注工会经费支出方向和结构，促进工会经费进一步向基层倾斜、向服务职工倾斜。开展对省总工会本级和直属单位年度经费（财务）收支情况审计，2023 年在对省总工会本级审计中，首次对重点资金和重点事项开展对下延伸审计，加强对工会资金存放管理、大宗物品和服务采购等重点环节的审计监督，以及对“三公”经费、会议费、培训费、津贴补贴等重点事项的审计监督力度。

二是开展专项审计。2020 年省总工会经审会对省总工会补助大董村扶贫项目资金、全省工会“跟着劳模去扶贫”专项资金、帮扶送温暖专项资金开展审计，2021 年对工会就业创业补助和“跟着劳模去创新”专项资金开展审计，2022 年开展了全省工会劳模待遇政策落实和劳模资金使用情况专项审计，2023 年组织开展对社会化工会工作者人才队伍建设及专项补助资金筹集、管理和使用情况的专项审计调查，监督资金保障，推进政策落地。

三是率先探索开展省级工会预算绩效审计。2021 年首次对一线职工疗休养、劳动和技能竞赛两个项目开展预算绩效审计；2022 年聚焦困难职工精准帮扶和为职工办实事等工会重要活动，开展对省财政城市困难职工帮扶资金项目和女职工“阳光家园”补助资金项目的预算绩效审计，助推资金依法依规合理分配、管理、使用。

四是完善审计整改长效机制。2022 年 5 月，在全国率先出台《安徽省总工会关于建立健全工会经费审查审计查出问题整改长效机制的意见（试行）》，对审计整改工作领导机制、审计整改工作责任机制、审计整改结果报告制度、审计整改对账销号制度、审计整改联动机制、审计成果运用机制等 6 个方面作出明确规定，进一步推动落实审计整改责任。近年来积极组织经审委员开展审计回访，强化审计整改监督检查和审计“回头看”工作。省总工会将审计整改情况作为二级单位综合考核和设区市、直管县（市）总工会年度工作评价指标内容，进一步深化审计成果运用。

五是制定内管领导干部经济责任审计风险提示单。梳理总结近年来审查审计发现的问题，聚焦内控管理和完善制度机制，预防化解风险隐患。2023 年 5 月，制定《省总内管领导干部履行经济责任风险预警提示单》，总结了 17 项典型性问题类型和 37 种问题表现形式，提出 19 条预防措施，进一步规范工会权力运行，实现经审监督关口前移。

六是强化工会经审规范化建设。2023 年 6 月，修订印发《安徽省市级工会经费审查工作规范化建设考核办法》和《安徽省市级工会经费审查工作规范化建设考核标准》，调整市级工会经审工作规范化建设考核指标，对考核对象、考核内容、考核程序、计分方法和等次确定等内容进行了明确，对设区市、直管县，独立管理经费的省直、省产业工会进行考核全覆盖。每年均部署开展全省市级工会经审工作规范化建设考核工作，规范审查审计监督行为，稳步推进常态化工会经审体系建设。

七是创新审计服务模式。2023 年 7 月，制定出台《安徽省基层工会审计工作模板（试行）》，为基层工会提供简明的、易操作的标准化技术支持；批转“蚌埠市总工会经审委员审计项目领办制”，充分发挥经审委员的专业权威与示范效应。

八是搭建经验交流平台。通过优秀审计项目评比、台账展评、经审劳动技能竞赛、经审工作创新经验交流会等形式，多渠道搭建全省工会经审工作交流平台，开展审计理论、财经政策、法律法规、审计实务等学习交流，持续加强审计职业精神和专业能力建设。2023 年 12 月，省总工会作为唯一一家省直机关单位，在全省内部审计工作交流经验研讨班作经验交流发言。

九是加强工会经审干部培训。制定《安徽省工会经审干部 2019—2023 年教育培训规划》，坚持每年对经审委员和专业干部分层分类开展培训，先后在浙江省总干校、南京审计大学、安徽劳动关系学院、安徽省总干校等地举办全省工会经审干部培训班和综合素质提升培训班，加大与兄弟省市尤其是长三角地区工会经审组织和政府审计机关的交流学习。

十六、建设“12351”省总工会服务职工热线

为顺应新时代职工群众新期待，以数字化、智能化方式履行工会维权服务基本职责，切实发挥党联系职工群众桥梁纽带作用，2023 年 12 月 1 日，“12351”安徽省总工会服务职工热线正式上线运行。

“12351”安徽省总工会服务职工热线以接听来电方式，集中受理全省范围内问题咨询、服务帮扶、信访投诉、法律援助、意见建议等职工服务需求。热线坚持“连通全总、省总集中、各级办理”的总原则，提供“7×24 小时”服务，建立全省来电集中接听、专业律师和客服分类解答、工会逐级交办的维权服务模式，形成“反映—受理—交办—督办—反馈”的闭环管理机制，确保职工诉求事事有回音、件件有着落，努力将“12351”安徽省总工会服务职工热线打造成新时代全省工会系统及时、高效解决职工群众“急难愁盼”问题的重要渠道和亮丽品牌。

★“12351”安徽省总工会服务职工热线揭牌上线。

十七、探索形成安徽工会工作体系

省工会十四大以来，在多年实践基础上，省总工会逐步探索形成了安徽工

会工作体系。概括起来就是：树牢“两心”理念，锚定“两力”目标，坚持“42101”重点工作格局，着力打造“五个工会”，秉持“20字”工作方法。

在工作理念上：树牢“两心”，一方面坚持围绕中心、服务大局，做到“党有号召、工会有行动”；另一方面坚持以职工为中心的工作导向，做到“职工有所呼、工会有所应”。

在工作目标上：锚定“两力”，一方面，着力解决职工“急难愁盼”问题，让工会干的事精准对接职工盼的事，不断增强工会对职工的凝聚力；另一方面，坚持“工作即宣传”，大力加强工会宣传工作，让党政各方、社会各界更加了解工会、支持工会，不断增强工会在社会上的影响力。

在工作格局上：持续推深做实“42101”重点工作，每年确定“4项重点任务”，大力实施产业工人素质提升和工会干部本领锤炼“两项工程”，坚持每年为职工办“十件实事”，着力打造“跟着劳模去扶贫/创新”这项彰显工会特色、发挥工会优势的工作品牌，努力以重点工作突破，带动整体工作全面提升。

在发展愿景上：着力打造“五个工会”，就是努力把安徽工会打造成讲政治的忠诚工会、敢担当的有为工会、善服务的暖心工会、强基层的活力工会、严作风的勤廉工会。

在方法作风上：秉持“上心用心、谋划策划、创新创造、借势借力、争先争优”5句话20个字要求。上心用心，就是时刻把工作放在心上，始终保持强烈的事业心责任心。谋划策划，就是用心谋划工作思路、工作目标、发展方向，精心策划具体工作项目，制定具体工作举措。创新创造，就是强化创新意识，善于创新意、出新招、见新效，使工会工作守正创新、常做常新，不断创造安徽工会经验、提供安徽工会方案。借势借力，就是善于借助各种力量资源，积极争取各级党政重视和有关部门支持，为工会工作开展创造良好环境。争先争优，就是忠诚履职、奋勇争先，坚持横向跟别人比、纵向跟自己比，在全省工会系统推动形成你追我赶、干事创业的浓厚氛围。

以上“两心”工作理念、“两力”工作目标、“42101”重点工作格局、“五个工会”发展愿景和“20字”工作方法，从认识论、实践论和方法论的维度，共同构成了安徽工会工作体系。

附 录

历届安徽省工会代表大会情况表

名称	时间	主要情况
安徽省第一届工会会员代表大会	1953 年 3 月 16 — 23 日	大会决定成立安徽省总工会。中共安徽省委书记曾希圣向大会作政治报告，省总工会筹备委员会主任陈雨田作《四年来安徽省工会工作基本总结》和《一九五三年工会工作方针与任务》的报告，张式楷作《三年来工会财务工作报告》。大会选举产生安徽省总工会第一届执行委员会。
安徽省工会第二届代表大会	1956 年 4 月 10—18 日	中共安徽省委书记曾希圣讲话，中共安徽省委副书记、副省长李世农作《为提前和超额完成第一个五年计划而奋斗》的报告，陈庆泉作《安徽省工会联合会三年来的工作情况及当前工作任务》的报告。大会通过《关于安徽省工会联合会三年来工作情况及当前工作任务的报告的决议》《安徽省工会联合会三年来工会财务工作的报告的决议》《关于开展先进生产者运动提前完成第一个五年计划的决议》《关于动员职工支援农业合作化和农业生产的决议》《关于加强资本主义工商业社会主义改造中工会工作的决议》。大会选举产生安徽省工会联合会第二届执行委员会。
安徽省工会第三次代表大会	1964 年 5 月 30 日 —6 月 10 日	中共安徽省委书记处书记、副省长张恺帆向大会致祝词，陈庆泉作《高举毛泽东思想红旗，为促进全省职工和工会工作革命化而奋斗》的工作报告。大会通过了工作报告的决议和财务工作报告的决议。大会选举产生安徽省总工会第三届执行委员会。
安徽省首届工人、贫下中农、大中学校红卫兵代表大会	1969 年 2 月 21 日—3 月 3 日	成立安徽省首届工人代表大会委员会及常务委员会，通过《向全省革命工人倡议书》。
安徽省工会第五次代表大会	1973 年 5 月 30 日 —6 月 5 日	中共安徽省委常委、省革命委员会副主任杨效椿致开幕词，中共安徽省委书记宋佩璋[①]向大会作了《高举“九大”团结胜利的旗帜，为巩固无产阶级专政而斗争》的讲话，中共安徽省委常委潘启琦作了《进一步发挥工人阶级的主力军作用，为巩固无产阶级专政而奋斗》的报告，中共安徽省委书记王光宇致闭幕词。大会通过了《进一步发挥工人阶级的主力军作用，为巩固无产阶级专政而奋斗的决议》。大会选举产生省总工会第五届委员会。

① 大会表彰的先进个人享受省劳模待遇。

续表

名称	时间	主要情况
安徽省工会第六次代表大会	1979 年 5 月 14—19 日	中共安徽省委第一书记、省革命委员会主任万里到会讲话，并就“工人阶级怎样管理好企业”召开了代表中部分劳动模范座谈会。陈庆泉作了《全省工人阶级团结起来，为实现社会主义四个现代化而奋斗》的报告，并通过相应决议。大会选举产生安徽省总工会第六届委员会。
安徽省工会第七次代表大会	1983 年 11 月 30 日—12 月 6 日	中共安徽省委副书记袁振向大会致词，中共安徽省委常委、副省长苏桦向大会作了《发扬工人阶级的主人翁精神，为提高企业素质和经济效益作出积极贡献》的报告。刘淦代表省总工会六届委员会作了《发扬工人阶级主人翁精神，为振兴中华、建设安徽而奋斗》的工作报告。大会通过了工作报告的决议、财务工作报告的决议。大会选举产生安徽省总工会第七届委员会。
安徽省工会第八次代表大会	1988 年 12 月 17—21 日	中共安徽省委书记、省长卢荣景向大会致祝词。刘淦向大会作了《推进工会改革，团结全省职工，在全面深化改革和建设中作出新贡献》的工作报告。大会通过了工作报告的决议、财务工作报告的决议、经费审查工作报告的决议。大会选举产生安徽省总工会第八届委员会。
安徽省工会第九次代表大会	1993 年 12 月 26—29 日	中共安徽省委书记卢荣景接见大会主席团全体成员并讲话。卞国福向大会作了《团结动员全省职工为加快安徽发展而奋斗》的工作报告。大会选举产生安徽省总工会第九届委员会。
安徽省工会第十次代表大会	1998 年 8 月 28—30 日	中共安徽省委书记卢荣景、副书记王太华代表省委分别作了讲话。副省长汪洋作经济形势报告。高前清代表省总工会第九届委员会作《高举邓小平理论伟大旗帜，团结动员全省职工为实现安徽跨世纪发展目标而奋斗》的工作报告。大会通过了工作报告的决议、财务工作报告的决议、经费审查工作报告的决议。大会选举产生安徽省总工会第十届委员会。
安徽省工会第十一次代表大会	2003 年 8 月 12—14 日	中共安徽省委书记、省人大常委会主任王太华，中共安徽省委副书记王明方代表省委分别作了讲话。全国总工会副主席、书记处书记苏立清到会并讲话。王秀芳代表省总工会第十届委员会作《深入贯彻党的十六大精神，团结动员全省广大职工为全面建设小康社会而努力奋斗》的工作报告。大会通过了工作报告的决议、财务工作报告的决议、经费审查工作报告的决议。大会选举产生安徽省总工会第十一届委员会。
安徽省工会第十二次代表大会	2008 年 10 月 6—8 日	中共安徽省委书记、省人大常委会主任王金山代表省委讲话。全国总工会副主席、书记处书记倪健民到会致贺词。王秀芳代表省总工会第十一届委员会作《坚持以科学发展观统领工会工作团结动员全省职工为加速安徽崛起而奋斗》的报告。大会通过了工作报告的决议、财务工作报告的决议、经费审查工作报告的决议。大会选举产生安徽省总工会第十二届委员会。
安徽省工会第十三次代表大会	2013 年 8 月 28—30 日	中共安徽省委书记、省人大常委会主任张宝顺作讲话。全国总工会副主席、书记处书记段敦厚到会致辞。童怀伟代表省总工会第十二届委员会作《高举旗帜 凝聚力量 团结带领全省职工为建设美好安徽而奋斗》工作报告。大会通过了工作报告的决议、财务工作报告的决议、经费审查工作报告的决议。大会选举产生安徽省总工会第十三届委员会，并对全省 120 个模范职工之家、100 个模范职工小家、120 名优秀工会工作者进行了表彰。

续表

名称	时间	主要情况
安徽省工会第十四次代表大会	2018 年 8 月 6—9 日	中共安徽省委书记李锦斌出席大会并讲话。全国总工会副主席、书记处书记江广平到会致辞。李明代表省总工会第十三届委员会作《紧跟新时代 展现新作为 团结动员全省千万职工为加快建设现代化五大发展美好安徽而不懈奋斗》的工作报告。大会通过了工作报告的决议、财务工作报告的决议、经费审查工作报告的决议。大会选举产生安徽省总工会第十四届委员会。
安徽省工会第十五次代表大会	2023 年 5 月 10—12 日	中共安徽省委书记韩俊出席会议。省委副书记、省长王清宪讲话。全国总工会副主席、书记处书记魏地春到会讲话。大会开幕式前，韩俊、王清宪等领导会见了出席大会的全国劳动模范先进工作者，以及安徽当年受到全国总工会表彰的全国五一劳动奖状单位代表、全国五一劳动奖章获得者代表、全国工人先锋号代表等，韩俊代表省委讲话。何树山代表省总工会第十四届委员会作《忠诚履职奋勇争先组织动员全省广大职工为全面建设现代化美好安徽而团结奋斗》的报告。大会通过了工作报告的决议、财务工作报告的决议、经费审查工作报告的决议。大会选举产生安徽省总工会第十五届委员会。

历届安徽省劳模大会情况表

序号	召开年份	劳模大会名称
1	1954	安徽省首届工业劳动模范代表会议
2	1956	安徽省社会主义建设积极分子大会
3	1956	安徽省先进生产者代表会
4	1958	安徽省工交建设积极分子大会
5	1958	安徽省财贸系统社会主义建设积极分子会议
6	1959	安徽省工业、交通社会主义积极分子代表会
7	1960	安徽省工业、交通运输、基本建设、财贸方面社会主义建设先进集体和先进生产者代表大会
8	1960	安徽省教育和文化、卫生、体育、新闻方面社会主义建设先进单位和先进工作者代表大会
9	1963	安徽省社会主义建设先进单位、劳动模范、先进工作者代表会议
10	1965	安徽省工交系统首次五好集体、五好职工代表会议
11	1975	安徽省第五次工业学大庆会议①
12	1976	安徽省第六次工业学大庆会议
13	1976	安徽省财贸系统学大庆学大寨先进代表大会
14	1978	安徽省科学技术大会②
15	1980	安徽省先进单位和劳动模范表彰大会
16	1984	安徽省职工劳动模范、先进集体代表大会
17	1988	安徽省职工劳动模范、先进集体表彰大会
18	1992	安徽省劳动模范、先进工作者、先进集体表彰大会
19	1997	安徽省劳动模范、先进工作者、先进集体表彰大会
20	2002	安徽省劳动模范、先进工作者、先进集体表彰大会
21	2007	安徽省劳动模范、先进工作者、先进集体表彰大会
22	2012	安徽省劳动模范、先进工作者、先进集体表彰大会
23	2017	安徽省劳动模范、先进工作者、先进集体表彰大会
24	2022	安徽省劳动模范、先进工作者、先进集体表彰大会

① 安徽省第一至四次工业学大庆会议只表彰了先进集体，第五、六次会议表彰了先进集体和先进个人，先进个人享受省劳模待遇。

② 大会表彰的先进个人享受省劳模待遇。

历届安徽省总工会领导班子情况表[①]

届次	姓名[②]	职务	任期
一届	陈雨田	主席	1953.03—1955.04
	陈庆泉	主席	1955.04—1956.04
	张式楷	副主席	1953.03—1953 年底
	陈庆泉	副主席	1953.03—1955.04
	李振友	副主席	1953.03—1956.04
二届	陈庆泉	主席	1956.04—1964.06
	李振友	副主席	1956.04—1959.01
	杨　健	副主席	1956.04—1964.06
	应宜权	副主席	1956.04—1960 年初
	夏陶然	副主席	1956.12—1961.11
	赵　还	副主席	1961.04—1964.06
三届	陈庆泉	主席	1964.06—1965.10
	杨　健	副主席	1964.06—
	赵　还	副主席	1964.06—1965.09
	王化东	副主席	1964.06—
	张西春	副主席	1964.06—
	左　政	副主席	1964.06—
安徽省工人代表大会	徐文成	副主任	1969.03—1973.05
	张秀英	副主任	1969.03—1973.05

① 一至八届领导班子情况摘自：安徽省地方志编纂委员会编：《安徽省志·群众团体志》，方志出版社 1999 年版，第 31—37 页。

② 领导班子成员按专职、挂职、兼职排序，其中每届同一级别职务领导同志以到省总工会任职时间先后排序。

续表

届次	姓名	职务	任期
五届（“文化大革命”中）	吴从树[①]	主任	1973.06—1977.11
	李定山[②]	副主任	1973.06—1977.11
	徐文成[③]	副主任	1973.06—1978.06
	张秀英[④]	副主任	1973.06—1979.05
	孙　曙	副主任	1973.06—1975.11
	江惠珍[⑤]	副主任	1973.06—1976.10
	高　敏[⑥]	副主任	1976.10—1977.11
五届（粉碎“四人帮”后）	陈庆泉	主席	1978.06—1979.05
	张西春	副主席	1978.01—1979.05
	左　政	副主席	1978.11—1979.05
六届	陈庆泉	主席	1979.05—1983.05
	刘　淦	主席	1983.05—1983.12
	张西春	副主席	1979.05—1983.04
	左　政	副主席	1979.05—1983.06
	吴　渤	副主席	1979.05—1983.06
	黄桂兰	副主席	1979.05—1983.12
	张秀英	副主席	1979.05—1981.02
	倪则耕[⑦]	副主席	1979.05—1983.06

① 原是铜陵有色公司工人，1977 年 11 月停职受审查，1984 年中共安徽省纪律检查委员会作出审查结论：造反起家，开除党籍，撤销党内外一切职务。

② 原是合肥钢厂工人，1977 年 11 月停职受审查，1984 年中共安徽省纪律检查委员会作出审查结论：造反起家，开除党籍，撤销党内外一切职务。

③ 原是合肥钢厂工人，因“文化大革命”中问题严重，1984 年开除党籍。

④ 安徽纺织厂工人。

⑤ 原是蚌埠市淮河路三八商店营业员，任副主任期间没有到省总工会工作。

⑥ 因“文化大革命”期间犯有严重错误，1986 年被撤销在“文化大革命”期间党内外一切职务，取消中共党员资格。

⑦ 省经委副主任，兼。

续表

届次	姓名	职务	任期
六届	胡向农[①]	副主席	1979.05—1983.06
	马典周[②]	副主席	1979.05—1983.06
	王凤林	副主席	1981.03—1983.12
	刘　影	副主席	1981.03—1983.06
	诸宗智	副主席	1983.06—1983.11
	杨文友	副主席	1983.06—1983.12
七届	刘　淦	主席	1983.12—1988.12
	王凤林	副主席	1983.12—1988.12
	高前清	副主席	1983.12—1986.03
	杨文友	副主席	1983.12—1988.12
	黄桂兰	副主席	1983.12—1988.12
	高蔚青	副主席	1986.04—1988.12
八届	卞国福	主席	1988.12—1993.12
	王凤林	副主席	1988.12—1992.04
	高蔚青	副主席	1988.12—1993.03
	杨文友	副主席	1988.12—1993.12
	黄桂兰	副主席	1988.12—1993.12
	郭永生	副主席	1992.04—1993.12
九届	卢声道	主席	1993.12—1998.08
	卞国福	党组书记、第一副主席	1993.12—1996.01
	高前清	党组书记、第一副主席	1996.01—1998.08
	杨文友	党组成员、副主席	1993.12—1998.08

① 省劳动局局长、省计委副主任，兼。
② 中共淮北矿务局杨庄矿采煤二区总支副书记、四队支部书记，兼。

续表

届次	姓名	职务	任期
九届	黄桂兰	党组成员、副主席	1993.12—1998.01
	张德芳	副巡视员	2002.06—2005.07
	郭永生	党组成员、副主席、经审会主任	1993.12—1996.01
	赵国屏	党组副书记、副主席、经审会主任	1996.01—1998.08
	郑　鑫	党组成员、副主席	1997.01—1998.08
	牛和桂	党组成员、副主席	1998.01—1998.08
	徐其才	副巡视员	1995.12—1998.08
十届	高前清	党组书记、主席	1998.08—2001.09
	王秀芳	党组书记、主席	2001.09—2003.08
	赵国屏	党组副书记、副主席	1998.08—2002.07
	郑　鑫	党组成员、副主席	1998.08—2003.08
	杨文友	党组成员、副主席、经审会主任	1998.08—2002.02
	牛和桂	党组成员、副主席	1998.08—2003.08
	宣国英	党组成员、副主席	1999.01—2001.02
	徐　建	党组成员、副主席	2002.07—2003.08
	夏育才	党组成员、副主席	2003.07—2003.08
	耿保康	党组成员、经审会主任	2003.07—2003.08
	徐其才	副巡视员	1998.08—1999.03
十一届	王秀芳	党组书记、主席	2003.08—2008.10
	郑　鑫	党组成员、副主席	2003.08—2006.04
		党组副书记、副主席	2006.04—2008.09
	李维勇	党组成员、副主席	2006.07—2008.09
		党组副书记、副主席	2008.09—2008.10
	牛和桂	党组成员、副主席	2003.08—2008.10
	徐　建	党组成员、副主席	2003.08—2007.01
	夏育才	党组成员、副主席	2003.08—2008.10
	耿保康	党组成员、经审会主任	2003.08—2008.10
	王秉玉	党组成员、副巡视员、组织部部长	2003.11—2008.10

续表

届次	姓名	职务	任期
十二届	王秀芳	党组书记、主席	2008.10—2013.06
	童怀伟	主席	2013.06—2013.08
	李维勇	党组副书记、副主席	2008.10—2013.06
	徐　建	党组书记、副主席	2013.06—2013.08
	牛和桂	巡视员	2008.10—2012.02
	夏育才	党组成员、副主席（2008.10—2012.01 兼经审会主任，2012.01—2012.05 巡视员）	2008.10—2012.01
	陈　平	党组成员、副主席	2008.10—2013.06
	孙　勇	党组成员、副主席	2009.01—2012.01
	许晓东	党组成员、副主席	2012.01—2013.08
	阮怀楼	党组成员、副主席	2012.01—2013.08
	胡东辉	党组成员、经审会主任	2012.01—2013.08
	李素萍	党组成员、副主席	2013.08—2013.08
	王秉玉	党组成员、副巡视员、组织部长	2008.10—2009.03
十三届	童怀伟	主席	2013.08—2018.04
	李　明	主席	2018.04—2018.08
	徐　建	党组书记、副主席	2013.08—2018.04
	徐发成	党组书记、副主席	2018.07—2018.08
	许晓东	党组成员、副主席（2017.07—2018.08 巡视员）	2013.08—2017.07
	李素萍	党组成员、副主席（2018.07—2018.08 巡视员）	2013.08—2018.07
	阮怀楼	党组成员、副主席	2013.08—2018.08
	胡东辉	党组成员、经审会主任	2013.08—2018.07
		党组成员、副主席	2018.07—2018.08
	王国雨	驻会纪检组长、党组成员	2016.07—2018.08

续表

届次	姓名	职务	任期
十三届	张文静	党组成员、副主席	2018.07—2018.08
	张保华	党组成员、经审会主任（2015.09—2018.07 副巡视员）	2018.07—2018.08
	樊忠厚	党组成员、副主席（挂职）	2017.07—2018.08
	许启金	副主席（兼职）	2017.07—2018.08
	李坤刚	副主席（兼职）	2017.07—2018.08
	程光林	副主席（兼职）	2018.04—2018.08
	徐露平	副主席（兼职）	2018.04—2018.08
十四届	李　明	主席	2018.08—2021.04
	宋国权	主席	2021.04—2023.03
	何树山	主席	2023.03—2023.05
	徐发成	党组书记、副主席	2018.08—2023.05
	许晓东	巡视员	2018.08—2018.12
	李素萍	巡视员（2019.06—2020.08 一级巡视员）	2018.08—2020.08
	张文静	党组成员、副主席（2020.12—2023.05 党组成员、副主席、一级巡视员）	2018.08—2023.05
	阮怀楼	党组成员、副主席（2023.04—2023.05 一级巡视员）	2018.08—2023.05
	胡东辉	党组成员、副主席（2023.04—2023.05 一级巡视员）	2018.08—2023.05
	王国雨	驻会纪检监察组长、党组成员	2018.08—2019.05
	张保华	党组成员、经审会主任	2018.08—2020.07
	阮永兴	驻会纪检监察组长、党组成员	2019.05—2023.05
	曾传发	党组成员、经审会主任	2020.07—2023.05
	樊忠厚	党组成员、副主席（挂职）	2018.08—2020.07
	许建清	党组成员、副主席（挂职）	2020.07—2022.07
	张　勇	党组成员、副主席（挂职）	2022.07—2023.05
	许启金	副主席（兼职）	2018.08—2023.05
	李坤刚	副主席（兼职）	2018.08—2023.05
	程光林	副主席（兼职）	2018.08—2023.05
	徐露平	副主席（兼职）	2018.08—2023.05

续表

届次	姓名	职务	任期
十五届	何树山	主席	2023.05 至今
	徐发成	党组书记、副主席	2023.05 至今
	张文静	一级巡视员	2023.05 至今
	阮怀楼	一级巡视员	2023.05—2024.05
	胡东辉	一级巡视员	2023.05—2023.11
	阮永兴	驻会纪检监察组长、党组成员	2023.05—2023.10
	曾传发	党组成员、经审会主任	2023.05 至今
	张　勇	党组成员、副主席	2023.05 至今
	陈金红	党组成员、副主席	2023.05 至今
	朱　颖	党组成员、副主席	2023.05 至今
	伍春泉	驻会纪检监察组长、党组成员	2024.03 至今
	胡少石	党组成员、副主席（挂职）	2023.05 至今
	程光林	副主席（兼职）	2023.05 至今
	朱胜利	副主席（兼职）	2023.05 至今
	徐露平	副主席（兼职）	2023.05 至今
	刘红丽	副主席（兼职）	2023.05 至今

安徽省总工会大事年表

年份	重要事件
1953	安徽省第一届工会会员代表大会召开，正式成立安徽省总工会。
	安徽省总工会更名为安徽省工会联合会。
1954	安徽省首届工业劳动模范代表会议召开。
1955	《安徽工运》创刊。
1956	安徽省工会第二届代表大会召开。
1961	安徽省工会联合会恢复安徽省总工会名称。
1964	安徽省工会第三次代表大会召开。
1969	安徽省首届工人、贫下中农、大中学校红卫兵代表大会①召开。
1973	安徽省工会第五次代表大会召开。
1978	为 17 名老劳模拨乱反正，宣布平反、恢复名誉。
	以贯彻中国工会“九大”精神为契机，开展工会组织整顿和建设。
1979	安徽省工会第六次代表大会在合肥市举行。
	省工会六大召开期间，中共安徽省委第一书记、省革命委员会主任万里到会讲话，并就“工人阶级怎样管理好企业”召开代表中的部分劳动模范座谈会。
1981	省委办公厅转发省总工会等部门关于开展为四化立功活动情况和意见的报告。
	省委转发省总工会党组《关于推行职工代表大会制度情况和意见的报告》。
1983	安徽省工会第七次代表大会召开。
1985	《安徽工人报》创刊②。
1986	印发《安徽省总工会关于在乡镇企业中积极做好扩大建立工会组织试点工作的意见》，扩大乡镇企业组建工会试点。
1987	安徽省总工会干部学校建成开学③。
1988	安徽省工会第八次代表大会召开。
1992	安徽省总工会女职工委员会成立。
1993	安徽省工会第九次代表大会召开。
	省人民政府和省总工会召开首次联席会议。
1994	组织开展“进万家门、知万家情、解万家难、暖万家心”向困难职工送温暖活动。
1995	成立贯彻实施《劳动法》工作协调领导小组。

① 根据安徽省委当时决定，该大会被作为第四次代表大会计算。
② 2000 年 1 月 1 日，经批准更名为《安徽工人日报》。
③ 1981 年，经全国总工会批准、安徽省编制委员会同意，安徽省总工会干部学校筹建。

续表

年份	重要事件
1996	我省工会系统第一家法律服务机构——天维法律服务所挂牌。
	经省委批准，省总工会机关实行“三定”方案（定机构、定职能、定编制）。
1997	省总工会、省经贸委、省劳动厅、省商务厅在合肥召开全省电视电话会议，部署兴办职工消费合作社。
1998	在全国率先开通“151”送温暖服务热线，推动全国“12351”职工服务热线的建立。
	印发《关于全力推进实施再就业工程的意见》，实施“三年三个 10 万”再就业工程，拉开了安徽省工会春送岗位的序幕。
	在全国率先开展以资助寒门学子、改变贫困人生、促进教育公平为主要内容的“育才关怀行动”。
	安徽省工会第十次代表大会召开。
1999	省委常委会听取全国厂务公开工作经验交流会精神和省推行厂务公开工作情况汇报。成立安徽省推行厂务公开工作领导小组。
	安徽省创建文明行业活动指导委员会成立。
2000	全省工青妇工作会议召开。
2001	蚌埠市总工会在全国率先探索开展委托税务代收工会经费工作，安徽省总工会及时总结成功经验并向全省推广。
	全国唯一女职工维权期刊——《华夏女工》杂志创刊。
2002	印发《安徽省总工会实施〈安徽省妇女发展纲要〉（2001—2010 年）方案》。
2003	安徽省工会第十一次代表大会召开。
	省政府印发皖政〔2003〕17 号通知，对市、县人民政府与同级工会建立联席会议制度作出规定。
2004	《安徽省实施〈中华人民共和国工会法〉办法》施行。
	省电力公司在全省率先推行职工代表竞选制，在基层单位得到推广。
2005	制发《关于进行区域性职工代表大会试点工作的意见》。
2006	中共中央政治局委员、全国人大常委会副委员长、中华全国总工会主席王兆国来安徽考察工会工作，并向困难职工“送温暖”。
	围绕提升“861”行动计划，开展省重点工程建设竞赛活动。
2007	省总工会首次开展“安徽省五一巾帼标兵”“安徽省五一巾帼标兵岗”评选。
2008	安徽省工会第十二次代表大会召开。
2009	召开“万名工会干部‘双走访、促三保’行动”动员大会。
2010	印发《关于做好夏季和高温时段安全生产和劳动保护工作的通知》，开启安徽省工会大规模“夏送清凉”活动。

续表

年份	重要事件
2011	全国总工会在合肥召开的部分省市工会工作座谈会，中共中央政治局委员、全国人大常委会副委员长、中华全国总工会主席王兆国出席会议并讲话。
	省委办公厅、省政府办公厅印发《关于进一步推进工资集体协商工作的意见》（皖办发〔2011〕36号）。
	《安徽省集体合同条例》施行。
2012	安徽省职工活动中心（安徽工会大厦）建成并投入使用。
2013	安徽省工会第十三次代表大会召开。
	安徽省总工会干部学校被中华全国总工会授予“全国工会干部教育培训示范校”。
2014	《安徽省企业民主管理条例》施行。
	淮北市在全国首开国有企业、非公企业工会结对共建先河，构建“1610”结对共建模式，获全国工会基层组织建设创新成果奖。
	首次举办安徽省党政领导干部工会工作培训班。
	命名首批“安徽省劳模创新工作室”。
	举办首届安徽省职工技术比武运动会，全省约200万名职工参加比赛。
	创建女职工“阳光家园”。①
2015	中共中央政治局委员、全国人大常委会副委员长、中华全国总工会主席李建国来安徽考察工会工作，并看望安徽省总工会机关干部。
	安徽省委党的群团工作会议召开。
	开展合芜蚌自主创新综合试验区劳动竞赛。
	印发《安徽省总工会关于开展“农民工入会集中行动”三年规划（2015—2017）》。
	举办第三届安徽省职工运动会②，时隔31年再次开展全省综合性职工运动会。
	创建安徽工会职工婚恋服务工作平台③。
2016	省委办公厅印发《安徽省总工会改革方案》。
	《安徽省女职工劳动保护特别规定》施行。
	安徽省劳模协会成立。
	省政府办公厅印发《关于新形势下进一步支持工会工作的通知》。

① 2023年，女职工“阳光家园”更名为“工会女工家园”。
② 第一届安徽省工人运动会于1955年举办，第二届安徽省工人运动会于1984年举办。
③ 2018年命名为“皖工鹊桥”单身职工联谊活动。

续表

年份	重要事件
2017	印发《安徽省总工会改革实施方案》。
	制定出台《安徽省总工会网上工作行动计划》，全面启动全省工会基础数据库建设，16个市职工服务平台全部上线运行。
	安徽省农林水利气象工会成立大会暨第一届委员会第一次会议召开，拉开了安徽省产业工会改革的序幕，省产业工会体制由原工作委员会（任命制）改为工会委员会（选举制）。
	安徽省总工会承办由中华全国总工会、非洲工会统一组织联合主办的中非经贸座谈会。
2018	安徽省工会第十四次代表大会召开。
	省委、省政府印发《关于推进新时代产业工人队伍建设改革的实施意见》（皖发〔2018〕9号）。
	深化推进工会系统改革，全省6个市总工会、105个县级工会全部出台改革方案。
	建立和推行以《工会组建意见函》《工会组建法律监督检查意见书》《工会组建法律监督检查建议书》为主要内容的“一函两书”制度。
	安徽智慧工会云平台正式上线，标志着“一库、一卡、两网、两系统”已全部建成，“互联网+”服务职工体系初步成型。
2019	安徽省财贸轻纺烟草工会在全国率先成立第一家“劳模工匠创新工作室联盟”。
	《中共安徽省委办公厅、省政府办公厅关于加强和改进新时代产业工人思想政治工作的若干措施》印发。
	“安徽省总工会”官方微信公众号被评为全国党政机关“有温度”的融媒体微信公众号。
	省总工会与省委宣传部首次开展安徽省最美职工评选。
	开展首届中国长三角地区劳模工匠创新工作室选树工作。
	由安徽省总工会推荐的省地质矿产勘查局313地质队朱恒银当选2018年度“大国工匠年度人物”。
	举办第四届安徽省职工运动会。
2020	召开全省工会重点工作动员部署会，部署安排“42101”重点工作。
	《安徽省工会劳动法律监督条例》施行。
	全省新时代职工文明实践基地正式启用，为全国省级工会首家。
	与沪苏浙总工会签署《长三角地区工会主席联席会议制度协议》。
	长三角三省一市总工会在安徽泾县签订协议，长三角地区职工疗休养基地实现互认共享。
	举办长三角三省一市职工创新成果展示交流活动。
	省工人半汤温泉疗养院进行改造建设，为99名安徽省援鄂医疗队员提供疗养服务。

续表

年份	重要事件
2021	首届长三角地区三省一市工会集体协商技能竞赛在杭州举行。安徽省首届城市工会集体协商竞赛在蚌埠举行。
	首次提出“两心”工作理念和“两力”工作目标。
	全省工会选调 572 名干部，组成 192 个蹲点组到基层开展为期 3 至 6 个月的蹲点活动。
	省总工会开展“百万职工心向党”建党百年庆祝活动。
	被全国总工会列为货车司机网上入会两家试点单位之一，相关试点经验在全国工会推广。
	《工会数据元》和《工会信息分类于编码》两项安徽地方标准正式发布。安徽职工服务网成功对接皖事通平台，“皖工惠”普惠平台上线。
	新整合设立 4 家省驻会产业工会，其中网络信息工会为全国省级首家。
	中国职工发展基金会安徽职工发展专项基金成立。
2022	启动实施“工会送岗位 乐业在江淮”全省工会就业援助行动。
	在全省工会系统全面推开省、市、县三级总工会机关干部全员到企业“当一周工人”活动。
	省总工会首次在省政府新闻发布厅召开新闻发布会。
	全省深化产业工人队伍建设改革电视电话会议暨省协调小组第九次会议在合肥召开，省委书记作出批示。
	举办首次安徽工匠年度人物发布仪式，省委书记致贺信。
2023	安徽省工会第十五次代表大会召开。
	“两心”理念、“两力”目标、“42101”重点工作格局、“五个工会”发展愿景的安徽工会工作体系全面形成。
	联合沪苏浙总工会开展“长三角大工匠”选树活动。
	成立安徽工匠学院、新能源汽车工匠学院。
2024	省委办公厅印发《关于深入学习贯彻习近平总书记重要讲话精神 推动新时代新征程安徽工运事业和工会工作高质量发展的意见》（皖办发〔2024〕3 号）。
	《安徽省实施〈中华人民共和国工会法〉办法》（修订案）施行。
	省总工会分别与省人民检察院、省高级人民法院召开第一次联席会议。
	安徽工会驿站建设持续推进，驿站总量、年度工作评价均跃居全国第一。
	指导推动头部货运平台企业（路歌）在全国首次召开全网职代会，签订全国货运行业首份全网集体合同。
	举办第五届安徽省职工运动会。

后记

按照全国总工会关于编撰《中国工运通史》的要求，经过两年多的筹划、编撰，70余万字的《安徽工人运动史》终于付梓出版。作为《中国工运通史》地方卷的一部，这本史书全面、系统地记述安徽工人阶级的产生、成长和安徽工人运动的兴起、发展。全书采用通史体例，时间界限起始于1861年，止于2024年6月。

为高标准高质量完成本书编撰工作，安徽省总工会专门成立了以主席为名誉主任、党组书记为主任，领导班子其他成员为副主任的安徽工运史料征集编纂委员会，加强对编撰工作的领导和指导，并对书稿进行了最终审定。

本书的编写工作由多个单位（部门）共同配合完成。在编写初期，省总工会干部学校编写组起草了本书编撰大纲。根据编撰大纲及分工方案，省总工会机关各部门和直属单位、省直工会、省产业工会依照编撰体例，分别起草了各篇章相关内容。书稿经安徽工运史料征集编纂工作专班汇总整理后，由省总工会委托合肥工业大学马克思主义学院陈殿林教授团队进行了总撰。总撰稿形成后，各市总工会、省直管县（市）总工会、省直工会、省产业工会、省总工会机关各部门、各直属单位及相关退休干部又进行了多轮审校和完善，省委党史研究院进行了审核把关。

在此，要特别感谢中国工运研究所领导对本书编撰工作给予悉心指导。感谢省委党史研究院、省档案馆等有关单位领导、专家对本书大纲编制工作提出的宝贵意见，对书稿内容的审核把关。感谢各市总工会、省直管县（市）总工会、省直工会、省产业工会、省总工会机关各部门、各直属单位提供的大量原始资料。感谢省总工会原二级巡视员丁胜如、王健、唐定永等参与编撰大纲编制和书稿内容审核。感谢工作专班王峥、陈银燕、陈书存对本书编撰工作的组织协调。感谢各单位（部门）联络员王艳君、王辉、王慧慧、权斌、吕林、刘山奇、刘明、孙杰、孙维克、李宜胜、李瑶、杨广、吴永亮、邱亮、佘媛媛、邹立川、张平平、陈伟、杭波、尚明明、金炜、赵靖、胡森森、段营营、侯素利、聂爱斌、贾婧、崔岚、韩雪荣，省总工会干部学校编写组杨友志、张举、王慧、邵月娥、杨静、徐晓菁、李艾、巫梓闻、孙燕、曹丹丹、张丽娟，退休干部余学华、赵战南、朱德明、姜晓宇等同志参与书稿撰写。感谢郭平伟、张龙飞、李绍中、锁媛媛、王明、胡传钊、马雪等同志参与书稿审校。感谢华夏女工杂志社协助书稿配图工作。同时，对本书编撰曾提供支持的其他同志也一并表示感谢。

在编写过程中，我们认真学习借鉴了大量有关中国工人运动史、安徽工人运动史方面的研究专著、文章，有的已在脚注的参考文献中列举，但有的可能未能列出，在此特地说明并谨致歉意。鉴于本书内容涉及的时间跨度大，史料纷繁复杂，一些观点学界尚未形成定论，加之编写者水平所限，书中难免存在不当和不周之处，我们期待工会系统内外广大读者特别是专家予以批评指正。

本书编委会

2025 年 3 月